中国记忆文库

总顾问 陈圣来
总主编 方立平 强荧

文化审美研究的
海派情怀

沈鸿鑫艺文论集

上海文艺人才基金资助项目

总策划 胡洪庆 方立平

沈鸿鑫 著

上海三联书店

图书在版编目（CIP）数据

文化审美研究的海派情怀：沈鸿鑫艺文论集 / 沈鸿鑫著 . -- 上海：上海三联书店，2016.9
（中国·记忆文库 / 方立平主编）
ISBN 978-7-5426-5653-7

Ⅰ. ①文… Ⅱ. ①沈… Ⅲ. ①文化艺术—文集 Ⅳ. ① G0-53

中国版本图书馆 CIP 数据核字（2016）第 171995 号

---

文化审美研究的海派情怀——沈鸿鑫艺文论集
著　者 / 沈鸿鑫

中国·记忆文库 主编 / 方立平

责任编辑 / 方　舟
特约审读 / 周大成
装帧设计 / 方　舟
监　制 / 李　敏
责任校对 / 张大伟
校　对 / 莲　子
统　筹 / 7312·舟父图书传媒工作室

出版发行 / 上海三联书店
　　　　（201199）中国上海市都市路 4855 号 2 座 10 楼
网　址 / www.sjpc1932.com
邮购电话 / 021-22895557
印　刷 / 上海惠敦科技印务有限公司

版　次 / 2016 年 9 月第 1 版
印　次 / 2016 年 9 月第 1 次印刷
开　本 / 787×1092　1/16
字　数 / 930 千字
印　张 / 35.5

书　号 / ISBN 978-7-5426-5653-7 /G · 1433
定　价 / 78.00 元

# 序

## 有情怀温度的研究

《文化审美研究的海派情怀》,是沈鸿鑫研究员继《海派戏剧研究的时代印记》(2014)、《海派曲艺研究的历史帆影》(2015)后,关于海派艺术文化研究的一部新作。三部大作,如山呼海涌,蔚然大观,构成了上世纪五六十年代至今海派艺术发展的生动画卷,我们从中不难看到海派文化鹰击长空的雄姿,也不难听到它低徊曲折的叹息。这是一个当代文化忠实观察者深刻思考的笔记,积淀了他五十年如一日思考的过程和痕迹。

沈鸿鑫是当前活跃在文艺评论一线,著作等身,对上海文艺创作起着重要作用的文艺评论家。他也是我的校友、学长。我读大学时,我的老师为鼓励我们成才,曾如数家珍地扳着指头向我历数我们之前那些功成名就的校友,其中就有沈鸿鑫。可惜我不是专心人,有负老师的苦心。1997年,因工作需要,我离开供职多年的上海社科院文学所、作家协会,出任上海艺术研究所所长。其时,艺术研究所在戏剧研究方面实力非常雄厚。老一辈有蒋星煜、陶雄、中年一代有高义龙、李晓、沈鸿鑫、王家熙,和我年龄相仿的有周锡山、朱建明,略小于我的蓝凡、周巩平、张泽刚⋯⋯由此,我和沈鸿鑫成为同事。我原来在文学界工作,虽然也喜欢也有时候会到剧场去看戏,但毕竟属于"外行看热闹",而且以中国戏曲的博大精深,至今也依然是半桶水晃里晃荡,其中的半桶水大都是从他们那里打上来的。可惜我在艺术研究所工作时间不长,也没做出什么出彩的业绩来,同时也失去了继续向各位同仁学习讨教的机会。人生就是这样,很多机缘,过去就永远过去了。

但他的文章我倒是常常在读的。和我的阅读构成了有趣的关系。一是他用功甚勤,下笔快如疾风,几乎倚马可待。有时让我目不暇接,阅读的速度竟跟不上他写作的速度。二是我读它们的同时,也是它们在读我。读我的对文艺现状了解的多少和思考的深浅。

沈鸿鑫是海派研究的学问家。他的学问是以五十年的时间、生命熬出来的,有着它独特的吸引人的生命光彩。我不会做学问,好歹还记得当年老师教我的治学方法。学问有不同的路径,沈鸿鑫治学除了他自己概括的特点以外,在我看来,还有一些过人或可资借鉴之处,特别是在方法论上。很多年来,我们总是用简单粗糙的、非此即彼的一点论排斥治学对立要素综合的可能性。沈鸿鑫是个两点论者,没有那种极端化和片面化的取向。

一是海派文艺实践和书斋学院的结合。从1963年开始,先后在上海市文化局剧目工作室、创作评论组、艺术研究所工作,从未离开过艺术创作、艺术生产。他的海派艺术文化研究始终关注上海文艺创作鲜活的行进过程。他的海派艺术文化研究很少漫无目的、空对空的纯粹书生议论。所有的研究材料,写作的灵感都来源于上海五十年生动鲜活的文艺实践。他直接参与了许多重要的文艺实践活动,目睹了一部部戏剧作品诞生的全过程,有机会直接接触当时的许多大艺术家。他研究现代京剧,《海港》《红灯记》就特别地"贴肉",用今天的话来说,非常接地气。而且因为有过参与,有许多大家不知道或知之甚少的弥足珍贵的材料,对于艺术创作非常有启发,对我们这些后来者非常"管用"。由此,他的研究几乎就勾勒了五十余年海派艺术文化的脉络和场景,而且充满了一般书斋学问难得的"在场感"。这也是他们那代中国学人共有的学术品质,很难用简单的价值评判来说其好和坏。事实上,他们也为此付出了许多沉重的代价。但这种治学之道,容易流于肤浅和粗鄙,时过境迁。沈鸿鑫的文章没有落入这种"活"学问常有的陷阱,在于它仍然具有书斋和学院的基本品格和质地。他始终用在学院熏陶出来学术性、严肃地对待研究对象,避免人云亦云的大路货。特别是《中国京剧史》、《京剧文化词典》、《中国戏曲志·上海卷》等许多重大项目的负责和主撰,使他的研究和写作,带有不妄言、不虚言、扎实严谨的学院气息。同时,他的文艺评论有扎实的文艺理论和美学功底。本书开卷的《艺术审美三题》等四篇宏文可见一斑。这些特点,使他的研究,哪怕一般的作品评论很少会随着时代变化而过时,甚至有独立见地的对于具体时代的超越。为学不作媚时语,譬如他对何为散文《第二次考试》的评论。在1959年已经开始的大批判的文化氛围中,坚持独立看法,对何为这篇带着与当时大气氛不太吻合的有点温情化的散文《第二次考试》作出了坚定的肯定性评价。

二是点面博约兼行。做研究写评论有的专精,有的宽泛,各有各的路径,很难说对错好坏。做得好,皆好;做不好,皆不好。沈鸿鑫则兼而有之。他有自己精深钻研过的学问"点"。京剧方面,他对京剧大师周信芳的生平和艺术下过大工夫,对一代大师周信芳了如指掌。他的《周信芳传》、《周信芳评传》第一次从艺术人生和理论评价两方面勾画了周信芳的完整形象,是周信芳研究的入门书和必读书。越剧方面,他专注过吕瑞英的唱腔艺术和周宝才的伴奏艺术。吕瑞英早年师从袁(雪芬)派,而后自成吕派。但很少有对吕派的研究,更遑论其唱腔。周宝才是越剧著名琴师,他先后和袁雪芬、范瑞娟创造了越剧尺调腔和弦下腔,极大地丰富了越剧唱腔的表现力,对于袁派唱腔的形成起了重要作用。前辈刘厚生先生也对沈鸿鑫的这些关于戏曲音乐的评论给予了很高评价。戏曲和其他艺术门类的区分,很大程度上在于其声腔和音乐的鲜明特色,而这恰恰是我们文艺评论的短板。因为它既需要一般音乐的知识,又需要戏曲音乐的知识。但它是戏曲评论的一个极其重要的"点"。正是这些点上的极其深入的研究,使沈鸿鑫的许多宏观的面上的戏曲研究、文化评论,基础扎实,不虚妄,不空洞。同时,他视野开阔,由点及面。从周信芳出发,走向京剧,由京剧旁及昆曲、由评弹旁及曲艺,然后巡弋于各个戏剧门类,扩展到从古希腊悲剧到荒诞派戏剧的外国戏剧,举一反三,触类旁通,提出了许多对于创作极富启迪的看法,方向明确,路径清晰。在这本《文化审美研究的海派情怀》里,我们可以充分领略沈鸿鑫的开阔的文化视野和广泛的文艺兴趣。事涉文化、书画、园林、戏文、乐舞,还有名人轶事、风俗人情,甚至花鸟虫草,无所不谈,有深有浅,言必有中且有趣,显示了作者的博学多才。一篇《周瘦鹃与花鸟虫草》就足以让我们领略沈鸿鑫知识面的开阔。这本文集使我想起了当年广东作家秦牧的《艺海拾贝》。陆游有"汝果欲学诗,工夫在诗外"。有"点"可以精深,有"面"方能博大。

三是思考与文采并重。评论想写得深刻、有思想,往往难免干涩,要文采盎然有时就不免华而不实。孔夫子就有过质胜文还是文胜质的质文两难的感慨。故,虽然大家都知道"文质彬彬,然后君子"。但是一下笔还是常常顾此失彼。沈鸿鑫努力追慕思想和文采兼备"文质彬彬"的写作境界,是他们那代学人中的佼佼者。文集中《谈园林》一辑的篇章特别有代表性。读其文,如入苏州园林,文章布局讲究,林木扶疏,曲径通幽,其间又不断有自己对苏州园林的独到心得体会,也可以看到他对梓翁(陈从周)先生《说园》学习和理解。文章不是无情物,我很喜欢文集中那些与苏州有关的文字。这些文章虽然有学理,但看似行云流水的淡淡行文中有着一股拂不去的浓浓情思。用他自己的话来说，苏州是他的故乡，他有明显的"苏州情结"，苏州一直使他魂牵梦绕。他的挚爱、记忆、怀念、乡愁，时不时会从笔端流淌出来。

书名《文化审美研究的海派情怀》。我非常看重这"情怀"二字。思考和文采，其实都是建立在情怀基础上的。一个人，以近乎一生的力量去从事一门其实是有点枯燥的事业——我想完全没有必要去否认，写作是孤独而多少有点枯燥的事——能坚持下来，而且这又是一个那么变化万端的时代，就能让文字闪出生命的光泽来，刻上岁月流过的印记。这就是文化的情怀，文化研究的情怀，他的海派文艺研究是有情怀温度的研究。

他的三部大作都带着"海派"的字样。说到海派文化，它在中国文化的版图上是一个孤独的奇观，是中国文化大地上踽踽的独行者。它的主要遗传因子不是来自单一的中国传统的古典文化，而是在1840年鸦片战争以来被迫开放后的复合型、杂交型的文化。中英条约屈辱地让中国五口通商，但我们发现，五座城市因为地理位置的不同，在同一起跑线上，上海逐渐地脱颖而出，形成了各方面完全不同于其他城市的个性特点，就有了现代国际大都市的气象。它很热闹，穿行在繁华都市的十里洋场，但它骨子里很孤独，因为它很有点与众不同。它和完全在传统农耕文化中生长出来的大部分的中国城市文化不同，它是东风、西风界面之间的"锋面雨"，不少传统的文化在这里发生了变异。它摩登、时尚，商业化、市民气，有相当的预见性、引领性和前瞻眼光。所谓，春江水暖鸭先知。海派曾被人诟病，有恶性海派对海派名声的败坏，也有人们对它的先行和敏感的不理解。它的学术、学问也是这样，与时代文化前沿的变化很敏感，未必都那么深刻厚重，但一定有着或隐或现的时代气息。即使做的是古人先人的学问，有时也不免有海派文化思考的影响。

我想，沈鸿鑫应该是一位积极有为的海派学者，他做出了一个海派学者的学问气象。他说，这是他五十多年来从事文艺研究和写作成果的展示，可称"收官之作"。他同时又表示，收官不等于结束，而应该是新的出发。天行健，君子以自强不息。作为曾经的同仁，我乐于见到他志在千里、不断前行的不老身影。

2016 年 8 月 4 日于上海

（作者为中国文艺评论家协会副主席、上海市政府参事）

# 自　序

　　我于 2014 年 7 月出版了《海派戏剧研究的时代印记——沈鸿鑫戏剧论集》,2015 年 7 月又出版了《海上曲艺研究的历史帆影——沈鸿鑫曲艺论集》,如今《文化审美研究的海派情怀——沈鸿鑫艺文论集》又即将付梓。这三部著作由我和胡洪庆研究员、方立平编审共同策划和编选,记录了我 50 多年来从事文艺研究和写作的足迹和成果。这三部著作,都是上海市文化发展基金会、上海文艺人才基金的资助项目。在《文化审美研究的海派情怀》出版之际,我不禁思绪万千,感慨系之。

　　我先想说说我的"文学情结"。我是从文学起步的,早在苏州读高中的时候,我就喜爱上了文学,并尝试写作。1957 年 5 月,《新苏州报》发表了我的第一篇作品。1957 年 9 月我考入上海的华东师大中文系,正式走上了文学学习和写作的道路。我在华东师大学习时,更加努力写作,在《新闻报》《解放日报》《文汇报》《人民文学》《上海文学》《语文教学》等报刊上发表了多篇作品和评论。我开始写诗、散文、小说,后来逐渐转向文学评论。1961 年,我从华东师大毕业,被分配去上海戏剧学院攻读研究生,这样我又从文学转到了戏剧创作和研究。毕业后,我先后在上海市文化局、上海艺术研究所供职,数十年来主要从事戏剧、曲艺的研究和评论工作。但是,我的文学情结始终没有变,文学活动从来没有中断过。首先,在我的研究对象中,戏剧文学成为重要的部分;另外,我在研究过程中,仍然关注着文学,我会抽出空来从事各种文学文体的写作,如传记文学、散文、电视文献片、文学评论、随笔、杂文等。这不仅活跃了我的思维,可以放飞多种情怀,同时也是一种精神的调剂。本书中,专门有一编"文心雕虫",集中收集了我在文学方面的一些作品。

　　在这三部著作中,还明显地反映出我的"苏州情结",苏州是我的故乡,我出生在苏州,并在苏州长大,她也是我文学生涯起步的地方。古城苏州是座历史名城,也是文化名城,钟灵毓秀,人文荟萃,她赋予我极其丰厚的文化滋养和写作灵感。没有这些,就没有我的今天。所以数十年来,苏州一直使我魂牵梦绕。我的挚爱、记忆、怀念、乡愁,自然会不时地从我的笔端流淌出来,于是就留下了许多关乎苏州的篇章。

　　我除了有不解的文学情结外,长期的浸润熏染,也使我深深地钟爱着艺术,并培养了我的广泛的艺术兴趣。我喜爱京剧、评弹、戏剧、曲艺,同时也喜爱音乐、影视、书法、绘画、篆刻、园林、名胜等各种艺术。我觉得各种艺术都有其共性和个性,并且彼此相互渗透,触类旁通。涉猎多种艺术,对专门研究戏剧、曲艺,大有裨益。广度与深度,专与杂,不仅没有矛盾,而且还能相辅相成。所以我的研究目标以戏剧、曲艺为主,同时也涉猎乐舞、影视、书画、园林等多个方面。这本书有"艺海鸿爪"一编,便反映了我这方面的研究状况。

　　数十年的写作生涯,使我有不少感悟。我感到在写作和研究中,有几点非常重要。

　　一,是要有历史的眼光和现实的敏感。研究文艺不能割断历史,要关注历史。历代文艺发展的过程中的历史事件、历史现象、历史人物、历史作品蕴含着极其丰富的知识、经验、教训、智慧、方法，历史发展自有其内在的规律，这些都是宝贵的财富，我们要努力地发掘出来，梳理清晰，传达给今天的读者。所以对一个学者来说，历史的眼光非常重要，要用历史唯物主义的观点去分析、综合、研究。历史是一面镜子，他记录过往，鉴照今天。我们研究历史毕竟是为了今天。所以作家、评论家更要关注现实，拥抱现实，具有现实的敏感。正如唐代大诗人白居易所说："文章合为时而著，歌诗合为事而作。"即使写历史人物、历史事件，要以此观照现实，为现实服务。比如我写《苏州昆剧传习所及其历史功绩》一文，目的是如何汲取苏州昆剧传习所当年抢救昆剧，扶危继绝的经验，推进今天"非遗"的保护、传承和发展的工作。现实的敏感还表现在对现实问题的发现，对新生事物的热情，对新生力量的扶持。在上个世纪80年代初，上海滑稽戏相当兴盛的时刻，我写了《滑稽戏要更上一层楼》的文章，提出了滑稽戏潜在的危机，要居安思危，不懈努力。我还比较关注文艺界的新人，如马莉莉、茅善玉、钱程、秦建国、倪迎春等都是在他们刚刚崭露头角的时候，第一时间给以评论和推介的。

二，要有高度的艺术鉴赏力。广义来说，任何评论都是审美、思考、表达的过程。审美是评论的基础。对作家、评论家来说，审美的对象不仅限于文艺作品，像生活现象、自然风光、山水景物、风俗人文等都可能成为审美的对象。通过审美表现出作家、评论家的思想感情、爱憎褒贬。文艺评论和理论研究的主要功能有两个，一是总结文艺创作的经验，探讨文艺发展的规律，用以推进创作的繁荣和文艺事业的健康发展；二是引导审美，帮助广大受众正确鉴赏作品，提高他们的鉴赏水平和文化素养，从而实现文艺与人民群众的结合。要做到这一些，作为评论家一定要注意提高理论水平和美学修养，要努力使自己的评论和研究，对创作和文艺工作有所参酌，对读者有所启迪。高度的艺术鉴赏力是评论家必备的条件，否则引导创作、提高审美等就无从谈起。刘勰在《文心雕龙·知音》中说："凡操千曲而后晓声，观千剑而后识器。"评论家只有多看，多听，多品味，多研究，才能有所比较，有所鉴别，有所发现；只有多看，多听，多品味，多研究，才能不断积累审美的经验，提高鉴赏的水平，精准剖析出审美对象的内涵和奥秘；只有多看，多听，多品味，多研究，才能逐渐悟出艺术的真谛，掌握艺术的规律，才能写出具有真知灼见的文章来。文艺评论还要有风骨，有创见，切忌媚俗和人云亦云。在我的评论生涯里我很注意这一点。比如1959年我还是一个不到20岁的中文系学生，当时在"左"的思潮影响下，何为的散文《第二次考试》受到批判，我根据自己的审美感受和理论分析，直陈己见，发表了《〔第二次考试〕是一篇好作品》的文章，鲜明地阐述了我自己的观点。我在撰写中外名剧研究文章时，也注意突破一般评论那种一主题，二情节，三人物，四技巧的模式，而运用综合研究的方法，拎出剧作中最有亮色的关眼所在条分缕析，娓娓言说，让读者真切地感受到经典剧作散发出来的独特的美感。

三，要有深厚的人文关怀。这对每一个作家、评论家来说，也是非常重要的。我一直非常关注历代文人、作家、艺术家的生活际遇、艺术创造和文品人品，并加以阐发。我在写自然风光的文章，也很着意在自然山水之中的人文因素，表现一种人文的关怀，如《天平山谒范文正公祠》一文着重刻画范仲淹"先天下之忧而忧，后天下之乐而乐"的高风亮节，《泉城济南》不仅写济南泉水的风貌，而且由泉水谈到诗泉，从而引出济南出过的杰出的诗人李清照和辛弃疾，进而彰显这座文化古城诗思泉涌的人文景观。我觉得只有有了深切的人文关怀，才能写出有筋骨、有道德、有温度的作品来。

我一直以为，一个人从事一项工作，你要做好这项工作，首先得热爱这个工作，这是成功的重要因素。你热爱它，才能钻进去，才能把工作看成是美丽的。有人问我，你为什么能50多年坚守在这块园地里，耕耘不辍。其实其中一个朴素的原因就是我喜爱文学和艺术，喜爱写作和研究。因为喜爱，就不是要我做，而是我要做，不是要我写，而是我要写。这样你就会不只把它当作职业来对待，而是当作事业来看待，把它看作是与自己的生命息息相关的事情。这样你就能专心致志，心不旁骛，不受外界各种干扰和诱惑的影响，去做你觉得有意义的事。另外，一个人要专心去做一件事，要以"工匠精神"去做这一件事，这样，持之以恒，一定会有收获，一定能够成功。而一个人一辈子能够认认真真地做好一件事情，那么就非常值了，就算不虚度人生了。经过数十年的努力，圆了我的作家梦、文学梦和艺术梦，我便觉得非常欣慰，无怨无悔了。

我想到了我所尊敬的同乡、同行、前辈叶圣陶先生。他把自己的书斋名题作"未厌居"，这里有两层意思，一是对生活，未能厌世；二是对文学创作，未能厌足。我要学习他的这种"未厌精神"，永远热爱生活，贴近现实，不断进取，笔耕不辍，继续为文艺事业的繁荣和发展添砖加瓦，贡献绵薄的力量。

是为序。

沈裕慎

2016 年 3 月 26 日于上海听雨轩

# 目录

## 第二编　文心雕虫

## 第三编　巨擘踪印

### 纵谈鲁迅

# 第四编 风 物 寻 美

# 第一编　艺海鸿爪

○ ○ 一

# 艺术审美三题

爱美之心,人皆有之。人们往往喜欢从自己生活的环境里,寻找美的事物。其实这种美的事物是普遍存在的,峻峭的高山,浩淼的大海,皎洁的月亮,盛开的鲜花,这是自然美;高尚的道德,纯洁的爱情,真挚的友谊,这是社会美。它们都给人以美的感受。然而人们往往还不满足于这些现实美,还追求一种更高层次的美的形态——艺术美。艺术美是人们在对现实美的感受的基础上,按照自己的理想与愿望,对现实美进行加工和创造的结果,它往往比现实美更加强烈,更加集中,也更富魅力。它是人类智慧与创造的结晶。人们通过对优秀艺术作品的欣赏,可以获得丰富的美感享受,可以愉悦心情,陶冶情操,净化灵魂。随着人们物质、精神生活的不断丰富,艺术欣赏将逐渐成为现代人生活中一个不可或缺的重要内容。

## 一、欣赏艺术不可浅尝辄止

艺术欣赏是一种审美活动,也是一种复杂的、特殊的心理活动,包括对欣赏对象的感觉、知觉、理解、思考以及联想、想象等认识过程,同时包括与认识过程相伴随的主观方面的感受情绪和情感活动。在这种欣赏过程中,感受是极为关键的一环,只有有了准确、敏锐、充分的感受,才能把握艺术作品在感情形式和形象上的特点,从而在头脑中形成鲜明、独特的印象。艺术欣赏者对艺术品的第一个印象,也称"艺术的初感",非常重要。因为它对人的感觉器官是一种新鲜的刺激,感受最为敏锐和深刻。有时候欣赏者一听某一首歌曲就喜欢上了,看到某一幅画第一眼就被深深吸引住了,就是这个道理。

然而,艺术欣赏又不能满足于"艺术的初感"。真正的艺术欣赏并不是浮光掠影或回眸一瞥可以领略以尽的。不少艺术品并不是一下子就能接触到它的真谛的。所以首先,它需要欣赏者对审美对象的稳定注意。比如说,您看一出戏剧的演出,必须坐下来全神贯注,进入到剧情中去,如果心不在焉,思绪旁骛,就很难领略剧情的内容及其内在的意蕴。我记得幼年时跟随父亲去看京剧,往往第一场戏的情节看不清楚,为什么呢? 因为那时刚开场,场内人声嘈杂,人静不下心来。京剧之所以用开场锣鼓来镇场,也就是为了让观众尽早地进入稳定注意的阶段。稳定的注意,就是指欣赏者的注意有一定的趋向,感觉、知觉、记忆、思索等思维活动指向并集中于一定的对象。其次,这种注意有一定的持续性和稳定性,看一场戏一般说要持续几十分钟。这种稳定的注意状态,有助于欣赏者对审美对象发出的信息,作有效而完整的接收。

艺术欣赏还是一个反复审美的感受的过程。如吃橄榄,初咬一口,会觉得涩嘴,但仔细咀嚼,便有一种奇特的香甜之味。有些艺术作品,乍一看未必有什么惊人之处,但细细品味,其中的美感就如泉眼的泉水一般汩汩地流出。

宋代郭若虚的《图画见闻志》中有这样的一段记载:"唐阎立本至荆州,观张僧繇旧迹,曰'定虚得名耳'。明日又往,曰'犹是近代佳手'。明日往,曰'名下无虚士'。坐卧观之,留宿其下,十余日不能去。"

　　阎立本是唐代伟大的画家,擅画人物,笔力圆劲雄浑,神态生动,曾作有《秦府十八学士》、《凌烟阁功臣》、《步辇图卷》等,得到当时好评,被誉为"丹青神化"。最近故宫博物院、上海博物馆等在上海联合举办的"晋唐宋元书画国宝展"中就有阎立本的传世之作《步辇图卷》,通过画面,使人感受到一派大唐盛世的风貌。这里提到的张僧繇则是南朝梁杰出的画家,是一位擅画人物、肖像的圣手,多作佛寺宗教壁画,他的画骨气奇伟,规模宏逸。关于他还有许多神奇的传说。如传说他有一次在金陵安乐寺大殿的壁上画了四条龙,但全都有眼无珠。人们很奇怪,问他为何画龙不点睛。他说不能点,只要一点上眼睛,墙上画的龙立即就会飞腾而去。人们都不相信,认为他在吹牛,一定要他把龙眼睛点上。张僧繇就拿起笔给四条龙依次点睛。当他才画好两条龙的眼睛,天色骤变,雷电大作,风雨交加,坚固的墙壁也震塌了。那些惊惶失措地看画人,只见两条墨龙迅疾腾空而去。这虽是一则神话,但足见张僧繇的画是如何的出神入化。

　　可是阎立本当年到荆州观看张僧繇留下的壁画,第一天初看觉得没有什么,还以为张僧繇是徒有虚名;第二天他再去观赏,就领略到一些画中的意味,所以称张僧繇为近代画坛佳手;第三天,他又前往观赏,这次不禁叹曰:真名不虚传。他越看越觉得有味道,坐着看,躺着看,反复揣摩,竟流连忘返,欲罢不能,干脆留宿其间十多天,才恋恋不舍地离去。

　　可见,要想真正领略一部艺术作品的美,有一个反复感受的过程。罗丹说过:"美是到处都有的。对于我们的眼睛不是缺少美,而是缺少发现。"要发现美,往往得反复地感受。

　　另外,艺术的审美活动,还是一个不断深入,不断深化的过程。艺术欣赏主要是形象思维的活动,也可以说是感情的活动,在对客观的美的认识过程中,伴随着主观的情感反应,或满意,或愉悦,或喜悦。然而,审美过程中也渗透着理性的活动,感受了还要进而理解,理解了才能有更深的感受,这时美感才会更完整,更深刻。上面说到阎立本看画,坐着看,躺着看,就是在反复揣摩,仔细推敲,这里面就包含有理性的思考。德国戏剧大师布莱希特主张对戏剧的间离效果,也就是要求观众在看戏时能有理性的思考。而这种理性的思考,往往能推进审美活动的深化。比如,我们欣赏贝多芬的第五交响曲(命运交响曲),当然欣赏者的心弦首先被 0333 | 1— |0222| 7— |7—|这个命运敲门声的音乐动机所震撼,但是如果结合贝多芬"我要扼住命运的咽喉,他不能使我完全屈服……啊!能把生命活上几千次该有多美啊"的话语,进行理性思考,那么就更能深刻地把握住作品中英雄意志战胜宿命论,光明战胜黑暗的深邃意蕴。

　　明代苏州有位戏曲作家梁辰鱼写了一部传奇《浣纱记》,这个戏取材于吴越兴亡的故事,以范蠡与西施的爱情为主要线索,展现了吴越兴亡的曲折过程。这个戏中的西施形象的塑造,超越了"女人是祸水"的传统观念,她不仅是个典型的美人形象,更重要的是她在国家危难之时,以国家为重,不惜牺牲自己的爱情和青春,为挽救国家危亡而效力。如果我们再联系梁辰鱼的生平,作者年青时就性好读书习武,后来还与奇人异士一同驰马击剑,他一直想在御倭寇的战争中报效国家。但是怀才不遇,抱负无以施展,再联系他写的另一部杂剧《红线女》中所塑造的义肝侠胆的奇女子红线的形象,我们就能深刻理解《浣纱记》所抒发的爱国精神以及对现实政治的批判精神,也能更完整地感受西施这一形象容貌美与心灵美了。

　　根据系统论的理论,一部艺术作品往往有表层结构与深层结构两个层次。表层结构一般是作品反映的直接社会内容,这是作家自觉构思的结果;深层的叙述结构则往往是作家所下意识的,即所谓"内在机制的投射"。表层结构更多体现着共时性的特征,而深层结构则趋向历时性,体现着艺术主题的某种延续性。然而,恰恰是这个层次对作品整体的美学起着决定的作用。关汉卿的《单刀会》，表层结构是写关公单刀赴会的英雄气概，而作品中借人物之口那么突出地一连串地唱出那许多个"汉"字，在深层结构中蕴含着作者一种强烈的民族感情，我曾在一篇文章中用"匣剑帷灯"形容关剧的风格，如果欣赏者不加理性思考，那么很难完整地感受这些艺术作品体现出来的美的。

文艺作品往往形象大于思想，如果欣赏者不加理性思考，那么是很难完整地感受艺术作品体现出来的美的。莎士比亚笔下的哈姆莱特，究竟其性格特征是什么，至今还争论不清，故有"一千个读者，就有一千个哈姆莱特"的说法；还有达·芬奇的名画《蒙娜丽莎》中主人公那微妙的笑容，究竟意味着什么，也是众说纷纭，争论了几百年至今还没有一个统一的结论。

在艺术欣赏过程中，感受与理解是互相结合的，它们之间存在着彼此制约、渗透，互相诱发、促进的关系。欣赏艺术首先要有充分的感受，同时要从感性的体验上升到理性剖析，运用抽象思维来把握事物之间的内在联系，从而认识事物的本质。这样才能在更高层面上领悟艺术创作的美学价值、思想价值和认识价值。因此，整个艺术欣赏过程就是一个由浅入深，由表及里的过程。这些都说明了作为一个欣赏者值得注意的问题：艺术欣赏不能浅尝辄止。

## 二、观千剑而后识器

现在，参观博物馆，鉴赏或收藏文物、古玩等也逐渐成为一种时尚的艺术活动。参观、鉴赏、收藏等都离不开艺术欣赏和艺术审美。审美是人类作为审美主体，对具有美的特性的事物（审美客体）进行审视、鉴赏的一种精神活动。通过这种审美观照，审美主体在精神情感上获得兴奋、愉悦、满足等主观感受，也就是美感。一般浮光掠影式参观或是阅读，也可说是一种欣赏活动，但它还是比较浅层的，如果要想通过艺术的欣赏获得知识、哲理、美感享受和精神滋养，停留在浅层就不够了，这就需要不断深化这种欣赏活动。

深化欣赏活动，需要有知识和学养方面的必要支撑。马克思说过："……只有音乐才激起人的音乐感；对于不辨音律的耳朵来说。最美的音乐也毫无意义，音乐对他来说不是对象。"提出了欣赏音乐必须有音乐的耳朵的命题。同样，欣赏文物、书画等也要有美术的眼睛。要对文物、书画有所了解，并逐步入门，熟悉这门艺术的历史、内容、形式及其特征，掌握其艺术规律。这样有助把欣赏活动提升到高级的阶段。此时的欣赏就不只停留在艺术的表象方面，而是进入到艺术肌体的深层次，触摸到艺术创造的某些规律，此时的艺术感受比较深刻，获得的美感享受也更加丰富，逐渐领略到艺术的深刻内涵与真谛。而且这时欣赏活动又往往伴随着理解与思考，感受与分析彼此制约、渗透，相互诱发、推动，不断地由浅入深，由表及里，逐步剔除感受中的不确切成分，把握住作品的本质特征，从而对作品的美学价值作出正确的评论。

艺术的鉴赏还需经验的积累。不断的比较、鉴别，然后变成识家。刘勰在《文心雕龙·知音》中说："凡操千曲而后晓声，观千剑而后识器。故圆照之象，务先博观。阅乔岳以形培，酌沧波以喻畎浍，无私于轻重，不偏于憎爱，然后能平理若衡，照辞如镜矣。"观千剑而后识器，讲得十分精辟。操千曲，观千剑，一方面有了比较、鉴别的材料，另外，也可从中归结出一些带普遍性的规律，这样就有助于我们正确认识和评价具体的艺术作品。

据说王维有一次在洛阳招国坊庚静修处看见一幅色彩鲜丽的壁画。这幅画题为《按乐图》，画一群乐工正在聚精会神地演奏一支乐曲。王维被画深深吸引住了，边点头边称赞。有人问他为何如此兴致勃勃。王维说，这幅壁画乍一看很平常，没有什么可称道的，也没有什么明显的特色,但如果仔细看,就会发现,它很不一般。它不仅准确地表现了乐工们正在演奏什么乐曲,而且还表现了正在演奏曲子的第几叠第几拍。人们凑过去仔细观看,仍然没有看出个所以然,王维便告诉他们,演奏的是《霓裳羽衣曲》,是这支曲子的第三叠第一拍。大家不大相信。于是有几个好事者很快请来一队乐工,当场演奏《霓裳羽衣曲》,当演到第三叠第一拍时,人们对照这幅画一看,不由大吃一惊。原来乐工的手和口在乐器上的位置以及动作姿势,果然与壁画上的形状一模一样,丝毫不差。原来王维不仅是诗人、画家,而且对音乐也很精通,早年曾做过主管音乐的大乐丞。如果他对音乐不精通,就无法作出正确的判断。

另外,还要多观察、分析生活,积累丰富的生活经验和生活体验。因为任何文艺作品都是生活的反映,生活是文艺创作的源泉。如果说,文艺作品是一面镜子,那么生活就是镜子观照的对象。你不熟悉镜子反映的对象,就很难判断出镜子反映得是否正确。只有对生活有深刻的理解,有真知灼见,才能正确认识文艺作品反映生活的深度和广度。据说宋朝大文学家欧阳修得到一幅古画,画的是一丛牡丹,牡丹下面有一只猫。欧阳修不知是否真的古画。有一天他的亲家吴正肃丞相来访,他对古画很有研究,因此欧阳修请他鉴别。他仔细地看了又看,说:"这确是一幅古画,画的是正午牡丹。"欧阳修问道:"你怎么知道的呢?"吴正肃指着画说:"你看,这花瓣是张开的,中午阳光强烈,花的颜色都是干巴巴的。"接着又指着画上的猫说:"再看这只猫的眼睛,瞳孔眯成一条线,这正是正午猫的瞳孔。"这位评论家正是运用他丰富的生活经验,对作品作出了准确的评价。因此,一个欣赏者要真正能够看出艺术作品的门道,离不开丰富的生活经验。

## 三、完整美和残缺美

谈起艺术审美,两座断臂雕像时时在我脑海里萦绕。

先说第一座,那是19世纪法国伟大雕塑家罗丹创作的巴尔扎克像。雕像的两条手臂都是被砍掉的。这里还有一个故事。一天深夜,罗丹刚完成大作家巴尔扎克的雕像:他穿一件宽袖的长袍,两手在胸前叠合。罗丹自己感到很满意,就叫他的一个学生来看。学生看了惊喜地叫起来:"好极了,我从来没有见过这样一双奇妙的手!"罗丹的脸色逐渐阴沉下来,他又叫了两个学生来看,一个学生说:"只有上帝才能创造这双手,它们简直像活了一样"。另一个学生惊呼:"那双手,那双手,老师你单凭这双手,就足以使你永垂青史了!"罗丹神态有点慌乱,他仓皇地到工作室,抢起一把大斧,冲到雕像面前,狠狠地砍断了那双"举世无双的完美的手"。学生们被老师的行动惊得目瞪口呆了。罗丹说:"傻子们! 这双手太突出了。它们已经有了自己的生命,它们已经不属于这座雕像的整体了,所以我不能不把它们砍掉。"他接着说:"记着,而且要好好地记着,一件真正完美的艺术品,没有任何一部分比整体更加重要。"直到现在,陈列在巴黎艺术馆的那座巴尔扎克的雕像,仍然没有手,它的手被宽大的袍袖遮盖着。

任何一件成功的艺术品,都应该是一个完整的机体,也可说就是一个系统,系统是由若干相互关联、相互作用的要素(或子系统)构成的,它是一个不可分割的有机整体,系统与要素之间,要素与要素之间是相互关联,相互作用的,在这里,"整体大于它的各部分的总和"。从美学角度看,艺术品的美有个整体性的问题,它的各个局部的美应该融合于整体之中,只有在系统的有机整体中,才能够体现出它那个局部的意义,一旦离开了有机整体,它就会失去在整体中所具有的意义。巴尔扎克雕像的那一双手,从局部看,它是无与伦比的,但是在一个美的有机体中,局部必须服从于整体。巴尔扎克雕像的那双手是个局部,当这个局部的存在影响或破坏了雕像的有序性与整体性,阻碍了和谐的整体美感的构成,它就失去了美的意义,所以罗丹"挥泪斩马谡",将雕像的双手砍掉。

我们再看看第二座雕像,那是年代更早的断臂维纳斯的雕像,此乃古希腊雕塑家伯拉克西特列斯的杰作。后来世人看到的是从地下发掘出来的破碎断片修复而成的。在同一地点还发现"拿苹果的手臂"的断片,有人想把这双手接到维纳斯的雕像之上,但赝品反而破坏了维纳斯的美,结果还是拿掉了。现在保留下来的就是断臂的维纳斯。维纳斯是罗马神话中爱与美的女神。这座维纳斯雕像,公开展出后,博得了高度的评价,而对所缺的两臂却引起了各种不同的反映与猜想。著名诗人海涅曾到卢浮宫,久久地坐在维纳斯雕像前哭着,哭的是一个人被侮辱了的完美,哭的是那走向完美之路既艰难且遥远。德国雕刻家茨尔·斯特拉塞说:这是维纳斯站在他情人马尔斯(战神)的身旁,右手握着他的右手,左手轻轻搁在情人的左肩上。考古学家阿道尔夫·富尔托温古拉却说,维纳斯左手拿苹果,手臂搭在木台上,右手紧贴腰带。英国雕塑家拜尔说,维纳斯两手拿着胜利的花环。波兰解剖学家哈塞尔认为,维纳斯正要投入水中,右手抓住下滑的腰带,左手抚着发束。瑞士人却猜想维纳斯右手拿着鸽子,左手拿着苹果……众说纷纭,不一而足。

为什么维纳斯的雕像任其残缺呢?这是由于这座杰出雕像原有的"手臂"部分已经失传,另外也因为残缺也是一种美,并且惟其残缺却能启发欣赏者的联想与想象。联想是由此及彼,即事物在头脑中形成的暂时联系与复活;想象则是由此生发,即头脑中记忆的表象进行新的组合,欣赏者通过联想、想象,对艺术品中的形象进行补充加工、改造,形成新的形象。上述那些学者对维纳斯的手臂的多种诠解,就说明断臂雕像已引发欣赏者以联想和想象来加以丰富和补充,从而也参与了艺术的创造活动。这种欣赏者与艺术家共同创造的艺术形象,往往体现了更高层次上的完整美。

本世纪六、七十年代在西方兴起一种接受美学。他们把文艺作品的接受者与创造者置于一个平等的地位。认为作品的创作、传达与接受是一个连续的过程。作品仅仅是一种启示或吁求,接收者不是被动的欣赏理解作品,而是参与一种积极、能动的创造行为,他们从作品中接收到信息,引起一连串的情感反应,引起无限的审美遐想,并以自己的审美模式铸造、加工了这些信息。因此萨特认为:"精神产品这种既具体又臆想的客体,只有在作者和读者的共同努力下才能出现。"曾经发生过这样一个有趣的事情,法国作家欧仁·苏在写作小说《巴黎的秘密》时,先在《评论报》上连载,每登完一节,读者就把自己对情节、人物活动的设想告诉作者。这里读者参与了创作,是小说的合作者,作家的创作中渗透着读者的影响。

欣赏者在欣赏过程中参与创造的情况很多,欣赏国画与戏曲就是十分明显的例子。

齐白石有一幅题为《十里蛙声出山泉》的水墨画,画面上只画了几弯淡淡的溪水,一群小蝌蚪顺着溪水嬉游……这里既无青蛙,何来蛙声,然而看画的人却可以根据画面想象到溪水上游正有无数青蛙在蹦跳欢跃,鼓噪歌唱。经过读者的联想、想象、补充、创造,仿佛有清脆的蛙声随着山泉、蝌蚪隐隐传到耳畔。应该说这幅画的审美过程中是充满了读者的创造活动的。

我国的戏曲是以唱、念、做、打的表演为中心的综合艺术,它的突出特点是写意性与虚拟性。剧中人物开门、关门、上楼、下楼、骑马、坐轿等等,在舞台上都是用虚拟动作来表现的。台上并无门窗、楼梯,也无马匹,是通过演员的手势、身段,辅以道具制造一种舞台的幻觉。梅兰芳在《贵妃醉酒》中用卧鱼的程式表现杨贵妃俯身嗅花,台上没有花,动作的幅度又是变形并夸张了的,与实际生活相距甚远。京剧《三岔口》,明明是表演夜间摸黑厮杀,舞台上却居然灯火通明。这里的艺术形象都有模糊的意味,观众的欣赏过程,就是一个创造过程。我们不妨把趟马、开门、关门、圆场、鹞子翻身等程式看作是一些符号。这些符号通过舞台这一信道传达到观众那儿,观众便将它"译码"比如趟马,以鞭代马,观众便会立刻把它"翻译"、"还原"为跃马扬鞭的信息;《贵妃醉酒》中的卧鱼,观众联系角色的脸部表情、神态以及此动作的"上下文",不仅会还原成嗅花,而且还会从感情上去感受贵妃此时此地惆怅凄婉的心境;《三岔口》虽然在明亮的舞台主开打,然而焦赞与刘利华两人的动作、神态都模拟着夜间摸黑打斗的情状,观众通过想象,便能在头脑中创造出摸黑打斗的意境。因此从严格意义上说,戏曲的舞台形象是演员与观众共同创造的结果。

很显然,艺术欣赏渗透着创造活动,而艺术欣赏的乐趣,不只是在于接受,更在于创造。

两座断臂雕像给了我们很深的启迪,前者说明美是完整的,一件艺术品应该是一个有机的整体,这个整体的各个部分和谐地统一,给人一种整体的美感,正如罗丹所说:"一种真正完美的艺术品,没有任何一部分比整体更加重要的。"后者却进一层说明了艺术的完整美与残缺美的关系,艺术贵在含蓄,有时残缺不全,不但不影响艺术的完整美,并且可以启发欣赏者的丰富的艺术想象,让欣赏者自己来加以丰富和补充,这不仅使欣赏者的欣赏活动更富生趣,而且欣赏者也参与了艺术创作活动,他们的想象和补充,也成为艺术作品的一部分,从而体现了更高程度上的完整美。

(《名作欣赏》1996 年第 4 期)

○○二

# 谈艺术的"抽象"

在《广州文艺》第七期上,读到了徐德仁同志的《艺术的"抽象"》一文。这篇文章力图说明:"艺术需要'抽象'";"艺术的'抽象',是贯穿于艺术的一切活动之中的",包括着艺术创作、艺术借鉴和艺术欣赏的各个领域。对这样的看法,笔者不敢苟同。

"抽象"是与"具体"相对而言的,抽象又往往与概念联系在一起,而概念却是"形象"的对立物。如果徐德仁同志说的艺术抽象是指艺术概括,那么,艺术概括的特点恰恰是形象的典型化,而不是把形象抽象成为概念。因此,艺术抽象的命题本身就不确切。文学艺术区别于哲学、社会科学的最显著的地方,就在于后者以抽象的概念的形式反映客观世界,而文学、艺术的基本特点却在于以具体而生动感人的形象的形式反映客观世界。普列汉诺夫在《没有地址的信》中指出:艺术"既表现人们的感情,表现人们的思想,但是并非抽象地表现,而是用生动的形象来表现。这就是艺术的最主要的特点"。文学艺术不能以概念、公式、定理、理论等抽象的形式来反映生活,相反,它要借助于对生活图景的具体描绘和活生生的人物形象的创造来表现生活。可见贯穿艺术创作一切活动之中的,恰恰就是具体的形象。徐德仁同志把艺术的抽象说成是贯穿艺术一切活动的要素,显然是不符合艺术本身的规律的。

统观徐德仁同志的文章,我感觉到他对艺术"抽象"的概念并没有确定的内涵,文中所举的例证也并不能说明自己的论点。不少地方,他想说明"抽象",实际上说的却并不是"抽象"。

比如,关于艺术创作中的所谓抽象。他说梅兰芳《天女散花》通过优美的舞蹈给人以流花飞动、天花乱坠、落英缤纷的感觉,然而整个舞台上并无一株芳茎;齐白石画的小虾,如同活跃于水波之间,然而画面上并没有水珠,徐德仁同志认为这就是艺术的"抽象"。其实这里并不是具体与抽象的问题,而是艺术手法的不同而已。梅兰芳运用我国传统戏曲虚构的表演手段,创造了逼真神似的艺术境界,而齐白石则是用国画中虚实结合、以白计黑的技法,通过小虾栩栩如生的形象的刻画,创造了游翔浅底的意境。这里恰恰是通过具体的形象刻画构成了一种情景交融的意境。

徐文又举到白居易的《琵琶行》中"此时无声胜有声"的名句。他认为"有声"是具体的,"无声"就是抽象的。这种看法也未免失之偏颇。其实有声是具体的,无声也是具体的。白居易善于从不同的角度来描写琵琶女的技艺和乐曲的神妙。他不仅从曲调的美妙、技艺的高超来刻画,同时写"凝绝不通声暂歇",乐曲戛然而止,反映这种"无声"所产生的特殊艺术效果。这"无声"本身就是具体的形象的描绘。

徐文还把《红楼梦》中对晴雯的描写说成是艺术的"抽象"的例子,其实也不然。我以为这个例子说明了正面描写与侧面描写的关系。曹雪芹没有直接地写晴雯如何如何美,而是通过对别的美人的形象具体刻画,从而在对晴雯的映衬、扶持、对照、比较之中突出她的美,从别人对她的动作、语言、情绪、气氛中感染出她的美。这里虽然不是直接正面描写,然而晴雯的美,读者得到的艺术感受同样是具体的、形象的,而并不是抽象的美。换句话说,人们是从别的美人细致的形象刻画上看到了晴雯的具体美,心目中出现了鲜明的艺术形象,并为之感动的。可见徐文所举的几个例子,原试图说明艺术的抽象在创作中的作用,然而实际上并不能说明艺术抽象的问题,而只是说明作家艺术家可以通过不同的艺术手法来刻画具体的、感人的艺术形象。

徐文又谈到艺术借鉴的问题,这个问题比较复杂,当然,抽象的文艺理论可以给作家艺术家以深刻的启示,但徐德仁同志谈的不是这个问题。他谈的是艺术方面触类旁通的问题。张旭观公孙大娘舞剑而草书益进,恰恰靠的不是抽象,而是具体的形象的感受,张旭正是在舞剑的具体姿势、形象中悟到了与书法共通的东西。艺术的触类旁通之所以存在,主要就在于各种艺术既有特殊的规律,又有共同的规律,即通过具体的形象来表现生活,因此触类旁通是离不开具体的形象的。它不可能引出艺术抽象的结论。

徐文还谈到抽象在艺术欣赏中的作用,他说:"那著名的巫山神女峰,固然是大自然的精心杰作,但何尝不是万千欣赏者的欣赏结晶?大自然'抽象'无心,欣赏者'抽象'有意。""艺术的'抽象'犹如艺术品与欣赏者之间架起的一座桥梁,它不只使艺术品畅通地贯向欣赏者,同样,也可以使欣赏者留连往返到这艺术品中。"这段话颇感费解,这里所说的"抽象"究竟是什么含义?作者似乎是在谈欣赏活动中欣赏者的共鸣和再创造的问题,然而欣赏者的共鸣也好,创造也好,其桥梁决不在于"抽象",而恰恰是具体的形象。艺术欣赏是以艺术作品所提供的形象为根据的感受、体验和认识。如果离开了欣赏对象的具体、可感的形象,那就无从引起感情上的感染和共鸣,也无从引起艺术上的联想和创造,巫山神女峰在欣赏者眼中首先是一个具体的可感的形象,而不是一个抽象的概念。

总之,我以为贯串艺术一切活动之中的应该是具体的形象,当然,描写艺术形象的手法是多种多样的,然而抽象的、概念的描写恰恰是应该努力避免的。徐文最后把艺术的抽象推崇为"一种更高一级的艺术",更是在文艺理论和文艺创作实践上都行不通的。

以上是我读了《艺术的"抽象"》一文以后，匆匆写下的一些感想，望徐德仁同志和其他读者不吝指正。

(《广州文艺》1981年第12期)

○○三

# 艺术科学研究断想

我国的艺术科学研究的历史极其悠久。早在战国时期就有了研究音乐的著作《乐论》；南朝齐出现美术理论著作《古画品录》；戏曲稍晚一些，在唐代也出现了戏曲史论的滥觞《教坊记》。经过历代研究家的辛勤劳动，我国的艺术研究著作也是一个卷帙浩繁、异彩纷呈的宝库。然而，把艺术研究作为一门独立的科学来加以研究，还是近年来才引起学术界的重视。我国较西方起步晚了。今天，文艺创作的繁荣，与文艺研究的发展同为社会主义精神文明建设的重要内容。因此如何以马克思主义思想为指导，创建中国的艺术科学，是我们每一个艺术理论工作者应该认真思考的课题。本文想从几个角度对这一问题发表一些粗浅的意见。

## 一、艺术研究的思维问题

首先我们有必要了解一下当今世界文艺研究的态势。

20世纪西方文艺研究是空前活跃的时期，理论迭出，流派林立。首先研究的面有所拓展，以前比较看重世界与作品的关系、世界与作者的关系、作者与作品的关系方面的研究。20世纪扩展到四个点、五条线，也就是文艺的要素从世界、作者、作品三个扩展到四个，除以上三个以外，还有读者（观众）一个；读者与作品，读者与世界这两条线也成为研究的内容，出现了解构批评、接受美学、文艺社会学等新学科。

20世纪世界文学的焦点逐渐转向人自身，注重对灵魂和心理的展示与描写，对精神世界的窥探与解剖，现代艺术也致力于探究"神秘的内心世界"。与此相适应的文艺研究克服了过去简单依附于政治、现实而产生的非艺术化、非审美化倾向，开始按照文艺研究自身的规律与观点，实现自身的价值取向。它表现在双重内在化的探索，一是对文艺与文艺家的内在心理的探究，一是对文艺世界内部规律、文艺作品深层结构的探究，并且把审美研究作为主要的批评视角。再一个特点就是文艺研究呈现多元化的态势，这表现在对于现实主义和其他艺术流派的兼容态度，以及研究方法的多样性。

我国的情况如何呢？三中全会之后，我国的艺术研究得到了空前的发展。全国各省市纷纷成立专门的艺术研究机构，团结和培养了一批艺术研究的专门人才，《中国戏曲通史》、《中国戏曲曲艺辞典》等著作相继出版，《中国戏曲志》和十大艺术集成的编纂，都显示了艺术研究取得了新的可喜成果。另外，近年来完整地、用发展观点看待马克思主义，对过去"左"的文艺思想有所反思，逐渐摆脱对经济基础与上层建筑关系的简单机械理解，文艺研究简单依附于政治与政策,作为单纯的阶级斗争武器的看法,开始探究文艺研究自身的规律与价值。随着改革开放的深入,当今世界的学术思潮大量涌入,一方面扩大了学术的视野,另一方面又与原来的思想文化传统发生碰撞,既接受其积极的影响,又产生殊多困惑。

艺术研究的新思维决不是要摆脱或离开马克思主义的指导,而是要在更深的层次理解马克思主义的精髓,拓展其巨大的理论穿透力。我们是不是可以从以下几个方面去考虑:

(1)以当代意识审视艺术的历史现象。以前艺术研究中对艺术历史的研究较多是汇集资料,在观点上有陈陈相因的弊病。如何以当代意识作为重要的参照系,观照传统艺术的研究,更确切地把握传统艺术的体性和取舍标准,这是一个重要课题。

(2)加强从文化学角度研究艺术。把艺术放置于大文化背景下研究,从人类学、历史学、民族学、民俗学等多角度,作全方位研究,有利于对艺术真谛的切近。

(3)加强审美研究。以前我们比较简单地理解艺术反映生活的问题。其实艺术反映生活有其特殊性,那就是它通过作家、艺术家的审美感受,又通过读者观众的审美享受。因此艺术研究的重要对象就是艺术家的审美感受与欣赏者的审美心理,这方面以前恰恰是比较忽视的。

(4)艺术研究中要特别重视对现状的研究。这里说的现状首先是当前国内大陆的艺术创作、艺术研究的现状,研究港、澳、台的艺术现状,同时扩大视野,注意对世界各国艺术现状的研究。研究各种不同类型艺术的意识形态和艺术形态,使我们的艺术科学研究发挥正确导向的作用和促进艺术健康发展的功能。

(5)多元化与兼容性。艺术创作要"百花齐放",艺术理论的发展也有赖于竞争,要提倡"百家争鸣"。清一色划一的格局不利于理论的发展。

## 二、艺术研究的格局构想

我国艺术研究的状况,传统艺术遗产十分丰厚,而相比较来看,艺术研究的基础比较薄弱,队伍也不够坚实。以前,各地基本上没有专门的艺术研究机构,大部分省市的艺术研究所是1978年以来从剧目室演变过来的。现在艺术研究基本上有两个系统:一是学院派,如戏剧学院、音乐学院;一是实践派,艺术研究所大体属于后者。据我所知像浙江省艺术研究所、福建省艺术研究所至今还担负着组织创作的任务。我们的好处是接触实践多,但是也不可否认在人员的理论素质、知识技能结构方面有一定的缺陷。办法是两个:一是原有研究人员的进修;二是补充新的血液。这几年已有一些大专院校的本科生和研究生充实到这个队伍中来,面貌有所改观。还有一个缺陷,大多以戏曲或戏剧为主,其他门类不全。

艺术科学研究的职能,概括说有三条:

(1)对艺术遗产的梳爬、整理、分析,作出正确的历史评价;

(2)研究总结古今中外的艺术经验及其规律;

(3)研究现状,作出必要的预测与策应。

根据艺术研究的职能,艺术科学研究的体系与格局,大体分三个层次:

(1)基础工程:包括艺术资料的汇集整理、艺术作品集、古典作品的校点、笺注、辑佚、新编等;作家、艺术家及艺术作品的史料整理研究、艺术家传记、流派演变等;艺术史、专史的编纂;志、集成及其他工具书的编纂。这是艺术研究的基础工程,关系重大。近几年,文化部抓了戏曲志及音乐、舞蹈等十大集成的编纂工作,这是很有战略眼光的决策。还有北京艺术研究所与上海艺术研究所联合编写的《中国京剧史》等,这些工作也成为近几年各地艺术研究所的主要工作。

（2）艺术批评、艺术评论：这一个层次范围比较广，比较灵活，应该是艺术研究中最活跃的因素，特别它对当前的艺术创作有更直接的关系。它包括作家、艺术家及作品的专题研究，各种艺术样式的专题研究，艺术作品的批评、鉴赏；各学科交叉研究；艺术流派研究等。一般是以作品为审视中心，涉及到世界与作品、世界与艺术家、世界与读者、作品与艺术家、作品与读者的诸种关系。

（3）上层结构：艺术理论、艺术哲学、美学。这是艺术研究的理论升华，它往往是艺术研究水准的标志。

这三个层次的关系是相互依存、相互渗透的关系，就像是一个系统中的三个子系统。如果没有坚实的基础工程，那就不可能有切实可行的应用研究，更不可能建构高、精、尖的上层结构。上层结构对应用研究及具体的操作研究是不可缺少的理论指导；然而，如果理论研究脱离了应用研究，既会失去保持理论常青的活力，同时也会失去其现实价值。

第一，在具体工作中，对这三个层次还有一个合理协调的问题。最近几年，集中较多的力量从事戏曲志、十大集成的编纂工作是完全必要的，但在善始善终搞好这项基础工程的同时，要考虑加强第二层次、第三层次的研究工作，特别是对现状的研究。因为艺术研究的最终目的还是要促进社会主义文艺的繁荣，第二层次有着更直接的功能。除了在力量上给以适当安排外，还须在客观上创造一个文艺批评百家争鸣的良性环境。第三层次难度较大，要花大力气，在史志集成完成后，除一部分人继续专致于基础工程的建设，要调配力量攻第三层次，从而不断提高艺术研究的水准。

第二，各分支的发展问题。艺术是个大的范畴。由于历史原因与现状，我们的艺术研究所大多偏重于戏剧乃至戏曲、音乐、美术，也主要是戏曲音乐、舞台美术。以后根据条件逐步发展门类，如音乐、美术、曲艺、书法、舞蹈等，使艺术研究所真正名副其实。还要考虑新学科的创建，如艺术管理学、观众学、艺术经营学等。

第三，加强艺术记录工作与普及工作。上海艺术研究所搞了一套艺术家的艺术经验记录，得到了各方面的鼓励。除了文字记录外，还可以用现代技术手段如录像、录音把宝贵的艺术资料保留下来。现在一些中年演员、包括青年演员的艺术资料，也要有计划地记录下来，不要都到了老态龙钟时才去抢救。把中青年的艺术风采记录下来，更为适宜。

第四，希望政府部门对艺术研究增加投入。比如现在发文章难，出书难，特别是出学术著作难，这不能不影响研究人员的积极性。艺术研究所最好有一个理论刊物，可以发表研究成果。

## 三、艺术研究的方法运用

前面说到过，20世纪西方文艺研究出现学派林立、方法迭出的情况，如弗洛依德的心理批评、荣格的原型批评，还有结构主义、现象学、接受美学、比较文学、系统论、信息论、控制论等新方法层出不穷。1983年，我国文学评论界也兴起了一股"方法热"，有一部分同志把这些新方法引入文学研究，取得了初步的成绩，像《关于艺术系统的分析和思考》、《论阿Q性格系统》、《李商隐无题诗构思特点》等文章对前人的研究均有一定的突破。

马克思主义的辩证唯物论与历史唯物论是最基本的宇宙观，也是我们研究艺术科学的最根本的立场、观点、方法。马克思主义可以指导和包容其他各种方法，然而它并不替代或排斥别的方法。对引进新方法在评论界取得了较为一致的看法,认为借鉴现代西方各种批评流派的具体方法有助于改变文艺批评方法的单一化;引进自然科学的概念、知识和方法,有助于打破文艺研究、文艺批评自身的封闭性;而运用系统科学方法论,有助于突破传统的思维模式,用一种辩证综合的系统方式来思考问题。不少同志认为系统科学方法对马克思主义辩证法是一种补充。

戏剧评论界也有一部分同志致力于引进新方法,推进艺术研究的发展。但与文学评论界相比,还有不小的差距。

从我国古典曲论的发展轨迹看,也是一个不断更新方法的过程。开始是杂录、记叙中夹杂议论,如《教坊记》《青楼集》;后来是著录、评点,如《录鬼簿》、《剧品》、《曲品》、《金圣叹评点西厢记》等;到了清代与近代的李渔与王国维开始建构宏大的理论体系,特别是王国维引进了西方文学批评方法:归纳法与演绎法、分析法与综合法、比较方法等,写出了条理性、理论性强,宏观与微观结合,史与论结合,呈现空前宏大科学规模的《宋元戏曲考》,在中国曲论发展史上划了一个时代。

可见方法的问题并不是一个无足轻重的问题。实际上它关系到艺术研究的潜在思维方式问题。方法的更新与发展就是人类思维方式不断更新健全的体现。引进新方法,在艺术研究中不仅是很有意义的事,而且是大有可为的。

这一方面,我自己有切身体会,近几年我在运用新的方法论研究戏曲方面,作了一些尝试。比如用比较文学的方法研究中西名剧,用接受美学看观众与戏曲改革的关系,用模糊美学考察戏曲表演的特征,用系统方法研究"临川四梦"等。当然这种研究还十分粗疏,但是从中学到不少东西,也引发起自己在这方面的浓厚兴趣。希望更多的同志一起来耕耘。

随着方法论研究的不断深入,也出现了不少新的困惑。比较突出的问题是:

(1)出现了一种"咸与维新"的新词崇拜、生词泛滥的现象。1986年中国新时期文学十年学术讨论会上,提到什么什么性,什么什么意识,竟有几十种之多,有人戏称这次会议为:"性""意识"发布会。有的文章满纸新名词,但言不及义,无的放矢,成为一种追求时髦、炫耀知识的文字游戏。原因在于作者没有切合研究对象的实际,没有融会贯通,化成自己的语言。前几年开过一次对中国当代文学的国际研讨会,会上出现一个奇怪的现象:外国学者的文章我们听得懂,有些中国学者的文章反而听不懂。这可能是因为外国的学者研究中国文学,有意照顾中国的语言习惯,而有的中国学者却生硬搬用外国术语。有些评论外国戏剧的评论,戏本身对一般观众来说已经比较费解了,可是评论文章写得更玄,读者读了如堕五里雾中。有的戏剧评论还摹仿荒诞派戏剧的语言,在评论中成段成段地不用标点符号。我以为这些都是不足取的。首先要力求自己弄懂,并且让读者明白。

(2)对方法有个合理的选择问题。方法与对象,方法与我,都有一个双向选择的问题。不同对象可以有不同研究方法切入,同一对象也可以有不同研究方法切入。选择正确,往往为成功奠定了基础。现在有些文章,选择不当,就显得生硬、牵强、缺乏说服力。除了选择以外,还有一个综合运用的问题。各种方法有其长处,也有其局限,综合运用可以起到互补作用的效果。

(3)要注意内向化的文化思潮,可能导向文学艺术研究脱离其外部世界。庸俗社会学把文艺研究变成历史研究、社会研究,当然是不对的,但割裂艺术与外部世界的关系,这样的研究也势必会走入另一个死胡同。这也是必须加以注意的。

有的同志鉴于上述情况,提议在多元选择并存的前提下走向一种新的层次,即建立一种新的、综合的、互补的批评范式——"新美学—历史批评"。他们认为这种范式既不同于传统的

"美学—历史批评",又能沟通艺术与历史之间不可分割的联系。建立这种范式是否可行和必要,这种范式与其他方法的关系如何,都尚须进一步讨论。

艺术科学研究的思维问题,是一个很重要,也很宽泛的问题。我对此研究很不深入,以上这些仅是我的一些学习体会和实际工作中的感受,谈得很粗浅,甚至可能不得要领,写出来无非希望能起一个抛砖引玉的作用。

1989 年 4 月

（《艺术美学新论》122 页,华东师大出版社,1991 年 3 月）

○○四

# 评论家的艺术敏感

作家、艺术家需要艺术敏感,这是不言而喻的。其实,文艺评论家也十分需要艺术敏感。

文艺评论无疑是一种科学活动,它需要用概念、判断、推理等逻辑思维的方式;然而,文艺评论又是以文艺欣赏为其基础的。从概念到概念,用现存的理论去套具体的作品,这是一种评论方法;从生动、具体的艺术感受出发,然后上升到理性的分析,这又是一种评论的方法。关于第一种评论方法,鲁迅曾经在《批评家的批评家》一文中作过描绘:"他们往往用一个一定的圈子向作品上面套,合就好,不合就坏。"他用张献忠考秀才的典故来作比喻:"先在两柱之间横系一条绳子,叫应考的走过去,太高的杀,太矮的也杀,于是杀光了蜀中的英才。"显然这种评论方法是有害无益的。正确的方法应该是第二种。评论家首先应该是一个很好的文艺欣赏者。文艺欣赏是一种复杂的、特殊的心理活动,包括对审美对象的感觉、知觉、理解、思考以及联想、想象等认识过程,同时包括与认识过程相伴随的主观方面的感受情绪和情感活动。在这种欣赏过程中,感受是极为关键的一环。只有有了准确、敏锐、充分的感受,才能把握文艺作品在感情形式和形象上的特点,从而在脑中形成鲜明、独特的印象。这里还要注意捕捉"艺术的初感",也就是对审美对象的第一个印象,因为它对人的感觉器官是一种新鲜的刺激,感受最为敏锐。当然,评论家又要区别于一般的欣赏者,他必须在感受的基础上进行理性的剖析。对评论家来说,感受与理解又往往是相互伴随的,感受的时候掺杂着分析,分析的时候又须反复感受。它们彼此制约、渗透,相互诱发、推动,不断地由浅入深,由表及里,逐步剔除感受中的不确切成分,把握住作品的本质特征,从而对作品的美学价值作出正确的评论。

既然文艺评论家的评论工作应该以感受作为起跑线,所以作为一个文艺评论家必须锻炼敏锐的艺术感受力。从事各种职业的人,有其各自的职业敏感,比如画家对造型、色彩、线条,音乐家对节奏、音响、旋律,而书法家则能从行云、舞剑等似乎与书法风马牛不相及的现象中悟出书法的结构和笔致。职业敏感的养成是长期对与职业有关的种种事物进行注意的结果,这种长期的注意使他对这一方面的感知、记忆和思考特别敏锐。文艺评论家也应该有自己独特的艺术敏感。他并不是单纯地接受审美对象给他的印象,而是在感受的同时进行剖析,从艺术与生活的关系,形象与思想的关系,内容与形式的关系,作品的思想蕴涵与作者的心理状态的关系等诸方面进行评论。文艺评论家看戏时也会被感动得热泪盈眶,然而他又会冷静地思考这戏剧的场景、人物。即使是一件不起眼的道具,一处不着痕迹的伏笔,他都不会放过,他立即会想到这里一个悬念,后面将如何抖开这包袱底……

文艺评论家的艺术感受既要求敏锐,同时又要求不断深化。评论家要培养艺术敏感,必须正确地感受生活,具有丰富的生活经验。因为任何文艺作品都是生活的反映,生活是文艺创作的源泉。如果说,文艺作品是一面镜子,那么生活就是镜子照见的对象。你不熟悉镜子反映的对象,就很难判断出镜子反映得是否正确。只有对生活有深刻的理解,有真知灼见,才能正确认识文艺作品反映生活的深度和广度。评论家必须运用他丰富的生活经验,对作品作出了准确的评价。因此,评论家的艺术敏感,不能离开生活的经验。

文艺评论家的艺术敏感还依赖于他对艺术形式的熟谙和对艺术规律的掌握。刘勰在《文心雕龙·知音》中说:“凡操千曲而后晓声,观千剑而后识器。”操千曲,观千剑,一方面有了比较、鉴别的材料,另外,也可从中归结出一些带普遍性的规律,这样就有助于我们正确认识和评价具体的文艺作品。

前文还说到,王维观赏壁画《按乐图》,能够准确说出乐工们正在演奏什么乐曲,正在演奏曲子的第几叠第几拍。这是很典型的例子。可见,作为一个评论家,不仅要精通艺术形式和艺术规律,而且最好自己也有一点创作实践。清代戏剧理论家李渔,自己就是一位剧作家、导演家,因此他的戏剧理论就写得很切合实际。又如茅盾同志是一位杰出的小说家,他写的小说评论也特别精彩,这是因为他的评论中渗透了创作的经验和甘苦。当然,我们并不要求每一个评论家都同时是一位创作家,但是有一点创作实践,能体味作者创作的甘苦,这并不是过高的要求。

(《当代文坛》1986 年第 3 期)

## ·谈书画·

○○五

# 郑板桥散论

郑板桥是清代杰出的书画家、诗人,他的许多书画、诗文、艺论至今还闪发着独特的风采。无怪乎马宗霍在《松轩随笔》中对他作了如此评价:“板桥有三绝:曰画,曰诗,曰书。三绝之中又有三真:曰真气,曰真意,曰真趣。”①我认为这是极为中肯而确切的。这篇文章想对郑板桥其人其艺其论作一番探索和思考。

---

① 《书林藻鉴》第 379 页。

# 一、四十年来画竹枝，日间挥写夜间思

郑板桥，本名郑燮，字克柔，号板桥。他的画，题材以竹、兰、石、菊为多，其中最突出的要算是竹子。在他的文集中，写竹的画和写竹的诗，俯拾即是，数目之众，难以统计。他在一首题画的诗中说："四十年来画竹枝，日间挥写夜间思。"①足见他对画竹倾注了何等巨大的心血和精力。即使不说是嗜竹成癖吧，也总可以说是爱竹至深了。他在给弟弟的一封信中谈到关于置买宅院的意见，首先想到的是置一竹林。即使睡觉，他也念念不忘竹子："竹里秋风应更多，打窗敲户影婆娑；老夫不肯删除去，留与三更警睡魔。"他对竹子是充满感情的，并且在他看来，竹子对他也有着深厚的感情："非唯我爱竹石，即竹石亦爱我也。"

郑板桥为何如此爱竹，为何将竹作为作画的主要题材呢？扬州多竹，不能不说是其中的一个原因。郑板桥是江苏兴化人，但长期客居扬州。当时扬州商业和手工业已甚发达，交通也很便利，是南方经济中心之一；同时又是一座文化古城："千家养女先教曲，十里栽花算种田。"扬州人素爱花木，尤其是竹子。郑板桥在题画中说："余家有茅屋二间，南面种竹。夏日新篁初放，绿荫照人。"正因为郑板桥生活在新篁绕宅、竹影婆娑的环境中，朝夕举目可见，时时熏染陶冶，所以能够"信手拈来都是竹，乱叶交枝戞寒玉"。

当然，并不是说扬州多竹，扬州的画家就都一定会把竹子当做主要题材；也不是说少竹的地方就一定不能出画竹的画家。这就要求我们继续探索板桥之所以爱画竹子的其他原因。郑板桥是"扬州八怪"之一。扬州八怪是清康熙至乾隆年间一个异峰突起的艺术流派。郑板桥、李鱓、金农、高翔、汪士慎、黄慎、李方膺、罗聘统称为"八怪"。扬州八怪"怪"在何处呢？怪就怪在偏离统治画坛的正统"画院派"。他们主张师法自然，我为我用，敢于冲破画院派的藩篱，打破墨守成规、唯古是循的沉闷空气，以洋溢着生活气息和艺术个性的作品独树一帜，与正统的学术流派相颉颃。这种艺术上的创新，与扬州八怪在政治上的主张是密切相联的。他们之中有的会试落第，有的被贬黜罢官。因此，他们不满现实，傲世疾俗。这些画家多数从事花鸟画，而竹子却往往是他们作画的主要题材。并且郑板桥推崇的前辈画家郑所南、徐青藤、石涛等，也都是画竹的名手。画派共同的艺术趣味及同人的相互影响，不能不说是郑板桥喜欢画竹的又一原因。

然而最主要的，恐怕还得从郑板桥的主观原因中去寻找。根据历史记载，郑板桥早年生活贫困，生性聪颖："板桥幼颖悟，读书饶别解，绰有文名。家固贫，落拓不羁。"②他四十岁才中进士，曾任山东范县、潍县知县，因办账济得罪豪绅而去职："以岁饥为民请赈，忤大吏，遂乞病归。"③晚年客居扬州，以画为业："宦海归来两袖空，逢人卖竹画清风。"郑板桥的经历、为人、性格，就是他几十年如一日，潜心揣摩，秉笔抒写竹子的主要原因。

郑板桥一向推崇竹子，称之为"竹君子"，具"君子之德，大王之雄"。他在一则兰竹石的题画中说："板桥画竹，不特为竹写神，亦为竹写生。瘦劲孤高，是其神也；豪迈凌云，是（其）生也；依于石而不囿于石，是其节也；落于色相而不滞于梗概，是其品也。"这一段话是他对竹的全面评价，同时也是他对人生哲学的概括阐述。竹如其人，人如其竹，所以郑板桥特别爱竹，更爱

---

① 《郑板桥集》（中华书局出版）第209页。以下本文中凡未注明出处者，均引自《郑板桥集》。
② 《郑燮小传》，《国朝耆献类微初编卷》第233页。
③ 《清代学者像传》。

画竹。

郑板桥一生傲世疾俗,所以尤为称颂竹之孤劲挺拔。他虽然中过进士、入过宦海,但对权贵豪门、官场世俗却疾恶如仇。"量今酌古情何恨,愿借东风作小狂。""狂"字,也就是他不畏权贵、敢于与世俗斗争的崇高品格。郑板桥曾在文中多次抨击过豪门权贵和所谓"才子名流":"凡所谓锦绣才子者,皆天下之废物也","而一二失路名家,落魄贵胄,借祖宗以欺人,述先代而自大"。他对那些"村犬吠故人偏恶"的势利世情,以及那些卑鄙恶劣的暴发户,更是作了深刻的勾画:"乡里小儿暴得志,好论家世谈甲科";"乌纱略戴心情变,黄阁疑登面目新",真是活灵活现,入木三分。郑板桥作画:"索我画偏不画,不索我画偏要画。"而画的东西呢? 又故意不合事宜:"十载扬州作画师,长将赭墨代胭脂;写来竹柏无颜色,卖与东风不合时。"郑板桥不肯用胭脂来粉饰现实,所以被人看作是"无颜色"了。这种艺术上的"不合时",便是政治上"不随世"的集中反映。因此他非常羡慕竹子孤傲挺拔之态,翻迥向天之势,他在当县官时,为了救灾于民,四处奔波,不怕得罪豪绅权贵,最后终因赈济事罢官归隐。

郑板桥一生洁身自好,所以反复赞扬竹之青翠脱俗。他曾经追求过仕途,意欲报效君王,疗救民瘼。但在现实生活中却四处碰壁,一筹莫展。因此他对宦海生涯极为厌恶:"进又无能退又难,宦途局蹐不堪看;吾家颇有东篱菊,归去秋风耐岁寒。"官场的腐败,使他羡慕独善其身、洁身自好的隐居生活:"宦情不及闲情热,一夜心飞入鉴湖。"而竹子却是洁身自好的极好象征,它生在幽雅之处,孤劲挺立,青翠欲滴,因此板桥写道:"请看一片萧萧竹,画里阶前总绝尘。"他曾为民请命,进取不成,但又不甘同流合污,因此就想:"借取渔家新篛笠,一竿烟雨入沧浪";"如今再种扬州竹,依旧淮南一片青"。他所赞扬的就是这个"青"字。岂止是这个"青"字,他更为钦佩竹之干直有节:直乃磊落,节乃不屈。"不过数片叶,满纸混是节。"竹子是何等坚劲,它脚跟站得坚定,浑身是节,经得起风霜的考验:"咬定青山不放松,立根原在破岩中;千磨万劫还坚劲,任尔东西南北风!"与其说,他是在写竹子,不如说,他是在写自己,因为他自己从来光明磊落,不为强暴所屈服:"吹嘘更不劳前辈,从此江南一梗顽","七十老人写竹石,石更峻嶒竹更直"。这正是郑板桥自己的逼真写照。

可以这样说,竹如板桥,板桥如竹,板桥爱竹是爱竹之品格,板桥画竹是画竹之精神,而板桥本身就是一枝秆直叶茂、青翠脱俗、不畏风雨、坚定挺立的青竹!

## 二、我有胸中十万竿,一时飞作淋漓墨

郑板桥在谈到他画竹时,曾写过一首诗:"信手拈来都是竹,乱叶交枝戞寒玉……我有胸中十万竿,一时飞作淋漓墨。"有着多么强烈的创作激情和多么娴熟的创作技巧啊! 但这种创作激情和创作技巧难道是凭空而来的吗? 非也! 郑板桥之所以如此画兴勃发,除了他爱竹至深之外,就是因为"我有胸中十万竿"。值得研究的是,他这"胸中十万竿"又是如何得来的呢?

他在一则题画中说:"余家有茅屋二间。南面种竹。夏日新篁初放,绿荫照人。置一小榻其中,甚凉适也。秋冬之季,取围屏骨子断去两头,横安以为窗棂,用匀薄洁白之纸糊之。风和日暖,冻蝇触窗纸上,冬冬作小鼓声。于时一片竹影凌乱。岂非天然图画乎? 凡吾画竹,无所师承,多得于纸窗、粉壁、日光、月影中耳。"这就很好地回答了上面所提的问题。"我有胸中十万竿",绝非凭空臆造,灵感所至,而是郑板桥长期潜心观察、细致体味的结果。作家、画家,如果没有对客观生活的细致观察和体味,根本不可能有什么精巧优美的表现。而郑板桥的观察生活,并不是浮光掠影、走马观花,相反,他是极为细致,并有一定深度的。他观察竹子,不仅正

面看,而且侧面看;不仅在日光下看,而且在月影下看;不仅直接看,而且间接从粉墙纸窗上看其映象。甚至专门糊一洁白的纸屏,观察映在屏上的摇曳摆动的竹影,来体味其诗情画意。郑板桥正是从各个不同角度,用各种不同方法,细致入微地观察竹子各种各样的姿态情状,所以才能达到"我有胸中十万竿"这样丰富的境地。惟其如此,他笔下的竹子才能这样千姿百态,五彩缤纷。

当然,对艺术创作来说,观察还只是第一步。观察的东西还只是生活的素材,只是艺术品的原始胚胎,还须经过一个艰苦而复杂的艺术加工过程。艺术加工的一道极为重要的工序,就是酝酿和构思。郑板桥对酝酿在创作中的作用是有充分认识的。他说:"江馆清秋,晨起看竹,烟光、日影、露气,皆浮动于疏枝密叶之间。胸中勃勃,遂有画意。其实胸中之竹并不是眼中之竹也。因而磨墨、展纸、落笔,倏作变相,手中之竹又不是胸中之竹也。"他这里非常精辟地阐述了"眼中之竹"、"胸中之竹"、"手中之竹"三者之间的辩证关系:眼中之竹就是由观察得来的映象,胸中之竹是酝酿中的描写对象,而手中之竹才是实际创作出来的具体形象。没有眼中之竹,就不可能有胸中之竹;没有胸中之竹,也不可能有手中之竹。但是眼中之竹毕竟带着原始状态,胸中之竹在艺术上也还没有成形,只有手中之竹才是画家的艺术体现。在三百多年以前,郑板桥就能清楚地阐明这样的艺术创作规律及生活与艺术的关系,这是难能可贵的。

在这个创作过程中,酝酿构思是极为重要的一个环节,这是形象思维阶段,用鲁迅先生的话说,就是"静观默察,烂熟于心,然后凝神结想、一挥而就"①。郑板桥曾经说过:"文与可画竹,胸有成竹,郑板桥画竹,胸无成竹。浓淡疏密,短长肥瘦,随手写去,自尔成局,其神理具足也。藐兹后学,何敢妄拟前贤。然有成竹无成竹,其实只是一个道理。"这里讲的成竹的"成"字是相对的。文与可在着笔前酝酿的竹子比较具体,因此笔下之竹与胸中之竹差距较小;而板桥着墨时对胸中之竹的调整、补充、完善更显著一些。从胸中之竹到手中之竹,其中有一个艺术体现的过程,即使胸中之竹已经非常具体完整,也会因为动笔时作者的情绪、意趣、技巧运用,以及笔墨纸砚等客观条件的不同,而形成不同的手中之竹。文与可与郑板桥在胸中都是有竹的,都是充分酝酿的,因此说"其实只是一个道理"。应该说,郑板桥是很重视酝酿这一环节的。他认为,著文作画,都要酝酿成熟,然后才能进入创作过程。他在《赠胡天游弟》一诗中说:"作文勉强为,荆棘塞喉齿。乃兴勃发处,烟云拂满纸。"这就是说,写诗作画,都勉强不得,只有酝酿成熟,才能出现创作的"精灵",才能产生创作的"勃兴",水到渠成,达到"笔下墨走"、"满纸烟云"的境界。这些论述,生动地阐明了有关艺术创作的客观规律。

郑板桥对艺术创作有不少真知灼见,今天读来,仍对我们有着有益的启示。

"千古文章根肺腑"这是郑板桥的一句名言。他认为,写文作画,都必须表现真挚的感情。他在《偶然作》一诗中写道:"英雄何必读书史,直摅血性为文章;不仙不佛不圣贤,笔墨之外有主张。"郑板桥自己的作品,一个显著的特点,就是感情深挚,自然动人。"芭蕉叶叶为多情,一叶才舒一叶生;自是相思抽不尽,却教风雨愁秋声。""相约明年春事早,嚼花心红蕊相思汁,共染得,肝肠赤。"前者用芭蕉叶舒复又生,喻相思之情连绵不尽;后者以花蕊红叶染赤肝肠,比友情之真诚炽烈。多么生动,多么深挚!

"意在笔先"是郑板桥又一见解。他说"总之,意在笔先者,定则也;趣在法外者,化机也,独画云乎哉?"郑板桥主张立意并不是把主题硬加在不相干的题材上,而是要从具体题材中自然

---

① 鲁迅:《且介亭杂文未编·〈出关〉的"关"》,《鲁迅全集六卷》第 423 页。

而然地生发出来。一幅作品的"意"与"趣"应该是统一的,单纯追求艺术趣味而丢掉了作品的立意,很难成其为优秀的作品。反之,只有意没有趣的作品,同样也不会产生艺术感染力,只能使人索然无味。板桥自己不少作品,都是意趣相谐、回味无穷的。"浓云风不动,薄霭片时过,泽小含烟少,山深吐气多"写的是云,说的却是人的胸襟和度量。"阅尽荣枯是盆盎,几回拔去几回栽"画的是兰,说的却是世事的荣枯与变迁。"一片绿荫如洗,护竹何劳荆杞?仍将竹作笆篱,求人不如求己。"这幅篱竹以物喻人,构思立意巧妙自然之极。"画根竹枝插块石,石比竹枝高一尺;虽然一尺让他高,来年看我掀天力。"这幅竹石画出了深刻的人生哲理。写意并不是随意写,没有一定的功力,连形似都达不到,何谈意境呢?郑板桥说过:"必极工而后能写意,非不工而遂能写意也。"

"敢云少少许,胜人多多许"这是板桥对艺术创作的一种精确理解。他在一则题画中说:"一两三枝竹枝,四五六片竹叶,自然淡淡疏疏,何必重重叠叠?""以少胜多"是艺术创作的一条规律,任何优秀的文艺作品,总是以个别的典型艺术形象来概括地反映有普遍意义的生活现实的。诗如此,文如此,画亦如此。板桥画的竹大多是数竿竹枝,缀以竹叶,疏疏朗朗,意趣无穷,而不以重叠堆砌为能事。艺术作品概括得越好,其艺术容量就越大。"一谈胸吐露,数盏意周旋。"仅十个字就把两位友人久别重逢、促膝畅谈、情意绵绵的神态勾画出来了。

郑板桥还主张既要写形,更要写神;不仅写神,还要写生。这是符合辩证法的。他在一首称赞黄慎画竹的诗中说:"画到精神飘没处,更无真相有真魂。"这也是形似与神似的关系。板桥画竹,不仅形象逼真,而且神态各异,可以说,他把竹的精神全画了出来。他又说:"板桥写,竹不特为竹写神,亦为竹写生。"我理解,艺术作品要写出精神,这并不是架空的,作品必须充满生活气息,使这种精神有所依托。板桥的诗写得生动自然,神韵隽永。如"雨细窗明火,鸦楼柳暗城,云揉山欲活,潮横雨如奔。""夜深更饮秋潭水,带月连星舀一瓢。"这些诗句写得形象、生动,有画面,有音响,也有神韵。

板桥画竹以至作文,很讲究结构和层次的安排,他曾多处谈到这个问题。如在一则题画中写到:"画大幅竹,人以为难,吾以为易。每日只画一竿,至完至足,须五七日画五七竿,皆离立完好。然后以淡竹、小竹、碎竹经纬其间,或疏或密,或浓或淡,或肥或瘦,随意缓急,便构成大局矣",这种结构方法并非没有道理。板桥在一则画石的题文中说:"画石亦然,有横块,有方块,有圆块,有欹斜侧块。何以入人之目,毕竟有皴法以见层次,有空白以见平整,空白之外又皴,然后大包小,小包大,构成全局,尤在用笔用墨用水之妙,所谓一块元气结而石成矣。"讲结构,必须讲层次,没有层次,就是铁板一块。而要有层次,必须讲皴法,安排黑白,这样才见疏密,才得虚实,才有穿插,才能呼应,才能贯串,才能构成完整的结构。郑板桥还说:"近日禹鸿胪画竹,颇能乱,甚妙。乱之一字,甚当体任,甚当体任。"这里所说的"乱",决不是乱七八糟、杂乱无章,而是乱中见其平整,乱中透其神韵,这也是结构艺术必须注意的。表面上看来很乱,实际上却是秩序井然,结构严谨,真是"略无纪律,而纪律自在其中"。

## 三、十分学七要抛三,各自灵苗各自探

郑板桥是个勤学苦练的艺术家。"四十年来画竹枝,日间挥写夜间思;冗繁削尽留清瘦,画到生时是熟时。"通过这首诗,我们可以看到一位孜孜不倦、刻意求工的艺术家的动人形象。他不仅日夜画画,而且勤奋地学习。为了掌握传统,钻研技巧,他不但向善画兰竹的郑所南、陈古白学习,而且向不善画兰竹的徐文长、高且园学习,他还向石涛、八大山人及扬州八怪其他几位

画家学习。他说过："予为兰竹,家数小小,若有苦心,卅年探讨。"

郑板桥对优秀传统是取虚心学习态度的,但他并不为传统所拘囿。在他艺术生涯中极为可贵的一点,是他的革新和独创精神。他反对陈陈相因、墨守成规的复古主义主张,并把那些人鄙视地称之为"小儒",靠抄经摘史、贩犯古法的作品,即使徒具词华,但最多只能是古董的复制,本身的艺术是毫无光彩可言的。他指出:"读书必欲读五车,胸中撑塞如乱麻。作文必欲法前古,婢学夫人徒自苦。"他反对文章法前古,落窠臼;而主张"不泥古法,不执己见"。因此他很推崇那些敢于创新的艺术家,他称赞侯嘉璠的诗:"大哉侯生诗,直达其肺腑;不为古所累,气与意相辅。"在当时的历史条件下,反对保守,提倡创新,这是要有很大的勇气的。

既要虚心认真地学习传统,又要有所突破,刻意求新,这并不矛盾。首先有个如何学习传统的问题。郑板桥认为,学传统不能死学,要活学,如何学呢?

第一,要求精求深。他在《板桥自叙》中说:"板桥居士读书求精不求多,非不能多,惟精乃能运多,徒多徒烂耳。"他反对那种浅尝辄止,卒尔操瓢式的"博学"。他称赞紫琼道人的学习方法:"方法紫琼道人读书精而不骛博。"他反对所谓"过目成诵",认为:"读书以过目成诵为能,最是不济事……眼中了了,心下匆匆,方寸无多,往来应接不暇,如看场中美色,一眼即过,与我何与也?"此其一;其二,过目成诵,容易读不择书,"有无所不诵之陋"。他却要求下苦功夫读得精,学得深。"读得深,养气足,恢恢游刃有余地矣。"只有学精学深,才能学到真谛,这是郑板桥的一条重要经验。

第二,要学精神,取其意。他在一幅画的题跋里讲了一段很精辟的话:"郑所南、陈古白两先生善画兰竹,燮未尝学之;徐文长、高且园两先生不甚画兰竹,而燮时时学之弗辍,盖师其意不在迹象之间也……昔人学草书入神,或观蛇斗,或观夏云,得个入处;或观公主与担夫争道,或观公孙大娘舞西河剑器,夫岂取草书成格而规规效法者?"向不甚画兰竹的徐文长、高且园学画兰竹,这是很有独创性的见解。因为虽然徐、高两大家不甚画兰竹,但在他们的画里可以学到画兰竹所需的艺术经验。而且他不是表面地学习"迹象之间"的东西,而是"师其意",学其精神,学其规律。他讲的昔人学草书的例子,更印证了"师其意"的重要。

第三,要有分析,有取舍,有创见。他在《随猎诗草、花间堂诗草跋》中说:"学问二字,须要拆开看,学是学,问是问,今人有学而无问,虽读书万卷,只是一条钝铁汉。"这就是说,学了要问,要多问几个为什么。要问就得深入分析,就要虚心求教,这样才能有所长进。郑板桥对石涛和八大山人就进行过仔细比较和分析:"石涛画法千变万化,离奇苍古,而又能细秀妥贴,比之八大山人,殆有过之无不及处。然八大名满天下,石涛名不出吾扬州,何哉?八大纯用减笔,而石涛微茸耳。且八大无二名,人易记识;石涛弘济,又曰'清湘道人',又曰'苦瓜和尚',又曰'大涤子',又曰'瞎尊者',别号太多,翻成搅乱。"板桥在学习前辈时是有分析、有取舍的。板桥还主张学习要有创见:"总是读书要有特识,依样葫芦,无有是处。"他在一则题画中说:"石涛和尚客吾扬州数十年,见其兰幅,极多亦极少。学一半,撤一半,未尝全学。非不欲全,实不能全,亦不必全也。诗曰:'十分学七要抛三,各自灵苗各自探'。"这两句诗是道理浅显而又深刻的警句!传统艺术也好,前辈大家也好,总不会是十全十美的。即使真是至善至美,但后世人学习时,因当时新的情况、新的需要和学习者本身的具体条件及其他因素,总要对他们有所分析,有所取舍,有所发展。也只有这样,这些传统艺术才能一代一代传下去,一代一代向前发展。

学术要有所发展,就要有所创造。学习是为了创造。郑板桥是十分重视学习前人或同辈经验的,但他主张有所师承,又自成一家。学习并不是生吞活剥,而是着意于领悟融化。他在一则兰竹石的题画中写道："平生爱所南先生及陈古白画兰竹。既又见大涤子画石,或依法皴、或整或碎,或完或不完,遂取其意,构成石势,然后以兰竹弥缝其间。虽学出两家,而笔墨则一气也。"他能博采众家之长,加以融会贯通,实是有师,看似无师,已经自成一格了。郑板桥主张要敢于破格。他在一则题竹中说："余作竹作石,固无取于枯木也。意在画竹,则竹为主,以石辅之。今石反大于竹,多于竹,又出于格外也。不泥古法,不执己见,惟在活而已矣。"不泥古法,出于格外,这是当时正统派将郑板桥称之为"怪"的一条主要原因。其实,郑板桥的破格,并非胡乱破坏,他是深通其格的。只有懂格才能破格。破格也不是什么格都破,而是有碍于思想内容表现的格则破之。

郑板桥主张艺术贵在独创。他说："燮画兰竹,绝不与之同道。复堂喜曰:'是能自立门户者'。""自立门户"就是要创造自己的风格。他主张:"凡作文者,当作主子文章,不可作奴才文章。"人云亦云,亦步亦趋,只能是奴才文章。不从人法,自创一格,才是主子文章。当然,一个艺术家的风格的形成,是其艺术成熟到一定水平的标志。而且形成风格后,也还有一个不断创造、不断进取的问题。"画到生时是熟时",熟时又觉得生,这才能出新意,出新的境界。

## 四、要知画法通书法,兰竹如同草隶然

郑板桥不仅是个画家,而且是个杰出的书法家。他从小学书,终身挥毫,锲而不舍。他自己曾谈到学书的情况:"字学汉魏,崔蔡钟繇,古碑断碣,刻意搜求。""黄泥水灶茶烹陆,白雨幽窗字学颜。"这里的"陆"指茶圣陆羽,"颜"指颜真卿。

作为一个杰出的书法家,郑板桥有其独特的风格和独特的见解。据我浅见,一是郑板桥巧妙地将画法渗入了书法艺术。世界上各门艺术有其共性,也有其个性。用"触类旁通"这句话来形容各门艺术之间的关系,是很有道理的。特别是书法与中国画更是比较亲近的姐妹艺术,其间有不少相通之处,可资互相借鉴。它们所用的工具相同,都是笔墨纸砚。从艺术技法看,它们都讲究结构、布局、韵致、笔法、枯润;从艺术效果看,它们又都以造型的美去感染读者。可以说,郑板桥是甚得其中三昧的,他在一则兰竹画的题款中写了如下的论述:"日日临池把墨研,何曾粉黛去争妍? 要知画法通书法,兰竹如同草隶然。"郑板桥其所以得出这样的结论,是由于通过细致的研究和揣摩。他研究黄庭坚的书法,揣摩苏东坡的竹画,得到了奇妙的发现:"山谷写字如画竹,东坡画竹如写字"。于是他进而研究画竹与书法的关系:"书法有行款,竹更要行款;书法有浓淡,竹更要浓淡;书法有疏密,竹更要疏密。此幅奉赠常君西北。西北善画不画,而以画之关纽,透入于书。燮又以书之关纽,透入于画。"这里,他仔细分析了画竹与书法的相同之处,并大胆地提出了将画法渗入书法的创见。他讲的"透入",并不是将画竹的那一套技法生硬机械地搬进书法中去,而是以"画之关纽,透入于书"。一个"关纽",一个"透入",就将问题讲得非常得体精当,既说明画竹与书法的相通之处,同时又注意了书法毕竟不完全等同于画竹,而是各有自己的特点,因此不能互相生搬硬套,而只能将"画之关纽,透于书法"。"关纽"就是指的一些共同的规律,"透"就是融化的意思。

郑板桥在实践中也是这样做的。蒋宝龄在《墨林今话》中把郑板桥的书法归入"极瘦梗之致,亦间以画法行之"的一类;蒋士铨在一首题郑板桥画兰的诗中曾这样评价他的书画:"板桥作字如写兰,波磔奇古形翩翻;……下笔别自成一家,书画不愿常人夸;颓唐偃仰各有态,常人尽笑板桥怪。"板桥就是这样把书法与画法沟通起来,互相渗透,互相借鉴,达到书中有画、画中有书的境界。我们细细鉴赏他的书法,可以发现极为浓郁的兰竹笔意:有时中锋一竖,如同竹

枝挺立;有时斜欹一撇,如同竹叶翩然;有时在布局节奏中又可以领悟到兰竹的韵致。因此看板桥书法,就如同一幅兰竹画一样,给人以无穷的意趣。

郑板桥不仅巧妙地将画法引入书法,并且巧妙地将隶书与行楷熔于一炉,创造了著名的"六分半书"。大家知道,隶书也称"分书"或"八分书",郑板桥以分隶渗入行楷,创造了一种介乎楷隶之间的新的书体。这种书体既非隶书,又非行楷,而是隶楷的融合,而且隶多于楷。因此郑板桥自称之为"六分半书"。当时统治书坛的是墨守成规的馆阁体,他们要求字写得乌黑、方正、光洁,实际上端方构谨,纤靡软媚,千篇一律,毫无生气。郑板桥的"六分半书"一扫馆阁体的媚靡遗风,真是"另辟临池路一条"。在《四子书真迹序》中,郑板桥曾谈到自己的书法:"黄涪翁有杜诗抄本,赵松雪有左传抄本,皆为当时钦慕,后人珍藏,至有争之而致讼者。板桥既无涪翁之劲拨,又鄙松雪之滑熟,徒矜奇异,创为真隶相参之法,而杂以行草,究之师心自用,无足观也。"这段话非常鲜明地体现了郑板桥的独创精神。隶书与楷书是两种既有区别又有联系的书体,隶书是篆书笔画和结体的简化和变化,圆转改为方折,结体由狭长变为扁平,笔画间出现了波磔。隶书发展到汉朝为成熟阶段,汉隶在书法中是占有重要地位的。楷书即真书,是从隶书、隶草演变而来,它减省了汉隶的波磔,形体方正,笔画平直,可作楷模。而行书则是楷书的发展。隶书、楷书、行书相互之间的联系是显而易见的,但它们既然各自成为一种独立的书体,就必然各自有其独自的特点和规律,无论结体、笔法,都是风格迥然的。郑板桥正是利用了隶书与行楷之间既有联系又有区别的这种关系,各采其长,熔于一炉,所以他的六分半书,把隶书与行楷渗和糅合,创造一种新的书体。这种书体结构上多取扁形,笔法上吸收了隶楷各自特点,它有隶书的凝重、工整,又不拘泥于古板、沉闷,它有楷书的活泼、流畅,又不失之于潦草、难认。

对于六分半书,前人也殊多评论。李玉曾说:"书法《瘗鹤铭》,而兼黄鲁直,合其为分书。"牛应元说:"郑燮工书画,书增减真隶,别为一格。如秋花倚石,野鹤曳烟,自然成趣。"

这里再谈谈郑板桥的题字与画的关系。画幅上题字、题诗,是中国画的一大特色。板桥深谙此理,堪称为最喜欢题画的一位画家。他差不多每幅画都有题字,有的寥寥数语,有的长篇大论,有的写有优美的诗句,有的则挥写深刻的理论。板桥题画挥洒自如,活泼流畅,笔韵潇然,错落有致,读来书与画相映成趣,相得益彰。所以蒋宝龄说:"板桥题画之作,与其书画悉称,故觉绝妙。"[①]板桥的题画,一是诗情与画意相辅相成,妙趣横生。比如中国美术家协会珍藏的那幅兰竹画,画面上两竿修竹,亭亭玉立,竹叶繁密,气势茂盛,巨石间兰草勃发,整个画面充满生气。他在右上端题诗一首:"四时花草最无穷,时到芬芳过便空;唯有山中兰与竹,经冬历夏又秋冬。"经过这一点染,使画意更加鲜明,意境更加清新。其二是,板桥的题画,书法与画面互相衬托,笔意墨趣相呼似应。再看他另一幅竹画,一根挺拔的竹枝,欹斜地纵贯整个画幅,稍右是淡墨的一块峥嵘巨石,石前是一派浓密的竹叶。在此幅画的右上方,他用六分半书以凝重遒劲的笔致写道:"四十年来画竹枝,日间挥写夜间思。冗繁削尽留清瘦,画到生时是熟时。"真正达到了画、诗、书三位一体。

## 五、衙斋卧听萧萧竹,一枝一叶总关情

评价历史上一个作家、艺术家,除了看他的艺术成就,还要看他对待人民的态度如何。当

---

① 《墨林今话》卷一。

我们吟诵屈原"长太息以掩涕兮，哀民生之多艰"，杜甫"朱门酒肉臭，路有冻死骨"，和鲁迅"横眉冷对千夫指，俯首甘为孺子牛"等名句时，就可以清楚地看到这些伟大作家忧国忧民、为民请命的崇高精神是一脉相承的。在这方面，郑板桥也是值得我们推崇的一位。他中过进士，做过县令，侧身仕林，屡登宦途。但他与那些鱼肉人民、中饱私囊的封建官僚是绝不相同的。相反，他对广大人民却寄托了深厚的感情。在山东潍县任知县时，他曾在一幅竹画上题过这样一首诗："衙斋卧听萧萧竹，疑是民间疾苦声；些小吾曹州县吏，一枝一叶总关情。"夜间听到风吹竹叶沙沙作响，这是很平常的事情，但诗人却从萧萧竹声中听到了人民疾苦的呻吟和呼唤，于是诗人的感情通过这"一枝一叶"，与人民的疾苦痛痒深切联系在一起。作为一个封建社会的官吏，这是多么难能可贵啊！

郑板桥曾经鲜明地主张文艺要忧国忧民。他说："叹老嗟卑，是一身一家之事；忧国忧民是天地万物之事。"他在《靳秋田索画》的一则题画中又说："凡吾画兰、画竹、画石，用以慰天下之劳人，非以供天下之享人也。"他还尖锐地提出："难道天公，还箝恨口，不许长吁一两声？"他非常推崇历代那些忧国忧民的作家和作品，而批评那些不关心民间痛痒的作品。进而提出了用文艺作品抒发忧国忧民的感情，用文艺"慰天下之劳人"这些进步的文艺主张。

郑板桥对国家的忧患是很关切的。在他的诗词题画中有不少谈到南宋、明朝国破家亡的沉痛教训。他在《题屈翁山诗扎、石涛石溪八大山人山水小幅、并白丁墨兰共一卷》中说："国破家亡鬓总皤，一囊诗画作头陀。横涂竖抹千千幅，墨点无多泪点多。"特别突出的，是郑板桥对劳苦大众充满了同情和热爱。诗人先祖虽属儒官，但在他幼年时家道已经贫困。"下荒凉告绝薪，门前剥啄来催债"，就是当时生活的自况。贫苦的生活以及与人民的接触，培育了他对人民同情热爱的感情。"民为贵"是他的一个重要思想，他在给弟弟的一封信中说："我想天地间第一等人，只有农夫，而士为四民之末。"又说农夫："皆苦其身，勤其力，耕种收获，以养天下之人。使天下无农夫，举世皆饿死矣。"还说："愚兄平生最重农夫……要体貌他，要怜悯他，有所借贷，要周全他；不能赏还，要宽让他。"他在另一封给弟弟的家书中主张对贫家求学子弟要多为照拂，供其笔墨纸砚。碰到下雨要留饭借鞋。在又一封信中谈到："平生最不喜笼中养鸟，我图误悦，彼在囚牢，何情何理，而必屈物之性以适吾性乎？"因之提出："欲养鸟莫如多种树，使绕屋数百株，扶疏茂密，为鸟国鸟家。"这虽讲的是人与鸟的关系，实质上体现了对官与民的关系的见解。在他的家书中还有一段妙文不妨一读："此等宅居甚适，只是怕盗贼，不知盗贼亦穷民耳，开门延入，……便王献之青毡，亦可携取质百钱救急也。"这种开门揖盗的故事是很不多见的，足以表明他对在暴政压榨下流离失所的穷民的深切的同情。

郑板桥做官以后，对老百姓疾苦的关切，还表现在别的方面。他在《再和卢雅雨四首》中写道："放鸭洲边烟漠漠，卖花声里雨蒙蒙。关心民瘼尤堪慰，麦垄青葱入望中。"他对民事纤悉必周，无留牍、无冤民，曾做卧石于县壁，比喻讼简刑轻，有卧而理之之妙。但在封建社会里，统治阶级与劳动人民是根本对立的，郑板桥对此有一定感受，便在《范县》这首诗中喟然长叹曰："县门一尺情犹隔，况是君门隔紫宸！"当然，他只看到隔膜，而不知其实为对立。但即使这样，也使他深深失望，涌起了愧对黎民、厌恶官场的心情。这种心情在他的诗文中曾多处流露。如："喝道排衙懒不禁，芒鞋问俗入林深。一杯白茶荒涂进，渐愧村愚百姓心。"乾隆十八年（即公元一七五三年）春，作为潍县县令的郑板桥，终以灾荒请赈忤大吏而罢官。因此他在《画竹别潍县绅士民》中说："乌纱掷去不为官，囊橐萧萧两袖寒；取写一枝清瘦竹，秋风江上做鱼竿。"为民请命、两袖清风的郑板桥就这样罢官归里了。

关于郑板桥请赈罢官的事，史籍上颇有记载。据《清史列传·郑燮传》中说："官潍县时，岁歉,人相食。燮大兴修筑,招远近饥民赴工就食;籍邑中大户,令开厂煮粥轮饲之。有积粟责其平粜,活者无算。"《清代学者像传》称:"以岁饥,为民请赈,忤大吏,遂乞病归。去官日,百姓痛哭遮留,家家画像以祀。"在《扬州府志》和《兴化县志》中都记载:"潍人为建生祠","潍人戴德,为立祠"。而他在离开范县、潍县,客居扬州以后也还是经常怀念那里的人民:"老夫去后相思切,但望人安与岁丰。"郑板桥就是这样一位忧国忧民,关心民瘼,而又深得民心的杰出的画家和诗人。

"直掳血性为文章"的郑板桥,既对人民的疾苦如此关切,那就势必对封建统治阶级的暴政十分憎恶和反对。因此反对暴政,揭露世俗,是郑板桥诗文中一个极为重要的内容。在郑板桥笔下,封建统治是非常残酷毒辣的。请看他在《悍吏》中的描写:"县官编丁著图甲,悍吏入村捉鹅鸭;县官养老赐帛肉,悍吏沿村括稻谷。豺狼到处无虚过,不断人喉抉人目。"这些豺狼对老百姓不但用官刑,而且用私刑:"掾吏捕人如豕搏,斩筋抉髓剔毛发",真是"苛政猛于虎"! 在这种残酷掠夺、严刑滥施的暴政统治下,人民哪有什么活路呢? 伴随着暴政统治的,是险恶的世道。请看他在《恶姑》中描写的小妇的遭遇:"析薪纤手破,执热十指枯",可是得到的待遇是,"今日肆詈辱,明日鞭挞俱,五日无完衣,十日无完肤"。一个无辜的童养媳受到如此的待遇,诗人不得不痛心疾首地写道:"嗟嗟贫家女,何不投江湖? 江湖饱鱼鳖,免受此毒荼。嗟哉天听卑,岂不闻怨呼? 人间为小妇,沉痛结冤诬。饱食偿一刀,愿作牛羊猪。"[1]这是一首很感人的沉痛之作! 无独有偶,恶婆婆虐待童养媳,还有叔婶虐待侄儿、岳父出卖女婿的呢。《孤儿行》中的孤儿,父母双亡,母亲临终曾把孤儿托与叔婶,谁知叔婶不念兄嫂之情,竟对孤儿肆意虐待。《后孤儿行》则更加悲惨:"十岁丧父,十六丧母。孤儿有妇翁,珠玉金钱付其手。"可是"丈翁翁,得钱归,鼠心狼肺,侧目吞肥,千谋万算伏危机。"始而令孤儿"汲水大江边,失足落江水",继而又令孤儿"朝不与食,暮不与栖止,孤儿荡荡无倚"。最后流落荒郊,被一伙强盗劫其随行,"事发贼得,累及孤儿","丈丈辣心毒手,悉力买告,令诬捏与贼同归"。终于行刑就戮。如此必欲置之死地而后快,真是到了灭绝人性的地步。这些用血泪写成的社会生活图景,是对封建统治下险恶人生的无情揭露和鞭笞。

但对生活在水深火热之中的劳动人民的悲惨遭遇,诗人却给予深切同情的描述。如《逃荒行》:"十日卖一儿,五日卖一妇,来日剩一身,茫茫即长路。"然而像他这样面黄肌瘦的人,"不堪充虎饥,虎亦弃不取"。后来好不容易找到了一位新的主人,但是逃荒绝非长久之计,待灾情甫息,总想重返故土。当他回乡之后见到的又是一幅什么景象呢? "归来何所有,兀然空四墙,井蛙跳我灶,狐狸据我床。"那么妻子哪里去了呢? "念我故妻子,鬻卖东南庄。"于是急忙筹钱去赎回:"其妻闻夫至,且喜县彷徨,大义归故夫,新夫非不良,摘去乳下儿,抽刀割我肠。""后夫携儿归,独夜卧空房,儿啼父不寐,灯短夜何长!"一场悲剧刚演完,另一场悲剧却又开始了,百姓的命运是多么悲惨凄切! 作者就是以如此尖锐的笔触,刻画了一幅幅人生图画,揭露了封建社会的罪恶统治和劳苦人民的悲惨生活。

郑板桥的作品,感情真挚,深邃,自然,亲切,颇具感人的魅力。"斗帐寒生夹被轻,疏星历历隔窗明。满阶蕉叶兼梧叶,一夜风声似雨声。塞北天高鸿雁远,淮南木落楚江清。客中又念天涯客,直是相思过一生。""客中有老树,枝叶郁苍苍。东枝近檐屋,西枝过邻墙。两枝不相顾,剪伐谁护将? 感此伤我怀,苦乐须同尝。"前者写的是朋友之谊,后者抒的是兄弟之情。"晨起缝破衣,针线不成行,每年七十四,眼昏手又僵。装绵苦欲厚,用线苦欲长;线长衣缝紧,绵厚

---

① 《清代学者像传》。

耐雪霜。装成令儿暖,母衣单薄凉。不衣逆母情,衣之情内伤。""平生所负恩,不独一乳母,长恨富贵迟,遂令惭恶久,黄泉路迂阔,白发人老丑,食禄千万钟,不如饼在手。"前者表达了作者对慈母的深切怀念,后者流露了诗人对乳母的绵长怀念。文艺作品总是以情动人的,没有感情就没有艺术。郑板桥的作品之所以动人,就是因为"一枝一叶总关情"。

每一个作家、艺术家,总是生活在特定的历史时代,不可能不带有那个时代及其所处阶级给他的局限。郑板桥也不例外。他虽然有关心民瘼、为民请命的一面;但也有报效皇帝、追求功名的一面。如"兢兢奉若穹苍意,莫待雷霆始认真"、"愚民攀拽无他嘱,为报君王有瑞禾"都说明了他对皇帝的敬仰是至高无上的。又如"漫道在官无好处,须知积德有光辉",他为了报效皇帝,为民理事,走的是一条读书做官的道路。

郑板桥有愤世嫉俗、喟然兴废的一面;又有劫数天定、悲观失望的一面。"名到竟如何?岁月蹉跎,几番风浪几晴和,愁水愁山愁不尽,总是南柯!""国事兴亡,人家成败,运数谁逃得?"在他看来,国家兴亡,人事成败,既是劫数难逃,又如棋局那样输赢难料,这就势必引向消极悲观。

郑板桥有不事权贵、洁身自好的一面;又有厌世隐逸、逃避现实的一面。"深居久矣忘尘世,莫遣江声入远沙。"在官场里碰了壁,自己的抱负无法舒展,于是看破红尘,隐逸遁世,津津乐道的是隐居的生活:"一领破裘云外褂,半张陈纸酒中裁。"

但是,尽管有这样那样的局限,郑板桥毕竟是一位进步的作家和艺术家,就像他画的竹子一样,呈现出挺拔清新的风格。

(《齐鲁艺苑》1991年第二、三期)

○○六

# 《富春山居图》的前世今生

自从温家宝总理在今年3月"两会"中外记者会上提出,希望分局两岸的《富春山居图》什么时候能够合成一整幅画以来,《富春山居图》便成了人们热议的一个话题。据媒体报道,3月20日特种邮票《富春山居图》在浙江富春和江苏常熟首发;4月25日仿制的团圆版《富春山居图》在合肥展出,并都引起了世人的强烈反响和高度关注。

《富春山居图》是元代著名画家黄公望的作品。黄公望生于南宋咸淳五年(1269),江苏常熟镇小山村人。本姓陆,名坚,少年丧母,家贫无依,出继永嘉(今浙江温州)黄氏为义子,其时养父已年届九旬,见到他,极为高兴,云:"公望子久矣!"于是他改姓黄,名公望,字子久。他在义父家受到良好的教育,但时运不济,到中年才在浙西廉访司当了一名书史,后到大都当了中台察院掾史。47岁上,因上司贪污案受牵连获罪,入狱多年。出狱后改号"大痴",从此信奉"全真教",云游四方,一度以占卜为生。他工书法,通音律,能作散曲。擅画山水,曾得赵孟𫖯的指授,宗法董源、巨然。他常在虞山、富春、三泖等处徜徉,所画山水,经常亲临体察摹记,领略其中情韵,"且自襄笔砚,遇云姿树态,临勒不舍"。他善用湿笔披麻皴,并以草籀奇字之法入画,笔意简远逸迈而有神韵,气势雄秀,奇谲深妙,自成一家。有"峰峦浑厚,草木华滋"之评。他与王蒙、倪瓒、吴镇交往密切，诗画互赠，切磋探讨。黄公望为明清画人大力推崇，与王蒙、倪瓒、吴镇合称为"元四家"，且为其首。著有《写山水诀》、《论画山水》等，所作画作约有一百二、三十幅，现存的不多，传世画迹有《富春山居图》、《天池石壁》、《九峰雪霁》等。

《富春山居图》正式动笔在元至正七年（1347），此时黄公望已七十九岁高龄。他遍游名山大川，但对富春山水情有独钟，他晚年就结庐定居在富春江畔的筲箕泉。《富春山居图》是幅长卷，纵 33 厘米，横 636.9 厘米。为了画好这幅长卷，动笔前作了充分的准备，他终日行游于富春江的山水之间，仔细观察，反复揣摩不同季节、不同气候中山水的姿态风貌，并身带纸笔，随时写生。这幅画直到他谢世前不久才告完工，从酝酿创作到完成，前后历时七年之久。由于这是一幅长卷，故而视野非常开阔恢弘，画面上展现了富春江一带的秋初景色，只见峰峦叠嶂，江水浩渺，沙町平畴，村舍掩映，亭台相望，渔舟互答，人物飞禽，林林总总，把富春江的秀山丽水、地灵人杰描摹得淋漓尽致，曲曲传神，整幅画布局疏密有致，简洁明快，虚实相生，生动自然，达到了情景交融的深远意境，给人咫尺千里之感。其笔墨技法融前辈各家之长于一炉，又自成面目，他用独创的"浅绛法"，以淡淡的赭色赋彩，据说其颜料出自常熟虞山彩石"淡赭石"，以致数百年后画面的色泽依旧鲜艳。这幅长卷达到了极高的艺术成就，无怪被后世誉为"画中之兰亭"。

《富春山居图》问世后，饱经沧桑，历尽磨难，其经历极富传奇色彩。元至正十年（1350），黄公望将此图题款送给无用禅师，这是《富春山居图》的第一位藏主。明成化年间为大画家沈周所藏。有一次，沈周请人在此图上题字，却被这人的儿子藏匿而失。沈周伤心之余，凭着记忆，背摹了一卷《富春山居图》，即现藏于北京故宫博物院的沈周临本。原作后经苏州樊舜举、无锡谈志伊等人辗转收藏，至明万历二十四年（1596），被董其昌购得此画真迹。但不久董其昌又将其卖给宜兴的藏家吴正至，吴正至死后，此画传给了他的儿子吴洪裕。吴洪裕十分珍爱《富春山居图》，特地为它造了一座楼，取名为"云起楼"，在楼中临水筑"富春轩"珍藏此画。他平生最珍爱两件书画，一为《智永法师千字文真迹》，一为《富春山居图》，恽南田《瓯香馆画跋》中记：吴洪裕于"国变时"置其家藏于不顾，惟独随身带了《富春山居图》和《智永法师千字文真迹》逃难。清顺治七年（1650），吴洪裕临死之前，嘱咐家人把《富春山居图》和《智永法师千字文真迹》付之一炬，以作殉葬。先一日，焚烧《千字文》，吴洪裕亲视其烧尽；次日焚烧《富春山居图》，"祭酒以付火"，烧到火盛，吴洪裕"还卧内"。这时，他的侄子吴静庵（字子文）实在不忍珍品化为灰烬，迅速从火中抢出画卷，但是已经烧毁了数尺，而且画卷断成了两截。其中一尺余的画卷尚完好，有一山、一水、一丘、一壑，后人称之为"剩山图"；另一部分有 6 米多长，保留了原画主体内容，世称"无用师卷"。

吴静庵抢出《富春山居图》之后，由古董商吴其贞将画重新拼接装裱，"无用师卷"归吴静庵收藏，而"剩山图"却落入了吴其贞手中。后来"无用师卷"又经丹阳张范我、泰兴季国是以及高士奇、王鸿绪、安岐等多人辗转收藏。

由于黄公望的《富春山居图》太出名了，明清画家都争相临摹。因此流传于世的《富春山居图》，除了真迹"剩山图"、"无用师卷"之外，还有沈周的摹本以及邹之麟、王翚等画家的临摹本十余幅，形成了真假并存、鱼龙混杂的局面。

清乾隆十年（1745），乾隆帝得到了一幅《富春山居图》，上有"公望"的题款："子明隐君将归钱塘，需画山居景，因此赠别"，后称之为"子明卷"。乾隆十分珍爱，在该卷上先后题词五十多处，其中有"笔墨苍古，的是真迹"等语。谁知第二年，乾隆又购得一幅《富春山居图》，细观才知实乃"无用师卷"。其实"子明卷"是明末文人临摹的伪作。但是乾隆已经在"子明卷"上题为

"真迹"，只能在"无用师卷"上题作："特仿本之佳者耳"，被划入"石渠宝笈次等"，这样真假就被颠倒了。但"无用师卷"因祸得福，免遭了乾隆的胡乱涂抹。

1933 年，日军侵占了山海关，为避战火，故宫博物院将馆藏珍品转移，《富春山居图》"无用师卷"和"子明卷"与其他文物，从北京运抵四川、贵州。抗战胜利后，运回南京，1948 年底运至台湾，现藏于台北故宫博物院。而沈周的仿本《富春山居图》因当年战乱中并未转移，现仍藏于北京故宫博物院。

"剩山图"则长期在民间流浪，它曾为吴家子弟吴寄谷所藏，清康熙八年(1669)让于清初大收藏家王廷宾，后又辗转于诸收藏家之手。1938 年"八·一三"时，近代大画家吴湖帆在上海古董名店"汲古阁"意外发现了"剩山图"，他以家里珍藏的周代青铜器换得此画。1956 年吴湖帆将"剩山图"捐赠给浙江省博物馆，现藏于该馆，成为镇馆之宝。

如今，浙江省博物所藏的《富春山居图》"剩山图"和台北故宫博物院所藏的"无用师卷"两卷合璧展出，已成为两岸同胞殷切期盼的盛事。虽然还有一些法规和技术方面的问题还有待商量解决。但是在两岸经济、文化交往日益深化的今天，我们相信两岸同胞有智慧、有办法来妥善处置这些问题，以早日实现两岸同胞的共同心愿。

我在 5 月 18 日的《新民晚报》上读到一则新华社的专电，称：台北故宫博物院书画处处长何传昨日在香港城市大学表示，这幅分藏于浙江省博物馆和台北故宫博物院的名画合璧展出事宜已有眉目，有望 2011 年在台北举行。这是一个好消息。

2010 年 6 月于上海

○○七

# 徐扬和《姑苏繁华图》

最近，我到故乡苏州踏青，那天我从山塘街一路徒步去到虎丘山，途经半塘，在万福桥的桥墩上看到放大复制的《姑苏繁华图》，感到非常新奇和亲切。记得两年前，我曾在苏州博物馆新馆举办的特展里领略过这幅稀世珍品的风采。

《姑苏繁华图》，又名《盛世滋生图》，是清代乾隆年间苏州画家徐扬所绘，画卷长 1225 厘米，高 35.8 厘米。此画一直为清宫珍品，现为国家一级文物，收藏于辽宁省博物馆。作者徐扬字云亭，苏州府吴县人，家住苏州阊门专诸巷，监生出身。擅长人物画、界画，花鸟草虫也很工妙。乾隆十六年(1751)弘历南巡至苏州，时年 40 岁的徐扬进献画册，受到乾隆的赏识，遂钦命充画院供奉，乾隆十八年钦赐举人，后为内阁中书，长期供奉清廷画院。清朝仿照前朝，也在宫廷延纳画家，从事绘画创作。乾隆年间，内务府下设如意馆、画院处等机构，广置绘画、画样设计、雕刻等多方面的人才。当时对宫廷画家有一套管理的章程，宫廷画家必须有朝臣、地方官员举荐，或通过献画、自荐，经过考核，方能进宫供奉，一般称为"画画人"。宫廷画院里除了中国本国的画家外，还有若干欧洲来华的画家。徐扬在画院里就受到过外籍画家艾启蒙、贺清泰等人的影响。乾隆第二次南巡后，乾隆二十四年，徐扬为歌颂乾隆盛世，精心绘制了《姑苏繁华图》（又名《盛世滋生图》）一卷。乾隆二十九年,徐扬又奉命绘作《乾隆南巡图》,经过 7 年,画完绢本 12 卷。乾隆三十六年始再画宣纸本《南巡图》12 卷,于乾隆四十年完成,并交苏州织造配玉撇、袱匣。此外,徐扬的作品还有《圣制见新耕者诗意图》《京师生春诗意图》《王羲之写经换鹅图》等。徐扬的作品经常得到皇帝的品评与赞赏,《石渠宝笈》著录徐扬的作品多达 35 件。乾隆三十七年,徐扬内阁中书六年俸满,奉旨记名以主事用,改任内阁典籍,乾隆四十年实授刑部山西司主事。

清朝前期,苏州已成为全国经济、文化最为发达的城市,她人文荟萃,物产丰饶,交通便捷,四方辐辏,百货杂陈。至乾隆年间,商品经济迅速发展。《姑苏繁华图》概括地展现了清代农业、手工业、商业极为发达的古城苏州的社会风貌。画卷从右至左,由西南的灵岩山起,由木渎镇东行,经过横山、石湖,历上方山、狮子山,由乡入城,然后穿越苏州最繁华的市井盘门、胥门、阊门,再经由七里山塘,直到苏州名胜虎丘山。画家仿宋《清明上河图》,运用我国传统的散点透视法,融时空于一炉,摄万象于毫端,整个画面用工笔彩绘,巧妙地综合了山水画、界画、人物画、花鸟画等画种的优长。作品剪裁得当,布局严谨,使绵亘数十里的湖光山色、市井景象尽收眼底。画卷中既有苏州城乡全貌的鸟瞰,又重点描绘了灵岩山前、木渎镇、苏州城、山塘街这一村、一镇、一城、一街的具体景观。既有炽烈的高潮,也有闲淡的情调。

你看画家笔下西南重峦叠嶂的群山与秀丽浩渺的太湖,显现出一种吞云吐雾的恢宏气概。而在描绘人物、建筑、景物时,又精雕细刻,纤毫毕呈,显得形象逼真,丝丝入扣。据统计,画中人物约有一万二千人之多,商店二百三十多家,各式桥梁五十余座,水上船只、木筏近四百只。画中人物,无论是官员,还是百姓,是老叟,还是孩童,个个神情姿态各异,个个栩栩如生。你看画中的 400 条船只,大小、形状不同,有的满载着大米、棉花、柴草和磁器,还有一甏一甏的老酒、酱油和酸醋。那河中的游艇,可以清晰地看到船上有人正在品尝苏式船菜,有人正在抚琴歌唱。画中阊门至枫桥十里长街,各式各样的店铺鳞次栉比,百货充溢,单单丝绸店就有十四家,棉花、棉布店有 23 家,还有多家饭店酒楼,有的大摆酒宴,有的随意小吃点心、馄饨糕团。其他还画了草席店、金银首饰店、磁器店、铜锡店、浴室等,各行各业应有尽有,真正一派"江南大都会"的景象。画中还画了若干体现当时苏州百姓生活情状和民情风俗的生动细节和场景,如百姓躬耕渔樵、学子诵读诗文、官衙审案、嫁娶拜堂、商贾买卖、戏曲演出、丝竹杂技等等情状,生动地反映出百姓的"众生相",并点染出苏州这个文化古城人文荟萃、风情醇厚的特点。

徐扬对苏州的大街小巷、运河港汊、各处建筑、风土人情等了然于胸,十分熟稔,加之他作画十分严谨、精细,据研究,画中的街景、衙署、寺院、桥梁等都与实物相符,连店铺的方位、分布也与文献记载吻合。虽然此画作成,距今已历时 250 年,但画面中木渎斜桥、石湖、水盘门、虎丘等景观至今仍依稀可辨。而且画中所画山塘街头的一块"奉宪勒石永禁虎丘染坊碑记",以及画中画到的木渎"社仓"、山塘的"普济堂",说明那时已经注意到环境的保护,也已经有了慈善机构。这幅长卷无论是社风民俗、生活气息还是地方色彩都十分浓烈,是一幅具有很高的历史价值和艺术价值的风俗画,人们称她为研究清代苏州的百科全书,并不为过。

宋代大画家张择端的《清明上河图》与清代的《姑苏繁华图》,前者描绘北方汴京的景象,后者展现江南苏州的风貌。就画的篇幅看,《姑苏繁华图》还长于《清明上河图》,这两幅长卷堪称为我国古代画苑中之双璧。

《姑苏繁华图》现已成为苏州的一张文化名片。不仅用立景、丝织等形式加以展现,2008年,苏州金笛卡通公司策划拍摄了立体水墨动画片《姑苏繁华图》,在厦门国际动漫节"金海豚"动画作品大赛上荣获最佳实验动画片奖。《姑苏繁华图》还引起了外国朋友的浓厚兴趣,日本著名民俗学家福田亚细男曾专程到辽宁博物馆去参观,对此画十分赞赏,他发现苏州郊外的木渎,与《姑苏繁华图》所画的完全一致。他准备组织学者对此画作"绘引",即是在图上作出标记,然后逐一对图画的内容作文字解释。《姑苏繁华图》已经走向世界。

（香港《文匯报》2009 年 5 月 6 日）

# ○○八

# 张大千画虎

　　张大千是四川人,但曾在松江(当时属江苏)出家为僧,后历居上海、苏州等地。1932 年,张大千及乃兄张善孖应名流叶恭绰先生邀请,寄寓于苏州网师园。网师园乃苏州四大名园之一,精幽典雅,秀美精巧,风景十分旖旎,对画家来说当然是极为宜人的居处。张氏昆仲在网师园的著名建筑殿春簃设大风堂画室,一面潜心作画,一面课徒授艺。张善孖也能画山水花卉,但尤擅绘虎,有"虎痴"之称。其时他从一位同乡那里获得一只出生才数月的幼虎,并为之取名"虎儿"。提起老虎,总给人一种凶猛异常的感觉,其实幼虎却是比于较温驯的,与家畜相差不多。对此,笔者就有亲身体会,好多年前我曾随一个艺术团赴日本访问,在大阪动物园参观时,好客的园长抱出刚出生数月的幼虎、幼豹各一头,供我们玩赏,我还抱了幼虎照过相片呢! 善孖先生得此幼虎,作画便有了活生生的模特儿。他日日仔细观察,临摹其举止动作,姿势神态,使其笔下之虎更加"虎虎而有生气",达到了出神入化之妙境。《十二金钗图》就是善孖先生当时之杰作,此画十分奇特,把十二位美貌女子都画成一只只形状、姿势、神态各不相同的斑斓猛虎,真是独出机杼,别开生面。张大千在园中也画过一些虎画,并为善孖先生的虎画补绘背景,题写诗文。1935 年上海曾出版《张善孖张大千兄弟合作山君真相》画册(山君,虎之别称),其中大多为他们昆仲在网师园中所绘之作品。

　　张氏昆仲对所蓄养的虎儿十分钟爱,虎儿患病时,善孖先生便抱持四处求医,张大千还抱了虎儿到苏州报国寺去皈依该寺方丈印光法师,印光赐虎儿法名为"格心"。后来虎儿不幸夭亡。关于虎儿之死有几种说法:一说为病死的;一说是移虎出园时,虎儿从车上滚下跌死的,一说是 1937 年 8 月,抗战爆发,苏州遭到轰炸,张氏兄弟离苏避难时将虎儿装笼同行,不料木笼被行李压坏,虎儿被压死了。虎儿死后,便葬于网师园殿春簃庭院的假山之下。

　　张大千先生移居海外后,对姑苏园林及死去的虎儿仍然时时萦绕于怀,在虎儿死后半个世纪,还亲笔题写了虎儿墓碑,从台北辗转遥寄苏州。如今,在网师园殿春簃前假山旁,可以见到嵌于西壁间的一方由国画大师张大千先生所题的墓碑,上书"先仲兄所豢虎儿之墓,大千张爰题"。其深厚的故国之情溢于言表。现在虎儿之墓及大千先生所题的虎儿墓碑,已成为网师园中一处独特的景观。

（《人民日报》海外版 1994 年 3 月 30 日）

〇〇九

# 程十发的斋名

一代国画大师、海派艺术的集大成者、上海中国画院名誉院长程十发先生不幸于 7 月 17 日在上海逝世,享年 86 岁。

程十发 1921 年出生于上海松江,他的祖居在上海金山枫泾镇。他幼年在枫泾读书、学画,十八岁考入上海美专,师从王个簃、汪声远、李健等名家。他原名程潼,他的老师李健以"一程十发"的典故,给他取名"十发",后来便以此名行于世。

程十发先生辞世后,他的生前友好和海上画家们纷纷发表感言,大家都提及他的斋名。程十发与其他书画家一样,也有自己的斋名、堂名,而且他还多次改换过斋名。

1952 年程十发被聘为华东人民美术出版社的创作员。当时"人美"的一个重要工作内容就是创作、编辑、出版连环画。画连环画、插图等也成了程十发主要的创作活动。这些画大都以人物为主,程十发深感自己原来所学的技法不敷应用。他一方面勤奋学习西方的素描技法,一方面努力深入到生活中去进行写生,以提高自己描绘人物形象的功力和水平。当时他给自己取了一个斋名,叫"步鲸楼"。"鲸"指明末大画家曾鲸,曾鲸擅画人像,注重墨骨,烘染数十层,然后着色,与粉彩渲染者不同。程十发曾说过,他之所以取此斋名,意在步曾鲸的后尘。

1956 年程十发参加上海中国画院的筹备工作,后任该院画师,1957 年他又去云南采风、写生。此时他的绘画艺术进入了成熟期,形成了清丽活泼的画风。1962 年,他应《羊城晚报》之约,创作了《阿 Q 正传 108 图》,在该报连载,颇获好评。《新民晚报》社长赵超构闻之,约他为新民晚报画。程十发根据北京人艺《胆剑篇》成连环画,在报上连载。当时正值"三年自然灾害"时期,程十发经济也很拮据,他必须拼命画画才能养家糊口。所以他给自己的画室改名为"不教一日闲过之斋",表示时间的珍贵和紧迫。

至上个世纪 80 年代,程十发已经卓然成家,在画坛负有盛名,求画者纷至沓来。然而他却谦逊地调侃,自己的本领不过是程咬金的"三斧头"而已。于是再改斋名为"三斧书屋",因这"斧"字颇有点杀气,便改为:"三釜书屋"。"釜"者,锅镬也,他解释三釜即为国家、集体、个人三口锅。1995 年春,笔者的一本拙著《周信芳评传》即将付梓,我托我的同事刘月梅女士前去求发翁赐以题签,承他慨然允诺,后来印在书上,使拙著增色不少,这幅墨宝即是在三釜书屋所书。2002 年,程十发迁入新居,仍题为"三釜老屋",并赋诗一首:"今日重回程家桥,风光依旧宅门高,而今借重三板斧,老朽耄矣让尔曹。"

另外,程十发还在家乡松江造了一座小楼,以便安心作画,园内茂林修竹,远望畲山郁郁葱葱,他取了个斋名为"修竹远山楼"。

程十发的斋名,每一个都表现了他当时的生存状态,每一个又都寓有深意;而他的斋名的演变则画出了程十发绘画生涯和生命的轨迹,读来意味深长。

(香港《文匯报》2007 年 7 月 30 日)

〇一〇

# 金山农民画别具风采

最近见到媒体报道，上海的金山农民画已与北京奥运会组委会达成一致，金山农民画将作为礼品，赠送给参加奥运会的 5 000 多名中外嘉宾和运动员。上海市金山区政府将出资向农民画师收购 5 000 幅优秀的金山农民画作品，捐献给北京奥组委。金山农民画再次成为人们关注的热点。

金山农民画源出于上海的金山县（现为金山区）。金山地处上海和浙江的交界，这里河道纵横，风景秀丽，枫泾、朱泾等古镇，小桥流水，棚廊成片，一派江南水乡的旖旎风光。这里不仅物产丰盈，人民生活富庶，而且历来是民间的美术之乡。像蓝印花布、家具雕刻、灶壁画、剪纸、花灯、刺绣、编织等工艺美术，流传于金山的四乡，几乎普及于家家户户。金山还出了许多位著名的专业画家，单单金山的枫泾镇，从这里走出来的就有著名国画家程十发、著名漫画家丁聪等，被称为"画坛怪杰"的俞明也曾定居枫泾，以作画为生。现在我们在枫泾镇还能寻访到"程十发祖居"、"丁聪漫画陈列馆"和"俞明故居"等旧迹。在这样一片肥沃的艺术土壤上，金山农民画的脱颖而出，就没有什么可奇怪的了。

金山农民画肇始于上个世纪 70 年代初，1972 年，金山枫围公社胜利大队青年陈富林、龚明华等受当地灶壁画等民间绘画的影响，画了一套"村史"，这套画别具特色，受到村民的欢迎，这可能就是金山农民画的滥觞。这件事受到金山县文化馆的重视。当时在县文化馆负责组织和辅导农民群众美术创作的是刚从部队转业的吴彤章。吴彤章是上海奉贤人，他早年曾在上海美术专科学校国画系学习，擅长中国画。1950 年后，他在中国人民解放军海军文工团从事舞台美术工作，1972 年转业到了金山县文化馆。吴彤章和县文化馆的同事立即深入到农村进行辅导，接着又在县城多次举办群众美术学习班，对全县农村青年美术爱好者进行培训。学习班一方面辅导他们学习素描等绘画技法，以提高他们的绘画水平；另一方面又尊重农民画作者的艺术个性和艺术创造，邀请了一些民间工匠艺人和刺绣能手，让学员们从民间艺术中汲取营养，并因势利导地给予指导和帮助。经过一段时间的学习、酝酿和创作，涌现出了一批色彩鲜明，具有特色的农民画，如阮四娣的《孵蛋》、曹金英的《庆丰收》、《鱼塘》等。这些作者大多是农村妇女、知识青年、民间工匠，他们的画不拘成格，如曹金英是位刺绣能手，她画的《庆丰收》运用了帐檐形式，《鱼塘》则借鉴了蓝印花布的风格；阮四娣的画更多的脱胎于剪纸造型。就这样，一批下乡知识青年、能织善绣的巧妇和能绘会雕的工匠，在文化馆老师和下放到农村体验生活的画家的辅导下，走上了绘画创作的道路。

金山农民画得到了市文化部门和专业画家的关心，时任上海市文化局副局长的沈柔坚三次到金山县，肯定了金山农民画，国画家程十发、汪观清等到金山来具体辅导。1976 年 6 幅金山农民画参加了在加拿大展出的中国农民画展。1977 年，162 幅金山农民画在上海美术馆展出，轰动了上海画坛，参观人数达 11 700 人次。金山先后涌现了 400 多名农民画家。新时期，金山农民画队伍发展，技法更加成熟，还成立了金山农民画院。出现了张婉英、张新英等优秀画家和许多优秀新作，年轻画家陆永忠还创作了长 15 米，包含 5 000 多个人物的长卷《农家乐》。

金山农民画具有鲜明的艺术特色和强大的艺术魅力。一、金山农民画具有浓郁的农村野趣和热烈的喜庆气氛。作者的描写对象多为农村的现实生活,如果园、鱼塘、鸡场、鸭群;如过年、新婚、养蜂、产犊等。这些题材都来自作者对生活的深切感受,作者不仅熟悉描写的生活细节,而且倾注了深厚的感情。如曹秀文画的《采药姑娘》描写赤脚医生送药到田头的情景,曹秀文本人当过赤脚医生,画的背景上的花朵、枝叶全是中草药;顾忠强的《放鸭》,描绘因暴风雨袭击,鸭子受惊而在河里扑腾的情景,而这正是作者所亲身经历的。这些作品充满了农村的野趣,看来十分生动、亲切。金山农民画还给人一种热闹、喜庆的气氛,从画面中透露出作者热爱生活的情志。即使是画雪天,在他们笔下也采用暖红的色调,作者说,雪天是冷的,但在雪地上打雪仗,心里却是热乎乎的。

二、大胆的艺术想像、夸张变形的造型也是金山农民画的一个鲜明特征。金山农民画家并不沿用西洋画中的焦点透视和中国画中的散点透视,他们把一切立体的东西处理成平面,依据自己对各个物体的特征概念和对物体相互关系的整体印象来作画,特别强调装饰性。他们融合了刺绣、剪纸、雕塑、漆画等民间艺术的表现手法,以大胆的想像,形成特殊的构图形式,往往把许多不同时间、不同空间、不同视向和各种物体的特征概念交织在一起,把仰视、平视、俯视、侧视、反视等现象融合于一幅画中。在刻画人物上是常常用夸张变形的方法,正如他们说的:"什么美就画什么,怎么美就怎么画。"他们画鸡,一般采用正侧面,因为这最能表现鸡的完整形象。陈德华画的《鹊桥相会》,把银河画得像地上的河,从天上的星星想到鱼的眼睛,加了许多鱼,而牛郎织女都画成有眼无珠,作者认为他们悲喜交集,眼睛里充满了泪水,故而看不清眼珠。金山农民画还经常用以拙胜巧,以生胜熟的方法达到特殊的仰视效果。

三、金山农民画色彩鲜艳明快,对比强烈,给人以强大的视觉冲击。他们继承了民间工艺的配色方法,注重色彩明快,对比强烈,所谓"笔随心转,五颜六色",突出色彩的装饰美。阮四娣的《三只鸡》,把鸡画得绚丽多彩,比生活中的鸡美丽多了;她画的《孵蛋》,母鸡生出的鸡蛋竟也是彩色的,充分体现出农民画的装饰美。

金山农民画以其独特的艺术风采和艺术魅力,在中国现代民间绘画中独树一帜,得到了专家和广大观众的认可和赞赏。著名美学家王朝闻认为,金山农民画反映了民间美术家质朴的美学观,是对美的准确反映和对美的感受恰到好处的表现。国外评论家把金山农民画称之为"中国的毕加索绘画"、"中国最佳现代派"。金山农民画不仅驰名大江南北,而且已经走出国门,走向世界。它的足迹遍及海外,先后到过美国、英国、日本、法国、德国等20多个国家和地区。共有200多幅作品被中国美术馆、中国画研究院、上海美术馆等单位收藏,数百幅作品获全国性奖项。1980年9月,140幅金山农民画参加了比利时布鲁塞尔举行的国际博览会展出,受到观众的热烈欢迎。1988年,国家文化部命名金山为"中国现代民间绘画之乡"。1988年金山成立了金山农民画院,从事农民画创作和研究工作。2005年,金山农民画家季芳出席日本爱知世博会,在中国馆现场作画,引起了强烈反响。2006年,金山农民画进军有"时尚之都"之称的上海"外滩18号",成功举办了"金山农民画三十年回顾展",展出了在历次美术大展获奖的百幅作品,使农民画有了一个新的展示平台。国家文化部部长孙家正参观了展览,并给予高度的评价。金山区还和上海文化发展基金会共同发起并筹资1 000万元,建立金山农民画专项基金,用于扶持农民画人才培养、创作和促进中外文化交流。2007年,金山农民画到香港展示,再次获得成功。最近金山农民画又被选为北京奥运会的礼品,这更为金山农民画进一步打进国际市场,展示了美好的前景。我们完全可以相信,金山农民画将在新的历史时期创造出新的辉煌。

(香港《文汇报》2007年5月7日)

○——

# 书法是一门独立艺术

## ——与洪丕谟先生商榷

在 1987 年 11 期《书法艺术报》上，读到洪丕谟先生的文章《书法不是一门独立的艺术》，对该文的论点笔者不敢苟同，现不揣浅陋写出来与洪先生商榷。

我认为书法确是一门独立艺术，理由有三：

一、书法具有独特的审美特征与审美效应。这一点恐怕是考察是否独立艺术的重要标准。书法是运用特殊书写工具——毛笔，通过笔致墨韵表现事物的形体美、动态美，并通过这些流泻出作者的某种思想感情和情绪，以此给人以美感享受与感情感染。这里有几个要点：

① 书法是以汉字作为内在物质结构的。洪先生认为"书法必须结合和借助文字来表现"，因此书法不具独立性。我不这样看，比如建筑艺术不能不依附于石块、水泥、木料等建筑材料，然而决不能因为它依附于后者而否定它是独立的艺术。建筑艺术正是以特殊的物质材料和技术的基础上建立起来的形体构造体现出的造型美，形成了它独特的审美特点。再如刺绣艺术得依附于画稿，文学则以语言或它的书面符号——文字作为物质手段，这些也都仍然是独立的艺术。书法亦然如此。

② 书法艺术的美具有抽象性的特点。洪先生在文章中说："艺术是反映自然，反映社会，反映生活的"，"而书法则既不能反映自然，也不能反映社会和生活"，由此而得出结论，书法不能算一门独立的艺术。我认为，一般说，艺术总是自然和现实的反映，然而这种反映并非所有艺术全是一种模式，每一种艺术都有其自己的特殊规律，比如绘画，戏剧反映自然，反映生活就比较具体，诉之于具体逼真的生活图像，而音乐就比较抽象。书法也是比较抽象的，它并不是具体描绘现实中某一事物的形体结构，而是通过点画及其组合，形成一种美的形象，读者由此联想到现实事物的形体美和动态美，从而受到美的感染。唐代书法理论家张怀瓘就把书法艺术称为"无声之音，无形之相"。

③ 感情在书法中有特殊的地位。书法与音乐相像，点画、音符本身的意义是抽象的，然而通过点画的处理与组合，音符组合成旋律，它们就表现作者某种情绪与感情。洪先生否认书法是独立艺术，还有一条是因为书法不能表现某种主题。对此我们也不能作机械刻板的要求，即使有主题的作品，它的明确也是相对的，如莎士比亚的名剧《哈姆莱特》主题就有多义性，人们说："一千个读者就有一千个哈姆莱特"。而且并非任何艺术品都表现某种明确主题的，比如无标题音乐就很难用明确的主题去苛求。因此不能因为书法本身不表现某种明确的主题而否认它是独立的艺术。书法表现一定的情绪或感情，表现某一种美（如壮美、柔美等），那么广义地说就是有主题，因为它能产生一定的审美效应。

二、书法有它自己独特的艺术方法与艺术规律。书法有一整套唯它独有的艺术方法，比如执笔、用笔、点划、结构、行次、章法等，具体说执笔要指实掌虚、五指齐力；用笔要中锋运行，点划要圆满周到，结构要横直相安，映照呼应，布局要错落有致、疏密相宜、全章贯气等，专门还有永字八法、拨镫法等。书法的艺术创作也有特殊的要求，如合乎法度、力饱气足、造型优美、气韵生动等。学习书法也有自己的规律,有人总结为观(读帖)→临(临摹)→养(思考吸收)→悟(掌握真谛)→创(革新创造)。

三、书法有它自身的发展历史与比较完整的艺术体系。书法的历史虽然与汉字的发展历史有着密切的关系,然而二者还是不同的。汉文字发展史主要反映汉文字的形、音、义的关系以及文字演变的情况,这些并不能包括书法的发展历史。书法有自己的发展史,它侧重于书写方法、书写风格方面,从大篆、小篆、隶、楷、行、草书体发展过程中涌现了一大批著名的书法艺术家,产生众多精彩纷呈的书法流派,而且显现了书法自身的发展规律,这一些都不是别的艺术历史可以替代或容涵得了的,另外,书法有它自己的艺术体系。洪先生说:"书法没有自己的分类",所以不足以称为独立艺术。这也值得商榷。分类并没有划一的标准,中国画分为山水、人物、花卉、羽毛,这是一种分类,而书法的正、草、隶、篆就未必不是一种分类。再说,有没有分类也并不是决定它是否独立艺术的标准。在我看来,更重要的是作为独立的艺术门类应该形成自己的艺术体系。我以为书法是有自己的艺术体系的,比如创作→欣赏→反馈的体系,这个体系就不同于音乐艺术,也不同于绘画艺术,更不同于戏剧艺术。内部的艺术体系有正草隶篆各种书体的体裁体系,雄浑、柔美、流便、凝重、瘦劲等多种风格体系,擘窠、榜书、中堂、条幅、楹联等样式体系。诸如此类,等等。

总之,书法是我国特有的一种民族艺术,已形成自身独特的审美特点和艺术规律,应把它看作一门独立的艺术。

（《书法艺术报》1987 年 12 期）

〇一二

# 陆机与《平复帖》

最近,"书画经典——故宫博物院、上海博物馆中国古代书画藏品展"在上海博物馆隆重揭幕。103 件晋唐宋元国宝级的书画珍品吸引了成千上万公众争相参观,在上海又掀起了一股文物热。在这些展品中,陆机的《平复帖》乃首次走出皇城,尤其引人瞩目。而陆机又是上海的历史文化名人,他的书法佳作重新现身故乡,更使上海市民和这座城市感到分外的亲切。

陆机公元 261 年出生于上海松江小昆山地区,但其主要活动是在西晋时期。陆机的祖父是三国东吴的名将陆逊,此间是他的封地,因受封华亭侯,所以古称华亭。上海地处长江三角洲平原,水多山少,唯其西南松江一带略有零星小山,如佘山、小昆山、天马山、辰山等,称为"松江九峰",乃是浙江天目山的余脉。上个世纪 70 年代,笔者曾在当时的佘山公社耽过一段时间,所以对这一带的情况略有一些了解。陆机的父亲陆抗也是东吴的大将,陆机和其弟陆云等从小随父亲在军中生活。父亲病故时,陆机只有十三岁,他领父兵为牙门将。他二十岁时,东吴亡,陆机与陆云遂回到家乡松江,闭门勤读,其诗文闻名遐迩。太康末年,陆机和陆云离家去往京城洛阳,得到西晋太常、著名文学家张华的赏识,走上了仕途。当时晋朝皇室斗争剧烈,诸王各据一方,夺权争战,陆机自然也卷入了这场争斗。陆机始在吴王晏、赵王司马伦手下担任要职;后得成都王司马颖重用,被封为平原内史,故也称他陆平原。后成都王讨伐长沙王司马父,任陆机为后将军、河北大都督;陆机因兵败遭谗,为成都王所杀,时年四十三岁,兄弟陆云同时被害。

陆机虽然只活了四十三岁,但是他和陆云的文才却倾动一时,世称"二陆"。陆机工诗善文,其诗重藻绘排偶,并擅长骈文,作有《辨亡论》、《吊魏武帝文》等名篇。与他们同时代的西晋文学家潘尼在赠陆机诗中赞许曰:"昆山何有? 有瑶有珉,穆穆伊人,南国之纪",这里把二陆比作出自昆山的美玉。后来在《千字文》里更有"玉出昆冈"一语加以称誉。那是南朝时,梁武帝爱好王羲之的字,他不仅自己摹写,而且要他的儿子临习,但王羲之的真迹须珍藏,不能当作字帖临习。于是他命他手下的殷铁石,从宫中收藏的王羲之书法墨迹中选出一千个不相重复的字,一一描摹下来,供他的儿子们临摹之用。然而这一千个字零乱无序,感到不便临习,梁武帝又命大臣周兴嗣将这一千字编成一篇韵文。周兴嗣绞尽脑汁,花了一夜功夫编成了这篇《千字文》。此文概述历史,言简意赅,常有哲理之语,且琅琅上口,故而一直传诵至今。文中有"金生丽水,玉出昆冈"之句,也就不胫而走,广为流传。北宋文学家王安石过华亭时作《昆山》一诗云:"玉人出此山,山亦传此名"。清诗人吴伟业的《小昆山》诗也有"积玉昆冈绝代无,读书台上赋吴都"的诗句。由此可见陆机文名之隆。

陆机的《平复帖》是迄今保留下来的最早的纸本书法作品,距今已有1700年左右,比王羲之的《兰亭序》还早60多年。陆机工章草书,南齐书法家王僧虔《论书》曰:"陆机书,吴士书也,无比较其多少。"《平复帖》是陆机随心挥毫的率意之作,共9行,84字,用秃笔写在麻纸上,墨色微绿。此帖之草字与当时流传的草字写法不尽相同,而和汉简中章草写法一脉相承,其介乎章草和今草之间。用笔高古厚重,枯润相间,结字多用古法,字势抑扬起伏。点画略感收敛,但整幅书法布局流利疏朗。它展现出魏晋草书的另一种风貌。当代著名书法家潘伯鹰在《中国书法简论》一书中说:"这一帖是充分表现了古朴又兼灵秀的书法特色的。"《平复帖》虽然流传1700年,但其艺术魅力经久而不衰。《平复帖》曾在宋代装裱过一次,后又在清乾隆年间装裱过,成为3米长的手卷。手卷上历代留下了许多收藏印章,其中有宋徽宗的印章和民国人士、著名收藏家张伯驹的收藏印。1937年卢沟桥事变爆发后,张伯驹深恐《平复帖》流落海外,不惜倾其家产,以4万大洋,从道光皇帝的曾孙溥儒手里买下此帖,而当时4万大洋足以可以买几座北京城里的豪宅。新中国成立后,张伯驹又把这稀世珍宝无偿地献给国家,收藏于故宫博物院,因此今日国人才有幸饱览这件国宝的风采。

陆机还是一位我国早期的文艺理论家,他所写的《文赋》在中国文学批评史上居有重要的地位。这篇用赋体写成的文艺理论著作,对文艺创作的构思、技巧、风格及文章弊病等一系列理论问题,都作了精辟的论述。关于《文赋》的写作年代,历来说法不一,杜甫在《醉歌行》中有"陆机二十作文赋"的诗句,故而一说为陆机青年时所作;但也有人考证,认为陆机作于四十岁或四十一、二岁。《文赋》指出,作文之由,一感于物,一本于学,"伫中区以玄览,颐情志于典坟。遂四时以叹逝,瞻万物而思纷;悲落叶于劲秋,喜柔条于芳春。心懔懔以怀霜,志眇眇而临云"。他强调作家的构思和艺术想象:"其始也,皆收视反听,耽思傍讯,精骛八极,心游万仞。……观古今于须臾,抚四海于一瞬。"他特别注重文学作品中的情感因素,他说:"诗缘情而绮靡,赋体物而浏亮","思风发于胸臆,言泉流于唇齿"。陆机的《文赋》,较之曹丕的《典论·论文》又向前迈进了一步;而对刘勰的《文心雕龙》又给予了深刻的启迪,它在文艺批评史上起了承上启下的作用。

现在在上海松江还能探寻到陆机的遗踪。在松江小昆山脚下,原有陆机的故宅,早在北宋时就已荒芜,梅尧臣《过华亭》诗云:"欲问陆机当日宅,而今何处不荒芜"。在小昆山北坡尚存二陆兄弟的读书台。在小昆山附近的"小机山"是以陆机而命名的,山下的村落也因陆机而命名为"平原村",是陆机兄弟生活过的地方。在横云山中尚有陆逊、陆瑁、陆机三人的坟茔。另外在松江城内中山中路还可寻到陆氏旧宅遗址的所在,唐朝在这里奉旨建造了大明寺,到宋代,改名为普照寺,在寺旁边还造了陆将军祠以作纪念。

陆机、陆云这样的历史前贤俊才,在现今的上海人当中知道他们的恐怕为数不多。希望通过此次展出《平复帖》的活动,能让更多的人认识这位"玉出昆冈"的人物,从而更好地承续和发扬我们民族的文脉和精神。

(香港《文匯报》2006 年 1 月 9 日)

## ○一三

# 天下第一行书——《兰亭序》

我国晋代伟大书法家王羲之的《兰亭序》一向被推崇为"天下第一行书"。

王羲之(303—361),字逸少,琅玡临沂(今属山东)人。他出身于晋代大族,祖父王政官至尚书郎。父亲王旷,任淮南太守,也是一位书法家,擅长行书、隶书。他七岁学字,十二岁窃读乃父枕中的前人笔论。最初以卫夫人为师,后云游南北,他渡江北游名山,看到了李斯、曹喜的书法,在许下又见到钟繇、梁鹄的作品,在洛下见蔡邕《石经》三体书,又见到张昶《华岳碑》等书法大家的作品,视野大开,始知学卫夫人一人之书徒费年月,于是向众碑学习,钻研张芝、钟繇。他博采众美,一变汉魏以来的质朴书风,创造了妍美流便的新体,开一代风气。《晋书·王羲之传》称他的笔势"飘若游云矫若惊龙"。梁武帝《评书》中说:"王右军气势雄强,如龙跳天门,虎卧凤阙,故历代宝之。"唐代李嗣真把王羲之的书法比作"同夫拨云睹日,芙蓉出水","阴阳寒暑,四时调畅","清风出袖,明月入怀"。由于王羲之的书法具有继往开来的卓越成就,故为历代人誉为书圣。

《兰亭序》是王羲之的代表作。这篇文字是他于东晋永和九年(公元 353 年)三月三日和一些文人及其亲友在山阴(今浙江绍兴)的兰亭水边举行的祭祀宴会上,为他们的诗写的序文手稿。当时王羲之任右军将军、会稽内史,暮春三月,他与司徒谢安、司徒左西属谢万、右司马孙绰及其子凝、徽、操等四十二人,会于兰亭,行被禊之礼。他们排坐在溪岸之上,在碧澄的溪水上,酒觞在飘流,流向谁处,谁就赋诗饮酒。约有十一人各做两首,十五人各做一首。其中颍川庾蕴写了一首五言诗:"仰怀虚舟说,俯叹世上宾。朝荣虽云乐,多毙理自因。"王羲之自己也写了两首。其一:"代谢鳞次,勿焉已周。欣此暮春,和气载柔。咏彼舞云,异世同流。乃携齐契,散怀一丘。"其二:"三春启群品,寄畅在所因。仰眺望天际,俯磐绿水滨。寥朗无涯观,寓目理自陈。大矣造化功,万殊莫不均。群籁虽参差,适我无非新。"这次盛会共写有三十七首诗,人们请王羲之做一篇诗序,也就是《兰亭集序》,后世也称禊帖或临河序。王羲之写道:"永和九年,岁在癸丑,暮春之初会于会稽山阴之兰亭,修禊事也。群贤毕至,少长咸集,此地有崇山峻岭,茂林修竹,又有清流激湍映带左右,引以为流觞曲水,列坐其次。虽无丝竹管弦之盛,一觞一咏亦足以畅叙幽情。是日也,天朗气清,惠风和畅,仰观宇宙之大,俯察品类之盛,所以游目骋怀,足以极视听之娱,信可乐也……".据传是用蚕茧纸、鼠须笔书写的,也有说是他醉时疾书而成,似有神助,后来又写过数十百本,终不如这次写的好。这是王羲之生平得意之杰作。

《兰亭序》计二十八行,三百二十四字。章法、结构、笔法都很完美。魏晋是中国历史上一个重大变革时期,占统治地位的西汉经学开始崩溃,代之以一种新的观念体系。在美学趣味方面,追求自然平和,以漂亮的外在风貌表达出高超的内在人格。王羲之也崇尚随顺自然,委运任化,怀有一种爱好自然的恬退性情。《兰亭序》正是晋代审美趣味、王羲之个人性格以及作书时乘兴而书的感情的体现,整幅字章法自然,气韵生动,呈现出一种平和自然的美的意境,就如青翠欲滴的修竹,清澈流淌的溪水,自然、流畅、含蓄、优美,用笔精到,提按收放,楚楚动人,笔运中锋,藏露得当,点画富于变化,粗细枯润,相映成趣,有的竖划如"屋漏痕",折笔似"折钗股"。贴中的重字也俱构别体,比如文中有二十一个"之"字,七个"不"字,"感"、"怀"、"畅"、"会"等也都有重见,但写法各各不同,或从结构上变化,或从笔法上转换。以"之"字为例,有的舒展,有的收敛,有的平稳,有的险峻,有的带偏状,有的呈长形,真是面目各具,丰富多彩,正如米芾诗云:"之字最多无一似"。全帖二十八行,在布局上采取纵有行,横无列的形式,行之疏密相若,字之疏密不等,字形大小参差,错落有致,字与字、行与行之间,有变化,有贯通,流畅匀称,若断还连,浑然一体,呈现出一种轻快舒缓、节奏明丽的运动感,显得天机流荡,气韵生动,正如他自己在《题笔阵图后》中所说的:"若平直相似状如算子,上下方整,前后齐平,此不是书,但得其点画耳。"《兰亭序》创造了一种鲜明的美的意境,这是王羲之书法艺术已达高度成熟的标志。

《兰亭序》为历代人所推崇。东晋时的桓玄"雅爱羲之父子书,各为一帙,置左右以玩之。"元代大书家赵孟頫跋独孤本定武兰亭说:"右军字体,古法一变。其雄秀之气,出于天然,故古今以为师法。"唐太宗更是酷爱王羲之的书法,据说他藏有大王真迹三千六百纸,他认为王的字"尽善尽美",使他人"心摹手追"。他特别珍爱《兰亭序》,对它可说是朝思暮想,可是苦于找不到真迹。原来王羲之自己对《兰亭序》也十分爱重,留传给了子孙,至七代孙释智永,再传给弟子辨才。唐太宗打听到真迹在辨才和尚手里,于是多次派人向辨才去要,可是辨才总是推托,说并不知道它的下落何在。后来唐太宗想出一计,派监察御史萧翼扮成一个书生,去接近辨才,两人混熟之后,萧翼故意拿出王羲之的墨迹给辨才欣赏。辨才看了,却不以为然地说:"真倒是真的,但并不是最好的。我藏的那本真迹才最好。"萧翼连忙追问:"你藏的什么帖",辨才不小心脱口而出:"兰亭序"。萧翼故意装作不信,辨才赌气从屋梁上取下珍藏多年的《兰亭序》真迹。萧翼大喜,一面忙将真迹纳入袖中,一面抖出皇帝的诏书,辨才一看不禁吓得目瞪口呆。就这样《兰亭序》的真迹落到了唐太宗手里。唐代大画家阎立本根据这个故事创作了一幅名画,题作《萧翼赚兰亭图》。唐太宗得到《兰亭序》,如获至宝,即命弘文馆拓书人冯承素、诸葛贞、韩道政、赵模等人双钩廓填摹成副本,分赐诸王及近臣,褚遂良检校其事,与欧阳询等也别有临本。在《尚书故事》中还写到:"太宗宝惜者独此书为最,置于座侧,朝夕观览,尝一日附耳语高宗曰:吾千秋万岁后,与吾《兰亭》将去也。"后来太宗死后,根据他的遗嘱,将《兰亭》用玉匣贮之,殉葬于昭陵。从此传世的仅有临摹诸本。

兰亭的摹本、刻本很多。清乾隆时,收藏于内府的摹本有《兰亭八柱帖》,主要有下列几种。唐虞世南临本,列为"八柱第一",这个临本帖末有"臣张金界奴上进"七字,故亦称"张金界奴上进本"。唐褚遂良临本,被乾隆列为"兰亭八柱之二",帖前有"褚模王羲之兰亭帖"题签,并有宋、元、明、清名家题跋,但也有人根据某些字的用笔和法体,推测可能是米芾的摹本。唐冯承素摹本,被列为"八柱第三",因此摹本首部有"神龙"二字左半部,故又称"神龙本",此本原件现藏于北京故宫博物院,并由文物出版社影印出版。黄绢本《兰亭》,因为它的第四行中"领"字头上加有一个"山"字,世称"领字从山本兰亭",据说也是褚遂良所临。此外还有陈鉴摹本和"双钩本兰亭序"等。关于兰亭的刻本有定武本兰亭,相传是以欧阳询临本摹勒上石,因为北宋时发现于定武,故名。熙宁年间,薛师正出守定武,其子薛绍彭另刻一石,而将原石携去长安,并凿损"湍、流、带、右、天"五字,以别翻本。定武兰亭的拓本有几种,如元代吴炳藏本,元柯九思藏本、元独孤长老藏本(清乾隆归谭祖绶收藏时毁于火焚,也称"火烧兰亭本")、赵子固藏本(赵携带兰亭乘舟,偶遇风浪覆舟,差点丧命,但兰亭未损,故称"落水本")等。在这些摹本、刻本中,冯承素的摹本因是钩摹,忠于原作,所以较能保持王羲之的笔情墨趣和神态风貌,可说比较接近真迹。欧阳询、虞世南、褚遂良等人的临本则掺进了书家本人的笔墨,因此与原作有所差异。唐宋以来辗转翻摹,更渐失原样,而且有些摹本已流失海外,因此至今唐摹善本已绝无仅有了。

由于王羲之的原作失传,《兰亭》原稿的有无及真伪便成为历代书家争论不休的问题。乾隆帝在《兰亭即事》七律中曰:"向慕山阴镜里行,清游得胜惬平生。风华自昔称佳地,觞咏于今纪盛名。竹重春烟偏澹荡,花迟禊日尚敷荣。临池留得龙跳法,聚讼千秋不易评。"就末句来看,围绕《兰亭》真伪的争论已由来久矣。1965 年郭沫若先生也曾著文,从书法及文章方面推断《兰亭序》并非王羲之所作,实乃后人依托。但大部分论者持肯定意见。

如今,绍兴城西南二十五公里的兰亭已成为国内外书法爱好者和旅游者向往的胜地。这里有鹅池及王羲之亲笔所书"鹅"等景观。溪边是流觞亭,匾下陈列《流觞曲水图》,亭的南侧是小兰亭,"兰亭"二字为清帝康熙所书。流觞亭西有御碑亭,碑高三丈,阔一丈,正面刻康熙临摹的《兰亭序》全文,背面为乾隆帝的《兰亭即事》。流觞亭北是右军祠。祠门厅前有墨池,相传为王羲之洗笔砚的所在,池中有亭,名"墨华亭"。右军祠正中,挂有一幅"王右军爱鹅构想图",两边悬对联一副:毕生寄迹在山水;列坐放言无古今。正厅内陈列着多种《兰亭序》的摹本的复制品,厅外的左右长廊壁间也镶嵌着《兰亭序》多种版本的刻石。现在每年的春天,国内的书法名家与日本等海外的书法家都要在兰亭聚会,效学当年王羲之他们流觞吟诗,挥毫题书,并一起切磋书艺,以虔诚的心情凭吊这"天下第一行书"的诞生地,缅怀一代书圣的光辉业绩。

(《东方艺术》1994 年第 3 期)

○一四

# 关于书法的诗

书法可说是我国丰富多彩的艺苑中的一朵奇葩。在我国古代,诗书礼乐一向并称,不仅不少书家与诗人过从甚密,并且书家、诗人一身兼任的也大有人在。如唐代的王维,被称为诗、书、画蛩绝,宋代的诗人苏东坡、黄庭坚也都是书法名家。在我国的诗歌宝库中可以找到不少关于书法的美妙诗章。

由于我国历代书法艺术的辉煌成就,给后世留下了林林总总的碑帖勒石、拓本真迹。很多诗人曾咏赞过这些艺术的瑰宝。比如对"石鼓文",唐代大诗人杜甫、韦应物、韩愈就都写有诗篇歌咏。韦应物在他的《石鼓文》一诗中写道：

> 周宣大猎兮岐之阳，刻石表功兮烂煌煌。
> 石如鼓形数止十，风雨缺讹苔藓涩。
> 今人濡纸脱其文，既击既扫白黑分。
> 忽开满卷不可识，惊潜动蛰走云云。
> 喘逶迤，相纠错，乃是宣王之臣史籀作。
> 一书遗此天地间，精意长存世冥冥。……

石鼓文是我国现存的最古的刻石文字，它在十块鼓形石上用籀文分刻以十首为一组的四言诗。韦应物说它记述了周宣王游猎的盛况，由太史（史官名）籀（人名）所作。刻石是唐初在天兴（今陕西凤翔）三畤原出土的。现在一石字已磨灭，九石也有残缺，藏故宫博物院。籀文即大篆，是在小篆之前甲骨文及周金文之后的古汉字，字体多重叠。韦应物的诗中说到石鼓文因年久日长风雨洗劫以至缺讹难认。唐代已有石鼓文的拓本。韩愈的《石鼓》诗就是他的朋友拿了拓本来，请他作诗的。韩愈这首诗长达六十六句，诗中除了记述周宣王接受诸侯朝贺外，还对碑文的书法作了描绘：

> 鸾翔凤翥众仙下，珊瑚碧树交枝柯。
> 金绳铁索锁纽壮，古鼎跃水龙腾梭。

这是用鸾凤飞舞、珊瑚交枝等作比喻，生动地显示了石鼓文篆书艺术的精妙。

再如对著名的摩崖刻石《瘗鹤铭》，也有不少诗作吟咏过。黄庭坚对此十分推崇，曾写有"大字无过瘗鹤铭"的名句；苏舜钦曾写道："山阴不见换鹤径，京口今传瘗鹤铭"。京口就是江苏的镇江，《瘗鹤铭》原刻在镇江焦山的崖石上，铭文正书大字，笔势开张，点画飞动，梁宋以来翻刻很多，对后世有极大的影响。

在古诗中，对著名书法家的题咏馈赠之作就更多了。唐代大诗人李白的《草书歌行》生动地描绘了唐代杰出书法家怀素的生动形象：

> 笺麻素绢排数厢，宣州石砚墨色光。
> 吾师醉后倚绳床，须臾扫尽数千张。
> 飘风骤雨惊飒飒，落花飞雪何茫茫。

怀素从小出家做和尚，他练字非常勤奋，买不起大量纸张，就把芭蕉叶当纸用，竟把院子里的芭蕉都写完了。这里李白主要描写他写字时出神入化的情态。你看，素绢纸张铺满了几个房间，怀素酒醉后倚着绳床挥笔而写，一下子就写完了数千张，就像飘风骤雨，落花飞雪一样。李白把这位"狂草"书家的形象刻画得栩栩如生，呼之欲出。诗人对怀素草书的造诣更是惊叹不已：

> 怳怳如闻神鬼惊，时时只见龙蛇走。
> 左盘右蹙如惊电，状同楚汉相攻战。

这几句诗点出了怀素的草书龙蛇惊电、笔下生风、飞动圆转、随手万变的特色。

大诗人杜甫也写过不少题赠书家的诗篇。《观公孙大娘弟子舞剑器行》就具体描述了这种超绝的舞蹈如何感发了张旭，使他的草书益进。张旭也是唐代著名的书法家，传说他喜欢喝酒，每次饮得大醉，呼叫狂走，而挥毫作书，有时竟用头蘸墨在壁上作狂草。杜甫在《饮中八仙歌》一诗中写道：

> 张旭三杯草圣传，脱帽露顶王公前，
> 挥毫落纸如云烟。……

写出了这位醉仙草圣放达的性格和高深的造诣。此外，杜甫还写了一首《李潮八分小篆歌》。李潮是唐代杰出的书法家，杜甫的外甥。他取法秦朝《峄山刻石》，擅长篆书，后世学篆书的都学他，称他为"虎笔"，杜甫在诗中写道：

> 大小二篆生八分，秦肖李斯汉蔡邕。
> 惜哉李蔡不复得，吾甥李潮下笔亲。

我国的书法，从大篆、小篆演变为隶书，然后是楷书、行书、草书。诗中的"八分"即八分书，也就是隶书的别称。秦朝李斯与汉朝蔡邕都是擅长篆书的书法家，这里概述了篆书的源流及由篆而隶的沿革，接着诗中写道：

> 况潮小篆逼秦相，快剑长戟森相向。
> 八分一字直百金，蛟龙盘拿肉屈强。

对李阳冰篆隶兼擅，书艺卓绝作了高度评价。诗人高适曾写过一首《醉后赠张旭》的诗，诗中说：

> 兴来书自圣，醉后语尤颠。

寥寥数语，勾勒出了"颠张"的特征。

古代书法家之间也常有互相题赠吟咏的诗篇。宋初杰出书法家李建中很佩服五代书家杨凝式，他写了一首《题杨少师大字院壁》的诗：

> 枯杉倒桧霜天老，松烟麝煤阴雨寒，
> 我亦生来有书癖，一回入寺一回看！

这首诗写得情恳意切。杨凝式得益于欧阳询、颜真卿，并加以纵肆改造，笔迹雄杰，结体新奇，一变唐代书法的面貌。他久居洛阳，平时喜欢在寺壁题书，人称杨疯子。黄庭坚也写诗赞美杨凝式的书法：

> 世人竞学兰亭面，欲换凡骨无金丹；
> 谁知洛阳杨风子，下笔便到乌丝阑。

这里是说不少人竞学王羲之的兰亭序,但无法脱却凡骨,而杨凝式学王羲之、王献之父子不从皮毛,以至于达到精巧娴熟的境界。乌丝阑是纸、绢上划成直行黑界线,这里是指得到了书法的真谛。

历代不少书法家本身就是诗人,如唐代的王维,清代的郑板桥,他们都写有不少诗作。在郑板桥的诗作中就有一些描写他自己翰墨生涯的佳句,如

> "黄泥小灶茶烹陆,白雨幽窗字学颜。"

这里的"颜"指唐朝大书法家颜真卿,他的楷书以刚健厚重,气势雄浑著称。

> "荆妻拭砚磨新墨,弱女持笺索楷书。"
> "砑粉宫笺五色裁,兔毫挥断紫烟煤。
> 书成便似兰亭帖,何用萧郎赚辨才。"

郑板桥精通画论书法,他大胆地将画法融入书法,又以隶书掺入行楷,创造了别具一格的"板桥体"。

关于书法的诗,在浩瀚的诗海里,是一朵奇异的浪花,而这朵浪花往往不易被发现,笔者特将它采撷出来,虽然不免挂一漏万,但也可聊供爱好者品赏一番吧!

(《文艺欣赏》1984 年第 12 期)

〇一五

# "颠张醉素"及其他

## 一、诗中的颠张醉素

颠张醉素指唐代的两位著名书法家张旭与怀素。他们都是从大书家张芝的大草得法,而各成一格,成为唐代"狂草"的两位代表人物。

张旭字伯高,苏州人,才情奔放,好饮酒,与李白、贺知章、李适之、李琎、崔宗之、苏晋、焦遂等八人结为好友,世称"酒中八仙"。传说他每次饮得大醉,呼叫狂走,而挥毫作书,有时竟用头蘸墨在壁上作狂草,故称"张颠"。其实张旭并非一开始就作狂草的,他苦心临池,打下了扎实的楷书根底,他写的一篇《郎官石柱记》就是最规矩的楷书。张旭最初任常熟尉,有一老人常来告状,他一次又一次批复,不耐烦了,问老人究竟何意。原来老人酷爱他的书法之故。杜甫有好几首诗写到张旭。在《饮中八仙歌》中,他写道,"张旭三杯草圣传,脱帽露顶王公前,挥毫藩纸如云烟。"诗人高适也有《醉后赠张旭》诗,诗中说:"兴来书自圣,醉后语尤颠"。这些都写出了这位醉仙草圣放达的性格和高超的造诣。

怀素,字藏真,俗姓钱,长沙人。他从小出家做和尚,练字非常用功,买不起大量纸张,就把芭蕉叶当纸用,竟把院子里的芭蕉叶子都写完了。怀素师从张芝,又直接得益于张旭,而自成一格。大诗人李白曾有《草书歌行》一首,生动地描绘了怀素的形象:"少年上人号怀素,草书天下称独步,墨池飞出北溟鱼,笔锋杀尽中山兔。"真是到了出神入化的地步。诗人对怀素的书艺更是惊叹不已:"恍恍如闻神鬼惊,时时只见龙蛇走。左盘右蹙如惊电,状同楚汉相攻战",点出了怀素草书飞动圆转、随手万变的特色。正因为这样,怀素蜚声遐迩,正如李白说的:"湖南士群凡几家,家家屏障书题编。"

## 二、李建中、黄庭坚诗赞杨凝式

宋初杰出书法家李建中曾写过一首《题杨少师大字院壁》的诗:

> 枯杉倒桧霜天老,松烟麝煤阴雨寒。我亦生来有书癖,一回入寺一回看。

杨少师即指五代书家杨凝式,他生于873年,死于954年,字景度,陕西华阴人,久居洛阳,唐末昭宗时中进士,曾任秘书郎,后历仕梁、唐、晋、汉、周五代,官至少师太保,故尔称他为杨少师。他生性狂放,喜欢遨游佛寺,放情山水,甚至佯疯自晦,故亦称为"杨风子"。他喜欢写诗,常常戏写打油诗,随便写在佛寺的墙壁上,落款或题"杨虚白",或题"癸巳人",或题"希维居士",或题"关西老农"。据北宋张齐贤《洛阳搢绅旧闻记》载,寺院里的和尚看到墙壁上有杨凝式没有留下题咏的地方,必定会先把那墙壁粉饰好,以等待杨少师到来。他进入寺院,一见墙上光洁,就会像发疯似地吟咏挥毫,直到把墙壁写满为止。他对佛寺特别有缘,有一次他的朋友见他家中缺少冬衣,送给他一百匹绢,五十两绵,他拿来就送到佛寺里去。杨凝式的书法初学颜柳,后入二王,用笔奔放纵肆,结体新奇,一变唐代书法的面貌。李建中的诗,前两句以枯杉倒桧霜天老,比喻杨凝式字态的苍古奇逸,以松烟麝煤阴雨寒形容杨凝式的笔墨淋漓及艺术魅力。后两句则由衷地表达了诗人对杨少师书法艺术的崇敬倾慕之情,一回入寺一回看,百看不厌,潜心揣摩,流连忘返之状栩栩如生,若在眼前。

宋代诗人、书法家黄庭坚也写过一首关于杨凝式的诗:

> 世人竞学兰亭面,欲换凡骨无金丹。谁知洛阳杨风子,下笔便到乌丝阑。

这首诗从另一侧面颂扬了杨凝式的书法艺术。杨凝式的字迹大多在墙上,容易损毁,因此墨宝留下较少,流传下来的主要有卢鸿《草堂十态图》跋,还有《韭花帖》、《神仙起居法》、《夏热帖?》等件。特别是《韭花帖》,略带行体,萧散有致,笔笔敛锋入纸,一点一画都用定武兰亭的方法。黄庭坚的诗,前两句写世人俗子竞学兰亭,但惟见凡骨,未得真谛。后两句写杨凝式"下笔便到乌丝阑",乌丝阑是纸,绢上划成直行黑界线,这里指书法的真谛。前两句是铺垫,后两句异峰突起,突现杨凝式学二王不从皮毛,以至达到精巧娴熟、出神入化的境界。

## 三、"匆匆不暇草书"析

宋《宣和书谱》载:"张芝每作楷字,则曰匆匆不暇草书。"张芝是东汉末年的大书法家,以草书著称,当时被誉为"草圣"。

据人们一般的推想,草圣写草书,字无定格,随手挥毫,洋洋洒洒,一定是非常省劲的事情,然而张芝却说匆匆不暇草书,而作楷字。也就是说,时间匆忙来不及作草书,只能写楷书。在张芝看来,写草书比写楷书更费时间与功夫。其实这既是经验之谈,又是精到的见地。

邓散木先生在《临池偶得》(见《现代书法论文选》)一文中却对此说表示异见,他说:"根据我个人的分析推论,'匆匆不暇草书'这句话,应该加上一个逗号作'匆匆不暇,草书'。这就是说'时间匆促,来不及正正经经地写,只好草草作书',是自谦的意思。"邓先生的推论,笔者不敢苟同。首先,《宣和书谱》中说这是张芝自己常说的一句话,如果把它中间用逗句断开,就显得别扭而不通顺,并不像一句常讲的口语。另外,这句话的前文是张芝在写楷书的时候说"匆匆不暇草书",不能离开这个前文,这个草书显然是与楷字两字相对的,既然他写楷字(当然远比草书端正),怎么反而会有"来不及正正经经地写"的意思呢?再说,张芝是位草圣,别人当然大多求他的草书墨宝,而他作楷字时需作一些说明,就在情理之中了。总之,我以为邓散木先生的解释似乎欠妥。

我以为"匆匆不暇草书"这句话正道出了艺术创作中的辩证关系,总结了艺术创作的甘苦。当然,我并不贬低楷书,要写好楷书亦非易事,但草书就更难。无论结体、间架、用笔、布局、枯润等都比楷书复杂,它看似势无定格,实际上却自有一定的规范,在技术处理上要求更高,总之,它是一项创造性更强的艺术活动,需要艺术家花费更多的时间与功夫。一幅草书表面上看来似乎纵情肆姿、随心所欲,其实是费尽匠心,渗透了书法家多少心血。匆匆不暇草书,讲得多么深刻精辟!

其实,只要学过楷书和草书的人也会有上述的实际体会。前些日子听一位写诗的朋友说"没有时间写短诗"。一般人总以为短诗比长诗好写,殊不知短诗有短诗自己的难处,因为篇幅小,短诗要写得有诗意、有境界、有韵味就需要更巧妙的构思,更凝练的语言。唐人写绝句,五言四句仅二十字,七言四句仅二十八字,但是惨淡经营,反复推敲,真是"两句三年得,一吟双泪流"(贾岛);"吟成五个字,用破一生心"(方干)。

我写这篇短文,是想说明草书与楷书相比,表面上看来草书容易,实则草书的艺术要求更高,一是它首先要有楷书的基础,二是结体笔法等方面更加复杂。

(《书法艺术报》1989年3月5日、6月5日、7月5日)

○一六

# 陈独秀批评沈尹默

1909年,沈尹默26岁那年,他在杭州高等学校代课,一天他在寓所看书,有一穿竹布长衫的年轻人来访,他自我介绍说他叫陈独秀。陈独秀比沈尹默略长几岁,当时他在杭州陆军学校教文史。他对沈尹默说,昨天我在刘季平那里见到你写的一首诗,诗写得很好,但字则俗在骨。陈独秀快人快语,沈尹默一时被他说得羞愧不已。然而沈尹默继而细细思考,觉得陈独秀的话一语中的，振聋发聩。从此改弦易张，研习碑帖，临池苦练，终于成为一代书法大家。当下，各方面都在研究如何改善文艺评论的工作，我觉得这件事给了我们许多启迪。

第一，文艺批评贵在说真话。陈独秀对沈尹默书法的批评，态度真率，实话实说，一针见血，不留情面，给人深刻印象。鲁迅曾经说过："批评必须坏处说坏，好处说好，才于作者有益。"他又指出："批评家的错处，是在乱骂与乱捧"，"现在被骂杀的少，被捧杀的却多"。他还专门把郑板桥的一副对联"隔靴搔痒赞何益，入木三分骂亦精"送给准备撰写《鲁迅传》的日本学者增田涉。这些论述都是要求批评家说真话，好处说好，坏处说坏。陈独秀做到了这一点。

另外，我们还希望批评者比较公正、客观，有自己的真知灼见。陈独秀不仅说了真话，而且批评得很有道理。这与陈独秀的深厚学养和敏锐见解是分不开的。陈独秀是安徽怀宁人，家学渊源。他17岁就中了秀才，后就读于杭州求是书院，学习法语、日语和造船学，并四次去日本。后来他成为中国新文化运动和"五四"运动的领导人和中国共产党早期的领导人。其实他又是一位造诣很深的学者。他早期著有《扬子江形势记略》的军事地理著作，后发表过许多思想评论和文艺评论文章。他虽然不是专门搞书法的，然而他从小就临池习字，对书法不仅有很高的鉴赏能力，而且自己也写得一手好字。1932年陈独秀在上海被国民党逮捕，关在南京监狱里。当时南京有个经营中药的商人，名叫龚怀甫，他非常仰慕陈独秀的书法。他得讯陈独秀关在南京狱中，而他正好认识监狱的狱卒，于是通过狱卒提供的方便，带了文房四宝，请陈独秀给他写一幅字。陈独秀答应了，给他写了杜甫的《秋兴八首》中的一首："昆吾御宿自逶迤，紫阁峰阴入美陂。香稻啄余鹦鹉粒，碧梧栖老凤凰枝。佳人拾翠春相问，仙侣同舟晚更移。彩笔昔曾干气象，白头吟望苦低垂。"他是分写在四张长六尺、宽一尺五寸的屏条上的，每个字大的有八寸见方，小的也有五、六寸见方。上款书怀甫先生，下款为独秀，并盖有"陈独秀印"的白文朱印。陈独秀用草书书写，气势雄浑，笔法圆熟，发挥得淋漓酣畅，具有强烈的艺术感染力。这很可能是诗的内容正好与他自己的身世感慨有相通之处。从这幅书法的章法、布局、笔意看，颇得张旭、颜真卿的神韵。同张旭的《古诗四帖》相比，虽不如张旭那样恣肆狂放，但也很显得血肉丰满，刚柔相济。堪称是一幅不可多得的草书佳作。陈独秀的批评能够切中肯綮并不是偶然的。可见文艺批评要有风骨，批评家要有深厚的学养和职业道德。

第二，作家、艺术家面对批评，要有雅量。文学艺术作品当然有对与错的问题，但更多的是不好，好，更好的问题，而且仁者见仁，智者见智，所以文艺需要切磋和琢磨。能听到不同意见，是好事，有时当局者迷，旁观者清，批评家和读者、观众的意见往往是很好的营养。有的意见可能不对或没有什么可取之处，这就要作者、艺术家对批评意见进行分析，鉴别，然后决定取舍。真正的大作家、大艺术家大多虚怀若谷，善于吸取各方面的意见，来改进自己的作品和艺术。沈尹默是我国当代的书法大师，他是浙江湖州人。他出身于书香门第，早年留学日本。他从小就喜爱书法，12岁时跟随塾师宁乡吴老夫子学习写字。这位老师是黄自元书法的崇拜者，一开始就教沈尹默临摹黄自元所书《九成宫醴泉铭》。黄自元的书法工整刻板，是典型的馆阁体，同欧阳询的险峻清劲的欧体大相径庭。那时沈尹默年纪尚幼，难分良莠，用他自己的话来说是"不辨善恶地依样画着葫芦"。后来他认识了著名书家王世镗，王以《爨龙颜碑》相赠；又遇见父亲的老友仇涞之，遂仿其流便的书体。在很长一段时间里，沈尹默受黄自元的馆阁体及仇涞之流便书风的影响很深，取法不高，缺少风骨。

后来沈尹默回忆道："陈独秀对我直率而中肯的批评，的确使我茅塞顿开！我自幼受黄自元的影响太深了，取法不高，的确有些浪掷韶光。如今一语会心，使我日后有了方向"。陈独秀直率的批评警醒了在书海里迷茫多年的沈尹默，这一次交谈成了沈尹默书艺和人生的一个转折点。从此他改弦易辙，他细细研读包世臣的《艺舟双楫》，从执笔、运笔做起，同时博览汉隶和魏碑，手摹心追，进而又从二王（王羲之、王献之）、虞世南、褚遂良诸家法书中汲取营养，融碑帖之长，终于成为一代书法大家。沈尹默的虚怀若谷、闻过则喜、从善如流的精神令人感佩。他对陈独秀的尖锐批评，不仅没有一点反感，而且由衷的感激。此后，沈尹默和陈独秀、刘季平等都成了好朋友。几年以后，沈尹默还竭力推荐陈独秀担任北京大学文科学长。由此可见沈尹默的高尚品格。

第三，营造一个良好的文艺批评、学术争鸣的环境和氛围非常重要。在"极左"的时代，文艺批评成为"揪辫子"、"打棍子"的工具，人们至今心有余悸。而近年来市场经济的大潮和社会浮躁心理的泛滥，也严重影响着文艺评论的健康发展。所以首先要纠正评论界的一些不良的风气，要逐渐杜绝"指令评论"、"红包评论"、"关系评论"之类的倾向。要提倡说真话，提倡学术争鸣，提倡善意批评，平等对话，允许批评，自我批评，反批评。记得在上个世纪50年代末60年代初，文艺评论的空气较好，当时笔者还是一名在读的中文系学生，就在报刊上参加了好几次文艺问题的争论。可是现在，要末没有批评，没有争论，一批评，有的被批评的人便暴跳如雷，恶言相向；再争论下去，竟发展到人身攻击，甚至对簿公堂。另外，现在一些报刊也怕商榷，怕争论，记得有一次我读了某大学一位教授的著作，对其中某些论述有些不同看法，就写了一篇文章送给该大学的学报，可是该学报就是不敢发表，我只能拿到别的刊物去发表。其实文章内容只是善意地讨论一些学术问题。还有一次，我在一家报纸上读到一篇纪实文章，我觉得其中某些记述与事实不符，于是写了一篇辨析、商榷性质的文章，寄给该报，还是没有被用出，我也只能到别处刊发。其实这些都是极其正常的讨论、切磋和研究。我觉得各方面都要为营造一个宽松自由、友好和谐的文艺研究、学术讨论的环境而努力。良好的文艺批评、学术争鸣的环境的营造，必将促进文艺评论的健康发展，从而推动文艺创作的繁荣。

（《人民政协报》2003 年 7 月 10 日）

○一七

# 天真烂漫是我师
## ——赵冷月的书法艺术

当代书法名家赵冷月先生于 2002 年 11 月 20 日不幸辞世，上海书法界失去了一位造诣精深、勇于开拓的名家，这是极感痛惜的。

赵冷月先生 1915 年出生于浙江嘉兴，原名亮，号晦翁，别署缺圆斋主人。他的祖父介甫公乃晚清孝廉，工于书法，父亲也精通文墨，他自幼接受庭训，诵读经史，受到翰墨的熏染。他十几岁时字已写得很好，有人来求他父亲的墨宝，有时由他代笔，竟能乱真。他开始临摹各种碑帖，尤喜宋黄庭坚及何绍基、赵子谦。渐渐他对祖父、父亲的字不尽满意了，认为他们写的只是馆阁体，缺乏生气。23 岁时，拜前辈名书家徐墨农为师，开始正规训练，从古碑帖临起。老师引导他写唐楷,钻研褚遂良、欧阳询诸家。有名师指点,加上本人努力,艺事大进。他在嘉兴教书,未届而立之年,书法已闻名乡里。上个世纪50年代初移居上海,翰墨为生。他经常流连于大小书肆,凡珍贵碑帖,皆不惜倾囊购求,如后有翁方纲七十二题之宋拓《九成宫醴泉铭》就是当时以重金收藏的。50年代末他进上海广告公司,任书法技师。生前担任过上海书法家协会副主席、上海文史馆馆员等职。

几十年的翰墨生涯,留下了赵先生一串串坚实的脚步。每日的字课可说是雷打不动的。"文革"时期,批判他学帝王将相的字,但他在家里还是坚持练字。家里孩子多,他们要在桌子上做功课,他就搭一块搁板写字。即使是书名成就、年逾古稀,仍然每天练字不辍。数十年来,遍临历代名帖,精研汉隶北碑,单单颜真卿的《告身帖》就临写过几百遍,晚年时常晨起临《张迁碑》。尽管墨债颇多,但练字从不间断。先生作书也十分严谨,有时一张不成,再写第二张、第三张,直至自己比较满意为止。

赵先生崇尚自然。他作书从不牵慢忸怩、故作姿态,而是让笔端率性流露,成为坦诚自然的心灵观照。他主张"宁丑勿妍,宁拙勿巧",要达到天真烂漫才是佳境,正如苏东坡所说"天真烂漫是我师"。因此他的字摒弃妍媚之气,而以浑朴见长。他的行草有大家风范,隶书稚拙中见舒展自如,特别是榜书独树一帜。

赵先生对书艺有一种不断探索,不断变法,不断创新的精神。他晚年的书风更是返璞归真,进入化境。有一次我对他说:"我曾看过您70年代写的两幅毛泽东诗词,写得华彩甜美,最近我看您的书风似有变化。"他笑笑说:"最近写的字是不是不漂亮了?对!我追求的就是这种不漂亮。"他告诉我,他越来越喜欢颜真卿,他正致力于汉魏六朝的隶书碑帖,着意将汉魏的神态融入行书中去,可见他在追求一种更高的境界。确实,赵先生晚年的书法,由唐宋诸家直入汉魏堂奥,融碑与帖于一炉,由绚烂归于平和恬淡,脱尽豪华,显出苍劲古朴,大巧若拙之趣。他写的榜书"凝露"、"真知"、"蕴奥"、"海天一览",笔墨酣畅,骨力非凡,古拙中见自然情韵,透视出一种金石气。他写的榜书"心画",十分大气,浓淡枯润相间,"画"字的线条与飞白一任随心所欲纵笔而出,使书家的感情流露无遗。一幅《顾况送李山人还玉溪》七绝,行书中渗入隶意,显现出质朴率真的汉魏风貌。赵先生曾先后三次在沪举办个人书法展览,在书坛引起强烈反响。

从赵先生身上,我还领悟到,深厚的学养对一位书家的重要影响。赵先生家学渊源,自幼熟读诗书,从事书法创作后又从未间断过对文史的研读。他不仅淹通典籍,而且对一些篇章有独特见解。在他案头常堆着李白、杜甫、黄庭坚、陆放翁等诗人的集子。他深厚的文史根底无疑为他向书法艺术高峰攀登提供了有力的支撑。他认为各种艺术门类是触类旁通的,所以他广交画家、音乐家、文学家,经常观摩戏曲,聆听音乐。他从京剧四大名旦举袂曳裙的动作悟出书法的舒卷开合;从他们的唱腔吐字轻重徐疾,高低起伏的一丝不苟,联想到书法的法度。甚至从侯宝林相声语言的节奏、语调恰到好处,领悟"在不平衡中见平衡"的艺术规律。

我与赵冷月先生曾经有过交往,他曾书赠我以条幅,也指点过我的书事,使我颇得教益。现谨以此文表达我对先生的追念之意。

(《上海艺术家》2003年第1期)

# ○一八

# 乐于写市招的任政

上海有不少知名的书法家,任政就是大家熟悉的一位。人们知道任政,有的是从书法展览会上认识他的;有的是从字帖上了解他的;也有很多人却是通过马路、街道上的招牌熟悉他的。据一位朋友说,他从四川路桥到北四川路底,数了一下,任政写的市招竟有五十多块。他真是一位乐于写市招的书法家。

任政最早写的一块市招是上海市青年宫。当时共请上海四十五位知名的书法家书写,对这些作品隐其作者姓名,编成号码,进行评选,最后,一幅雄健端丽的行楷作品中选,它的作者就是任政。近几年来,任政的书法越发步入佳境,他的书名也越来越隆,因此慕名前来求他墨迹的人接踵比肩,一些商店、公司、单位也纷纷前来请他书写招牌。任政总是有求必应,于是中国青年旅行社上海分社、开瑞服装商店、桂花厅等一块接一块的金字招牌赫然悬挂于通衢闹市了。任政写的市招雄健大方、工整秀丽,深受群众的喜爱。上海展览馆友谊酒家开张时,港方经理特地指名要请任政书写招牌。有一天,两位风尘仆仆的客人来到任政那儿,经交谈才知他们是黑龙江大庆百货商场的,特地千里慕名来请任政书写市招。可是他们并不知任政的工作单位与住处,他们在南京路上看到鸿翔服装商店的招牌,看字迹像是任政所写,于是去问商店经理,经理告诉他们招牌确是任政所写,但只知道任政是邮电系统的。两位客人又到邮局询问,几经周折才找到了任政。任政得知他们的来意后,慨然允诺,精心地为他们书写了招牌。还有一次他家乡浙江黄岩来了两位同志求他墨迹。他离开家乡五十年,没有回去过。老乡相见,分外亲切,于是饱蘸着浓厚的乡情,写下了"黄岩县人民政府"、"椒江影剧院"两块牌子。由于任政有求必应,乐而为之,因此不仅上海市区到处可以见到他书写的市招,而且他写的市招遍及市郊及外地,像金山影剧院、宁波市友谊商店、宁波汽车站、常州第一百货商店、无锡二泉酒家等等都出自他的手笔。

一般书法家,未成名之前作品较多,对求墨迹的人有求必应;可是一旦成了名,就"惜墨如金"了,这叫先放后收。因此有人劝任政少写招牌,说写招牌,档次低,不登大雅之堂;有的人劝他大单位写写,小单位不要写,免得坍自己的牌子。可是任政有自己的看法,他认为书法是人民创造的,应该为人民服务,书法只有生根在群众之中,才有其生命力。而市招正是与广大人民群众天天见面,密切相关的。因此,他写市招,一是不论单位大小,二是不计报酬。有一次,一位朋友说有人托他求任老为小绍兴鸡粥店写一块招牌。任政说,他们为什么不自己来找我呢?那位朋友说,人家怕店小,你不肯写。任政笑了起来,说,越是小单位越是要写,让广大劳动人民欣赏欣赏有什么不好呢?说罢就挥笔书写起来。任政除了为商店写招牌,还为不少学校写校牌,如鲁迅中学、龙门中学都是他写的。这些学校大多经费较紧,因此,他写校牌全是尽义务的。他觉得能为培养下一代出一份力,是件快乐的事情。

市招既是标识,又是广告,无疑是通俗作品。但通俗与高雅并非互不相通。其实任政是追求雅的,他自号兰斋,既取芝兰之室的寓意,又有宗法"兰亭"的意思。他从七岁学书,遍临诸帖,潜心二王,从未离开过对雅的追求。然而他认为雅并非孤芳自赏,他心目中的理想境界是雅俗共赏,因此他孜孜不倦地致力于将雅的艺术普及到广大群众中去的工作,他乐于写市招也就是这种努力中的一件。

任政对待艺术十分认真严谨,参加重要的书法展览是如此,书写市招也是如此。他认为写市招也并非易事,市招有市招的特殊要求,必须精心琢磨,掌握它的规律。比如市招要求写得精密雄壮、富有气派,不仅用笔讲究,结构也要平稳。每个字都要摆稳,能独立,摆在一起又要大小协调,彼此呼应映照,给人一气呵成的感觉。除此以外,还要经得起放大缩小,过去写招牌,直接写成大字,这样往往粗壮有余,灵活不足。现在有了幻灯放大技术,就可以先写成15厘米左右见方的字,然后放大,这样可以写得比较生动活泼,但是写的时候必须考虑放大后的效果。另外,写招牌还要注意内容与形式的和谐。任政为老城隍庙"铁画轩"写的招牌就不用一般的行楷,而用隶书,显得凝重而有艺术气息。

任政乐于写市招,然而他并不希望所有市招都由一位书法家或少数几位书法家书写,这样太单调了。他认为艺术要求百花齐放,丰富多彩,市招也不例外。为了美化市容,希望有更多书法家写市招。

(《新闻报》1987 年 11 月 28 日)

○一九

# 方寸之间,气象万千

## ——张寒月的篆刻艺术

> 习古得新奏刀风生,
> 专心一志久而神明,
> 出茂秀丽肆逸专精,
> 舒泰典雅允足藏珍。

这是全国人大常委会副委员长胡厥文同志参观了张寒月先生篆刻作品展览后的题词。

张寒月先生是著名的金石家,现年七十九岁,而他的治印生涯已有整整六十年之久。他的作品极其繁富,单单藏印就有几千方。1981 年他在苏州举办了七百余方印章的个人金石篆刻展览;他的作品还参加了"中国现代书道展览"到日本展出。他的代表作《鲁迅笔名印谱》现在分别在上海、绍兴鲁迅纪念馆以及日本仙台鲁迅显彰会陈列。张寒月先生的艺术成就,得到专家与群众的一致好评,著名书法家邓散木赋诗说:

> 刮露钊云白刃铦,此中原有石头禅。
> 月光寒印曹泾水,薪火劳君一脉传。

张寒月字莲光、兆麟，1905 年出生于苏州齐门外。他十五岁就开始自习绘画，后从吴松伯学画。至于他由绘画转治金石，其间还有一段趣话。当时他每日作画，把家里的白纸都用光了，又没钱买纸。有人告诉他旧木器店糊花窗需要收购画稿，于是他拿了画去，收购是收购了，但给的钱很少，只够他买纸。后来张寒月逐渐跟木器店的伙计厮熟了，那个伙计对他说，别人的画都有题字和图章，所以值钱，你的画光秃秃的，就不值钱，你何不也刻个图章呢？张寒月受到启发，就学刻了一方图章，从此他的画上也盖上了图章，还题上几句诗。这样一来，画稿卖价果然提高了。他接触刻印后，逐渐迷上了这一行，后来甚至弃画从印。

篆刻是我国特有的一门传统艺术，它始于周秦，盛于汉魏，可说源远流长。虽是方寸之间，可其中学问却很深。张寒月父亲的朋友鲍沅俊是位书法家，看寒月喜爱篆刻，就对他说："你要治印，一定要从一位老师，我介绍你到上海去请教吴昌硕先生吧。"吴昌硕是我国近代杰出的书画家、篆刻家。他的篆刻融合皖浙诸家和秦汉印文精华，自创派别，一时曾为印坛盟主。其时，张寒月经常带了作品去上海就教于昌硕老人，得益良深。吴昌硕对他说："刻印要注意篆法、章法、刀法，犹如一鼎三足，缺一不可。"并要他从汉印入手，再仿各家流派，然后再刻出自己的面貌来。还再三告诫他：你不能满足于像吴昌硕，而是要有自己的面貌，要自成一家。张寒月在名师指点下，从临摹秦玺汉印入手，并赴各地探胜寻宝，博观汉砖石刻，金石文字，精心研学甲骨钟鼎、封泥瓦甓。后来又与艺术大师张大千结识。张大千也是治印名手，求者如云，不克应付，遂请寒月代为治印。张寒月兼收皖浙各派精髓，不断创新，逐渐形成了自己的独特风格，能在方寸之间反映出气象之万千。正如苏州作家程小青所称赞的："铁笔纵横有几人，籀书秦篆艺坛珍，凝朱留白能循古，穷物传神更出新。石上龙蛇疑欲动，印中面目误如真，东风吹遍千花笑，阆苑琼葩一样春。"

张寒月在解放前曾出版过《寒月斋存印》二册，但他的艺术青春得以焕发，还是在解放以后。解放后，他的大量作品从内容到形式都力求创新，他尝试刻毛主席诗词、郭沫若诗文、鲁迅笔名、书名，尝试刻周总理像、鲁迅像、苏州风光；他不仅仿汉印，仿封泥，还尝试镂刻金印、铜印、玉印、瓜蒂等。这些都体现了他热爱社会主义的真挚感情和勤于革新的精神。

最能体现作者艺术风格的要算《鲁迅笔名印谱》了。他出于对伟大鲁迅的敬仰之情，十几年前就着手搜求鲁迅先生的笔名。鲁迅所用笔名甚多，寓意又极深远，为此张寒月多方考证其来历、使用年月、寓意和作用，撰成小志，镂为边款，寒暑十易，终于刻成鲁迅笔名章一百六十九方，书名章三十一方，边款三百四十五方，拓印成册，题曰《鲁迅笔名印谱》。这部印谱得到郭沫若、周建人等同志的赞赏。周老赞曰："灿然巨制，固艺苑之新葩，亦革命之史补"，并为印谱封面题签。周海婴同志特地到苏州访晤张老，表示感谢。这部巨作在北京、上海、南京、广州、绍兴等地展出时受到热烈欢迎，在日本、香港也轰动一时。这在我国篆刻史上恐怕也是值得一书的。

张寒月还刻了不少印像。在印章上刻人像，这在古代就有了，然而往往一些金石家不屑为之，以为这并非印学正宗。张寒月却认为印像便于反映人民生活，特别是现实生活，同时可以拓宽篆刻艺术的领域，因此乐而为之。他的印像题材很广，有领袖人物、英雄人物和各界名人，如周总理、鲁迅、郭沫若、雷锋、焦裕禄、齐白石、张大千、弘一法师等。1977 年他刻了《鉴真法师石刻像和简历》，现陈列于日本仙台。最近他还刻了《苏州紫金庵十六罗汉像》，受到赵朴初同志的赞赏。

为了反映祖国壮丽山河的风貌和配合日益发展的旅游事业，张寒月还尝试刻印风景。1973 年刻的《苏州风光》就是一套富有特色的作品。这套作品包括虎丘、灵岩、拙政园、寒山寺等苏州十二处名胜，抓住各自的特点，以简洁的笔法、细巧的刀艺刻画得栩栩如生，丝丝入扣，具有很高的艺术欣赏价值。

张寒月现任苏州市政协委员、西泠印社社员、苏州市佛教协会理事、中国书法家协会江苏分会会员,苏州市书法篆刻印章研究会理事。他犹如老骥伏枥,壮心不已,现在一天刻十几方印章还是常事。我们祝愿他人印俱寿,新意迭出,为我国篆刻艺术作出更多的贡献。

(《人物》杂志 1985年第1期)

## ○二○

# 谁最早发明活字印刷

当今,重视物质和非物质文化遗产的保护,已成为国际上诸多国家的共识。然而由此也引发了一些文化遗产归属问题的争论,关于印刷术发明权的归属就是一例。

近年来,韩国的申遗"热情"非常高涨。他们把印于中国明代洪武十年(1377)、现存法国的汉字古印本《白云和尚抄录佛经直指心体要节》认定为世界上最早的金属活字印本,并通过外交活动,获得了联合国科教文组织的认可,列入"世界文化遗产"。

20世纪以来,我国的考古工作者在宁夏、甘肃、新疆等地发现了一批西夏文的泥活字和木活字的印本。1989年在甘肃武威发现了西夏文佛经泥活字印本《维摩诘所说经》,2006年宁夏文物考古研究所在宁夏贺兰山山嘴沟发现《妙法莲华经集要义镜注》、《圆觉注之略疏第一上半》等印本,根据字体欠工整,笔画钝拙,横不水平,竖不垂直,缺笔少划,墨色浓淡不一等情况,可知乃泥活字印本,而且《妙法莲华经集要义镜注》书中有6行题款,记录了印刷该经的人名及分工,如"印面校者"、"印取字者"、"作字兼丁者",而这些工序是雕版印刷所不需要的,只有活字印刷才有。这些都有力佐证了在西夏,即中原的宋代时,已有了活字印刷。

1991年宁夏文物考古研究所又在贺兰山拜寺沟方塔废墟中发现了西夏文献《吉祥遍至口和本续》,这是一部西夏文密宗佛经的刻本,共有9册220多页,计10余万字,白麻纸精印,蝴蝶装,用楷书刻印,墨色清晰,字体工整秀丽。根据刻本中发现有倒字,版框栏线四角不衔接,版心行线漏排,而西夏文误排成汉字,残留隔行竹片印痕等情况,考古学家牛达生教授考定其为活木字版印本。此印本并非全本,缺首卷末卷。从与之一起出土的西夏贞观至元庆年间(1102—1114)西夏文木牌和发愿文两件文献的纪年推断,该印本应为西夏后期之物。这是现存世界最早的木活字版印本的实物。

其实,中国的四大发明,世人早就公认,其中就包括印刷术。大约1300年前的隋末唐初就发明了雕版印刷,900多年前宋代又在雕版印刷的基础上发明了活字印刷技术。据史料记载,发明活字印刷术的是北宋布衣毕昇,北宋科学家沈括的《梦溪笔谈》中曾详细记载。但是由于历史的原因,毕昇创制的胶泥活字及其印本未见流传。在很长一段时间里,又没有发现宋元时期的汉文活字印本,致使有人对活字印刷的起源产生质疑。

西夏文泥活字、木活字印本的发现以十分有力的证据,驱散了迷雾,澄清了历史事实。西夏是我国西北地区一个以羌族中的党项族为主体的少数民族王朝,它存世时间为1038年至1227年(即北宋景祐五年至南宋宝庆三年),鼎盛时期其疆域包括金宁夏、陕北、甘肃西北部、青海和内蒙的部分地区。西夏王朝有两点很值得注意:一是他们自创文字——西夏文,二是西夏是一个笃信佛教的王朝,他曾大量翻印佛经,曾多次向宋朝赎经,从元昊起用了53年时间就译成西夏文《大藏经》5 379卷,并且大量刻印经文,西夏的官府专门设立"刻字司",主管刻书印刷事务,1184年仁孝皇帝曾特敕刻字司刻印西夏文、汉文《圣大乘三归依经》,一次就刻印五万卷之巨。拜寺口皇家佛教寺院也是专门从事西夏佛经的印刷事务的。那时,中原与西部文化交流很为频繁,沈括在1080年知延州(即今延安),中原泥活字、木活字的印刷技术和工艺传过去,是很自然的事。西夏时期,那里雕版印刷和活字印刷已十分兴盛。以前认为元代的王祯是木活字版的首创者,但西夏时期《吉祥遍至口和本续》木活字印本的面世,就把木活字印刷术的发明和使用时间提前了几百年。

回到本文的题目:谁最早发明了活字印刷术,答案是明确的;印刷术的发明权当属中国!

2002年1月4日于上海

## ○二一

# 江南碑林　异彩缤纷
## ——苏州碑刻博物馆巡礼

人们只知道在西安有驰名中外的碑林,然而不一定知道在江南古城苏州也有着一座颇为壮观的碑林。这座碑林就在沧浪亭附近的苏州文庙内。

文庙也称孔庙,是古代祀奉孔子的场所。苏州文庙是1035年北宋政治家范仲淹任苏州郡守时创建的。范仲淹把庙学合为一体,这里又是苏州府学。文庙屡经建废,近年来,苏州市人民政府努力整修,已经对外开放,现为江苏省文物保护单位。与此同时,在文庙内建立了苏州市碑刻博物馆,这在国内还是少见的。苏州作为一座文化古城,它的碑刻久享盛誉。在这博物馆里,收藏着历年积累的二千八百余块碑石和大量拓片,现已展出的有千余块,有的还在继续整修之中。

矗立在文庙大门前的四块巨碑,是清乾隆皇帝因平定准噶尔等地而诏天下,镌刻树立的。在戟门西首的披门内陈列着被列为全国重点文物保护单位的四大宋碑。刻于南宋绍熙元年(1190年)的《天文图》是世界上最古的天文图。此图高175公分,宽99公分。上部绘有星图,有二百八十个星座,计1 434颗星,并刻有赤道、黄道、银河,代表黄道的圆圈与赤道斜交,形成24度夹角。下部刻有说明文字四十一行,对当时知道的一些天文知识作了简要的叙述,反映了宋代天文科学的辉煌成就。《地理图》则是我国现存最古老的三大著名地理图之一(另外二块《华夷图》和《禹迹图》保存在陕西省博物馆碑林中)。《地理图》上标有江河、山脉、森林、平地、海湾、城市,反映了祖国江山的风貌,长江、黄河的发展与走向都很精确。《平江图》是我国稀有的古城市平面图,它于1229年南宋年间由吴人叶锦辉、朱锡梁督工镌刻。当时苏州称平江府,图中标示了苏州古墟的城墙、河道、桥梁、街坊、塔幢以及多处名胜古迹,图中园林、牌楼、亭阁、宝塔等都刻得精巧逼真。它不仅显示了宋代苏州城市的宏伟规模和布局,同时标志着我国古代高度的测绘水平,这是研究我国古代城市建设和苏州历史的珍贵史料。《帝王绍运图》则是宋代绘制的一张以皇权体系为主轴的历史朝代沿革图,作者黄裳用以图叙史的方法反映历代帝王世系,以总结封建帝王治乱离合的历史经验教训。四大宋碑体现了我国古代科学和城市规划的成就,弥足珍贵。除四大宋碑外,清朝乾隆时仿宋吴江垂虹桥的水则碑是现在江南地区测量水位的唯一幸存的文物,对研究我国水利历史具有重要价值。

在文庙东西两条新建的长廊内,更是一个碑林世界。在东边碑廊中陈列着富于艺术价值的历代书法碑刻。苏州是人文荟萃之地,历代书家辈出,唐代的张旭,明代的唐祝文周均为吴人。明清时期,苏州的收藏家雇了摹刻名工,按真迹勾勒,刻于书条石上。在某些真迹散佚的情况下,这些保存下来的书条石尤其珍贵。这里陈列的有蜚声国内的清刻著名集帖《过云楼藏帖》。这是著名收藏家顾氏从繁富的藏品中精选汇刻而成。其中有智永真草千字文,褚河南、定武、古本三种《兰亭序》、范文正公手札、米芾千字文、文徵明"落花诗"等。《从帖存萃》则收录了从东晋书圣王羲之起至唐宋元明清书法名家及苏州历代文学艺术家范仲淹、范成大、沈石田、文徵明、唐伯虎、申时行等人的法帖,真是蔚为大观。还有宋代杨补之的四梅图和明代的菊品,也都是罕见的石刻。被列为苏州市级文物保护单位的《人帖》是清嘉庆十一年,两江总督铁保委托苏州知府周春田所集刻,四卷二十八人,后经续刻,成为五卷三十二人,收集了他们的手稿、书札、绝命词、血书等。作者并非都是书法家,还有名宦重臣如范仲淹、文天祥,此外有东林党人、抗清志士等,大都是坚持忠义、气节的贤臣良将,具有重要的史料价值。

在西边碑廊内则陈列了一百五十余方经济碑刻。明清年间,苏州作为江南重镇,商品经济高度发展,资本主义萌芽。这里陈列了不少手工业行业、会馆公所的告示以及当局关于经济法规及布告,如《奉名宪永禁机匠叫歇碑记》等。这是研究江南地区明清资本主义萌芽的第一手资料。

居于正中的大成殿是文庙的主要建筑。宋徽宗赵佶尊重孔子,取"集古圣贤之大成"之意。为祀孔子之殿堂。况钟曾于1474年重建大成殿。大成殿掩映于参天古木之间,高堂广厦,轩昂雄伟,面宽五间,进深四间,前有露台石阶。大成殿内陈列了大量的拓片,包括人物史料、历史图像、古建名胜、书法艺术四大类。在大成殿正中,我们可以看到北宋宣和年间,著名画家吴道子画的先师孔子行教像的碑刻拓片,神态潇洒安详,眉目鬓发可辨,把这位我国古代的大思想家、大教育家的形象刻画得栩栩如生。在孔子像两边是明代刻的孔子弟子七十二人像。这里还有宋《韩世忠神道碑》、明张溥《五人墓碑记》、清俞樾《枫桥夜泊诗碑》及《沧浪亭图》等拓片。太平天国时代的《报恩牌坊碑序》也是珍贵的史料,碑文叙述了忠王李秀成在1860年主持苏福省期间实施的德政,1915年秋瑾的好友吴芝英为吴江同里丽则女校学生抗议日本所提二十一条而写的《国耻纪念之碑》的拓片,1924年章太炎撰于右任书的《邹容墓表》等。此外还有蔡襄、董其昌、赵孟頫、郑板桥、康有为、吴昌硕等人的诗画拓片以及白居易、苏东坡、文徵明、海瑞等名人画像。这些拓片为史学界、艺术界提供宝贵的研究资料。

(《沙龙》1987年第9期)

○二二

# 我与书法

前些日子,我收到苏州枫桥史迹史料陈列馆寄来的一份收藏证书,通知我,我的一幅《枫桥夜泊》行草书法作品被该馆收藏。这很使我高兴。

记得我五、六岁时就开始写字，母亲是我的启蒙老师，临的第一部法帖是柳公权的《玄秘塔》。几十年来虽然主要书写工具是钢笔，但我与书法从未分离过。六十年代以前主要学楷书、行书；七十年代后期转向草书，曾数遍临写王羲之的《兰亭序》《圣教序》，颜真卿的《祭侄文稿》，孙过庭的《书谱》，怀素的《小草千字文》、《自叙帖》，祝允明的《前后赤壁赋》等。

那么，我为什么长期以来把书法作为主要的业余活动而乐此不疲呢？因为我从学习与创作书法中得到了很大的乐趣。当我专致临池，凝神屏息，使自己遨游于书法艺术的海洋之中时，头脑中杂念全扫，进入一片纯净宁静的境界。发现自己稍有长进，便喜不自胜。而书法创作更是一件极富创造性的劳动，布白、气韵、用笔、墨色均可变化无穷，妙趣无限。我有时也参加展览或为报纸题写刊头等。我还曾经向费新我、赵冷月、任政、周慧珺等著名书法家请教，得益非浅。书法活动不仅没有影响我的工作，而且还有效地调剂了我的精神生活。书法可以说是一种特殊的健身运动，对健康有很大的好处。在从事各种艺术活动的人们中，以高龄的书法家为最多便是证明。

书法还给了我丰富的艺术滋养。艺术是触类旁通的，对书法艺术的领悟，有助于我对戏剧及其他艺术的更深入的研究。就书法与戏剧比较，书法的章法布局犹如戏剧的场次结构，书法的气韵好似戏剧的情境，书法的笔势起伏、笔法顿挫又好像戏剧的跌宕波澜……。我以前主要研究文学与戏剧，近年来研究领域扩展到书法、园林等。从美学的高度俯视这些艺术门类，发现其中有不少共同的规律，这使我对某些艺术问题的思考进入了新的层次。另外，临习书法，一笔一画都得符合规范，一点一捺均须一丝不苟。长期的书法训练对我养成严谨的治学作风也有很大的好处。

书法是我国民族艺术宝库中的瑰宝。走进书法天地，我觉得展现在面前的是一个姹紫嫣红、令人目游心醉的艺术世界，这对我当然是一大幸事了！

（《上海商报》1999年3月12日）

## ·谈园林·

## ○二三

# 苏州园林美学漫步

苏州园林是中国古典园林艺术中的杰出代表，它以典雅、精巧、自然、含蓄，给人以丰富的美感享受，深受群众的赞赏。前几年，以苏州网师园殿春簃为蓝本的明轩在美国纽约建成，其后加拿大温哥华又以苏州怡园为蓝本建造了中山古典中国公园，一股苏州园林热正在海内外蓬勃兴起。

园林在艺术分类中属于建筑一类，是静的表现艺术；然而它与一般的建筑不尽相同，它是实用与审美相结合，又以审美功能为主的艺术。园林与人们的物质生活与精神生活直接有关，是人们选择自然、模仿自然、改造自然、创作自然的结果。

苏州园林是美的，而从苏州园林呈现出来的美的当中，我们又可以看到园林设计师与建筑家们如何运用深刻的美学原则以及巧妙的艺术技巧来创造美的。这对探讨美学原理与艺术创作的规律，是很有益处的。

# 一、自然美与艺术美

前面说过园林属于建筑艺术的范畴；但是它又不同于一般的建筑艺术。它不仅注重建筑的造型美，而且更强调建筑与周围的自然环境的相互配合而构成的意境，此其一；其二，建筑从实用功能到审美功能有一个历史的发展过程，而园林则是这个发展过程的高级阶段，它以观赏审美为其重要目的。

这里有两个问题值得我们注意。

（一）园林乃是人们自己所居处和游玩的自然环境，因此特别注重它的自然美。自然美是一种很有审美价值的美的形态。恩格斯曾经说过，他在欣赏自然美时感到"幸福的战栗"，他指出，在壮丽的大自然面前，"在比较深刻的人们那里，这时候就会产生个人的病痛和苦恼，但那只是为了溶化在周围的壮丽之中，获得非常愉快的解脱"。[①]我国诗圣杜甫也写过"已知出神少尘事，更有澄江销客愁"的诗句。自然美往往能引起人们一种赏心怡神的精神愉悦和忘我解脱的感受。正因为这样，我国历代美学家、文论家都很崇尚艺术作品的自然真率。刘勰在《文心雕龙·原道》中说："云霞雕色，有逾画工之妙，草木贲华，无待锦匠之奇，夫岂外饰，盖自然耳。"《南史》卷三十四曰："（颜）延之尝问鲍照己与（谢）灵运优劣，照曰：'谢五言如初发芙蓉，自然可爱，君诗若铺锦列绣，亦雕绘满眼'。"谢道韫在《泰山》一诗中也十分赞叹泰山的自然美："非工复非匠，云构发自然。"园林是以自然为材料的艺术，当然更崇尚自然。古代的优秀园林家总是极其注意对自然美的发现的。很多园林选择了天然形胜之地，加以构筑修建，如王维的辋川别业，白居易的庐山草堂等。

（二）园林既然是一种艺术，它就不满足于停留在自然美的层次上。它是对自然的选择，同时又是对自然的再创造。大文豪歌德说过："艺术家对于自然有着双重关系，他既是自然的主宰，又是自然的奴隶，因为他必须用人世间的材料来进行工作，才能使人理解；同时又是自然的主宰，因为他使这种人世间的材料服从他的较高的意旨（即目的），并且为这较高的意旨服务。"[②]

园林艺术正是善于发现自然美，顺乎自然又给以加工，使自然美与人工美得到巧妙、和谐的统一。这方面，苏州园林就是范例。

拙政园是一座明代建筑，它不仅是苏州四大名园（沧浪亭、狮子林、拙政园、留园）之一，而且是我国江南古典园林中的代表作。可以说拙政园是一件精巧成熟的艺术珍品。我们先看看这座园林原来具有的自然条件，在明代著名画家文徵明的《拙政园记》中曾有所表述："娄齐门之间，居多隙地，有积水亘其中，稍加疏浚，环以林木。"它的最大特点就是水多地少，据统计园中水的面积占全园的五分之三。水多是此园的特点，也是长处，园林设计者充分注意了这个特点与长处，据此来考虑全园的布局结构，建筑造型和装饰风格，并力图充分发掘与体现出水的自然美来。首先是以池水为中心安排建筑物。以中部为例，它的主体建筑远香堂在水池南岸，这是一种四面厅类型的建筑，四面嵌以秀丽玲珑的玻璃窗，在此观赏湖面，荷花扑面，颇有"香远益清"之感。向西是筑在水面上的长廊"小飞虹"，再向西是石舫"香洲"。池的北面是见山

① 《马克思恩格斯论艺术》第四册第399页，人民文学出版社。
② 《歌德谈话录》第137页。

楼,居高临下,湖面景色尽收眼底。真是景随水筑,景由水出。

在建筑设计方面,因其水多,故多设桥梁,而桥很少采用拱形,绝大多数取平桥低栏,桥面几乎紧靠水面。远看桥梁如同飘浮于水面,倒影楚楚,衬托出水波轩荡、优美静谧的意境,游人在桥上行走,有一种如涉水波的奇妙感觉,令人心旷神怡。园中的亭榭馆阁多数临水而筑,连有平台,显得舒缓爽朗,形同画舫,每每在水中映出倒像,地上有个远香堂,水中也有个远香堂,地上有个鸳鸯馆,水中也有个鸳鸯馆,景影相接,对映生辉。这些建筑物多用玻璃长窗,不仅易于反照出绮丽恍惚的波光水色,也便于眺望园中水景。最突出的是鸳鸯厅,它形制别致,呈方形,四角各带一间耳室,厅中间用隔扇分隔成两半,南半厅称十八曼陀罗花馆,北半厅称三十六鸳鸯馆,挑出于池上。鸳鸯厅四面明窗,每扇窗户以紫色玻璃与无色透明玻璃相间排列,从窗内观望湖中景色若明若暗,或隐或现,飞光流彩,妙不胜言。

为了充分衬托出湖面的美,在湖边垒山,水畔置亭,池中育有成群鸳鸯,植有无数莲荷。白莲吐蕊,水景的静谧和闲淡自生;鸳鸯戏水,湖面的动势与色彩俱呈。即使一条长廊,设计者也不等闲视之,而是煞费周折,运集匠心,就说西部沿池界墙构筑的水上游廊"波形廊",低昂起伏,蜿蜒曲折。远处观望犹如一条彩虹飞架水面,而游人沿着长廊漫步,忽低忽昂,时高时下,仿佛置身于舟船,感受着波澜激荡、浪涛起伏的声势。拙政园建筑的题名也不离"水"字,如"小沧浪"、"波形廊"、"荷风四面亭"等等。

达·芬奇曾指出:"不同颜色的美,由不同的途径增加。黑色在阴影中最美,白色在亮光中最美,青、绿、棕在中等阴影里最美,黄和红在亮光中最美,金色在反射光中最美,碧绿在中间影中最美。"他告诉我们,一个艺术家要熟悉自己对象的特征,寻求最好的途径来充分体现出它的美来。拙政园的建筑家就做到了这一点。他们处处围绕"水"字做文章,因地制宜,因材处置,顺乎自然,又创作自然。在自然水景的基础上,以人工创造,使水景更加丰富,整个园林呈现出一派幽雅疏朗、舒旷明爽的艺术风格,从自然美升华成了艺术美。

沧浪亭在自然美与人工美和谐统一方面,也是极其成功的。它是宋代建筑,是苏州现存最古的园林之一。它原是唐五代广陵王钱元璙的别墅,后来筑园时在亭北跨水处的山洞里发现地下有许多嵌空的大石块,于是益加扩展。沧浪亭与拙政园不同,它是以山景为主的。在建造中也是充分利用自然环境,发掘其自然美。比如垒山不取堆石成山之法,而是利用原有土山,杂以湖石,堆土垒石而成山。李笠翁在《闲情偶寄·山石篇》中曾说:"用以土代石之法得减人工,又省物力,且有天然委曲之妙,混假山于真山之中,使人不能辨者,其法莫妙于此。垒高广之山,全用碎石,则如百纳僧衣,求一无缝处而不得,此其所不耐观也。以土间之,则可混然无迹,照便于种树,树根盘固,与石比坚,且树大叶繁,混然一色,不辨其谁为石为土,列于真山左右,有能辨出积累而成者乎?"沧浪亭在堆山方面完全根据因地制宜的原则,故极尽自然宛曲之妙。山上乔木参天,古朴翁郁,沧浪亭就置于山巅,翠峦峻嶒,芭蕉掩映。园中建筑群都环绕山林,并用长廊连接,显得低昂回翔,曲折错落,充分体现出山势林色之美。大门设在建筑群中间,用桥沟通,更使人未曾进园,已见园中山景,堪称"开门见山"。

沧浪亭的自然条件,有山景形胜的长处,但又有缺水的致命弱点。这就需要建筑家在创作自然方面下更大的功夫。沧浪亭园内缺水,但园门外北边却流淌着一条蜿蜒而过的清流,这也是一种自然美。"他山之石,可以攻玉",于是设计者大胆地把园外之河纳入园景。然而如果生硬地把园外之河与园内之山拼凑在一起,那就不是艺术创造了。设计者在顺乎自然的基础上,进行了精心的人工创造。首先把园设计成向一边开放式的格局,不修围墙而沿着园外的河流用黄石堆砌驳岸,并垒假山,筑亭榭,这样就使园外的水景自然而然成为园景的一个组成部分。

其次,用一条复廊把建筑群联贯一气。所谓复廊也就是在一条高低曲折的长廊中间用同样高低曲折的花墙一隔为二,形成内外两道长廊,墙壁上开以各式花窗,遂使内外透射,如呼斯应。这样的构思就巧妙地把园里园外联成一气,园外的波光水影,园内的山林景色交相映照,从而突出了它的简洁古朴,清幽自然的山林气象,正如沧浪亭的柱石上的楹联所说:"清风明月本无价,近水远山皆有情"(此联乃集欧阳修、苏舜卿名句而成)。复廊的尽头乃是登楼的扶梯,小楼称见山楼,登楼远眺,既可望见近郊的起伏山峦,也可俯瞰栉比鳞次的市井景象,充分体现出该园创建者、宋代大诗人苏舜钦"一径抱幽山,居然城市间"的诗味,给人一种城市山林的野趣。

明代园林学家计成在《园冶》中说:"园林巧于因借,精在体宜"。"借者园虽别内外,得景则无拘远近,晴峦耸秀,绀宇凌空,极目所至,俗则屏之,嘉则收之……斯所谓巧而得体者也"。这就是说要充分利用自然环境,包括像沧浪亭那样的园外之水;同时又要精心创作,着意加工,使自然景色与人工建筑融为一体,相得益彰,"使其体宜",也就是升华到艺术美的境界。

拙政园与沧浪亭都生动地说明了自然美与艺术美的辩证关系。这里有两个问题值得探讨,一是美的创造与创造美的物质条件的关系问题;二是艺术的内容与形式的关系问题。

艺术美的创造总归离不开构成艺术品的物质材料,并且受着后者的制约。石头只宜于粗线条的浮雕,璞玉才便于精雕细琢,创作繁密、细腻、精致的雕品。同是璞玉,也由于它的大小、形状、色彩、纹理的差异,适于雕琢成相应不同的形象,抑或是灵带当风、裙袂飞扬的美女,抑或是浑圆敦厚、雄姿勃发的猛虎。这就是古人所说的因地制宜,相题行事。这是一个方面,另一方面又要巧妙而能动地改造物质材料,这就是人们常说的巧夺天工。园林的设计者既要善于发现美,更要善于体现美,创造美。园林的筑构既要顺乎自然,又要有所创造,它的美要求天然,崇尚浑然天成。这就是要使自然的环境与人工的创造融为一体,使内容与表现形式和谐统一。拙政园与沧浪亭,从原有的自然条件出发,从内容出发,加以精心设计,匠心创造,从而创造出了各具风貌神采的艺术品,创造了美。

以适合的形式表现一定的内容,同样是创造美的重要因素。情节丰富、生动的宜于敷衍成小说;矛盾冲突尖锐的易构制成戏剧;感情激越动荡的更可诉之于诗歌,内容决定形式。硬要用平淡和谐的事件写戏,偏偏用诗描写错综纷繁的情节,就很难达到预期的艺术效果。反过来,形式对内容也具有能动的作用,问题是看作者是否能娴熟地掌握和驾驭某种艺术形式,并充分发挥其特长来体现其内容。好的艺术品达到内容与形式的高度统一,形式是蕴含一定内容的形式,内容是以一定形式体现的内容,内容展现出来即形式,形式被体验即内容。苏州园林在审美关系中,内容与形式就很难分离。

苏州园林作为一种艺术,它的美来源于自然的山水气象,然而它表现出来的美又比自然界的美更集中,是一种升华。黑格尔说得好:"艺术美高于自然。因为艺术美是由心灵产生和再生的美,心灵和它的产品比自然和它的现象高多少,艺术美也就比自然美高多少。"[1]

正确处理自然美与艺术美的关系,是美学中的一个重要问题,通过对苏州园林的鉴赏剖析,有助于对这一美学问题的深入认识。

## 二、意境——园林美的特殊魅力

各种艺术有其各自的美的形态,也有其各自的艺术魅力。与名山大川气势磅礴的雄奇美

---

[1] 《美学》第1卷第4页。

相比,苏州园林属于精巧幽雅的优美范畴。苏州园林不是孤立的一座建筑物的美,而是主要以精巧的自然景色构成充满诗情画意的意境给人以审美享受。园林追求意境,追求象外之象,景外之景,韵外之致,味外之旨,这是中国古典美学思想的鲜明体现。

清代诗人、画家郑板桥在《题画·山石》中说过:"十笏茅斋,一方天井,修竹数竿,石笋数尺,其地无多,其费亦无多也。而风中雨中有声,日中月中有影,诗中酒中有情,闲中闷中有伴,非唯我爱竹石,即竹石亦爱我也。彼千金万金造园亭,或游宦四方,终其身不能归享。而吾辈欲游名山大川,又不时不得即往,何如一室小景,有情有味,历久弥新乎。"①这段话点明了三点:1.园林是以意境取胜的,有一室小景,有情有味,历久弥新;2.园林的意境除了建筑、花卉、山石之外,还有声、影、色等多种因素构成,是一种综合效应;3.园林的审美特点是寓情于景,物我两忘,"非唯我爱竹石,即竹石亦爱我也"。

苏州园林的诗情画意的意境,给每一个游览者、欣赏者都留下过深刻的印象。有人把它比喻为无声的诗、立体的画、凝固了的音乐,并非过誉之词。

苏州园林一般占地很少,少则几亩,多则十几亩,设计者往往以小见大,以少胜多,用多种艺术手段构成丰富的意境。网师园地域极小,仅占地九亩,但游来并无局促狭窄之感,相反意境深远,游刃有余。真是"地只数亩,而有迂回不尽之致,居离近廛,而有云水相忘之乐"。在很有限的空间里包涵了很大的容量。这个园池水面积集中,四周建筑高矮疏密的确当安排,使池面显得很空旷。另外,全园分隔成许多大大小小封闭式或半封闭式的空间。单独看,不少是独立的庭园,比如著名的殿春簃就显得清幽疏朗。书斋空间不太大,但斋壁置有一方方精雕细刻的木格花窗,而斋后的小天井里略置垒石,植有梅、竹、芭蕉、天竺等,通过花窗形成绝妙的框景,如同一幅幅雅美的花卉画,使书斋更显雅致。而由于花窗与天井的花木形成空间距离,使小小书斋从容畅达。网师园的风景,每一处都有独特的风味,有的面山,丹桂危峦,构成一种深山幽谷的意境;有的临水,清澈在望,给人以水天空阔的美感。整个园结构紧凑,布局严谨,亭榭廊轩,景物与景物之间似断还连,处处贯通。因此园地虽小,但由于景物丰富多彩,有变化,有余地,有呼应,有交融,在有限中体现出了无限。

另一园林狮子林是元代建筑,当年造园时,曾邀请著名画家倪云林、朱德润、赵善长、徐幼文等共同设计,倪云林还为之画了一幅狮子林图卷。狮子林面积也不大,但由于建筑家精心设计,巧妙构思,创造了极为幽深逸远的意境,假山的雄伟和洞壑的婉转是狮子林的特色。其实假山在园中所占面积不大,建筑家采取上下堆叠,气势雄伟,轮廓分明,天际线优美,各面成景。所选择的石峰形状都似狮子形,看去仿佛有的捲足蹲地,有的匍匐醉卧,有的后腿直立,有的歪头憨笑,有的弓身作跳跃之势,有的端坐呈抱球之状,林林总总,千姿百态,大有深山狮群之胜概。设计者高妙的是,没有置放一只写实性的石狮,追求的是"似与不似"之间的朦胧美。如果把芦沟桥栏杆上那些石狮子搬到这假山上,不仅不能增加意趣,反而会使人索然无味。正是那些似与不似的石狮,才给人艺术想象的广阔天地,才使这个狮子林具有深远的意境和动人的魅力。

狮子林假山的堆迭并非平铺直叙,机械罗列,而是有重叠,有层次,有交错,有蜿蜒,层岩迭嶂,危峦嵯峨,显得雄奇秀拔,险峻飞腾。有的石峰如"含晖""吐月"(石峰名称),有的陡岩如"玄玉""昂霄",而"狮子峰"统冠诸峰,为群石之王,此峰透、漏、瘦,虎虎而有生气。因此,在观赏者眼中,再不是几块湖石的简单堆砌,而俨然是一座涯度幽远、深莫可测的巨峰莽岭。假山

---

① 《郑板桥集》第168—169页,上海古籍出版社。

的洞壑更是似断还续，左右通联，玲珑剔透，空灵奇巧。数十个石洞高下盘旋，顺着山洞寻胜探幽，忽而拾级而登峰巅，忽而堕步而临曲洞，纡绕而行，这个山洞与那个山洞通而不连，在两个山洞里彼此相呼而应，然而可望而不可即。有时走错了路，进去容易出来难，往往绕来转去，走了半天，仍回到原处，如进迷宫。当你担心走不通了，往往又忽得一路，骤然出洞，豁然开朗，柳暗花明又一村，别有一番天地在眼前。数十个石洞格格不同，每换一洞，便另有异景，或明朗，或幽暗，或空旷，或局窄。有的石乳飞垂，有的磴险坠绀；有的峭壁间泉水潺潺流泻，有的石缝里青竹挺拔而生。在石洞里漫游，走不尽的洞和看不尽的美景，仿佛走进了幽深无穷的大千世界。

沈复在《浮生六记》卷二《闲情记趣》中曾谈到园林的建造手法："若夫园亭楼阁，套室回廊，叠石成山，栽花取势，又在大中见小，小中见大，虚中有实，实中有虚，或藏或露，或浅或深，不仅在周回曲折四字，又不在地广石多徒烦工费。"[①]

苏州园林还十分注意意境的丰富性。以水见长的拙政园有山景衬托，以假山取胜的狮子林也有湖水石舫映照。留园布局紧凑，以华艳繁密著称，像五峰馆、林泉耆硕之馆等无论建筑、装饰、家俱都是极尽华丽艳美之能事，但留园也并不是清一色的。北部的又一村，青竹林，葡萄架、花路石径，一派朴实疏朗、幽僻恬静的农村风味。而西部的别有洞天土山崛起，气势豪放，山上红枫一片如烟霞天成。在此远眺西园、虎丘和群山，尽收眼底，自有一番空旷畅怀的异趣。

一件真正的艺术品，应该具有完整美的特征。亚里士多德曾指出："美与不美，艺术作品与现实事物，分别就在于美的东西和艺术作品里，原来零散的因素结合成为统一体。"[②]好的园林并不是山、水、亭、榭、花、石的简单罗列或堆砌，而且十分注意把这些原来零散的因素关联起来，结合起来，互相渗透、协调，构成完整而丰富的意境。这方面苏州园林的设计者时常采用虚实相生、分景、隔景、借景、对比、烘托等多种艺术手法来组织空间、扩大空间。

留园是清代的建筑，结构方面采纳了前代诸园的长处，整个空间组合似断还续，它不只是围绕池水布置建筑物，而是用建筑群划分成几个不同的景区，又用蜿蜒的长廊和沟通两面的漏窗，把各个部分联系起来，半隔半透、环环相套，层层进深，既丰富又统一，既鲜明又有变化。它不仅分景、隔景、借景等手法运用得很成功，而且常常运用对比手法来拓展意境。涵碧山庄前面是一泓广阔的池水，可是在池北池西堆叠玲珑剔透的假山，就像一幅山水横披图，这是山水对比。闻木樨香轩居于假山高处，飞檐翘角，面临深渊，这是高深对比。园的东北部建筑物排列紧密，鸳鸯馆前是浣云沼，对面是冠云峰、冠云台、冠云亭、冠云楼，高下曲折，浓艳繁密，犹如一段节奏急促，旋律跳跃的乐章；可是这一群建筑的西部却是一片平旷远阔的大竹林和又一村宽敞爽朗的葡萄棚，给人以平宽淡逸的感觉，犹如乐章中节奏徐缓、旋律舒展的抒情乐段。这两部分是促与展、张与弛、浓密与疏淡的对比。鸳鸯馆画栋雕梁，花门纹窗，宫灯盆栽，华丽浓艳；可是推出门去，临池一石台开阔简朴，形成繁与简、华与朴的对比。园西部别有洞天，进去是一条狭长、曲折、幽暗的长廊，似乎山穷水尽，可是行到中段，豁然开朗，眼前土山矗立，葱郁蓊然、彩霞满坡，这是宽窄对比，明暗对比。园中一涵碧波，水面置有九曲桥小蓬莱，朱红桥栏，与碧绿池水成色彩对比。园中多云墙并漏窗，而墙那边高树挺立，探枝过墙，使景色成远近虚实的对比。特别值得一提的是闻木樨香轩那里假山上的一条爬山长廊，高低起伏，与背后衬托的云墙成曲直对比；长廊不仅高下有弧度，平面上看也成曲线，有时靠墙，有时与墙留下空隙，

---

① 《浮生六记》第 19 页，人民文学出版社。

② 《西方美学家论美和美感》，第 39 页。

这是虚实对比；留空处有光，靠墙处无光，又是明暗对比。艺术的对比不仅不会使两种手法互相抵消，相反会相映成趣。正如《画筌》中所说："寓刚健阿娜之中，行遒劲于婉媚之内"。"密叶偶间枯搓，顿添生致；纽干或生剥蚀，愈见苍颜。"齐白石也说过："山水笔要巧拙互用。巧则灵变，拙则浑古。"他的画时常是巧拙互见、形神兼备、粗犷与细腻相结合的，一叶墨荷，一点红莲，寥寥数笔，泼墨渲染，但荷叶上的蚂蚱却用工笔，精细缜密，几乎触须可辨，翅脉毕呈，正是这种对比手法，使画面形象生动、气韵益然。

烘托也是苏州园林设计者用以拓展意境的重要手法。宋画家郭熙《林泉高致》中曾说："山欲高，尽出之则不高；烟霞锁其腰则高矣。水欲远，尽出之则不远，掩映断其脉则远"。苏州园林中花木的配置便是一种烘托之法，留园的揖峰轩，又称石林小院，院中立湖峰，种植了翠竹、芭蕉，更突出了石景之胜。闻木樨香轩旁的桂树林以及大土山上的高大枫林、拙政园池中的荷花、鸳鸯都具有烘云托月之效。

## 三、审美对象与审美主体

作为审美对象的艺术，它是一个客体，但是它总离不开审美的主体——评价者与欣赏者。朱光潜先生在《谈美书简》一书中举了《诗经·卫风》中一首描写美人的诗作为例子，诗曰："手如柔荑，肤如凝脂，领如蝤蛴，齿如瓠犀。螓首蛾眉，巧笑倩兮，美目盼兮。"如果美人处在空无一人的大沙漠里，或一片漆黑的黑夜里，那么美人的"巧笑倩兮，美目盼兮"就不能产生美感，它的美的价值也就无法实现了。[①] 研究艺术美学问题时既要从认识论的角度研究人对客观世界本身固有属性和规律的掌握，同时要从价值论的角度，研究审美主体的需要及对象的价值属性。对价值问题，马克思从不同角度作过表述："价值这个普遍概念是从人们对待满足他们需要的外界物的关系中产生的"，"是人们的并表现了对人们的需要的物的属性"，"表示物的对人有用或使人愉快等的属性"。概括地说，价值就是物的有用性或主体需要的对象化。

苏州园林作为审美客体，也不能离开审美主体——居者和游赏者。园林的自然景物只有成为审美意识的对象，才能成为意境。意境是意（审美主体的审美意识）与境（审美对象）的同一，是审美意象及其客观化。苏州园林的审美价值是在游览、观赏者的审美过程中得以实现的，是审美主体与审美客体交融的结果。审美既是一种享受，又是一种创造，目的存在于手段之中，消费存在于生产其间。清末著名文学家、朴学大师俞樾曾在苏州建造一个小园，因其基地三曲如弓，故取名曲园，并且把曲园作为自己的名号。他在园中凿池叠石，建堂筑轩，栽花种竹，著述之余在园中或漫步，或小坐，或凭栏，或登临，他在一首诗中写道："书生例好事，所乐惟林泉，爱因地一曲，而筑屋数椽。"可见追求林泉之乐、清幽之境便是俞樾建造曲园的初衷。欧阳修在《沧浪亭》一诗中写道："清风明月本无价，可惜只卖四万钱"，这是沧浪亭的清幽引发了作者清脱高洁的情怀。叶圣陶先生在一首《洞仙歌》词中写道："拙政诸园寄深眷，想童时常与窗侣嬉游，踪迹遍山径楼廊汀岸"，表现了作者对故乡的眷恋和对童年生活的遐思。这些都说明苏州园林的审美价值在于审美对象与审美主体的审美活动相联系。

苏州园林是一种古典艺术，但在今天仍有其审美意义。这是因为：1.游览者对自然美的向往与追求；2.对古典建筑艺术的观赏；3.休闲愉悦的需要。苏州园林为游览者构筑了一个和谐

---

① 《谈美书简》第 81 页，上海文艺出版社。

静穆的环境,可使紧张的生活节奏得以松弛,精神上得到调剂;4.可以陶冶性情,也可以触景生情,引起游览者对社会生活的联想,乃至对整个宇宙、历史、人生产生哲理性的感受与领悟。正如马克思、恩格斯所说的:"人创造环境,同样环境也创造人。"人创造了美的园林,同样园林也创造了审美的人。

苏州园林的设计者虽然不一定能头头是道地讲述这些美学原理,然而他们深谙审美客体与审美主体的相互依存的关系,在设计建造时目中有人,时时考虑审美主体的审美需要,处处构想观赏者融与其间时的审美效应,下面分几点来加以论述。

(一)园林中的建筑着眼于有助创造意境、丰富游览者的美感。比如园林中的亭台楼阁,当然它们本身的优美建筑体现一种造型美,具有观赏价值,然而这仅是一个方面,另一方面,它又是游览观赏者仰观、俯察、顾盼、远望的居所,通过亭台楼阁,审美主体可以多方位地观赏园景,这样就无形中扩大了空间,并且把山光、云树、风雨、日月、帆影、江波引进了视线,从而丰富了园林的意境。在建于山巅的沧浪亭中向四面眺望,不仅园内绮丽的景色呈现眼前,而且园外的清流以及远处的群山与市井都映入眼帘。这样,游览者才能真正领略到"一径抱幽山,居然城市间"的独特意境。因此这沧浪亭的建造是充分考虑了游览者的审美需要的。苏州园林中有好几处园中园,如拙政园里的枇杷园,留园中的又一村等,这种园中园的建造也是从审美主体着想的。人们审美意识中有一种探求心理,那就是要求艺术的新奇多样,老是简单重复,或者一览无余,都只能抑制人的审美心理机制。园中园就使观赏者感受到新颖、变幻,这既能调节观赏者的精神,又能激活观赏者的审美心理机制。苏州园林中常能见到桥身空透的九曲桥,这一方面可以使池水呈现出曲折多变的图形,另一方面可以使游览者变换视角,从而使景观更加丰富多彩。

(二)从审美主体着想,运用借景、对景,构筑意境。

借景、对景对构筑意境十分重要,这一点大家是重视的,然而借景、对景与审美主体的关系十分密切,切勿忽视。对景也好,借景也好都必须通过观赏者的审美活动,其审美价值方能得到实现。

对景是指设计者并不孤立地构景,而是从多方位考虑,注意景物之间相互的有机联系,从而产生艺术上一石数鸟的效果。比如拙政园池南的宜两亭与池北的倒影楼隔池相对,互为对景。园东部溪水萦绕的土山与池北一大片绿茵如毯的草地也成对景。这种对景方法就是从审美主体着想的,观赏者可以登临宜两亭,远眺倒影楼;或在倒影楼凭栏观赏宜两亭。苏州园林中的门洞、漏窗大多是通彻两面,而且有各种图样纹饰,或梅花,或修竹,或长方形,或菱形。游览者从室外透过漏窗可以看到室内景物,而从室内望外,每一个窗棂就是一个配有特殊花纹的镜框,把窗外景物构成一幅幅不同构图的画面,这也是一种巧妙的对景方法。

借景之法就用得更多了。刚才提到的宜两亭所谓宜两,就是指它高踞小山之上,既可俯瞰西部院落的园池,又可借中部之景。在留园西部的土山上可以眺望虎丘、狮子诸山。前者是邻借,后者是远借。还有一种巧借。拙政园香洲石船,分前、中、后三舱,中舱嵌有一面大镜子,镜子内映照出对岸一带的景物,就像船后另有二番景色。怡园的面壁亭处境逼仄,也悬一面大镜子,把对面的假山和螺髻亭收入镜内。计成在《园冶》中专设一节谈借景,他说:"夫借景,林园之最要者也。"又说:"萧寺可以卜邻,梵音到耳;远峰偏宜借景,秀色堪餐。"[①]

---

① 转引自杨春时《系统美学》,第17页,中国文联出版公司。

以上这些借景,都是以观赏者的视线和心理作为出发点,拓宽了艺术的意境,使审美主体与审美客体融合为一。

(三)安排多种观赏路线,使景物变幻无穷。园林的道路不仅仅是一般的通道,更重要的是用多种方案把星罗棋布的各个景物连贯起来。它引导游览从不同的位置、不同的角度、不同的顺序去欣赏最佳的画面。从不同的路线游览,也可以得到不同的意趣。有时是通衢大道,平坦舒朗,有时是曲径通幽,引人入胜,有时是似乎路穷道尽,忽然生面别开,有时使人面临荡漾之碧波,有时引你拾级而登山,高低起伏、曲折蜿蜒,本来是静态的景物,随之而成为动态的画面。比如留园的长廊就很有特色,它联接西部的大掇山、北区的盆景园、中区的山池、东部的厅馆这四大景区,委婉曲折,回旋腾挪,长达 700 米,不仅使整个园林成为一个完整的有机体,而且移步换形,使游览者眼中的景物更加丰富多样,意境更为深远宽广,无形之中扩大了艺术的空间。

(四)以堂轩斋馆的题额使景观诗化,并导向与激发审美主体的感情共鸣。

苏州园林追求自然天成、鸟语花香、幽静雅致,主要以诗情画意的意境给人以精神上的愉悦与陶冶,然而有时又伴随着审美主体丰富的感情活动。当然审美主体游赏园林时引起的感情活动往往因人而异,因时而异,陆机在《文赋》中这样说:"遵四时以叹逝,瞻万物而思纷;悲落叶于劲秋,喜柔条于芳春。"前面谈到叶圣陶先生于 70 年代写的一首《洞歌仙》词,可是前此 60 年,叶先生也写过一首《游拙政园》的诗,那天他听到袁世凯镇压民主力量的消息,面对拙政园"回沼抱南轩,几窗净朗"的自然美景,更反衬出现实社会的黑暗恶浊,他在诗中写道:"直北是长安,冠盖属朋党。白日妖氛现,杀人弃沟壤。鸡鸣上穷尊,狗苟公道枉。"表现了一个血气方刚的进步青年对反动统治者的强烈仇恨。同一个人,游的都是拙政园,但引起的感情活动却因时因事而迥然相异。

苏州园林中不少堂轩题有匾额楹联,它们既体现了设计者、题咏者的情志心态,同时在一定程度上体现了审美导向,以激发审美主体的感情共鸣。这恐怕可说是苏州园林的一大特色。

在拙政园西部有一精美别致的亭轩,有姚起孟的隶书题额"与谁同坐轩",词源出于苏东坡词《点绛唇》之句:"与谁同坐?清风、明月、我。"[①]题额者将答案藏匿起来,耐人寻味。实际上他把审美主体引入诗境,与清风明月同坐,既构建了清幽高远的意境,又以高洁清远的情操引起审美主体的感情共鸣。还有拙政园的留听阁,阁前有平台,两面临池,池中植荷,阁名取唐代诗人李商隐《宿骆氏亭寄怀崔雍崔衮》诗中的:"秋阴不散霜飞晚,留得残荷听雨声"之句的诗意,残荷、雨声渲染了带有伤感的感情色彩。留园的涵碧山房左边爬山长廊之巅有一座亭轩,题额为"闻木樨香轩",木樨,桂花之别称。每逢秋日,天高气爽、丹桂飘香、沁人心脾,闻木樨香,既是对花香的企求与赞美,同时又能唤起审美主体愉快的心情。沧浪亭有一堂所题作"明道堂",撷自苏子美《沧浪亭记》中"观听无邪则道以明",表达了苏子美反对奸邪,心正志明的品格,也能引发审美主体的高尚情操。

名剧《牡丹亭》中有一句唱词:"不到园林,怎知春色如许"!我对苏州园林所作的美学漫步虽然不免浮光掠影,然而它确实使我领略到了和煦的春色,得到了许多的启迪。

(《齐鲁艺苑》1992 年第 2 期)

---

① 《园冶注释》第 237 页,中国建筑工业出版社。

〇二四

# 海上名园豫园的沧桑传奇

凡是到上海的人，总是要去位于老城厢的豫园作一番游赏。这是因为像上海这样高楼林立、高架道路纵横交错的现代大都市里，居然完好地保存着一座清幽典雅的古代园林，这是多么的难能可贵。它给人们一种在历史的隧道里穿越的感觉。

## 一、苦心经营　三十来年

豫园始建于明嘉靖三十八年(1559)，他的主人是潘允端。潘允端的父亲乃是潘恩，字子仁，号笠江。祖籍常州，元末为避兵祸迁居沪上老城厢。少年时以诗文、制艺名传乡里。明嘉靖二年(1522)中进士，授祁州知州，后曾任浙江左布政使、都察院左都御史、南京工部尚书、刑部尚书等职，在朝40余年，他一是极力抵御倭寇骚扰，二是约制藩王宗戚的豪悍贪虐，故而屡贬屡迁。后因其子潘允端任职刑部，为避嫌而告老还乡，终日以读书著作自娱。堂屋中有对联，云："履富履贵履盛满，如履春冰；保身保家保令名，如保赤子"，反映其洁身自好、宠辱不惊的禀性。

潘允端，字仲履，号充庵，生于1525年，卒于1601年。嘉靖四十一年(1562)中进士，崇祯《松江府志》有传，说他初授刑部主事，后改调南京工部，管龙江关税，以宽大恤商使税收增长，不事聚敛。又转兵部，以按察使司副使的身份分巡山东青、登诸州，治盗有功，并为岛上受武弁欺压的入市群众平反。晋升布政同参政，总理漕储，在改革弊政、肇划小规模海运方面，颇著成效。后擢升为四川右布政使。但他到任不久，便受到藩王、权贵的排挤，万历五年(1577)，潘允端愤然称病辞官，退归故里。

早在嘉靖三十八年(1559)，潘允端以举人应礼部会考落第，就萌生建造园林的念头，开始在上海老城厢城隍庙西北隅(今安仁街东的梧桐路、马园弄一带)家宅世春堂西面的一片菜畦上，"稍稍聚石凿池，构亭艺竹"，动工造园。嘉靖四十一年，他中了进士，便出外做官，建园之事无暇顾及，正如他写的《豫园记》中所说："垂二十年，屡作屡止，未有成绩。"万历五年(1577)从四川右布政使任上解职回乡，就这次退隐后，为了让老父安享晚年，潘允端集中精力再度经营扩修此园，"每岁耕获，尽为营治之资"，并取名"豫园"。潘允端在《豫园记》中说："匾曰'豫园'，取愉悦老亲意也。""豫"，有"安泰"、"平安"的意思。足见潘允端建园目的是让父母在园中安度晚年。他聘请了当时江南最负盛名的造园专家张南阳设计全园，堆石垒山，张南阳(1517—1596)，字山人，始号小溪子，更号卧石生，人称卧石山人，上海人。祖父做过小吏，父亲以擅绘画著称。自幼从父学绘画，后以绘画构图造型法、叠造假山和造园而著名，人称其"胸有成山"，能因地制宜，只用不多的山石就造成万山重叠的气势和美感。陈所蕴著《张山人卧石传》称他堆叠的假山"沓拖逶迤，巉巢嵯峨，顿挫起伏，委宛婆娑。大都转千钧于千仞，犹之片羽尺步。神闲志定，不啻丈人承蜩。高下大小，随地赋形，初若不经意，而奇奇怪怪，变幻百出，见者骇目恫心,谓不从人间来。乃山人当会心处,亦往往大叫'绝倒',自诧为神助矣"。上海著名的日涉园、太仓的弇园,均出自张南阳之手。

张南阳接手后,精心设计施工,使园林布局虚实互映,大小对比,高下相称,曲折有法,前后呼应,充分体现出中国园林艺术的特色。此园工程浩大,花了十来年的时间,方始竣工。豫园规模宏伟,总面积达70余亩,比苏州名园拙政园还大。园内以乐寿堂为中心,有玉华堂、会景堂、容与堂、充四斋、五可斋、凫佚亭、涵碧亭、挹秀亭、留云亭、醉月楼、徵阳楼、颐晚楼、介阁、玉茵阁、鱼乐轩、缀水轩、留春窝、雪窝、大假山、南山、池、岛等诸景,堂馆轩榭、亭台楼阁多达30余处,还有"人境壶天"牌坊、"寰中大块"照壁、临水长廊等建筑。潘允端信神,园内广建祠庙,有关侯祠、山神祠、大土庵、纯阳阁和家祠等。其所在范围包括今湖心亭、九曲桥及其以南以西的一片土地。乐寿堂高大宏敞,是园中的主要厅堂,潘允端在此会客、听戏。玉华堂乃潘允端的书斋,因为他十分钟爱玉玲珑,为便于朝夕观赏,特意造了这座建筑,并以"玉华"命名。建筑华美,陈设风雅,是他读书、写作、静修的所在。潘允端还在园中亲手种植了两棵银杏树。

池北征阳楼前的大假山也是豫园的精华所在,《豫园记》云:"前累武康石为山,峻赠秀润,颇惬观赏。"武康石,产于浙江武康县之石山,它有几种,一种是武康紫石,属于火山喷出岩中融结凝灰岩,质地硬度适中,往往用来建筑桥梁、寺庙台基或江堤;还有一种色泽黄褐,属于地表风化岩,适于园林垒山,园艺界称为"武康黄石"。豫园的大假山,高14米,用约2 000吨武康黄石堆砌而成。这座假山堆砌自然,气势雄伟,层峦叠嶂,磴道纡曲,洞壑深邃,清泉若注。假山峰峦起伏洞壑深邃,山上花木葱茏,山下环抱一泓池水。游人登临,颇有置身山岭之趣。清末名人王韬曾这样描绘:"奇峰攒峙,重峦错叠,为西园胜观。其上绣以莹瓦,平坦如砥;左右磴道,行折盘旋曲赴,或石壁峭空,或石池下注,偶尔洞口含岈,偶尔坡陀突兀,陟其巅视及数里之外。循径而下又转一境,则垂柳千丝,平池十顷,横通略约,斜露亭台,取景清幽,恍似别有一天。于此觉城市而有山林之趣,尘障为之一空。"大假山上有二亭,一在山麓,名"挹秀亭",意为登此可挹园内秀丽景色;一在山巅,称"望江亭",意为立此亭中"视黄浦吴淞皆在足下。而风帆云树,则远及于数十里之外"。你若来此登高远望,老城墙和浦江帆樯,历历在目。大假山一向被誉为"江南假山之冠",实乃江南园林中黄石假山的典范。园内的大石洞窈窕深奥,堪与宜兴的善卷洞、张公洞媲美。

耸立于玉华堂前的太湖石玉玲珑也是豫园之一绝,原为北宋时期花石纲的遗物,石色青黝,高约10米,朵云突兀,玲珑剔透,具有皱、漏、瘦、透之美,为石中之甲品。石的上下布满洞孔,孔孔相通,如果在此石下端的洞孔里焚上一炉香,那么上端各个洞孔里便会喷射出袅袅的青烟;倘若在此石的顶端,倾下一盆,那么下端各洞孔里就会汩汩流泻出晶莹的水花,可称奇妙之至。明代文学家王世贞诗云:"压尽千峰耸碧空,佳名谁并玉玲珑。梵音阁下眠三日,要看缭天吐百虹"。玉玲珑乃江南三大名石之一,也是豫园的镇园之宝。

关于玉玲珑得自何处,据上海人王孟洮所撰《记玉玲珑石》一文所说,该石原为浦东三林庄南园之旧物。南园主人乃明正德、嘉靖年间的官宦储昱,储昱没有儿子,仅一女,后来就成了潘恭定之子,即潘允端之弟潘允亮的妻子。储昱故世后,潘允亮即将此石移置于豫园。当时潘允亮搬迁玉玲珑石时还颇费周折。三林塘与上海县之间相距10余里,中间还隔着一条黄浦江,因此必须用船运输,运石那天,突然狂风大作,舟倾覆,石沉江中。后由水性好的人潜入水中,用绳索将该石拉出水面。在人们潜入江中寻找玉玲珑时,又发现另外一块石头,恰巧就是玉玲珑石的底座,于是一起撂起。原打算把玉玲珑石从上海城的南门运进城里,可是这条路曲折难行,后在城墙上打开一个豁口,另修了又一道城门,才得运入,从此上海又有了一个小南门。

纵观豫园,其亭台楼阁错落有致,曲径游廊蜿蜒缠绕,奇峰异石千姿百态,池沼溪流碧波摇漾,古木花树扶疏掩映,堪称"陆具岭涧洞壑之胜,水极岛滩梁渡之趣",景色十分旖旎。故而当年被誉为"申江胜景之冠","东南名园冠"。

在园尚未全部建成之前,万历十年(1582),潘恩驾鹤西去,朝廷赐祭,赠太子少保,谥"恭定"。潘恩生有3男1女,时称"同怀兄弟四轩冕,一家父子三进士",盛极一时。豫园是逐步修建的,潘允端"时奉老亲觞咏其间",但是尚未完工,老父辞世,潘允端不免深感遗憾:"嗟嗟,乐寿堂之构,本以娱奉老亲,而竟以力薄愆期,老亲不及一视其成,实终天恨也"。潘恩未能尽享豫园的休闲之乐,后来,豫园倒成了潘允端自己栖息和安享的处所。

## 二、歌舞管弦　文墨飘香

江南的私家园林大多为封建时代的官员、文人、士大夫所筑,在园林建筑中普遍蕴涵着天人合一的人生观和虚静淡泊的隐逸思想,他们把园林看作"一片冰心在玉壶"的壶中天地。园林又是士大夫生活起居和进行文化活动的重要场所,所以,江南园林洋溢着浓郁的书卷气和文墨气息。在这方面,豫园是一个典型。

潘允端是一位官吏,同时也是一位文人,他进士出身,长于文墨,而且收藏古玩,喜爱戏曲,他常在园中设宴演戏、请仙扶乩、相面算命、祝寿祭祖、写曲本、玩蟋蟀、放风筝、买卖古玩字画等,文人、戏子、僧尼、相士、妓女、三教九流以及食客等频繁出入豫园。

从建园时即和书画结缘,明代著名书画家王稚登、董其昌、王世贞、莫是龙等就曾在豫园赋诗题额、挥毫作画。

特别突出的是潘允端嗜戏如命。明代嘉靖、万历年间,上海地区戏曲活动非常兴盛,嘉靖末年,昆腔新声已传入松江,万历年间,梁辰鱼的著名剧作《浣纱记》传至上海。万历七年至十年间,任青浦知县令的屠隆就是一位戏曲作家,梁辰鱼游青浦时,他特地命当地戏班演出《浣纱记》以招待梁辰鱼。潘允端的豫园地处上海的老城厢,当然也是戏曲活动的重要地域。其他如弋阳、海盐、余姚、太平、土戏诸腔以及评话、弹唱、唱词、鼓吹、皮影、木偶等杂艺也纷纷流行沪上,形成诸腔竞妍、群音争胜的局面。由于潘允端雅好戏曲,他极其热心于戏曲活动,他著有《玉华堂兴居记》(俗称《玉华堂日记》),书中具体、翔实地记述了他在豫园进行戏曲活动和其他文化活动的情形。

潘允端经常延请吴门梨园、松江梨园、余姚梨园等职业戏班来豫园演出,或贺节庆,或宴宾朋,园中的乐寿堂成了戏曲演出的主要场所,此厅堂建筑宏敞,可容百余人。演出最多的是徐缓柔美、清丽婉转的昆山腔,昆山腔在当时是最流行的声腔,也是潘允端最钟爱的剧种。《玉华堂日记》记载,万历十四年五月十三日,"午后,请(吴)曲石、(王)贞庵、(顾)研山、(徐)南孺、易斋及梅岩弟,移席于家,吴门梨园众皆称美,一更散"。除昆腔外,还有弋阳、余姚、太平等地艺人来豫园演唱地方戏曲声腔,可说是五方之音,汇于一堂。常在乐寿堂演出的戏班除各地梨园外,还有曹成、杨成、何一、三峨等民间职业班社,以及秦凤楼、顾亭林、顾春宇、陈明所、姚家等家班。他们演出的剧目也很丰富,有《精忠记》、《琵琶记》、《昼锦记》、《西厢记》、《连环记》、《银瓶记》等数十出。常在豫园露面的职业艺人有魏桂、白四、白斗、金奇、吴二、曹成、姚科、汤四官等。

潘允端不仅延请各种名社戏班来豫园演出,而且不惜重金蓄养家乐班,他的家乐班共20

余人,班中生旦净丑行当整齐。明范濂《云间据目钞》云:"近代上海潘方伯,从吴门购戏子,颇雅丽。"《玉华堂日记》记载:"买苏州小厮呈瀚,银二两五钱,呈清一两。"小厮进宅后,由专门延聘的曲师教习,初始习唱被人称为"戏祖"、"戏胆"的《琵琶记》等剧目,学的差不多,就装扮演出,稍有长进并至其他士大夫宅第献技。有时也与主人同台唱戏,《玉华堂日记》万历十六年八月二十一日,"请三儿妇、小厮做戏"。有时潘允端兴致所至,亲自粉墨登场,与家乐小厮一起彩串。他常和小厮与苏州梨园、本地梨园一起演出全本传奇大戏,并与弋阳等地戏子演唱弋阳诸腔。潘允端购置戏衣不惜重金,家班服饰行头鲜丽艳美。演技出众者有呈瀚、呈清、呈余、呈茂、练川、呈艺、张滔等。曲师麦可。演出剧目有《香囊记》、《岳武穆》、《存孤记》、《蔡伯喈》、《宝剑记》、《玉环记》、《拜月亭》、《三元记》、《西厢记》、《荆钗记》、《唐明皇》等多种。不仅潘允端自己有家班,他的四叔,他的大兄弟,他的二儿、五儿家都蓄有"戏子",相互可以借用。当时松江府管辖华亭、上海两县,士大夫家有戏班的数量不少,其中,尤以潘允端家的戏班为最佳。

由于潘允端酷爱戏曲,在豫园乐寿堂的戏曲演出活动非常频繁,可称"无日不开宴,无日不观剧"。逢年过节要演戏,寿庆婚丧要演戏,宴饮宾客也要演戏。潘允端乐此不疲地组织演出,观看演出,还与文友、曲友们一起切磋研讨。每年四月十四潘允端生日前后,豫园内到处是歌舞管弦之声。如万历十四年(1586)潘允端做寿时,从四月初七直到四月十八,除家班外,还特请"松江梨园"、"吴门梨园"两个戏班一起演出;又如万历十七年(1589)潘允端六十四寿辰,外任长子回家"设席为寿",真是"竭水陆之珍,极声容之盛";"两班戏子各献技",连演十多天,真是日日宴会,席席歌舞。万历廿三年(1594)七月潘允端为贺孙子诞生,于廿四日至廿八日分四天演出全本《南西厢记》。潘允端的长子死了,白天祭祀,晚上仍然"串戏";潘允端的夫人顾氏死了,刚满三七,也要家班演"杂剧一折"。

潘允端还致力于编排新戏。他多次购买南戏剧本,万历十六年五月十九日记载:买回"戏文四十部";同年十一月初二,买"沈南词廿本,银三两",沈即吴江派领袖、剧作家沈璟。另如《钗钏记》较早演出于上海,潘允端在万历二十年(1592)即有"新串"。他家一度还养着一名叫朱淳化的文人,专事剧本写作,曾编写过《昼锦记》等传奇。

潘允端写于豫园的《玉华堂日记》,具体、翔实地记录了他在豫园观赏和参与戏曲、曲艺演出的状况,从事其他文化活动如写曲、收藏的情形,他与知名文人王世贞等人交友的片段,著录了部分园林建筑、风俗民情的资料;同时记录了从万历十四年至二十九年十六年间他所见所闻上海地区戏曲、杂艺活动和流布的情况,艺人的生活状况及士大夫文化生活的风貌等等,为后人留下了研究昆曲发展、上海地方戏曲发展和明代上海文化和民俗的重要史料,此书今藏于上海博物馆,具有重要的文献价值。潘允端也因此成为客观上对戏曲的传播发展起了推波助澜作用的沪上文化名人之一。

## 三、几度兴废　历尽沧桑

潘允端在豫园的生活可称颇为闲适潇洒,然而由于造园时耗资巨大,日常又有庞大的开销,俗话说"坐吃山空",对他这样一个"退下来"的官员来说,渐渐不敷支出,导致家业衰落。到后期,潘允端只能依靠变卖田地家产、古董玩器等予以维持。明万历二十九年(1601),潘允端去世,豫园更走向荒芜。此后,豫园曾一度归潘允端的孙婿、通政司参议张肇林。张肇林想对园林作一修葺,但尚未动工,明王朝覆灭,便作罢论。清初,豫园数易其主,园址被外姓分割,园内一片荒芜,文人徐书城前来凭吊,非常感慨,作诗云:"空林微雨落花红,昔日繁华似梦中,依旧玲珑一片石,更无人倚笑春风。甲第今来车马稀,断桥流水淡斜晖。可怜芳草萋萋绿,玉燕堂前乱鸦飞。"描绘出了当时园内的情景。康熙初年,上海的一些士绅、文人将豫园几个厅堂改建为清和书院,还在堂中供奉松江知府张升衢的长生禄位。但是书院尚未修竣,却因张升衢遭贬黜罢官,只得停工。园中亭台多半倾圮败蔽,池塘里长满了杂草,有些地方还成了菜畦,再也难觅原先的清幽秀丽的景色,呈现在人们眼前的只有一片荒凉。

此后,豫园渐为上海的士绅和商人看中,先是上海的布业商人在得月楼设立布业公所,并改楼名为绮藻堂。清康熙四十八年(1709),上海的士绅又因为公共活动开展的需要,把城隍庙东部2亩余土地买下,建造庙园,即灵苑,又称东园(即今内园)。乾隆年间,上海商品经济空前发展,各地来沪的各个行业纷纷建立同业公会,有的购地建造颇具规模的会馆,有的则看中了豫园,利用豫园原有的厅堂加以改建,作为行会会所。虽然他们使用的厅堂修葺一新,但是园内大部分园景濒于荒废。

乾隆二十五年(1760),上海的一些地方豪绅富商发起集资修复园林。当时潘氏后裔也急于要出售园基,商绅们以低价购买了庙堂北及西北大片豫园旧地。耗资几万两白银,进行整修或改建,以恢复当年园林风貌。而所建亭台楼阁亦供公会公所之用。如原临荷花池的乐寿堂此时已经颓圮,复建时在原址上加以扩建,建成高9米,五开间的宏敞大厅,改名"三穗堂","三穗"典出《后汉书·蔡茂传》中"梁上三穗"的故事,寓禾生三穗,丰收之征兆。建筑的槅扇上雕刻有稻麦、玉米、高粱、莲藕、瓜果等图案。在清代曾用作官府庆典和"宣讲圣谕"和地方文人士绅聚会的场所。也曾用作上海的油豆饼业公所。萃秀堂也是此时所建,它深隐于大假山北麓,面临峭壁,北倚高墙,古木交柯,佳卉盈庭,景色幽雅,推窗则可观赏大假山的山景。在萃秀堂东墙外,增建了旱船"亦舫"。荷花池上原有的凫佚亭被祝韫辉等布商购得,重建了一座高二层的全木结构的六角亭台,取名湖心亭;并添筑了石柱、石梁、木栏杆的九曲桥。此外园内修复或重建的还有清芬堂、致远堂、涵碧楼、吟雪楼、听涛阁、凝晖阁、春禊阁、绿荫轩、烟水舫、憩舫、流觞处、绿波廊、绿波池、鹤闲亭、五老峰等。到乾隆四十九年(1784)才竣工,历时20余年。因已有"东园",故谓西边修复的园林为"西园"。修复后的西园、东园性质上已非私家花园,有时官府在此宴客,或举行发布告示、求雨打醮等活动,成城邑士人乡绅们在此集会雅玩,一些商业公所在此理事,每逢初一月半和各种节日,还向平民开放。但其规模布局还依照潘氏豫园,在一定程度上仍保留了文人宅园明秀雅洁的风貌。

此后,豫园屡遭战乱破坏。清道光二十二年(1842),第一次鸦片战争爆发,农历五月十一日,英军从北门长驱直入,后进驻豫园和城隍庙,在湖心亭设立司令部。据曹晟《夷患备尝记》云:当时的豫园"一望凄然,繁华顿歇……园亭风光如洗,泉石无色"。清咸丰三年(1853年),上海小刀会起义,占领了上海县城,杀死了知县袁祖德,活捉了道台吴健彰。豫园的点春堂曾为小刀会首领刘丽川、陈阿林的指挥所。点春堂建于清道光初年(1820),乃福建花糖业商人所建,取苏东坡词"翠点春妍"之意,共5间,画栋雕梁,宏丽精致。后小刀会起义失败,清兵在城内烧杀抢掠,并进驻豫园,香雪堂、点春堂、桂花厅、得月楼等建筑均被付之一炬。清咸丰十年(1860),太平军进军上海,清政府两江总督何桂清等官绅请英法洋枪队入城防守,把城隍庙和豫园作为驻扎军队的场所,在园中掘石填池,还造起西式的兵营,弄得园景面目全非。

清道光二十三年(1843),上海正式对外开放为商埠,全国各地商贾及海外客商纷纷云集申城。至清末,上海商业得到迅速发展。颐安主人竹枝词《沪江商业市景词》:"洋场十里地宽平,无限工商利共争。风俗繁荣今愈盛,肩摩毂击路难行。"不少商业行会都到豫园设立同业公所,作为同业间祀神、议事、宴会、游赏之处。清同治七年(1867)西园划分给各同业公所,由各自筹款修复。园中的五垛穿云龙墙就是那时建造起来的,以此围墙用来分隔各个公所的地域。至光绪元年(1875),豫园内共有布业、豆米业、糖业等21个工商行业设立的公所,有的公所还设立学校,原有的一些古迹和胜景都被荒废或湮没了。园内,茶楼、酒馆也相继兴建。如咸丰五年(1855),商人刘慎良在荷花池上的湖心亭开设了"宛在轩茶楼",这位儒商在茶楼里摆设红木桌椅,悬挂名人书画,成为上海最早、最老、也是最有名的茶楼。后来园内商贩丛集,荷花池西南一片空地上,相面测字、卖梨膏糖、变戏法的,拉洋片等江湖艺人都在此设摊或摆地,逐渐成为固定的庙市。后来茶馆、书场林立,著名的有春风得意楼、群玉楼、四美轩等。西南一隅更演变成为商场,菜馆、点心店、笺扇庄、笔墨庄、珍宝首饰店、古玩店、象牙雕刻铺、旧书铺等琳琅满目。民国时期,豫园已被一条东西小路(今豫园路)分割成南北两爿,古建筑破漏,面目全非,有些改建成民房,凝晖阁、清芬堂、濠乐舫、绿波廊分别成为菜馆、点心铺、茶楼。"八·一三"淞沪战争中,香雪堂被日军焚毁,除堂前玉玲珑假山石外,仅剩一片空地。园中的重要部分点春堂、三穗堂、大假山和一些亭台楼阁、古树名木,总算仍得以保存。

豫园屡遭破坏,也陆续有所修葺。如道光二十三年(1843),在花神阁的遗址上重建成万花楼,为两层建筑,楼下四角有梅兰竹菊图案漏窗四幅,精雕细琢,造型美观。潘允端手植的银杏古树就在楼前的空地上。同治五年(1866),在三穗堂后面建起了一座两层楼阁,下层叫仰山堂,上层叫卷雨楼,仰山堂为五楹,北有回廊,曲槛临池是观赏对面大假山的绝佳所在。卷雨楼取名于唐王勃《滕王阁》句"珠帘暮卷西山雨",飞檐翘角,俊秀灵巧,造型非常别致。毁于战火的得月楼,于光绪十八年得以重建,此为两层楼宇,建筑华丽精致,在此可凭栏赏月,俯视九曲桥和湖心亭,尽收眼底。光绪年间,在得月楼对面,还建起了藏书楼,清末曾为有名的书画市。宣统元年(1909)在此设立了豫园书画善会,上海知名书画家任伯年、吴昌硕、虚谷、钱慧安等,经常在此雅集,并展出、售卖书画,成为海上画派的发源地。

豫园与苏州的几个著名园林相比,有两个突出的特点,一是由于豫园处于上海作为近代商业大都市,它带有明显的商业气息;二是由于屡毁屡建,它不仅留存有明代的建筑,也有不少清代的建筑,它不像苏州一些园林如拙政园、留园那样纯粹和统一。

## 四、精心修复　重现璀璨

新中国成立后,园林、文物、古迹等受到重视和保护,从此,豫园告别了破败和荒芜,得到了新生。政府多次斥资整治和修复豫园,重大的修缮工程有几次——

第一次修复是在新中国成立不久的1956年。当时豫园园内杂乱无章,荒芜破败不堪,那年下半年动工,历时三年多。对点春堂、萃秀堂、三穗堂等景物加以整修,与前面的会景楼、得月楼、玉玲珑等连成一片,还重建了玉华堂,完全是古代书斋的摆设,书案、画案、靠椅、躺椅等都是明代紫檀木家具的珍品,显得华美而典雅。在堂前种植了上海市花白玉兰树。原来计划拟将荷花池、九曲桥、湖心亭等纳入园内,因财力所限,未能实现。1959年豫园列入上海市文物保护单位,1961年修复工程竣工,并向公众开放,江南名园重现申城,一时引起轰动。1982年2月国务院公布豫园被列入全国重点文物保护单位。

第二次整修始于1986年3月,这次由古建筑专家、同济大学教授陈从周主持修复工程。陈从周参照请乾隆时期豫园的布局和江南园林的特点,进行设计和指导。这次主要整修豫园东部的景区,包括玉玲珑、玉华堂、会景楼、九狮轩周围景点,以恢复明代豫园的风貌。东部是历来遭破坏最严重的区域。这里原来有湖,但在"文革"中被填掉了,下面挖了防空洞,环龙桥也被拆除。陈从周重修时,将防空洞填掉,恢复了水面,还原了水景,修建了积玉假山、浣云假山,建成了蜿蜒曲折的百米积玉水廊。豫园的镇园之宝湖石玉玲珑,450多年前放置园里时,身前始终无水。陈从周使人掘地成池,并建造照壁,把这座江南名石映衬得更加俏丽多姿。经过修缮,豫园东部恢复成水廊回环、古趣盎然的会景楼和玉玲珑景区。后期又动迁了一些居民,修缮内园的古戏台,并新建两侧双层清式看廊。诗人谭业伟有诗咏之:"名园木石又逢春,浓点纤波错落陈。积玉淡沱千载秀,流觞吟咏万方珍。曲桥夜月来今雨,岩壑烟云侧此身。玄圃风光堪啸傲,钦迟接笔有斯人"。这里把陈从周的修复工程比喻为画的接笔,十分贴切。

第三次整修是在21世纪之初。1982年修复东部景物时也是因为财力所限,留下了一点遗憾,豫园东墙之外,有一排居高临下的破旧民房,它与墙内的会景楼、玉玲珑等景区形成极其糟糕的陪衬。这次为了恢复明清是豫园的美景和幽雅环境,在上海市、区政府的支持下,进一步对豫园东部予以环境整治,这也是完成陈从周教授未竟的愿望(陈教授已于2000年谢世)。经多方研究、论证,园内这一景区处于积玉水廊和水池东侧,登高可遥望黄浦江,对恢复"阁道相属"的历史风貌景点,有很好的条件。于是决定在此建造涵碧楼和听涛阁两座清式风格的建筑,并在园内堆山垒石,莳花种草,构成协调的园林格局。经过两年的精心施工,豫园东部环境整治工程于2002年竣工。后来有人称这次是成功接笔的续篇。

经过多次精心的整修,如今豫园重新焕发出熠熠光彩。现已成为上海的一张文化名片,成为闻名中外的旅游胜地。

现今的豫园大致可分四个景区。

第一个景区是三穗堂、大假山景区,也称西部景区。现今豫园的大门开在荷花池的北面,从大门进内,首先映入眼帘的是高大宏敞的三穗堂,也就是当年园主人潘允端宴客观戏的厅堂——乐寿堂。建筑坐北朝南,陈设华丽精美,大厅中间高悬"三穗堂"、"灵台经始"和"城市山林"三块匾额。匾额下中堂为豫园主人潘允端撰文、由当代书法家潘伯鹰书写的《豫园记》。在三穗堂东侧的粉墙中断镶嵌着建园时遗存下来的"豫园"砖刻门额,由明代著名书法家王稚登题写,虽然历经四百余年,字迹依然清晰。

三穗堂后面是两层楼阁,下层为仰山堂;上层为卷雨楼。此楼阁面临水池,与它隔池相对的则是大假山,这是江南地区现存的最古老、最精美、最宏大的黄石假山。山顶有望江亭,以前在此可远眺黄浦江,亭上有"凌虚瞻极浦风帆樯头秋色;俯视把层楼舠影石畔波光"的对联。清末民初,每年重阳节,大假山是登高的佳处,清王庆桢有《九日豫园登高》诗云:"危峰高百尺,拾级快先登。寒浪堞根啮,湿云林外蒸。风尘黄叶碎,天回碧烟凝。爱次秋光好,题糕兴欲乘。"

这一景区还包括"渐入佳境"游廊、元代铁狮、大假山北麓的萃秀堂以及亦舫等景物。

西部景区的特色在于山林气象,第二个景区是万花楼、点春堂景区,包括藏宝楼、和煦堂等建筑。万花楼前的空地只有古木两株,西首为银杏树,东首为广玉兰。相传在建园是潘允端亲手种植了一公一母两棵银杏树,百年之后,母树病死,仅存公树一株,后来又在旁侧加种了一株广玉兰。万花楼的西南侧有复廊、鱼乐榭等景物。

点春堂在万花楼的东南方向,曾为小刀会起义时的城北指挥部,小刀会首领之一的陈阿林在此办公。郭沫若于1961年10月来豫园时曾题诗曰:"小刀会址忆陈刘,一片红巾起海陬。日月金钱照日月,风流人物数风流。玲珑玉垒千钧重,曲折楼台万姓游。坐使湖山增彩图,豫园有史足千秋。"现在这里陈列着当年小刀会用过的刀、剑、钱币,小刀会的腰凭、门贴以及刘丽川、陈阿林发布的告示等历史文物,墙上挂着晚清画家任伯年画的《观剑图》等书画。

点春堂西,有一垛龙墙。穿云龙墙是豫园的一道奇妙的风景。大型的龙头塑于园墙之上,用瓦片组成龙麟之状,象征龙身,看来仿佛一条游龙盘桓于墙上,蜿蜒起伏,或昂首,或卧伏,活灵活现,栩栩如生,因此墙称为龙墙。这样的龙塑在豫园共有五条,最长的一条为卧龙,其龙头在萃秀堂西,而龙尾却在仰山堂西北,全长达 56 米,大有兴云作雨的气势。在我国古代,龙乃封建帝王的象征,只有在皇宫里才可以塑造五爪金龙,要是随便用于民间的建筑,那是有欺君之罪的。豫园在建龙墙时,为了避去"五爪金龙"之嫌,龙墙上的龙脚都只有三个爪子。

点春堂对面是一座清代的打唱台,这座小戏台依山临水,涂金染彩,藻饰华丽。点春堂附近还有古井亭、抱云岩、快楼、静宜轩、听鹂亭等景物。

这一景区建筑密集,园亭相套,轩廊相连,花木阴翳,泉水潆回,颇具特色。

第三个景区是会景楼、玉华堂景区,也称东部景区,以水景见长。会景楼位于豫园的中央,登楼眺望,全园风光尽收眼底。楼阁三面环水,周围花木扶疏,景色幽雅宜人。会景楼西北的九狮轩是一座敞开式建筑,面临大池,前置月台,在此观赏池内荷花、游鱼,十分惬意。会景楼西南有流觞亭,取《兰亭序》"曲水流觞"之意。会景楼隔池东南,乃是著名的玉华堂。现在的玉华堂仍保持明代文人书斋的格局,匾额"玉华堂"乃集明代书画家文徵明的墨迹,堂内陈设皆为红木桌椅,书案上摆置着文房四宝,整个格调华美幽雅。潘允端的《玉华堂日记》就诞生于此。堂前两棵白玉兰树,春来之日,繁华满枝,灼灼其华。玉华堂对面则耸立着玉玲珑奇石。玉玲珑之西,有得月楼与藏书楼。得月楼南北各有匾额,北为"海天一览",南为"皓月千里"。

玉华堂、玉玲珑东侧则是积玉水廊和听涛阁、涵碧楼。积玉水廊蜿蜒曲折,高下起伏,人在廊中走,如在波间行。水廊东北是听涛阁,是坐北朝南的两层建筑,过去在此可听到浦江涛声,故名。内部陈设颇为考究,扶手椅、茶几等明代家具款式,皆用名贵的紫檀木制成。涵碧楼在积玉水廊之东南,与听涛阁隔水相望。此楼取宋朱熹"一水方涵碧,千林已变红"之词意。它也是两层建筑,全部木构材质为缅甸上品楠木,梁坊上有四十幅全本《西厢记》及百种花卉图案的雕刻。楼内在陈列有戏文狮子纹长条桌、五狮座圆大理石落地屏等三十余件清代名贵楠木雕花厅堂家具,叹为观止。故而涵碧楼亦称为"楠木雕花楼"。

第四个景区是内园景区。跨过环龙桥,就是内园。内园的主要建筑是晴雪堂,堂中匾额为"静观",取古语"静观万物皆自得"之意。楼的对面有奇石堆垒,有的如孔雀展翅,有的像犀牛望月,静静观之,别有异趣。晴雪堂之东是"可以观",其西南则是观涛楼,乃三层全木结构之高楼,昔日有"小灵台"之称,清时为上海最高建筑物,"沪城八景"中有"黄浦秋涛",在此观赏最为绝妙。从二楼东行可通还云楼和延清楼,这是两楼相通的"串楼"。出延清楼,可达"不系舟"船舫。

从晴雪堂向南,穿过假山曲径,一座古戏台突兀在面前。这座戏台始建于清末 1888 年,建筑宏伟轩敞,雕梁画栋,藻饰精美,曾被誉为"江南第一古戏台"。它原在闸北钱业会馆内,1974 年移建于此,经过修缮和增建于 1988 年 9 月对外开放。戏台正面狮子、凤凰、双龙戏珠、戏文人物等木雕图案,全部贴有金箔。顶部藻井呈穹隆状,上有 22 层圆圈和 20 道弧线相交,四周 28 只金鸟展翅欲飞,中心是一面圆形明镜。藻井图案华丽,且有拢音效果。戏台两侧石柱上镌有昆曲艺术大师俞振飞先生书写的对联:"天增岁月人增寿,云想衣裳花想容"。戏台两边有双层看廊。戏台前院落中,放置着一块大金砖,金砖乃清代专供京城宫殿使用的铺地方砖,质地细腻,敲之发出铿锵金属之声,故名金砖。这快大金砖是浙江嘉善砖瓦厂特地为古戏台用古法烧制的,123 厘米见方,厚 16 厘米,重近 1 吨。如今站在古戏台前,不禁想起 400 多年前潘允端在豫园演习、观剧的情景,眼前仿佛浮现出笛声悠扬、舞姿婀娜的场面……

内园景区的特点是小巧玲珑,是典型的"园中之园"。

还有一个景区是豫园大门以南的荷花池、九曲桥、湖心亭、绿波廊等,清澈涟漪,别具一格,当时曾有"竹枝词"唱道:"豫园花木未荒芜,九曲桥边似画图。一蠡湖心亭屹立,居然风景赛西湖"。这里原来乃是豫园的中心,但现在成为豫园的园外景点。

豫园已经经历了450多年的兴衰更迭,沧桑变迁,它是上海社会、经济、文化发展历史的一个缩影,成为上海人的历史记忆。豫园是一个舞台,多少名人和多少故事曾在这里演绎出一出出精彩的人生戏剧;豫园是一个载体,历代的、丰富的、多元的文化在这里成为厚重的积淀。总之,豫园是一部丰富的人生教科书,值得我们细细解读它的奥秘,细细品味它的韵味。

2012 年 6 月于上海

〇二五

# 叶圣陶与苏州园林

2004 年 6 月 28 日,第 28 届世界遗产大会在我国的古城苏州隆重召开。苏州古典园林在 1997 年就被公布为"世界文化遗产",2001 年和 2003 年,昆曲和古琴又先后被列入"人类口头和非物质遗产代表作"名录。苏州成为我国唯一同时拥有这两项桂冠的城市。世界遗产大会之所以选择在苏州召开,正是出于对苏州丰厚的文化遗产的充分肯定。

苏州园林不像皇家宫苑那样追求雍容华贵,它显得清幽、典雅、精巧、自然,富有诗情画意。故而一向有"江南园林甲天下,苏州园林甲江南"的美誉。据历史记载,苏州园林极盛之时有 200 余处,现在幸存的也有十几处。其中以北宋所建的沧浪亭、元代所建的狮子林、明代的拙政园、清代的留园最负盛名。

说起苏州园林和文化遗产,不由想起我国文坛的巨匠叶圣陶先生。叶圣陶先生 1894 年出生于古城苏州,因自小生长在苏州,他深受吴中文化的熏染陶冶,对苏州的一草一木充满了深厚的感情,特别是与苏州园林结下了不解的情缘。据叶先生自己说,他游过的园林就有十多个,他曾说:"拙政园、沧浪亭、怡园、留园、网师园,几乎可以说每棵树,每道廊,每座假山,每个亭子我都背得出来"。可见其情缘之深。他还写了若干篇有关苏州园林的诗文。

## 慷慨赋诗　天井种花

叶圣陶出身清贫,幼年时在一家富家自设的私塾里附读,后进苏州草桥中学求学。叶圣陶酷爱文学,又钟情园林。中学时代,他就开始文学活动,他与同学顾颉刚、王伯祥等组织了诗社"放社",创办了刊物《课余丽泽》。他们经常在苏州的拙政园、留园等园林里举行文学活动,研讨诗文,并向上海的《民立报》等报刊投稿。中学毕业后,因无力升学,1912 年开始便在苏州城内干将坊言子庙小学教书。

1913 年一个夏日的雨天,叶圣陶与顾颉刚一起游览拙政园,那天正传来袁世凯镇压民主力量的消息,血气方刚的叶圣陶义愤填膺,挥笔写下《游拙政园》五言诗一首。诗的开头,描写拙政园的旖旎景色:"纤雨值休辰,园游恣幽赏。回沼抱南轩,几窗爱净朗。小坐神忽清,喻之言难想。环顾卉树森,浓绿弥众象。稀处现楼台,微风动帘幌。一声鹧鸪啼,忽焉聆繁响;乃如蟹爬沙,雨急敲林莽。此境益静寂,空山或可仿。"接着,笔锋一转,直面现实生活:"直北是长安,冠盖属朋党。白日妖霾现,杀人弃沟壤。鸡鸣上客尊,狗苟公道枉。豪游金买笑,怜乞血殷颡。"园林的自然景色幽雅秀丽,现实生活却是如此黑暗恶浊,叶圣陶禁不住发出"寄情孰所乐,高歌慨而慷"的感慨。叶圣陶借景抒情,表现了一个富有正义感的青年对反动统治者的强烈仇恨。

叶圣陶因自小就跟苏州的园林亲密接触,所以产生了很深的感情。20世纪30年代叶圣陶一度寄居上海,但仍念念不忘苏州园林中的亭台楼阁、树木花卉。因为他喜爱园林中的缤纷绿荫和四时花卉,于是自己也养成了种花的习惯。他在上海住的是石库门房子,哪里有什么院落,只有狭小的天井,而天井又是水门汀(水泥地)的,没法下种,于是,他专门去买了十几个瓦盆,在瓦盆里种了许多牵牛花。1931年9月他所写的《牵牛花》一文里谈到过此事,他还说道:"兴趣并不专在看花,种了这小东西,庭中就成为系人心情的所在,早上才起,工毕回来,不觉总要在那里小立一会。"后来,在瓦盆里种花还觉得不够尽兴,于是干脆敲掉水泥地铺上泥土,来种花卉树木。1935年2月,他在《天井里的种花》一文里说:"当时住在上海的弄堂房子,他把天井里的水门汀两边凿去,只留当中一道通道,把水门汀下面的砖砾请人运走,从不近的田野里运回泥土,铺上。再买了植物种下,他种了蔷薇两棵,紫藤两棵,红梅一棵,芍药根一个。"

1935年秋,叶圣陶全家从上海迁回家乡苏州,住在滚绣坊青石弄5号。后来他在《抗战周年随笔》一文里说到:"苏州住的是新造的四间小屋,讲究虽然说不上,但还清爽,屋前种着十几棵树木,四时不断地有花可玩。"他亲手种植了海棠、桂花等,他所种的桂树,至今还存活着。新中国成立后,叶圣陶定居北京,他住在八条一所四合院里,他在庭中种了两棵海棠。

## 指点山水　精谈妙论

叶圣陶因为喜爱园林,所以他一有机会,就会故园重游,或者陪伴友人同游。而且,他也会常常在笔下纵谈苏州园林。而他对苏州园林的见解又往往十分透辟精当。

1936年秋天,叶圣陶陪同好友朱自清游览了苏州的几个园林,他有感而发,写下了《假山》一文。苏州的园林大多叠有假山,圣翁认为,假山总难得真山真水的趣味,然而,园林中又缺不得假山。因为假山在园林中起着障蔽的作用。如果全园的景物一目了然,势必令人兴味肃然,"有假山障蔽着,峰回路转,又是一番景象,这才引人入胜"。"顾家的怡园,靠西一带假山把全园的景物遮掩了,你走到假山的西边去,回廊和旱船显得异常幽静,假山下的一湾水好像是从远处的泉源通过来的,引起你的遐想。"他说拙政园的进园处所堆的一座假山,也起了障蔽的作用。他还举狮子林为例,说,"假山并不重在真有山林之趣,假山本来是假山。路径的盘曲,层次的繁复,凡是山上所有的景物,如绝壁,危梁,岩洞,应有尽有,正合:麻雀虽小,五脏俱全的谚语,在这等地方,显出设计的人的匠心"。

新中国成立后,叶圣陶担任了全国出版总署副署长、教育部副部长等要职,长期居住北京,然而他对苏州园林仍是梦牵魂萦;再则,园林已成为劳动人民游憩的场所,他更加关怀备至。1956年,同济大学出版了陈从周教授编撰的《苏州园林》图册,圣翁得悉后,立即汇去书款,函购了一册,随时翻阅把玩,非常喜爱。他自己说:"工作余闲番开来看看,老觉得新鲜有味,看一回是一回愉快的享受。"1974 年,圣翁与陈从周相识,陈从周送了好多幅松竹兰菊的国画作品给圣翁,圣翁填了一首《洞仙歌》词谢他。词还是以苏州园林着墨:"园林佳辑,已多年珍玩,拙政诸园寄深眷。想童时常与窗侣嬉游,踪迹遍山径楼廊汀岸。

今秋通简札,投甓招琼,妙绘频贻抱惭看。古趣写朱梅,兰石清妍,更风篠幽禽为伴。盼把晤沧浪虎丘时,践雅约兼聆造型精鉴。"在这首词中,叶圣陶对苏州园林的眷恋之情溢于言表。前半阕,作者又回忆起青少年时代与同窗嬉游,踏遍楼廊山径的情景。这正好与前面谈到的1913 年游园赋诗一事相互印证和呼应。此下半阕,写圣翁得识陈从周以及欣赏《苏州园林》图册和陈所赠画稿的欢愉心情。

1979 年初,陈从周邀请叶圣陶为他的一本由风光画报出版社出版的《苏州园林》图册作序,圣翁欣然允诺。圣翁在序文中概括地论述了苏州园林的魅力所在。他赞赏"设计者和匠师们因地制宜,自出心裁,修建成功的园林当然各各不同","他们讲究亭台轩榭的布局,讲究假山池沼的配合,讲究花草树木的映衬,讲究近景远景的层次。总之,一切都要为构成完美的图画而存在",从而使游者得到"如在图画中"的感受。他还谈到苏州园林中的方方面面,如假山和池沼,花卉和树木,花墙和长廊,门和窗的构筑与设计等等。

1983 年,7 月,陈从周又寄赠圣翁他所编撰的《扬州园林》一册,圣翁写了《从〈扬州园林〉说起》一文。文章谈到苏州园林原先都是私家所有,富绅建园时,往往"万物皆备于我",宜于私家享受,所以有不甚适宜于大众游览的一面。他说:"我恳切盼望从周为大众造园。"他建议在太湖周围兴建游览区,供大众享受。一是要一切利用自然,一是要处处为游览的大众着想,千万不要修建火柴匣式的高楼。1984 年 3 月,邮电部将发行一套拙政园的邮票,叶圣陶看了设计图样,非常高兴,专门为《集邮》杂志写了《新发行的拙政园邮票》一文。文章详细地介绍了四张邮票:远香堂、荷风四面亭、枇杷园的绣绮亭和园西部回廊的景色,并谈到画稿所用的鸟瞰法和造园的借景技巧等。如谈到一帧远香堂西面和偏北面景物的邮票,他说:"画幅上方靠右的亭子,题额是'荷风四面'。夏天亭子围在荷叶之中,这四个字抓住了要点,而且挺有风趣。上方靠左那座楼叫'见山楼',在楼上可以望见苏州西郊的群山。我国造园艺术中有所谓借景法,取园外的景物为我所用,这座见山楼正是个好例子。"

苏州园林对叶圣陶的写作有着深刻的影响。他在写短篇小说的时候,就潜移默化地接受了苏州园林的一些熏陶,在谋篇,在剪裁诸多方面都考虑到布局,怎么样是凝练,相互之间怎么映衬,所以他的小说都是非常精炼的,非常凝练的,而且它是什么,非常的流畅,他的结构很自然,比如短篇小说《多收了三五斗》,你看他几个层次就像游园林一样,你走到哪景色就在哪,而且一层深似一层,引人入胜,把你引进更深的境界,所以我觉得园林确实潜移默化地影响了他的创作,我的想法,我认为园林很有点像短篇小说,因为你看这个园林,它都是很小的,像苏州园林小的只有几亩地,都不大,大的就是十几亩地,你跟上海,跟北京的皇家公园没法比,他的很有点短篇小说的这种格局,所以他就要求什么,以小见大,要在有限的这么一个地域来表现一种无限的境界,那么这个就是要紧凑,就是要简练,那么有一个非常有趣的现象,叶圣陶先生写的文学作品当中,除了一部长篇小说《倪焕之》以外,写的大多数都是短篇小说。

## 呵护园林　奔走呼号

叶圣陶先生作为一位文坛巨匠和伟大的爱国者,具有强烈的保护祖国文化遗产的意识和责任感,他曾为保护文化遗产和苏州园林而不遗余力,奔走呼号。

早在1917、1918年间,他就曾为保护苏州用直保圣寺的罗汉出过力。当时叶圣陶应同学吴宾若、王伯祥之邀,到苏州以东18公里用直镇吴县县立第五高等小学(简称五高)任教。而"五高"就设在保圣寺内。保圣寺,始建于梁天监二年(公元503年),它原有5 048间屋宇,规模极其宏大,乃江南最古的佛寺之一。寺内有花园,几棵数百年树龄的古银杏树高大挺立,园内存有唐诗人陆龟梦的墓地和斗鸭池、垂虹桥等遗迹,亦是一处风景旖旎的园林。大殿内原来供奉释迦牟尼佛像和十八尊罗汉塑像。气势宏伟的塑壁迎面而立,塑壁上奇峰突兀,洞窟错列,海浪汹涌,在此壮阔的背景上布列着18尊罗汉塑像,个个形态逼真、神态各异、栩栩如生。相传为唐代著名雕塑家杨惠之的作品,实乃雕塑艺术中之珍品。到了民国初期,保圣寺已经颓败不堪,北部和东南部的寺基已用来办了学校,剩下的天王殿和大雄宝殿也岌岌可危。叶圣陶来此后,一方面深深地被罗汉塑像的艺术魅力所吸引,另一方面对这些艺术珍品如此破败的现状感到十分担忧和痛惜。

1918年夏天,他特地邀请他的同学、史学家顾颉刚来保圣寺进行考察。他们在保圣寺里发现了元代著名书法家赵孟𫖯书写的抱柱联,联语云:"梵宫敕建梁朝推甫里禅林第一,罗汉溯源惠之为江南佛像无双",更证实了罗汉塑像的珍贵。这引起了顾颉刚对研究唐代雕塑等文物的浓厚兴趣,他在报纸上写文章呼吁保护文物。郭沫若也曾慕名来此观光。1926年5月,日本美术史家大村西崖专程来到用直考察,回国后,写了《吴郡奇迹塑壁残影》一文,介绍保圣寺的塑壁罗汉。但是国民党政府并没有采取抢救的措施,致使保圣寺大殿墙壁因年久失修而倒塌。当时为了抢救尚存的半堂罗汉。经蔡元培、叶恭绰、顾颉刚、马叙伦等努力,成立了"保存用直唐塑委员会",集资加以修复。后来在大雄宝殿原址上建造了一座罗马式的建筑——古物馆。在馆内保存了尚存的半壁塑壁和9尊罗汉。解放后,又经过了修葺,1961年3月,保圣寺被首批列为全国重点文物保护单位,这半堂罗汉塑像也成为江南的稀世珍宝了。首先因为叶圣陶对古塑罗汉的发现和重视,以后才有了学者们呼吁保护古塑罗汉的举措。因此叶圣陶功不可没。

先生对苏州曲园的修复更是奔走呼号。曲园是清末著名文学家、朴学大师俞樾的故居。俞樾,浙江德清人,做过翰林院编修、河南学政,红学家俞平伯的曾祖父,他是一位大学问家,一生著作宏富,著有《群经评议》《诸子评议》等,在小说、戏曲、通俗文学等方面也有不少著述,他的《春在堂全书》共有500卷。他曾在苏州、杭州等地讲学,海内外学子纷纷负笈来学,章太炎、吴昌硕,日本的井上陈政均出自他的门墙。苏州寒山寺碑廊里有名的《枫桥夜泊》诗碑,就是由他书写的。他的学术教化影响播及远东。他因出考题,遭弹劾而被免职。三十八岁避兵燹来到苏州,由友人资助在苏州城内马医科巷买下潘氏一块废地。他亲自设计,凿池垒石,栽花种竹,建屋三十余楹。因地形呈曲尺形,取名曲园,并自号曲园老人。

曲园是一座古典园林与普通住宅浑成一体的小园,景色幽雅,玲珑剔透。曲园的主要建筑之一春在堂,是俞樾读书、写作的书斋,也是接待宾朋、谈诗论文的所在。俞樾三十岁时在北京保和殿参加翰林考试,试题是"澹烟疏雨落花天",俞樾的卷首句写作"花落春仍在",深得阅卷官曾国藩的赏识,复试荣登榜首。所以俞樾把"春在"题作堂名,而且把自己的250卷著作总称为《春在堂全书》。春在堂之东是正厅乐知堂。春在堂西北乃是一个小园,西边一条长廊,中间有曲水亭,廊下一泓清泉,名曲水池。东面一座假山傍池崛起,山上筑有回峰阁和在春轩,俞樾常在此玩月吟诗。南北则有认春轩和达斋相对而立。俞樾曾有诗记之:"书生例好事,所乐唯林泉,爱因地一曲,而筑屋数椽。"

俞樾的曾孙俞平伯,从小生活在曲园。俞樾老人曾亲自在春在堂为曾孙授课。俞平伯后来成为我国著名的作家和红学家。叶圣陶和俞平伯是同乡、同学、好友。1919年他们就同在北大的《新潮》刊物上发表作品，1920年，他们同为我国著名的文学团体"文学研究会"的成员，1922年，他们一起创办《诗》月刊，1923年他们又组织"朴社"等。叶圣陶和俞平伯是长期在文学道路上比肩前行的伙伴。

1953年，俞平伯先生专程从北京到苏州，向苏州市人民政府表示，愿将曾祖创建的曲园故宅捐献给国家。王东年市长会见了他，并举行了捐献和接收仪式。"文革"期间，曲园受到严重破坏。粉碎"四人帮"后，1980年1月叶圣陶就在《苏州报》上发表题为《俞曲园先生和曲园》的文章，呼吁修缮曲园。他指出"解放以后，曲园由曲园老人的曾孙俞平伯先生捐献给国家，现在年久失修，而且成了好些人家聚居的杂院。像曲园老人这样一位学者，咱们应该纪念他，而要纪念他，保存并修缮曲园是最好的办法。曲园的面积并不大，修缮并不费事，不用花大笔的钱，而对于发展旅游事业，尤其是增进中日友谊，却能起极好的作用"。1980年5月，叶圣陶又与俞平伯、顾颉刚、陈从周等七位著名专家、学者联名致函国家文物局局长任质斌，吁请修复曲园，引起国家文物局和苏州市政府的重视，及时作出修复曲园的决定，并付于实施。平伯先生得悉后很为高兴。这是他晚年最关心的事。因为年事已高，不便南下，还专门写信加以指点。1986年曲园的主要厅堂得以修复，1990年全部竣工开放。现在曲园也已成为苏州重要的旅游人文景观之一。

附记：此文根据笔者作客中央电视台做《叶圣陶的苏州园林情结》访谈节目（2004年6月30日播出）的内容补充写成，后刊于《世纪》杂志2009年第3期

## ○二六

# 陈从周与江南园林

陈从周先生是我国著名的古建筑、古园林的专家，同济大学建筑系教授。他于1918年出生于浙江省杭州市。童年时他就喜欢养花种草、叠石理水和观察工匠造房起屋，并喜爱绘画，背诵古诗。他在两浙盐务中学读初中时，曾从胡也纳先生学国画和书法，经常出外写生，他是叶浅予、申石伽的师弟。1938年陈从周考入之江大学文学系中国语文学科，师从诗词名家夏承焘等教授。1942年毕业后，受聘于杭州省立高级中学、杭州市立师范学校、上海圣约翰大学附属高中任国文、历史教员。1944年与海宁的蒋定结婚。

蒋定是著名诗人徐志摩的表妹，因此，陈从周与徐家多有交往，加之陈从周早在初中时就崇拜徐志摩。于是陈从周开始了对徐志摩的研究。他搜集了大量有关徐志摩的资料和轶事，并采访了张幼仪、陆小曼等知情人，写成了《徐志摩年谱》，于1949年8月出版。年谱详尽记述了徐志摩的人生轨迹，展现了诗人激昂慷慨、爱国忧民的情怀，写出了诗人交游广阔，对朋友、亲人真诚热情的赤子之心以及不乞于富贵之门的高尚气节。年谱还记述了1931年徐志摩乘飞机在山东济南失事遇难的经过。整部年谱没有虚文，全是根据资料实录，极为翔实。1949年陈从周正在上海圣约翰大学附属高中教书，自费印行了这本年谱。这是陈从周的处女作。徐

志摩的得意门生赵家璧对年谱十分赞赏,他对陈从周说:"没有你的书,志摩的家世和前半生弄不清了。"这部年谱已成为当今研究徐志摩和中国现代文学史的宝贵资料。陈从周虽然学的是文学,但十分喜爱绘画。20世纪40年代,他曾拜在国画大师张大千的门下,受到乃师的亲炙。1948年陈从周在上海举办"一丝柳,一寸柔情"个人画展,蜚声沪上。随后出版了《陈从周画集》,张大千慨然为之题签。陈从周中年以后所画兰、竹,闻名画坛,获评:"意多于笔,趣多于法,自出机杼,脱尽前人窠臼。"1978年陈从周为建明轩赴美时,曾应建筑大师贝聿铭邀请到贝府作客,贝先生邀他画一幅长卷水墨丹青《名园青霄图卷》,陈从周绘就后,请国内文化耆宿、书法名家题咏,现存纽约贝氏园,成为一件极为珍贵的书画名品。

陈从周转而从事园林、建筑工作,是在新中国成立之后。1950年他担任苏州美术专科学校副教授,教授中国美术史。在这里结识了古建筑专家刘敦桢教授,从此开始了他的古建筑生涯。不久,他执教于圣约翰大学建筑系,正式讲授《中国建筑史》。陈从周从事园林建筑研究,除了刘敦桢教授对他的影响外,还有几位前辈,是使他难忘的。一位是陈植教授,50年代初,陈植担任之江大学建筑系主任,他与陈从周有世谊和乡谊的关系,陈植教授的儿子艾先是陈从周的学生。陈植教授十分爱才,他见陈从周对古建筑研究很有兴趣,并有心得,是他聘请陈从周到之江大学建筑系任教,并授以副教授的头衔。陈从周入之江后,陈植教授对他关心有加,他的丰富藏书任凭陈从周借阅,并悉心予以指点。他还时常关心陈从周的生活,问他"你的经济如何,有困难我可以帮助你"。许多年之后,陈从周仍常念此恩,深情地说:"饮水思源,毋忘此德"。另一位是朱桂辛(启钤)先生,他是中国营造学社的创办人、中国古建筑研究的奠基人,陈从周称他是古建筑的受业师。陈从周受教于他时,朱先生已过八十高龄,陈从周每年要去北京登门亲聆指教,平时则以通信的方式授教。还有一位就是著名的建筑大师梁思成。陈从周一向钦佩梁思成,他自学古建筑是从梁先生的《清式营造则例》启蒙的。后来认识了梁先生,交谈十分融洽,并得到梁先生的青睐。1958年批判中国营造学社,梁先生在检讨会上说:"我流毒是深的,在座的陈从周便能背我的文章,我反对拆北京城墙,他反对拆苏州城墙,应该同样受到批判。"1963年,扬州筹建鉴真纪念堂,中国佛教协会邀请梁先生主持这项工作,同时也邀陈从周参加,这使陈从周有机会与梁先生这样的泰斗式的人物一起工作。陈从周十分珍惜这个机会,他向梁先生讨教了许多东西。他们在扬州勘查、测绘、设计,在勘查大明寺时,陈从周绘画平山堂的测绘图,由梁先生校订。他们一起研究鉴真纪念堂和碑的方案,梁先生非常谦虚,经常征询陈从周的意见。梁先生画好纪念碑的草图,让陈从周去选择石料。梁先生很风趣,在扬州有一次作报告时说:"我是无耻(无齿)之徒",引得满堂大笑。他接着说:"我的牙齿没有了,在美国装了这副假牙齿,因为上了年纪,所以不是纯白的,略带点黄色,因此看不出是假牙,这就叫做'整旧如旧',我们修理古建筑也就是要这样,不能焕然一新。"生动的比喻给陈从周留下了深刻的印象。

从上个世纪50年代开始,陈从周潜心研究中国古建筑和古典园林,积极参与古建筑的勘查、修复等工程。1953年,他的第一篇有关古建筑考察的专文——吴县洞庭东山杨湾庙,在《文物参考资料》杂志上发表。1954年陈从周参加了上海龙华塔的修复工程。1956年他的代表作《苏州园林》问世,由同济大学出版社出版,这是他在园林研究方面的第一部著作。他在苏州兼课的几年间,踏遍了苏州各个园林,以笔记本、照相机、尺纸等加以记录,考察、研究到了废寝忘食的地步。这部著作正是他长期考察、积累资料和精心研究的成果。他抓住苏州园林最本质的特征——充满诗情画意的文人园林,加以阐述,提出了"江南园林甲天下,苏州园林甲江南"的论断,归纳总结了中国园林借景、邻虚、屏障、对景等造园技法,并在每张图片上题上宋词,使一部阐述造园的科技书籍，洋溢着浓重的文学气息，令人耳目一新，受到读者的普遍好评。苏州籍的文坛巨擘叶圣陶先生得悉该书出版的消息后，立即给出版社汇去书款，函购了一册，随时翻阅、把玩，非常喜爱。他说："工作余闲翻开来看看，老觉得新鲜有味，看一回是一回愉快的享受。"

上个世纪60年代起，陈从周参与了上海豫园、嘉定孔庙、松江佘山修道者塔等古园林、古建筑的修复、设计工作，同时对江南园林进行系统的考察和理论研究。他在浙江发现了安澜园的遗址，在扬州发现了石涛和尚叠石遗作——片山房等。陈从周逐渐成为古建筑、古园林方面的名家。

陈从周在"文革"中受到迫害，被下放到皖南干校。粉碎"四人帮"后，陈从周才绝处逢生。1978年起，他连续发表了《说园》五篇。第一篇正确评价了古建筑、古园林的价值，抨击了多年来古建筑被破坏的现象，引起社会的强烈反响。五篇文章熔中国文史哲与古建筑于一炉，从造园选地、布局、造景、立意、动静、虚实、借景、隔与透等方面系统地总结了中国园林的建筑理论。后结集出版，成为第一部研究江南园林的专著。出版后受到国内外学者的广泛好评，纷纷出版不同版本，并被翻译成英、日、德、法、意等国文本。叶圣陶致信陈从周，说："从周兄熔哲文美术于一炉，以论造园，臻此高境，钦悦无量。"

1978年陈从周担任顾问，由苏州园林处等单位为位于美国曼哈顿的大都会艺术博物馆建造了中国园林"明轩"。为此陈从周于同年冬专程赴美，明轩以苏州网师园的殿春簃为蓝本，面积400平方米，建于大都会博物馆二层的北厅之中，有月洞门、曲廊、凉亭、山石、竹木、花鸟、鱼池等。运用空间过渡、视觉转移等手法，并吸收明山水小品的特色，全园布局紧凑，疏朗相宜，集中体现了苏州古典园林淡雅明快、精巧优美的格调。1981年建成，立即引起轰动。此举首开了中国园林建筑对外输出的先河，被誉为中美文化交流史上一件永恒的展品。从此在国际范围内掀起了一股苏州园林热。

1982年陈从周又主持了上海豫园东部的修复工程。豫园创建于明嘉靖三十八年(1559)，它的主人是曾任四川布政使的潘允端。豫园由当时著名园艺家张南阳设计，总面积达70余亩，规模很大。园中建筑精美，景色旖旎，当年被誉为"申江胜景之冠"、"东南名园之冠"。但在数百年间几经荒废和破坏，至解放前夕，已经荒废破败不堪。解放后，1956年进行了一次大修，但东部未及修葺。陈从周参照清乾隆时期豫园的布局和江南园林的特点，进行设计和指导，东部是历来遭破坏最严重的部分，原来的湖在"文革"中被填掉，下面挖了防空洞。陈从周重修时，将防空洞填掉，恢复了水面，还原了水景，并建成了蜿蜒曲折的积玉水廊。豫园的镇园之宝湖石玉玲珑，450多年前放置园里时，身前始终无水。陈从周使人掘地成池，把这座江南名石映衬得更加俏丽多姿。经过修缮，豫园东部恢复成水廊回环、古趣盎然的会景楼和玉玲珑景区。诗人谭业伟有诗咏之："名园木石又逢春，浓点纤波错落陈。积玉淡沱千载秀，流觞吟咏万方珍。曲桥夜月来今雨，岩岫烟云侧此身。玄圃风光堪啸傲，钦迟接笔有斯人。"这里把陈从周的修复工程比喻为画的接笔，十分贴切。

1989年，陈从周还应邀为江苏如皋重修水绘园。水绘园位于如皋城东北隅，始建于明代，乃明四大公子之一的冒辟疆的别业，其特色为"南北东西皆水绘其中，秋峦葩卉，一一掩映，若绘画然"。陈从周到如皋，一下火车就去实地勘察，经过几天考察、思考，提出了重修的思路。因为原来的园北依城埭，这是冒家的巧借，所以他提议要恢复城墙，否则水绘园便没有灵魂。中国还没有一个依城而筑的私家园林，唯水绘园是个特例。他还制定了"园依城埭，水竹弥漫，杨柳依依，楼台映水，以水绘园"的重建设计宗旨。这个工程1991年动工，三年后竣工。水绘园恢复了妙隐香林、壹默斋、寒碧堂、洗钵池、悬雷山房、湘中阁等建筑,他还亲自题写了寒碧堂、洗钵池的匾额,撰写了重修水绘园的楹联:"红了樱桃绿了芭蕉正是恼人天气;种成花柳筑成台榭更谁同依栏杆。"

陈从周是一位建筑家,同时是一位文人,他喜欢诗词歌赋,写得一手好散文,有《书边人语》、《青苔集》、《山湖处处》等散文集行世。另外他对昆曲情有独钟。他曾写过一篇《园林美与昆曲美》的文章,对二者作了比较,找出了它们的共同美学特征:"雅",并认为"不但曲名与园林有关,而曲境与园林更互相依存,有时几乎曲境就是园境,而园境又同曲境"。他曾向昆曲传字辈老艺人沈传芷先生学曲,与昆曲泰斗俞振飞过从甚密。他经常观看俞振飞和蔡正仁、梁谷音等昆曲名家的演出,还常与他们一起拍曲切磋。他曾赠诗梁谷音,云:"信步园林曲径行,时光初夏欲黄昏。知君别有聪明处,难得曲情悟景情。"

陈从周晚年遭遇到一件非常不幸的事情。1987年11月29日,他的在美国留学的儿子陈丰在洛杉矶惨遭一墨西哥人刺杀。陈丰是受贝聿铭先生奖学金到美国攻读建筑硕士学位的,他生前曾屡次撰文呼吁制止浙江海盐南北湖炸山开石,为维护胜迹不遗余力。拟学成归国,为建筑事业效力。被害时年仅41岁。陈从周老年丧子,大痛难愈,他题写的《丰儿墓铭》,字字泣血,句句动人。

陈从周于2000年辞世,红学家冯其庸作有《哭从周兄》一诗:名园不可失周公,处处池塘哭此翁。多少灵峰痛米老,无人再拜玉玲珑。

在他生前1998年,为了表彰他的成就,有关部门曾在浙江南北湖西涧建造了一座陈从周艺术馆,又名梓园。园中有半亭一座,乃明轩之再现。陈从周去世后,其骨灰安葬于梓园,墓地里还塑有陈从周的雕像。现在艺术馆三个楼面的展厅陈列着有关陈从周的文献资料,陈从周生前用过的生活用品,工作和生活的照片,他与徐志摩、张大千、叶圣陶、俞振飞、茅以升、钱学森、贝聿铭等交往的照片,他的书画作品、收藏的瓦当文物等。成为人们对这位建筑大师的永远的纪念。

（《人民政协报》2010年5月27日、6月3日）

〇二七

# 小园清幽泛墨香
—— 苏州艺圃与曲园记游

初到苏州的人,总是先要到拙政园、留园、狮子林、沧浪亭去游览、探寻中国古典园林之美。而我作为一个上海籍的苏州人,这些大名园简直已经烂熟于胸,倒想去寻找一些不太有名的小园,于是我想到了两个文人的私家园林——艺圃与曲园。

这两个园林都坐落在城内的小巷深处。进阊门,经过天库前十间廊屋,就到了文衙弄,艺圃的石库门墙就映入了我的眼帘。文衙弄因文徵明而得名。文徵明是明代苏州大书画家,"吴门画派"创始人,与唐伯虎、祝允明等齐名。他五十四岁以岁贡生荐试吏部,任翰林院待诏,三年辞归，因此人家也称他文待诏。文徵明在苏州留下的遗迹不少。在拙政园里还留着他亲手种植的紫藤树和亲笔题写的"蝉噪林愈静，鸟鸣山更幽"的楹联。艺圃原名"药圃"，是文徵明的曾孙文震孟的花园住宅。崇祯末年又归姜采，更名艺圃，也称敬亭山房。

　　入园经过一段曲折而修长的巷道，步上园西的响月廊，向东望去一弘碧绿的池水呈现在眼前，波光耀金，令人目眩神摇。水池占小园的总面积一半左右，其他建筑、山石、林木都以水池为中心加以布置。我沿着响月廊向北走去，池北是一个建筑群。一座屋宇高敞的厅堂乃是博雅堂，堂内陈设古朴雅致，圆柱上一副对联，上联是："博雅腾声数杰，烟波浩淼浴鹤晴晖，三万顷湖裁一角。"下联是："艺圃蜚誉全吴，霁雨空蒙乳鱼朝爽，七十二峰剪片云。"厅堂正中一幅中堂国画，南边对联为："一池碧水，几叶荷花，三代前贤松柏寒；满院春光，盈亭皓月，数朝遗韵蕙兰馨。"对联中浴鹤、晴晖、乳鱼、朝爽都是园中景观的名称。这两副对联可说是把全园的特点概括得十分传神了。博雅堂显然是当年文人墨客谈诗论文、切磋书画的所在。博雅堂南边是延光阁，那是沿池而筑的一座水榭，南边靠水一排明窗，临窗而望，池中水景及池南的山林风光尽收眼底。现在这里辟为茶室，在这里品味香茗，观赏湖光山色，真是人生一大乐事。在延光阁小憩后，从东边沿池向南步去，乳鱼亭、思嗜轩散置其间，在思嗜轩中我见到一副联语："朦胧池畔讶惟雪，淡泊风前有异香。"写得十分高雅明丽。经过低昂的小径和狭窄的小桥，我登上了池南的假山，山上石峰嶙峋，花木扶疏，高大的樟树、带绿的松柏，把小山装点得郁郁葱葱，朝爽亭矗立山巅。这里山与水形成景观的对比，使游览者既得水泽之乐，又获山林之趣。下了小山过月洞门，我到了西南别院"芹庐"、南斋，这是用院墙从大园中划分出来的一区小院，院内凿小池，散置湖石、花木，这里是园主人的书斋。因为是园中之园更见清幽静谧。书斋里满架古籍，文房四宝端放书案，似乎还能闻到一股淡淡的墨香。

　　艺圃虽小，但建构匠心独运，单说水池的处理就极巧妙，它以聚为主，但在东南隅西南隅处理成承湾二处，使水面有延伸不尽之感，南岸又辟有小径，使山水之间有过渡有贯通，增添水波浩渺的妙趣。艺圃较多地保存了明代园林的布局与风格，它与一些富家花园相比，没有富丽堂皇的建筑和陈设，没有雍容华贵的脂粉气，而是显得更其质朴自然，高雅清幽，体现出浓郁的书卷气和文墨气。

　　出了艺圃，我由吴趋坊向南，经景德路到马医科巷寻访另一座小园曲园。曲园是清末著名文学家、朴学大师俞樾的故居，建于光绪元年即公元1875年。这座基地三曲如弓，俞樾亲自设计，顺着自然的弯曲，小筑亭台，凿池叠石，栽花种竹，筑屋三十余楹，取名为曲园。

　　作为清末的大学问家，俞樾影响遍及海外。现在寒山寺碑廊里那块有名的《枫桥夜泊》诗碑，就是他亲自书写的。

　　走进曲园门楼，经过一个遍植修竹的天井，就是小竹里馆，屋内四盏宫灯悬挂四角，中间的俞樾的油画像，左右为苏州书画名家谢孝思书写的对联：太史公书能著录；子云于世不邀名。把俞樾比作汉代的司马迁和杨雄（子云）是很恰当的。在左右墙壁上挂着八幅国画，简略地描绘了俞樾的一生。壁上还嵌着俞樾《曲园记》的砖刻。

　　经过一个廊屋，就可看到一座轩敞明亮的厅堂春在堂。这是曲园主要建筑之一。据说俞樾在北京保和殿参加翰林考试，试卷中的诗题为"澹烟疏雨落花天"，俞樾依题作诗，首句是"花落春仍在"，由于蹊径独辟，深得阅卷官曾国藩的赏识，考试结果名列前茅。正因为这样，俞樾把这个厅堂命名为春在堂，并且把他的著作二百五十卷总称为《春在堂全书》。堂上匾额由曾国藩题写。

　　春在堂前庭院内种有高大的梧桐及蜡梅，堂朝南是一排落地长窗。堂内陈设简朴，居中屏门上刻写着俞樾《春在堂记故事》全文，由他的学生吴大征作篆。屏门前一张坑床，左边置一书桌，上有文房四宝。现在堂内陈列着俞樾《枫桥夜泊》诗碑的拓片，俞樾著作的书箱及木刻板片五百余片。这里原是俞樾读书著作的书斋，也是接待四方宾客切磋学问的所在。

站在春在堂前，我不禁想起俞樾与他的曾孙俞平伯的一段故事。俞平伯是当代著名作家、红学家。他就出生在曲园里。俞平伯小时候，俞樾十分钟爱他，亲自在春在堂为曾孙授课。俞平伯四岁时，俞樾教他识字，平伯六岁时，俞樾教他学诗。平伯从小好学，读书用功。他常常在春在堂读书到深夜。七岁时他就能作诗。那一年中秋之夜，俞樾偕同全家老小在堂前庭院里点燃香斗，饮酒赏月。老人忽然动了诗兴，提出大家来做联句诗以助兴，并且指定平伯出首句。平伯歪着小脑袋想了一想，脱口念道"八月中秋点香斗"，平伯的母亲接第二句："承欢儿女奉高堂"。平伯的姐姐做了第三句。最后由曲园做结句："添得灯光胜月光"。曲园见七岁的曾孙居然也能作诗，十分高兴地说："孺子可教矣！吾寄以厚望焉！"俞平伯果然没有辜负老人的期望，终于成为一位成就卓著的作家与学者。在春在堂屏门后，现陈列一架古老钢琴，这是江南名妓赛金花的遗物，因为赛金花的丈夫洪钧与俞樾之孙有交往，是他们寄放在俞家的。

春在堂之东是乐知堂，是全园的正厅，取"乐天而知命"的意思。堂中悬挂国画，两边是当代书法家张辛稼书写的俞樾的楹联："三多以外有三多多德多才多觉悟；四美之先标四美美名美寿美儿孙。"这是俞樾人生观的表露。堂内陈列着俞樾的弟子吴昌硕、章太炎等人的墨迹。还陈列着一块由俞樾的同科进士李鸿章写的匾："德清俞太史著书之庐"。它原放在大门门楼上，现德与清字之半已被截掉，残缺不全了。

如果说艺圃是以池水为中心的格局，那么曲园却是以春在堂为其主体，把古典园林与普通住宅熔于一炉的楷模。春在堂后西边有一长廊，长廊中有一曲水亭，廊下便是一泓清水，名曲水池，东面一座假山傍池而崛起，山上花木隐翳山石嵯峨。山上筑有回峰阁和在春轩，据说俞樾常在此间小坐玩月。向东则有达斋与南面的认春轩相对峙，认春轩是因白居易"认得春风先到处"的诗句而得名的。这些景观布置得自然天成玲珑剔透。这优美的水光山色为春在堂提供了一个清幽宁静的氛围。园主人在春在堂著述笔耕，遇到精神疲惫的时候，如果来到小园或漫步，或小坐，或凭栏，或登临，不仅能驱散疲劳，调剂精神，而且可以得到自然美的浸润滋养。俞樾在一首诗中说到："书生例好事，所乐惟林泉，爰因地一曲，而筑屋数椽。"可见为了能得到林泉之乐，有一个清幽的读书写作的环境，就是俞樾建造曲园的初衷。可惜在"文革"期间，园内景观受到破坏，有待今后逐步修葺。

（《沙龙》1987 年第 4 期）

○二八

# 欣赏彩塑罗汉

我第一次去东山紫金庵观赏彩塑罗汉，由于时间匆忙，未及细细琢磨，只是觉得这里的彩塑神态生动，性格迥异，色彩鲜艳，质感逼真。其实只是一个大略的印象。第二次我花了整整半天时间细细鉴赏，并请教了紫金庵的同志，我的审美感受就比第一次丰富得多了。比如降龙罗汉，钦佩罗汉，藐视罗汉这三尊罗汉，分开来看，也塑得很好；如果把他们联在一起，作为一组画面来欣赏，就会发现这三尊罗汉的目光都注视着雕刻在柱头上的蛟龙。降龙罗汉脸部威严而自信，左手托着一只小钵，右手用手一招，要把狞龙降伏；中间的钦佩罗汉清癯俊秀，摊手抿嘴，似对降龙节击赞赏钦佩不已；左边的藐视罗汉却半侧了脸，神情冷漠，大有不以为然、不屑一顾之态，不过他的眼睛还在偷偷窥视着柱龙，实际上还是关注着降龙的行为。这是一个多么生动的戏剧场面，连人物心口异态的细微心理活动也刻画得淋漓尽致。再则就是罗汉的服饰，细细鉴赏，更觉其精美，罗汉衣饰虽系泥塑，但宛如丝缎织物那样光艳流利，飘逸熨帖。每个罗汉都穿三层衣服，从衣领到袖口都能看到分明的层次，衣褶线条也流畅自然。那仙山上一尊菩萨左手托起的"经盖"，形同绣花的绢帕。它以三个手指托起，中指顶而欲穿，右手撩起一角，几条皱折自然下坠，体现了绢纺织物轻纱薄帕的质感特征。正是仔细鉴赏才逐渐领悟出雷潮夫妇这组雕塑杰作所蕴含着的美。这件事告诉我们，艺术欣赏不可浅尝辄止。

艺术欣赏是一种审美活动，它是通过欣赏者的感官对具体形象的直接感受。然而真正的艺术欣赏并不是浮光掠影或回眸一瞥可以领略以尽的，首先它需要欣赏者对审美对象的稳定注意。比如说您欣赏一出戏剧演出，那么必须坐下来全神贯注，进入剧情中去，如果心不在焉，思绪旁骛，就很难领略剧情的内容及其深含的意蕴。我记得小时候常跟大人到开明大戏院和其他戏馆去看京戏，往往第一场戏的情节闹不明白，原因是刚开场，场内人声嘈杂，人静不下心来。京剧之所以用开场锣鼓镇场，也就是为了能让观众尽早进入稳定注意的阶段。这种稳定的注意状态是艺术欣赏的必要条件，它有助于欣赏者对审美对象发生的信息，作有效的、完整的、全方位的接收。

艺术欣赏还是一个反复审美感受的过程。有一个笑话，说某人吃橄榄，初咬一只觉得涩嘴，便随手扔掉，一扔扔到了旁边的茅屋顶上，但他细细一咀嚼，却有一种奇特的香甜滋味，不免悔之莫及。他见橄榄还在屋顶上，便从树干爬上屋顶去拿，结果把茅屋也爬塌了。这是个笑话，但用它来比喻艺术欣赏倒有几分相似。有些作品乍一看未必有什么惊人之处，但细细体味，其中的美便逐渐地显露出来了。

宋代郭若虚的《图画见闻志》中有这样一段记载："唐阎立本至荆州，观张僧繇旧迹，曰'定虚得名耳'。明日又往，曰'犹是近代佳手'。明日往，曰'名下无虚士'。坐卧观之，留宿其下，十余日不能去。"可见要想真正领略一部艺术作品的美，有一个反复感受的过程。

我对苏州园林的欣赏也有类似的体会。起初我只注意园中的亭台楼阁、假山水池，不大注意园中的长廊。有一次去游留园，一位朋友提议走一遍园中的长廊，不走则已，一走却惊奇地发现园中西部的大辍山、北区的盆景园、中部的水池、东部的厅馆四大景区竟然是依赖着一条七百米长的蜿蜒曲折的长廊加以联接，使之浑成一体的。这时我方领悟到长廊的妙处。此后，我又进而有比较地鉴赏各园的长廊。沧浪亭的那条复廊，廊外面临清池，廊内紧傍假山，中间隔着的一道花墙开有多扇漏窗，透过花纹各异的漏窗，巧妙地使园里园外的景色互相映照透射，相映成趣。拙政园的长廊为了突出水乡风格，常常以修筑水廊而独树一帜。"小飞虹"朱栏平桥，如同彩虹横卧水面；波形廊是一条沿着界墙构筑的水上游廊，曲折起伏，在廊上漫步，仿佛置身于舟船，涉足于水上，自有一种波澜激荡，浪涛起伏的感受。留园的爬山长廊又别具一格，它高低起伏，与背后的云墙成曲直对比，长廊平面看也有曲折，有时靠墙，有时与墙留有空隙，形成虚实对比，靠墙处无光，留空处有光，又有明暗对比。处处有对比，真是匠心独运。正如罗丹所说的："美是到处都有的。对于我们的眼睛，不是缺少美，而是缺少发现。"而要发现美，离不开反复的审美感受。

## ○二九

# 虹饮山房看圣旨

游览苏州，最好去木渎看看。这个小镇位于苏州西南郊太湖之畔，灵岩山麓，依山而筑，傍水而居，一向有江南园林古镇之美誉。它的历史非常悠久，早在春秋时期，吴王夫差为了博得西施的欢心，在灵岩山兴建避暑行宫馆娃宫。当时从各地采集名贵木材，灵岩山下小镇的河里，一时间被大量的木材所拥塞，"木渎"就由此而得名。

我是苏州人，对木渎很为熟悉，我在读小学、中学时就经常到木渎去远足或露营。只是近年来去的不多。前些日子听说木渎进行了整修，所以抽空又去观光了一次。我漫步在古色古香的山塘街（这里指木渎镇的山塘街）上，一边是碧波荡漾的香溪蜿蜒流过，传说因西施傍河梳妆，致使满河香气四溢，故名香溪。河边有御码头和古御道，清乾隆帝多次下江南，到木渎都是在这里舍舟登岸的或在木渎游览，或由此去灵岩山行宫。在山塘街上，历代富豪名士营造的私家古典园林比肩而立。从东南向西北，依次有古松园、虹饮山房、明月寺、盘隐草堂、严家花园等。犹如一颗颗璀璨的珍珠洒落其间。

不久前才修复的虹饮山房特别引起我的兴趣。据介绍它初为清初木渎文人徐士元的私家花园，占地 22 亩，方志称它"溪山风月之美，池亭花木之胜"，是众多园林中的佼佼者。传说乾隆帝七次下江南巡视，曾六次在虹饮山房门口御码头登岸入园游览看戏，可见他对虹饮山房的情有独钟。他的随行人员有刘墉、纪晓岚、和珅等官员，刘墉两次在此下榻。我踏上虹饮山房大门前的石阶，抬头一看，门楼上端的金字匾额就是刘墉题写的。

步进大门，就是舞彩堂。穿过厅堂，在宽阔的院落里，一座高大宏敞的二层古戏台飞檐翘角，巍然耸立，两侧建有抚廊，为看客之看台。戏楼悬挂着"春晖楼"的匾额。当时乾隆帝就在此间观赏戏曲，多为昆曲、徽戏之类。那天我去游览时，正好有两位年轻的锡剧演员在演唱《孟丽君》中君臣游园一折，弦歌悠扬，甚为动听。

看了一会，我向西面的秀野园走去。这里景色秀丽，一泓碧波，有亭翼然，太湖石拔地挺立，九曲桥蜿蜒曲折。秀野草堂临池而筑，令人感到新奇的是，这里现在辟为圣旨珍藏馆。以前我们仅在戏曲或电视剧里见到"奉天承运皇帝诏曰"的圣旨，如今在这里我们却可以亲眼目睹清代 10 位皇帝的 20 道圣旨的真迹。圣旨大多为黄色丝绢制作，用墨笔书写，末尾盖有朱红的玉玺大印，至今还字迹清晰，色彩鲜明。我还看到一些精雕细刻的圣旨匾。可说是大开了眼界。圣旨是封建帝王发号施令的文件，具有至高无上的权威性。有时一道圣旨，可以使一介书生平步青云，登堂入室；但是，又有多少忠良志士，在一纸圣旨下成为屈死的冤魂。在这一道道圣旨后面，交织着的是血泪斑斑的历史。此外，还展出了清代进士、状元的书法、题匾，明清的龙袍、官服等。这里还陈列着有关科举考试的资料,有考秀才、考举人的试题、试卷、朱卷;考进士、状元的殿试卷,还看到了当时考生作弊用的丝织夹带和微型的"四书五经",使我们可以窥见封建科举制度之一斑。登楼,我们看到了刘罗锅(刘墉)曾经下榻的卧室和木床。

玩过秀野园,又去东部的小隐园倘佯,这里曾经是一代刺绣皇后沈秀的故居。她是我国最早在世界博览会上的获奖者之一。

游过园林,回到山塘街上,街边有一招牌为刘罗锅的茶楼,便信步登楼,要了一壶茶,两位评弹演员正在演唱,我一边聆听弦索叮咚,一边饮茶,并品尝当年乾隆的御点木渎麻饼,只觉得十分的惬意。

(《人民日报》海外版 2004 年 5 月 19 日)

○三○

# 矫若游龙,美如彩虹

### ——园林长廊倘佯

人们游览园林时,往往更多瞩目于华丽堂皇的亭台楼阁、碧波荡漾的湖潭水池、险峻苍翠的假山莽林,而对园林里的曲折有致的长廊有时却会予以忽视。其实,如果把园林比作人的肌体,那么长廊就是人体上的血脉,它使分散在园林各处的亭榭、山水、景物相互贯通联缀,而构成一个有机而有生气的整体。而长廊本身又矫若游龙,美如彩虹,实乃园林中一道旖旎的风景线。

我国著名的清廷宫苑颐和园,总面积达 4 300 多亩,园中有山有水,有岛有堤,有亭榭楼阁,有古木名花,各种景物多达 800 余处,正像一盘散落的珍珠。在颐和园里有一条贯穿东西、长达 3 里的长廊。这条长廊就像一根金线把散落的珍珠串联起来,使全园的景物为之贯通。它从东端邀月门开始,往西一直到石丈亭,中间每隔百余米便或置一亭,或设一轩,或筑画舫,或建小阁,使整个长廊曲折腾挪。游人步入长廊,长廊就起着循循善诱、引人入胜的作用。这条长廊横卧于青山绿水之间,如同蛟龙蟠伏。在长廊北边是高 60 公尺的万寿山,而长廊的南边则是广达 3 000 亩的昆明湖。这里长廊又起了山与水高下差距的过渡、缓冲作用,使两者和谐统一。而游人在长廊中左顾右盼,尽得山水之乐。苏州的著名园林留园,它由西部的大摄山、北区的盆景园、中部的山地、东部的厅馆四大景区组成,设计者用一条长达七百米的蜿蜒曲折的长廊加以联接,浑成一体。特别是闻木樨香轩附近的一条爬山长廊更是精心筑构,设计者巧妙地运用艺术上的对比手法,到了出神入化的地步。长廊高低起伏,与背后衬托的云墙成曲直对比;长廊不仅高下有弧度,平面上看也成曲线,有时靠墙,有时与墙留下空隙,形成虚实对比;靠墙处无光,留空处有光,又有明暗的对比。沿着这条长廊寻幽探胜,低昂起伏,跌宕有致,有时山峰从肩旁而生,有时池水历历在目,本来是静态的景物,随之而成为动态的画面。

长廊在园林中还起着映照的艺术作用。苏州沧浪亭是一座以山林景象取胜的园林,著名的沧浪亭就筑于山巅。沧浪亭园内缺水,而园北部却依傍着一弯蜿蜒的清流。园的设计者大胆借景,巧妙地把园外之河纳入园景。借景的一条重要措施就是在假山与池水之间修了一条向内凹曲的复廊。所谓复廊,就是在一条高低曲折的长廊中间,用同样高低曲折的花墙一隔为二,形成内外两条长廊。廊外面临清池,廊内紧傍假山。在中间的廊壁上开有多扇花窗,漏窗的样式丰富多彩,有方格形,有菱形,有梅花图案,有海棠图案。透过花窗,巧妙地使园里园外的景色相互透射,联成一气,当游人在廊外漫步,眼前是一泓清流,隔着花窗却可望见若隐若现的山林;而当人们穿行在廊内时,从花窗外望,又能感受到波光水影。廊内、廊外、流泉本来的距离近在咫尺,由于有了花窗相隔,似乎推远了,这样就造成了景物远近错落之感,正如俞樾的楹联所说:"清风明月本无价,近水远山皆有情"。至于那各式漏窗,每一个窗板就如同一个花纹特殊的镜框,游人透过漏窗眺望景物,就如同一幅幅构图不同的图画,移步换景,变幻无穷,真是处处有情,面面生意。

长廊有时起着凸显整个园林独特艺术风格的作用。无锡蠡园位于五里湖之畔,三面临湖,它筑有一条千步长廊,一面靠陆,一面临湖,曲岸枕水。靠陆的一边是半封闭式的,有一道墙与陆上园地相隔,但墙中留有近百面漏窗加以沟通。长廊靠湖的一边是开放式的,只有一道低矮的栏杆,凭栏南望,广阔的五里湖碧波荡漾,湖上笼罩着一抹轻纱,远处点点渔舟浮泛在秋波之上,白翅的水鸟高翔低飞,宛转歌吟。这条开放式的千步长廊,使湖水环抱蠡园,生动地突出了蠡园淡雅自然、舒朗明丽的艺术风格。

长廊有着贯通、映照、凸显等种种艺术作用,然而它本身又是一件珍贵的艺术品,本身就是园林中一道旖旎的风景线,具有很高的观赏价值。上面提到的颐和园的长廊本身就是一条精巧神奇的艺术画廊。不仅在长廊中间的亭阁轩舫可供游览,而且在长廊 273 间廊屋里,每一间都有红漆柱子,绿色栏杆,每一间的横槛上都绘有五彩图画,总计 14 000 多幅。这些彩画有的画人物,有的画花草,有的画山水,色彩艳丽夺目,图像丰富逼真,是我国传统艺术的结晶。长廊两旁遍植花木,微风吹来,花香醉人。在这条长廊里漫步,不啻于进入了一座艺术的殿堂,不禁为大量巧夺天工、神奇美丽的画幅所陶醉。再如蠡园的千步长廊的壁上嵌着苏轼、米芾、王阳明等人的书法砖刻。湖光山色的朦胧美,与砖刻上铁划银钩、矫若游龙的线条美,从不同的方面给人以艺术的美感享受。因此长廊在园林中既是一条穿串珍珠的彩线,同时本身又是一串璀璨炫目的宝石项链。

正因为长廊本身就是一件艺术珍品,所以设计者对长廊的设计也不肯掉以轻心,相反往往是构思精巧,匠心独运的。精巧并非雕琢的同义词,匠心与匠气更是相距甚远的两个概念。园林的设计贵在顺乎自然而又有所创造,长廊设计亦然如斯。苏州拙政园以水见长,园中水的面积占五分之三。根据这样的特点,该园在建筑物的布局及样式上都围绕着"水"字做文章,长廊设计也不例外,它常常以修筑水廊而独树一帜。在拙政园中部有一条水上廊桥,叫"小飞虹",朱红色的桥栏倒映在碧波之中,水波晃动,似见一条彩虹在水中飞舞。这是苏州诸园中的唯一廊桥。拙政园的西部则沿着界墙构筑了一条水上游廊,这条长廊用黄石湖石混合堆砌而成,随着地势高下,起伏有致,故称波形廊,也称水廊。你若沿着波形长廊漫步,忽低忽高,时高时下,仿佛置身于舟船,涉足于水面,感受着波澜激荡、浪涛起伏的声势。水廊中段有一小榭突出,这是钓台,如在这里垂钓,当更有一种特殊的怡然自得的感受。创造美不能离开构成美的物质材料,所谓顺乎自然,有所创造,就是要因地制宜,充分发挥原来的提供的自然条件,并进行精心构思,加工改造,从而创造出一种浑然天成的美感来。拙政园的廊桥、水廊就是这方面的范例,它与其他建筑、景物的和谐搭配,凸显出一种疏朗幽雅的江南水乡风格。

(《艺术世界》1985 年第 5 期)

○三一

# 江南园林多奇石

古典园林是江南美景中的一绝。江南的古典园林是一种创作自然、借景寓情的艺术，它以诗情画意的优美意境，产生一种陶冶人的情操的艺术魅力。我们游览江南园林时，不仅为亭台楼榭等旖旎景色所陶醉，也为一些清奇峻峭的石峰所吸引。江南园林多奇石，那些石峰、湖石给园林增添了不少山野意趣和秀美韵致。

宋代大书法家米芾曾经把太湖石的优点概括为"瘦、绉、漏、透"四个字。"瘦"，指石头形状苗条峻峭，风骨毕呈；"绉"，指石头波纹起伏，节奏鲜明；"漏"，指空灵窍通；"透"，指玲珑剔透。正因为这样，湖石一向有"蕴千年之秀"的称誉。

江南园林中，具备上面所说的四大优点的湖石屡见不鲜，其中以瑞云峰、玉玲珑、绉云峰为最佳，被称为江南三大名石。

上海豫园的玉玲珑耸立在园东部的玉华堂前，正如它的名称那样，其石美如璞玉，巧若玲珑。这块名石高约三丈，上下布满洞孔，孔孔相连。如果在这块石头的下端孔洞里焚起一炉青香，那么石的上端每一个孔洞里便会透发出缕缕青烟；如果在石头的顶端倾一盆清水，下端各个孔洞就会淙淙流泻出朵朵水花，真是蔚为奇观。据传说，此石为宋代"花石纲"的遗物，可见其弥足珍贵了。

瑞云峰，现在放置于苏州市第十中学的校园之内。峰亦有三丈之高，屹立在潭水中央，倒影楚楚，优雅奇特。在杭州盆景园内还存有一块绉云峰，高约一丈，是产于广东英德的英石。如果说玉玲珑的特点是玲珑剔透，瑞云峰的特点是高耸突兀；那么，绉云峰的特点就在一个"绉"字，它形如云霞，纹如涟漪，"其色如铁，具迂回峭折之致，有氤氲绵联之状"。这也是石中罕见之珍品。

另外，在苏州留园内有一块高大的湖石，那就是著名的冠云峰。《水经注》中有"燕王仙台有三峰，甚为崇峻，腾云冠峰，高霞翼岭"之句，冠云峰之名由此而来。此石独立无倚，巍然耸立在冠云楼前的池边。它的特点是俊秀挺拔，气势不凡，与周围的沉云沼、冠云亭、冠云楼等亭台水榭交相辉映，构成一组优美的景观。冠云峰高三丈，重达五吨，是江南园林中最高大的一块湖石，相传也是宋代花石纲的遗物。在明嘉靖时，右仆射徐明泰设法从太湖里打捞起来，建造东园（即留园的前身）的时候，移置园内。在常熟人民公园里也有一块奇石，名为沁雪石，石峰的表面如水浪相叠，又如雪压琼枝。据传为元代大书法家赵孟頫鸥波亭前的旧物。此石波纹起伏有致，可称"绉"石之典范。

江南园林中的石峰，不仅以独立的景观供人欣赏，而且还常常用来垒山织景。以假山著称的苏州狮子林，就是一个集湖石之大成的所在。它的整个假山群，全用湖石堆垒而成。从外面看气势雄伟，峰峦起伏，俨然是一座大山莽岭，内部却全是石洞，处处空灵，石洞高下盘旋，连绵相通。进入洞壑，曲折幽深，峰回路转。狮子林的石峰不仅多，而且好。如"含辉"、"吐月"、"玄玉"、"昂霄"等名石风姿独具，各呈异彩。不少巨石的峰石石缝里还生长着百年大树，老枝新叶，郁郁葱葱。狮子林的许多石峰形状都像狮子，或奔驰于野，或蜷卧于地，或作怒吼之状，或呈妩媚之态,真是千姿百态。最高的是狮子峰,高踞峰巅,统领全局。这"假山五国"中的群狮奔踊的景象,令观者兴会淋漓!

(《上海艺术家》1995 年第 4 期)

## ○三二

# 建筑与戏曲之缘

建筑是直接诉诸视觉的造型艺术,而戏曲是集视觉、听觉于一身的综合性的表演艺术。它们虽然分属两个范畴,然而它们之间又有不解之缘。

首先,戏曲作为一种表演艺术,它得有一个可供伶人表演的空间;而它又是一种群体欣赏的艺术样式,还得具备观众看戏的场所,舞台与剧场就成为表演所必不可少的建筑。古戏台就是建筑和戏曲直接结合的产物。

据文献记载,我国在唐代已经运用舞台表演戏曲了,宋元以后,神庙戏台、舞亭式戏台以及民间勾栏等纷纷兴起,仅我国山西南部保存下来的宋元古戏台遗迹就有十五、六处之多。元代,上海松江城里也有了专门的演出场所勾栏,元陶宗仪《南村辍耕录》曾记载至元壬寅夏,松江府前一勾栏倒塌的事故。可惜上海地区元代的勾栏和古戏台遗迹已经荡然无存了,但是,明清以来建造的古戏台还有多处遗存,尚可窥见其昔日的风采。

在著名的豫园里,我们可以看到两处古戏台。点春堂前的打唱台是明代遗物,初建于嘉靖三十八年(1559)。豫园的园主潘允端曾任四川右布政使,他不仅长于文墨,而且精通戏曲,尤其钟情于昆曲。他常在园中的乐寿堂举办昆曲和其他戏曲的演出活动,还专门建造了一座打唱台,以供搬演戏曲之用,几乎"无日不开宴,无日不观剧"。现在见到的是清咸丰年间重修的建筑,戏台小巧玲珑,歇山顶,屋脊上下两层,八角飞檐。戏台离地面 87 厘米,台基半临水池,砖石基础,舞台平面为十字形,两侧有副台,台上设屏风,间隔前后台。舞台坐南朝北,正对点春堂大厅,人们可置身点春堂观剧听曲。现在豫园的内园还有一座古戏台,那是清光绪三十一年(1905)原建于闸北塘沽路的钱业会馆戏楼,1987 年迁到此间。这座戏楼雄伟宽敞,华丽精致,歇山顶,前后左右四根方形石柱,台顶圆形藻井,斗拱 20 组,井心嵌锦圆镜一面。光绪年间钱业公所常邀戏班伶人来此献演,以贺财神诞辰等,极为兴盛。迁至豫园后,台前为一空地,台侧加建了清式双层看廊,能容 300 观众,有时在此演出昆曲等节目,颇受游客青睐。

在今中山南路南车站路的三山会馆戏楼,清宣统元年(1909)原建于半淞园路,上个世纪 80 年代整体移位 6 米。建筑为歇山顶,戏台坐东朝西,两侧有看楼与戏台紧挨。戏台台面呈较为罕见的梯形,顶部有精致的饰金藻井。台口石柱上有一副台联:集古今大观时事虽异,得管弦乐趣情文相生。

上海郊区也遗存有一些古戏台,如青浦朱家角镇的城隍庙戏台,始建于清乾隆二十年(1763),重建于光绪七年(1881),旧为青浦城隍之行宫。建筑宏敞,戏台坐东向西,台宽 9 米,深 6 米,台高 4 米,顶部由 160 只斗拱组成圆旋藻井。台前有一长 20 米,宽 15 米的大广场,两侧还有看楼十余间,可称古代的大型剧场。旧时每逢庙会总有昆班、京班登台酬神,并如民众。

不同门类的艺术,各有其鲜明的个性,但又有其共性,所以,不同门类的艺术又常常是触类旁通、相互渗透的。就建筑和戏曲来说,它们之间也有不少相通之处,已故著名建筑学家、同济大学教授陈从周先生就曾专门写过一篇题为《园林美与昆曲美》的文章,他说:"我国园林,从明清后发展到了成熟的阶段,尤其自明中叶后,昆曲盛行于江南,园与曲起了不可分割的关系。"园林中的花厅、水阁都可兼作顾曲之处,而昆曲又充实了园林的文化内涵,使之在形之美以外,还有声之美,舞之美,从而园境和曲境浑然一体。另外,他认为昆曲婉约含蓄,与园林结构一样,少而精,以少胜多,耐人寻味,而昆曲之典雅和园林的诗情画意也是相通的。类似的文章,我还见到沈祖安的《江南园林和苏州评弹》,文章从隔与透、藏与舒、险与通等探讨了园林和评弹在艺术技巧方面相通的原理。

建筑与园林之间的不解之缘还体现在某些建筑家、戏曲家身上。清代的李渔(笠翁)不仅是一位杰出的戏曲家,而且是一位造园专家。他所著的《闲情偶记》,既有顾曲之道,又有造园之论。上面谈到的陈从周先生也是一例。他是一位造诣精深的建筑家,同时又是一位熟谙戏曲、酷爱昆曲的曲友。他与俞振飞先生以及上海诸昆曲名家过从甚密,他不仅经常去观赏昆剧的演出,而且热心地参加曲社的活动。他曾应俞振飞先生之邀,为上海市戏曲学校昆曲班讲解中国园林,以使演《游园》、《惊梦》的演员脑子里有园林的意境。他负责设计豫园东部的复建工程中,不忘在顾曲上做文章,非常注意园景与曲境的关系,建筑物多用卷棚顶,又且临水,不仅适于拍曲听歌,而且建筑也能体现出昆曲婉约细腻的特征。有一次,著名昆曲演员梁谷音去游豫园,流连久之,忽然一展歌喉,唱起昆曲来,陈从周频频赞美园中拍曲的妙趣。并即兴把园中这一带山涧命名为"谷音涧"。陈从周还经常从昆曲中汲取营养,在建筑设计时加以借鉴、运用,因此,他深有感触地说:"昆曲为我们造园起了极微妙的作用"。

(《上海艺术家》2002 年 5、6 期)

## ○三三

# 香山巧匠蒯祥

据媒体报导,在 2008 北京奥运会、残奥委会期间,世界各国的运动健儿、体育官员和观众、游客不仅参与了这两个无与伦比的精彩体育赛事,而且享用了一席无比丰富的中国文化盛宴。特别是许多外国朋友参观了刚刚修缮好的北京故宫,无不啧啧称奇,深深被为辉煌的中国古典建筑及所藏璀璨的艺术珍品的巨大魅力所震撼,所惊叹。提起故宫、太和殿,使我想起了明代营造故宫的巧匠蒯祥。前不久,我正好去苏州游览,在滨临太湖的胥口乡渔帆村瞻仰了蒯祥的墓园,对蒯祥的敬仰之情不禁油然而生。

蒯祥是明代的一位建筑大师,有蒯鲁班的美誉。他于明朝洪武三十一年(1398)出生于吴县香山渔帆村的一个木匠世家。他的父亲蒯福是一位著名的工匠,曾被明王朝选入京师(金陵)，任总管建筑皇宫的"木工首"。蒯祥幼年进过书塾，后随父亲学木工手艺。由于他敏思好学，心灵手巧，不到二十岁就成为乡里有名的巧匠了。他特别精于榫卯技巧和尺度计算，几乎远近闻名。

明成祖朱棣夺得王位后，就准备从南京迁都北京。要迁都，首先要建造皇宫。北京的皇宫是在元大都宫殿的基础上，依照明南京宫殿的格局规划建造的，始于永乐五年(1407)。到了永乐十五年(1417)，朝廷更是征召了全国各地大批能工巧匠到北京，大兴土木，推进宫殿的建造工作。蒯祥亦在被召之列。由于蒯祥精于建筑构造，进京不久，便被任命为"营缮所丞"，相当于今天的设计师兼工程师。他和另外几名著名匠师一起负责皇宫建筑群的设计和营造工作。按照朱棣的要求，北京的宫城规模宏大，除了奉天殿、华盖殿、谨身殿(清代分别改称为太和殿、中和殿、保和殿)三大殿之外，在午门前要设端门，在端门前设承天门(清顺治八年改名天安门)。蒯祥以其非凡的才艺，出色地完成了这项伟大的工程。蒯祥的设计，以精确度高著称，"目量意营，准确无误；指挥操作，悉中规制"；"略用尺准度，若不经意，造成以置原所，不差毫厘"(吴县志《列传艺术》)。他还身怀巧于彩绘的绝技，能以双手握笔，在庭柱上画龙，最后合二为一，浑然天成。蒯祥善于把南方的优良的建筑材料引进皇宫的建造，比如他把苏州陆墓出产的"金砖"运用进来，效果极好。蒯祥的设计和才艺深得永乐皇帝的赞赏，据史籍记载："永乐年间召建大内，凡殿阁楼榭，以至回廊曲宇，(蒯祥)随手图之，无不中上意。"(光绪《苏州府志》)特别是由他负责设计和组织施工的承天门，金碧辉煌，雄伟壮丽，完工之日，朝野一片赞扬之声，永乐皇帝称他为"蒯鲁班"，景泰七年(1456)他被封为工部左侍郎，授二品官，食从一品俸禄，相当于现今的建设部副部长。据说当时绘有一幅北京宫殿的详图，为了表彰蒯祥的功绩，把他也画在图中。

对蒯祥的高超技艺，在民间流传有许多传说。所谓"金刚腿"即是一例。传说，缅甸国曾向明王朝进贡一根名贵巨木，永乐皇帝下令把它制作大殿的门坎。当时有一个木匠不当心，把这木头踞短了一尺。这可是一个重大的事故。蒯祥得知后，略一思索，便命那个木匠索性再踞短一尺。大家十分惊疑。蒯祥在门坎的两端雕刻了两个"龙头"，再在边上各镶上一颗珠子，再把门坎安置其间，用活络榫头装卸。皇帝问他为何这样制作，蒯祥答道，因为看到皇上坐轿乘辇出入宫门，若然将门坎固定，极为不便，所以特地安装了这个活动的门坎"金刚腿"，皇帝听了十分高兴。此事轰动一时。

蒯祥除了主持奉天殿、华盖殿、谨身殿及承天门等营造工程外，在明英宗正统年间，又受命营建乾清宫、坤宁宫两宫及重修三大殿和文武诸司的办公处的工程。景宗天顺年间，年近七旬的蒯祥仍担任兴建明十三陵之一明裕陵地下宫殿的总设计师。据记载，蒯祥八十岁之后还"执技供奉"。后来因遭人嫉妒，蒯祥恐遇不测，遂借告老还乡。明成化十七年(1481)三月，蒯祥在北京病逝，享年八十又三。皇帝派人致哀，赠蒯祥祖父、父亲为侍郎，并荫封他的两个儿子，一为锦衣千户，一为国子监生。

蒯祥从一个普通的木匠，而成长为一位建筑大师，其中，智慧、勤奋和机遇等因素缺一不可。蒯祥是"香山匠人"中的杰出代表。在他的影响下，"香山匠人"成为建筑行业里一个重要的流派，发挥着重大的作用。明万历年间曾成功地建造了开元寺藏经楼，这座建筑不用寸木，以筒形拱顶结构代替木制屋架和楼板，俗称"无梁殿"。这枝建筑中的奇葩，就出自香山匠人之手。

蒯祥去世后，人们一直怀念着这位工匠出身的建筑大师。蒯祥在北京住处的那条巷被命名为"蒯侍郎胡同"。在吴县香山蒋墩建有蒯祥的祠堂。在胥口渔帆村的蒯祥墓地现已建成蒯祥纪念园,它背倚葱郁的渔洋山,南临浩淼的东太湖。园内建有高大的石牌坊,上书"蒯侍郎墓",牌坊的柱联为:宫阙巍巍共仰香山鼻祖;园林处处不忘胥水良师。园内设有飨堂。后园是蒯祥的墓地,墓碑上镌刻着"明工部侍郎蒯祥之墓"的字样。墓前置有石人、石马等。墓碑右侧立有明天顺二年钦赐的"奉天诰命"碑。墓地里松柏森森,枝叶掩映,郁郁葱葱。墓地边上的花园里建有石亭、假山,并立有蒯祥的石雕像等。蒯祥纪念园已成为苏州太湖国家旅游度假区内的一处人文景观,供人们瞻仰和缅怀。

前几天,偶尔听江苏电台广播,有一则通讯题为《当代苏州蒯祥的名字镌刻在 08 奥运场馆》,文章说,为了建设奥运场馆,2 千多名苏州的能工巧匠,以独有的"进京建设"的情结进军北京,活跃在奥运主会场"鸟巢"、射击馆、自行车馆、垒球馆、棒球馆、飞碟馆及奥运村等工地上。他们不仅精心设计施工,还用苏州东鹏的陶瓷装饰奥运场馆,续写着 600 年前蒯祥的历史。

（香港《文匯报》2008 年 9 月 20 日）

○三四

# 我与园林

我从小生在苏州,长在苏州,对苏州园林,不仅异常熟悉,而且十分喜爱。虽然青年时代出外求学,后来长期羁留异地,但是,对苏州园林的这份情缘,却一直珍藏心底,可以说是常在魂牵梦萦之中。

我记得初次接触园林,还在童年之时。好像是小学里组织到虎丘去远足,回来时,我和几个小伙伴路过留园,解放前的留园破败不堪,园门锁着,但有的墙壁已经倒塌。我们出于好奇,从破墙处爬进去。进去一看,我们都惊呆了,原来里面竟有一个这样好的花园,那里有水池,有九曲桥,有亭子,有长廊,虽然一切都显得破蔽,但一股灵秀之气扑面而来。从此,在我幼小的头脑里开始有了花园这么个概念。

解放之后,苏州园林逐步得到修葺,并成为公众游览和休憩的所在。那时园林也成了我们经常出入的地方。我在苏州读中学时,就常跟随父母或与同学一起去拙政园、留园、狮子林、沧浪亭游览、饮茶、聚会。高中时,我在《新苏州报》上发表的第一篇文章就是《沧浪亭散记》。1957 年,我考上了上海华东师大的中文系,毕业后,又进了上海戏剧学院当研究生,但是,暑假、寒假我总是回苏州度假,当然少不了要去园林。我开始到园林,仅仅是休憩和泛泛的游览,但慢慢地,我感受到了园林给我的精神愉悦和艺术滋养,以及陶冶性情的作用,慢慢地我对园林的美感和高超的技巧也渐渐有所领悟。比如它的因地制宜、以巧补拙,以小见大、以少胜多,比如它的精巧的构思,它的深邃的意境,比如它的借景、对景技巧,等等。我越来越觉得苏州园林的学问高深得很。当时我虽然主要在研究文学和戏剧,但是艺术是触类旁通的,我觉得苏州园林的创作技巧对文学、戏剧也有借鉴作用。于是我想写一篇研究园林的文章。我利用假期,有目的地遍游了苏州主要的大小园林,细加揣摩和比较。我记得 1963 年暑假里,我几乎每天都去离我家不远的留园，在冠云楼的茶室里，泡上一杯雨前茶，在那里埋头写作，终于写成了《苏州园林欣赏札记》一文。

后来，我先后在上海市文化局、上海艺术研究所供职，与苏州园林的情缘仍然持续不断。凡上海或外地的朋友、同行要游苏州园林，我总是义不容辞地充当向导，前不久，我还陪上海市文联的几位朋友同游过拙政园。有关苏州园林的研究和写作，我也从未停歇。有一次我回苏州过年，为了探寻苏州园林中的文化遗韵，我在拙政园里上上下下跑了一整天，把园内所有景点的名人题额、诗词等全部抄录了下来。我在上个世纪 60 年代研究的基础上写成了长篇论文《苏州园林美学漫步》，从"自然美与艺术美"、"意境——园林美的特殊魅力"、"审美对象和审美主体"等几个方面探讨了苏州园林的审美特征，发表后受到了学术界和艺术界的关注。此外，我在《人民日报》海外版、《羊城晚报》、《苏州日报》、《江南游报》、《园林》杂志、《艺术世界》、《上海艺术家》等报刊上发表了《苏州园林探美》、《品味园林中的文化》、《苏州小园的书卷情趣》、《苏舜卿与沧浪亭》、《访俞樾故居——曲园》、《叶圣陶与苏州园林》、《木渎古镇访虹饮山房》等多篇有关苏州园林的文章。2004 年 6 月，我还应邀赴北京做客中央电视台，在"大师与世界文化遗产"系列节目里，与北京大学商金林教授以及主持人一起纵论"叶圣陶的苏州园林情结"的话题。

早在上个世纪 80 年代，我就请苏州著名金石篆刻家张寒月先生给我刻了一方闲章，其印文即为"园林城中人"。凡此种种，其源盖出于我对苏州园林的一往情深。

（《苏州日报》2004 年 8 月 26 日）

## ·谈影视·

## ○三五

# 电影初创时期的京剧片

今年是中国电影诞生一百周年。电影发明于 1895 年，翌年 1896 年就传入了中国。而电影在中国的传播发展经历了从放映到制作影片的过程。有趣的是中国尝试拍摄影片第一部竟是京剧片，而且在初创期拍了不少京剧片。

## 伶界大王　率先登上银幕

中国拍摄第一部影片是 1905 年秋，那就是北京丰泰照相馆拍摄的由伶界大王谭鑫培主演的《定军山》。丰泰照相馆开设在北京琉璃厂土地祠，当时在北京是绝无仅有的第一家。照相馆的主人叫任景丰，沈阳人，青年时代曾留学日本，学习过照相技术，并想尝试摄制中国影片。他第一个选中的是谭鑫培表演的京剧《定军山》，为了利用日光，在丰泰照相馆中院的露天广场上拍摄，拍了《定军山》中"请缨"、"舞刀"、"交锋"等场面。《定军山》述三国中老将黄忠攻打定军山,用拖刀计把夏侯渊斩于马下的故事。谭鑫培扮演黄忠,是他擅长的角色,通过上述几个场面的精湛表演,把一位古代名将的英雄气概表现得熠熠生辉。这部影片的拍摄花了三天时间,摄影师是丰泰照相馆的照相技师刘仲伦。这部影片共3本,是部短片。它是我国最早的一部戏曲片,也是中国人摄制的第一部影片。这部影片在北京大栅栏大观园影戏园和东安市场吉祥戏园先后放映,"有万人空巷来观之势"。

稍后,谭鑫培还拍摄了《长坂坡》中的片断。1906年,丰泰照相馆又拍摄了俞菊笙、朱文英合演的《青石山》片段、俞菊笙表演的《艳阳楼》片段、许德义表演的《收关胜》片段、俞振庭表演的《白水滩》、《金钱豹》等片段。

## 梅兰芳拍摄《春香闹学》和《天女散花》

1918年,由夏粹芳、张元济在上海创办的商务印书馆也开始涉足电影事业,成立了活动影戏部,开始摄制风景、时事、教育、戏剧等方面的短片。1920年,活动影戏部在众多京剧演员中选定梅兰芳和周信芳两位青年演员,分别为他们拍摄《春香闹学》、《天女散花》和《琵琶记》的"古剧片"(戏曲片)。

1920年5月,梅兰芳正率领剧团在上海天蟾舞台演出。商务印书馆的协理李拔可来与梅兰芳商议,决定先拍昆曲《春香闹学》。这是汤显祖《牡丹亭》中的一折,写杜丽娘的婢女春香与塾师陈最良取闹的情节。就三个人物,梅兰芳饰春香,李寿山饰陈最良,姚玉芙饰杜丽娘。拍摄地点是上海宝山路商务印书馆印刷所附设照相部的大玻璃棚内。梅兰芳他们是白天拍电影,晚上在剧场演戏。他们拍的是无声片,唱词加以压缩后,用字幕插在片中映出。书房内景用的是舞台布景的片子,道具书桌、椅子等都是红木制的实物。拍摄时由摄影师指定演员在镜头前面的一个活动区内表演,没有正式导演,实际上是梅兰芳兼任了。春香的出场,梅兰芳用了一个特写镜头,他用一把折扇遮住脸庞,镜头慢慢拉开,扇子往下撤,渐渐露出脸来,接着他做了一个顽皮的笑脸。电影里的动作比舞台上演出时增加了很多,如春香请假出去逛花园,舞台上是暗场处理的,影片改为明场,梅兰芳在这场戏里表演了打秋千、扑蝴蝶、拍纸球等许多富于舞蹈性的身段动作,生动地表现出春香活泼稚气的形象。花园一场,是借用苏州河畔一座私人花园淞社拍摄的,摄影师由于经验不足,把花园墙外的洋房也拍进了镜头。

拍完《春香闹学》以后,接着拍《天女散花》。这出戏是梅兰芳新排古装戏的代表剧目。这部戏是在天蟾舞台拍摄的,所有班底、服装、道具、布景等都是向天蟾舞台借用的。开拍那天,商务印书馆的负责人张元济也到场观看。电影《天女散花》分为7场,由梅兰芳饰天女,李寿山饰维摩诘,姚玉芙饰花奴。梅兰芳有3场戏。第一场"众香国",梅兰芳扮的天女古装发髻,穿帔,带了几名仙女上场,这里天女应该唱一段慢板,因是无声片,只做身段,用嘴做出唱的样子,留出加印字幕的时间。接着伽蓝到众香国传如来的法旨,命天女到维摩居士那里散花问疾,天女唤出花奴,准备花篮,一同前往。第二场"云路",这里全剧最主要的单人歌舞的场面,原来有大段[西皮]唱腔,描写天女离开众香国到毗耶离城一路上所见的景物。由于是无声片,所以主要以身段、舞蹈动作来体现。梅兰芳在这里创造了优美的绸舞,用附在胸前的两条长一丈七尺的绸飘带,耍出"螺旋"、"回文"、"波浪"、"车轮"等众多的花样,与鹞子翻身、卧鱼、金鸡独立、跨虎等身段动作互相配合,生动表现出天女凌风飘逸、御风而行的意境。画面上又叠印了飘动的云彩,更增强的飘飘欲仙的氛围和美感。第三场是"散花",维摩坐在禅榻上,文殊菩萨带了众罗汉前来问病,彼此谈道时,天女隐隐出现在云台上,作拈花微笑的姿态,与花奴一起向他们散出大把花片,戏到此结束。

## 周信芳拍《琵琶记》真马上场

1920 年商务印书馆活动影戏部还为周信芳拍摄了一部戏曲片,片名为《琵琶记》。《琵琶记》原是元代剧作家高则诚所撰的传奇,写汉代蔡邕蔡伯喈与妻赵五娘的故事,由周信芳饰蔡伯喈,王灵珠饰赵五娘。影片导演是杨小仲。那时拍了"南浦送别"和"琴诉荷池"两折。拍的也是默片。"南浦送别"一折,叙蔡伯喈与赵五娘才新婚两月,其父催促他上京赴试,这一折写分别之际,夫妻两人依依难舍。蔡伯喈骑马缓行,一步一回头,赵五娘在后殷殷相送,情话绵绵。为了追求逼真效果,拍摄时蔡伯喈还骑了真马上场。唱词中有"万里关山万里愁,一般心事一般忧"等,气氛十分凄清缠绵。

"琴诉荷池"一折,写蔡伯喈入赘相府之后,日夜思念家乡和妻子赵五娘,他在荷池边操琴以排解愁情。牛小姐见他在操琴,想听他的琴声,可是他要弹的不是抒无妻的曲子《雉朝飞》,就是《孤鸾寡鹄》,牛氏要他弹一曲《风入松》,结果弹出的却是《思归引》。这一折通过周信芳丝丝入扣的表演、深刻揭示出蔡伯喈此时此境内心的复杂感情。不知是什么原因,当时就只拍了这两折,没有拍完全剧。

商务印书馆在上个世纪 20 年代初就选中梅兰芳和周信芳这两位青年演员拍摄影片,而后来这两位青年演员都成为名闻海内外的艺术大师,足见商务印书馆的慧眼独具了。影片《春香闹学》、《天女散花》和《琵琶记》曾在上海和北京放映过,受到观众的欢迎,据说还到其他城市放过,甚至发行到海外南洋各埠,影响很大。1932 年"一·二八"日军侵占上海时,商务印书馆印刷所被日本飞机投弹炸为平地,库存影片全部被毁,梅兰芳、周信芳初上银幕所拍摄的这两部影片也化为灰烬而不复存在了。

（香港《文匯报》2005 年 5 月 4 日）

〇三六

# 林黛玉坐了汽车上贾府
## ——香港曾拍摄现代版《红楼梦》

前一阵子,内地为了筹拍新版《红楼梦》电视剧,搞海选演员,弄得沸沸扬扬。其实照我看来,拍电影、电视剧,选演员是出品人、导演的事情,根本用不着搞什么"全民公决"式的海选。再说,不管你如何的"海"选,还是难免挂一漏万的。《红楼梦》一直是影视人所关注的题材,近半个世纪以来,香港就曾多次拍摄过"宝黛姻缘"的影片《红楼梦》。而且在上个世纪五十年代初香港还拍摄过一部"现代版"的《红楼梦》影片。

那是指 1951 年,由香港长城影片公司拍摄的影片《新红楼梦》。《新红楼梦》与《红楼梦》的不同处,在于它把曹雪芹笔下的故事和人物全都"现代化"了。它引用《红楼梦》的人物,描述一部近世豪门的没落史。正如制片人所说"大观园在银幕上摩登化了,剧中人的衣饰和生活形态也现代化起来了"。

电影一开始,也是黛玉进府。不过这个大观园是在傍山临海的城市里的一所豪华的现代别墅,里面有大草坪、游泳池和新奇别致的潇湘馆、怡红院。黛玉进府时乘的竟是一辆华贵的汽车。影片也写宝黛的恋爱以及由此而引发的风波。元春在这里不是皇妃,而是部长太太。贾政利用女儿的裙带关系,计划创办大观银号,并以宝玉与宝钗的婚事为诱饵,拉薛蟠合作。黛玉、宝钗、湘云在大观园里并不是敲棋斗诗,而是在草坪上打羽毛球,在游泳池里追逐嬉戏。王熙凤因黛玉进府后失宠,怀恨在心,时时想暗算黛玉,以致黛玉受刺激抑郁成病。宝玉为了给黛玉解愁,趁她二十岁生日,央求贾母替她举行生日舞会。在舞会上黛玉应邀唱了一支《黛玉自寿》歌;薛宝钗不甘示弱,在王熙凤的怂恿下,唱了一支流行歌曲《烛光曲》,喧宾夺主,使黛玉气恼万分。经宝玉劝解,才暂得平息。薛蟠看出妹子的心事,扬言要把宝玉从黛玉手里夺回来,但要宝钗把股票分让作为条件。大观银号投机失败,薛蟠趁机要胁贾政。经元春、熙凤说项,宝玉被迫同意与宝钗结婚。婚礼秘密举行,贾母及黛玉都被瞒着。宝玉回家,接到黛玉来信,约他到海滨私订婚约。宝玉无法继续隐瞒,向黛玉说出事情真相,黛玉悲不自胜。她愤然把宝玉给她的信札、照片全数捡出退回,以示绝情。宝玉把父亲逼婚之事告诉贾母,贾母大怒,但木已成舟,已无可挽回。不久,时局发生急剧变化,贾、薛两家仓促逃命,竟把黛玉遗弃在病榻之上。黛玉看到人去楼空,在悲愤之余,失足坠楼而死。

据制片人说其意图是将曹雪芹原著中潜在的反封建的意识,积极地加以强调;同时又把像荣国府这样家庭的典型人物,给予明朗的批评,暴露出阶级的抗争,人性的被窒息和反抗,刻画了封建势力的丑恶,同时也充满了血泪的呼声。

当时长城影片公司为了拍摄《新红楼梦》,集中了八大明星主演,李丽华饰林黛玉,严俊饰贾宝玉,欧阳莎菲饰薛宝钗,陈琦饰史湘云,罗兰饰王熙凤,刘恋饰贾元春,陈娟娟饰晴雯,平凡饰薛蟠。由著名导演李萍倩执导。这部影片,筹拍时间近两年,所用服装二百一十六套,构筑布景一百零二座,总共耗资百万港币,真可谓不惜工本了。这部《新红楼梦》可以算是《红楼梦》改编本中的一个特殊版本了。

（香港《大公报》"大公园"2007 年 10 月 14 日）

## ○三七

# 用"眼睛"来写电影

电影,有人称之为集七大艺术之大成。然而,它主要的特征是视觉艺术,它是通过一系列相互联系的活动着的画面形象地反映生活的。我们一般总说"看电影",而不说"听电影"、"读电影";电影发展史上,一开始出现的也是无声电影。电影必须十分重视它的视觉效果,无论蒙太奇的组织,还是镜头运用,都要考虑视觉上的审美价值。"百闻不如一见",用在电影创作上是极为确切的。因此,苏联著名的电影导演杜甫仁科曾说,电影剧作家应该用眼睛来写剧本。

从电影与其他艺术品种的关系来看。除了时空局限这一点上的不同外,话剧主要靠对话,而电影主要通过动作和画面反映生活。比如故事片《沙鸥》中,当沙鸥听到她的恋人沈大威登山遇难后,影片出现沙鸥徘徊在圆明园的废墟这一场景,这里没有一句台词,而是通过沙鸥在极度悲恸中产生的种种幻觉及回忆,淋漓尽致地揭示了她的性格特征和思想感情,也可说是"此时无声胜有声"。

恩格斯曾经要求文艺作品塑造"典型环境中的典型性格",这对电影艺术来说也是很重要的。电影艺术在描写社会环境和自然环境方面,由于可以冲破时间空间的局限,而享有较为充分的自由。优秀的电影艺术家十分注意社会环境和自然景色的描写,用可视的生活画面勾勒出人物活动的环境和氛围,从而烘托和体现人物的感情和性格。如影片《牧马人》,一开始就展现了我国西北草原苍茫秀丽的自然景色:远处终年积雪的祁连山脉连绵起伏,稍近是一片绿色的草原,再近处是黄色的、白色的、金色的、红色的骏马在奔驰,伴随着一幅淳朴壮美的彩墨画的,是"敕勒川,阴山下,天似穹庐,笼盖四野。天苍苍,野茫茫,风吹草低见牛羊"这首我国古代敕勒族的民歌。祖国的壮丽景色,草原的旷远环境,为表现主人公许灵均的艰苦生活以及对祖国、对草原牧民的眷恋深爱提供了典型的环境。总体的艺术构思外,选择典型的细节,运用感人的镜头,是电影抒发感情的一种重要手法。《牧马人》中李秀芝和许灵均分吃小锅里的稀粥的镜头感人肺腑。《邻居》的结尾,在邻居们乔迁前夕的聚餐会上,病中的刘力行从北京捎来贺信。在信中他想到了所有的人,大家正沉浸在感动和欢乐之中时,老奶奶忽然走向阳台,痛切地说道:"他就是没有说到自己!"刹时间,人们静穆了,刘的女儿含泪默默地把信举到胸前。这时画外响起抒情的钢琴曲,镜头徐徐推出,银幕上出现了繁星满天、万家灯火的都市之夜……这些镜头之所以这样拨动人们的心弦,就是因为它们通过典型的细节、生动的画面表现了真挚而强烈的感情。

可见,好的镜头应该是足以感动观众心弦的视觉形象。夏衍同志在《写电影剧本的几个问题》一书中曾写道:"镜头代表着眼睛,一种是观众的眼睛,一种是剧中人的眼睛……进一步说,也就是代表着观众的思想感情。"这是很精辟的见解。

有时镜头还是电影剧作家和导演的艺术眼睛的体现。如《燎原》的电影剧本在写到瓦斯爆炸,封毙活人,矿工老耿死于非命时,有这样的描写:

"油灯下,秋英呆滞地望着老父的灵位。镜头似乎不忍卒睹,缓缓地掉开。"

这里的镜头不正是代表了作者、观众、剧中人三种人的眼睛、三种人的思想感情吗? 好的镜头就是要能够巧妙地把作者、观众、剧中人三种眼光凝聚在同一焦点之上。这样才能构成一种较高的艺术境界。

电影艺术家要根据电影的特征,创造饱含感情的镜头,当然要靠不断地提高思想水平,深入生活和锻炼技巧;然而不可忽视的是,还要努力吸收其他姐妹艺术中的营养来丰富和充实自己。如雕塑、摄影等艺术,就是以摄取典型的瞬间视觉形象作为艺术对象的。公元前七世纪亚速王宫的浮雕《狩猎图》,摄取了受伤的狮子临死挣扎的一刹那:后半身瘫在地上,头还昂着,前脚支持前身挣扎要站起来。生动地表现了狮子的顽强性格和悲剧命运。可以说是极好的特写镜头。京剧中的亮相,往往以最典型的动作、身段、姿势、表情显示人物的性格特征和精神气质,它的艺术美和传神的魅力也是电影值得借鉴的。作为语言艺术的文学作品中,也包含着不少"好镜头"。

我们说要重视电影的视觉形象,并不意味着排斥其他的艺术因素,比如音乐、语言等,相反,要围绕视觉形象这个中心,充分发挥各种艺术因素的积极作用,使电影艺术更臻完美。希望我们的电影艺术家以深情的"眼睛"写出更多动人心魄的电影,那么它必将得到观众千万双眼睛的深情关注和眷恋。

(《新疆艺术》1983 年第 5 期)

○三八

# 好镜头——电影的警句

我们读文章可以发现警句,读诗可以找到诗眼,看电影也往往可以看到令人拍案叫绝的好镜头。电影是一种综合艺术,它的特点是按照美学原则和生活逻辑,把一系列相互联系的镜头组接起来,从而逼真、形象地反映生活,镜头就是它特殊的语言,好的镜头,我认为不妨称之为电影的警句。

看过影片《泪痕》的人,不会忘记这样的镜头:朱克实元宵之夜走访戚念慈,在哀婉激愤的板胡音乐中,路遇姜大牛为死去的老书记曹毅设祭忌辰。当他在倾听姜大牛控诉时,银幕上出现近景——朱克实蹙着双眉,紧抿嘴唇,俯身前倾,眼睛注视着大牛,眼眶里盈满泪花。这里没有一句台词,但他的悲愤填膺的心情却渲染得非常强烈,人物之间的感情交流也刻画得很深刻,可以说是这部电影的警句。电影主要是视觉艺术,当然要注重造型,然而这个镜头之所以好,不仅在于注意了造型与表演,而且由于它抓住典型细节,深刻地揭示了人物的内心世界,造型与感情,形与神在这里达到了统一,因此产生了巨大的艺术魅力。

电影镜头不仅要追求形与神的统一,还要注意情与景的融合。电影冲破了戏剧舞台时间空间的严格限制,它可以把不同地点、不同时间拍摄下来的镜头加以剪接,具有时空的可跳跃性,在时空上享受着极大的自由,这就更便于构筑典型的环境和规定的情景来为塑造人物服务。比如影片《小花》中何翠姑为了把受了重伤的赵永生送往野战医院,在银幕上我们看到了一组动人的镜头。她肩负担架膝行上山,周围是高高的青山,脚下是崎岖的石径,一派清新高远的景色。何翠姑的膝盖在锋利的石阶上挺起又跪下,忍受着痛楚的脸部表情,血肉模糊的膝盖,石阶上洒下的殷红血迹,组成了一幅多么壮美感人的画面,再配上抒发内心感情的插曲,使这组镜头具有画面美、色彩美、音响美。然而导演并不是单纯追求景色的美,而是着力在特定的环境中刻画人物,把景与情熔于一炉,使充满诗情画意的景色有力地烘托出翠姑崇高美丽的精神世界和思想情操,用山高路险、血迹斑斑反衬出主人公的坚毅顽强,达到了生活的诗意与艺术美的统一。

电影是由许多不同内容、不同景别、不同角度的镜头组接起来的,然而它决不是风马牛不相及的东西的生硬堆砌和拼凑,而十分强调镜头之间的内在联系,力求艺术的完整性。警句更不能游离全剧,相反,优秀的电影艺术家总是别具匠心地把好镜头与全篇的题旨联系起来。如苏联影片《外套》中穷官员阿卡基梦寐以求一件新外套,去向裁缝问价。裁缝说要一百五十卢布,如貂皮领子则要二百卢布。裁缝的老婆却说用猫皮做领子便宜,可是阿卡基还是做不起。

他嘴里咕哝着"猫皮,猫皮",失望地跨出门去,这时门边的小猫忽然"妙乎"叫了几声。这一设计十分巧妙。小猫的叫声仿佛是对他要用猫皮做领子提出抗议,或许是对他连猫皮也做不起表示讥讽,也可能是对他的命运寄予同情和怜悯,几声猫叫加强了整个影片的喜剧气氛,而实质上又进一步深化了阿卡基的悲剧性格。再如《啊,摇篮》中,罗桂田牺牲前为孩子做月饼,在饼上印上延安宝塔山的木头模印,电影用特写镜头反复强调,不仅表现了这位老红军对党的耿耿丹心,而且突出了影片培育革命接班人的主题。

任何一种艺术都有它的长处,也有它的短处,成功的艺术家就在于他能扬其长而避其短,最大限度地发挥它的艺术功能。电影的一个长处是可以用镜头来强调自己所要描写的东西,不仅可以直接描写,而且可以用别的镜头来烘托与映衬。影片《林则徐》中,林则徐被琦善下令摘去花翎顶戴,逐出官衙寄居民宅。这里影片没有直接描写他的心情,而用了三个空镜头:一只香炉,一炷清香,烟雾缭绕而上;跌落在地上的《楚辞九歌》;两碟小菜,一双筷子搁在饭碗上、一盘闽橘。林则徐躺在椅子上一动也不动。他一片为民报国之心却获罪就贬,他的爱国心就像屈原的九歌一样受到丢弃,然而即使这样,他还是忧国忧民,茶饭不思,这缥缈的青烟中或许还寄托着一星半点的憧憬,真是"此时无声胜有声",给人以无穷的遐思。有些电影艺术家还刻意运用特殊的镜头技巧,写出警句来。《樱》中秀兰坐马车离开村子,忽然看见哥哥站在远处山冈上,兄妹两人从山坡下面对面奔跑,这时通过高速摄影,银幕上出现了一组慢镜头:秀兰的头、手,哥哥的头和手中的鸽子笼。他们越跑越近。当秀兰伸手去接哥哥手中鸽子笼的那一霎间,影片突然"定格"。这一瞬间的情状的停顿,把兄妹俩在离别之际难分难舍的动人情景,深深地刻印在观众的脑海里,而这组镜头又插在森下光子对童年的回忆之中,就更能引出强烈的感触和深隽的意味。

杜甫曾说:"语不惊人死不休。"电影艺术家也应该呕心沥血在银幕上写出警句来,我们殷切期望我们的电影妙语如珠,警句迭出。

(《艺术世界》1982 年第 4 期)

〇三九

# 电影短评

## 一、像故事本身那样朴素——看日本影片《远山的呼唤》

日本影片《远山的呼唤》,写的是一个相当朴素的故事:一个年轻的寡妇,在人烟稀少的原野上辛勤劳作,一个陌生的男逃犯突然来当帮工。他们在共同劳动中产生了爱情。此中几乎没有任何称得上所谓"有刺激"的冲突。

女主人公风见民子很能干,但不见得怎么漂亮;男主人公田岛耕作是个内向的人,他劳动出色,骑术高明,却连话也不多说。整部影片在手法上,几乎是平铺直叙,娓娓道来的。甚至写到他们之间感情的升华处，也仍然蕴而不露，什么你追我逐、热烈拥抱之类，都一概免了。有些地方，你以为一定会出现一大段倒叙了，它居然也还是由主人公如实道来。总之，它的表现手法就像故事本身一样朴素。然而在恬淡的描写之中，却自有它的艺术魅力。这同故事的环境——北海道原野的自然风光，也显得十分和谐。

不卖弄，不取巧，真挚与自然，这大概就是《远山的呼唤》的可爱之处吧？

（《羊城晚报》1981 年 10 月 28 日）

## 二、这样的镜头少一点好——也谈电影《海囚》

影片《海囚》描写百多年前华工的抗暴斗争，是真实的，也是有教育意义的。但是，那些鲜血淋漓的械斗、酷刑和残杀的镜头，看来过多了。我想编导的原意，是想通过潘、唐两姓的大规模械斗，来揭露洋行买办潘汝非的罪恶勾当——这意图无疑是好的。然而，渲染械斗的残酷，具体入微地去描写剑戮刀砍，尸血涂地的场面，却给人一种残忍、恐怖的不舒服的感觉。

电影不是完全不可以出现悲惨的、甚至流血的镜头，但在数量上不宜过多，同时更要注意美学上的要求，力避感官刺激。当唐金龙被潘姓抓住，热恋他的姚杏春死死拖住他，这时，影片如此直接、逼真地描写潘汝庆挥刀砍断姚手臂的惨相，更是令人感到怵然。此外，在"飞鲨号"上，又大写其血肉横飞的酷刑和残杀：汤姆生刀剜张天乙，热血直喷；忍不住迫害跳海的华工被鲨鱼所吞食时，鲜血染红的海水占据了整个银幕……这都不见得是必要的。

（《羊城晚报》1982 年 4 月 26 日）

## 三、寓庄于谐的《虎口脱险》

法国影片《虎口脱险》描写的是第二次世界大战期间，三名英国飞行员夜袭德军占领的巴黎，不幸被击落，跳伞逃生。经过诸多周折，终于脱险。故事本来是惊险紧张的，主题也颇为严肃，然而编导者却别开生面的采用了喜剧的手法，寓庄于谐，全剧滑稽突梯，富于娱乐性。这就是这部影片的特色。

整部影片从三名飞行员被迫跳伞起，到最后脱险止，从头到尾都有招人发笑的喜剧情节。例如最后，这三名飞行员因为得到粉刷工鲍尔、乐队指挥弗斯的协助，在一个荒废的航空俱乐部里找到两架滑翔机，在能否最终脱险的紧要关头，影片仍然安排了一个滑稽的情节：德军的高射炮手偏偏是个"斗鸡眼"，结果他开炮击中了自己的轰炸机。飞行员们终于成功地从虎口脱险。整部影片的格调轻松活泼。编导者热情地赞扬了见义勇为、正直善良的法国人民，尽情讽刺了法西斯的凶狠愚蠢。

该片导演查拉尔·乌利是法国著名电影导演，曾导演过《疯狂的贵族》。两位主要演员，扮演粉刷工人的布维尔（已去世）和扮演乐队指挥的路易·德·福乃斯，都是当代法国著名的喜剧演员，他们同《阿里巴巴》的主要演员费尔南·戴尔齐，并称为法国喜剧电影三杰。福乃斯曾在《疯狂的贵族》中扮演主要角色西班牙财政大臣。

（《羊城晚报》1982 年 6 月 16 日）

## 四、两次舞会见匠心——影片《夜茫茫》的一处艺术构思

波兰影片《夜茫茫》的特色是艺术笔触细腻,抒情气息浓郁,并充分运用了电影的手法。影片对话很少,大多用动作和表情来刻画人物和描写情节。比如斯泰芬妮钟情于瓦尔迪马,影片只写瓦尔迪马离开马修公爵别墅时,斯泰芬妮撩开长窗的帷幕,久久目送着他。这么一个镜头比许多表白生动有力得多。给人印象最深刻的是对两次舞会的描写。第一次是在游园会上。瓦尔迪马邀请斯泰芬妮也来参加游园会。贵族们对她的参加嗤之以鼻,到处唧唧喳喳,讥讽嘲弄。瓦尔迪马的姑妈更是一心想要侄儿向贵族小姐梅拉妮求婚。姑妈大献殷勤,可是瓦尔迪马却很冷淡。舞曲声起,梅拉妮等待着瓦尔迪马的邀请,可是他却在众目睽睽之下邀请斯泰芬妮跳起了开场舞,这使众人大惊失色。这里影片用对比的镜头,时而是瓦尔迪马与斯泰芬妮旋转的舞姿,时而是贵族们瞠目结舌的神态。随着他们的旋转,矜持高傲的梅拉妮父女及其他贵族纷纷退场。作品通过这一典型环境中的典型细节描写,生动地表现了瓦尔迪马对爱情的大胆和诚挚,也勾划了姑妈的势利,梅拉妮的高傲及贵族们的偏见,描绘出了整个贵族社会的阴森冷酷的面貌。

第二次舞会是瓦尔迪马冲破家庭的反对,在祖父支持下与斯泰芬妮订婚的舞会。瓦尔迪马与斯泰芬妮翩翩起舞,宾客们也装出一副假惺惺的面目祝贺奉承。而贵族们却策划着一个圈套:瓦尔迪马被拉去喝酒,司仪邀请斯泰芬妮跳舞。突然,斯泰芬妮被舞伴甩开,那些贵族们戴上了假面具,凶恶的脸代替了微笑的脸,他们包围她,碰撞她,倾轧她,践踏她,"麻疯女,麻疯女"的咒骂声此起彼落。这里,影片用快节奏的舞蹈镜头和斯泰芬妮觉得天旋地转的主观镜头交替出现,渲染了混乱纷搅的气氛,表现了贵族们的狡诈、凶狠、毒辣。斯泰芬妮精神上受到严重刺激,肉体上又受到严重的摧残,她挣扎着冲出舞厅,跌倒在暴雨如注的黑夜之中……

这两次舞会成了影片中的两次高耸的波峰,淋漓酣畅地刻画了人物的性格、内心活动及其命运,而不是单纯奇装异服,纸醉金迷的展览。

(《羊城晚报》1982 年 8 月 15 日)

## 五、五次动人心弦的棋局

影片《一盘没有下完的棋》,艺术构思颇有特色,尤其是几次棋局的描写,贯串全剧,有层次地推进了剧情的发展,每次棋局都深刻揭示了人物的性格。

第一次,一九二四年,在北京为北洋军阀庞某祝寿而举行的棋会上,况易山与庞总长对弈的一局。况易山不愿下"奉承棋",几步子逼得庞总长狼狈不堪,这里影片用了几个跳动的短镜头,分别表现庞总长的愠怒,关小舟的担忧,松波麟作的钦佩,最后庞某恼羞成怒,推翻了棋局。这局棋生动地表现了况易山耿直的性格和高超的棋艺以及松波寻求棋友的殷切心情。

第二次,松波与况易山对弈。两位名手相互倾慕,相见恨晚,他们为能在一起探讨棋艺而感到欣慰。然而这局棋却是在动荡不安的气氛中进行的,因为况易山得罪了总长,随时可能遭害。果然,松波刚在"天元位"上摆下棋子时,况易山就被庞某派来的警察抓走了,于是留下了一盘没有下完的棋。这一局棋不仅为全剧构筑了一个悬念,还因为松波发现了况易山八岁的儿子阿明颇有天资,为后面两人之间一系列的纠葛埋下伏笔。

第三次写阿明在日本参加日本棋坛"天圣位"的比赛。影片只用很简洁的笔触描写了这场

艰苦的奋战,更多的笔墨是写棋赛之后的记者招待会。阿明荣获"天圣位"称号,而日本军部要强迫他加入日籍。阿明对日本军国主义侵略中国的行径义愤填膺,在招待会上,他慷慨陈词,坚决不改国籍,并严正声明放弃"天圣位",退出日本棋院,表现了爱国主义的崇高气节。

第四次是写日军侵占了望湖镇,日军大佐尾崎逼况易山下棋,并把指挥刀架在他面前,以断指相胁。这时,况易山大义凛然,抓过棋盒猛叩指挥刀,砍断自己的手指,以示决绝。这局棋写得惊心动魄,写出了日寇的野蛮暴行,更写出了况易山的骨气。

第五次是一九五六年,松波参加日本围棋代表团访华,他怀着负疚的心情把染着鲜血、写有"奋飞"二字的纸扇交还况易山,并述说了阿明的不幸遭遇。误会冰释,彼此都想起了三十余年前那盘没有下完的棋,兴致勃勃地继续对弈下去。不过这局棋,影片写得更别致,他们不用棋盘,而是在长城八达岭下"盲棋"。这五局棋,每一局都写得别具特色,毫不雷同,可见作者的匠心。这最后一局不仅与前面相呼应,起了点题的作用,而且通过雄伟、壮丽、视野开阔的长城的背景,为观众展现了一个崭新的境界。

(《羊城晚报》1982 年 9 月 25 日)

# 六、影片《人到中年》中的一首诗

故事片《人到中年》中,曾三次引用了裴多菲的诗《我愿意是急流……》,这一点颇引人瞩目。

裴多菲(1823—1849),是匈牙利的伟大诗人和革命家。他写过许多充满革命激情的政治诗,也写过不少动人的爱情诗,《我愿意是急流……》就是其中一首。这首诗写于 1847 年 6 月,诗的前三节是这样的:

> 我愿意是急流,/山里的小河,/在崎岖的路上、/岩石上经过……/只要我的爱人/是一条小鱼,/在我的浪花中,/快乐地游来游去。
>
> 我愿意是荒林,/在河流的两岸,/对一阵阵的狂风,/勇敢地作战……/只要我的爱人/是一只小鸟,/在我稠密的/树枝间做窠,鸣叫。
>
> 我愿意是废墟,/在峻峭的山岩上,/这静默的毁灭/并不使我懊丧……/只要我的爱人/是青青的常青藤,/沿着我的荒凉的额,/亲密地攀援上升。

这首诗以生动的比喻抒发了真挚深沉、缠绵委婉的恋爱之情。影片《人到中年》引用了这三节,用它来烘托傅家杰与陆文婷之间的爱情是十分贴切的。傅家杰与陆文婷风雨同舟,相濡以沫,为了支持妻子献身医疗事业,傅家杰确如诗中一样,牺牲了自己的一切。这首诗在影片中前后出现过三次。第一次是傅家杰在与陆文婷初恋阶段,用它表露了自己的爱慕之情;第二次是陆文婷回忆他们婚后生活时;第三次是陆文婷在生命垂危之际,再次要傅家杰朗诵这首"定情诗",傅家杰噙着热泪读着,陆文婷用颤抖的手抚摸着丈夫布满皱纹的额头。这一动人的镜头,具有催人泪下的艺术魅力。用匈牙利伟大诗人这首诗贯串全剧,使影片充溢着浓郁的诗情,含意更加深长隽永。

(《羊城晚报》1983 年 3 月 14 日)

# 七、《三家巷》里的"戏中戏"

"戏中戏"作为一种特殊的艺术手段,常为剧作家们所运用。这种艺术手段如果运用得好,对表现主题、刻画人物往往能收到言简意赅的艺术效果。影片《三家巷》中的"戏中戏"就是如此。

影片在错综复杂的阶级关系中塑造了众多的人物形象,其中着墨最多的是属于两个阶级的周炳和陈文婷之间的爱情纠葛。二十年代的广州是革命势力与反革命势力激烈争斗的前哨阵地。在这种风卷云涌的背景下,激烈的阶级斗争形势决定了他们的爱情不可能是风平浪静的,因此影片在描写两人爱情纠葛时,"戏中戏"便成了很重要的一笔。周炳积极投入罢工斗争,陈文婷倾心于周炳。为了博得周炳的爱情,加之此刻大好革命形势的感召,她答应周炳的邀请参加话剧《雨过天晴》的演出。在这场演出中,周炳扮的是一个罢工领导人的角色,陈文婷扮的是他的爱人、一个买办资本家的女儿。这个资本家的女儿在如火如荼的革命斗争中,从动摇到坚定,最后与父亲彻底决裂,毅然放弃香港的舒适生活,站到了革命队伍的一边。这场"戏中戏",生动而真实地反映了当时广州工人运动轰轰烈烈的大好形势,对影片的主题起到了很好的烘托作用,同时对陈文婷的爱情观也起到了很好的反衬作用。《雨过天晴》中的资本家女儿从动摇到坚定,最后投入了革命,而陈文婷却从徘徊到堕落,最后离开了革命,抛弃周炳嫁给了达官贵人宋以廉;两相对照,更渲染了后面的悲剧气氛。通过这场"戏中戏",影片把阶级斗争和爱情生活有机地连在一起,以艺术的辩证法深刻地映衬出当时错综复杂的现实生活,对表现主题、刻画人物都收到了很好的艺术效果。

(《电影评介》1983 年第 6 期)

# 八、《胜利大逃亡》一波三折

美国影片《胜利大逃亡》是一部扣人心弦的电影,它通过一场特殊的足球比赛,描写了一个有传奇色彩的反法西斯斗争的故事。导演约翰·赫斯顿为影片设计了三个曲折跌宕的精彩情节。美国战俘哈奇不会踢球,战俘越狱委员会委托他逃出去给巴黎的地下游击队送信,以便在比赛时营救足球队的战俘们。哈奇历经艰险逃出了虎口,并到巴黎送了信。游击队却希望他立即跑回战俘营联络。为了救出更多的伙伴,他毅然返回战俘营。从逃出到返回,这是一大跌宕,它显示出哈奇为拯救众人不惜牺牲自己的光彩。同时,也设置了一个强烈的悬念,引起了观众对哈奇日后命运的关注。

巴黎的比赛构成全片矛盾冲突的核心;按原计划战俘队的队员决定乘休息机会,从下水道逃脱,休息时间到了,游击队已来接应,球员也已开始钻入下水道,时间一分一秒地度过,观众无不为之捏汗,然而在这关键时刻,队长科比与队员们却突然决定放弃逃脱计划,要把比赛进行下去,他们意识到这场比赛胜负关系到反法西斯战争的士气问题。已爬到下水道的球员们复又从下水道爬上来,上场比赛。这个大转折,掀起了一个更大的戏剧波澜。

战俘队在下半场奋力拼搏,路易士倒吊金钩,连连破网……哈奇甚至守住了德方罚的十二码球,终于将比分扳平,压下了德军球队咄咄逼人的嚣张气焰。全场观众情绪激昂。最后在汹涌人流的掩护簇拥下,战俘足球队的队员胜利逃出了虎口。这个转折处理得顺理成章。"酌奇而不失其真,玩华而不堕其实"(刘勰语),《胜利大逃亡》曲折跌宕的情节不失其朴实、自然的风格,同时还达到了深化人物性格、渲染主题的效果。这是这部影片的成功之处。

(《羊城晚报》1984 年 12 月 12 日)

## ·谈戏文·

○四○

# 辛亥梨园英雄谱

一百年前,1911 年 10 月 10 日,武昌起义爆发,资产阶级民主革命的枪声响彻全国,各地纷纷响应。这就是举世闻名的辛亥革命。在辛亥革命中,上海的戏剧界也涌现出了一批英勇的战士。

## 一、潘月樵等率伶界商团攻打制造局

1911 年 10 月 10 日(农历八月十九日)武昌起义,消息传到上海,上海的革命党人跃跃欲试。上海同盟会中部总会领导人之一的陈英士(即陈其美),取得上海商团公会会长李平书的支持,又策动清廷军警反正,于 11 月 3 日,农历九月十三日发动起义。这次起义,商团是重要的武装力量,商团涵盖上海工商各界,各行各业,有钱业、糖业、绸业、豆米业、伶界、城南、十六铺等,团员有 6 000 余名,大多为青壮年。是日下午,陈英士准备了枪支,组织了一支二百余人的敢死队,欲袭取江南制造局。设在黄浦江边高昌庙的江南制造局是清政府生产枪炮的军火工厂,如果占领该厂,对于切断清政府军火供应,光复上海有重要意义。陈英士率众乘制造局放工之际,拥入局内。陈英士和《民立报》的高子白想先做劝降工作,结果反被局方拘捕,被绑在花厅院子里的桂花树上。

李平书闻讯(李平书又是江南制造局的提调,相当于副局长),即与王一亭驰入局中,会晤江南制造局总办张士珩(张楚宝),请求释放陈英士等,遭张士珩拒绝,李、王只得怏怏而返。制造局派人荷枪实弹迎击,敢死队也败退了。李平书赶到南市毛家弄商团公会召开紧急会议,大家得知进攻失利、陈英士被擒的消息,群情激奋。于是连夜组织总攻击,由王一亭起草总攻击令,立即组织敢死队、先锋队,国民党代表李英石为总司令。

在参加总攻击的队伍里,特别令人注目的,那就是上海伶界商团的人马。他们都是京戏演员,梨园行的。为首为头的是潘月樵和夏月珊,两人均为伶界商团的负责人,夏月珊又是伶界救火联合会的会长,救火会成员大半是剧团里演武行的精壮青年。他们在十六铺新舞台集会,誓师二次攻打制造局。南市警察队也予支持。潘月樵号召新舞台全体演员、伶界救火联合会众会员参加这一战役。潘月樵被公推为攻打制造局总队长。夜间十一时,潘月樵率领人马出发,荷枪的警察队与商团在前,随后是新舞台三部救火车。潘月樵头包黑布,身穿黑缎袄衣,耳边挂两条白彩绸,外罩黑斗篷,腰佩指挥刀,就像戏台上的太平军的装束,他骑着一匹白马,亲自指挥督战。

制造局重兵把守,用机关枪扫射,商团无法攻入。此时夏氏兄弟沿墙根绕到制造局的边门,看到旁边有间木匠间,里面堆了许多刨花碎木,于是即命表弟薛寿龄骑马到附近的烟纸点买来两箱火油。夏月珊的弟弟夏月润把火油倒刨花堆上,并予点燃。顷刻间烈焰腾腾。商团借助火势,杀声四起,守军慌做一团,一商团团员从制造局铁栅栏门边的一个小洞潜入,用大石头砸开铁栅门的锁,商团一拥而入。总办张士珩仓皇乘小火轮逃往浦东,卫队亦纷纷散去。于是商团一举占领了制造局,并救出了陈英士、高子白。至十四日上午八时许,起义的武装全面攻占了制造局。参加这一场战役的新舞台人员,有数人受伤,但无一重伤。潘月樵左腿中了一枪。制造局攻克不久,上海宣告光复。第二天为庆祝光复上海,潘月樵还带伤上台演出。

## 二、孙中山题匾:"现身说法"

潘月樵和夏氏兄弟在攻打制造局战役中的英勇壮举,并非是偶然的。他们在舞台上都是京剧的好角儿,潘月樵是老生演员,幼年学过梆子,后改京戏。9 岁登台,16 岁到上海,搭天仙茶园,以"小连生"艺名一唱而红,曾与汪桂芬齐名。他在天仙搭班 20 年之久,以演连台本戏《铁公鸡》最红。后改搭丹桂茶园。他文武兼能,嗓音略带沙哑,念白吐字有力,尤长做工,注重人物气度、性格的刻画,髯口、甩发、帽翅技巧均称绝妙。《群英会》的鲁肃、《白门楼》的陈宫、《战宛城》的张绣都是他的拿手杰作。而夏月珊乃是著名京剧艺人夏奎章之子。夏奎章原是北京三庆班文武老生,他是 1867 年首批从北方来沪演出的京剧名角之一,有"活马超"之誉,后定居上海。夏月珊工老生,能戏很多,以《独木关》、《定军山》为拿手。夏月润是武生兼红生,谭鑫培之婿。

同时,他们都是受民主革命思想影响的热血壮士,在 20 世纪初的京剧改良运动中,他们就旗帜鲜明地编演了大量反清、反帝的时事新戏,如《宦海潮》、《新茶花》、《潘烈士投海》、《黑籍冤魂》、《拿破仑》等。柳亚子在 1904 年出版的《二十世纪大舞台》发刊词中,称誉他们为"梨园的革命军"。1908 年潘月樵、夏氏兄弟等还合作创办了我国最早的近代化剧场——上海"新舞台"。如今他们只是从戏剧小舞台走向了生活大舞台。

上海光复后,公举陈英士为沪军都督,李平书为民政长。军政府招募新兵,需要粮饷,商团纷纷解囊相助,潘月樵、毛韵珂各捐一千元,还联合商团票友在新舞台演剧筹饷。陈英士曾致信道谢。后来军政府授潘月樵少将衔,接着潘又参加民军攻打南京的战役。民国元年(1912)春,委任潘月樵为沪军都督府调查部部长,孙中山先生接见了他。

辛亥革命后,潘月樵与夏氏兄弟等呈报临时大总结孙中山,请准予设立上海伶界联合会,以"改良旧曲,排演新戏,表扬革命真铨,发阐共和原理,使萎靡之社会日就进化,旁及教育慈善事业"。1912 年 3 月,孙中山复文:"潘月樵、夏月珊等启导伶界,有功社会,一片婆心,实堪嘉尚,所请各节,既经沪都督批准在案,自无不合之处,应准其开办。至于夺获制造局有功,自应受赏。"批准成立上海伶界联合会,并亲笔题赠"现身说法"的匾额一幅,下书"孙文赠"。夏月珊为首任会长,会址设于南市方浜路 539 号。4 月,孙中山亲自到上海新舞台观看《波兰亡国惨》,亲书"警世钟"三个大字,制成幕帐赠给新舞台。他称赞新舞台"编演新剧,提倡革命,社会中因而感动,得奏大功"。潘月樵一度还去湖北任铁路旅长。袁世凯上台后,下令通缉潘月樵,缉获时就地正法,潘月樵改扮和尚装束逃脱,家财如数被抄没。后经蓝天蔚等援救,取消通缉,遂返上海重新登台演剧。1928年病逝常熟。

## 三、王钟声高呼口号，慷慨赴死

参加上海光复起义的还有一位新剧活动家，他叫王钟声。他曾担任沪军都督府参谋。他既是一位戏剧家，又是一位革命者。他出身富家，早年曾赴德国留学。1906年回国后，与革命党人交往甚密，接受民主革命思想的影响，参加了同盟会，从事革命活动。1907年到上海，创办新剧团体"春阳社"及通鉴学校，上演《黑奴吁天录》等。春阳社解散后，于1908年5月去北京，在天乐茶园与田际云的玉成班合演，他的剧目有《秋瑾》、《徐锡麟》、《爱国血》等宣传革命的新剧。

上海光复之后，不久，王钟声北上天津，以演新剧为名，暗中策动北方清军起义。但是因事机泄露而遭拘捕。审理王钟声的是袁世凯的心腹、天津总兵张怀芝。开庭之日，王在法庭上对自己从事革命活动的事实供认不讳，并当场责问法官："九月初九日上谕大开党禁，非据法律，不得擅以嫌疑逮捕。我是革命党，你们把我怎么样？"使法官瞠目结舌，无言以对。最后以行营拿获奸细律，将王处以死刑。王钟声就义时，正气凛然，高呼"驱逐鞑虏，光复大汉"的口号，连遭十三枪方才倒下，时年仅三十七岁。

## 四、刘艺舟驱舟"打登州"

刘艺舟是在辛亥革命中另一位著名的伶界斗士。刘艺舟又名刘木铎，父亲是旧水师营一条炮船上的哨官。他从小关心时事，十七岁时就给湖广总督张之洞写了一封主张变法维新的信，张却置之不理。不久，刘艺舟去日本留学，就读于早稻田大学，结识了黄兴、宋教仁等，并参加了同盟会。回国后曾与王钟声等在上海一起演新剧，在《黑奴吁天录》中扮演老黑奴，表演十分动人。

辛亥革命时期，刘艺舟积极参加革命活动。其活动方式十分奇特。他组织了一个剧团，一面演出，一面从事反清的革命活动。剧团的成员，既是演员，又是武装的军人。武昌起义枪声打响之时，刘艺舟的剧团正在大连、辽阳、威海一带演出。他向全体演职员说道："黄龙饮马，光复神州，此其时矣！"他率领剧团全体人员搭乘一艘去烟台的日本轮船。当轮船驶近登州（即蓬莱）海岸时，他要求日本船主在登州抛锚，可是船主不允。刘艺舟便带领二十名带枪的团员，强使日轮靠岸。靠岸时天刚拂晓，汽笛长鸣的同时，枪声大作，登州守军从梦中惊醒，以为革命军驾驶军舰前来攻城，一时慌乱不堪，弃城而逃。就这样，刘艺舟传奇式地攻下了登州城。进城后，与当地民党联合，点收军火钱粮，张贴安民告示。几天后，黄县也光复了，刘艺舟当了登黄都督。孙中山就任大总统后，刘艺舟又改任烟济登黄司令。后来刘艺舟和朋友们谈起登州之事，说："我以前爱听梆子戏《打登州》，还能学几句秦琼的唱句，想不到那次无意中唱了一出真的'打登州'。"

未久，袁世凯复辟帝制，刘艺舟愤然离开登州。他原准备去广州投奔孙中山先生，可是途经上海时，潘月樵与夏氏兄弟邀请他同搭新舞台演戏。一时"都督演戏"的佳话流传遐迩。1913年二次革命失败，刘艺舟因为上海的黑名单里有他的名字，被迫流亡日本演戏，与苏少卿等合演《复活》、《林冲》等。1915年，为反对丧权辱国的"二十一条"，刘艺舟作为留日学生代表回国请愿，遭逮捕入狱，关押130天，袁世凯死后，才获释。出狱后他编写了京剧《皇帝梦》，自饰袁世凯。又遭袁的余党缉捕,流亡各地。后来,刘艺舟在自传中这样写道:"我留过学,当过教员,做过都督,唱过戏,讨过饭,坐过监。就是这些经历,使我的眼睛越来越亮。我决心做一个斗士!"

这几位伶界斗士不仅在戏剧舞台上演出过许多扣人心弦的好戏,而且在生活的大舞台上演出了一幕幕可歌可泣的壮剧。这是多么值得钦敬的英雄的戏剧人啊!在纪念辛亥革命100周年之际,缅怀伶界斗士、革命先行者的英勇业绩,对我们后来人来说,无疑是一种激励与鞭策。

(《新民晚报》2011 年 4 月 10 日)

○四一

# 梅欧阁史话

梅欧阁是张謇于上个世纪一十年代末为梅兰芳和欧阳予倩两位艺术家建造的。

张謇是清末的状元,近代著名的实业家,生于 1853 年,卒于 1926 年,江苏通州(今南通)人,字季直,号啬庵。他认为实业、教育为"富强之大本"。先后在开办通州大生纱厂、通海垦牧公司、上海大达外江轮步公司、资生铁冶厂及通州师范学校、通州博物苑等。

张謇崇尚教育救国,他看中了戏曲通俗娱人、开启民智的特殊作用,因此早就着意于办戏校,造剧场。但此事必须由内行的人来操办,张謇首先想到的是梅兰芳。他与梅兰芳在民国初年就相识。1916 年他写信给梅兰芳"就商养成当演员之事"。此后多次致信谈论创办戏校、剧场事宜,并盛邀梅兰芳出来主持其事。梅兰芳深知此事的重要,但感到自己的长处不在这一方面,因此婉言谢绝了张謇的邀请。

张謇不久物色到了另一位合适的人选,那就是欧阳予倩。欧阳予倩早在 1907 年就在日本参加春柳社,从事话剧活动。回国后,除了继续演话剧,还下海演京戏,与周信芳、查天影等合作编演了《黛玉焚稿》等许多红楼戏,由此声名日振,遂有"南欧北梅"之称誉。这一时期,欧阳予倩还发表《予之戏剧改良观》,提出了改革戏曲和培养戏曲人才的主张。他某些的意见正好与张謇不谋而合。张謇知道欧阳予倩艺通中外,又对创办戏校有一套设想,于是就邀请欧阳予倩到到南通创办伶工学校。

欧阳予倩接受了邀请,经过紧张的筹备,1919 年 9 月中旬南通伶工学社便告成立。这是我国最早的一所培养京剧演员的新型学校。它与旧科班不同,采用现代教学方法。张謇任董事长,欧阳予倩担任主任。南通伶工学社是"为社会效力之艺术团体,不是私家歌僮养习所";"要造就戏剧改革的演员,不是科班",学校废止体罚。学校学制为 7 年,5 年毕业,实习义务 2 年。招收学生年龄 11 岁至 13 岁,要求有高小文化程度。伶工学校注意戏曲专业教育与文化教育并重。除了设置京剧专业课之外,还开设了国文、算术、历史、地理等文化课,以及音乐、唱歌、舞蹈等艺术课。

欧阳予倩重视课堂教学与舞台实践的结合,所以同时着手建造剧场。1919 年夏天动工,重阳节落成,取名"更俗剧场",欧阳予倩兼任后台经理。剧场建在南通桃坞路西端,剧场有两层,约 1 200 个座位。剧场以日本、上海的新式剧场为参考,其设备在当时中国是第一流的。舞台前挂有两副对联,其一:"真者犹假假何必非真,看诸君粉墨登场领异标新,同博寻常一笑粲;古或胜今今亦且成古,叹三代韶音如梦穿本知变,聊应斟酌百家长。"其二:"好乐其庶几,钟鼓之声管龠之音,请言乎与人与众;立方以感善,乡里之中闺门之内,同听者和顺和亲。"

1919 年 11 月更俗剧场举行开幕仪式,张謇特地邀请梅兰芳剧团担纲演出。梅兰芳一行到达南通后,张謇和欧阳予倩便请他们参观伶工学校和更俗剧场。梅与欧阳相互仰慕,今日相逢,都感到分外高兴。梅兰芳称赞伶工学校在那时南方,是开风气之先,唯一的一个训练戏剧人才的学校。

张謇十分赞赏梅兰芳和欧阳予倩的艺术和为人,所以特地把更俗剧场门厅楼上的一间屋子辟为"梅欧阁",并亲笔题写了匾额。当前台经理薛秉初把梅兰芳、欧阳予倩等人迎到这里,梅兰芳一抬头就看到了高悬着的张謇手书的梅欧阁横匾,十分感动。步进屋内,左右壁上挂了梅兰芳和欧阳予倩的照片,以示珠联璧合。旁边挂有一副张謇自撰自书的对联:"南派北派会通处,宛陵庐陵今古人。"南派、北派指欧、梅各自代表的京剧南北两派,宛陵是指宋代诗人梅尧臣,庐陵指宋代诗人欧阳修,下联以两位古人的籍贯暗切梅兰芳和欧阳予倩的姓氏,以梅尧臣、欧阳修创立宋诗的风格来比喻梅、欧二位开辟京剧新路的精神。薛秉初告诉他们:"这间屋子张先生说是为了纪念你们两位的艺术而设的。"梅兰芳听了很觉惶恐,说自己年纪还轻,艺术上有什么成就值得纪念呢?

那天晚上即举行开台演出,梅兰芳的戏目是《玉堂春》。梅兰芳在南通演了十天光景,与梅兰芳同台的有王凤卿、姚玉芙、魏莲芳、李寿山、姜妙香等,演的戏码有昆曲《佳期》、《拷红》、《思凡》,新排的京戏《嫦娥奔月》、《木兰从军》、《千金一笑》等。特别有意思的是,梅兰芳和欧阳予倩同台演出了《思凡》、《琴挑》等名剧。梅兰芳雍容端庄,圆润甜美,欧阳予倩淡雅俊美,清越舒展,各具风格,使观众目睹了南欧北梅的多姿风采。梅兰芳在南通的演出天天爆满,十分轰动。

此后,梅兰芳又有两次来更俗剧场演出,欧阳予倩配合教学在这里演出更多。北京、上海的其他京剧名角如余叔岩、程砚秋、谭富英、杨小楼、盖叫天等也纷纷来此献演。

关于"梅欧阁",还留下了许多吟咏之作。张謇《一月一日就梅欧阁小饮即席赋诗》云:"欧剑雄尤俊,梅花喜是神,合离两贤姓,才美一时人。珠玉无南北,笙镛有主宾。当年张子野,觞咏亦情亲。"表达了他对两位艺术家艺和德的称颂。欧阳予倩也写有《梅欧阁小集赋诗》,其中一首写道:"画阁灯明紫雾笼,愧题姓氏碧纱中。久知梅二前欧九,今辈殷生接庾公。万事为卷成杞柳,孤怀因凤种梧桐。当杯别有绵绵思,阅尽沧桑槛外风。"表现了欧阳予倩的谦逊和对人生的感叹。欧阳予倩非常敬重梅兰芳,他在另一首《赠浣华》诗中云:"我是江南一顽铁,君为郑雪铸洪炉,不烦成败升沉感,许共瑜伽证果无。"1920 年春夏之交,梅兰芳第二次到南通更俗剧场演出,他写了三首唱和诗,感谢张謇的情意。其中一首写道:"积慕来登君子堂,花通竹户当还乡。老人故自矜年少,独愧唐朝李八郎。"另一首写道:"人生难得是知己,烂贱黄金何足奇。毕竟南通不虚到,归装满箧啬公诗。"

梅欧阁建成 40 年之后,1959 年七八月间,梅兰芳和欧阳予倩题词、题诗予以纪念。欧阳予倩题词曰:"四十年前,我在南通和梅兰芳同志同台演剧,极感愉快。……但我的学识能力都很薄劣,贡献特少,无以纪念,不胜惆怅之至,愿假余年以图寸进!"梅兰芳的题诗中写道:"……四十年前建阁初,客游是邦周览之。忆昔我与欧阳子,后先见招皆莅止。粉墨生涯二人同,笙簧格调诸公喜。"诗中回顾解放后祖国的巨变,最后写道:"欧阳吾友仍康强,大家庭中俱就列。贡献常忘艰巨增,辛劳复可晨昏彻。凡事遵嘱党领导,区区素志坚如铁!"从题词题诗中可以深切感受到梅、欧之间的深厚友谊以及两位大师为戏曲事业奋斗终身的执着信念。

《艺海》2005 年第 4 期

## ○四二

# "四大名旦"是怎样出炉的

提起京剧,大家都知道有"四大名旦"。但"四大名旦"是怎样出炉的呢?

20 世纪 20 年代后期,京剧进入了兴盛时期,生行除了被称为"伶界大王"的谭鑫培外,又涌现出余叔岩、言菊朋、高庆奎、马连良"四大须生"以及麒麟童等名角,而且旦角行当崛起,出现了梅兰芳、程砚秋、荀慧生、尚小云、徐碧云、黄咏霓、于连泉、王蕙芳、朱琴心、欧阳予倩、赵君玉、刘筱衡、黄玉麟、小杨月楼、黄桂秋等一批名角,他们表演上各具特点,各自拥有自己的观众群。

1927 年 6 月 20 日,北京《顺天时报》刊登启事:"为鼓吹新剧、奖励艺员,现举行征集五大名伶新剧夺魁投票活动。"该报列出的五位名伶是梅兰芳、程砚秋、尚小云、荀慧生、徐碧云,并在五人所演的新剧中各选出五出供读者遴选。7 月 23 日,该报揭晓投票结果,共收到 14 091 张选票,梅兰芳的《太真外传》、程砚秋的《红拂传》、尚小云的《摩登伽女》、荀慧生的《丹青引》、徐碧云的《绿珠坠楼》荣膺"五大名伶"的最佳新剧。后来因为徐碧云较早地离开了舞台,所以观众中只流传着"四大名旦"的说法。

1930 年 8 月,上海的《戏剧月刊》(刘豁公主编)又举办梅、程、尚、荀"四大名旦之比较"的征文活动,收到征文 70 多篇,苏少卿、张肖伦、苏老蚕等人的征文获奖。1931 年,《戏剧月刊》根据广大观众对四大名旦表演艺术分项评分的汇总统计,刊登了一份《四大名旦评分表》:

梅兰芳:扮相 90,嗓音 95,表情 100,身段 95,唱工 90,新戏 95,总分 565 分。

程砚秋:扮相 80,嗓音 85,表情 90,身段 85,唱工 100,新戏 100,总分 540 分。

荀慧生:扮相 85,嗓音 80,表情 90,身段 90,唱工 85,新戏 100,总分 530 分。

尚小云:扮相 80,嗓音 90,表情 80,身段 80,唱工 90,新戏 85,总分 505 分。

无论就四大名旦的年龄长幼、声誉高下以及评比的总分看,梅兰芳均居"四大名旦"之首。

1931 年 6 月,海上闻人杜月笙在浦东兴建的杜氏祠堂落成,举行了一次规模盛大的京剧堂会,南北名角云集,梅、程、荀、尚"四大名旦"合演了《四五花洞》,分饰真假潘金莲,表现出各自不同的艺术魅力。后上海长城唱片公司灌制成唱片,被誉为"四大名旦"合作精品,风靡一时,流传广泛,"四大名旦"的称谓更加传扬于世了。

梅兰芳(1894—1961),名澜,字畹华,原籍江苏泰州,生于北京。出身京剧世家,祖父梅巧玲为著名花旦,伯父梅雨田为著名琴师。梅兰芳 7 岁开始学戏,9 岁登台,曾拜吴菱仙、陈德霖为师,后从王瑶卿学戏。1910 年,18 岁时崭露头角,北京"菊榜"评选被列为"探花"。1913 年赴上海演出,一举唱红。她功底深厚,文武昆乱不挡,扮相端庄艳丽,台风优美,嗓音甜润纯净,唱腔流畅大方,形成雍容华贵,清丽典雅的表演风格。梅兰芳富于创新精神,曾尝试编演时装戏《一缕麻》《邓霞姑》,古装戏《天女散花》等,同王瑶卿等一起创制"花衫"行当。代表作有《宇宙锋》《贵妃醉酒》《霸王别姬》《游园惊梦》等。到20世纪20年代后期,独具风范的梅派已经形成并蜚声中外。

程砚秋(1904—1958),原名承麟,字玉霜,北京人,满族。6岁时从荣蝶仙学刀马旦和花旦,八岁登台,青春期倒仓。罗瘿公慧眼识才,帮他筹款赎身,后改学青衣,向陈德霖、王瑶卿求教,1919年拜梅兰芳为师。17岁再度登台,排演了《荒山泪》《春闺梦》《窦娥冤》等新戏,声名鹊起。他擅演悲剧,在王瑶卿指导下,扬长避短,创造出一种低回曲折、幽咽婉转的新腔,其嗓音经苦练后,有一种独有的"鬼音"和脑后音,很有特色。对身段、眼神方面也很用力,特别是水袖方面功底很深,创造了勾、挑、撑、冲、拨、扬、掸、甩、打、抖等十种技法,《荒山泪》中水袖舞式多达40余种,极其丰富。

荀慧生(1900—1968),艺名白牡丹,河北东光人。幼年家贫,在天津卖入义顺和梆子科班,从师庞启发学花旦,10岁入京,从侯俊山习艺。后改学京戏,先从薛兰芬、路三宝学青衣、花旦,后从师吴菱仙、陈德霖、王瑶卿,主要师法王派。他扮相俊美,嗓音娇亮。他的风格以柔为主,化刚为柔。其唱腔秀俏柔美。他虽是学梆子出身,但能巧妙地吸收其营养,并用柔加以包容,化得浑然无迹。他的演唱柔美俏丽,尤擅运用吞、扬、摧、撤、闪、断、停、放等技法,表达人物丰富复杂的感情。他身段做工活泼细腻,袅娜翩跹,特别善用眼神。

尚小云(1900—1976),河北南宫人。13岁入三乐社科班学戏,初学武生、老生,后改青衣、刀马旦,曾就教于孙怡云、陈德霖、王瑶卿。他扮相俊秀,嗓音高亢嘹亮,中气充沛,有铁嗓钢喉之称。尚派以刚为主,刚柔相济。演唱和表演比较质朴,追求骨骼之劲健。演唱时咬字清劲,运腔顿挫有力,转腔拔调时高亢圆亮。但也不是一味地刚,而能在刚劲中透出几分妩媚。念白清脆流利,韵白、京白均见其长。做工、身段矫健利索,武功好,开打快捷边式,刀枪剑戟,样样能使。他对舞蹈有许多创造,如在时装新戏《摩登伽女》中大胆引进了苏格兰舞和呼啦舞。

我们在介绍梅、程、荀、尚四大名旦及其流派特点的时候,可以发现一个有趣而重要的信息,那就是四大名旦无一不是王瑶卿的学生,无一不是受到王瑶卿的悉心传授和教诲,因此,王瑶卿有"通天教主"的称誉。王瑶卿确实对京剧旦角艺术的发展作出过特殊的贡献,在京剧史上是一位重要的人物。

(香港《大公报》2008年3月1日;《读者》乡土版2008年第7期转载)

〇四三

# 谈"四小名旦"

几年前,我曾在"大公园"写过一篇《四大名旦是怎样出炉的》的拙文,其实京剧界,除了四大名旦,还有四小名旦。这里我作一简要的介绍。

那是评选四大名旦9年之后，1936年北京《立言报》举行"四大童伶"的评选，用公开投票的办法选举，当时尚未出师，但已崭露头角的李世芳、张君秋、毛世来、宋德珠四人当选为"四大童伶"。1940年，《立言报》再次选举以上四人为"四小名旦"。

李世芳生于1921年，名福禄，祖籍山西太谷，生于内蒙古包头。父母都是山西梆子艺人。尤其父亲李子健是位著名旦角。李世芳后为姚玉芙之婿。他幼年坐科富连成科班，攻青衣、花旦，师从尚小云、萧长华、魏莲芳等，天资聪颖，习艺刻苦，为"世"字班中的佼佼者，嗓音甜润明亮，扮相有华贵雍容之气，故有"小梅兰芳"之称。1936年，梅兰芳由沪赴京，观看了李世芳演出的《霸王别姬》和《贵妃醉酒》，颇为满意。经叶龙章介绍，梅兰芳收李世芳为弟子，同时拜师的还有毛世来、张世孝等人。梅兰芳收李为徒后，倾囊相授，在梅的悉心教导下，李世芳努力学艺，技艺日见精进。出科后，以梅派传人为号召，挑班至各地献演，声名日起。1940年被选为"四小名旦"之一，并为其首。1946年冬，李世芳来到上海演出，梅兰芳为了推介弟子，精心策划，细加指导，使李世芳在上海首场演出《霸王别姬》获得极大成功。1946年末山东的剧场来邀约李世芳，但因李世芳的夫人有急病，他决定先回北平，1947年1月5日，李世芳搭乘有上海去北平的飞机，经青岛时遇到大雾，飞机撞山坠毁，李世芳与同机40多名乘客一同遇难，年仅36岁。

张君秋生于1920年，原名滕家鸣，字玉隐，祖籍江苏丹徒，生于北京，母张秀琴为河北梆子旦角。13岁从李凌枫习青衣，后得王瑶卿的指导，他天赋优异，勤奋好学，15岁在北京登台，一炮而红，1936年被选为"四小名旦"。16岁搭班，先后与雷喜福、王又宸、孟小冬、谭富英合作。1937年加入马连良的扶风社，在京、津、沪等地演出，深得好评。早期戏码主要是《祭江》、《雷峰塔》、《玉堂春》、《春秋配》等青衣唱工戏。同年拜梅兰芳为师，研习梅派艺术，从此技艺精进。1942年自组谦和社挑梁主演。张君秋丽质天成，扮戏有雍容华贵之气，嗓音清脆嘹亮，饱满圆润，不仅师承王瑶卿、梅兰芳，又向程砚秋、尚小云、荀慧生、冯子和等学习，博采众长，融会贯通，逐渐形成自己独特的风格。1948年，与马连良、俞振飞等至香港演出，拍摄了《打渔杀家》、《玉堂春》等影片。1956年加入北京京剧团，与马连良、谭富英、裘盛戎并列为"四头牌"。创作演出了许多具有张派风格的新剧目，《望江亭》、《秦香莲》等拍摄成影片。晚年担任《中国京剧音配像精粹》的艺术总顾问，到他逝世为止，共完成京剧音配像120部，为京剧艺术的留传做出了巨大贡献。张君秋是"四小名旦"中艺术生涯最长、成就最著的一位。曾任全国政协委员、中国戏剧家协会副主席、中国戏曲学院副等职。1997年5月辞世。其弟子、传人众多，有杨秋玲、利瓦伊康、薛亚萍、王蓉蓉等，其子张学津、张学海，工老生。

毛世来，生于1921年，山东掖县人。9岁入富连成科班，攻花旦，兼习武旦。师从于连泉（筱翠花）、萧长华、王连平。曾拜师梅兰芳。在科班学习时期即已享名，19岁满师，组班和平社，转演于上海、天津、北京、山东等地。曾拜尚小云、梅兰芳、荀慧生等为师，先后与周信芳、盖叫天、李少春、李万春、叶盛章、叶盛兰合作演出。他嗓音清亮，白口脆丽，扮相俊俏，跷工极佳，以能唱擅做、文武兼备名重一时。尤擅长演花旦戏，娇小玲珑，妩媚动人，有"小筱翠花"之称。擅演剧目有《铁弓缘》、《十三妹》、《红娘》、《小放牛》、《大英杰烈》等。亦能演小生，如《群英会》之周瑜。1949年后，组建和平京剧团，后任吉林省京剧团团长、吉林省戏曲学校副校长等职。1994年去世。

宋德珠，原名宋宝禄，字颖之。天津人，生于1918年。12岁入中华戏曲专科学校学戏，受业于阎岚秋、张善庭、朱桂芳、荀慧生、筱翠花、郭际湘、程砚秋等。在花衫、花旦、刀马旦、武旦各方面均打下了扎实基础，以刀马旦、武旦为专长。在校即崭露头角，20岁毕业后，组团颖光社转演于京、津、沪各地。擅长剧目有《杨排风》、《扈家庄》、《金山寺》、《泗州城》等。宋德珠在台上有一股英俊之气，动作灵巧，身手矫捷，尤其擅长于跷工和出手。他的武旦、马刀旦戏主要宗阎岚秋(九阵风),也宗朱桂芳,表演上比较花巧而凌厉。其唱功深受程砚秋和荀慧生的影响,形成程腔荀唱的风格。翁偶虹先生曾经概括他的艺术特点为"美、媚、脆、锐"四个字。他也是京剧史上以武旦挑班的第一人。1949年后组织剧团转演于北京、辽宁、福建等地。1960年参加河北省京剧团。1972年调河北省艺术学校任教。传人有安荣卿、刘琪、李丽和他的女儿宋丹菊等。1984年去世。

2012年7月29日于上海

## ○四四

# 票友"下海"成大家

　　我国的国剧京剧是一门技艺性很强的艺术,大部分京剧演员都是从小就开始学艺,或随父学戏,或拜师习艺,或进科班接受训练,学艺满师即登台演出,这些演员统称为"科班出身"。但是也有一些演员却是票友出身,半路出家"下海"唱戏的,在这类演员中也出了不少名家、大家。

　　人称京剧"老三杰"之一的张二奎就是票友出身。他原籍河北衡水。清道光年间,曾任工部都水司经承。他酷爱京剧,常以"客串儿"身份参加和春班的演出。当时清政府规定凡在朝廷任职者,都不得粉墨演剧。张二奎因触犯了这条规定而被免职。24岁时张二奎正式下海。先搭和春班,继而为四喜班头牌老生,后自组双奎班。他扮相端庄而有气度,嗓音宽亮,唱腔质朴奔放,时称"奎派",擅演《金水桥》、《回龙阁》、《四郎探母》等戏目。同程长庚、余三胜并称为京剧"老三杰"。他还是一位京剧活动家,曾担任过北京戏曲艺人行会组织"精忠庙"的庙首。

　　与谭鑫培、汪桂芬同称为京剧老生"后三杰"的孙菊仙也是票友出身,他是天津人,18岁为武秀才,后应武举试不第,愤而从戎。因军功赐三品衔候补都司。业余票戏,经常参加各班社演出,30岁正式下海,曾入嵩祝成班和四喜班。光绪十二年(1886)被选为内廷供奉,慈禧曾赏他三品顶戴。他嗓音洪亮,唱腔苍劲激昂,表演自然大方,神态逼真。擅演剧目有《捉放曹》、《李陵碑》、《四郎探母》等。为人豪爽,热心助人。1930年,他90岁时还曾在北京、上海登台演出。天津观众亲切地唤他为"老乡亲"。

　　还有著名京剧老生汪笑侬,他的本名叫德克俊,八旗出身,自幼酷爱京剧,曾参加北京翠峰庵票房。1879年中举人,任河南太康知县,因禀性耿直,触犯巨绅而被罢职。弃官后下海唱戏。他曾访名伶汪桂芬,告以从艺的心愿,汪却笑曰:"谈何容易"。于是他便改名"汪笑侬"以自勉。他刻苦磨砺,艺事大进,在京、津、沪、汉各地演出,声誉鹊起。光绪中叶到上海。汪笑侬唱腔吸收汪桂芬、孙菊仙等营养,根据自己嗓音,创造新腔,自成一派。且能自编剧本。1898年戊戌变法失败,谭嗣同等"六君子"就义,谭嗣同临刑长吟,汪笑侬正在上海搭班演出,听到这个消息,禁不住痛呼"他自仰天而笑,我却长歌当哭"。1901年4月,他根据清人丘园的同名传奇改编,在天仙茶园上演了《党人碑》,借北宋谢琼仙怒毁党人碑的历史故事,"以刺满酋之扑杀民党",痛斥把持朝政的顽固派。他积极投身京剧改良运动,创编新剧,被誉为梨园界的"儒伶"。1903年,他又编演了描写张良谋刺秦始皇故事的《博浪锥》。1904

年他编写的新戏《瓜种兰因》在春仙茶园首演。写波兰与土耳其交战，兵败而乞和，以此史事影射清廷腐败无能。辛亥革命后，曾任天津正乐育化会副会长，主持天津戏剧改良社。他是京剧改良运动的一名主将。

票友出身的大家还有近代的"四大须生"之一的言菊朋和京昆泰斗俞振飞等。

言菊朋(1890—1942)，蒙族，原名锡，祖父世袭清朝武官。他幼年入陆军贵胄学堂读书，后任蒙藏院录事。业余酷爱京剧，尤迷谭派，师从陈彦衡学戏。先在票房演出，1923 年随梅兰芳赴上海合作演出，从此正式"下海"。开始主要演出谭派剧目，如《空城计》、《汾河湾》、《战太平》等。20 年代末自己挑班，并自创委婉跌宕、精巧细腻的言派，拿手剧目有《卧龙吊孝》、《让徐州》等，与余叔岩、高庆奎、马连良并称为"四大须生"。

俞振飞(1902—1993)，京昆小生。祖籍上海松江，生于苏州。他的父亲俞粟庐是著名曲家。俞振飞自幼随父亲学唱昆曲，6 岁就能唱曲，14 岁首次登台，1920 年到上海始学京剧，从蒋砚香学《奇双会》、《白门楼》等，参加雅歌集票房，成为昆乱不挡的小生票友。他正式"下海"唱戏，还有一番曲折的经历。上个世纪 20 年代，程砚秋到上海演出，邀俞振飞与他合演《游园惊梦》及京戏剧目，获得好评。程砚秋遂邀请俞加入他的京戏班。可是，俞的父亲认为家里是书香门第，只允许他唱昆曲，不同意他入京戏戏班。直至粟庐老先生故世后，1930 年冬天，俞振飞才得以到北京专诚拜京剧名小生程继先为师，并加入程砚秋的鸣和社。当时戏班里有一种欺侮、挤兑票友的坏习气，因此俞被迫离开戏班回到上海。此时，许多亲友因他下海，对他侧目而视。后来由父亲的老友推荐，进了暨南大学文学院，担任《中国戏曲》的讲师。俞振飞虽然离开戏班，但演戏的志向并未改变。过了两年，程砚秋再次邀他加入戏班，俞振飞毅然放弃讲师的职位，第二次赴北平"下海"，加入了程砚秋的秋声社，与程合演了一批新戏《春闺梦》、《青霜剑》、《碧玉簪》等。他在京、津、沪各地演出，享有盛誉。1941 年回到上海，与周信芳、黄桂秋、童芷苓、李玉茹、吴素秋等合作。1945 年与梅兰芳合演《游园惊梦》，并加入梅剧团，与梅合演了《奇双会》、《春秋配》、《玉堂春》等。后来俞先生终于成为一代昆曲泰斗，京昆艺术大师，并且荣膺香港中文大学授予的文学博士之殊荣。

一些票友下海成为名家、大家，除了天赋等条件外，还有两个原因，一是这些票友都是从内心酷爱和迷恋京剧，是"我要学，我要演"，而不是"要我学，要我演"，所以他们学艺、从艺有一股子迷劲和钻劲，有一种执着的精神；二是票友中有些人有较高的文化素养，这极其有助于他们在艺术上的发展。当然票友下海也存在着幼功较欠缺等问题，可能会成为制约的因素。

2010 年 1 月 28 日于上海

○四五

# 抗战时期的"西南剧展"

时下，北京、上海等城市经常举办戏剧节，如上海中国国际艺术节、中国京剧节、中国越剧节等等。在六十多年前的抗日战争时期，也曾举行过一次盛大的戏剧节，这恐怕是中国最早的一次戏剧节，那就是西南第一届戏剧展览会，简称西南剧展。举办的地点是广西的桂林；负责筹办和主持的是著名戏剧家欧阳予倩和田汉。

欧阳予倩最早来桂林是在 20 世纪初叶。1904 年，他到日本读书，在东京参加了"春柳社"。1910 年因他父亲在东京病逝，扶柩回国。当时他祖父欧阳中鹄在广西任桂林府知府，欧阳予倩就一直住在祖父的住所。他在桂林游览了名胜古迹，观看过名角麻拐仔、曾八、鸭旦的演出，自己还在书房里偷着化装演过戏。直到 1911 年祖父去世，他才回到湖南而辗转到上海。

1937 年"八一三"抗战爆发后，欧阳予倩在上海编演了《渔夫恨》、《桃花扇》等戏，敌寇与汉奸开始注意他，并欲加迫害。当时他在日本留学时的同学马君武正在桂林从事戏剧活动，他邀请欧阳予倩到广西去帮助他改进桂剧，欧阳予倩应邀来到桂林。他为桂剧团排了他自己创作的历史剧《梁红玉》，演出后受到观众的热烈欢迎。后来马君武就把桂剧团交给欧阳予倩管理。1939 年欧阳予倩又把京剧《桃花扇》改编成桂剧演出。这个本子虽是根据孔尚任的传奇改编的，但抒发了此时此地作者的感慨，抨击了那些毫无抗敌之心的投降派，揭露了左右摇摆的两面派人物。该桂剧本特别对知识分子的软弱动摇敲起警钟，对热衷于内争、暗中勾结敌人的反动派，给以辛辣的讽刺。这个戏在桂林轰动一时，最后被明令禁演。

在抗日战争初期，苏、浙、皖等地区的文化工作者纷纷来到桂林，桂林成了西南的文化名城。由于桂系地方势力与蒋介石中央政权之间存在着一定的矛盾，地方势力为了保守自己的统治地位，增加政治资本，想方设法利用各种可以凭借的力量，因此广西地方当局对进步文化工作采取了亦打亦拉的办法，在不损害他们利益的情况下，做出了一些比较开明的姿态。成立广西戏剧改进协会和创办广西省立艺术馆就是这种姿态的具体表现。广西省立艺术馆成立于 1940 年 3 月，欧阳予倩任馆长。馆址设在榕荫路后面一条陋巷里的一所破旧民房里，开展工作很不方便。为造新馆，欧阳予倩向社会募捐，至 1944 年 2 月新建了包括剧场在内的艺术馆，艺术馆还附设话剧实验剧团。欧阳予倩在这一时期创作了历史剧《忠王李秀成》和《越打越肥》等四五个短剧，这些剧作揭露了国民党官僚、军阀不顾民族危亡、人民疾苦，大发其国难财的丑恶行径。

这一时期，田汉也两次到桂林。田汉与欧阳予倩早在 20 年代就开始交往，在共同的戏剧事业中，结下了深厚的友谊。田汉第一次到桂林时，没有遇到欧阳予倩，但他应马君武的邀请，观看了小金凤演的欧阳予倩的杰作《桃花扇》，看后当场赋诗一首："无限缠绵断客肠，桂林春雨似潇湘。美歌长羡刘三妹，端合新声唱李香。"这里说的潇湘指湖南，田汉与欧阳予倩都是湖南人。这首诗既表达了田汉的感慨，同时也寄寓了他对欧阳予倩深挚的友情。第二次是敌寇入侵长沙后，田汉由衡山偕同老母到衡阳再转到桂林。这次他与欧阳予倩晤面了。1941 年，在田汉的支持和领导下，由一群青年戏剧工作者瞿白音、杜宣、石联星、严恭等在桂林组织了一个民间职业剧团——新中国剧社。剧社成立时，田汉还未到桂林，而住在南岳。后来田汉到桂林后，就住在杜宣寓所里。新中国剧社演出的第一个戏就是田汉导演的《大地回春》（陈白尘编剧）。他们经常在桂林演出，还到衡阳、湘潭、长沙等地旅行演出。演出的剧目还有《大雷雨》和田汉的《秋声赋》等。田汉曾经邀请洪深来导演，演出了田汉、洪深、夏衍三人合写的《再会吧香港》，该剧宣传了抗战，揭露了反动统治者，观众反应强烈，因此遭到禁演。这一时期，田汉与欧阳予倩过从甚密，两人经常在桂林一家三教咖啡厅楼上讨论艺术问题。为了《再会吧香港》遭禁演的事情，欧阳予倩多方奔走，还亲自去找伪广西省主席黄旭初交涉。他们确是并肩作战的一对战友。

1944 年在桂林举行了西南第一届戏剧展览会，欧阳予倩与田汉是这次剧展的组织领导者。

剧展筹备工作始于 1943 年 11 月。当时在桂林的戏剧工作者都有一个共同的愿望,那就是检阅戏剧力量,促进团结战斗,正好广西省立艺术馆新厦即将落成,新中国剧社又旅行演出归来,于是倡议在桂林举行一次戏剧展览会。这一倡议立即受到西南各地戏剧团体的热烈响应,也取得了中国共产党的支持和领导。为了使剧展公开化、合法化,决定由广西省立艺术馆发起,由欧阳予倩以艺术馆馆长的名义向各省戏剧团体发出邀请。经过各地戏剧团体协商,成立了筹备委员会,推选欧阳予倩、田汉、丁西林、瞿白音等三十余人为委员,欧阳予倩为主任。

西南剧展于 1944 年 2 月 15 日在新落成的艺术馆馆址开幕,参加的有广西、广东、湖南、江西、云南等八个省的戏剧团体以及剧宣四队、剧宣七队、剧宣九队、七战区艺宣大队等,总计 33 个团体,人数近千人。这是党领导下戏剧界一次大规模的集会,是一次在国统区抗日进步演剧的空前大检阅。会上举行了演出、资料展览和会议等活动,历时 90 天。在这次剧展中,欧阳予倩与田汉起了极其重要的作用,他们主持了筹备工作,领导了整个活动。开幕式上欧阳予倩作了筹备经过的报告,田汉发表了讲话。他们主持的艺术馆话剧实验剧团和新中国剧社是演出的骨干力量。艺术馆话剧团演出了欧阳予倩编剧的《旧家》《同住的三家人》,桂剧团演出了欧阳予倩创作的《木兰从军》、《人面桃花》等,新中国剧社演出了田汉早期创作《湖上的悲剧》、夏衍等创作的《戏剧春秋》,桂林四维剧社串演了田汉的《名优之死》。田汉还参加和主持看戏十人团(成员有田汉、周钢鸣、孟超、秦牧等十人),对剧目进行研究和评论。在戏剧工作者会议上,欧阳予倩作了《话剧运动史》的专题讲演,田汉作了《当前的客观形势与戏剧工作者的新任务》的讲演。在国民党反动派向进步的戏剧界加紧迫害的情况下,举行这次剧展,检阅了力量,交流了经验,鼓舞了斗志,对团结戏剧工作者坚持进步戏剧活动,起了极为有力的作用。当时田汉曾赋诗以志其盛:"壮绝神州戏剧兵,浩歌声里请长缨,耻随竖子论肥瘦,争与吾民共死生。肝脑几人涂战野,旌旗同日会古城。鸡啼直似鹃啼苦,只为东方未易明。"诗中所说"肝脑几人涂战野"指的是抗日战争中不少戏剧工作者贡献了宝贵的生命。在剧展中,欧阳予倩与田汉在党的领导下做了大量的、卓有成效的工作,建立了不可磨灭的功绩。

日寇攻下衡阳后,田汉与欧阳予倩还参加了保卫大西南的募捐大游行。他们组织了桂林文化界抗敌协会和抗敌工作队,由兴安、全州到洪桥劳军,鼓动广大军民为保卫家乡而奋战。其时欧阳予倩与艺术馆的一部分工作人员撤退到昭平,和陈劭先、胡仲持等一起办《广西日报》(昭平版)。欧阳予倩及其夫人刘韵秋在昭平、黄姚一带山区坚持斗争。到 1945 年日寇投降后,才回到桂林,这时艺术馆已成为一堆废墟,好不容易从瓦砾堆里又把艺术馆重建起来。但因为他反美,得罪了胡佛,又受到反动派的迫害,甚至要策动士兵流氓来殴打他。这样他不得不离开了桂林。

1962 年田汉在祝贺欧阳予倩 73 岁寿辰时,赠诗中有一首就写这件事:"桂林一炬又千箭,兄向昭平我向巴。难得烽烟携老伴,惯挥箭鼓走天涯。楼台劫后重安柱,树木春来又发芽。再度功成挥手去,不除美蒋不归家。"

田汉与欧阳予倩这两位我国戏剧运动的先驱,在桂林主办西南剧展及其他戏剧活动的卓著业绩,在我国文化史、戏剧史上写下了光辉的一页,至今仍然值得我们追怀和纪念。

(《人民政协报》2007 年 12 月 27 日)

## ○四六

# 《山河恋》与百年越剧

中国是一个戏剧大国,据统计全国拥有360多种戏曲剧种。其中至今仍活在舞台上的昆曲已有六百多年的历史,2001年被联合国授予"人类口述和非物质遗产代表作"称号;有"国剧"之称的京剧孕育、发展约已二百来年;具有全国影响的年轻剧种越剧至今也经过了一百年的风雨历程。为了纪念越剧百年诞生,上海、浙江越剧界正在筹备庆贺活动,上海越剧院将聚集名角重新修改排演《山河恋》,由著名越剧表演艺术家袁雪芬任总顾问,原版《山河恋》编剧之一韩义任艺术顾问。

## "的笃班"闯进上海滩

越剧发源于浙江嵊县(今嵊州),嵊县位于绍兴之南,人杰地灵,山明水秀,它东邻四明山,蜿蜒的剡溪横贯县城。越剧的前身是民间说唱"落地唱书",其主要曲调有流行于当地的〖四工合调〗以及"湖州三跳"的曲调〖吟嗄调〗。清光绪三十二年(1906)春,演变为在农村庙台、草台演出的地方小戏。为了区别于绍兴地区最流行的绍兴大班,取名"小歌班"。不久,小歌班向四周的诸暨、绍兴、东阳一带流布。1910年开始小歌班进入当时中国的最大城市上海。初次进上海,在十六铺演出,由于演出比较简陋、粗糙,并未打响,只能黯然返回浙江。第二次、第三次进上海也告失败。1920年,几个小歌班集中了较有实力的艺人,再次闯荡上海滩。他们在表演、身段、音乐等方面都作了改进,推出了《碧玉簪》《梁祝哀史》《孟丽君》等一批新戏,这次在升平歌舞台演出得到了上海观众的认可。这样小歌班逐渐在上海立住了脚头。小歌班起初音乐伴奏很简单,仅用竹板、笃鼓敲出"的的、笃笃"的声响,故而人们也称他们为"的笃班"。"的笃班"进入上海之后,虚心学习、借鉴京剧、绍剧等其他剧种和艺术品种的长处,逐步使自己得到了丰富和改善。

"的笃班"经历了男女合演的阶段,后来演变为全用女子演出的"女子绍兴文戏"。女子绍兴文戏发展很快,它先在浙江活动,后纷纷进入上海。上个世纪三十年代,著名艺人"三花一娟"施银花、赵瑞花、王杏花、姚水娟以及青年演员筱丹桂、马樟花、袁雪芬、尹桂芳等都来到申城献艺。1936年9月上海的《新闻报》首次把女子绍兴文戏称为"越剧"。越剧不仅得到上海观众的普遍认可,而且慢慢风靡了上海剧坛。

## 四十年代的越剧改革

三十年代后期,姚水娟等就开始进行"改良女子越剧"的尝试。1942年,袁雪芬更树起了"新越剧"的改革旗帜,尹桂芳、竺水招等也致力于越剧改革。一些越剧戏班吸收了一批新文艺工作者参与进来,建立了正规的编导制,借鉴昆曲、京剧、话剧、电影等艺术的长处,改善越剧的表演和音乐,唱腔除了原有的〖四工调〗外,又创造了〖尺调〗、〖弦下调〗等唱腔,使越剧音乐逐渐形成较完整的板腔体系。他们还编演了大量的新戏,1946 年,袁雪芬领衔的雪声剧团首次把鲁迅的名著《祝福》改编成《祥林嫂》搬上了越剧舞台,引起了上海文艺界的广泛关注。郭沫若、许广平、田汉等名流都前往观看演出,并给予高度评价。田汉说《祥林嫂》的演出是"生活的,人情的",他称赞袁雪芬的表演"风格很高,极有才能"。他看到剧中所有角色全部由女演员扮演,感叹道:"中国的女人都可以演戏,只要稍加训练。"他还在报纸上撰文,称赞越剧能演出富于现实意义的戏,是很大的进步。后来有人称《祥林嫂》的演出为越剧史上的一个里程碑,并不为过。经过锐意改革,越剧在上海的人气更旺,观众也更加踊跃了。

## 十姐妹义演《山河恋》

越剧要改革、发展,但是当时的剧团、剧场都由老板一手控制,他们可以随便干涉演出剧目,也可以不给剧场,这些都给越剧的改革和发展带来了困难。有感于此,1947 年 7 月,袁雪芬、尹桂芳、竺水招、筱丹桂、范瑞娟、徐玉兰、傅全香、张桂凤、吴小楼、徐天红等在上海大西洋西菜馆聚会,讨论如何联合起来举行义演,把义演所得的款项用来建造自己的剧场,并附设一个学馆以培养演员。这十位越剧界的主要演员,后来就被称为"越剧十姐妹"。他们还签了合约,请了律师。演出剧目经他们商定是《山河恋》。

《山河恋》的剧本由当时的青年编剧南薇、韩义、成容编写,它取材于法国作家大仲马的小说《三剑客》(又译作《侠隐记》、《三个火枪手》)。《三剑客》描写路易十三时代几个火枪手的冒险行动和宫廷里钩心斗角的情形,红衣主教黎塞留与在英国当间谍的米来狄勾结一起,以种种诡计企图把皇后赶出宫去,达达尼昂和三个火枪手参加了对抗红衣主教权势和阴谋的斗争,他们凭着勇敢和智慧,粉碎了他们的阴谋。越剧编剧又融合了《东周列国志》中梁僖公的一些宫廷故事,并把时代背景移到了中国的春秋时期。《山河恋》全剧分上下集,故事写:春秋时,梁僖公攻打曹国时掳掠了美女绵姜,纳为夫人。宰相黎瑟垂涎绵姜美色,伺机对她挑逗,遭到呵斥,由此怀恨在心。他知道绵姜钟情于纪苏公子,于是设下圈套,伪造绵姜书信,召纪苏进宫私会,藉此加以陷害。绵姜得悉阴谋,在见到纪苏后,赠以凤钗一支,即促其速速离去。黎瑟又生一计,怂恿梁僖公逼问绵姜凤钗的下落,一面暗地贿赂纪侯庞妃宓姬从纪苏处窃取凤钗。绵姜在宫女戴嬴、女婢季娣以及御林军申息、钟兜等的帮助下,追回了凤钗,终于挫败了黎瑟的阴谋诡计。

这个戏的角色分配,一方面由导演提供;另一方面则以抓阄而定,结果是由筱丹桂饰演旦角戏最多的宓姬,竺水招饰演绵姜,徐玉兰饰演纪苏公子,吴小楼饰演梁僖公,傅全香饰演宫女戴嬴,尹桂芳、范瑞娟分饰行侠好义的御林军申息和钟兜,袁雪芬扮演的仅是一个只有几句唱词的小丫头季娣。

《山河恋》于 8 月 19 日首演于黄金大戏院,沪上十大越剧名角联袂义演,引起很大轰动,门口人如潮涌,一票难求,剧场里更是气氛热烈,可称盛况空前。义演得到了广大观众和各界人士的支持,许广平特地到后台看望,田汉撰写了《团结就是力量》的文章。联合义演也引起反动当局的注意,国民党中央党部专门派人调查义演的"背景",特务们则造谣说义演是为共产党筹款。戏演到第十天,后台突然接到警察局嵩山分局"勒令停演"的通知,理由是手续不全。袁雪芬与姐妹们商量后,第二天一早即与尹桂芳、吴小楼及律师平衡找到社会局局长吴开先的家里。他们据理力争,吴开先理屈词穷,只能同意他们继续演出。这次义演虽然有一些收入,但因通货膨胀,货币贬值,除去演出费用,加上社会局指定的"基金保管委员会"显贵们的花销,所剩之数根本造不起剧场,办不起学校。然而不管怎样,这次在越剧改革背景下的联合义演象征着越剧界的空前的团结。

## 中国的《罗密欧与朱丽叶》

解放后,越剧进入了一个新的发展时期。越剧不仅在上海和浙江得到了蓬勃的发展,而且在北方,许多省市都成立了越剧团。越剧经过不断改进,越来越显现出其唱腔优美、表演细腻、长于抒情、风格典雅、流派纷呈的鲜明特色,并逐渐成为仅次于京剧的全国性的大剧种。越剧演出有了宽敞的剧场,而且办起了越剧院学馆、戏曲学校越剧班,当年义演《山河恋》没有实现的愿望终于实现了。1953年袁雪芬、范瑞娟主演的《梁山伯与祝英台》由上海电影制片厂拍摄成我国第一部彩色戏曲影片(桑弧等导演),立即风靡了全国。1954年此片在卡罗发利国际电影节上荣获"音乐片奖",这是我国的影片首次在国际上获奖。同年,时任中国总理的周恩来把影片《梁山伯与祝英台》带到日内瓦会议上放映,戏称此剧乃中国的《罗密欧与朱丽叶》。影片得到了众多国际友人的赞赏,越剧从此也走向了世界。1959年,上海音乐学院的青年学生何占豪、陈钢以越剧曲调为素材,成功地创作了小提琴协奏曲《梁山伯与祝英台》,更使《梁祝》插上翅膀,飞入了千家万户和天南地北。

## 《红楼梦》家喻户晓

1958年,著名剧作家徐进根据曹雪芹小说名著《红楼梦》改编成越剧,2月首演于上海共舞台。作者撷取原著中部分情节,以宝黛的爱情线索为全剧的主干,剪裁得当,曲词优美,雅俗共赏。著名演员徐玉兰、王文娟分饰贾宝玉和林黛玉,她们以精湛的演技和动人的唱腔成功地塑造了贾宝玉热情率直的封建制度叛逆者的形象和林黛玉孤高傲世、多愁善感的性格。此剧一搬上舞台,便受到观众的热烈欢迎。1962年上海海燕电影制片厂把它拍摄成彩色影片(岑范导演),立即风行了全国,它成了文学经典《红楼梦》的普及版而达到了家喻户晓的地步。1987年影片《红楼梦》在国内重映,再次掀起热潮,观众人次创当时国内影片的最高纪录。新时期,上海、浙江等地的越剧院团又编演了许多精彩的新剧目。浙江越剧小百花编演的《五女拜寿》等都产生了广泛的影响。上海和浙江的越剧院团还远赴海外演出,早在1960年,上海越剧院就首次赴香港演出了《红楼梦》等精彩剧目,此后多次赴港演出。他们还前往德国、前苏联、越南、朝鲜、美国、法国、日本、荷兰、新加坡等国演出,所到之处无不受到热烈的欢迎,如今越剧的知音已经遍布世界各地。今年春节,在奥地利维也纳金色大厅举行的2006年中国新春音乐会上,由奥地利格拉兹交响乐团伴奏,上海越剧院的钱惠丽、单仰萍演唱了《红楼梦》选段《天上掉下个林妹妹》,雷鸣般的掌声响彻了金色大厅,东方艺术的魅力再一次征服了世界。

(《人民政协报》2006年3月16日、23日)

## ○四七

# 要有这种自信和志气

最近,江苏省戏剧学校教师、著名京剧演员新艳秋、梁慧超、蒋慕萍、李宝櫆等应邀来沪与上海京剧三团联合演出。在排演出日程时,碰到了一个问题,就是十一月七日(星期六)晚场要不要安排演出。当时剧场负责人怕影响卖座,婉转地对他们说:"星期六晚上电视台播放《姿三四郎》,观众很'轰',对上座冲击很大,是不是跳掉一天?"可是,梁慧超却说:"照演吧,我们不怕姿三四郎!"我以为,梁慧超等同志那种在艺术上敢于奋力竞赛的志气,是十分可贵的。

当然,嘴上说不怕,还是容易的,重要的是要真正用精湛的艺术、过硬的本事赛过对方。十一月七日晚上,北风凛冽,寒气逼人,可是劳动剧场内却热气腾腾,两千余个座位上,座无虚席,而且场外还有人等退票。年逾花甲的梁慧超身手矫健,英姿勃勃,一根长枪在他手中如同银蛇飞舞,《杀四门》杀得惊心动魄;七十开外的新艳秋和李宝櫆演唱《窦娥冤·探监》,似诉似泣,催人泪下。观众被他们炉火纯青的表演艺术征服了,场内喝彩声此起彼落,掌声爆烈雷动。从这喝彩声和掌声中,我又想起了梁慧超铮铮作响的那句话:"我们不怕姿三四郎!"

我们有些同志常常埋怨观众不喜欢这个剧种,不光顾那个剧种,有的甚至因此心灰气馁。然而,新艳秋、梁慧超等人的演出盛况说明,高质量的剧目,精湛的技艺,不同凡响的表演,自会得到观众的欢迎。我们的作品要能吸引观众,争取观众,关键还在于艺术本身的精、新、美。这就要求我们创作出更多具有自己特色的新作品来,包括文学、戏剧、电视剧;也要求我们认真进行艺术改革,像京剧这一优美成熟的传统艺术,只要经过改革,就能吸引更多观众,包括青年观众;同时,还要求我们对艺术精益求精,提高演出质量。这一切,都离不开艰苦的艺术劳动和为艺术献身的创新精神。

(《文汇报》1981 年 11 月 22 日)

## ○四八

# 看戏随感录

近年来,由于工作的关系,看戏较多,一年要看七八十场戏。应该说,最近几年全国戏曲创作演出的状况有所回升,涌现了一批优秀的剧目和优秀的表演人才。我看过的好戏,就可列出一长串,比如京剧《成败萧何》《建安轶事》,昆剧《景阳钟》《梁祝》,秦腔《大树西迁》《西京故事》,豫剧《清风亭上》、粤剧《青春作伴》、婺剧《断桥》、沪剧《挑山女人》、越剧《柳永》、苏剧《柳如是》等等。我说这些戏好,是指他们的文学剧本好,主题鲜明,情节生动合理,结构严谨,人物塑造比较丰满动人,演员的表演精湛,剧目的音乐、舞美等总体舞台呈现优良。这样的戏往往给人以丰富的审美享受。但是也有数量不少的剧目,总感到在某些方面还有缺憾和不足。我想就此谈几点感觉。

第一个感觉,好剧本比好演员少。全国各地到上海来演出的戏曲团体,基本上都有很强的演员配备,特别是主要演员大多条件很好,有很好的扮相、嗓音,有扎实的基本功和较强的塑造人物的能力。因此唱功、做功上乘的演员不在少数。这样的剧团,这样的演员,如果碰上一个好剧本,那就如鱼得水,似虎添翼,打造出出色的剧目来,是完全可能的。我前面已经说过,我们确实欣喜地看到了这样一批剧目。但是我看一些改编和新创的剧目,会碰到这样的情况,演员的表演唱、念、做、打都很不错,音乐唱腔设计及舞台呈现也很好,然而就是剧本不理想,质量没有过关,或主题浮泛,或结构松散,或情节平淡或不合理、不可信,或人物形象苍白,前后行为不合逻辑,或过度消费技巧、过度包装等等,致使演员"英雄无用武之地",或者劲头用到了"瞎答"里,吃力而不讨好,很显然,剧本的问题直接影响了剧目的成败。

造成这样的原因,一是主观上对戏曲的文学性重视不够,忽视了戏曲的文学基础和应有的文学价值。以前戏剧界有一句名言:"剧本剧本,一剧之本",我认为这是从客观实践中总结出来的一条规律。文学剧本是戏曲舞台艺术创造的一个基础和起点,这个基础好不好,直接影响整个剧目的成败得失。所以,如何回归戏曲本体,增强戏曲的文学性,重视剧本创作,是需要我们特别关注的。

客观上,由于种种原因,目下,戏曲界创作力量非常薄弱,创作人才缺失和流失的情况极其严重,一句话:编剧奇缺。以上海为例,上海一向是戏曲创作人才聚集的地方。我曾长期在上海市文化局的剧目部门工作,在上个世纪 60 年代,乃至 70、80 年代,上海戏曲界的编剧力量是比较雄厚的,每个剧院、剧团都有一支比较强大的编剧队伍,全市编剧人员超过百人。但是,从 90 年代起,编剧人才逐步严重的萎缩。其原因,一是"文革"造成人才的断层;二是因年龄原因自然减退,有些编剧退休了,有的去世了;三是受到戏曲大环境的影响,因为戏曲不景气,对这方面的人才的培养受到影响,不管数量和质量都很不够;另一方面,由于戏曲不景气,对编剧人才缺乏吸引力,导致一部分编剧人才流失;四是剧团走向市场化后,经济比较拮据,不少剧团为节省开支,不养编剧了。这些原因的综合作用,戏曲编剧人才的缺失和流失就不奇怪了。像上海沪剧院,原有编剧 16 人,据说现在只有 1 人,上海京剧院、上海越剧院只有几名年轻的编剧,上海滑稽剧团、上海评弹团等已经没有专职编剧了。真是今非昔比了!

这里提出了一个问题:戏曲剧团要不要养编剧和如何培养戏曲编剧人才的问题。

我个人认为,戏曲剧团必须有自己的编剧。这是由戏曲艺术特殊的艺术规律所要求的。戏曲与话剧不同,话剧,有一个本子,什么话剧团都能拿来演。戏曲却不然。戏曲是以演员的表演为中心的综合艺术,它的个性特征比较强。不同的剧种有不同的剧种特色,不同的剧团有自己的剧团风格,不同的主要演员又有各自的戏路,各自的流派特点。而这一些都要求编剧的剧本来帮助体现的。所以戏曲的编剧有他的特殊性,也有他特别的难度,以前戏曲界曾有为演员写戏的说法。戏曲界的有识之士、艺术大家都是非常重视这一点的。梅兰芳、程砚秋、荀慧生、尚小云,他们分别有齐如山、罗瘿公、陈墨香、清逸居士四位编剧,四位编剧不仅分别为四大名旦编写了大量的剧本,而且成为四大名旦流派艺术创造的重要参与者。上海的沪剧界,早在上个世纪 30 年代初,筱文滨的文月社就引进了编导制,把徐醉梅、范青凤、王梦良三位文明戏演员请进剧团,担任说戏先生,进行新戏的编创,称为"三顶小帽子"。1938 年,筱文滨成立文滨剧团,更是组建了剧务部,引进了更多的编剧人才,专事编剧。40 年代初,上海越剧团体像袁雪芬等也纷纷聘请编剧,建立编导制,编演新戏,越剧等之所以有后来的辉煌,与这些专业编剧的劳作密不可分。为什么,到了21世纪,反而不要编剧了! 另外,现在还有一个说法,就是只要有钱,就能买到好剧本。其实这是不了解戏曲剧本特殊性的言论,事实上,有了钱不一定买得到合适的好剧本。

我认为,现在是走出误区,加大培养戏曲编剧人才力度的时候了。可喜的是有关部门已经重视这个问题,2012年10月上海举办了戏剧编剧高级研修班,有20多名各地学员参加。这显然是很好的措施,值得期待。另外,我们还要注意培养戏曲导演、音乐等人才。戏曲的导演不能简单地用话剧导演来替代,戏曲的作曲人才现在也奇缺,如上海越剧院,原来有好几位专业作曲,后来全院只剩一个陈钧,现在也退休了,可以说:后继乏人。现在我参加一些会演,一看总共十几个戏,可是其中同一个导演导了三四个戏,同一个作曲作了三四个戏,这不是一个好现象,这说明戏曲创作人才的极其匮乏,应该引起我们的关注。

第二个感觉是,戏曲有一种模糊化、趋同化的倾向。有时我去看戏,单听幕间曲,简直不知道是什么剧种。这种模糊化、趋同化表现在几个方面,一是音乐方面,音乐往往是一个剧种的主要标志。现在有些戏,幕间曲不用本剧种的音乐素材,缺乏本剧种的音乐特色,唱腔设计不充分发挥本剧种音乐的特色,在吸收别的因素时,又没有溶化成自己的血肉。我看过一个甬剧,其中用了许多沪剧的唱腔,虽然有些唱腔沪、甬、锡滩簧系有时是互用的,但是既是甬剧,就要充分运用甬剧特有的唱腔。表演方面,不少戏,戏不够,歌舞凑,传统戏曲中也用歌舞,但不要喧宾夺主,搅了主要人物的戏。有些戏乞怜于多媒体、视频等手段,这些不是不能用,要用得恰当。有的戏,一开场用视频,与后面舞台带程式的表演,显得不很协调。其实戏曲就是虚拟性的,写意的风格,以一当十,以少胜多,这是他的特点,也是他的艺术魅力之所在。我们对戏曲艺术的魅力应该是有信心的。舞美方面,喜欢搞大制作,花了巨资,搞得满台布景,高、重、实。有的戏在台上装置了两个长廊,让演员在长廊里表演;有的为了表现水的实感,舞台采用玻璃台面,让演员在上面歌舞等等。这些恐怕与戏曲的写意风格都是不谐和的,其结果是反而影响了演员的表演,破坏了舞台虚拟的戏剧情境。

我很欣赏那些保持了浓郁剧种特色的剧目,比如江苏省昆剧院的《梁祝》,文本很有特色,填词、编曲符合昆曲本体,严格遵循昆曲的宫调、曲牌,演唱和舞台动作合乎昆曲表演规范,整个戏简约、唯美,富于昆曲委婉、典雅的情韵,是一部纯正的昆剧。浙江婺剧院的演出,无论是杨霞云专场、楼胜专场都突现了婺剧"人无我有,人有我优"的个性,婺剧讲究"文戏武唱"、"武戏文唱",其表演夸张、粗犷、强烈、明快,唱腔明朗、激越,具有婺江丽水浓郁的地域风情。他们演出的《白蛇传·断桥》,"跌煞许仙,唱煞白蛇,做煞青蛇",与众不同,有"天下第一桥"的美誉。

中国原来有360多种戏曲剧种,现在尚存200多种。他们之所以能与其他剧种比肩立足于舞台,就是因为他们各自具有自己的个性特征,而他的主要标志又在于特殊的语言、音乐声腔和舞台表演技艺。一个剧种如果失去了自己独有的特色,就会失去存在的价值和发展的基础,就很容易被别人同化,或者被别人吞并。那些消解剧种特色的做法,显然不利于戏曲事业的发展。

所以,每一个剧种,都要坚持自己的个性,要充分把握和展现自己的特色,要注意保持和发展自己的特色。这里所说的特色,有几个层次,一是戏曲的特色,二是本剧种的特色,三是你这个剧团的特色,四是具体主要演员的风格、流派特色。当然,我们强调剧种特色,并不是不要创新,传承和创新始终是戏曲发展的两大主题,创新可以提升艺术本体的水平,丰富和完善本剧种的特色,但不是离开本体,变成另一种剧种。

第三个感觉是关于戏曲音乐方面的。戏曲音乐往往是不同戏曲剧种的重要标志,唱腔是戏曲的翅膀,戏曲的流传与音乐、唱腔有着密切的关系。我对戏曲音乐、唱腔方面的感觉,一是觉得不少戏唱腔安排太密,太满,而且不唱则已,一唱就要成套的,长长的几十句。为了抒发人物感情,编曲者又往往喜欢用高昂的旋律,唱腔都在高音区行进,并且一句高过一句。其实唱段安排,唱腔设计,都要讲究辩证法。唱段安排要有疏有密,有长有短,比如京剧《智取威虎山》,既有"胸有朝阳"那样的成套唱腔,也有"甘洒热血写春秋"那样的小段。主要人物的唱腔也不要一味的高,要根据表达人物感情的需要,该高则高,该低则低,起伏跌宕,高低裕如。腔的高与低是相互对比和映衬的,如果腔都往高里走,成了高原,高峰也就显现不出了。而且,有时低回沉郁的腔,反而更加动人心弦。

还有就是伴奏问题。戏曲的乐队在戏曲演出中具有很重要的作用。比如京剧,以前一个角儿,对自己琴师的选择就很重视,因为后者是角儿得以成功演唱的重要合作者。现在的戏曲演出,要么是大乐队,要么干脆没有乐队,用伴奏音带来替代,还有的是既有乐队,又用伴奏音带的。用伴奏带,可能是由于经济、人力原因的无奈之举,但这是不大符合戏曲艺术规律的。因为如果用乐队,对演员的演唱来说,乐队是伴,是宾,它是跟着演员的演唱走的;而伴奏带却是固定的,只能本末倒置,让演员跟着伴奏带走。还有个问题,大乐队、伴奏音带往往音量偏大,有时压过了演员的唱,有时甚至大到刺耳的程度,我有时不得不用餐巾纸做成小纸团塞在耳朵里。既有乐队,又用伴奏音带的,还有个两者衔接的问题。我个人认为,戏曲演出,最好还是能配备乐队,乐队规模的大小倒并不强求,有条件可大一点,一般中型的也行,可以视条件和具体剧目的情况而定。有一点必须明确,伴奏是伴,是宾,是配合演员演唱的手段,不能压了演员的唱,不能喧宾夺主。所以演出时要注意音量的控制。如果用大乐队,或西洋管弦乐队,那么各种乐器之间也有个主和宾的关系,要注意突出本剧种的主奏乐器,否则很容易淹没了本剧种的音乐特色。

以上是我近年来看戏的几点感想及思考,不一定对,写出来就教于识家和读者朋友。有人说,戏曲是中国人最后的审美家园,我赞同这个观点。所以我们对于戏曲,要加倍地珍惜她,关注她,呵护她。

(《上海艺术家》2014年第4期)

○四九

# 戏里戏外"玉堂春"

最近,我在艺海剧院观看了南京市越剧团参加"越剧嘉年华"演出的《玉堂春》,此剧由著名越剧艺术家戚雅仙、毕春芳的弟子朱蔺、李晓旭出演,重现了戚派、毕派的舞台风采。由此我想起不久前,还观看过分别由史依弘、蔡正仁、严庆谷,赵群、王佩瑜、王世民等名家联袂演出的京剧《玉堂春》。我国有许多戏曲剧目深入人心,妇孺皆知,《玉堂春》就是京剧、越剧和其他地方戏曲剧种常演不衰的一个名剧。

《玉堂春》写明代官家子弟王金龙在留春院结识青楼女子苏三,两人情投意合,盟誓白头偕老。王公子金银花尽后,被鸨母逐出院门,流落关王庙。苏三暗地赠银,嘱他攻读赶考。苏三在院中拒不接客,鸨母遂将她卖给山西洪洞县富商沈燕林为妾。沈妻皮氏与赵监生私通,将沈毒死,并买通官府,诬陷苏三谋杀亲夫。县官把苏三问成死罪。解差崇公道提解苏三至太原复审,途中苏三诉说冤情,崇深为同情,认她为义女。此时王金龙中了进士,外放太原八府巡按,在审案中发现女犯苏三即是旧时的情人。三堂会审时藩台、臬台看出其中蹊跷,在堂上揶揄取笑王金龙。王金龙深夜探监,并审清了案情。藩台、臬台也顺水推舟,成全其好事。

在戏曲舞台上描写官家子弟、纨绔之徒花天酒地、吃喝嫖赌,以致千金撒尽、流落街头,沦为乞丐的故事的并不少见,如写官家子弟郑元和与青楼女子李亚仙故事的《绣襦记》等。《玉堂春》的故事也是属于这一类型的,但情节与郑元和的故事有所不同。特别是苏三卷入了一桩人命案子,王金龙做了巡按审问此案,深夜探监等情节,戏剧性很强,有点像俄罗斯伟大作家托尔斯泰的长篇小说《复活》中聂赫留朵夫和玛丝洛娃之间的纠葛。玉堂春完整的故事见于冯梦龙《警世通言》第二十四卷《玉堂春落难逢夫》。故事基本相同,只是有些人名不同,如王金龙为王景隆,沈燕林为沈洪。冯梦龙是明末著名的通俗文学家和戏曲家,他编辑和改写过许多通俗小说,《警世通言》是他编纂的通俗小说集之一。

在冯梦龙的话本小说之后,陆续有人把它改编成戏曲,搬上舞台。明代有《完贞记》传奇,清代有《破镜圆》、《玉堂春》传奇剧本,当时都以昆曲形式演出过。此后,地方戏曲也纷纷演出玉堂春故事,最先搬演的是梆子腔。后来,京剧据以改编演出。起先只有《关王庙》、《女起解》、《三堂会审》等三折。当年三庆班程长庚、徐小香、卢胜奎陪胡喜禄(饰演苏三)演玉堂春,仅是《三堂会审》一折。1905年王瑶卿搭入同庆班,与谭鑫培合作。王瑶卿排演《玉堂春》(也是《三堂会审》)时,并没有照搬前辈的版本,而是细加揣摩,增加了唱词,丰富了表演,并创造了新腔,所以他所演的《玉堂春》给人耳目一新的感觉。谭鑫培经常以王瑶卿主演的《玉堂春》压大轴,自己还心甘情愿地为王瑶卿配演蓝袍刘秉义的角色。谭、王当时被誉为"京剧二妙"。梅兰芳的伯父梅雨田长期为谭鑫培操琴,因为谭王合作,自然也常给王瑶卿伴奏。梅雨田与王瑶卿交往甚密,梅对王的戏路和唱腔也非常熟悉。梅兰芳所学《玉堂春》是伯父梅雨田亲自教的,戏路当然是按王瑶卿演的路子,唱法也基本上是王瑶卿的唱法。当时有一位戏迷叫林季鸿,他是福建人,生长在北京,从小就爱听戏,但他既不是票友,也不登台演戏,就是对青衣的唱腔喜欢研究揣摩,他经常在杨韵芳家里研究新腔。他对《玉堂春》的唱腔也作了改动,把新腔先教给杨韵芳试唱,梅雨田听了觉得不错,回来就教给了梅兰芳。1911年(清宣统三年)秋,梅兰芳首次在北京文明茶园贴演《玉堂春》。梅兰芳饰演苏三,小生德珺如饰演王金龙,老生汪金林扮演"蓝袍"刘秉义,贾洪林扮演"红袍"潘必正,丑角高四保扮演医生。梅雨田亲自为侄儿操琴。梅兰芳演《玉堂春》一炮打响,在菊榜上荣获"探花"头衔。

首倡排演全本《玉堂春》的是京剧名旦徐碧云。因为在此之前,演的都仅是片断。1925年,徐碧云请北京文人贺芗侘为他编写剧本,从嫖院定情、金尽被逐、金哥送信、庙会赠银、金龙赴考、苏三被骗、皮赵定计、苏三入狱,一直到起解、会审、监会、团圆。徐碧云与姜妙香准备在这一年的夏天上演这个戏,不巧姜妙香偶遇风寒,徐碧云只能改演别的剧目。正在延搁之际,另一京剧名旦尚小云捷足先登,在北京三庆园上演了《玉堂春》,尚小云的剧本是剧作家清逸居士所编,实际上只有半部,他从三堂会审开始,带监会、团圆。接着排演全本《玉堂春》的是京剧名旦荀慧生。他与前辈名家王瑶卿、剧作家陈墨香合作编写,增益了嫖院、定情以及结尾的监会、团圆,成为一出有头有尾、情节动人、唱做并重的整本戏。1926年2月首演于上海大新舞台,由荀慧生饰演苏三,金仲仁饰演王金龙,同台演出的还有高庆奎、刘汉臣、马富禄等名角。全剧30余场,要演4个半小时。那次演出用了五彩灯光和立体布景,受到观众的欢迎。徐碧云改编在先,却被尚小云、荀慧生着其先鞭,不免感到遗憾,于是他又排出五至八本《玉堂春》,始演于

1926年11月。从此，剧舞台上玉堂春的故事既有单折的演出，又有全本的演出，梅兰芳、程砚秋亦工此剧，总之梅、程、荀、尚各种流派都演，热闹非凡，精彩纷呈。京剧《玉堂春》一般包括"嫖院"、"庙会"、"起解"、"探监"、"团圆"等折。新中国成立后，荀慧生又对《玉堂春》剧本进行了加工删益，减去了一些零碎的场子，显得更加集中、精炼了。总之，《玉堂春》成为京剧常演不衰的名剧。其他剧种如越剧等也有改编演出。

京剧《玉堂春》的故事与冯梦龙的话本小说相比，有了很多丰富和发展。比如苏三从洪洞县起解至太原，途中苏三认解差崇公道为义父，以及在省城巡按和藩台、臬台三堂会审，刘秉义、潘必正在堂上揶揄取笑王金龙等极富戏剧性和动作性的情节都是京剧的虚构创造。以至于像"苏三离了洪洞县，将身来在大街前。未曾开言我心内惨，过往的君子听我言……"的〔西皮流水〕唱段，几乎人人会哼，而三堂会审的戏剧场面和苏三的大段〔西皮〕唱段更是脍炙人口。梅兰芳有《女起解》、《玉堂春》的演出本，刊于《梅兰芳全集》第2卷；荀慧生的全本《玉堂春》演出本刊于《荀慧生演出剧本选》。1950年香港长城电影制片公司曾摄制彩色戏曲影片《玉堂春》，包括《起解》、《会审》，由张君秋、俞振飞、梁次珊主演。

据说，徐碧云1933年曾在天津北洋戏院演出过三本《玉堂春》，第一本为《前世玉堂春》（即《蓝桥会》）；第二本是通常演的《玉堂春》；第三本是《后部玉堂春》。《后部玉堂春》述王金龙与苏三团圆后，为刘秉义所参奏，罢职丢官，返回原郡，路遇院中鸨儿，留用身旁。金龙回家后遵父命与表妹娟娘完婚，婚后，金龙仍往苏三房中歇宿，娟娘因与鸨儿同往兴师问罪。次日，王金龙闻魏忠贤招揽人才，携珠宝乘夜逃走，欲献贿投靠魏忠贤，以图复官。娟娘发现金龙失踪，疑为苏三鼓动，乃与鸨儿定计，欲烧死苏三，事为崇公道与金哥所闻，告苏三，脱逃。娟娘反被焚而死，鸨儿亦烧伤致死。虬江路纳贿得官，奉旨挂帅平乱。苏三闻讯，与崇公道、金哥同去投奔。途中与刘秉义相遇。刘亦奉命出征，向苏三赔礼，苏三不理。后王金龙询问前情，欲以重刑责刘，经苏三求情得免，乃一同出征。李砚秀也工此戏。

据说，玉堂春和王金龙的故事是明代正德年间发生在山西洪洞县的一件真实的事情。《古今情史》卷二中有玉堂春一则，所述与冯梦龙的小说基本相同。当然，话本小说和戏曲都作了许多生发和虚构。后来有人专门作了考证，如1931年上海出版的《戏剧月刊》3卷4期刊登邵振华的《玉堂春考证》说："玉堂春本事非妄，张文襄抚晋时，曾向洪洞县调阅此案全卷，与世传无大出入。"1937年4月29日、30日、5月1日《武汉日报》"今日谈"所载的《王金龙身世考》谈到，王金龙是河南永城人，其父为南京吏部天官。王金龙与妓女苏三结识，后金银花尽，潦倒在关王庙里。苏三再次赠银，始能返归故里读书求进。王金龙于天启年中某科进士，外放太原八府巡按。正巧遇见苏三的冤狱，于是冒险为她平反，并且纳她为妾。同僚要弹劾他，他就携妾归永城，绝意仕进。苏三毁容激励他出仕，后来苏三病死，王金龙感其诚意，复出仕朝廷，官至贵州巡抚，在一次剿乱中阵亡于山中。另有人考据，沈洪也确有其人，姓申名鸿，字延令，家住山西洪洞县城东门外朝阳村，即现在的城东村。沈洪因家道中落，转而到口外贩马，赚了钱到京逛妓院，并骗赎苏三到洪洞县。王金龙巡抚山西，为苏三剖白冤情，并派人将申鸿一家满门抄斩。

在山西洪洞县关押过苏三的监狱现仍得以保存。这座监狱始建于明洪武二年（1369），是现今我国仅存的一座明代县一级的监狱。监狱的院墙既高且厚，而牢房低矮狭小，犯人出入皆要低头猫腰。苏三被关押的乃是死囚牢房，称为虎头牢，更是戒备森严。据说，这座监狱已经修复，还设了表现苏三故事的蜡像馆供人参观。

（香港《文汇报》2006年4月28日）

# ○五○

# 《十五贯》与昆剧的美好邂逅

　　2015 年 6 月,张军昆曲艺术中心在上海大剧院公演新创编的昆曲《春江花月夜》。剧作者从初唐诗人张若虚的名诗《春江花月夜》得到灵感,在昆剧舞台上演绎了一段充满抒情和浪漫气息的故事。3 场演出,5 000 张戏票悉数售罄,一票难求,反响强烈,引起了广泛的关注。一个新创剧目,能搞到这样,很不容易。剧目还存在一些不足和缺憾,相信经过进一步修改、加工,会日臻完善。这件事也说明了昆曲观众的数量正在增加,正越来越受到公众的关注。说起昆曲,如今似乎是"曲高和寡"的艺术,其实在历史上,昆曲曾经极其兴盛,观众蜂拥,并长期为雄踞剧坛的盟主。她有过辉煌的往昔,也有过落寞的无奈。重温她的历史,很有意义。此时,我想起了上个世纪 50 年代《十五贯》轰动全国的一段往事。

## 西子湖畔的邂逅

　　那是 1955 年,浙江的民营剧团国风昆苏剧团为了生存,根据《双熊梦》改编成《十五贯》,在杭州西湖的"大世界"小剧场演出。那时上海市电影局局长张骏祥因外事活动到杭州,一天,时任浙江省委文教部副部长兼文化局局长黄源陪他去看戏,看的就是《十五贯》。这出戏,使他们两人都很兴奋。张骏祥对黄源说,好久没有看昆曲了,想不到昆曲有这样的好戏。黄源说,这个戏反对主观主义,很有意义。这个剧本很有潜力。当天晚上,黄源看完戏回家,当即翻出昆曲的本子,加以研究。第二天他让剧团里《十五贯》的演出本调来看,并与文教部其他领导商量,决定重点加工这个戏。接着省里成立了由黄源领导的剧本改编小组,成员有浙江省委文教部文艺处处长郑伯永、越剧团导演陈静,以及昆曲老艺人周传瑛、王传淞、朱国梁等,集体讨论,由陈静执笔。经过二十几天的努力,重新改编的昆剧《十五贯》终于完成。

　　新编的《十五贯》对朱素臣的原作《双熊梦》作了去芜存菁、推陈出新的改造和创作。它把原作《双熊梦》中熊友蕙兄遭遇冤狱的情节线索全部删去,而是专写熊友兰、苏戍娟的这条主线,并给以强化和突出。原剧《双熊梦》共 26 折,要演 12 个小时,《十五贯》压缩成 8 场,使情节更为集中、精练。黄源他们在加工时,思想很明确,就是要突出反对主观主义的主题,主观主义的过于执判断错误,判两个青年死刑;而况钟经过调查研究,实事求是,平反了冤狱。戏中特别加强了对况钟形象的塑造,删弃了况钟城隍庙梦警等迷信的成分,突出了况钟在巡抚周忱台前据理力争,请求宽限时日,重新复查那种为民请命的精神,以及他深入民间、调查研究的实事求是的作风。对于县官过于执的主观主义和周忱的官僚主义作风也作了入木三分的刻画。这些都深化了作品的主题。剧本结构严谨,情节贯串,一气呵成。唱词、道白也进行了很大幅度的加工,使之更加通俗晓畅,适于现代观众的接受。演出阵容也很强大,由昆曲"传字辈"名角周传瑛饰演况钟,王传淞饰演娄阿鼠,朱国梁饰演过于执,包传铎饰演周忱。

# 从历史深处走来

十五贯的故事最初源于宋代话本小说《错斩崔宁》，此话本刊于《京本通俗小说》第十五卷。话本是一种白话小说，系当时民间说书人讲说用的底本，具体作者大多不详。

话本《错斩崔宁》讲述了一个因一句戏言及十五贯钱的巧合，引出一场祸端的故事。说南宋临安有一刘贵，娶妻王氏，妾陈二姐。丈人王员外给他十五贯钱，让他做生意。他喝醉酒回家，在妾陈二姐面前戏言已得钱把她典给别人，致使陈二姐逃回娘家。是夜来一窃贼，用斧子将刘劈死，偷了十五贯钱而去。陈二姐回娘家途中遇一卖丝的后生崔宁，结伴同行。而崔宁身上正巧有货款十五贯。官衙查究，王氏咬定陈二姐通奸谋命。府尹胡乱判崔、陈二人死罪。一年以后，王氏被强盗静山掳掠，做了压寨夫人。静山说出曾枉杀过刘贵。王氏出首公堂，新任府尹处决了静山。这篇话本虽然也写到官吏昏庸，草菅人命，但着墨不多，其主旨乃是"戏语酿祸"，"謦笑之间，最宜谨慎"。

明代文人冯梦龙曾把这篇话本收编入通俗小说集《醒世恒言》，题目改为《十五贯戏言成巧祸》，内容与《错斩崔宁》大致相同，只是个别词句有些改动。从此，话本得到更加广泛的流传。

时至清初，戏曲作家朱素臣根据《错斩崔宁》、《十五贯戏言成巧祸》等作品的情节改编、创作了传奇剧本《双熊梦》。朱素臣，号笙庵，江苏苏州人，生卒年不详，与作家李玉、李书云友善，他是清初苏州派重要剧作家，所作传奇21种，今存《双熊梦》、《秦楼月》、《翡翠园》、《未央天》等8种。他还参加编校过《音韵须知》、《北词广正谱》等书。

《双熊梦》剧中有两条情节线索，写熊友兰、熊友蕙兄弟双双遭遇冤狱而获罪。一条情节线索来源于《错斩崔宁》而有所改动。另一条情节线索参考《后汉书·李敬传》故事，赵相夫人遗失珠珰一串，疑为儿媳所窃，儿媳遭弃，后来李敬接任赵相，其仆人从相府鼠穴中发现此珠，始明真相，剧作家作了生发、丰富和创造。朱素臣还根据《明史》、《况太守传》有关资料，虚构了况钟重审、破案的情节。

剧本写山阳县书生熊友兰、熊友蕙兄弟二人，生活拮据。友兰出外营生；友蕙在家。友蕙所居里屋与邻居侯玉姑的房间仅一墙之隔，玉姑是开米店的冯与吾家的童养媳。一天，冯玉吾将一对金环和十五贯宝钞交玉姑保存。玉姑放在桌上，不料夜里被老鼠拖到了隔壁熊家。熊友蕙发现金环，以为神灵相助。此时听得老鼠作闹，便买了一包鼠药，装入炊饼，用来药老鼠。友蕙持金环到冯家米店换粮食，冯玉吾识得，怀疑玉姑与友蕙不端。儿子锦郎在玉姑房门口地上见一炊饼，拾起便吃，中毒身亡。冯玉吾认定玉姑与友蕙通奸情谋命，告到山阳县。县令过于执将两人判成死罪，并要友蕙赔偿丢失的十五贯钱。

熊友兰离家后，给人撑船干活，一日来到苏州，在船上听得山阳县发生的案情，顿时昏厥。无锡客商陶复朱出于同情，赠银十五贯，让他回去营救弟弟。

另一条情节线与《错斩崔宁》略同，但有所改动。地点由临安改成无锡。刘贵改为开肉铺的游葫芦，他姐姐给他十五贯钱重新开业，他回家与拖油瓶的女儿苏戌娟戏言，以十五贯钱将她卖给人家做丫头。偷钱杀人的是当地赌棍娄阿鼠。苏戌娟想到姑母家躲避，路上遇到的是正拿着十五贯的熊友兰。

值得注意的是，剧本增加了况钟查案、审案的情节。友蕙、玉姑，友兰、戌娟两案都交苏州府监斩，新任苏州太守就是况钟。况钟一到苏州就得一梦，有两野人各衔一鼠，长跪案前，接着堂上又有四人喊冤，疑有冤情。于是到应天巡抚周忱台前据理力争，请求宽限时日，重新复查。

况钟亲到山阳县踏勘,发现熊、冯两家墙脚下的鼠洞,并从鼠洞中找出十五贯宝钞和一个炊饼,破了一案。接着又假扮术士,到无锡察访,将娄阿鼠捉拿归案。剧中还写到熊氏兄弟双双考中进士,并由况钟撮合,友兰与戍娟、友蕙与玉姑结为夫妇。

《双熊梦》与话本《错斩崔宁》相比,不仅情节大大丰富,而且一改"戏言惹祸"的主题,强调了清官审案的题旨。《双梦熊》问世之后,流传很广。昆剧经常演出其中的精彩折子,如《审问》、《男监》、《判斩》、《见都》、《踏勘》、《访鼠》、《测字》等。京剧、秦腔等剧种也都有改编演出,还有鼓词、弹词、宝卷、木鱼书等曲种改编演唱。

如果把新编的《十五贯》与传奇《双熊梦》相比较,就可以看出他们之间的重大差别。

# 一出戏救活了一个剧种

《十五贯》先在杭州演出,连演20场,广受好评。1956年春节到上海,在永安公司6楼一个小剧场里演出。时任中共中央宣传部部长的陆定一同志正好在上海,华东局的魏文伯、陈丕显陪同他去看了《十五贯》。陆定一看了演出后,认为是出好戏,很欣赏。上海市委、华东局号召区委以上干部都到中苏友好大厦友谊电影院去观看《十五贯》。后经陆定一推荐,文化部决定调该团进京演出。

1956年4月,国风昆苏剧团改建为国营的浙江昆苏剧团赴北京演出。这次黄源没有同剧组一起进京,而是派了浙江省文化局副局长陈守川带队。

到了北京后,4月8日、9日汇报演出,田汉、梅兰芳、欧阳予倩、韩世昌、白云生等艺术大家前来看戏,都给予高度评价。4月10日正式公演,地点是北京前门外的广和剧场。因为北京已经多年没有昆曲演出,《十五贯》开始上座不好,第一场1 000个座位,只卖出40张戏票。但看过的人,都说戏好,特别是周传瑛、王传淞的精彩表演,令人叫绝。一传十,十传百,口碑极好。另外北京的专家十分支持,梅兰芳先生亲自带头自费买票请亲友们看戏。几天以后,京城出现了竞相购票的盛况。

据周传瑛的儿子周世瑞(他当时跟着父亲在昆剧团演戏,他在《十五贯》里演差役)回忆:"有一天,剧团领导要求我们理好发、洗好澡,穿得干净一点,说是要进中南海,有一场重要演出,到了中南海怀仁堂,才知道毛主席来看我们的戏,大家都很激动。谢幕时,毛主席高兴地站起来双手举过头顶热烈鼓掌。"他说的是4月17日的情况,那天同去观看的还有刘少奇、彭德怀等领导人。"见都"一场,一边是况钟心急如焚,一边是巡抚大人慢条斯理,把官僚主义者刻画得入木三分,毛主席看到这里,大笑了几次。第二天,他派人到剧团传达3点指示:第一点,这出戏改编得很好,演出也很好。第二点,要推广,全国所有的剧种、剧团,都可以根据自己的情况,演这部戏。第三点,对这出戏的改编,对这个剧团要给予奖励。4月25日,《十五贯》在国务院直属机关礼堂演出,毛主席再次前往观看演出。

毛主席看戏时,周总理不在北京,4月19日他从外地回京,立即到广和剧场买票和普通观众一起看戏。戏看完时他特意走到后台向演职员们表示祝贺,周总理当场称赞:"浙江办了一件好事情,一出戏救活了一个剧种。"随后,周总理请演职员们坐在戏台底下的化妆间里,与大家整整谈了50分钟。后来周恩来又一次去看了《十五贯》演出。

# 江南兰花处处香

5月17日周恩来在中南海紫光阁亲自主持有中央、北京文化界领导、专家参加的大型座谈会,研讨《十五贯》。周恩来在会上作了1个多小时的长篇讲话,他认为这个戏是接近历史唯物主义的,戏中两方面的人物,一方面是主观主义,另一方面是唯物主义,而上层的官僚主义支持主观主义。他把昆曲誉为江南兰花,盛赞《十五贯》是"改编古典剧本的成功典型",《十五贯》"一出戏救活了一个剧种"。5月18日《人民日报》发表了由田汉执笔的社论《从"一出戏救活了一个剧种"谈起》。文章说:"昆曲《十五贯》的丰富的人民性、相当高的思想性和艺术性,是我国戏曲艺术中的优异的成就。"还援引了周总理的原话:"《十五贯》不仅使古典的昆曲艺术放出新的光彩,而且说明了历史剧同样可以很好地起现实的教育作用,使人们更加重视民族艺术的优良传统,为进一步贯彻执行'百花齐放,推陈出新'的方针,树立了良好的榜样。"文化部在吉祥戏院隆重举行奖励大会,奖给浙江昆苏剧团奖金5 000元。从4月10日首演至5月27日,在北京公演47场,共有7万观众看了《十五贯》,京华出现了"满城争说《十五贯》"的盛况。

　　1956年当年《十五贯》又拍摄成电影,更是风靡了全国。记得当时我还是苏州市第五中学高三的学生,当时我和几个文学发烧友成立了一个树秧文学社。一天语文老师刘先生给我几张电影票,让我们到大光明电影院去观看,看的就是戏曲影片《十五贯》,我们几个高中学生从来没有接触过昆曲,但引人入胜的剧情,优美的唱腔,演员出色的表演,使我们看得入了神。我们回来一说,班级里不少同学都去买票观看,一时成了谈话的热点。由此可见当时风靡的程度。

　　不仅如此,《十五贯》还曾出国演出过。1956年8月京剧大师周信芳率上海京剧院赴前苏联访问演出,行前,周恩来总理亲自指定要把昆剧《十五贯》带出去。为此,周信芳带领剧团冒着酷暑到杭州向浙江昆苏剧团学戏,周信芳饰演况钟,孙正阳、赵晓岚、王金璐分饰娄阿鼠、苏戌娟、过于执。昆剧《十五贯》在前苏联演出,获得了极大的成功。如今《十五贯》已成为昆剧的保留剧目,经常活跃在昆剧舞台上。1994年上海昆剧团还携此剧到台湾献演,受到了台湾同胞的欢迎。

　　昆剧《十五贯》从发现到改编加工,获得成功,其中黄源建立了奇功。可是1957年,黄源却被错划为"右派分子",在"文革"中,《十五贯》被打成大毒草,黄源又遭了殃。他几次被抄家,拉走了6车书。但他把有关《十五贯》资料藏在他儿子黄明明的房间里,总算躲过一劫,保存了下来。2009年8月,《杭州日报》采访黄明明,他提了一个沉甸甸的箱子到报社,箱子里装的就是《十五贯》从1955年写的初稿到各次的修改稿本、第一版出版文本、电影分镜头剧本及有关报道、评论等一整套资料。大家看了不禁唏嘘感叹。

## 百戏之祖重现生机

　　为什么说:《十五贯》一出戏救活了一个剧种? 这要从昆剧的兴衰历史谈起。

　　昆曲起源于元末明初,至今已有六百多年的历史,它是现今还活跃在舞台上的最古老的剧种,它也是对各种戏曲剧种影响最大的剧种,故有"百戏之祖"的称誉。

　　昆曲于元末明初起源于苏州,到明嘉靖、万历年间开始盛行,从明天启元年(1621)到清康熙末年(1722)一百年间为极盛时期。清代中叶(乾隆年间)以后,昆曲逐渐由盛而衰。昆曲衰落的原因,一方面是因为昆曲本身从内容到形式因循守旧,越来越远离时代,远离观众;另一方面各地充满活力的地方戏曲(称为花部)兴盛起来,在竞争中逐渐胜过了昆曲。到清代后期,昆曲班社大量减少,在苏州、上海仅存大雅、全福等几个班社;辛亥革命之后,连全福班也难以维持。为了避免昆曲消亡、失传,当时社会上一些有识之士和曲友张紫东、贝晋眉、徐凌云、吴梅、孙咏雩以及上海的实业家、"棉纱大王"穆藕初等于1921年在苏州五亩园办起了昆剧传习所,招收12岁左右的学员,由沈月泉、沈斌泉等老艺人执教。这批学员就是后来的"传"字辈演员,他们中有郑传鉴、倪传钺、周传瑛、沈传芷、方传芸、王传淞、华传浩等。他们结业后，1926年到1937年间先后以新乐府、仙霓社的名称在上海一带演出。他们苦苦支撑，到抗战初期终于散班。至解放前夕，昆曲已经濒于灭亡的境地。

中华人民共和国成立之后，党和政府对昆曲等民族艺术非常重视和关怀，解放之初人民政府就及时安置了"传"字辈的昆曲艺人，如在上海的"传"字辈艺人都集中到华东戏曲研究院。但总的来看，解放初昆曲还比较衰落，昆曲艺人的处境极其窘迫。国风昆苏剧团开始编演《十五贯》那时节，演员就睡在舞台的后面，台上用幕布拦一拦，就睡在台上。女演员要出嫁了，买不起鞋子，穿着戏装的鞋子出嫁。

昆曲之所以得到转机，乃是《十五贯》改编演出的成功。《十五贯》的成功有力地推动了整个昆剧事业的发展，使昆剧这一古老的剧种在新的历史条件下焕发出了勃勃生机。各地纷纷成立昆剧团体，他们中有江苏省苏昆剧团、北方昆剧院、上海青年京昆剧团、湖南湘昆剧团等。各地排演了传统戏目《游园惊梦》、《西园记》、《墙头马上》（以上三剧均拍摄成影片）以及《红霞》、《琼花》等新编戏目。并着手培养昆曲艺术的接班人，一批新秀脱颖而出。

（《解放日报》"朝花"2015年11月24日）

## ○五一

# 谈上昆改编演出的《牡丹亭》

最近，上海昆剧团把明代大戏剧家汤显祖的名著《牡丹亭》，经过整理改编以后搬上了舞台，这是一件值得称许的事情。

《牡丹亭》是一部杰出的浪漫主义爱情悲喜剧。它问世至今三百多年来，不仅家传户诵，而且被艺人们搬上舞台历演不衰，受到广大人民的喜爱。但是，由于时代的推移和舞台演出条件的变化，全本《牡丹亭》已不可能再完整地上演。为了让这颗艺术明珠在今天的戏剧舞台上重放光彩，上海昆剧团从一九八一年起，即着手《牡丹亭》的整理改编工作，并在不久之前与观众正式见面。他们根据现代的舞台演出条件和群众欣赏习惯的变化，在不违背原著精神的前提下，对剧本、表演、音乐等方面都作了适当的改动，将全剧五十五出压缩成七场，在三个多小时内演完，不仅受到了广大观众的欢迎，也获得了戏剧界许多专家和同行们的好评。

我国的戏剧艺术源远流长，在它漫长而又曲折的发展过程中，涌现了一大批著名的戏剧家和优秀的作品，如关汉卿的《窦娥冤》、王实甫的《西厢记》、汤显祖的《牡丹亭》、洪昇的《长生殿》、孔尚任的《桃花扇》等等，早已驰名中外，成为世界戏剧文库中的瑰宝，完全可以跟莎士比亚、莫里哀等戏剧大师的作品相媲美。把这些优秀的古典名剧通过舞台演出介绍给今天的广大观众尤其是青年观众，是提高他们的文化艺术素养，增强民族自信心的重要途径之一，也是进一步繁荣社会主义的戏剧创作和演出所必不可少的一项工作。那么如何在舞台上向今天的观众介绍这些作品呢？有人认为，既是古典名剧就应该一字不改地照原本演，照原样演。然而，这样的要求实际上是难以达到的。就说《牡丹亭》吧，原本五十五出，二百三十多支曲牌，如果一字不改地从头演到结束,非连着演上几天几夜不可。且不说有些内容已不适宜于再在今天的舞台上加以表现,这样原本不动地演,观众是否要看,也是一个很大的问题。至于照原样演,也很难有个标准。因为汤显祖时代究竟是如何演的,当时既无电视录像,又无音响资料,所谓原样,何所依据呢?正如古典戏剧专家王季思所说:"从《牡丹亭》问世以后,一直就在爱好戏曲的作者和舞台演出中被改编,照原本演出的情况是十分少见的。"既然如此,为什么今天我们反而不能作适当的整理和改编呢?其实,古典名剧被后人改编演出,不论在中国还是外国,都是常有的事。素以演出莎士比亚的作品而享有盛名的英国老维克剧团,一九七九年来我国演出的《哈姆莱特》,就既保留了英国古典戏剧的传统技巧和艺术风格,同时又作了极有创见的新的艺术处理。因此,我以为要让古典名剧能为今天的观众所欣赏和接受,并得到普及,作适当的整理和改编是完全必要的。

改编演出古典名剧并不是一件轻而易举的事情,它要求改编者进行十分细致、审慎的工作,花费巨大的劳动。上海昆剧团演出的《牡丹亭》,不仅为社会主义戏剧舞台增添了一支香气馥郁的兰花,而且为如何整理改编古典名剧,进一步搞好昆剧改革,提供了有益的启示。

首先,古典名剧的整理改编一定要保持原著的精神。大凡主题思想,主要人物和情节,剧本的风格都不应该随便更动。上海昆剧团上演的《牡丹亭》,诸如反抗封建礼教的主题,杜丽娘与柳梦梅这两个主要人物的性格特征,基本的戏剧情节,浓郁的抒情气息,诗情画意的场景安排和浪漫主义手法的运用,以及华丽的文采等,都保持了原著的风貌。当然,它也不是毫无瑕疵,有些地方似还可以商榷。但给人总的感觉,它确实是汤显祖的《牡丹亭》,而不是在另搞一套。

其次,整理改编古典名剧要注意去芜存菁,推陈出新。古代作品由于阶级和历史的局限,即使是优秀的古典作品,也往往是精华与糟粕羼杂并陈。《牡丹亭》也不例外,它在内容和形式上也都存在着一些缺点。比如原剧本中"圆驾"一出,写杜丽娘与柳梦梅在皇帝的调解下,受封团圆,既是当时传奇的旧套,也是作者思想上的局限;另外全剧头绪纷繁,显得冗长枝蔓,某些晦涩的词句和庸俗的描写,也都是不足取的。改编者在尊重原著的前提下,将全剧五十五出压缩成七场,保留了形成原剧骨骼的"闹学"、"游园"、"惊梦"、"寻梦"、"冥判"、"拾画"、"叫画"、"回生"等精华片断,删除了杜宝升任平章和淮安平乱,皇帝判婚等游离剧本主线的情节,使全剧主线突出,脉络清晰。同时,还去掉了一些晦涩难懂和不很健康的词句,使舞台更加净化。此外,为了使人物性格完整,前后情节衔接,冷热场次相间,演员劳逸适度,还作了适当的调整和增添。并根据今天观众的欣赏习惯和现代舞台的演出条件,在音乐、舞台美术和表演节奏方面都有一定的革新或创造。比如二道幕的运用就别具一格。二道幕上画着娄娄倒挂的柳丝、假山及牡丹亭,既烘托了环境,关联了上下场次,又得换场移景之妙,与昆剧典雅古朴的风格和虚拟的表演手法相当合谐。因此,使不少原来不熟悉昆曲的青年观众也产生了浓厚的兴趣。

根据传统戏、新编历史戏和现代戏三并举的方针,搞好传统戏的演出具有不可忽视的意义。然而一味地"翻箱底",把"古董"原封不动地搬到今天的戏剧舞台上来,那是不行的。这就要求我们认真做好传统戏的整理改编工作,赋予它新的面貌,其中包括整理改编一些像《牡丹亭》这样的古典名剧。它不仅可以繁荣舞台演出,丰富人民的文化生活,同时也可以提高群众的艺术素养和审美水平,促进社会主义精神文明的建设。现在,这方面的工作跟党和人民的要求还有很大的差距。希望戏曲工作者共同努力,把包括古典名剧在内的传统戏的整理改编工作搞得更好!

(《戏剧电影报》1982 年 12 月 12 日)

○五二

# 戏曲舞台上的包公

　　包公，即包拯，在历史上实有其人，他是北宋名臣，庐州合肥（今属安徽）人，字希仁，天圣时进士。仁宗时任监察御史，后任天章阁侍制、龙图阁直学士，官至枢密副使。知开封府时，以廉洁著称，执法严峻，不畏权贵。现在合肥香花墩还存有包公祠，内有一古井，名曰"廉泉"，都是为纪念他的。但包拯在史书上记载不多。《宋史》中记有"割牛舌"这件事情："包拯副枢，初知扬州天长县时，有诉盗割牛舌者。拯密谕令归，屠其牛而鬻之，遂有告其私杀牛者。拯诘之曰：'何为主割某家牛舌而又告之?'其人惊服。"

　　历代百姓都把包公看作除暴安良的清官，并把不少审案锄奸的故事堆到他的头上。于是出现了不少包公书、包公戏。《元曲选》一百个剧目中，包公戏就有十一个。最有名的有关汉卿的《包待制三勘蝴蝶梦》、《包待制智斩鲁斋郎》，李行道的《包待制智赚灰栏记》，无名氏的《包待制陈州粜米》等。明朝出现了无名氏的公案小说《包公案》，又名《龙图公案》，繁本一百则，简本六十六则，有关包公断案的民间传说大部收入。另有《龙图耳录》一百二十回，系听石玉昆说《龙图公案》时的笔记。明朝还有安遇时的《包龙图判百家公案》。包公戏除了元曲外，有传奇八种，京剧若干种。京剧《乌盆记》、《断太后》、《赤桑镇》、《铡美案》等都是常演的剧目。

　　不少作品把包拯写成半神化的人物，清廉正直，铁面无私，坚持正义，打击豪强，甚至"日断阳，夜断阴"。但也有不少作品把包拯刻画得很可亲，并无神化色彩。如关汉卿的《包待制智斩鲁斋郎》，就把这位铁面无私的黑老包刻画得异常机智灵活。鲁斋郎抢人钱财，占人妻女，然而因为他是个权豪势要人物，包公纵然有虎头铡刀，也不能轻举妄动。这时包拯想了个巧妙的办法，他在圣前奏过："有一人乃是鱼齐即……犯法百端。"于是"圣上大怒，即便判了斩字。"包公立即将鲁斋郎杀了。然后在文书上将鱼齐即三字分别加上"日"、"小"、"、"，改成了鲁斋郎。这里的包公何等机智灵活，聪颖伶俐。《陈州粜米》中的包拯则是个幽默风趣的喜剧人物，他微服私访，穿着庄户人的衣服，遇到妓女王粉莲，向她打听小衙内胡作非为的罪行，她从驴子上摔下来，驴子跑了，包公把她扶上驴子，并替她牵了驴子直到接官厅。这里包拯一点没有官架子，表面上看很有点滑稽，但又极为可爱。包拯无私，但并不无情。

　　上海评弹团演出过一个中篇评弹《紫玉狮》，写包拯的侄儿包勉为县令，贪赃枉法，连伤三命。一般写法，包拯铁面无私，秉公而断，把包勉铡死完事。然而《紫玉狮》不是这么简单，而是写了包拯丰富、复杂的感情活动。包勉是他的亲侄儿，包拯又是包勉的母亲一手抚养长大的，故而包拯称她为"嫂娘"。面对嫂嫂的求情，包拯并没有简单地讲一番道理，而是跪在嫂嫂面前，以紫玉狮为题，动之以情，晓之以理。原来紫玉狮是圣上因包家执法无私而赐下的传世之宝，嫂嫂给了包拯，包拯又给了包勉，现在却成了包勉杀人的罪证。嫂嫂终于心悦诚服，支持包拯秉公处置。这里包拯是个不徇私情而又多情的人物，使人感到亲切可信。扬剧《包公自责》

则着重写包拯的失误和知错即改,作者既没有把拯写成一个完人,同时又显现了这位正直廉明的清官的本色,堪称别具匠心。

1982 年 5 月于上海

○五三

# 评滑稽戏《阿混新传》

滑稽戏《阿混新传》以新颖独特的喜剧构思和手法,热情地歌颂了广大干部职工锐意改革的精神,批评了那种吃"大锅饭"、混日子的思想,具有强烈的现实感。

作者把在厂里吃大锅饭与在家庭里吃大锅饭联系起来,揭示其中的内含及联系。阿混在厂里混不下去,在家里也混不下去的尴尬处境引起了观众的笑声。在总体构思中,作者巧妙地用"混合饲料"及三次考试加以贯串。由于混合饲料的"混"和阿混的"混"同音同义,由此生发出很多笑料。他回答肖梅英说:"混合饲料的关键在于混……混得好那就能混下去,混得不好的话就要弄僵……"这段话概括地勾勒了阿混的瞎混行径。三次考试(厂里的文化考试;肖长根考"女婿";最后阿混考大家)不仅使全剧回荡着现实生活的旋律,而且使喜剧的浪头,一浪接一浪,逐步推向高潮。

噱头是滑稽戏构成喜剧因素的重要手段。噱头有个格调高低的问题。健康的噱头可以给人教益,庸俗低级的噱头则会造成精神污染。《阿混新传》十分注意噱头的清新健康,特别是善于运用切合剧情和人物性格的"肉里噱"。如第二幕杜小西与姐姐争吵时,破口大骂:"你是女儿,早就该嫁出去了,你自己不嫁出去还要招个女婿进来。"这时他发现旁边姐夫在,突然回头打招呼:"阿哥,对不起,我这话不是针对你的。"说完又与姐姐大吵。这一噱头是从杜小西的性格中生发出来的,既写出了他的可笑之处,又写出了他的某些可爱之处。剧中的不少噱头富于幽默感。如第一幕大头蟋蟀逃掉后,阿奶说"这是小西交给我的任务,要重点保护的";大男说"又不是出土文物,还要重点保护"? 第二幕中杜孟雄要打杜小西,小西说"这是厂里,你是厂长打工人"! 这些幽默的语言造成了强烈的喜剧效果。作者还注意赋予噱头一定的哲理性。如戏的结尾,杜小西反过来要考大家:这些鸟交给谁扶养最最确当。梅英回答"把它们交给大自然"。这时杜小西说:"对! 鸟靠人家来喂养,非但他的翅膀硬不起来,还要连累一大批人的精力,只有让它自己到大自然去寻食,去奋斗,才能自己飞翔!"这就起到了点题的作用。

《阿混新传》既继承了滑稽戏的传统手法,又吸收其他艺术的营养,特别是努力从现实生活中提炼喜剧因素,因此,显得新颖而富于生活气息。

(《舞台与观众》1983 年 11 月 25 日)

# ○五四

# 金铃塔无关"金陵"

不久前,我给某杂志写了一篇《袁一灵和〔金铃塔〕》的文稿,发表前,该刊责任编辑小卢打电话给我,说,在别的报纸上,曾看到《金陵塔》的提法,不知哪个正确? 我明确地告诉他,正确的名称应该是《金铃塔》。

先从这个曲目的来历看。袁一灵的《金铃塔》创作于上个世纪 30 年代。当时有位苏滩艺人唱过一段"数金铃塔"的曲目,唱南京保恩寺十三层宝塔上的金铃,但比较单调。后来袁一灵又听曲艺艺人蒋田奎唱的"孩儿莲花落",中间穿插有不少绕口令,如"苏州城里四秀才,一个姓郭,一个姓陆,一个姓卜,一个姓束,四秀才吃菱肉,剥菱壳,菱壳掼在壁角落……"听来非常有趣,但这个节目太短,重复太多。于是袁一灵重新构思,把二者熔于一炉,搞成一个新的《金铃塔》的节目,每一段首尾都是唱的,中间插一段绕口令。起初他只是作为练功所用。1937 年,他在苏州怡园演出,前一档节目是另一位艺人的"数金铃塔",接着袁一灵上台,他本想表演其他独脚戏节目的,不料台下观众要他再唱一次金铃塔,他只好把自己搞的那只新金铃塔当众唱了一遍。袁一灵的《金铃塔》内容比较丰富、充实,音乐性强,节奏有变化,特别是"郭束陆卜"、"冰灯钉鹰星"等几段绕口令十分精彩。观众一听他唱的《金铃塔》远比前一位艺人唱得好听,便报以热烈的掌声。就这样,袁一灵的《金铃塔》一炮打响了。

其次,从《金铃塔》所唱的内容看,作品的第一段,这样写:"桃花纽头红,杨柳条儿青,勿唱前朝并古事,唱只唱金铃宝塔一层又一层……金铃塔,塔金铃,金铃宝塔第一层,一层宝塔四只角,四只角上有金铃。风吹金铃汪汪响,雨打金铃唧铃又唧铃……"唱的全是关于金铃的事,没有一句涉及到"金陵"。何况袁一灵第一次演出就叫《金玲塔》,所以,此曲目名称叫《金铃塔》是毫无疑义的。

但是,不知什么时候,在出版物上出现了《金陵塔》的提法。为什么会误写为《金陵塔》呢,作为南京的别称"金陵"的名气特别大,可能也是一个原因吧。关于"金陵塔",在"文革"期间,还发生过一件荒唐的事情。这是我的朋友、曲艺专家徐维新告诉我的。"文革"中,上海滑稽剧团的一个"造反派"写了一张大字报,揭发袁一灵,题目是"《金陵塔》为国民党蒋介石招魂",当时上纲上线,谁上的越高越革命。这张大字报写了几点,1."金陵塔"的金陵是指南京,南京是国民党的首都;2.曲中有三层十二只角,这是国民党国旗青天白日十二只角;3.曲中有天上七粒星,大字报说共产党有七位副主席,天上乌云遮住七粒星。于是得出结论,袁一灵反对共产党,为国民党、蒋介石招魂,为反攻大陆摇旗呐喊。把几条罪名一股脑地加在袁一灵的头上。后来滑稽界成立了臭名昭著的 124 专案组。他们讲袁一灵和姚慕双、周柏春等都是特务组织文化救国团的骨干。他们大搞严刑拷打,逼供信。他们审问袁一灵,袁一灵出名的"强吧嘴",他说:"我只唱过《金铃塔》,从来没有唱过《金陵塔》,我也不认识蒋介石。"

粉碎"四人帮"后,袁一灵与徐维新搭档演唱《金铃塔》,总共唱了许多场,袁一灵明确说明,他从来没有唱过《金陵塔》，我唱的就是《金铃塔》，说明书写的都是《金铃塔》。所以，2007 年出版的《中国曲艺志·上海卷》写的就是《金铃塔》。

（《文汇报》2014 年 2 月 1 日）

○五五

# 谈评弹新作《弦索春秋》

最近，评弹名家张如君、刘韵若继《评弹艺人谈艺录》之后，又推出了长篇新作《弦索春秋》（上海文化出版社 2015 年 6 月出版）。我对这部新作的面世表示祝贺，并对他们二位"老骥伏枥"，耕作不辍的精神致以敬意！

《弦索春秋》的出版，正值纪念陈云同志诞生 110 周年之际，这有着特殊的意义。陈云同志是评弹的伟大知音，也是评弹事业发展的指导者和理论建设者。张如君、刘韵若先生曾多次和我谈到陈云同志对他们的亲切关怀和指导，《弦索春秋》的出现，正是陈云同志"出人，出书，走正路"指示的具体践行和生动体现。所以我说，这个时候出版《弦索春秋》意义非凡，可以看作是对陈云同志的很好纪念。

张、刘二位在策划这本书的时候，曾经征求我的意见，并邀请我担任该书的文学顾问。我看了他们的设想和提纲，觉得构思独特。这本书的主体是 30 回的新编长篇弹词《弦索春秋》，全数用"弦索"来贯串，"弦索"是评弹的代名词和符号。除了这部长篇，还有"弦索鸳鸯"、"弦索书画"、"弦索叮咚"等几个环节，形成了一个系列。

长篇《弦索春秋》是一部富有特色的评弹作品。它开始是一个含 6 回书的中篇，后来逐步发展成为一个 30 回书的长篇。它最重要的特色是用评弹的艺术形式表现评弹艺人的生活。此类作品并不太多。我听过、看过的有苏州市评弹团的《七品书王》，写王周士御前弹唱的故事，有浙江省评弹团创作的《新琵琶行》，写抗战时期新四军战士以评弹演员的身份，深入敌后，用琵琶发出的音符作为联络暗号，与地下党联系，获取了重要军事情报。还有一个是上海的电视片《江南明珠》，也是写旧社会评弹艺人生活状况的。但从作品的规模及反映生活的高度、深度看，《弦索春秋》更加突出一点。这部书以青年评弹艺人李逢春艰辛、曲折的评弹艺术生涯为主干，反映了抗日战争时期前后，评弹艺人艰苦奋斗的历程和他们充满辛酸的生存状态。在书台上展现了他们"背包囊，走官塘"，接生意、做会书等生活场景，极富生活气息。书中塑造了李逢春、赵小凤、赵显章等不同类型、不同品格的评弹艺人形象。书中还出现了许多评弹名家，如魏钰卿、周玉泉、徐云志、朱介生等的形象。这部书使听众从书台前走到书台后，触摸到评弹艺人的日常生活和感情生活，从而对评弹艺术的理解又深了一层。书中说到的诸如"插边花"、"漂脱"、"书筹"、"敌档"、"道中"、"会书"、"上茶会"、"说噱弹唱"等，起到了普及评弹知识的作用。

这部书并不是孤立地描写评弹艺人的生活，而是把他们的活动放置于一定的时代、历史的背景下和一定的人文环境中进行，所以具有强烈的时代感和历史感。书的背景放在 20 世纪 40

年代,抗日战争胜利前后一段时间。此时,国难当头,社会动荡,更增添了矛盾的尖锐性和情节的曲折和跌宕。除了评弹艺人的形象外,这部长篇还塑造了杜先生、丁翻译、范阿炳、张莺莺等各色人物,连海上闻人杜月笙也出场了,反映了40年代十里洋场广阔的社会生活的图景。

这部长篇还有一个特色,就是具有浓郁的地域风情。作品既有姑苏风光的描绘,又有上海十里洋场海派风情的渲染。书中诸如苏州的玄妙观、牛角浜、水口小镇,上海的沧州书场、会乐里等等,描写具体细致,绘声绘色。长篇全用吴语来表达。因此,这是一部纯粹的吴文化作品,为我们展现了一幅江南民俗风情画的长卷。

总的看,这部长篇内涵丰富,人物形象鲜明,情节曲折跌宕,说、噱、弹、唱运用自如,加之演出阵容十分强大,云集了江浙沪一批老艺术家和当红新锐,满台生辉,更具观赏性。

关于这部书的结尾,作者采用了悲剧的结局,当然这也是可以成立的。不过我有点不同的想法,这个想法是这部书出版后,我再次阅读时产生的。书中赵显章几次三番勾结丁一鹤陷害李逢春,在水口拘捕李逢春,枪毙被绑;几年后李逢春第一次进上海,赵显章与丁一鹤又巧设圈套,使他误入烟花,嗓子受损,铩羽而归;李逢春第二次到上海又被引入歧途,吸食鸦片。这李逢春怎么这样不长记性,时时被赵显章玩弄于股掌之间?书说到第29回、30回,赵显章与丁一鹤再次施展阴谋,骗李逢春和赵小凤去台湾,李逢春照样上当,鸳鸯被拆散。最后的结局是杜先生把赵小凤从台湾救到香港,李逢春久久得不到赵小凤的消息,后来与张莺莺结合;再后来,赵小凤嫁给了杜先生。我觉得这个结尾可以推敲。我设想,后面是不是可以反做,写李逢春反败为胜。李逢春、赵小凤不是憨徒,赵显章虽然老奸巨猾,但他们吃一堑长一智。经过那么多的磨难和挫折,他们增强了阅历,增强了才干。最后,当赵显章再设陷阱,李逢春和赵小凤不再上当,而是识破了阴谋诡计,并将计就计,最后使赵显章赔了夫人又折兵。这样结局不仅符合李逢春等人物性格发展的逻辑;而且符合当时历史时局发展的大趋势。历史发展到40年代末,国民党苟延残喘,上海临近解放。此时,正反两方面的力量对比发生了根本的变化。光明与黑暗搏斗,光明即将战胜黑暗,这是当时总的社会形势和情势。我想是不是可以把全书的结束,放到上海解放前夕。李逢春挫败赵显章的阴谋,他与小凤喜结良缘。我觉得,这样结尾,不管从人物性格发展的逻辑,还是从历史发展的趋势看,都是合情合理的。而且也更符合广大观众的心理。这是我忽发奇想,不一定对,只是提供给作者作参考。

《弦索春秋》除了弹词文本外,还有"弦索鸳鸯"、"弦索书画"、"弦索叮咚"等几个环节,也值得一议。

书中展现了20对夫妻档的风采,包括了王柏荫、高美玲,张如君、刘韵若,龚华声、蔡小娟,朱良欣、周剑英,秦建国、蒋文,袁小良、王瑾,马志伟、张建珍等几代评弹夫妻档。评弹的夫妻档是一个特殊的文化现象,可以说是评弹所特有的。夫妻档的出现,是评弹中男女双档发展的一个结果。双档上下手讲究配合默契,珠联璧合。夫妻档既是艺术上的搭档,又是生活里的伴侣,这在许多方面有利于艺术创造和艺术发展,当然他们也有许多难以想象的艰辛。评弹中,上个世纪50年代之后,夫妻逐渐多起来。现在看来,中青年里也有相当数量的夫妻档,在目前社会比较浮躁,评弹不大景气的情况下,有那么多的夫妻档,我很赞叹,这说明有一批中青年夫妻两人都一心扑在评弹事业上,坚持和守望在评弹园地里。这种对评弹事业的执着精神非常可贵,这是评弹的希望所在。

至于"弦索书画",也很有意思。它启示我们,评弹演员如何加强文化修养的问题。我们约写老艺术家,包括梅兰芳、周信芳,乃至评弹界的黄异庵、蒋月泉、杨振雄等,他们的学历都不高,甚至很低,然而他们的文化修养却不低,甚至很高。他们有个共同的特点,就是"好学",他们重视文化学习,注意与文人交朋友,注意吸收各方面的文化艺术的营养。书画就是文化修养的一个方面。我曾在多个场合,和青年演员说过,基本功的比拼还是低层次的,高层次的比拼在于文化修养,文化修养是演员的软实力,谁的文化修养高,谁往往能走得更远。因此,"弦索书画"对我们很有启迪作用。希望评弹界更多的青年演员注意文化修养的问题,可以学点琴、棋、书、画,诗、词、歌、赋,多读文艺名著,学点文学、戏剧、曲艺理论。我希望我们的书坛上,出现更多具有高度文化修养的演员,这对提升整个评弹艺术的品位和格调,是大有裨益的。

(《评弹艺术》第 51 集,2015 年 10 月)

○五六

# 戏曲的绝技
## ——各地名家在中国戏曲博览展演中竞献绝技

戏曲是一种技艺性和观赏性很强的舞台艺术,有些剧目中的绝活更令人叹为观止。最近在上海举办的中国戏曲博览展演就荟萃了各家绝技,显得精彩纷呈。

## 惊险奇趣

这次展演剧目中有不少绝活是属于高难度的,给人以惊险奇趣的美感。在徽剧《哭剑饮恨》中,青年演员张敏饰演百花公主。当公主得知自己父亲遭难,而她曾赠剑联姻的海俊乃是奸细,又惊又气,这里演员用一个"转体僵尸",表示百花公主气极昏厥。后公主杀了海俊,以剑自刎,这时演员在高台上,身躯向后,一个软僵尸,摔倒在台上。观者无不感到惊心动魄。在赣剧《斩娥》中被称为"天下第一娥"的涂玲慧也表演了"吊毛"、"转身僵尸"等绝活。"僵尸"要求演员身躯笔挺,突然向后倒下,以背肩着地,难度很大,武生们也望而生畏,但两位纤纤女子却做得如此漂亮利索,游刃有余,真乃舞台巾帼英雄。赵正安演出的桂剧《打棍出箱》也堪称一绝。当两个差役用木棍砸开箱子的铜锁,唰地箱盖骤开,范仲禹从箱内忽地蹿出,僵卧于箱子之上,演员就在这二尺长的箱子上表演各种翻蹿跌扑的身段动作,忽而钻入箱底,忽而蹿出,僵卧于箱上,这种罕见的技艺使人目瞪口呆。

## 切合剧情与人物

好的绝活总是切合剧情与人物,成为刻画人物性格、心理的特殊艺术手段。莆剧《徐策跑城》扮演者郭泽民不仅水袖、舞蹈功夫好,而且有拿手的翎子功(即帽翅功)。他配合奔放腾挪的舞步,头上两根帽翅,忽而左边的帽翅前后上下颤动,忽而右边的帽翅前后上下颤动,继而两根帽翅一起有节奏的颤动。这段翎子功生动、强烈的揭示了徐策见薛刚领兵至城下时,急切地飞步上朝为薛家申雪的那种悲喜交集、兴奋激越的心情。

川剧《副侄赴科》中，中年演员晓艇为了更好地刻画人物，对传统绝活作了创造性的处理。他将前辈艺人"踢褶子"、"绞扇"的绝技糅合一处，表现潘必正向陈妙常倾诉衷肠，愈见贴切；他将武生的转体 180 度飞跪代替传统演出中转体 90 度下跪，更生动地表露了潘必正见到姑母时惊惶的心情。

## 动态美与造型美

绝活还讲究舞台的美感。《徐策跑城》主要是动态美，徐策跑城时帽翅颤动，袍襟腾舞，面须飘拂、仿佛一个气势雄浑，龙飞凤舞的大草字，呈现一种奇特的动态美。汉剧《秦琼表功》中王立新的 360 度坐蹲，540 度抢背和背后接铜等高难度技巧，都给人一种动态的美感。被周总理称誉为"天下第一桥的"婺剧《断桥》，三位演员通过高下俯仰不同姿势，不同调度组合，还借鉴芭蕾舞的运作和技法，在舞台上呈现出一幅幅生动、优美的造型和塑像，把白素贞、许仙、小青三个人物的不同心态及其相互关系刻画得曲曲传神。

在剧场里我碰到两位以前不大爱看戏曲的青年观众，他们说："想不到戏曲有那么多好看的玩意儿！"

（《每周文艺节目》1992 年 10 月 31 日）

## ○五七

# 耍帽翅

戏曲是一种技艺性很强的艺术，它常常以高难度的精彩表演技艺刻画人物性格，描摹人物心理感情，给观众以强烈的美感享受。戏曲舞台上文官的角色很多，从宰相、巡按到县官、二衙都戴纱帽。在京剧里专门有一行当，叫"纱帽生"，舞台上的耍纱帽就有许多令人叫绝的特技。

一种是耍纱帽，比如《贩马记》中的赵宠被巡按李泰扯入后堂时，扮演赵宠的演员把纱帽的前壳颠甩齐眉，以表现当时狼狈不堪，窘迫惶恐的心理状态。然而当他得知堂上巡按就是自己的妻舅时，惧怕心情顿消，于是稍颠额部，把纱帽甩正。他想上前叫一声"大舅"，谁知"大"字才出口，李泰"嗯"的一声，又把他吓得两腿发抖，忙称"大人"，纱帽复又颠下齐眉。直到李泰称他姐夫，并双手将他搀起，赵宠这才又把纱帽从齐眉处颠正。这里两次甩歪，两次颠正，细致入微地刻画了人物特定情境中的心理活动的过程，极其生动形象，而且充满了喜剧的色彩。

还有一种是耍帽翅。纱帽翅分冲天翅、长翅、桃形翅、轮形圆翅等数种。耍的时候有的是帽翅上挑下垂，上下摆动，还有帽翅前后转动，称为"鸳鸯转翅"。

京剧《黄金台》伊里搜府一场，世子田法章乔扮女装准备出逃，伊里并未认出，但他用诈语对田卓说："你说世子不在你府，顺着咱的手儿瞧"！这时，田卓随着锣鼓点"慢丝"，耍鸳鸯转翅，表现其惊恐的心情。《太白醉写》中的李白戴学士盔，插桃形翅，他在金殿饮酒醉写时，就用一边帽翅前转，一边帽翅后转来表现他的酒后醉意及对权贵的蔑视。

《萧何月下追韩信》中，萧何闻报得知韩信"弃官逃去"，急忙赶到韩信府邸，只见墙上留诗。萧何读诗时，伴着锣鼓点，花相纱上的长翅，先是左翅上挑、右翅下垂，继而右翅上挑，左翅下垂，表现了这位求贤若渴的贤相面临失才危机时的焦急慌乱心情。豫剧《七品芝麻官》中的唐成用丑角扮演，他刚正不阿，不畏强权，同时又乐观幽默。他下乡查点，为了让老百姓有冤前来告状，特地加了二十面锣，自己坐轿出行，在路上一段舞蹈动作，帽翅上下跳动，生动地刻画了他乐观自信、胸有成竹的神态。

晋剧《杀驿》更妙，吴承恩在驿站得知恩人王承充军过此，并将遭杀害，为了报恩，他打算暗中替死。这里演员巧妙地运用了耍帽翅的技巧。先是帽翅突然颤动，表示他得知恩人即将遇害的惊恐，继而帽翅颤动速度逐渐放慢，表现他转入沉思。接着左边的帽翅抖动，右边的帽翅不动，一会儿右边的帽翅颤动，而左边的帽翅不动，表示他在左思右想，反复思考。忽然两根帽翅戛然一顿，全部停住不动，似乎他已作出决断，下定了搭救恩人的决心。这一段"哑剧"式的表演没有一句唱词与台词，但是观众从帽翅上看懂了吴承恩的复杂的心理流程，可见小小帽翅，其艺术作用却并不小。

耍纱帽，看似容易，实则难度很高，演员的腰部、脖颈、头部都得用劲，而劲又要用得灵活，用得巧，软硬相济，特别是两根帽翅同时做不同的动作，要求就更高。演员如果没有扎实的基本功那是耍不好的。真是"台上几分钟，台下十年功"啊！

（《苏州文艺报》1987 年第 7 期）

## 〇五八

# 戏剧界的两本奇书

戏剧方面有两本奇书，很值得向大家作一番介绍。

一本是《录鬼簿》，其书名很是奇怪。其实这是一本以剧作家为研究中心的戏曲史论著作，作者是元代后期的戏曲散曲作家钟嗣成。他的生卒年月很难查考，现知他字继先，号丑斋，他屡试不第，后来专门从事戏曲著述。

为什么把书名叫作《录鬼簿》，钟嗣成在该书序言中曾经谈到。他说，人只知已死的叫鬼，而不知没有死的也是鬼。醉生梦死，道貌岸然，空谈理义之徒，虽然活着，与已死之鬼并没有什么两样。天地间也有不死之鬼，那些优秀的戏曲作者虽然"门第卑微，职位不振"，但他们"高才博艺"，如"日月炳煌"而永垂史册，因此，他要传其本末，吊以乐章。他还说，我自己也是鬼，我只是想使已死和未死之鬼，得以流传久远，并引导后来作者超过前人，所以把书名叫作《录鬼簿》。

《录鬼簿》系统地记载了元人杂剧和散曲作家 152 人的姓名，并附小传，著录杂剧名目 452 种，对其中一部分加以评论，并制《凌波仙》曲以吊若干已故的知友。他对关汉卿、高文秀、王实甫等作家给以显要的地位，同时又重视赵文殷、红字李二等艺人作家，还记述了他们的戏剧活动。

《录鬼簿》以戏曲文学作为研究的主要对象，评论杂剧作品尤其注重关目、词章、音律等问题。是我国戏曲史论的奠基作品，为后人研究元明杂剧提供了宝贵的资料，在古代戏曲批评史中有重要的历史地位。明代初年，戏曲家贾仲明又撰有《录鬼簿续编》行世。

另一本奇书是《戏剧资本论》，作者是日本著名作家、评论家阪本胜。作者把马克思的《资本论》第一卷作为根干，用戏剧形式加以演绎。

《资本论》是马克思的一部宏伟的理论著作，似乎与戏剧是风马牛不相及的。然而日本著名剧作家、评论家阪本胜却确实编写过一个剧本，题为《戏剧资本论》，试图用戏剧形式来表现《资本论》的内容。

作者曾说："本戏剧系将卡尔·马克思原著《资本论》第一卷作根干，表现成戏剧形式。"这个戏分五部，即五幕，共三十七场，出场人物约一百五十人。剧本描写了亨斯和卡尔两代工人的觉醒和斗争的故事。亨斯是一个觉悟的工人，代表工人阶级曾作为自在阶段的面貌出现。而卡尔则是工人阶级成为阶级，认识到本阶级历史使命的工人典型。他发动工人，组织工会，向资本主义制度进行斗争，最后惨遭杀害，英勇献身。工人阶级的对立面是工业资本家斯忒林，他靠剥削工人的血汗而发家致富，在工人身上血腥地榨取高额剩余价值。然而，他又逃脱不了资本主义经济危机的厄运，最后也因工厂破产而自杀。剧本通过戏剧冲突的发展，表现了《资本论》第一卷中的主要内容，反映了资本主义社会的种种矛盾，特别是社会化的生产与生产资料私人占有的矛盾，揭露了资本家利用剩余价值剥削工人的秘密，展现了工人阶级从觉醒走向斗争的道路和资本主义社会必然灭亡的历史趋势。

《资本论》是一部篇幅浩繁、丰富又艰深的理论巨著。《戏剧资本论》试图以生动、通俗的戏剧形式介绍和宣传《资本论》的内容，这种尝试应该得到赞许。当然这是很困难的，剧本中也不乏一些图解式的场景，甚至舞台上出现表格之类的东西。然而，剧中有些场景还是很生动、形象的。比如第三幕中的戏中戏"盐的悲剧"、"羊把人吃完了"，就以生动的故事再现了资本原始积累的罪恶历史，证明了马克思的"资本来到世间，就是从头到脚，每个毛孔都滴着血和肮脏的东西"这一著名论断。可惜的是这个戏一直没有被搬上舞台。

《戏剧资本论》写于一九三一年。作者阪本胜一八九九年生于日本兵库，毕业于东京帝国大学经济科，曾任国会议员。《戏剧资本论》的中译本于一九四九年四月由上海神州国光社出版，译者是费明君。

（《团结报》2001 年 6 月 5 日）

## 〇五九

# 莎士比亚与环球剧场

威廉·莎士比亚于 1564 年 4 月出生于英国中部沃里克郡的市镇斯特拉福德，离伦敦约180 英里。1566 年，他的父亲约翰当了镇的民政官，三年后又当选为镇长。伦敦一些剧团巡回演出路过斯特拉福德镇时，都由镇长接待，因此莎士比亚从小就有与剧团接触的机会。1587 年他到达伦敦，一心想到剧团工作。开始当马夫，在剧场门口侍候看戏的绅士，过了一个时期才当上最低级的演员，一边打杂，一边跑龙套。后来也当导演，但主要是写剧本。最初是改编旧本,但剧团互相竞争,常要换戏,他不得不着手创作。当时他接受了资产阶级人文主义思想。1592年底写出了《亨利六世》三部,博得了相当高的荣誉,这个戏在玫瑰剧场上演,成了最红的剧目。1593年正式出版第一部作品《维纳斯与阿斯尼》。

1599年莎士比亚与其他人合资修建环球剧场。主要演他自己的剧本。这个剧场建在泰晤士河南岸玫瑰剧场旁边的沼泽地上。

当时,剧场一般分露天的大众剧场和室内的私人剧场两种。私人剧场较小,有的原来是公寓的厅堂;露天剧场比较大。环球剧场就是露天剧场。14世纪末,剧团开始是在大客栈的庭院里搭台演戏,因此露天剧场的格局都模仿大客栈的庭院。客栈一般分几层,每层都有很长的廊子,一些有身分的观众及妇女可在廊内观看,大多数观众在院子里站着看戏。环球剧场是个圆形的建筑物,面积约八、九十平方呎。中间是一个院子,舞台一面靠墙,一面伸出在院子里,三面向观众,一般称作"讲坛式舞台"。周围有三层楼及长廊,供富裕市民看戏,票价比站在院子里的贵一倍左右。台中间有块活动地板,直通台底,剧中人可从此处出没,如《哈姆莱特》中鬼魂等隐没,就通过活板走到台底下,鬼魂就是在台底下喊:"宣誓"!舞台底部在当时的戏里往往是"地狱"的象征,同时也有相应的"天堂"的巧妙装置,可供天上的人来往。它还有一个上层舞台的设备,高与二层楼相齐,伸出台口,便于演出较难演的戏剧。舞台没有布景,用挂毯、帷幕遮隔前台后台,例如《哈姆莱特》中奥菲利娅的父亲波洛涅斯就是躲在这道幕后偷听谈话被刺死的;又如演《温莎的风流娘儿们》,福斯塔夫听见培琪大娘来,就赶紧躲在这道幕的背后。莎士比亚和同伴们从多年的经验中懂得建造剧场既要尽可能让观众舒适,又要注意舞台的设施。这个剧场在当时是伦敦最富丽堂皇的剧场。它一开幕就被称为"威廉·莎士比亚等人所在的剧场"。莎士比亚在修建剧场的同时,就专为它写了历史剧《亨利五世》,这个戏成为1599年秋环球剧场的打炮戏,莎士比亚自己在戏中扮演"致辞者"的角色。后来莎士比亚为了偿还以高利借来的贷款,不得不辛勤写作新剧本供给环球剧场。1599—1600年间,他写出了《裘力斯·恺撒》、《皆大欢喜》等。环球剧场不仅是当时欧洲剧场的范本,而且与莎士比亚的名字紧紧相连,因此在戏剧史上也有它一席之地。

（《中国青年报》1988年4月10日）

## ○六○

# 《伪君子》与暴尸荒野

《伪君子》是十七世纪法国古典主义戏剧家莫里哀的代表作。作品通过对宗教骗子达尔杜弗这一艺术典型的成功塑造,尖锐地揭露了当时教会的伪善本质,触及到了整个君主专制政体的基础。达尔牡弗是个十足的伪君子。他表面上装作虔诚的教徒,他吻着土地祷告上帝,把钱散给穷人,看到奥尔恭家的女仆桃丽娜时,马上从衣袋里摸出手绢,要对方把胸脯遮起来,以免引起不洁的念头。他以伪装骗取了巴黎富商奥尔恭的信任,把他接到家中,待以上宾。可是达尔杜弗在背地里却想方设法诱惑和调戏恩人奥尔恭的妻子。在他的百般欺骗下,奥尔恭甚至要把自己的女儿嫁给他,把财产转让给他。最后在事实面前,奥尔恭才识破了达尔杜弗的丑恶面目,可是悔之晚矣,这时达尔杜弗恼羞成怒,凶相毕露,他串通法庭要侵吞奥尔恭的家产,并把他们一家人扫地出门。接着又居心险恶地去告密,妄图使国王把奥尔恭作为政治犯处置,真是穷凶极恶到了顶点。

这个戏的结尾是这样的:达尔杜弗告密后,得意洋洋地带了一位侍卫官来抓奥尔恭。可是侍卫官却出人意外地宣布逮捕达尔杜弗,赦奥尔恭无罪,并将财产全部归还奥尔恭。最后在一片对国王圣明的颂扬声中皆大欢喜,圆满结局。这个结尾并不是整个戏的故事本身逻辑发展的必然引申,之所以这样,主要恐怕出于如下几个原因:一是由于作者严格遵守古典主义的法则,即要求在喜剧的尾声中表现出恶行遭到惩罚,德行获致胜利,因此加上了这样一个大团圆的结尾;第二,莫里哀把矛盾的解决归功于国王的英明公正,在一定程度上反映了作者对封建王权的某种幻想;第三个原因,恐怕是出于作者为了剧本上演,争取王权支持的考虑。

《伪君子》作为法国古典主义作家莫里哀的最著名的喜剧,曾被称为作者生平最勇敢的一次发言。这个戏经历了十分复杂的坎坷曲折的遭遇。这部喜剧最初于1664年5月在凡尔赛首次上演,当时正值所谓"魔岛狂欢"的宫廷节日。剧作成功地塑造了达尔杜弗这一宗教骗子的典型,作者有意刻画了一个当时天主教会反动组织圣体会分子的形象,抨击的对象是当时的第一、第二阶级——贵族和僧侣。莫里哀充分发挥了笑的作用,以他那支犀利尖锐的羽毛笔,辛辣地讽刺了教堂的牧师和形形色色贪婪阴险的伪君子,把愚昧、鄙陋和庸俗无耻等恶习呈现到观众眼前,有力地动摇了世人心目中教会的神圣权威,这是一篇向反动的贵族教会势力挑战的檄文。首次上演是经过御批的。在游园会揭幕之前,莫里哀只写成前三幕,他读给法王路易十四听,以"太阳王"自居的年轻国王并未深思熟虑,只觉得"十分有趣",便命莫里哀带领剧团先在游园会上演出前三幕。

莫里哀生活的时代是法王路易十四统治的时期。当时法王虽然利用资产阶级力量抑制教会势力,然而天主教仍拥有很大权势,在世俗人们心目中仍是最高的精神权威。法国的天主教会与上层统治集团有直接联系,他们和封建王权虽有矛盾,又勾结一气。十七世纪二十年代末,他们还成立了一个宗教间谍组织"圣体会",他们的爪牙遍布各地,披着"忏悔师"、"良心导师"的外衣,刺探隐私,诬陷告密,专门迫害自由思想者、无神论者和异教徒。路易十四亲政以后,力图把教会完全置于王权控制之下,圣体会表面上也解散了,然而反动教会势力犹存,活动频繁。达尔杜弗就是这种现实政治背景下的产物,他是封建贵族和教会互相勾结的恶势力的代表。正因为《伪君子》暴露了这一现实状况,所以遭到了教会人士和反动势力的强烈反对和疯狂攻击。戏还没有演出,他们就已得到消息,立即召开紧急会议,决定阻挠此剧公演。喜剧在凡尔赛宫第一次演出时,达尔杜弗穿的黑袈裟立刻引起教士、主教及大主教们的反对。他们搬出了路易十四的母亲王太后压他,迫使路易十四下令停演,因此这个戏在它公演的第二天就被宣布禁演。巴黎的大主教还控告此剧"否定宗教",要求对莫里哀处以"公开的,以儆效尤的极刑,甚至火刑。"后来还下令将看过这部"异端的"喜剧或听过朗诵的教徒一律革除教籍,驱逐出教。

莫里哀为了争取《伪君子》的上演,进行了长期的艰苦斗争。他先后三次向路易十四呈递陈情书,信中说:"伪君子能够很轻易地骗到陛下的信任,致使这些原型们得以禁止剧本的上演。"随后,该剧曾几经曲折,1664年11月在路易十四的默许下曾在孔戴亲王别墅里演出了完整的五幕;1666年,路易十四的母亲去世,次年路易十四口头答应解禁,但是在1667年8月公演后又遭巴黎最高法院主席拉木瓦隆下令禁演,路易十四仍被迫让步。整整经过五年的不懈斗争,到1669年,那时路易十四的王权彻底控制了教会,教皇颁布了"教会和平"的通谕,圣体会潜势力分崩离析,是年三月莫里哀才得到路易十四正式开禁的旨令。由此可见当时法国社会反动教会的势力是何等的嚣张。正如莫里哀在《伪君子》一剧的序言中说的:"呈献给诸君的这部喜剧已引起许多争议,遭到长期迫害;由此可以看出,书中所勾画出来的人物在法国所占的势力,比我迄今所描写的各类人物要雄厚得多。"《伪君子》重新演出,轰动了巴黎,真可谓万人空巷,人人争看,一个季节竟演出了四十三场,据报道:"人群挤满所有空隙之处。许多人险乎挤死在剧场里"。然而,反动教会并没有因此而善罢甘休,到莫里哀去世,他们还没有忘记因《伪君子》而结下的仇恨,他们借口莫里哀临终未作忏悔,而拒绝埋葬死者,1673 年 2 月 21 日深夜,莫里哀的遗体被埋葬在公墓围墙外面,那是埋葬自杀者和未受洗礼的死婴的地方。据说,后来,对莫里哀切齿仇恨的反动教会人士还在深夜偷偷地刨出莫里哀的棺木,使之露尸于野。如此骇人听闻,在文学史上也是很罕见的。

《伪君子》虽然受到反动教会的残酷迫害,但这不能泯灭它的光彩。达尔杜弗这一形象在舞台上一出现,就成为一个卓绝的艺术典型,并成了一切伪君子的代名词。这个人物已超越了时代和国界,具有广泛的社会价值和典型意义。三百多年来,这个戏受到了不分国籍的广大观众的交口赞誉和许多著名作家、艺术家的高度评价。普希金称赞这部戏是"喜剧天才最高度紧张活动的成果"。别林斯基则声称:"《伪君子》的作者是不可能被人们忘记的。""莫里哀的名字……是伟大的,光荣的。"斯坦尼斯拉夫斯基在晚年还亲自排演这个戏,他说:"他的达尔杜弗——不单纯是某一个达尔杜弗先生,而是全人类的达尔杜弗。"

（《江西戏剧》1985 年第 2 期）

〇六一

# 易卜生的"连锁反应"

易卜生 1828 年 3 月出生于挪威南部小城斯基恩的一个木材商人的家庭,后来家道中落,十六岁时当了药店学徒。青年时受欧洲资产阶级民主革命影响,曾参加挪威民族独立运动。一八四八年开始写作诗歌和剧本,第一个剧本是三幕诗剧《凯替莱恩》。1850 年易卜生到奥斯陆报考大学,但未被录取。1851 年 10 月经人推荐入卑尔根剧院任编剧和舞台主任,开始职业戏剧家的生涯。1864 年出国,在意大利、德国、法国等国侨居二十余年。

易卜生的戏剧创作,有个有趣的现象,那就是连锁反应。

《玩偶之家》上演后,引起了资产阶级社会的非难和指责,特别是娜拉的出走,招来许多非议,认为娜拉不守妇道等等。为了回答社会上对《玩偶之家》及其结尾的攻击,易卜生于 1881 年又写了一部社会剧,名为《群鬼》。它是《玩偶之家》的姐妹篇,这个戏的主人公海伦是个恪守传统道德,一心一意当贤妻良母的女子,她性格温柔懦弱,屈从母亲的意愿。嫁给了放荡荒淫的阿尔文。她忍气吞声,把希望寄托在儿子身上。但 18 年之后,儿子从国外读书回来,竟也是个浪荡子,并患上了花柳病。海伦最后的结局还是毁灭。

作者从另一个侧面,其锋芒同样是针对着资产阶级的家庭、道德和宗教。海伦说她被一大群鬼死缠着,剧本的主题是向群鬼斗争,实际上是对社会的一切制度的挑战。《群鬼》上演后,舆论大哗,由于剧作鞭笞了社会上的"模范人物",又把梅毒性病搬上了舞台,触怒了上流社会,易卜生遭到了更加猛烈的攻击，连挪威的自由党也出来攻击。所有那些文章使用的各种各样丑恶的形容词，收集起来足够编成一部谩骂小辞典。为了《群鬼》，易卜生成了"国民公敌"。

然而易卜生并没有屈服，一年之后，他干脆用《国民公敌》作为剧名又写了一部戏。这有点像鲁迅当年曾被人辱骂为"堕落文人"，于是鲁迅干脆就用隋洛文（取堕落文人之半）的笔名继续撰文。主人公斯多克芒从北方来到南海岸城市的一个浴场当医官，这个城市正以温泉浴场吸引各地游客。但斯多克芒发现皮革厂的污水污染了温泉，浴场水源带有大量病毒，危及人们的健康。为此，他提出关闭和改建浴场，并要公开揭露事实真相。此举直接触犯了浴场主们和政府官员的利益。他的哥哥、市长彼得·斯多克芒百般阻止他公布真相，还扬言要免去他的职务。然而，斯多克芒坚持真理，不肯让步。于是市长和官僚、市侩勾结一气，在市民大会上围攻斯多克芒，最后决议，宣布他为"国民公敌"。

而那些蝇营狗苟、残害百姓的官僚、市侩却被捧作人民的代表、社会的支柱。作品以冷峻的讽刺手法，刻画了这个城市中官僚、市侩虚伪自私的丑恶面目，剧作首次提出了城市的环保问题，并进而深刻揭露出社会"精神生活的根源全都中了毒"，达到了振聋发聩的程度。剧作所塑造的斯多克芒医生关心民众、勇敢正直，十分感人，整个作品充满了为真理而斗争的精神。1900年莫斯科艺术剧院也曾上演此剧，扮演斯多克芒医生的就是大名鼎鼎的斯坦尼斯拉夫斯基。

易卜生那种以其人之道还治其人之身的连锁反应，鲜明显示出他对现实主义精神的大胆探索和践行以及作为一个伟大作家的勇气和胆识。

易卜生的戏剧反映社会现实的尖锐性和深刻性，都达到了批判现实主义戏剧的高峰，它震动了欧洲的剧坛，乃至世界的剧坛。易卜生对中国的戏剧也产生过重大的影响。

易卜生曾影响了几代中国的戏剧人，他的剧作至今仍然活在中国的舞台上，并且一直是戏剧学院和大学中文系的必读教材。

（香港《文匯报》2006年5月1日、2日）

## ○六二

# 斯坦尼与"莫艺"

今年是康士坦丁·塞尔格耶维奇·斯坦尼斯拉夫斯基诞生一百二十周年。斯坦尼斯拉夫斯基（1863—1938）是苏联著名的演员、导演艺术家和戏剧教育家。他早在1877年就开始业余戏剧活动。1888年，他领导莫斯科艺术文学协会，开始了现实主义的创作活动，曾上演列夫·托尔斯泰、皮谢姆斯基、奥斯特罗夫斯基、莎士比亚的剧本，深刻地挖掘当代重大的社会冲突，竭力赋予舞台以新的生命。1891年他导演了列夫·托尔斯泰的《教育的果实》，这是他导演的第一个戏，从此开始了导演生涯。接着他又把陀思妥耶夫斯基的小说《勒切潘奇科沃村》改编成剧本搬上舞台。然而，斯坦尼的艺术青春真正得到焕发，他的表演体系得到实践并逐渐完善，是在创建莫斯科艺术剧院之后。

莫斯科艺术剧院是由斯坦尼与另一杰出的戏剧家聂米罗维奇·丹钦科，集中了一大批卓越的演员,共同创办起来的。他们具有共同的美学观点,又有共同的目标,也就是探索戏剧创作的现实主义道路。1898 年 6 月 14 日,剧院成立时,斯坦尼对全体演员说:"你们不要忘记,我们的目的是:照亮贫穷阶级的黑暗生活,在笼罩着他们的一片黑暗当中,给他们一些幸福的美学享受的时刻。我们的目的是建立第一个理智的、高尚的大众剧场,我们要为这个崇高的目标献出我们的一生。"

斯坦尼与莫斯科艺术剧院都曾受到俄国伟大作家契诃夫的重大影响。"莫艺"成立前,斯坦尼和丹钦科就十分崇拜契诃夫,他们几乎和契诃夫同时批判了 19 世纪 80 年代俄国剧场由于剧目毫无思想性而变得渺小猥琐、停滞不前。契诃夫严正指出:"必须依靠文学家,剧场才能得救"。1895年契诃夫创作了《海鸥》,这个剧本刻画了一个在生活中找到真正的艺术道路的女演员和周围人们的思想冲突,它不仅勇敢而深刻地反映了现代知识界生活中的矛盾,而且找到了表现思想的有利形势。这使斯坦尼和丹钦科极为钦佩,并且引起强烈的共鸣。丹钦科为此拒绝了颁发给他的格利包耶多夫奖金,认为只有《海鸥》的作者契诃夫,才有资格接受这份奖金。

"莫艺"成立以后,把演现代剧目作为重要的任务。他们聘请契诃夫和高尔基为特约撰稿人。1898 年 12 月契诃夫的《海鸥》由"莫艺"首演,这不仅给剧院带来了新的气息,也使契诃夫的剧作获得了舞台的生命。斯坦尼曾排演过契诃夫的《海鸥》、《万尼亚舅舅》、《三姊妹》、《樱桃园》和高尔基的《在底层》。契诃夫和尔高基的剧作在"莫艺"首演,构成了这个剧院创作发展中的整整一个时期。在契诃夫的影响下,逐渐形成了"莫艺"戏剧美学,为斯坦尼体系的形成奠定了基础。

斯坦尼一生导演及担任艺术指导的话剧和歌剧共有 120 多个。而他本人又是一位才华横溢的杰出演员,他扮演的《万尼亚舅舅》中的阿斯特罗夫、《三姊妹》中的韦世宁、《樱桃园》中的夏耶夫、易卜生《人民公敌》中的斯多芒克大夫等角色,都获得了极大的成功。他为了革新舞台艺术和确立现实主义演剧方法进行了长期的探索,创立了斯坦尼斯拉夫斯基演剧体系。这种体系总结和发展了俄罗斯戏剧学派的理论。他主张舞台的真实感和现实主义完整的舞台幻觉,要求演员"进入角色",体验人物的思想感情,以朴素的外部动作表现角色的心理发展逻辑。他的著作《我的艺术生活》、《演员自我修养》,影响遍及世界剧坛。斯坦尼还是一位辛勤的艺术教育家,他在"莫艺"培养了许多优秀的演员和导演,晚年还建立了斯坦尼斯拉夫斯基戏剧讲习所,对戏剧事业、培养戏剧人才、作出了卓越的贡献。

(《戏剧通讯》1983 年第 6 期)

○六三

# 布莱希特与中国

最近本市继北京举办"布莱希特周"之后,又由上海戏剧学院、人民艺术剧院、青年话剧团联合主办了"布莱希特座谈会"和演出活动,通过这些活动,人们将逐渐熟悉这位德国的戏剧大师。

布莱希特是"叙述体戏剧"和"间离效果"戏剧理论的倡导者和实践者,这位独树一帜的德国戏剧家与中国有着不同一般的关系。

一九三五年,流亡在苏联的布莱希特在莫斯科观看了中国表演艺术家梅兰芳的演出,深深地着了迷。他认为自己多年来朦胧追求而没有达到的,梅兰芳却已经发展到了极高的艺术境界。他对《打渔杀家》中梅兰芳的手势、动作、船桨的运用惊叹不已。他在次年写的《论中国戏曲与间离效果》一文盛赞了梅兰芳的表演。

其实,布莱希特早在二十年代就开始研究中国古代哲学。他曾模仿中国格言诗的形式,把有关政治、历史和道德的思想写成了一本书。自从看了梅兰芳的戏,更是潜心研究中国戏剧。他除了在编剧方面借鉴中国戏曲的手法。还写了两部与中国有关的剧本。

一九三八到一九四一年间布莱希特写了一出《四川好人》的剧本,写三个神仙下凡,考察人们有没有善行。他们在四川找到一个好人——妓女沈德,神仙赐她金钱,她开了一爿烟纸店。不料她有了钱,亲戚、房东、买卖人就把她包围起来,结果弄得她债台高筑。迫不得已,心生一计,戴上一副面具,称是自己的表弟水大。水大清理了债务,烟纸店发展成一爿香烟厂,她残酷剥削工人发了大财。这时沈德与青年杨森恋爱,有一天杨森听到沈德在房里哭泣,心生疑虑,告到官府。恰好法官就是三位神仙。水大取下面具,说明一切,悔恨自己行了恶行,神仙却宽恕了她。剧本揭露了善人也不得不作恶这样一种黑暗恶浊的社会现实。

一九四四到一九四五年间,他又写了一部《高加索灰阑记》,这明显是受了我国元代戏剧家李行道的《包待制智勘灰阑记》的影响而写的。李行道的《灰阑记》写马妻通奸谋夫,反诬马妾,为夺家产,强认马妾之子为其所生。包拯用石灰在地上画一个圆圈,让孩子站在圈内,命两女各执一手相拉,谁拉出圈子,即认其为母。亲娘怕孩子拉仿,不肯用力,被马妻拉出。包拯洞察其奸,断明此案。布莱希特的《高加索灰阑记》则写一次贵族叛乱中总督被杀,总督夫人只顾逃命,丢了孩子。总督府女仆格鲁雪为救护孩子,历尽千辛万苦。暴乱结束后。总督夫人派兵士找到了孩子,并带走。法官也用《灰阑记》的办法断案,但与李行道的《灰阑记》不同,真正疼孩子、怕伤害孩子而不肯使劲拉的不是生身母亲总督夫人,而是格鲁雪,结果把孩子判归后者。这个戏与《灰阑记》相比,既有借鉴,又有所创造。

布莱希特还是歌德以后,第一个全面研究中国文化和哲学并译过中国诗歌的伟大德国作家。他译过毛泽东的诗,写过有关中国解放斗争的诗歌和以中国为背景的剧本。他曾把中国话剧《粮食》搬上他的柏林剧团的舞台。

（《新民晚报》1985 年 4 月 30 日）

· 谈乐舞 ·

〇六四

# 田汉、聂耳与国歌

今年是中华人民共和国国歌《义勇军进行曲》诞生 80 周年,使我想起她诞生的经历的那些故事。

　　《义勇军进行曲》的词作者是田汉,曲作者是聂耳。田汉是我国著名的诗人、戏剧家,中国话剧运动的奠基人之一。他是湖南长沙人,生于1898年,字寿昌。早年留学日本,1921年归国后,与郭沫若等组织文学团体创造社。20世纪20年代中后期,在上海创办南国社、南国艺术学院,从事戏剧和电影创作活动,拍摄过《湖边春梦》、《三个摩登女性》等影片。1932年加入中国共产党,参与领导上海的左翼文艺运动,担任左翼剧联党团书记、中共上海中央局文委委员。聂耳生于1912年,云南玉溪人,原名守信,字子义。出身于清寒医家,自幼爱好音乐,能演奏多种民族乐器,中学就加入中国共产主义青年团。1931年从云南至上海,考入明月歌舞团,后任首席小提琴手。"九·一八"事变后,聂耳有志于搞一些鼓舞抗战的音乐作品,进入了联华影业公司和东方百代唱片公司,从事音乐创作。田汉与聂耳相识于1933年。田汉听说聂耳的经历和追求进步的愿望,与他彻夜长谈。在田汉的影响下,聂耳参加了左联的音乐小组,1933年,经田汉介绍,聂耳加入了中国共产党。

　　田汉与聂耳第一次合作是影片《母性之光》中的《开矿歌》。此片由田汉编剧,《开矿歌》是篇中的插曲,由田汉作词,聂耳作曲,歌曲以蓬勃的朝气、激扬的旋律表现了工人阶级的精神气质。这也是聂耳创作的第一首电影歌曲,聂耳还在影片中客串了一个黑人矿工的角色。1934年,田汉与聂耳又合作了歌剧《扬子江暴风雨》,在上海八仙桥基督教青年会演出。从此,田汉和聂耳亲密合作,成为黄金搭档,一起共同创作了14首歌曲,如《毕业歌》、《告别南洋》、《饥寒交迫歌》等,其中最成功的就是《义勇军进行曲》。

　　1934年,在上海地下党电影小组的直接领导下,成立了电通影片公司,由夏衍、田汉等领导电影创作,司徒慧敏担任摄影场主任。"电通"的第一部作品是《桃李劫》。1934年底,"电通"开始筹拍第二部影片《风云儿女》,影片描写30年代处于深重民族危机下,青年知识分子参加义勇军,奔赴抗日战场的故事,通过诗人辛白华一度逃避,终于转变及梁质甫等毅然参加抗日斗争,反映了中国人民抗日救国的共同愿望和坚强意志。该片原由田汉创作剧本故事梗概,开始片名为《凤凰涅槃》(也称《凤凰再生》)。田汉在写到男主角辛白华的长诗《万里长城》的最后一节,创作了一首激昂奔放的自由体诗,这首写在一张包香烟的锡纸衬底上的歌词,就是这部影片的主题歌《义勇军进行曲》。1935年上海文委遭破坏,2月19日,田汉被捕。此片由夏衍接手,写成电影文学剧本,并改片名为《风云儿女》。聂耳闻说田汉被捕,义愤填膺,他不顾白色恐怖的恶劣环境,主动请缨,要求担当起这首主题歌作曲的任务。聂耳在霞飞路(今淮海中路)曹家弄的三层阁居所内,夜以继日,以短短几天的时间,谱写出了《义勇军进行曲》这首雄壮、豪迈的歌曲的初稿。田汉的歌词是自由诗体,句子长短参差不齐,聂耳创造性地把它谱成由六个长短不等的乐句组成的自由体乐段。初稿写出后,"电通"即组织在上海荆州路的摄影棚进行试唱,聂耳亲临现场,征求司徒慧敏、张云乔等人的意见。

　　田汉被捕后,聂耳也被列入黑名单。为躲避反动当局的追捕,党组织决定聂耳取道日本去苏联学习音乐。聂耳于1935年4月15日清晨离开上海。聂耳把《义勇军进行曲》的曲谱带到日本进行修改。4月底,聂耳从东京把修改定稿的曲谱寄回上海的司徒慧敏。5月初,"电通"公司即组成了由盛家伦、郑君里、金山、顾梦鹤、司徒慧敏等参加的小合唱队,进行试唱排练。5月9日,在徐家汇东方百代公司的录音棚里,第一次将《义勇军进行曲》灌制成唱片发行,其后再把唱片上的录音转录到电影《风云儿女》的胶片上。影片的插曲和主题歌配乐均由贺绿汀作曲。《义勇军进行曲》的歌谱先后在5月10日的《中华日报》副刊和6月1日出版的《电通画报》上发表。

　　5月,《风云儿女》摄制成功,5月24日在上海金城大戏院(今贵州路黄浦剧场)首映,戏院里响起了"起来！不愿做奴隶的人们！把我们的血肉，筑成我们新的长城！中华民族到了最危险的时候，每个人被迫着发出最后的吼声……"的歌声，从此《义勇军进行曲》雄壮豪迈的歌声响遍了全中国每一个角落。

　　7月17日，聂耳在日本神奈川县藤泽市鹄沼海滨游泳时，不幸溺水身亡，年近23岁。7月，田汉经营救保释出狱，当他听到《义勇军进行曲》时，心情很为激动，他对聂耳谱的曲子非常满意，他说："把这短短几句话处理得非常豪壮明快和坚决有力。他的曲子充满着饱满的政治热情。在全国人民忍无可忍，迫切要求反帝抗日的时候，这几句简单的音节恰恰表达了千万人的心声。"与此同时，田汉也获悉了聂耳遇难的噩耗，田汉极为悲痛，当即挥毫赋诗道："一系金陵五月更，故交零落几吞声。高歌正待惊天地，小别何其隔死生。乡国只今沦巨浸，边疆次第坏长城。英魂应化狂涛返，好与吾民诉不平。"

　　《义勇军进行曲》问世后，不仅在全国人民中到处传唱，而且影响远及东南亚、欧洲、北美等地，著名黑人歌唱家保罗·罗伯逊也曾演唱此歌，并录制成唱片，使这首歌驰誉世界，被公认为一首国际性的战歌。

　　1949年9月25日晚，在新中国即将成立的前夕，毛泽东、周恩来在北京中南海丰泽园颐年堂会议室召集协商国旗、国徽、国歌方案的座谈会。参加者有：郭沫若、沈雁冰、黄炎培、陈嘉庚、张奚若、马叙伦、田汉、徐悲鸿、李立三、洪深、艾青、马寅初、梁思成、马思聪、吕骥、贺绿汀。会上，马叙伦等提议：用《义勇军进行曲》暂代国歌。周恩来当即表示赞同这一提议，他说："这支歌曲雄壮、豪迈，有革命气概，而且节奏鲜明，适合演奏。"大部分与会者也予以支持，但一部分人提出需要修改歌词，包括词作者田汉也说，现在新中国即将成立，帝国主义反动派被赶跑了，歌词里"中华民族到了最危险的时候"的提法是否过时，是否需要修改？周恩来说："这句歌词正是提醒大家要居安思危，安不忘危。要么就用旧的歌词，这样才能激励感情，修改了唱起来就不会有那种感情了。"他还说："我们面前还有帝国主义反动派，我们的建设愈进展，敌人愈嫉恨我们，想法破坏我们。这能说不危险吗？倒不如留下这句词，使我们耳边警钟长鸣的好！"这一番话使大家豁然开朗。毛泽东同意周恩来的意见，最后，他说："大家都认为《义勇军进行曲》作为国歌最好，意见比较一致，我看就这样定下来吧"！会场里随即响起热烈的掌声。9月27日，政协第一届全体会议一致通过了关于国歌的决议案："在中华人民共和国的国歌未正式制定前，以《义勇军进行曲》为国歌。"

　　1949年10月1日下午3时，在中华人民共和国开国大典上，毛泽东庄严宣布中央人民政府正式成立，《义勇军进行曲》作为国歌第一次在天安门广场响起。而此时，站在天安门城楼观礼台上的田汉激动不已。

　　新中国成立后，田汉在文艺界担任领导工作，曾任文化部戏曲改进局局长、文化部艺术局局长、中国戏剧家协会主席等职。在"文革"中，田汉被"四人帮"诬陷为叛徒，身陷囹圄，国歌的原词也遭禁唱。田汉深受残酷迫害，于1968年屈死狱中，终年七十岁。

　　粉碎"四人帮"后，有人提出，国家已经进入新的历史时期，《义勇军进行曲》的歌词不能反映变化了的现实，故而提议要重写歌词，1978年3月，五届人大一次会议成立了国歌征集小组，通过了新的国歌歌词。1978年12月，党的十一届三中全会召开，中国发生了历史性的转折。1982年12月4日，五届人大五次会议决定：恢复《义勇军进行曲》为中华人民共和国国歌，撤销五届人大一次会议关于国歌的决定。2003年10月，根据人民群众的意见，中共十六大三中全会提议把国歌《义勇军进行曲》写进宪法。2004年3月，十届全国人大二次会议通过宪法修正案，增加了一款："中华人民共和国国歌是《义勇军进行曲》。"至此，由田汉与聂耳合作的这支歌曲,作为国歌的地位,终于得到宪法的正式确认,从而国歌在国民心目中,获得了更加神圣、更加崇高的地位。《义勇军进行曲》的高昂歌声将永远鼓舞和激励全国人民在建设国家的征程上前进,前进,前进进!

2009 年 4 月 8 日于上海

○六五

# 现代版的"高山流水"
## ——华彦钧与杨荫浏

每当人们聆听到婉转动人的二胡曲《二泉映月》的时候,就会自然而然地想起这首乐曲的原创者和首演者华彦钧,人们习惯地称他"瞎子阿炳"。

阿炳是江苏无锡东亭人,出生于清光绪十八年(1892)。据说他是无锡雷震殿当家道士华清和与无锡一个大户人家姓严的寡妇所生,乳名阿炳。这雷震殿就在无锡城中图书馆钟楼附近。阿炳五岁起就在雷震殿当上了小道士,由于道教的清规,华清和与阿炳以师徒相称。阿炳曾上过三年私塾。后来江西龙虎山天师张恩溥来无锡时赏赐给阿炳一个道号:华彦钧。

无锡是江南的文化古城,也是一个音乐之乡,这里盛行着委婉柔美的江南丝竹和绚丽多姿的民间小调;而道教的音乐也极其丰富而独具特色。阿炳生活在无锡的道观里,受到了这双重的音乐熏陶。他的父亲华清和精通道教音乐,能演奏多种民间乐器,尤以琵琶见长,人称"铁手琵琶"。阿炳从小就跟华清和学笛子、琵琶、二胡、鼓乐等乐器,受到严格的训练,加上他自己的聪慧和悟性,学会了道场曲子《散花调》《五苦偈》《香供奉》等,还学会了琵琶曲《平沙落雁》等民族器乐曲。在十六、七岁时,他就参加道教音乐的演奏和步罡踏斗等道教法事,并逐渐在无锡道教界崭露头角。

1918 年,华清和因病去世,阿炳成了雷震殿的新当家。阿炳是一位能演奏多种乐器的道士,但他又不同于只会演奏多种乐器的道士。他的音乐天赋使他超越了道教音乐,他的视野扩大到流行于无锡的各种江南民歌、器乐和戏曲。他不仅整理道教的乐曲,还拜了许多民间艺人为师,收集江南乐曲和昆曲曲牌,潜心钻研琢磨,后来自己也开始谱曲演奏。在 20 年代,他就创作、演奏了二胡曲《寒春风曲》等作品。

上个世纪 20 年代,社会动荡而恶浊,阿炳一度也沉沦过,还染上了大烟。1928 年,阿炳双目失明,加之道观的产业变卖殆尽,他开始了流浪卖艺的生涯。他大多在无锡的闹市崇安寺卖艺;或是走街串巷,一边走,一边拉琴;或是沿途向店铺借一张凳子,站在上面表演。阿炳经常是穿着一件破长衫,戴着一副断了一条腿的墨镜,迈着蹒跚的脚步缓缓前行。起初由一个乡下远亲的小女孩搀扶着他,后来由一个叫董催娣的寡妇搀扶,董催娣也就是与他相依为命的伴侣。阿炳是纯粹靠演唱来维持生活,他从来没有随便地收取人家的施舍,也从来没有做出向人乞怜的样子。人家叫他演奏,他才演奏,人家给他报酬,他并不道谢,也不争多嫌少。有时人家请他表演,即使不给他钱,他也照样高兴地演奏或说唱。

阿炳卖艺,主要演奏二胡曲、琵琶曲以及民间小调、滩簧曲调。在流浪卖艺的过程中,他接触了更多的江南民歌、江南丝竹、锣鼓乐、锡剧等各种戏曲音乐。在丰厚的基础上，他创作了许多器乐曲。其创作素材就来自他熟稔的道教音乐和江南民间音乐，而这些乐曲又都是时代、个人生活感受和无锡特殊地域的结合物。如创作于 30 年代的二胡曲《二泉映月》，阿炳原来取名为《惠山二泉》。无锡的惠山是风景绝佳的所在，这里的二泉被茶圣陆羽誉为"天下第二泉"，并有赵孟頫的题壁。那时阿炳经常要到玉泉观去，而二泉就在玉泉观山门之前。在二泉，阿炳有时遇到滂沱的大雨；有时则领略到泉边月夜的清幽。二泉的种种景象拨动了阿炳的心弦，一串串动人的音符不由跳跃而出。阿炳谱写的《惠山二泉》深情地描写了惠山泉清月冷的优美景色，然而其中渗透了阿炳对坎坷生活的悲愤之情，所以乐曲既有柔美的一面，更有刚劲的一面，使人听到一种心灵的呼喊。他的二胡曲《听松》写于抗日战争时期，乐曲借物咏怀，通过苍劲挺拔的松树，赞颂民族英雄岳飞的威武不屈，歌颂了民族气节和生活抗争的精神。他谱写的琵琶曲《大浪淘沙》以极其激昂悲壮的色彩，表现了一种执着倔强的性格，既有绝望的沉吟，更有悲愤的呐喊。阿炳的乐曲创作不受陈规的束缚，表现出大胆的创新精神。他无论演奏二胡，抑或是琵琶都是那么刚劲有力，表现极为深沉，形成其独特风格，具有一种特别强烈的艺术感染力。

在卖艺生涯中，阿炳除了演奏乐曲外，还根据时事编写成段子说唱新闻。他唱过一个形容"小热昏"艺人景况的段子："一落江湖赛神仙，两脚奔跑在街沿，三餐饮食常断顿，四季衣衫不周全，五湖四海交朋友，六亲无靠真可怜，七窍玲珑会变化，八字里边苦黄连，九九归一床底下放鹞子，十殿阎王面前哭连天。"或许也有自我解嘲的意思。1930 年冬天，他听到一则新闻，说无锡某米行姓周的老板奸污了一个 18 岁的女佣，并把她赶出了门。阿炳十分气愤，他当即编写了唱词演唱，因此得罪了那个老板。1937 年，抗战爆发，后来日寇打进了无锡，阿炳曾与催娣逃到催娣的家乡江阴北国去避难。1938 年又回到无锡。在全国救亡运动影响下，阿炳还经常演奏救亡歌曲，编唱时事新闻及《汉奸下场》、《秦启血溅大雄宝殿》、《十九路军大刀队杀东洋鬼子像切西瓜》等节目。1948 年他自编自演了《金圆券害煞老百姓》的说唱节目，因此被当局以"破坏国库金融政策"而勒令他不准再在公开场合卖唱。

阿炳虽然是一名民间艺人，但在无锡很多人知道他，可说稍有名气，他还被新闻媒体所关注，1932 年起，无锡的报纸上就有零星的关于阿炳的报道。1938 年 7 月 1 日，《新锡日报》上刊登了题为《瞎子阿炳素描》的文章，文章写道：

> "阿炳本姓严，七岁出家为道士，从图书馆前火神庙跟道长华清和为徒。崇尚李耳，诵《道德经》，能以精神致灵魂。最重丝竹，尤擅乐音。胡琴、琵琶，技法出众。河舍炼丹之功，作法入酒，求长生术。二目盲，台脚不拜，街头卖艺，伴侣鸠盘扶子。夏夜月升，电炬放亮，阿炳至，人必请其唱。所唱故事新闻，老妪都解。引吭高歌，喉声苦涩，时抚婉转妙曼之琴，足掩其'呵'。一曲琵琶，勾拨挑摘，小弦如私语，胡琴更神乎其术。听者欢舞，中志在抑郁，听者悲戚。或有久别故乡，闻其凄婉之音，潸潸涕下，愁肠欲断。又能以二胡挟至股间，奏生旦戏词，过门绝如京剧，唱句毕肖人嗓，造诣之深可以想见。有时作变徵之音，若欧乐梵亚铃，抑扬顿挫，极尽其妙。《到春来》、《小桃红》诸曲，隔墙侧耳，忘其为胡琴。
>
> 阿炳戴圆镜，圆颅长盘，奏乐时俯身侧耳。
>
> 隐迹东乡杨亭，于竹篱茅舍，鬻艺自给，农夫牧童，围而观之。我与他偃卧燕窝中，长唱愁贫，形影长随之妇，孤灯相对，如蟑螂弄丸，阿炳嗅其盲目，纳云喷雾，瘾足，则为状至乐。讯其岁，五十一。光绪丁亥生。"

这篇文章对阿炳的生平作了简要的勾勒。

无锡确实是一个音乐之乡,它不仅出了一位民间音乐家华彦钧;而且出了一位对音乐研究造诣深厚的音乐家杨荫浏。杨荫浏比阿炳小七岁,他在 12 岁时就跟阿炳学过琵琶、三弦。而后来,阿炳的《二泉映月》等乐曲之所以能流传于世并名闻中外,也多亏了杨荫浏。

杨荫浏也是无锡人,1899 年他出生于一个职员的家庭。幼年在私塾学经史和诗词。6 岁向邻里学丝竹乐器的演奏。1910 年认识了阿炳,并向阿炳学琵琶和三弦。1911 年杨荫浏入无锡天韵社,师从吴畹卿学唱昆曲和音韵等。与此同时,又随美国传教士郝路易女士学英语、钢琴和乐理。1916 年杨荫浏就读于无锡第三师范学校。1923 至 1925 年,入上海圣约翰大学经济系和光华大学学习。1926 年辍学,在无锡、宜兴任中学教师。1932 年冬,杨荫浏进燕京大学进修音乐课程,1936 年任哈佛燕京学社研究员,同时在燕京大学音乐系讲授中国音乐史。抗战时期辗转到大后方,在重庆任教育部音乐教育委员会委员、国立音乐院教授。1944 年兼任国立礼乐馆编纂和乐典组主任。他谱写的岳飞《满江红》新曲和撰著的《中国音乐史稿》在音乐界享有盛誉。抗战胜利后,杨荫浏随国立音乐院迁至南京,并兼任金陵女子大学教授。新中国成立后,杨荫浏担任设在天津的中央音乐学院教授,后担任音乐研究所所长、中国艺术研究院顾问。杨荫浏毕生致力于民族音乐遗产的收集、整理、研究工作以及对中、西音乐学术的沟通,他著作宏富,对中国音乐史、乐律学和民族音乐等方面的研究具有突出的贡献。

新中国成立后,百废待举,杨荫浏首先想到的是如何迅速把阿炳的乐曲抢救下来。1950 年,杨荫浏的同事、曾演奏过阿炳乐曲的黎松寿先期来到无锡,这一年的 9 月初,杨荫浏和曹安和也赶到了无锡。他们一到无锡,立刻去拜访了阿炳。此时,阿炳已十分潦倒,所患肺结核已经到了晚期,他已不能出外卖艺,只能在家帮人修琴以糊口。杨荫浏告诉阿炳,这次是专程来为他的乐曲录音的。阿炳显得很高兴。但是他面有难色地对杨荫浏说:"我的乐器有的卖了,有的坏了。没有乐器怎么办?"杨荫浏说:"阿炳,别担心。胡琴给你买把新的,琵琶想法去借一个。"

9 月 2 日晚上,在无锡崇安寺附近的三圣阁里,开始了录音工作。这一次用钢丝录音机录下了阿炳演奏的《二泉映月》、《听松》、《寒春风曲》三首二胡曲。全部是一次通过。三首乐曲录好后,杨荫浏与阿炳交谈起来。杨荫浏问阿炳,这三首二胡曲,其中最长的那首,还没有题名,你原来取过题名吗? 阿炳说,因为是写二泉的,我以前就叫它《惠山二泉》。杨荫浏说,你看主要想表现二泉的什么景色? 阿炳说,也许是二泉的月下景色吧! 曲名好像也可以用《二泉映月》。杨荫浏听了就说,《二泉映月》这个曲名好。第二天,又在曹安和家里录制了阿炳演奏的《大浪淘沙》、《昭君出塞》、《龙船》三首琵琶曲。据说,阿炳演奏的曲有 300 多首,还有许多说唱节目。杨荫浏、曹安和准备第二年假期里再来无锡录音。

杨荫浏把抢录下来的六首乐曲带回了中央音乐学院民族音乐研究所。音乐学院的学生们听了录音,都说好,好几个学生听了竟不能入睡,还想再听。其中有一位叫张韶的,后来成为优秀的二胡演奏家。1951 年初,杨荫浏在音乐研究所放阿炳乐曲的录音时,听的人都说,乐曲的演奏气魄太大了。中国音乐家协会主席吕骥和著名音乐家马可正在旁边另一个屋子里,他们听到录音拍案叫绝,连忙过来要杨荫浏重新放录音。仔细听完后,他们更是大加赞赏,说好得不得了。

不久后,天津广播电台播放了《二泉映月》等乐曲的录音,在广大听众中引起了强烈的反响,纷纷要求再次播放。另外,经杨荫浏推荐,中央音乐学院决定不拘一格聘请阿炳到音乐学院来任教。可是当黎松寿赶到无锡邀请阿炳赴京时,阿炳已经奄奄一息,他只能在病榻上婉言谢辞了。就在录音三个月之后的 1950 年 12 月 12 日,阿炳因病情恶化,与世长辞。对此,杨荫浏感到极为难过,后来他说:"没有争取时间主动介绍阿炳,使他获得新曲艺工作,获得适当的照顾,这是我们极大的错误,我们觉得非常遗憾。"1950年录下的这六首乐曲成了千古绝唱。在吕骥的亲自过问下,1951年,阿炳的乐曲被灌制成唱片公开发行,并立即轰动了全国。接着,杨荫浏又与曹安和将阿炳生前创作、演奏的200多首乐曲整理出版了《阿炳曲集》,并撰写了《阿炳小传》。

阿炳的《二泉映月》等乐曲面世后,不胫而传,美妙的音符飞向天南海北。它们不仅为我国众多民乐团广为演奏。而且成为许多国家顶级交响乐团的演奏曲目。日本著名指挥大师小泽征尔听完《二泉映月》的演奏后,感动得双膝跪地,泪流满面,他激动地表示:"演奏《二泉映月》,我们是应该跪着听的。"这是对阿炳乐曲多么崇高的评价!

后来,著名音乐家吕骥在《杨荫浏音乐论文集》序言中说:"华彦钧的二胡曲和琵琶曲保留下来的只有六曲,我们后来都为未能收录到这位优秀的民间音乐家的其他作品而感到惋惜,但如果不是杨荫浏先生的推荐,这仅存的六首乐曲也要湮没无闻了。正是由于他向我们介绍了华彦钧的处境和他的艺术创造,我们才决定请他和曹安和先生一同去无锡录音,后来听了他们带回来的录音,才发现这不是一般的民间音乐资料,特别是《二泉映月》,这是一首二胡独奏珍品,我们不应该把它收藏在录音档案中,应当向唱片推荐,制成唱片,贡献给人民。显然,如果不是他们及时去无锡录音,这六首乐曲就会随华彦钧的逝世而亡佚了。"由此可见杨荫浏在保存阿炳音乐珍品方面的奇功。

阿炳去世后,被葬在无锡西郊璨山脚下的"一和山房"道士墓地。后因墓地清理,1983年拾骨移葬于惠山东麓、二泉之南,新墓由中国音乐研究所和无锡市文联合建。墓前有镌刻着"民间音乐家华彦钧阿炳之墓"字样的深色花岗岩石碑,并立有由无锡籍著名雕塑家钱绍武创作的阿炳铜像。据说,阿炳原来雷震殿的故居,无锡有关部门也将重新加以修复,以纪念这位杰出的民间音乐家。

(《名人传记》2007年第6期)

〇六六

# 莫里哀的芭蕾舞喜剧

莫里哀(1622—1673)是十七世纪法国古典主义的代表作家,曾作有《伪君子》、《唐璜》、《吝啬鬼》等不少话剧剧本。不仅于此,他还是一位芭蕾舞剧的作家。特别是他在晚年成功创作了好几个芭蕾舞喜剧,如1669年上演的《布索那克先生》、1670年上演的《豪华的爱人》、《醉心贵族的小市民》和1673年上演的《无病呻吟》等。

芭蕾舞剧是以舞蹈为主要表现手段,并和音乐、哑剧结合在一起的戏剧形式,它作为独立的艺术,形成于十六世纪的法国。莫里哀写的芭蕾舞喜剧其实是话剧、歌唱与芭蕾舞结合在一起的戏剧形式。

《布索那克先生》一剧描绘了一个非常富有、但头脑混乱、庸俗浅薄的外省贵族,这部轻松愉快的喜剧里,还讽刺和嘲笑了封建司法和骗子医生,这个戏的主要人物有布索那克先生、奥龙特、于丽、艾拉司特等,芭蕾舞登场的人物也很多,有音乐手、舞蹈教师、侍童、医生、律师、检察官、博士、农民等数十名。芭蕾舞是穿插在各个场次之中的。比如第一幕,一开始就是一支由歌唱,吹奏和舞蹈组成的小夜曲,歌词是叙述艾拉司特和于丽两人的爱情故事,表达一对情人相爱,遭到父母反对而感到苦恼的情绪,这里安插有两个舞蹈教师的舞蹈,两个侍童的舞蹈,四个看热闹的闲人发生争吵,持剑斗殴,两个瑞士人为之和解并和他们一起舞蹈。第一幕末尾,当医生和药剂师拿了灌肠器,要给布索那克先生洗肠子时,几个跳西班牙舞的又在他周围舞蹈。第二幕中布索那克先生为了打官司去找律师,这时两个检察官和两个法吏跳起芭蕾舞,律师唱出"重婚这样的罪行,严重的万分"的歌词。第三幕更是穿插了一群戴假面具的演员,边舞边唱。戏就是在野人的舞蹈、比斯开人的舞蹈中结束的。

《醉心的小市民》也是一部芭蕾舞喜剧。主人公茹尔丹是一个发了财而痴心妄想依附贵族阶级的资产者形象。他竭力模仿贵族的生活方式,学音乐、舞蹈、剑术、哲学,穿贵族的服装,学他们的礼节,他摆阔气,装斯文,甚至贵族的嗜好也学。他还极力用金钱笼络贵族,一心想把女儿嫁给贵族,不让她和所爱的克雷昂特结婚,结果大受其骗。贵族道朗特伯爵,利用他的交谊和金钱,而且利用他的客厅,在为他拉拢女友的幌子下,自己和道芮麦侯爵夫人大谈恋爱。而克雷昂特用了仆人的妙计,伪装土耳其大贵族光临茹尔丹之家,茹受宠若惊,连忙将女儿嫁给他。这个戏,既尖刻讽嘲,又喜趣横生,具有暴露当时社会现实的意义。这个戏中穿插的芭蕾舞场面与内容密切相关,因为茹尔丹要学贵族的样子,他就要学舞蹈,剧中安排了舞蹈教师和舞蹈者多人,第一幕中就有舞蹈教师给茹尔丹作示范动作的情节。另外在第四幕第五场。授予茹尔丹市民贵族爵位的仪式就是用舞蹈和音乐来进行的。

《无病呻吟》是莫里哀最后一个剧本,主人公阿尔罔是个极端的利己主义者,同时又是骗子医生的受害者。他盲目相信医生,没病找病,想天天躺在床上要家里所有人为他的"病"服务,为了有利于他看病,阿尔罔还强逼他的女人央若丽格和医生托玛·贾法如结婚。阿尔罔的后妻贝林也是个自私的家伙,她嫁给阿尔罔是看中了他的钱袋,表面上装得体贴入微,其实巴不得他早点升天,可以得到一笔遗产,因此早催着他写遗嘱。后来阿尔罔听从唐乃特的妙计,装死,最后揭穿了贝林的虚伪。通过这个资产阶级家庭人物关系的描写,揭示了资本主义社会金钱关系的罪恶和资产阶级的自私本质。

《无病呻吟》的"序幕一",就是用歌舞的形式迎接路易十四亲驾远征荷兰凯旋回来,由花神等唱赞歌,牧童、牧女、风神等跳芭蕾舞。在全剧中安插了三个芭蕾舞插曲,第一插曲是第一幕中鲍利施耐尔夜间来找他的情人,唱小夜曲给她听。他的歌唱最初被提琴的声音打断,后来又被提琴手和舞蹈者扮巡逻兵的队伍所打断,这里穿插了一大段巡逻兵的芭蕾舞,他们在黑暗中找鲍利施耐尔,提着灯笼走来,抓住了他,用棍子打他,最后鲍利施耐尔给他们金币,他们又兴高采烈地跳起舞来。第二插曲在第二幕,无病呻吟者的哥哥为了让他弟弟散心解闷,约来了一班卖艺的男女,穿着北非摩尔人的服装,表演着舞蹈并穿插歌曲。第三插曲在第三幕,这是授予医学博士学位的滑稽典礼,有演说、歌唱、舞蹈等节目。与前面几个戏比较起来,这个戏中芭蕾舞的成分更多些,芭蕾插舞贯穿全剧,且芭蕾舞的表演完全是剧情的有机部分。在《无病呻吟》这部喜剧中莫里哀亲自参加演出,扮演主角阿尔罔。1673年2月17日第四次演出,莫里哀肺炎比平时发得更加厉害,众人劝他不要演了,但为了不影响剧团的收入和五十多人的生计,莫里哀坚持抱病演出,演到无病呻吟者宣誓时,他一阵痉挛倒在台上,下戏回家咯血而死。莫里哀就是死在演出这部芭蕾舞喜剧的舞台上的。

从上面几个戏的情况看来,莫里哀创作的几个芭蕾舞喜剧是由芭蕾舞与话剧、歌唱结合在一起的戏剧形式。通过这几个戏,我们可以看到法国古典芭蕾舞剧的艺术风貌。芭蕾舞后来流传很广,逐渐发展成为一种以舞蹈为主的表现手段,并和音乐、哑剧结合在一起的完整的舞剧形式。如十九世纪首先在巴黎上演的《吉赛尔》、《葛蓓莉娅》以及俄罗斯莫斯科大剧院演出的《天鹅湖》就是这样的形式。

(《上海舞蹈艺术》1985 年第 1 期)

○六七

# 日版芭蕾舞剧《白毛女》

2011 年 10 月。日本松山芭蕾舞团来华访问,先后在北京、上海等地公演新版的芭蕾舞剧《白毛女》,63 岁的著名舞蹈家森下洋子扮演喜儿,以其精湛的表演和饱满的感情再一次倾倒了中国观众,引起了极大的轰动。这不禁使我想起,围绕着《白毛女》,这脚尖下留下的一串串历史的印痕。

说起《白毛女》,首先会想到歌剧原作。歌剧《白毛女》1945 年由延安鲁迅艺术学院根据现实生活素材创作演出,先后参加剧本创作的有邵子南、贺敬之、丁毅;导演有王彬、王大化、张水华、舒强等;作曲有马可、张鲁、向隅、瞿维等;演员有王昆、林白、张守维、陈强等。作品表现抗战时期,陕北地主黄世仁,逼死佃户杨白劳,抢走杨白劳的女儿喜儿,喜儿在黄家受尽凌虐和蹂躏,后张二审计救喜儿脱逃。喜儿逃进深山,数年鬓发皆白,村民呼为"白毛仙姑"。后八路军解放陕北,喜儿的未婚夫王大春也随军回乡,与喜儿重逢。群众斗争地主,枪毙黄世仁。真是"旧社会把人变成鬼,新社会把鬼变成人"。这是中国第一部民族新歌剧,问世后反响强烈,得到了广大观众的热烈欢迎。

1949 年进入北平后,《白毛女》又作了认真修改,再次公演。从此轰动全国,演遍了大江南北,"北风那个吹"成为人人会唱的曲调。1950 年,东北电影制片厂改编拍摄成故事影片《白毛女》,主要演员有田华、李百万、陈强等。1951 年,《白毛女》获得斯大林文学奖二等奖。

建国初期,中国和日本没有建立正常的外交关系,两国政府处于隔绝的状态,但两国人民的民间交往并没有被阻断。1952 年 5 月,3 位日本国会议员高良富、帆足计和宫腰喜助冲破日本政府的阻挠,访问中国。周恩来总理十分重视,不仅接见他们,而且向他们赠送了电影《白毛女》。回日本后,帆足计把电影《白毛女》的录像带交给日中友好协会的宫崎世民。宫崎到日本各地举办"《白毛女》上映会",使日本观众第一次看到新中国的电影。有一次在东京江东区的一个小会堂里放映《白毛女》,观众中有松山芭蕾舞团团长清水正夫。松山芭蕾舞团成立于1948 年 1 月,是日本最著名的芭蕾舞团之一。清水正夫观看时十分感动,多次流下了热泪。接着他让妻子松山树子也去观看,两人都被生动感人的故事所深深吸引,于是跟随着放映者,一路的看下去。

两人多次观看电影《白毛女》,田华扮演的喜儿,可爱而又坚强,引起了他们强烈的感情共鸣;喜儿的头发一夜由黑变白的传奇情节激发了他们的创作灵感。当时,清水夫妇正在寻找芭蕾舞剧的题材。两人不约而同选中了白毛女,他们认为这一题材适合于芭蕾舞表现,它可以净化日本人的灵魂，与当时日本妇女解放的思潮也是契合的。于是毅然决定将其改编为芭蕾舞，搬上日本舞台。

但是，只是看过电影《白毛女》，手里什么资料都没有，很难着手创作。他们给中国戏剧家协会写信，请求提供有关《白毛女》的资料。1953年底，时任中国戏剧家协会主席的田汉先生给予回信，并在信中附寄了歌剧版《白毛女》的剧本和乐谱，以及舞台剧照。这对他们来说，无疑是雪中送炭。他们克服了重重困难，付出了艰苦的艺术劳动，芭蕾舞剧《白毛女》终于改编成功，于1955年2月在东京日比谷公会堂首演。清水正夫担任该剧创作，松山树子扮演喜儿。为了适合芭蕾舞演出以及体现舞台美感，松山树子为喜儿设计了用银灰色布料缝制的较贴身的舞台装，还将电影中喜儿灰白色头发设计成了银白色。此剧在日本演出获得了成功，"白毛女"的悲惨命运也深深打动了日本观众。据清水正夫回忆："那时天气非常冷，但是观众人山人海，连补座都没有。大幕一落，雷鸣般的掌声响彻整个剧场。"

1955年，郭沫若邀请松山树子访问中国，进行艺术交流。10月1日，在国务院举行的国庆晚宴上，周恩来总理把松山树子以及中国的田华、王昆介绍给与会嘉宾，他说："诸位，今天有日本的'白毛女'松山树子女士光临，而且这里还有中国的'白毛女'，我荣幸地把她们介绍给各位。田华是电影喜儿，王昆是歌剧喜儿，松山树子是芭蕾舞喜儿，你们是中日友谊的象征。"周恩来还对松山树子的芭蕾舞团发出了邀请，说："下次带着《白毛女》，大家一起来。"

经中国人民对外文化交流协会与日本方面的努力，松山芭蕾舞团访华计划终于成行，1958年3月3日，松山芭蕾舞团一行46人到达北京，田汉、阳翰笙、戴爱莲、欧阳予倩等文艺界名人到车站迎接。13日，芭蕾舞团在北京的天桥剧场开始了在中国的首次公演。这次演出的《白毛女》是一个40分钟的独幕芭蕾舞剧，中国观众对他们的演出报以热烈的欢迎，通宵排队买票，剧场高挂满座的牌子。松山的芭蕾舞《白毛女》的演出，还在北京掀起了一股《白毛女》热，几个不同剧种的《白毛女》同时上演，除芭蕾舞《白毛女》外，还有王昆的歌剧《白毛女》、中国京剧团李少春等的京剧《白毛女》等。整个京华，到处是"北风吹，雪花飘"。松山芭蕾舞团还到重庆、武汉、上海等地公演《白毛女》、《胡桃夹子》等剧目。所到之处，都产生了强烈的反响。这次演出为期2个月，共演出28场。

1964年9月至12月，松山芭蕾舞团一行50人第2次访华，共演出38场。人民大会堂演出时，毛泽东、周恩来、朱德等中国国家领导人观看演出并接见全体演员。松山树子回忆道："在和毛主席交谈过程中，他多次对我说的一句话就是'你们是老前辈了'！毛主席称我们为老前辈，我们很难为情，这是由于中国从这一年开始，全面开展了京剧现代化和古典艺术的改革，而我们则已经把《白毛女》改编成了芭蕾舞。所以称我们为老前辈，以此来鼓励我们。"

"英雄所见略同"，中国的舞蹈家也对"白毛女"的题材深感兴趣。1964年，上海舞蹈学校教师胡蓉蓉为芭蕾科6年级毕业汇报演出编排了一个中型芭蕾舞剧《白毛女》，20分钟的长度。1965年，又调集精兵强将，请著名导演黄佐临担任艺术指导，创编成了一部8场大型芭蕾舞剧《白毛女》，5月参加"上海之春"首次演出，获得成功。这部作品有许多新的突破和创造。如将原剧中杨白劳被逼无奈自杀身亡，改为因反抗地主抢走女儿而被打死。杨白劳在台上三次拿起扁担奋起反抗，给观众留下了极其深刻的印象。在舞蹈方面，主要采用芭蕾的舞蹈语言，同时吸取了中国古典舞、民间舞、武术、戏曲的精华，既展现芭蕾脚尖功力的特点，又注意使上肢舞姿刚健有力。喜儿在深山，用了春、夏、秋、冬"四变"，表现她十年间受尽苦难，鬈发皆白的历程。上海舞蹈学校的《白毛女》也得到领导的亲切关怀，周总理始终给予关注和支持，他在各种场合观看他们演出的《白毛女》就达17次之多。1967年4月，毛泽东在北京观看了《白毛女》的演出,上台接见了剧组全体人员,称赞:"《白毛女》,好。"

1971 年 10 月,清水夫妇率团来中国进行第三次访问,在北京演出了改编的《白毛女》。这次演出松山树子退居幕后,担任艺术指导,由儿媳森下洋子扮演"白毛女",长子清水哲太郎也扮演重要角色;把故事的时间改成了 1948 年。这样,《白毛女》中的八路军也就改成了解放军,演员们戴着有红五星的帽子,穿着有红领章的军装。当时正值林彪叛逃事件发生不久,周恩来日理万机。即便如此,还是抽出时间,陪同柬埔寨民族团结政府首相宾努亲王和夫人,国内特使英·萨利及在北京访问的黑田寿男、宫崎世民、中岛健藏、宫川寅雄等日本朋友一起观看了《白毛女》演出,并上台与主要演员森下洋子亲切握手并接见全体演员。事后,清水夫妇得知当时的特殊情况后,感动而泣。松山芭蕾舞团到上海访问时,与当时的上海舞蹈学校《白毛女》剧组结下了深厚的友谊。

1972 年 7 月,应日中文化交流协会中岛健藏之邀,以孙平化为团长的上海舞剧团(即上海舞校《白毛女》剧组)一行 208 人,带着中国的芭蕾舞剧《白毛女》和《红色娘子军》,赴日本访问和公演。此时正值中日关系发生重大转折的关头。上海舞剧团到达日本前夕,7 月 5 日田中角荣当选自民党总裁。7 月 7 日,田中内阁成立,放弃了前任首相敌视中国的外交政策,明确表示,要推进和平外交,实现同中华人民共和国邦交正常化。9 日,周恩来在欢迎也门民主人民共和国政府代表团宴会上的讲话中明确回应,表示欢迎。上海舞剧团 7 月 11 日到达日本。14 日在日生剧场首演《白毛女》,三木武夫、中曾根康弘两位大臣出席观看。上海舞剧团在日本的演出和访问得到松山芭蕾舞团的鼎力支持。团长清水正夫全程陪同,并向其开放了全部练功场地。他在脸上留着一把大胡子,说"不亲眼见到中日邦交正常化就不把胡子刮掉"。为防右翼分子扔燃烧弹,清水哲太郎和森下洋子等芭蕾演员都穿着《白毛女》中的演出服,化好妆,戴着手套,提着浸过水的毛毯,等在后台,以防万一发生意外及时补救,而又不影响正常演出。

日本各界对代表团这次访问,给予了很高的期待。日本的各大媒体竞相刊登上海舞剧团访日的新闻和评论,这次演出大大促进了中日两个民众的友好情谊,为正在好转的中日关系增添了润滑剂。8 月 11 日,大平外相会见孙平化,转达了"田中希望访华的意愿",孙平化立即向周恩来作了汇报。经研究,决定授权姬鹏飞外长声明,"周恩来欢迎并邀请田中访华"。15 日,田中会见孙平化、肖向前,并表示"感谢总理邀请"。1972 年 8 月 16 日,上海舞剧团圆满地完成访问演出任务回国,为了答谢松山芭蕾舞团,上海舞剧团向他们赠送了《白毛女》全剧的录音、服装、头饰、道具等。9 月 25 日,田中首相访华。29 日,中日两国签署《联合声明》,宣布两国邦交正常化,从此翻开崭新一页。这次上海舞剧团赴日演出,被称为中日建交历史进程中的"芭蕾外交"。代表团回国后,周恩来听取了他们工作汇报,反复强调要感谢清水正夫、松山树子和松山芭蕾舞团的深情厚谊,感谢他们为中日友好作出的贡献。

说到清水正夫先生,笔者有着深切的感受,因为我有幸与他相识,并有较多接触和交往。1976 年,中国上海京剧团访日演出,当时我供职于上海市文化局,奉派担任出访团的秘书。那次我们应日中文化交流协会和日本民主音乐协会邀请,到日本东京、大板、横滨、京都等 8 个城市访问演出,演出了现代京剧《智取威虎山》等剧目,历时 50 天。作为日中文化交流协会常务理事,清水正夫先生全程陪同,日夜操劳,废寝忘餐。他友好和善,热情细致。我从日本朋友那儿了解到清水先生原是东京大学建筑系的高材生,因为常去剧院看戏,爱上了芭蕾舞演员松山树子。几年后,他们喜结连理。为了夫人钟情的芭蕾舞事业,他毅然放弃了建筑师的职业,以夫人的名义成立了松山芭蕾舞团。后来他又倾力从事日中友好活动。他很了解我们此访为增进中日人民友谊,促进文化交流的目的,为演出团安排活动和演出有条不紊。千方百计为我们安排接触官方和民间各界人士,特别是文化界知名人士,观摩日本民族艺术,参观日本著名的人文景观。对我们生活的照料更是周到体贴,我们团到横滨演出时,他专门到华侨商铺那里买了一大批油条来,给我们佐早餐,他知道上海人特别喜欢吃油条,这件小事令全团同仁非常感动。我团经常与日方的事务局一起商量工作,气氛十分友好。凡是我们碰到什么困难,清水先生总是在第一时间伸出援手,并帮助妥善解决。所以我们都把他视作亲切的朋友和忠厚的长者。他知道我研究鲁迅,特地介绍我与鲁迅的日本弟子增田涉、内山完造的公子内山嘉吉相识。在东京演出时,他还热情邀请我们全团同仁到松山芭蕾舞团作客。清水正夫和松山树子陪同我们参观了剧团和排练厅,还进行了联欢、座谈,我团表演了京剧清唱、民乐小合奏等,他们表演了芭蕾舞片段,我们促膝长谈,亲如家人。当时的情景至今令人难忘。

1978年9月26日,松山树子、森下洋子等松山芭蕾舞团一行62人再次访华,仍然受到了热烈的欢迎。在人民大会堂的招待会上,王昆、田华、松山树子、森下洋子等中日"白毛女"再度相逢,邓颖超也亲临祝贺。她说:"恩来走了,我来代替他。"后来,邓颖超又邀请四位"白毛女"到中南海西花厅作客,共叙友情。

上个世纪80年代以来,松山芭蕾舞团又多次访华,演出了《天鹅湖》等剧目,邓小平、李先念、江泽民、李瑞环等中国领导人观看了他们的演出,并亲切会见了清水正夫、松山树子及舞剧团的艺术家们。1996年松山芭蕾舞团访问中国时,曾向上海芭蕾舞团赠送了舞剧《胡桃夹子》的版本,森下洋子与上海芭蕾舞团的杨新华还合演了全剧。2008年5月8日,正在日本进行国事访问的中国国家主席胡锦涛专程参观了松山芭蕾舞团,看望清水正夫一家,并与清水正夫夫妇及家人、松山芭蕾舞团部分演职人员合影。剧团为胡主席表演了《黄河大合唱》片段。2008年6月25日,清水正夫在日本逝世。在半个多世纪当中,清水正夫出入中国国门100多次。他会见过毛泽东、周恩来、邓小平、江泽民、胡锦涛等中国领导人,他为中日友谊和文化交流作出了巨大的贡献,2004年10月,中国文化部授予他"文化交流贡献奖"。这是中国政府授予外国友人的最高奖项。

当日历翻到2011年的10月,松山芭蕾舞团再次来到中国,这是该团第13次访华,他们带来的是第3个版本的《白毛女》。清水正夫先生在生前有个愿望,那就是要把芭蕾舞剧《白毛女》扩展为全本的大戏。清水哲太郎和森下洋子决心以自己的努力完成父母没有做完的事情,以实现父母的愿望。2010年他们专门邀请上海舞剧团团长辛丽丽等前往日本,帮助整理、创排工作,上海舞剧团无偿赠予了该剧的有关版权。创排过程中,他们那种对舞蹈事业的崇拜、信仰,对艺术无止境的追求,一代一代不放弃,敢于打破过去的创新精神,对艺术创造的严谨到了苛刻要求的程度,这些都给辛丽丽留下了深刻的印象。

所以这次来华演出的就是崭新的全本《白毛女》,台上有许多年轻的演员,但是喜儿和大春两位主角由同为63岁的森下洋子和清水哲太郎担纲。观众感到既有亲切感,又有新鲜感。整个演出浓烈的感情与优美的舞蹈始终紧密结合在一起。森下洋子这位"劳伦斯·奥列弗奖"等国际芭蕾舞大奖的得主,虽年逾花甲,但在台上依然神采奕奕,她舞步轻盈,身姿绰约,感情饱满,用丰富而美轮美奂的肢体语言把喜儿的可爱纯朴、喜怒哀乐演绎得淋漓尽致。上海芭团的《白毛女》由两位演员先后饰演喜儿和白毛女,松山版该由一人承担,森下洋子一人独力贯串全剧塑造喜儿和白毛女,不仅使人物更加完整,同时也充分显示出艺术家的非凡功力。整场演出激情洋溢,给人强烈的视觉冲击。矛盾双方的斗争,增强了群体性。在情感表达方面较为强烈,如杨白劳被逼身亡,喜儿悲痛欲绝,较大幅度的舞蹈动作,加之激情的表演,产生了动人肺腑的艺术效果。群舞动作则齐整划一,给人赏心悦目的感觉。还有一点,细心的观众会发现,该剧整体的布景、服装很是精致,然而,喜儿的服装、头饰及道具却显得有些陈旧。原来这些都是1972年上海舞校送给松山芭蕾舞团的旧物。这里透射出松山芭蕾舞团珍视友谊,"君子不忘其旧"的美好情操。这次剧团带来了一批年轻演员,目的是让年轻一代了解中国,感受中日之间的友好情谊,并续写中日两个人民友谊篇章。2011年10月9日,在上海大宁剧院演出《白毛女》时,再次引起了轰动,临近尾声,森下洋子、清水哲太郎与全体演员站立舞台,朗诵了一篇感人至深的"最后寄语",令在场观众潸然泪下。当年上海舞蹈学校《白毛女》剧组的30多位老演员和现在上芭的演员登上舞台,献上鲜花,表示祝贺。他们之中有凌桂明、石钟琴、辛丽丽、余晓伟等。顿时台上台下一片欢腾。

清水哲太郎先生热情地说:"很多日本人是通过《白毛女》了解中国,喜欢中国的。《白毛女》是具有世界生命力的艺术题材,通过不断地更新,进化,一定能成为百年经典"。《白毛女》啊《白毛女》,你在中日两国人民之间架起了一座心灵的桥梁,谱写了一支中日友谊的美好篇章,这支友谊篇章将世世代代传诵不已!

（《档案春秋》2012年第4期）

○六八

# 舞蹈家汪齐风

这是一九八○年樱花盛开的日本,第三届际国芭蕾舞比赛发奖大会在大阪举行。一位个儿不高,身材苗条而又结实的中国姑娘登上了领奖台。大会评判长郑重地向她颁发了奖牌,并握着她的手说:你很年轻,你第一次参加比赛就取得了名次,将来大有希望。姑娘眼中闪着晶莹的泪光。中国在国际芭蕾舞比赛中获奖,这还是第一次,而这位姑娘就是十七岁的上海青年芭蕾舞演员汪齐风。

## 一、她没有哭

汪齐风1963年生于上海,父亲是上海被单厂的科室干部,母亲是工人。她从小就酷爱舞蹈,小学一年级时参加了闸北区少年宫的舞蹈班,接着又去区体校学体操。1973年经过反复遴选,考入了上海市舞蹈学校,那时她才十岁,在班级里是最小的一个。

十岁的孩子懂什么呢? 恐怕上街还得父母拉着手走。可是在舞校却要开始练习独立生活。她们住在上海西郊的学校里,半年才能回家一次。汪齐风最初蹦蹦跳跳到舞校时,只是感到快乐和新奇;可是过了些日子,味道就不同了,芭蕾是一种创造美的艺术,然而又是一种残酷的艺术,美的花朵是要靠汗水甚至鲜血来浇灌的。比如文化课,小汪才升三年级,一下子要她跳读四年级的课程,任务就够重的了。舞蹈的基本功训练更是枯燥而又艰苦的课程。特别是开始穿脚尖鞋时,不仅钻心似的疼痛,而且经常磨得鲜血淋漓。这时小汪才知道学芭蕾是苦的。班级里不少同学都哭了。可是小汪没有哭,这和她有一股倔强劲有关。她从小学习就很认真,读小学时每天上学总比别人早,常常是在校门口等开门的。有一次发高烧发到 40℃,她也还坚持上学。既然现在学的是自己最喜欢的舞蹈,那么再苦也要学好它!

对幼苗的成长来说,园丁的辛勤哺育也是带决定性的因素。小汪班级的指导老师是著名芭蕾舞蹈家胡蓉蓉,还有青年教师张玦。胡蓉蓉经验十分丰富,对同学要求严格,一丝不苟,教学细致,动作规范,这使小汪的基础打得比较扎实。同时胡老师对同学从生活到学习关怀备至,体贴入微,这又使小汪感到春天般的温暖,仿佛有一股力量鼓舞着她向前。小汪身体条件属于中等,平衡与稳定较好,乐感强,反应敏捷,但身材不是很细长,软度、弹跳、旋转也不是最好。在老师的指导下,她针对自己的弱点起早摸黑地苦练。每天基训、跑步,跳绳要跳几千次,练旋转一天几百圈,头晕了,歇一歇再转。有一次练毯子功时左臂骨裂骨折,医生给她石膏固定,要她休息两个月。但她仍留在学校,天天上练功房,不能练就看,就用笔记,伤势略好,就偷偷练开了,因此功课并没有拉下。

就凭着一股韧劲,她的成绩一直名列前茅,一年级时就跟大班同学一起演出了《风雪小红花》,三年级时又担任《草原儿女》片断中的女主角。1979 年,她六年级了。为了迎接毕业公演,胡老师给她排了一个古典名剧《唐·吉诃德》双人舞。她们以前只是学《白毛女》等有数的几个节目,这是粉碎"四人帮"后第一次接触古典作品。而这个节目难度大,对旋转、控制性、稳定性、规范性都有很高的要求。她毫不胆怯,一个一个攻难关。比如三十二只"福尔单",就一遍一遍地练,直到过硬为止。在毕业公演中,她终于取得了好成绩。不久,她又参加了上海市青年演员会演,获得了优秀演出奖。六年的学习生活使小汪深深懂得:"随便什么行当,要想掌握较高的技能,没有捷径可走,只有踏踏实实、一点一滴地做去,才能磨练出来!"

# 二、在拼搏中成长

"小荷才露尖尖角,早有蜻蜓立上头。"1980 年,刚刚毕业的汪齐风被派往日本大阪参加第三届国际芭蕾舞比赛。我国派出三对选手:北京两对,上海一对。这是一次强手云集的盛会,有二十个国家的四十几对选手参加。第一次面对这样的场面,小汪心里有点紧张,但当她想到这是为国争光的大事,她的心反而平静下来了。第一轮比赛跳的是《胡桃夹子》双人舞,通过了;第二轮比赛规定节目是《唐·吉诃德》双人舞,小汪一丝不苟,各项动作完成得很好,特别是脚尖的稳定性引人注目,终于取得了决赛权。小汪这次到日本虽然一心要为国争光,但具体点说,还只是想尽量跳得好一点,多学习一点。因为以前我国的芭蕾在国际上还没有地位,因此得奖的念头似乎还比较朦胧。可是如今进入了决赛,并且同来的三对就这一对进入决赛,小汪的肩头一下子感到沉重起来。当时她心中只有两个字:"拼搏"。担任团长的胡蓉蓉老师亲切的鼓励又增强了小汪的信心。决赛时小汪跳了《睡美人》中的"蓝鸟"双人舞,和民族特色浓郁的创作剧目《青梅竹马》双人舞。她的技巧发挥得很好,感情表现得恰如其分,获得了第十四名。为祖国赢得了荣誉。这标志着中国已经进入了国际芭坛。

艺术的道路并不是平坦的。展翅飞翔的雏鹰有时也会受到意外的创伤。1981 年小汪因疲劳过度,腰伤突然发作,经诊断为腰椎骨裂,医生说要卧床休息,如果病情不能控制,只好改行,甚至可能导致下肢瘫痪。这对小汪来说是一个多么沉重的打击啊!小汪哪能甘心呢?她到处奔波,访医求药,但不少医生的结论大同小异。这时上海体委的一位医生仔细检查了她的病情,说有两种可能:一种是及早改行;还有一种是边治疗边锻炼,使背肌发达来减轻腰椎的负担,但这需要不怕痛苦、不怕牺牲的精神,要冒着半身瘫痪的风险。风险算什么,这里展现了一线希望啊! 这是多么可贵的希望,小汪几乎不假思索,就选择了"练"这一条路。那可也是一种拼搏啊! 她每天一清早到医院治疗,然后赶回芭蕾舞团练功、排练,下午再到医院理疗,晚上还要到一位私人医生家里做电疗。特别是忍着伤痛的折磨练功,这需要多大的毅力啊! 经常是咬着牙关,头上冒出一颗颗黄豆大的汗珠……就这样练啊练啊,终于,奇迹产生了——她的病情日见好转了。1981 年 11 月她带着伤参加了《雷雨》的演出;1982 年又去美国参加第二届国际芭蕾舞比赛,员然她是背了一架理疗器去的,但还是获得了特别优秀演出奖。

1984 年 3 月,小汪应菲律宾文化交流中心的邀请去马尼拉参加菲律宾芭蕾舞团的联合演出。菲律宾气温高,她的舞伴、中央芭蕾舞团的王才军同志患过肝炎,抵挡不住高温,无法参加排练,只好临时决定与菲律宾芭蕾舞团的首席演员诺雷·弗雷兰赶排《睡美人》中的"婚礼"双人舞。小汪虽然学过,但未演过,要在一二天内与新舞伴配合默契,何等困难。但经过小汪日以继夜地赶排,两天就攻下了难关。这次演出非常成功,大小报刊发了三十几篇文章加以评论。菲律宾芭蕾舞团教练摩根说:中国为有汪齐风而骄傲。旅菲华侨更是热情洋溢,他们每天送来鲜花,还烧了鸡汤、当归汤送到后台给小汪吃,他们说:"你的演出使我们每个中国人都感到光荣和自豪!"这对小汪是多么生动的教育,使她明白,跳芭蕾舞并不是个人的事情,它关系到祖国的荣誉啊!

考验一个接着一个,1984 年 10 月,小汪又奉派参加巴黎第一届国际芭蕾舞比赛。准备时间很紧张,只有两个星期,节目有三个:《唐·吉诃德》双人舞、《吉赛尔》双人舞、《爱丝米拉娜》双人舞。舞伴还是王才军,小汪到北京时,王才军在演出时脚又坏了,连打了三次封闭,得休息一星期。小汪只得先排独舞,由于练得猛,她老得换新鞋,两只脚都磨破了,不但包的棉花就连舞鞋都浸出了鲜血。上午排练后,下午再排,再要穿舞鞋时,痛得刺心,她就用脚在地上笃笃笃地跺,直跺得麻木了,再穿进去。就这样把节目排了出来。到了巴黎,脚还是痛,王才军也没有全好,又有六七个小时的时差,身体很不适应。巴黎的舞台是朝前倾斜的,这也不习惯。特别,巴黎是芭蕾的故乡,这也不免使人增加精神的负担。然而一旦上了舞台,一切杂念都烟消云散了。小汪和舞伴不慌忙,不紧张,很快就进入了艺术的境界。他们技术发挥很好,配合也很默契。落幕时掌声四起,不少外国同行翘起拇指称赞她跳得好。这次比赛只设一、二两名,都由法国选手获得了。汪齐风获巴黎歌剧院发展协会奖,这是二名以外的最高奖。中国的芭蕾再一次在芭蕾的故乡获得了很好的声誉。

1985 年 6 月,小汪还到苏联参加了莫斯科第五届国际芭蕾舞比赛,这次虽未得奖,但也给苏联同行留下了美好的印象。同年 10 月苏联芭蕾舞团到上海演出,该团艺术指导一下飞机就指定邀请汪齐风与他们同台演出。苏联同行握着她的手说:"我们在苏联看过你的精彩演出,我们全团都喜欢你!"

汪齐风在拼搏中成长,在拼搏中,思想和艺术都得到了升华。

## 三、像爬山一样……

汪齐风在国际上几次得奖,在国内又被评为上海市三八红旗手、新长征突击手,然而荣誉没有使她骄傲,成就没有使她停步。她清醒地看到自己的差距,她懂得,艺无止境,学艺术就像爬山一样,开头还容易,越朝上爬就越难,就越需要付出艰辛的劳动。因此在思想上她努力树立攀登世界芭蕾高峰的雄心，不骄不躁，心无旁骛，平时连梳妆打扮也不留意，一心扑在事业上。

1981年，小汪接受了扮演芭蕾舞剧《雷雨》中四凤的角色，这一任务可不同往常，它要求自己独立地创造角色。小汪开始对四凤这一角色理解比较肤浅，她反复阅读原作，看话剧、沪剧演出的《雷雨》，听原作者、著名戏剧家曹禺同志讲戏，逐步加深了理解，后来演出就有相当的深度。1983年在北京演出，获得了一致好评。

在技术上，小汪经常找差距，出国比赛，群星荟萃，对她来说就是学习的好机会。每次观摩她都不放过，把优美的舞姿、动作默记在心里，回来再看录像，加以分析研究。在参加香港"舞蹈夏令营"时还学了不少现代舞和舞谱。虽然她的腰和脚的伤还没全好，但她不管酷暑严寒坚持练功，几年如一日，从不懈怠。芭蕾舞团每天上午九点钟开始练功，但小汪却总是搭舞蹈学校的车子，提前一个小时到团里练功。演《天鹅湖》时，她第二幕才有戏，可是她还是在演出前就到后台化妆室了。还是小学一二年级时到校门口去等开门那种脾气。技巧上她对自己提出了更高的标准和更严的要求，三十二只"福尔单"，原来是单圈的，可是她却攻三只单一只双，现在十六小节都用双圈，还在练三圈呢！

小汪还意识到，要向更高的目标攀登，还要努力提高自己的文学、艺术、美学等方面的修养。因此不管白天排练如何疲劳，晚上只要不演出，她就在灯下埋头阅读中外文学名著，或者听交响音乐，或者学习外语。她说："我虽然早已离开了学生生活，可是现在要学的功课似乎比当学生的时候更多了。"她说得多么好啊！

学习吧！攀登吧！成功总是属于有理想而又勤奋的人的！

（《文艺人才》1986年第1期）

〇六九

# 舞蹈家周洁

在宽敞明亮的练功房里，一位青年女演员傍着把杆压腿、下腰……继而在红地毯上旋转、腾跳、空翻、滑叉……她身手矫健，舞姿优美；动作时而重复，时而变化。虽然时已初冬，窗外刮着呼呼的北风，可她却汗水淋漓，湿透了衣衫。她不是别人，就是上海歌剧院的著名青年舞蹈演员周洁。

在练功的间隙里，我对她说："当一个舞蹈演员真够辛苦的，看你这一身汗……"可是她却爽朗地笑着说："如果用你们写文章时用的语言来说，那就是，为了给人们创造美，这一身一身的汗是完全值得的。""为了给人们创造美！"她说得多好！

这位二十二岁的姑娘来自农村，是市郊奉贤县头桥公社分水大队人。她从小就幻想着当个演员，十岁时进了少体校，十二岁考入上海歌剧院舞蹈班。当然，那时她还不懂得"为了给人们创造美"这样的道理，但她酷爱文艺，学艺练功的自觉性很高，因此长进很快。一九七八年她毕业后，同年在上海市青年演员汇报演出中表演弓舞、荷花舞，获得了优秀奖。

如果说，开始阶段周洁还只是偏重于舞蹈技巧的掌握，那么后来她就更注意在如何刻画人物性格、塑造艺术形象上下功夫了。因为舞蹈，特别是舞剧，离开了人物塑造，就很难谈美的创造。

在舞剧《凤鸣岐山》中，周洁为了塑造一个狐狸精变成的美女姐己的形象，便细读了《封神演义》、《聊斋志异》，又看了古代的仕女画和关于狐狸的动画片。一次，她偶然发现排练厅的地毯上织着许多种动物的花纹，有趣的是一个个都翘起了尾巴，这使她欣喜若狂："尾巴不正是狐狸最大的外部特征吗？"于是她用小腿踢起，模拟狐狸甩尾巴的动作。经过反复琢磨，终于成功地塑造了姐己姿色娇媚、妖冶狡黠的艺术形象。一九八二年她赴香港参加艺术节，领衔主演《凤鸣岐山》等剧，获得成功。这一年，她还在首届华东舞蹈会演中演出《嬉浪》、《古原草》，荣获了表演一等奖。

要创造美，对演员来说要求具有广阔的艺术视野和丰富的艺术修养。周洁喜爱舞蹈，但也希望涉猎多种艺术。一九八三年，她被借到北京参加影片《垂帘听政》的拍摄工作。她去时，影片拍摄已进入后期。导演李翰祥只看了她的舞蹈表演，就相当满意，连试镜头也免了。她刚从舞台来到水银灯下，而导演又经常即兴编写台词，因此开始时她不免有些胆怯。但在影片中饰演主角的刘晓庆以及陈烨热情鼓励她，待她如同自己的小妹妹一样。刘晓庆对她说："不要怕，你条件很好，要有信心，不要单纯去表演，要感受角色，就像在生活中一样！"这些话使她增添了勇气。她读了《清宫野史》等有关清宫、慈禧的书籍，了解当时的历史、人物、风俗习惯及审美观，还学习满族女性走路等等，使自己得到充实。有一场戏，她扮演的丽妃被装进了坛子。这个坛子是硬质材料做的，口比较小，没有底。当坛子被太监抬起时，丽妃整个身子是腾空地蜷曲在里面的。坛子里没有支点，周洁只能用脚趾扣住坛底的边缘。拍电影也真够苦的，不过，这倒使她更感受到慈禧对丽妃的狠毒，从而一下子就进入了角色，连旁边观看的一些服务员都为她逼真、动人的表演感动得哭了。在东陵拍片的两三个月中，周洁与刘晓庆住在一起。影片中，她俩是冤家对头；在生活中，却是一对好朋友、好姐妹。刘晓庆的老家给她寄来橘子，她就留几只给周洁。刘晓庆离开时，周洁没有赶上送她，刘晓庆就在宿舍里给她留下一张字条，还有两只苹果。而更重要的是，刘晓庆常跟她一起谈论人生、切磋艺术，使她更懂得了如何进行美的创造。

我问周洁："在业余生活中，你最喜爱什么？"她想了想说："音乐和诗。"她喜欢贝多芬，喜欢听无标题音乐，顺着音乐搞点舞蹈小品。她认为这样可以增强自己的乐感和艺术想象力，提高自己的情操和审美能力，使舞蹈表现生活更内涵，更有回味。她喜欢唐诗宋词，而外国的普希金、拜伦的作品也都使她入迷。讲到这里，周洁停顿了一下后又说，她最喜欢一个人走路，在公园或在街上，一边走，一边任凭思绪展翅飞翔。这个时候最沉静，最便于思索生活、思索艺术，这个时候也最容易得到艺术的灵感。有时她因此乘车乘反了方向，甚至一连乘错了几部车子……我想，正是由于她热爱生活，挚着地追求艺术，才使自己在短短几年中，在舞台、银幕上塑造出众多的、美好的艺术形象的。

广大观众关心着周洁以后将演怎样的角色。她说："我喜欢演各种各样的人物，凡是没有演过的，都想尝试。我喜欢演一种能够完全表达自己的感情和心理的舞蹈；还有一种是富有诗的意境的、表现生活美的舞蹈。我们应该给社会增添一点美，让人们尽情地享受生活的美！"这就是这位青年舞蹈演员的心愿。

（《文化与生活》1985 年第 2 期）

〇七〇

# 歌舞伎与无形文化财

我去日本访问时,特别关注的是他们的文艺的状况。我到那里不几天,就感觉到,在日本,现代化的艺术十分发达,然而,与此同时,日本政府对传统的民族文化也很重视,他们称之为无形文化财。我起初觉得这个名称很生,但仔细一想,颇有道理。文化艺术等精神财产与物质财产有所不同,它一般不具有某种固定的物质形式,因此似乎是无形的,然而以它的价值而论,同样是一种宝贵的社会财富。日本政府对此采取保护的态度,在财力物力上给予扶持。我在日本期间曾会见过不少歌舞伎、狂言、音乐等日本民族艺术的著名艺术家,如被称为日本的梅兰芳、日本最著名的歌舞伎与话剧演员河原崎长十郎,被列为人间国宝的歌舞伎使杀阵专门家坂东八重之助、舞蹈家山村乐正,歌舞伎演员市川羽左卫门、中村雀右卫门、市村万次郎等。我观看过他们的演出,或与他们愉快地交谈过。比如他们演出的歌舞伎,这是形成于十七世纪初的日本传统戏剧,最初以歌舞为主,经长期发展,吸收了"能乐"、"傀儡剧"和民间歌舞的表演与曲调,逐渐形成戏剧形式。我看过的《忠臣藏》,故事类似于京剧的《一棒雪》,表演极其动人心魄。《镜狮子》则偏重于舞蹈,一个演员前扮温柔美丽的姑娘,后扮传说中的狮子,前者妖媚,后者奔放,皆出于一人之身手,可见演技之高超。歌舞伎的扮演者绘脸谱,动作、装扮带有夸张性,与中国京剧颇相像,只是歌舞伎场上人物只表现动作、念白,歌唱则由歌队在旁伴唱,腔调有"净琉璃"、"长呗"等。台前两侧设有通过观众席的花道,演员由花道上下场,也可在花道上表演,这是别有特色的。我在大阪还观摩过一场民族音乐会,山村乐正表演"能乐",池田静山演奏尺八(一种箫管,唐朝时由中国传入日本),年逾古稀的山崎旭萃用唐朝传去的五弦古瑟琵琶弹奏日本民族乐曲。我还看过野村万作兄弟演出的"狂言",他们的父亲是人间国宝野村万藏。给我印象最深的是,这些演出全部按照传统的面貌展现在舞台上,而其中有成就的艺术家受到了"人间国宝"的称号殊荣。

既发展现代艺术,又精心保存传统艺术,这种做法是可取的。任何一种艺术都与一定时代的社会生活及观众的审美需要相关联,从这个意义上说,并非所有艺术都能与世长存的。在品种繁多的艺术园圃之中,有的艺术能够顺应时代,吸收新的养料,从而经过嬗变得以生存与发展;而有的艺术由于种种原因难以适应于新时代、新观众,于是停滞乃至消亡,如果把其中优秀的部分作为无形文化财保存下来以昭示后世,这是明智的做法。

（《解放日报》1989 年 4 月 26 日）

# 第二编　文心雕虫

# 论贺敬之的抒情诗

　　诗是一种很难驾驭的文学形式。在文艺百花园里漫步，见到一首好诗，就如同发现一朵色彩鲜艳的奇葩那样使人喜悦。我读贺敬之同志的抒情诗时，就常能涌起这种喜悦之情。这篇文章想就贺敬之同志抒情诗的某些艺术特色，谈一些粗浅的看法。

## 一

　　贺敬之同志诗作的一个鲜明特色，是洋溢着充沛的激情。读他的诗如同手里捏着一团烈焰腾腾的火球，又好似饮了一盅浓郁醇厚的美酒。诗人正是以饱满浓烈的激情感染读者，弹动人们的心弦。在贺敬之的诗作中，充满了对党的衷心赞颂；对革命斗争的热烈向往；对英雄人民的崇敬爱戴；对生活理想的美好憧憬。这种热情，爱情——也就是诗的激情使诗人如同骨鲠在喉，不吐不快，而且用一般的语言，平淡的感情又不足以言其志，因此他需要"语言的大海"，"声音的风云"，他要把笔变成千丈长虹来描绘时代的多彩面容；让万声雷鸣在胸中滚动，以唱出赞美祖国的歌声。这种激情对诗来说是极其可贵的。如果说节奏、韵律、凝练的语言都是诗的血肉，那么激情就是诗的灵魂。抒情诗正是以强烈的、丰富的激情，用独白的形式直接表现诗人的内心感受，从而高度集中地反映社会生活，以特殊的感情力量征服读者们。《乐记》云："情动于中，故形于声。"《诗品》也说："非长歌何以骋其情。"这里所说的情应理解为激情。没有激情，就不可能产生诗！

　　贺敬之诗作中的激情，并非浮浅的感情，平淡的思绪，它是提炼过的、典型化了的感情，它是感情的喷涌，思绪的交织，特点是强烈、集中、浓郁。在《十年颂歌》中，诗人对我们的祖国这样引吭高歌：

　　　　　九百六十万
　　　　　　　平方公里的
　　　　　　　　　江山河海呵，
　　　　我爱你的
　　　　　　每一尺
　　　　　　　每一寸！
　　　　三千六百五十个
　　　　　　　日日夜夜呵，
　　　　我爱你的
　　　　　　每一秒
　　　　　　　每一分！

诗人的激情是亲身感受和深邃思考的结晶。在《放声歌唱》中,诗人从"历史"、"命运"的高度来描绘眼前的图景,显得热烈而不浮泛,激越而又朴实。请读一读《回延安》这首诗吧! 四十年代诗人曾在延安战斗过、生活过,1956 年故地重游,写下此诗:

> 心口呀莫要这么厉害的跳,
> 灰尘呀莫把我眼睛挡住了……
>
> 手抓黄土我不放,
> 紧紧儿贴在心窝上。
> ……
> 几回回梦里回延安,
> 双手搂定宝塔山。

当亲人闻讯前来欢迎,诗人这样描绘当时的情景:

> 满心话登时说不出来,
> 一头扑在亲人怀……

这是多么热烈而又质朴的感情,如果诗人不是把延安看作养育他长大的革命摇篮,不是把延安人民看作培养他成长的母亲,是写不出如此深切真挚的诗句来的。

激情贵在真挚,那种虚假的、浮夸的所谓"激情",不可能真正动人。诗人在《雷锋之歌》中写了这样的诗句:

> 我写下这两个字:
> "雷锋"——
> 我是在写呵
> 我的履历表中
> 家庭栏里:
> 我的弟兄。

履历表的比喻可说是神来之笔,但奇妙的比喻出自深挚的感情。正是作者对雷锋充满着阶级弟兄般的亲密和崇敬的感情,才涌出如此感人肺腑的诗句。

诗贵独创。这种独创首先要求诗人对感情的提炼,表现出诗人独特的感受,独特的构思,独特的意境。马雅可夫斯基说过:"诗以意向为最重要。"诗人往往需要用深刻的思想的光辉去照亮激情,使诗的激情有深度而富典型意义。六十年代诗坛上出现了大量歌颂向秀丽、王杰、雷锋的诗,然而贺敬之写的《向秀丽》、《回答今日之世界》、《雷锋之歌》却具有特有的思想光辉。诗人并不满足停留在复述英雄事迹的水平上,而是透过英雄事迹挖掘出带本质性的东西。他把自己对英雄的崇敬感情升华到对世界革命、祖国命运的深沉的思考,这样诗作的立意就愈见其高,含义就愈见其深。《回答今日之世界》作于 1965 年,当时国际斗争风云变幻,苏修叛变,世界人民的斗争日益兴起,诗人以英雄王杰象征傲霜斗雪的中国共产党和中国人民,从王杰的日记,想到要怎样写我们的历史。同样,诗人在《雷锋之歌》中,从雷锋想到了整个无产阶级的历史进军。诗人可以写别人写过的题材,但必须具有自己的东西。贺敬之这些诗,正是因为具有独特的感受,并进行独具匠心的提炼,因而在同类诗作中显得卓然矗立,异彩夺目。

我们说的独特思想,决非猎奇志怪,也不是无病呻吟,一个诗人的激情之所以能打动群众的心弦,那是因为诗人唱出了人民心底的歌声。因此,诗人的激情只能来自对人民的由衷热爱,和对生活的强烈感受。在《放声歌唱》的第四章中,诗人抒写了一节"关于:我—我自己"。诗人于1924年出生于山东省峄城的贫农家庭,15岁流亡到湖北,16岁赴四川参加抗日救亡运动,1940年到延安入鲁艺文学系学习。诗人以真挚的感情叙写了"我"的身世:"少年流浪的道路上,有多少回饥渴、眼泪、伤寒、疟疾……";在延河边的窑洞里穿上了卷起裤脚的军装;"我是吃了延安的小米饭长大的呵,我喝过了流过枣园和杨家岭的延河的奶汁!"再联系诗人四十年代写成的诗集《笑》中的篇章,我们可以清楚地看到,战斗生活的锤炼,党和人民的培育,就是"我"走过的成长道路,也就是诗人充沛激情的不竭源泉。抒情诗中的"我"——抒情主人公,当然并非诗人自传的机械翻版,而是具有生活概括的艺术形象,然而他与诗人本人的形象和他个人的内心世界是有着血肉联系的。正因为诗人来自人民,与人民呼吸相通,"我的心合着马达的轰响,和青年突击队的脚步,是这样剧烈的跳动!我被那钢铁的火焰和少先队的领巾,照耀得满身通红",所以诗人这种激情又能引起人民群众的强烈共鸣。

# 二

贺敬之同志的诗作充满激情,但这种激情的表现却是高于诗意的。诗总是以感性形象为其特征,诗中如果没有典型的、具体的、个别的感性形象,就无法引起读者的感受、感触、想象和共鸣,于是诗也就失去了它的作用。马克思在《致斐·拉萨尔》中曾反对"席勒式地把个人变为时代精神的单纯的传声筒"。高尔基也认为"真正的诗——往往是心底诗,往往是心底歌,即使略有一点哲学性,但是总以专讲道理的东西为羞耻"(《给亚伦斯·加凯尔女士》)。特别是政治抒情诗,如果不注重形象的概括,就很可能流于口号的复述、社论的韵化。贺敬之同志诗作的又一特色,就是善于运用形象思维的方法,注重形象的概括描写,使诗的激情和思想依附于感性形象,因此显得形象鲜明,生动感人。

抒情诗的形象刻画,往往离不开比兴手法的运用。《毛主席给陈毅同志谈诗的一封信》中指出:"诗要用形象思维,不能如散文那样直说,所以比、兴两法是不能不用的。"比兴作为一种表现手法,始于《诗经》。"比者,以彼物比此物也",如:"手如柔荑,肤如凝脂。领如蝤蛴,齿如瓠犀"(《硕人》);"兴者,先言他物以引起所咏之词也",如:"桃之夭夭,灼灼其华,之子于归,宜其室家"(《桃夭》)。比兴手法在《楚辞》及乐府古诗中更得到发扬光大,遂成为诗歌创作的重要艺术手段。

贺敬之诗作中比兴手法的运用是频繁的、娴熟的,而且是出色的。他善于运用明喻、隐喻、借喻、起兴等多种手法巧譬善喻,比物征事,具有强大的艺术魅力。有时是用物喻人:"我看见:每一个姑娘的心中,都是一片桂林山水……我看见:每一个青年的手掌,都是一座五指山峰!"这里不直说心灵纯洁美丽,理想壮阔远大,而用秀美多姿、晶莹可爱的桂林山水作比;不直说坚强勇敢,回天有力,而喻手掌为五指山峰。真是联想奇妙,比喻贴切,读来含蓄深邃,回味有甘。有时则以人拟物:"看,五千年的白发,几万里的皱纹,一夜东风全吹尽。"生动而又有巨大的概括力。

作者还经常运用兴的手法,而这种见景生情,借事发端的手法又往往与"信天游"的民歌形式结合起来运用。

> 树梢树枝树根根，
> 亲山亲水有亲人。
>
> 羊羔羔吃奶眼望着妈，
> 小米饭养活我长大。　　（《回延安》）

生活气息多么浓厚，感情多么亲切深挚！兴，往往附带着比喻、暗示或象征、类比的意味，起兴之物往往与下文诗情笔意互相连贯，因此诗人又常常比兴兼用：

> 绿叶里藏的枣儿红，
> 枣林里藏的众英雄。　　（《临南民兵》）

用得非常巧妙，枣儿红既是起兴之物，又兼用来比喻英雄，妙趣横生。

抒情诗有时以描写政治生活为内容，当然免不了出现政治概念，但由于诗人巧譬妙喻，以具体的感性形象作比，政治斗争就通过绚丽多彩、具体可感的生动画面展现出来了。人们非但不会感到枯燥无味，相反觉得亲切生动。

> 我们
> 　　　今生事业——
> 就是把这
> 　　　可爱的地球
> 　　　　　造成一颗
> 　　　共产主义的
> 　　　　　行星！！　　（《东风万里》）

如果直通通地说，那么可写成，我们要为全世界实现共产主义而奋斗终生，但这只是口号，而前者却是诗。在同一首诗里，诗人还用光明、阴影、风向等自然界的形象比喻世界斗争的形势，就显得很生动，"风向：东风压倒西风"既是写自然气象，又是说政治形势，语涉双关，这一结论的引出十分自然，毫无突兀牵强之感。

抒情诗并不排斥哲理性，我国古典诗歌中不少警句就是具有深刻哲理性的。如《诗经》中"相鼠有皮，人而无仪"（《相鼠》）；唐诗中"离离原上草，一岁一枯荣，野火烧不尽，春风吹又生"等。哲理性的诗句是诗人对生活经验、世态事理深刻洞察分析的结晶。然而它在诗中却是以形象加以表达的，而不是纯粹的理论观点，逻辑说明。因此这种哲理性的语言，往往像冠冕上镶嵌的宝石一样，使整首诗闪烁出光彩。贺敬之同志在追求诗的哲理与形象的结合方面，也是作了很大努力的。

总之，诗人由于善于运用比兴等形象化的手法，文字含蓄婉曲，感情有余不尽，因此具有强烈的感染力。

# 三

读贺敬之同志的抒情诗，还有一个感觉是：诗作气势磅礴，豪放畅达，富于浪漫主义的色彩。这与作者丰富的想象是分不开的。作者往往驾着想象的翅膀驰骋万里，纵横古今，在读者面前展现出一幅幅气贯长虹，神奇美妙的画面，使读者不禁心摇神往。

联想与想象是文艺创作中进行艺术概括、艺术构思的基本手段。高尔基曾经说过："艺术是靠想象而存在的。科学使想象集成现实。正是想象和臆测，使人类高于畜生。蛆和牡牛永远停留在原状，就是因为它没有思索能力，即没有想象和臆测的能力。"(《文学论文选》)列宁更大声疾呼："要幻想！"想象、幻想对诗来说尤为重要。可以说，想象是诗的翅膀，诗没有想象，就像鸟儿没有翅膀，那是飞不起来的。

贺敬之同志诗作中很注重想象这一艺术手段的运用。一是联想，抒写此人此物此情此景时，并不就事论事，而是进行多方面的联想，"由此及彼"，向生活的广度拓展；"由表及里"，往思想的深处探索。在《十年颂歌》中，我们看到诗人笔纵万里："海南橡胶林的白色乳浆"，"武钢二号高炉的飞迸的火星"，"湛江新港的龙门吊车那千尺的长臂"，"长江大桥那万丈的金龙"，展现了一幅祖国社会主义建设事业龙腾虎跃的壮丽篇幅。在《中流砥柱》中，诗人则气贯古今，从"长城千里揭竿"到"井冈红旗飞舞"，探求到我们民族的优秀传统："黄河中流——竖万古不朽民族脊骨！"诗人丰富的联想不仅使诗作文采飞扬，诗思跃如，而且使广阔多彩的生活画面与深刻的思想、诗意有机地结合在一起。

诗人还大胆地运用幻想的手法奔驰于天上人间，采撷神话传说，驱遣风云鬼怪，使作品充满绚丽多姿的浪漫主义的浓郁气氛。在《三门峡—梳妆台》一诗中，诗人巧妙地将黄河比作梳妆巧扮的姑娘，发出了"但见那：辈辈艄公洒泪去，却不见：黄河女儿梳妆来"的沉重叹息；但在新时代里，诗人手持治黄的蓝图，兴奋地高歌："责令李白改诗句：黄河之水，'手中'来！""青天悬明镜，湖水映光彩——黄河女儿梳妆来！"诗人还往往从眼前的景物，联想到古诗的意境，从而大胆地把古代诗人也"请"了来，并与他们唱酬互答，在《放声歌唱》中写道：

> 呵呵……"前不见古人"……
> 但是
> 　　　后—有—来—者！
> 莫要
> 　　　"念天地之悠悠"吧，
> 莫要
> 　　　"独怆然而涕下"……
> "君不见"——
> 　　　"广厦千万间"
> 　　　　　已出现在
> 　　　　　祖国的
> 　　　　　　"四野八荒"！

诗人在《东风万里》中写盘古、大禹愿为今日之英雄牵马坠镫，在炼钢炉旁当一名徒工。真是

"思接千载","视通万里","神与物游"(《文心雕龙·神思篇》)。诗人巧妙地把天涯之遥的事物缩至咫尺之间,将过去未来凝聚在同一瞬间,这种对比映衬有力地增强了诗的气势,强烈地渲染了诗人的豪情胜慨。

想象的重要一端还在于生发:对生活画面的拓宽和诗意的深化。《雷锋之歌》中,诗人对北来的大雁说:"你们不必对空哀鸣","且看这里遍地青松,个个雷锋"——

> ……快摆开
>      你们新的雁阵呵,
> 把这大写的
> "人"字——
>      写向那
>      万里长空!……

如果说联想偏重于现象上的类似,那么这种生发主要在于本质意义上的引申和发展。诗人从雁群想到人群,从雁阵的队列,想到大写的"人"字,这是一种诗意上的生发和深化,最后又把人群比拟为雁群,写向那万里长空,诗思奇特而又完整。这说明作者对事物观察细致,对生活剖析深刻,并且善于取事物的一端加以引申,以反映出生活的广度与深度。

## 四

诗以意境深远为上达。抒情诗构成意境的因素是多方面的,但最重要的是情景交融,它往往能产生鲜明的形象和强烈的感染力,使读者如身临其境,得到感应和共鸣。贺敬之的诗注意寓情于景,因景生情,把感情放置在特定的环境中表现,融合于一定的景物中倾诉,交织在一定的情节中抒发,从而创造出诗的意境。

《桂林山水歌》是一首风景诗,诗人以饱蘸热爱祖国山河激情的彩笔,画出了一幅秀美旖丽的彩墨画。诗一开头就以神和仙来形容桂林山的姿和态;以情和梦来比喻漓江水的深和美,给景物笼上了缕缕情丝。诗人胸中有景,而桂林却景中有人:

> 画中画——漓江照我身千影,
> 歌中歌——山山应我响回声。……

就像电影中的"溶入"手法一样,诗人的形象交融在景物之中。诗人不仅为美景所陶醉,更为祖国有如此壮美的河山而自豪:

> 呵!桂林的山来漓江的水——
> 祖国的笑容这样美!

诗人把桂林的美景比作祖国的笑容,堪称绝妙。这样的胜景自然引出了诗人的豪情,从"千姿万态的独秀峰"联想到"少年英雄遍地生";从"桂林山水甲天下",进而憧憬着"桂林山水满天下"。这首诗诗情画意和谐统一,寓情于景,景中见情,情景交融,构成了深远而动人的诗的意境。

诗人在创造意境时,往往有赖于奇妙的构思。诗的构思即是作者将主题、感情、形象、情节、诗境熔于一炉的过程。贺敬之特别注意情节的构思。当然抒情诗主要是直接抒发诗人的思想感情,不一定叙述完整的故事和人物。这一点与小说、戏剧乃至叙事诗都有所不同,然而抒情诗也仍然有一定的情节性:一种情况是有的抒情诗写一定的事件和人物感情的发展过程,展示具体的事件环境以及人物的具体性格、命运、处世态度,一定的人与人之间的关系,这就表现为相当明显的情节性。另一种是可能不写具体的事件和人物,但所抒写的主人公的感受发展的轨迹,起承转合,作者内心生活发展的完整阶段也体现了一定的情节性。

贺敬之往往把诗意寓于情节之中,使诗意在情节中自然而然流露出来。作于1945年的《看见妈妈》,写战士在行军途中见一婆婆身形很像他妈妈,但上前相认却发现认错了,接着诗人写道:"唉,妈妈呵,说我错认我没有错认",因为"人模样虽有千千万,模样不同心一般!八路军呵老百姓,本就是母子骨肉亲"。通过相认、错认的情节,自然而深刻动人的体现了主题,显得意味隽永,诗趣盎然。《又回南泥湾》则巧妙地写诗人观看话剧《豹子湾战斗》时引起的回忆。"铃声响,大幕开——今晚又回延安来!"诗人的情绪随着剧情的发展而起伏,台上的剧情与当年延安的战斗生活,台上的人物与台下的"我"都被交织进延安垦荒战斗生活的风俗画里了。诗人还在观众中安排了司令员、"我"、小女儿三代人,将历史、现实、未来,战争、建设、理想一起熔铸在结构之中,自然地点出了"火光在前呵,枪在手,大步长征——不回头"的主题。

《西去列车的窗口》构思更为精巧新颖。行驶在祖国大西北铁道上从上海到新疆的列车,不仅是交通工具而且象征着时代的列车。诗人选取了一节车厢、一个典型情节和画面:有几根白发的老红军带领一批上海知识青年奔赴边疆的农垦战场。诗中没有写建设面貌、豪言壮语,只是通过老红军讲故事、查铺位,年轻人记日记、说梦话等细节表现了建设者战斗前的渴望:

> 你可曾看见:那些年轻人闪亮的眼睛,
> 在遥望六盘山高耸的峰头?
>
> 你可曾想见:那些年轻人火热的胸口,
> 在渴念人生路上第一个战斗?

这种引而不发的描写更有表现力。诗中有大局的鸟瞰,细部的刻画,整首诗有起伏有变化,有铺垫有呼应。诗中"窗口"的设计更含深意。它像一个画框,从车内看出去是一幅动的画,从车外看进车厢又是一幅活的图。用电影镜头作比,诗的开头是全景:九曲黄河的上游,广阔的天地;然后推到列车的窗口→近景→特写;窗帘拉紧,着重描绘车内的情景,最后窗帘拉开,看车窗外,已是朝霞满天的时候,镜头重又拉成远景,读者眼前出现了更加深远广阔的视野。这窗口又是诗人心灵的窗户,从这里我们可以看到诗人思绪的波涛,感情的飞瀑,思想的涌泉。美妙的诗意就这样从巧妙的情节构思中喷薄而出了。

诗人构思时,还善于从平凡的生活中选择、提炼出典型的生活画面和细节。在他的诗中既有"黄水劈门千声雷,狂风万里走东海"这样气势豪放的诗句,同时又有万花飞舞的百花园里"花瓣在飘洒着露水",万人狂欢的人海中"睫毛下面流下了眼泪"这样生活气息浓郁、精细入微的描写。

诗人特别注意细节的典型性,如放牛的孩子写科学论文,被出卖了的童养媳驾驶拖拉机,少年漂泊者与省委书记讨论诗歌,老年庄稼汉与政治局委员研究五年计划的决议。从这些可以看到诗人生活储藏的丰富和观察、选择、提炼、熔铸的艺术才能。《雷锋之歌》中车镜和军衣纽扣的细节描写更见功夫：

> 我看见
> 在你的驾驶室里
> 那一尘不染的
> 车镜……

这与其说是写车镜，还不如说是雷锋水晶般的心灵的生动写照。诗人写雷锋只有一百五十四厘米身高，二十二岁的年龄，

> 但是，在你军衣的
> 五个纽扣后面
> 却有：
> 七大洲的风雨
> 亿万人的斗争
> ——在胸中包容！

诗思缠绵，诗笔细腻，诗意盎然，真是匠心独运！

诗的独创性，在很大程度上决定于有没有新颖独特的艺术构思。平庸的构思、浮泛的感情、直通通的语言，是不可能产生打动人们心灵的诗篇的。

## 五

统观贺敬之的诗作，可以看出诗人在诗歌的形式方面，曾作过长期的、艰苦的探索。作者作诗大约始于四十年代初去延安之前。早期的诗似乎较多地受到外国自由诗的影响，如1940年写的《跃进》，其中有这样的诗句：

> 是不倦的
> 大草原的野马；
> 是有耐心的
> 沙漠上的骆驼

显得比较欧化。作者到延安后进入鲁迅艺术学院学习，由于扎根生活，经常与群众以及民间文艺接触，从陕北民歌"信天游"等群众文艺中吸取了丰富的营养，诗风有所变化，写了不少具有民歌风味的诗，还写过大量便于群众传唱的歌词。如1945年写的行军散歌中的《羊儿卧》：

> 白格生生的羊儿青石板上卧，
> 八路军开步桥上过。
> 羊儿吃得草青青，
> 八路军为的老百姓。

多么浓郁的生活气息,刚健清新的民歌格调! 写于1943年,改于1948年的《七枝花》(歌词),以生活中常见的花儿起兴,生动地描写了战斗生活的风貌,朗朗上口,可诵可唱,为群众所喜闻乐见。五十年代以后随着诗作内容的拓宽,作者的诗风有了显著的变化。除继续吸收民歌的比喻生动、朴实清新的格调外,还着意借鉴古典诗歌的意境深远、辞章华美、含蓄传神,还汲取了马雅可夫斯基楼梯诗的跳跃的节奏、短节的诗行、奔放的抒情方式,由于广取博采,融会贯通,形式就更见丰富了。

在《放歌集》中可以看到,作者根据诗作反映的不同内容,分别采用多种不同的诗歌形式来加以表现。如《回延安》、《又回南泥湾》,采用的还是陕北"信天游"民歌的格调,它与浓烈朴实的思想感情十分协合,显得亲切入味。《西去列车的窗口》则用自由诗的格式,诗句略长,但又工整,两句一节,多用对偶。诗句长短、节奏变化较多,这很符合带有叙事色彩的内容及列车行驶的节奏。《三门峡—梳妆台》采用了近于乐府歌行的格式,类似回旋曲式,一节诗的末行与下一节诗的首行连环衔接:如"门旁空留梳妆台"→"梳妆台呵,千万载";"却不见:黄河女儿梳妆来"→"梳妆来呵梳妆来"! 这有助于表现回旋起伏、奔放流畅的感情。《放声歌唱》、《东风万里》、《十年颂歌》则采用短节多行的类似楼梯式的诗体,来表现感情的激越跌宕,画面的广阔多姿,氛围的热烈豪壮。诗人还汲取古诗、民歌的多种手法,加以融合、变化,随着感情的变化,时而工整,时而洒脱,时而对偶严谨,时而一泻千里,时而长句慢板,娓娓而谈,时而短句快速,似急管繁弦,致使整篇诗跌宕多姿,回旋起伏,有动人心弦、回肠荡气之妙。

要发展我国的新诗,学习和借鉴古典诗歌的传统是很重要的。诗人在这方面作了可贵的努力。诗人善于借用古诗中的形象作对比映衬之用,《十年颂歌》中:"吓慌了资本主义世界的'古道—西风—瘦马',惊乱了大西洋岸边的'枯藤—老树—昏鸦'",巧妙而传神地表现了资本主义世界"断肠人在天涯"的萧条景象。诗人更多的是将古诗中的生活画面、意境加以改造、利用、生发、出新,如"挽断'白发三千丈',愁杀黄河万年灾! 责令李白改诗句:'黄河之水手中来'";"南国的红豆呵,满溢着共产主义的相思的深情"等都是从古诗中脱胎而出,经过作者的生发,熔炼,表现了新的感情,新的境界!

贺敬之同志在学习古典诗歌时,并不是机械摹仿或生搬硬套,而是致力于融化,着意于创造。他努力借鉴古诗的技巧,力求意境优美、辞章华彩、语言凝练。如:

> 东风!
> 　红旗!
> 　　朝霞似锦。……
> 大道!
> 　青天!
> 　鲜花如云……

这里既能领悟到崭新的意境,又能体味到古诗的神韵。在《桂林山水歌》中作者能将古诗、自由诗、民歌熔于一炉,有信天游的格式、古诗的神韵,自由诗的参差变化,可说是融会贯通,匠心独运。马雅可夫斯基说过:"在诗歌工作上,关于如何入门,只有几条一般性的规律。况且这些规律,也纯粹是形式上的,和下棋一样,开场的几着几乎是一样的。再走下去,你就得发明一个新的攻势……"。看得出来,贺敬之同志长期艰苦劳动,就是致力于"发明一个新的攻势"!

贺敬之同志注意吸收古今中外诗歌创作中的有益营养丰富自己,从而创造了自己豪放华美,激情洋溢的风格。然而,他学习也好,创造也好,始终没有忘记民族风格和民族气派。诗的内容包括比喻、神话、传说等,都采用具有强烈民族色彩的东西。如《临南民兵》中的"刺枪好比猛虎斗,冲锋好像鱼儿游。投弹像狮子滚绣球,埋地雷好像龙戏珠"。还有盘古开天辟地,大禹苦心治水,以及中流砥柱、天工神斧,巨龙、明镜以及引用的不少古诗诗句,都是中国民族所特有的。中国人民易于接受,乐于欣赏。在形式上具有强烈的民族风味,即使是《放声歌唱》等类似楼梯式的自由诗,也吸收了中国古代格律诗中顿数和押韵的规律,以及工整对仗等特点,明显地体现出中国的民族风格。

## 六

贺敬之同志的诗也还存在着一些不足之处。

首先在思想内容方面,由于历史的局限和认识的局限,对某些历史事件和人物的评价存在着某种失误,并且在歌颂光明的同时,对现实生活中的阴暗、落后一面揭露和批判也不够。

其次,有些诗作缺乏巧妙缜密的构思,显得形象不够鲜明,诗味不浓,思想比较浮浅,比较一般化、概念化。如《笑》这样的诗虽有一些较好的诗句,但总的看来,艺术性不高;《伟大的祖国》也写得较一般化,缺乏新意、深意和诗意。另外在比较成功的诗作中,也有比较概念化、一般化的章节。当然我不是说诗不要宣传,如同任何文艺作品一样,诗也是宣传品,但它应该是一种特殊的宣传品,那就是说,这种宣传品必须用诗的语言、诗的形象去宣传,必须具有浓郁的诗意。

再次,作者有些诗作还写得不够精练,有芜杂冗长之感。特别是早期的诗,如诗集《乡村的夜》中的《红灯笼》、《瓜地》,篇幅都很长,内容的剪裁、诗句的锤炼都似不够。诗集《笑》中的歌词《自由的歌》,显得沉闷。从某种意义上说,诗越短越难写,正像制小表比造大钟还难得多。有人说"没时间写短诗"。诗人希洛克说过:"越是坏诗越好删。"我希望诗人们能像农民选种一样来选择自己的诗句。

还有,是关于诗体的问题。作者能根据不同内容采用多种形式,并在多方面进行诗体的探索和融化,这应该得到赞许。然而,作者在熔于一炉时似尚需继续作出努力,以免流露出斧凿的痕迹。作为贺敬之同志诗歌的喜爱者,很希望他能在现在的基础上创造出一种相对稳定的、独具风格的诗体来。

一九八一年三月二十八日改定于上海

(刊于《新文学论丛》1982年第3期 人民文学出版社1982年9月)

○七二

# 论何为的散文

"……忽然想起在海边渔港里满街编织渔网的人们。一张一张全新的渔网覆盖在阳光下,光影斑斓,美丽有如织锦,它使人联想到大海汹涌澎湃的波涛,胜利的船队远航归来,带来了银光闪耀的海底宝藏。渔网预告收获,孕育着希望,听得见大海呼啸的声音……但愿我也能在锦绣山河的边缘添上自己的一条织线。"这是何为同志写在他的散文集《织锦集》后记中的一段话。何为是深受读者欢迎的一位散文作家,他的作品虽然数量并不太多,但不少篇章都给人留下深刻的印象。的确,他的作品精美玲珑犹如一幅幅织锦,具有生活气息的亲切感,又如一张张渔网,通过它我们可以看见海底宝藏的银光闪耀,可以听到大海波涛的汹涌澎湃。何为写散文犹如在织锦,他不是一个粗疏草率的织网者,而是一位在织线上倾注深情,在织物上运集匠心的编织巧手。

散文是一种比较自由的体裁,它的领域十分广阔,真是海阔凭鱼跃,天高任鸟飞。散文作家尽可以选择自己善于驾驭的题材,在散文中舒展自己的专长,显露自己的风格。何为散文的风格是玲珑精巧、清新隽永。读他的作品并不像喝咖啡那样浓烈,而更像品尝用山泉泡的碧螺春,恬雅甘美。

在何为的散文中并没有叱咤风云的英雄,惊心动魄的壮举,作者往往通过一个普通人物的刻画,一件平凡故事的敷写,抒发作者的感情,表现深刻的思想意义。这些人物是我们在生活中天天可以遇到的,这些故事也是我们在生活中不时能够接触到的,因此读来感到亲切有味。然而,这些人人心中皆有的人和事,并非人人笔下所有的,因为它既平凡又不平凡,既普通又不普通,它们是真实的、活生生的人与事,同时又是带普遍意义的典型。作者善于从平凡的生活现象中发掘出诗意,并以精巧的构思加以表现。这种构思上诗意的追求,可以说是何为同志的散文的一个重要特色。

《第二次考试》是作者的一篇代表作,这篇作品在五十年代末曾引起一场轩然大波,批判了左的错误就更显出这篇作品的精警深邃。作者在作品中刻意追求的是生活的诗意,人们心灵深处的美。陈伊玲不仅是个音色灿烂、乐感灵敏的歌手,并且是一个社会主义建设事业中见义勇为、公而忘私的战士。在声乐复试中她失败了,但在生活的考场里,她却是一个成绩卓著的优秀生,而生活的考试正是更严峻、也是更重要的考试。苏林是声乐考试的主考,然而他自己也并不例外地经受了生活的考试,因为在处理陈伊玲这个考生的问题上,不同的人会采取绝然不同的态度。这第二次考试五个字中蕴含了多少深刻的意义,人们可以从中领略到生活的诗,心灵的美,人们可以从中得到启迪和教益。

《千佛山上的小树》描绘了山巅上栉风沐雨的小树苗,而更含深意的是刻画了一个热情奔放、蓬勃向上、勤劳诚恳、认真负责的红领巾的形象。他才是千佛山苗壮的小树,不,他是千佛山的小主人,新中国的小主人。景与意冥然相合,在双关的含义中蕴含着生活的诗意。千佛山这样的游览胜地,在国民党反动统治时代却被滥施砍伐,满山葱茏的林木几乎荡然无遗。而解放后才恢复了生机,山前山后密密层层的小树秧蔚然成林,红领巾们又开始种植了新的树苗。这哪里仅仅是写自然景物呢? 这千佛山分明是社会的一个缩影。作者通过千佛山小树的描写,反映了整个社会主义建设事业蓬勃向上的面貌,歌颂了一代新人的成长,歌颂了在红领巾身上透露出来的一种主人翁的责任感和进取心,这正是建设事业中极可宝贵的品格,也正是生活中的诗意所在。读完全篇,掩卷沉思,"千佛山上的小树"……真是余音缭绕,不绝如缕。

作者善于抓住人物的性格特点及有特征意义的景物,把两者关联起来,寄予深邃的意味。《石匠》是一篇人物素描,它没有施敷鲜艳斑斓的色彩,简直只用木炭勾勒,十分朴实。作者把住在山坳里沉默寡言的石匠比作朴实凝重的石头:"石匠本人就像他手里的石头一样沉默,啊,真的,石匠的工作就是一锤一凿不断地在石块上劳动,说话有什么用呢? 那叮当的凿石声岂不是他的语言吗?"进而作者又写出了石匠劳动的意义:"当人们使用着石匠生产的工具来磨米磨面榨油,或是在道旁竖起一块小小的里程碑,石匠的劳动就无往不在,闪耀着它们内在的深远意义。"在作者笔下石匠并不是单个的人,而是千千万万劳动人民的代表。世道变化,石头也翻了身。这位长期埋没在深山里的老石匠如同骏马为伯乐所识,加入了能工巧匠的行列而转战南北,还参加了人民大会堂的巨大工程,"直到这时候石匠的工作才出现了新的光辉意义"。沉默寡言的石匠,"如今比谁都有更多的话要说",这种变化正体现了时代的变化。特别在结尾处,写老石匠参加建筑纪念解放舟山群岛而牺牲的烈士陵园,这是构思中的重要一笔,老石匠和亿万劳动人民的新生活不正是无数先烈用鲜血和生命换来的么!由于作者在谋篇时十分注意诗的意境的创造和诗的意趣的熔铸,使读者能以小见大,从微知著,在平凡中见其深刻的意义。

作者有的散文还使人联想到古诗的意趣。如《水乡吟》写作者重游阔别三十年的故地,具有浓郁的乡情,使人想起贺知章的名句:"少小离家老大回,乡音无改鬓毛衰。儿童相见不相识,笑问客从何处来。"而他写满街妇女织网,孩子们也在认真编织,这又使人想起宋诗人范成大"昼出耘田夜绩麻,村庄儿女各当家。童孙未解供耕织,也傍桑阴学种瓜"的诗意。因此读何为的散文,时而油然而生这样的感觉:我是在读诗!

作者在构思中对诗意的追求,还表现在作者散文注意诗的凝练和诗的含蓄。当然散文顾名思义,可以纵笔千里,挥洒裕如;然而优秀的散文作家总是懂得很好地处理"散"与"集中"的辩证关系,就像渔翁撒网,撒得开而又收得拢。何为的散文文笔流畅洒脱,并无拘泥凝涩之感,但作者又很注意凝练,他很少为长文,一般二三千字。《园林城中的一个小庭园》(刊《榕树文学丛刊》一九七九年第一辑)七千字左右,是较长的一篇了。这篇散文似乎写得很散,有对周瘦鹃解放前文学生涯的回顾,有周总理在爱莲堂作客的镜头,有老人受到冲击的场景。时而叙述,时而描绘,时而抒情,时而议论。然而作者处处抓住周瘦鹃这个老作家的坎坷境遇及小庭园的盛衰变迁这一中心,加以剪裁,使各种材料互相印证,各个段落如呼斯应。特别是爱莲堂前一株蜡梅的重复出现,就像丝线串连了珍珠。整个作品集中完整,浑然一体。

何为的散文思绪明快、主题明确,但这并不影响作品的含蓄隐秀。作者往往并不把事情描写死了,描写全了,有些文章虽也有点题之句,但也绝不把话说尽,而是留给读者充分的余地去遐想补充。《第二次考试》苏林教授寻访陈伊玲,但作者没有写两人的见面;《最初的带路人》"我"去访问老乔,也没有写"我"与老乔握手言说阔别之意。我觉得这样写更聪明,更含蓄。读者的文艺欣赏活动是一个复杂的心理活动,它既有接受的一面,更有发现的一面。有接受,有发现,才有共鸣,有感奋。作者应当尊重读者这种想象的权利,不应该搞包办代替。

散文种类繁多,有的侧重于叙事,有的侧重于议论,有的长于抒情,有的意在写景。我认为何为散文似乎着重于写人,这一点有点儿接近小说。但同是写人,散文与小说并不相同。小说主要通过故事情节、矛盾纠葛来展示人物的性格,而散文却不一定要有完整的故事,紧张连贯的情节,白热化的冲突。以抒情的笔调,放在各种环境、各种角度来刻画人物,这是何为散文的又一特色。

《千佛山上的小树》是以抒情笔调刻画人物的成功之作。红领巾是在山中、雨中、"我"的眼中抒写出来的。在一个春末夏初、阵雨将临的黄昏,"我"游览千佛山邂逅了这位红领巾。作者开始只是用叙述的口吻介绍了这位红领巾如何拍苍蝇、植树护林、捡废铜烂铁等,初步勾画出一位新中国小主人翁的轮廓。而更主要的是作者把人物放置在山势雨景中,以抒情的笔调加以刻画,使之栩栩如生。骤雨如注,"我"想找个避雨的场所,可是小旅伴却不但没有停步,反而飞跑上山。在他的激励下,"我"跌跌扑扑登上了山巅。这时在读者眼前出现了这样的特写镜头:雨后,山鹰盘旋,一个满身泥污的孩子正在扶持一棵被暴雨侵袭的小树秧,小树的梢头上晾着一条被雨打湿的红领巾。原来小旅伴为了保护树苗,不顾摔跤雨淋急奔上山。这是多么可爱的形象。作者在刻画时,不仅充分利用了山势陡峭和暴雨如注的典型环境,并且以"我"的推诿和跌扑来反衬小旅伴的勇敢矫捷,以山鹰的雄健烘托他的英姿。并且作者自始至终倾注了深厚的感情,无论面对雨中山景的赞叹,或是对小向导行踪的疑虑,都抹上了一层感情色彩。特别是对山巅小树梢头晾着的红领巾的描写:"一块惹人注目的红布迎风招展,像是一方小小的胜利的旗帜。"这不仅与文章开头关于鲜亮耀眼的红领巾隐现于葱翠欲滴的新绿丛中的描写相呼应,并且大大加重了感情色彩的渲染,充满了诗情画意。

作者在一九七七年以后发表了多篇散文,更见其深沉高远,在刻画人物方面也更加重了抒情的色彩。《春夜的沉思和回忆》(载《文汇报》一九七八年四月十六日)是一篇怀念周总理之作,写得深切恳挚,可以说是一首抒情长诗。作品写了关于总理的三个片断:阴冷的漆黑之夜观看悼念总理电视影片的群众场面;年青朋友讲述在福建汀江边总理住过的小楼;年青朋友回忆起一九六七年九月总理接见学生代表时的情景。作者在叙写这三个片断,刻画总理伟大形象时饱蘸着浓郁的感情色彩。在看电视片时作者表现出无限的痛悼和悲愤,在写到总理接见学生代表,大家目送总理缓步出门,走向大理石走廊时,作者深情地写道:"总理一个人渐渐远去……十多年来,这个伟大的背影始终长驻在一个女孩子的心灵深处。"作者还别具匠心地把整个的怀念追忆自始至终放在一种抒情的氛围中展开,在这三个片断之间始终贯串着——总理端坐凝思的照片;芬芳素馨的水仙盆花;贝多芬《第五交响乐》(即《命运交响乐》)的激越旋律。作者选择这三件东西是蕴含深意的。总理的照片的不时显现,使三个片断中总理的形象得以贯串,更加突出;水仙是总理灵前的供物,又可能是总理生前喜爱的花朵,它既烘托出总理的朴素、平易和伟大,同时渲染了全篇悼念的气氛;第五交响乐是总理生前赞赏的乐曲,表现了光明与黑暗、希望与苦难的搏斗,乐曲气势磅礴、悲壮深沉的旋律时而在三个片断的叙述过程中出现,就把对总理伟大形象的刻画放置在一场历史大搏斗的动荡背景中进行,加强了作品反映历史内容的深度,这一切又结合得异常有机而熨贴。作品最后将照片、水仙、乐曲凝聚在一起,把感情的波涛推向顶端:"邻近的一家电影院屋顶突然灯火通明,有如聚光灯照着总理栩栩如生的侧影。总理坐在那里,雍容慈祥,凝视远方。亭亭玉立的水仙花,供在总理像前,清香扑鼻。贝多芬的交响乐以雷霆万钧之势,轰然而止。华丽的长号吹响了。光明终于征服黑暗,正义战胜邪恶。进行曲高奏生命的凯歌,气象万千! 欢呼吧,欢呼斗争的胜利吧!"这是一件多么完整的艺术品啊!

我们可以明显地看到散文刻画人物与小说刻画人物之不同,小说需要情节的联贯,散文却允许跳跃、省略、穿插、议论,甚至可以停留在同一断面上多种角度的剖示。何为运用散文手法刻画人物具有相当娴熟的技巧,他善于把片断的场景、动人的镜头巧妙地剪辑、组合,运用反衬、烘托、隐喻、联想、双关等艺术手段,以富于抒情色彩和哲理意味的语言加以抒写,使诗意的构思与人物的刻画熔于一炉,浑成一体。

何为的散文还很注意景物的描写,特别是作者善于选择具有特征意义的景物事物在作品中加以贯串性的运用,使作品特定的气氛和情趣得到点染、渲染和瀚染。

《书的经历》(载《人民文学》一九七九年十二月号)通篇以书贯串,从看烧书,到搬书,失书,得书,借书,还书,通过书的经历刻画出农村青年与"我"两个人物,特别突出了"我"的遭遇。书的经历与"我"的命运息息相关,因此"书"是具有特定意义的景物。《最初的带路人》一开头就写:"有些小物件有时候足以令人深思,譬如一只又破又旧的老式手电筒……"作者意在描画一位地下工作者老乔的肖像,但贯串全篇的是这只手电筒。在《水乡吟》中对阔别故乡的描写,紧紧抓住了渔港的特点,我走到街上,"在五花八门为渔业生产服务的店铺外面,有不少妇女和孩子三三两两当街编织渔网。网太长太宽,往往一张新网覆盖半条小巷,像一片轻舒的云彩飘浮在石板道上"。"我"登上山冈又看到在一树浓荫里一群孩子围坐在一起编织渔网,"渔网长长的边缘铺在树荫以外的坡道上"。文章结尾又写"在耀耀的夏天中午,整个港湾里呈现一片光亮的白色。唯独靠近暴风警报站的大山坳里晒着不计其数的渔网,远远看去,尤如一大片连绵不绝的黑色的瀑布遮满半边山壁"。到处是渔网,这可以说是渲染。作者巧妙地将渔网比作飘浮的轻云,飞挂的瀑布,把织网的妇女比作有着优美的律动的舞蹈,通过渔网的网眼使我们看到了渔民纯洁的心灵和充满希望的眼光。

而像《石匠》、《千佛山上的小树》则是景物与人物冥然契合,熔成一体,这似乎像是国画的泼墨渲染了。

这种对特定景物的贯串描写,使作品达到情景交融的艺术境界,大大加强了散文的抒情气氛。

关于何为同志散文的艺术特色,我曾在一九八一年第24期的《文艺报》上写过一篇文章。这里我想简略地谈一下何为同志散文语言方面的特点。

何为散文文笔很美,但并不是浮华绯靡之美,也没有矫饰玄烨的语言,而是呈现一种质朴清新的美。看得出来,作者在语言上是认真锤炼,刻意求工的。作者文笔活泼生动,或叙事,或状物,或抒情,或议论,挥洒自如,晓畅明快,犹如行云流水。《园林城市中的一个庭园》从各个角度刻画著名作家、园艺学家周瘦鹃的形象,有的段落侧重于叙述,有的段落侧重于描绘,洋洋洒洒,优裕自如,《遥远的上海街头之声》描述了解放前上海街头的工厂汽笛声及弄堂的各种叫卖声,当然这些已成了遥远的历史:"有时在记忆深处发出一点余声,听起来也恍如隔世。"这时作者笔锋一转,引出了一九四九年五月二十五日解放军穿着草鞋进城的轻轻的脚步声,——两个时代之间转变的声音,文章最后写道:"但愿有朝一日能试作上海街头的新声。"文笔多么活泼灵捷,这正是作者文思跃动的具体表现。

何为散文的语言极为简洁凝练,他很少为长文。倒不是说长文语言一定冗赘;但短文的语言更需简练,这倒是一定的。二、三千字的短文不仅要求构思精巧,相应在语言方面也要求十分洗练、精悍。要做到简洁,一方面要舍得删芟可有可无的陈言赘语;但更重要的是要提高语言的表现力和艺术容量,后者是更积极的办法。《节日》是写作者对国庆节的感受的,第一个国庆节,"我"在医院的病房里,外面喧闹欢腾的声浪激动了我:"真的,当时我是多么想插翅飞出去呀!"以后由于慢性病,差不多每个国庆节都在病榻上度过,这一年临近国庆又病了,但他在医院里遇见了长期卧病而向往工作的一群共青团员,又认识了在病床上为长江大桥通车赶写歌曲的老音乐家,作者最后写到:"长江大桥的桥头音乐会无疑将是一次不平常的音乐会。啊,我是多么想插翅飞去呀!"结尾用语十分洗练,联系上文,这一句含意很深,容量很大,想插翅飞去,实指去听桥头音乐会;深一层的意思是飞出去参加社会主义建设事业;更深一层,这种插翅飞翔的意愿不仅是"我"所独有的,它代表了多少卧病在床的人们的心愿。《青春》写一个大学生爱上长期卧病,形同瘫痪的初中同学,毕业时她要求去边疆,实现他们共同的愿望。这时作者写道:"他握着她的手,她也握着,代替了许多无法诉说的话。"这种简洁的语言确实代替了许多话,给读者留下了想象的余地。语言的简洁与构思的精巧有着密切的联系,离开后者单单比字数的多少,恐怕是很难说明问题的。分析何为散文的语言,也不能离开这一点。

何为散文的语言富于诗情和哲理,读他的散文有时会油然而生一种妙语如珠的感受。"小小的笛孔里飞出一串串迷人的笛韵。一圈圈笛韵的涟漪就在这条静静的甬道街荡漾,消失在染满胭脂色夕阳的街道尽头"(《竹笛和花灯》)。不可见的笛韵在作者笔下成了圈圈涟漪的视觉形象,多么鲜明;"许多许多的故事……在云南,常年繁花似锦。千百个丰富多彩的神话和传说正如千百种芬芳馥郁的鲜花一样植根在肥沃的土壤上"(同前文)。把"故事"比作鲜花,何等优美。"她柔声叫着:'卖白兰花,栀子花,茉莉花……'。那吴侬软语的卖花声里,有多少祈求,多少哀怨。没有人买花,花儿枯萎了,卖花女也憔悴了。一首凄清的小诗,写在落寞的路边街角"(《遥远的上海街头之声》)。这一段语言,本身就是一节诗行。"如果说大街是小县城的脉搏,街上不歇的脚步声则是脉搏跳动的声音"(《小城大街》)。"我默然对着他,如同面对一座没有被发现的矿山"(《书的经历》),具有浓郁的哲理性。作者运用比兴手法,善喻巧譬,又能驰骋想象的翅膀,因此文章虽不分行,语言虽不押韵,然而诗情洋溢于纸面,神韵跃动于行间。作者善于观察事物,揆情度理。由表及里地揭示事物的本质和底蕴,用精警的语言道出生活的哲理,这正是散文语言所要追求的目标。

(《文艺报》1981 年第 24 期)

○七三

# 《第二次考试》是一篇好作品

## ——与毛启倍同志商榷

《语文教学》1959 年 2 月号上发表了毛启倍同志的"我对《第二次考试》的看法"一文。这篇文章认为《第二次考试》的思想性不强,"不怎么'红',甚至于'白'的成分大于'红'的成分"。最后还得出了这样的结论:"显然作品是在歌颂资产阶级教授的权威和作用,歌颂资产阶级的天才……"作为《第二次考试》的读者,我不能同意这样的看法。我觉得毛启倍同志对作品的分析是缺乏实事求是和冷静的态度的,看问题比较主观、片面。许多引文都是割裂原文整体、断章取义的引证,这不能不歪曲了作品的原意,武断地得出了不符实际情况的结论。这里试谈谈自己对作品的看法,与毛启倍同志商榷。

我认为《第二次考试》是一篇具有强烈教育意义的作品,它通过前后两次音乐考试的场面突出地刻画了一个具有共产主义道德品质的女青年的形象,她在初试时声乐、视唱、练耳和乐理等课目都被列入优等,但在第二次考试时却"声音发涩,毫无光彩,听起来前后判若两人"。这不是一件奇怪的事吗?经过苏林教授的访问,才知道她为了参加抗台风,安置灾民,不顾第二天要参加决定录取与否的复试,整夜不睡,忙碌地工作,因而影响了嗓子,这种全心全意为人民服务的忘我精神深深地感动着每一个读者。作品同时又描写了著名的声乐家苏林教授的关心青年成长、对党的事业的负责精神,这也是很动人的,关于陈伊玲这一人物的评价,毛启倍同志和我们基本上相同的,但对于苏林教授这个形象的看法上,我们的意见是有分歧的。

毛启倍同志基本上否定"第二次考试"这篇作品的理由,是作品中的苏林教授是一个十足的资产阶级的"天才狂"。他认为苏林教授追求的只是天才而不重视一个人的品德的好坏,苏林教授录取陈伊玲，只是看中了她的天才，并不了解她的品质。因此毛同志推断道："如果陈伊玲的思想极端反动，品质极端恶劣，因陈伊玲有天才，我看苏林教授也会收下的；如果是'天才'稍有不如陈伊玲的工农子弟，我看苏林教授也会拒绝录取的，试问这又与贯彻我们党的阶级路线哪一点又是相符合呢？"苏林教授究竟是不是资产阶级"天才狂"呢？我们有必要根据作品的具体内容来分析一下。

　　毛同志的一个论据是：苏林教授在第一次考试时赏识了陈伊玲的音乐艺术，但在第二次考试时，却因为陈伊玲的"声音发涩，毫无光彩"而生气了。毛同志指责道："好一个关心青年成长的教授，第一次遇到青年人的缺点，就完全否定，大发雷霆，不细心地教育，不耐心地探索详细情况，甚至看都不愿看这位青年了。"于是毛同志就断定苏林教授是个十足的"天才狂"了。这完全歪曲了作品的原意，作品很明显地写出了苏林教授生气的原因：是"怀疑到她的生活作风上是否有不够慎重的地方"，"他从来认为，要做一个真正为人民所爱戴的艺术家，首先要做一个各方面都能成为表率的人，一个高尚的人！歌唱家又何尝能例外！可是这样一个自暴自弃的女孩子，永远也不能成为一个有成就的歌唱家"，只要毛启倍同志不是断章取义地分析作品，那么就会看到苏林教授追求的并不是一个资产阶级的天才，而是要求有共产主义道德品质的"高尚的人"，"各方面都成为表率的人"，不是只有天才而自暴自弃的人，很明显，苏林教授不但重视才能，更重视的是青年人的道德品质，对事业和生活的态度，这怎么能说是一个不关心青年成长的十足的"天才狂"呢？

　　毛启倍同志又认为苏林教授追究陈伊玲两次考试的成绩悬殊的原因，并且亲自到陈伊玲家里去访问这件事，这是追求天才的一种具体表现，事实是不是这样的呢？那还是让我们读一读原文吧！因为脱离了具体作品的内容，把主观和片面的想法强加于作品中人物头上，这决不是马列主义文艺批评的方法。在陈伊玲参加第二次考试后，作品中有这样一段描写："考试委员会对陈伊玲有两种意见：一种认为从两次考试可以看出陈伊玲的声音极不巩固，不扎实，很难造就；另一种则认为给她机会，让她再试一次，苏林教授有他自己的看法，他觉得重要的是为什么造成她先后两次声音悬殊根本原因，如果问题在于她对事业和生活的态度，尽管声音的禀赋再好，也不能录取她！这是一切条件中的首要条件。"（重号系引者所加）苏林教授对才和德的看法，在这里表现得再明确不过了。他追究原因，亲自造访，就是要去了解陈伊玲两次声音变化的根本原因，也就是要去考定这个青年对生活的理解、对事业抱着什么态度，要去考定这个青年的品德的好坏。他认为如果她在道德品质、政治思想方面有问题，那么她再有天才，也不能录取她，我觉得这种态度是完全正确的，这正是体现了党对青年的德、智、体、美四育并重的原则，这里要请问毛启倍同志，苏林教授这种对德、才的看法与资产阶级的"天才"论到底有什么相通之处！

　　作品的确在好几处写到陈伊玲的形象："嫩绿色的绒线上衣，一条贴身的咖啡色的西裤，宛如春天早晨一株亭亭玉立的小树。""一张叫人喜欢的脸，小而好看的嘴，明快单纯的眼睛，笑起来鼻翼稍皱起的鼻子。"等等，我认为这些外表的描写，正是为了衬托、突出她的内在的美，品德的美。这种美丽的外貌，并不是苏林教授去亲自访问的主要原因，而是这个形象提醒了他："不能用任何简单方式对待一个人——一个有生命有思想有感情的人。至少眼前这个姑娘的某些具体情况是这张简单的表格上（指投考的报名单——引者注）所看不到的。"这反而加强了他对工作的责任心，因为党交给了他培养青年的任务，他就应该对党负责、对青年负责，他不能随便埋没一个有造就条件的天才，这正是党和国家所要求他的，正是这种责任心促使他去追究陈伊玲两次考试成绩悬殊的原因。

　　苏林教授到底是工人阶级知识分子，还是资产阶级知识分子？作品并没有作明确的交待，但，通过作品，可以看出他确是一个积极培养青年、忠实于党的事业的教授，他能以党的要求来要求青年、对一个青年的品德和才能的关系也有较正确的看法。并不像毛启倍同志所说的他要求的天才"决不会是无产阶级天才"，也没有"天才是凭空而降的"想法，他之所以认为陈伊玲能够被录取，正是因为他了解了陈伊玲的优良品质，并且知道了她对音乐练唱的勤奋和认真的态度，并非仅仅"看中了她的天才"。因此毛启倍同志提出的苏林教授"真是一个十足的'天才狂'"的结论是错误的，至于"如果陈伊玲的思想极端反动、品质极端恶劣，因陈伊玲有天才，我看苏林教授也会收下的，如果是'天才'稍有不如陈伊玲的工农子弟，我看苏林教授也会拒绝录取的"这样一个"推想"更是离题万里，无的放矢的了。

当然，我这样说，绝不是认为《第二次考试》这篇作品就是十全十美，毫无缺点了。缺点是有的，主要是比较突出了苏林教授的个人的作用，而没有直接写出党的领导，也忽视了考试委员会的集体发挥的作用。但是我们绝不能看到一点缺点，就对作品作全盘的否定。我们要全面地评价作品，看它到底是积极因素大呢？还是消极因素大？我觉得这篇作品虽然有一定的缺点，但仍不失为一篇好作品，应该给以肯定。它绝不是歌颂资产阶级教授的权威和作用，歌颂资产阶级天才的作品。（客观效果也正是如此）相反地，作品歌颂了陈伊玲的优秀的共产主义道德品质。作品告诉我们，对一个人来讲，才能固然重要，但更重要的是政治思想和道德品质，歌颂了我们党、我们国家的德才并重的教育原则，批判了只重专，不重红的错误想法。

我认为毛启倍同志的批评是不恰当的。《第二次考试》这篇作品中"红"的成分是大于"白"的成分的。它是一篇以社会主义思想教育读者的"红"的作品。

（《语文教学》1959 年第 4 期）

## ○七四

# 真、深、巧、新
## ——谈短篇小说创作

短篇小说在文学领域中居于重要的地位。关于这一点，鲁迅曾说过："在现在的环境中，人们忙于生活，无暇来看长篇，自然也是短篇小说的繁生的很大原因之一。只顷刻间，而仍可借一斑略知全豹，以一目尽传精神，用数顷刻，遂知种种作风，种种作者，种种所写的人物和事状，所得也颇不少的。而便捷、易成，取巧……这些原因还在外。"近年来，短篇小说作为文艺园地里颇获丰收的一个品种，越来越引起人们的关注。我是一个喜读短篇小说的人，有时读后也偶做笔记，这里撷取四则，聊借《水仙花》小说栏中补白之用。

## （一）真

真实性是文艺创作总的要求，高尔基说过："文学是巨大而重要的事业，它建立在真实上，它所接触到的一切都要求真实。"（《给青年作者》）在我看来，对小说来说这种要求似更明显，比如诗、喜剧可以更夸张一点,小说的艺术魅力却往往更多凭借真实感的生活图景和鲜明生动的人物形象来实现。只有真实才有生命。那些虚假情节、故作曲折、夸大其词是不可能拨动人们的心弦的。近几年来不少短篇小说正因为敢于反映生活的真实面貌,敢于说真话,所以得到了广大读者的共鸣。

有的同志认为写了真实,就会影响社会效果,他们把真实性与倾向性对立起来了,其实这是片面的。成功的作家完全可以把真实性与倾向性统一起来。

蒋子龙的《乔厂长上任记》就很成功。老干部乔光朴为了改变重型机器厂老大难的面貌,把连续两年零六个月不能完成国家计划的被动局面扭转过来,毛遂自荐到该厂任厂长。作者塑造了一个新时期的英雄典型,他有炽烈的革命热忱,有斗争锐气,有改革的魄力,最重要的是有一股按照科学规律搞四化的实干精神。这篇作品具有强烈的现实感和时代感,这无疑是一篇政治倾向鲜明的作品。然而,它又是一篇具有高度真实性的作品。它并不是歌舞升平的赞美诗,而是一部矛盾复杂的交响曲。乔光朴到厂里迎接他的并不是掌声和鞭炮,相反是一个接一个的障碍和阻力。这个厂处于半瘫痪状态,技术尖子都不在生产第一线,而另外找个轻快活儿,无政府主义泛滥,生产抓不起来。副厂长冀申是个投机钻营、趋时善变的市侩,他就是消极反对整顿的势力的代表。老干部石敢虽然勉强同意担任党委书记,但心灵上还残留着林彪、"四人帮"造成的创伤。就是乔光朴自己也并不是没有丝毫的忧虑和犹豫的。展现在我们面前的乔光朴是个活生生的、可敬而可亲的形象。作者在作品中并没有粉饰太平,既写了"四人帮"的流毒,又写了新的矛盾,可以说是"论时事不留面子,砭锢弊常取类型"(鲁迅语)。然而也正是因为作者对现实关系的真实描写,对生活场面和情节的生动刻画,才自然而然地流露出了鲜明的政治倾向性,成为鼓舞人们在四化道路上前进的一首战歌。

可见倾向性不能脱离真实性,真实性也不会影响倾向性,问题的关键在于作者把握生活、概括生活的思想水平和艺术水平如何? 这里说的真实并不是机械地摹写生活,它不排斥提炼、概括、典型化。相反,通过艺术的提炼、概括、典型化会丰富和加强真实性的内容。

## (二) 深

一篇短篇小说要求真,还要求深,读者是不喜欢肤浅浮泛的作品的,因此鲁迅还告诫我们:"选材要严,开掘要深!"

陈世旭的《小镇上的将军》是一篇别具一格的小说,作者并不满足于浮浅地描写老干部受迫害,而是通过倒运的将军在小镇上的遭遇和行动,以及群众对将军的态度,深刻揭示了一场社会的矛盾,表达了"历史有个坏脾气,喜欢嘲弄极力要驾驭它的人"这一真理。小说深在不是一般受迫害的悲惨遭遇的介绍,却是写将军不是消极挨整,而是积极进击。他背着"叛徒"的黑锅充军到了小镇,然而对党对人民的忠心不变,他在屋边掘了不少树洞,育树成林,改造小河,把小镇搞成一个公园,自己做个看公园的人。他敢于同邪恶势力,不正之风作斗争,总理逝世时又冒了风险发黑纱。他并不是灰溜溜的流放者,而是小镇生活激流中的主人;他不是陶渊明式的隐士,而是胸怀人民的共产党人,在他身上概括了一代革命者的英雄性格。小说的深刻还表现在作者没有孤立地写将军的遭遇,而是着力反映他的遭遇在群众中的反响。群众开始是议论,进而是同情,后来是真心爱戴他,"他山上这所与牢房为邻的'新房子',成了一座香烟鼎盛的'圣庙'"。他不幸逝世,小镇悲声大恸,人们依照最古老、最隆重的传统乡土风俗,为他举行葬礼。这就展示了人心的背向,社会的风貌。这篇小说因为注意对题材的开掘,显得很有深度,揭示了人物心灵深处的东西,触及到了社会本质方面的问题。

作品的深刻程度往往与作品反映生活的典型化程度成正比;而典型化却凭着作者对生活的丰富阅历及深刻理解,只有看得深,才能写得深。鲁迅说的"留心各样的事情,多看看,不看到一点就写"就是要求作者看得深。如果看到一点就写,满足于肤浅浮泛的描写,那么只能生产出公式化、概念化的东西。

## （三）巧

短篇小说篇幅不大,要想能反映出现实生活的广度和深度,必须注重艺术构思。艺术构思的好坏巧拙决定了作者的思想深度和艺术技巧的高低。初学写作者容易把小说写得平淡无奇,就是由于这两方面的欠缺所致。

我很喜欢美国作家欧·亨利的短篇小说,它的特点是构思新颖,结尾出人意外。如《麦琪的礼物》写一对情深意笃的贫困夫妇圣诞节前互赠礼物。妻子德拉长着一头美丽的头发,为了给丈夫杰姆的唯一珍宝——一只金表,配上一条白金表链,不惜卖掉了自己的头发。但想不到杰姆送给她的礼物却是她向往已久的装饰美发所用的全套发梳,而这套发梳的交换代价又正是那只金表。作者强烈渲染了在生活窘况中主人公之间相濡以沫的深挚感情,作者叹道,他们极不聪明地为了对方牺牲了他们家里最宝贵的东西。然而在所有馈赠礼物的人当中,他们两个是最聪明的。这种出人意外的结局不仅在于情理之中,而且使整个作品结构严谨、寓意深长。作者并不单单着眼于情节的曲折新奇,而是把一种生活的诗意寓于巧妙的构思之中,使人读后感到深沉隽永,回味无穷。

在近年来涌现的一大批短篇小说中也不乏构思巧妙新颖的佳作。如《剪辑错了的故事》运用电影剪辑的手法,突破时间空间的限制,纵笔千里地反映了广阔的历史画面;《话说陶然亭》则是通过四个老人在死水一般的陶然亭练拳的四次聚会,侧面反映了天安门广场的斗争风云。这些小说都显示了各自的特色,给人耳目一新的感觉。

艺术贵在独创,小说艺术构思的新颖独特,是艺术独创性的一个标志。要别出心裁、独辟蹊径,主要还是依靠作者对生活的仔细观察和独特感受,独具慧眼才能产生独特构思。如果对生活并无真知灼见,一味向壁虚构,凭空编造一些荒诞离奇的情节,那是决不会成功的。

## （四）新

近年来短篇小说创作方面的新成就,不仅在于内容方面,还表现在形式方面的探索和尝试。这一方面王蒙同志的努力是值得重视的。大家谈论较多的是王蒙带有意识流色彩的小说创作。意识流小说的特点是不以故事情节为主,而是以人物思想意识为贯串线结构作品,偏重于人物的感觉、印象、联想、甚至梦幻,通过直接表现人物的自我意识的流动、矛盾来展示人物的感情和思想。这是西方文学的一种流派。王蒙的《风筝飘带》、《布礼》、《春之声》、《夜之眼》等,也带有明显的意识流特点,它们没有完整的故事情节,情节是不连贯的,分切的、穿插的,有时是颠倒的,作品是随着人物情绪的变化而展开的。这在我国小说创作方面是一种大胆的尝试。我国的小说向来以故事情节见长,从唐宋传奇到明清小说到现代小说,绝大部分是以故事结构作品的,当然也有心理刻画的成分。尽管王蒙这些小说在手法上还有一定的缺陷,但我认为这种探索是有益的。

我肯定这种探索是因为：一、作者采用这种形式并非为形式而形式，而是表现内容的需要。粉碎"四人帮"后，由乱而治，多少经验教训，多少是非曲直，这是一个需要思索的时代。这些作品的主人公思考、求索、判断、醒悟、想望，这就要求与之适应的形式。二、这种形式反映的内容是积极的，如《风筝飘带》通过人物的思绪变化揭露了林彪、"四人帮"极左路线造成人们精神上的严重异化，通过佳原与素素的爱情却表现了年青一代正在摆脱这种精神枷锁，以真诚的仁爱之心来处理人与人之间的关系，懂得美好的明天，这是引人深思的主题。三、作者并不是硬搬照抄西方意识流小说，而是吸收其中有用的手法，并力图与中国小说技法糅合起来。它既注重人物的心理刻画，又描写客观环境对人物的影响；既描写人物对主观世界的探索，又描写人物对客观现实的剖析；既描写人物的印象、感觉、梦幻，又写他们清醒的思索和判断，因此仍然带有鲜明的现实主义特征。当然这方面还结合得不够理想，有些读者对这种形式也还不习惯，然而这种勇于革新的精神应该得到鼓励。正如鲁迅说的："第一次吃螃蟹的人是可敬佩的，不是勇士谁敢去吃呢？"

（《水仙花》1981 年第 2 期）

〇七五

# 《复活》创作历程的启示

近来读了一些有关托尔斯泰创作长篇小说《复活》的研究材料，深得教益。托尔斯泰历时十年，易稿二十次的创作过程，为我们提供了极其丰富的经验和有益的启示。

《复活》是列夫·托尔斯泰后期创作的一部伟大作品，从 1889 年开始创作，其间几经周折，于 1899 年正式出版。《复活》的十年创作历程大致可以分为三个阶段——

第一阶段（1888 年 4 月—1890 年 2 月），素材的获得，就事论事的叙述。素材很生动，然而，创作却失败了。

原始的故事是托尔斯泰的朋友科尼讲给他听的。科尼当时在地方法院担任检察官，一天有一个年轻人来找他，这个年轻人出身于一个古老的贵族家庭，曾在一个享有特权的高等学校毕业，他要求把一封信当面交给女犯人罗萨丽雅·奥尼。后者是一个下等妓院里的妓女，因为偷了醉酒的"客人"一百卢布而被判罪。在这封信里他向奥尼求婚。第二天又接到年轻人的一封信，再次郑重声明他的坚决意志，并请求典狱官准许他们立即举行婚礼。同时，奥尼也提出了一项同意结婚的声明书。然而婚礼并没有举行，因为女犯人患斑疹伤寒死去了。年轻人也从此杳无踪迹。原来奥尼的父亲是彼得堡某贵妇的一个佃户，父亲死后成为孤女，人们把她送进贵妇人家，当了丫环，一直到十六岁。那时年轻人（女主人的亲戚）开始注意她，并诱奸了她，贵妇人并没有把亲戚赶走，倒是把奥尼赶走了。奥尼生了一个孩子，送进了教养院，自己为生活所迫终于沦为妓女。命运又使这个年轻人在法庭上与她见了面，然而这时一个在被告席上，一个却坐在陪审员的安乐椅里……

托尔斯泰听了这个故事很激动，他劝科尼自己把它"按照年代次序"，"照原样"写下来，然而科尼没有动笔,托尔斯泰却产生了强烈的创作愿望,1888 年 4 月他通过毕留珂夫问科尼是否动手写了,"如果没有写,他是否可以让出这情节。这个情节很好,而且很需要"。

1890 年 2 月托翁开始写作,这就是最初的草稿。这一稿是按年代写的,从尤希科夫到姑母家开始,到法庭为止。托翁写时感到很激动,然而没有写好,他在日记中多次表示惋惜:"试着写科尼的故事,但是写不好","仍然写不好","根本写不出来"。

第二阶段(1890 年 6 月—1895 年 10 月),第一稿完成。新主题的探索,从原始故事转向广泛的社会概括,作品有了新的突破,同时又面临深刻的危机。

从 1890 年 2 月到 6 月,托尔斯泰一直没有恢复写作,作者正努力地艰苦地从科尼那个具体故事的狭隘范围中挣脱出来,6 月他对作品的主题有了新的想法:一是从道德方面,个人悲剧的范围转入社会方面;一是出现第二个主题,即批判大规模的土地所有制度。他在日记中说:"科尼的故事应该从开庭审讯写起,……应该立刻把法庭的全部荒谬表现出来。"12 月开始写作,主人公已改名聂赫留朵夫,主张废除土地占有制度而用一种统一的土地税来代替。但困难接踵而至,原有的基本情节与第二主题脱节。这时托尔斯泰明确地认识到必须对整个素材加以改造,于是又搁置了好几年。1894 年 6 月,他说:"决定不再写下去了。……如果还要写的话,必须全部从头来,写得更真实点,不要杜撰。"

1895 年 5 月他重新动手,7 月完成第一稿,这一稿法庭场景占了显著地位,结尾写聂赫留朵夫与卡秋莎在监狱教堂里结婚,并逃到伦敦居住。土地问题写得很潦草。这一稿有新的突破,同时又遇到了深刻的创作危机。作者原来发现了主题与题材的脱节,力图弥合,但并没有找到适当的办法。作者重新陷入了失望与苦恼,他在 1895 年 8 月说过:"整个结尾都得重写,把那幸福的尾巴——在英国的生活——删去。"10 月在日记中写道:"我想把它放弃了。将来如果要写的话,就得从头写起。"他觉得要讲的话很多:"要讲人们对自身所作的残忍和欺骗——经济的、政治的、宗教的……要讲婚姻,要讲教育。也要讲专制制度的可怕。一切都已成熟,想讲得很。"

第三阶段(1895 年 11 月—1899 年),从第二稿到第三稿,创作的转折点,开掘题材,提炼情节,成为对沙俄专制制度的控诉书。

托尔斯泰经过紧张的思索,找到了新的创作触机,"我懂得了应该从农民的生活写起,他们是主体,他们是积极的人物……"。11 月初他重新开始写作,把重心从聂赫留朵夫身上移到卡秋莎·玛丝洛娃身上,一开始就把读者引到其悲剧故事中。作品尖锐地提出"到底谁有罪"的问题。此后的写作紧紧扣住对现存制度进行批判这一中心进行,这是第二稿。

然而作者对第二稿的结尾十分不满意,1897 年 1 月他说:"读到他决定要结婚的时候,我又厌恶地把它丢开了。一切都是不真实的,虚构的,软弱的。"因为小说越来越变成对整个社会制度的判决,因此这种结局与悲剧性很不调和。

1898 年 7 月,作家又重新写《复活》,这是第三稿(注:这里说的第三稿及前文说的第二稿,均指大幅度地、全面地改写重写的稿本次数)。这一稿把第二稿的结尾一笔勾掉了。卡秋莎意识到两人社会地位的悬殊,断然拒绝了聂赫留朵夫的求婚。法庭上庭长为了赶快与金发姑娘私会,匆忙给玛丝洛娃判罪,法官、陪审员随声附和,最后竟马马虎虎判了卡秋莎四年苦役。这一稿,使整个情节起了改变,扩大了社会领域。错误的判决给聂到处奔走提供了依据。作品通过多种场景的描写,有力地撕去了当时俄罗斯上层统治者的面目,揭露了他们的"残暴和罪恶","贵族阶级和一般上层阶级的卑鄙无耻",描写了遭"法律"践踏的社会底层的生活图景、农村面貌、卡秋莎同狱的难友、也写了政治犯的生活。社会面的扩大使原来要表现聂赫留朵夫悔罪这一主题挤到了从属地位。1898年托翁终于找到了一种根据,用艺术形象来体现"经济的,政治的、宗教的欺骗"以及"专制制度的可怕"这个重大的主题。这样托尔斯泰终于完成了这部杰作,1899年,《复活》正式出版了。

《复活》的创作过程对我们每一个作家,特别是对广大青年作者有着深刻的、现实的指导意义。

第一,一个作家要想使自己的作品获得成功,必须在典型化上下功夫。有了好的创作素材,不等于就有了好的作品。这里一个重要关键是作者要努力对题材进行开掘。即对生活素材、创作题材进行深入的分析和研究,从而发掘出蕴含在题材中的深刻思想;另一方面,还要用深刻的思想去照亮题材、改造题材,从而在更大程度上概括出社会生活的本质。托尔斯泰《复活》整整十年的创作、修改过程,就是不断地开掘题材、探索主题的过程。他在刚开始创作时,对科尼的原始故事很感兴趣,认为这个悲欢离合故事中男主人公的道德忏悔含有一定的思想意义。然而按年代顺序照原样写出来后,却并不使人满意。故事本身更深刻的思想内容作者觉得还没有准确地捕捉到,所以,反映出来的思想意义比较肤浅,没有触及社会溃疡的本质。第二阶段,作者开掘题材,试图将科尼的故事放置于十九世纪末叶沙俄整个专制制度、土地制度的广阔背景下展开,写出这个悲剧的社会原因,写出两个世界的对比,揭示出"到底谁有罪"这个带本质的问题,这样就深了一层。第三阶段,作者进一步把作品的主体转移到玛丝洛娃身上,"从农民的生活写起",表现了社会底层的生活图景及产生这一切的社会原因,删去了"幸福"结局,通过艺术形象体现了"经济的、道德的、宗教的欺骗"以及"专制制度的可怕"这一伟大主题。列宁对托尔斯泰作了高度评价,他说"撕掉所有假面具"是托尔斯泰现实主义的显著特征,称赞"列夫·托尔斯泰是俄国革命的镜子"。《复活》及作者其他作品的成就,也就是作家不断追求高度典型化的成就。

第二,《复活》的创作历程告诉我们,这部伟大作品之所以成功是作家不断深入生活、探索生活的丰硕成果。《复活》的素材,是托尔斯泰从朋友那里听来的,然而也是托尔斯泰所熟悉的生活。托尔斯泰经常接触上层社会,对上层社会的腐朽生活、罪恶本质有所认识;他又经常与农民亲密交往,对农民的艰难困苦生活有一定的了解。如果托尔斯泰没有这些生活经历及其对社会的精辟见解,科尼的故事就只能永远是未完成草稿的那个故事,不可能反映现在我们看到的《复活》所表现的博大精深的主题。

不仅如此,在《复活》的创作过程中,随着题材的开掘和主题的深化,作者还明显地感觉到自己原来的生活积累已远远不够,必须拓宽生活面。作家想写土地制度的问题,但题材本身缺乏这方面的材料;他想表现整个社会制度的腐朽、虚伪、罪恶和可怕,但结尾反映出来的生活图景却是幸福恬静的田园诗。这种脱节现象,如果依靠作者抽象的议论去演说主题,是解决不了的。为此,作者不仅调动自己丰富的生活积累,并且进一步到生活中去,更广泛地接触农民生活、罪犯生活,研究法律和土地制度等等,并在作品一开始就写审判的错误,让聂赫留朵夫到处求情,通过上层社会、下层社会多方面生活的鲜明对比的手法,点出了社会分成两个世界的绝然对立。由此使作品主题的提炼和典型化的加深,有了坚实的基础。

《复活》的成功告诉我们,任何一部伟大作品都是建筑在作家丰富扎实的生活基础上的。那种单凭"灵感",瞎编臆造,把道听途说的材料加上自己的臆想剪贴拼凑起来,编成荒诞离奇的故事,不过是穷途末技,是断然写不出好作品来的。

第三,《复活》的创作历程还启示我们,不倦的探索、严肃的态度、艰苦的劳动对一个作家是何等的可贵。一个伟大的作家总是毕生都在艰苦地探索人生、探索艺术,《复活》花了十年功夫,易稿二十次。即使稿子已去付印,托尔斯泰还在埋头修改。出版社频频催促,他回信说:"我们有一句俗语说:'讲故事容易做事难',而我说:'做事容易讲故事难'。事实一定是这样的,因为一个故事,如果是一个好的故事,它一定要流传很长久的。"他还经常告诫青年作者:"不要认为修改是枯燥无味的,应当在同一个地方经过十次、二十次修改。"不说《复活》的总体结构,就是女主人公玛丝洛娃的肖像描写,就整整改了二十次。起初把她写得太丑,后来又写得太美,最后才写成现在我们看到的这段一百三十字的著名描写。托尔斯泰的其他大量手稿也都显示出这位作家伟大的艰苦的艺术劳动。托尔斯泰一直认为:"为了使作品成为对人民有益的东西,在任何一部作品中都应具备三个条件:一、新颖的内容;二、形式,或者像我们通常说的,才气;三对作品中描写的对象所抱的严肃而热情的态度。"(《俄罗斯作家论文集》第二卷103页)如果没有这一点"严肃而热情的态度",是谈不上不倦的探索的。托尔斯泰在写《复活》过程中,曾多次陷入苦恼,多次将作品搁下,甚至想丢掉,然而他又多次重新写过,这就是作家用严肃而热情的态度进行艰苦探索的过程。作者如果没有一丝不苟的创作态度,那么按照当时作者的盛名,他的"科尼的故事",也照样能很快地排成铅字;而如果作者不勇于探索,那么到现在也可能只留给我们一个"科尼的故事"的未完成草稿,而不是《复活》这部伟大的作品。我们就是需要学习托尔斯泰这种严肃认真的写作态度和不倦探索、艰苦劳动的精神。切不要把文艺创作看作易事,率示操瓢,粗制滥造,"以创作丰富自娱"。只有勤于播种耕作的劳动者,才能收获到甘美的硕果。

一部伟大的作品对我们来说,就是一部学习如何创作的丰富生动的活的教材,只要我们虚心认真地学习,是必然有所进益的。

（《奔流》1982年第8期）

# ○七六

# 要莎士比亚化,不要席勒式

马克思在批评斐·拉萨尔的剧本《弗兰茨·冯·济金根》时,曾明确指出:"这样,你就得更加莎士比亚化,而我认为,你的最大缺点就是席勒式地把个人变成时代精神的单纯的传声筒。"马克思提倡莎士比亚化,要求的是文学作品的倾向性与生动的形象性达到一致。席勒也并不是整个创作都是"传声筒"式的,他年轻时曾投身于德国新兴资产阶级的狂飙运动,那时他的作品人物鲜明,形象生动,"渗透了向当时整个德国社会挑战的叛逆精神"(恩格斯)。到了中年,席勒对德国社会现实丧失了希望,转而热中于研究康德哲学,才把作品中的主人公变成抽象的道德观念的化身。马克思、恩格斯批评他这一点,也就是为了倡导倾向性与人物形象的生动鲜明性的完美统一。

我们的文学创作也必须十分注意政治倾向性与艺术真实性、形象生动性的统一。那种把个别、偶然的社会现象看作现实生活的本质,认为只有揭露生活才算真实,而不顾及作品的倾向性的做法显然是极其有害的。然而,作品如果仅有正确的思想倾向,而没有生动的生活场面和有血有肉的人物形象,那么这类作品虽然倾向性很强,但由于缺乏真实的基础,缺乏动人的魅力,因此也不能打动读者,感染读者,教育读者。从而达不到预期的效果。

文学史上成功的作家总是通过典型化来体现作品倾向性的。恩格斯曾多次指出:"倾向应当从场面和情节中自然而然地流露出来,而不应当特别把它指点出来";"我们不应该为了观念的东西而忘掉现实主义的东西,为了席勒而忘掉莎士比亚";强调文学作品的人物形象应该做到"每个人都是典型,但同时又是一定的单个人,正如老黑格尔所说的,是一个'这个'",而反对把个性消融到原则里去。

现实生活是错综复杂、五光十色的,生活中的人是活生生的,有着多种多样的社会关系,有着复杂而丰富的思想、感情、性格,典型化需要概括、提炼,这种概括、提炼,就是要选择最生动的材料,发掘出深刻的社会意义,而并不是把新鲜的蔬菜,蒸发掉水分,使之成为脱水的干巴巴的菜干。文学史上成功作家笔下的人物哪个不是活生生的、呼之欲出的,同时又是鲜明独特、无与雷同的呢?人们决不会把《复活》中的聂赫留朵夫与《雷雨》中的周朴园混淆起来,虽然他们身上有着某些共同之点。《红楼梦》写了林黛玉、薛宝钗、史湘云、王熙凤、秦可卿以及紫鹃、袭人、鸳鸯、平儿那么多女性,试问有哪两个是雷同的?她们不仅性格气质各别,连声容笑貌、出言吐语都不一样。文学史上还有这样有趣的现象,有些名著中的典型,在学术界一直有所争论,比如哈姆雷特的性格究竟是什么?是犹豫,还是忧郁?比如阿Q究竟是什么样的典型?是国民精神的典型,还是落后农民的典型?是思想的典型,还是阶级的典型?这种文学现象正说明伟大的现实主义作家对复杂、丰富的生活是采取现实主义的态度,在作品中呈现着活生生的社会现象和人物形象;他们是立体化的,读者可以从这个侧面去理解,也可以从另一个侧面去理解它,正是"横看成岭侧成峰,远近高低各不同。不识庐山真面目,只缘身在此山中。"这种现象的产生是由于作品本身形象大于思维;也由于读者群中的"仁者见仁,智者见智"。

马克思、恩格斯劝诫我们要莎士比亚化,而不要席勒式,就是要我们忠于生活的真实,善于概括生活的本质,采取现实主义的方法进行典型化,以可信的、动人的艺术形象自然地流露出倾向性。他们如此推崇莎士比亚就是因为莎士比亚是一个伟大的现实主义作家。莎士比亚塑造了不少堪称不朽的典型形象,他们往往是真实的,又是理想的,既是复杂丰富的,又是鲜明突出的,这些形象显得那么血肉丰满、生动感人,在他们身上体现了作者的倾向性,但他们并非时代精神的单纯的号筒。比如哈姆雷特这位年轻的丹麦王子,是作者人文主义思想的寄托,然而作者写出了人物性格的复杂和矛盾。他生性乐观热情,充满理想,但宫廷的血腥斗争动摇了他对人性善良的信心,由热情而变为忧郁。他要复仇,要重整乾坤,但由于对手的强大,任务的艰巨,不得不采取审慎的选择和周密的安排,他复仇心切但坐失了良机;有时急躁,却误杀了御前大臣而招致放逐,这些都构成了他的性格的复杂性。作者把人物性格放置在当时特定的社会条件下,放置在具体的可信的情节中加以展现,因而人物性格是统一的,人物与环境也是和谐的。

莎士比亚还善于写人物性格的转化。因为好人与坏人在一定条件下是可以互相转化的,好人不可能不犯错误,好人也不一定一辈子都好;坏人并非生来就坏,也未必不能弃恶从善。在莎士比亚的剧作中,就可以看到这种辩证运动的现象。比如在奥赛罗的性格中,爱与恨、信任与嫉妒就是交织在一起,又是互相转化的,正如人物临死时自己所说的:"你们应当说我是一个在恋爱上不理智而过于深情的人;一个不容易发生嫉妒的人,可是一旦被人煽动以后,就会糊涂到极点。"一个过于深情的人,居然残忍地杀死了自己的爱人;一个信任别人的人,居然被妒火烧红了眼睛,表面上是矛盾的,实质上是统一的,这就是深刻的悲剧,作者是写得那么动人心魄，写得那么令人信服。

莎士比亚笔下的人物是生动的、复杂的、丰富的，然而也是鲜明的，唯其复杂，才更见其鲜明。这些人物从不同的角度表现了作者的人文主义思想，自然而然地流露出它的倾向性。

伟大的现实主义作家之所以能创造出如此生动、丰满的典型形象来，一个很重要的原因是从生活出发进行创作，忠实于生活的本质真实和生活的内在逻辑。恩格斯曾经指出，巴尔扎克的同情本来是在注定要灭亡的那个阶级方面，但当他让他所深切同情的贵族男女行动的时候，他的嘲弄却是最辛辣、最尖刻的，而对于他的政治上的死敌——圣玛丽修道院的共和党英雄们，却毫不掩饰地赞赏他们。恩格斯将此称作"现实主义的最伟大胜利之一"（《致玛·哈克奈斯》1888 年 4 月初）。这个例子是现实主义创作态度和现实主义创作方法的形象注解，对我们是很有启发的。

现实主义并不提倡自然主义地描写生活。现实主义的要求是真实性与典型性的统一。只有具有真实的基础，才能构成不朽的典型；反过来，也只有典型化了的作品，才拥有最充分的真实性。恩格斯说过："据我看来，现实主义的意思是，除细节的真实外，还要真实地再现典型环境中的典型人物。"这就全面地说明了现实主义的内涵，也辩证地说明了典型性与真实性的关系。莎士比亚笔下的生活与人物就是生动、丰富，而又典型的。他善于从生活的真实出发，加以概括、提炼，从而使之典型化，使之在更大的广度和深度上反映生活的真实。比如他的喜剧《威尼斯商人》，采用了两个见诸文字的传说，一是一个高利贷者以玩笑的方式在借契上写道到期不还，用保人的一磅肉偿还；另一传说是一位阔小姐用金、银、铅三个匣子来试探那些慕名前来的求婚者。作者巧妙地把这两个风马牛不相及的传说熔铸在一炉，运用典型化的方法构成一个足以体现鲜明人物形象的典型情节。

粉碎"四人帮"以后，文艺事业开始拨乱反正，出现了不少较好的作品，这些作品较好地运用了现实主义的方法，在一定程度上体现了真实性与典型性的统一，受到了广大读者的欢迎。然而也出现了一些公式化、概念化的作品，和有错误思想倾向的作品，因此在我们创作中如何更加莎士比亚化，更好地实现真实性与典型性的结合，仍然是一个重要的问题。显然，我们重提一百二十多年前马克思、恩格斯关于要莎士比亚化，不要席勒式的著名论点，进一步深入研究这个问题是很有意义的，它将有助于我们的文艺创作更加健康，更加活跃，在反映现实生活的广度和深度方面得到更大的提高。

（《奔流》1981 年第 12 期）

〇七七

# 改诗趣谈

世界上有了写诗之道，随后就有了改诗之举。改诗有自己改的，也有别人改的。魏庆之《诗人玉屑》中引了"一字师"的故事：齐己写了一首《早梅诗》，其中两句为："前村深雪里，昨夜数枝开。"他请教郑谷，郑谷说，"数枝非早也，未若一枝"。齐己拜服。后来士林中都称郑谷为一字师。唐诗人贾岛在"推敲"之际,韩愈改推为敲的故事更是大家所熟知的了。宋朝有位文人叫莫子山,他酷爱唐诗,并且经常改动唐诗的原作,借以表达自己的情怀。一天,他到山林游览,见前边有一寺庙。他忽而想起唐诗人李涉的那首《登山》:"终日昏昏醉梦间,忽闻春尽强登山。因过竹院逢僧话,又得浮生半日闲。"他闲步走去,进了寺庙,一个僧人上前接待。他便与僧人交谈起来,但很快就发现此僧人谈吐十分庸俗。他很想马上离开,可那僧人以为他是有钱的施主,硬把他留住,使他觉得毫无意味,昏昏欲睡。那僧人还拿出文房四宝请他题词,于是莫子山挥毫写道:"又得浮生半日闲,忽闻春尽强登山。因过竹院逢僧话,终日昏昏醉梦间。"他只是把《登山》的词句移来,未改一字,仅将次序作了调整,可是与原诗的意思却大相径庭了。李涉的诗言原来心情不佳,偶遇僧人闲谈,暂得半日清闲。而莫子山的改诗却说本想偷闲半日,但碰到一个庸俗的僧人,顿使人兴味索然,昏昏欲睡。

这属于改得巧妙的,可是,改诗也有改糟了的。中唐诗人张继的《枫桥夜泊》是一首脍炙人口的名篇,但也有人为他改诗的。清代王端履在《重论文斋笔录》中说:"月落乌啼霜满天,江枫渔火对愁眠。姑苏城外寒山寺,夜半钟声到客船。此诗久脍炙人口,然律法太疏。首句不叙明泊舟夜宿之由,则次句对愁眠之字是对谁愁对谁眠耶?予尝戏易之曰:羁客姑苏乍系船,江枫渔火对愁眠。钟声夜半寒山寺,月落乌啼霜满天。"其实王端履改《枫桥夜泊》诗,是一失败之举。张继的原诗形象跃动,诗趣盎然,它好就好在含蓄隐秀。诗中没有直接写"人",也没有直接写人的愁绪,然而处处见人,全诗处处弥漫着诗人浓重的愁绪羁怀,十分动人。王端履的改诗却显得平直浅露,成了一篇流水账,毫无意境、诗趣回味可言。王端履改诗失败的原因在于他不懂得诗的艺术规律,不懂得诗允许跳跃,讲究含蓄,追求意在言外的特点,以逻辑思维代替形象思维,以记叙文的写法代替了诗的笔致。

宋朝大诗人苏东坡有一次去拜谒老师王安石,没有见到老师的面,在书桌上见到一首未完成的咏菊诗,写成的两句是:"西风昨夜过园林,吹落黄花满地金。"苏东坡以为不妥,他想菊花开于深秋,从不落瓣,哪有满地金之说呢?于是稍加思索,在这两句后面依韵续诗两句:"秋花不如春花落,说于诗人仔细吟。"他还以为自己满对的,后来苏东坡被谪贬为黄州团练副使,有一天在后园与友人赏玩,走到菊花棚下,竟发现枝上全无花朵,满地花瓣似金。这时他才醒悟:原来黄州菊花落瓣确有其事,而自己的改诗续句,却是画蛇添足。王安石让他左迁黄州是蕴含深意的。苏东坡无疑是一位天才的诗人,然而那首咏菊诗却是改糟了的。原因是苏东坡的生活经验不足,他对王安石诗中表现的生活不熟悉,只知其一,不知其二,只知普遍规律,不知特殊规律。

现当代的作家、诗人改诗的故事也不少。鲁迅的《惯于长夜》是一首脍炙人口的好诗:"惯于长夜过春时,挈妇将雏鬓有丝。梦里依稀慈母泪,城头变幻大王旗。忍看朋辈成新鬼,怒向刀丛觅小诗。吟罢低眉无写处,月光如水照缁衣。"这首诗最早写在1932年7月1日的日记中,是因柔石等左联五烈士被杀害悲愤而作。第一句原来写作"惯于长夜度春时",后来觉得不太妥当,把"度"改成"过"。第五、六句日记中写的是"眼看朋辈成新鬼,怒向刀边觅小诗",1932年2月鲁迅在写《为了忘却的纪念》一文时,又将此诗作了修改,第五、六句改成"忍看朋辈成新鬼,怒向刀丛觅小诗"。"过"比"度"更确切;至于"忍看"比"眼看"更富感情色彩,写出了作者悲愤填膺的心情。"刀丛"与"刀边"相比,更加有力地渲染了当时白色恐怖的险恶环境,也更显示出作者对敌人的刻骨仇恨和与之斗争的坚毅性格。一经修改,使全诗更生光彩。

毛泽东是位政治家,也是一位诗人。他写诗,经常修改。比如《清平乐·六盘山》中的原来一句"旄头漫卷西风",后来改为"红旗漫卷西风","他年搏住苍龙",后改成"何时搏住苍龙"。

有几首改动很多，如《贺新郎·读史》"一遍读罢头飞雪，但忆得斑斑点点，几行陈迹"，"一遍"改成"一篇"，"但忆得"改成"但记得"，"五帝三皇神圣事，骗了无穷过客"，"无穷"改成"无涯"，"歌未尽，东方白"，"未尽"改成"未竟"；《满江红·和郭沫若》一首，"欲学鲲鹏无大翼"改为"蚂蚁缘槐夸大国"，"千万事，从来急"，改为"多少事，从来急"，"革命精神翻四海，工农踊跃抽长戟"改为"四海翻腾云水怒，五洲震荡风雷激"等。修改后显然比原来的词句更加贴切、生动。此类例子很多。

　　毛泽东不但自己改词，还请别人帮助修改。他曾征求郭沫若的修改意见，并虚心予以采纳，他在给胡乔木的一封信中说道："沫若同志两信都读，给了我启发。两诗又改了一点字句，请再送郭沫若一观，请他再予审改，以其意见告我为盼。"有一次他把新写的两首词抄送给邓颖超，附信中说："送上请教。如有不妥，请予痛改为盼！"1963 年，《毛泽东诗词》拟出单行本，出版前特地印了一个征求意见的稿本。诗人臧克家仔细研读后，写出了二十条意见，加上《诗刊》副主编葛洛提的三条，通过毛泽东的秘书田家英呈送给毛泽东。毛泽东在校订时，有十三处采纳了臧克家的修改意见。如《七绝·登庐山》，原来第二句"跃上葱茏四百盘"、额联"冷眼向洋观世界，热肤挥汗洒江天"，采纳臧克家的意见，改为"跃上葱茏四百旋"、"冷眼向洋看世界，热风吹雨洒江天"，这些改动，也使诗作增色不少。《毛泽东诗词》于 1963 年 12 月由人民文学出版社正式出版，引起强烈反响。

　　1965 年，陈毅把自己写的一些诗作抄送给毛泽东，请毛泽东帮他改诗，毛泽东在回信中说："你叫我改，我不能改。因为我对五言律，从来没有学习过，也没有发表过一首五言律。"毛泽东只改了《西行》一首，说："只给你改了一首，其余不能改了。"可见真正的行家对改诗是持十分审慎的态度的。

（《语文月刊》2005 年 1—2 期）

○七八

# 以诗论艺

## ——中国文艺评论的特殊样式

　　中国文论一向以其鲜明的特色在世界文论之林中独树一帜，放射异彩。以诗论艺恐怕又是中国文论特色之最典型体现。

　　众所周知，诗词歌赋主要以形象、感性为其特征，而且它们在用字、声韵等方面均有一定的格律。然而中国的文艺评论家恰恰常常以这种文体来完成理论批评的任务。这种把思辨与诗趣，理论与诗情熔冶一炉的本领，堪称举世无双。

　　晋代陆机的《文赋》可说是我国最早的以诗论艺的代表作。作者以精辟的观点分析了文艺创作的过程，涉及了文艺创作中许多重要的理论问题，然而，他所采用的文体却是"赋"。"赋者，古诗之流也"（班固：《两都赋序》）。它讲究文采、韵节，有特定的格式，是性质介乎散文与诗之间又倾向于诗的体裁。比如陆机在论述作家创作产生的过程以及构思的过程时，并没有用

一些抽象的概念加以理论的分析或推理,而是用诗一般的形象化的语言加以生动的描绘:

> 伫中区以玄览,颐情志于典坟。
> 遵四时以叹逝,瞻万物而思纷;
> 悲落叶于劲秋,喜柔条于芳春。
> 心懔懔以怀霜,志眇眇而临云。
> 咏世德之骏烈,诵先人之清芬;
> 游文章之林府,嘉丽藻之彬彬。
> 慨投篇而援笔,聊宣之乎斯文。

陆机生动地说明了创作的产生,一由于物感,一本于学习。作家艺术家由于受到外界客观事物的激发,或前人作品的影响、启迪,文因情生,情因物感。外在的物与内在的意交互作用,从而产生了文艺创作。此外,作者也曾论述过艺术构思的三个阶段,第一阶段是想象,驰骋艺术想象于穷高极远的空间。第二阶段是酝酿,感情日益鲜明,物象逐渐清晰,意境随之形成,并开始选择表现这种物象、感情的合适的艺术手段。第三阶段是熔铸,艺术形象脱颖而出。陆机还强调了构思的特点,一是复杂性,作者必须聚精会神,凝思佇想。二是独创性,在意与辞两个方面都要达到"朝华""夕秀"的新境界。陆机并没有用抽象的概念、推理,而是用诗的语言,生动具体地描绘了艺术创作的过程,实际上触及了"形象思维"这一艺术创作中带普遍意义的理论问题。可说是独辟蹊径。《文赋》还讨论了艺术风格及艺术技巧等问题,用的都是诗的语言,诗的方式。

以诗论诗在我国古典文论中屡见不鲜。如杜甫的论诗六绝句,元好问的论诗三十首都是声名斐然的。

杜甫的《戏为六绝句》:

> 其二:王杨卢骆当时体,轻薄为文哂未休。尔曹身与名俱灭,不废江河万古流。
> 其五:不薄今人爱古人,清词丽句必为邻。窃攀屈宋宜方驾,恐与齐梁作后尘。
> 其六:未及前贤更勿疑,递相祖述复先谁?别裁伪体亲风雅,转益多师是汝师。

这些诗其中心是讨论诗歌遗产的学习和继承问题。杜甫称赞了屈原宋玉及初唐四杰,又不同意盲目学习确有浮艳之弊的作品,进而提出对诗歌遗产"转益多师"融各家之长的主张。他不仅开创了以诗论诗的文学批评形式,而且对诗歌创作在理论上和实践上都有重要意义。

这里想着重谈谈剧论诗。自元代以来,出现了不少评论戏曲的诗词。著名的作家、戏剧家汤显祖、祝允明、赵翼等都曾写过。明代的著名戏曲家沈璟则专门用[二郎神]套曲的形式来论述自己对戏曲格律问题的看法,他在套曲中写道:"名为乐府,须教合律依腔。宁使时人不鉴赏,无使人挠喉捩嗓。"清康熙年间吏部尚书、河南商丘人宋荦也写过《观桃花扇传奇漫题六绝句》等剧论诗。如果说这些还比较零星,那么清代戏曲作家舒位的《论曲绝句》十四首,凌廷堪的《论曲绝句》三十二首,可说是比较系统的系列论剧诗。前者偏重于评论剧作。后者则偏重于对曲律、语言及其他戏剧创作问题的探讨。如"玉茗堂前暮复朝,葫芦怕仿昔人描。痴儿不识邯郸步,苦学王家雪里蕉。"赞颂了汤显祖的独创精神,批评了那种邯郸学步取貌遗神的做法。另一首:"亵语纤词院本中,恶科鄙诨亦何穷。石渠尚是文人笔,不解俳优李笠翁。"一方面批评了戏曲中亵语纤词、恶科鄙诨,而且指出戏曲剧本创作必须考虑适宜舞台演出,像吴柄(字石渠)的文人之笔就不及躬践排场、熟谙舞台的李渔。总之,戏曲的音乐,音韵等必须符合规律,而只有符合这种客观规律,才能得到广泛而历久的流传。

剧论诗不仅古代有之,而且延续到现当代。郭沫若、田汉都是剧作家兼诗人,又都是擅长剧论诗的大家。

郭沫若的剧论诗很多,这里仅举一首1943年2月在重庆为剧作家于伶祝寿时写的诗:

> 大明英烈见传奇,长夜行人路不迷。
> 春雨江南三七度,杏花溅泪发新枝。

这首诗巧妙地嵌入了于伶创作的四部剧作的名称,《大明英烈传》、《长夜行》、《杏花春雨江南》和《花溅泪》,并且显示了新春发芽,希望葱茏的意趣。

田汉先生写的剧论诗也极其宏富。1942年郭沫若的历史剧《屈原》在重庆上演。在此之前国民党御用文人曾诬蔑郭沫若"江郎才尽"。当时身在桂林的田汉立即写了《咏屈原》四首。其中第一首是这样写的:

> 峨嵋谣诼寻常事,谁把江郎拟鼎堂?
> 江入夔门才若尽,又倾山海出东方。

鼎堂是郭沫若的别字。

1959年,梅兰芳以六十五岁的高龄排演了新戏《穆桂英挂帅》,田汉高兴地写下了《虞美人》一词。词中热情地赞扬了梅兰芳不断进取的革新精神。

1964年田汉写过好几首赞颂现代题材京剧的剧论诗。如
《革命自有后来人》:

> 三家两代一灯存,风雨相依即祖孙。
> 送到北山机密件,后来人更党人魂。

《奇袭白虎团》:

> 智勇深沉几伟才,雷区火海笑谈来,
> 不因虎穴歼顽寇,哪得开城举祝杯。

这些诗都写得意蕴深邃,情趣盎然。

剧论诗主要包括三大部分,一是以诗论述戏剧创作问题的;二是评论剧本的;三是题咏剧作家及演出活动的。特别有趣的是有些作者还用剧论诗表达自己对某一剧本或戏剧现象的不同看法,从而展开争论。譬如汤显祖对别人改窜他的剧本《牡丹亭》非常不满,他写了这样的诗来进行批评:

> 醉汉琼筵风味殊,通仙铁笛海云孤。
> 总饶割就时人景,却愧王维旧雪图。

再如郭沫若先生曾写过《观孙悟空三打白骨精》的剧论诗。可是毛泽东同志观看了该剧后却有不同看法,他写了一首《和郭沫若同志》的七律:

> 一从大地起风雷,便有精生白骨堆。
> 僧是愚氓犹可训,妖为鬼蜮必成灾。
> 金猴奋起千钧棒,玉宇澄清万里埃。
> 今日欢呼孙大圣,只缘妖雾又重来。

很显然,这里对郭诗中的"千刀万剐唐僧肉"之句,提出了商榷,从国际斗争大背景的角度,提出了分清两类不同性质矛盾的重要问题。既有深意,又富诗趣。

以上这些剧论诗,不管是古是今,均有相通的地方,它们评论剧作往往用直觉方式寻求形象的语言去迹近作品的内在气韵,鉴赏品评多于理论分析。它们论述戏剧创作问题,则用形象的语言加以比喻,比拟或象征,点悟出某些艺术真谛。

我国古代诗与书是紧密相连的,因此论书法艺术的诗作也不乏其例。远的不说,当代两位著名书法家沈尹默和启功就写过不少论书的诗。看一看沈尹默先生的一首:

> 落笔纷披薛道祖,稍加峻丽米南宫。
> 休论臣法二王法,腕力遒时字始工。

薛道祖、米芾是北宋齐名的书法家,沈尹默不仅点出了他们二人书法的各自特色,而且指出书法与腕力的重要关系。还有:

> 李赵名高太入时,董文堪薄亦堪师。
> 最嫌烂熟能伤雅,不数精能王觉斯。

诗中例举了唐代的书法家李邕、元代的赵孟頫、明代的董其昌、文征明,以及明末清初的王觉斯,作者认为前辈书法家各有短长,学书最忌烂熟伤雅,而是要力求自成面目。

以诗论文、以诗论剧、以诗论艺的作品可说浩如烟海,上面仅就手边能够找到的资料略举数端。这些论文赋,剧论诗,书论诗与西方文论有着极其鲜明的区别。西方文论从亚里士多德以来都是以严谨的逻辑和修辞法则,用归纳法、演绎法去探求客体,强调分析性与系统性,力求构筑恢宏精深的理论体系。这与西方人的心态也有密切关系。西方人崇尚好奇、探宝,在他们心态中,主客体是分离对立的,主体要去认知并征服客体。中国人的心态却主要是关怀、顾念,主客体不存在分明的对立,关怀者与被关怀者是休戚与共,甚至是相依为命的关系。因此主体不是单纯地认识客体,而是投入,卷进到对象中去,中国古代文论一开始就超脱了分析性与演绎性。文论家并不单纯地以理论家的身份去评论作品,论述理论问题,更多成分却是以诗人的气质去体认文艺作品的。上面所举的文论诗,此种特点就尤为显著了。作者不以逻辑、推理、归纳、演绎作为批评手法,而是以感性为主,用直觉方式,寻求形象化的语言去迹近作品的内在气韵,用诗的比喻点悟出理论的真谛。这里跳跃式的图象与闪光式的思辨代替富于条理性的学术构制。好处是生动精辟,洞烛幽微,并能保存艺术形象及客观事物的完整性。缺点是缺乏严密的逻辑论证和系统的理论体系。我们进一步研究中西方文艺评论的不同,探讨其各自的优长与缺陷,从而互补融合,这对建设一种西方科学精神与中国艺术精神两者兼容的更完善的理论批评,是很有益处的。

(《艺术景观》1994 年第 2 期)

# ○七九

# 诗词中的电影镜头

我欣赏艺术喜欢联想,看舞蹈往往想到书法,读诗词有时会想到电影。事实也正是如此,各门艺术之间有着犬牙交错、触类旁通的关系。电影与诗词固然各有不同的特点,然而用艺术形象反映某种生活图画,却是共同的规律。在一些诗词中,我确实看到过不少精彩的电影镜头。

宋朝诗人赵师秀有一首《约客》:"黄梅时节家家雨,青草池塘处处蛙。有约不来过夜半,闲敲棋子落灯花。"这是一组很好的电影蒙太奇。外景,深夜梅雨绵绵,青草池塘蛙声一片,然后镜头推到屋内,主人公坐在桌前,桌上一盏油灯,一盘棋局。他候客不至,心情焦灼。这盘棋可能是等朋友来下的,也可能等得不耐烦,自己摆了一盘棋在琢磨。他闲敲着棋子,这时镜头推成烛灯和灯花垂落的特写。这组镜头视觉形象鲜明,情景交融,生动地刻画了人物在特定情景中的心情。

电影有时运用关系蒙太奇进行侧面描写。这在诗词中也有类似的情况。乐府民歌《陌上桑》刻画了一位贤淑美丽的女子秦罗敷的形象。诗的开头主人公出场,铺张扬厉地描写了她的服饰,接着就出现一组关系蒙太奇镜头:"行者见罗敷,下担捋髭须。少年见罗敷,脱帽着绡头,耕者忘其犁,锄者忘其锄,来归相怨怒,但坐观罗敷。"这里行者、少年、耕者、锄者四个镜头交替出现,最后是他们归来相怨相怒的全景。不同人物,不同神态,但相同的是都为罗敷的美貌所倾倒。这几个简洁的镜头就生动地、淋漓尽致地烘托出了罗敷的美。

在诗词中还可以看到一些巧妙的空镜头。元代散曲家马致远的名作《天净沙》:"枯藤老树昏鸦,小桥流水人家,古道西风瘦马。夕阳西下,断肠人在天涯。"你看,在枯藤蔓挂的老树上昏鸦呱呱啼鸣,那边小桥流水,炊烟袅袅,正旁是漫长的古道,西风凛冽,瘦马疲惫,夕阳西沉。这些空镜头描绘了一幅凋零萧条的景象。然后镜头移到主体上——沦落天涯的断肠人。这组镜头典型生动,富于艺术魅力。

有时在诗词中还可以发现很好的叠影和特写镜头。宋代词人晏殊的词《撼庭秋》表现作者痛苦忧郁的心情,用了这样几句:"念兰堂红烛,心畏焰短,向人垂泪。"红烛的蜡油一滴一滴地滴下,作者把它看作是垂泪,这是精彩的特写镜头。这里写得很含蓄,我们不妨用想象来加以补充,接着红烛垂泪的镜头,可与主人公泪花晶莹的镜头叠印,再叠化,这就是极妙的蒙太奇了。

青年朋友们在欣赏艺术的时候,让我们把视野放得宽一点,让我们插上丰富的艺术想象的翅膀,在广阔的艺术天地里驰骋翱翔。正如美学家王朝闻先生说的,艺术欣赏的乐趣,不仅在于接受,同时在于发现。而对于电影工作者来说,多向姐妹艺术借鉴,吸收营养,则对提高我们的电影创作水平该是很有裨益的。

(武汉《文化报》第 20、21 期,1983 年 6 月)

○八○

# 谈散文诗

散文诗是文艺百花园里的一株奇葩。

散文诗是介乎散文与诗之间,又兼有散文和诗的特点的一种独立文体。它不像一般诗歌那样有严谨的格律,它不分行,不押韵,然而它又具备诗的主要特质:强烈的感情,丰富的想象,和谐的意境。郭风的《叶笛集》中不少散文诗都是按文意分段连着写的,然而它具有浓郁的诗味。

散文诗是诗的近亲,它和诗有着血缘关系,是诗的一种变体。当感到诗的严谨格律束缚了一定的思想内容的表达,就需要对诗的形式作一定的改变和突破,于是散文诗应运而生了。散文诗与散文的关系也是很密切的,有人也把散文诗归入散文一类。确实有些散文诗与富有诗意的散文就较难区分。然而散文与散文诗还是有区别的,散文洋洋洒洒。散文诗一般却更为凝练;散文偏重记事记人,散文诗却偏重抒情写景,而且着墨比较集中;散文与散文诗在构思和意境方面也有不同的要求。散文诗作为一种独立文体,要求有更集中、更强烈、更典型的诗的感情和丰富的想象,而这一切又是通过洗练、优美的语言表达出来的。散文诗允许散文化,但它必须蕴含诗意。可以说,散文诗是凝练了的散文,更自由的诗。

散文诗的第一个特点是轻巧灵捷,便于迅速地反映现实生活的风貌和作家的感受。它往往采撷生活长河中的一片浪花,一朵涟漪,加以概括、提炼、生发,从而反映出社会生活的一个侧面,就像一颗露珠,却可以映射出太阳的五光十色。散文诗的题材十分广泛,它可以记录生活中的一个侧影,可以写下某一片断时刻里一闪的思想感受,可以抒写某一事件的一鳞半爪,也可以画下一个人物的音容笑貌,或借景抒情,或托物喻理,轻巧便捷,皆成文章。用绘画作比,它不像大型的油画,倒更像精美的速写。

鲁迅说过:"有了小感触,就写些短文,夸大点说,就是散文诗,以后印成一本,谓之《野草》"。(《〈自选集〉自序》)这就道出了散文诗的一个特点。有些难于写成小说、戏剧或叙事诗之类的题材,有的就可以运用散文诗的形式精炼地表现出来,构成隽永的篇章。鲁迅的《野草》,冰心的《繁星和春水》,柯蓝的《早霞短笛》,郭风的《叶笛集》、《山溪和海岛》等散文诗集,就是丰富交杂的现实生活在作者头脑中所引起的激情的自然流露,是作者独特生活感受的直接倾吐。这些作品不拘形式,洒脱自如,从各个侧面描绘了生活的风貌,迅速地反映了现实,抒发了作者的感情,发挥了文艺的美感教育作用。如果把各种文艺样式比喻成一个音色齐备的交响乐队,那么散文诗就像乐队中的一支短笛,它可能没有钢琴那种恢宏的气势,也可能没有小提琴那样丰富多变的表现力,然而这支清脆灵巧的短笛自有它独特的风采,同样是整个交响乐队所不可缺少的一种乐器。

散文诗的第二个特点是诗情与哲理的高度结合。散文诗无论叙事、写人、绘景,都饱和着诗情的色彩,凝聚着哲理的意味。有些散文诗描写的直接对象是自然山水、晨曦、花朵、月夜、风雪,然而透过这些我们无不可以感受到作者激情的波涛在奔涌,也无不可以悟出某种深切的人生哲理。"地火在地下运行,奔突;熔岩一旦喷出,将烧尽一切野草,以及乔木,于是并且无可朽腐。"(鲁迅:《野草·题辞》)在散文诗中,作者的感情就像运行在地下的炽烈火红的岩浆,那么强烈,那么浓郁。

茅盾的《白杨礼赞》就是从社会生活和自然界直接取材,饱和着诗人浓烈的感情,具有抒情主人公的鲜明形象,因此动人心弦,耐人寻味。散文诗的诗情往往是与哲理熔铸在一起的。这是散文诗与一般抒情诗的明显区别。诗本来是最忌说理的,诗贵想象而避纯粹的说教。高尔基说过:"真正的诗——往往是心的诗,往往是心的歌,即使略有一点哲学性,但是总以专讲道理的东西为羞耻。"但是在散文诗中,我们可以看到丰富的哲理性和生动的形象性结合在一起,诗情中见哲理,诗情与哲理水乳交融,不露痕迹。冰心在《我是怎样写〈'繁星'和'春水'〉的》一文中这样说过:"我自己写《'繁星'和'春水'》的时候,并不是在写诗,只是受了泰戈尔《飞鸟集》的影响,把自己许多'零碎的思想'收集在一个集子里而已。"我们知道,泰戈尔的《飞鸟集》里正是一些很短的充满了诗情画意和哲理的三言两语,它是作者思想的火花,也是优美的散文诗。杨朔的《荔枝蜜》是脍炙人口的,一些段落尤为人们所传诵:"蜜蜂是在酿蜜,又是在酿造生活;不是为自己,而是在为人类酿造最甜的生活。蜜蜂是渺小的;蜜蜂却又多么高尚啊。"这里,作者通过对蜜蜂的赞美,歌颂了平凡而伟大的劳动人民,富于深刻的哲理,真是力透纸背,摇人心旌。

散文诗的第三个特点是运用诗的表现手法写散文。意境和含蓄是抒情诗的两个要素,意境的创造,首先要求内情与外物相融合,意和境相谐和。对散文诗来说,意境就是它的生命。它要求我们从一些细小的动人的生活场景中,提炼出一种诗的意境。而这是以作者视野的广阔,思想的深度、构思的巧妙、想象的丰富、美的感受和观察的敏感性作为基础的。形象、气氛、感情三位一体,就构成了情景交融的艺术境界。刘白羽的《急流》,饱含了浓烈的色彩和情绪,生动传神,意境与文辞俱佳。含蓄也是散文诗的一个特点。《历代诗话》说:"凡诗恶浅露而贵含蓄,浅露则陋,含蓄则令人再三吟嚼而有余味。"含蓄正是高度集中和概括的结果,散文和诗皆如此,散文诗亦然。柯蓝写海上的浮标灯,就很含蓄地点出生活,使生活中丰富的真理,化为凝练的语言。此外,散文诗还常用比喻、想象、象征等表现手法,而诉之于散文的语言。如高尔基的著名散文诗《海燕》运用比喻、象征、对比的手法,描写了在云海之间、雷鸣闪电之中迎着暴风雨搏击奋飞的海燕的英雄形象,反映了一九〇五年俄国第一次革命前夜的时代精神。吴伯箫同志的《歌声》运用反复、重叠的词语,排比、对仗的句式,对延安军民演唱《生产大合唱》的盛举作了十分生动、形象的描绘。它是散文的排列,又是诗的表现手法。好的散文诗总是联想丰富,运笔如风的。

散文诗的第四个特点是语言短小精悍,文采飞扬。散文诗要求精美玲珑,切忌臃肿拖沓,在语言上就要求简洁凝练,铺采摛文。好的散文诗长则千字,短则数百字,然而容量却很大,读之清新隽永,余味回甘。散文诗还要注重文采。所谓文采,实际上是指语言的美感,并不只是强调词藻的华丽,美是多种多样的,富丽堂皇是美的,朴素敦厚也可以是美的。语言的文采还包括语言的色彩感和音乐美。比如郭风的《厦门抒情》,最后一段是这样写的:"在厦门我看到木棉树。高大的木棉树开花时,全树好像点上一朵一朵的火焰。木棉树,人家也叫它英雄树。

在厦门,我天天和英雄的人民在一起。厦门啊,你是花朵的岛,你是幸福的岛,你是胜利的岛,战斗的英雄的岛。"这段文字就写得很有文采,感情激荡,声调铿锵,极富美感。

散文诗在我国渊源是很久远的。早在一千六百多年前,就出现了王羲之的《兰亭集序》、陶渊明的《归去来辞》、《桃花源记》等优美的散文诗。唐宋间也有不少作品划入散文诗的范畴,如李白的《春夜宴桃李园序》,柳宗元的《永州八记》、刘禹锡的《陋室铭》,苏轼的前后《赤壁赋》、欧阳修的《醉翁亭记》等都是古典散文诗的精粹警辟之作。在国外,散文诗的写作倒是稍后的事。近代俄国作家屠格涅夫写作过五十多篇散文诗,印度的泰戈尔也写了不少散文诗。我国散文诗的发展迨至"五四"新文学运动之后,由于新思想、新潮流的推动,显得更为兴盛。鲁迅是"五四"以来的散文诗大家,他的《野草》就是一本思想深邃、风格隽永、语言清新的散文诗集,在《朝花夕拾》中也有一些散文诗的篇章,冰心也是一位杰出的散文诗作家,她的《往事》,堪称规模较大的散文诗组。

解放后,散文诗得到了更大的发展,并且出现了专门从事散文诗写作的作家,如柯蓝、郭风等。即使在"四害"横行时期,在震撼神州大地的天安门诗歌运动中,也出现了不少充满激情和战斗力量的散文诗。近几年来,散文诗更以鲜艳的姿色竞放于文艺百花园中,成为人民生活的短笛,四化进军的鼓点。

文艺创作的题材、形式应该提倡百花齐放,正如邓小平同志在第四次全国文代会上的祝辞中所说:"雄伟和细腻,严肃和诙谐,抒情和哲理,只要能够使人们得到教育和启发,得到娱乐和美的享受,都应当在我们的文艺园地里,占有自己的位置。"散文诗同样有着广阔的发展天地。我们深信,只要大家悉心培育,散文诗这朵鲜花必将开放得更加艳丽多彩!

(此文与陈雷先生合作,刊于《湘江文艺》1981 年第 8 期)

〇八一

# 漫话游记

"诗家清景在新春,绿柳才黄半未匀,若待上林花似锦,出门俱是看花人。"这是唐朝诗人杨巨源的游春诗。提起游览,人们出于对大自然的向往和热爱总是欣然乐从的。我这里不想议论游览本身,而想谈谈与游览有关的一种特殊的文学体裁:游记。在我国文学史上,就出现过不少优秀的游记,如《水经注》、《东京梦华录》、《都城纪胜》、《西湖游览志》、《徐霞客游记》等,游记是散文花圃中的一株奇葩。

好的游记具有丰富的知识性,它总是在记述游览见闻之中,给读者某一方面的知识:或是山川景物,或是风土人情,或是建设新貌,或是名胜古迹,使从未到过该地的读者也能领略其风貌,增长知识,扩大眼界。如明代田汝成所著的《西湖游览志》及《西湖游览志余》,以西湖名胜古迹为线索,描述山川形势及其变化沿革,记录了不少民间传说,人物掌故,风土习俗,童谣谚语,这是一部知识性很强的游记。好的游记又不是一般的"游览指南",不是枯燥的介绍,而是运用娓娓动听的语言,妙趣横生的笔调,使人趣味益然,兴致勃勃。

好的游记总是一篇优美的散文。如南北朝北魏作家郦道元写的《水经注》，是一部著名的地理志，但文笔生动活泼，因此它同时又是一部富有文学价值的散文作品。再如宋朝散文作家欧阳修的名作《醉翁亭记》，文采飞扬，韵味隽永。"醉翁之意不在酒，在乎山水之间也。""若夫日出而林霏开，云归而岩穴暝。晦明变化者，山间之朝暮也。野芳发而幽香，佳木秀而繁阴。风霜高洁，水落而石出者，山间之四时也。朝而往，暮而归，四时之景不同，而乐亦无穷也。……"这些妙语佳句为后人所传诵。

好的游记往往有诗的激情，画的意境。绘景抒情，情景交融。宋朝范仲淹的《岳阳楼记》，在描绘了巴陵的恢宏画面和岳阳楼的峭拔意境之后，抒发了作者的"先天下之忧而忧，后天下之乐而乐"的高尚情怀。这篇游记至今还脍炙人口。

游记的题材、风格、形式，应该提倡多样化。可以是游览者一鳞半爪、随感偶录式的游览札记，也可以是情文并茂、统窥全豹的地方志。游记也可因人而异，作家可以让游记具有浓烈的文学色彩，科学家写的游记可以偏重于知识介绍，地质学家可以以山入手，水利勘察者不妨就水着笔。新到异地的游赏者可以抓住该地最突出的特色，写下观光印象，而久居故地，熟谙其详的本地人可以侧重于探索该地来龙去脉而构制"名城赋"。游记本身也应该是一个百花齐放的苗圃。"神女应无恙，当惊世界殊。"在今天，我们祖国正在发生着伟大的变化，许多山川城镇出现了崭新的面貌，绚丽多彩的景色风物正期待着我们去描述。让游记之花开得更加绚丽多彩吧！

（《福建日报》1980 年 7 月 12 日）

〇八二

# 真实性是纪实文学的灵魂

我一直认为名人传记及其他纪实作品属于纪实文学的范畴，它跟小说、戏剧并不是一样的。小说、戏剧允许虚构，但纪实文学的主要的特征却是真实性。可以这样说，真实性是纪实文学的灵魂。历史的记录无非是两种，一个是正史，一个是野史，传记文学好像可以归在野史这一类，它对正史是很好的补充。但是正史也好，野史也好，都要以历史的真实为根据，否则传至后世，真真假假搞不清楚，人家就不知所措了。所以我觉得纪实文学，一定要真实，一定要尊重历史的事实。

我认为，传记文学基本上不允许虚构。我本人也是传记文学的作者，传记作品描写的对象是生活中有真名实姓的、特定的人物，他的行为举止，也即作品中的主要的事件，都要求有事实的根据，要言之有据。这里不但要求时代的真实、生活的真实，还要有时间条件和社会条件的真实性和准确性。持如此观点的并不是仅我一人。比如著名剧作家孔尚任在撰写历史剧《桃花扇》的时候就有一条原则：言之有据。为此作者阅读了大量的史书，做了多方面的采访和详尽细致地考据。他说过："朝政得失，文人聚散，皆确考时地，全无凭借。至于儿女钟情，宾客解嘲，随稍有点染，亦非乌有子虚之比。"这个戏里 29 个有名有姓的人物，在历史上都确有其人。

即使像李香君的诨名"香扇坠儿"、南京谚语讽刺马士英"养马成群"这样的细节,也都得之于见闻,并非出自作者的杜撰和臆测。剧本中虽然也有"稍有点染",或据其一点,加以生发的地方,但基本上做到了"真人实事,有凭有据",总体上是符合历史真实的。这一点可以供我们参考。我认为必须把纪实性的文学和以虚构为主的文学创作区别开来,小说可以虚构,可以典型化,你可以像鲁迅所说的那样"嘴在浙江,脸在北京,衣服在山西",把他拼凑起来。但是人物传记,他的主人公在历史上确有其人,就不能七拼八凑,张冠李戴,也不能无中生有。

其实,纪实文学、纪实作品之所以有它的力量,也就是因为它的真实性,它有一种极强的可信赖度,由此可以产生一种特殊的感染力,这种感染力是一般的虚构的文学所不能达到的。当然传记文学也允许做一些艺术加工,或"稍有点染",或是某些细节的合理想象之类的,但是主要人物的重要行为、主要情节、思想性格都不应该随意的虚构。在这方面,现在有些传记作品确实存在不少问题。随意的无中生有,添枝加叶,张冠李戴比比皆是。

一种是为了使情节更生动,或者冲突更尖锐,随意杜撰情节,无中生有,加上许多"添加剂",或是"戏不够,爱情凑"。比如电影《梅兰芳》中对梅兰芳与齐如山的关系的描写,就有很多不符合史实的东西。它写到齐如山在抗日战争时期要求梅兰芳为日本人演出,这个情节是没有事实依据的。因为梅兰芳1932年就到了上海,跟齐如山分开了,一个在北京,一个在上海,他们之间也没有什么联系,要到1947、1948年的时候,齐如山到台湾去取道于上海,这个时候才跟梅兰芳见面,所以齐如山要梅兰芳为日本人演出,这是子虚乌有的东西。电影反映后,齐如山的后人就提出意见,要求封掉这个电影,不许这个电影放映。再比如电视剧《霍元甲》,增添了很多男女爱情方面的故事,这些东西是原来生活中的霍元甲所没有的,结果也引起了霍元甲后人的不满和抗议。

还有一种情况,现在出版社也好,电视台也好,追求印数和收视率,为了达到这个目的,制造很多噱头。文化艺术的娱乐化是目前比较普遍的现象,传记作品也受到了娱乐化的影响。很多东西都喜欢采用"戏说"的方式。我以为传记文学是很严肃的事,它可不能"戏说"。任意地虚构,或者不恰当的"戏说"不仅混淆了历史的真相,而且如上所说可能引起很多的官司。

还有一个是隐私的问题。从观众和读者来说,他本身有一种探究名人的秘密的心理,但是我们的传记作者、媒体,不应该去迎合这种东西。现在有些媒体,有些作者确实是在迎合这个东西,凡是关涉隐私的东西都很有兴趣,不仅津津乐道,还加以放大。这会影响到传主及相关人物的名誉权。作为一个传记作家,牵涉到名誉权、隐私问题,应该非常慎重的对待。我和何国栋先生写过一本《周信芳传》,我们撰写的过程中也碰到过这个问题,我们的第一章叫《身世之谜》,这里面就写了周信芳身世的三种传说。有一种传说周信芳是将军府的少爷与一个小尼姑所生,后来送给周慰堂夫妇抚养;另一种传说,周信芳是将军府少爷与一个丫鬟所生,后来送给了周慰堂夫妇。这都有点隐私的东西,能不能写在书里面出版?我们是比较慎重的,把这情况和周信芳的亲属讲明了,得到了他们的认可,我们才把他写进去,而且说明这些是传说。如果传主的家属不认可,发表出来有可能会引起官司。我觉得一个传记作家应该非常严肃地对待传主的隐私的东西,决不要为了迎合某些读者、媒体的这种需求,应该说并不是很高的趣味,丧失了我们传记文学的应有的严肃性和它的历史的真实性。

近年来,传记文学非常繁荣,的确涌现出一批优秀的传记作品。但是也存在着出得太滥,良莠不齐的现象。还有,自传出得很多,说得不好听点,阿猫阿狗都在出自传,自传里面也有些问题,一个是注水,明明一点东西,把它注进许多水,弄得篇幅很大。里面实在的东西很少。比如有的明星,也只有二、三十岁,你纵然一身是铁,能打出多少钉来呢?你不可能每件事情都是非常光辉的,这里面有很多是注水。另外一个,有的自传的作者,文过饰非,极尽美化之能事。其实越是美化,越是不可信,鲁迅说过,你是天才,生出来时候的哭声也不可能是一首诗。

总之,我认为我们必须认识清楚传记文学、纪实作品的本质特征,对这类作品的写作有所规范。传记文学、纪实作品应该是属于严肃文学的范畴,不要把它娱乐化。对隐私问题,要持慎重态度,坚守住法律和道德的底线。

(在上海市文联举行的研讨会上的发言,后载于《维权通讯》2010 年 3—4 期

及《上海采风》杂志 2010 年第 6 期)

〇八三

# 斧要锋利艺要精

　　一个裁缝要制成式样美观的衣裳,必须首先熟悉布料的质量和尺寸,熟练地运用手中的工具,这样才能得心应手地裁制出各式各样漂亮的服装;一个厨师要做出清香可口的菜肴,就得根据各种菜品的特点,充分发挥他的手艺,才能拿出色香味俱佳的餐食。写戏如同缝纫和烹调一样,没有能工巧匠的本领,是决然出不了好剧本的。鲁迅讲过:"斧是木匠的工具,但也要它锋利,如果不锋利,则斧形虽存,即非工具,但有人仍称之为斧,看作工具,那是因为他自己并非木匠,不知作工之故。"高尔基也说:"如果您明白,在工作中起着决定作用的常常不是材料,而常常是技巧,那么您就要好好努力吧。用白桦木头可以做出斧柄,而且可以艺术地雕刻人的美丽的肖像。"这两位世界艺术大师谈的意思,都要人们重视艺术技巧。作为各种文艺形式中最困难的戏剧,当然更需要高度地注意和熟练地运用创作技巧了。

　　所谓艺术技巧,是作者对生活所得到的素材和感受进行艺术创造、构思和加工的一切手段、法则、方法、技术的总称。艺术技巧包括编剧技巧,最主要的就是要处理好生活与艺术的关系,内容与形式的关系。一部戏剧作品具有高度艺术技巧的标志,是构思的巧妙缜密,情节的引人入胜,形象的生动感人,使观者百看不厌。这就要求剧作者在纷繁复杂的生活中,选择他所需要的、能表达主题思想的、最有特征、最完整、最有意义的事件,经过集中、概括和加工,设置剧中人物,选择主要情节,规划戏剧结构,确定戏剧冲突,安排危机悬念,布置分场分幕,处理详略虚实,提炼人物语言等。一切真正的艺术,总是通过技巧表现出它的思想性和艺术性的,一旦离开了技巧或排斥了技巧,就会使艺术品流于低级粗糙和处于自然状态。甚至不成其为艺术。高明的编剧技巧往往会以娴熟的戏剧手法,干练的笔力,美妙的语言,以及浓郁的戏剧气氛,深入地多方面地描写人物的精神生活,和构成戏剧的各种因素相谐和,有力地触发观众的想象和震撼观众的心灵。纵观古今中外一切雄伟的戏剧艺术的创造者们,他们都是特别注意艺术技巧的。关汉卿、王实甫、汤显祖和郭沫若、老舍、曹禺等剧作家,如果把剧本写得粗劣无力,怎能博得广大观众击节赞赏呢? 莎士比亚、易卜生、莫里哀、果戈理等戏剧大师,如果不把他们的作品磨砺成艺术上完美的东西,怎么会长久流传并成为人们所公认的艺术珍品呢?!

　　然而,对于艺术技巧,许多剧作者并不都是很重视的。有人认为只要作品的题材好,故事

好,艺术技巧是可有可无的东西。这是不正确的。艺术作为人的美学活动的最高形式,技巧作为艺术美的重要法则,历来为人们所重视。深刻的内涵和对生活材料的熟悉固然是艺术创造的先决条件,但其本身并不等于艺术作品。真正的艺术作品应当是真实的、有趣的和富于艺术性的,它能把思想性和生活知识体现在完美的艺术形象中,而这种思维的形象性正是艺术性的一个最重要的条件。艺术性因素还包括作品的形式和结构的严整与完善、语言的优美,以及各种技巧的灵活运用等方面。思想性因素正是通过艺术化才给人以通俗易懂和信服的力量。我们绝不能把作者的思想艺术修养和艺术技巧的锻炼看成可有可无的事。剧作者在提高作品的思想性的前提下,应该理直气壮地加强艺术修养和锻炼,加强艺术技巧的学习和创造,使艺术内容和形式相适应、相统一,以便更好地反映丰富多彩的社会生活。

怎样学习编剧技巧呢?技巧是实践的结晶,那么要学习技巧,首先就得请教具有卓著成就的剧作家。鲁迅曾公开反对过"小说作法"之类的东西,他主张向成功的作家学习技巧。他在《不应该那么写》一文中曾说:

"凡是已有定评的大作家,他的作品,全部就说明着'应该怎样写'。只是读者很不容易看出,也就不能领悟。因为在学习者一方面,是必须知道了'不应该那么写',这才会明白原来'应该这么写'的。

这'不应该那么写'如何知道呢?惠列赛耶夫的《果戈理研究》第六章里,答复着这问题——'应该这么写,必须从大作家的完成了的作品去领会。那么,不应该那么写这一面,恐怕最好是从那同一作品的未定稿本去学习了。在这里,简直好像艺术家在对我们用实物教授。恰如他指着每一行,直接对我们这样说:"你看哪,这是应该删去的。""这要缩短。""这要改作,因为不自然了。""在这里,还得加些渲染,使形象更加显豁些。"

因此,我们初学写戏的作者必须把学习古今中外一切优秀剧作家的创作经验作为一门重要基本课程。如从关汉卿的《窦娥冤》学习积极浪漫主义的手法,从《西厢记》、《梁山伯与祝英台》等戏曲中学习将抒情诗和戏剧艺术高度结合的技巧;从希腊悲剧学习戏剧动作的一致和戏剧情节的高度集中,从莎士比亚的剧本学习把丰富的生活、形形色色的人物、曲折的情节、深刻的内心揭露,紧密地组成丰富多彩的戏剧场面;从莫里哀、果戈理的剧本学习喜剧人物的刻画和喜剧情节的安排,从易卜生的戏剧学习紧凑的剧情发展和从语言行动刻画人物性格的技巧;从高尔基的剧本学习如何批判地继承旧的艺术技巧来表达新的社会主义思想内容;在我国现代成功的戏剧作品中,更可以学习到直接对我们有用的艺术技巧,郭沫若、老舍、田汉、曹禺等人民艺术家的创作实践,已为我们提供了良好的学习范例;至于一些新整理和改编的优秀传统剧目,如昆曲《十五贯》、越剧《胭脂》、川剧《蝴蝶杯》、闽剧《炼印》、莆仙戏《团圆之后》《春草闯堂》、吕剧《姐妹易嫁》等,在推陈出新、古为今用上,也有许多成功的经验和高超的技巧值得我们学习和借鉴。

学习别人剧作的技巧,既不能抄袭和摹仿,也不要生搬硬套,因为"依傍和模仿,决不能产生真艺术"。只有突破和创新,才能取得前进。艺术技巧必须跟着思想内容的转换而创作出新的东西,这就要敢于标新立异,善于继承革新,"言前人之未言,发前人之未发"。

艺术技巧的掌握乃至创新是极其重要的,但却不是轻而易举的,一蹴而就的,何况戏剧创作的技巧比之其他文艺部门的技巧来说更难以掌握,有的技巧如危机、突变、悬念等等,似乎只可意会,难以言传,这就得靠艺术家长期辛勤劳动和苦心孤诣的摸索、钻研才能取得。我国著名戏曲理论家李渔说过:"独于填词制曲之事,非但略而不详,亦且置之不道。"所谓"剖腹藏珠,务求自秘",就是"非可言传,止堪意会"之意。学习技巧的最好方法是自己去钻研剧本,"解剖麻雀","亲自尝尝梨子的味道",而不是简单地把别人分析好的东西信手拈来,囫囵吞下去。只有在创作实践中学习艺术技巧,才是最重要、最可靠、最有效的方法。俗话说:"熟能生巧"。即是说,熟悉了生活,熟悉了戏剧创作的规律,才能产生真正的艺术技巧。一些成名剧作家哪一个不是呕心沥血,反复实践,才使自己的编剧技巧日臻完美?屠格涅夫说:"……既然普希金和果戈理辛勤改写其作品至十次之多,那么我们,小人物们,天晓得应该改多少次!"这些话是颇能发人深思的。另外,剧作者还须努力学习各种艺术样式的技巧,掌握各方面的知识,提高自己的艺术修养。戏剧艺术要有小说那种细致的描绘与刻画,要有诗歌一般的激情,要如绘画那样善于以外在的表情与动作表现内在的思想感情,要有电影的剪裁和动作性,更要有戏剧本身所要求的激烈的矛盾冲突、严格的结构、生动的情节、简练的语言等等。一个剧作家只有具备丰富的生活知识和深广的思想视野,才能写出真正反映时代精神的剧作来。古今中外伟大的剧作家,哪一个不是学问渊博、阅历丰富、诗词歌赋精通、足迹遍布天下的!

1980 年 11 月于上海

## ○八四

# 多一点细致、具体的艺术分析

近读《第五才子书施耐庵水浒传》卷二十七"打虎",其中金圣叹对武松的哨棒非常关注。书中第一次提到武松要回清河县,与宋江、柴进道别后,"缚了包裹,拴了哨棒要行"。金圣叹批曰:"哨棒此处起。"此后,书中凡提到哨棒,金圣叹就注上:"哨棒二","哨棒三","哨棒四"等。在写到武松"前后吃了十八碗,绰了哨棒立起身来",金注曰:"哨棒七。一路又将哨棒特特处处出色描写。彼因欲令后之读者于陡然遇虎处,浑身倚仗此物以为无恐也。却偏有出自料外之事,使人惊杀。"接着写武松提了哨棒,横拖哨棒,将哨棒缩在肋下等。书中多次提到哨棒,然而真正派用场时,已是第十六次描写了:武松"双手抡起哨棒",尽平生气力从半空朝吊睛白额虎劈将下来,偏偏由于打急了,一棒打在枯树上,"哨棒折做两截,只余得一半在手里"。此处金圣叹批曰:"哨棒十六。半日勤写哨棒,只道仗它打虎,到此忽然开除,令人瞠目噤口,不复敢读下去。哨棒折了,方显出徒手打虎异样神威来,只是读者心胆堕矣。"接着书中详细描绘了武松如何徒手与猛虎搏斗,打得大虫鲜血淋漓,动弹不得,"武松放下手来松树边寻那打折的哨棒拿在手里只怕大虫不死,把棒橛又打了一回(金批:"哨棒十八,哨棒余波"),眼见气都没了,方才丢了棒"。金批:"哨棒此处毕。"《水浒》的作者反反复复地写哨棒,前后十八次之多,而每次使用时动作、形态、身段、心理、变化多姿,有声有色,读来毫不感到冗长絮烦。由于层层铺垫,有力地渲染了气氛,以致打虎时造成惊心动魄的声势,产生了强烈的艺术效果。这里且不论《水浒》描写手腕的高超,金圣叹的批语也颇给人启迪。

金圣叹是我国历史上著名的文艺评论家,他对小说、戏曲艺术都有较深的研究,特别长于深层分析作品的艺术特点。他的批语,虽然三言两语,但细微贴切,知真见灼,往往一语中的,一针见血,异常精辟。正如清·廖燕指出的:"议论皆前人所未发。"(《金圣叹先生传》)他对《水浒》的评论虽然也有错谬之处，但就这段批注来看，评论者分析得十分具体、细致，有独到见解。在武松打虎这个关目中，哨棒本属细端末节，然而评论者一次次批注，毫不放过。不仅具体细致，而且评论者经过分析，精辟地指出作品高超的艺术手法：每次铺垫，在紧要关头反而突然打折，以惊人之笔制造紧张情势，借以烘托武松的异样神威，而最后又拣起半截哨棒，把虎置于死地，前呼后应，天衣无缝。评论者把一般读者容易忽略的细节拾出来，进行细致、具体的艺术分析，给读者艺术欣赏提供了很好的借鉴。

　　文艺评论是推动创作、帮助读者艺术欣赏的重要方法，在文艺评论中加强具体的艺术分析是很重要的一环。我们读到某些文艺评论文章泛泛而谈，满纸空话套话，分析得粗陋浅薄。你说他分析的错吧，倒并不错，只是他的评论放到别的作品上面也可以适用。其原因就在于评论者没有抓住作品的特点加以具体细致的艺术分析。一个文艺作品，它的思想与艺术是统一在一起的，其思想意义往往是通过人物形象的塑造、艺术手法的运用体现出来的，因此不能把思想分析与艺术分析割裂开来。我们重视具体的艺术分析，丝毫没有忽视思想分析的意思。其实通过具体细致的艺术分析，只会有助于对作品思想内容的深刻认识。也有些文艺评论文章写得比较公式化，总是第一主题思想，第二人物形象，第三艺术手法，最后讲几句不足之处，形成一个套子，读者读来兴味索然。其实，一篇评论文章，何必面面俱到，不妨抓住一个问题，深入挖掘，抉髓剔骨，把它分析透彻，这样对作者、读者反为有益。好的评论文章本身就是一篇文学作品，从中可以找到诗情和哲理。我很喜欢蒋和森同志的《红楼梦论稿》，他写得有文采、有诗意、有政论色彩。文艺评论要力求活泼多样，独具一格，要抓住评论对象最主要的特点加以分析，特别是重视艺术分析，这样写出来的评论自然而然就会体现出一定的特色。评论文章的风格应该提倡多样化，可以是洋洋万言的研究文章，也可以是三言两语的评点，金圣叹式的批注也不妨聊备一格。丁西林同志写过类似评点外国剧本的文章，也曾引起过读者的兴趣。

　　希望我们的文艺评论多一点细致、具体的艺术分析。

（《奔流》1984 年第 8 期）

○八五

# 《文心雕龙》风骨篇

　　梁代文论家刘勰所著的《文心雕龙》，是我国第一部规模宏大的文学理论专著。这部著作涉及了文艺创作中多方面的理论问题，"风骨论"就是其中引人瞩目的一个论点，它不仅发展了我国古典文艺理论中的风格学，并且对我们今天的文艺创作也有着一定参考意义。

　　在《风骨篇》中，刘勰一开始就指出："诗总六义，风冠其首。斯乃化感之本源，志气之符契也。""辞之待骨，如体之树骸；情之含风，犹形之包气。"关于风骨两字，黄侃在《文心雕龙札记》中曾说："风即文意，骨即文辞。"近人对此解释，意见颇多分歧。根据《风骨篇》全文的精神看，风骨既包含作品的内容问题，同时又指作家在作品中表现的思想和艺术统一的基本特征——风格。风主要指作者的情志和理想，骨主要指作品的事义，即思想意义。刘勰这段话的意思是说,风能够起感化作用,是志、气的一种标志。文辞要有骨力,就像身体依靠骨骼支撑,感情要有动人的力量,就像人身上有气一样。这里刘勰强调了风骨在文学创作中的重要意义,以人体作比,如果没有风骨就如同抽掉了骨骼,消失了气息,人就失去了活力。一篇文章没有风骨,也就没有精神,没有骨力,同样将失去生命。有了风骨,才能气韵生动,刚健扎实。因此,刘勰要求文学作品:"结言端直,则文骨成焉;意气骏爽,则文风清焉。"他进而精辟地概括为四个字:"风清骨峻"。

风清骨峻讲的是风格问题。刘勰在《文心雕龙·体性篇》中曾把文章的风格归纳为八种不同的类型:"一曰典雅,二曰远奥,三曰精约,四曰显附,五曰繁缛,六曰壮丽,七曰新奇,八曰轻靡。"如果说《体性篇》论述了风格的多样化问题,那么《风骨篇》则进一步对文章风格提出了更高的要求。他认为应该提倡一种综合不同风格因素,在内容与形式统一的基础上形成的刚健清新的风格。这种主张在当时是很有针对性的。刘勰生活在南北朝的齐梁时代。先秦两汉文学有一定的发展,到建安时代文学出现繁荣局面,然而到了南朝宋、齐、梁时代,在君主和贵族提倡下,骈体文学发达,文人作文喜欢堆砌华丽辞藻,致使作品内容晦涩,语言繁冗,风格柔弱。刘勰对这种绮靡的文风是深感不满的,在《文心雕龙》的《序志篇》、《明诗篇》、《情采篇》等篇章中指出了当时文风的主要弊病:内容上的讹滥(指缺乏真情实感),形式上的诡奇,文辞上的浮华。比如西晋的著名作家陆机就主妍丽,重声色,提倡"缘情绮靡",他自己写的不少乐府诗就是因袭旧套,按题敷衍,以繁富求胜的。到了齐梁年间,此风更靡。因此,刘勰大力提倡风骨,是具有针砭时弊的深刻意义的。

他在《风骨篇》中一方面批评了"丰藻克赡,风骨不飞"的弊病和"习华随侈,流遁忘反"的文风;另一方面又列举了注重风骨的正面例子:"昔潘勖锡魏,思慕经典,群才韬笔,乃其骨髓峻也。相如赋仙,气号凌云,蔚为辞宗,乃其风力遒也。"潘勖字元茂,曾作《册魏公九锡文》,刘勰称赞他的文章事信义直,骨髓峻嶙。司马相如是西汉的著名作家,有赋仙之称,刘勰赞赏他的作品气势凌云,风力劲遒。刘勰特别推崇曹操父子及建安七子的风格。他引述了曹丕《典论·论文》中"文以气为主,气之清浊有体,不可力强而致"的著名论点,他还在《明诗篇》中这样评价他们的诗歌:"慷慨以任气,磊落以使才。造怀指事,不求纤密之巧;驱辞逐貌,唯取昭晰之能,此其所同也。"他崇尚的就是他们作品的风骨。比如曹操描写军阀混战、百姓遭殃惨状的《蒿里行》:"白骨露于野,千里无鸡鸣,生民百遗一,念之断人肠。"内容扎实,情恳词切。曹植的《鰕鲔篇》则直抒抱负:"鰕鲔游潢潦,不知江海流。燕雀戏藩柴,安识鸿鹄游。""抚剑而雷音,猛气纵横浮。泛泊徒嗷嗷,谁知壮士忧?"写得何等豪迈进取,有气势,有骨力。孔融、王粲、刘桢、徐干等虽各有特点,但他们共同特点是内容上的建功立业的壮志,风格上的注重体气,慷慨激昂。后来钟嵘评论他们的作品时称之为"贞骨凌霜,高风跨俗"。刘勰为此热情地宣扬建安风骨,就是为了用创作实践来印证自己的理论主张,以此来矫正六朝新奇诡巧,侈华浮滥的文风,具有鲜明的针对性和强大的说服力。

刘勰在论述了风骨的主要含义及其在文学创作中的重要意义后,进一步详尽地从不同角度对风骨进行了探讨。一是从内容与形式统一的角度加以阐发。风骨与文辞相对来说,它属于内容的范畴,主要指文章的思想,感情,事理,旨意,也就是情与理。他说:"若瘠义肥辞,繁杂失统,则无骨之徵也,思不环周,索莫乏气,则无风之验也。"一篇作品如果徒有华丽的辞藻,而没有扎实的思想意义,缺乏感情气势,文章就没有骨力,就不可能动人心弦,这种锦绣其外,败絮其中的作品是不可取的。当然,作品有了情,有了理,也还得用适当的形式,精彩的语言来表现。他提出:"练于骨者,析辞必精,深乎风者,述情必显。捶字坚而难移,结响凝而不滞,此风骨之力也。"这里包含两层意思,一是文辞精练、述情显明,才能体现出风清骨峻的格调;另一层意思是如果文章的思想意义深刻,事信而义直,那么表现出来的文辞也必然是精当凝练的,而文章的感情真挚,那么表达的方式也必然是显明畅达的。反之,思想模糊,必然繁冗费解,感情矫伪,必然浮华不实。刘勰要求的是用精炼鲜明的语言表现扎实的内容、真挚的感情,他所说的风骨就是内容与形式的统一。

刘勰还从作品整个的艺术风格的角度,提出了风骨的要求。这种艺术风格的特征是思想感情表现鲜明爽朗,语言精粹警策,形式刚健有力。他要求"风"与"骨"结合起来,体现一个"力"字。这个"力"字是作品的思想、艺术、内容、形式熔铸一体而体现出来的总的倾向,它是思想的喷涌,感情的奔腾,形象的跃动,文采的飞扬,这个"力"字既反映了文章的骨力,又体现了作品的风韵,它是刚健劲道的风格的标志,包括了征服人的思想力量和打动人的艺术力量。

刘勰还精辟地论述了风骨与文采的关系问题。反对繁缛浮华的词藻,并不等于不要文采。文采不仅是个语言问题,它指的是作品整个的艺术性。风骨与文采并不是矛盾的,而是相辅相成的。刘勰说:"夫翚翟备色,而翾翥百步,肌丰而力沉也。鹰隼乏采,而翰飞戾天,骨劲而气猛也。文章才力,有似于此。若风骨乏采,则鸷集翰林;采乏风骨,则雉窜文囿。唯藻耀而高翔,固文笔之鸣凤也。"这里作者运用了生动的比喻:山鸡虽然五色斑斓,然而只能回翔于百步之间,因为它肌肉丰满,气力不足;鹰隼由于骨劲气猛,能够一飞冲天,然而它缺乏文采。文章也这样,如果只有风骨,没有文采,只能是"鸷集翰林",如果只有文采,没有风骨,就只能是"雉窜文囿"。只有既有风骨又有文采,才能像凤凰那样羽毛华美,善于高翔,山鸡鹰隼均不能同日而语。刘勰要求的就是这种又有风骨又有文采的作品。这是很有见地的看法。因为只有这样的作品,才具备深刻的思想力量和动人的艺术魅力。

怎样才能使作品达到风清骨峻的境界呢?刘勰在《体性篇》中谈到作家艺术风格的形成时曾这样说:"才有庸隽,气有刚柔,学有浅深,习有雅郑。"他认为文章的风格主要决定于作家本身的四种因素:才能的平庸或拔萃,气质的刚强或柔弱,学识的精深或浅薄,习性的高雅或庸俗。因此,要使文章具有风骨,就必须在这四个方面去加强修养。他说:"若夫熔铸经典之范,翔集子史之术,洞晓情变,曲昭文体。然后能孚甲新意,雕画奇辞。"这里讲了三点,一是学习诸子百家经典著作的写作方法,从中吸取营养,二是体味和观察人的思想感情的变化规律,三是掌握各种不同文体的技巧。他认为如果风骨与文采都没有达到圆熟的程度,就丢弃旧的规格,而追求新异的作品,那么"虽获巧意,危败亦多"。他要求"若能确乎正式,使文明以健,则风清骨峻,篇体光华"。我们认为风格的形成既有作家个人思想、才能、气质、个性的主观因素,同时又有时代、民族、阶级的客观因素。由于历史的局限,刘勰偏重于作家个人的因素,在个人因素中又偏重于技巧一隅。对这些我们需要有分析有批判地吸收和借鉴。今天我们要想写出风清骨峻的作品,还是要从思想、生活、技巧三个方面去努力。

刘勰的风骨论对后世的文学创作和文学批评有着深远的影响。后来风骨不仅标志一种刚健清明的风格,同时还代表一种文学流派,刘勰稍后的钟嵘是风骨论的继承者,他在《诗品》中大力提倡"建安风力"。遗憾的是,刘勰和钟嵘都未能力挽当时文坛的颓风。然而刘勰的风骨论直接影响了唐朝陈子昂的诗歌革新运动。陈子昂继承了刘勰的理论,明确提出诗歌创作要有兴寄,要有风骨的主张。他抨击齐梁"采丽竞繁,而兴寄都绝"的"逶迤颓靡"的诗风,热情赞扬"汉魏风骨",要求达到"骨气端翔,音情顿挫,光英朗练,有金石声"那样的艺术境界。他不仅在理论上倡导,而且身践体行,写出了"前不见古人,后不见来者,念天地之悠悠,独怆然而涕下"那样不朽的诗句,开创了一代诗风,为以后盛唐诗歌的空前繁荣局面奠定了基础。刘勰的风骨论对我国的现代文学也有着明显的影响。鲁迅就曾称赞过汉末魏初文学"清峻,通脱,华丽,壮大"的风格,他自己的小说深沉坚实,本身就是风清骨峻的典范。茅盾和叶圣陶的小说,虽然各有特点,但也都显现出气韵澹然、骨力峥嵘。可以说,鲁迅、茅盾、叶圣陶等文学巨匠,都是汉魏风骨的继承者和发展者。

今天,我们重新研读刘勰的风骨论,仍有它的现实意义。粉碎"四人帮"以后,随着"百花齐放,百家争鸣"方针的认真贯彻,涌现出了不少优秀作品,文艺园地出现繁花似锦、风格纷呈的局面,这是很可喜的现象。然而,我们也看到一些缺乏风骨的作品。那些作品,有的过分追求情节的曲折离奇,胡编乱造,有的一味渲染所谓异国的情调,有的专事形式的雕琢、语言的浮华,然而思想内容却显得空虚浮泛,感情虚假矫饰,人物形象苍白无力,还有的执迷于远离时代和人民群众的个人情绪的抒发,或轻靡纤弱,或艰涩朦胧。这样的作品既没有骨力,又没有风韵,缺乏深沉坚实的思想力量和强烈的艺术感染力。对这类作品,"风骨论"不失为一剂对症的良药。记得文艺复兴时代意大利三杰之一的米开朗琪罗曾说过:"只有能从高山上滚下来丝毫不受损坏的作品,才是好作品。"我想,一篇作品如果没有风骨,是很难达到这样的要求的。我们希望有更多的风清骨峻的好作品出世。

(《文学知识》1984 年第 1 期)

〇八六

# 大浪淘沙,精美者存

在鲁迅先生校录的《唐宋传奇集》中,以唐明皇宠幸杨贵妃为题材的作品有乐史所著《杨贵妃外传》、陈鸿的《长恨传》和白居易的《长恨歌》。前两篇是散文,后一篇是叙事诗。写的是同一题材,用的是不同体裁,特别是陈鸿的《长恨传》,也可说是为《长恨歌》作的传,它与《长恨歌》编排在一处,对照起来研读是很有意思的。

陈鸿的《长恨传》文笔委婉优美,叙事流畅简洁,富有抒情特色,不失为一篇优秀的散文。而白居易的《长恨歌》更是一首脍炙人口的叙事诗。它以诗的语言描写了唐玄宗与杨贵妃的爱情传说,在一定程度上揭露了当时统治者的荒淫误国,及贵妃的恃宠而骄。但由于作者时代和思想的局限,对唐玄宗还是同情多于讽刺。作者讽刺和批评的只是统治者的骄奢淫逸,以致引起叛乱,自食其果。然而写到贵妃绞死、玄宗悼伤时,却充满了怜悯和喟叹的情绪。这首诗在艺术上极为成功,可称古典叙事诗中的一个高峰。

叙事诗特别讲究剪裁,注意凝练和概括。《长恨传》确是一篇精炼的散文,全文只有 1 700余字;可是,《长恨歌》仅 120 句,总共才 840 字,如果不是高度概括和十分凝练,那是做不到的。白居易非常善于剪裁,有的地方惜墨如金,有的地方则泼墨如云。比如散文中写开元中四海无事,玄宗在位已久,深居游宴,以声色自娱。而《长恨歌》只用了一句"汉皇重色思倾国"便概括斯意。接着散文用了一定的篇幅描写玄宗对宫中嫔妃,皆无可悦者,驾幸华清宫时初见杨玉环,赐浴宠幸。诗中在写这一节时也只用了 6 句诗句:"回头一笑百媚生,六宫粉黛无颜色。春寒赐浴华清池,温泉水滑洗凝脂,侍儿扶起娇无力,始是新承恩泽时。"特别是"回头"、"六宫"两句,短短 14 个字对杨玉环的美貌以及玄宗给予的宠幸作了概括的描写和强烈的渲染。类似概括性强、凝练的诗句俯拾皆是,如"春宵苦短日高起,从此君王不早朝";"后宫佳丽三千人,三千宠爱在一身"等。

但是,《长恨歌》在有些地方却不惜笔墨,铺张扬厉。如杨玉环赐死马嵬坡后,玄宗日夜思念贵妃,《长恨传》写得比较简单:"每至春之日,冬之夜,池莲夏开,宫槐秋落,梨园弟子,玉管发音,闻霓裳羽衣一声,则天颜不怡,左右嘘唏。三载一意,其念不衰,求之梦魂,杳不能得。"可是《长恨歌》中却以重彩浓墨大事铺陈,敷写了长长一节的"剑阁闻铃"。诗人写道:"黄埃散漫风萧索,云栈萦回登剑阁","天旋地转回龙驭,到此踌躇不能去"。归宫后,仍然思念垂泪,以至于朝朝暮暮,郁郁寡欢,"夕殿萤飞思悄然,秋灯挑尽未成眠";"鸳鸯瓦冷霜华重,旧枕故衾谁与共"? 这一节长达 32 句。诗人为什么在这里要如此纵笔恣肆,泼墨渲染呢? 因为这里是最适于抒发人物感情的地方,作为诗,即使是叙事诗,也是抒情性的作品。显然诗人是很懂得叙事诗的特点,很懂得如何剪裁的。

《长恨歌》是一首叙事诗,当然要叙事。诗人以生动凝练的语言叙写故事,显得扼要而流畅;而这种叙事又并非单纯的平铺直叙,而是饱蘸着感情的色彩来叙事的,将叙事和抒情紧密地结合在一起。因此,整首诗伴随着情节的曲折发展,感情的波涛连绵起伏,奔腾回旋,时而委婉,时而激荡,给人以极大的艺术感染。"蜀江水碧蜀山青,圣主朝朝暮暮情,行宫见月伤心色,夜雨闻铃肠断声。"这里叙述唐玄宗在蜀山蜀水之间徘徊踌躇,思绪万千,看到的月亮是伤心之色,听到的铃声是断肠之音,既是叙事,又是抒情。写出了玄宗此时此地对景物的感受和特殊的心境,极其生动而富感染力。再如"马嵬坡下尘土中,不见玉颜空死处,君臣相顾尽沾衣,东望都门信马归"。"为感君王辗转思,遂教方士殷勤觅。排空驭气奔如电,升天入地求之遍,上穷碧落下黄泉,两处茫茫皆不见"。这些诗句无不渗透了作者的感情。诗的结尾,回忆七七盟誓,"在天愿为比翼鸟,在地愿为连理枝,天长地久有时尽,此恨绵绵无绝期",既是主人公的殷勤寄词,同时也蕴涵了作者的悼惜之情。因此,整首诗具有浓郁的抒情气息。

《长恨歌》的语言,非常形象化,诗意浓郁,意境深远,给人一种如临其境、如见其人的感觉。"渔阳鼙鼓动地来,惊破霓裳羽衣曲。九重城阙烟尘生,千乘万骑西南行。"这里"动地"、"惊破",多么形象、生动地表现了当时政局动乱的突变情况,及用霓裳羽衣来反衬沉湎酒色的玄宗惊慌失措的状态。"归来池苑皆依旧,太液芙蓉未失柳。芙蓉如面柳如眉,对此如何不泪垂。"这里巧妙地以芙蓉比喻杨玉环的脸,以柳絮比喻杨玉环的眉。以物喻人,形象生动,见物伤情。特别是贵妃在仙岛上听到玄宗的使者来到时的情态的描写,更是精彩。"闻道汉家天子使,九华帐里梦魂惊。揽衣推枕起徘徊,珠箔银屏迤逦开。云髻半偏新睡觉,花冠不整下堂来。风吹仙袂飘飘举,犹似霓裳羽衣舞。玉容寂寞泪阑干,梨花一枝春带雨……"杨贵妃的形象真是栩栩如生,跃然纸上,呼之跃出,生动地表现了杨贵妃在所谓仙山中的寂寞哀怨的情态。

白居易的诗,很少用典故装饰,难见佶屈聱牙、故意雕琢的词句,而是用灵活流利的语言表现生动变化的情节,所以显得自然晓畅,文采飞扬,生动感人。这是很值得我们借鉴的。

历代的作家们不知写过多少作品,真是浩如烟海,而流传下来的仅仅是其中很小很小的一部分。有的作品代代相传,始终活在人口;有的却早已漫漶湮没,无迹可寻了。且不说那些已经失传了的作品,就是传下来的作品中,也有妍媸之别,有的脍炙人口,有的就不那么妇孺皆知了。白居易的《长恨歌》和陈鸿的《长恨传》,这两篇都是好作品,然而不得不承认,白居易的《长恨歌》比陈鸿的《长恨传》更精彩,流传更为深广。虽然经常排印在一起,但前者比后者更引人瞩目。

另外如陶渊明的《桃花源诗并记》包括两篇作品，一首是诗；一篇是散文，即为《桃花源诗》写的序。两篇作品写的都是桃花源这个乌托邦式的理想社会。这首五言诗，语言质朴，记述详尽，不失为一首好诗，然而，今天为更多读者熟悉并传诵的却是他的散文《桃花源记》。《长恨歌》与《长恨传》，《桃花源诗》与《桃花源记》，它们所写的内容相似，很难分出高下，然而，前者歌比传更脍炙人口，后者记比诗更令人瞩目，这是什么原因呢？恐怕作品的艺术水平的高低，是一个重要的因素。这里所说的艺术性的高下，包括艺术感染力的强弱，艺术技巧运用和发挥的好坏，艺术形式和作品内容结合的完美与否等。《长恨歌》充分发挥了叙事诗的功能，以浓郁的抒情笔调，以洗炼而有巨大概括力的诗的语言，描写了被作者美化了的爱情故事，显得情丝缠绵，感人肺腑。它比散文写得更富感情色彩，具有更加强烈的感染力。这首诗的成功除了作者富有艺术魅力的语言之外，还有一个因素就是诗的抒情性特征与"此情绵绵无绝期"的爱情题材的很完美的结合。每一种文学体裁，艺术形式，都有它的特点，有它的长处；反过来说，也有它的局限和短处。一个好的作家总是善于运用和发挥这种体裁、形式的特点和长处，而且能尽量避免它的局限和短处。我觉得白居易的《长恨歌》是做到了这一点的。

《桃花源诗》和《桃花源记》出于同一作家之手，又同是写桃花源，"记"却比"诗"更见精彩。因为作者充分发挥了散文绘人、状物、叙事、议论等多种艺术功能以及灵巧便捷的特色，写出了桃花源特殊的氛围，勾勒了生动曲折的经历，有人物，有对话，富有小说的色彩，显得惟妙惟肖，恣肆洒脱。"林尽水源，便得一山，山有小口，仿佛若有光，便舍船从口入。初极狭，才通人，复行数十步，豁然开朗。"这种引人入胜的描写，比"诗"中"嬴氏乱天纪，贤者避其世。……往迹浸复湮，来径遂芜废"那样平面的介绍要动人得多。而"问今是何世，乃不知有汉，无论魏晋"这样的警句，也是诗句所难以包容的。

文艺复兴时意大利三杰之一的米开朗琪罗说过："只有能从高山上滚下来丝毫不受损坏的作品才是好作品。"（《罗丹艺术论》第108页）而这类好作品往往总是作家匠心独运，思想内容与艺术形式完美结合，富于艺术光彩的杰作、佳作。也只有这样的作品才经得起摔打，经得起时间的考验。文艺作品的流传犹如大浪淘沙，不断淘汰，反复遴选，把最好的留下来，传下去。而时间是最好的评论家，历史是最好的评论家，人民是最好的评论家。马克思曾说过："人民历来就是作家够资格和不够资格的唯一判断者。"今天，我们的作家应该认真学习前辈优秀作家呕心沥血、惨淡经营的精神，专心致志，精心创作，写出无愧于我们时代的作品来，为人民，为后代，为中国的文化留下一点精神财富。

# 同是拜月见异趣

人们把文艺比成百花园，这是有道理的。因为一是文艺作品如同芬芳的鲜花，给人以美感享受；二是各种文艺作品色彩迥异，千姿百态，呈现出丰富多样的风格，满足着人们不同的欣赏需求。

元代出了两位伟大的戏剧家，一位是关汉卿，一位是王实甫，据说他们还是好朋友，而他们的艺术风格有着明显的不同。就语言方面来说，关汉卿是本色派的首领，王国维在《宋元戏曲考》中说："关汉卿一空依傍，自铸伟词，而其言曲尽人情，字字本色，故当为元人第一。"而王实甫却是著名的文采派，《太和正音谱》云："王实甫之词如花间美人"，"若玉环之出浴华清，绿珠之采莲洛浦"。

我们不妨把关汉卿的《拜月亭》中的第三折和王实甫《西厢记》的第一本第三折对照起来阅读。这两折戏都是写拜月，前者是女主人公王瑞兰由于父亲威逼，离开了患难中的配偶蒋世隆，回到家里郁郁寡欢，思念至切，是夜，到花园焚香祝祷，但愿夫妻早日团圆。后者则写崔莺莺闺中寂寞，对月焚香，祝愿先父早升天界，堂中老母身安无病，也为自己未卜的婚姻祝告。这两折戏的内容、场景等都非常相似，然而作者词章的风格却并不相同。《拜月亭》中王瑞兰："心事悠悠凭谁说，只除向金鼎焚龙麝，与你殷勤参拜遥天月，此意也无别"。"天哪，这一炷香，则愿削减了俺尊君狠切；这一炷香则愿俺那抛闪下的男儿较些"。（做拜月科。）"愿天下心厮爱的夫妇永无分离，教俺两口儿早得团圆"。《西厢记》在描写莺莺拜月时用的语言是："看他容分一捻，体露半襟，垂香袖以无言，垂罗裙而不语。似湘陵妃子，斜倚舜庙朱扉；如玉殿嫦娥，微现蟾宫素影"。"夜深香霭散空庭，帘幕东风静。拜罢也斜将曲栏凭，长吁了两三声。剔团圆明月如悬镜。又不是轻云薄雾，都则是香烟人气，两般儿氤氲得不分明"。关著字字本色，自然质朴，王著则典丽华美，词采纷披。真是各具风格，各得异趣。

我国古代有些文艺理论家对本色与文采曾有过争议，他们往往各执一词，或以宫笑角，或以白诋青。其实不同的文学风格，本色派，文采派，或是豪放派、婉约派，它们各有特色，各有长处，各有异趣，很难简单地论其高下。而且不同风格之间又互有联系，比如关汉卿字字本色，有时也是文采飞扬的；王实甫虽铺采扬厉，而又句句确切。文学风格的多样性是作家不同个性的表现，又是社会生活丰富性的反映，同时也是众多读者对文学作品的不同欣赏趣味的需要。因此，我们对各种不同的文学风格不应怀有褊狭的心理，而随便地厚此薄彼，当然更不要去强制推行某一种风格，或强制禁止某一种风格。苏东坡在一首咏西湖的诗中曾写道："水光潋滟晴偏好，山色空蒙雨亦奇，欲把西湖比西子，淡妆浓抹总相宜。"淡妆也好，浓抹也好，各有异趣，所以提倡不同风格、不同流派百花齐放，争艳斗丽，是符合文艺创作规律的。

# 琵琶弦上说相思

研读唐宋词，可以发现抒写离情、相思的作品为数不少，其中有写友人之间、兄弟之间的思念之情的；更多的是写恋人之间的离别相思的，而后者更显得炽烈殷切，缠绵悱恻。引起我深思的是那么多写离别、相思的词，读来却并不觉得重复絮烦，相反感到色彩斑斓，各具异趣。

我们可以读到一些词作是用直接描写的手法来抒写相思之情的。如李清照的《一剪梅》："花自飘零水自流。一种相思，两处闲愁。此情无计可消除，才下眉头，又上心头。"作者运用典型的细节把无可排遣的相思之怨渲染得何等浓重。而李煜的《相见欢》写道："剪不断，理还乱，是离愁。别是一般滋味在心头。"词人以生动的比喻又把离愁别绪写得那么的缠绵。都可称神来之笔。

有些作者用主人公流泪来写离别之苦，相思之深，然而同是写泪，也往往有不同的表现。刘禹锡的《潇湘神》是这样写的："斑竹枝，斑竹枝，泪痕点点寄相思。楚客欲听瑶瑟怨，潇湘今夜月明时。"他把泪痕比作斑竹枝上的斑点，很是巧妙传神。秦观的《江城子》写道："西城杨柳弄春柔。动离忧，泪难收。犹记多情曾为系孤舟。碧野朱桥当日事，人不见，水空流！韶华不为少年留，恨悠悠，几时休？飞絮落花时候一登楼。便做春江都是泪，流不尽，许多愁。"词人以极其夸张的手法,把相思的眼泪比作长流不息的春江,更见其感情的浓烈。

有些词并不直接写思念如何强烈,而是通过描写主人公倚楼远望归客来表现其相思之情。如白居易的《长相思》如此写:"汴水流,泗水流,流到瓜州古渡头。吴山点点愁。思悠悠,恨悠悠,恨到归时方始休,明月人倚楼。"这里写主人公月夜远望江水,思念客居的爱人,词中写水流,突出一个"远"字,用水之远烘托出恨之长,词的最后一句才现出主人公,点明"明月人倚楼",实际上前面五句全是写的"明月人倚楼"之所见所思。

温庭筠的《梦江南》也写倚楼远望,却别开生面:"梳洗罢,独倚望江楼。过尽千帆皆不是,斜晖脉脉水悠悠,肠断白蘋洲!"与白居易的词不同,作者开门见山地点出主人公倚楼远望。接着又巧妙地通过主人公数着江中过往的无数风帆来表现主人公的思念心切和失望之苦,这也使人绝倒。

还有一首张先的《偷声木兰花》是这样写的:"画楼浅映横塘路,流水滔滔春共去。目送残晖,燕子双高蝶对飞。风花将尽持杯送,往事只成清夜梦。莫更登楼,坐想行思已是愁。"词中主人公登楼远望,流水逝去,残晖将泯,见到燕子、蝴蝶成双作对,想到当年与爱人把盏话别的情景,不禁黯然神伤,于是得出结论:"莫更登楼"!因相思而登楼,登楼又引起更深的相思,进而怕再登楼,感情写得十分真切、深沉。它与前面两首相比,又有特异的格调。

还有些词人把离愁别恨、相思之情寓于某种景或物来加以体现,这也是一种间接描写的方法。

冯延巳有一首《谒金门》,词云"风乍起,吹皱一池春水。闲引鸳鸯芳径里,手挼红杏蕊。斗鸭栏杆独倚,碧玉搔头斜坠,终日望君不至,举头闻鹊喜"。如果说我们前面所举的几首都是写主人公静思的,那么这首是写动态的。这里我们看到主人公逗鸳鸯,观鸭斗,揉花蕊,然而所有这些,都是她愁肠百结、无聊惆怅的曲折表现,思念的心情如同一池波动的春水不能平静。这时她忽然听到喜鹊的叫声,因为喜鹊一向被认为是传递喜讯的鸟儿,所以,这喜鹊的叫声似乎给了主人公一丝希望和慰藉。

还有一首写喜鹊的,是无名氏的《蝶恋花》,这首更加别致而有趣。"叵耐灵鹊多谩语,送喜何曾有凭据!几度飞来活捉取,锁上金笼休共语。'比拟好心来送喜,谁知锁我在金笼里。欲她征夫早归来,腾身却放我向青云里。'"这里词人并不直接写主人公如何思念,而是写一个少妇气恼地把一只喜鹊锁进了笼子,因为喜鹊几次报的都是假喜讯。下阕更是巧妙地以喜鹊的口吻诉冤,把它翻译成白话文就是:本来好心报喜,谁知把我关起。望她夫君早归,让我恢复自由。如果前一首中的主人公还从喜鹊的叫声中依稀地看到一线希望,那么这一首却是写喜鹊传递的喜讯没有兑现,希望多次破灭后的丧气。作品通过关喜鹊这一典型细节,把思妇日夜思念的殷切愁闷,久等不至的烦躁气恼溢于言表。它在构思上可说是蹊径独辟,匠心独运。我们不妨把它作为前一首《谒金门》的续篇来读。

寄寓于其他景与物来抒写离愁、相思的还有不少。如柳永在《玉蝴蝶》中写道:"念双燕,难凭远信,指暮天,空识归航。黯相望,断鸿声里,立尽斜阳。"作者寄情于断鸿的哀鸣,抒写自己对友人的思念。李清照的《采桑子》则这样写:"窗前谁种芭蕉树?阴满中庭。阴满中庭,叶叶心心,舒卷有余情。"词人以芭蕉叶叶心心舒卷有致,比喻自己绵长的思念和悲苦。再看温庭筠的《更漏子》:"玉炉香,红蜡泪,偏照画堂秋思。眉翠薄,鬓云残,夜长衾枕寒。梧桐树三更雨,不道离情正苦。一叶叶,一声声,空阶滴到明。"词人通过梧桐叶上的雨滴之声,写出主人公彻夜不眠的凄苦离情。

历来作家、艺术家都提倡文艺作品要有独创性。黄山谷曾曰:"随人作计终后人,自成一家始逼真"。鲁迅也说过:"……内容相同,方法不妨各异,而依傍和模仿,决不能产生真艺术。"当然要使自己的作品具有独创性,并非易事,必须有丰富的生活经验,深刻独到的感受和高度的艺术技巧,三者缺一不可。

(《上海作家》2011年第2期)

〇八七

# 文学的接力棒

1927年—1928年,巴金(本名李尧棠)旅居法国巴黎和沙城。在这里他开始写作处女作长篇小说《灭亡》,其时正当中国第一次国内革命战争从蓬勃发展跌入失败深渊,他所崇拜的无政府主义者凡宰特又遭美国政府杀害。这些使他震惊和悲痛。小说《灭亡》就是在这样的氛围中断断续续写在练习本上的。小说旨在揭露封建军阀的残暴与不义,歌颂知识青年杜大心等追求光明,勇于牺牲的精神。1928年,他把修改整理好的小说誊清在五本硬面练习本上。开始他并没想到公开发表,而是准备自费排印出来,送给自己的大哥、三哥及要好的朋友们。他把书名定为《灭亡》。一时想不出用什么笔名,这时他忽然得到同学巴恩波投江自杀的消息,为了纪念他,就想用"巴"字作为笔名的姓,还缺一个字,他的朋友詹剑萍见桌上有一本克鲁泡特金的《伦理学》,建议用那个"金"字。于是他就在小说封面上写上"巴金"二字。

巴金把誊清稿寄给了在上海开明书店工作的朋友周索非,请他联系出版社自费出版。但周索非却把小说交给了《小说月报》的代理编辑叶圣陶。叶圣陶审读后就决定发表,自1929年开始,《灭亡》在《小说月报》上分四次连载。巴金回国后,索非介绍他与叶圣陶认识。巴金极其感谢叶先生的提掖之情,将他尊作师长。

时隔数年,1933年,巴金应沈从文的邀到了北京,并担任了《文学季刊》与《水星》的编辑委员。这一年,清华大学的学生曹禺写出了处女作《雷雨》,这是一部反映"五四"前后中国封建买办阶级家庭悲剧的话剧本。曹禺将稿子寄给了他读南开中学时的同学章靳以。此时靳以正与巴金等一起编辑《文学季刊》。靳以觉得曹禺与他太接近,为了避嫌,没有马上推荐这部稿子,而是暂时把它放在抽屉里。过了一段时间,他偶尔与巴金谈起此事,巴金正想在刊物上发表一些新人新作,就请他把稿子拿出来。靳以把《雷雨》稿本翻出来,巴金在编辑部的南屋里一口气把它读完,认为这是一部不但可以演,也可以读的作品,主张马上发表。于是经巴金校对,《雷雨》在1934年7月出版的《文学季刊》第三期上全文刊出了。第一个把这部震动剧坛的佳作介绍给人们的是巴金。

叶圣陶—巴金—曹禺,就像接力棒一样。

(《人民日报》海外版 1993年2月3日)

# 〇八八

# 前辈作家笔下的"五卅"

今年的 5 月 30 日,是五卅运动 85 周年的纪念日。发生在 1925 年上海的这次运动,是一次帝国主义军警野蛮枪杀中国百姓的流血惨案,曾经震惊了世界,也震怒了广大中国人民,以至于掀起了全国规模的反帝罢工、示威怒潮。

最近我在学习、阅读前辈作家的散文作品时,发现有好几位作家不约而同地写到了"五卅"。

茅盾先生是亲身参加了 5 月 30 日的示威游行的。那时他已是中共党员,早在 1923、1924 年他就担任中共上海地方兼区执委会委员。这一天,他与杨之华等同上海大学宣传队一起,沿路演讲,不少行人也加入到示威的队伍里。老闸捕房的巡捕大批出动,逢人便打。他们行进到先施公司门前,忽然听到前面连续不断的枪声,潮水般的人群从前面退下来。交通断绝,他们只好走进先施公司,几位学生向他讲述了在老闸捕房甬道口,巡捕开排枪枪杀多位学生的暴行。茅盾目睹和经历了发生在南京路的这场惨案,于 5 月 30 日当夜,就写出了题为《五月三十日下午》的文章。他写道:"这是一个闷热的下午,这是一个暴风雨的先驱的闷热的下午!"文章向为自由而牺牲的战士们致以崇高的敬意,而对踹着碎玻璃浅浅一笑的金发妇人,对发出"他们简直疯了,想拼着头颅撞开地狱铁门"论调的绅士给了愤怒的抨击。5 月 31 日,茅盾又参加了由地下党组织的抗议活动,此后还参与领导了上海教职员救国同志会的救国运动和商务印书馆的罢工运动。在这段时间里,茅盾一共写了 7 篇有关"五卅"的文章。两年以后,1927 年 5 月 25 日,茅盾又写了《五卅走近我们了》的文章,他饱含激情地写道:"呵!雄壮的五卅!悲壮的五卅!你是'五四'是'二七'以来不断的民族解放的争斗的大爆发!你在红五月做了很光荣的煞尾!你在中国革命运动史上划了个新纪元!""你是许多烈士的伟大的创作,使人百读不厌!你是民族解放的丰碑!你是革命运动的圣经!我们从你得了可宝贵的教训,可宝贵的认识!"茅盾到了晚年,对五卅还是念念不忘,1979 年、1980 年还先后写了《关于五卅时期职教员救国同志会的有关情况》、《五卅运动与商务印书馆罢工》等文章,回忆五卅运动的史实。

叶圣陶先生在五卅的次日就写出了《五月卅一日急雨中》一文。他以激情的口吻、密如鼓点般的语言写道:"从车上跨下,急雨如恶魔的乱箭,立刻湿了我的长衫。满腔的愤怒,头颅似乎载着紧紧的铁箍。我走,我奋疾地走。""一口气赶到'老闸捕房'的门前,我想参拜我们的伙伴的血迹,我想用舌头舐尽所有的血迹,咽入肚里。但是,没有了,一点儿没有了!已给仇人的水机冲得光光,已给腐心的人们践得光光,更给恶魔的乱箭似的急雨洗得光光!""不要紧,我想。血总是曾经淌在这地方的,总有渗入这块土的吧。那就行了。这块土是血的土,血是我们的伙伴的血,还不够是一课严重的功课么?血灌溉着血温润着,行见血的花开在这里,血的果结在这里。"作者一连用了那么多的"血"字,触目惊心地展现出惨案的惨烈和作者心灵的痛楚。文章开头说"路人少极了",可到了后面,作者写道:"我回身走才来的路,路上有人了。三四个,六七个,显然可见是青布大褂的队伍,虽然中间也有穿洋服的,也有穿各色衫子的短发的女子……"反映出同情五卅中殉难者的人越来越多,反帝的队伍如怒潮般地集结着汹涌着的情状。

作家、诗人田汉于 6 月 3 日,写出了诗作《黄浦怒涛曲》。他以诗的语言描述了青年们奋勇地进行反帝斗争的情景,和遭到血腥镇压的惨状:

"拥护无援的劳动者!"/"打倒资本的帝国主义!"/一般纯洁无垢的青年/投笔奋肩起!/他们的意气干云,/他们的呼声震地,/他们想以群众的意志,/惊觉他人的鼾睡,/岂知黄浦江头,/又涌起漫天的血泪!……

他们或被打破了头,/他们或被打穿了腰;/他们的心裂如帛,/他们的血涌如潮;/他们的旁边,可以听得日人的热骂,/英人的冷嘲;/绿杨的哀泣;/黄浦的怒号;/寂然无声的,/是他们最亲爱的同胞!

五卅运动发生时,郭沫若也正好在上海。那天,他是和小说家周全平偶尔到南京路去的,恰恰就碰上了这五卅惨案。当他走到浙江路口时,市场已经混乱,许多人向南京路那边涌去。郭沫若他们从几位大夏大学的学生嘴里得知,英国巡捕在工部局门口开枪打死了好几位学生和工人。郭沫若便与周全平匆匆穿过南京路,走向先施公司。此刻交通已经阻断,先施公司门口挤得水泄不通。郭沫若好不容易才挤到了先施公司楼上,只见先施公司对面的工部局门口站着不少印度巡捕,一手拿着枪,一手举着黑棒,正在四处打人。郭沫若目睹帝国主义分子的暴行,眼睛里都要冒出火来,他真想冲上去把西捕头手里的枪夺过来,把他们打死。这个意想虽然没有实行,但是反帝的怒火,爱国的热情在他胸中燃烧。"愤怒出诗人",他按不住创作的激情,埋头书案十天,写成了历史剧《聂嫈》。此剧根据《史记》中聂嫈、聂政姐弟舍生忘死,助严遂刺杀韩相侠累的故事编写。他把描写的重点放在聂嫈身上,当她得知聂政行刺得手,继而自杀之后,为了传播聂政的英勇事迹,挺身韩市,复以自己的生命完成了对暴政的反抗。剧中喊出了"大家提着枪矛回头去杀各人的王和宰相"的口号,表达了此时此地中国人民爱国、反帝的心声。这个戏于这一年的 7 月 1 日由上海美专学生会在新舞台向公众演出,引起了强烈的反响。1926 年 3 月郭沫若在《写在"三个叛逆的女性"后面》一文中激动地说:"没有五卅惨剧的时候,我的《聂嫈》的悲剧不会产生,但这是怎样的一个血淋淋的纪念品哟!"

我们重读这几位前辈作家有关"五卅"的文章,仿佛把我们带回到 80 年前那个充满血腥和饱受蹂躏的年代,也重温了"五卅"运动的壮烈场景。让我们永远记住那一段屈辱的历史,永远记住先烈们英勇不屈的奋斗精神。而这几位前辈作家不约而同地用饱含激情的笔记下这段历史,也使我们深深地感动。通过这些作品,我们可以清晰地看到我们的前辈作家对时代脉搏的强烈敏感,与现实生活的息息相关,与广大民众的休戚与共。这一些对一个作家来说,是多么可宝贵的品质。这也正是今天我们每一个作家值得深长思之和努力效仿的。真正有生命力的文学,总是记录着时代的风貌,回响着民众的心声。前辈作家这些作品也将和"五卅"运动一起永纪史册!

(香港《大公报》2005 年 5 月 8 日)

# ○八九

# 奇特的陪衬人

## ——左拉短篇小说《陪衬人》欣赏

爱弥尔·左拉(1840—1902)是法国著名小说家。他出身于工程师家庭,七岁丧父,童年生活很艰苦,青年时代是在贫困与失业中度过的,这段屈辱的生活使他广泛地接触了社会底层,亲身体验到人民的疾苦。1862年,左拉进巴黎哈切特图书公司工作,结识了不少文坛的知名人士,并开始从事文学创作。1864年发表第一部短篇小说集《给妮侬的故事》。他的早期创作,注意社会题材,受到浪漫主义文学的影响。后来成为自然主义文学流派的创始人。他主张以科学实验方法从事文学创作,把日常生活仔细、准确地记录下来。实际上他采用记录性形式是十分技巧的。因而他的小说对19世纪60年代至90年代法国社会生活的各个层面作了重要而真实的描绘。1871年至1893年之间,他创作了由二十部长篇小说组成的《卢贡·马卡尔家族》,通过一个家庭中各个成员的不同遭遇,反映了拿破仑三世时代法国的社会生活,揭露了资产阶级的荒淫无耻。其中以《小酒店》、《娜娜》、《萌芽》、《金钱》、《崩溃》等为最有名。1894年后又写出《卢尔德》、《罗马》、《巴黎》系列长篇小说,揭露罗马教会的卑鄙勾当,也表现了乌托邦的改良主义思想。1898年,他的一封公开信《我控诉》,使一个被冤枉为间谍的法国军官德瑞佛斯,在一场重新审问中获得胜诉。由于他触犯了法国当局,被判徒刑,后逃亡英国。左拉描写他所看到的世界,他的作品和他的生活显示了他性格中的智慧、勇敢、正直的特质。1902年9月28日,左拉因煤气中毒不幸逝世。

短篇小说《陪衬人》写于1865年,是他的早期佳作。这篇小说所描写的内容极其新颖奇特。它写一个工业家杜朗多创造了一项经营业务。他招募了不少丑陋不堪的妇女——她们具有令人望而生厌的面孔,以及呆若木鸡、冷若冰霜的表情,搞起了一个出租公司,向美貌女子供应陪衬人,租金每小时五法郎,全天五十法郎。美貌女子可以根据自己的体型、面貌、任意挑选合适的陪衬人,俾使相反相成,美貌女子在丑女的衬托下,可以陡增姿色。杜朗多手中的这些商品,也穿着华丽的服饰,她们跟风流场上的佼佼者们形影相随,以车代步,或宴饮于宾馆酒家,或出现于剧场的包厢。她们跟美貌淑女挽臂依偎,以"你"相称,她们的功用在于为别人引来青睐,而自己却永远得不到爱情的温暖,在欢笑中渗透着眼泪与辛酸。杜朗多的陪衬人代办所因此发了大财。

这篇小说最突出之处是作者从生活中提炼出典型的情节,使作品达到了一定的思想深度。左拉在与一些朋友谈论文学时,曾说:"一个作家毋需想象力,作家的作品应该基于正确的观察之上。"他自己一向十分注意观察社会,观察生活中形形色色的人物。他时常到酒吧间里看舞女卖唱,在街头看妓女与警察厮打,到戏院后台看演员化妆,到小酒店、商店、洗衣房去跟泥水匠、铁钉工人、洗衣妇攀谈,……人们在街上行走,也很可能看到一美一丑两个姑娘结伴而行,由于那个丑陋女子从旁衬托,那位漂亮的女郎更显得姿色艳丽,光彩照人。这种现象对一般人来说,看过也就看过了。可是对左拉来说,却深深触动了他的创作灵感。这会使他联想到他在生活中所看到的被盗窃的金钱和被出卖的妇女以及形形色色的疯狂、羞耻和淫秽;也使他联想到自己做哈切特书局广告部主任时所接触到的各式各样的商人,千奇百怪的广告,于是他对生活的素材加以概括,缀合,开掘,生发,终于提炼成一个具有典型意义的题材。

资本家以贩卖货物牟取暴利,美貌女子作为商品被出卖,这些人们都已司空见惯。作者并没有重复别人写过的东西,而是别出心裁,独辟蹊径。在他笔下,丑陋的容貌也变成了流通市场的商品。这一触目惊心的生活图景,入木三分地揭露了资本主义社会的黑暗与冷酷——这是个金钱世界,人与人的关系是赤裸裸的金钱关系,"没有良心的自由贸易",把一切都变成了商品。作者的描述使作品体现了独到的深度。这篇小说并没有曲折的情节,也没有尖锐的冲突,作者采取夹叙夹议的手法,甚至有点散文化。但作者围绕杜朗多开办陪衬人代办所这件事塑造了一个唯利是图、贪婪冷酷的资本家的形象,以及一群沦为商品,遭遇悲惨的丑女的群像。作品写杜朗多为了在丑女身上赚大钱,如何整夜掐指盘算,攻读哲学著作,策划这场商业攻势。最精彩的是杜朗多验收招募来的丑女一节以及他所贴出的广告。他每天身穿睡衣,坐在安乐椅中,让丑女在他面前一个个走过,他从各个角度端详,有时还摸摸头发,瞧瞧面孔,就像商人审视商品的质量、规格一样,至于他的那则广告,更是一篇少有的奇文:"兹有幸向您宣告,敝人新创一所商号,旨在永葆夫人之美貌。敝人发明一种新的饰物,其神效可使夫人之天然风韵凭添异彩。……"长篇累牍,满纸夸饰,招揽,故弄玄虚。作品中的杜朗多是一个冷酷的人贩子与甜言蜜语的掮客的混合物,是资本家中的一个典型。那些丑女则是奴隶的形象,作者特别着力刻画了"她们有在大庭广众间强装愉快的欢笑,她们也有在暗地里悲伤涕泣的泪水"。作者还着重描绘了其中的一个:"可怜的姑娘爱上了一个小伙子,她的面貌吸引了他的目光,但又把这目光转送到她的主顾身上,就好像她把百灵鸟唤到猎人的枪口下。"这种悲惨遭遇是对罪恶社会的一种有力的控诉。作者在塑造杜朗多的形象时采用的是讽刺的笔调和调侃的语气,而在描写丑女时,字里行间却充满着悲愤与同情,这就使这篇小说倾向性更为鲜明。如果说作品中杜朗多开办陪衬人代办所是一大发明,那么应该说,左拉把这一独特的典型题材写进小说,更是一个天才的发明。

这篇小说的内容是写丑陋女子陪衬、对比之下,美女更美;而作者在写作品时成功地运用了对比的艺术手法,成为这篇作品艺术技巧方面的一大特色。作者在作品中写道:"如果我有神来之笔,一定会写出一部杜朗多代办所创业的史诗来。那将是一部既滑稽又凄惨的史诗,充满泪水和欢笑。"整篇小说充满着滑稽与凄惨的对比,泪水与欢笑的对比,在对比中产生一种强大的艺术魅力。开办丑女代办所本身是一件荒谬绝伦、滑稽可笑的事情,可在滑稽背后渗透着多少辛酸、凄惨与血泪。作者着重写丑女们表面上与美貌淑女并肩依偎,脸上露着笑容,过着上流社会的豪华生活;但是到了夜间,她们悲愤交加,呜咽啜泣,她们为别人引来爱情,而自己却永远得不到爱情的温暖。因为她们是奴隶,是商品。作者以表面的欢乐与内心的悲愤进行鲜明的对比,欢乐是假的,悲愤才是实质。强装欢笑的悲凄是更严重的悲凄,这是一种对比。丑女外表是丑陋的,但内心却是善良的。杜朗多外表道貌岸然,但灵魂十分丑恶,作品中丑女外表的丑与杜朗多灵魂的丑也是一种对比。另外,这种荒唐可笑的代办所居然生意兴隆,顾客盈门,也更进一步反衬出资本主义荒诞、畸形的丑恶面貌,从而控诉了资本主义商品世界的灭绝人性。

读了《陪衬人》,我们不仅加深了对资本主义社会的认识,同时也可以得到艺术辩证法的启示。俗话说,"红花虽好,还须绿叶扶助","若要甜,放点盐"。丑女陪衬美女这一点,就告诉我们艺术上烘托、陪衬、对比手法的特殊功用。"那个丑女要是独自走在街上,会吓你一跳;那个相貌平常的，会被你毫不在意地忽略过去。但当她们结伴而行时，一个人的丑就提高了另一个人的美。"这段话讲出了美与丑的辩证关系。古典诗歌中"蝉噪林愈静，鸟鸣山更幽"，作者要写幽静，却用"噪"、"鸣"这些闹的字眼来加以反衬。

阅读文艺作品不要只满足于了解情节，而要对作品作点分析比较，仔细地品赏。这样才能得到充分的美的享受，而且可以使自己的鉴赏水平得到不断的提高。

（《名作欣赏》1994 年第 3 期）

# ○九○

# 吹毛求疵话名作

近读明人王骥德的《曲律》，书中专列一章为"记讹字第三十八"。

书中写道："戏曲有相传既久，致讹字间出，或系刻本之误，或为俗字所改，致撰人叫屈，识者贻嗤，不一而足。"

他举了王实甫名作《西厢记》为例。第二本第二折中红娘有段唱词：

> 来回顾影，文魔秀士，风欠酸丁。下工夫将额颅十分挣，迟和疾擦倒苍蝇，光油油耀花人眼睛，酸溜溜螫得人牙疼……

其中"风欠酸丁"一语，后来俗人将"欠"字改为"耍"字，成了"风耍酸丁"。在元代贾仲明的剧本《萧淑兰》中有一曲"寄生草"："改不了强，文惇醋饥寒脸，断不了诗云、子曰酸风欠，离不了之乎者也腌穷俭。"可见《西厢记》中应作"风欠酸丁"。那么为什么会改成"风耍酸丁"呢？很可能是《西厢记》传至南方之后被更改，因为南方有"风耍"这一俗语，他们不明白北方的语言，妄自改之。

王骥德还指出："汤海若还魂记末折'把那撒道儿搭长舌揸，是以'撒道'认作颡子也，误甚。"（汤海若即汤显祖，还魂记即《牡丹亭》——引者注）。另外谈到一散曲，有"梅家庄水罐汤饼打为磁屑"语，王骥德说，梅家庄应作"谢家庄"，正崔护乞浆处也。

高则诚的《琵琶记》也是一部名作，该剧第十九折"强就鸾凤"中[女冠子引]写道："马蹄笃速，传呼齐拥雕毂，金花帽簇，天香袍染，丈夫得志，佳婿乘龙。妆成闻唤促，又将彩扇重遮，羞娥轻蹙。"

王骥德认为："丈夫得志，佳婿乘龙，与上下入声簇，促韵全不叶，或改作'胆腹'于韵是矣，而与后之'兀的东床，难教我胆腹'又犯重复。直是难择，则是东嘉自误。"他认为这是高则诚自己的错误。

名作中一些错漏，有的是流传中发生的讹误，有的则是作者本人的疏忽。这种情况在现代作家中也可见到。

夏衍先生的《上海屋檐下》是一部反映抗战前夕上海市民和知识分子痛苦生活的名剧，但剧中有一处显然有误。剧中有一人物葆珍,乃匡复与杨彩玉所生的女儿,后匡复被捕,在误传匡复遇难的情况下,杨彩玉与匡复之友林志成结合,后来匡复出狱,回到家里,形成十分尴尬的局面。此时的葆珍,据剧本人物表所示为12岁的女孩。第三幕,匡复与葆珍有一段对话,葆珍谈到他们学校里的学生做小先生教大人识字。

> 葆珍:我们教的学生里面,要是为着懒惰不上课,下一次就在黑板上写出来!某某人懒惰虫,不用功!
> 匡复:(禁不住笑了,脱口而出)可是你,小时候也赖过学啊!
> (自知失言。因为葆珍不知匡复是她父亲,他又不想告诉她,故尔改口)
> 啊! 我记错了,我说的是我的女孩,她跟你一样大……

这里葆珍的年龄显然不对。匡复回来时,剧本所示葆珍是12岁,而匡复离家已经十年,离家前,葆珍仅2岁,还不可能上学,也不存在赖学的问题。

曹禺先生的《雷雨》更是中国现代话剧的鼎杠之作,然而仔细研究亦见微瑕。第三幕,时值深夜,周萍来到杏花巷四凤家,剧本写周萍在"外面敲着窗户",四凤不开,于是周萍"外面向里用力推窗门,鲁四凤用力挡住",从这段描写看,四凤家的窗户是向屋里开的。周萍叫四凤开窗,四凤不开,后来四凤以为周萍已经离去,开窗去看,这时周萍乘机越窗进屋。

接着,剧本写繁漪也来到杏花巷,到四凤家的窗外,她看到周萍在里面,"伸进手,将窗子关上"。不一会,鲁大海回家,四凤叫周萍快走,剧本写道——

> 周萍:(忙到窗前,推窗)
> 窗户外面有人关上。
> (再推)不成,开不动。

这时鲁大海进屋,撞见周萍,欲用刀相刺。

前面说过,根据剧本描写,窗户是向里面开的。那么窗户的插销、搭扣都应该置在里面,决不可能装在外面。繁漪来,将窗子关上,是可以的,但将窗户"扣死"就不合理,此其一;其二,后面写周萍闻讯大海回来,准备跳窗而逃,剧本写周萍"推"窗,就不妥,只能"拉",否则与前面他从外面向里推窗,自相矛盾。

这窗户的描写虽然仅是一个细端末节,然而在这一幕戏里,却成为各个人物舞台动作的一个支点。仔细推敲一下,便可发现其不合情理和别扭之处。

名作出现一丁半点微瑕小疵,并不奇怪。除了在流传刻印的过程中而产生的谬误以外,作家的某些失误,也是完全可能发生的。文学创作一般是在现实生活的基础上进行虚构,加工而成的。智者千虑,难免也有一失,有时出于疏忽,有时则是为了造成某种艺术效果。比如所举《上海屋檐下》《雷雨》都有这种因素在内。前者是为了通过对话构成一种戏剧性;后者则是想通过一系列动作造成强烈的戏剧冲突和戏剧效果。某些微瑕可能会伤大雅。有时整个作品大的方面是合理的,某些细节的小不合理可以服从大的方面的合理性,《雷雨》中繁漪在外面故意把窗户关死,从具体窗户而论,不太合理;但从人物的性格逻辑和情节发展的逻辑看,还是合理的。问题是要作一些补救或技术处理,至于周萍欲逃时的"推窗"只要改成"拉窗"也就可以了。

名作微瑕这种文学现象给我们的启示有二。一,文艺创作不断修改,精益求精的重要性。列夫·托尔斯泰的长篇小说《复活》，作者一改再改，易稿二十次，前后历时十年之久，不说《复活》的整体结构，情节描写，就说女主人公玛丝洛娃的肖像描写，就整整修改了二十次。起初把她写得太丑，后来又写得太美，最后才改成现在我们看到的这段三百余字的著名描写："……在那张脸上，特别是由惨白无光的脸色衬托着，她的眼睛显得很黑，很亮，稍稍有点浮肿，可是非常有生气，其中一只眼睛略为带点斜睨的眼神，她把身子站高站直，挺起丰满的胸脯。……"苏州评弹演员有句行话叫"扳错头"，意思是自己编演的书目，总要请人说明找错儿，挑刺儿，把错儿找出来了，就可以设法加以弥补。可见作为名作，虽然微瑕不足掩其瑜，然而作者如果精益求精，尽可能消灭微瑕，就可使作品更臻完璧无瑕的境界。二、文艺欣赏也是一种创造活动，欣赏名作需要开动脑筋，仔细琢磨，这样才能真正领悟名作的妙处，也可以发现其某些微瑕，而不至于囫囵吞枣，食不知味。

（《名作欣赏》1995 年第 2 期）

○九一

# 文艺漫语（三则）

## 鱼齐即与鲁斋郎

　　包公给我们的印象是铁面无私，然而关汉卿笔下的包公另有一个特点：睿智机灵。在《包待制智斩鲁斋郎》中的鲁斋郎是个"嫌官小不做嫌马瘦不骑"的权豪势要人物，他任意抢人钱财、占人妻女。但因为他是皇亲、是特权人物，在"刑不上大夫"的社会里是奈何他不得的，包拯虽有龙头铡，也不能轻举妄动。便想了一个巧妙的办法，他在圣前奏过："有一人乃是鱼齐即，苦害良民，强争人家妻女，犯法百端。"于是"圣人大怒，即便判了斩字"。包公随即将鲁斋郎杀了，然后在文书上将鱼齐即三字分别加了"日"、"小"、"点"，改成了鲁斋郎，这时圣上再想过问也来不及了。这里包公并不是呆板机械、胶柱鼓瑟的人物，而是那么灵活机智，游刃有余。

　　《鲁斋郎》写的时代背景是宋朝，但实际上反映的却是元代的现实。据我的老师周贻白教授考据，斋郎这个职位在宋朝只是一个祭礼时的执事人员，说不上是官。但斋郎官不大，势何以如此之大呢？这种事情只有在元朝统治下称为高贵的蒙古人、包目人才干得出来，作者不安一个较高的职位给鲁斋郎，包拯斩鲁斋郎又不明写，这些都是作者的深意所寓。

　　元代异族统治、人分数等，政治极为黑暗，人民置身于水深火热之中。关汉卿看到社会的黑暗，也看到人民心中仇恨与反抗的烈火，然而他懂得在那种力量悬殊的情况下，不能硬拼。当时他还不知道农民革命的道理，因此把希望寄托于清官及被压迫人民的机智的斗争。

　　关汉卿笔下的正面人物往往都是有胆有识、勇敢机智的。《望江亭》中的谭记儿，《救风尘》中的赵盼儿都是睿智聪慧的角色，她们面对强敌，巧施手腕，抓住对方的弱点制定出奇制胜的策略。谭记儿扮作渔妇加以挑逗，终于骗得杨衙内的势剑金牌，掷敌于隅，赵盼儿更以风月手段玩周舍于手掌之间，巧妙地解救宋引章于危难。大胆、泼辣而又讲究策略，十分机智巧妙地向反动势力斗争，就是这些人物的共同特征。

其实，这不仅是剧中人物的特征，同时也是关汉卿这位伟大的现实主义作家自己的绝妙写照。关汉卿处于元代黑暗统治之下，社会地位十分低下，他是汉人，又属"九儒"一类，仅比"十丐"略胜一筹。他置身于人民之中，倾听人民的呼吸，熟谙人民的心曲，这一切使他不能不喊出反抗的声音；然而，那是一个"似箭穿着雁口，没个人敢咳嗽"的年代，元典章明文规定"诸妄撰词曲诬人，以犯上恶言者，处死"，关汉卿又不能直接喊出来，他不能不像他剧中的正面人物那样十分讲究策略，即使这样，也还是冒着杀头危险的。杂剧在关汉卿手里无疑是反抗的利剑，但他不能直通通地向敌人胸膛插去，如果这样做，那么不等你举起剑来，敌人的刀斧就会架在你的颈项。关汉卿懂得这一点。他往往佯作舞剑娱人，在舞得眼花缭乱之际，突然给敌人以致命一击。他多用巧思和曲笔，寄意深长。他写冤狱，有的不写明年代，有的则借用前朝故事，以借古喻今。他的《窦娥冤》写的明明是元代的时事，但借用汉朝刘向《东海孝妇》的传说，用天怨人怒对元统治者提出抗议，写贪官桃杌不明乎他受贿受赃，而用插科打诨的形式写他向告状人下跪，口称衣食父母。他写《单刀会》那么突出地一连串唱出那个"汉"字，巧妙地在顶天立地的英雄身上寄托强烈的民族感情，这些在剧本中又做得那么巧妙，几乎是不露痕迹。用"匣剑帷灯"来形容关剧的风格，确是很贴切的。深刻的思想，巧妙的策略，高超的技巧，使关汉卿成为我国戏剧史上最伟大的一位现实主义作家。

# 赞补丁精神

近日翻读元人钟嗣成所撰《录鬼簿》，上载："杨显之，大都人。关汉卿莫逆之交，凡为文辞，与公较之。号杨补丁是也。显之前辈老先生，莫逆之交关汉卿。公未中，补缺加新令，皆号杨补丁，有传奇，乐府新声。王元鼎，师叔敬；顺时秀，伯父称：寰宇知名。"

杨显之是元代一位负有声望的知名作家，作剧九种，多取材于现实生活和民间故事，今存《临江驿潇湘夜雨》、《郑孔目风雪酷寒亭》两种，朱权《太和正音谱》称："杨显之之词瑶台夜月。"明末戏剧家、评论家孟称舜认为杨的剧作"其词真率尽情，（与关汉卿）大约相似"。他与关汉卿都是当时书会的先生，两人莫逆之交，互相评改作品，斟酌文字内容，经常替关汉卿校订剧中文字，因此外号叫杨补丁。

田汉同志所著话剧《关汉卿》，在第五场曾写到杨显之为关汉卿评改作品及两人相互切磋的具体情况：杨显之看了关汉卿的《窦娥冤》未定稿后，提出蔡婆婆是好人还是坏人？山阳县杀窦娥不经三审六问是否合理？并建议把唱词"地呀，你不分好歹难为地，天哪，我今日负屈冤哀告天"的后一句改为"你错勘贤愚枉做天"。还写到杨显之说："看了你的新作，想起我那个《临江驿潇湘夜雨》来了。我也想把骂崔通的地方加强一点。你有什么意见吗？"关汉卿说："《临江驿》你写得好，……可是结尾的地方能不能再紧凑有力一些？像处理崔通的那些地方。"这就把补丁的事迹具体化了，虽然这些具体情节系田汉同志所虚构，然而是有根据的，是完全可能发生的事。

无独有偶，到了明代我国又出了一位伟大的戏曲作家叫汤显祖，他不仅自己写作了大量传奇剧本，如《还魂记》（即《牡丹亭》）、《紫钗记》、《紫箫记》等，而且他还乐于对别人的作品提出意见，有时还帮助别人修改词曲，因此也有"汤补丁"之誉。

补丁是一种比喻的说法，衣服上有了破损之处，用布缝起来谓之补丁。一篇文章，一部作品有些错漏谬误也是难免的，"智者千虑，必有一失"，一个人的见识才智总是有限的，特别是文艺创作更需要其他作家和广大读者的相互切磋，相互帮助。有人从旁助以指点、修改，往往能把破绽缝补起来。可以说,补丁对改进作品是有很大的作用的。而要能真正做好补丁,倒绝非易事。杨显之、汤显祖因为自己是高手,才能看出文章的得失,因为他自己也深谙创作之道,才能补得天衣无缝。

这种补丁精神是很值得提倡的,要虚心请教别人为自己的作品打补丁,也要乐于为别人的作品打补丁,这一点很重要。现在我们的报刊编辑、电影厂编辑做的也是"补丁"的工作。这种补丁工作,不仅有助于出好作品,同时也是培养新生力量的重要一环。人们往往用"可怜年年压金线,为他人作嫁衣裳"的诗句来形容这种"补丁"工作,如果去掉其中的牢骚情绪,取其甘当配角、愿做铺路石子的精神,倒是很好的。做补丁工作的同志千万不要轻视自己的工作,其他方面的同志也应该尊重并支持这种补丁工作。

写到这里,又想到老一辈无产阶级革命家董必武曾经说过的一句话:"我就是一块补丁,党把我补在哪里,我就在哪里起自己的一点作用。"这就把补丁工作从文学方面推到更广阔的生活领域了,显示了更高的思想境界。总之,补丁的工作十分光荣,补丁精神应该提倡。

(《艺谭》1981 年第 2 期)

# 辛弃疾戏赋"辛"字

宋代伟大词人辛弃疾,他的词脍炙人口,可是他还有一首《永遇乐·戏赋辛字》,人们却未必都熟悉。他在词中写道:

> 得姓何年,细参辛字,一笑君听取。艰辛做就,悲辛滋味,总是辛酸辛苦。更十分,向人辛辣,椒桂捣残堪吐。

这首词看似词人对自己姓氏加以细参,实质上却是对自己一生的勾勒和对自己心态的写照。

辛弃疾生活在一个充满屈辱、辛酸的不幸的时代:北京遭遇靖康之难,中原沦于金人蹂躏之下,南宋偏安一隅。

辛弃疾作为一个富于民族气节的爱国者,年轻时就投入了抗敌斗争的行列。他率领义军,袭入金营,把叛徒缚回建康;他组织飞虎军,奋勇杀敌,金人称之为"虎儿军",闻风丧胆。"醉里挑灯看剑,梦回吹角连营,八百里分麾下炙,五十弦翻塞外声,沙场秋点兵",就表现了作者的戎马生涯。他曾屡次上书《御戎十论》、《九议》等,陈述抗金之策,可惜不被采纳,后来只得退隐于上饶带湖畔:"可惜流年,忧愁风雨,树犹如此!倩何人,唤取红巾翠袖,揾英雄泪?"战争的残酷,人生的坎坷,充满了艰辛;国耻家恨,壮志难酬,充满了悲辛。的确"总是辛酸辛苦","更十分向人辛辣,椒桂捣残堪吐"。可以理解为艰辛、悲辛向更深层次的递进;也可以理解为诗人将人生的艰辛、悲辛、辛酸、辛苦加以熔冶、锤炼成辛辣的诗章文字,并把宋词升华为激荡着广阔社会生活现实,呼唤着时代精神的辉煌艺术。

在济南大明湖辛弃疾纪念祠里,郭沫若先生撰有抱联一副:"铜板铁琶继东坡高唱大江东去;美芹悲黍冀南宋莫随鸿雁南飞。"如果把这楹联与辛弃疾的《永遇乐·戏赋辛字》对照起来阅读,当能得到更多启迪。

(《人民日报》海外版 1993 年 2 月 6 日)

# 〇九二

# 我从这里起航

　　不久前,上海人民广播电台文学部的郭在精先生为了制作我的一个专辑,与我作了一次访谈;最近,中国作家协会《文艺报》所编大型画册《艺术人生》又约我撰文,他们不约而同地提到这样的问题:"您是怎样走上文学和写作道路的"? 这一发问,把我的思绪带回到了 40 余年前的往昔。

　　那是 1956 年,我还在苏州市五中读高二。从小受到文学熏陶的我,那时成了一名文学的"发烧友"。我如饥似渴地阅读文学著作和文艺刊物,从《水浒》、《三国演义》、鲁迅、巴金的小说到前苏联的《青年近卫军》、《古丽雅的道路》,从《人民文学》、《文艺学习》到《文艺月报》、《萌芽》无不遍览。在文艺刊物上,我读到不少前辈作家谈创作的文章,也读到当时的青年作家刘绍棠、未央、王蒙、陆文夫等人的小说和诗歌。这些又更加催发了我对文学的兴趣,自己也跃跃欲试,开始学写起诗歌、散文来。当时我们班级里爱好文艺的同学不少,我记得有顾秀英、庞增彤、何金福、汪雪清、夏永生、曹大本等,有几位与我一样喜欢写作。在语文老师刘本忠先生的鼓励和指导下,我们组织了一个文学社,叫"树秧文学社",我被推为社长。我们大家写文章,一起开诗会或作品讨论会,还出了《树秧》刊物,搞得挺红火,在学校里也产生了一定的影响。那时我也开始向报刊投稿,但是起初总是退稿。1957 年 5 月,《新苏州报》(即《苏州日报》的前身)发表了我的一首小诗《我驾着铁马飞奔》,这是我第一次在报刊上发表作品。7 月又发表了我的一篇散文《沧浪亭散记》。这就像在我刚升起的船帆上吹来了一股强劲的风,对我起了很大的鼓动作用。报社的编辑葛镇东先生还找我到报社,与我亲切地交谈。他介绍了报纸文艺副刊的情况,对我的写作进行了循循善诱的指导,他说对生活要仔细的观察,写作时又要注意概括和提炼。这件事虽然距今已经 40 余年,但我永志难忘。《新苏州报》是我的文学活动起步的地方,《新苏州报》和葛先生是我的永远的老师,我永远感谢他们。

　　这一年的 7 月我参加了高考。当时一般是重理工而轻文科的,加上我理工科成绩也很好,所以我报考文科,有人认为可惜,但我还是毅然地填报了中文系。结果我考进了在上海的华东师范大学中文系,这使我有机会系统地接受文学方面的高等教育,为我圆上文学之梦提供了有利的条件。在华东师大,我得到了徐中玉、程俊英、钱谷融、万云骏教授等名师的传授和教导,有了较快的进步。我除了继续创作散文、诗歌外,开始接触文学评论,1958 年 1 月我在上海的《新闻报》上发表了第一篇评论文章。此后我一面学习,一面写作,在《人民文学》、《上海文学》、《电影文学》、《语文教学》及《新苏州报》、《解放日报》、《文汇报》、《羊城晚报》等报刊上发表了多篇评论、诗歌、散文等作品。我从华东师大毕业,又被选送进上海戏剧学院研究生班深造。1963 年毕业后,我先在上海市文化局供职,后到上海艺术研究所任研究员,文艺评论和文艺创作成了我的终身职业。

　　我最初是学习创作的,但后来主要的精力转到了文艺评论和艺术理论研究方面。我先后承担了《中国京剧史》、《中国曲艺志·上海卷》、《上海艺术史》等多项全国重点艺术科研项目,分别担任分卷主编、编辑部主任。我个人还撰写、出版了《戏剧创作漫谈》、《周信芳评传》、《周信芳传》、

《中外戏剧名篇赏析》《元曲三百首辞典》等多部著作，并发表了相当数量的论文和评论。在理论研究的同时，对于创作，我也一直没有丢弃，我创作了不少散文、杂文、诗歌、传记文学、电视文学等作品，其中有《小棋手》《黄山散记》《直行》《泉城济南》《京都遐思》《小议逢"八"必发》等。有些著作和作品还有幸获得中国图书奖、"五个一工程"奖、全国优秀艺术图书一等奖、中共上海市委宣传部征文一等奖等奖项。辛勤的劳动得到了社会的认可和鼓励，感到分外的欣慰。

回想40余年的文学和写作生涯，风雨沧桑，感慨良多。我之所以能圆了自己的文学梦，其中有很多因素，而当年起步的那一刻却有着关键而特殊的意义，因此尤其值得我永远记忆和珍视。

（《苏州日报》2003年11月29日）

○九三

# 放飞多彩的情怀

回想青年时代，我是一名文学的发烧友。1956年我在苏州读高二时，就与同学一起组织文学社，办刊物，高三时开始在报纸上发表诗歌和散文。1957年我考入华东师大中文系，有机会接受系统的文学教育；毕业后又被选送至上海戏剧学院当研究生。1963年起我在上海市文化局供职，长期从事文艺评论、戏剧研究和创作。1987年调至上海艺术研究所，现任研究员。

我到研究所以后，承担了《中国京剧史》《中国曲艺志上海卷》《上海艺术史》等多项国家重点艺术科研项目，分别担任分卷主编、编辑部主任。另外还撰写了相当数量的著作和论文。在艺术研究中我抓住三个重点，一是戏剧文学，对中外经典戏剧作家、作品作系统及比较研究，编著了《中外戏剧名篇赏析》，主编了《元曲三百首辞典》，合作编著了《中国古典名剧鉴赏辞典》等著作。二是抓住我国最大的剧种京剧和江南最具影响力的曲种苏州评弹进行系统、深入的研究，主编了《中国京剧史》下卷，撰写了一批评弹理论文章。在京剧方面又抓住个例，对在海内外有广泛影响的艺术大师梅兰芳、周信芳进行多学科交叉研究，写出了我国第一部周信芳的传记《周信芳传》和第一部系统研究周信芳的理论专著《周信芳评传》，填补了这方面的空白，近年又出版了新著《梅兰芳周信芳和京剧世界》；三是重点研究上海的艺术，参加撰写了《上海百年文化史》《上海艺术史》等著作。中国的民族艺术是一个博大精深的宝库，对其进行系统、深入的研究不仅有利于弘扬和传承优秀的文化传统，而且对当今的文化建设和艺术创作具有重要的借鉴意义。从事这项工作意义重大，即使比较清苦、寂寞，也无怨无悔。其实弘扬民族文化已经逐渐成为社会的共识，艺术研究也日益受到重视。上面提到的著作中有的曾有幸获得中国图书奖、"五个一工程"奖、中国优秀艺术图书一等奖等奖项，这说明社会对艺术研究的重视和鼓励。

我在从事理论研究的同时，还撰写了相当数量的传记文学、散文、随笔等，并喜欢书法创作。因为我觉得理论研究与创作虽有区别，但又有联系，而且二者有着相通的地方，往往互相渗透，甚至是互动的。在我国文坛前辈当中，学者型的作家就不乏其人。而我一开始是学创作的，所以我在主要从事理论研究的同时，对创作也一直没有丢弃。我写人物传记，写散文，写随

**219**

笔,写电视文学等。人物传记是和我的艺术、戏剧研究紧密结合的;而写散文,则是我认为它轻巧灵捷,便于抒写所见所闻所感所思,可以放飞多姿多彩的情怀。我写散文大致有三类,一是游记,如《黄山散记》、《甪直行》、《京都遐思》、《箱根漫游》等;二是文化随笔,如《〈诗经〉与成语、哲理及其他》、《天下第一行书〈兰亭序〉》、《谭门七代铸戏魂》、《从〔芦荡火种〕到今日沙家浜》、《〔白毛女〕风行六十年》等;三是杂文,如《竞争意识与道德规范》、《小议逢"八"必发》等。我在写游记时往往在自然山水之中着意人文景观,表现一种人文的关怀,如《天平山的五色枫》着重刻画范仲淹的高风亮节,《泉城济南》不仅写济南泉水的风貌,而且引申到济南出过李清照和辛弃疾等杰出的诗人,进而彰显这座文化古城诗思泉涌的人文景观。相对地说,搞理论研究比较沉闷枯燥一些,要耐得寂寞。与此同时写点散文,不仅抒发自己的情怀,而且也可借此转换思维方式,调节生活节奏和情绪,还可以促使自己的文思更加活跃,文笔更加多姿,使理论文章写得更有情味。因此我认为写散文对理论研究大有好处。

我对书法也十分钟爱。我认为书法是一门深奥的学问,也是一种奇妙的艺术,容与其间,乐趣无穷。我对书法的爱好和训练始自幼年,我初临柳公权,后习二王。20世纪60年代以前攻楷书、行书,70年代后期起转向草书。因为我觉得草书既有法度,又有很大的创造空间,特别有挑战性。我遍临二王、怀素、孙过庭、祝允明等大家的法帖,潜心钻研揣摩,还向费新我、赵冷月、周慧君等当代名家请教。在临习的基础上也进行创作,有的参加展览,有的还被收藏。书法给了我丰富的艺术滋养,各种艺术是触类旁通的,它有助于我对艺术共同规律的领悟,而书法最讲究规范法度,一丝不苟,这对培养严谨的治学作风也很有益。我还感受到,在临池时凝神屏息,杂念全消,全身心进入宁静的境界,与做气功相仿,这对调节心理和生理也大有裨益。所以我一直说书法给我以厚赐。

艺海无涯,学海无涯。在浩瀚的海洋里漫游,越是深入探求,就越感到自己之不足,我愿继续努力,不断探求,争取有所长进,有更多的收获。

(《艺术人生》,华夏文化艺术出版社 2003 年 12 月)

○九四

# 敬礼,编辑同志!

大凡一个喜爱文学的青年,在他们走上文学道路的过程中,报刊的编辑对他们的成长起着非常关键的作用。我本人就是一个例子。

我在《我从这里启航》一文中谈到我第一篇文章发表的情况与《新苏州报》编辑葛镇东先生对我的帮助,所以我一直认为《新苏州报》是我的文学活动起步的地方。

1957 年夏秋,我考进了上海的华东师范大学中文系,使我有机会系统地接受文学方面的高等教育。在华东师大,我除了得到了程俊英、徐震谔、钱谷融、万云骏教授等名师的传授和教导之外,继续受到上海及其他地方报刊编辑的亲切关怀和帮助。1958 年 1 月,我看到上海《新闻日报》在讨论一篇儿童文学作品,有的文章以政治概念指责这篇作品,我觉得有失公允,于是写了一篇《我认为它并没有错》的文章，很快就在报上发表了。这是我发表的第一篇评论文章。不久此文被少年儿童出版社的《儿童文学研究》转载。该刊主编、儿童文学家鲁兵先生还写信鼓励我多研究和评论儿童文学作品。有一年暑假，他还邀请我和其他高校的几位同学一起到少儿出版社帮助做编辑工作和讨论儿童文学创作问题。

在华东师大期间，我一边学习，一边写作，上海等地报刊的编辑给了我很大的帮助。我记得1959年3月，《解放日报》讨论《中国文学史》的问题，我和我的同学马明泉写了一篇讨论文章寄去，大约三天后就发表了。我们的稿子原来有5000余字，发表时删成2500字，但我们读后觉得删节后主要论点、论据都保留了，而且更其精炼。我们不禁深深钦佩编辑同志的水平。后来我经常给《解放日报》写点散文和评论，与文艺部的编辑有了更多的联系。我记得张友济、武振平、刘士煦等老师经常给我指点。比如有的文章细节不够典型，要我更换，有的较冗长，要我加以简约，即使退稿，也总会附上一点意见，这些都使一个初涉写作的人得益匪浅。1961年初，我在师大中文系科研室研究工农作家的课题。我采访了李福祥、杨新富等同志。他们既是著名的劳动模范，又是工人作家，这一点引起了我的浓厚兴趣。我连续写了两篇采访散记《英雄谈文》和《新春夜谈》。当时我还是一名在校的学生，可是《解放日报》的"朝花"副刊都在头条位置，以较大篇幅给以刊登，这对一名文学青年来说，自然是很大的鼓舞。

我在师大时，还在《文汇报》、《新民晚报》、《新苏州报》、《羊城晚报》及《人民文学》、《上海文学》、《电影文学》、《语文教学》等报刊上发表了多篇评论、诗歌、散文等作品，同样得到了这些报刊编辑同志的帮助。比如《新民晚报》副刊编辑姚苏凤先生对我也非常关怀。后来我到了文化局后，经常在文艺会堂与姚先生一起谈论文艺方面的话题。

我在不同的时期，都得到了报刊编辑同志的关怀和帮助。我从师大毕业以后，进了上海戏剧学院的研究班，师从余上沅、周贻白、顾仲彝、龙榆生等教授。1962年我为《上海戏剧》写了一篇论《双玉蝉》中芳儿形象的文章，得到了该刊主编、著名戏剧评论家刘厚生老师的重视和关注，文章不久就发表了。接着，他们又约我撰写评论爱华沪剧团新戏《红灯记》的文章，这是第一次把"红灯记"的故事搬上戏剧舞台，我写的《革命的红灯永放光芒》也成为最早评论《红灯记》的文章之一。

1963年我到上海市文化局剧目室工作，与报刊的关系就更其密切。我记得当时《文汇报》的总编辑陈虞孙先生还经常找我们一些青年作者研究文章的选题。不久，我奉派到上海的农村参加"四清"。1965年10月，《解放日报》的刘士煦同志写信给我，说"朝花"急需一些短小的散文，要我赶写几篇寄去。那时我在农村已生活多时，故而有些积累，于是我写了《红莲》、《雨夜灯光闪》等散文寄去，前者是对农村故事员的素描，后者写暴风雨之夜，生产队长和社员们不约而同出来开沟排水。"朝花"很快就发表了，因为作品生活气息浓厚，主题积极，得到了读者的好评。此后，我结识了更多的编辑同志，如《解放日报》的武振平、储大泓、张世楷、张曙、庄稼、陆谷苇、陈诏，《文汇报》的唐振常、徐开垒、钟锡之、何情、路元、徐洁人先生等，他们中间不少本身就是作家、评论家和学者，我尊若师辈，在他们那里，我得到了许多教益，有的还成为我很好的朋友。

编辑同志不仅对我的写作活动有极大帮助，而且对我以后的工作也产生了很大的影响。后来，我一度也曾担任过报纸的编辑，前辈编辑的崇高文德就成了我学习的楷模，他们那种乐于为人做嫁衣的精神成了我工作的指南。首先在用稿的标准方面，不分亲疏，注重以质量高低为取舍标准。并特别注意从不相识的和青年作者中发现人才。另外注意尊重作者，善待作者，对作者的稿子能不改的不改，能小改的小改，改稿时力求无损作者的原意，需作较大改动，则注意听取作者的意见。作者的稿子发表后,我总是亲自为他们邮寄样报。还有一件富有戏剧性的事情,上个世纪80年代中,我在《上海文化艺术报》负责编副刊,一次收到一篇来稿,署名为鲁兵,他就是我前面提到的老儿童文学作家,我认真读了文稿,觉得很好,马上就编发了。报纸印出后,我寄样报时特地附去短信向他致意。再后来,我在上海艺术研究所当研究员,担任全国重点艺术科研项目《中国京剧史》下卷主编、《中国曲艺志上海卷》编辑部副主任、《上海艺术史》编辑部负责人以及《中外戏剧名篇赏析》、《元曲三百首辞典》等书的主编,在这些项目中,我既是作者,又是编辑,更体会到编辑工作是如何的繁重而琐细,而它对一部著作的成功又起着如何重要的作用,因此必须认真细致,不敢有丝毫的懈怠和马虎。

在很长一段时间里,"编辑同志"这一朴素而亲切的称呼,曾经温暖过许多文学青年的心。确实,在文学写作事业中,作者和编辑乃是并肩作战的战友,这是一种非常重要的关系。不少作者就是依靠编辑慧眼识才和大力襄助而得以脱颖而出的。如鲁迅悉心扶持青年作者,叶圣陶提携巴金、丁玲等,都为我们留下了文坛的佳话。在新的历史时期,如何发扬这种好的传统、好的作风十分重要。毋庸讳言,目下在某些人那儿,这种好传统、好作风正在衰微。在商品经济大潮的影响下,某些报刊、某些编辑表现出很强的个人功利主义倾向,他们用稿的标准,不是看作品质量的高低,更多考虑的却是作者的权势、金钱以及关系的亲疏。有权的、当官的,大腕们的,肯出钱的,与自己关系密切的,不管其作品质量如何,都可以推出,有的还大加吹捧。而一般作者的稿件则很难登上版面,哪怕是资深老作家的稿件也不免遭遇白眼。个别编辑,他们把主持版面变成把持版面,靠山吃山,靠水吃水,版面成了交易的筹码。有的娱记,你想求他报道,得先送红包,没有红包,别想见报。这种不正之风显然有碍于文学艺术事业的发展。目睹这种情况,我特别怀念往昔编辑与作者之间那种亲密而纯朴的关系,也殷切地呼唤那种好传统、好作风的归来,所以要抑制不住地喊出我的心声:"敬礼,编辑同志!"

(《上海作家》2009年第4期)

〇九五

# 《文艺学习》:引导我走上文学道路的良师

我并没有收藏的癖好,更没有以收藏作为投资的意识,所以,不少后来被认为珍贵的东西从我手里白白流走,现在剩下的大多是我经常要用到的"资料"。其中也有少许是具有纪念意义的物件,比如我保留着的两三本上个世纪50年代的刊物《文艺学习》即是。

《文艺学习》创刊于1954年4月,由中国作家协会编辑,中国青年出版社出版。在创刊号上登有编者的《发刊词》和时任共青团中央书记胡耀邦同志《文艺作品是青年的老师和朋友》的专文。该刊的主编是女作家韦君宜,编委先后有吴伯箫、康濯、黄药眠、萧殷、黄秋耘、谭丕谟、公木、艾芜等。我接触《文艺学习》已经是1956年初的事情了。

前文说过,那时我还在苏州市五中读高二。从小受到文学熏陶的我,那时成了一名文学的

"发烧友"。我已经不满足于语文课上的文学阅读和作文写作了,我如饥似渴地阅读中外文学名著,并跃跃欲试拿起笔学写起诗歌、散文来。然而,虽然热情很高,但面对浩瀚的文学大海,不免感到迷惘。就在这时,我发现了《文艺学习》,就像在海上航行时找到了一盏航标灯。因为它一是评介中外文学名著,如中国的《诗经》、《楚辞》、唐诗、《红楼梦》、《水浒》、鲁迅的《药》、茅盾《子夜》以及莎士比亚、托尔斯泰、巴尔扎克、契诃夫、高尔基等人的著作;二是传授文学知识和写作经验,如黄药眠的《谈人物描写》、以群的《文学的风格和流派》、孙犁的《写作漫谈》等;三是发表一些新人的习作,并有评点;四是报道青年文学社团的活动情况。这些正是文学青年最急需的精神食粮。《文艺学习》还转载了肖洛霍夫的《一个人的遭遇》,组织了关于《拖拉机站站长和总农艺师》和《组织部新来的年轻人》的讨论,引起了很大的反响。

自从接触了《文艺学习》,我就爱不释手。尽管那时家里经济条件差,我的零花钱极其有限,但每月的《文艺学习》刊物我是非买不可的。

在《文艺学习》等刊物及其他老师的指导下,我的文学水平逐渐有所提高。1957年5月,《新苏州报》(即《苏州日报》的前身)发表了我的一首小诗《我驾着铁马飞奔》,7月又发表了我的一篇散文《沧浪亭散记》。这是我最初在报刊上发表作品,使我受到很大的鼓动。也就在这一年的9月,我考进了上海的华东师范大学中文系,从此我有机会系统地接受文学方面的高等教育。这里,《文艺学习》起了启蒙老师的作用。

就我留下的几期《文艺学习》刊物看,比如1956年第5期,当时正好刚开完全国青年文学创作会议,继上一期发表老舍的《青年作家应有的修养》、茅盾的《关于艺术的技巧》,这一期又发表了袁水拍的《诗的感性形象》、陈其通的《从事文艺工作的体会》等报告、发言。这一期在文学名著推介方面,刊登了沈仁康谈鲁迅《风波》的文章,谭丕谟的《杜甫的六首诗》;文学知识方面有《诗为什么要分行》、《谈模仿》等。还刊登了《伟大的作家,巨大的劳动》一文,介绍托尔斯泰反复修改作品的故事,单《战争和和平》的开头,托翁就经过了15次修改,《复活》中女主人公玛丝洛娃的肖像刻画,前后易稿20次。另一篇《古典作家学习和创作的故事》则描述了屈原、司马迁、陆游、汤显祖、曹雪芹等如何接近人民的生活,如何勤奋写作的事例。这一期也发表了青年作者写的特写、诗歌等作品。内容极其丰富,确实是文学青年的第二课堂。

当然,《文艺学习》不可避免地受到政治运动的影响。我留存的另一本是1957年第10期的刊物,当时"反右"斗争已经开始,刊物也奉命"反右",充满了火药味。这期刊物点名批判丁玲、艾青和青年作家刘绍棠、林希翎等,批判所谓"写真实"、"写阴暗面"等理论。其中有《戳穿丁玲的骗术》、《艾青的近作表现了什么》、《刘绍棠笔下的大学生活》等文章。整本刊物与以前完全是两个面貌了。

1996年1月,我的文友、北京《传记文学》主编涂光群先生送我一册他所撰著的《中国三代作家纪实》,其中有一篇专门写《文艺学习》及其主编韦君宜的文章《韦君宜和黄秋耘》。据这篇文章介绍,女作家韦君宜早年在清华大学读书,曾参加"12·9"学生运动,随后即入党。解放初期,韦君宜担任《中国青年》杂志主编。1954年调中国作协,受命筹办《文艺学习》,不久她的老同学黄秋耘从福建调来,参加该刊的编辑工作。《文艺学习》办得有声有色,很受青年读者欢迎,发行量达30余万份。但在"反右"中,韦君宜被说成"思想右倾"、"包庇右派",黄秋耘更差点被划成右派。结果,《文艺学习》停刊,韦君宜、黄秋耘受到党纪处分,下放劳动。后来,韦君宜调任《人民文学》副主编。粉碎"四人帮"后,韦君宜复出,担任人民文学出版社社长、总编辑,并写出了《母与子》、《洗礼》、《老干部别传》等中、长篇小说。

今天,我重新捧读《文艺学习》刊物,一是要感谢她对我的启蒙作用;而联想到该刊主编、编委的命运,又不禁感慨系之。

(《新民晚报》2010 年 11 月 28 日)

○九六

# 《诗经》与成语、哲理及其他

《诗经》是我国最早的诗歌总集,编成于春秋时代,距今已有两千多年。作为一部经典,它是一座博大精深的宝库,每次捧读,都会有新的感受和收获。下面是我最近赏读后的一点随感。

## 《诗经》与成语

研读《诗经》,不难发现今天流行于世的不少成语源出于这部两、三千年前创作的典籍。分析起来大致有三种情况。

第一种是直接从《诗经》的诗篇中引用来的,比如"一日不见,如三秋兮",出自《王风·采葛》。这是一首爱情诗,诗人想象他所怀念的人在采葛、采萧,诗分三章,其中一章是"彼采萧兮,一日不见,如三秋兮"。现在被用来形容思念之殷切,极其生动。再如"嘤其鸣兮,求其友声",源出《小雅·伐木》,这是一首燕亲友的乐歌,诗曰:"伐木丁丁,鸟鸣嘤嘤。出自幽谷,迁于乔木。嘤其鸣兮,求其友声。"以鸟与鸟的相求比喻人与人的相友,一直沿用到现在。"兄弟阋于墙"这句成语则出自《小雅·常棣》,诗中写道:"兄弟阋于墙,外御其务。每有良朋,烝也无戎。"意思是说,兄弟在家里相争,但对外侮却能同心抵抗,这远比一般的朋友要好。后来就取"兄弟阋于墙"来形容兄弟不和。其他出自《诗经》的成语还有"他山之石,可以攻玉","溥天之下,莫非王土","如切如磋,如琢如磨","巧舌如簧","我生不辰","投畀豺虎","风雨如晦","万寿无疆"等等。

第二种是根据《诗经》的诗句经过一定的简约变化而成为成语的。如《豳风·伐柯》一诗中写道:"伐柯如何,匪斧不克,取妻如何,匪媒不得"。用伐柯需用斧子来比喻娶妻须有媒妁,后来就用前者借代后者,简化成为"作伐为媒"。再如,古代称生了男孩叫弄璋之喜,生了女孩称弄瓦之喜,其出典也自《诗经》。《斯干》一诗说:"乃生男子,载寝之床,载衣之裳,载弄之璋";"乃生女子,载寝之地,载衣之裼,载弄之瓦"。璋是玉器,瓦是瓦器,指纺锤。《斯干》是周王建筑宫室落成时的一首祝颂歌辞,上引两节是祝生贵男贤女。意思是生下男孩给他玩一块玉璋,以示将来做君王;生下女孩给她玩纺线用的陶锤,以示她将来温顺无邪,善于料理内务。后来就把祝贺别人生了男孩叫弄璋之喜,生了女孩叫弄瓦之喜。以《诗经》的诗句经过简化或缩写而成为成语的例子不少,如"哀我父母,生我劬劳"(《蓼莪》)→父母劬劳。"投我以桃,报之以李"(《抑》)→投桃报李。"匪面命之,言提其耳"(《抑》)→耳提面命。"不敢暴虎,不敢冯河"

《小雅·旻天》）→暴虎冯河。"谓天盖高，不敢不局，谓地盖厚，不敢不蹐"（《正月》）→天高地厚，局天蹐地。"维鹊有巢，维鸠居之"（《鹊巢》）→鹊巢鸠占。如此等等。

第三种是语出自《诗经》，但经过辗转流传，含意已经有所变化。比如在《周南·桃夭》中有这样的诗句："桃之夭夭，灼灼其华。子之于归，宜室宜家。"于归是出嫁的意思，原来是以春天桃花盛开时浓艳的气氛，比喻姑娘出嫁时的喜悦心情。后来却取"桃"与"逃"谐音这一点，"桃之夭夭"演变成为形容退避逃逸的成语"逃之夭夭"了。《烝民》中有"既明且哲，以保其身"之句，原来是尹吉甫赞美樊侯仲山甫既明白又智慧，以保全他的美名。后世形成"明哲保身"的成语，意思却转为贬义，指为了保全自己的利益，可以置原则于不顾。

成语是约定俗成的一种固定词组，具有形象、譬喻的意义，它用语经济，言简意赅，具有强大的表现力，在修辞上有不可替代的作用。《诗经》中有那么多诗句流传至今而成为成语，足见《诗经》在语言方面的巨大魅力。

# 《诗经》与哲理

《诗经》代表了两千五百年前约五百年间的诗歌创作。它多方面地描写了现实生活的面貌，反映了当时人们对现实生活的感受和认识。它的一个显著的特点是形象性和概括力的结合，诗情和哲理的结合。这里讲讲《诗经》的哲理性。当然，两千多年前的生活与今天的生活已经大不相同，从生活中总结出来的哲理自然也有天壤之别了。然而这些富有哲理性的诗句，在今天仍然有着重要的认识意义和借鉴意义。

《诗经》中不少作品是以哲理性的语言概括地反映出当时的社会现象、世态人情的，具有相当的尖锐性和深刻性。比如《鄘风·相鼠》中的"相鼠有皮，人而无仪"，用对比的手法尖锐而鲜明地揭露了"老鼠还有皮包身，有些人却连颜面也没有"这样的社会现象。《雨无正》是一首侍御近臣讽刺幽王昏暴、同僚误国的诗篇，诗中有"听言则答，谮言则退"之句，就是说幽王对顺从他的话就进用，对谏争的话就斥退。这不仅用在幽王身上很切合，就是用在历代一些昏庸的君王身上也同样适合，带有普遍的意义。

还有一种是以形象、精警的语言说明某种普遍的人生道理。如"白玉之玷，尚可磨也"（《抑》），说明稍有微瑕，但经过磨砺还是可以成为很好的玉器，蕴含着辩证法。而在《板》一诗中又有"多将熇熇，不可救药"之句，是说多行不义和罪恶，就不可救药了。这与上面的诗句对照起来看，就说了问题的两个方面，从性质上分清了两者的界限，哲理性很强。在《唐风·绸缪》中写道："绸缪束薪，三星在天"，意思是说天还没有亮，就把柴枝缠绵地束在一起，这原来是一首写快乐新婚的诗，以束薪缠绵比喻婚姻美满，后来取其急切之义演变为"未雨绸缪"，这也生动地道出了生活的哲理。

还有的诗句则总结了某种历史的经验、教训和规律，或反映某种典型的历史现象，对后人有着一定的教益、启迪或激励的作用。如《荡》一诗中的"殷鉴不远，在夏世之后"。这是召穆公伤周室大坏的诗，诗人讽刺了周室政治的腐败，说明国本动摇，殷朝应当以夏朝的灭亡作为教训。它揭示了这样一条深刻的道理：前车之鉴必须引以为戒，历史的经验教训弥足珍贵。因此"殷鉴不远"这句话今天还常为我们所引用。在《秦风·无衣》这首反映战士友爱和慷慨从军的诗歌中，更出现了"岂曰无衣？与子同袍。王于兴师，修我戈矛，与子同仇"这样闪光的诗句，"谁说没有衣服，我和你合穿一件战袍"！反映了战友之间互助友爱，同仇敌忾的精神面貌。既是一幅生动的画面，又是充满哲理的精粹格言。

有人认为诗只能抒情,不能说理,其实这是一种误解。《诗经》中不少好诗乃是激情与哲理的结晶,这种哲理当然不是平淡枯燥的说道理,而是通过鲜明的形象,精确地描写某一典型事物,蕴含一种深刻的道理。由于这种道理反映了一定的客观规律或具有普遍的意义,因此虽然时隔两千多年,今天读来仍有启迪和借鉴意义。历史上一些优秀作品之所以能代代相传,历久而不衰,主要原因就在于作品中有着这种思想闪光的因素。

# 《诗经》与题名

《诗经》博大精深,在后世流传深广,对文学艺术的影响尤为显著。且不说后世的诗歌创作继承了《诗经》现实主义的传统,就后世不少作家引用《诗经》中的诗句作为文艺作品的题名一事,也说明了这一点。

鲁迅的历史小说《采薇》,其题名就出自《诗经》的《小雅·采薇》。那是一首关于戍边兵士的诗,描写战士远别家室,历久不归,饥渴劳苦的情景。诗中写道:"采薇采薇,薇亦作止。曰归曰归,岁亦暮止。"薇菜是一种野生的豆科植物,诗中借此起兴,采薇菜啊采薇菜,采了又生出来,说要回来了,但一年又快过去了。鲁迅的小说《采薇》收入1936年出版的《故事新编》。这篇小说写武王伐纣,伯夷、叔齐兄弟因"义不食周粟"而饿死在首阳山的故事,批判了他们消极逃避现实和软弱无能的行为。作者借用《诗经》"采薇"作为篇名,不仅是因为小说中虚构了兄弟二人在首阳山天天以采薇过活,以致最后饿死的情节,而且以一首描写戍边征战的诗歌来反衬他们的消极行为,似乎不无讽刺之意。

郭沫若写过一部历史剧,剧名为《棠棣之花》,其源也出自于《诗经》。《小雅·常棣》诗中有云:"常棣之华,鄂不韡韡。凡今之人,莫如兄弟。……脊令在原,兄弟急难,每有良朋,况也永叹。"这是一首燕兄弟劝友爱的诗。常棣即棠棣,是一种果实像小的李子的果树,花儿两三朵为缀,诗人以棠棣花比喻兄弟彼此相依。这几句诗的意思是,棠棣花,花蒂有光彩,如今的人们,相亲莫如兄弟。脊令(一种水鸟)困在陆地上,兄弟赶来救难,往往有些良朋,仅仅报以长叹。郭沫若在1925年"五卅"运动后,曾写过一个历史剧《聂嫈》;1937年"八·一三"后又改写成为一个五幕剧,题作《棠棣之花》。这个戏取材于战国时代聂政助严遂刺杀韩相侠累的故事,写聂嫈、聂政姐弟舍己为人的英勇行为,表现了主张集合,反对分裂,扶弱抗强,除奸复仇的主题。作者用"棠棣之花"作为剧名,不仅切合剧中聂嫈、聂政姐弟急难的内容,并且在抗日战争时期演出此剧,寓有"兄弟阋于墙,外御其务"的深刻题旨。

上世纪80年代初,根据于伶剧作改编摄制了影片《七月流火》,其剧名也来源于《诗经》。在《豳风·七月》一诗中有这样的诗句:"七月流火,九月授衣,一之日觱发,二之日栗烈,无衣无褐,何以卒岁!"这首诗叙述了当时农人全年劳动的过程和情景,从春天耕种、蚕桑、织布、狩猎,一直到冬季造酒,可是他们自己却依然缺衣少食,难以过年。开始两句是说,七月以后火星西沉了,九月开始就缝制衣裳了。影片就采取此意。它写的是1939年日本侵略军铁蹄践踏下的孤岛上海,地下党员华素英和上海职业妇女俱乐部的会员们在党的领导下,举办为新四军筹募寒衣的义卖,为此与敌伪进行了一场顽强而巧妙的斗争,最后华素英以自己的生命换得了斗争的胜利。影片用"七月流火"作为剧名颇含深意。一是用《七月流火》这首反映古代农民劳动艰辛生活的诗篇来命名描写战乱中人民群众斗争生活的影片,十分贴切;二是影片用的是诗的第一句"七月流火",而立刻使人想起第二句"九月授衣",以及后面"无衣无褐,何以卒岁"的诗句,以此来概括为新四军筹募寒衣这一主要情节,显得巧妙而含蓄;三是"七月流火"是指熠熠发光的火星飞逝而过,以此来象征华素英这位年轻的女共产党员光辉而短暂的一生颇为得当。这个剧名取得既有思想深度,又有浓厚的文学色彩。两千多年前的《诗经》名句而成为现代作品的题名,这充分说明了经典文学作品的巨大的艺术生命力,同时也说明了古为今用的可能性和必要性。

(《古典文学知识》2004 年第 2 期)

〇九七

# 元曲中的奇葩——套数

几年前徐培均教授与我共同主编了一本《元曲三百首辞典》,由上海世纪出版集团汉语大词典出版社出版。出版后,我经常收到读者的来信,他们对元曲表现出浓厚的兴趣,有些读者特别喜欢元曲中的套数,他们要我写一点有关套数的文章,这就是这篇短文的由来。

元曲是继唐诗、宋词之后,兴盛于元代的一种新的诗歌样式。宋词到两宋已发展到高峰,南宋末年,由于文人片面追求形式美,内容逐渐远离现实和民众,宋词趋于衰落。而宋金之际,在俗谣俚曲的基础上,吸收北方少数民族音乐的营养,逐渐形成了一种用北曲歌唱的新的诗歌,它始出自民间,传唱于歌女、伶工之口,后逐渐进入诗坛,为文人所运用,到了元代进入兴盛时期,这种诗歌样式,人们称之为散曲。散曲在文学方面继承了唐诗、宋词的传统,并吸收当时民歌的营养,在音乐方面则是融合了唐宋大曲、宋词、诸宫调以及金元民间音乐发展而成,因此曲也可以看作是从词演化而来,从词中解放出来的新的文体。散曲题材广泛,多有描写下层农民贩夫等生活状况的作品,其语言既善于化用前人诗词中名句,又吸收大量民间鲜活的俚言俗语,具有通俗化、口语化的特点。从风格看,散曲偏于质朴自然、爽朗显露一路。散曲是用来清唱的诗歌,元代一批文人又用北曲填词创作可供舞台演出的剧本,这就是元杂剧。因此元曲包括了散曲和杂剧。

散曲又可分为小令和套数两种。小令也称"叶儿",它是单支曲子,也可以把二、三支不同曲牌的小令曲子连缀起来,组成"带过曲"。小令在散曲中居于主要的地位。套数,也称套曲、散套,它是由同一宫调中的不同曲牌的几支小令曲子联缀组合,有头有尾,称为完整的一套。套数根据内容需要,可长可短,短的只有三支曲子,长的可达一、二十支曲。全套无论长短,必须一韵到底,不可换韵,一般每套末都有尾声。套数可以说是元曲中的一枝独具风韵的奇葩。这篇文章就让我们一起来解读和欣赏几首有代表性的套数。

套数因为篇幅相对比较长,所以它在描写人物和叙述故事方面有一定的优势。

《[南吕]一枝花·不伏老》便是描绘人物形象,抒发主观的思想感情非常出色的一篇名作。作者关汉卿,号已斋叟,大都(今北京)人。他是我国元代的伟大剧作家,同时是一位散曲大家。据传曾做过太医院尹,艺术活动的地域主要在大都,晚年可能到过南方。他为人正直,仗义执言,博学多才熟谙戏曲,不仅长于编剧,而且经常"躬践排场,面敷粉墨"。所作杂剧今知有六十余种,现存《窦娥冤》、《救风尘》、《望江亭》等十八种,散曲有小令五十余首,套数十余套。

元代知识分子地位十分低下,有"九儒十丐"之说。他们只能混迹于勾栏瓦舍、青楼行院,与艺妓、优伶相处在一起。然而关汉卿并不以此为耻,也不理会别人的非议。在套曲《不伏老》中,他夸张地描写自己放荡不羁的生活和倔强的性格,曲折地表现了心中的愤懑和不平,展现了元代特殊社会背景下书会才人的生动形象。

《不伏老》可分四段。第一段写他"攀花折柳":"半生来弄柳拈花,一世里眠花卧柳",展现出一位放荡形骸的文人形象。第二段〖梁州〗进一步铺张扬厉地叙写他在风月场中游戏博彩、风流倜傥的生活状况:"花中消遣,酒内忘忧。分茶攧竹,打马藏阄,通五音六律滑熟,甚闲愁到我心头。"一会儿伴银铮女笑倚银屏,一会儿携玉天仙同登玉楼,一会儿与金钗客满泛金瓯。他戏称"我是个普天下郎君领袖,盖世界浪子班头","我是个锦阵花营都帅头,曾玩府游州"。第三段〖隔尾〗写他在风月场中,不甘人后,"恰不道人到中年万事休,我怎肯虚度了春秋"。

第四段〖尾〗是这首套曲里最脍炙人口的篇章:"我是个蒸不烂、煮不熟、捶不扁、炒不爆、响珰珰一颗铜豌豆。恁子弟每谁教你钻入他锄不断、斫不下、解不开、顿不脱、慢腾腾千层锦套头。我呢玩的是梁园月,饮的是东京酒,赏的是洛阳花,攀的是章台柳。我也会围棋、会蹴鞠、会打围、会插科、会歌舞、会吹弹、会咽作、会吟诗、会双陆。你便是落了我牙、歪了我嘴、瘸了我腿、折了我手,天赐与我这几般儿歹症候,尚兀自不肯休。则除是阎王亲自唤、神鬼自来勾,三魂归地府、七魄丧冥幽。天哪,那其间才不向烟花路儿上走。"作者以"响珰珰一颗铜豌豆"自比,生动地描绘了他的风流生活和多才多艺,以及我行我素、坚决在烟花路上走到底的那种不屈不挠、不伏老、不回头的性格。

这套曲子表面上看来,似乎表现一种放浪形骸、及时行乐的情态;其实不然,全篇以玩世不恭的口吻、调侃的笔致状物抒情,曲中巧妙地用夸张手法,通过对诸般技艺的精通,渲染其风流多才,阅历丰富以致即使被打得头破血流也不改初衷显示其不随俗流、特立独行倔强执着的性格。还以诙谐幽默的反语抒写内心深处的愤世情绪,真是嬉笑怒骂皆成文章。全篇用语风趣老辣,汪洋恣肆。大量使用衬字和排比句,风格豪放,气势酣畅,读来使人感到痛快淋漓。

套数还擅长叙事。《〖般涉调〗哨遍·高祖还乡》是非常著名的一首。它的作者睢景臣,字景贤,是一位杂剧、散曲作家,扬州(今属江苏)人。自幼好学,禀性聪明,酷爱音律。元大德七年(1303)从扬州至杭州寓居,与钟嗣成交谊。他的作品有杂剧《屈原投江》《千里投人》《莺莺牡丹记》三种,均不存。《金元散曲》存其套数三套,残套一套。

套数《高祖还乡》描写汉高祖刘邦称帝的第十二年,平定淮南王英布叛乱后,路经故乡沛县(今属江苏),逗留十多天。衣锦还乡,当地官员郑重其事地盛大欢迎。作品用一名深知刘邦底细的村民的口吻来叙述这件"盛事",以辛辣、挖苦的笔触揭露了刘邦耽酒、赖债、明抢、暗偷的乡村无赖的本来面目,并给以愤怒的嘲弄和鞭笞,使本来隆重、热烈的欢迎场面变成一场滑稽可笑的闹剧。

这支套数可分三段,第一段写社长(相当于后代的村长)挨家挨户通知,说为了迎接皇帝乘着车驾凤辇回到故乡,要大家交纳草料,承担劳役。于是"王乡老执定瓦台盘,赵忙郎抱着酒葫芦。新刷来的头巾,恰糨来的绸衫,畅好是妆幺大户"。一片热闹忙乱的景象。

第二段写村民们吹笛擂鼓欢迎,皇帝全副銮驾来到村前,"我"看到当头是几面分别画有白兔、乌鸦、鸡、狗等图样的旗帜。接着是仪仗,这里全都巧妙地用见识寡陋的村民的口吻说:"红漆了叉,银铮了斧,甜瓜苦瓜黄金镀。明晃晃马鞍枪尖上挑,白雪雪鹅毛扇上铺";"辕条上都是马,套顶上不见驴,黄罗伞柄天生曲。车前八个天曹判,车后若干递送夫。更几个多娇女,一般穿着,一般妆梳"。把那豪华威赫的仪仗写得十分滑稽。

第三段是全曲的重点，也是最精彩的地方。汉高祖刘邦进村后，下车与乡亲们见面，"那大汉下的车，众人施礼数，那大汉觑的人如无物。众乡老展脚舒腰拜，那大汉挪身着手扶"。这时，"我""猛可里抬头觑"，不看便罢，看了一会竟认出了这汉高祖就是村里的无赖刘三："觑多时认得，险气破我胸脯"。接着"我"便诉说起这刘三的根由："你须姓刘，你妻须姓吕。把你两家儿根脚从头数：你本身做亭长耽几盏酒，你丈人教村学读几卷书；曾在俺庄东住，也曾与我喂牛切草，拽坝扶锄"。"春采了桑，冬借了俺粟，零支了米麦无重数。换田契强秤了麻三秤，还酒债偷量了豆几斛。有甚糊涂处？明标着册历，现放着文书"。"少我的钱差发内施拨还，欠我的粟税粮中私准除"。"我"把刘三往昔在村里的种种劣迹一一抖落了出来。最后几句说："只道刘三，谁肯把你揪捽住？白甚么改了姓，更了名，唤做汉高祖！"更如同画龙点睛，把调侃与讽刺推向了极致。

全套紧紧扣住主人公的身份一是村民，二是深谙刘邦底细的人，通篇语言朴实浅显，富于强烈的农村生活气息。用村民的口吻讲皇帝的仪仗，显得滑稽可笑；又以深知底细的人之口揭露刘邦的老底，显得辛辣尖锐，入木三分。由此既可以看出作者驾驭语言的功力；也充分显示出套数这种体裁的独特艺术魅力。

在元曲套数中还有一首描写古代勾栏演出情景的作品，很有特色，那就是《〖般涉调〗耍孩儿·庄家不识勾栏》。作者杜仁杰，元代散曲家，原名之元，字仲梁、善夫，号止轩，济南长清人，金末隐居河南内乡山，与元好问、麻革等以诗唱和。金亡后，曾为严实父子的门客，晚年半隐半退，寄情林泉。杜仁杰学识渊博，善于谐谑，文风雄健锐利。著有《善夫先生集》，《金元散曲》录存其小令一首、套数四首及残曲数支。

《庄家不识勾栏》以活泼诙谐的笔调写一个农民进城偶入勾栏观剧的经过和感受，真实而具体地展现出我国元代戏曲演出的情状和风貌。

全曲共有八支曲子。第一段写风调雨顺，五谷丰登，庄稼人进城烧香还愿，"正打街头过，见吊个花花绿绿纸榜，不似那答儿闹嚷嚷人多"。是说在勾栏门口挂着五颜六色的戏码，围着许多人在观看。勾栏是宋元时百戏杂剧演出的场所，勾栏内有戏台、戏房(后台)、神楼、腰棚(看席)，元以后勾栏亦指妓院。只见一个人在戏院门口高声吆喝招徕看客，"道迟来的满了无处停坐。说道前截儿院本《调风月》，背后么末敷演《刘耍和》"。《调风月》全名《诈妮子调风月》，关汉卿所作杂剧，写婢女燕燕受小千户诱骗、欺负的故事，是当时常演的院本剧目。《刘耍和》杂剧剧名，刘耍和原是金元间著名的院本演员、教坊色长，后来他的故事也被编为杂剧敷演。

第二段，写庄稼汉化了二百钱进了场，看到场内人多热闹的景况："见层层叠叠团圞坐。抬头觑是个钟楼模样，往下觑却是人旋涡"。钟楼模样指高高的戏台。戏开场前"不住的擂鼓筛锣"。

第三段，杂剧开场，庄稼汉好奇地看起戏来。先是演"艳段"，有丑角的滑稽表演和说唱诗词歌赋。接着演正戏院本《调风月》："一个妆做张太公，他改做小二哥，行行行说向城中过。见个年少的妇女向帘儿下立，那老子用意铺谋待取做老婆。教小二哥说合，但要的豆谷米麦，问甚布绢纱罗。"小二哥作弄张太公，急得张太公将皮棒鎚打成了两半。庄稼人不懂，以为一定会把小二哥的脑壳打破，小二非向官府告发太公不可。谁知小二好像没事一样，毫不计较，反而哈哈大笑起来，弄得庄稼人莫名其妙。

最后是庄稼汉看得入了迷，但内急难忍，只得遗憾地退出了勾栏，后面的精彩演出没有看到，还白白被旁边的人取笑了一番。

这个套曲共七支曲子,写到《调风月》已用完了七支,只剩下一个尾声,作者以庄稼汉尿急离席,使套曲戛然而止,显得自然,也给读者留下了不尽的回味。

这个套曲以一个不谙戏剧和勾栏的农民身份和视角看出来的勾栏和戏曲演出,把演出的场景和主人公的心态神情描摹得惟妙惟肖,极其传神。语言全用本色的白话,通俗活泼,并且十分诙谐。因为"庄家不识勾栏",所以充满了夸张、变形、误会、调侃,呈现出极其浓烈的喜剧色彩。但是谑而不虐,并无贬低或丑化庄稼汉,相反,通过这些描写,一个纯朴可爱而又风趣的元代农民形象呼之欲出。宋元院本、杂剧当时演出的样式早已失传,而这个套曲对元代戏曲演出的剧场设置、构造,演员的装扮、表演,剧目的名称、内容都作了具体细致的描写,成为唯一直接描写元代剧场演出状况的文艺作品,这对后世研究元代院本、杂剧的演出情况是十分重要的资料,因此特别值得珍视。

《[新水令]·代马诉冤》则是一篇风趣而意义深邃的寓言。作者刘时中(约1258—约1336),名致,号逋斋,石州宁乡(今山西中阳)人,受当时的古文大家、集贤大学士姚燧赏识,荐为河南省椽,后官至翰林待制、翰林总摄太常博士,其散曲反映现实生活,干预政治,今留存套曲《上高监司》、《代马诉冤》等为其代表作。

全曲以拟人化手法用动物口吻倾诉冤情,从而来抒写人间的不平。曲子一开始就哀叹"世无伯乐怨他谁? 干送了挽盐车骐骥。空怀伏枥心,徒负化龙威。索甚伤悲,用之行舍之弃"。意思是说,世上没有伯乐,千里马只能负盐车,服劳役,被白白地葬送一生。我是一匹老马,空怀凌云壮志,但主人却以为我已老而无用,将我舍弃,使我无限悲伤。

第二段,老马回忆起自己辉煌的往昔:"玉鬣银蹄,再谁想三月襄阳绿草齐。雕鞍金辔,再谁收一鞭行色夕阳低。花间不听紫骝嘶,帐前空叹乌骓逝。命乖我自知,眼见的千金骏骨无人贵。"玉鬣银蹄、雕鞍金辔是当年自己的奕奕风采,这里又用了几个典故:刘备骑马襄阳赴会,项羽帐前空叹"时不利兮骓不逝",古代君主千金买骏骨。自叹命乖运蹇,不为人重视。因而发出诘问:"谁知我汗血功,谁想我垂缰义,谁怜我千里才,谁识我千钧力?""垂缰义"指前秦苻坚之马垂缰救主的故事。下面进而写马的赫赫功劳:刘备乘"的卢"龙驹跳檀溪冲出重围,关羽骑赤兔马单刀赴会,尉迟恭骑马战秦琼。但是这一切早被人忘却。故而"马"愤愤不平地连用了三个"谁念我"?

第三段写眼前的现状:官府和当权者重用的都是一群蠢驴,而这些暴发户、无知小辈,"不识尊卑","一概地把人欺"。不中用的驴子委以重任,而千里马却被排挤,受连累,拉盐车,服苦役,"把我埋没在蓬蒿,失陷污泥"。这一段与前面形成强烈的对比。

最后一段则更加悲凉,被排挤,服苦役还不是最坏的结局,"有一等逞雄心屠户贪微利,咽馋涎豪客思佳味。一地把性命亏图,百般地将刑法凌迟"。千里马最后竟被屠宰杀戮,成为馋涎豪客的盘中之餐。

这支套曲是一篇绝妙的寓言。全曲以千里马的怀才不遇及悲惨的命运,借物喻世,借马之口揭露现实社会的世道不公和黑暗残酷,英才得不到赏识和重用,功臣被贬斥,甚至遭陷害,而小人得势,作威作福,寓意十分贴切而深刻。套曲语言生动,随着"马"的心情、境遇的不同,语言色彩也随之变化。"玉鬣银蹄,再谁想三月襄阳绿草齐。雕鞍金辔,再谁收一鞭行色夕阳低",多么春风得意,语言色彩何等明丽。而"把我埋没在蓬蒿,失陷污泥","一地把性命亏图,百般地将刑法凌迟",却又是何等的悲凉惨然。其语言有着极强的表现力和感染力。

由于篇幅的限制,我们从元曲的套数中选出几套来稍作解读,只能说是以管窥豹,曲海拾贝,但即使这样我们也能领略到套曲反映现实社会众生相的表现能力和独特风貌,读者朋友若想欣赏更多的佳作,那么还请诸君亲临曲海作一番遨游。

(《古典文学知识》2007年第6期)

# ○九八

# 名作中的"月色"描写

月亮大概是最惹人相思,也是最易渲染感情色彩的事物,所以在文人骚客笔下,月亮常常成为描摹的对象。而且不同的作家写出了各各不同的精彩篇章。

## 李白把月亮当成酒友

李白是很喜欢写月色的诗人之一,如在《关山月》中写道:"明月出关山,苍茫云海间,长风几万里,吹度玉门关";在《古朗月行》中写道:"小时不识月,呼作白玉盘。又疑瑶台镜,飞在青云端";在《子夜吴歌》中则有"长安一片月,万户捣衣声。秋风吹不尽,总是玉关情"的诗句,等等。李白非常有名的两首写月的诗是《夜静思》和《月下独酌》。

《夜静思》是首五绝,其诗句"床前明月光,疑是地上霜,举头望明月,低头思故乡"几乎到了妇孺皆知的地步。历代评家都称此诗写得"自然",乃"绝妙古今"。自然就自然在它明白如话,犹如行云流水。这首诗的第二句"疑是地上霜",我以为大可探究。一,明月之光流泻床前,疑是地上寒霜,月光是银白色,寒霜也是银白色,用来相比,甚为恰当;而这床前月光,一下子让诗人联想到故乡田野里,房屋瓦楞间的寒霜,这样就很自然地与诗的题旨关联了起来,此其二;三,更进一层是寒霜带有阴冷凄清的意味,这正好与诗人独自旅羁在外的孤寂心情相映照,涂上了一层浓重的感情色彩。有了这一句,整首诗的感情逻辑就非常顺畅,最后"低头思故乡"也就瓜熟蒂落了。

李白的《月下独酌》还要奇特,诗人写道:"花间一壶酒,独酌无相亲。举杯邀明月,对影成三人。"李白是位诗仙,又是一位酒仙,他居然把明月当作酒友相邀,与明月觥筹交错,自己、明月、影子成为三人。诗人酒酣人醉,竟既歌且舞,"我歌月徘徊,我舞影零乱",这里月与影也成了活生生的"人"与我一起活动起来了。最后,诗人还与月、影相约:"永结无情游,相期邈云汉。"诗句中的"三人"与首句的"独酌"相映照,其实,这"三人"乃虚,"独酌"是实,这样更其反衬出诗人独酌无亲的寂寥落寞的伤感情绪。诗中把明月当作酒友,则是这位伟大的浪漫主义诗人的大胆而奇特的想象。

## 苏东坡从中悟出人生哲理

苏东坡的《水调歌头》也是一首非常著名的抒写月色的词作:"明月几时有,把酒问青天。

不知天上宫阙,今夕是何年。我欲乘风归去,又恐琼楼玉宇,高处不胜寒。起舞弄清影,何似在人间!转朱阁,低绮户,照无眠。不应有恨,何事长向别时圆?人有悲欢离合,月有阴晴圆缺,此事古难全。但愿人长久,千里共婵娟。"

这首长调词写于宋神宗熙宁九年(1076)的中秋节日,当时苏东坡在密州(今山东诸城)任知州,那天诗人在金山妙高台饮酒赏月,醉后写作此词,意在怀念其兄弟苏辙。这首词立意高远,用笔开阖恣肆,显得气势豪迈且空灵飘逸。苏东坡仕途坎坷跌踬,此时亦正遭冷遇。面对中秋皓月思念兄弟,体味宦途沉浮,百感交集。此词通篇咏月,勾勒出一种皓月当空,光泻千里的旷远意境。而词中真正的主人公还是人,"我欲乘风归去"的是人,被"照无眠"的还是人。作品以月写人,使自然和社会得到高度的契合。词的上片着重以明月烘托诗人的孤傲清高;下片着重以圆月反衬人间的离别之苦。特别是下片中"人有悲欢离合,月有阴晴圆缺"两句,从月亮阴晴圆缺的自然现象,领悟出人生悲欢离合、顺遂坎坷的经历境遇,蕴涵了极其深刻的哲理。最后以"但愿人长久,千里共婵娟"抒发出诗人对于人间美好愿望的追求,这也成了千古流传的名句。

## 莎士比亚的经典描写

不少作品把"月色"作为人物活动的一个氛围,以此来展开矛盾冲突,揭示人物的心理面貌。莎士比亚在名剧《罗密欧与朱丽叶》第二幕第二场的"阳台会"中就有一段经典的描写。这段情节都是在"月色"的氛围中进行的。罗密欧深夜来找朱丽叶,深情地向朱丽叶表白自己对她的爱恋,朱丽叶要他拿出证明,罗密欧说:"姑娘,凭着这一轮皎皎的月亮,它的银光涂染着这些果树的梢端,我发誓——"朱丽叶连忙打断他的话,说:"啊!不要指着月亮发誓,它是变化无常的,每个月都有盈亏圆缺;你要指着它起誓,也许你的爱情也会像它一样无常。"罗密欧说:"那么我指着什么起誓呢?"朱丽叶说:"不用起誓吧;或者要是你愿意的话,就凭着你优美的自身起誓,那是我所崇拜的偶像,我一定会相信你的。"这里"景"与"情"完全交融在一起了。朱丽叶也真是别具慧眼,不,是莎士比亚别具慧眼,把月亮的变化无常来衬托朱丽叶对忠贞不渝爱情的理想,可说是入木三分。

## 《琵琶记》写月一石数鸟

元末明初作家高则诚的《琵琶记》中有一折"中秋望月",历来为人们众口交誉。蔡伯喈上京赶考,独占鳌头。牛丞相奉旨招蔡为东床,蔡伯喈以家里已有妻室而辞婚。但是,牛丞相和皇帝还是逼迫他与牛千金完婚,蔡与牛千金过着貌合神离的生活。

中秋佳节,牛千金邀蔡伯喈同赏明月,然而同样一轮明月,在牛千金与蔡伯喈两人的眼中却是完全不同的形象,引发出来的感情也炯然而异。且看两个角色的唱词,牛:"长空万里,见婵娟可爱,全无一点纤凝。十二栏杆光满处,凉浸珠箔银屏。偏称,身在瑶台,笑斟玉斝,人生几见此佳景?惟愿取,年年此夜,人月双清。"蔡:"孤影,南枝下冷,见乌鹊飘渺惊飞,栖止不定,万点苍山,何处是修竹吾庐三径?追省,丹桂曾攀,嫦娥相爱,故人千里谩同情。"牛:"光莹,我欲吹断玉箫,乘鸾归去,不知风露冷瑶京?环佩湿,似月下归来飞琼。那更,香雾云鬟,清辉玉臂,广寒仙子也堪并。"蔡:"愁听,吹笛关山,敲砧门巷,月中都是断肠声。人去远,几见明月亏盈,惟应,边塞征人,深闺思妇,怪他偏向别离明。"

　　牛千金看出去的是一片"婵娟可爱"的佳景，蔡伯喈看到的却是乌鹊惊飞的凄惨景象。牛氏听到的是笙箫弄曲，玉斝笑斟，伯喈听到的却是愁绪万端的断肠之声。牛氏想到的是乘鸾飞游广寒，年年人月双清，伯喈想到的却是故园修竹吾庐，相爱的糟糠之妻。牛氏是乐，伯喈是悲，牛氏赞美明月，伯喈却"怪他偏向别离明"。真是南辕而北辙。

　　正如王国维在《闲情偶寄》中所说："同一月也，牛氏有牛氏之月，伯喈有伯喈之月，所言者月，所寓者心。牛氏所说之月，可移一句于伯喈；伯喈所说之月，可移一字于牛氏乎？"这一折对月的描写可称巧思妙词，一石数鸟，也是成功的范例。

　　　　　　　　　　　　　　　　　　　　　　　　（香港《文匯报》2005 年 9 月 3 日）

# ○九九

# 谈《温酒斩华雄》

　　《三国演义》是一部反映三国时期魏蜀吴三个封建统治集团相互间尖锐复杂斗争及其兴衰过程的历史小说，是一部善于描写战争的史诗式的巨著。这部作品描写了一系列大大小小的战争，展示了一幕又一幕惊心动魄的场面，通过战争的描写刻画了一系列性格鲜明的人物形象，在文学史上占有重要的地位。

　　作品描写战争并不满足于两军对阵、一将出马的刻板描写，而是运用多种艺术手法把各场战争写得千变万化，各具特色，读来毫无重复雷同、刻板乏味的感觉，生动地体现了战争的复杂性和多样性。作品中正面描写战争的成功例子是很多的，然而第五回的《温酒斩华雄》却不用正面刻画的手法，而巧妙地运用旁敲侧击、烘云托月的艺术手段，成功地描写了一幅气势磅礴的战斗风云图，鲜明地刻画了关羽勇武神威的英雄性格。

　　东汉末年是个土地兼并剧烈、政治腐败不堪的黑暗时代，农民起义蜂起，汉灵帝死后，官僚豪强之间为争权夺利混战厮杀，董卓废君弄权又引起朝野反对，曹操发出矫诏，十七路诸侯纷纷响应，公推袁绍为盟主，以长沙太守孙坚为先锋联合讨伐董卓。《温酒斩华雄》就是写这支讨董联军初创时期的一次战役。联军要直取洛阳，首先要得汜水关，然而孙坚第一仗就遇到了劲敌华雄。华雄是董卓的部将，虎体熊腰，十分骁勇。他先斩了诸侯军部将鲍忠，又刀劈祖茂，孙坚也被战得丢盔卸甲，落荒而逃，头上的赤帻也被华雄挑在长竿尖上。华雄搦战，兵临城下，气焰嚣张、情势危急，《温酒斩华雄》就是在这样险恶的形势下演出的一出壮剧。

　　关羽在《三国演义》中，是作者着力刻画的一位英雄人物。在第一回《宴桃园豪杰三结义》关羽出场时，作者给他开了相："身长九尺，髯长二尺；面如重枣，唇若涂脂；丹凤眼，卧蚕眉；相貌堂堂，威风凛凛。"但前面关羽还没有多少作为，他不过是刘备身边的一名马弓手。斩华雄可说是关羽英雄业绩的开端，赫赫战功的先声。然而这一段对关羽的描写，作者巧妙地运用了侧面描写的手法，文中关羽如何与华雄厮杀，如何斩华雄于马下，作者都不着一笔，作品中找不出一个这方面的正面镜头；然而读者头脑里却分明显现着这些惊心动魄的画面。

妙就妙在这里！

《温酒斩华雄》最突出的艺术特色是不直接描写主体，而是通过对其他人物的描写来烘托出主体。关羽无疑是这个片断中的中心人物，然而作品没有直接描写关羽的勇武神威，而是着力渲染华雄的骁勇。文章一开始就写"华雄引铁骑下关，用长竿挑着孙太守赤帻，来寨前大骂搦战。"骁将俞涉出马，战不三合，被华雄斩了。上将潘凤提斧上马，去不多时，又被华雄斩了。华雄甚嚣尘上，不可一世，斩一大将，如同探囊取物，使帐内袁绍等头目大惊失色。在关羽面前，就是这样一名强敌。然而强人自有强人收，对付这样的强敌，关羽竟不费吹灰之力，在出战前斟的一杯酒，其温未减的顷刻之间，就取到了华雄的首级，这就突出地反衬出关羽的勇猛和魄力。前面把华雄渲染得愈充分，关羽的形象就反衬得愈突出。反之，如果关羽面前是一个一触即溃、不堪一击的弱者，那么就衬托不出他的强悍来了。举轻若轻，毫不足怪，要举重若轻，才能显其神力。作者不仅以写对手来反衬关羽的形象，并且还以他周围其他人物的惊恐争论以及整个场面的情势变化来加以烘托。华雄连斩四将，袁绍一筹莫展，他的得力干将颜良、文丑又不在（这一笔看似闲笔，实际上与后面情节相关照，因为此两强将以后也将是关羽的刀下之鬼）；诸侯则个个惊恐万状，怎么办？这时关羽"大呼出曰：小将愿往斩华雄头，献于帐下！"一下子关羽成了众人瞩目的中心。但袁氏弟兄重职位，轻人才，"量一弓手，安敢乱言"，不仅不许出战，甚至要打出帐去，曹操却据理力争，保关羽出战。写这场争论，就把关羽置于矛盾的漩涡。"如不胜，请斩某头。"在漩涡中，他的性格迸发出了惊人的光彩。衬托是文学描写的重要手法之一，真与假、美与丑、强与弱都是相比较而存在，相斗争而发展的。描写客体，往往可以更突现出主体来。宋代画家郭熙的《林泉高致》中说："山欲高，尽出之则不高，烟虚锁其腰则高矣；水欲远，尽出之则不远，掩映断其脉则远矣。"讲的就是这个道理。鲁迅的小说《离婚》没有用很多笔墨渲染七大人的威严专横、用高压手段逼迫爱姑交还婚帖，而是着力描写爱姑的能说会道、泼辣能干，但是七大人的似乎要打喷嚏的姿势和一声"来……兮"（其实是要下人给他拿鼻烟壶），就把爱姑吓得毛骨悚然、自愿认输，这就比正面描写七大人的威严专横更加突出鲜明。

《温酒斩华雄》的主要情节是斩华雄，这里关羽的主要英雄行为，也是这一战役能否扭转局面的要举。然而作者对此也不取正面描写，而是选取一个侧面，着笔敷彩，可谓匠心独运。写战争一般总得把场景放在相互厮杀的战场上，总得写刀光剑影，冲来杀去。然而《温酒斩华雄》的场景却自始至终放在中军帐内，一切战争场面一概放在幕外处理。作者巧妙地通过帐内的气氛、人物的情态及其变化，来反映战场上这场惊心动魄的厮杀。关羽提刀出帐，飞身上马，"众诸侯听得关外鼓声大振，喊声大举，如天摧地塌，岳撼山崩，众皆失惊。"用帐内听到的鼓声、喊声反映出战场上关羽冲锋陷阵的声势和神威，用众皆失惊的表情反映出战场上鏖战的惊心动魄。这"失惊"中包含着惊疑，惊是战斗如此激烈，疑就是担心关羽能否获胜。作者把帐内人物的心却引向帐外的战场了，因此"正欲探听"，可是还来不及派人去探，"鸾铃响处，马到中军，云长提华雄之头，掷于地上。"战争进行神速，语言节奏也急促，真是迅雷不及掩耳。人们还在惊疑，关羽却已把华雄的头掷于地上了。于是惊疑顿消，一切都明白了！这一段仅仅用了六十余字，通过帐内反映，把战场上的战斗场面反映得有声有色，表现了极大的艺术概括力。作者虚写战场，实写帐内，然而帐内的一切都与战场息息相关，帐内的一举一动都是战场情势变化的灵敏反映，真正做到了以虚生实，虚中见实。写到这里，我想到残唐五代时无名氏的一首《蝶恋花》词，词中写道："叵耐灵鹊多谩语，送喜何曾有凭据！几度飞来活捉取，锁上金笼休共语。"这里不正面写少妇思念久出不归的丈夫的眷恋之情，而是写少妇把一只喜鹊关进金笼,为的是喜鹊几次报的都是假喜。这种侧面描写具有一种特殊的诗趣韵味,和艺术感染力。

《温酒斩华雄》中的一杯酒是整个构思中的一个重要艺术环节,一个不可缺少的小道具,也是本文侧面描写得以奏效的一个关键所在。袁氏兄弟阻挠关羽出战,可是识人善任的曹操却不仅力保关羽,并且酾热酒一杯给关羽以壮行色。然而"关公曰:'酒且斟下,某去便来'。"而他斩华雄回来时"其酒尚温"。华雄这样不可一世,气焰嚣张的猛将,关羽要取的首级决不像去斩一只束手待毙的鸡鸭,可是关羽却只用了酒温未减的一刹那时间,这样关羽的英勇善战、威猛神速都被鲜明地突现出来了。要写关羽的神速,就得有个时间的概念,如果用"一刹那"、"一会儿"等就显得空泛抽象。然而有了这一杯酒,时间的流逝和关羽的神速、战果的突出就具体化了、形象化了。那战场上所虚写的一切也就活起来了。因此这一杯酒是实现以虚见实的一个重要环节。这一杯酒还起了勾连整个情节,联系帐内与战场,刻画各个人物不同性格的重要手段。关羽出战先不饮酒,"某去便来",既表现了他的急切,又显示了他的自信,强烈渲染了他的英雄气概。而对待关羽,袁氏兄弟要"与我打出",而曹操却为关羽酾酒壮威,这就对比出了不同人物的思想性格,写出了曹操识才谋略的性格侧面。

《三国演义》是一部描写战争的小说,然而作者并不单纯着眼于战争,而是往往把军事斗争与政治斗争联系起来描写,因此显示出一定的历史深度。《温酒斩华雄》写的是一场战争,然而作者却把它放在尖锐复杂的政治斗争中加以描绘,并且围绕这一战争写出了它所引动的各种政治力量间的斗争。这十七路诸侯,虽然在讨伐董卓的旗帜下联合起来,然而为了攫取财产和权力,彼此之间又进行着钩心斗角的斗争。正如鲁迅说的:"他们都是自私自利的沙,可以肥己时就肥己,而且每一粒都是皇帝,可以称尊处就称尊。"(《南腔北调集·沙》)在《温酒斩华雄》中就可见其端倪。这个片断总共六、七百字,写斩华雄这一主要情节只用了六十余字,其余更多的篇幅却用来写关羽出战前、出战后帐内各派政治势力的反应。出战前,有的支持,有的反对,有的逐出,有的请酒。关羽斩了华雄,大家的态度该一致了吧,也不然。曹操大喜,主张行功论赏,张飞大叫"杀入关去,活捉董卓"。袁术却大怒:"赶出帐去",并负气告退。这就把这个大杂烩式的联军中矛盾四伏的情况勾勒出来了。特别是曹操周旋其间,委婉其辞,并事后"暗使人赍牛酒抚慰三人"(指刘关张),显现了曹操的过人才智和别有心计以及日后取袁绍而代之的趋向。这一些与侧面描写是密切相关的。如果单单写战场上的厮杀激战,这些错综复杂的政治矛盾就较难勾画敷写了。

《温酒斩华雄》巧妙地运用侧面描写的艺术手法,语言十分精炼简洁,而艺术容量却很大。短短六七百字,描绘了一幅极为丰富壮观、复杂纷繁的生活画面。像这样的侧面描写的明显长处,对作者来说,可以抓住重点,删弃一切不必要的冗枝繁叶;对读者来说,却留下了可以自由驰骋的想象天地。文中关羽斩华雄的场面,作者虽然没有明写,然而通过这些侧面描写,读者可以想象出这场战役的情景,而这种情景又可以因为读者不同的经历、不同的素养而有所不同;当然作者为读者提供的想象,本身又有一个大致的范围,因众多读者的想象还是大同小异的。读者通过想象可以补充和丰富作者没有写出的东西,而这种艺术的联想正是艺术欣赏活动中的一种乐趣。

(《文学知识》1983年第1期)

一〇〇

# 乔太守并未乱点鸳鸯谱
## ——冯梦龙的声明

夜深了,我正在灯下读书,忽见门开了,进来的是我的好友小蒋,他说他刚从出版社来,见我在看冯梦龙的《乔太守乱点鸳鸯谱》,就说:真巧!前几天出版社收到一封编纂者冯梦龙的来信,就是谈这篇小说的,读来很有兴味,今天我正好带在身边,你也不妨一读。我欣然接过来展读。信是这样写的:

编辑先生:

拙编《醒世恒言》刊行以来,蒙读者多所鼓励,殊为感激。此信想谈谈《乔太守乱点鸳鸯谱》。笔者编写此文的用意是彰明较著的,在文中曾特意点明:"这乔太守虽则关西人,又正直,又聪明,怜才爱民,断狱如神,府中却称乔青天。"在小说结尾处又专门加了一首赞他断案清明的绝句:

鸳鸯错配本前缘,
全赖风流太守贤。
锦被一床遮尽丑,
乔公不枉叫青天。

用文学术语说,我塑造的是一个清官的典型。可是,今天却有人把乔太守说成是一个糊涂官的形象,乔太守乱点鸳鸯谱也竟成了他断案糊涂,张冠李戴的佐证,甚至与《拉郎配》并称。岂不冤哉枉也。究其原因,可能是题目上"乱点"二字出的毛病。有些人没有读过全文,只看题目,望文见义,于是人云亦云,以讹传讹,三人成虎了。最近听广播,看报纸,又有不少文章说到乔太守,他们把一些埋没人才、用人不当、学非所用的现象也比喻为乔太守乱点鸳鸯谱。看来以讹传讹还会不断地传下去,为了不使乔太守永远遭受不白之冤,我有责任作一声明,一方面以正视听,一方面也可为乔太守平反昭雪。

乔太守实在并非糊涂官,而是一位清官。书中所写三对姻缘的纠葛颇为复杂。刘秉义有一儿刘璞,一女慧娘;孙寡妇有一女珠姨,一儿孙润。刘璞从小聘珠姨为妻,而慧娘已受聘于裴九儿子裴政,孙润则聘定徐文哥为妻。刘秉义夫妇想让儿子早日完婚,谁知临婚刘璞身患重病,孙寡妇将孙润乔装珠姨嫁过门去,刘氏却让慧娘与嫂子陪卧,结果生出事来,官司闹到了乔太守那里。对此复杂的案情,乔太守并不主观武断,也不偏听偏信,而是详加调查。先问原告裴政,再问被告刘秉义,并将孙寡妇母子三人、刘璞、慧娘兄妹等一一传讯,并着重听取了当事人孙润和慧娘的供词辩解,这样就把事情的来龙去脉,前因后果了解得清清楚楚。正是由于他注重调查,听取各方面的陈述申诉,加以综合分析,断案就有了基础。案情已明,如何处置呢?一种办法是将孙润、慧娘治罪,但这样无疑要拆散两对鸳鸯,造成三家悲剧。乔太守有成人之美,认为"独乐乐不若与人乐"。他正视现实,揆情度理,想出了一个变通的办法,把孙润、刘慧娘判成夫妻,将徐文哥配与裴政。由于他们巧妙安排,遂使"三对夫妻,各谐鱼水",之子于归,各得其所。"两家恩怨,总息风波"。"众人无不心服,各各叩头称谢"。一桩头痛的事情搞得皆大欢喜,不得不佩服乔太守的本事。乔太守对孙润、慧娘并没有搞惩办主义,既严肃指出他们主观上应负的责任,同时也考虑到客观原因和当时特定的条件,因此对孙润说:"论起法来,本该打一顿板子才是。姑念你年纪幼小,又系两家父母酿成,权且饶恕。"又对慧娘说:"你事已做错,不必说起。"这里既明辨了是非,又实行惩前毖后,可说是入情入理的。他对孙润还不只是不治罪,并且毫不歧视,他见他才学出众,未及一年,就取他做了秀才。孙润后来得以金榜登科,屡任京职,仕途有名,与乔太守的量才录用,人尽其才的德政是分不开的。可见,乔太守毫不糊涂,相反,他是一位精明干练、处事明智、怜才爱民、知人善用的好官!

以上种种,在原文中皆可找到,我之所以题目上的"乱点"两字,本欲增添幽默气氛,不料事与愿违。

冯梦龙识

读完这封信,我频频点头称是,并对小蒋说:"这封信如果能在报纸上转载一下,倒也很有意义。"小蒋说:"我们也有这样的想法,我这就送到报社去!"说罢,小蒋告辞,走出门去,并把门"砰"的一声关上。……

"砰"!我被惊醒了,原来是风打门响。我揉眼细看,桌上仍放着一本《醒世恒言》,这里并没有人来过,竟是一个梦!

（《夜读》1981 年第 2 期）

## 一〇一

# "两个手指"的细节典型吗?

在《儒林外史》第五回"严监生疾终正寝"中有这样一个细节:严监生已病重得一连三天不能说话,喉咙里痰响得一进一出,"但总不得断气,还把手从被单里拿出来,伸着两个指头。"问他是否还有两个亲人不曾见面? 摇头;莫非有两笔银子不曾交代明白? 也不是;是否两位舅爷不在跟前? 还是摇头,"那只手只是指着不动",只有他的老婆赵氏知道他的心思,"你是为那灯盏里点的是两根灯草,不放心,恐费了油",说罢忙去挑掉一根,严监生这才"点一点头,把手垂下,登时就没了气"。

读一些文学史及关于《儒林外史》的评论文章,都把这一细节作为表现人物典型性格的范例而给予高度评价。我手头有一本上海古籍出版社出版的《吴敬梓和儒林外史》,书中也这样说:"在这里,作者对严监生没有发表一个字的评论,只是像生活本身一样如实地记述他临死前看来极为平常的一个细节活动,可是一个被作者讽刺的地主守财奴的悭吝本性就这样鲜明生动地突现出来,……就因为这个情节,严监生在我国社会上,至少是在一般知识分子的心目中,已经成为悭吝的典型。"

然而,这个被很多评论者认作表现人物典型性格十分出色的细节,笔者却以为大可商榷。

应该肯定,孤立地看这个细节是写得很生动、深刻的。一个人死到临头,别无牵挂,可是念念不忘那根灯草,确实把这个人的悭吝特征刻画得入木三分。然而,细节不是孤立的,不能游离于整个人物形象之外。一个细节的成败不仅要从其本身的生动与否加以考察,更要联系人物的整个形象来进行研究:这个细节是否符合人物的性格特征,是否符合人物的行动逻辑。从这个角度看,我以为"两个手指"的细节放在严监生身上,却并不是典型的。

我们有必要看一看《儒林外史》对严监生整个形象的描写。严监生出场时,吴敬梓概括地作了勾勒:"他是个胆小有钱的人。"在整个描写中,他并不是一个吝啬鬼的形象,相反,他手头还是比较宽松的,甚至可以说还比较大方的。有书为证:一、他哥哥严贡生因为官司远走高飞,衙门来向严监生要人,严监生找两个舅兄商量,由他出钱把告状的安抚住,因此"严二老官连在衙门使费共用去了十几两银子……";二、严监生的妻子王氏临死前,他为了修理岳父、岳母的坟地,拿出两封银子来,每位一百两,递与二位老舅,云"休嫌轻意";三、严监生自己病重时,又把王氏积蓄的几百两银子,送给两个舅兄作为考试的盘缠。作者在描写严监生时,从没有着重刻画过他的爱财如命、悭吝成性的特征,试问这样一个几百两银子随手送人的严监生,哪里是一个吝啬者的形象呢!作品后来把这"两个手指"的细节安在严监生的身上,显然像一枝冬青的细枝嫁接在银杏树的主干上,给人的感觉是突兀的、不协调的。

有趣的是,《儒林外史》中还刻画了严监生的哥哥严贡生的形象。这个人横行乡里,为非作歹,他强囤人家的猪,打折人家的腿;没有借给别人银子,却硬要收利息;欺压寡妇弟媳,霸占二房产业……他倒是一个刻薄吝啬的人。至亲时常请他吃饭,"却从不曾见他家一杯酒";"他为了出贡拉人出贺礼,……还欠下厨子钱,屠户肉案子上的钱,至今也不肯还……"。我想,这"两个手指"的细节如果放在严贡生身上或许还比较相近些吧!

细节描写不能离开整个人物的性格特征,不能离开性格的完整性。当然人物的性格并非是单一的,但细节描写始终应该是人物性格所必然派生出来的行动,应该与其他的描写和谐协调,比如莫里哀的《悭吝人》里的阿巴公,莎士比亚《威尼斯商人》中的夏洛克都是吝啬鬼的典型,这些作品的细节描写就是与整个人物形象的典型性格一致的。

恩格斯说:"照我看来,现实主义是除了细节的真实以外,还要正确地表现出典型环境中的典型性格。"鲁迅也曾说:"只要在头上戴上一顶瓜皮小帽,就失去了阿Q,我记得我给他戴的是毡帽。"这也精辟地阐明了细节描写与人物性格的重要关系。

还值得深思的是:这样一个不够合适的细节,长期以来得到众口一词的称赞,却未听见半点异议!我以为文学研究必须注重对具体作品作具体而深入细致的科学分析,这样才能得到比较符合作品实际的结论,浮光掠影不行,人云亦云也不好。

(《广州文艺》1986年第1期)

<h1 style="text-align:center">一〇二</h1>

# 略说辛词的风格

　　一个作家、诗人其作品的风格,是在长期的创作实践中得以形成的,它与作家的禀赋个性、人生经历、所处环境以及文学传承等方面都有密切的关系。辛弃疾不仅是一位杰出的词人;而且是一位戎马倥偬的抗金名将。他生活在一个充满屈辱和悲愤的时代,北宋遭遇靖康之难,广袤的中原大地沦陷于金兵的蹂躏之下,南宋偏安于一隅。辛弃疾出身于官宦家庭,祖父辛赞做过朝散大夫,济南沦陷后,他又被迫做亳州谯县县令、开封府知府。但他内心却仇视金人的统治,时时眷念着故国。他经常带着孙儿辛弃疾登高望远,指点江山,希望孙儿日后能担负起抗敌复国的重任。正因为这样,所以辛弃疾二十一岁时就在家乡聚众二千举起义旗,其后又率领义军,袭入金营,把叛徒缚回建康。他还组织飞虎军,奋勇杀敌,金兵称之为"虎儿军",闻风丧胆。但是当时南宋朝廷孱弱无能,辛弃疾屡次上书《御戎十论》、《九议》等,力陈抗金之策,均不被采纳。后来只得退隐于上饶带湖之畔。

　　我们一般习惯把宋词的风格分为豪放派和婉约派两大类别,辛弃疾词的总体风格属于豪放、壮美一类,而且成为豪放派的领军人物之一。他的词风显然与他所处的时代,以及他的禀赋性格和戎马生涯的经历际遇直接有关;而在文学传承方面,他深受苏轼的影响,继承和发展了苏轼词风的优良传统,并且开拓了词的新的境界。

　　辛弃疾词的豪放风格首先体现在辛词的题材方面,辛弃疾的词作中有很多是描写金戈铁马的战争生活和抒发欲挽狂澜于既倒,急盼收复祖国河山的豪情壮志的篇章。如《破阵子·为陈同甫赋壮词以寄之》:

> 　　醉里挑灯看剑,梦回吹角连营。八百里分麾下炙,五十弦翻塞外声,沙场秋点兵。
> 　　马作的卢飞快,弓如霹雳弦惊。了却君王天下事,赢得生前身后名。可怜白发生!

词中写点兵、出征、战斗的场景,刀光剑影,气势如虹,一股豪壮之气油然而生。在《永遇乐—京口北固亭怀古》中,也有"金戈铁马,气吞万里如虎"的名句。

　　另一首《水龙吟·登建康赏心亭》,作者写道:

> 　　楚天千里清秋,水随天去秋无际。遥岑远目,献愁供恨,玉簪螺髻。落日楼头,断鸿声里,江南游子,把吴钩看了,栏杆拍遍,无人会、登临意。　　休说鲈鱼堪脍,尽西风、季鹰归未?求田问舍,怕应羞见、刘郎才气。可惜流年,忧愁风雨,树犹如此!倩何人、唤取红巾翠袖,揾英雄泪!

这首词辛弃疾写于到南宋六、七年后,他做过江阴、建康(今南京)等地方官员,但得不到朝廷的重用,更谈不上抗敌报国了。他登楼远望,"把吴钩看了,栏杆拍遍",北方大片国土被金人占据;然而报国无门,复国无期,在这种风雨飘摇的境况之下,只能"倩何人、唤取红巾翠袖、搵英雄泪"。人说"男儿有泪不轻弹",何况英雄呢? 这"搵英雄泪",是多么的悲壮啊!

辛词的豪放风格还表现在词中那种廓大雄奇的意境和瑰丽的浪漫主义色彩方面。比如《沁园春·灵山齐庵赋》:"叠嶂西驰,万马回旋,众山欲东。正惊湍直下,跳珠倒溅;小桥横截,缺月初弓。"把静止的群山写成万马回旋奔腾、西驰欲东的跃动的画面,显得气势磅礴。在《摸鱼儿—观潮上叶丞相》中更把江潮比作鏖战疆场的貔貅军马:"截江组练驱山去,鏖战未收貔虎。"此种廓大雄奇的意境,形成了对读者的感情方面的冲击。他在不少的词作中,往往海阔天空地驰骋想象,如在《水调歌头》中写道:"我志在寥阔,畴昔梦登天。摩挲素月,人世俯仰已千年。有客骖鸾并凤,云遇青山赤壁,相约上高寒。酌酒援北斗,我亦蛮其间。"诗人在梦中遨游太空,抚摸月亮,用北斗酌酒,充满了浪漫主义的瑰丽色彩。

辛弃疾词的风格,总的说是雄浑阔大、沉郁顿挫的;但辛词的风格又不是单一的,而是多样的。在辛词中也不乏淡雅清丽之作,甚至也有柔美妩媚的篇章,所以也可以说辛词是丰富多彩、不拘一格的。特别是辛弃疾被劾落职之后,曾投闲置散二十年,他在江西上饶城北的带湖建造了一处居所,在此隐居。他写了不少反映农家生活的词作和一些情调委婉的词章。《清平乐—村居》是著名的一首:

> 茅檐低小,溪上青青草。醉里吴音相媚好,白发谁家翁媪? 大儿锄豆溪东,中儿正织鸡笼。最喜小儿无赖,溪头卧剥莲蓬。

写得生动活脱,极富农家生活的情趣,而其格调显得舒缓恬淡。

另一首《鹧鸪天》:

> 石壁虚云积渐高,溪声绕屋几周遭。自从一雨花零落,却爱微风草动摇。 呼玉友,荐溪毛,殷勤野老苦相邀。杖藜忽避行人去,认是翁来却过桥。

词中一派农村恬静闲适的生活氛围,一个细节颇为有趣,一位老农家准备了酒、菜邀请翁(作者)去他家作客,老农策杖走到桥边时,见迎面过来一个行人,刚想避让,忽然发现来者就是他所邀的翁,便赶紧过桥来迎接。娓娓道来,显得从容委婉。

有的辛词甚至写得与婉约派的词作非常神似。请看《祝英台近—晚春》:

> 宝钗分,桃叶渡,烟柳暗南浦。怕上层楼,十日九风雨。断肠片片飞红,都无人管,更谁劝、啼莺声住。 鬓边觑。试把花卜归期,才簪又重数。罗帐灯昏,哽咽梦中语:是他春带愁来,春归何处,却不解、带将愁去!

这首词写离情别愁,写得如此缠绵悱恻,凄婉动人。

还有一首《丑奴儿近—博山道中效李易安体》,这里辛弃疾注明是学李清照的:

> 千峰云起,骤雨一霎儿价。更远树斜阳,风景怎生图画? 青旗卖酒,山那畔别有人家。只消山水光中,无事过这一夏。 午醉醒时,松窗竹户,万千潇洒。野鸟飞来,又是一般闲暇。却怪白鸥,觑着人欲下未下。旧盟都在,新来莫是,别有说话?

此词写辛弃疾隐居时的生活情景,既表露出孤寂落寞的况味,又显现出内心的不平静。就词风来看,其用语之浅近,诗思之清新,颇得李清照词之三昧。所以后人说他学得惟妙惟肖。清代词家沈谦曾评论曰:"稼轩词以激扬奋厉为工。至'宝钗分,桃叶渡'一曲,昵狎温柔,魂销意尽。才人伎俩,真不可测。"

其实作家、诗人的风格,有的并不是单一的,豪放与婉约之间也没有一道不可逾越的鸿沟。李清照是婉约派的代表,然而她也有"生当为人杰,死亦为鬼雄"那样刚烈豪壮的诗句。这告诉我们,观察、评论一个作家,绝不能简单化和绝对化。

2007 年 9 月 28 日于上海

一〇三

# 文天祥的诗及其写作环境

最近翻阅宋诗,重读了文天祥的《过零丁洋》、《金陵驿》、《正气歌》等诗篇。文天祥不仅是南宋著名的民族英雄,而且是一位悲壮沉郁的爱国诗人。这几首诗写得特别情真意切,句句出自肺腑,字字撼人心旌。为什么呢? 诗总不能离开它的写作环境。这几首诗都是在文天祥身陷囹圄之后所写,忧患交加的生死关头是写这些诗的大的环境;而零丁洋、驿站、囚室则是具体的环境。总之,这些诗是在血与火的洗礼中迸发出来的灼灼火花。

1275 年,元军侵略中原,迫近临安,谢太后任命文天祥为右丞相到敌人营中谈判,被元丞相伯颜扣留。1276 年文天祥在押解途中脱逃,至福州与张世杰等继续聚兵抗元,并收复了一些失地,1278 年年底遭元军袭击,在广东王坡岭兵败被俘。

《过零丁洋》写于元军强迫他随船去追击在涯山的帝昺,于 1279 年正月经过广东中山县南的零丁洋的时候。诗是这样写的:"辛苦遭逢起一经,干戈寥落四周星。山河破碎风飘絮,身世浮沉雨打萍。惶恐滩头说'惶恐',零丁洋里叹'零丁'。人生自古谁无死,留取丹心照汗青。"诗的前四句写干戈分起,国家山河破碎,个人身世飘摇。第五六句是见景生情,惶恐滩是赣水流经万安县十八个险滩之一,零丁洋是珠江口的海湾。作者巧妙地借用地名来描写人的心情。这里说的惶恐并非害怕敌人,而是指国难当头,身陷囹圄的处境。零丁也是这个意思。然而在这样险恶的环境里,文天祥大义凛然,誓死不屈,他把生死置之度外,唯一的愿望就是保持爱国赤诚之心,最后两句成为千古名句。当时汉奸张弘范一再逼迫文天祥写信招降正在海上抗敌的张世杰,文天祥就提笔录下这首《过零丁洋》作为对元军的回答。真是掷地作金石之声。

1279 年 3 月,文天祥被押往燕京,7 月路过建康(今南京),在驿站里又写下了《金陵驿》一诗:"草合离宫转夕晖,孤云飘泊复何依? 山河风景原无异,城郭人民半已非。满地芦花和我志,旧家燕子傍谁飞! 从今别却江南路,化作啼鹃带血归。"长江、王谢的燕子都是具体的环境。诗人把自己比作无可依靠的孤云,旧日王谢的燕子也飞到别人家了,风景如旧,但城郭人民已非昔日面貌,最后深情的叹道,一过长江,从此再也看不到江南了,但即使死在燕京,也要化作啼血的杜鹃飞回江南。洋溢着深厚的爱国情怀。

1281 年夏，南宋已亡，文天祥被囚于大都（今北京）的狱中，牢房又矮又窄，阴暗潮湿，一到雨季，土气、水气、日气、火气、米气、人气、秽气，萃然蒸沤，可是文天祥却是"我善养吾浩然之气"，他说："彼气有七，吾气有一，以一敌七，吾何患焉。况浩然者乃天地之正气也。"这就是他写作名篇《正气歌》的时代背景与写作环境。诗中说："天地有正气，杂然赋流形：下则为河岳，上则为日星；于人曰浩然，沛乎塞苍冥。"诗中歌颂了代表浩然正气的历代忠臣义士的形象：直言记史、不怕杀戮的齐国太史，以铁椎伏击秦始皇的张良，出使匈奴、杖节牧羊的苏武，东晋击楫渡江立志恢复中原的祖逖，唐代不降叛将、以笏击贼的殷秀实等等，这些英雄的崇高气节和辉煌业绩"时穷节乃见，一一垂丹青"。文天祥认为正气是人类最崇高的道德，不论古今，不论生死都少不了它。正是由于正气的支持，因此他在牢狱中能承受肉体痛苦，抵御疾病侵染，经得起各种考验。这首诗表现了作者强烈的爱国主义思想和视死如归的昂扬战斗精神，同时也是对文天祥英雄性格的生动写照。

历史上不少伟人，同时又是诗人，他们的诗往往非一般诗人所能写出。这是因为这些伟人有着一般诗人所不具备的博大襟怀，也有着一般诗人所未曾经历过的"写作环境"。文天祥之所以能写出这些感人肺腑、脍炙人口的诗章也是这个道理。

（《海南日报》1990 年 12 月 3 日）

一〇四

# 中国古代文人的做官与作文

中国古代文人有个特点：大多做官。我们只要翻翻《辞海》，在中国古典作家栏目中，某某人历任什么什么官，官至什么什么职位之类的词句满目皆是。随手摘录几则，屈原："初辅佐怀王，做过左徒，三闾大夫"；陶渊明："曾任江州祭酒，镇军参军，彭泽令等职"；韩愈："曾任国子博士，刑部侍郎等职"；梅尧臣："中年后赐进士出身，授国子监直讲，官至尚书都官员外郎"。别的国家就不是这样，古希腊的荷马是个到处行吟的盲歌者；莎士比亚是剧团里打杂的，巴尔扎克、托尔斯泰也都没有做过什么官。当然，外国文人做官的也有，比如歌德曾做过魏玛王朝的枢密顾问，然而，这种现象并不是普遍的。

文人做官可说是中国封建社会的一个特殊的现象，渊源十分久长。早在《论语》中就有"仕而优则学，学而优则仕"的教条。宋·邢昺疏云："言人之仕官行己职，而优闲有余力则以学先王之遗文也；若学而得业优长者，则当仕进以行君臣之义也。"隋朝以后，又开设了科举，以文取士的"仕途"成了中国文人唯一发展的途径，由此也就产生了中国特有的仕文化现象。

中国文人又要做官，又要作文，两者之间免不了要有所碰撞。中国文人若想实现自己的政治理想，必须依靠"明君"的赏识，委以重任，因此那时个个讲清高，又个个都要官职。文人作文取悦于上的现象也比较普遍。杜甫三十四岁到长安，次年参加考试，由于宰相李林甫从中把持，参加者无一录取。这一时期，杜甫频频向达官贵人投递诗篇，以求引荐，真是"朝扣富儿门，暮随肥马尘，残杯与冷炙,到处潜悲辛"。四十岁那年,唐玄宗举行祭祀大典,杜甫呈献三封礼赋,受到玄宗赞赏,命他待制集贤院,考试录用。谁知李林甫又从中作梗,毫无结果。后来杜甫又进了《封西岳赋》《雕赋》,直到四十三岁那年才得到一个管理军械库房的小官右率府冑曹参军的职位。李白是鄙视科举的,他拒绝参加道科考试,希望依靠自己的才能学识,通过多方面的社会活动,为自己树立巨大的声誉,从而获得帝王的特殊赏识,建立赫赫功业。他受玄宗召请供奉翰林后,也曾写过一些歌咏帝王宫廷生活的诗篇,如《清平调词》三首、《宫中行乐词》十首等。

文学史上还有一奇特的现象,中国文人官在高位时,往往并没有写出伟大的作品,他们的杰出之作往往成篇于未做官之时或遭到贬斥之后。虽然并非绝对如此,但这样的例子却不少。伟大诗人屈原,在楚怀王手里担任过仅次于宰相的左徒官职,但很快遭到了谗臣、反动势力、守旧派人物的陷害,先被降为三闾大夫,后被放逐汉北。他的伟大诗篇《离骚》就是在汉北期间所写。这首寄寓了深长忧心的诗作,揭露与鞭挞了统治集团的腐败昏庸,抒发了诗人对人民的深切同情,也表达了他自己追求政治理想的坚定信念。写出了"世溷浊而不分兮,好蔽美而嫉妒","长太息以掩涕兮,哀民生之多艰","路漫漫其修远兮,吾将上下而求索"等传世千古的诗句。

李白在未入仕林前曾游历蜀中,写出过《蜀道难》这样的杰作,以夸张的笔法渲染了蜀道的高危艰险,而在深层中蕴含着对人生坎坷、仕途险恶的感叹。李白供奉翰林院后,因政治上遭谗被谤,玄宗又逐渐疏远了他,于是离开长安,漫游南北。李白在与人民群众的接近中更深刻地认识到唐朝统治的黑暗反动,危机四伏,写出了不少强烈悲愤的作品,如《梁园吟》、《将进酒》、《梦游天姥吟留别》等诗篇,"安能摧眉折腰事权贵,使我不得开心颜"、"君失臣兮龙为鱼,权归臣兮鼠变虎"、"田家秋作苦,邻女夜春寒"等入木三分、动人心魄的名句。安史之乱后,李白又因永王李璘政治事件的牵连,被流放夜郎,此时他写出了更加忧伤深邃的诗句:"夜郎万里道,西上令人老","远别泪空尽,长愁心已摧,二年吟泽畔,憔悴几时回"。

杜甫亦然。他的《丽人行》、《岳车行》、《秋雨叹三首》这些揭露统治阶级腐败,反映人民生活痛苦的诗篇均写于做官之前,"朱门酒肉臭,路有冻死骨"的诗句写于天宝十四年。安史之乱中,杜甫做了八个月的俘虏,写出了"国破山河在,城春草木深,感时花溅泪,恨别鸟惊心"那样的作品。除《春望》外,还写了《哀王孙》、《哀江头》、《羌村》、《北望》等名作。唐军收复长安后,杜甫迁回长安,过着平静的仕宦生活,出入宫掖,靠近皇帝,这段时间写的作品都是表现皇城气象、皇恩浩荡的内容,如《腊日》、《奉和贾至舍人早朝大明宫》、《题省中院壁》等。公元758年,因上疏救房琯一案,杜甫被外贬为华州司功参军,使他有机会接触到在战乱及重重压迫下痛苦呻吟的人民,他的诗作才产生了质的飞跃,写出了《三吏》、《三别》等传世之作。他在流寓四川时,又写出《茅屋为秋风所破歌》,发出了"安得广厦千万间,大庇天下寒士俱欢颜。风雨不动安如山,呜呼! 何时眼前突兀见此屋;吾庐独破受冻死亦足"。他想到的是社会上众多的,比他还要不幸的那些流离失所、饥寒交迫的人们的命运。他的诗得到了升华。

戏剧方面大致也相仿。写出《窦娥冤》这样伟大作品的关汉卿没有做过官;《临川四梦》却是汤显祖罢官后的作品。

中国文人做官与作文两者的关系极其微妙,以作文而达到做官,而做了官又写不出好的作品。这是因为以文取仕的"文",与我们文学史上说的伟大作品,标准是不同的。一个人身居高位,脱离了人民就写不出好的作品,而只有贴近人民生活,表达出人民的心声的作品才能算是伟大的作品。

(《团结报》2000 年 5 月 4 日)

一〇五

# 金钱陷阱，醒世恒言

金钱自从变成商品市场普遍流通的货币之后，不仅在流通领域中发挥了不可等闲视之的作用，而且在整个社会生活中扮演了极其重要的角色。正因为这样，社会上出现了一大批拜金主义者。他们信奉钱能通神，金钱万能。为了钱他们不择手段，尔虞我诈，巧取豪夺。大肆敛财之后或挥霍饕餮，或守钱如命。为了钱财，官场里出现过多少起贪污、腐败案，社会上发生了多少起凶残的谋杀案。就是这个金钱同时给社会带来了诸多的祸害与弊端。古今中外不少著名剧作及其他作品中曾对拜金主义作了生动深刻的描绘。

首先是对拜金主义者典型形象的刻画。特别引人瞩目的是古今中外不少名著里出现了一批中国式的、外国式的守财奴、吝啬鬼的生动形象。

我国元代剧作家郑廷玉的杂剧《看钱奴》中的贾仁便是其中一个。贾仁因掘到横财而成了暴发户。有了钱他还是到处行骗，刻薄盘剥。他没有后嗣，要买一个儿子，连骗带哄，连买儿的钱也要赖掉。他视钱如命，一毛不拔。他到街上看到店家正烧鸭子，就装着选购鸭子，用手挝了一把，五个手指都挝满了油。回家后咂一个手指头吃一碗饭，吃了四碗，咂了四个手指。打瞌睡时，一只狗过来把他第五个手指上的油给舔掉了。他醒来发觉，心疼难忍，竟一气成病。病重期间他嘱咐儿子，他若死了，千万不要买棺材，只要把后门口那个喂马的木槽当棺材将他发送得了。儿子说人长槽短装不下，贾仁就说用斧头把身子拦腰剁成两段就可，并再三叮咛不要用自家的斧子，要借别人家的斧子剁。

不仅中国有守财奴，外国亦有吝啬鬼。

莎士比亚的喜剧《威尼斯商人》刻画了高利贷者夏洛克的形象。夏洛克贪婪残忍，狠心地盘剥别人。安东尼奥向他借钱，他要他立下契约，如果到期不还，就割下安东尼奥身上一磅肉来赔偿。他女儿带了钱财私奔，他捶胸顿足，关心的不是女儿，而是钱财："我希望我的女儿死在我的脚下，那些珠宝都挂在她的耳朵上。"莫里哀的《悭吝人》中的阿巴公也是著名的吝啬鬼典型。他的吝啬到了嗜钱如命的地步。平时总担心埋在花园里的一万埃居钱币被人偷走而神魂不定。他儿子克里央特爱上了邻居家的姑娘玛丽亚娜，女儿艾莉丝爱上了青年瓦赖尔。可是阿巴公另有打算，他准备把女儿嫁给不要陪嫁的昂赛来爵爷，让儿子去娶一个寡妇，这样就可以省下了许多钱财，自己还打算不花钱娶一个穷人家的姑娘做续弦太太。后来丢失了钱箱，他就像发了疯一样大喊捉贼，甚至抓住自己的手，说是抓到了贼，他要告一切人，连法官和自己都要告。巴尔扎克的小说《欧也妮·葛朗台》中的葛朗台依靠囤积居奇、投机倒把成为全城首富，他把金钱看得重于一切，不惜逼走侄儿，折磨死妻子，破坏女儿欧也妮的爱情，并剥夺了她的财产继承权。

长篇苏州弹词《杨乃武》中有个绍兴师爷也是拜金主义者。因为铜钱中间有个方孔，所以他把金钱戏称为孔方兄，奉为神明。他得贿白银四千两，陷害杨乃武。他对着供在桌上的四千两银子有一段唱词：

"一日何能少我翁,生存尘世要孔方兄。

与君结伴游天下,南北东西路路通。

随处为家随上好,有所欲无所勿成功。

环球人类联知己,若要生存尘世中,俉人少得了侬孔方兄?

诗云子曰念书客,窗下埋头用苦功,

官高爵显朝堂上,美妾娇妻绣阁中,

花天酒地乐融融,就是有了孔方兄。

还有格班有田有地大财主,买豆并,去下　　,

踏水车,去雇工,秋来收稻乐融融,

马上身边大松动,就是有了孔方兄。

还有格班做生意朋友,经营买卖商贾客,大发其财称富翁,

到人前意气甚威风,此威风全靠侬孔方兄。"

"今日我兄来我处,我五经六脉全放松,

我眼睛水露露,面孔红咚咚,

浑身火辣辣,好像重伤风。

有了侬老兄我勿会穷,我死亦勿肯离开侬;

我到阴间轧朋友,还是要侬孔方兄。"

　　这些人物刻画得深刻逼真,真是入木三分。这些拜金主义者,首先他们个个都是为富不仁的剥削者和吸血鬼,贾仁掘横财,夏洛克放高利贷,绍兴师爷收受贿赂,都是不义之财。面对金钱,他们又都是嗜钱如命,显示出一种变态心理。他们都是金钱拜物教沉重阴影下形成的一群扭曲了的丑恶灵魂。

　　不少名著还给我们展现了钱与诗对立、冲突的境界。

　　列夫·托尔斯泰写过一篇短篇小说《琉森》,写旅馆附近一位衣衫褴褛的卖唱歌手在演奏六弦琴,边弹边唱,一百多位衣着华美的旅客围着听他演唱。但当他唱完,摘下帽子伸向听众时,那些阔人竟无一人向帽子里丢一分钱币。后来"我"邀歌手去餐厅喝酒,歌手又受到蔑视、嘲笑与怠慢。"我"对此十分气愤,在作品中提出了世界上最大的幸福是什么:"所有的人,或许百分之九十九,都会现出讥讽的表情对您说,世上最大的幸福就是钱。"可是"我"却认为:"不!只有一种东西迫使你们行动,而且永远会比生活中的一切别的动力更强烈地推动你们,这就是对诗歌的需要你们不承认的,可是你们会感到的,而且只要你们身上还剩下一点儿人味,你们就永远会感到对诗歌的需要。"这里的诗恐怕不能狭义地理解,推而广之,是对科学、文化、理想、信念、道德、情操的追求。

　　在我国明代大剧作家汤显祖的名剧《紫钗记》、《邯郸记》中,也出现过花神与钱神两个概念。花神是春天的使者,美的象征;钱神则是现实社会权势的代表,丑恶的象征。《紫钗记》第四十七出"怒撒金钱",霍小玉因李益到边关音讯杳然,接着又收到假书信,称李参军已经招赘卢府,霍小玉为生计不得已把家传珍宝紫玉钗变卖,谁知玉钗又落到卢府手中,那天石工送来钗钱百万钱。霍小玉接过金钱,怒恨交加,不禁骂道:"一条红线,几个'开元',济不得俺间贫贱,缀不得俺永团圆。他死图个子母连环,生买断夫妻分缘。你没耳的钱神听俺言:正道钱无具,我为他叠尽同心把泪滴穿,觑不上青苔面。"她一连把钱随手撒落,一边说:"俺把他乱洒飘,一似榆荚钱。"

《邯郸记》中的钱神就更加肆虐了。第六出"赠试"。卢生与崔氏小姐成亲后,崔氏要卢生去京中赶考,说:"奴家四门亲戚多在要津,再着一家兄相帮引进,取状元易如反掌。"卢生问,这家兄是谁。小姐告诉他,家兄者即"打圆就方,数白论黄"的金钱是也。她说:"紫阁金门路渺茫,上天梯有了他气长。奴家所有金钱,尽你前途贿赂。"这家兄果然神通广大,卢生原是落卷,由于金钱贿赂,竟被翻出做了第一,中了状无。汤显祖在这一出的下场诗中写道:"开元天子重贤才,开元通宝是钱财,若道文章空使得,状元曾值几分来。"真是绝妙的讽刺。

这些作品都给我们展现了金钱对这个世界的严重污染,以及在这个世界里钱与诗的对立,钱神与花神的冲突,使我们对拜金主义的危害有更深的认识。

不少名剧还通过作品中人物之口对金钱进行深刻的剖析,对拜金主义进行无情的抨击。

莎士比亚在《雅典的泰门》中就写下了一段关于金钱的千古名句。第四幕第三场,泰门离开雅典,索居于海滨附近的岩穴之中,为了挖掘树根充饥,不意挖到了大量黄金。这里泰门有一段独白:

"金子!黄黄的,发光的。宝贵的金子!这东西,只这一点点儿就可以使黑的变成白的,丑的变成美的,错的变成对的,卑贱变成高贵,老人变成少年,懦夫变成勇士。……这黄色的奴隶可以使异教联盟,同宗分裂;它可以使窃贼得到高爵显位,和元老们分庭抗礼;它可以使鸡皮黄脸的穷妇重做新娘,即使她的尊容会使身染恶疮的人见了呕吐,有了这东西也会恢复三春的娇艳;它会使冰炭化为胶漆,仇敌互相亲吻;它会说任何的方言,使每一个人唯命是从。这是一尊了不得的神明,即使它住在比猪巢还卑劣的庙宇里,也会受到膜拜顶礼!"

莎士比亚在另一部名剧《罗密欧与朱丽叶》中还通过人物之口说道:"这是你的钱,这才是害人灵魂更坏的毒药。在这个万恶的世界上,它比你那禁售的毒药更会杀人。"

莎士比亚以诗的语言描述了金钱的广大"神通",指出其比毒药更会杀人的本质。

苏州弹词《啼笑因缘》"绝交裂券"一回中,樊家树有一段唱,就叫:"骂金钱":

> "世人谁不爱黄金,偏是你这金钱害煞世间人。
>
> 万恶者从贪利起,待我从头一一说详情。
>
> 有了你,儿孙个个能全孝;无了你父子宛如陌路人。
>
> 还有那忤逆子孙争产业,岂不是金钱害煞世间人?
>
> 有了你,弟兄姐妹多和睦;无了你,同室操戈恶感生。
>
> 有的是手足之情全不顾,岂不是金钱害煞世间人?
>
> 有了你,三朋四友好胶漆;无了你昔日知心冷如冰。
>
> 有的是落井居然还下石,岂不是金钱害煞世间人?
>
> 有了你,宜家宜室夫妻好;无了你,少米无柴反目争。
>
> 有许多涉讼公庭婚约解,岂不是金钱害煞世间人?
>
> 有那男和女,讲爱情,全尽双方便离分,情场失意竟捐生,岂不是金钱害煞世间人?
>
> 还有那守财奴,他算盘精,刻薄成家误子孙,岂不是金钱害煞世间人?
>
> 有许多投机事业天天做,一味贪心不肯停。
>
> 到后来失败连连拼一死,岂不是金钱害煞世间人?
>
> 还有那卖国贼,助洋人,作汉奸,他昧良心,万古千秋留骂名,岂不是金钱害煞世间人?
>
> 我恨你,神通广大将人骗;我恨你,毒焰熏天罪孽深;
>
> 我恨你,买得人心能改变,把那有情人变作负心人,岂不是金钱害煞世间人?

偏偏我家树不把你金钱爱，我定要打得你碎骨又粉身，免教误尽众苍生。

他是一腔怒气无从泄，将那支票撕成蝴蝶形，连连狂笑不能停。"

真可谓痛快淋漓，鞭辟入里！

在今天改革开放、商品经济发展的形势下，我们既要认识到货币在流通领域里的重要作用，同时又要头脑清醒，防止拜金主义思想的泛滥。因此重温一下文艺名著中关于金钱的描写，恐怕还是很有裨益的。

（《上海戏剧》2010 年第 6 期）

一〇六

# 古代的诗歌外交

在两千五百年以前，我国出现了第一部灿若明星的诗歌总集《诗经》。《诗经》分为风、雅、颂三个部分。风是各地方的民间歌谣；雅是写政事兴废的作品；颂是歌颂王的功德和祈求神祇赐福的诗篇。《诗经》总共三百零五篇，其中大部分是人民的创作，小部分是贵族的制作。古代贵族阶级都很重视学诗，把诗与礼乐并列。他们学诗有实用的目的，除了讽谏、歌颂和典礼的需要外，还常常借诗言志，引诗为证，用"诗"来表情达意。春秋列国还有不少在外交场合借赋诗示意的例子。有时只用来酬酢，有时则完全借诗句来进行外交活动。在《左传·文公十三年》中就记载着这样一段故事。

春秋时期，邦国林立，各自为了争当霸主，呈现出混战的政治局面。鲁文公十三年即公元前 614 年，当时地处山西的晋国通过经济、军制的改革，逐渐强盛起来，它企图击败另一个强国楚国，从而达到称霸的目的。地处河南荥阳一带的郑国是个小国，很怕晋国吞并它。一天，郑国的国君与地处山东的鲁国国君鲁文公相会在棐这个地方。郑君想和晋国修好，但要找一个说客，他希望鲁文公能到晋国去为他说情，那天晚上就在棐地举行宴会。席间，郑国大夫子家（即公子归生）先赋了《诗经》中《小雅·鸿雁》这首诗，它的第一章是这样的：

> 鸿雁于飞，肃肃其羽。
> 之子于征，劬劳于野。
> 爰及矜人，哀此鳏寡！

把它翻译成现代汉语就是：

> 鸿雁飞向远方，拍着翅膀响沙沙。
> 人们被征去服役，像牛马劳动在荒野，
> 真是一群可怜人呵，连鳏夫寡妇也不例外。

　　这首诗描写了侯伯哀恤鳏寡的征劳之苦，是一首反对强征徭役的诗歌。子家赋这首诗就是取侯伯哀恤鳏寡，劬劳于野的意思，暗示郑国寡弱，希望鲁文公能体恤他们，为他们去晋国说项。

　　子家赋完鸿雁诗，鲁大夫季文子说："寡君未免于此"，随即答赋了一首《小雅·四月》，这首诗的前两章是：

> 四月维夏，六月徂暑。
> 先祖匪人，胡宁忍予。
>
> 秋日凄凄，百卉具腓。
> 乱离瘼矣，爰其适归。

翻译成现代汉语是：

> 四月已经是夏天，六月则到了盛暑。
> 先祖不是他人，怎么忍心让我受苦。
>
> 秋天凉风凄凄，百草都枯萎了。
> 乱离忧伤缠着人，哪里是我们的归途？

　　这是一个大夫历述自己行役、忧乱、遭祸、思隐种种复杂心情的诗。全诗共有八章，从夏日远行，触及心中隐痛，埋怨祖先不能默佑。季文子赋此诗是取行役逾时，思归祭祀的意思，就是说我鲁国也有微弱之忧，表示拒绝郑国的要求。

　　接着，子家又赋了《鄘风·载驰》一诗的第四章：

> 我行其野，芃芃其麦。
> 控于大邦，谁因谁极。

　　这首诗是写卫国被狄人破灭以后，由于宋国的帮助，遗民们在漕邑立了卫戴公为新的国君。戴公的妹妹许穆公夫人为了卫国的安全向大国求援。这几句诗可以今译为：

> 我走在祖国的原野上，一片碧绿茂盛的麦田，
> 我要把国难向大国倾诉，希望他们能急人所难前来救援。

　　这里子家取其小国有难，盼望大国救助的意思，再次请求鲁国帮助。

　　这时文子答赋了《采薇》的第四章：

> 彼尔维何？维棠之华。
> 彼路斯何？君子之车。
> 戎车既驾，四牡业业。
> 岂敢定居，一月三捷。

这是一首写戍边兵士的诗,前面写将士远别家室,历久不还;这一章是写将帅车马服饰之盛和戍卒不敢安居之劳。可以今译为:

> 路边开遍的是什么花? 那是美丽的棠棣花。
> 那路边上走的是什么? 那是君子的车。
> 兵车已经驾起,由四匹公马拉着。
> 哪里敢安然定居,一个月要转移三趟。

季文子取其"岂敢定居"的意思,表示允诺了郑国的请求,愿为郑国奔走。

于是这场交涉宣告成功,郑君拜谢鲁文公,鲁文公答拜郑君。这一场外交谈判不用普通语言,而完全借赋诗表达自己的意思,真是名副其实的"赋诗外交"。从这个饶有趣味的故事,可以看到《诗经》在春秋时代流传的情况和影响的深广。孔子说"不学诗无以言",是反映了当时的社会风尚的。由此也可看到诗的用途之广泛。

(《夜读》1983 年第 5 期)

一〇七

# 李白梦游诗与马赛曲

作家、文人往往很喜欢写"梦",什么红楼梦、梅花梦、蝴蝶梦、黄粱梦等等,不一而足。有时他们还会写自己梦境中的所见所闻及游历的情形,有些诗人所写的梦游诗就是一例。比如李白的《梦游天姥吟留别》,这是诗人在南北漫游时所作的名篇。天姥山在今浙江天台市西,下临嵊州、新昌。相传,有位登山者曾听见一位天上下来的老婆婆在山上唱歌,由此而得名。李白以奇妙的想像力抒写了"我欲因之梦吴越,一夜飞渡镜湖月"的情状。李白在梦中"脚着谢公(指谢灵运)履,身登青云梯,半壁见海日,空中闻鸡鸣"。登上天姥山之后,只见"熊咆龙吟殷岩泉,栗深林兮惊层巅。云青青兮欲雨,水澹澹兮生烟",一下子进入了神仙出没的境界。"霓为衣兮风为马,云之君兮纷纷而来下。虎鼓瑟兮鸾回车,仙之人兮列如麻。忽魂悸以魄动,恍惊起而长嗟。"梦境被惊醒,诗人"惟觉时之枕席,失向来之烟霞"。诗人梦游美好的仙境,复又回到黑暗的现实,于是写出了感慨万端的诗句:"世间行乐亦如此,古来万事东流水。别君去兮何时还,且放白鹿青崖间,须行即骑访名山。安能摧眉折腰事权贵,使我不得开心颜。"诗人借梦游天姥山的神奇境界,抒发自己对光明和自由的想望与追求,篇末点明了"安能摧眉折腰事权贵"的主题,表现出诗人特立独行的反叛精神。这不失为一首极其精彩的佳构。

在现代作家周瘦鹃的遗文中,我也发现了他所写的梦游诗。周瘦鹃是我国当代著名的作家、翻译家、盆景园艺专家,长期居住在苏州。上个世纪 40 年代,他曾游历过杭州西湖,给他留下了深刻的印象。1954 年春天,他的一位朋友游览西湖回到苏州,有声有色地对他描述解放后西湖建设的新貌。周瘦鹃听了不禁心驰神往，恨不得马上插翅飞去，与那阔别多年的西湖重新见面。日有所思，夜看所梦。是夜，周瘦鹃入睡后做了一个美梦，在梦中，他畅游了西湖，把旧日徜徉的西湖十八景一一游遍。当他游过了九溪十八涧，再往西溪去看芦花，正在看得拍手欢呼时，忽然从梦中惊醒过来。他想，这一场游览西湖的好梦，真与亲身到西湖去过一样的有趣，而且连一笔旅费也省下来了。他不觉动了诗兴，决定用诗把梦中游览西湖所见、所感记录下来，他一连做了 30 首梦游诗，从孤山游到苏堤，从平湖秋月到花港观鱼。每首诗首句都用"我是西湖旧宾客"开笔。其中几首是这样的："我是西湖旧宾客，春来哪不梦西湖？十年未见西湖面，还问西湖忆我无？""我是西湖旧宾客，每逢月夜梦三潭。记曾春月垂杨下，月色溶溶碧水涵。""我是西湖旧宾客，梦中灵隐任优游，冷泉已冷何须热，峰既飞来且小休。"这些诗既写了梦中的情景，又追忆了旧日的游踪，还抒发了自己的感触，真可谓是情与景的融和，今与昔的交织，梦幻与现实的叠影，读来意趣盎然。其实没隔多久，周瘦鹃真的重游了西湖，那是为了送章太炎先生的灵柩安葬于西湖南屏山下。周瘦鹃和汪旭初、谢孝思、范烟桥等苏州著名文人重游西湖，梦中幻景复又浮现在眼前，使诗人忍俊不禁。他们谈笑风生，逸情云上，游过许多景致，又漫步苏堤，先后走过映波、锁澜、望山、压堤、东浦、跨虹六条桥。范烟桥提出到楼外楼去喝酒，周瘦鹃当即写了一首打油诗："一条桥又一条桥，行尽苏堤六条桥。强步难为汪旭老，酒香馋煞范烟桥。"这可说是梦游诗的余波了。

除了梦中游历胜景，醒来得诗之外，在文学史上，还有梦中写诗的故事。据《东坡老林》一书记载，有一次，苏东坡前往开封，途经临潼骊山华清池，不禁想起当年唐明皇赐浴杨贵妃的情景。那天东坡在附近下榻休息，在睡梦中，竟梦着唐明皇召见他，并令他写一首《太真妃裙带词》，他当即赋就一首六言诗："百叠漪漪水皱，六铢纵纵云轻，植立寒风广殿，微闻环佩摇声。"醒来，他准确无误地记下了这首诗。

据说，法国著名的《马赛曲》的写作也与梦境有关。1789 年，巴黎人民攻克巴士底狱，开始了轰轰烈烈的法国资产阶级革命。1792 年，普奥封建君主组织联军对法国革命进行武装干涉。一时间大军压阵，情势危急。4 月 24 日，地处战争前沿的边境小城斯特拉斯堡的市长底特里希，号召人们为军队写战歌以鼓舞士气。莱茵营的中尉鲁日·德·里斯尔，是一位诗人兼作曲家，那天晚上他在大键琴旁睡着了，在梦中竟得到了一首歌曲，第二天醒来立即把它写下来，题目是《莱茵军战歌》。在 4 月 25 日的晚会上，市长底特里希亲自演唱了这首歌，它很快就在共和军中流传开来。同年夏天，马赛市的救国义勇军高唱着这支战歌进军巴黎，从此这首歌就被称为《马赛曲》，后来还被定为法兰西共和国的国歌。

为什么会出现梦游诗？诗人为什么能在梦中作诗？这恐怕与文学创作形象思维的特征有关。形象思维中还有一个特殊的形式叫灵感，它具有突发性、超常性、易逝性的特点。作家的灵感当然可能在清醒时获得；然而也可能在睡梦中获得。

据医学专家研究，人在睡眠时大脑并未中断工作，而做梦时联想特别活跃，而且可以排除无用的多余信息。所以有时白天百思不得其解，在睡梦中却能突然得到触机，产生顿悟，从而豁然开朗。于是梦游诗、梦中写诗这样的奇特现象也就产生了。

（香港《文匯报》2006 年 12 月 6 日）

一〇八

# 日本遣唐使与中国诗人

　　研读唐诗时,如果留心一下,可以发现王维、李白、包佶等都曾写诗题赠过一个叫晁衡的日本友人,与此人交情匪浅。这晁衡是何许人呢? 他是唐玄宗与肃宗在位年代,日本派至中国的遣唐使。

　　唐朝自贞观至开元,进入盛世。这一时期,经济繁荣,疆域辽阔,国力强盛。当时西京长安、东都洛阳富甲天下。唐朝的长安城面积约八十四平方公里,内有宫城,有皇城,东西平列有十四条大街,南北平行十一条大街。城中还有龙首渠、清明渠、永安渠等水道流贯。城外东北的大明宫,位于龙首渠上,居高临下。当时堪称世界上最大的城市,它为以后的城市规划树立了典范。

　　早在贞观年间,唐太宗就设置了弘文馆和崇文馆,开元年间朝廷先后设置丽正书院、集贤殿书院,聚集文学之士。张说主持编撰了《唐六典》,刘知几撰著了《史通》,吴兢撰著了《贞观政要》,学术著作硕果累累。科学技术也极为发达,天文、历算、医学、雕版印刷等在世界上都属领先地位。唐诗、音乐、舞蹈、书法、绘画等也创造了辉煌的成就。

　　盛唐的文化对周边国家产生了很大的影响,日本就是其中之一。日本的有识之士有意效仿和吸收中国的文化,七世纪初,日本圣德太子开始在派遣遣隋使、留学生、学问僧到隋朝学习中国文化,到了唐朝,这种活动就更加频繁。《新唐书·东夷》云:"太宗贞观五年,遣使者入朝,帝矜其远,诏有司毋拘岁贡。"日本先后派遣了十三次遣唐使,最多一次有六百余人。遣唐使大多由博通经史、娴习文艺的学者、文人担任,并有医师、乐师、阴阳师等随行。这些遣唐使、留学生学成回国,带去了大量的中国典籍、著作和科学技术。日本上至政体、官制、典章、军事,下至建筑、服饰等都效仿唐朝。如日本大化革新中的班田制与大唐的均田制相仿;日本奈良的平城京就是按照长安城设计修建的;学问僧空海带回大批佛教密宗经典,在日本建立了真言宗;唐玄宗时留学生吉备真备利用汉字楷书偏旁表示声音,创造了片假名;唐宪宗时学问僧空海利用草体汉字表示声音,创造了平假名等。

　　晁衡是遣唐使中比较突出的代表。晁衡原名阿倍仲麻吕,唐时译作仲满,他的父亲是中务大辅船守。在元正天皇灵龟二年(716 年),十六岁的阿倍仲麻吕作为遣唐留学生到达中国,抵达长安时在 717 年,即唐玄宗开元五年。阿倍仲麻吕始入唐太学读书,由于他聪颖好学,才思非凡,尤工诗文,不久中了进士。他与王维、李白等中国诗人交谊颇深,过往甚密,他送过衣裳给李白,李白在《送王屋山人魏万还王屋》一诗中曾有"身着日本裘,昂藏出风尘"的诗句,在"日本裘"句后并有注云:"裘则朝卿所赠,日本布为之。"晁衡深得唐玄宗的赏识,曾授与左补阙、左散骑常侍、镇南都护等官职,后来又授予秘书监兼卫卿等要职。阿倍仲麻吕在中国改汉名为晁衡,又作朝衡,字巨卿,还入了唐朝的国籍。他在中国一直生活了三十余年,历仕玄宗、肃宗、代宗三朝。他长期旅居中国,也常常怀念故国,他在一首题为《长安望月》的诗中写道:

　　辽阔长天玉镜升,仰首遥望动乡情。犹是当年春日月,曾在三笠山顶明。

诗中的"春日"是地名,指奈良市东部的春日山、高圆山的西麓一带。三笠山是日本的山名,一说为现今之若草山。这首诗抒发了他追思故国家园的浓重情怀,也表露了他迫切的归国之心。

唐天宝十年(751年),晁衡在长安遇见了日本遣唐使藤原清河,他就急欲随藤原回国探亲。他的要求得到了玄宗的准许。他写了《衔命还国作》一诗:

> 衔命将辞国,非才忝侍臣。天中恋明主,海外忆慈亲。
> 伏奏违金阙,骈骖去玉津。蓬莱乡路远,若木故园林。
> 西望怀恩日,东归感义辰。平生一宝剑,留赠结交人。

这首诗抒写了晁衡既怀念故园,又流连大唐的矛盾心理。此诗后被收入《全唐诗》卷七百三十二。

晁衡临行时,长安的友人纷纷为他送行。玄宗、王维、包佶等人还作诗赠别。王维写了《送秘书晁监还日本国》的诗相赠,诗曰:

> 积水不可极,安知沧海东。九州何处远?万里若乘空。
> 向国唯看日,归帆但信风。鳌身映天黑,鱼眼射波红。
> 乡树扶桑外,主人孤岛中。别离方异域,音信若为通。

在当时的科学水平和技术条件下,横渡大海去到日本,是一件生死难以预料的冒险行为,王维在诗中就写出了他的迷茫和担忧,字里行间洋溢着他对晁衡深厚诚挚的友情。

在《全唐诗》里,我还查到了诗人包佶的一首送别诗《送日本国聘贺使晁巨卿东归》:

> 上才生下国,东海是西邻。九译蕃君使,千年圣主臣。
> 野情偏得礼,木性本含仁。锦帆乘风转,金装照地新。
> 孤城开蜃阁,晓日上朱轮。早识来朝岁,涂山玉帛均。

包佶在诗中对晁衡的才学、人品称赞有加,对他渡海一事,包佶要比王维乐观一些,色彩也较为明丽,还希望晁衡探亲后,早日回到唐朝。

藤原与晁衡先由陆路从长安到苏州,然后在苏州乘船出发回日本。不幸船至琉球,海上忽遇风暴恶浪,船舶漂流到了越南。公元753年,在长安误传出他们所乘舟船倾覆遇难的消息。李白等朋友们听到晁衡遇难的噩耗后,十分悲痛,李白写了一首《哭晁卿衡》的诗,诗云:

> 日本晁卿辞帝都,征帆一片绕蓬壶。明月不归沉碧海,白云愁色满苍梧。

诗中的"蓬壶"指传说中的蓬莱仙山,"明月"是比喻晁衡品格的高洁。"苍梧",山名,传说在东海中。这首诗言辞哀婉,情恳意切,表达了李白对这位诗友深切的追怀与哀悼之情。古代讯息闭塞,类似此类误传时常发生,郑板桥就听到过误传袁枚去世的消息,特地作诗悼念,后来袁枚与郑板桥在邗江相见,袁枚赠诗中有"底事误传坡老死,费君老泪竟虚弹"的诗句。晁衡后来活着又回到长安,朋友们惊喜交集,破涕为笑。晁衡于代宗大历五年在长安去世。日本也给予他正二位的官衔。

上个世纪九十年代初，江苏镇江市对外友协、日本日中文化交流协会等单位在镇江北固山上树立了一座大理石的诗碑，碑上镌刻着晁衡的《望月望乡》诗，由赵朴初题写碑额，书法家沈鹏和日本书道院院长田中冻云书写诗文。这座诗碑成为这段佳话的记录和见证。

（香港《文匯报》2007 年 4 月 7 日）

一〇九

# 楹联絮语

## 一、郑板桥巧联论文艺

清代"扬州八怪"之一的郑板桥是一位擅作联语的高手。他有几副对联巧妙地谈论到文艺创作与文艺批评，颇为精辟。"删繁就简三秋树，领异标新二月花"就是脍炙人口的一联。此外，"粘来旧稿花前改，种得新蔬雨后肥"这一联，把改稿与种菜这两件事写在一起，以后者比喻前者，贴切，独到，言简意赅。

"隔靴搔痒赞何益，入木三分骂亦精"，是说文艺批评要实事求是。郑板桥此联之妙，在于涉笔成趣，而又见解独到，就如他的诗、书、画"三绝"一样，嬉笑怒骂皆成文章，极有韵味。

（《羊城晚报》1984 年 6 月 17 日）

## 二、钱塘县里打秋风

明末著名文学家张岱擅长属对。他在《自为墓志铭》中曾记载了这样一件事：六岁时，他的祖父雨若翁曾带他到杭州去玩。在杭州遇到了当时很有名的文学家、书画家陈继儒。陈继儒号眉公，对诗文、戏曲、小说、书画皆有研究，但因经常周旋于官绅之间，这一点时人对他常有讥议。此时，陈继儒正骑了一只角鹿在钱塘县作客。他见了张岱他们祖孙二人，就对雨若翁说："听说令孙善作对联，今天是不是当面一试？"他指着县衙书房里画屏上一幅《李白骑鲸图》出了一个上联："太白骑鲸，采石江边捞夜月。"张岱想了一下，便说出了下联："眉公跨鹿，钱塘县里打秋风。"这下联不仅对仗工整，而且颇有幽默风趣之意。眉公听了哈哈大笑，跃身而起："这孩子真是聪明灵捷，真是我的小友！"后来真成了忘年之交。

（《羊城晚报》1984 年 6 月 26 日）

## 三、关于飞来峰的联语

在杭州西湖灵隐一带，有著名的风景飞来峰与冷泉亭，曾留有不少联语，有一联云："灵鹫向云中隐去,奇峰自天外飞来"。因为飞来峰也叫灵鹫峰。董其昌也有一联:泉自几时冷起,山从何处飞来。

最幽默而生妙趣的是下面两副。一副在灵隐寺的两侧:"峰峦或再有飞来,坐山门老等;泉水已渐生暖意,放笑脸相迎。"还有一副在大殿后门:"立定脚跟,背后青山飞不去;执持手印,眼前佛面即如来。"

前一联是欢迎再飞来一座山峰,一泓冷泉;后一联是有恐飞来峰不翼而飞。写对联的人想象丰富,读对联的人不禁遐思翩翩。而把这两副对联对照起来看,更显得如呼斯应,相映成趣。

(《羊城晚报》1984 年 8 月 15 日)

## 四、藏书家的对联

在清代道光、咸丰年间,苏州藏书最多的要推艺芸精舍的汪阆沅。汪阆沅本以布商起家,世居山塘殳家墙门,与潘氏联姻,建艺芸精舍,峻宇华堂,碧梧修竹,十分雅致。他在精舍中曾书一联:

> 种树如培佳弟子,
> 拥书应拜小诸侯。

这上联、下联本身都用比喻手法,用培养弟子比喻种树,"拜小诸侯"比喻"拥书";进而又用上联来比喻下联。这副联语工稳生动,写出了这位藏书家对藏书的见地和自己的心情。后在太平天国战争中,汪家离散,不少宋元善本都被邻家携去。后世的著录家得到汪阆沅藏书的一鳞半爪,莫不珍为闳册。

(《羊城晚报》1984 年 8 月 26 日)

## 五、袁枚撤对联

清代文学家袁枚在随园书斋写有一副对联:"此地有崇山峻岭茂林修竹;是能读三坟五典八索九邱。"联中这"三坟""五典""八索""九邱"是传说中我国最古的书稿,但早已失传,所存的《三坟书》也实系宋人伪造。他这对联,不无自夸之意。当时有个汪容甫,本名汪中,是清代的哲学家、文学家、史学家,曾遍读经史百家之书,卓然成家。听说袁枚有这样一副对联,很不以为然,写了一封信给袁枚,约期相见。到了那天,汪容甫亲往袁宅,谁知袁枚已出外,避而不见。汪中对袁的书僮说:"你的主人如果在的话,我想请他把他所读过的坟典索邱拿来一看。"后来,袁枚回来,他的书僮把汪容甫的话一一转告。袁枚很感惭愧,就把那副对联撤了下来。

(《羊城晚报》1984 年 10 月 9 日)

## 六、郭沫若巧联评词杰

在济南大明湖的辛弃疾纪念祠中,郭沫若写了一副抱柱楹联,联语为:"铜板铁琶继东坡高唱大江东去;美芹悲黍冀南宋莫随鸿雁南飞。"这是对宋代伟大爱国词人辛弃疾的概括评价。这位爱国词人本身就是一位戎马倥偬、疆场杀敌的抗金名将。他一生写下大量抒写报国雄心的壮丽词作。"醉里挑灯看剑,梦回吹角连营。八百里分麾下炙,五十弦翻塞外声,沙场秋点兵。"一幅金戈铁马的战争场景历历在目。"追往事,叹今吾,春风不染白髭须,却将万字平戎策,换得东家种树书。"一片壮志难酬的悲愤之情憾人心旌。郭沫若联语中"高唱大江东去",既是说辛词的风格,也是说辛弃疾的战斗人格。

在济南趵突泉公园的漱玉泉建有另一位词人李清照的纪念堂,这里也可以读到郭沫若撰写的一副楹联:"大明湖畔趵突泉边故居在垂杨深处;漱玉集中金石录里文采有后主遗风。"另有他的题诗:"一代词人有旧居,半生飘泊憾何如。冷清今日成轰烈,传诵千秋是著书。"这里又以简洁的线索勾勒出了杰出女词人的动人形象及人生轨迹。在我们眼前不禁浮现出李清照与丈夫赵明诚收集碑帖、推敲金石的场面以及在战乱中颠沛流离的情景。在我们耳畔却仿佛响起了他的名句:"生当作人杰,死亦为鬼雄。至今思项羽,不肯过江东";"试问卷帘人,却道海棠依旧? 知否? 知否? 应是绿肥红瘦"。

辛弃疾与李清照,前者是豪放派的首领,后者是婉约派的代表。郭沫若联语中以"铜板铁琶"比喻辛词的慷慨纵横;以"后主遗风"点出了李词的清婉旖旎。

济南是"家家泉水,户户垂杨"的著名泉城,城内泉水多若繁星。同时济南又是一个诗泉奔涌的文化之邦,曾哺育出了众多杰出的诗人词家。他们风格纷呈,或豪放,或婉约;或壮美,或清丽。犹如济南的泉水,既有气势雄浑、声如雷鸣的黑虎泉,也有娇艳委婉、五彩缤纷的珍珠泉………

(《人民日报》海外版 1992年7月28日)

# 文苑剪翠

## 一、从科尼的故事到《复活》

长篇小说《复活》是俄国著名作家列夫·托尔斯泰后期创作的一部伟大作品,列宁曾称赞"他的作品在世界文学中占了一个第一流的位子"。可是这部作品的创作过程却是十分漫长而曲折的,他从1889年开始写作,易稿二十次,整整花了十年工夫才完成这部巨著。

《复活》的原始故事是他的朋友科尼讲给他听的。科尼当时在地方法院任检察官,有一个贵族出身的年轻人来找他,要求把一封信面交女犯人罗萨丽雅·奥尼,后者是一个下等妓院里的妓女,因为偷了醉酒"客人"的一百卢布而被判罪。申请人在信中向奥尼求婚,并请求典狱官准许他们立即举行婚礼。后来奥尼也提出一项同意结婚的声明书。然而,婚礼并未举行,因为奥尼不久患斑疹伤寒死去。从此年轻人也杳无踪迹了。原来奥尼的父亲是彼得堡某贵妇的佃户,父亲死后,成为孤女,被送进贵妇人家当了丫环。十六岁那年,那个年轻人(主人的亲戚)诱奸了她,贵妇人发现奥尼怀孕,就赶走了她。她生了一个孩子,送进了教养院,自己被迫沦为妓女。命运又使这个年轻人与她见了面,不过这时,一个在被告席上,一个却坐在陪审员的安乐椅里。

托尔斯泰听了这个故事很激动,他认为只要按照年代次序原样写下来就是一篇好作品。然而当他这样写出来后却感到失败了,他在日记中说:"试着写科尼的故事,但是写不好"。什么原因呢?主要是故事的范围太狭窄,主题太肤浅。

一个作品反映现实生活的广度和深度如何,往往体现在主题思想方面。主题肤浅的作品是没有生命力的。托尔斯泰感到科尼的故事没有表现出他在生活实践中得到的那种认识。于是他开始了对主题的新的探索。他感到应该从道德方面、个人悲剧转向整个社会方面,并且想表现第二主题——批判大规模的土地占有制度。他在日记中写道:"科尼的故事应该从开庭审讯写起……应该立刻把法庭的全部荒谬表现出来"。这样立意无疑提高了,然而困难接踵而来,原来的基本情节与第二主题相脱节。作品的主题思想总是要通过具体的题材来形象地体现的,主题的深化,必然要求对题材作相应的改造,有的需要丰富,有的需要改变。托尔斯泰意识到这一点,把这本书的写作搁置了几年,在这段时间里,他进一步广泛地接触和熟悉生活,特别是对法庭及下层生活进行观察研究,于1895年5月2日开始撰写。这一稿法庭场景占显著地位,但结尾写聂赫留朵夫与卡秋莎在监狱教堂里结婚,并逃到伦敦居住。作品有了突破,但主题与题材仍结合不好,土地问题写得潦草,他很不满意,甚至想把它放弃了。他又经过了艰苦的探索,找到了新的触机:"我懂得了应该从农民的生活写起,他们是主体"。重新动笔的稿本把重心从聂赫留朵夫移到卡秋莎·玛丝洛娃身上,尖锐地提出了"到底谁有罪"的问题,又经过几次易稿,整个情节引起了改变,扩大了社会生活的领域,写了上层统治者的无耻,反映了农村面貌与底层生活,砍掉了那个结尾,终于深刻地体现了"经济的、政治的、宗教的欺骗"以及"专制制度的可怕"这一伟大主题,成为文学史上一部不朽巨著。

从科尼的故事到《复活》这一漫长的创作历程中,我们可以看到一位伟大作家如何不断地提炼和深化主题,逐步开拓反映生活的广度和深度,如何不断地改造和丰富题材,使人物和情节高度典型化;也可以看出一位伟大作家对待写作是如何严肃认真、刻意求工。这些重要经验正是值得我们深思和学习的。

(《夜读》1982 年第 3 期)

## 二、"我并没有想到她会死!"

俄国作家尔柴诺夫有一次问列夫·托尔斯泰:"人家说,您对安娜·卡列尼娜非常残酷,您叫她在火车底下碾死。他们说,她不能一辈子同这个'枯燥无味的人'亚历克赛·亚历克赛特罗维奇耽在一起啊"。可是托尔斯泰没有正面回答,他笑了一笑说:"普希金有次对自己的一位朋友说:'你想想看,塔吉雅娜同我要的什么把戏!她结婚去了。我从来也没有想到她会这样的。'关于安娜·卡列尼娜,我能说的也就是这样。一般说,我的男女主角们有时做一些我不会希望他们做的玩意儿,他们做的是在现实生活中必须做的和像在现实生活中常有的一样,而不是做我们希望他们做的"。这样的情况不仅表现在托尔斯泰和普希金身上,恩格斯在评论巴尔扎克时也指出过,巴尔扎克的同情本来是在注定灭亡的那个阶级方面,但当他让他所深切同情的贵族男女行动的时候,他的嘲弄却是最辛辣、最尖刻的,而对于他的政治上的死敌——圣玛利修道院的共和党英雄们,却毫不掩饰地赞赏他们。恩格斯把这称作是"现实主义的最伟大胜利之一"(恩格斯:《致玛·哈克奈斯》,《马克思恩格斯选集》第 4 卷 463 页)。

这两个例子有趣,发人深思。首先它雄辩地说明文艺作品并不是作家可以任意编造的,作品中的人物也不是作家手里操纵的木偶,要他生即生,要他死即死。作家可以发挥丰富的想象,进行艺术的虚构,然而他要受现实生活的制约。托尔斯泰和巴尔扎克是十九世纪批判现实主义的代表作家。批判现实主义是一个创作方法,在十九世纪它成了遍及全欧洲的文学运动和文学思潮。它以暴露和批判资本主义为其主要特征。现实主义的作品往往按照生活的本来面目构成形象,再现生活,而不是以作家自己的主观愿望为转移。托尔斯泰和巴尔扎克都是具有非凡创作才能的作家,然而他们却忠实于现实生活,严格根据现实生活的规律和人物性格自身发展的逻辑来确定情节的发展和人物的命运,因此作品中的人物是按照他们自己的生活道路、性格逻辑去行动的。比如托尔斯泰并没有想到安娜·卡列尼娜会自杀。然而,随着情节的自然发展,人物走着自己的道路:安娜不喜欢自己的丈夫卡列宁,她厌恶他的官僚架势;她爱上了渥伦斯奇并怀疑渥伦斯奇对她的爱情。她与渥伦斯奇的关系遭到了上流社会的摒弃,被迫与爱子分离,而渥伦斯奇又不了解她的心情,对她的痛苦漠然处之,这些使她感到一切都完了,产生了一死了事的念头,终于卧轨自杀,这样的结局显得自然熨帖,水到渠成。

这些例子对我们有着现实的启迪作用。现在在我们某些文艺作品中有一个比较严重的通病,那就是虚假。在有些人看来,创作似乎可以脱离生活瞎编,我要情节如何曲折,就如何曲折,我要给人物安排怎样的命运,就安排怎样的命运。因此有些作品,戏不够,爱情凑,有的为了吸引读者观众,可以胡编惊险场面。有的作品为人物设计了好几个结局,却没有一个是合情合理的。如果你的作品中的人物确实是一个典型环境中的典型形象,那么对他说来,只有一种结局是最合理的。《红楼梦》中的贾宝玉与林黛玉决不可能团圆结合,《阿 Q 正传》中的阿 Q 也不可能成为革命家。一个作家只有忠实于生活,尊重艺术创作的规律,才能塑造出活生生的不朽典型。

(《夜读》1982 年第 4 期)

# 三、"劳驾给个情节吧"!

有时作家自己积累了不少生活素材,但还不足以构成作品,这时就很需要一个带有触机性质的素材,所谓"万事俱备,只欠东风"。俄国作家果戈理曾经写信给诗人普希金说:"劳驾给个情节吧! 随便什么可笑的或者不可笑的,只要是纯粹俄罗斯的笑话就行。""只要给我一个情节,马上就可以写出五幕的喜剧……。"

后来,普希金专程从米哈伊诺夫斯克来到彼得堡,向果戈理讲述他自己到奥伦堡去搜集创作素材时,被人当作彼得堡派来"私访"的钦差大臣的笑话;并且给果戈理提供了两起冒充政府官员的故事:一个是斯维尼纳在比萨拉比亚冒充彼得堡的一个大官,后来竟然接受犯人的请愿终被发现;还有一个故事,在诺伏高罗德省的乌斯玖日纳城,有一个外来的人冒充部里的官员骗走了许多市民的钱。

普希金提供的故事对果戈理启发很大,并激起了创作的欲望,没花多少时间,他就写出了一部大型喜剧,那就是著名的《钦差大臣》。

"他山之石,可以攻玉","借来"的情节可以写成作品,这仅是问题的一面;此外还有更重要的一面不可忽视,那就是,听来的、借来的故事并不能简单地替代作家自己的生活积累。相反,只有一个作家具有极为丰富的生活积累这一基础,才能把借来的故事作为攻玉之石。果戈理对俄国的官场生活和他所处的社会是很熟悉的,具有丰富的生活积累,普希金提供的故事才成为触机,引发他对这一方面生活的广泛联想和深入思考。普希金提供的故事,概括地说就是骗子的冒险、成功和失败,骗子的行骗是主动的、积极的行动,其他的人物都是被骗的对象。果戈理没有简单地把这个行骗故事搬进作品,而是联系自己对俄国官场腐败生活的观察,调动自己大量的丰富的生活积累,并对原来的故事进行大幅度的补充和天才的改造。为什么一个外省人冒充彼得堡的大官可以通行无阻,这是因为俄国腐败的官场提供了他行骗的土壤和气候,这个官场本身就是相互欺骗、尔虞我诈的赌场。果戈理努力发掘包含在这个行骗故事中的思想深意,那就是暴露统治阶级——贪官、污吏、土豪、劣绅的丑恶嘴脸。果戈理自己说过:"在《钦差大臣》中我决定把当时自己所知道的俄罗斯的一切丑恶的东西,一切非正义的行为都集中在一起加以嘲笑"。

这样,果戈理笔下的"钦差大臣"不再是主动行骗,而且把他的活动场景拉到官场之中。彼得堡的年轻官吏一到这个县城,就被那些官员当作钦差大臣,前呼后拥,趋之若惊,市长为了掩盖自己的罪行,施展一切本领奉承拉拢,甚至让女儿与他订婚。这样,那些官吏并不是受骗者,而是更坏的行骗者。在这个作品中,没有创造一个稍有正面性质的人物,他使对剧中人物的笑,变成喜剧的主要正面主人公。而这个主人公就是对俄国专制制度的腐朽性进行无情揭露和批判的观众。

这就明显地说明,作品成功的主要关键还在于作家有没有丰富的生活积累,对生活有没有深刻而独到的认识?因此,深入生活,熟悉生活,掌握大量的生活素材是每一个作家进行创作的先决条件和重要任务。

(《夜读》1982 年第 2 期)

## 四、果戈理的想象力

果戈理是一位具有丰富生活阅历和非凡艺术想象力的作家。

有一次,果戈理和他的朋友一家人从莫斯科到彼得堡去。他们途经托尔若克时,已经饥肠辘辘,于是到一家饭店就餐。他们要的是一盘当地名产肉馅饼。不一会,肉饼端上了餐桌,大家津津有味地吃起来。突然,他的朋友发现肉饼里嵌有几根淡黄色的头发丝,一下子食欲顿消,大家回头仔细看自己吃的肉饼,也都发现了头发丝。这时果戈理却面对盘子沉思起来。俄顷,他说,我知道怎么会有头发丝。他绘声绘色地说,这个厨师大概喝醉了,没有睡足觉,就被老板叫醒干活,他很生气,做饼时直揪自己的头发。也可能他并没有喝醉,而是不久前害了一场热病,所以头发天天在脱落。他做肉饼时不断晃动脑袋,头发便掉进了肉饼里。他讲得实乎其事,仿佛他亲眼看见的一样,朋友将信将疑,叫出了那位厨师,问他怎么回事。厨师讲的情况果然与果戈理说的其中一种情况一模一样。朋友与果戈理听了都哈哈大笑起来。

果戈理的丰富的想象力,给了他的创作以极大的帮助。有一次,他写信给诗人普希金,说:"劳驾给个情节吧!随便什么可笑的或不可笑的,只要是纯粹俄罗斯的笑话就行。""只给我一个情节,马上就可以写出五幕的喜剧……"后来普希金向他讲述了自己到奥伦去搜集创作素材时,被人当作彼得堡派来"私访"的钦差大臣的笑话;并且给果戈理提供了两起冒充政府官员行骗的故事。普希金提供的故事对果戈理的启发很大,并激起了创作欲望。原来故事中骗子行骗是主动的,说的只是骗子冒险、成功与失败的过程。果戈理联系自己对俄国官场腐败生活的深刻观察,充分调动自己的生活积累,对原来的故事进行了大幅度的补充和天才的创造,以丰富的想象力构筑了一个崭新的生动的喜剧故事,深刻地透露和嘲笑了当时俄国统治阶级——贪官、污吏、土豪、劣绅的丑恶嘴脸。剧中没有一个稍有正面性质的人物,他使对剧中人物的笑,变成喜剧的主要的正面主人公。这就是他的著名剧作《钦差大臣》,普希金看了剧本,大为赞赏,把他那种过人的想象力称作"推测别人的能力。"

果戈理的过人想象力主要来源于他对生活的仔细观察。对那些容易滑过别人注意力的人和事,不管是显著的,还是细微和可笑的,都逃不过他的眼睛。长期的观察培养了他善于猜测的能力,他接触人物,可以猜出他在什么情况下应该说什么话,同时能把握住他的思想方式和语言特征。

(《中国青年报》1987 年 7 月 5 日)

# 五、高尔基的第一篇小说

年轻的高尔基为了了解俄国,曾经漫游过俄罗斯。1891 年 11 月,高尔基抵达梯比里斯,在铁路局机器修理厂干零活。当时在这里有不少革命团体在活动,高尔基也积极在工人学生中间从事革命宣传。

这时,高尔基认识了一位叫卡鲁伊尼的革命者,他是秘密组织"民意党"的成员,曾因从事革命工作坐过六年牢。一天,高尔基和他谈起在俄国漫游的见闻。他看到过码头、海、大船,见到过吉普赛人的帐篷,鞑靼牧羊人、渔夫,他经常挨饿,有一次在乔其亚军用公路上遇到大风雪,被封闭在雨中⋯⋯在尼古拉耶夫丹赫尔森县的康地波夫卡村。他看到了一次"马奔惩刑"的惨剧。据说这种刑罚是施于被指为不贞的妇人的。一个女人赤身裸体地被套在一辆两轮车上,跟一匹马在一起,她的丈夫满头乱蓬蓬的黄赤色头发,赶着车走,扬着鞭子轮流抽打马匹和老婆。车后跟着一群看热闹的人群。高尔基挺身而出,为妇人打抱不平。然而村民们不听他的,把他毒打一顿后,扔进了路旁的烂泥沟里。

卡鲁伊尼兴致勃勃地听这些故事,诚挚地对高尔基说:"把这些都写出来吧!"高尔基的头脑里有着不少丰富的生活素材,然而一提起笔来,这一切丰富的印象似乎都消逝得无影无踪了,留在纸上的只是那些他读过的书本上的字句,不是模仿了英国拜伦的诗,就是像意大利诗人莱奥巴尔第的韵文。

卡鲁伊尼读了,摇摇头说:"只要把你自己看见的写出来就行。"

此刻,高尔基想到在贝萨拉比亚一个吉普赛人的帐篷里听一个名叫玛尔卡·楚德拉的老吉普赛人讲拉达和洛伊科·左巴尔的传说。他决定用小说形式写出这次会见。于是他写成了《马尔卡·楚德拉》。这篇小说用浪漫主义手法,描写了俄国资本主义社会对人的摧残,下层人民的痛苦和他们对自由美好生活的憧憬。

卡鲁伊尼读了很满意,随即把这篇小说送给了梯比里斯的一家重要报纸《高加索报》的编辑。编辑也很感兴趣,把年轻的作者找了去。

原稿上缺少一个署名,编辑要他想一个。高尔基想了一下,提笔在文稿的题目后面写下了"马克辛·高尔基"。

它在俄语中意思为"痛苦的马克辛"。这大概是高尔基长期颠沛流离生活的深切感受吧。

1892 年 9 月,《马卡尔·楚德拉》发表了,这是他的第一篇小说,也是第一次用高尔基这一笔名。那时他才仅仅 24 岁。

(《中国青年报》1987 年 4 月 26 日)

## 六、纸烟盒上的"一条腿"

在马雅可夫斯基的《我怎样写诗》中,我们可以看到这位苏联诗人十分注意积累生活素材和词汇,捕捉诗的形象,他有时一天十八个小时至二十个小时从事这个工作。

有一次,他为着要恰当地表现一个孤独的男子对所爱的女人的爱情,花了两天的沉思,想他怎样关心她,怎样爱她。第三天夜里头痛起来毫无所得地睡着了,可是在午夜时,一个他自认为最确切的表现终于闪现于他的脑海:

> 我要守护我要爱惜
> 你的身体
> 正如一个给战争
> ——对什么都没有用处——
> 弄残废了的兵士
> 守护着
> 他剩下的一条腿。

他昏迷地跳下床来,在黑暗中用一根烧过的火柴梗,把"一条腿"三个字写在一个纸烟盒上后就甜蜜地睡了。隔天起来,看看烟盒,怎么也想不起这"一条腿"究竟是指什么,干吗把这三个字写在纸烟盒上?为追忆这件事,他整整花费了三个钟头。

另一次,一九一三年,他从沙拉托夫回到莫斯科的路上,有一位年青少妇与他同行。他为了证明自己对她十分忠诚,对她说:"我不是一个男子,而是一片穿着裤子的云。"他立刻意识到这个表现很可入诗,他怕这个少妇记住这句话,而使他以后无法应用。为此他很焦急,差不多花了半个钟点尽用一些问题问她,直到相信他那句话是从她这个耳朵进去,那个耳朵出来才放下心。两年以后,他用"穿着裤子的云"作为一首诗的标题。

从这两件事可以看出,这位诗人是用全身心倾注在诗歌创作的。他深夜得到的灵感正是两个白天艰苦构思的凝聚和突发,就像带着阴电荷的云和带着阳电荷的云,经过不少时间的孕集,由于相碰一刹那间发出了耀眼的闪电。他是那样艰苦、严格地选择诗的形象和语言,就像一个勤劳的淘金者艰苦卓绝、坚韧不拔地披沙拣金。他追求的是独创的形象和语言,得到一句好诗也不轻易发表,这与那些满足于"嗟来之食"、"人云亦云"的写作者,是很鲜明的对比。

马雅可夫斯基说,诗歌这东西是现实世界上最困难的范畴之一。对于诗创作的态度,我们也不妨像巴斯科那克在一首四行诗里对那妇人所表现的态度那样,诗云:

> 从那天起,由你的头到你的脚,
> 我舍不得你,把你记在心里,
> 犹如乡下的戏伶对着莎士比亚的剧本,
> 我在城里携带着你,背诵着你。

我想，每一个有志于文艺创作的人，都可取这种态度。

（《随笔》第 15 集　1981 年 4 月）

## 七、巴尔扎克与修女的故事

法国大作家巴尔扎克，有一篇短篇小说的主人公是一个名叫贞娜的年轻修女。小说的故事是，有一次修道院长派贞娜到巴黎去办事。贞娜到了巴黎，一下子从清静孤寂的修道院来到这满眼繁华、五光十色的尘世，不禁惊呆了……她在巴黎留下了。她也打扮成迷人的巴黎女郎，一个月后，她到大马路上去了。

在这篇小说中，巴尔扎克用了一个修道院的名称，书落到了这个修道院的院长手里，事也凑巧，这个院里正好有位修女也叫贞娜。院长就把她叫了来，严厉地说："你知道巴尔扎克写了你什么吗？他侮辱了你！他诬蔑了我们的修道院。他是一个诽谤者和渎神者。"这位少女把小说读了一遍，大哭起来。院长叫她立即到巴黎去找巴尔扎克，要他承认是诽谤，并表示忏悔。

于是，贞娜到了巴黎，好不容易得到巴尔扎克的接见。她把情况告诉了巴尔扎克，要他为她洗刷不白之冤。

巴尔扎克问："什么不白之冤？我所写的永远是神圣的真理。"

贞娜恳切地说："你要是不愿意帮助我，我就不知道怎样才好了。"

巴尔扎克说："你所应该做的事情，我在书里已经写得清清楚楚了。"

贞娜不解地问："难道你要让我也留在巴黎？"

巴尔扎克答道："不错，我只是要您脱掉这身黑道袍，使您年轻而美丽的身体像一颗珍珠一样发出光彩来。要您学会欢笑，懂得什么叫欢乐和爱情。走吧，走吧，不过不要到大马路上去。"贞娜因为巴尔扎克未为她洗刷，只能在巴黎留下来了。据说后来她生活得很快活，很幸福。

（《羊城晚报》1984 年 10 月 9 日）

——一

# 英雄谈文

在 1961 年的新年里，我访问了李福祥同志。我们就文艺方面的问题，作了近两小时的长谈。

1953 年以来，李福祥同志一直是全国闻名的先进生产者。他是工业战线上的一面红旗，这是大家所了解的。但是，读者可能还不知道他还是一个热情的文艺爱好者和勤奋的业余作者呢！

"我真正开始写作还是去年的事，写的很少，也写的很差。"李福祥同志谦虚地开始了他的谈话，"开始我写些诗歌，去年才学写小说、散文和论文。"

在访问前，我已在报刊上翻阅过他的文章，不过我怕不全，就要求看看他的作品剪报。他从抽屉里拿出一个牛皮纸袋，抽出一大叠剪报，其中有报刊上关于他英雄事迹的通讯报道，更多的是他自己的作品。这里有《上海文学》1960年8月号上发表的《我在镗床组工作》，有在各报发表的《战斗的一夜》、《强烈的阶级仇恨》、《送宝记》、《开门红日记》、《千手观音》、《拉车记》等。我粗粗地翻了一下，就知道以前看到的只是其中一小部分。他在半年中就发表了二十几篇作品，其中最长的一篇长达一万多字。另外，还有一篇已译成外文发表；还有一篇已由少年儿童出版社出版。这位全国著名的劳动模范，同时又是一位多么勤奋的业余作者啊！

在剪报中，我偶尔翻到了一份他的"兼职表"，发现上面写了他很多兼职，他笑着解释说："工作的确忙，时间是很紧张的，不过，写作像生产一样也要有干劲，要千方百计抓时间写！我语文基础差，解放初期才初小程度，但这不要紧，写作就是一个锻炼和学习的过程。我们工人阶级要真正掌握文化呵！不仅要在生产上做主人，并且要在科学技术和文化艺术上做主人，不花艰苦的劳动怎么行！"他经常利用下班后的业余时间写稿。那篇《我在镗床组工作》就是花了两个晚上写成的。由于工作忙，文化程度不高，困难当然很多。他说："我也常收到退稿啊！"他从另一抽屉里，捧出一大叠退稿给我看，估计足有十余万字。他笑着说："我不怕退稿，失败了再来！王林鹤不是搞了三百七十一次吗？退回来就和创作组同志们一起讨论，不断修改！"他指着一叠改得密密麻麻的稿纸说："这篇'送肥'最近就在修改！"

接着，我请李福祥同志谈谈他为什么这样勤奋地写作。

李福祥同志说："写作不是个人的事情，这是我们整个阶级的事业，这是党的事业。我们工人不仅有责任搞好生产，而且有责任做好党的宣传工作，宣传马克思列宁主义，贯彻党的政策。文艺是一项重要的宣传工具，是团结人民、教育人民、打击敌人、消灭敌人的有力武器。我们工人也要掌握这件武器。以前老是别人替我写，访问时我总要讲一遍，他们又要回去写，花费很多时间。后来，我想如果自己能写，那不很好吗？一个人做得再好，力量总是有限的，大家都好才能把社会主义建设好。我如果把技术革命的经验写出来，把自己的思想体会写出来，让大家得到启发，这对社会主义建设不也多贡献了一分力量吗？"

"还有一点，"他接着说，"右派分子、修正主义者曾经诬蔑我们工人是大老粗，只能抡铁锤，不能搞文艺。这使我很气愤，我们一定要争口气，牢牢掌握文艺武器。"

这就是李福祥同志崇高的创作动机。

李福祥同志还把自己的写作原则概括为四个字，叫做"对症下药"。他说："我的作品都是根据当时形势和党的要求写的，针对运动中的思想阻碍，有的放矢。譬如《我在镗床组工作》就是针对技术革命中的保守落后的思想障碍写的。又如《千手观音》一文，因为在当时'一顶几'运动中，有些老师傅说：'大家一双手一双脚，怎么能一顶几？又不是三头六臂、千手观音'。针对这种畏难情绪，我就写了《千手观音》，论证了在党的领导下，政治挂了帅，就有可能成为千手观音，而不是神话。'向技术革命要原材料'也是这样，当时有些老师傅认为技术革命到顶了，没有搞头了。我们却认为革命没有底，技术革命是聚宝盆，不仅能向它要到工时，而且可以要到原材料……"

我们的话题又转到了革命现实主义和革命浪漫主义相结合的问题上，李福祥同志表现出极大的兴趣。他说："我们的生活本身就是现实主义和浪漫主义相结合的。我们有远大的理想，我们又每时每刻在实现我们的理想。我们的文艺作品既要反映现实，又要反映理想。毛主席说我们的文艺要为工农兵服务，要符合社会主义的要求和人民的希望。那就一定要大写英雄人物，英雄事迹，新风格，新思想。只有这样才能教育人民，推动革命和建设。"

接着,我们就谈到他的作品。我说:"我很喜欢《我在镗床组工作》这一篇,特别是其中公园开小组会一段,很精彩,很有浪漫主义色彩。"

他不好意思地笑笑:"这一段费礼文同志和唐克新同志也说不错!我们的革命浪漫主义也是从生活中来的。那天我到外滩公园,正下大雨,又涨潮水,一个人也没看见。但我去买了四十张门票,又定了40杯茶,40客饭。当时营业员说定下不能退,小林又在旁边担心大家不来。但我想,应该相信群众,群众只是觉悟的快慢不同,他们总会进步的。果然,他们都应约而来了。当然,我在作品中,为了突出这种思想,某些地方也做了艺术夸张。譬如,事实上,去的时候潮水还没涨,后来才涨,但作品中却写去的时候就涨潮了。"

此外,我们还谈了英雄形象的塑造问题,李福祥同志的见解也都很精辟,我已经单独加以整理,发表在一月十五日的解放日报上了。

最后,我问了他最近的创作情况和今后的打算。他说,最近写了一篇关于《十二次列车》的影评和"我这一年"的征文;另外有一本包括十篇文章的"钻头技术论文"即将出版;现在正在动手写一部以"第一代工人工程师的成长"为主题的电影剧本,描写他解放前牛马般的学徒生活和解放后在党的培养下的成长过程。另外,今年还计划写一部近十万字的自传体中篇小说。

握手告别后,我心里感到一股巨大的鼓舞力量。这一次访问,使我看到一个工人阶级的先进分子的生动形象,他们不但要攀登科学技术高峰,而且也要占领文化艺术的阵地,成为一个能文能武的有文化的劳动者。我预祝李福祥同志在新的一年里创造更新的奇迹!

(《解放日报》"朝花"1961年1月25日)

一一二

# 新春夜谈

新春的夜晚,华灯初上。天山一条街正是欢腾活跃的时分。我走在大街上,抑不住心头的欣喜和激动。这不仅由于这迷人的夜景,更是因为我将在这条社会主义新型大街上,去会见一个社会主义时代新型的人——杨新富同志。

杨新富是上联电工器材厂的工人工程师,著名的先进生产者。我们不仅在报上读到过很多关于他的报道;也在报刊上读到了很多他自己写的动人而流畅的文艺作品。他的《春节三日》、《幸福的战斗》、《万里行》、《我在毛主席的身边》等作品给了我们强烈的感染和巨大的鼓舞。杨新富同志和李福祥同志一样,既是生产上的闯将,又是文艺战线上的尖兵。

在一幢结构新颖、美观舒适的宿舍大楼里,我见到了杨新富同志。他的住室很整洁,沿窗小圆桌玻璃板下,放着领袖接见时的照片以及他和王林鹤等人的合影……这一切跟这条大街、这幢大楼一样,都是崭新的!

他倒了两杯茶,我们就坐下谈起来。他第一句话就说:"我是苦出身,旧社会剥夺了我生活、劳动、学习的一切权利。"解放前他父亲是个穷工人,他们十一个兄弟姊妹中,有的生病没钱医治夭折了,有的被骗子拐走了,只剩下他和一个弟弟。他带着悲愤的语调诉说着自己的身世:"我七岁就给地主放牛,根本没有念书的机会。后来在日本资本家开的工厂做工,受尽欺压凌辱。为了生活,我什么职业都做过,当学徒,跑单帮,甚至做过'小堂名'①,旧社会简直是吃人的社会⋯⋯。党比亲爷娘还亲呵!是党,把我这个普通工人培养成工程师;是党,把我这个文盲哺育成能够写文章,又成为科技大学的大学生。"说到这里,语调转为高亢,感情激荡,仿佛是在朗诵一首抒情诗了。

杨新富是个容易激动的人,他感慨万端地说:"新社会太好了!它的每一件事、每一个人、每一点每一滴都使我激动。我虽然文化水平低,但看到什么都想写。只是值得写的太多了,写不完,歌颂不完。我恨不得多生几双手出来,变成三头六臂,好把新社会中的新人新事全部写出来。"

杨新富有着惊人的写作欲。这是因为他具有高度的阶级责任感和强烈的时代激情。他说:"我不写不安心啊!每天接触到无数新鲜动人的事物,每一件都令人兴奋。在这英雄的时代里,怎么能不歌唱,不写作呢?不唱觉得喉咙痒,不写睡不着觉。有一次我到第七纺织机械厂参观,看到一位车工创造的先进经验,单是在这个厂推广后,全年就可节约用电十万度。我想,如果能在全上海推广,价值该多大!这样好的经验,怎能让它过夜?于是我当夜就写了一篇报道,在劳动报'技术革新情报站'发表,事后一机工会还去开了现场会议,推广了经验。去年春天伟大的领袖毛主席到上海来,接见了我。我回家激动得睡不着觉,爬起来就写文章,那就是《我在毛主席的身边》。六月初党又派我到全国参观访问,使我看到了在三面红旗照耀下各地的跃进面貌。回到上海就写,简直写不完,那篇'万里行'在新民晚报上连载了五、六天。"

他告诉我,他每天晚上都要写些东西。在他结婚以前,有时单人宿舍里别人打扑克,开收音机,比较吵闹,定不下心来,他就索性先躺下睡一会,等大家入睡后再起来静心写作。他说:"不写好啊,我就安不下心来!"

他呷了口茶继续说:"我们写作也好,生产也好,都是为了党的事业。毛主席说得好,文艺是整个革命机器中的齿轮和螺丝钉吙!我们工人今天翻了身,既要能体力劳动,又要能脑力劳动。我们要让全世界看一下,中国工人是能文能武的新人。"他停了一会,爽朗地笑道:"再说,文艺是阶级的事业,群众的事业,必须大伙儿动手。毛主席说要'百花齐放、百家争鸣',我们工人也应该'放'一下、'鸣'一下,使我们的社会主义文艺事业万紫千红。"

先进生产者都很忙。我很关心他们写作时间的安排,杨新富同志说:"我的确是忙,在工厂时担任生产组长,又是市人民代表。工作时间忙生产,业余要学文化、闹革新,社会活动也很多。但是,我觉得越忙越有东西写,越忙越要写!"说到这里,他从书橱里翻出一大叠手稿和剪报,说:"我在1953年就开始学写通讯,但写得不多。1958年以来,生产更忙了,但要写的东西也越来越多了。去年上半年五个月里写了十几万字,发表的就有21篇,计4万多字,这比以往7年来写的还多。"

读者要问,"时间是哪里来的呢?"杨新富讲了八个字:"忙中抽空,见缝插针。"譬如那篇《春节三日》,第一节是在春节休假中写的,春节后第一天上班就到无线电广播器材厂搞革新,搞了一个通宵,在吃半夜餐休息时,他从袋里摸出稿纸写了一段。第二天到锅炉厂搞行车革新,趁试车时大家休息的工夫,他又写了一段,这篇六七千字的长文就是用"见缝插针"的方法写成的。他说:"平时我的几个口袋都塞满着稿纸、底稿、书籍,像个百宝箱,这样便于随时有空随时写。我在外面开会,会间休息十分钟也不放过它,摸出纸笔就写。乘电车时不能写,我就闭着眼睛构思,考虑怎样写?怎样修改?"

---

① "小堂名"是解放前一种儿童的戏班,在人家喜事中演唱。

这种写作热情和干劲是多么感人呵！

我早就听说杨新富在写小说"我的童年"，便问起这件事。他带着歉意说："这篇早就开始写了，只是因为大跃进以来新的题材越来越丰富，写也写不完，不觉把这篇搁下来了。"他从手稿中抽出一大叠稿纸："这里十多万字是初稿的一部分，这是报废后修改，再报废，反复修改的稿子，但我还不满意，准备再重写一遍。"他顿了一下，满怀激情地说："我的苦难童年生活永远忘不了啊！在日本帝国主义者统治上海的时候，有一次我到江湾背米。回来钻铁丝网时被日本兵发现了，他踢翻了我的米，还放狼狗咬我，临了还要我跪下来让他骑在头上。这样的日子怎能忘记？"他把左腿翘起来说："到今天，还留着狗咬的伤痕呢！特别最近看了'以革命的名义'电影，更想写出来。我一定要克服一切困难，争取早一点完稿。"

杨新富现在在科技大学学习，最后，我就问了他最近的打算。他说："前些日子给少年儿童出版社写了一篇《工农科学家成长》的文章。到了大学后感触很深。党委、老师、同学很关心我们。我们工人班的同志树立起雄心壮志，一定要克服一切困难，攻下科学文化堡垒，其中有很多动人事迹，我就想把劳动人民在知识化道路上这些动人事迹写出来。"

我从杨新富同志家里出来，又兴奋地踏上了天山一条街。初春的夜，寒气袭人，但我的心里热乎乎的。我想，在我们伟大的祖国里，不仅出现了一条一条社会主义新型的大街，并且涌现出了成批成批的社会主义新型的人。

（《解放日报》"朝花"1961 年 3 月 28 日）

一一三

# 小巷深处

苏州的街巷有一种独特的风格，有人说是古色古香，有人说是玲珑剔透，也有人说是雅静幽深。不过谁也无法用几个字来概括它的全部特征。

当我漫步在狭窄而纵深的石板路上，两边矗立着高大古朴的楼房，抬头看天，只成了一幅狭长的蓝色锦缎，这时我便觉得好像游历在天平山"一线天"的绝崖峡谷之中，又好像是沿着绿荫蔽天的花径去探胜寻幽。

现在，我驻足在小巷深处的一个矮踏门外，里面乒乓球的清脆拍击声吸引了我。我设想着一个乒乓球激战的热烈场景。可是当我轻轻地推开门，眼前的景象却把我惊呆了。因为里面既没有热闹的人群，也没有激烈的战局，打乒乓球的是一个十一二岁的孩子，就是这么一个人！他站在靠墙的一张方桌边，因为人不比桌子高多少，脚下填了方凳。他握着球板，把球打在墙壁上，球从壁上弹回桌面，于是再打过去，一下一下……节奏是那么匀称，动作是那么灵巧。他忽左，忽右，忽长，忽短，仿佛面前不是一堵墙壁，而是一个强悍的对手。突然，他对墙壁猛猛地扣杀了一下，便高兴地喊道："你输了！"球从墙上弹出来，正好被我接住，专注出神地打球的孩子，这才发现了我。

他一点不怕陌生，歪着头问我："叔叔，我打得好吗？"我老老实实地赞了一句："好！"他笑了，但随即噘起了小嘴,仿佛跟谁生气似的。我问他:"你叫什么?"他答道:"林珊珊!""你怎么一个人打球?这里一个伴也没有吗?"他说:"小哥哥他们小老虎队天天在里面比赛,就是不让我去,说我不会打。"哦,原来他在生小哥哥的气呢!我也为他不平起来:"你已经打得不错了。"他对我说:"小哥哥就是坏,他是队长,可好像当了将军一样,老说:小同志,你得先一个人对着墙壁练,这叫培养。等你有水平了,就吸收你,让你当张燮林!"我听得笑了:"怎么让你当张燮林?""小哥哥说他是庄则栋,楼上红秋是李富荣,隔壁陈康是徐寅生,还有……嗯,反正小哥哥说,我去的话,只能做张燮林了!"原来如此!孩子们的想法可真有意思。珊珊一下子跟我搞熟了。他向我求起援来:"叔叔,你说我打得不错,那你替我跟小哥哥说说,让我当队员吧!"我满口答应了他:"不过,你小哥哥我又不认识,他在哪里呢?"珊珊高兴地说:"不要紧的,他们在大天井里比赛呢!"

珊珊引着我,走过一个客堂,打开了玻璃的长窗,里面是一个天井,天井里正在进行着一场酣战。由门板、门拴、砖块组成的乒乓台把孩子们分成了两个营垒,互相勇猛地争夺着。珊珊告诉我,那个正在大板扣杀的小老虎样的孩子就是他的小哥哥。原来这小哥哥也不过是个十四岁模样的红领巾。我帮着珊珊提出了要求,可他却没有一丝"情面观念",很严格地说:"那就先让他考考看。"小哥哥和珊珊对打了好一阵,他又和几个队员低声地商量了一会,这才慎重地宣布:"现在吸收林珊珊做我们的预备队员!"珊珊高兴地问:"我是不是做张燮林呢?"小哥哥却说:"现在还不能算,明天还得考一次!"我暗暗想:好厉害的乒乓队长啊!

我走出矮踏门,已经满头大汗了,因为刚才孩子们一定缠着我和他们比赛。

踏上石板路,心里特别舒畅。我窥见了孩子们心底的秘密,我悟出了苏州街巷的本质特征:宁静中含蓄着喧闹,古朴中蕴涵着青春。这时桥头茶馆里爆发出一阵阵爽朗的谈笑声,而前面高楼的窗户里伸出了一只孩子的胖手臂,牵着一个想飞上天去的红气球。我看着这条街巷,不禁想到手臂上的静脉,看来它只是一条平静的淡绿色的线条,殊不知,它正翻腾奔流着一条热血的激流,它响着心脏跳动的节拍,它奏着整个生命活跃的旋律。苏州的街巷不也是这样吗?

(《体育报》1962 年 11 月 26 日)

一一四

# 小棋手

我的弟弟是个小棋迷。我每次回家,他总是缠着我下象棋。我在上海的一所高等学校任教,一年两次——暑期、春节返回苏州度假。而每次回家都得作好思想准备:与弟弟棋战。记得去年度完暑假,要回上海那天,临上火车,他还扭住我再来一盘。下着下着忘了时间,突然我妹妹在旁边叫了起来:"哥哥,快误点了!"于是急急忙忙丢下棋局,奔向车站。

我这次回家乘的是 310 次沪宁客车,在上车前,特地到南京东路工艺美术品服务部去买了一副美术象棋,准备送给弟弟作新年礼物。

列车虽然挤一些,但还舒适,特别是那股纷繁热烈而又快乐欢愉的气氛包围着我,心头更有一种说不出的幸福和温暖。

在我邻座，面对面坐着一对老少，一个是童颜垂髫，一个是银鬓白须。男孩最大不过十岁，扒在窗口数着路灯。他问长者："爷爷，咱们什么时候到家！"爷爷笑呵呵地答道："只要你闭上眼睛睡一觉，醒来就到南京了！"男孩相信爷爷的话。但他不同意爷爷的措施："爷爷，干吗要睡觉呢！我们来下棋吧！"说着就从背包里拿出一副小象棋来，迅速地在小桌上摊开棋盘，熟练地摆好阵势，连连催促爷爷："爷爷，快下呀！"爷爷故意逗他，闭目不言。男孩急了，喊道："爷爷，我先摆当头炮了，你再不走，我要过河吃兵了！"这当头炮果然有威力，爷爷不得不戴起眼镜，装好烟斗，说一声"跳马"，上阵应起战来。

这祖孙二代的棋局和小棋手的形象立即引起了我的注意，我下意识地摸了摸自己皮包里的美术象棋，不由得想起了我家里的小棋手，弟弟鸿秋。鸿秋才十三岁，在学校里是少先队大队副，三好学生。他虽然人小，但迷劲和钻劲可不小。他的对手范围可广呢！爸爸是当然的，此外，桥头摆糖果摊的老爷爷，隔壁退休老工人张大伯，楼上青年画家小沐，还有他的小朋友荣志、阿康、猫咪等。有时这些对手都找不到，他就硬拖死拉地缠着他小姐姐鸿鸣来下，其实鸿鸣根本不懂象棋，他就一边教一边下。

他不但喜欢下棋，而且到处去看棋、研究棋。譬如北面青年会里的大象棋比赛（就是把大棋盘挂在墙上）他去看；马路上的棋摊，他去看；至于院子里大人、小孩们下棋，他更是毫不例外地充当热情的观众和公正的裁判。我记得去年夏天回家，我偶尔在火车上买了一本"象棋"杂志，下车时随便塞在背包里也就忘了。第二天一清早我还没起床，弟弟就在窗下写字，我看他一面读着一本小书，一面在黑色封皮的小本子上抄写着。我问："鸿秋，你在抄什么书？"他欣喜欲狂地说："哥哥，这棋下得可好呢！"原来他抄的正是那本"象棋"杂志上的残局分析。

大家都有与小孩下棋的经验吧！有时，他们要你饶几个子，有时失了子要赖，有时输了还要噘嘴巴，哭鼻子。我一开头也这样理解我的弟弟。记得第一次他邀我下棋时，我摆好棋局后，就随手捡掉了"车"、"马"、"炮"三个子。但弟弟却一本正经地问我："哥哥，为什么拿掉？"我不介意地说："饶你几个！"他坚决地说："不！我不要饶！"我想我不在家不了解情况，他可能早就下得很好了。但几步一走，发现他的棋艺并不高明。这样他一连输了三局。我说："还是饶几个吧！"他却固执地说："不要饶！"妹妹鸿鸣在旁边插了一句："那你得老输！"弟弟并不生气，认真地说："我又不怕输！老师说不输是学不会的！"他确实不怕输，越输越要和你下。而这样不断地输，也就使他不断进步。特别是后来参加了少年宫的象棋小组，提高很快。到去年暑假他和我下棋的时候，就不是老输了。我被他杀得兵损马折、走投无路，也成了常事。

"呜呜！"一声汽笛的长鸣，把我从凝思默想中惊醒过来。此刻车厢中已转闹为静，困倦的旅客，有的在看报，有的在吃面包，有的在窃窃细语，有的在瞌睡打鼾。可是我旁边的一对老少却始终在兴致勃勃地下棋。孙子的大眼睛突然闪亮了，他飞快地举起一只"车"，直捣黄龙，高喊："将军！"爷爷一惊："哎哟，杀着！"孙子高兴地拍着手："爷爷输了！"爷爷却说："慢着，你看看你那边缺了什么子没有？"孙子的大眼睛回到自己一边，仔细一看，怔住了："怎么我的'将'不见了？"爷爷从容地从棋盒里拿出一只子，神秘地说："他早就在我的俘虏营里享福了！"孙子提出抗议："爷爷为什么不早告诉我！"爷爷并不接受："谁叫你只顾冲过来吃我的子！"说着哈哈大笑起来。……这样不知不觉到了苏州，要不是列车员提醒，我可说不定要陪这对祖孙乘到南京去呢！

我踏上苏州车站的月台，已经是深夜了。月光如水，寒气袭人。但是我踏着故乡的土地，心里是火热的。我一走出检票处,一眼就看到了爸爸和妹妹。我有些奇怪地问:"弟弟总喜欢接我,怎么不来!"妹妹说:"弟弟说要在家里准备迎接你呢!"我更怪了:"他准备什么?"妹妹说:"他不肯告诉我呢!"

我一跨进家门,鸿秋叫着"哥哥"飞跑了出来。我牵着他的手问:"你准备了什么迎接我啊?"弟弟说:"准备在房间里呢!"他拉我进了房间,只见桌上端端正正地摆着一盘棋。正是出人意料之外,又在乎情理之中。我爱抚地拍了一下弟弟的头说:"哈!原来你就用棋子来迎接我!"妹妹在旁提醒我:"哥哥,你可得提防着些,现在弟弟是少年象棋赛的亚军了。你看墙上的奖状,还有桌上的象棋,都是少年宫奖的。我看着红灿灿的奖状,说不出的高兴。忽然我想起皮包里的美术象棋,连忙掏出来递给他:"看,这是我送你的!"妹妹开玩笑地按住棋盒说:"不行!哥哥有私心!"说着她扑哧笑了,把棋盒塞给弟弟:"鸿秋,你快变成棋子收藏家了!"弟弟接过棋子,放在一边,就一本正经地说:"哥哥,我们快下棋吧!"

但当我坐到棋局面前,却怔住了。因为这是一盘残局,好像刚才谁在这儿下过棋,留着没有下完。"弟弟,这是谁下棋留着的,怎么我们连下去弈吗?"弟弟调皮地眨眨眼,回答道:"哥哥,你怎么忘了!"我奇怪地摇了摇头。弟弟急着从口袋里掏出那本黑色封皮的小本子,翻到一页指给我看:"哥哥,就是上次暑假里,你要上火车,没有下完的棋,我把棋局抄了下来,等着你回来下完这盘棋呢!"这时我才恍然大悟!想不到暑假里下的那盘棋,他还没有忘记呢!我望着弟弟诚恳而又执着的神色,心头不禁涌起一股热流,这不仅是一种兄弟间的爱,并且带有一种敬羡的心情。

（《体育报》1963 年 2 月 7 日,先后被收入体育出版社散文集《青春万岁》<br>及重庆出版社《现当代散文名篇赏析》）

一一五

# 天梯行
## ——黄山散记

我对黄山仰慕已久,最近才有机会一睹其丰采。那巍峨奇特的石峰,苍劲多姿的青松,清澈温甜的山泉,波澜跌宕的云海给人留下了美好的印象。而使人久久难忘的,不仅有奇妙的风景,还有在黄山辛勤劳动的那些石工们。他们的巨大身影与黄山的美景雄姿一起印刻在我的脑海之中。

我要赞颂黄山的石工。黄山是一个群山,层峦叠翠,峰峰相连,主峰在海拔 1 800 米以上,它的特点是陡峭险峻。当我们沿着蜿蜒起伏的山路石级攀登天都峰,钻进鳌鱼洞,走百步云梯,越八百级莲花沟时,就会深深感受到黄山的陡和险。然而我们再想一想,如果脚下没有这一级一级的石阶,将是怎样一番景象呢?查查历史,黄山早在唐代就已知名,但历来,除了明代普门和尚和徐霞客等少数几位探险家登过黄山主峰外,很多游人都因上山无路而只能盘桓于黄山脚下。正是有成千成万的石工开山取石,一钎钎凿出来,一块块抬上去,一方方砌起来,才筑成一条蜿蜒连绵的山路，人们称之为"天梯"。这条天梯如同一条雄伟矫健的巨龙漫游在山林云海之中，一头直上云天，一头横卧浅滩，忽隐忽现，萦绕低仰。就是这条游龙把黄山七十二峰贯穿一气，就是这条游龙载着游客遨游于壮美的人间仙境之中。而这条"天梯"的伟大创造者就是历代普普通通的石工。每一个游人都深深地感谢他们。

在黄山流传着一个故事，那是一九三七年，怀宁县闹旱灾，有一个名叫吴裕刚的石工和一群穷石工一起到黄山谋生。当时正在开凿天都峰的梯道，于是他们就参加了民工的行列。天都峰是黄山的著名险峰，海拔1 829米。《黄山图经》中说："飞鸟难落脚，猿猴愁攀登。"这段路陡直峻险，坡度在七十度以上，险处达八十五度。而吴裕刚他们分到的是鲫鱼背一段，这是天都峰顶险中之险的一段。那里有一块四、五丈长的巨石，傲然突兀于峰顶的中部，就像一条露出水面的鲫鱼的背脊。修建这段梯道，其艰难显而易见。第一天吴裕刚他们试着从鱼背一侧向上爬，但还没爬到一公尺，吴裕刚头上的帽子就被呼啸的山风吹落到深谷之中。他们商量好办法。第二天在陡峭的石壁上打进一根根钢钎，人踩着钢钎一步一步向上登，他们一边登，一边身体紧贴石壁，用两手操动锤凿，在壁上凿出一个一个的蹬级来。他们终于踩着这些蹬级登上了鲫鱼背，并且在鲫鱼背上凿出了路。石工们的衣裤被坚硬的山石磨出了一个个破洞，手上、脸上划出了一道道血纹，然而他们自豪地笑了。他们是胜利者，在他们脚下，天堑变成了通途。

就这样，经过一代一代石工们的艰辛劳动，终于修成了一条三万九千级的天梯。解放以后，又重新铺砌和翻修了一百多华里的登山石级，路面从二尺左右拓宽到四、五尺。在鲫鱼背，不仅凿出了路，并且在旁边筑了防护铁索。有趣的是，现在有些新婚夫妇或青年人登上鲫鱼背后，为了留念，在铁链上锁上一把小锁，如今铁链上的小锁已经琳琅满目了。

黄山的勇士真多。在慈光阁到半山寺的立马亭，我在高大的峭壁上看到刻有"立马空东海，登高望太平"十个大字，每个字直径有九米多。据说这十个大字是两位石匠在立地条件非常困难的情况下，用篾缆、竹索等简易设备，冒着生命危险镌刻而成的。后来常年风吹雨打，字迹逐渐模糊，近年黄山园林管理局又组织几位药农在十个字上重新涂上黄漆，现在当我们仰望着这两行笔势雄健、金光灿灿的大字时，对它的创造者的敬佩之情不禁油然而生。

在半山寺我还亲眼看到一群石工正在扶钎抡锤，挥汗如雨地开凿石条，据说是准备开辟新的旅游线路。

当我们走到白鹅岭，眼前出现了一幅机声隆隆、热闹纷繁的施工场面，这里就是索道缆车的下客站。这里将修建一条往复式的索道，可以同时一车游客上山，一车游客下山。两个车厢在两条索道上对流。游人可从车斗内观赏天都、白鹅、玉屏、莲花、炼丹诸峰和喜鹊登梅、老僧采药、猴子捧桃、双猫捕鼠等东海奇景，这条索道不久将可竣工。目前还在积极准备架设松谷庵到北海，桃鹊亭到玉屏楼的两条索道。这些索道建成后，黄山就将增加几条现代化的"天梯"了，无疑这会给黄山的旅游者带来极大的方便。

一九六二年，郭沫若同志曾为黄山题词："天工向人挑战，人工比天巧算"。山路也好，索道也好，都是巧算。黄山是美的，那些比天巧算的勇士们却是美的创造者，他们与黄山一样是美的。他们的攀登精神、创造精神、献身精神对我们每一个人来说，都是一种激励和鞭策。

《深圳特区报》1985年11月21日）

一一六

# 泉城济南

要说名山,泰山为五岳之首;若论江河,黄河乃万川之尊,而济南就在黄河南岸,泰山北麓。有人把它比作黄河波涛凝结成的一颗明珠;也有人把它喻为泰山脚下的一块碧玉。比喻不同,意思一致,济南是一座璀灿多彩的文化古城。

济南历来以"泉"闻名于世,因此有泉城之美誉。清代文学家刘鹗在《老残游记》中曾用"家家泉水,户户垂杨"来形容,可说是用最简省的线条勾出的一幅济南速写画。

济南的泉水多如繁星。早在金代就有人立了"名泉碑",列举泉名七十有二,其中趵突泉、黑虎泉、珍珠泉、金线泉为四大名泉。其实济南的泉水远不止七十二处,据一九六四年实地调查,单市区便有天然泉水一百零八处。整个济南就像一座泉水奔涌的大公园。入夜,我在睡床上,耳朵隔着枕头还清晰地听到泉水的淙淙鸣唱。济南真像一架巨大的七弦琴,整日整夜弹奏着美妙的仙乐。

济南的泉水景观奇特。名列七十二泉之首的趵突泉自地下溶洞的裂缝中涌出,三窟并发,喷雪溅玉,势如鼎沸,声若雷鸣。在严寒的早晨,池面水汽蒙蒙,雾霭弥漫,三股水柱,如三股袅袅轻烟,恍如仙境;珍珠泉却是另一番景象,泉水碧绿明净,清澈见底,池底不时涌出一簇簇一串串晶莹的水泡,如同万斛之珠喷薄而出,大者为珠,小者为玑,忽聚忽散,忽断忽续。阳光映照,珠泡时而闪烁出红、黄、紫、蓝、银多种色彩,真像五光十色的万花筒。泉中红鲤鱼、黑鲤鱼腾跃嬉戏,展现出一幅"鲤鱼戏珠"的奇景;黑虎泉则威武壮观,具有龙吟虎啸的雄浑气势。来到池边,先闻涛声。泉水从数丈悬崖石壁上涌出,通过三个石雕虎头的虎口中轰然喷出,白如雪,急如湍。泉水经过池北闸门泻入护城河形成瀑布,汹涌澎湃,声如虎吼。古人有诗:"石磷水府色苍苍,深处浑如黑虎藏,半夜朔风吹石裂,一声清啸月无光。"金线泉,在平静的水面上,两边泉水涌聚形成一线,弯曲变幻,忽隐忽现,日光照射池底,一条曲折的金线如同金蛇舞蹈。你看,这些泉水有的以气势雄浑取胜,有的以意境优美见长,有的给人视觉上美感,有的给人听觉方面的享受,真是千姿百态,精彩纷呈。

济南的泉水清洌甘美。它水质优良,杂质少,没有悬浮物,几乎不含细菌,系低矿化度淡水,不仅是绝佳的饮料,而且适于工业利用和农用灌溉。济南泉水水温一年四季均在摄氏十八度左右,因此又是良好的疗养胜地。济南泉水香醇甘洌,煮茶最宜,宋曾巩曾有"润泽春茶味更真"之句。据传清康熙帝巡视江南,喝了趵突泉的水,便封为"天下第一泉",临走时还带了很多泉水,准备在路上饮用。济南的泉水有的味如甘露,称"湛露泉";有的味美如饴,称"密脂泉";有的如琼浆,称"浆水泉";有的如醇酒,称"酒泉"。因此古人称颂济南的泉水:"泉如湛露味甘香……厌厌夜饮醉无妨。"

济南也是一个诗思泉涌的文化之邦。诞生了不少诗人,最著名的是李清照与辛弃疾。

在趵突泉公园的漱玉泉建有李清照纪念堂。李清照的故居就在漱玉泉边,故她的著作取名《漱玉集》。

在百泉汇合的大明湖边，我们可以瞻仰另一位伟大词人的风采。这里一座民宅式的三进院落，大门正中有陈毅手书的"辛弃疾纪念祠"的金字匾额。祠中陈列着辛弃疾的画像、著作等。这位曾经戎马倥偬、英勇杀敌的抗金名将，一生写下了大量抒写报国雄心的壮丽诗篇。"醉里挑灯看剑，梦回吹角连营。八百里分麾下炙，五十弦翻塞外声，沙场秋点兵。"一幅金戈铁马的征战场景历历在目。"追往事，叹今吾，春风不染白髭须，却将万言平戎策，换得东家种树书"。一片壮志难酬的悲愤之情撼人心旌。李清照与辛弃疾这两位词人，前者是婉约派的代表，后者是豪放派的首领。此外还有周密、王渔洋……济南丰富的诗泉哺育着各种风格的诗人。

济南各种人才辈出，在五龙潭可以看到唐代名将秦琼的故居；罗姑泉仿佛还映照着罗成小将当年的英姿；农民起义领袖黄巢，济南太守曾巩，散曲家张养浩，戏剧家李开先，都是受济南泉水的滋养而成长的，无怪诗圣杜甫写道："海右此亭古，济南名士多"！

济南的泉水奔腾跳跃，长流不息，这是祖国大地的乳汁在奔涌；这是历史文化的波涛在喷泻，它将永远充溢着活力与青春……

（《羊城晚报》港澳海外版　1988 年 3 月 26 日）

<h1 style="text-align:center">一一七</h1>

# 天都风情

游黄山可说是移步换景，美景迭现，但最为险峻的恐怕要数天都峰了。人到中年，精力及游兴都不如青年了，开始，要不要登天都峰颇有些踌躇。但是到了黄山似乎周围有一种无形的舆论："不登天都非好汉。"加上朋友们的鼓动，我也决定试一下。

我们过玉屏楼，来到天都峰脚下，抬头眺望天都峰顶，就像横空出世的巨人，又像插入云天的宝剑，再看那上山的石级台阶，陡直峻险，三里路的陡道，一千五百多个台阶，就像一副垂直的吊梯。我们手扶着铁索栏杆，循着石级一步一步向上攀登。这使人想起了李白"蜀道难，难于上青天"的诗句。攀登跋涉是艰苦的，然而沿途的景观却令人赏心悦目，"童子拜观音"、"天上玉屏"等石景十分奇特。越登到高处，只见云海在脚下滚动汹涌，真使人感到云里雾里，飘飘欲仙。

登上天都峰顶，目顾四周，天开云低，江河一线，周围群峰迭翠都在云海中浮沉，天地里多么浩渺广阔啊！人们登临至此，心情特别激动，这是征服艰险之后的快乐，这是登上险峰后领略到无限风光的喜悦。

这时我看到一对青年男女手拿一具光灿灿的铜质小锁，挂在安全栏杆的铁环里，并郑重其事地将它锁好。我好奇地问他们，这是何意，男青年不好意思地说，"我们是来旅行结婚的，这把锁象征我们的……"我恍然大悟，接下去说："象征你们爱情的忠贞不渝，对吧！"姑娘在一旁含笑点头。我注意了一下，有好多人在把一具具小锁套进一个个铁环。一位头发斑白的老台胞，四十多前来过黄山，这次回大陆探亲，由他侄儿、外甥陪同重游黄山，他把一把号码锁挂上了铁环,意为叶落归根。另一位男青年即将去美国留学,他也在铁环上锁上一把锁,表示他人虽然远离祖国,但心仍留在这里,争取早日学成回来报效祖国。还有一位日本朋友也把一具日本式的锁挂进了铁环,他说,这既是游览黄山的留念,同时也象征着中日两国人民的牢固友谊。我再仔细看看这安全栏杆的铁链上,几乎每一铁环上都挂满了锁,有大的,有小的,有红色的,有绿色的,有铁质的,有铜质的,有弹子锁,有号码锁,有中国锁,有外国锁,有新式的,有老式的。这是挂在天都峰颈项上一串色彩缤纷的项链,真是天都峰的一大奇景!

这时一位旅行社的导游小姐告诉我们,说起天都峰的锁,还有一个传说呢!很久以前,黄山有一位老药农,他经常到各个山峰采药,回来后制药丸,为人治病,这一带称他为神医。他有一个女儿,两个徒弟。徒弟甲忠厚勤劳,徒弟乙浮华乖巧。后来老药农年老多病、卧床不起,他想把女儿嫁给其中的一个,他拿出两把钥匙来给两个徒弟,说你们谁能到天都峰顶开了铁链上的锁,女儿就嫁给谁。结果,徒弟乙吃不起苦,悄悄地溜了,徒弟甲历尽千难万苦终于把锁取了回来,老药农就把女儿嫁给了他,并把所有技艺都传授给了他。徒弟甲与女儿去双双攀登到峰顶,把那把锁重新锁在铁环上。毫无疑问,这一把把各色各样的锁,与那个古老传说中的那把锁一样,都象征着勇敢与真诚,而这正是人生中的重要课题。我登上天都峰,不仅领略到了优美奇妙的景色,同时也探寻到了人生的况味和真谛。

(《光明日报》"东风" 1993 年 7 月 19 日)

一一八

# 黄山八音鸟

黄山是我国名山之一。明代大旅行家徐霞客曾说过:"五岳归来不看山,黄山归来不看岳。"提起黄山,人们都会津津乐道黄山的奇石、青松、山泉、云海,这些当然是令人神往的。然而除此以外,黄山的八音鸟也给我留下了难忘的印象。

记得那天清晨,我从北海观日出回来,走在山路的石径上,空气是那么清新,习习凉风更使人心旷神怡。这时忽然从树丛中传来鸟儿的鸣唱,起先我还不太在意,但是,听了几声,就觉得这种鸟鸣不同凡响。它的音调尖柔多变,音色清脆悦耳,旋律婉转优美,其鸣音悠长,一声能发七八个音。不知怎么的,它使我立刻联想到花腔女高音歌唱家。有趣的是它们有时独唱,有时合唱,有时这只鸟刚唱完,另一只鸟接上去唱,还有这只鸟唱一句,那只鸟唱一句,犹如渔歌互答。清晨山中万籁俱静,鸣声在山谷中回荡,这才是真正的立体声呢!我真后悔没有带一只录音机,如果录下来,该是一盘多么珍奇的音带啊!

这种鸟就是十分有名的黄山八音鸟,又称音乐鸟、山乐鸟。关于它,还有一个民间传说,当年百鸟大仙的九女儿,爱上了黄山脚下一个聪明勤劳的穷小伙子。她每天飞到小伙子身边,伴他砍柴,为他歌唱解愁。百鸟大仙得知后,大为恼火,将姑娘化为凡鸟,不准她重归仙境。她的8个姐姐,偷偷飞到黄山,见她正在欢乐地歌唱,她们也禁不住加入了歌唱。百鸟大仙发现后,把这群姑娘统统变成了山雀。从此她们就生活在黄山,飞到松树间,学着松涛响,飞到泉水边,学作泉水鸣……当然这是个传说故事。

据《黄山志》记载："山乐鸟种类有三，其一较鸲鹆稍大，每集必数十，毛色浅赤而黄，腋下如碎锦历碌；其一近似百舌，亦数十为群，其声屡迁如弹弦，或又如转毂之辚辚，洞箫之袅袅；其一质小而轻，多至数百，散依丛薄间，声如铃铎，足耐清听。"经鸟类学家研究，八音鸟实际包括三种鸟：第一种是棕噪鹛，俗称琴鸟或山道士；第二种是乌鸫，又叫百舌，通体黑褐色，嘴黄，叫声婉转多变；第三种是红嘴相思鸟，羽毛五色，喙朱足赤。我想起了郭沫若1964年游览黄山后题写的诗句："时闻八音鸟，林间音乐师，鸣声谐琴瑟，伉俪世间稀。"我从黄山回来后，时常对朋友们说，如果你们去黄山，千万不要错过聆听林间音乐师的美妙歌声啊！

（《人民日报》海外版　2003年12月29日）

一一九

# 沈园绝唱

中国的古典园林驰名天下，这些园林有一共同特点就是自然美与艺术美的和谐统一，充满了诗情画意。这种诗情往往是亭台水榭、林木鸣鸟的清幽深邃与园主人寄傲山水、恬淡人生的高远情志所构成的动人意境。而绍兴的沈园除了这一层诗境以外，还有更令人扼腕唏嘘的一层，那就是八百多年前，伟大诗人陆游曾在这里演绎过一出极其凄婉的爱情悲剧，并在此间留下了他生命的绝唱。

沈园原是宋代沈姓的一处私人花园，位于绍兴南街洋河弄内。此园面积有十多亩，园内建有亭台楼阁，有一池塘形似葫芦，故名葫芦池，上有石板小桥，池边有假山、水井，整个园林花木扶疏，绿荫掩映，景色十分清幽。在当时就被称为"越中名园"。

陆游生于北宋宣和七年(1125)，字务观，号放翁，他出身官宦家庭，浙江绍兴人，当时称越州山阴。他出生第二年，金兵即攻陷北宋都城汴京，少年时饱受战乱之苦，同时也受到家庭中爱国思想的熏陶。二十九岁时应进士考试，被秦桧黜名。孝宗即位，赐进士出身，曾任镇江、隆兴、夔州通判，后入四川宣抚使王炎幕府，投身军旅生活。陆游官至宝章阁待制。政治上他主张坚决抗战，收复中原，一直受到投降派的压制。他的诗歌创作极为宏富，今存9 000多首，风格雄浑豪放，洋溢强烈的爱国热情，《关山月》、《书愤》、《农家叹》、《示儿》等诗篇脍炙人口，像"僵卧孤村不自哀，尚思为国戍轮台"，"王师北定中原日，家祭毋忘告乃翁"等诗句传诵至今。

陆游的婚姻却十分不幸。他二十岁时，与舅父的女儿唐琬(蕙仙)结婚，婚后夫妻感情很好。当时陆游的家就在离沈园不远初的斜桥中正坊。自然他与唐琬常去沈园游览。由于陆游的母亲却很不喜欢唐琬，硬逼他们劳燕分飞。唐琬后来改适赵士程，陆游也另娶王氏。离异后，陆游追悔莫及，十分忧伤。真挚爱情失之交臂造成的终生遗恨，在陆游的心灵留下了巨大的创痛。凡有相似经历的人，都会有此同感。陆游曾经写下许多诗篇怀念唐琬，其中最著名的是《沈园》和《钗头凤》。《钗头凤》词云：

红酥手,黄滕酒,满城春色宫墙柳。
东风恶,欢情薄,一杯愁绪,几年离索。
错,错,错。

春如旧,人空瘦,旧痕红邑鲛绡透。
桃花落,闲池阁,山盟虽在,锦书难托。
莫,莫,莫!

绍兴二十五年(1155)陆游在绍兴城南禹迹寺旁的沈园游玩,偶然遇到了唐琬和她的丈夫赵士程,唐、赵还遣仆人致送酒肴。陆游在惆怅之余,在沈园壁上题写了这首词。唐琬见后,和作一阙:

世情薄,人情恶,雨送黄昏花易落。
晓风干,泪痕残,欲笺心事,独语斜栏。
难,难,难!

人成各,今非昨,病魂常似秋千索,
角声寒,夜阑珊,怕人寻问,咽泪装欢。
瞒,瞒,瞒!

词中倾吐出她发自肺腑的绵绵情意。不久,唐琬因悒郁而逝。

四十余年后,庆元五年(1199)春,陆游重游沈园,又写下《沈园》二首,诗中深情地追怀他和唐琬在沈园相遇的情景,此时陆游已经七十五岁了。《沈园》二首,其一:

城上斜阳画角哀,
沈园非复旧池台。
伤心桥下春波绿,
曾是惊鸿照影来。

其二:

梦断香消四十年,
沈园柳老不吹棉。
此身行作会稽土,
犹吊遗踪一泫然。

这几首诗词写得深情凄婉,成为千古绝唱。

关于陆游的生平,《宋史》有传;而上述陆游与唐琬事,宋周密所著《齐东野语》卷一《放翁钟情前室》有所记述,《香车漫步》亦有记载。

陆游与唐琬的爱情故事,后世人屡屡将它谱诸管弦,搬演于舞台。清代戏曲家桂馥曾作有《题园壁》杂剧,即敷演此事。1928 年著名剧作家陈墨香编撰成京剧《钗头凤》,由四大名旦之一的荀慧生领衔,同年 8 月于北京开明戏院首演,荀慧生饰演唐蕙仙,金仲仁饰演陆游。他们的剧本改动情节,另辟蹊径,剧中唐蕙仙没有另适赵士程,而是写唐蕙仙被逐,流落尼庵,为侠士所救,后设法使她与陆游重圆。不料完婚之日唐蕙仙病重而逝,终成遗恨。闽剧、越剧等剧种亦有此剧目。

1981 年,上海剧作家郑拾风写成苏剧《钗头凤》,同年 5 月,由江苏苏剧团演出。郑拾风又将《钗头凤》改编成昆剧,1981 年 11 月由上海昆剧团演出,计镇华饰演陆游,华文漪饰演唐婉,蔡正仁饰演赵士程,徐霭云饰演陆母。此剧基本根据传说中陆游和唐婉的悲剧故事演绎,剧作富于诗情,导演细腻,表演和音乐都有所创新,也是一部上佳的剧作。

沈园因陆游和唐婉的故事而极负盛名,沧桑更迭,沈园的亭台楼阁曾屡遭毁坏。至解放时,仅存故园之一隅,原有的亭阁画廊已不复存在。1962 年郭沫若先生《访沈园》一文中写到,沈园一度假山被平掉,古池被废弃,园子成了一爿田圃,并挤进了好些居民。上个世纪 80 年代后期,绍兴的有关部门动工加以修复。搬迁了居民,仿宋代建筑风格,修复了亭台楼阁。葫芦池和石桥、水井都是宋代旧物,这里垂柳翠竹,波光潋滟,假山石桥,茅草凉亭,一派古朴的格调。而大方池碧水清澈,莲荷成片,游鱼嬉戏。园中的孤鹤亭、冠芳楼、冷翠亭、宋井亭、俯仰亭等建筑错落有致,掩映在繁密的花木之间。在俯仰亭侧断垣间筑有石壁,镌刻着陆游的《钗头凤》词和唐婉的和词。园东的双桂堂今为陆游纪念馆,展出陆游的作品和遗物。近年又扩建了园的西部,建造了陆游的雕像等。今天人们游览沈园,重温陆游和唐婉的爱情故事,诵读《钗头凤》的词韵诗文,不仅为清幽的景色所打动,同时在感情上也会受到一次震撼和洗礼!

（《人民日报》海外版　2005 年 4 月 18 日）

# 一二〇

# 未晚谭

## 一、也谈保留剧目制

在前几天的晚报上读到吴兴人先生《不妨建立保留剧目制》一文,吴先生提出的问题应该予以重视,这一点我很赞同。在这里也谈点我的看法。

其实保留剧目制一直是有的,因为一个剧团总要打出一些有名的品牌。以前梅兰芳的《贵妃醉酒》、《霸王别姬》,马连良的《群英会》、《捉放曹》,周信芳的《追韩信》、《四进士》等都是保留剧目。现今上海京剧院的新戏中也有《曹操与杨修》、《盘丝洞》等保留剧目。问题在于好些剧团保留剧目太少,不成系列,所以给人一种错觉,好像保留剧目制还没有。保留剧目少的原因很多,一种是为了赶会演、评奖,较少考虑观众的喜好,于是会演参加了,奖也可能评到了,但卖座不好,演了几场,只得歇搁,没能保留下来;还有一种情况是浮躁情绪的影响,剧目演过就算,不思加工,于是形成演一个丢一个的状况。因此,要想完善保留剧目制,一要研究市场,研究观众,二要精益求精。

"吴文"中提出,成立一个由各方面权威人士参加的保留剧目评审委员会,每年评出若干个保留剧目,并给予政策优惠。这个意见我觉得可以推敲。我认为文艺作品犹如大浪淘沙,过去大凡保留剧目,往往并非由专家"钦定",而是在文化市场的竞争中,得到广大观众的认可,自然而然形成的。而且保留剧目也不是一锤定音的,它需要不断的琢磨。以前不少保留剧目就是根据观众的意见不断加以改进的。当然专家的意见应该尊重,但是专家的意见并不能完全代替观众的意见。再说现在这样那样的评委已经够多了,再搞个评审保留剧目的评委会,似无必要。

我以为,剧目的保留与否还是让市场去遴选,让广大观众去决定。

(《新民晚报》2000 年 12 月 12 日)

## 二、环境真实不容忽视

前些日子播得很红火的电视连续剧《忠诚》,描写的是发生在某省一个中小城市里改革和反腐败斗争的故事,可是在画面上出现的却是高架道路纵横、高楼大厦林立以及新建的浦东国际机场等上海标志性景观。电视剧展现的环境、背景显然与所描写的对象对不上号。

无独有偶,另一部电视连续剧《红蜘蛛》,写 10 个死刑女犯的临终自白。其中有几集写发生在上海的抢包、贩毒案件,剧中明确点明罪犯作案的地点是上海的长乐路、江宁路、淮海路等,可是画面上出现的却是一个小城市的景象,根本找不到上海都市的一点影子,使人颇感虚假。

其实文艺作品(包括电视剧)中的人物、情节都是在特定的环境里进行的,环境的虚假势必会直接影响到整部作品的真实感和艺术感染力,实在不可忽视!

(《新民晚报》2001 年 9 月 5 日)

## 三、荒唐"雕塑"

据报载,南方某市举办的一个当代艺术展上,一位艺术家把 10 吨从山东运来的优质苹果,抛进某生态广场的水池之中构成一个雕塑作品。报道说这个"雕塑"的本意是"用苹果的腐烂告诉人们生命从新鲜到腐烂的过程,希望由此带给观众一些有关生命的感悟"。报道还对有些市民把苹果捞起来食用,或在池边抓苹果玩耍,提出了批评。

然而,令笔者非常困惑的倒正是这一件所谓的雕塑作品。首先把 10 吨苹果抛进水池,它既没有雕,又没有塑,何以称其为雕塑作品呢?其二,把 10 吨优质苹果抛进水池任其腐烂,这不仅是一种暴殄天物的行为,而且将造成污染环境的后果,这种做法实在有百害而无一益。至于想用苹果的腐烂告诉人们生命从新鲜到腐烂的过程,其实这个道理几乎人人皆知。即使要说明,那么也只要用一两个苹果即能解决问题了。

艺术需要创新,但艺术的创新,一要合乎情理,二要符合艺术的创作规律。像这种把苹果抛入水池之类的"创新",实在荒唐又离谱。而媒体居然对此还赞扬有加,更使人费解。

(《新民晚报》2002 年 1 月 16 日)

## 四、请用规范语言

翻阅新出的某介绍广播电视节目的报纸,头版有两条标题映入我的眼帘。头条大标题为"弹眼落睛黄金周";右侧一个小标题是"本期开卷串串烧"。头条的标题中"弹眼落睛"显然是上海的方言,它有两种意思,一种是形容凶狠的样子;第二种意思是言此物亮丽,光彩夺目。但此语一般仅在口头流传,很少见诸书面文字。至于另一标题中的"串串烧",不知是何意思,颇使人费解。类似情况在其他一些媒体上也时有出现。

为了便于各地方人之间的交流和信息的准确、畅通传播,我们一直提倡普通话,提倡使用规范性的语言。所有公开出版物及各种媒体理应带头垂范,因此希望像"弹眼落睛"、"串串烧"之类的语言尽量少用、不用,而多用大家都懂的普通话和规范语言,致使整个社会蔚成风气。

(《新民晚报》2002 年 10 月 11 日)

## 五、另一种"关公战秦琼"

侯宝林的相声《关公战秦琼》,说到汉朝的关公与唐朝的秦琼竟相遇对阵,这种笑话当然使人捧腹不已。然而在现今播放的一些电视连续剧里,类似的情况也不时出现。不说别的,就说有些剧中那个时代的人物竟欣赏着后世才出现的文艺作品,这大概可说是另一种的"关公战秦琼"吧!

最近央视正在播放的电视连续剧《走向共和》中,有几处听到苏州弹词的演唱,可仔细一听竟是侯莉君演唱的"侯调"唱段。清光绪年间苏州弹词确已存在,但侯莉君是当代的弹词演员,她的"侯调"的形成是 20 世纪 50 年代以后的事情,所以绝无清光绪年间的人欣赏"侯调"的道理。在《走向共和》第 37 集中,写到直隶官员、载振等看戏的两个场面,台上女演员演出的京剧,一是荀派的《红娘》,一是梅派的《贵妃醉酒》。可是梅兰芳创排的《贵妃醉酒》首演于 1914年,而荀慧生的《红娘》更是在 20 世纪 20 年代以后的事情了。所以在《走向共和》所写的那个年代能在舞台上看到这样的剧目,也是匪夷所思的。

以历史为题材的影视剧当然可以在历史真实的基础上进行艺术创造,但不可离开历史真实而胡编乱造。历史的真实感主要是通过人物、情节等来体现的,其中细节的真实也很重要。如果细节都不真实,那整个戏就会给人虚假的感觉,而虚假的艺术是没有感染力的。电视剧的编剧不可能什么都懂,但不明白的地方可以查核资料或请教专家。总之,希望编剧们在创作时切莫粗枝大叶,精心些,再精心些。

(《新民晚报》2003 年 5 月 18 日)

## 六、关于电视节目的想法

因为经常看电视节目,所以对如何做好电视节目生出了一些想法。

一是如何精心制作电视节目。一个节目马马虎虎制作和精心制作,花的力气不一样,效果也大不一样。前不久我观看央视"艺术人生"栏目,那天采访的是著名电影艺术家王晓棠。王晓棠谈到 1978 年她复出前,杭州一位观众送给她一方大理石,并附纸条上写"艰难困苦,玉汝于成"题词,因来不及没刻到石上。王晓棠将此物珍藏至今,但不知何人所送。央视的节目制作者帮她找到了这位杭州城建部门的夏先生,并请他到演播室与王晓棠见面。这一环节的插入成了节目中的一个亮点,也是一处妙笔。但是要找到一个二十几年前送石块的观众可不是一件易事,工作量及难度都很大。我很赞赏节目制作者为了开掘节目的深度,为了精心打造节目那种不怕艰辛的精神。

另外,我想到的是电视节目的知识含量问题。当今,科教兴国已成为人们的共识,而电视是传播科学知识的重要途径。我看过一个关于数学的知识节目,一位数学家讲到用计算器检索和研究《红楼梦》,从而判断出前八十回和后四十回为两人所作。这类节目知识含量大,而且生动有趣。可是有些知识性的电视节目,内容比较肤浅、空泛,花里胡哨的东西太多,甚至干脆搞成了类似搞笑型的节目。这样知识被淹没在搞笑之中了,这实在是一种本末倒置的做法。

(《新民晚报》2003 年 7 月 28 日)

# 第三编　巨擘踪印

一二一

# 鲁迅的第一篇

鲁迅一生著作宏富,据他自己估计著作约三百万字;译作约三百万字,总共六百万言。

鲁迅发表的第一篇文章,今知为《斯巴达之魂》,刊于 1903 年 6 月出版的《浙江潮》。当时鲁迅在日本留学,就读于东京弘文学院。《浙江潮》是留日学生办的反清刊物,当时许寿裳任编辑。鲁迅所写《斯巴达之魂》是一篇译述,鲁迅后来自己也记不清来自何处。文章赞颂了古希腊斯巴达人在反侵略战争中奋勇抗敌,宁死不屈的英雄气概,借斯巴达故事来激励中华民族的尚武精神。

鲁迅发表的第一篇小说是文言小说《怀旧》。1909 年鲁迅从日本回国,先后在杭州浙江两级师范学堂和绍兴府中学堂任教。1911 年辛亥革命爆发,出于强烈的反封建愿望,他在故乡绍兴积极参加宣传活动。《怀旧》就写于这段时间。这篇小说以私塾先生为题材,反映了小镇里封建势力在革命风声中的动态。出于鲁迅对生活的实感,也显示了他的讽刺才能。《怀旧》发表于 1913 年 4 月的《小说月报》第四卷第一号,署名周逴。发表时还附有该刊主编恽铁樵的按语,对此文内容翔实、语言质朴极为赞赏,还认为是医治某些青年作文华而不实的良药。

鲁迅的第一篇白话小说是《狂人日记》,这也是第一次用鲁迅的笔名的成名之作。发表于《新青年》1918 年 5 月第四卷第五号。小说通过描写一个"迫害狂"的精神状态和心理活动,极其深刻地揭露了中国封建社会人吃人的历史的本质,并喊出了"救救孩子"的呼声。其深重的忧愤和犀利的批判使读者耳目一新,这篇小说是向封建社会进军的一声号角,是中国现代文学第一篇小说,具有划时代的意义。从此鲁迅的小说创作"便一发不可收",陆续推出了《阿 Q 正传》、《祝福》等传世之作。

鲁迅的第一部小说集是《呐喊》。共收 1918 年至 1922 年间所写小说十五篇,其中有《狂人日记》、《孔乙己》、《药》、《阿 Q 正传》、《故乡》、《风波》等。《呐喊》1923 年 8 月由北京新潮社出版;1926 年起改由北京北新书局出版。之所以取名"呐喊",鲁迅在《自序》中说道:"……有时候仍不免呐喊几声,聊以慰藉那在寂寞里奔驰的猛士,使他不惮于前驱。"

鲁迅的第一本杂文集是《热风》。鲁迅是现代文学史上最杰出的杂文家,其杂文最早见于 1918 年《新青年》的"随感录",以后又在《晨报副刊》、《京报副刊》、《语丝》、《莽原》等多种报刊陆续发表杂文。鲁迅把自 1918 年至 1924 年间发表的杂文编成集子,题名《热风》,于 1925 年 12 月由北京北新书局出版。其中有《现在的屠杀者》、《暴君的臣民》、《估〈学衡〉》、《所谓国学》、《对于批评家的希望》等著名杂文。此后鲁迅写了大量杂文,出版的杂文集有十几本之多。

鲁迅的第一篇文学理论文章是《摩罗诗力说》,1907 年刊于留日学生编的《河南》杂志上。这篇文章全面介绍了十九世纪欧洲资产阶级民主主义的诗人作家拜伦、雪莱、易卜生、彭斯、普希金、莱蒙托夫、密茨凯维支、裴多菲等,作者积极介绍新文化,希冀以先觉之声来破中国之萧条。

鲁迅的第一部文学史著作是《中国小说史略》。这是鲁迅在二十年代初在北京大学、北京师范大学、北京女子师范大学等校讲授小说史的讲稿的基础上写成。全书共分二十八篇,从神话与传说始,而止于清末之谴责小说。《中国小说史略》上卷于 1923 年 12 月由北京新潮社出版;下卷于 1924 年 6 月由新潮社出版。

鲁迅主编第一个文艺刊物是《语丝》。早在 1907 年,鲁迅在东京曾与许寿裳等几位友人筹备,欲办一个文艺刊物,刊名也定了,叫《新生》,后因有人卷走资金等原因而告夭折。1924 年,鲁迅在北京教育部供职,并兼任北大等校的教职,他与孙伏园等发起成立了语丝社,并创办了《语丝》周刊,其宗旨是"催促新的产生,对于有害于新的旧物,则竭力加以排击"。鲁迅在该刊号发表了《论雷峰塔的倒掉》,小说《离婚》也发表于此刊。1927 年 10 月遭北洋军阀政府查禁;同年 12 月在上海复刊,由鲁迅、柔石先后主编。

鲁迅不仅是位作家,而且是一位翻译家。他出版的第一部译著乃是翻译法国作家凡尔纳的科学小说《月界旅行》,1903 年 10 月由东京进化社出版。鲁迅翻译的第一部长篇小说是苏联作家法捷耶夫的《毁灭》,小说描写苏联国内革命战争时期共产党员莱奋生和游击队英勇顽强抗敌斗争的故事。《毁灭》的译本 1931 年 9 月由大江书铺出版。

鲁迅以其伟大的思想和文学实绩,成为中国现代文学的第一人。

（《团结报》"百花园" 2001 年 9 月 6 日）

一二二

# 鲁迅是怎样做编辑和作者的?

今年 9 月 25 日是鲁迅先生诞生 130 周年纪念。鲁迅是一位伟大的作家,并且是一位文学期刊的编辑巨匠。

在鲁迅的整个文学生涯中,编辑文学报刊是其主要的工作之一,占了不小的比重,他一生主编过的文学期刊达十余种之多。

早在日本留学期间,鲁迅就对刊物发生浓厚的兴趣。1903 年,浙江留学生创办《浙江潮》时,鲁迅就特地为之设计了封面。后来鲁迅决定弃医从文,首先想到的就是创办文艺刊物。1907 年他与许寿裳等几位同学在东京着手筹备,定印了稿纸,拟好了插图,做好了计划,文稿也已齐备,并将刊物名称定为《新生》。可是正当刊物要出版的时候,有人偷偷溜走了,还卷走了资金,答应供稿的人也不知去向,只剩下鲁迅、许寿裳等三人,于是,《新生》夭折了。

鲁迅于 1909 年回国,1912 年 5 月到北京,在教育部任金事和科长。1918 年,鲁迅参加了改组后的《新青年》编委会。这是我国近代第一个革命刊物,旨在提倡科学与民主。编委会成员还有李大钊、陈独秀、胡适、刘半农、钱玄同等。鲁迅第一篇成名小说《狂人日记》就发表于此。其后鲁迅兼任了北大、北师大、女子高等师范讲师。1924 年,他与孙伏园等人发起成立"语丝社",创办《语丝》周刊。鲁迅任主编。其宗旨是"催促新的产生,对于有害于新的旧物,则竭力加以排击"。鲁迅发表了《论雷峰塔的倒掉》、小说《离婚》等。1925 年 4 月,鲁迅又支持文学青年成立未名社,创办了《莽原》周刊,鲁迅任主编。内容大多是短篇创作或翻译,鲁迅发表了《朝花夕拾》及其他多篇小说、杂文。

　　1927年10月初，鲁迅到达上海。创造社郑伯奇、蒋光慈提议和鲁迅合办一个刊物，鲁迅欣然允诺，并说可以恢复已停办的《创造周刊》，于12月3日复刊，由鲁迅领衔。12月《语丝》也在上海复刊，先后由鲁迅和柔石主编。1928年6月，鲁迅与郁达夫主编的《奔流》文学月刊在上海创刊，以发表翻译作品为主。鲁迅译作《苏俄的文艺政策》即发表于此。1928年12月，鲁迅与柔石合编的《朝花》月刊创刊，并组织朝花社，出版《艺苑朝花》、《朝花旬刊》。1930年1月，鲁迅主编的《萌芽》文学月刊创刊，鲁迅重要译作《毁灭》即刊于此，第三期起成为"左联"领导的刊物之一，第四期刊有"左联"理论纲领等文献，出至第五期，被国民党当局查禁。1930年2月，鲁迅创办了《文艺研究》季刊，他所译普列汉诺夫著《车勒芮绥夫斯基的文学观》第一章刊于此。仅出一期即被禁止。1931年4月，"左联"机关刊物《前哨》在上海创刊，由鲁迅、茅盾、夏衍等编辑。创刊号是纪念被反动当局杀害的李伟森、柔石、胡也频、殷夫、冯铿五位青年作家的专号。鲁迅写了《中国无产阶级革命文学和前驱的血》。第二期起改名《文学导报》。1931年11月，鲁迅又创办了文艺报纸《十字街头》。1933年7月，《文学》月刊在上海创刊，编委会由鲁迅、陈望道、郁达夫、郑振铎、叶绍钧组成，是《小说月报》停刊后影响较大的文学刊物，对国统区的进步文学运动起了积极的作用。1934年9月《译文》月刊在上海创刊，先后由鲁迅、茅盾主编，介绍苏联及其他国家进步文学作品，中途停刊，1936年3月复刊，鲁迅在病中还为之撰写了《复刊词》。

　　鲁迅为编辑文学报刊，花费了大量的精力和心血。鲁迅为什么这样乐于做"为他人作嫁衣裳"的编辑工作呢？因为鲁迅认为编辑书刊是为广大读者提供精神食粮的事情，同时也是培养青年作家，"造出大群新的战士"的重要途径。

　　鲁迅主编文学期刊非常注重刊物的思想内容。比如他主编《奔流》，就有计划、有系统地介绍苏联无产阶级的文艺理论，这对当时中国的革命文艺运动是具有指导意义的。而他后来编辑的《前哨》创刊号就是纪念柔石等被害的五位青年作家的专号，有力地抨击了反动当局的法西斯暴行。正因为他主编的文学期刊倾向鲜明，往往生存的时间不长，有好多刊物中途即被当局查禁。

　　与此同时，鲁迅又很注重刊物的趣味性，他主张刊物要办得生动活泼，情趣盎然。不仅要求文章写得妙趣横生，引人入胜，而且版面编排要活泼美观。他编的《朝花》、《奔流》、《译文》一律附有木刻或版面插页，文章空处加题花、尾花，做到图文并茂。当时有人批评《奔流》刊载的译著偏重"个人趣味"，鲁迅在《编校后记》中回答说："说到'趣味'，那是现在确已算一种罪名了，但无论人类的也罢，阶级的也罢，我还希望总有一日弛禁，讲文艺不必定要'没趣味'。"

　　鲁迅强调文学期刊内容要扎实，文章要有特色，他曾规定选登的文章要"出自心裁非奉命执笔，如明清八股者"。他编《文艺研究》时特别声明"倘是陈言，俱不选入"。他编刊物很珍惜篇幅。既反对文章排得太满，密密麻麻，使人有压抑之感，然而对正文后面的空白不肯随便浪费，而是登载一两百字的"补白"短文，使之得到利用。

　　鲁迅对编辑工作十分认真，一丝不苟。1924年秋天鲁迅在病中，两位青年编辑去看他，走进书斋，只见他还在书桌前潜沉地校稿。他的脸微微泛红，眼皮微肿，显然还在发热。青年问他为什么不休息，鲁迅沉吟一下，才摸着正在校对的一叠校样说："这是这一期《莽原》的校样，前天拿了来，直到今天我还没有校完。"他还指指校样上的字说："得仔细一点，有时因一字之错会引起很大的误解，校对和创作的责任是一样重大的。"他当主编，既是策划者，又是实干家。他不仅亲自组稿、审稿，并且看校样。他做校对工作细致认真，连一个标点符号也不放过。他还亲自设计版面及封面装帧，甚至亲自送稿子到印刷厂、制版所，人家还当他是跑街之类的人物呢！鲁迅经常亲自写编校后记，《奔流》每期都有编校后记，并有精美插图。甚至还亲拟广告，他说要使看了广告来买刊物的读者不骂我们使他上当。他写过的广告有《〈文艺研究〉例言》、《〈未名丛刊〉与〈乌合丛书〉广告》等。他曾这样说："我的生命，割碎在别人改稿子，看稿子，编书，校字，陪坐这些事情上。将血一滴一滴地滴过去，以饲别人，虽自觉渐渐瘦弱，也以为快活。"他对编辑工作可说是鞠躬尽瘁、呕心沥血的了。

鲁迅对编辑人员要求也很高，他曾说："编辑应当有清醒的头脑，他比作家知道更多的东西，掌握更全面的情形，也许不及作家想得深。编辑不能随心所欲地吹捧一个作家，就像他无权利用地位压制一个作家一样，这是个起码的条件。"

鲁迅主编的刊物在文学史上留下了光辉的业绩，产生了巨大的影响。解放以后，以鲁迅主编过的期刊刊名命名的刊物及副刊就有《译文》、《奔流》、《萌芽》、《前哨》、《朝花》等。

鲁迅是一位编辑巨匠，作为一个作家，当然他更多的时间是文学期刊的撰稿者，在这一方面，鲁迅称得上是一位勤奋而忠实的作者，是文学期刊的有力支持者和亲密合作的朋友。

1921年孙伏园在北京《晨报副刊》当编辑，孙伏园是鲁迅在绍兴初级师范学堂当校长时的学生。他请求鲁迅每周给副刊《开心话》专栏写文章。鲁迅为了支持学生把报纸编好，欣然同意了。当天晚上就他开始写了一章，以后每周连载，这就是小说《阿Q正传》。1934年陈望道等创办《太白》半月刊，鲁迅也热情支持。《太白》共出二十四期，鲁迅就为它写了二十二篇文章。孙伏园在回忆文章中说："凡是与鲁迅先生商量什么事情，需要他一些助力的，他无不热情真诚地给你助力。"

鲁迅凡是为报刊撰稿，无论是创作还是译著，都十分认真负责。比如他为《译文》杂志翻译《死魂灵》，第三章中有一句"近乎刚刚出浴的眉提希的威奴斯的位置"，威奴斯为克莱阿美纳斯所雕刻，但鲁迅未见过其图像，不知出浴者的姿势，于是四处查找资料，还专门买了日本新出的《美术百科全书》，花了许多力气，终于查明。

鲁迅很重视与编辑的友谊。1934年，赵家璧主编《中国新文学大系》，他去找鲁迅，请他担任小说二集的编选工作，鲁迅说："假如真找不到别人，就由我来担任也可以。"于是答应了下来。1930年国民党浙江省部呈请通缉鲁迅，他为报刊写稿，为了避免编者受牵连，改用何家干、隋洛文等笔名。

鲁迅恪守信用。1935年巴金正在编辑《文学丛刊》，他恳请鲁迅"编一个集给我吧"，鲁迅想了一想就答应了。过了两天，他通知巴金集子的书名和内容，说还有三、四篇文章还没有写。不久，书店刊登广告说《文学丛刊》第二集十六册将在旧历年前出齐，鲁迅看到了广告。为了不耽误书店的出版计划，他急忙赶写未完成的那几篇文章，在一个月内全部写好，编成集子送到了巴金的手里，为此巴金深受感动。

鲁迅对某些市侩式的出版商却是毫不客气的。有一次他替某书局翻译一本书，这家出版商对作者极其苛刻，计算稿酬以实字为准，标点符号与空格一律不计在内。于是鲁迅就把自己的译稿从头到底连接一气，不分章节，不加标点，不让稿纸上有一个空格。弄得出版商哭笑不得，只能改变原来的陈规。

对于一个作家，一个编辑来说，当然文才是极其重要的。然而作家、编辑的文德更其可贵。在纪念鲁迅先生诞生130周年的时候，重温先生怎样做编辑，怎样做作者的那些事，对今天的我们，还是富有深刻的启迪和教益的。

（《上海作家》2011年第6期）

# 一二三

# 鲁迅与青年作者

今年 9 月 25 日是鲁迅先生诞生 130 周年。鲁迅早年信奉进化论,认为将来必胜于过去,青年必胜于老年人,因此对青年一直敬重之不暇。后来掌握了马克思主义,懂得了阶级分析的方法,然而对青年仍然充满希望,并关怀备至。

鲁迅培养青年作者,可说呕心沥血,不遗余力。其最重要的一条途径是通过办文学刊物来发现和团结青年作者,并促使其健康地成长。鲁迅办的文学刊物中有好几个就是与青年作家合办的。如 1924 年办的《语丝》是鲁迅与孙伏园、李小峰、川岛等一群青年作家合办的。1928年又与青年作家柔石等合编《朝花》,通过办刊物,团结了一批文学青年,并使之形成一股力量。

鲁迅在编辑刊物时也特别重视对青年作者的发现、扶持和培养工作。当时还在大学读书的靳以,写了一首诗投给鲁迅主编的《语丝》,不久即被刊出。李霁野回忆说,他写了一篇很幼稚的小说《微笑的脸面》交给鲁迅,看是否可以在什么报纸副刊上发表,鲁迅看后说,有点可惜,就留给《莽原》半月刊发表吧。这给了李霁野很大的鼓励。

鲁迅在处理青年作者的来稿时,总是充满了热忱。一方面千方百计地给予刊载,自己编的刊物不合适,就设法介绍到别的刊物去。另一方面他总是给予热情的指导。后来成为著名作家的艾芜和沙汀于 1931 年把习作的小说《太原船上》、《俄国煤油》等寄给鲁迅,鲁迅一一复信详细地指导,这对他们以后的文学生涯起了重要的作用。有一次,一位青年作者寄了一篇作品给鲁迅,鲁迅读后写信给他,说"这还不能算作短篇小说,因为局面小,描写也还简略,但作为一篇随笔看,是要算好的"。他建议这位青年作者:"此后如要创作,第一须观察,第二是要看别人的作品,但不可专看一个人的作品,以防被他束缚住,必须博采众家,取其所长,这才后来能够独立。"鲁迅经常劝导青年作者要多观察社会生活,"留心各样事情,多看看,不看到一点就写"。还常鼓励青年多读国内外名家的作品,他说"凡是已有定评的大作家,他的作品,全部就说明着应该怎样写"。有的作者作品渐渐多了,不免有些粗制滥造,鲁迅就及时善意地加以提醒,不可疏滥。

鲁迅为青年作者看稿、改稿的事例更是动人。凡是求他看稿、改稿的,他都欣然乐从,不计时间和精力,仔细阅改。在编期刊《莽原》时,青年作者尚钺投寄的文稿,字迹比较潦草,鲁迅一一帮他改正。后来尚钺得知后,非常内疚,说先生何不叫我重抄一遍。鲁迅说:"青年们总有一个时期不免草率一点的。如果预先规定一种格式或一种字体写,恐怕许多好文章都消灭到格式和字体中去了。目前的问题只是写,能写、能多写,总是好的。"可见鲁迅对青年作者是体贴入微的。他修改青年的译稿时,更是一丝不苟,经常找来原著对照修改,碰到疑惑之处,还要请教高明者,以使译文准确流利。

鲁迅还鼎力支持青年们办的报纸、文艺刊物和他们的编辑工作。如孙优园编辑《晨报副刊》、陈望道创办《太白》半月刊,巴金编辑《文学从刊》,鲁迅都给予了大力的支持。

鲁迅还经常帮助和资助青年作者。他在主编《奔流》刊物时,一位不相识的青年作者白莽投寄了一篇裴多菲传的译稿,鲁迅立即与他联系,后来还把自己不易得来并珍藏了三十年的两本诗集赠送给他。鲁迅还常自己出钱替青年作者刊印作品,如叶紫的《丰收》、萧军的《八月的乡村》、萧红的《生死场》,都是由鲁迅出钱印的,并为之写了序言。

鲁迅不仅自己热情培养青年,并且也呼吁文学界的前辈们多做园丁的工作。他的老朋友金心异常好把青年们作品中的缺点和错误词句,当作谈话的材料或加以讥讽,鲁迅很不以为然:"自己现在不动笔,青年们写点东西又嫌不好,评头品足的指摘他们,这会使青年不敢写,会使出版界更没有生气的。"他的另一个老朋友刘半农曾把大学入学考试学生国文试卷中的错误字句,写了几首打油诗发表,鲁迅也写文章批评了他。

鲁迅对青年作者的关怀还不止于在编刊物,指导创作方面。鲁迅既是青年作者的好老师,又是青年作者的好朋友。1931年青年作者孔另境因了共产党嫌疑的罪名在天津被捕,鲁迅得讯后立即写信给李霁野、台静农,要他们设法营救,但是没能救出。后来,孔另境被解至北平行营军法处,行营主任是张学良。鲁迅从前在北京教育部做过事,于是他破戒写信给做过教育总长的汤尔和,说明孔被捕原因不实,请他设法在少帅面前说项,后来果然生效,孔另境被交保释放了。

上个世纪30年代,白色恐怖笼罩着上海滩,国民党政府对进步文艺采取高压政策。1931年初,"左联"五位青年作家柔石、胡也频、李伟森、殷夫、冯铿,在上海地下党的秘密联络点东方饭店与其他革命者举行秘密会议时,被国民党特务发现,与会者全部被捕。柔石在被捕前一天晚上,受明日书店朋友的委托,来同鲁迅商量出版鲁迅译著支付稿酬的办法,分手时,鲁迅把自己与北新书局签订的合同抄了一份给柔石,供明日书店参考。柔石被捕时,敌人从他身上搜到了这份合同。他们一次次逼问柔石鲁迅家的地址,柔石断然拒绝。鲁迅听到柔石等被捕的消息,心急如焚,想法营救。没几天,风声更紧,鲁迅为避免意外,烧掉了朋友的书信,与许广平带了海婴离家避难。鲁迅虽然自身十分危险,但时时惦念着柔石等青年作家的安危。其间收到过柔石从狱中托人带出来的信件。不久,敌人就下了毒手,一天深夜,柔石和战友们被秘密杀害于龙华国民党警备司令部内的荒场里。鲁迅得到这个噩耗,悲痛万分,写下了这样的著名诗篇:"惯于长夜过春时,挈妇将雏鬓有丝。梦里依稀慈母泪,城头变幻大王旗。忍看朋辈成新鬼,怒向刀丛觅小诗。吟罢低眉无写处,月光如水照缁衣。"他又奋笔疾书,写下了题为《黑暗中国的文艺界的现状》的文章。不久,鲁迅又与冯雪峰秘密编辑出版了"左联"机关刊物《前哨》纪念柔石等被害的五位青年作家的专号,鲁迅撰写了《柔石小传》和《中国无产阶级革命文学和前驱的血》的文章,抒发了他对这几位革命青年朋友的深切悼念,有力地抨击了反动当局的法西斯暴行。

鲁迅在与青年作者的交往中,始终把青年当作朋友,采取平等的态度。他总希望自己也"能化为青年,使大家忘掉彼我","绝无傲态,和蔼若朋友然"。他经常与青年畅怀交谈,有时还留至深夜。他经常留青年吃饭,或赠送物品。然而,青年送他东西,却一概不受。有一次,青年作者黄源购到一套德译本《果戈里全集》,共6册,18元。他知道鲁迅正在翻译果戈里的作品,故而特地把这套书送给鲁迅。鲁迅非常高兴,但一定要给黄源书钱,说他经济并不宽裕,黄源不肯。争论再三,鲁迅只接受一册,最后还是把5册的书钱15元还给了黄源。

1936年10月8日,在鲁迅病逝前的十一天,那天,鲁迅抱病到上海八仙桥青年会参观《第二回全国木刻流动展览会》,并与青年木刻作者黄新波、曹白、白危、陈烟桥等促膝长谈。他神情自若,完全看不出他是一个身患重病的人。最近我去上海鲁迅纪念馆参观,馆里复制了鲁迅与青年木刻家亲切交谈的动人场景,不禁使人深深感受到:鲁迅对于青年,真正实现了"俯首甘为孺子牛"的诺言。

(《人民政协报》2011年8月25日)

一二四

# 鲁迅未完成的两部作品

鲁迅先生一生著作等身,然而他尚有两部作品的写作计划未及完成。一是他准备撰写大型历史剧《杨贵妃》;二是计划撰写一部《中国文学史》。

20世纪20年代,鲁迅在北京教育部供职,并兼任北大、北师大等校的讲师。鲁迅一向颂扬盛唐的文化,并很赞赏陈鸿的《长恨歌传》。他熟悉"杨贵妃"的题材,曾反复酝酿,想创作大型历史剧《杨贵妃》。孙伏园在《鲁迅先生二三事》中曾回忆说:"鲁迅先生原计划是三幕,每幕都用一个词牌为名,我还记得它的第三幕是《雨霖铃》。而且据作者的解说,长生殿是为救济情爱逐渐稀淡而不得不有的一个场面。"

关于唐明皇与杨贵妃的爱情问题,鲁迅具有精到的见解。郁达夫在回忆文章中说到:"他(指鲁迅)的意思是:以玄宗之明,哪里看不破安禄山与她的关系?所以七月七日长生殿上,玄宗只以来生为约,实在是心里已经有点厌了";"到了马嵬坡下,军士们虽说要杀她,玄宗若对她还有爱情,哪里会不能保全她的生命呢?所以这时候,也许是玄宗授意军士们的"(见《达夫全集·奇零集》)。在《亡友鲁迅印象记》一文中,许寿裳也有类似的记述:鲁迅"看穿明皇和贵妃两人的爱情早就衰竭了,不然何以会有'七月七日长生殿'两人密誓愿世世代代为夫妇的情形呢?在爱情浓烈的时候,哪里会想到来世呢?"回忆文章有的说鲁迅准备写"杨贵妃"的长篇小说,有的说他准备写剧本。很可能鲁迅开始是想写小说的,后来感到运用戏剧形式来表现这个题材更为合适,故产生了较为具体的剧本创作计划。

鲁迅有了写作打算,但久久没有动笔,其中一个原因是:鲁迅没有机会去西安体味一下实地的景物、风土、人情。1924年6月,恰好西北大学来邀请先生暑假赴陕作《中国小说史》学术讲座,于是鲁迅慨然允诺,于1924年7月实现了西安之行。

鲁迅趁到西安讲学之便,对唐代古迹进行了实地考察。他从北京去西安途中,先在临潼逗留,后游览唐明皇赐浴杨贵妃的华清池,并在此就浴。到达西安后,不顾旅途劳顿,第二天就去观赏著名的碑林。他专门到西安城内的博古堂去买了耀州出土的石刻拓片二种,跑了好几家古董铺,买了乐伎土偶人、四喜镜、魁头、弩机及碑帖等多种文物,还游览了雁塔、曲江、灞桥等古迹。为了深入研究杨贵妃所生活的唐代的历史风貌和社会环境,他还多次同西安当地人交谈,了解情况。比如当时接待鲁迅的一位叫李级仁的小学教师,鲁迅就几次邀他到宿舍里,同他谈论杨贵妃的生平、坟墓、遗迹等,并告诉他创作《杨贵妃》剧本的想法,他说其中一幕将根据李白的清平调,写玄宗与贵妃在兴庆宫月夜赏花的情景。陪同鲁迅去西安的孙伏园也兴致勃勃,他发现西安家家户户院子里种有白色的木槿花,便建议鲁迅"在将来《杨贵妃》的背景中,应该有一片白色的木槿花"。

遗憾的是,西安的实地考察没有促成鲁迅这一创作,相反挫伤了他的创作热情。主要原因是当时军阀的腐朽政治局面以及西安的残破荒凉景况,使鲁迅大失所望。他对孙伏园说:"我不但什么印象也没有得到,反而把我原有的一点印象也打破了。"他在1934年给日本朋友山本初枝的信中也说过:"到那里一看,想不到连天空都不像唐朝的天空,费尽心机用幻想描绘出的计划完全打破了,至今一个字也未能写出。"此后,鲁迅就再没有提起过《杨贵妃》的剧本创作。

鲁迅打算写历史剧《杨贵妃》是为了现实,而当时黑暗、腐败的现实又无情地打破了他创作这一历史剧的愿望。这就是我们没能看到鲁迅写的《杨贵妃》的原因。

鲁迅没有完成的另一部著作是《中国文学史》。

鲁迅不仅是一位伟大的小说家,而且也是一位杰出的文学史论家。他早在二十世纪初就开始了中国文学史的研究工作。当时他在北京的教育部任教育司第二科科长,他独居宣武门外南半截胡同绍兴县馆的藤花馆补树书屋挑灯抄书,校订古籍,并常到琉璃厂选购古书。经过焚膏继晷的辛勤劳动,辑录校订成了《谢承后汉书》、《唐宋传奇集》、《嵇康集》等书。

20年代,鲁迅先后在北京大学、北京师范大学、北京女子师范大学、中国大学、世界语专门学校等八所学校兼课。鲁迅开设的课程,主要就是《中国小说史》。鲁迅的教学由于见解精警,发人所未发,故而受到广大学生的热烈欢迎。在北大每当鲁迅讲课,教室里两人一排的座位总是挤坐着四、五个人,还有的学生站在门边走道,甚至坐在窗台上听讲。

鲁迅对小说史的研究十分扎实,为避免旧版本中的错字漏字,他亲自誊抄原文,有比较地校订各种版本,然后编制成可靠的原文本,他的《古小说钩沉》、《唐宋传奇集》都是根据经校订的手抄原文本印成的。他还撰成《小说旧闻钞》。1923年,鲁迅在教学讲义的基础上写成了《中国小说史略》出版。

鲁迅的研究并不局限于小说,他对整个中国文学史的研究有很深的造诣,1926年出版了《汉文学史纲要》,1927年又发表了《魏晋风度及文章与药及酒之关系》讲演稿。30年代初,鲁迅决定编写《中国文学史》。他特地购买了商务印书馆分批出版的百衲本《二十四史》。他打算写到唐代为止。因为自宋之后,有很多书要读,他估计自己这辈子没法写完,而到唐代为止,量比较少,也许还能完成。遗憾的是,由于种种原因,中国文学史的写作计划迟迟未能付诸实施。1936年7月,鲁迅已经病倒,日本学者增田涉到上海探望他时,曾经问鲁迅:"文学史还没动笔吗? 构思得怎么样了?"鲁迅在病床上把文学史的大纲告诉了增田涉:第一章,从文字到文章;第二章,思无邪(诗经);第三章,诸子;第四章,从离骚到反离骚(汉);第五章,酒、药、女、佛(六朝);第六章,庙廊与山林(唐)。鲁迅对增田涉说:"这以下,我这辈子是没法完成啦,不过至少想写完这些。"想不到就在三个月以后,这位文学巨匠竟然与世长辞了。未能完成《中国文学史》写作计划成了永久的遗憾。

(《芜湖晚报》1997年9月1日)

一二五

# 鲁迅评论梅兰芳

鲁迅与梅兰芳,一个是文坛巨匠,一个是伶界名角,他们曾经在同一城市居住多年。梅兰芳自1894年出生后,长期定居北京;而鲁迅是于1912年5月随南京临时政府教育部迁往北京,当时他在教育部任科长、金事，于 1926 年 9 月南下厦门、广东，在北京待了 14 年之久。这是一段。第二段是鲁迅与梅兰芳同时居住在上海，那是 1932 年春至 1936 年 10 月鲁迅逝世，约 4 年左右。他们两人有 18 年左右的时间同住在一个城市，然而，他们在一起聚首的次数很少，有记载的仅有一次，那就是 1933 年 2 月 17 日在上海一起接待英国大戏剧家萧伯纳的那一次。

鲁迅与梅兰芳虽然交往很少，但鲁迅在文章中却多次论及梅兰芳，翻检《鲁迅全集》，关乎到梅兰芳的评论文字有十多处，最早始于 1924 年。鲁迅评论梅兰芳有几种情况，一种是借题发挥，一种是直接评论，另有一种是二者兼而有之。鲁迅写于 1924 年的《论照相之类》（见鲁迅《坟》）一文中，他说北京的照相馆总要挂阔人的照相，但因政局变化，升官下野的，因此时而放大，时而缩小，时而挂起，时而倒挂，"倘若白昼明烛，要在北京城内寻求一张不像那些阔人似的缩小放大挂起挂倒的照相，则据鄙陋所知，实在只有一位梅兰芳君。而该君的麻姑一般的'天女散花'、'黛玉葬花'像，也确乎比那些缩小放大挂起挂倒的东西标致，即此就足以证明中国人实有审美的眼睛，其一面又放大挺胸凸肚的照相者，盖出于不得已。"这一段主要是借题发挥，以梅兰芳的像去反衬那些浮沉不定的阔人。在《二丑艺术》（见鲁迅：《准风月谈》）一文中，鲁迅谈到戏曲中的"二花脸"即"二丑"，他说："他和小丑的不同，是不扮横行无忌的花花公子，也不扮一味仗势的宰相家丁，他所扮演的是保护公子的拳师，或是趋奉公子的清客。总之：身份比小丑高，而性格却比小丑坏。"这里也是借题发挥，嘲讽那些权门的帮闲的。鲁迅在《论照相之类》一文中还写道："我在先只读过《红楼梦》，没有看见'黛玉葬花'的照片的时候，是万料不到黛玉的眼睛如此之凸，嘴唇如此之厚的。我以为她该是一副瘦削的痨病脸，现在才知道她有些福相，也像一个麻姑。然而只需一看那些继起的模仿者们的拟天女照相，都像小孩子穿了新衣服，拘束得怪可怜的苦相，也就会立刻悟出梅兰芳君之所以永久之故了"。这一段是直接评论梅的扮相，表示对"眼睛如此之凸、嘴唇如此之厚"、"有些福相"的化装的不赞同。这篇文章的后面还有一段，鲁迅说："我们中国的最伟大最永久的艺术是男人扮女人"。"最可贵的是男人扮女人了。因为从两性看来，都近于异性，男人看见'扮女人'，女人看见'男人扮'，所以这就永远挂在照相馆的玻璃窗里，挂在国民的心中。"这一段既批评了京剧中的男旦现象，同时又借题发挥，抨击了国民性中"中庸"的痼弊。

鲁迅评论梅兰芳，其最主要的观点是两个，一是批评梅的艺术太雅；二是批评旧剧中的男旦。鲁迅写于 1934 年 11 月的《略论梅兰芳及其他》（上、下）（见鲁迅：《花边文学》），他在文中说："梅兰芳不是生，是旦，不是皇家的供奉，是俗人的宠儿，这就使士大夫敢于下手了。士大夫是常要夺取民间的东西的，将竹枝词改成文言，将'小家碧玉'作为姨太太，但一沾着他们的手，这东西也就跟着他们灭亡。他们将他从俗众中提出，罩上玻璃罩，做起紫檀架子来。教他用多数人听不懂的话，缓缓的《天女散花》，扭扭的《黛玉葬花》，先前是他做戏的，这时却成了戏为他而做，凡有新编的剧本，都只为了梅兰芳，而且是士大夫心目中的梅兰芳。雅是雅了，但多数人看不懂，不要看，还觉得自己不配看了。"他又说："他（指梅兰芳）未经士大夫帮忙时候所做的戏，自然是俗的，甚至于猥下，肮脏，但是泼辣，有生气。待到化为'天女'，高贵了，然而从此死板板，矜持得可怜。看一位不死不活的天女或林妹妹，我想，大多数人是倒不如看一个漂亮活泼的村女的，她和我们相近。然而梅兰芳对记者说，还要将别的剧本改得雅一些。"鲁迅进而说："梅兰芳的游日，游美，其实已不是光的发扬，而是光在中国的收敛。他竟没有想到从玻璃罩里跳出，所以这样的搬出去，还是这样的搬回来。"

鲁迅对梅兰芳的评论出于他的文艺观和审美情趣，作为"五四"运动新文化运动的战将的鲁迅对中国旧剧有较多的批评，他在《社戏》中曾写到"老旦本来是我所最怕的东西，尤其是怕他坐下了唱",他说小时候看社戏时,台上老旦无休无止的唱,弄得大家兴味索然。后来到北京,去第一舞台看小叫天的戏,又遇到老旦在台上不停的唱,他对旧剧的陈旧拖沓很不满意。相反,他倒比较喜欢粗犷、通俗、激越的民间戏《女吊》(见《朝花夕拾·无常》)。他对京剧的男旦也没有好感。鲁迅对中医也有所批评,他幼时常给久病的父亲去买药,医生所开药引非常奇特,有冬天的芦根、原对的蟋蟀等。然而父亲终于日重一日的亡故了,他曾说"中医不过是一种有意的或无意的骗子。"另外,鲁迅一向提倡文艺的大众化,他在《门外文谈》(见鲁迅:《且介亭杂文》)中说:"大众并无旧文学的修养,比起士大夫文学的细致来,或者会显得所谓'低落'的,但也未染旧文学的痼疾,所以它又刚健,清新。"他还反对文人脱离民众,而钻进"象牙之塔"。还有一点是,鲁迅当时身处与反动势力战斗的前沿,他无心欣赏风花雪月之类的美,他的审美趣味受到某种扭曲,所以对梅兰芳在舞台上所展示的美,显得反感。鲁迅评论梅兰芳有时是为了借题发挥,有时也出于惋惜梅兰芳被士大夫所利用和改造。

田汉在《梅兰芳纪事诗》(二十五首)中有一首写到此事:"鲁迅忧疑岂偶然?半描宫阃半神仙。终能打破玻璃罩,国恨家仇入管弦。"对这首诗田汉写有按语:"兰芳同志的新剧一时主要描写仙女后妃,鲁迅虽提醒他:被士大夫的'玻璃罩'罩住的艺人们将同这个阶级一起灭亡。所幸兰芳同志善于不断吸取正确意见,在国难深重时期,演出了《木兰从军》、《梁红玉》、《生死恨》诸剧,表现了民族正义感情。"田汉就是从积极的方面来看待鲁迅批评梅兰芳一事的。但这里时间有些出入,《木兰从军》初演于1922年,《抗金兵》(即《梁红玉》)编演于1933年,这就是说,鲁迅的有些批评在其后。

不必讳言,鲁迅的某些批评未免有失公允,比如梅兰芳虽然追求雅一点,但他的表演艺术还是雅俗共赏的,不仅士大夫喜欢,广大民众也是看得懂,喜欢的,他所演天女、黛玉也并不像鲁迅所说的那样死板矜持,她们在舞台上又歌又舞,还是相当生动活泼的。至于男旦现象,这与中国戏剧的历史和独特的表演有关,我国古代的戏班,女性角色都由男演员来装扮,唐、宋时男旦很盛行。清乾隆四大徽班进京时,就一律由男子扮旦角。京剧的第一代演员也全是男性,生、旦、净、丑各种行当的角色全由男性艺人扮演。京剧又是一种程式化很强的扮演的艺术,它还是允许男扮女,女扮男的情况存在的。鲁迅是一个伟大的作家和政论家,但他不是神,他是人。智者千虑也有一失,我们不能要求伟人的论点全部十分正确,他们的话句句都是真理,鲁迅的评论中若出现某些个别的偏差和失误,这是完全可以理解的。

尽管鲁迅批评过梅兰芳,但鲁迅与梅兰芳之间并无交恶的关系。鲁迅在《看萧和"看萧的人们"记》(刊《南腔北调集》)一文中谈到梅兰芳参加欢迎萧的活动时,这样写:"也还有梅兰芳博士和别的名人的问答,但在这里,略之。"语气十分平和,丝毫没有对梅氏的贬意。鲁迅在1934年6月发表的《谁在没落?》(载《花边文学》)一文谈到,他看到苏联准备"邀中国戏曲名家梅兰芳等前往奏艺"的新闻,表示"这是一个喜讯,值得我们高兴的。"不仅如此,有时鲁迅还为梅兰芳辩护。1934年,杜衡在《文艺画报》创刊号上撰文说:"剧本鉴定的工作完毕,则不妨选几个最先进的戏先到莫斯科去宣传为梅先生'转变'后的个人的创作。……因为照例,到苏联去的艺术家,是无论如何应该事先表示一点'转变'的。"显然是指梅兰芳被"赤化"了。鲁迅在《略论梅兰芳及其他》一文中却持反对意见,他说:"但我不知道梅兰芳博士可会自己做了文章,却用别一个笔名,来称赞自己做戏;或者虚设一社,出些什么'戏剧年鉴',亲自作序,说自己是剧界的名人?倘使没有,那可是也不会玩这一手的。""倘不会玩,那可真要使杜衡先生失望,要他'再亮些'了。"这一段的意思十分清楚,他不同意杜衡的说法,不仅讥讽了杜衡的伎俩,也为梅兰芳作了辩护。

梅兰芳对鲁迅的一些评论，并没有进行辩解，更没有在媒体上反驳，而是一直保护沉默，而且对鲁迅依然持友善和尊重的态度。后来梅兰芳所写的《东游记》一书，其中有一节的标题为"鲁迅先生说的治病灵药。"他说 1956 年访日期间见到一本杂志刊有内山完造写的《思念鲁迅先生》，文章写道："我也记得鲁迅先生曾在卧病期间的一天对我说：'我卧病在床时有一个发现，那就是中国四亿人民得了马马虎虎的病。不治好这种病，就不能救中国。可是，日本却有治这种病的灵药，那就是日本人的认真态度。所以即使排斥整个日本，也要买来那种药，这次我病好以后，就打算这样做'。"梅兰芳读了这段话，对许姬传说："这段话和我这次在日本经历的几件事对照一下，倒很有意思。"他列举了在日本受到日本朋友细致周到的招待，以及见到日本朋友认真负责、一丝不苟的工作精神。从这一节文字看，字里行间流露出梅兰芳对鲁迅友善和敬重的心情。由此也可以见到梅兰芳为人的谦和和大度。

鲁迅是伟人，梅兰芳也是伟人，这两位伟人缺乏沟通，如果他们有机会互相讨论切磋，可能彼此间会有更多一些的共识，两位伟人的隔阂应该说是历史的一个遗憾。鲁迅对梅兰芳的评论，有些人把它看作是历史上的一桩公案，我以为我们还是以客观而平静的态度去对待，或许比较容易接近事情的真实面貌。

（《世纪》杂志 2006 年第 5 期）

一二六

# 鲁迅与肖伯纳

鲁迅虽然不是一个专业剧作家，然而他也写过类似独幕剧的《过客》与《起死》，并曾酝酿写一个大型剧本《杨贵妃》，后因故未成。他对戏剧很关心，论述过莎士比亚、易卜生和肖伯纳，并且和肖伯纳有过一次交往。

肖伯纳（1856—1950）是英国的著名作家、戏剧家，一生写了五十多个剧本和五部小说。著名剧作有《华伦夫人的职业》、《康蒂姐》、《真相毕露》等，尖锐地揭露了资本主义社会的伪善和罪恶。1925 年肖伯纳荣获诺贝尔文学奖。他同情苏联革命，晚年曾热情支持反法西斯斗争和世界和平运动，是一位进步的戏剧家。

1933 年 2 月，肖伯纳应邀到中国访问。先到香港，在香港大学曾对学生说"如汝在二十岁时不为赤色革命家，则在五十岁时将成不可能之僵石，汝欲在二十岁时成一赤色革命家，则汝可得在四十岁时不致落伍之机会"。路透社斥之为"宣传共产"。鲁迅在肖伯纳到达上海之前的 2 月 15 日便撰写了《颂肖》一文，以鲜明的态度称颂肖伯纳的伟大，他在文中说："我所谓伟大的，并不在他要令人成为赤色革命家……我所谓伟大的，是他竟替我们二十岁的青年，想到了四、五十岁的时候，而且并不离开了现在。"

肖伯纳于 2 月 16 日来到上海。当天午后内山完造就将日本改造社的电报送去给鲁迅看，要他去见一见肖伯纳，鲁迅欣然同意。17 日午后，蔡元培先生派人给鲁迅送来一封信，说肖伯纳现在孙夫人——宋庆龄家里吃午饭，要他赶紧去。鲁迅立即乘蔡派来的汽车赶到孙夫人宅邸，那时午餐已在进行。在客厅隔壁一间小屋子里，肖伯纳坐在圆桌的上首，另外还有宋庆龄、蔡元培、林语堂、杨杏佛、斯沫特莱女士，连鲁迅一共是七人。午餐很简朴，是素菜。吃到一半肖伯纳用起筷子来，但很不顺手，经常夹不住菜。后来终于紧紧夹住了，脸上露出得意的神色。吃饭时，肖伯纳与大家随便聊天，他风趣地说：朋友最好，可以久远地往来，父母和兄弟都不是自己自由选择的，所以非离开不可。鲁迅与肖伯纳一见如故，谈得自由自在。午餐后，肖伯纳与宋庆龄、蔡元培、鲁迅等一起照了三张相。事后，鲁迅打趣地说："并排一站，我就觉得自己的矮小了。假如再年青三十年，我得来做伸长身体的体操……"当时的照片现在尚存，成为两位文豪会见的历史文献。

下午二时，鲁迅陪同肖伯纳到世界学院出席了"笔会"的欢迎会，欢迎会有梅兰芳等知名人士、作家、戏剧家参加。肖伯纳作了简短的演说，随后举行了赠送礼品仪式，邵洵美把戏剧服装及戏曲脸谱小模型赠给肖伯纳，肖伯纳很高兴地接受了。三时左右，鲁迅又陪同肖伯纳回到孙夫人家里，在后园草地上与新闻记者会面，在场的中外记者约二三十人，鲁迅特地把日本改造社的木村毅君介绍给肖伯纳。记者们问东问西，用鲁迅的话来说，就"好像翻检《大英百科全书》似的。"采访到傍晚才结束，鲁迅见肖伯纳已经很疲倦，就告辞了。

肖伯纳虽然在上海逗留时间很短，但反响很大，新闻界着实热闹了一番。对肖伯纳来中国，多种政治势力、派别的人怀着各自的想法，真是"蹩脚愿意他主张拿拐杖，癫子希望他赞成戴帽子，涂了脂粉的想他讽刺黄脸婆，民族主义文学者要靠他来压服了日本的军队"。但是结果却都不尽满意，于是捧的也有，骂的也有，各取所需歪曲肖伯纳原意的也有，恶意诽谤攻击的也有。为此，鲁迅又亲自撰写了《谁的矛盾》、《看肖和"看肖的人们"记》（这篇系应日本《改造》杂志的木村所约而写）、《论语一年》等文章。在这些文章中，鲁迅明确表示："我是喜欢肖的。这并不是因为看了他的作品或传记，佩服得喜欢起来，仅仅是在什么地方见过一点警句，从什么人听说他往往撕掉绅士们的假面，这就喜欢他了。"鲁迅还引用列维它夫的话说易卜生是伟大的疑问号（?），而肖伯纳是伟大的感叹号（!）。易卜生写绅士淑女，虽然也揭发一点隐蔽，但不加结论，也就保存了他们的面子。可是肖伯纳却不同，"他使他们登场，撕掉了假面具，阔衣装，终于拉住耳朵，指给大家道，'看哪，这是蛆虫'！连磋商的工夫，掩饰的法子也不给人有一点。这时候，能笑的就只有并无他所指摘的病痛的下等人了"。鲁迅之所以喜欢肖伯纳，也就是因为"肖是和下等人相近的，而也就和上等人相远"。这也正是肖伯纳来华受到攻击的原因之一。肖伯纳的剧作，所塑造的艺术形象，表现出了他的思想光辉，赢得了劳动人民的同情。故而鲁迅说："我也须给予支持。"

鲁迅在文章中严辞驳斥了那些攻击诽谤肖伯纳的谰言。《大晚报》社论攻击肖伯纳是"借主义，成大名"，是"坐在安乐椅里发着尖刺的冷箭来宣传什么主义的"。鲁迅针锋相对斥之为"卑劣的市侩"。他说，"他（肖伯纳）的伟大，却没有因为这些人'受着难堪'，就缩小了些。"鲁迅在《谁的矛盾》一文中列举了种种奇谈怪论后说："唠唠叨叨，鬼鬼祟祟，是打不倒文豪的。"

这段时间，瞿秋白夫妇正好住在鲁迅家里避难。鲁迅与瞿秋白经常在深夜作亲密的长谈。那天鲁迅与肖伯纳会见回来，就与瞿秋白谈了会见的情景。鲁迅说：这次肖伯纳到中国来，别的人一概谢绝，见到他的人不多，就这么几个人。中国的报刊报道太慢，肖又离去太快，可能转瞬就把这位伟大作家来华的情况从报刊上消失了，最好有人收集这几天的报刊，把各种不同态度——捧与骂，冷与热的文章剪辑下来，集成一书。瞿秋白也十分赞同，他说，这样好,同是一个人,因写文章的人立场不同,说好说坏就随之而异,放在一起写照一番,对出版事业也可以刺激一下。谈到这里,两人兴趣很高,不约而同地说:与其等别人来做这项工作,还不如我们亲手来搞吧。他们说干就干,许广平跑到四川北路一带,把各大小报摊细细搜罗一遍。鲁迅与瞿秋白一边翻阅,一边商量,当场圈定,由杨之华与许广平剪贴下来。他们收集、编辑了好几天,鲁迅用乐雯笔名亲自写序言及按语。鲁迅在序言中说:"肖伯纳是一面镜子,这些文章把文人、政客、军阀、流氓、叭儿的各式各样的相貌都映出来了。这本书定名为《肖伯纳在上海》。从编排到校对鲁迅都亲自动手,3月份即由野草书屋出版。书店送给鲁迅20本书,他自己又花钱买了30本,分赠给周建人、台静农等亲朋好友。除此以外,鲁迅还在《论语》上编了《肖的专号》,发表别处不肯发表的文章,揭穿了别处故意颠倒的谈话。

鲁迅与肖伯纳虽然交往的时间很短暂,然而他们的心灵是相通的,从上面我们所记述的几件事情,也就显示了这两位文豪的珍贵友谊。

(《当代戏剧》1987年第3期)

一二七

# 鲁迅与增田涉

1931年,增田涉还是东京大学文学部中国文学科毕业不久的青年,那时他正在协助伊藤春夫先生翻译中国小说。他曾经读过鲁迅的《故乡》等小说,被深深地吸引,而鲁迅的《中国小说史略》其资料丰富,论述精辟,自成体系,更使他叹服。在他心目中,鲁迅是中国首屈一指的作家。他为了翻译中国小说,很想到中国来看看,1931年,特地乘船来到上海。

伊藤春夫写了一封介绍信给内山完造,增田涉一到上海直奔位于虹口的内山书店。内山告诉他,鲁迅就在上海,而且几乎每天都要到内山书店来,增田涉听了喜出望外。经内山介绍,增田涉很快就见到了他所尊敬的鲁迅先生。鲁迅对青年人一向热情相待,并乐于帮助,对这位远道而来的日本青年学者更是如此。增田涉每天都去内山书店,向鲁迅询问该读些什么书,鲁迅给他介绍了一些书目,并把回忆自己少年时代的《朝花夕拾》和散文诗《野草》送给他。增田涉根据鲁迅的指导回去阅读,遇到不明了的地方再来请教鲁迅,鲁迅总仔细地给以讲解。

增田涉十分推崇鲁迅的《中国小说史略》,认为这是中国小说史中划时代的著作,并有心愿把此书译成日文。于是他请求鲁迅给他逐字逐句地讲解,并校阅他的译稿。鲁迅满足了他的请求,几乎每天拨出一个下午的写作时间,从二三点钟到傍晚五六点钟,在鲁迅的书房里,与增田涉并肩而坐,用日语向他讲解。增田涉边听边做笔记,有什么疑问再请鲁迅解释。增田涉还把译好的篇章读给鲁迅听,请他指点。他们有时也纵谈时事和文坛的情形。《中国小说史略》讲解完毕后,鲁迅又向增田涉讲解《呐喊》和《彷徨》两部小说集。这一时期鲁迅对增田涉的写作也多所指导,鲁迅见增田涉写作比较拘谨,就鼓励他要多写、放开手写:"不管什么都可以写,如果写错了,随着年岁的增长,可以重新修改,不要一开始就一心想写得很好。"鲁迅为增田涉的讲解,一直持续到那年的年底。所以增田涉曾说:"这一年的春夏秋冬都是在鲁迅的书房里度过的。"

鲁迅对待增田涉,形似学生,实际上犹如亲密的好友一般。每次许广平总是以点心、茶水款待,谈得高兴了,就留下一起用餐,吃饭前还喝一点酒,鲁迅不时快活地说出带有挖苦和幽默的俏皮话,但喝着喝着,情绪就热烈起来。增田涉偶或也把鲁迅迎到自己的住所,开一听牛肉罐头,一起喝啤酒。后一段时间,增田涉住在多伦路,正好就是鲁迅避难时住过的那个公寓。有时鲁迅还与增田涉一起看电影、画展等。鲁迅还介绍他去上海同文书院演讲,陪同他去拜访郑振铎、郁达夫等作家、学者,在学术方面给了增田涉很大的帮助。增田涉也经常把日本研究中国文学的消息通报给鲁迅,他得知鲁迅常读日本出版的《中国文学月报》,就请该刊物的总编辑每期寄赠给鲁迅。鲁迅的平易近人和宽厚待人给增田涉留下了深刻的印象,而鲁迅对他的倾力帮助更使他感激不已。他曾深情地说:"他给我的印象只是市镇上的一个普通人。通过日常生活,我首先回忆起来的鲁迅是一位可信赖的伯伯。"但是鲁迅的不屈性格和高尚品德,又使他感到鲁迅是一个伟大的人。

1931年12月,增田涉离开上海回日本,临行时鲁迅写了《送增田涉君归国》一诗相赠,诗中写道:"扶桑正是秋光好,枫叶如丹照嫩寒。却折垂杨送归客,心随东棹忆华年。"抒发了鲁迅对增田涉的诚挚友情,以及追忆青年时代留学日本生活时的万千感慨。

增田涉回到日本后,继续进行关于中国文学、关于鲁迅的研究和翻译工作,基本上每月两次给鲁迅写信,主要是询问《中国小说史略》及其他方面的问题,鲁迅每次必复,总是不厌其烦,详细地给以解答。在增田涉看来,鲁迅真好像是一部中国问题的百科全书。从1932年1月至1936年10月的五年中,鲁迅总共给增田涉写了58封信。通信中不仅谈文学,也谈到彼此家庭的生活情况,鲁迅陆续寄过三张海婴的照片给增田涉,在增田涉的大儿子出生时,鲁迅还特地寄去了礼物;增田涉也几次把儿子、女儿的照片寄给鲁迅。鲁迅还经常寄书刊给增田涉,如《北斗》、《文艺新闻》、《文学季刊》等刊物。增田涉也寄赠日本的书刊及玩具、烟具等给鲁迅。增田涉回国后殚精竭虑地把《中国小说史略》译出,并经多方斡旋,于1935年出版,对此,鲁迅非常高兴。增田涉还根据采访鲁迅本人得到的材料,写成了《鲁迅传》和《鲁迅的印象》等著作。

1936年7月,增田涉得知鲁迅患病的消息,7月6日专程到上海探望。鲁迅已卧病在床,增田涉问了鲁迅的病情,还问鲁迅文学史写作的情况,鲁迅把拟写的文学史从第一章到第六章的大纲说给他听。还说准备向中国读者介绍日本作家芥川的作品。鲁迅扶病陪增田涉一起吃饭。7月9日,增田涉来辞行,鲁迅准备了许多礼物,许广平在一边包装,鲁迅还嫌夫人包的不好,拿过来自己亲手重新包装,增田涉看在眼里,一股暖流涌上了心头。1936年10月14日,鲁迅逝世前5天,还写信给增田涉,回答他编写鲁迅著译书目时提出的疑问。

增田涉是在收音机里听到鲁迅逝世的噩耗的,痛失良师,悲恸欲绝,他曾写道:"我听到他死讯的瞬间,仿佛我的心被剜去了一块似的,我是何等地需要他、信赖他啊!"

上个世纪70年代后期,笔者曾去日本访问,在大阪有幸结识了增田涉先生,他知道我来自上海,就格外亲切。我与他谈及他和鲁迅的交往和友谊时,他禁不住唏嘘感叹,激动万分。至今我还珍藏着他给我的名片和我们两人合影的照片。鲁迅与增田涉的交往和友谊,实乃中日人民友好史和中日文化交流史上十分珍贵的一页,同时也生动说明:鲁迅不仅属于中国,而且属于世界!

(《人民政协报》2003年12月4日)

# 一二八

# 鲁迅《答客诮》

最近得悉，鲁迅唯一的儿子周海婴先生在北京逝世。这使我想起了80年前1931年冬天鲁迅为海婴写的一首诗《答客诮》，诗云："无情未必真豪杰，怜子如何不丈夫。知否兴风狂啸者，回眸时看小于菟"。据鲁迅的友人许寿裳说："这大概是因为他的爱子海婴活泼会闹，客人指为溺爱而作"。海婴是1929年9月26日出生的，其时鲁迅已经48岁，中年得子，对孩子的爱是可想而知的。有的客人却以为鲁迅溺爱海婴，因此有所微言。鲁迅这首诗就是回答这些客人的。他在诗中引用了两个典故，一是出自《战国策》，《触詟说赵太后》记述触詟把自己的小儿子托给赵太后，要赵给他一个王宫卫士的职位。赵太后说"丈夫亦爱怜其少子乎"。鲁迅用这个典故，意思是说："爱怜孩子，怎么能说就不是大丈夫了呢"？第二个典故出自《左传》宣公四年："楚人……谓虎于菟"。这里就写到了虎。"知否兴风狂啸者，回眸时看小于菟"。兴风狂啸者指大老虎，小于菟指小老虎。虎乃兽中之王，以凶猛著称，但是有句俗谚道"虎毒不食子"。鲁迅这两句诗的意思是说，知否兴风狂啸的老虎，也是常常眷恋地回头看他的小老虎的。鲁迅不仅回答了某些人的讥笑，并且阐明了"无情未必真豪杰"的哲理。这与他在别是地方说过的："有憎才有爱"，"是非就愈分明，爱憎也愈热烈"，是同一个意思。

友人的讥诮，有的是出于善意，除此以外，也有借题发挥加以攻击的。鲁迅在致韦素园的信（1931，2，2.）中说道："我们已有了一个男孩，已一岁零四个月，他生后不满两月之内，就被'文学家'在报上骂了两三回，但他却不受影响，颇壮健。"

鲁迅一直悉心关怀下一代的成长，他在小说《狂人日记》中就喊出"救救孩子"的呼声。他不仅爱自己的孩子，对友人的孩子也极其关切。曹靖华的女儿，五六岁还不能说话，鲁迅学过医，揣测可能是耳内有病，或是软骨症，故而特地买了药片、海参寄给曹靖华。可见他对友人孩子的关心与爱怜。

鲁迅爱海婴，但并非溺爱和纵爱。鲁迅在致李秉中的信（1931，3，6.）中曾这样说："孩子生于前年九月今已一岁半，男也。以其为生于上海之婴孩，故名之曰海婴。我不信人死而魂存，亦无求于后嗣，虽无子女，素不介怀。后顾无忧，反以为快。今则多此一累，与几只书箱，同觉举重，每当迁徙之际，大加擘画之劳。但既已生之，必须育之，尚何言哉。"这里就把他对培育后代的观点讲得十分透彻了。他反对封建道德中"不孝之三，无后为大"的说教。然而既然生了孩子，就要负起悉心培育，使之茁壮成长的社会责任。

鲁迅对海婴的启蒙教育，崇尚顺其自然，从不强迫孩子做自己不喜欢的事。鲁迅一直认为玩具是儿童的天使，他经常给海婴买玩具，最喜欢的是用丝线旋紧再放下来急转的洋铁做的陀螺。有一次他在虹口公园看到别的孩子在玩动物棋，他觉得很有趣，就问他们家长哪儿买的，回答是在商务印书馆。第二天鲁迅专程去买了一合回来给海婴。有一次，鲁迅要陪海婴去看病打针，海婴怕疼不肯去，鲁迅就在路上给他买了一个"尚武者"的玩具，说："你看他多勇敢，你打针也得学他。"遇到旧历除夕，鲁迅就去买了许多焰火花炮，与海婴及侄儿侄女们一起登上屋顶燃放。当孩子们看着五彩缤纷的火花欢腾雀跃的时候,鲁迅也舒心地笑了。在海婴五六岁时,鲁迅还特地买了一架留声机,让他跟着学唱歌。鲁迅对海婴进行多方面的教育,海婴接受知识比较多,他在幼儿园时就是第一名。海婴从小就很懂事,1935年,在上海,6岁的周海婴每天早晨出门上学时,都是从楼梯慢慢走下来,手里还提着自己的鞋,他怕吵醒迟睡晚起的父亲鲁迅先生。懂事的他悄悄溜进鲁迅先生的房间,取出一支烟插入烟嘴,然后再出门。许广平回忆海婴十足岁时读小学三年级,有些常识超过了五六年级儿童所知道的。

鲁迅对孩子,既是一位慈父,又是一位严父。他并不溺爱、纵爱孩子,对孩子的天赋、性格都有明智的分析,对孩子有严格的要求。他也不想为孩子谋划一个什么称心的职业,或者让其世袭做一个作家,而是要求孩子自己到社会上去奋斗。他在1936年9月写的《死》这篇遗嘱中就赫然写着这样一条:"孩子长大,倘无才能,可寻点小事情过活,不可去做空头文学家或美术家。"

后来,周海婴遵从了鲁迅的遗嘱,确实没有去做空头的文学家。他选择了自己喜欢的无线电专业,考入北京大学物理系,1960年起一直在国家广电总局工作,成为一位无线电专家和摄影家。终其一生,他一直在努力走出父亲巨人的光环,踏踏实实,默默无闻,靠自己的工作成绩,去赢得社会的承认。当然他作为鲁迅的唯一的儿子,也做了许多与纪念、研究鲁迅有关的事情,出版了《鲁迅与我七十年》等著作。他既是名人之后,终于自己也成了名人!

(《新民晚报》2010年3月1日)

一二九

# 鲁迅撤画像与亲拟广告

## 一

1936年《作家》月刊创刊号的目录顶端印了15个世界著名文学家的肖像,其中有普希金、托尔斯泰、高尔基、巴尔扎克、莎士比亚、肖伯纳,也有中国的鲁迅。鲁迅看到这份刊物后,很不高兴,他立即写信给编者:

> 目录的顶端放小像,自无不可,但我希望将我的删去,因为官老爷是禁止我的肖像的,用了上去,于事实无补,而于销行反有害。(《致孟十还》)

当时文坛相互吹捧的风气很盛行,"捐班"作家,"商定"文豪比比皆是,鲁迅撤画像之举无疑是对这种恶劣风气的有力抨击,同时也可看出鲁迅谦逊谨慎,虚怀若谷。

还有一次,一位编辑打算在刊物上开辟一个介绍作家小传的专栏,同时刊出作家的肖像配合,征求鲁迅同意,派人到寓所照相。要求:一、坐在书斋里摆好正在构思的架势;二、桌子上和柜子里陈列书籍;三、夫人和公子随侍在侧。鲁迅随即复了一信,说:

　　作家之名颇美，昔不自量，曾以为不妨滥竽其列，近来稍稍醒悟，已羞言之。况脑里并无思想，寓中也无书斋；'夫人及公子'更与文坛无涉，雅命三种，皆不敢承。倘先生他日另作'伪作家小传'时，当罗列图书，摆起架子，扫门欢迎也。（《致陶亢德》，1934.5.25）

　　鲁迅说自己只能跻身于"伪作家"行列，这是对当时所谓"作家"的讽刺，这两封信都有力地批判了当时文坛上的吹捧之风和名人癖的恶习。鲁迅一向告诫青年既要尊重名人，又不要迷信名人。他在《名人和名言》中说："名人的话并不都是名言；许多名言，倒出自田夫野老之口。"他认为这是毫不奇怪的，因为"智者千虑，必有一失"，有时"博识家的话多浅，专门家的话多悖"。而提出这一点也无妨于名家的"日月之明"。这些话今天读来仍然具有深刻的教益。

# 二

　　近读鲁迅全集，在《集外集拾遗》中见到好多则鲁迅亲自拟写的广告，如《〈苦闷的象征〉广告》、《〈未名丛刊〉与〈乌合丛书〉广告》等。读后颇有感触。一位举世闻名的作家亲拟书刊广告，这不仅说明鲁迅办事认真、注重务实的精神，同时也可见广告之重要。

　　广告是沟通供需之间的重要桥梁，书刊广告则是一种精神产品的宣传工具。鲁迅对此十分重视，他不喜欢书店写的广告，总是自己写，他说，写广告要使看了我们的广告来买书的读者，不骂我们使他上当。他拟的广告的最大的特点就是实事求是，对读者高度负责。比如他拟的《〈苦闷的象征〉广告》：

　　　　这其实是一部文艺论，共分四章。现经我以照例的拙涩的文章译出，并无删节，也不至于很有误译的地方。印成一本，插图五幅，实价五角，在初出版两星期中，特价三角五分。但在此期内，暂不批发。北大新潮社代售。

　　　　　　　　　　　　　　　　　　　　　　　　　　　　　　　　　鲁迅告白

　　这则广告写得实事求是，语言朴素明白，既不夸饰，又不藏拙，连形容词都很少用，即使用的，还是贬义的"拙涩"一词。

　　他在另一则《〈未名丛刊〉与〈乌合丛书〉广告》中则写道："这也并非学者们精选的宝书，凡国民都非看不可。……内容自然是很庞杂的……"

　　"大志向是丝毫也没有。所愿的：无非（1）在自己，是希望那印成的从速卖完，可以收回钱来再印第二种；（2）对于读者，是希望看了之后，不至于以为太受欺骗了。"这也充分显露了鲁迅严谨朴实的一贯风格。

　　鲁迅对刊物登载广告一事，也很认真。他在《我和〈语丝〉的始终》一文中说："《语丝》初办的时候，对于广告的选择是极严的，……但自从移在上海出版以后，书籍不必说，连医生的诊例也出现了，袜厂的广告也出现了，甚至于立愈遗精药品的广告也出现了。"为了此事，他曾写信并当面质问过编辑李小峰，后来鲁迅干脆辞去了编辑的责任。

　　最近报刊、电台的广告多起来了，这是好事，大部分广告也是实事求是的。但也有一些表现了虚假浮夸的作风，有的用质量三包、誉满全球当时髦的套话加以吹嘘，有的用"食宿安排舒适，参观专车接送"等优惠待遇引诱，有的产品尚未试制，硬编出"工艺先进，性能稳定"的假话，抢先刊登广告。这种广告的后果只能是败坏信誉，骗人害己。

　　　　　　　　　　　　　　　　　　　　　　　　　（《人民日报》1982 年 5 月 11 日）

一三〇

# 鲁迅的香港之旅

鲁迅先生与那些游踪遍及世界各处的作家相比,他是个爱静不爱动的人,除了家乡绍兴之外,他在北京待了 14 年,在上海待了 10 年,另外到过西安、厦门、广州、杭州等地;国外只去过留学所在地日本,晚年患病,史沫特莱等朋友建议他到苏联治疗,苏联作家协会主席法捷耶夫也来电邀他去苏联黑海休养,但他都婉言谢绝了。可见鲁迅的游踪并不广,然而即使这样,他却曾三次到过香港,说他与香港有缘,并不为过。今年 2 月 18 日,乃是鲁迅先生莅港讲演 80 周年。

## 鲁迅赴港的背景

1926 年 8 月 27 日,鲁迅离开了久居的北京,先是乘火车到上海,然后换乘"新宁"轮于 9 月 4 日抵达厦门,应林语堂之邀担任厦门大学国文系教授兼国学研究院教授。1927 年 1 月鲁迅又毅然辞去厦门大学的职务,应聘奔赴当时被称为"革命策源地"的广州,就任中山大学教务主任兼义学系主任。由许广平任助教,协助鲁迅和许寿裳先生做教务和生活方面的工作。鲁迅之所以来中山大学任职,与中共的作用有关。在半年之前,郭沫若担任广东大学(即中山大学前身)文科学长时,就提议聘请鲁迅担任教授。郭沫若参加北伐之后,中共广东区委为加强对学生运动的领导,派恽代英、邓中夏与中山大学委员会委员长戴季陶谈判,条件之一就是聘请鲁迅来中山大学主持文学系。1927 年初,北伐战争节节胜利,形势很好。然而国民党的右派却在蓄意破坏国共合作,酝酿叛变。因此鲁迅一到广州,就发现广州的现状是"红中夹白"。

中共和进步学生对鲁迅的到来十分欢迎,中共非常重视做鲁迅的团结工作。中共广东区委书记陈延年亲自与鲁迅会面,并作亲切的长谈;他专门委派中大学生、广东区委学生运动委员会副书记毕磊等与鲁迅联系。毕磊经常把中共主办的《人民周刊》、《向导》、《少年先锋》、《做什么》等刊物送给鲁迅阅读,并且向鲁迅介绍中共对形势的看法。鲁迅也经常与毕磊等促膝谈心,关系非常融洽。另一方面,国民党的右派为了欺骗群众,争取舆论,开始对鲁迅是采取"拉"的手法。中山大学副校长朱家骅在欢迎会上吹捧鲁迅为"革命家"、"战士",官僚戴季陶、陈公博、孔祥熙等也纷纷邀请鲁迅赴宴。但鲁迅不吃这一套,他对朱家骅的话当即驳回,他说,我不是什么"战士",也不是什么"革命家";对那些请帖,鲁迅干脆在传达室里,贴上"概不赴宴"的字条作为回答。

## 首次夜泊香港,思绪万千

鲁迅第一次到香港是 1927 年 1 月 17 日。他是乘"苏州"轮 1 月 16 日从厦门启航赴广州的,17 日途经香港,照例要在这里停泊一夜。这次有三个要转学到中山大学去的广东籍学生与鲁迅同行。另外还有一人一直跟着鲁迅,鲁迅推测大概是厦大当局所派,探听消息的,因为那边的风潮未平,他们怕鲁迅帮助学生在广州活动。鲁迅在船上用各种方法拒斥,但那人总是嬉皮笑脸,谬托知己,不肯远离。鲁迅只能通知三个广东籍学生注意防备,才使那人一无所获。鲁迅坐的是唐餐间,两人一房,另一人是台湾的丝绸商人,那晚他上岸去了,所以此时鲁迅是独霸一间。晚上 10 时,鲁迅在房内展纸给早已先期到达广州的许广平写信,告知旅途情况和到达广州的时间。写完信,他独自走到甲板上看海,因为没有风浪,海水显得很平静,一轮皎洁的月亮映得水面波光粼粼。香港是一颗璀璨的东方之珠,然而自从鸦片战争之后,落入了帝国主义的手中。想到这里,鲁迅禁不住悲愤填膺,感慨唏嘘了。18 日上午 9 时,轮船启碇,午后抵达广州黄埔港码头。

## 两次讲演,反响强烈

鲁迅第二次到港,是 1927 年 2 月 18 日。这次是以中山大学文学系主任的身份应邀访港,并作讲演。

自从鲁迅从厦门抵达广州之后,立即引起香港青年和文化界人士的关注。一些文学青年到广州邀请鲁迅先生去港讲演,香港文化界的有识之士也希望鲁迅到香港来,以打破香港文坛沉寂的空气,推动新文学运动的开展。最终是香港《中华民报》总编辑、并在香港大学任教的黄新彦博士,以基督教青年会名义向鲁迅发出了邀请。对此鲁迅不顾脚伤尚未痊愈,欣然同意了。2 月 18 日早晨,鲁迅冒雨在广州登上小汽船前往香港,同行者有许广平、叶少泉、苏秋宝、申君。

在船上,鲁迅碰到一件事。有一位船员,不知怎的知道鲁迅的名字,对他的安全十分担心。因为他以为这次鲁迅赴香港非常危险,说不定会遭谋害,像这样遥遥地跑到广东来教书,而无端横死,作为一个广东人也觉得抱歉。于是这位船员替鲁迅谋划起来,如果禁止他登陆如何脱身,到埠后被捕拿时,又如何避免。午后到达香港,倒并没有碰到多少麻烦,既未禁止,也未捕拿。可是这位船员还是不放心,临别时再三叮嘱,说倘有危险,可以躲避到什么地方去。船员如此热忱的关心,使鲁迅深深地感动。到香港后,鲁迅等下榻于青年会。

2 月 18 日晚上 9 时,鲁迅在香港荷理活道必列者士街 51 号的基督教青年会礼堂进行讲演,题目是《无声的中国》。当时香港是一个畸形的都市,一方面是近似西洋的生活方式;一方面却弥漫着尊孔的空气。鲁迅在去香港之前翻阅过香港的《循环日报》,上面全是鼓吹尊孔读经的滥调文章。他注意到殖民主义者和寓居此处的遗老遗少们都一齐尊孔祝圣,连英国籍的港督也鼓吹复古,保存"国粹"。显然,他们想借尊孔读经,利用僵死的文言文来禁锢人们的思想,从而强化其殖民统治。因此,鲁迅的演讲很有针对性。他说:"中国虽然有文字,现在却已经和大家不相干,用的是难懂的古文,讲的是陈旧的古意思,所有的声音,都是过去的,都就是只等于零的。"所以成了"无声的中国"。他提出,"青年们先可以将中国变成一个有声的中国。大胆地说话,勇敢地进行,忘掉了一切利害,推开了古人,将自己的真心的话发表出来。"他还风趣地说:"中国人的性情是总喜欢调和,折中的。譬如你说,这屋子太暗,须在这里开一个窗,大家一定不允许的。但如果你主张拆掉屋顶,他们会来调和,愿意开窗了。"最后,鲁迅尖锐地指出:"我们此后实在只有两条路:一是抱着古文而死掉,一是舍掉古文而生存"。

那天鲁迅穿着一件灰色的布长衫,脚穿黑色帆布胶鞋。他的讲话因为带有浓重的绍兴口音,香港人听不大懂,好在有会讲广东话的许广平在侧,不懂之处就由她"翻译"。

鲁迅这次讲演,主持其事的人受了很多的困难。先是颇受干涉,港英当局传讯了主办团体的有关人员,询问他们邀请鲁迅讲演是什么用意;其后,又有反对者派人索取了四分之一的入场券,收藏起来,使别人不能去听讲。但是他们的伎俩未能得逞。演讲那天虽然恰逢大雨,但香港的文学青年和文艺界人士踊跃地冒雨前来聆听,能容纳五、六百人的青年会礼堂被挤得水泄不通,不少人没有座位,是站着听的。原来计划只讲演一次,但因听众踊跃,欲罢不能,于是决定增加一次。

第二次讲演安排在 19 日下午,题目是《老调子已经唱完》,地点仍在青年会。鲁迅说:"凡老的,旧的,都已经完了!""在文学上,也一样,凡是老的和旧的,都已经唱完,或将要唱完。"他进而说:"中国的文章是最没有变化的,调子是最老的,里面的思想是最旧的。但是,很奇怪,却和别的国家不一样。那些老调子,还是没有唱完。"他举例说,"元朝人起初虽然看不起中国人,后来却觉得我们的老调子,倒也新奇,渐渐生了羡慕,因此元朝人也跟着唱起我们的调子来了,一直到灭亡。"他指出,他们就是要利用我们的腐败文化,来治理我们这腐败的民族。他进而分析道:"中国的文化,都是侍奉主子的文化,是用很多的人的痛苦换来的。无论中国人、外国人,凡是称赞中国文化的,都只是以主子自居的一部分。"他说:"唯一的方法,首先是抛弃了老调子。旧文章、旧思想,都已经和现在社会毫无关系了……生在现今的时代,捧着古书是完全没有用处了。"临近结束时,鲁迅说,有人认为抛掉老调子是危险的,他风趣地说:最不危险的地方是牢狱,"贪安稳就没有自由,要自由就总要历些危险。只有两条路。那一条好,是明明白白的,不必待我来说了"。

在香港的几天里,香港的文学青年忧心忡忡地向鲁迅谈及香港文坛一派凋敝的状况,鲁迅虽然对香港当时文坛状况并不满意,但他认为他们这样估计未免太颓唐了,他表示相信将来的香港是不会成为文化上的"沙漠之区"的。

鲁迅在香港的演讲,很为港英当局所忌恨;他在讲演中几次提到元朝,也使有些人不高兴了。鲁迅回到广州后,许寿裳问他香港之行的情况,他说:"香港这殖民地是极不自由的,我的讲演受到种种阻碍,他们又禁止香港各报刊载我的讲稿,后经交涉,虽然登了,却削去和改篡了许多。"后来鲁迅在《略谈香港》一文里也谈到这次访港讲演,他写道:"三天之后,平安地出了香港了,不过因为攻击国粹,得罪了若干人。现在回想起来,像我们似的人,大危险是大概没有的。不过香港总是一个畏途。"

## 遭遇查关,视为畏途

鲁迅第三次到港是 1927 年 9 月 28 日,鲁迅乘"山东"轮离开广州赴上海,再次途经香港。

鲁迅这次从北京到南方来,原是充满希望的,但想不到形势会如此急剧地变化。他刚到广州时,还只是"红中夹白",到 1927 年 4 月 12 日,蒋介石终于在上海公开叛变,对共产党人和革命人民举起了屠刀,逆风很快刮到广州,4 月 15 日,广州开始了大逮捕,中山大学的一批革命学生和共产党员被捕,其中包括毕磊。鲁迅得讯,十分愤怒和焦急,他在中山大学各系主任紧急会议上严词抗议,并大声呼吁校方营救被捕学生,可是朱家骅拒绝这一正当要求,鲁迅愤怒地退出了会场。鲁迅不顾自己的安危,亲自前往收容被捕青年的南关戏院慰问并捐款。在营救被捕学生无效,毕磊等被杀害的情况下,鲁迅决绝地宣布辞去中山大学的职务。血的教训使他早年形成的社会发展观发生了深刻的变化,他决定离开广州,他对许广平说:"一同走吧,这里已没有什么可留恋的。"1927 年 9 月 27 日,鲁迅与许广平上了太古公司"山东"轮,下午从广州启航。

9 月 28 日船到香港,第二天午后,两位穿深绿色制服的英属同胞,手执铁签到鲁迅所坐的舱内"查关"。鲁迅携带着 16 只书箱和衣箱,其中 10 只书箱放在统舱里。他们先检查统舱里的书箱,把箱子里的东西全部倒出,翻搅一通,倘是纸包,便将包纸撕破。鲁迅实在不忍他们这样查下去,就与他们商量:"可以不看么?"检查员低声说要十元钱。鲁迅还价二元,检查员不答应。于是又打开了第二箱。鲁迅继续与检查员议价,鲁迅加到五元,检查员降到七元,仍未达成协定。结果打开了8只书箱,搞得乱七八糟。接着又到鲁迅的房舱检查衣箱,这次破坏更加严重,鱼肝油的纸盒被撕破,铁签在茶叶罐上戳了一个洞。鲁迅只得硬了头皮把一包十元整封的角子递给了检查员,这才皇恩大赦。查关之后,"山东"轮缓缓驶离香港码头。

鲁迅惊魂甫定,陷入沉思,他想:香港虽只一岛,却活画着中国许多地方的现在和将来的小照:中央几位洋主子,手下是若干颂德的"高等华人"和一伙作伥的奴气同胞。此外即全是默默吃苦的"土人"……

"山东"轮于9月29日下午发香港,经由汕头,于10月3日,鲁迅抵达上海,从此翻开了生活和文学活动的新的一页。

## 推动了香港新文学的发轫

鲁迅三次过访香港,虽然时间比较短暂,但给鲁迅留下了深刻的印象。此后他写过不少关乎香港的文章,其中有《略谈香港》、《谈"激烈"》、《再谈香港》、《三闲集—序言》、《匪笔三篇》、《述香港恭祝圣诞》、《"行路难"按语》等。

鲁迅过访香港,特别是他的讲演对香港文学界更是产生了重要和积极的影响。施建伟等所著的《香港文学简史》(同济大学出版社出版)这样说道:"鲁迅的讲演,对香港青年而言不啻是五四新文化的启蒙教育"。"鲁迅关于香港问题的言论,犹如直刺香港陈腐的旧文化的匕首和投枪,在文坛引起了极大的震撼,对香港新文学的发轫是有力的推动。(20世纪)20年代后期、30年代初期,许多新文化工作者频繁地往返于广州与香港、上海与香港之间,香港书市开始大量销售从上海运来的新书刊,新文化的火种在香港传播开来了"。

(《名人传记》2011年第3期)

一三一

# 鲁迅谈美

有一次女作家萧红去看鲁迅,闲谈间问:"周先生,我的衣裳漂亮不漂亮?"鲁迅先生从上往下看了一眼:"不大漂亮。"过了一会又说:"你的裙子配的颜色不对,并不是红上衣不好看,各种颜色都是好看的,红上衣要配红裙子,不然就是黑裙子,咖啡色的就不行了;这两种颜色放在一起很混浊……你这裙子是咖啡色的,还带格子,颜色混浊得很,所以把红衣裳也弄得不漂亮了。"鲁迅接着又说:"人瘦不要穿黑衣裳,人胖不要穿白衣裳;脚长的女人一定要穿黑鞋子,脚短就一定要穿白鞋子;方格子的衣裳胖人不能穿,但比横格子还好;横格子的,胖人穿上,就把胖子更往两边裂着,更横宽了,胖子要穿竖条子的,竖的把人显得长,横的把人显得宽……"这一席关于色彩学和实用美学的谈论使萧红惊讶不已:"周先生怎么也晓得女人穿衣裳这些事情呢?"鲁迅笑着说:"看过书的,关于美学的。"这时许广平在旁边说:"周先生是什么书都看的。"(《回忆鲁迅资料辑录》,316—317页,上海教育出版社)

鲁迅的兴趣十分广泛,他善于在知识的海洋中广采博收。他研究过美学,翻译过卢那察尔斯基美学论著《艺术论》;鲁迅对金石拓本也颇有兴趣,进行过搜集和研究,特别是对汉代的石刻艺术。鲁迅还研究过佛经,他看过大量的有关佛教的书籍,一九一四年还在南京刻经处刻成了《百喻经》。他从文学和哲理的角度研究了在中国几千年来迷住人民的佛教,从中吸取精华,去其糟粕。后来,一九二八年鲁迅在杭州游西湖,知客僧向他大谈佛学,竟被鲁迅说倒。鲁迅这样泛舟艺海,广为涉猎,从多方面吸取知识的营养,因而成为文坛的一代宗师。

鲁迅时常告诫青年:"读书范围要比较广。不应该只限于文艺作品,哲学、心理学、社会科学的书籍也要选读,使自己有比较丰富的知识。"他特别提倡学习自然科学,认为这可以培养观察力。他多次说到自己先前学医学对后来的文学创作大有助益。古人曾有"读万卷书,行万里路"的格言,杜甫也有"读书破万卷,下笔如有神"的名句。无论写作也好,搞别的学问也好,都需要有广博而丰富的知识。知识的深度往往建筑在广度的基础之上。因为,世界是个整体,万物之间相互联系,相互制约,犬牙交错。有时孤立地看某一事物,往往看不深,而把它放在与其他事物相联系的广阔背景上加以研究,就能找到它的本质。可见,见多才能识广,博大才能精深。博与专并不是矛盾的,历史上任何大学者都是由博返约的。鲁迅的小说之所以如此栩栩如生,隽永深刻,鲁迅的杂文之所以嬉笑怒骂皆成文章,是与其具有广博的知识和高度的素养分不开的。

当然,提倡广泛的兴趣,并非要大家漫无目的地乱翻乱看,也不是主张今天学这个,明天学那个,像猴子掰老棒子那样见异思迁。广博一定要与专一结合起来,广泛的涉猎是为了更好地进行专注的研究。因此广博也应该具有明确的目的性,并且要逐步做到由博返约,在广度的基础上向深度进军。否则也只能是一事无成。为了创造灿烂的社会主义精神文明,让我们掌握更多的知识吧!

（《夜读》1984 年 3 期）

一三二

# 鲁迅嗜蟹

目下,恰逢"橙黄桔绿蟹正肥"的时节,不由使我想起文人嗜蟹的话题,据说李渔、胡蝶、聂卫平等古今名人都属嗜蟹一族。其实,在嗜蟹的名人中,鲁迅是极其突出的一位。

鲁迅的日常生活十分简朴,许广平先生曾经过说:"简单一句,鲁迅的日常生活是平民化的。"在饮食方面亦然如此,他并不看重燕窝、银耳之类的补品,而喜欢吃新鲜的蔬菜,以及爽脆而夹些泥土气味的农民食物,如常以嫩的黄瓜当作水果吃,他不喜欢腌菜、鱼干等。因事耽误了吃饭的时间,他愿意简单地吃一碗蛋炒饭。有一次在杭州,他吃到一种"虾子炒鞭笋"的佐菜,很觉满意。点心他喜欢吃蟹壳黄之类的烧饼,还常买些来请客。他时常买些价廉,质地轻松,淀粉多,不大甜的糖果吃,请客时才买咖啡糖。可是,鲁迅对螃蟹却特别偏爱。

在鲁迅生活的那个年代,螃蟹是一种很为普通的食品,其价钱并不昂贵,不过略高于鲜鱼而已。凡螃蟹上市的金秋季节，鲁迅总要买些蟹来食用。江浙沪一带水乡都盛产螃蟹，以苏州昆山附近阳澄湖产的清水大闸蟹最为著名，最为可口。江南人吃蟹大体有几种方法，比较大的螃蟹用水煮熟，或隔水蒸熟，用姜末加醋、糖作为调料食用，称之为"大闸蟹"；较小的蟹则烧成面拖蟹、油酱蟹当作下饭的小菜；另外就是把蟹肉、蟹黄剔出来烧成清炒蟹粉、蟹粉炒蛋、蟹粉狮子头（大的肉丸）等菜肴，或做成蟹粉小笼馒头之类的点心食用。鲁迅的较多的是用第一、第二种吃法。有时他会请他的弟弟周建人一家到他家里来一起品尝"大闸蟹"。单单 1932 年 10 月，在《鲁迅日记》里就有三次记述："三弟及蕴如携婴儿来，留之晚餐并食蟹。"鲁迅还专门让许广平去选购一些阳澄湖的大闸蟹，分别送给日本朋友镰田和内山完造先生。鲁迅在日本留学时也曾吃过蟹，他知道日本人也喜欢吃蟹，所以常送些螃蟹给客居上海的日本朋友。

鲁迅不仅喜欢吃蟹，而且经常在文章里写到蟹。1924 年鲁迅在杂文《论雷峰塔的倒掉》里就写了一段关于蟹的民间传说：法海和尚把白娘子装进钵盂，上面造起一座雷峰塔来镇压。"听说，后来玉皇大帝也就怪法海多事，以至荼毒生灵，想要拿办他了，他逃来逃去，终于逃在蟹壳里避祸，不敢再出来，到现在还如此。"鲁迅又写道："秋高稻熟时节，吴越间所多的是螃蟹，煮到通红之后，无论取那一只，揭开背壳来，里面就有黄，有膏；倘是雌的，就有石榴子一般鲜红的子。先将这些吃完，即一定露出一个圆锥形的薄膜，再用小刀小心沿着薄膜锥底切下，取出，翻转，使里面向外，只要不破，便变成一个罗汉模样的东西，有头脸，有身子，是坐着的，我们那里的小孩子都称他'蟹和尚'，就是躲在里面避难的法海。"你看，写得多么细致而富情趣。

1932 年 11 月，鲁迅在《今春的两种感想》一文中写道："许多历史的教训都是用极大的牺牲换来的。譬如吃东西罢，某种是毒物不能吃，我们好像全惯了，很平常了。不过，这一定是以前多少人吃死了，才知道的。所以我想，第一次吃螃蟹的人是很可佩服的，不是勇士谁敢去吃它呢？"鲁迅非常赞赏这种不怕牺牲，敢于尝试探索的精神，而第一次吃螃蟹的是勇士，这也成了一句名言。因为螃蟹走路时，呈横爬之势，鲁迅还曾把社会上某些人的横行霸道的讽刺为螃蟹行为。他在《琐记》一文中描述他在南京江南水师学堂读书时，有些高年级的同学"挟着堆厚而且大的洋书气昂昂地走着"，"便是空着手，也一定将肘弯撑开，像一只螃蟹，低一班的在后面总不能走出他之前"。鲁迅尖锐抨击了此类霸道行径。

鲁迅就是这样嗜蟹。吃蟹，津津有味；写蟹，则涉笔成趣。

（《人民日报》海外版 2001 年 11 月 22 日）

一三三

# 鲁迅的用词与说理

## 一、拘于小节

恩格斯曾说过："现实主义除了细节的真实之外，还要真实地再现典型环境中的典型性格"。可见细节描写的真实、准确,对作品塑造人物、表现主题思想也是极为重要的。古往今来的文学大师,他们对自己的作品总是呕心沥血、惨淡经营,把艺术匠心运集到作品的每一个有机部分,真可谓伐隐攻微、一丝不苟。他们不仅重视重要细节的描写,即便是人们看来无关宏旨的细端末节,也从不轻易放过。鲁迅先生说过:"只要在头上戴上一顶瓜皮小帽就失去了阿Q,我记得我给他戴的是毡帽。"

鲁迅先生自己就是一个典范。最近我重读他的历史小说《故事新编》,其中有几段描写时间的文字使我惊服赞叹不已。

> 《采薇》篇中:"约莫有烙十张饼的时候,这才气急败坏地跑来……"
> "大约过了烙好一百零三四张大饼的功夫,现状并无变化,看客也渐渐走散……"(重点号系引者加——鸿注)
> 《铸剑》篇中:"换了六回松明之后,那老鼠已经不能动弹,不过沉浮在水中间,有时还向水面微微一跳。"

两篇小说用了两种不同的特殊计时方法,很值得我们深思。因为都是历史小说,当时钟表尚未发明,当然不能用时、分、秒来计算,这点真实性是容易做到的。鲁迅先生的高明更在于,他在处理"计时方法"这一细小问题时,也能从作品的特殊内容和人物出发,使之准确、熨帖,符合于历史和人物性格的真实。

《采薇》写的是孤竹君的二个儿子伯夷和叔齐在西伯昌善养老堂里的生活。这里用烙饼计算时间,不仅符合作品的特殊环境,并强烈渲染了他们依靠烙饼过活的悠闲无聊的生活气氛和空虚沉闷的内心世界。而《铸剑》中用换了几回松明来表示时间的迁延,不仅与眉间尺晚间点着松明逮耗子的情节相契合,而且有助于"夜"这一特殊意境的创造和人物焦虑愤满心情的烘托,这里即令是这样一个细端末节,也成了作品特殊情节的有机部分,发挥了它们的艺术作用。

我们有些作者似乎不大考究这些,颇有"不拘小节"的作风。高炉炼钢、海水磨刀之类的笑话固然不是太多,但作品中某些细节的谬误和自相矛盾等情况却屡见不鲜。我想上面所举鲁迅先生作品中的范例,对那些"不拘小节"的同志该有些启示和鞭策的作用吧!

## 二、运用动词

鲁迅是一位语言艺术大师,他遣词造句精心推敲,准确熨帖,堪为楷模。鲁迅特别善于运用动词,往往一个字就把人物勾活了。比如在短篇小说《药》里,描写华老栓揣着洋钱去买人血馒头:"华大妈在枕头底下掏了半天,掏出一包洋钱,交给老栓,老栓接了,抖抖的装入衣袋,又在外面按了两下……""老栓走在街上……老栓看看灯笼,已经熄了。按一按衣袋,硬硬的还在。"这里鲁迅用的是"按"字。可是在描写康大叔时却是"黑的人便抢过灯笼,一把扯下纸罩,裹了馒头,塞与老栓;一手抓过洋钱,捏一捏,转身去了。嘴里还哼着说:'这老东西……'"。同是对洋钱,华老栓用"按"字,康大叔用"捏"字,前者表现华老栓的担惊受怕、谨小慎微,后者刻画康大叔的蛮横粗鲁,一股江湖气。就这么一个动词,把两个人物的不同身份、不同性格、不同心理状态、不同音容笑貌都鲜明而洗练地勾勒出来了。再如,在短篇小说《故乡》中,鲁迅这样写:"我到了自家的房外,我的母亲早已迎着出来了,接着便飞出了八岁的宏儿。"这里用了一个"飞"字,把宏儿这个天真活泼的儿童形象描摹得栩栩如生,呼之欲出;同时也点明了作者与母亲、宏儿之间的亲密关系。

鲁迅运用动词如此传神，与他苦心孤诣，反复比较、推敲，是分不开的。有一次，他与新潮社的川岛等几位青年作者谈到《阿Q正传》，提到静修庵的小尼姑低了头走过时，"阿Q走近伊身旁，突然伸出手去摩着伊新剃的头皮"。这个"摩"字原来想用"攎"字的。这个攎字在绍兴话里与"摸"字有点区别，川岛问鲁迅为什么后来没有用"攎"字呢？鲁迅说："因为太土气，也太冷僻，恐怕许多人不会懂。"川岛又说是否在文中加以解释，鲁迅摇摇头说："如果一个动词不能使人一看就理解是怎样一个动作时，即使加上注解，弄得不好，它的力量仍然会消失的。只有自己懂得或者少数读者懂得的字眼，总是不用的好，不论怎样也得割爱。"你看，鲁迅对一个动词的运用，竟作了如此认真细致的考虑，真可说是"吟安一个字，拈断数茎须"。这不仅体现了鲁迅极其严谨的写作态度，并且显示出鲁迅在写作中，时时刻刻没有忘记他的千千万万的读者。这一点尤为可贵。

## 三、说理透辟

读鲁迅的杂文，有一个总的感觉，作者的笔就像锐利的刀那样，落下纸去，入木三分，鞭辟入里。"透"可说是它的一大特色。

走"人生"的长途，最易遇到的有两大难关。其一是"歧路"，倘是墨翟先生，相传是恸哭而返的。但我不哭也不返，先在歧路头坐下，歇一会，或者睡一觉，于是选一条似乎可走的路再走，……如果遇见老虎，我就爬上树去，等它饿得走去了再下来，倘它竟不走，我就自己饿死在树上，而且先用带子缚住，连死尸也决不给它吃。但倘若没有树呢？那么，没有法子，只好请它吃了，但也不妨也咬它一口。其二便是"穷途"了，听说阮籍先生也大哭而回，我却也像在歧路上的办法一样，还是跨进去，在刺丛里姑且走走。但我也并未遇到全是荆棘毫无可走的地方过，不知道是否世上本无所谓穷途，还是我幸而没有遇着。

这是《两地书》中的一段话，简直说到了底。特别是遇到老虎一节，一层一层往深处挖掘，先是爬上树去等老虎走；第二层，若不走，他就自己饿死在树上，妙在先用带子缚住，连死尸也不让老虎吃；等三层倘若没有树，就先咬它一口，搏斗一番。这里说了各种可能，并相应有各种对付办法，然而不管怎样，作者的态度始终如一：疾恶如仇，斗争到底。通过透彻的论述，把鲁迅自己的韧劲刻画得淋漓尽致，读者痛快酣畅。

透是指透辟、深刻、充分，但并不排斥含蓄。艺术作品内容不同，形式各别，风格也可多样，我们提倡百花齐放，不必厚此薄彼。

一三四

# 三叶草上铭友谊

文学史上有不少奇书，1920年由亚东图书馆出版的《三叶集》亦可算是一本。这是一本书信集，收集了1920年1月至3月在上海的宗白华、在日本福冈的郭沫若、在日本东京的田汉三人之间的通信20封。当时他们都是二十几岁的文学青年。这本书以其命名的三叶草，原是一种三叶簇生的植物，一般用为三人友情的结合之象征。《三叶集》就铭记了田汉、宗白华、郭沫若这三位文学青年的真挚友情。

书中，三个朋友以通信形式研究歌德与戏剧，讨论婚姻与恋爱，探求社会与人生，展现了五四以后中国的社会状况与社会思潮，也展现了三个文学青年的形象、心态与人格以及他们之间的深挚友情。

田汉、宗白华、郭沫若这三位文学青年原本素昧平生。1918年秋天，郭沫若在日本福冈博多湾海边的九州大学医学部留学，但他喜爱文学，尤爱写诗。一天他读到上海出版的《时事新报》、《学灯》副刊上登有一些白话诗，于是也跃跃欲试，给《时事新报》投寄了自己写的两首诗：《鹭鸶》和《抱和儿在博多湾海浴》。他的诗寄去不久，便在《学灯》副刊发表了出来。当时《学灯》的主编是年轻的宗白华。他很喜欢郭沫若这位青年作者写的新诗，认为他的诗有一种自然的清芬。他热情地写信给郭沫若，邀约他继续为《学灯》写诗。从此，他们开始了通信，也开始播种下友谊的种子。

郭沫若与田汉本来虽彼此慕名，但并不相识，是宗白华通过书信在他们之间搭起了一座桥梁。1920年1月宗白华分别给在日本东京留学的田汉和在福冈的郭沫若写信，互相做了介绍，并立即从郭沫若与田汉方面得到反馈。两人都对对方倾慕已久，有相识恨晚之感。不同的是田汉显得热情，郭沫若显得迟疑。原因在于郭沫若有一件难言的隐衷。

田汉是个真挚的人，他在给郭沫若的第一封信中便把别人批评他的话，和自己的弱点直率相告，并称自己为"不良少年"。郭沫若接到田汉的信后，立即回信，在回信中公开了自己的隐衷。他说："我早已渴慕你个不了。假使我是个纯洁无垢的少年，我无自惭形秽的一段苦心，便使莫有白华的介绍，我定早已学了毛遂自荐，跑到东京来拜访你了。可是，寿昌兄！嗳！我自家造出的罪恶终究在我二人当中做了一座飞不可越的城郭。"接着他把自己的灵魂赤裸裸地在新交的朋友面前和盘托出——

郭沫若在1913年时遵父母之命在四川老家结了婚，结婚后不久便出门，1914年到了日本留学。1916年8月，郭沫若的朋友陈龙骥因患肺病，从东京圣路加病院移至养生院医治，结果不愈而亡。陈治病期间，郭曾前去探视照料。陈死后，他有一张X光片子放在圣路加医院，郭沫若前去替他索取。接待他的是一位叫安娜的护士。她眉宇之间有一种不可思议的洁光，使郭沫若肃然起敬。安娜说，待她把X光片找出来后就给他寄去。一星期之后，郭沫若收到了安娜寄来的X光片，并且还写了一封英文的长信，安慰郭沫若，说了不少宗教关于忍受的教训。郭沫若深受感动，从那时起郭沫若与安娜便时常通信。郭了解到安娜是日本人，父亲是位牧师，她在美国人办的教会学校毕业后，立志为慈善事业献身，便抛弃家庭，由仙台逃到东京，进了圣路加病院。郭沫若与安娜经过通信，十分相投，每周有三四封信来往，并认作兄妹。郭沫若想安娜既矢志事业，然而只做一个护士，未免不能充分达到目的。于是劝她改进女医学校，并打算把自己一个人的官费匀作两人使用。那一年12月，他把安娜从东京接到冈山准备考试，不久便同居了。后来安娜进了女医学校，但因为生了儿子，学校生活不得不半途而废。就是这件事，郭沫若认为自己的灵魂犯了不可饶恕的罪。

郭沫若把自己隐衷向田汉倾吐后，希望田汉郑重考虑是否愿与他订交。他在信中说："我写了这长篇，简直好像个等待宣布死刑的死囚一样。你说要人格公开，我几乎莫有可公开的人格。你说你是不良少年，我简直是个罪恶的精髓，我所以说我两人当中，有一个飞不可越的城壁。像我这样的人，你肯做他的一个'弟弟'，像我这样的人也配做你的一个'哥哥'吗？请你快宣布死刑！"

　　然而,田汉并没有给他宣布"死刑",接着倒在三位朋友中间展开了一场关于婚姻问题的讨论。田汉收到郭沫若的回信,为他一席纯真的肺腑之言而感动。他认为世间天成的人格者很少,所以忏悔的人格乃为可贵。他在给郭沫若的信中对他的过失发表了意见。他说结婚应该灵肉一致,而郭以前的婚姻没有恋爱,结婚的意义不完全,因此与安娜的结合无可厚非。宗白华在给郭沫若的信中也谈了自己的看法,他说:"平心而论,从纯真恋爱中发生的结合不能算得极大的罪过。况且你有忏悔的真忧,向上的猛进,你的罪过不过是你心中的 Mephistopheles,适所以砥砺你的人格底向上的创造罢了。"朋友们的这些意见使郭沫若"好像一个死刑囚遭了大赦的一遭"。其实他们的讨论正触及了当时社会和人生中一个重大问题,即封建婚姻与自由恋爱的对立与冲突。

　　当时正值"五四"运动时代,革命潮流的冲击,半殖民地半封建社会的令人窒息的黑暗,使当时有为的青年苦闷,探索,追求。宗白华在给田汉的信中说:"上海这个地方同我现在过的机械的生活,使我思想不得开展,情绪不得着落,意志不得自由,要不是我仍旧保持着我那向来的唯美主义和黑暗的研究……研究人类社会黑暗方面……我真要学席勒的逃走了。"另外,郭沫若、田汉、宗白华三人都喜爱文学又都崇拜歌德。他们以歌德为中心讨论诗歌、戏剧、婚姻、恋爱、人生、哲学……互相倾诉心中的不平,追求美好的理想,彼此鼓动,互相激励。因此,田汉曾把《三叶集》称作中国的《少年维特之烦恼》。

　　郭沫若是歌德的崇拜者,到日本后他阅读了歌德大量的著作,也翻译了《天上曲》,并筹备翻译歌德巨著《浮士德》。他向田汉、宗白华提出要成立一个歌德研究会,聚集一些人分头把歌德的著作加以译述,花一两年时间全部介绍到中国来。他的提议立刻得到田汉、宗白华的赞同。田汉说,我久有此意。他翻译了《歌德研究》、《歌德诗中的思想》,将译稿寄给郭沫若,并准备写《歌德传》、《歌德与席勒》。宗白华则着手写作《歌德的人生观与宇宙观》。他们还彼此为对方搜集书籍,提供资料。

　　新诗也成了这三位文学青年谈论的主要话题。郭沫若在信中说:"我想我们的诗只要是我们心中的诗意诗境底纯真的表现,命泉中流出来的力量,心琴上弹出来的美妙音调,生底颤动,灵底喊叫;那便是真诗。好诗,便是我们人类底欢乐底源泉,陶醉底美酿,慰安底天国。"他认为"诗的本职专在抒情","以自然流露的为上乘",因此"诗不是'做'出来的,只是'写'出来的"。他反对诗歌矫揉造作,成为园艺盆栽,只供富贵人玩赏。宗白华也欣赏郭沫若诗作的真率,他说:你的诗"使《学灯》栏有一种清芬,有一种自然的清芬"。他还说:"你的诗是我所最爱读的。你诗中的境界是我心中的境界","现在你的诗既可以代表我的诗意,就认作我的诗也无妨"。田汉读了郭沫若的《独游太宰府》等诗作后,称赞道:"与其说你有诗才,无宁说你有诗魂。因为你的诗首首都是你的血,你的泪,你的自叙传,你的忏悔录啊!"特别是郭沫若写出毁灭旧我、更生新我的著名长诗《凤凰涅槃》以后,得到了宗、田二人的热情支持。宗白华说:"你的凤歌真雄丽,你的诗是以哲理做骨子,所以意味浓深。"并立即将诗稿在《学灯》上发表。

　　宗白华、田汉对郭沫若新诗的赞许,决非庸俗的相互吹捧。1919 年下半年到 1920 年上半年正是郭沫若诗歌创作最旺盛的时期,1921 年出版的著名诗集《女神》,其中大部分作品就作于此时,如《地球,我的母亲》、《凤凰涅槃》等。这些诗抨击封建,要求改造社会,赞颂美好理想、为中国现代诗歌开拓了一个新的天地。

　　他们在通信中还纵谈了中外的戏剧。田汉对有人指责新剧"皆卑鄙凶淫不足道"提出了反驳,并对以两性问题为题材的悲剧、喜剧、悲喜剧作了分析。他十分赞赏《沉钟》、《青鸟》等剧作,并提出:"要新剧隆盛,先要养成好观剧阶级!"他告诉郭沫若,想写剧本《歌女与琴师》,描写歌女与琴师的恋爱故事。

他们三人在学术问题、艺术问题上各抒己见，并直率地提出商榷与批评的意见。如宗白华在信中就指出郭沫若的诗，"意境都无可议，就是形式方面还要注意"；"你的诗又嫌简单固定了点，还欠流动曲折"；"你小诗的意境也都不坏，只是构造方面还要曲折、优美一点，同做词中小令一样，要意简而曲，词少而工"。他还诚恳地指出："我很愿你一方面多与自然和哲理接近，养成完满高尚的'诗人人格'，一方面多研究古昔天才诗中的自然音节、自然形式，以完满'诗的构造'，则中国新文化中有了真诗人了。"这些批评、建议何等真诚、中肯。他们三人正是诤友与畏友。

由于三人志同道合，又彼此赤诚相待，以心相换，故尔友谊弥深。正如宗白华说的："我看我们三人的道路都相同。"一本《三叶集》可用"自然真率"四字概括，因为他们"写信的时候，原不曾有意发表出来"。这与报刊上那些写的时候就准备发表出来给别人看的"作家书简"相比，真是大相迥异。

（《传记文学》1993 年第 6 期）

## · 文豪郭沫若 ·

一三五

# 郭沫若创作轶事

今年 11 月 16 日，是我国的文化巨人郭沫若同志诞生 90 周年。他宏富丰硕的著作和光辉的创作实践，对我们每一个文学工作者来说，都是极其宝贵的财富。数片浪花，可以反映出整个大海的风貌。本文选录了郭老的创作轶事数则，藉此纪念郭老，并期望广大青年作者从中能得到裨益。

## 一、第一次发表作品

1918 年秋天，在日本福冈博多湾的海边上，有一位身材颀长、面目清秀的中国青年，他腋下夹着不少书本，正在一边散步，一边吟诵，这就是在九州大学医学部留学的郭沫若，当时他才 26 岁。

郭沫若在海边一块石条上坐下来，把书也放在石条上，其中有泰戈尔的《新月集》，歌德的《浮士德》，还有几张中文的《时事新报》。郭沫若翻开《时事新报》，眼光落在《学灯》栏目上，映入眼帘的是《送许德珩赴欧洲》，署名康白情，原来这是一首白话诗。郭沫若读着读着读出了声："我们喊了出来，我们做得出去……"他吃了一惊："这就是白话诗吗？"因为以前他只听说胡适等人在《新青年》上提倡白话诗并发表他们的诗作，然而由于身居日本乡下，不曾读过这些诗作。现在亲眼看到了白话诗，他吃惊，好奇，又感到高兴。他立即想起自己也曾试着写过的几首类似的诗，但这些诗只是抄录给几位亲密的朋友传看，从未发表过。想到这里，他站起来，拿起书报,飞快地跑回寓所,翻出自己的诗稿,抄了其中的《鹭鸶》和《抱和儿在博多湾海浴》两首寄给了《学灯》。后来知道《学灯》的编辑是郭绍虞,可当时郭沫若并不认识他。他的两首诗寄去不久,便发表了出来。那天他接到《时事新报》,看到自己的作品印成了铅字,心里有说不出的高兴,他兴奋地朗诵起自己的诗《鹭鸶》——

> 鹭鸶!鹭鸶!
> 你自从那儿飞来?
> 你要向那儿飞去?
> 你在空中画了一个椭圆,
> 突然飞下海里,
> 你又飞向空中去。
> 你突然又飞下海里,
> 你又飞向空中去。
> 雪白的鹭鸶,
> 你到底要飞向哪儿去?
> ……

这就是郭沫若第一次发表的作品。从此他写诗的兴致更加高涨,他把以前写的诗和新写的诗陆续寄去,又大多登了出来。郭沫若一生著述数百万言,然而这两首诗给他留下了特别深刻的印象,几十年后还清晰地记得。因为正是这两首稚嫩的诗作,把他引上了文学的道路。

## 二、诗情像火山爆发一样

从1919年下半年到1920年上半年,郭沫若的诗情就像火山一样爆发出来。

1919年12月,学校放假了。那天上午,郭沫若到福冈图书馆去看书,这几天他老思念着祖国,思念着工人,思念着农民……他多么想用诗来抒发这一切啊!他看着书,但书上的字像在跳舞,突然他心里激动起来,有一股感情的热流在奔涌。他再也看不下去了,他走出图书馆,在馆后面僻静的石子路上,脱掉木屐,赤着脚踱来踱去,"地球,地球……"他嘴里喃喃地咕哝着,他索性倒在路上睡着,"地球,我的母亲"……他抚摸着土地,仿佛感触她的皮肤,受她的拥抱。诗情激荡着他的心,他连忙跑回寓所,拿起笔用颤抖的手写在纸上:

> 地球,我的母亲!
> 天已黎明了,
> 我把你怀中的儿来摇醒,
> 我现在正在你背上匍行。
> ……

写着写着,诗情像火山一样爆发,诗情像瀑布一样奔泻,一句句感人的诗句跃然纸上:"……田里的农人,他们是全人类的保母……炭坑里的工人,他们是全人类的普罗美修士……",最后一节诗在纸上出现了:

　　　　地球，我的母亲，

　　　　从今后，我要报答你的深恩，

　　　　我知道你爱我还要劳我，

　　　　我要学着你劳动，永久不停！

然而仍然抑制不住兴奋的心情。他走到近处一位广东同学寓所里去，那位同学正好要到横滨去过年，他吃力地提了个大皮箱，想去雇人，这时四海同胞的感念正在郭沫若心中荡漾，因此他二话没说就提起皮箱，扛在肩上，一口气把朋友送到了车站，他一点也不觉得累，只感觉到说不出的愉快。

　　写作长诗《凤凰涅槃》时，也有类似的情形。那首诗写于1920年1月，那天上午在课堂听课的时候，突然有诗意袭来，他便在笔记本上东鳞西爪地写出了诗的前半部；晚上临睡前，诗的后半部的意趣又袭来了，他伏在枕头上用铅笔疾书，写着写着，全身发冷，牙齿都打战了。这首诗就是这样诞生的。

　　郭沫若认为"诗不是'做'出来的，只是'写'出来的"。真正的诗应该是"生之颤动，灵的喊叫"（《致宗白华》）。这两首诗就是生之颤动，灵的喊叫。当时，郭沫若深受十月革命、"五四"运动的影响，满怀着诅咒旧社会，歌颂新世界的强烈愿望。长期的生活积累，和酝酿构思，就像地下的岩浆在积聚，在奔腾，一旦"灵感"袭来，积聚着奔腾着的岩浆就突然从火山口喷射迸发出来。郭沫若的不少诗就是这样"写"出来的。

# 三、没有"五卅"，便没有《聂嫈》

　　郭老一生写了十一个历史剧，他的第一个历史剧是《棠棣之花》。如果说郭老一般写剧本总是七天到十天就完稿，那么《棠棣之花》却三易其稿，历时二十余年。

　　战国时代，聂政助严遂刺杀韩相侠累的故事，郭沫若在小时候读《史记》、《刺客列传》时就发生过同情。1920年9月他在日本留学，在翻译德国伟大诗人歌德的悲剧《浮士德》的过程中，激起了创作史剧和诗剧的欲望。他首先想到把聂嫈的故事敷衍成戏，借以歌颂聂嫈姐弟舍生取义的英雄气概。开始他计划写十幕："屠狗"、"别墓"、"邂逅"、"密谋"、"行刺"、"诀夫"、"误会"、"闻耗"、"哭尸"、"表扬"等，从严仲子访问起，写到聂政声名表露为止，可是写了前五幕却感到全剧时间、人物都不统一，于是索性抛弃了写十幕的计划，把写成五幕中较有诗趣的第二幕与第三幕保留，先后在《时事新报》和《创造季刊》上发表，其他的就毁弃了。

　　一九二五年，"五卅"惨案发生了，其时郭沫若正在上海，那天在南京路先施公司楼上，亲眼目睹英国巡捕和印度巡捕飞扬跋扈、弹压行人的暴状，他义愤填膺，几次想冲上前去把西捕头的手枪夺来把他们打死。"愤怒出诗人"，他的创作欲被触发了，花了十天工夫写成了《聂嫈》，这个剧本将描写重点落在聂嫈身上，当她得知聂政行刺得手，继而自杀之后，为了传播聂政的英勇事迹，挺身赴韩市，复以自己的生命完成了强暴政治的反抗，喊出了"大家提着枪矛回头去杀各人的王和宰相"的口号，表达了此时此地中国人民反对军阀，反对帝国主义的心声。郭沫若自己说过："没有'五卅'惨剧的时候，我的《聂嫈》的悲剧不会产生，但这是怎样的一个血淋淋的纪念品哟！"这个戏当时由上海美专学生会救济工人的游艺会演出，引起了强烈的反响。

　　1937年"八·一三"战役发生，上海成为孤岛，有一个时期，郭沫若住在租界一个朋友家里，他又着手对《棠棣之花》与《聂嫈》作通盘的整理，恢复了以前割弃的两幕，增加了"行刺"的第三幕,构成了五幕剧《棠棣之花》。1941 年 12 月经过作者再次修改,终于在重庆搬上了舞台。这个戏以主张集中、反对分裂为主题,自然而然引起人们的强烈共鸣,大大鼓舞了人们反对国民党的反共投降政策,坚持全民族团结抗日的斗争意志。

郭沫若曾说:"为了战斗,不是为了历史而写历史剧。"《棠棣之花》就是他"献给现实的蟠桃"。

## 四、人物活起来了

《棠棣之花》上演了,可是郭沫若又陷入了新的艰苦的构思,他想把爱国诗人屈原搬上舞台。可是屈原的悲剧身世太长,在楚怀王时代当左徒时还不满三十岁,到楚襄王二十一年郢都陷落,投江殉国时已经六十二岁了,前后三十多年的历史,在舞台上如何表现呢? 为此,郭沫若整整花了三个星期的时间,百思未得其解,没奈何他想参考《浮士德》的写法,写成上下两部,上部写楚怀王时代,下部写楚襄王时代。可是在具体写作的时候,却冲破了原来的计划。说也奇怪,执笔时知识像水池开了闸门一样,不断地涌出,各幕各场情节自然而然涌出来了。原来准备写屈原一生的,结果只写了屈原的一天,从清早到夜半过后,可是这一天却很好地概括了他的一生。从 1941 年 1 月 2 日开始到 11 日夜半,十天时间完成了这部传世的杰作。

在剧中,郭沫若虚构了婵娟与宋玉两个人物。婵娟是根据《离骚》中"女须之婵媛"和《湘君》中"女婵媛兮,为余太息"而取名的。郭老笔下的婵娟,美丽动人,重义多情,直接丰富了屈原的形象,渲染了屈原的精神。不过,开始作者只想写一个陪衬性的人物,可是写着写着,婵娟的形象活起来了,她与南后面对面地斗争,她误服毒酒而死了。这时作者就顺水推舟把《桔颂》做成了对婵娟的祭文,这正巧与第三幕中宋玉赠婵娟以《桔颂》相映照,从而形成了十分完整的艺术形象和缜密的结构。写第一幕时,作者又在预计之外把宋玉拉上了场,起初并没有存心要把他写坏,但结果是对他不客气了,把他塑造成了一个没有骨气的文人的典型。因为,作者笔下的人物一旦活起来,他就将按照自己的生活逻辑、性格逻辑去行动。婵娟与宋玉的情况也是这样。

## 五、《虎符》的催生符

1941 年 9、10 月间的一天,郭沫若在重庆的街头徘徊,一位轿夫与他擦肩而过,忽然轿夫手里的一件金属器皿在阳光下闪出了一道光,这引起了他的注意。他叫住了轿夫,一看原来是一只青铜器的虎符,轿夫是刚从轰炸后的废墟里掏捡出来的。郭沫若花了十元钱买了下来,真是"踏破铁鞋无觅处,得来全不费功夫"。这是一个伏虎形的青铜器,长约三寸,背上有十个错金书分写两边,每一边五个,全文依稀可辨:"右须军衙干道车×第五",字体是汉隶,大约是汉初时的文物。

他拿着虎符回到寓所,立即翻出了《史记》和《战国策》,当时他手边也只有这两种可依据的史书。他废寝忘食地翻来覆去地考查了好几天。那只铜老虎就蹲在他的书桌上,好像两眼瞪着他,催促道:"快写吧!"郭沫若伏案十天,终于写成了脍炙人口的历史剧《虎符》。

郭沫若想把信陵君窃符救赵的故事写成剧本差不多是二十多年前的事情。当时他旅居日本,系统地研究了中国古代史。然而由于如姬的事迹太简略,难以赋予血肉生命,因而迟迟没有动笔。四十年代,现实生活激发着他要塑造一个主持公道,维护正义的反侵略志士的形象,而这个伏虎形的青铜器又起到了"一触即发"的作用。因此,郭沫若说:"就是这个铜老虎事实上做了我这篇《虎符》的催生符。"

有人问郭老:"你写剧本真快,少则五天,多则十天就写成一部,其中有什么秘密?"郭老笑笑说:"其实我在动笔之前酝酿时间很长,写成后改的时间也很多。"这确是实话,比如写《屈原》,只用了十天时间,然而他对屈原的研究却历时十数年,从三十年代到四十年代,作者曾写了大量研究屈原的论著,如《屈原》、《革命诗人屈原》、《屈原考》、《屈原的艺术与思想》、《屈原研究》等。历史剧《屈原》正是他长期进行历史研究在艺术上的成果。这就是秘密。

# 六、蔡文姬就是我

1959年,在庆祝国庆十周年的欢乐日子里,首都的一个富丽堂皇的剧场里,正在上演郭沫若的新作历史剧《蔡文姬》。今天,郭沫若坐在观众席里,显得分外高兴。因为他既是观众,又是这个剧的作者。关于蔡文姬他在孩提时代发蒙读《三字经》时就读到过"蔡文姬能辨琴",想不到过了六十年,才把她搬上了舞台。解放以后,郭老担负了繁重的国家事务和文化等方面的领导工作,然而他并没有忘记自己仍然是一名剧作家。他记得,有一次曹禺和北京人艺的同志到他家里去,谈到他们准备排演他过去写的剧本,他不大赞同,接着爽快地说:"我给你们写一个新的吧。"《蔡文姬》就是为他们写的。经过北京人艺的努力和各方面的支持,终于与观众见面了。

紫红色的帷幕升起了……,曹操上场了……曹操历来被当作奸雄的典型,在舞台上一出场就是个大白脸,连三岁小孩都知道他是个大坏蛋。可是实际上曹操是个了不起的历史人物,对我国民族和文化的发展有一定的贡献。郭老写《蔡文姬》就是为了替曹操翻案,在舞台上塑造一位"先天下之忧而忧,后天下之乐而乐"的贤明丞相的形象。郭老担心的是观众能不能接受。因此他注意着剧场的气氛。开始观众中有惊奇,有躁动,有议论,可是随着剧情的发展,观众沉浸到戏剧情景中去了,当周近进谗,曹操轻信,对董祀下饬令时,观众更加信服了。观众情绪的变化,使郭老得到了无限的欣慰。

当然郭老更注意的是蔡文姬的形象。因为在她身上花的心血最多。蔡文姬没入南匈奴十二年后,曹操遣使以黄金白璧赎以归汉。她离开亲生儿女而归,写出了绞肠沥血的《胡笳十八拍》,这首悲怆的乐曲如此拨动着郭老的心弦。因为郭老自己也曾去国十年,抗战爆发,才抛雏别妇回国请缨。类似的经历,相近的感情使他写剧本时常常激动得不能自已。他想起法国作家福楼拜说过的"包法利夫人就是我"。他写蔡文姬何尝不是这样呢? 他把自己的生活、经历、感情都融进了剧本,倾注于蔡文姬形象之中了。今天他看着舞台上的蔡文姬,更加强烈地感受到:"蔡文姬就是我"。然而,今天他更加关注的是另外一面:蔡文姬有她特定的时代,特定的性格,千万不要写成了郭沫若。他看着看着,不觉进入了蔡文姬的角色,与她同悲欢,共命运,特别当她吟诵起哀婉缠绵的《胡笳十八拍》时,郭老禁不住流下了热泪,他发觉不少观众也在抹眼泪,这时他才放了心。戏进入了最后一场,蔡文姬身穿大红色的袍子上场了,雍容大方,端庄不凡,看到这里,他立刻想到这大红袍子是前几天周总理看了戏后深夜打电话提的建议。四十年代在重庆周恩来同志对他写作历史剧热情帮助支持的情景又浮现在眼前了,这种领导的关怀,战友的情谊是多么感人肺腑啊!

帷幕在热烈的掌声中落下。同志们得知郭老来看戏,纷纷围上来祝贺他的新作演出成功。郭老却谦逊地说:"这部《蔡文姬》应该说是一部集体的创作。至于我自己,古人言:苏老泉,二十七,始发愤,读书籍,彼既老,犹悔迟……,我反其意而用之:郭老头,六十七,再努力,来得及。"

1982年8月二稿于上海

(《青春》青年文学月刊 1982年11月号)

# 一三六

# 郭沫若秘密回国记

在抗日战争爆发之初,许多在日本留学的学生,因各种原因流亡日本的志士仁人们纷纷想方设法回归祖国,投身于抗日救国运动,著名的文化人郭沫若就是其中的代表人物。

郭沫若早在 1914 年就留学日本,在日本写下了我国第一部新诗集《女神》,并在日本与安娜结缡。1921 年回国,创建了创造社,后来参加了著名的北伐战争。1927 年又参加了八一南昌起义,并加入了中国共产党。由于他写了讨蒋檄文《请看今日之蒋介石》,受到国民党的通缉,1928 年再次流亡日本,从事历史和古文字的研究。

郭沫若住在东京附近千叶县市川须和田的一所平房里。他身居异乡,但时刻思念和关注着祖国的一切,由于他是中国政府通缉的人,所以经常受到日本军警的监视和盘问。他早有回国之意,1937 年 5 月曾与在国内的郁达夫商议此事。因为有些问题没有明确而搁置下来。1937 年"七七"事变爆发,使郭沫若受到巨大的震撼。那时日本报纸欺骗公众,歪曲事变起因,大造侵略有理的舆论。郭沫若在与来访的友人金祖同谈论时事时说:"帝国主义侵略野心是永无止境的,除非我们以铁血来对付他们的进蚀绝无办法。""七七"事变的发生,催进郭沫若下定了返回祖国的决心。

郭沫若这次回国,面临着殊多困难。一是日本政府不会放他走,一旦发现将把他逮捕;二是国民党抗战的态度又不明朗,回国危险性很大,更难说能否有所作为;三是撇不下妻子安娜和五个儿女,如果只身回国,不仅骨肉分离,而且他们的生活会发生问题,还将遭到日本当局的迫害。但是国难当头,经过反复考虑,郭沫若决定立即回国。

准备工作完全是在秘密中进行的。郭沫若后来在《再谈郁达夫》一文中说过:"直接帮助了我行动的是钱瘦铁和金祖同。"钱瘦铁是一位金石家,上世纪 20 年代初就去日本办过展览,1935 年携家眷侨居日本。他与南京国民党政府的王芃生有联络,和驻日使馆等各个方面也都比较熟悉。金祖同,又名殷尘,是一位留日学生,他也是研究甲骨文的,故而自己称是郭沫若的学生,由他奔走于东京和市川之间,传递消息,做具体准备事宜,并与郭沫若一同回国。

郭沫若回国的决心已下,随即写了一份"遗言":"临到国家需要子民效力的时候,未幸我已被帝国主义者所拘留起来了。不过我决不怕死辱及国家,帝国主义的侵略,我们唯有以铁血来对付他。我们的物质上的牺牲当然是很大,不过我们有的是人,我们可以从新建筑起来的。精神的胜利可说是绝对有把握的,努力吧!祖国的同胞!"一天,他把这份"遗言"交给金祖同,说,万一不能脱身而遇到意外,请他把"遗言"带回国内发表。

钱瘦铁亲自到市川与郭沫若会晤,并根据郭沫若的托咐,再次致电南京王芃生,征询政府对郭沫若回国的看法,并要求汇寄旅费。钱瘦铁还与金祖同到中国驻日使馆,与许世英大使商议,要求为郭提供旅费,郭走后,对郭家人给予保护。许大使拿出了 200 元,并答应在能力范围所及给予帮忙。

为了保密,郭沫若不露声色,连安娜也瞒着。金祖同打听到回国船期后,用明信片隐语告诉郭沫若："现有十六、十八、二十、二十二、二十四等间空室，俱西式，空气甚好"，用看租房间号码指代日期。为了时间稍许充裕些，郭沫若决定二十四日动身。他给金祖同写了一首五言诗："廿四传死信，有鸟志乔迁；缓急劳斟酌，安危费斡旋。托身期泰岱，翘首望尧天，此意轻鹰鹗，群雏剧可怜。"

行期确定后，就请钱瘦铁先生去买船票。郭沫若则在家里准备。他想到走后，安娜可能会受到邻居讥讽，特地制作了"信文"式卡片，上面写着此次因匆忙接任上海孔德研究所所长，故来不及一一辞行即回国云云。临行前一天，钱瘦铁收到王芃生的电报，请郭快点回去，并汇来500元旅费。金祖同立即前来通报，其中300元给郭做安家费。郭沫若还让金祖同即打电报告知郁达夫。

郭沫若一直没有把决定回国的事情告诉安娜，直至7月24日晚上，才向安娜和两个大儿子作了暗示。安娜深明大义，她说："走是可以的，只是你的性格不定，最是担心。只要是在认真地做人，就有点麻烦，也只好忍受了。"郭沫若听了很感动，也因此下定了最后的决心。

7月25日清晨4点半，郭沫若就起床了，他穿上一件和服走到书斋里，为安娜和四儿一女写好了"留白"，连最小的六岁的鸿儿，也用假名为他写了一张，祝他无病息灾，健康成长。接着又走进卧室，只见安娜已醒，开了灯，在枕上看书。他揭开蚊帐，在安娜额上亲了一吻，作为诀别之礼，然后就悄悄地离开了。安娜并不知道他就这样走了。所以并未介意。

就这样，郭沫若穿了和服，里面只穿一件衬衣、一条短裤，赤脚穿一双木屐，走下庭园，离开了家。此时他思绪万千，热泪盈眶。他急急地步行至道灌山车站，在那里与约好的钱瘦铁、金祖同会合。他们坐街车到东京林町钱瘦铁家，让郭沫若换了一身西服，穿上皮鞋，并稍作化装，拿上了化名"杨伯勉"的名片。然后三人改乘汽车到横滨。上午9点半一同乘上"燕号"特别快车，下午5时许到达神户。车站上密探和警察岗哨密布，郭沫若一行出了车站，乘汽车到港口，上了"皇后号"邮轮。因为买船票晚了些，二等、三等票都卖光了，所以给郭、金买了头等仓票。郭还写信给宪兵队长和警察署，谢谢他们多年的"保护"，并请照顾他的家里人。请钱先生带回去付邮。钱瘦铁见俱已安顿好了，便与郭、金道别，离船上岸。

晚上9时，"皇后号"起锚开航。郭沫若凭栏远眺，眼前是黑沉沉的茫茫大海，不禁百感交集，写下七律一首："又当投笔请缨时，别妇抛雏断藕丝。去国十年余泪血，登舟三宿见旌旗。欣将残骨埋诸夏，哭吐精诚赋此诗。四万万人齐蹈厉，同心同德一戎衣。"这首诗用鲁迅"挈妇将雏鬓有丝"一诗的原韵，郭沫若十分喜爱鲁迅这首诗，认为大有唐人风韵，哀切动人，可称绝唱。郭沫若以原韵抒写他此时此刻归国请缨的气概情怀，也极为沉雄壮烈。27日晨他又赋就一首七绝，云："此来拼得全家哭，今往还将遍地哀。四十六年余一死，鸿毛泰岱早安排。"

郭沫若知道友人张禾卿也乘这班船，他特地到三等舱去找到了他。张禾卿和蒲风等几位朋友一起到头等舱与郭沫若交谈。一次郭沫若在甲板上看海，遇到一位阿富汗商人，能说英语、日语，郭应邀和他一同投环作庭球式游戏。在船上，郭沫若还遇到一位广东女士，她是为慰劳华北抗敌将士做募捐工作的，郭沫若也捐了5元。船快到上海时，那位女士拿了一本郭沫若写的《北伐》来，要郭签名。原来她已认出了郭沫若，但见他用假名，内中必有隐情，所以没有点穿。郭沫若欣然在书的扉页上题曰："海内存知己，天涯若比邻。"

"皇后号"邮轮经过三天航行，于27日下午3时左右到达上海黄浦江的码头。南京行政院政务处处长何廉等专程到上海迎接，到码头迎接的还有从福州赶来的郁达夫等人。郭沫若下船后，先与金祖同去拜访沈尹默，张凤举、李初梨等闻讯前来看望，然后几人在孔德图书馆三楼联席会议，商讨郭回国后的安排和对策。晚上，郁达夫在来喜饭店设宴为郭洗尘，席间久别叙谈,直至深夜。第二天,郭沫若搬至沧州饭店,沈起予、叶灵凤、夏衍、阿英、郑伯奇等陆续来访。张发奎将军也来看望。

郭沫若回到上海后,立即投入了抗日救亡运动。他观看了话剧《保卫芦沟桥》的首场演出,并题诗祝贺。他奋笔挥毫,写下多首激情洋溢的诗篇。8月20日晨写的《战声》写道:"战声的一弛一张关系民族的命运,/我们到底是要作奴隶,还是主人?""站起来呵,没再存万分之一的侥幸,/委曲求全的苟活决不是真正的生。"8月22日夜写的《血肉的长城》一诗中写道:"爱国是国民人人听应有的责任,/人人都应该竭尽自己的精诚,/更何况国家临到了危急存亡时分。……我们并不怯懦,也并不想骄矜,/然而我们相信,我们终要战胜敌人,/我们要以血以肉新筑一座万里长城!"

8月初,国民党政府取消了对郭沫若的通缉令。9月下旬,郭沫若应召赴南京与蒋介石会面,蒋希望他"留在南京","多多做些文章",并说要给他一个"相当职务"。郭沫若当即表示,"文章我一定做,但名义我不敢接受"。郭沫若回到上海后,10月初与周信芳、田汉、欧阳予倩商讨成立戏剧界救亡协会。10月19日,出席鲁迅逝世周年纪念会,并发表讲话,号召学习鲁迅,使人人成为鲁迅。会上决定成立上海文艺界救亡协会,郭沫若与巴金、田汉等被推为临时执行委员。他与夏衍等创办了《救亡日报》,担任社长。他还担任了上海各界组织的战时设计委员会副主任等职务。他曾到浦东、宝山罗店、昆山等抗敌前线视察和劳军,到难民收容所慰问,为抗敌救亡四处奔波。

郭沫若回国后,曾收到安娜的来信,得知安娜和长子和生被日本警察局拘禁并毒打,家亦被抄。郭闻之赋诗一首匿寄安娜,诗云:"相隔仅差三日路,居然浑如万重天。怜卿无故遭笞挞,愧我违情绝救援。虽得一身离虎穴,奈何六口委深渊。两全家国殊难事,此恨将致万世绵!"表达了他对日本当局的愤慨,对妻儿的思念和愧疚,以及对家国难以两全的无奈。

1937年11月上海失陷。郭沫若接受中共的指示离开上海,到武汉出任军委政治部第三厅厅长,后又到重庆。在波澜壮阔的抗日救亡运动中,郭沫若着实轰轰烈烈地干了一番,成为文化界一名旗手。

(《人民政协报》2005年7月14日)

一三七

# 郭沫若诗赠于伶

我国杰出的作家、剧作家郭沫若与著名剧作家于伶有着深厚的友谊,他曾三次诗赠于伶。

第一次是1937年"七七事变"后,郭沫若同志从日本回国,不久在上海高乃依路新寓亲笔书写了《黄海舟中》一诗馈赠给于伶。这首诗是郭老7月25日在从日本回上海的邮船上写的一首步鲁迅《惯于长夜》原韵的律诗。诗中写道:"又当投笔请缨时,别妇抛雏断藕丝。去国十年余泪血,登舟三宿见旌旗,欣将残骨埋诸夏,哭吐精诚赋此诗。四万万人齐蹈厉,同心同德一戎衣。"这首诗婉转陈词,动人心曲,深沉地抒发了郭老的爱国主义情怀。"又当"两字将郭老参加北伐战争的历史勾联起来,字里行间氤氲着热爱祖国的强烈气氛。

第二次是1943年2月,在重庆。于伶过三十七岁生日,友人们为于伶祝寿,夏衍、胡绳等四位联句作了一首七绝。诗是这样的:"长夜行人三十七,如花溅泪几吞声。杏花春雨江南日,英烈传奇说大明。"这首诗引用了于伶的四个剧本的名称:《长夜行》、《花溅泪》、《杏花春雨江南》、《大明英烈传》。他们请郭沫若写一个斗方。郭老欣然命笔,但写好后却不无遗憾地说:"这首诗写得很巧妙,不过有一个唯一的缺点,便是诗的情趣太消极,差不多就像是'亡国之音'了。这不仅和于伶兄的精神不称,就和写诗的诸兄的精神也完全不相称。"说罢他又挥毫写了一方,经他改写,诗成为如下的样子:"大明英烈见传奇,长夜行人路不迷。春雨江南三七度,如花溅泪发新枝"。这一来诗境大为不同,显示了新春发芽,希望葱茏的意趣。于伶见了十分喜爱,他认为"路不迷和发新枝,是郭老对我的鞭策与期望"。当晚,郭老邀夏衍、于伶等数人到临江门去吃四川特产"毛肚开堂"。两三天后,郭沫若写了一篇《人做诗与诗做人》的短文记述了这件事。此文现载《郭沫若文集》第十三卷。

第三次是1946年6月,郭老从重庆回到上海后,由冯乃超陪同来到于伶家。这时于伶的一位友人正在书写《看升官图》一首律诗的条幅。

郭老读了,诗兴大发,就步韵和诗,也写了一张单条赠给于伶。这首诗的首联是:"一边大打一边谈,内战烽烟北到南。"中间四句写美蒋反动统治之下社会的黑暗现象。最后两句是:"莫谓人民终可侮,盘肠一战我犹堪"!

(《银屏舞台》1986年第2期)

# 一三八

# 漫步乌镇忆茅公

江南水乡的古镇是一道独特的风景,她们在水港交汊的江南平原上星罗棋布,宛如一把珍珠散落在玉盘之上,熠熠生辉。江南的古镇具有共同的特点,小桥,流水,粉墙黛瓦,枕河人家,静谧,灵动,雅致……;然而每个古镇又有各自不同的特色,有的淡雅,有的艳丽,有的大气,有的精致,有的张扬,有的含蓄。其中有的古镇又与某位名人相关,由此散发出浓郁的文化气息,她们往往受到人们特别的青睐。我就属于这一类游者,我之所以兴致勃勃地去寻访角直、乌镇,多半是冲着文学前辈叶圣陶和茅盾去的。关于叶圣陶和角直,我已写过多篇文章,今天就来写写乌镇与茅盾先生。

乌镇位于浙北富庶的杭嘉湖平原,地处上海、杭州、苏州三大城市构成的金三角的中心,京杭大运河绕镇而行。镇内港汊纵横,石桥林立。乌镇古名乌墩、乌戎,此处为河流冲积平原,千百年的淤土堆拥隆起,土色深黛,由此得名。这里位于苏、浙两省交界处,地势险要,乃兵家必争之地,同时也是商贾货物集散之所,明、清时就在乌镇特设浙直分署,相当于知府一级的管理机构。

我走进乌镇的东栅,桥多是江南古镇的共性,乌镇亦然。我流连于桥头、石街、河边,给我印象较深的是这里比较安静，并没有某些古镇常见的满目商店，叫卖声不绝于耳的喧嚣状况。还有几点比较特别，一是窄窄的静谧的石板街，两边是古旧的民居，一式的排门板，边有矮踏门；而街头建有高墙和卷门，墙已陈旧斑驳，十分古朴，走在石板街上，发出咯咯之声，仿佛听到了历史的回响。二是乌镇特有的水阁，"君到姑苏见，人家尽枕河"，乌镇的民居也建在河边，不同的是，乌镇的沿河人家，用木桩或石柱打入河床之中，上面木梁或石梁，再在上面构房建屋，占水不占地，称作水阁。一排排在木柱或石柱上建造的砖木结构的民居，朴实无华，在水面上现出楚楚的倒影，犹如一幅淡墨的风景画。还有就是大片大片的黑瓦木柱的廊棚，沿河有长排的美人靠。这种廊棚夏天遮日，雨天避雨，平时可供休憩，一年四季商家营业，行人过往，都不受气候的影响，长长的廊棚也渲染出了乌镇浓浓的水乡韵致。

乌镇物产丰富，是江南富庶之乡，这里是中国主要的桑蚕产地，它的丝绵、蓝印花布闻名遐迩。它更是人文荟萃的文墨之邦。在乌镇我拜谒了昭明太子读书处遗存的石牌坊。昭明太子萧统是南朝梁武帝的长子，被立为太子，他的老师是文学家、尚书令沈约。而沈约父亲的墓地筑于乌镇，沈约每年都要到乌镇扫墓，萧统常常跟师前来，有时耽的时间还不短，于是索性在乌镇筑馆读书。萧统曾在这里召集文学之士编集《文选》三十卷，辑集了梁以前具有代表性的作家的700余篇诗文，是现存最早的诗文选集，对后世文学有重要影响。萧统未及即位而卒，谥号昭明，世称昭明太子。

在东大街，我还寻访了夏同善翰林第。夏同善是杭州人，他幼年丧母，其继母萧氏是乌镇人。其父因仕途失意而经商，夏同善遂跟继母住在乌镇外公家。他从小酷爱读书，遍读了外祖父所藏的典籍。1855年夏同善26岁，中了举人。次年咸丰六年，钦点翰林并赐翰林第匾，入选为庶吉士。此翰林第即是夏同善的宅邸。同治年间，夏同善擢升为兵部右侍郎。同治十二年，浙江发生杨乃武、小白菜冤案，次年杨乃武胞姐赴京告状，并恳请浙江籍京官帮助申冤，夏同善与张家襄等28名京官联名奏请刑部复审，获慈禧恩准，后杨葛冤案得以昭雪，夏同善也因此成为名人。晚清，夏同善与翁同龢同为光绪帝师。翰林第是典型的江南豪宅，前厅为无梁厅，见椽不见梁，结构特殊，古朴精致。正厅梁上供奉有大红雕龙缕金木盒，其中珍藏着圣旨诰命。后花园有假山水池，风景旖旎，北园楼厅密接，厢廊幽深，设计十分巧妙。

乌镇的茶馆非常有名，不能不去。那天我去了著名的访卢阁茶馆，它坐落于桥边，楼上的堂口很宽敞，木制方桌和靠椅。我泡了一壶龙井，坐在沿窗，俯视河中景色，游船荡漾，船歌飞扬，十分惬意。相传，茶仙卢仝曾在这里，茶圣陆羽听说卢仝对茶很有研究，故而特地到此造访。两人一起切磋茶艺。后人就在这里建了这座茶楼，命名访卢阁。茅盾在回忆录《我走过的道路》中曾写到，他的祖父每天要到访卢阁去饮茶，这里是当地富商士绅常去的雅集之处。

我还去游访了文昌阁、修真观、古戏台、汇源当铺、蓝印花布作坊等处，这些地方无不散发出乌镇特有的韵味。

当然，乌镇最引我关注的乃是茅盾故居。茅盾原名沈雁冰，他的故居位于乌镇观前街17号，主体是一座木构架两层楼房，坐北朝南，临街而筑，面阔四间，前后两进；另有平屋三楹。房屋内青砖黛瓦，木结构，典型的清代江南民居。清光绪十一年(1885)前后，茅盾的曾祖父沈焕在汉口经商获利，汇款回乡，由茅盾的祖父砚耕经手，分两次将东面的两间两进和西面的两间两进房屋买进，作为全家的住宅。东单元称"老屋"，西单元称"新屋"。

茅盾故居的东隔壁是立志书院，这是清代官府资助地方绅士兴办的学馆，作为科举考试的预备班。1902年改为立志小学，茅盾童年时就在这里求学。现在茅盾故居和立志书院都成为茅盾纪念馆。走进纪念馆，迎面看到的是周巍峙的题字"文学巨匠茅盾"以及茅盾先生的半身铜像,茅盾右手持烟卷,正在沉思凝神。纪念馆基本保持茅盾童年时期家庭生活环境的风貌。我们可以看到宅屋里的厅堂、家塾、厨房,茅盾祖父母及父母的卧室。老屋楼上东首第二间是茅盾父母的卧室,1896 年茅盾就出生于此,后进楼下是茅盾少年时代与祖母一起养蚕的地方。后园三间平房,是茅盾 1934 年用稿费买下的,他亲自设计翻建成为书斋,前后统排玻璃窗,木质地板,屋内仍摆放着茅盾用过的红木书桌和靠背椅子。他的力作《子夜》续篇《多角关系》就是在这里创作的。书斋外的天井里,存有茅盾于 1934 年所栽种的一株棕榈树和南天竺一丛,至今仍生气盎然。在纪念馆里陈列有茅盾的许多珍贵的照片、手稿、信件、遗物以及各种版本的著作,其中有茅盾小学时的作文和老师的批语,有《子夜》的手稿等。这一切,都为我们画出了这位文学巨匠的人生足迹。

我惊奇地发现,在乌镇漫步,似乎处处都能感到茅盾的存在;而捧读茅盾的作品,有好像处处都闪现着乌镇特有的风韵,这大概就是作家与故乡的密切关系吧!位于茅盾故居对面的那爿"林家铺子",专卖各种乌镇的土特产和旅游产品,这不禁使我想起作家的短篇小说《林家铺子》,那个老实巴交的林老板,玲珑乖巧的寿生,成天打呃的老板娘和可爱的林小姐,一下子活跃在我的面前,其实小说写的是当时在战争和经济危机下老百姓、小商人的悲惨命运,今天读来还不无教益。茅盾写的《春蚕》也直接取材于乌镇农村、集镇的生活。乌镇给予茅盾太多的生活滋养。

茅盾在乌镇度过了童年生活,之后,他从乌镇这个江南小镇走出来,走进了更加广阔的天地,走进了纷繁的社会,生活的洪流,开始了坎坷起伏,充满传奇色彩的文学人生道路。

茅盾是中国现代作家中最早的共产党人。茅盾开始在乌镇立志小学读书,1909 年考入湖州第三中学堂,后转入嘉兴中学堂学习。1013 年考入北京大学预科第一类。预科毕业后因家庭经济窘迫,无力升学,1916 年进了上海商务印书馆当了编辑,并开始翻译和写作。1920 年茅盾在上海参加了共产主义小组,1921 年成为中国共产党的第一批党员,并担任中共上海地方委员会委员。1925 年参加"五卅"运动,1926 年到广东参加第一次国内革命战争,在国共合作的形势下,茅盾在国民党中宣部担任秘书,当时中宣部的部长是毛泽东。作为一个革命者,从 1925 年至 1927 年,茅盾一直处身于革命运动的漩涡中心。

茅盾是中国第一个现代文学团体"文学研究会"的创始人。1921 年 1 月,由茅盾、郑振铎、叶绍钧、周作人等人发起的文学研究会在北京成立。他们把上海商务印书馆出版的《小说月报》作为会刊,由沈雁冰主编。文学研究会提出了"文学为人生"的文学主张,在中国新文学运动中产生了深远的影响。

茅盾是中国现代文学史上第一位有影响的长篇小说家。1927 年大革命失败后,沈雁冰回到上海,他把在血与火的斗争经历中的所见、所闻、所思、所感,写成了长篇小说《蚀》三部曲:《幻灭》《动摇》《追求》。小说描写大革命前后一群小资产阶级知识青年的思想动态和生活经历,抒写了他们的幻想、追求、动摇、迷茫、幻灭。1927 年 9 月,他写出了《幻灭》的一半,在作品题目后面,随手写了一个笔名"矛盾"。他把稿子送给住在隔壁的叶圣陶看,叶当时在编辑《小说月报》。"矛盾"二字也流露出当时作者思想上的矛盾。叶圣陶读了小说,极为赞赏,准备立即在《小说月报》上刊登,并建议把笔名"矛盾"改为"茅盾",一是避免国民党当局的检查,又更像个人名,沈雁冰觉得改得好,欣然同意。这就是"茅盾"笔名的由来。1932 年,茅盾又推出了长篇巨著《子夜》,小说写帝国主义和买办资产阶级掌控的上海滩上,中国民族工业发展的艰难历程,塑造了吴荪甫、赵伯韬等资本家的典型形象,并展现出上层社会和市井百姓中形形色色的悲喜剧,其反映生活的广度和深度都达到了当时的高峰,因此茅盾曾有"长篇小说坛主"的称誉。

　　茅盾又是新中国第一任的文化部长。1949 年 9 月召开政协会议,周恩来受命组阁新中国首届政府,便动员茅盾出任文化部长,但茅盾婉言谢绝了,他说,自己不适合做官,打算继续他的创作生涯。当时他曾想到杭州西湖边买一幢房子,定居杭州写作。但是后来毛泽东亲自出面找茅盾谈话,说:"文化部长这把交椅是好多人想坐的,只是我们不放心,所以想请你出来。"茅盾举荐郭沫若:"那为何不请郭老担任?"毛泽东说:"郭老是可以的,但他已经担任了两个职务,一个是文化教育委员会主任,一个是中国科学院院长。"又说:"听说你不愿做官,这好解决,你可以挂个名,我们给你配个得力的助手,实际工作由他来做。"话已说到这样,茅盾也不好再推辞了,于是担任了首任文化部长。同时他还兼任中国作协主席。由于大部分时间用于行政事务,很难分身创作。但是他仍然关心着整个文学事业,上个世纪 60 年代,他在《文艺报》上连续发表《夜读偶记》,评论、推介新人新作,像陆文夫、茹志鹃等都得到了茅公的关怀和帮助。1981 年 3 月,茅盾在逝世前,把他的稿费 25 万元捐献给中国作协,作为设立一个长篇小说文学奖金的基金,于是出现了我国第一个以作家人名命名的文学奖"茅盾文学奖金"。这项奖金扶持和推出了许多文学新星,包括去年诺贝尔文学奖的得主莫言。

　　太阳西斜,游兴未尽。我们登上了归程的汽车。汽车在高速公路上驰骋,我的脑海里浮现的还都是乌镇的一个个画面和茅盾先生各个时期的形象,可见此行印象之深刻。我想到,我们这一代文学人的人生道路虽然颇多坎坷和挫折,但是有一点是很值得庆幸的,那就是我们在文学道路上行进时,有一批大师级的人物在前面引领着我们,他们之中有茅盾先生,还有郭沫若、巴金、田汉、曹禺等等前辈,我与他们有的曾经谋面,有的并未谋面,大多并不相识,然而我们读过他们的作品,听过他们的讲演……他们的巨著,他们的品格,他们的精神一直指引和鼓舞着我们,我们受到他们太多的滋养和帮助。他们的熠熠星光照亮着文学的道路,我们是在大师的星光照耀下行进的。我深切地感受到与大师同行的年代是幸福的年代!

2013 年 3 月 12 日于上海听雨轩

(香港《大公报》2013 年 6 月 17 日)

## ·叶圣陶的情怀·

一三九

# 叶圣陶情牵甪直镇

　　叶圣陶先生是我国文坛的巨擘,又是著名的教育家。叶先生是苏州人,他青年时代曾在苏州东郊的甪直镇做过五年小学教师。甪直是叶先生教学生涯的发端之处,也是他文学创作的起飞之地,因此,叶圣陶亲切地称甪直为第二故乡。

　　叶圣陶于 1894 年出生于苏州城内的一个贫苦家庭,幼年时曾在一富人自设的私塾里附读。13 岁进入苏州公立草桥中学读书,并开始文学活动,与同学顾颉刚、王伯祥一起组织诗社

"放社",创办《工余丽泽》刊物,向上海《民立报》投稿。中学毕业后,无力升学,1912年春,在苏州城内干将坊言子庙小学任教。1915年经郭绍虞介绍,到上海商务印书馆附设的尚公小学教国文,并为该馆编辑小学国文课本。

1917年初,叶先生的同学吴宾若、王伯祥邀请他到角直吴县县立第五高等小学(简称五高)任教,叶先生欣然同意。他辞去了尚公小学的职务,于同年春天与吴、王一起乘船来到了角直。角直是一个典型的江南水乡小镇,它位于苏州以东18公里,北倚吴淞江,西枕甫里塘。镇内河道纵横交错,桥梁众多,唐代诗人杜荀鹤诗云:"君到姑苏见,人家尽枕河。故宫闲地少,水港小桥多。"这也是对角直的写照。叶圣陶在角直,一耽就是五年。

当时"五高"设在保圣寺内。保圣寺是建于南朝的一座江南古寺。寺内原有塑壁和十八尊罗汉,据传是唐代著名雕塑家杨惠之的作品。寺内有花园,存有唐诗人陆龟梦的墓地和斗鸭池、垂虹桥等遗迹。叶圣陶担任高小二年级级主任兼国文课。他自编课本,从《史记》、《战国策》等书中选材,每篇有题解、作者传略与词语解释,每隔两课有一篇"文话",讲述文章的写作和欣赏。为了培养学生的广泛兴趣和实际能力,叶圣陶在四面厅里办起了利群书店和百览室,指导学生阅读、写作、办墙报、学篆刻。在校园里办起了"生生农场",与学生们一起种菜种瓜。他还把都德的《最后一课》、莫泊桑的《两渔夫》以及《荆轲刺秦王》等改编成话剧,指导学生排练演出。叶圣陶先生自己也曾粉墨登场。每当演出,学生家长和镇上农民都来观看,十分热闹。

1919年"五四"运动的消息传到角直,叶先生激动得不能入眠,深夜与王伯祥等秉烛商谈唤起民众的计划。第二天他们组织游行,召开宣讲会。会上,叶先生大声疾呼:"外争国权,内惩国贼!"这一年,叶先生的夫人胡墨林也应邀到"五高"任教,于是把家也搬到了角直,他们住在东市下塘陈继昌家的走马楼上,每天叶先生夫妇俩经日茂场,过眠牛泾浜到学校上课。

在角直期间,叶圣陶一边教书,一边从事文学创作。在这里,他一共写了20几篇小说,如《春游》、《苦菜》、《隔膜》、《阿凤》等,还编辑了我国第一个新诗刊物《诗》。角直给予了他极其丰富的生活滋养他离开角直后写的不少小说,也都是以角直作为背景,或以角直的人物作为模特儿的。他的成名作长篇小说《倪焕之》,不仅人物、情节不少出自角直,就是书中写到的"高高挺立的银杏树"也正是五高校园里的那棵银杏树。《阿菊》中的模特儿是角直镇上的阿虎,《多收了三五斗》中的万盛米行也是以角直镇上的万盛米行为其原型的。可见角直对叶先生小说创作的影响是如何之深。

1923年起,叶圣陶在上海的商务印书馆、开明书店,从事写作和编辑工作,这一时期他定居于上海和苏州。1937年抗战爆发后,叶圣陶去到后方四川重庆、成都。抗战胜利后才回到上海。1949年3月,叶圣陶应党中央之邀,经周恩来同志的安排,从上海绕道香港到达北京,准备参加第一次政治协商会议。新中国成立后,叶圣陶先后出任出版总署副署长、教育部副部长等职,于是定居于北京。自此以后,他虽然曾有几次到江南来视察工作,到过苏州、无锡、上海,但是总是来去匆匆,没有机会重访第二故乡角直。

1977年5月,叶老终于又有了一次江南之行,而此时叶老已经83岁高龄了。

这次他先到无锡,他想到无锡县的几个公社去走一走,看一看。陪同叶老去参观访问的除了无锡县的领导之外,有叶老的长子叶至善和夫人夏满子、孙媳姚兀真,还有正在无锡县前洲公社深入生活的年轻编剧薛明等。叶老身穿一身灰色的呢料中山装,拄着黑色的拐杖,他鬓发银白,连长长的眉毛也是银白色的,但显得精神矍铄。他到梅村公社和前洲公社兴致勃勃地参观了社队办的造船厂、印染机厂、新造的农民住宅等,在前洲公社,他非常赞赏那里的农田水利工程,他悄悄地告诉薛明,他将写一首《前洲治水歌》的长诗。当天晚上在无锡市,他还观看了锡剧戏曲影片《红花曲》。叶老从小喜欢昆曲、京剧、南方的戏曲和苏州评弹，由于他的小儿子叶至诚当过江苏省锡剧团的编导，他的儿媳姚澄又是著名的锡剧演员，所以叶老与锡剧有了一层特殊的关系。他看过许多锡剧的剧目。这次他看了梅兰珍、王彬彬主演的影片《红花曲》，连声称赞他们："唱得实在好。"

次日，叶老从无锡到达苏州，他首先想到的是甪直。他自从 1922 年离开甪直后，一直没有机会再去甪直，屈指算来已经过了 55 个年头。当年叶老第一次到甪直，是乘轮船去的，这次，在吴县文教局领导陪同下，他们仍然乘小轮船前往。一路上叶老显得非常欣喜和激动。当轮船靠近甪直的码头，只见码头上站满了欢迎的人群。原来，五十多年前叶老教过的学生们闻讯都来迎接老师。而这些学生也已都是 70 上下的老人了。叶老上岸见到他们，十分欣慰。他当场就认出了许倬、宋志诚、殷之盘等几人。师生们高兴地合影留念。

接着，叶老在学生们的簇拥下，来到从前工作过的地方、梦牵魂绕的"五高"旧址。叶老旧地重游，不禁感慨万千。如今保圣寺已修葺一新，被列为全国文物保护单位，园中陆龟梦墓及斗鸭池等残迹犹存，几棵五百多年树龄的银杏树仍巍然挺立，郁郁葱葱，原来"五高"的女子部楼和四面厅也还在。叶老兴致勃勃地参观了古物馆里 18 尊罗汉塑像和陈列的文物。叶老还参观了甪直小学，与师生一起合影。当叶老离开甪直时，镇上的人们自发地站在街道两旁送行，码头上，叶老的老学生们和他们的儿孙们都来相送。叶老站在船头频频点头向他们告别。送的人和被送的人，都热泪盈眶了。

叶老回到苏州后，还到光福公社去参观，并游览了姑苏名园网师园。

这次江南之行，叶老感慨良多，他赋诗多首，加以记述。关于甪直，他写了两首，其一，《重到甪直》：

> 五十五年复此程，淞波卅六一轮轻。
> 应真古塑重经眼，同学诸生尚记名。
> 斗鸭池看残迹在，眠牛泾忆并肩行。
> 再来再来沸盈耳，无限殷勤送别情。

其二，《题赠吴县保圣寺文物陈列室》：

> 罗汉昔睹漏雨淋，九尊今看坐碧岑。
> 供奉无复教宗涉，来者唯好古塑深。
> 兼陈文物得其宜，位置树石见匠心。
> 重来愿酬逾半纪，此日盘桓豁胸襟。

前一首写离别55 年后重访甪直的情景，淞波卅六，指苏州到甪直的 36 里水路。"斗鸭"、"眠牛"两句，回忆当年与夫人在此地教书的生涯，末两句写学生和甪直乡亲们殷殷送别的情形。后一首写保圣寺中的罗汉塑像今昔的不同遭遇，抒发此时的欢畅心情。这两首诗抚今忆昔，洋溢着叶老对第二故乡的深切感情。

叶老回到北京后还写了长诗《前洲治水歌》和《前洲之桥》等诗作。他因感谢薛明陪同他参观访问，写成五言诗一首，并亲自手书条幅相赠。诗云：

> 薛明伴我行,无锡复苏州。
>
> 款语情恳切,扶持意至周。
>
> 相聚才旬日,别后思不休。
>
> 古云忘年交,正合称我俦。
>
> 昨夕读来书,语我意兴遒。
>
> 编剧事宣传,鼓动夺丰收。
>
> 书记共推敲,务期致效优。
>
> 工农知交多,亦复广咨诹。
>
> 所作集众思,故与众相投。
>
> 读罢我深喜,裁答寄前洲。
>
> 前洲无限好,何言一年留。
>
> 毕生前洲住,佳作如江流。

诗中回忆这次江南行中,薛明对他的关切和扶助,诚挚地称他与薛明是忘年交。他还鼓励薛明在农村长期深入生活,结交工农朋友,殷切希望他写出更多的好作品来。

此后,因叶老年事愈高,没有再回来过江南。这一次乃是叶老在晚年的最后一次江南之行。

叶先生在生前还立下遗愿,他去世后,要求把他的部分遗骨安葬在角直"五高"的旧址。1988 年 2 月叶先生不幸与世长辞,根据先生遗愿,在"五高"旧址修建了叶圣陶先生墓,安葬了先生的部分遗骨。有关部门还修复了原"五高"的部分校舍,如女子部楼、四面厅等,建成了叶圣陶纪念馆,供人们参观瞻仰。

(《上海滩》2016 年第 2 期)

一四〇

# 叶圣陶与朱自清

叶圣陶是著名的文学家和教育家,曾担任教育部副部长,全国人大常委会委员,中国民主促进会主席。他与著名作家朱自清有着极其深挚的友谊。

叶圣陶与朱自清相识于 1921 年秋天。当时叶圣陶在上海吴淞中国公学任教。朱自清原在扬州江苏省立第八中学任教,辞职后,由刘延陵介绍也到中国公学教书,去之前,刘延陵告诉他,叶圣陶也在那里。朱自清以前读过叶圣陶的小说,对他很是仰慕,因此带着好奇心问:"叶圣陶是怎样一个人?"刘延陵回答:"他是一位老先生。"朱自清即要刘陪他去拜访叶圣陶,见面后才知叶圣陶年纪并不老,才二十七八岁,只是他朴素的服饰和沉默的风度给人一种老成的感觉。

叶圣陶和朱自清志趣相同,而且都是文学研究会的成员,不久就成了好朋友,他们在中国公学一起参加了学生风潮。当时叶圣陶的家还安在角直,每星期六总要回家去。后来叶圣陶也搬到上海住，彼此交往更密。叶圣陶是个寡言的人，但当朱自清与同事们一起聚谈时，他也总是很凑兴地听着。叶圣陶经常在《晨报》副刊发表文章，总要捎给朱自清看。有一次，朱自清把一些报纸放在书架上，不慎丢失了，他很感不安。因为他知道叶圣陶作文不留底稿，发表的作品总是辛辛苦苦搜集保存起来。然而叶圣陶知道后却只是略显惋惜随和地说："由它去末哉！"

同年 11 月，朱自清到杭州第一师范任教，他的好朋友俞平伯也在那里执教。学校要朱自清邀约叶圣陶也去杭州。叶圣陶接信后欣然允诺，并在回信中说："我们要痛痛快快游西湖，不管这是冬天。"不久叶圣陶成行去杭州。学校本来安排他们各住一间房间，可是叶圣陶嫌寂寞，于是两人合住一屋。他们时常作伴去西湖，或游湖，或饮酒。圣陶除备课外，勤奋地写小说与童话；朱自清主要写诗。一天早晨，他们都醒了，听见窗外传来工厂汽笛的声音，叶圣陶忽然高兴地说："今天又有一篇了。"就是童话集《稻草人》中的《大喉咙》。叶圣陶因为离不开家，所以在杭州只待了两个月，但却写了不少作品。《火灾》中的《饭》、《风潮》等七篇小说和《稻草人》中的一部分童话都是这段时间写的。他每写完一篇，总是先给朱自清看，征询他的意见。叶圣陶，朱自清，俞平伯等还创办了《诗》月刊。冯雪蜂，赵平复，魏金枝等组织晨光文学社，叶圣陶，朱自清被聘为顾问。

后来，叶圣陶应邀到北京大学中文系任教，不久回上海进商务印书馆编译部，家也搬到了上海。这一段时间，朱自清先后在浙江台州，温州，宁波，白马湖等地任教，有时他到上海就住在叶圣陶家里。1924 年 7 月，叶圣陶，朱自清，俞平伯合编出版了丛刊《我们的六月》。同年 10 月，朱自清写了著名散文《背影》，就刊登在叶圣陶主编的《文学周报》上。

朱自清自 1925 年任清华大学国文系教授，1927 年正式携眷去北平，路过上海时，叶圣陶等挚友为他饯行。那天晚上他们痛快地饮酒，发议论，席散后又结伴上街散步。他们走过爱多亚路时，已近夜半，叶圣陶对朱自清吟诵起北宋大词人周邦彦的词："酒已都醒，如何消夜永？"不无惆怅之慨。第二天，朱自清便上船走了。

1931 年至 1932 年，朱自清去英国留学，回国后仍在清华大学任教授并兼任中文系主任。其后一段时间叶圣陶蛰居上海，朱自清则在北平，一南一北，但鱼雁不绝。1937 年 2 月叶圣陶在开明书店出版的《文章例话》中把朱自清的《背影》与鲁迅的《社戏》，茅盾的《浴池速写》等佳作并列，热情称赞《背影》是篇好文章："这篇文章通体干净，没有多余的话，没有多余的字眼。即使一个的字，一个了字，也是必须用才用。"

抗战爆发后，叶圣陶从上海移居四川，从事教育和编辑工作，曾先后到过重庆，乐山，成都，桂林等地。而朱自清先是到长沙主持由清华，北大，南开联合组成的临时大学中文系的工作，后临时大学改为西南联合大学，他随同迁往昆明。1940 年，叶圣陶在成都四川省教育厅任教育科学馆专门委员，而朱自清正携眷在成都休假，住在东门外宋公桥。两人在成都重逢，并合编了《文史教学》杂志。1942 年，朱自清与叶圣陶又合编了《精读指导举隅》，《略读指导举隅》等书，由商务印书馆出版，1945 年又合著了《国文教学》一书。

抗战胜利后，叶圣陶回到上海，朱自清则回北平，复任清华大学中文系主任。1948 年 8 月 12 日，朱自清因贫病交加，肾脏炎发作，不幸逝世。临终时还嘱咐家人不要买政府配售的美国面粉。8 月 30 日叶圣陶与陈望道等一起参加文化协会与清华同学会联合举行的朱自清追悼会，并在会上致词，对失去一位文坛干将和诚挚知友而痛惜不已。

（《团结报》2000 年 4 月 6 日；《作家文摘》2000 年 8 月 8 日）

一四一

# 叶圣陶与夏丏尊

　　叶圣陶和夏丏尊是我国现代中小学国文教育的两位拓荒者和奠基人。

　　叶圣陶是我国现代著名作家、教育家，他的小说《倪焕之》、《夜》、《多收了三五斗》等几乎妇孺皆知。新中国成立后，他曾担任全国出版总署副署长、教育部副部长、全国政协副主席、全国人大常委会委员。

　　夏丏尊是浙江上虞人，生于1886年，16岁中秀才，次年起先后在上海中西书院、绍兴府学堂读书。1905年，他借款赴日留学，进东京高等工业学校学染织工业，后因申请不到官费，1907年辍学回国。1908年进杭州浙江两级师范学堂当通译助教。鲁迅、许寿裳当时都在该校任职，后来改为浙江第一师范，成为"五四"运动南方新思潮的主要发源地。夏丏尊见学生的国文程度不能有多大进步，认为是国文教员不行之故，于是自告奋勇，充任国文教师。果然，一班学生经他指导，国文程度有相当的提高。他提倡思想自由，劝学生多读新书，还鼓励学生写作，向报刊投稿，不少作品得到发表。他还提倡白话文。他是中国最早提倡语文教学革新的人。"五四"运动中，他和陈望道、刘大白、李次九等积极支持"五四"新文化运动，推行革新语文教育，被称为浙江一师的"四大金刚"。

　　还有一件事，夏丏尊原名夏铸，字勉旃。那时浙江省许多人想选他做省议员，但他无意于政治，为了避免当选的麻烦，他在选民册上把"勉旃"改为语音相近的"丏尊"。这个"丏"字比较生僻，投他票的人大多把"丏"字错写成"丐"字，成了废票，于是自然落选了。由此可见他的性格，他生平没有加入过任何政党，只把教育认作自己的终生事业。

　　叶圣陶与夏丏尊相识是在上个世纪20年代初。最早应该是在文学研究会。叶圣陶生于1894年，比夏丏尊小8岁，江苏苏州人，1911年在苏州草桥中学毕业，后在苏州任小学国文教师，并从事文学活动。1915年经郭绍虞介绍，到上海商务印书馆附设的尚公小学教国文，并为该馆编辑小学国文课本。1917年初，应邀到甪直吴县县立第五高等小学任教，"五四"运动时，他正在那里，他和王伯祥等积极响应，他拟写了宣言，还率领学生上街游行。

　　1921年1月，叶圣陶和周作人、沈雁冰、郑振铎等人发起成立了文学研究会，举起了"文学为人生"的旗帜，而夏丏尊就是文学研究会的第一批会员，两人可能在文学研究会的活动中相识。就在这一年，原浙江两级师范、浙江第一师范的校长经颐亨先生受上虞富商陈春澜的资助，在上虞县白马湖畔创立了春晖中学。这所学校私立性质，并不受制于当时的政府。其宗旨为发展平民教育，培养有健全人格的国民。白马湖三面环山，山峦上林木郁郁葱葱，湖边翠柳飘拂，湖水清澈，波光粼粼。这里环境幽雅，颇似世外桃源。经先生担任校长，他崇尚"大学者，非谓有大楼之谓也，有大师之谓也"。他聘请夏丏尊担任教师，并广纳名士学者。春晖对教师十分宽松，一面教书育人，同时从事著述。夏丏尊邀请了许多文学朋友来此执教，其中有朱自清、丰子恺、朱光潜、刘熏宇、王任叔等；还请了蔡元培、李叔同、何香凝、黄炎培、柳亚子、于右任等名流、学者前来讲课。叶圣陶也应邀到春晖讲学，并与夏丏尊、朱自清、俞平伯等好友切磋文学,容与于白马湖的湖光山色之间。春晖学校充溢着"郁郁乎文哉"。夏丏尊兼任春晖出版部主任,他在授课之余,翻译了意大利作家亚米契斯的小说《爱的教育》,此书印行后,大受欢迎,一版再版,创下了当时外国译著印数的最高纪录。他们还编印同人丛刊《我们》,由朱自清、俞平伯主编,叶圣陶、丰子恺、刘延陵、顾颉刚等参与其事,后出版过《我们的七月》、《我们的六月》等。他们这些人的散文有清淡、自然、隽永的共同特点,后人称之为"白马湖派"。春晖中学这所名牌学校,至今尚存,1981年,叶圣陶还专门为该校题写了"教学相长,德才兼美","白马湖图书馆"两个匾额。

然而,当时春晖中学也并非世外桃源,校长经亨颐长年在外奔波,代理校长与教师们在观念上有所分歧。后来在处理一个学生的问题上发生争执,学生罢课,校方开除了28名学生,教师集体辞职,于是夏丏尊、匡互生、丰子恺、朱光潜、朱自清等先后离开了白马湖。

1925年,夏丏尊、匡互生等来到上海,创办了立达学园,当时叶圣陶在商务印书馆当编辑,应邀到立达学园任教,来此任教的还有朱光潜、方光焘、丰子恺、马宗融、赵景深、夏衍、白采等。他们创办了《立达》季刊、《一般》月刊,其主要撰稿人仍为夏丏尊、叶圣陶、朱自清、丰子恺等人。这段时间,叶圣陶和夏丏尊更是朝夕相处,如切如磋,十分亲密,友情愈益加深。立达学园有一位同事白采,他是尼采式的诗人,出版过《白采的诗》,他在立达学园教国文,和夏丏尊、叶圣陶等同事,后不幸病殁,夏丏尊、叶圣陶、朱自清、俞平伯、丰子恺五人写了同题的散文,悼念白采。夏丏尊文为对白采的诗未有过"一读的诚意"而抱悔,在论述相交片段时,让人于平淡细腻处咀嚼出深长隽永的意味来;而叶圣陶文则为禁不住白采的阻拦未能陪他出城游览虎丘而遗憾,并追思了他与白采交谊的点点滴滴,文章都写得感人至深。

1928年,夏丏尊等入主开明书店,夏丏尊任编译所长。1929年,叶圣陶的第一部长篇小说《倪焕之》出版,夏丏尊欣然为之作序。1930年底,叶圣陶也离开商务印书馆,而改入了开明书店。原因是开明比商务进步,用叶圣陶自己的话说:"开明里老朋友多,共同作事,兴趣好些。"那时夏丏尊正在主编《中学生》杂志。《中学生》创办于1930年元旦,由夏丏尊、章锡琛、丰子恺、顾均私人主编,每年出10期。叶圣陶进开明书店之后,先是编辑《妇女杂志》,后接编《中学生》,与夏丏尊共同耕耘这个青少年的文学园地。《中学生》杂志以中小学学生和中小学教师为主要读者对象,其宗旨是:"替中学生诸君补校课之不足,供给多方面的趣味与知识,指导前途,解答疑问,且作便利的发表机关。"刊物设置了"写作杂话"、"文章偶谈"、"文章展览"、"文艺鉴赏"、"文章病院"等栏目,发表了大量辅导青少年阅读和写作,指导中小学教师正确传授语文知识的文章。这个刊物创刊后,深受广大读者欢迎,创刊不到一年,销量就达到两、三万以上,成为20世纪30年代全国青少年的良师益友。叶圣陶还主编了《新少年》杂志。

在此期间,叶圣陶和夏丏尊还合写了许多有关国文教育的著作,有《文心》、《文章例话》、《阅读与写作》等,其中以《文心》最为著名。这是他们两人针对当时国文教学存在的问题,专讲读与写的书,两人轮流执笔每月在《中学生》杂志刊登一节或几节,连载一年半时间,1933年结集出版。《文心》全书32节,每节一个专题,用故事形式写出"国文的全部知识",包括读法和写法,教法和学法。内容周到全面,文笔生动活泼。陈望道和朱自清分别作序。陈望道由衷地称赞:"的确是一部好书。"朱自清在《序》中说:"不独是中学生的书,也是中学教师的书","是一部空前的书"。当时中学生誉之为"青年阅读和写作的宝典","空前的文章作法","天下之至文"。这本书曾经多次再版,几乎成了30年代中后期中学生人手一册的畅销书。1983年中国青年出版社重印了《文心》,叶圣陶之子叶至善写了《重印后记》。叶圣陶与夏丏尊还合编了《开明国文讲义》、《国文百八课》、《初中国文教本》等。叶圣陶还编纂了《开明国语课本》，初小8册，高小4册，编辑了《开明文学辞典》等。1935年至1936年，叶圣陶和夏丏尊担任中学教育播音演讲，向全国中学生作过8次关于语文学习的谈话。《阅读与写作》一书就是这些讲演稿和有关文章的结集。他们为我国现代国文教材作了极其重要的拓荒和奠基工作。

夏丏尊曾与鲁迅在浙江一师共过事，且过从甚密，在思想上、文学上，深受鲁迅的影响，而对艺术的兴趣，则受到李叔同（弘一法师）的影响。叶圣陶也很敬仰弘一法师，由夏丏尊、丰子恺的引荐，他曾会晤弘一法师。1927年叶圣陶写有《两法师》一文，记述了他对弘一法师和印光法师的印象。

叶圣陶和夏丏尊不仅是亲密的朋友，而且是儿女亲家。抗战前，在上海，叶圣陶和夏丏尊不仅共事，而且做过一年半的邻居。他的大儿子至善与夏丏尊的女儿夏满子朝夕相处，青梅竹马。后经人提媒，夏与叶两人，一个说"好的呀"，一个用苏州土白说"吺啥"（意思是很好），小的，老的都合了意！于是就订了婚。1937年，八一三沪战爆发，全面抗战展开，开明书店厂房被毁，于是决定大部分员工流迁内地，继续努力。这时夏丏尊已五十二岁，因年老多病，无法成行，就留在上海。叶圣陶举家西迁，也带上了未婚的儿媳夏满子。在途中多次致信夏丏尊。他们先到南昌，后到四川乐山。1939年在乐山，叶至善和夏满子在战乱中结成连理。叶圣陶赋诗中写道："善满姻缘殊一喜，遥酬杯酌旨徐徐？""儿贤女好家之富，不数豪华金满赢。"夏丏尊也有贺诗，首句为"夏叶从来文字侣"。

抗战时期，叶圣陶在成都、重庆、贵阳、桂林等地从事抗日救亡文化工作，他先在四川教育厅任专门委员，在中学、大学任教，后继续主持内迁后的开明书店编译所的工作。他创办、主编了《国文杂志》，与夫人胡墨林合编了《中学精读文选》，与朱自清合作，撰写了《精读指导举隅》、《略读指导举隅》和《国文教学》3本书。他被推举为中华全国文艺界抗敌协会理事，写作了著名小说《夜》等大量的文学作品。留在上海的夏丏尊，除了替开明编辑字典外，同时在私立南屏女中教国文。1942年12月7日，珍珠港事变发生后，日本侵略军进入上海租界，夏丏尊被认为是激进的"危险分子"，12月15日，日本宪兵队逮捕了他，理由是夏丏尊乃反日分子，并要他表明。但他刚强不屈，在狱中，备受严刑拷打，百般凌辱，被折磨了整整十天，后念他年事较高，经友人内山完造等保释出狱。这次巨大的打击，使他的精神极其沮丧消沉。

1945年8月，日本投降，抗战胜利。1946年2月上旬，叶圣陶全家历尽艰辛，从四川东归上海。叶圣陶一回上海，就去探望夏丏尊，此时夏丏尊已经卧病不出门有两个月了。他患的是肺结核。叶圣陶去看他，亲朋重聚，应该高兴，但夏丏尊仍掩盖不住精神的颓唐和满腔的郁愤，这倒并非为了自己什么事。叶圣陶隔三差五地去探视，最后一次是他临终前一天。他凄苦地对叶圣陶说："胜利，到底啥人胜利？无从说起。"意思是说，不应该胜利的"胜利"了，应该得到胜利的，"惨败"了。这正是他临终所抱恨的。夏丏尊于1946年4月23日病逝，享年61岁。4月28日，叶圣陶专门写了《答丏翁》的文章，刊于《周报》35期。文章对丏翁临终前的疑问，回答道："胜利当然属于爱自由爱和平的人民。这不是一个空洞的概念，不是一句喊滥了的口号，是势所必然。人民要生活，要好好的生活，要物质上精神上都够得上标准的生活，非胜利不可。争取复争取，最后胜利属于人民。"叶圣陶还在文章中写道："我回到上海来不满三个月，由于你的病，虽然会面多回，没有与你畅快的谈一谈。现在我写这几句，当作与你同坐把杯，称心而言。可是你已经一棺附身，而且在十天之后就将火化成灰。想到这里，我收不住我的眼泪。"可见两人休戚与共，情谊之深，人们读之，也禁不住为之感动不已。4 月 29 日,重庆《新华日报》发表社论,悼念夏丏尊先生的逝世。后来夏丏尊先生安葬于上虞白马湖畔。

新中国成立后,叶圣陶作为全国出版和教育方面的领导人,他对全国大、中、小学的国文及其他学科的教材的编辑、审定工作,对我国的文字改革工作,对青少年报刊、读物的创作、编辑工作等方面,都发挥了极其重要的作用。被人们誉为"一代师表"的杰出教育家。

《上海滩》2015 年第 10 期

一四二

# 巴金:明灯依然亮着

一百零一岁高寿的我国文学巨匠巴金先生于 2005 年 10 月 17 日病逝,"五四"以来的文坛风云人物先后驾鹤西去,巴老的辞世标志着一个时代的终结。人们把巴金看作作家良知和真诚的代表,他像一盏明灯,照亮了几代文学人和广大读者。因此他的逝世引起文学工作者和广大读者的巨大悲痛,在文坛乃至整个社会引起巨大的震撼。此时此刻,巴老的音容笑貌宛在眼前,他的一个世纪的传奇人生弹动着我们的心弦。

## 一、从《灭亡》到《家》《春》《秋》

巴金 1904 年出生于四川成都的一个官僚地主家庭,原名李尧棠,字芾甘。少年时即受"五四"运动思潮的影响,1923 年他与三哥冲破家庭束缚到上海、南京求学。为了向西方寻求真理,1927 年去法国,旅居于巴黎和沙城。1928 年他写成第一部小说《灭亡》,歌颂了青年知识分子杜大心追求光明、勇于牺牲的精神。他把文稿寄到上海,受《小说月报》编辑叶圣陶的赏识,1929 年得以在《小说月报》上连续刊载。

1928 年 12 月巴金回国,他来到人文荟萃的上海,如鱼得水。他一方面担任世界语学会教员和自由书店编辑,一方面辛勤笔耕。他在短短几年中推出了《新生》、《爱情三部曲》(《雾》《雨》《电》)、《春天里的秋天》、《家》等一批小说作品。巴金在法国留学时,受到无政府主义的深刻影响;然而回到国内,一股革命的洪流又在身边奔腾,这在他的内心构成了矛盾。《新生》、《爱情三部曲》等描写军阀统治下,一群青年知识分子反抗黑暗现实的活动,虽然主人公往往狂热偏激、脱离群众,但是他们追求革命、勇于自我牺牲的精神颇能激起当时青年反帝反封建的热情,因此作品产生了很大的反响。

1931 年巴金写成了《激流三部曲》中的《家》。这部长篇小说 1931 年在上海《时报》连载,1933 年出版。这是巴金的主要代表作。它描写四川一个封建豪门所发生的种种矛盾和故事。"五四"浪潮已经波及这闭塞的内地,高家面临着分崩离析,以高老太爷和克明为代表的封建卫道者压制一切新的事物,对青年残酷地戕害。大哥觉新逆来顺受,他明明爱着梅表妹,但还是接受了瑞珏。高家出现了一幕幕悲剧,梅悒郁而死,鸣凤投河自尽,婉儿被逼出嫁。但这些并不能完全窒息青年人的理想,觉慧像一颗带着尾光的彗星在高家升起,他对旧势力"不顾忌,不害怕,不妥协",积极参与社会活动,"把改良社会,解放人群的责任放在自己的肩上"。此外,还塑造了觉民、琴等青年形象。之后,巴金又推出了《春》和《秋》,这部《激流三部曲》强烈地控诉了封建家庭、封建制度的黑暗和罪恶,像一股激流一样激荡了几代青年的心灵。后来这些作品还被翻译成外文,改编成话剧或拍成电影,因此其影响不仅限于国内,而且在法国、日本、前苏联等国风行。

抗日战争时期,巴金又写了《火》、《憩园》、《寒夜》等著名作品,这位多产作家不断以自己的新作,以自己的真诚和热忱来感染青年读者。

## 二、与萧珊相濡以沫数十年

巴金在小说里写过许多个悲喜交织的爱情故事,然而可能是他写作太过投入,或是缘分未到,巴金的爱情似乎姗姗来迟。1936年初,一位年轻姑娘才闯入他的生活。这位姑娘就是萧珊,原名陈蕴珍,当时她是上海爱国女中的高中生。她出于对巴金的崇敬,情不自禁地给他写信,谈巴金的作品,谈自己的心情。巴金起初只是像对待普通读者一样给她回信。这样大概通信通了半年光景,8月的一天,萧珊大胆地在信中约请巴金见面,并夹寄了一张自己的照片。就这样他们在新雅饭店第一次见面,巴金见到的是一位长着一双明亮的眼睛、梳着学生头、一身学生装束的热情姑娘。萧珊看着巴金说:"李先生,你比我猜想的可年轻多了。"不善辞令的巴金回答:"你比我想象的还像个娃娃啊!"巴金也很喜欢这个热情的姑娘。这时巴金三十二岁,萧珊十八岁。

巴金和萧珊恋爱了八年之久,1944年5月,巴金和萧珊在贵阳郊外的"花溪小憩"旅行结婚。既没有办仪式,也没有摆酒席。只印发了一个"通知"。三天后,他们回到重庆,文化出版社门市部楼梯下一间小房间,就是他们的新家。长年在外漂泊的巴金终于有了一个温馨的家;虽然此后巴金仍要四处奔波,但身边多了一个知心的伴侣。于是家成了巴金深深眷恋的所在,他说:"我到处跑来跑去,其实我最不愿意离开家。"

巴金和萧珊相濡以沫数十年。解放后,生活安定了。巴金忙于工作,萧珊不仅操持家务,而且还到《上海文学》当了一名不拿工资的义务编辑。萧珊把巴金看作自己生命的一部分,她说:"在我的生活里,你是多么重要,你永远是我的偶像。"三十多年来,萧珊一直称巴金为"李先生"。

"文革"时期,巴金被作为上海所谓装多菲俱乐部的黑老K而残酷批斗,萧珊千方百计地保护巴金,为他分担忧患。作为巴金的妻子,萧珊同样受到非人的待遇,陪斗,埃打,扫大街等等。长期的忧郁和惊恐使她的身心受到严重的摧残,1972年患了肠癌,并已转移到肝脏,这才被送到中山医院,但已经晚了,手术后只活了五天就与世长辞了。

萧珊的死使巴金陷入极度的悲痛,在遗体告别仪式上,巴金老泪纵横,悲恸欲绝。后来他在《怀念萧珊》一文中写道:"我站在死者遗体旁边望着那张惨白色的脸,那两片咽下千言万语的嘴唇,我咬紧牙齿,在心里唤着死者的名字。我想,我比她大十三岁,为什么不让我先死?我想,这是多么不公平!"后来巴金把萧珊的骨灰盒领回来,一直安放在自己的寝室里。他说:"我感到她仍然和我在一起。"

## 三、从春风秋雨中走过

巴金写了许多作品,大部分写的是旧社会的黑暗,而他写这些正是为了迎接黎明。因此当新中国成立,真正迎来黎明时,巴金感到莫大的欣喜。他立即充满热情地投入了新的生活。他参加第一次全国文代会,他主持上海作家协会的工作,他出国访问,他还两次赴朝鲜慰问志愿军战士。他也充满热情地抒写新的生活、新的人物,用他"写惯痛苦和哀愁的笔来歌颂人民的欢乐和胜利"。他撰写了《我们会见了彭德怀司令员》、《生活在英雄们中间》、《团圆》(后改编为电影《英雄儿女》)等;还撰写了描写异国见闻、中外友谊的《富士山和樱花》、《从镰仓带回的照片》、《向着祖国的心》等散文。《我们会见了彭德怀司令员》记述了在朝鲜前线的坑道里会见彭司令员的情景,生动地刻画了我军高级指挥员坚定自信、亲切诚恳、平易近人的鲜明形象。《从镰仓带回的照片》则由一张照片回忆在日本一家旅馆里听小说家吉佐和子讲述原子弹罪恶的故事,表达了作者对世界和平的向往。这些都成为解放后散文中的名篇。

然而,文艺界不时出现的"左"的思潮,使巴金处于困惑和尴尬的境地。巴金一向不想"做官",但他毕竟是文艺界的一个头儿,所以他的表态、讲话必须注意与上面一致;但一向真诚的巴金又常常忍不住要说出自己心里的真话。他写的《观众的声音》对戏曲改革中某些做法提出异议,希望他们尊重观众的发言权;《笔下留情》对某些出版社、报刊的编辑乱改作者作品的作风提出了批评;《"独立思考"》描绘了某些打棍子的人"他们拿起教条的棍子到处巡逻,要是看见有人从套子里钻出来,他们就给他一闷棍","他们的棍子造成了一种舆论,培养出一批应声虫";《恰到好处》则直接与姚文元商榷,指出他要求所谓批评要恰到好处,实则是抵消了"百家争鸣";那篇著名的《作家的勇气和责任》更是尖锐指出"一手拿框框,一手拿棍子的少数人,他们到处去找那些'犯错误的人'","这些人在作家当中产生了恐惧",因此巴金要求自己和其他作家要鼓起充分的勇气,摆脱恐惧,以作家的责任感写出有创造性的作品来。

正因为这些言论,"反右"时巴金差点儿遭殃,有周恩来等领导人保护才幸免于难。1958年,巴金又因《法斯特的悲剧》一文遭到批判,被所谓"拔白旗"。到了"文革",巴金当然难逃浩劫,成了文艺界批斗的主要对象,抄家,进"牛棚",挂了大牌子游街,全市电视批斗大会,下干校劳动……反正吃尽了苦,受尽了罪,用他自己的话来说:"仿佛进了阎王殿"!

# 四、《随想录》和现代文学馆

粉碎"四人帮",七十二岁的巴金劫后余生,重登文坛,又成为文学界的领军人物。他在晚年,虽然体弱多病,却做了两件了不起的大事。一是写作和出版了五卷《随想录》;二是倡议建立中国现代文学馆。这两件事构成了巴金生命中一道绚丽的晚霞。

《随想录》的写作始于1978年12月,开篇之作是《谈[望乡]》,他提出了如何打破思想禁锢的问题,如何培养青年的问题。从这时到1986年8月的七八年时间里,巴金不顾年老多病及种种干扰,写成了《随想录》五卷,共150篇。这是一部讲真话的书,是一位作家"一生的收支总账",也是一部真诚的忏悔录。巴金说:"我们这一代人的毛病就是空话说得太多。写作了六十几年我应当向宽容的读者请罪。我怀着感激的心情向你们告别,同时献上我这五本小书,我称它们为'真话的书'。我一生不知说过多少假话,但是我希望在这里你们会看到我的真诚的心。为着你们我愿意再到油锅里受一次煎熬。"

在《随想录》里有好几篇专门谈讲真话的问题,巴金严格地解剖自己,对在"文革"十年中说过违心话,进行了深刻的剖析:"在那样的日子里我早已把真话丢到脑后,我想的只是自己要活下去,更要让家里的人活下去,于是下了决心,厚起脸皮大讲假话。"他还在文章中说:"人只有讲真话,才能够认真地活下去。我所谓的'讲真话'不过是把心交给读者,讲自己心里的话,讲自己相信的话,讲自己思考过的话。"他说,作家讲真话,就要"保持自己的本来面目",要"心口一致,言行一致,写作与生活一致,人品和文品一致"。《"文革"博物馆》也是《随想录》里极其著名的篇章,巴金在文章里主张建立"文革"博物馆,目的是把十年浩劫的实证保留下来,让子孙后代不忘历史的教训,防止"文革"那样的历史重演。

《随想录》的问世,再次震撼了文坛。著名文艺评论家张光年说:"他是在剖析我们的时代,我们的社会,我们一代知识分子的心灵。"它使我们想起三十年代鲁迅的杂文,虽然二者历史背景不同,文章的风格也有差异,但是那种真诚、直面人生的态度,入木三分的剖析,却是一脉相通的。巴金不愧是鲁迅的学生。《随想录》是继鲁迅之后,我国现代散文的又一高峰。

1981年巴金在《现代文学资料馆》一文中说:"近两年我经常在想一件事:创办一所现代文学资料馆",为的是给后人保留一份宝贵的文化遗产。他还谈了建立文学馆的大致设想。巴金不向文学界的朋友们发出倡议和呼吁,自己则身体力行,他捐出了自己稿费20多万元人民币和300万日元,捐赠自己的手稿、书信和7 000多册图书。在作家们的热情支持下,在中央和北京市政府的关怀、帮助下,1985年3月中国现代文学馆在万寿寺开馆,巴金亲自到北京出席开馆典礼。2000年5月,建于北京的文学馆新馆又正式开放,巴金虽然因病而未能前往,但他的一桩心愿已经成为现实。文学馆的每一扇大门都嵌有巴金的手印,说明是巴金引领着人们走进这座文学的殿堂。

巴金晚年,受着病痛的折磨,但他始终心系着千百万读者,始终心系着贫困地区的孩子们。他深情地说过:"我是靠读者养活的,没有读者看我的书,我不可能活到今天。"所以他要把心交给读者。另外,他每年要为贫困地区的"希望工程"捐款。就在今年年初,他还委托身边工作人员向红十字会捐款6万元,逝世前的9月13日又捐给"希望工程"2万元。人们无不为这位世纪老人的火热爱心所感动。

巴老的逝世,使我们失去了很多很多,但是巴老的作品、文品、人品将永远留存于世。巴老这盏明灯依然亮着,并将永远亮着!

(香港《文匯报》2006年10月16日、17日)

一四三

# 巴金与鲁迅

在徐汇区浓荫笼盖的僻静的武康路上,有一座三层的花园洋房,这就是当代文学泰斗巴金先生的故居。这座洋房始建于1923年,巴金先生一家从1955年9月迁入,并定居于此。直至2005年10月逝世,巴金先生在这里整整生活了50个年头。我曾几次前往巴金先生故居参观瞻仰,最近又陪同江苏来的几位作家朋友前往参观。故居的一楼是门厅、客厅、餐厅和太阳间;二楼主要是书房和卧室。在一楼临时展厅里展出了巴金各个时期的著作、手稿以及参加各种活动、日常生活的照片。我看到《家》、《憩园》、《寒夜》等巴金著作和《随感录》中《怀念萧珊》、《我和读者》等手稿,还有巴金生前用过的生活用品钢笔、毛笔、砚台、眼镜、烟盒、剃须刀盒等。我每次凝视这些,总感到十分亲切,我们仿佛还能感觉到巴金先生的呼吸和体温。这楼房,这绿树成荫的花园,伴随了巴金先生半个世纪,他的《随想录》等重要著作都创作于此,那间客厅里,经常高朋满座,谈笑风生,接待过众多中外作家和宾客。这里的一草一木、一桌一椅都见证了一代文学巨匠后半生的生命历程和中国文学的风风雨雨。在一楼太阳间里,有一口书柜特别引起我的关注,这口书柜一共三层,上、中两层摆放的全是鲁迅的著作,这自然地流露出巴金对鲁迅的特殊的崇敬之情。我不禁想起了巴金与鲁迅交往的经历和他们之间不平凡的师生之谊。

如果要问巴金有哪几位老师的话,那么,鲁迅就是他所最崇敬的一位。上个世纪 30 年代,巴金和鲁迅都在上海从事文学工作,他们经常过从交往,并结下了深厚的情谊。巴金曾经说过:"我不是鲁迅先生的朋友,我只是他的读者和学生。"巴金是一直自视为鲁迅的学生的;而在鲁迅眼中,巴金是一位很有才华的青年作家,也是他的一位年轻的朋友。

巴金认识鲁迅,最先是认识鲁迅的作品开始的。早在 1919 年"五四"前后,巴金还在成都老家时,他就从《新青年》杂志上读到了鲁迅的《狂人日记》和别的几篇小说,虽然没有一下子就读懂了,但越读越慢慢理解个中的意思,越读也越爱好它们。1926 年 8 月,巴金第一次到北京投考大学,借住在北河沿的同兴公寓里。不巧这时他病了,没法去应考。在北京约耽了半个月,他也没有去别的地方玩,只是偶尔有两三个朋友到公寓里来闲谈,其余时间一直陪伴着他的就是鲁迅的小说集《呐喊》,这一次有机会重读并熟读这些小说,使这个困居在寂寞苦闷的公寓里的失望的孩子的心灵得到了莫大的慰藉。巴金第一次感受到了文学的力量。此后的几年中,巴金一直没有离开过《呐喊》,他带着它奔波各处;后来他又得到了《彷徨》和《野草》,同样热情地阅读它们,甚至把《伤逝》中的几段文字都背了下来。鲁迅的作品像乳汁一样滋养着青年的巴金,它帮助巴金懂得人生,懂得写作,从中学到驾驭文字等写作的方法。因此,巴金说,鲁迅是第一个使他明白应该怎样驾驭文字的老师,并称自己像墙边的小草得到了太阳的恩泽。

巴金真正与鲁迅相识,那是在七年之后的上海,大概是在 1933 年的 8 月。1933 年 7 月 1 日上海生活书店主办的《文学》月刊创刊,由鲁迅、茅盾、郑振铎、叶圣陶、郁达夫、傅东华等 10 人组成编委会,傅东华是具体负责编务的。8 月 1 日出版的《文学》第一卷第二号上,发表了巴金的一组散文:《鸟的天堂》、《朋友》、《捐税的故事》和《一千三百圆》。8 月,文学社在一个饭店里举行一次宴会,出席的有鲁迅、茅盾、叶圣陶、傅东华等,巴金可能因为是作者,也在被邀请之列。巴金与其中几位还是初见,所以傅东华把他介绍给大家。这是巴金第一次与鲁迅见面。鲁迅因为已经读过巴金的《灭亡》,所以对他很亲切。巴金后来在《鲁迅先生就是这样一个人》一文中回忆道:"我记得那天我正在跟茅盾先生谈话,忽然饭馆小房间的门帘一动,鲁迅先生进来了:瘦小的身材,浓黑的唇髭和眉毛……可是比我在照片上看见的面貌更和善,更慈祥。这天他谈话最多,而且谈得很亲切,很自然,一点也不噜嗦,而且句子短,又很有风趣。他从《文学》杂志的内容一直谈到帮闲文人的丑态,和国民党的愚蠢而丑恶的宣传方法。自然席上并不是他一个人讲话,关于每个题目,别的人也发表意见,不过大家都高兴听他的议论。"鲁迅的善良和平易近人给巴金留下了深刻的印象,他对鲁迅的敬重又增添了几分。

据巴金自己说,他和鲁迅见面的次数不是太多,他也没有专门去鲁迅府上拜望过,鲁迅去世那天巴金才到过鲁迅家。他和鲁迅见面大多是在上海的饭馆和旅馆,那时一些文人经常在租界上的南京饭店、新亚饭店等地方临时开一个房间,让餐厅把酒菜送到房间里,他们边吃饭、边叙谈,或商谈工作。

1934 年 10 月初,巴金要去日本,临行前,文学社的傅东华、黄源等在南京饭店为他饯行,鲁迅也来了。在《鲁迅日记》1934 年 10 月 6 日有"夜公饯巴金于南京饭店,与保宗同去,全席八人"的记述。鲁迅知道巴金即将去日本,非常高兴。鲁迅曾在日本留学,对日本情况很熟悉,又有许多日本朋友,他给巴金介绍了不少日本的风俗人情,他还讲到一两个中国留学生在日本由于语言不通而闹出了笑话。他希望巴金把日语学好,同时要继续写作,"到了那边,文章也得多写"。巴金很感谢鲁迅的鼓励。巴金曾经听说鲁迅要去日本休养,所以问他什么时候去,鲁迅笑笑,答道:"将来再说吧"。那天鲁迅还说起楼适夷等几个熟人被捕的情形,谈到国民党特务活动的时候,眼睛里射出愤怒的光。

巴金和鲁迅的交往更多是在文稿方面。1935 年 8 月,巴金回国后出任文化生活出版社的总编辑,鲁迅十分高兴和支持。当时黄源计划编一套《译文丛书》,但被生活书店所拒绝,文化生活出版社接受了下来。9 月 15 日《译文丛书》编委会在南京饭店请吃饭,巴金、鲁迅、茅盾、胡风、傅东华等都参加了,许广平和海婴也来了。他们一起商量翻译著作的出版问题。鲁迅得知文化生活出版社接受《译文丛书》,并且即将刊印他翻译的《死魂灵》时,非常高兴。那时巴金正着手编辑《文学丛刊》第一集,准备出 16 本,已经组到郑振铎、沈从文等 10 人的近作集。他对鲁迅说:"周先生,您也编一本集子给我们吧。"鲁迅想了想,就点头答应了。过了几天,鲁迅让黄源告诉巴金,他的集子的书名为《故事新编》,是历史小说集,除已发表的几篇外,还有三、四篇正准备写,待写好了,一起送来。那时鲁迅身体不大好,巴金估计得有一段时间。但这时文化生活出版社的广告登了出来,说《文学丛刊》16 本将在旧历年底前出齐。鲁迅见到广告,对黄源说,为了不耽误书店的出版计划,我得赶写。于是鲁迅焚膏继晷,在一个月内把《采薇》、《起死》等几个短篇全部写出,并编好了集子及时送去了。这件事情使巴金十分感动。后来巴金又向鲁迅约《文学丛刊》第四集的书稿,鲁迅也一口答应把散文集《夜记》给他。

通过共同的文学事业,巴金与鲁迅结成了深厚的情谊。巴金比鲁迅要小 23 岁,他十分敬重鲁迅,把鲁迅尊为师长,执弟子之礼。他敬重鲁迅的文才,敬重鲁迅的品格,并把鲁迅作为自己学习的楷模。特别是学习鲁迅敢于讲真话,探索真理,勇于解剖自己的精神,他还暗中学习鲁迅事无大小,一律认真对待,一丝不苟的工作作风。鲁迅对巴金也极为器重,他与茅盾编选中国作家短篇小说集《草鞋脚》时,把巴金的《将军》选入其中,并写了介绍文字:"《将军》作者巴金是一个安那其主义者,可是近来他的作品渐少安那其主义的色彩,而走向 realism(现实主义)了"。这里的安那其主义即指无政府主义。1936 年 8 月初,鲁迅在《答徐懋庸关于抗日统一战线问题》的长文中,针对攻击巴金的言论,指出:"巴金是一个有热情的有进步思想的作家,在屈指可数的好作家之列的作家,他固然有安那其主义者之称,但他并没有反对我们的运动,还曾经列名于文艺工作者联合的战斗的宣言。黄源也签了名的。这样的译者和作家要来参加抗日的统一战线,我们是欢迎的。我真不懂徐懋庸等类为什么要说他们是卑劣?连西班牙的安那其的破坏革命,也要巴金负责。"鲁迅还对日本汉学家增田涉说过:巴金做事比别人更认真。可见,鲁迅对巴金的赞赏和呵护。

1936 年 10 月 19 日鲁迅不幸逝世,举国哀痛。巴金为中国失去一位伟大的作家,自己失去一位良师而悲恸不已。他当天接到噩耗,立即赶到鲁迅寓所吊唁,见到老人那闭着的眼睛和慈祥的面容,忍不住落泪痛哭。当天就成立了治丧委员会,成员有蔡元培、宋庆龄、沈钧儒、茅盾、毛泽东、胡风、周作人、周建人等。胡风担任治丧办事处的主任,巴金、萧军等为办事处成员。巴金全力参加先生的治丧工作。鲁迅的灵柩停在万国殡仪馆,成千上万的民众前来哀悼,巴金和张天翼、黄源等在这里做接待工作,胡风、巴金、萧军、黄源、周文等青年作家为鲁迅守灵。巴金连续两夜在此守灵。他站在先生的灵柩前，透过半截玻璃棺盖，望着先生慈祥的面颜，抑制不住自己的眼泪潸然而下。他默默想着自己从鲁迅那里得到的恩泽，他简直不能相信他会死去，怀疑自己在做梦。一直跑前跑后辛勤操劳的胡风，突然发现口袋里的400元治丧费不翼而飞了。原来是被扒手偷走了，他顿时头脑轰然作响。他已两三天没有合眼了，遇上这事，差点栽倒在地。那时正好巴金在场，连忙对她说："别急，别急，明天我给你送来！"第二天巴金果然送来了400块大洋。因为胡风正好有两本书将由文化生活出版社出版，巴金想了这个办法，解了燃眉之急。

10月22日，巴金又参加送殡，在长长的送殡队伍里，巴金和张天翼、胡风、黄源等8位作家一起抬着鲁迅的灵柩缓步前行，鲁迅的灵柩落葬于虹桥的万国公墓。

鲁迅逝世后，巴金一直深深地怀念着这位伟人。他以真挚的感情写了许多感人肺腑的纪念文章，如《忆鲁迅先生》、《秋夜》等。1956年10月14日，鲁迅先生的墓从万国公墓迁至虹口公园，巴金参加了迁葬仪式。在万国公墓礼堂，巴金和金仲华把复制的"民族魂"旗帜献复在鲁迅的灵柩上面，并扶着灵柩送至虹口公园新的墓地。同年10月19日，上海隆重举行鲁迅先生逝世二十周年纪念大会，巴金在会上致开幕词，他热情赞颂"鲁迅先生是中国伟大的爱国者，是中国新文学运动的奠基人"，称鲁迅先生是青年的导师，"先生永远是我们的精神的依傍"。1981年，巴金也已经是一位年逾古稀的老人了，他对鲁迅的怀念也更加深邃了。他在《怀念鲁迅先生》一文中说："我绝不忘记先生"。回眸自己的风雨人生，巴金感慨地说："正因为我又记起先生，我才有勇气活下去。正因为我过去忘记了先生，我才遭遇了那些年的种种的不幸。"此时巴金对鲁迅的敬爱之情，已经刻骨铭心了。

鲁迅逝世后，巴金又在文学道路上行进了70个年头。其间，他始终没有忘记自己是鲁迅的学生，以鲁迅的人格和精神为榜样，践行着文学为人生的伟大理想。他写作了《家》、《春》、《秋》、《火》、《憩园》、《寒夜》等一系列优秀的作品，激动了几代青年读者的心。

在十年"文革"中，巴金受到了残酷的迫害，他被"四人帮"当作文艺界批斗的主要对象，抄家，进"牛棚"，挂了大牌子游街，全市电视批斗大会，下干校劳动……吃尽了苦，受尽了罪，用他自己的话来说："仿佛进了阎王殿"！粉碎"四人帮"，七十二岁的巴金劫后余生，重登文坛，又成为文学界的领军人物。他不顾年老多病及种种干扰，以惊人的毅力写成了《随想录》五卷，共150篇。在《随想录》中，巴金以鲁迅严于解剖自己的精神，反省自我，反思民族，因此这是一部讲真话的书，是一位作家"一生的收支总账"，也是一部真诚的"忏悔录"。巴金说："我们这一代人的毛病就是空话说得太多。写作了六十几年我应当向宽容的读者请罪。我怀着感激的心情向你们告别，同时献上我这五本小书，我称它们为'真话的书'。我一生不知说过多少假话，但是我希望在这里你们会看到我的真诚的心。为着你们我愿意再到油锅里受一次煎熬。"《随想录》的问世，再一次震撼了文坛。它画出了巴金生命中一道绚丽的晚霞。著名文艺评论家张光年说："他是在剖析我们的时代，我们的社会，我们一代知识分子的心灵。"巴金的《随想录》使人想起二十年代鲁迅的杂文，虽然二者历史背景不同，文章的风格也有差异，但是那种真诚、直面人生的态度，入木三分的剖析，却是一脉相承的。

《随想录》是继鲁迅之后，我国现代散文的又一高峰。巴金也是继鲁迅之后又一位伟大的作家，巴金不愧是鲁迅的学生。

（《徐汇文脉》2014年第二期）

# 一四四

# 老舍、诺贝尔的自传

笔者因为时常撰写传记文学作品,故而对传记、自传、回忆录之类的作品比较敏感和关注。在众多的传记作品中,有两篇由名人撰写的短篇自传,使我久久不能忘怀。那就是诺贝尔和老舍写的自传。

诺贝尔1833年出生于瑞典斯德哥尔摩。他的父亲是一位出色的机械师和发明家。诺贝尔年轻时勤于学习,开始在父亲开办的工厂里当助手,后来出国学习,而成为一名化学家和发明家。他主要研究炸药、鱼雷和应用化学等,一生获得355项技术发明专利。同时他又是一位精明能干的企业家,在20多个国家开办过50多家企业。他在欧洲各国的首都都有自己的寓所,为了科学研究和企业经营,他常年奔波于各地,因此大作家雨果称他为"百万富翁的流浪汉"。诺贝尔的哥哥曾要求他写一个自传的提纲,以便以后让作家、记者为他撰写传记。可是诺贝尔总是拒绝,说没有什么可写的。后来在哥哥一再的催促下,他才写了一篇短短的自传,译成中文,只有100余字:

"艾-诺贝尔呱呱坠地之际,一个仁慈的医生就该尽早结束他多灾多难的生命。主要优点:平素清白,从不牵累别人。主要缺点:未娶,无家室,易发脾气,消化不良。唯一愿望:不要被人活埋。最大罪过:不向财神顶礼膜拜。一生重要事迹:无。"

这样一位伟大的科学家,他自己写的自传,竟然如此的简短,平淡,这是常人所难以想象的。诺贝尔在去世前写下遗书,920万美元的全部财产,除20万美元留给亲属外,其余900万美元作为基金存入银行,用以奖励对于物理学,化学,生物学,医学,和平事业有重大贡献的人。1901年,瑞典皇家科学院、文学院,按照这份遗书设立了"诺贝尔奖",这成为一个世界级的顶尖奖项。

中国的大作家老舍也写过一篇《四十自传》,文字也很短:

"舒舍予,字老舍,现年四十岁,面黄无须,生于北平,三岁失怙,可谓无父;志学之年,帝王不存,可谓无君。特别孝爱老母,布尔乔亚之仁未能一扫而空也。幼读三百篇,不求甚解,继学师范,遂奠教书匠之基。及壮,糊口四方——三十四岁结婚,今有一女一男,均狡猾可喜。闲时喜养花,不得其法,每每有叶无花,亦不忍弃。书无所不读,全无所获,并不着急。"

这篇自传是去年黄苗子先生在一本旧书里发现的。黄苗子先生说,自传中"今有一女一男"是指长女舒济,儿子舒乙。

老舍原名舒庆春,字舍予,1917年毕业于北京师范学校,在北京,天津任教。"五四"时期开始创作。1924年赴英国任伦敦大学东方学院中文讲师,并创作了《老张哲学》等长篇小说。1930年回国,先后任齐鲁大学、山东大学教授。1937年长篇小说《骆驼祥子》问世。抗日战争时期,他从济南到武汉,主持中华全国文艺界抗敌协会工作。老舍《四十自传》当写于1936年或1937年,那时他已经是一位有名的作家和教授了。但是在自传中对自己的写作成就竟只字不提。

诺贝尔和老舍,一个是伟大的科学家,一个是大作家。然而,他们的自传写得如此的谦逊,如此的质朴,又显得那么幽默。虽然在字里行间看不到一丝华丽和光彩,然而正是通过这样质朴简约的自传,我们却看到了他们人格所闪现出来的熠熠光彩。

传记文学是一种纪实性的文学体裁,它与小说迥然不同,小说允许虚构,而传记原则上不允许虚构,真实是它的本质属性和灵魂,是怎么样就怎么样,来不得半点虚假。如果你说的都是子虚乌有的,那还有什么可信性可言,传记文学的社会功能也就无法实现。目下,各种传记、自传、回忆录林林总总,五花八门,什么作家,主持人,影视明星,歌星等的传记、回忆录层出不穷。其中的确也有质朴、严谨的作品,但有的传记、自传、回忆录,人们感觉到的是吹嘘和炒作,往往是:从小即天才,凡事皆先觉,父母带光环,肉麻当有趣。正如鲁迅所说,天才的第一声啼哭也不可能是诗歌。比如有的人他本身就出身于普通的家庭,自己的成长,父母并没有起到特别的作用,这原是很正常的事情。这就没有必要把自己说成是书香门第,给父母也带上光环,说成是培育英才的高人。有的人写的回忆录,把自己说成先知先觉的模样,好像历史的发展都在他的掌控之中,读者能相信吗?还有某些人的回忆录,写四、五十年前的事情,居然当时穿什么衣服,吃什么菜肴,乃至环境的细节及人物之间的对话都能写得历历如绘,也使人不禁对他的惊人记忆力有所疑惑。还有的作家、明星才 20 来岁,居然写出了厚厚一本传记或回忆录,请问他究竟有多少社会生活的经历?又有多少可以展现给公众的精彩故事?这么厚厚一本,是注了水,还是编造出来的呢,实在叫人疑惑不解。我劝大家来读读诺贝尔和老舍的自传,是不是能从中得到一点什么感触和启迪呢!

(香港《文匯报》2007 年 8 月 27 日)

一四五

# 《沁园春·雪》发表始末

毛泽东不仅是一位政治家,同时也是一位才华横溢的诗人。他在戎马生涯中写作的旧体诗词气势雄伟,意境深邃,词章华瞻,广为世人所称道。《沁园春·雪》就是其中脍炙人口的一首。而这首词的公开发表还颇具戏剧性,曾引发出一场风波。

毛泽东的这首词写于 1936 年 2 月,那时工农红军经过二万五千里长征,飞越黄河天险,胜利到达陕北清涧县袁家沟一带,正值大雪纷飞时节,毛泽东触景生情,抚今追昔,挥毫写下这一雄伟瑰丽的词章。正式公开发表却在 1945 年的 10 月。

1945 年 8 月 24 日,日本正式宣布无条件投降,抗日战争取得了胜利。蒋介石电邀毛泽东到重庆谈判。8 月 28 日,毛泽东偕周恩来、王若飞从延安飞抵重庆,开始了历史之旅。这一事件顿时震动了整个山城。

毛泽东抵达重庆的当天,周恩来、王若飞就举行了茶会,在重庆的各界名流应邀出席。王若飞就国共谈判问题,发表了讲话。毛泽东到达重庆后,广泛接触各界人士。第三天,即 8 月 30 日,特地邀请正在重庆的柳亚子到曾家岩桂园相聚。柳亚子是毛泽东的老朋友了。早在

1926年5月,毛泽东和柳亚子在广州出席国民党中央二届二中全会时就相识,柳亚子比毛泽东长6岁,他对毛泽东的胸襟、才学非常赞赏,两人一见如故。这次他们虽然相聚时日不多,但彼此都留下了深刻的印象。自此之后,在柳亚子的诗作中,经常会出现毛泽东的身影,柳亚子还曾给毛泽东寄赠诗作。这次在重庆久别重逢,分外亲切,两人促膝谈心。柳亚子深刻地感受到,毛泽东是抱着大仁、大智、大勇的信念而亲自来重庆的,他为毛泽东的伟大人格深深感动,相信中国内部没有不能解决的问题。回去后,夜不能寐,在枕上吟成七律一首《八月二十八日,喜闻润之来渝,三十日下午相见于曾家岩畔,赋赠一首》:"阔别羊城十九秋,重逢握手喜渝州。弥天大勇诚能格,遍地劳民乱倘休。霖雨苍生新建国,云雷青史旧同舟。中山卡尔双源合,一笔昆仑顶上头。"

9月6日,毛泽东在周恩来、王若飞陪同下来到柳亚子寓所回拜。柳亚子把毛泽东等人迎至客厅,宾主畅谈了一个多小时。会见时,柳亚子曾向毛泽东索要《长征》诗,但这次毛泽东并没有赠给柳亚子诗作。客人将离开前,柳亚子的邻居卢子才之子卢国琦拿了一本纪念册来,请毛泽东等人题词。毛泽东的题词是:"为和平、民主、团结而奋斗!"卢国琦也请柳亚子题词,柳亚子题下七绝一首,云:"兰玉庭阶第一枝,英雄崇拜复何疑。已看三杰留鸿爪,更遣髯翁补小诗。"诗中的"三杰"指毛泽东、周恩来、王若飞,自己谦称髯翁。

10月2日,毛泽东再次约请柳亚子去叙谈,并派车来接他。当时柳亚子正在与画家尹瘦石一起筹办"柳诗尹画联展",尹瘦石想画一批当代英雄的画像,柳亚子想何不请求毛泽东画一幅他的画像呢。所以他就让尹瘦石和他一起去。到了红岩村,柳亚子向毛泽东介绍了尹瘦石,并提出了画像的请求,毛泽东慨然允诺,并约定了画像的日期。这次毛泽东与柳亚子又作了深谈。嗣后,柳亚子写就了七律《润之招谈于红岩嘴办事处归后有作》等二首。

10月5日,柳亚子陪同尹瘦石来到红岩村,尹瘦石花了两个小时为毛泽东画了一幅速写画像。10月6日,柳亚子为这幅画像题写了一首七律《题毛主席之绘像》:"恩马堂堂斯列健,人间又见此头颅。龙翔凤翥君堪喜,骥附骖随我敢吁?岳峙渊停真磊落,天心民意要同符。双江会合巴渝地,听取欢虞万众呼。"

10月7日,毛泽东致信柳亚子,并把《沁园春·雪》一词抄赠给他。毛泽东的信如下:

亚子先生吾兄道席:

　　迭示均悉。最后一信慨乎言之,感念最深。赤膊上阵,有时可行,作为经常办法则有缺点,先生业已了如指掌。目前发表文章、谈话,仍嫌过早。人选种种,均谈不到,置之脑后为佳。初到陕北看见大雪时,填过一首词,似于先生诗格略近,录呈审正。敬颂道安!

　　　　　　　　　　　　　　　　　　　　　　　　毛泽东

　　　　　　　　　　　　　　　　　　　　　　　　十月七日

《沁园春·雪》是用毛笔抄写在"第十八集团军重庆办事处"的信笺上的,词云:

　　北国风光,千里冰封,万里雪飘。望长城内外,惟余莽莽,大河上下,顿失滔滔。山舞银蛇,原驰蜡象,欲与天公试比高。须晴日,看红装素裹,分外妖娆。　　江山如此多娇,引无数英雄竞折腰,惜秦皇汉武,略输文采,唐宗宋祖,稍逊风骚。一代天骄,成吉思汗,只识弯弓射大雕。俱往矣,数风流人物,还看今朝。

柳亚子捧读毛泽东的华章，欣喜过望，激动不已。很快就依毛词原韵和了一阕，题作《沁园春·次韵和润之咏雪之作，不尽依原题意也》：

> 廿载重逢，一阕新词，意共云飘。叹青梅酒滞，余怀惘惘，黄河流浊，举世滔滔。邻笛山阳，伯仁由我，拔剑难平块垒高。伤心甚，哭无双国士，绝代妖娆。　才华信美多娇，看千古词人共折腰。算黄州太守，犹输气概，稼轩居士，只解牢骚。更笑胡儿，纳兰容若，艳想秾情着意雕。君与我，要上天下地，把握今朝。

词中"邻笛山阳"、"伯仁由我"是两个典故，都是怀念去世的友人的意思，这里指在重庆遇难的十八集团军办事处的秘书李少石同志。

几天后，柳亚子又为毛词写了一篇跋文，云：

> 余索润之写长征诗见惠，乃得其初到陕北看大雪《沁园春》一阕，展读之余，叹为中国有词以来第一作手，虽苏、辛犹未能抗耳，况余子乎？效颦技痒，辄复成此。手写入纪念册上，附润之之骥尾，润之倘不嫌唐突欤！

关于毛泽东为什么在临近离开重庆时抄赠这首词给柳亚子，众说纷纭，一般认为，那次国共和谈，最终签订了双十协定，毛泽东对和平建国还是抱有希望的，但他深知道路是曲折的。他抄赠这首词，以反封建为主题的词，是要告诫蒋介石与国民党统治集团中的一些人，不要迷信武力，要避免内战；同时向人民群众指出光明的前景，数风流人物，指的就是无产阶级和人民群众。

10月11日，毛泽东返回延安。但这首词在重庆却引起了强烈的反响。

《沁园春·雪》首次在重庆面世，乃是在"柳诗尹画联合展览会"上。10月25日，联展在重庆七星岗中苏文化相会展厅正式开幕，当天的《新华日报》刊发了"柳诗尹画联合展览会特刊"，刊头由毛泽东亲笔题写。展览会展出了柳亚子的诗词数十首，尹瘦石的绘画数十幅。挂在大厅正中央的是柳亚子的《五月二十八日夜，酒后赋示佩宜诸子》七律写成的大幅中堂。中堂的两旁是两幅条幅，分别是书写柳诗《赠润之老友》与柳亚子和毛泽东《沁园春·雪》词。在这幅中堂的下端的案上，还陈列有毛泽东抄赠给柳亚子的《沁园春·雪》原词和柳亚子的诗稿，供参观者翻阅。这是毛泽东《沁园春·雪》一词首次向公众披露。在展厅里，还展出了尹瘦石为毛泽东画的速写画像。

毛泽东回延安后，柳亚子曾把毛泽东的《沁园春·雪》词和自己的和词，送给重庆《新华日报》，希望他们发表。但《新华日报》负责人不敢发表。说照他们的规矩，发表毛泽东的作品，须得到毛的同意，所以要到延安请示。柳亚子认为这样办太费时间了。他提出把毛泽东的作品还给他，暂不发表；先发表他的和词。这样，1945年11月11日《新华日报》单独发表了柳亚子的和词。

其实，毛泽东的《沁园春·雪》自从在"柳诗尹画联展"上露面之后，已经在重庆不胫而传了。重庆《新民报晚刊》副刊"西方夜谭"的编辑吴祖光得到几个毛泽东词的传抄本，于是在11月14日的《新民报晚刊》副刊上发表了这首词，标题是《毛词·沁园春》。在词作后面，还加了一段按语："毛润之先生能诗词，似鲜为人知。客有抄得《沁园春·雪》一词者，风调独绝，文情并茂。而气魄之大乃不可及。据氏称，则游戏之作，殊不足为青年法，尤不足为外人道也。"这是毛泽东《沁园春·雪》一词首次在报纸上公开发表。

11 月 28 日，重庆的《大公报》同时转载了《新民报晚刊》上发表的毛泽东词和《新华日报》上发表的柳亚子和词。毛泽东的词一经报纸正式发表，更是轰动和风靡了整个山城。

重庆的报刊杂志纷纷转载毛泽东的原词，并发表了各种各样的唱和之作。到 1946 年上半年，《沁园春·雪》的唱和词作约有 30 余首。在成都还出现了一种由毛润之词、丁凡曲的《沁园春·雪》音乐传单，于是这首词很快就在蓉城传唱起来。

《沁园春·雪》发表后，还在政治领域掀起了一场轩然大波。蒋介石因这场唱和热潮而恼羞成怒，他专门与陈布雷议论此词。蒋介石指责毛泽东的词："我看他的词有帝王思想，他想复古，想效法唐宗宋祖称王称霸。"并指令御用文人批判、围剿毛泽东的《沁园春》。一时间，王新命、易君左、张宿恢、老酸丁等纷纷写和词或文章，进行攻击。他们把毛泽东比作草莽英雄石达开、"杀吏黄巢"，恶狠狠地说"时未晚，要屠刀放下，成佛今朝"。他们要蒋介石效法唐太宗那样"生擒颉利"，对毛泽东下手，象赵匡胤"杯酒释兵权"，解除中共的武装，甚至明目张胆地说："今日事，要勘平内乱，莫误明朝"，猖狂之极。他们同时也攻击柳亚子先生的诗文。

柳亚子、郭沫若、聂绀弩、陈毅、邓拓等立即拿起笔来挥写和词，对国民党的围攻进行反击。

柳亚子三用"飘"子韵，再次撰写和词《沁园春》，注明："三用'飘'韵以斥妄人之为李世民、赵匡胤张目者"。词云：

> 邈矣赢州，仙李花淫，夹马旗飘。叹巢妃侍寝，丑声藉藉，燕山不复，祸水滔滔。一代人皇，千秋民贼，褒贬休嫌史笔高。君知否？听唐龟宋涕，谚语姣娆。（自注：唐乌龟，宋鼻涕，吾乡谚语也。崇拜皇帝者，可以休矣。）　词场我岂妖娇，从不向王门折舞腰。要巴人下里，代言氓庶，引商刻羽，蹀武风骚。牧野鹰扬，维师尚父，忍见殷辛朝涉雕。（自注：指昆明"一二·一"大屠杀案。）怜鼠辈，似蜉蝣撼树，那有明朝。

郭沫若写了两首和词，予以反击，其二为：

> 说甚帝王，说甚英雄，皮相轻飘。看古今成败，片言狱折，恭宽信敏，无器民滔。岂等沛风，还殊易水，气度雍容格调高。开生面，是堂堂大雅，谢绝妖娆。　声传鹦鹉翻娇，又款摆扬州闲话腰。说红船满载，王师大捷，黄巾再起，纵漫天迷雾，无损晴朝。

正在山东解放区的陈毅将军也写了三首和词，其二《斥国民党御用文人》，云：

> 毛柳新词，投向吟坛，革命狂飙。看御用文人，谤言喋喋，权门食客，谰语滔滔。燕处危巢，鸿飞寥廓，方寸岭楼怎比高？叹尔辈，真根深奴性，玷辱风骚。　自来媚骨虚娇，为五斗纷纷竞折腰。尽阿谀独夫，颂扬暴政，流长飞短，作怪兴妖。革面洗心，迷途知返，大众仍将好意招。不如是，看所天倾覆，殉葬崇朝。

这些词作义正词严，句句掷地作金石之声。

2011 年 4 月 29 日写于上海

一四六

# 两位奇特的翻译家

　　我国的翻译家林林总总，其中有两位非常奇特。一位是林纾，一位是叶君健，前者虽被称为"译界大王"，却是一个不懂外文的人，后者同时也是位小说家，可是他习惯于用英文写作小说，又由自己把它翻成中文，这两位都可称为译界中的怪杰。

　　林纾，一名群玉，字琴南，号畏庐、蠡叟、六桥补柳翁，别署冷红生，生于清咸丰二年(1852)，福建闽县人。他幼年生活孤苦，靠叔父静庵扶养，喜欢读书，常买破书攻读。光绪八年(1882)中举人。后专治古文，知府李畬把藏书借给他读，他似饥如渴地读书三、四万卷。林纾旧学渊源，又工诗擅画，在乡里颇有才名。后北上入京，主讲于京师大学堂。

　　1897年，林纾首次翻译了法国小仲马的《茶花女遗事》。书一出版，就十分畅销，嘉评如潮。从此开始了文学翻译生涯。后来高梦旦主持的商务印书馆特约他译述西洋小说。林纾一生译著等身，多达206种，共1 200万余言。凡世界著名文学家如莎士比亚、狄更斯、史各德、大仲马、易卜生、托尔斯泰、小仲马、欧文、塞万提斯等人的名著，均有移译，世称"林译小说"。奇特的是林纾本人并不通晓外文，所有译作均由他人口译，由林纾笔述，译文全用古文。与他合作过的译者有王寿昌、魏易、陈家麟、严培南、王庆骥等。林纾古文根底深厚，文笔优美流畅，叙事生动传神，摹情状态细腻逼真，曲曲动人。胡适曾称赞他："古文的应用，自司马迁以来，从没有这样大的成就。"当然，由于他不审西文，诸如译品选择欠当、译文错讹等毛病在所不免。尽管这样，林纾在介绍西方文学方面的贡献功不可没，其影响也极其深远。

　　林纾是一位充满矛盾的人物。他拥护维新，主张政治改良，然而又不赞成推翻封建王朝的革命。他翻译域外文学，实际上起到冲击中国封建旧文化的作用，但是他本人又反对新文化运动，是一个旧文学的保守派。

　　林纾才高学广，他是一位翻译大家，同时也是一位作家、诗人、画家、学者。他有小说《妖梦》、《金陵秋》、《官场新现行记》等行世。他喜写古文，以桐城派自居，著有《畏庐文集》、《畏庐琐记》、《技击余闻》等。他对古籍有深入研究，曾有《史记讲义》、《左传撷华》、《庄子浅说》、《韩柳文研究法》等著作和论文，诗歌有《闽中新乐府》、《畏庐诗存》，绘画集有《畏庐遗迹》等。林琴南卒于1924年，享年73岁。

　　另一位翻译家叶君健，1914年生于湖北红安县，少年时在村里读私塾。1929年到上海进入新式中学读书，开始学习写作。1933年进武汉大学攻读外国文学，并从事翻译工作。毕业后得友人资助到日本东京教授英文和世界语，并在《学艺新闻》刊物上发表文章，与日本著名作家、学者秋田雨雀交往甚密 1937年"七·七"事变前被日本警察视为危险分子，被捕入狱。事变后，被驱逐出境回国。1938年在武汉参加郭沫若领导的第三厅，做国际宣传工作，常用"马耳"笔名发表文章。不久转到香港，主编英文刊物《中国作家》。他先后翻译了日本作家鹿地亘的剧本《三兄弟》；太平洋战争爆发后，先后任重庆大学、中央大学英文教授，翻译了希腊悲剧《亚格曼农王》、易卜生的剧本《总建筑师》、梅里美的中篇小说《加尔曼》、托尔斯泰的中篇小说

《幸福家庭》等。抗日战争后,在英国剑桥大学皇家学院研究欧洲文学,开始翻译《安徒生童话》,后来成为他最著名的译作。

叶君健不仅把外国的作品翻译成中文,并把中国的作品翻译成英文和世界语。抗战时期他把中国抗敌短篇小说集《新任务》译成世界语,还用英文译了《中国战时短篇小说集》。上个世纪四十年代把茅盾的小说《春蚕》、《秋收》、《残冬》以及其他中国作家的作品译成英文,取名《三季》在英国出版。

叶君健本身也是一位小说家。有趣的是他的小说大多是用英文和世界语写作的。1937年他用世界语写了短篇小说集《被遗忘的人们》,充满了契诃夫式的悲哀与失望。四十年代又用英文写作了长篇小说《山村》和《他们飞向南方》等三部作品,在英国出版。由于他写的小说大多用英文、世界语,所以反而不为国内读者所知。1950年才在上海出版了《山村》的中译本。前些年来他自己从那些小说中选择一部分译成中文,由江苏人民出版社出版了《叶君健小说选》。一位中国作家用外文写小说,自己又把它译成中文,这在翻译界也可谓奇闻。

(《海南日报》1989年8月7日、21日)

一四七

# 莎剧翻译家朱生豪

三十年代,曾有日本人讥笑中国"连莎士比亚全集的译本都没有,是个没文化的国家"。这件事深深刺伤了一位年青的中国编辑,他从此发愤笔耕,为填补祖国文坛这一空白倾注了毕生心血,直到生命的最后一息。他,就是著名的莎士比亚戏剧翻译家朱生豪。

朱生豪,浙江嘉兴人,1912年出生。从小酷爱读书,中学时代就发表诗作,显露出文学才能。十六岁时靠奖学金进入杭州之江大学,主修中国文学系。这座著名的高等学府位于钱塘江畔,秦望山头。山上红叶掩映,流泉淙淙,清静幽雅的环境更陶冶了朱生豪的性情,也激发起他的诗情。他新旧体诗都很擅长,但创作态度十分严谨,从不轻易发表自己的作品。

1933年夏,朱生豪毕业了。由于英文成绩优秀,他被上海世界书局聘为英文编辑,参加编纂《英汉四用辞典》和英文书籍的注释本。他把所有的业余时间都用在读书、学习上面。荷马、但丁、歌德、莎士比亚都读,但他最喜欢的是莎士比亚。早在嘉兴读中学时,他就读过《莎氏乐府本事》及莎剧选读,现在他更加迷恋莎士比亚。他认为莎士比亚的成就远在荷马等三人之上:"盖莎翁笔下之人物,虽多为古代之贵族阶级,然彼所发掘者,实为古今中外、贵贱贫富人人所同具之人性。"当时和他一起在世界书局工作的前辈詹文浒先生,看到他经常读诗写诗,迷恋于莎剧,又发现他中英两种文字都有较深修养,便劝他从事莎士比亚戏剧全集的翻译工作。正好这时,他的在南京大学读书的弟弟写信来,向他说了日本人讥笑我们没有莎集译本的事,信上说:"如果能把莎翁全集译出,可以说是英雄业绩。"这些话强烈地激励起朱生豪的爱国热情,他决心把英国这位伟大天才的作品全部介绍到中国来,为祖国争口气。1936年春天,他开始了庞大的莎译工程。

　　当时,在我国,莎剧的翻译工作还是一块待开垦的处女地。莎剧传到中国比较晚,直到清朝末年,严复、梁启超等人的著作里才开始提到莎士比亚的名字;二十世纪初林纾与魏易翻译了英国散文作家兰姆姐弟写的《莎士比亚戏剧故事集》;二十年代以后,戏剧家田汉、曹禺等人翻译了莎士比亚个别的悲剧,《罗密欧与朱丽叶》、《哈姆莱特》等剧才开始搬上我国舞台。在朱生豪生活的年代里,莎剧的翻译数量很少,而且某些译本比较拘泥生硬,缺乏莎翁原作的神韵,成文字艰深晦涩,为一般读者所不易接受。正是在这样的情况下,朱生豪下决心翻译莎士比亚全集,并且准备用散文体来翻译原作的无韵体诗剧,俾使读者能读到表达原作精神的流畅通俗的译本,"使此大诗人之作品,得以普及中国读者之间"。

　　翻译莎剧全集,这是一项极其宏大的工程,特别是对朱生豪这样一个二十四岁的青年人来说,更是一副十分沉重的担子。然而重重困难非但没有压倒这位瘦弱的青年,反倒激发了他百倍的努力。他白天上班,晚上把所有的时间和精力都扑在对莎剧原文的阅读、研究上面。为了把原作的精神吃透,他首先研诵莎剧全集达十余遍。他又跑遍书店,把有限的收入全花在收集莎剧的不同版本和各种注本上。他把它们相互对照、比较、研究,每天工作到深夜。他还下功夫研究戏剧艺术的特征,经常兴致勃勃地去观摩电影和话剧演出。在翻译的过程中,他一般不愿意先披阅各家已译出的本子,为的是避免自己的译文受到人家影响。他的译文总是尽最大可能保持原作之神韵,忠实传达原文的意趣。凡遇原文中与中国语法不合之处,他再三推敲,宁可更改句子结构,也要使原作的意思豁然呈露,而决不允许被晦涩的字句所掩蔽。1936年当年,他译出了第一部《暴风雨》,并订出计划,要在两年内译完一百八十万字左右的全集。他与世界书局订了合同,译成一部交付一部。接着他又译出《威尼斯商人》、《仲夏夜之梦》、《第十二夜》等喜剧,到1937年夏,他已译出了九部。

　　正在工作顺利展之时,一个沉重的打击落到朱生豪头上——抗日战争爆发,"八·一三"的战火燃烧到了上海。他在汇山路的寓所被毁,历年来辛辛苦苦收集起来的各种莎集版本,及诸家注释、考证、评论的著述一二百册,悉数毁于炮火;他已译完交给书局的几部译本也不幸被烧毁。他仓促离家,带出的仅有牛津版莎翁全集一册和译稿数本。

　　朱生豪暂时回到老家嘉兴。不久,嘉兴也沦陷了。他辗转迁移,生活很不安定。但他始终没有放下莎剧翻译工作,只要有一小块能够放书的地方,他就埋头研读,补译失稿。

　　一年以后,他从老家回到孤岛上海,仍在世界书局任职。这段时间,他直接参加抗战行列,在报纸上发表了大量宣传抗日、针砭时弊的文章。1939年秋,他应詹文浒先生的邀请,改入《中美日报》社主编国内新闻版。1942年5月,他与大学时的同学宋清如女士举行了简朴的婚礼。

　　为了继续进行莎译工程,他婚后不久即离开上海,再次回到故乡嘉兴。劫后旧居,满目凄凉,家中书籍、家具、杂物被掠夺一空,他手头只有两本词典。他全身心沉浸在翻译工作之中,如他自己所说的"闭户家居,摈绝外务,始得专心一志,致力译事"。他闭门写作,足不涉市,甚至连楼都不下。他重译了那些战火中失去的译稿,又开始翻译新的剧本。每译完一段,总是先把自己拟作读者,查阅译文中有没有暧昧不明的地方;接着又把自己拟作舞台上的演员,审辨台词语调是否顺口,音节是否谐和,决不轻易放过一词一句。有时为了一句话译得妥帖完善,往往苦思累日。他常常译着译着进入了角色,竟分不清莎翁、剧中人与自己的区别,达到了陶醉其中、乐而忘返的境地。

　　过度的劳累和艰苦的生活,使朱生豪身体越来越虚弱,病魔逐渐向他袭来。他的同学、县教育局长看他生活窘迫,想为他谋一个教师的职位,但他拒绝了。他说:"到敌伪手里去要饭吃,我宁愿死!"他就是这样挣扎着,苦斗着,到1944年为止,已译出了莎翁全集中的全部悲剧、喜剧以及一部分历史剧,总共三十一部,其中九部是失掉后重译的。这是多么巨大的成就,这里面包含着朱生豪整整十年的心血!

按计划还有六部作品要译,但朱生豪的病越来越重了。他经常发烧,却因为穷,不能及时就医,后来慢慢发展成结核性肋膜炎和肺结核、肠结核并发症。他苦笑着对朋友说:"像我这样的人不患肺病,哪儿还有更合适的患者!?"在病中,他还是尽力坚持翻译工作。当他翻译《亨利五世》时,突然手脚痉挛,身体发高烧,他被迫辍笔,却几次仰卧床上,高声背诵莎剧原文。他深深遗憾地对宋清如说:"早知一病不起,拼着命也要把它译完。"

由于结核病已到后期,药物无济于事。1944 年冬,朱生豪病情骤然加重,12 月 26 日竟溘然辞世,终年仅三十二岁。

中国失去了一位杰出的翻译家。朱生豪原来满怀雄心壮志,想译完莎剧全集后,再译出莎翁全部十四行诗,然后再翻译高尔基全集,但由于早夭,这些都成了泡影。他在临终时还念念不忘译事,留下遗言,嘱咐胞弟文振代他把没有译完的部分莎剧续成,真是"鞠躬尽瘁,死而后已"啊!

朱生豪的一生很短暂,但他对莎剧的翻译工作作出了卓越的贡献。他的译本,解放后由人民文学出版社分十二卷出版,书名《莎士比亚戏剧》。后来又经全面校订,补译了尚缺的六个历史剧和全部诗歌,于 1978 年出版了较完整的《莎士比亚全集》,这也可以说是对朱生豪的极大安慰和纪念吧。

(《人物》杂志　1985 年第 2 期)

一四八

# 瞿秋白与《热血日报》

今年的 5 月 30 日是震惊中外的"五卅"运动 80 周年的纪念日。1925 年 5 月 15 日,上海日本纱厂的资本家枪杀了罢工工人、共产党员顾正红,打伤工人十余人,激起了全市工人、学生和市民的愤怒。5 月 30 日,上海工人和学生在租界内举行反帝示威游行,遭到英国巡捕的弹压,当场打死十余人,伤无数。这一惨案发生后,更引起全国人民的公愤,各地纷纷举行游行示威,罢工、罢课、罢市,形成了全国大规模的爱国反帝怒潮。

当时,瞿秋白作为中共中央执行委员、中央局委员参与领导了这场反帝爱国运动。为了更好地宣传群众,领导斗争,中共中央于 6 月 4 日在上海创办、出版了《热血日报》,由瞿秋白任主编,沈雁冰等襄助。《热血日报》是一张面向广大工人群众的对开的通俗报纸,也是中国共产党创办的第一份报纸。

《热血日报》的创刊号上发表了瞿秋白写的发刊词,说:"洋奴、冷血,这是一般舆论所加于上海人的徽号了!可是现在全上海市民的热血,已被外人的枪弹烧得沸腾到了顶点了!尤其是大马路学生工人同胞的热血,已经把洋奴、冷血之耻辱洗涤的干干净净。民族自由的争斗是一个普遍的长期的争斗,不但上海市民的热血要持续的沸腾着,并且空间上要用上海市民的热血,引起全国人的热血,时间上要用现代人的热血,引起继起者的热血。创造世界文化的是热的血和冷的铁,现世界强者占有冷的铁,而我们弱者只有热的血;然而我们心中果然有热的血,不愁将来手中没有冷的铁,热的血一旦得着冷的铁,便是强者之末运。本报特揭此旨,敢告国人!"这篇发刊词以充满信心和战斗的语言预言中国人民的反帝斗争必将胜利,有力地鼓舞了上海乃至全国人民的斗志。

《热血日报》迅捷地报道了五卅运动在上海和全国各地的消息和动态,并以社论的形式指导运动的健康发展。它几乎每期都有瞿秋白所写的社论,如6月8日的社论《工商学联合会与上海市民》,10日的《五卅交涉的危机——注意亡国的外交政策》,11日的《政府特派员是何居心?》,19日的《推翻媚外的军阀官僚》,22日的《谁是敌,谁是友?》,27日的社论《五卅案与废除不平等条约》等等。

瞿秋白还在《热血日报》上发表了许多民间小调、说唱作品,因为说唱作品通俗易懂,为群众所喜闻乐见,容易在群众中流布和传唱。这些说唱作品,有的是群众的创作,如《罢市五更调》(上海白):"一更一点月初升,唱只大新闻,呀呀得而哙,洋人凶得很,枪杀我中国人,人人恨,同胞起来,救国最要紧,呀呀得而哙,大家睡睡醒。/二更二点月上升,学生真热心,呀呀得而哙。演讲街浪行,为仔矮奴杀工人,起祸根,连路演讲,碰着外国人,呀呀得而哙,开枪杀学生。……"瞿秋白加了按语:我们很想收集这种平民作品。因为只有在这作品里,我们才能够看见国际帝国主义压迫下的思想和情绪。我们得到了这一首,先发表出来。如爱读本报者肯以自己收集所得的寄来,我们一定择优发表。

瞿秋白还自己动笔,编写了不少民间小调的唱词。如刊于6月13日的《救国十二花名》,署平民导社编,注明"孟姜女调"。孟姜女调是上海及江南一带十分流行的曲调。这篇作品从一月到十二月,每段四句,抒写了五卅一带前后的时事、五卅运动中工人群众的斗争史实,呼吁工人群众团结奋斗。"……四月里来是黄梅,顾正红杀死血满衣;学生追悼工人死,英国巡捕捉进去。/五月里来是端阳,南京路上来演讲;巡捕对准把枪放,许多同胞把命丧。/六月里来热难当,学生工人关捕房,五月三十捉进去,六月初一罢市场……十月里来小阳春,全国同胞要齐心;目前有句要紧话:第一团结要结得紧。/十一月里雪花飘,如今中国不得了,洋人跑进似虎狼,里面军阀一团糟。/十二月里过年忙,再勿革命苦难当;全国国民齐心起,大家来做革命党。"

在6月18日的《热血日报》上又发表了《大流血》(泗洲调),署平民导报编。作品中这样写:"枪弹一出洞穿腰,五月三十血滔滔,死的人实在不少。哎唷哎唷。死的人,实在不少。/此事说起真悲伤,让我细细说端详,劝同胞记在心上。哎唷哎唷。劝同胞,记在心上。/矮奴枪杀顾正红,学生爱国怒气冲,南京路结队成群。哎唷哎唷。南京路结队成群。/南京路上来演讲,听了泪流满胸膛,英国人看见心慌。哎唷哎唷。英国人看见心慌。/帝国主义真凶横,不许中国民气强,巡捕房就此开枪。哎唷哎唷。巡捕房就此开枪。/枪弹虎虎像箭飞,二十多人齐倒地。凶恶啊帝国主义。哎唷哎唷。凶恶啊,帝国主义。"这些唱词写得生动形象,富于激情,人们读了如同身临其境。作者从南京路大流血写到汉口的屠杀,有写到工人、学生、商人罢工罢课罢市,"和洋人拼个生死"。最后作者高声疾呼:"平民百姓要齐心,齐心团结最要紧,团结了打倒洋人。哎唷哎唷。团结了打倒洋人。/我劝同胞一句话,匹夫有责救国家,大家跟我来吧。哎唷哎唷。大家啊,跟我来吧!"

6月20日的《热血日报》还发表了瞿秋白写的"泗洲调"唱词《国民团结歌》,署名丹人。作品从五卅运动写到帝国主义的不平等条约,激发民众的反帝斗争热情。

瞿秋白是江苏常州人,他对江南的曲艺和民间小调非常熟悉,而且一向提倡大众文化。他在《热血日报》上以民间说唱来宣传爱国反帝思想,可见他的良苦用心。我们今天读来,仍倍感亲切,深受教益。《热血日报》因种种压力,出版不足一月就被迫停刊,但是它曾起过的历史作用未可磨灭。

(《人民日报》海外版 2005 年 5 月 26 日)

一四九

# 张闻天的文学创作

　　大家都知道张闻天同志是一位杰出的政治家、理论家,一度还担任过中国共产党的主要领导人;然而未必知道张闻天同志也是一位文学家、翻译家,而且文学活动是他参加革命的一个重要中介。

　　张闻天 1900 年 8 月 30 日出生于上海市川沙县(今浦东新区)施湾镇邓三村的一个农民家庭。笔者曾几次专程前往瞻仰访问过张闻天同志的故居。那里地处东海之滨,一条海塘一钦公塘横卧南北,浦东运河在村西缓缓流过。张闻天故居就在钦公塘东侧,故居屋前,现在是一片花木扶疏、郁郁葱葱的绿地,屋后有小溪、竹林。故居是一幢农村老式的三合院瓦房,坐南朝北是 5 间正屋,东西两侧各有 3 间厢房。房屋结构甚好,清水砖墙,竹篱护壁,木格窗损,是典型的江南农舍,正屋当中一间是客堂,张闻天就出生于客堂西侧的一间正房内。屋前原来建有一座木结构的秀才亭。张闻天在这里度过了青少年时代。他共有兄妹 5 人,他是长子。他在这里上私塾,读小学,他的名字还是启蒙老师、秀才张柱唐所取,源出于《诗经》中"鹤鸣于九皋,声闻于天"的诗句。他幼年就勤奋好学,故宅东南有一小池塘,他常在这里洗笔砚,称为"砚台池"。他十一岁时就写得一手好文章,同学誉之为"文学家"。16 岁时他入上海的吴淞水产学校求学。

　　1917 年,17 岁的张闻天离开了家乡,到南京河海工程专门学校读书。在这里结识了沈雁冰(茅盾)的弟弟沈泽民。两人志同道合,遂成莫逆。五四运动爆发,两人即积极地投身于学生运动。为了探索真理,张闻天和沈泽民加入了李大钊先生创立的"少年中国学会",张闻天担任了学会的刊物《少年中国》《少年世界》的校勘工作,从此也就开始了他的文学活动。他发表了许多散文、新诗、通信、评论。他在《对少年中国学会问题的意见》一文中,抒发了青年人的理想和改革社会的热情。在诗作《心碎》里写道:"机器的声音,/伴着那无限底心碎的声音,/互相唏嘘。/世界上的一切,/这样就算完了吗?"反映了当时工人的悲惨生活,并向社会发出了诘问。他广泛吸收各种新思潮,寻求救国救民的途径试图以文学作为武器,"向恶社会宣战"。他通过沈泽民,也认识了沈雁冰,两人也成为好朋友。

　　1920 年,张闻天和沈泽民结伴东渡日本,他们先是刻苦地学习日文,后在日本帝国大学半工半读,并到早稻田大学旁听。张闻天系统地学习了西方哲学,学习了马克思的哲学著作,并开始翻译外国的文学作品和论著。在日本,张闻天、沈泽民经常与在日留学的田汉、郁达夫、郑伯奇、康白情等相聚,一起谈论时政,切磋文学。1921 年,张闻天和沈泽民回到上海。

　　张闻天回到上海后,几乎全身心地投入了新文学运动。他与文学研究会、创造社的许多作家都有交往,特别是得到了沈雁冰的诸多帮助。后来他也成为文学研究会的成员。从 1921 年到 1924 年初,张闻天翻译了许多外国文学作品和论著,如俄国安特列夫的四幕剧《狗的跳舞》、西班牙倍那文德的剧本《热情之花》、《伪善者》、意大利邓遮南的四幕剧《琪我康陶》、俄国柯罗连科的长篇小说《盲音乐家》、英国王尔德的《狱中记》;翻译的论著有法国哲学家柏格森的喜剧美学著作《笑之研究》以及《但丁与歌德》等。张闻天还在沈雁冰主编的《小说月报》和《创造周刊》、《东方杂志》、《少年中国》等刊物上发表了不少评论中外作家作品的文章,如译述《托尔斯泰的艺术观》、《泰戈尔之"诗与哲学"》、《波特来耳研究》,评论《谈〈红楼梦〉的一点感想》、《王尔德介绍》、《歌德的浮士德》等。这些作品,涉猎面广,并常有发人所未发的精辟论点。比如他以"人的中心"和"二重人格"的观点分析《红楼梦》,揭示出林黛玉、薛宝钗这两个女主人公的性格特征和美学价值。在评论《浮士德》时,指出"执着人生,充分地发展人生,我以为就是《浮士德》中所包含的根本思想"。总之,这一时期,张闻天以一个青年翻译家和评论家活跃在上海文坛上。

1924 年至 1925 年夏,是张闻天早期文学创作光彩熠熠的重要阶段。1924 年,他从美国回到上海,应聘担任中华书局的编辑。他开始从事文学创作,撰写了长篇小说《旅途》和三幕剧《青春的梦》,作品反映了"五四"时期中国青年冲决封建罗网,追求光明生活的曲折历程,在艺术上也颇多独创和探索,是当年新文苑中的前列之作。他还写作了形式和格调多样的短篇小说多篇,如《逃亡者》、《恋爱了》、《周先生》、《飘零的黄叶》等。1925 年,他在重庆主编《南鸿》周刊,发表了许多情文并茂的散文和笔锋犀利的杂感。

长篇小说《旅途》是张闻天的代表作。最初在 1924 年《小说月报》上连载。这部小说以委婉的笔致描写了主人公钧凯先后与蕴青、安娜、玛格莱三个女子恋爱的故事。作者歌颂了灵与肉谐和的理想爱情,生动地反映了"五四"退潮时期青年知识分子从苦闷、彷徨中振作起来,投身革命,为改造中国而奋斗牺牲的人生"旅途",从而赞颂了生活中的美和爱。这在当时是很富于现实意义的。沈雁冰很赞赏这部小说,他在连载此作的前一期刊物上,对《旅途》作了推荐,说它的故事非常感人,叙写方法很好,值得我们注意。《旅途》1925 年又被列入"文学研究会丛书"出版了单行本。

《青春之梦》是张闻天创作的一部三幕话剧。初稿写于 1923 年在美国加利福尼亚大学留学期间,写成后寄给国内的成仿吾。成仿吾读了剧本后,认为缺乏戏剧技巧,"剧本没有脱出小说的模型",他建议张闻天对作品进行改造。张闻天接受了他的意见,认真地钻研剧作技巧,1924 年,回国后,对剧本从结构到语言作了重新改写,同年发于《少年中国》。

这个剧本以上个世纪 20 年代为背景,主人公许明心是一个在上海接受了新思想,从事新文学活动的青年知识分子。然而他自己又饱尝着封建制度强加于他的包办婚姻的苦果。后来他摆脱了失望和苦闷,与朋友们一起投入了对包括家庭在内的整个封建社会的斗争,最后携着自己心爱的人走上了自由之路。作品反映了一代青年知识分子对人生的探索和抗争。经过作者改写,剧本在戏剧技巧的运用方面有了突破性的提高。特别是剧中的第三幕,戏剧冲突极其尖锐、激烈,并且组织得有起伏,有层次,有悬念,语言也富于激情和戏剧性,整场戏波澜起伏,扣人心弦。这个剧本渗透了作者自己对人生历程的深切体验,在一定程度上可以说,许明心就是青年张闻天的艺术写照。

1925 年,张闻天被派往莫斯科中山大学学习。从此开始职业革命家的生涯。

阿英编的《中国新文学大系》第 10 卷及王瑶所著《中国新文学史稿》都对张闻天的文学创作作过论述。1983 年 6 月人民文学出版社出版了《张闻天早年文学作品选》,记录了张闻天文学创作的实绩,茅盾欣然为该书作序,他在序言中说:"关于张闻天同志早年的文学活动,特别是他写的长篇小说《旅途》,在今天出版,是富有积极的现实意义的。""我是早就从事文学活动的,但直到一九二七年秋,我才开始创作,而且是中篇;但闻天同志则写长篇,并且比我早了三年,我自叹不如。"由此可见,张闻天不仅是一位无产阶级革命家,而且是我国现代文学史上第一代的革命作家。

(《人民政协报》2007 年 6 月 28 日)

一五〇

# 沈从文珍视友情

最近读沈从文的文集,读到一篇《友情》。作者写道:"我深深相信,在任何一种社会中,这种对人坦白无私的关心友情,都能产生良好作用,从而鼓舞人抵抗困难,具有向上向前的意义。"作者在文中叙说了他与王际真的友谊,上个世纪 20 年代时,在沈从文生活上遭到意外困难时,王际真这位老大哥给了他很大的帮助。五、六十年之后,沈从文访美,到哥伦比亚大学拜访这位老大哥,王际真竟然从抽屉里取出沈从文两本旧作《鸭子》和《神巫之爱》,使沈从文感动不已。沈从文一直非常珍视友情,因为他得到过很多人的帮助。

沈从文是一位从湘西偏僻山沟里走出来的作家。1923 年二十岁的沈从文只身来到北京。他想进大学读书,但没考取,只能到北大旁听。到北京时他身上只剩下七块六毛钱,过着有了早顿,没有夜顿的生活。他拼命写了许多散文、小说、诗歌去投稿,想赚点稿费来度日,但在很长一段时间,投出的稿子,如同泥牛入海。但《晨报副刊》的主编徐志摩在大量的来稿中发现了沈从文的才华,在 1924 年 12 月 22 日的《晨报副刊》上发表了他的《一封没有付邮的信》,这是沈从文发表的第一篇作品。接着陆续发表沈从文的其他作品。徐志摩还写了《志摩的欣赏》一文,称赞沈从文用"浓得化不开的情怀"描绘了"多美丽多生动的一幅乡村画"。沈从文的投稿,还得到了《京报·民间文艺副刊》编辑胡也频的关注,胡也频还专程到"窄而霉小斋"访问了沈从文。徐志摩、胡也频不仅在报刊上发表了沈从文的不少文章,使他有了一定的稿费收入,解了他的燃眉之急;而且通过他们的推荐,使沈从文在文艺新人中有了一席之地。沈从文结识了徐志摩、胡也频,并成了好朋友。后来徐志摩还推荐沈从文到上海中国公学、青岛山东大学任教。沈从文对他们的这份友情,心存感激,十分珍视。

1925 年胡也频与丁玲相恋,在北京香山赁屋同居。那时沈从文也住在香山,他们三人结成莫逆,过从甚密。1928 年沈从文来到上海,在中国公学任教。不久,胡也频、丁玲也来到上海。他们一起合作编辑、出版《红黑》与《人间》杂志,后因资金困难而停办。1931 年 1 月 17 日中午,胡也频来看沈从文,说他的房东的小儿子死了,让沈从文想一副挽联,下午到胡也频寓所去写。两人一起出门,那天非常寒冷,北风逼人,沈从文见胡也频身上穿得单薄,便回屋取出自己新做的一件海虎绒棉袍,让胡也频穿上。这天下午,沈从文拟好了挽联,如约到万宜坊胡也频住处,但胡也频没有回来。晚上再去,仍不见胡的人影。原来,胡也频与沈从文分手之后,去参加中共江苏省委负责人召开的会议。不料被国民党军警发现,江苏省委的同志和胡也频等"左联五烈士"全都被捕。胡也频被捕后,在狱中托人带给沈从文一张字条:"我因事到——饭店,被误会,请赶快与胡先生商量,保我出来。"胡先生指胡适。沈从文立即把此消息告诉丁玲,并找胡适等商量如何营救,商定由胡适、徐志摩写信找蔡元培要求放人。沈从文奔波于上海、南京两地,找蔡元培、邵力子、陈立夫等人设法营救胡也频。谁知一切努力均告无效。2月7日,胡也频、柔石、殷夫等五位"左联"作家和其他十八位共产党员被秘密杀害于上海龙华。这时丁玲处境也十分危险,她决定将孩子送回湖南。沈从文不仅为她筹集路费,还一路送丁玲母子到湖南常德。为了此事,沈从文误了武汉大学的聘期,只能留在上海以写作度日。同年10月,他写了长文《记胡也频》,深情怀念这位患难朋友。

1931年11月19日,徐志摩因飞机失事,不幸罹难。沈从文闻讯后悲恸欲绝,难以言表。三年后他撰文写道:"志摩先生的突然死亡,深一层体现到生命的脆弱倏忽,自然使我感到分外沉重。觉得相熟不过五、六年的志摩先生,对我之作的鼓励和赞赏所产生的深刻作用,再无别一个师友能够代替。"他还深情赞颂了徐志摩的"美丽人格"。

(《人民政协报》2012年6月14日)

一五一

# 陶行知二、三事

陶行知先生是我国杰出的教育家,我国现代教育事业的开拓者。他是安徽歙县人,早年留学美国,回国后,结合中国国情,开展农村教育和国民教育,在南京、上海、四川等地创办了晓庄师范、山海工学团、育材学校等,为社会培养了大批有用的人才。

## "田汉欢迎田汉"

1927年3月,陶行知在南京郊区创办了晓庄师范学校,他提倡师生衣食住要"农民化"。他们还经常开展戏剧活动。陶先生编了剧本给学生排演,有时自己也粉墨登场。1929年1月,著名戏剧家田汉率南国社从上海到南京演出。陶行知与田汉早就认识,他得此消息后,立即写了一封亲笔信,派人送到田汉下榻处,郑重邀请南国社下乡演出。陶行知的盛情使田汉很受感动,二话没说,就慨然允诺。那时正值寒冬雪天,田汉亲率南国社同仁们踏着一尺深的积雪赶到晓庄,途中装运道具的大车,因路滑翻进了水沟,大家好不容易把车拖了上来。

晓庄师范的师生和农民们在大礼堂犁宫举行了盛大的欢迎会,陶行知致了热情而又幽默的欢迎词,他说:"今天是田汉欢迎田汉。我们晓庄师范是种田汉办的学校,我们也都是庄稼汉。所以我以一个'种田汉'代表的资格来欢迎田汉。"田汉高兴地作了答词,他说:"我虽然名字叫田汉,从小也生长在长沙的田间,但我毕竟是一个假田汉,陶行知先生才是一个真田汉。我这个假田汉接受陶行知这个真田汉以及在座许多的真田汉的欢迎,实在感到不胜荣幸之至。我们一定要向真田汉学习。"他们两人的讲话赢得了全场热烈的掌声。

简短的欢迎仪式之后,演出开始。那天,南国社演出了《苏州夜话》、《兄弟》、《卖花女》、《湖上的悲剧》等话剧。这些戏或是揭露军阀战争的罪恶,或是描写青年的恋爱悲剧,无不深深打动了晓庄的师生和农民们,场内掌声不绝于耳。

南国社的演出推动了晓庄师范的戏剧活动。他们成立了晓庄剧社,陶行知亲任社长,编演了《爱的命令》、《生的意志》等许多戏。他们不仅在校内演出,还到农村去演,到苏州、上海、杭州等地巡演,着实火了一段时间。

# 鼓励高士其搞科普创作

陶行知先生有句名言,那就是"爱满天下",陶先生是这样说的,他也是这样做的。他对学生、朋友都充满了爱心。高士其,大家都知道是一位著名的科普作家。他是陶先生的老朋友。高士其早年也留学美国,在做实验时因受细菌感染而身体致残。回国后,他一度非常困顿,父母不理他,有些朋友也疏远他,这时,陶先生向他伸出了援助之手,把他接到上海西摩路的自然学园里来。陶先生看高士其身体虚弱,特地为他订了一磅牛奶。高士其非常感激,说:"陶先生,太谢谢您了!我这个废人帮不了您什么忙,只能给您增添麻烦……"陶先生说:"快别这么说,士其,我要请您做的事情多着呐!我想编一套《儿童科学丛书》。科学要从儿童教起,用生动通俗的语言教给儿童科学知识,这是一项非常重要的工作。我想请您先写生理卫生这部分"。高士其受到了振奋,连忙说:"好,我来试试!"

从此,高士其开始了科普读物的写作。他忍着疾病的痛苦,艰难的写作着。三天日以继夜,写成了一篇《两个小水鬼底写真》。陶行知仔细地阅读了文章,说:"意思很好。写通俗科普作品,我给您推荐两位老师。一位是您的耳朵,文章写好了,先读给耳朵听一听,看看有什么地方不顺耳。另一位老师是没有文化的老妈子,自己听顺耳了,还不够,还要读给老妈子听,她听懂了,您就成功了。"这一席话,对高士其很有启发。他根据陶先生的要求,努力写作,他写出了《细菌与人》、《抗战与防疫》等一批科学小品,受到了广大读者的欢迎。后来,高士其成为我国著名的科普作家。高士其始终记着陶先生,他深情地说:"是陶行知先生引领我走上了科普创作的道路。"

# 写诗救唐纳

还有一件事情也很动人。那是在上个世纪的 30 年代。当时陶先生在上海创办山海工学团,团结了一批文化人。其中也有江青,那时她叫蓝苹,暂时住在魏鹤龄那儿。蓝苹是通过田汉的介绍与陶先生认识的,陶先生让她在山海工学团教音乐,她还给农民们演出京剧《打渔杀家》,工作得还不错。稍后,蓝苹与唐纳恋爱,1936 年 4 月,唐纳与蓝苹、赵丹与叶露茜、顾而已与杜小娟三对新人在杭州六和塔下举行集体婚礼。可是,唐纳和蓝苹的婚姻好景不长,没有多少时间,两人之间便发生龃龉,蓝苹一气之下,就跑回了济南。唐纳连连写信劝慰蓝苹,但毫无音讯。无奈之下,他亲自赶往济南,然而,岳家拒绝了他。他身居异乡,无人商量,一时想不开,就在旅馆里服毒自杀。幸亏被发现,抢救了下来。

消息传到上海,陶先生非常担心,他连夜写了一首诗《送给唐纳先生》,因为不知唐纳的地址,陶先生就把诗公开发表在报纸上。诗中写道:"听说您寻死,我为您担心!您要知道,蓝苹是蓝苹,不是属于您。您既陶醉在电影,又如何把她占领?为什么来到世界上?也要问一个分明。人生为一大事来,爱情是否山绝顶?如果您爱她,她还爱您,谁也高兴听喜讯。如果您爱她,她不再爱您,那是已经飞去的夜莺。夜莺不比燕子,她不会再找您的门庭。如果拖泥带水,不如死了您的心。如果她不爱您,而您还爱她,那么您得体贴她的心灵。把一颗爱她的心,转移到她所爱的幸运。现在时代不同了!我想说给您听,为个人而活,活得不高兴;为个人而死,死得不干净。只有那民族解放的大革命,才值得我们去拼命。若是为意气拼命,为名利拼命,为恋爱拼命,问我们究竟有几条命"?

　　唐纳没有及时读到陶先生的诗。后来唐纳与蓝苹的婚姻纠葛没有好转,终于破裂。唐纳再次在上海吴淞口跳海自杀,被警察救起。业余剧人协会派他的同乡伊明到吴淞医院探视。伊明从口袋里拿出一张报纸,给唐纳轻声读起陶先生的那首诗。唐纳专心地聆听着。听伊明读完,唐纳从床上坐起来,对伊明说:"陶先生说得对,为个人而死,太没有意思了。我是一时气忿,以后决不会再去寻死,我要好好活下去,做一点有益的事情"。陶先生一首诗救了一个有才华的青年的命。

(《江南游报》1104 期,2003 年 9 月 25 日)

## 一五二

# 张恨水与毛泽东的交往

　　张恨水是著名的小说家,毛泽东则是中共的领导人,两人似乎是风马牛不相及的。其实不然,早在上个世纪 40 年代,两人就有过交往。

　　张恨水,原名张心远。祖籍安徽潜山,生于江西南昌。曾经担任北平《益世报》、《世界日报》编辑。1924 年始作长篇小说《春明外史》,接着写了《金粉世界》等长篇。1929 年又写了成名作《啼笑因缘》。1937 年末,张恨水带着全家到安徽潜山老家避难,安顿好家属之后,他只带了一个柳条箱,装了些简单的衣物,就出发参加抗战工作。1938 年 7 月来到重庆,在《新民报晚刊》主编副刊。1945 年 8 月,毛泽东到重庆与国民党当局进行和平谈判。在谈判的间隙,毛泽东会见了《新民报晚刊》的同仁,这样,张恨水便与毛泽东相识。其实当时毛泽东已是张恨水小说的读者,除了这次集体性的会见外,毛泽东还特地邀请张恨水到红岩村作客。这次相见,作了两个多小时的亲切交谈。张恨水对毛泽东为了民族大业,不顾个人安危的大智大勇,十分钦佩。而毛泽东对张恨水在抗战时期,以笔为武器,写作了《八十一梦》等抗战小说,也很为赞赏。

　　他们除了谈论当时的政局和形势之外,主要谈论的还是写作方面的内容。关于张恨水的笔名,以前曾有一些传闻,有的说他的"恨水"是因为与某一位名字中含有"水"字女作家的感情纠葛。毛泽东也问起张恨水笔名的由来。张恨水答道:"'恨水'一名是我十七岁那年,在苏州第一次投稿是自己取的笔名,是从南唐后主李煜'自是人生长恨水长东'中截取出来的。那时,我想人生有限,决不能让光阴入流水一样白白流逝,所以取这个笔名,也好随时听人称呼,随时看到'恨水'两字,时刻自勉,珍惜时光。"

　　毛泽东听了,非常赞赏恨水笔名"寓意隽永"。他也向张恨水讲了自己取名"润芝"的原由。毛泽东在湖南一师时,一次给杨怀中老师写信,署名"毛学任",意为效学梁任公(梁启超)。

杨先生给了他一本《胡文忠公全集》，要他研读。毛泽东反复阅读后，觉得胡林翼很值得学习。胡林翼字润芝，他就改笔名为"学润"。杨先生对毛泽东说："司马长卿崇拜蔺相如，改名相如，你既然尊敬胡润芝，干脆就改成润芝吧。"于是毛泽东就取名"润芝"。张恨水听了这一席话，也觉得很有意思。

谈到文学写作时，毛泽东说："在湖南一师读书时，有一位绰号叫袁大胡子（即国文教师袁吉六）的先生，曾嘲笑我的作文，是新闻记者的手笔，今天遇到张先生，我可是小巫见大巫了哟！"张恨水谦逊地说："毛先生雄才大略，大笔如椽，我辈小说家，岂敢相比，真是惭愧。正如一些同道所批评的那样，自己的小说脂粉气太浓了些。"毛泽东说："脂粉气也未必有什么不好，我看曹雪芹的脂粉气比先生要浓得多，但《红楼梦》不也一样令我们叹为观止吗！我以为文艺作品的好与坏，不能单从题材而论，关键在于作品是不是真实地反映了社会，刻画了社会的人和事，反映出社会的矛盾和斗争。"

毛泽东和张恨水谈得很欢畅，张恨水告辞时，毛泽东特地将一块延安生产的灰色呢子衣料，还有一袋小米、一包红枣送给张恨水。张恨水十分感动，回家后，对夫人说："这是毛先生送给我的从延安来的呢料、小米和红枣。"家里人都很高兴，他们把小米和红枣熬成粥，全家围坐在一起喝粥。张恨水感慨地说："毛先生知识渊博，胆识过人，真是当今豪杰。"

毛泽东在重庆期间，曾把他写的《沁园春·雪》一词抄赠给柳亚子先生。毛泽东于10月11日返回延安，10月25日柳亚子在重庆举行的"柳诗尹画联合展览会"上披露了毛泽东的词作。这首词在展览会上露面之后，立即在重庆不胫而传。张恨水和《新民报晚刊》副刊"西方夜谭"的编辑吴祖光得到几个毛泽东词的传抄本，于是在11月14日的《新民报晚刊》副刊上发表了这首词，标题是《毛词·沁园春》。在词作后面，还加了一段按语："毛润之先生能诗词，似鲜为人知。客有抄得《沁园春·雪》一词者，风调独绝，文情并茂。而气魄之大乃不可及。据氏称，则游戏之作，殊不足为青年法，尤不足为外人道也。"这是毛泽东《沁园春·雪》一词首次在报纸上公开发表。11月28日，重庆的《大公报》同时转载了《新民报晚刊》上发表的毛泽东词和柳亚子和词。毛泽东的词一经报纸正式发表，更是轰动和风靡了整个山城。

新中国成立后，张恨水担任政协委员和中央文史馆馆员，曾多次见到毛泽东，有一次，毛泽东问他："为什么不见你的新作"？张恨水说："一来生病多年，二来对工农兵生活不熟悉，要写他们恐怕难以胜任。"毛泽东说："老作家还是要写自己熟悉的题材。"

张恨水把毛泽东送给他的那块呢子衣料做了一套中山装，每逢参加重要的活动，他总要穿上这套中山装。时间长了，衣料退颜色，他就把它染成藏青色的。有一次全国政协举办的春节团拜会，张恨水又穿了那套中山装去出席，周恩来总理见到他，亲切地问候他，看到他这身衣着，似乎有点寒酸，就问："张先生近来是否生活有困难？"张恨水感到很突兀，后来领悟了总理的意思，说："总理还记得主席在重庆送给我的粗呢吗？这就是用那块呢料做的，因为它掉色，我染过了，所以总理认不出它了。至于我的生活，政府很照顾，一点没有问题。"总理听了很感动，说："张先生，你没有忘旧啊！"

（香港《大公报》2008 年 4 月 24 日;《人民文摘》2008 年第 8 期
和《报刊文摘 2008 年 10 月 24 日》转载）

# 一五三

# 包天笑与《一缕麻》

几年前,我观看了杭州越剧院小百花团演出的新版越剧《一缕麻》,这个戏由越剧新秀徐铭、谢群英等担纲。戏中女主人公患上白喉恶症,病愈清醒,发现自己的鬓发之间佩有一缕麻线,大为惊骇。这一场景也给我留下了深刻的印象。曾几何时,就是这一缕麻线引出过一串艺坛的故事。

《一缕麻》的原作是包天笑的一篇短篇小说。包天笑(1876—1973),近代著名报人、小说家。江苏苏州人,出生于阊门内西花桥巷。初名清柱,又名公毅,字朗孙,笔名天笑、春云、钏影楼主等。幼年进私塾,后开馆授徒。1894年考中秀才。1900年与友人在苏州开办东来书庄,集资发行《励学译编》,1901年创办《苏州白话报》。1906年移居上海,任《时报》外埠新闻编辑,兼编辑附刊《余兴》,开始在报刊发表小说和时评。1909年参与主编《小说时报》,以及《妇女时报》、《小说大观》、《小说画报》等。并受聘为明星电影公司编剧,曾作多部电影剧本。1909年加入南社,并当选为庶务。他有大量的小说创作和译作,主要作品有《一缕麻》、《留芳记》、《春江梦》、《上海春秋》等;译作有《馨儿流浪记》、《迦因小传》等。他是鸳鸯蝴蝶派中的重要人物。1947年因儿子包可永在台湾政界做事,包天笑由上海去台湾居住,1949年后定居香港。晚年作有《钏影楼回忆录》。

包天笑的《一缕麻》写于1909年,他在《钏影楼回忆录》中说:"这一故事的来源,是一个梳头女佣,到我们家里来讲起的。她说:'有两家乡绅人家,指腹为婚,后果生一男一女,但男的是个傻子,不悔婚,女的嫁过去了,却患了白喉重症,傻新郎重于情,日夕侍疾,亦传染而死。女则无恙,在昏迷中,家人为之服丧,以一缕麻约其鬌。'我觉得这故事,带点传奇性,而足以针砭习俗的盲婚,可以感人,于是演成一篇短篇小说。不用讳言,里面是有些夸张性的。"包天笑所说的那位女佣曾在这两家乡绅中的知府家帮佣,有些事还是她亲眼见的。知府和道台都是有名有姓的,不过,包先生做成小说时,把这两位的真名实姓给隐去了,作品中用的林、钱二姓是他虚构的。这篇小说发表于1909年在上海出版的《小说时报》第2期上。发表后,引起了人们的注意。包先生曾说:"当这篇小说登出来时,我还在女学校教书,有许多女学生,便问我:'果有此事吗'? 好像很注意这个问题。"

时隔数年之后的1916年,京剧名伶梅兰芳在北京首次把《一缕麻》搬上了京剧舞台。当时梅兰芳才20岁出头,他自1913、1914年连续两次赴上海演出,在上海一举唱红,而且受到上海剧坛改革风气的影响,回到北京也尝试编演时装新戏。1914年编演了根据北京本地实事新闻编写的《孽海波澜》,1915年又编演了时装新戏《宦海潮》和《邓霞姑》。1916年初,梅兰芳的朋友吴震修告诉梅兰芳,说在《小说时报》里发现一篇包天笑的短篇小说《一缕麻》,是叙述一桩指腹为婚的故事。他说:"一对未来的夫妻,还没有生下来,就替他们订了婚,做父母的逞一时的高兴,轻举妄动,没想到就断送了自己的儿女的一生幸福。现在到了民国,风气虽然开通了一些,但是这类摸彩式的婚姻,社会上还是层见叠出。应该把这'一缕麻'的悲痛结局表演出来,警告这班残忍无知的爹娘。"说着,打开一个小纸包,取出这本杂志,递给梅兰芳,说:"你先带回去看一遍,我们再来研究。"

梅兰芳带回家,费一夜工夫,就把小说读完了。他也觉得确有警世的价值,便决定编成一本时装新戏。他先请齐如山先生起草打一个提纲,齐先生第二天就把提纲的架子搭好,拿来让大家斟酌、修改。这个戏写林知府与钱道台交好,指腹订婚。后林家生一女名纫芬,聪慧美貌;钱家生一子,却是个傻子。林纫芬入学堂读书,与表兄方居正相爱。后方出国留学,林纫芬在父亲逼迫下嫁到钱家。婚礼方毕,纫芬即患白喉症,病情凶险,大家不敢接近她,但傻子却尽心照料伺候。经过治疗,纫芬病情渐好,而傻子却因受感染而命丧黄泉。纫芬病愈,神智清醒,见鬓上有一缕麻线,大骇。及知傻子因已致死,她在抱恨、绝望之余,亦自杀以殉。戏的结尾与包先生原作有所不同,在包先生原作里,林小姐是为她死去的丈夫守节的。

梅先生等把戏改编好后,曾写信给上海的包先生,征求他的意见。包先生对梅兰芳搬演他的作品,感到高兴,所以也就欣然同意了。但包先生始终没有看到梅先生这个戏的演出,因为梅先生到上海演出时,未带这个戏;后来包先生去北京时,梅先生又没演这个戏。

1916年4月19日—21日,梅兰芳在北京吉祥园一连三天上演时装新戏《一缕麻》(一、二、三本)。戏中,梅兰芳饰林纫芬,贾洪林饰林知府,程继仙饰傻姑爷,他们的表演都很精彩,林知府逼女儿上轿时,贾洪林把一层一层的意思连说带做,声泪俱下,把戏推向高潮,效果极佳。程继仙演的傻子,在傻中带有真诚,做得逼真、自然。梅兰芳演的林纫芬深刻刻画了她的青春纯情和伤感凄婉。前面与方居正研究学问,一派活泼的少女姿态,还踏着风琴唱歌,非常新颖。后面对母亲遗像的唱工也极其动情。在父亲逼她上轿时,她虽无多语言,但通过面部表情表露出她内心的痛苦。这个戏在观众中反映很好,很受欢迎。

《一缕麻》后来到天津演出。当地有万、易两家乃通家世好,万家女儿许给易家儿子,谁知易家儿子得了神经病,如何处置左右为难,他们的朋友让双方的家长和万小姐一起来看《一缕麻》的演出,看后大家受到触动,后来协议取消了原来的婚约。谁也没有想到一出戏会产生这样大的社会效果。上个世纪40年代前期,梅兰芳与包天笑同在上海,有一次在朋友聚会上,两人相见。包先生把小说《一缕麻》的故事来源告诉了梅兰芳;而梅先生则把在天津演出时碰到的那件事讲给了包先生听,包先生听了很感欣慰。

《一缕麻》的故事还被搬上了银幕。那是1927年上海明星电影公司拍摄的,由郑正秋改编,卜万苍导演,片名为《挂名的夫妻》。拍摄过程中还有一件趣事。开拍前两位男主角的人选已定,一位是扮演傻丈夫的黄君甫,一位是龚稼农,但是女主角还没找到合适的人选。于是登报招聘。第二天有一位小姐前来应聘,卜万苍仔细加以询问,并特别留意观察应聘者的谈话和神情,谈了一会,卜万苍觉得她有一种特有的忧伤的神情,是演悲旦的料子,就决定录用她。可是试镜头时,这位小姐却显得很紧张,无所措手足。卜万苍很沮丧。这时助理导演汤杰提议,是否先拍一段丈夫死后,女主角守灵的戏看看。这位小姐居然把这一段戏演得颇为动人,使卜万苍非常满意。于是就决定由她来扮演女主角。而这位应聘者就是后来大红大紫的阮玲玉。影片《挂名的夫妻》放映后,好评如潮。阮玲玉由此而一举成名。后来卜万苍又请她主演了《恋爱与义务》、《一剪梅》、《三个摩登女性》等影片,阮玲玉成为一代影星。

1946年,《一缕麻》又被改编成越剧,搬上舞台。这是袁雪芬领导的雪声越剧团根据包先生的小说和梅兰芳的京剧改编的,由成容编剧,南薇导演。1946年2月23日首演于上海明星大戏院。剧情有所改动,写少女慧芬有一同窗十年的好友君玉,两人感情甚笃。但幼时已由父母作主与周家少爷订下婚约。因父命难违,只得与君玉分手,嫁到周家。周少爷生性痴呆,慧芬自叹命薄,暗中叫苦。洞房之夜,慧芬突然发病,婢女等见是白喉恶症,纷纷逃走。只有周少爷不怕危险,精心服侍她。慧芬很快病愈,而少爷却染上恶疾,一命呜呼。慧芬悲痛欲绝,觉得恩情难报,决定与君玉斩断情丝。袁雪芬扮演慧芬,范瑞娟扮演呆大少爷。剧中慧芬"洞房哭夫"一段唱:"天啊!——叫声少爷哭声夫,我今日觉悟悔当初——",唱腔除着力渲染悲剧气氛外,还伴有自谴自责的叹息音调。这段唱腔后来成为袁派的代表性唱段,与《梁祝》中的"哭灵"、《香妃》中的"哭头"合称为"尺调三哭"。范瑞娟的表演突破了原来小生行当,演得别具一格,人物既可笑,又善良。"洞房"一场,她唱的"新娘子真好看,要比我妈妈还好看"那段唱腔,也成为越剧名段,传唱至今。此剧在上海轰动一时。包先生在《钏影楼回忆录》里写道:"袁雪芬、范瑞娟两位女艺员,忽又看中了这篇《一缕麻》短篇而演出戏剧了。那是在上海演出的,她们也来商量剧本,但越剧是有歌唱的,另有编歌词的人,我完全是外行。而且我向来不看越剧的,《一缕麻》开演,她们送了八张赠券来,我们全家去看了一回。"1947年,上海的百代、大中华、醒狮等唱片公司还灌制了袁雪芬、范瑞娟、陆锦花、胡少鹏等演唱的唱片,广为流传。

(《上海滩》2014年第3期)

一五四

# 周瘦鹃与花草鱼虫

　　周瘦鹃是苏州人,生于1894年。他在中学时代就开始文学创作活动,在《小说月报》上发表了处女作《爱之花》。中学毕业后即以写作、翻译为业,1917年翻译集印了《欧美名家短篇小说丛刊》,其中包括高尔基的作品《叛徒的母亲》,鲁迅曾赞扬这本书是"昏夜之微光,鸡群之鸣鹤"。二十二岁开始在上海的中华书局、《申报》、《新闻报》等处任编辑和撰稿人,曾主编过《申报》副刊、《礼拜六》月刊、《紫罗兰》、《半月》、《乐观月刊》等刊物,并有不少短篇小说创作和译作。抗战前夕,他曾与鲁迅、郭沫若等数十人联名发表宣言,呼吁御侮抗战。还写了《亡国奴日记》、《祖国之徽》、《南京之国》等以抗日爱国为题旨的小说。周瘦鹃曾是文坛上一名卓有成就的作家和翻译家。前辈作家包天笑曾以诗赞他:"好与江南传韵事,风流文采一周郎。"

## 投笔毁砚归故园

　　正当年富力强之时,周瘦鹃却退隐故园了。关于此,他有一段自述:"东涂西抹,匆匆三十年,自己觉得不祥文字,无补邦国,很为惭愧!因此起了投笔毁砚之念,打算退藏于密,消磨岁月于千花百草之间,以老圃终老了"(《花前琐记》前言)。在当时政治黑暗的时代,在国忧家恨的刺激下,周瘦鹃愤世嫉俗,不愿同流合污,他钦羡陶渊明和林和靖,一心挣脱名缠利锁,以终老于花苑苗圃。于是在三十年代,他匆匆结束了文字生涯,回到了故乡苏州。当时他写了不少诗篇抒发自己的心情:

> "廿年涉世如鹏举,铩羽中天便不飞,
> 平子工愁无可解,养鱼种竹自忘机。"

> "虞初三百难为继,半世浮名顷刻花;
> 插脚软红徒泄泄,不如归去乐桑麻。"

他还集清诗人龚自珍之句,写了《撼怀吟》、《遂初吟》共二十八首,其中有几首是这样写的:

> "暮气颓唐不自知,一灯悬命续如丝;
> 今年烧梦先烧笔,倦矣应怜缩手时。"

> "少小无端爱令名,九流触手绪纵横;
> 百年心事归平澹,至竟虫鱼了一生。"

> "斜阳只乞照书城,玉想琼思过一生;
> 从此周郎闭门卧,梅花四壁梦魂清。"

为了表示自己不为世俗所污的心态,他还借用宋代周敦颐《爱莲说》中"爱莲之出淤泥而不染"之句,把园中的厅堂命名为"爱莲堂"。在当时的历史条件下,这种归田退隐之想正是洁身自好的表现,当然是无可厚非的。然而,解放以后,周瘦鹃在检讨往事时,却认识到"置身事外,仿佛国家不是我的国家,先就犯了莫大的错误"。

时代变化了,他的思想也变化了。他说:"我国家获得了新生,我个人也平添了活力;我这陶渊明式、林和靖式的现代隐士,突然走出了栗里,跑下了孤山,大踏步赶到十字街头,面向广大的群众了。"从"闲"到"反闲",他重新投入了火热的生活,积极参加社会活动,历任全国政协委员、江苏省人民代表、苏州市博物馆名誉副馆长。党和政府也十分关怀他,毛主席、周总理多次亲切接见过他,周总理还亲临周家故园访问他,这些都给了他无穷的力量。绚丽多彩的时代,使他文思汹涌,源源而来,他又重新拿起了生花妙笔,热情讴歌新的生活。他写作了大量关于花草、山水、风尚、习俗的散文,出版了《行云集》、《花花草草》、《花前琐记》、《花前续记》等散文集,还写了记述毛泽东同志亲切接见情景的散文《我的心拴在中南海》、《初识人间浩荡春》。他又恢复了文学的青春,成为文学园地里一位辛勤的园丁。

## 爱花成癖为花忙

周瘦鹃更是一位花卉园中的杰出园艺师。他自称爱花成癖,在早年蛰居上海卖文为生时,就常常在狭小庭心里放上一、二十盆花草自娱。"九一八"以后,周瘦鹃决定退闲苏州,从事园艺。

他在苏州城内黄杨桥头物色到一块四亩大的园地。这园地原来就种有多种花木果树,有松柏杉槐、桃李杏梅、樱花玉兰等,而最吸引周瘦鹃的却是一株素心腊梅树下种植的丛丛紫罗兰。他生平偏爱此花,曾将主编的刊物命名为《紫罗兰》。园主人开价极高,但周瘦鹃为了这丛紫罗兰竟不惜倾其二十余年卖文的积蓄,高价买下此园。他还把园居定名为"紫兰小筑",书斋定名为"紫罗兰盦"。

周瘦鹃又买下南邻的五分地，于是对此园加以惨淡经营，垒石为山，掘地为池，在山上砌梅屋，植梅树；池中植荷，河畔筑轩。在这不大的园地里，密树繁荫，姹紫嫣红，紫荆架、牡丹台错落有致，芍药圃、荷花池相映成趣。土阜上的梅屋，室内陈设几案，多呈梅花形状，窗棂亦由梅花图案构成。屋右有假山瀑布，林泉幽景，蓦然而出。一到梅花盛开的季节，园内红梅、白梅、玉蝶梅、砂红梅、江梅、送春梅、铁骨红梅、绿萼老梅等竞相争妍，朋友们称誉为"小香雪海"。

周瘦鹃为了建设这座园圃，煞费苦心，为了搜求名种花树，寻寻觅觅，不惜重价。1931年有一次他在古董店里见到一盆铁干虬枝老梅，古朴苍劲，开着朵朵单瓣白梅，他对这百年之物一见倾心。但问及店主，其价竟在百金之上，只得望洋兴叹。后来周瘦鹃结识了这位店主赵君。谈论间方始这枝梅树得自虎丘五人墓畔，已培养几年，这更使他爱不释手。赵君见其如此倾心，愿意割爱相赠。但周瘦鹃又不忍夺人所好，反而婉言谢绝了。过了几年，赵君去世。至1937年"八·一三"苏州陷落，老梅已辗转落入上海花贩陈某手中，列于上海南京路一侧。周瘦鹃闻讯赶去，不料讨价竟达百二十金。周瘦鹃不堪此花再遭不测，倾囊买下此花，并命名为"义士梅"。他写了两首诗记述了这事件，其一："铁干虬枝绣古苔，群芳谱里百花魁；托根曾在五人墓，尊号应封义士梅。"其二："幸有廉泉润砚田，笔耕墨耨小丰年；梅花元比黄金好，那惜长门卖赋钱。"

周瘦鹃是一位文人，而园艺却是一件劳动活。然而他并不假手于人，而是事必躬亲，亲自参加劳动，用自己的汗水浇灌艺术的花朵。几十年如一日，每天清晨四、五点钟就起身，搬盆、浇水，掘地制作，他独力劳动，不用助手，即使年事渐高，也还坚持劳动，只是有时请妻子、老妈子帮忙。他有这样一个几亩地的园子，又有五六百盆大中小型的盆景盆栽，因此真是"一年无事为花忙"了。春季忙于翻盆，夏天忙于浇水，秋季忙于修剪，冬季忙于埋藏。而搬盆和制作盆景更是每天必做的功课。他家里的爱莲堂、紫罗兰、寒香阁、且住四间屋及曲廊等处陈列了几十盆盆栽、盆景、瓶花，每天傍晚他要把这些花逐一搬到庭前，让其吮吸露水，次日黎明又要将它们一一搬回屋内廊下。碰到花开季节，深夜风雨，还得起来冒雨搬移。他把这项劳动视作健身体操。

他不仅在园内劳动，有时为了寻找制作盆景需要的枯枝，他还背起竹筐和锄头，长途跋涉去到洞庭东山的山坳树丛中去寻求佳品。他曾有诗记云："不事公卿不辱身，悠然物外葆天真；长年甘作花奴隶，先为梅花忙一春。""养花辛苦有谁知，风风雨雨要护持；但愿来春春意足，瑶花重见缀琼枝。"

经过周瘦鹃的辛勤劳动和惨淡经营，黄杨桥头这片普通的园地终于成了苏州园林城中令人神往的"周家花园"。特别是解放以后，更趋繁荣，吸引了国内外各界人士的纷纭足迹，朱德、周恩来等领导人都亲临参观过。

## 朱鬣金鳞漫如染

"朱鬣金鳞漫如染"这是宋代苏老泉的诗句，讲的是养金鱼。周瘦鹃不但爱花成癖，而且恋鱼入迷。在他的爱莲堂前檐下的匾额上就题有"养鱼种竹之庐"。金鱼在动物中以娇美玲珑著称。金鱼品种繁多，色彩缤纷，千恣百态，生动活跃，充满了美和生命的活力，这大概也是周瘦鹃爱金鱼的一个原因吧！

周瘦鹃爱金鱼，表现在他到处搜求、精心蓄养。早在抗战以前，他就四处奔波网罗各式金鱼名种,各样精致器皿,并精心研究蓄养繁殖的方法。他不惜工本在园子里用水泥建造了两个图案式的水泥池子,蓄养了二十余品南北名种金鱼,总数达五百尾之多。他又将蓄养的金鱼分别置于二十四只缸内,陈列于专室,题名为"鱼乐国",大有柳宗元《小石潭记》中"日光下澈,影布石上,怡然不动,俶尔远逝,往来翕忽,似与游者相乐"之恋趣。他还在四壁张挂多幅名家的金鱼画,使真鱼画鱼漫游容与,鳞光飞动,相映成趣。他终日盘桓周旋于缸畔池侧,可说是废寝忘餐,乐此不疲。他对珍奇的鱼缸也是不惜重价,四处觅求。他说曾觅到一只捷克制的玻璃鱼缸,缸呈四方形,下面有镂花铜盘,两旁有两个瓜棱形的火黄色的玻璃管,当中还可通电发光,柱顶各立有一个金身裸体女子,张开双臂,相对作跳水之状,他在这只缸里养了两尾五色的珍珠鱼,真像是水晶龙宫,展现了一派神奇幽幻的景象。

他宠爱金鱼,还着意给它们披上一缕诗的轻纱,别出心裁地用曲牌词牌的名称分别给二十余品名种金鱼赐以嘉名,如朝天龙叫"喜朝天",水泡眼叫"眼儿媚",翻鳃叫"珠廉卷",堆肉叫"玲珑玉",珍珠鱼叫"一斛珠",银蛋叫"瑶台月",红龙叫"水龙吟",紫龙叫"紫玉箫",乌龙叫"乌夜啼",红蛋叫"小桃红",绒球叫"抛球乐",红头叫"一萼红",燕尾叫"燕归梁",五色绒球叫"五彩结同心"……题名如此贴切谐合,恰到好处,真使人拍案叫绝,我们不得不叹服周瘦鹃的独具慧眼的非凡匠心。这些名称使美丽的金鱼平添了诗意和风韵。

花木都有情,作为动物的金鱼大概更能与主人交流感情了。周瘦鹃对这批金鱼精心饲养,就像母亲哺乳婴儿一般,可说是充满了慈母舐犊的深情。一九三七年"八·一三"日寇进犯,苏州沦陷,周瘦鹃避祸于皖南黟县的南屏山村。在皖南避难的三个月时间里,他还是念念不忘他的苏州故园,始则思念花木,继则眷恋金鱼,他作诗遥寄怀念之情:

> "吟诗喜押六鱼韵,鱼鲁常讹雁足出;
> 苦念家园花木好,愧无一语到金鱼。"

> "五百锦鳞多俊物,词牌移借作名称;
> 翻鳃绝似珠帘卷,紫种宛然紫玉箫。"

他的诗不仅表现他的思念,也蕴含了忧虑和不安:

> "铁蹄踏破纷华梦,车驾仓皇出古吴;
> 未识城门失火后,可曾殃及到池鱼?"

"城门失火,殃及池鱼"的典故用在这里十分贴切。事实证明,他的担忧并非多余的,不幸的事情已经发生。第二年当他从安徽返回苏州故园,映入眼帘的是一幅惨相,满园荒芜,花木凋零,最令他痛心的是五百尾鲜蹦活跳的金鱼竟荡然无存,都成了日寇的盘中美餐。周瘦鹃望缸兴叹,悲恸难已,作诗痛悼:

> "书剑飘零付劫灰,池鱼殃及亦堪哀;
> 他年稗史传奇节,五百文鳞殉国来。"

在那战火纷飞的年代,国破家亡,连金鱼也不能幸免,这是多么令人痛心的事。应该看到,诗人写的是金鱼的遭殃,而诉说的却是整个中华民族的苦难!

金鱼遇难给周瘦鹃很大的精神刺激,不禁使他心灰意冷,再加上名种的搜集本来就不容易,养金鱼一节从此就不再像以前那样大事铺张了,只是置备了五只鱼缸,聊备一格,略作点缀而已。到解放以后,他才摆脱了这种凄楚的心情,重振旧业,在原有五缸的基础上,又增添了三缸,并将八只鱼缸排列成一朵带柄梅花那样的图案,其中蓄有五色蛋种、五色珍珠鱼等佳种。他作了一阕行香子词咏之:"浅浅春池,藻绿鱼绯,看翩翩倩影参差。银鳞锶展,朱鬣鳍岐。是瑶台月,珠帘卷,燕双飞。碧庐流媚,彩衣轩举,衬清漪各呈娇姿。香温茶熟,晴日芳时。好听鱼喁,观鱼跃,逗鱼吹。"他的金鱼池重又斐然可观了。

# 诗情画意溢盆盎

周瘦鹃在园艺中花费功夫最深的要数盆景了。在这方面他的成就也最大,他终于成为我国最著名的盆景专家之一。

他多年来培育盆景达六百盆之多。六十年代初,笔者有幸参观他的园圃,走进他的花园,姹紫嫣红,春色如许,真像进入了一个诗的境界。

他的盆景以清秀古雅为其风格。他喜欢采用树龄一二百年或几十年的老桩古梅,加以精心构思,赋予新意。他制作的松、柏、榆树、花梅等盆景都能达到古朴而又清新。他制作盆景的过程,就是对诗情画意的追求和创造的过程。周瘦鹃本人就是一位功力深厚、才华横溢的诗人,他写的旧体诗意境清新,韵味隽永。对画他有很高的艺术鉴赏水平,富于想象;他对园艺花草又深有研究,这就使他能将诗情画意融于盆景之中,在咫尺之间蕴含大千气象,真正达到了"无声的诗,立体的画"这样的艺术境界。

他的《陶渊明赏菊东篱》是一个菊花盆景,洋溢着陶渊明"采菊东篱下,悠然见南山"的诗趣,也寄托了作者四十年代归隐赋闲的心情。而解放后制作的《江山如此多娇》则是一个水石盆供,借用毛主席《沁园春》的名句,展现了别一种的诗境。他还师法古代画家的大手笔,借鉴古今名画的技法,在盆景里再现宋代范宽的《长江万里图》和元代倪瓒的《江干望山图》、《富春江严子陵钓台》等名画的风貌。虽然盆仅咫尺,但我们可以感受到江河之浩淼,悬崖之奇峭,松柏之葱郁。这些盆景洋溢着诗情画意,有着极其厚实的文化内涵,体现了作者高度的艺术造诣。

周瘦鹃的盆景创作总是注重独辟蹊径,别开生面。把古今著名诗人画家的诗情画意凝聚在盆景之中,这本身就是一种独创;他的独创性更表现在善于将山水画、花鸟画的技法与盆景这一特殊艺术形式融为一体,别出心裁地体现出自然的美。比如他把四株古柏合栽成组,巧妙地摹拟苏州光福司徒庙四株千年古柏,真是微型的"清、奇、古、怪"。他在一株百年绿萼老梅上,取一枝卧式枯干,上有碧绿斑驳的薛苔,干头的新枝以细棕丝结扎,呈"顺风式",峭拔婀娜,新枝上淡绿色的花朵灼灼,显示出枯梅春色的意蕴,又取明代陈眉公画梅题句"一只瘦鹤舞"之意,题名"鹤舞",仿佛一头仙鹤凌风而起,翩翩而舞,真是生动别致,匠心独具。他还将十一头水仙排列在四角不等边的石盆内,盆上刻有"凌波微步"四字,盆内伴以五彩缤纷的雨花石,仿佛一群凌波仙子,款款而行,一派恬静淡雅的氛围。

周瘦鹃的插花也别具一格。他将一株铁骨红梅树上折一粗干,插于古铜瓶,举重若轻,红艳艳的梅花,黑黝黝的瓶身,色彩调和,相得益彰。还有在一只旧砂壶中插一枝黄色菊花,花仅三朵,高下错落,疏密自然,旁缀一小串猩红的枸杞子加以陪衬,颇具徐青藤的画意。艺术贵在独创,周瘦鹃盆景的成功其重要原因也就在于作者勤于思索,敢于创造。

周瘦鹃的盆景早就在国内外享有盛誉。三十年代他就参加上海莳花会,1939 年该会举办国际性的中西莳花展览会,周瘦鹃二十二件作品参展,配着红木架座,以爬山虎古桩为主体,附以松柏、菖蒲、黄杨、文竹等,旁置古佛一尊,灵芝一盆,引起无数观者的赞叹,固而荣获荣誉奖。1940 年秋季年会,他又以悬崖白菊、蟹爪黄菊等二十九件盆景参展,荣获全会总锦标,为祖国赢得了荣誉。他曾写下这样的诗句:"奇葩烂熳出苏州,冠冕群芳第一流;合让黄花居首席,纷红骇绿尽低头。""只得鳌头一笑呵,吴宫花草自娥娥,要他海外虬髯客,刮目相看郭橐驼。"解放后,他的盆景更是经常陈列于苏州拙政园、留园、怡园等著名园林公开展览,赢得了广大专家和群众的赞誉。

然而,他对自己的成绩并不满足,在创作中总是孜孜以求,精雕细刻,一丝不苟,精益求精。他十分重视选材,经常想方设法搜求一二百年树龄的单、复瓣白梅,几十年树龄的朱砂红梅、大绿梅、送春梅、江梅,选取其中苍古虬奇的树桩作为盆景的材料。制作时苦思冥想,精于构思,讲究立意、布局、章法、虚实。哪怕是一枝一叶也需经过精心的整姿、修剪、删艾,有的则用棕丝束扎。对盆面的要求也极严格,按不同要求,有的加细泥,有的铺青苔,有的加一块英石,有的缀一条石笋,有的则安放小型人物、亭、塔、屋、船、鹤、鹿、牛、马,这些都是精心设计,细加推敲的。用盆讲究古朴,他自己收藏了不少明清珍贵花盆,根据不同题材配用不同的花盆,或瓦盆,或石盆,或磁盆,或紫砂。盆下还要配座子,或红木,或紫檀,或黄杨,为了显出它的光洁度,还上腊揩拭。他对每一盆景都要题上饶有诗趣的题名,约请著名书法家写在虎皮笺或洒金笺上。他的工作真是做得细致入微,丝丝入扣。这也正是他艺术获得成功的诀窍。

周瘦鹃把全身都融入了大自然,把毕生的精力倾注于创造美的文学创作的园艺活动之中。十年浩劫中,周瘦鹃与范烟桥、程小青被诬为"苏州三剑客",遭到批判与迫害。一群狂徒还冲进周家花园肆意践踏。紫兰庭园,夷为荒墟,诗文书画,流离散失。周瘦鹃的身心受到严重的摧残,1968 年 8 月 21 日,七十四岁的周瘦鹃不幸去世,中国失去了一位多才而勤奋的作家、艺术家。

(《上海艺术家》1998 年第 2 期)

一五五

# 侦探小说家程小青

笔者每年清明都要与家人到苏州尧峰山的横泾华侨公墓去祭扫先父母的墓地。在这个墓区还安葬着我国著名的侦探小说家程小青先生,所以我每次也会到他的墓前伫立鞠躬,并献上一束鲜花,以表示作为他的同乡和文学后辈的一份敬意和怀念。

程小青先生是曾长期在上海工作和生活的作家。他的侦探小说《霍桑探案》在上个世纪 20 至 40 年代曾风行一时,因此程小青被称为中国的柯南道尔(英国作家,《福尔摩斯探案》作者),有人干脆称他为中国的福尔摩斯。

程小青 1893 年生于上海,十岁丧父,家境贫寒。从小爱好文学,十二岁初次接触到柯南道尔的《福尔摩斯探案》,便产生了浓厚的兴趣。后来他在上海亨达利钟表店做学徒,工作之余读书,学外语,并开始练习写作。二十一岁,他写成了第一篇中国侦探小说《灯光人影》,并在上海《新闻报》"快活林"副刊发表。小说的主人公他原来写的是霍森,但不知是排字时错植,还是别的原因,发表出来时,写的是霍桑。程小青将错就错,以后的小说中,均改作霍桑。读者的欢迎使他一发而不可收,霍桑侦探小说,接二连三地问世了。1915 年,程小青应聘到苏州东吴大学任教。此后他就在苏州、上海两地从事文学活动。抗战时期在上海主办《橄榄》杂志。抗战胜利后,主编侦探小说期刊《新侦探》。这位自学成才的作家,一生大部分的时间,辛勤地耕耘在侦探小说的创作、编辑的园地里。

程小青的主要成就是创作了霍桑探案三十篇,由上海世界书局出版,一版再版。其中最著名的有《活尸》《雨夜枪声》等。这些小说情节曲折,跌宕起伏,悬念强烈,引人入胜。他着力塑造了霍桑这一机智精细、勇敢无畏、正直仗义的活生生的艺术形象。他注意接近中下层人民的社会生活,这些作品从一个侧面揭露了旧社会的黑暗,官场的腐败,歌颂了为民铲奸除恶的精神。作品中的"凶手"并非都是坏人,有的是仗义行侠的好汉,有的是不堪凌辱的弱者。比如《雨夜枪声》写得扑朔迷离,一个雨夜里,西医罗维基出诊在门口被枪击而死,一个灰衣人夺路而逃。就在当天晚上在中华剧场的包厢里一对男女被人用枪弹击毙,凶手也是灰衣人。霍桑在侦察中发现死者罗维基与一宗贩毒案有牵连。实际上它与谋杀案无关。霍桑根据蛛丝马迹、旧报资料,逐步拨开迷雾,探得真相。原来凶手是个被凌辱的小人物,他的妻子陶秀美被富家子弟卜栋仁看中,并勾搭成奸。他去找董贝铮律师求援,但董律师为金钱、势力,包庇卜栋仁,使灰衣人败诉。灰衣人为了报仇,决心除去董律师和卜、陶二人,但他在雨夜里错杀了罗医生。小说构思奇巧两条线索,扑朔迷离。作品中的凶手是一个不堪凌辱的弱者,触及了社会的矛盾和病态。

为了写好侦探小说,除了精心研究《福尔摩斯探案》等文学著作外,曾潜心阅读《洗冤录》、《法医学》、《犯罪心理学》等,还广泛涉猎逻辑推理、社会心理学、历史地理知识、风俗民情及最古老和最现代化的科学知识。他差不多每天从报纸、广播,甚至道听途说中收集各种大案小案,奇事怪闻,自己进行分析,作出多种判断,然后与事实的结果对照、验证,从而锻炼自己的推理能力、想象能力。有一次,他自己的一辆镀铬的自行车被窃,他亲自侦察并破了案,被传为美谈。因此他所写的侦探小说,虽然曲折奇巧,但又符合生活逻辑和人物的性格逻辑,使人感到出乎意料之外,又合乎情理之中。《霍桑探案》在读者中影响很大,甚至远及东南亚各国。《雨夜枪声》还拍成电影。

程小青还有大量的侦探小说译著,1916 年与周瘦鹤等人合译了《福尔摩斯探案全集》共十二册,由中华书局出版,这大概是福尔摩斯侦探小说最早的全集。此外,他还翻译了《圣徒奇案》、《斐洛凡士探案全集》、《柯柯探案全集》、《陈查理探案全集》等。

程小青还是一位勤奋的电影剧作家,上个世纪 30 年代,他为上海明星、友联、国华等影片公司编写电影剧本。除《雨夜枪声》之外,还有《董小宛》、《梅姐》、《故乡之云》等,共三十多部。

抗日战争时期,程小青在其主编的《橄榄》杂志上撰文呼吁抗战,为此接到威胁的匿名信,并要他为敌伪报刊著文,他坚决拒绝。为了避开敌人的鹰犬,他特地改名程辉斋,并三迁其家。新中国成立后,他在苏州市第一中学任教,1956 年开始从事专业创作。先后写了《大树村血案》、《不断的警报》、《生死关头》等惊险小说,描绘了公安战士的英雄事迹。《她为什么被杀》还被拍成电影。此外还发表了许多散文、诗歌。他是作协江苏分会会员,当选为江苏省政协委员,中国民主促进会江苏省委常务委员。

"文革"期间,他与范烟桥、周瘦鹃被打成苏州的"三家村",备受迫害,不幸于 1976 年 10 月 12 日病逝。

上个世纪 80 年代后期起,程小青的《霍桑探案》又重新受到读者的关注。漓江出版社、群众出版社、中国文联出版公司等再度出版了《霍桑探案》,上海电视台播放过三集电视剧《霍桑探案——舞后血案》,上海电影制片厂也拍摄了《人间欲魔》(即霍桑探案中的《智破奇案》)。

(《人民政协报》2008 年 11 月 13 日)

一五六

# 文坛奇女子张爱玲

前不久,在上海静安寺附近的常德公寓门前,为纪念著名女作家张爱玲诞辰 85 周年而制作的纪念封首发式在这里举行。常德公寓原名爱林登公寓,在它的门楣上挂着"张爱玲故居"的牌子。众多的集邮爱好者和上海市民纷纷排起长队,请到场的名家签名留念。此时,上海市民重又亲切地念叨起张爱玲这位文坛奇女子的名字来。

## 一、出身名门,一生坎坷

张爱玲 1920 年出生于上海的张氏旧宅,一座民初样式的洋房。两岁时随家搬至天津。张爱玲的祖父张佩纶,祖籍河北丰润县,清同治年间进士,授翰林院侍讲,后升为伴随光绪皇帝的日讲起居注官。他为官清廉,敢于评议朝政,参奏权臣劣迹。1884 年,法国入侵越南,并意图进而侵华,张佩纶力主抗法,光绪派他为钦差到福建办理海防事物。但是在抗战中,因大败而获罪,被革职流放到东北。四年后刑满归来,受到李鸿章的青睐,张佩纶续娶了李鸿章的幼女李菊耦。所以,张爱玲是李鸿章的曾外孙女。

张爱玲的父亲叫张廷重,到他手里时,张氏门庭已经衰落,他则是一个游手好闲的纨绔子弟。在父母的包办下,张廷重与李鸿章远房的外孙女黄逸梵结为伉俪。但是这桩婚姻很是不幸,黄逸梵受过新式教育,与封建遗少的张廷重格格不入。加上张廷重在外寻花问柳,娶妾别置,更引起她的不满。她和张廷重的妹妹张茂渊倒十分投缘,于是两人结伴去法国读书。游学回来后,张廷重与她曾经重好过一段时间,但最终还是协议离婚了。接着张廷重又娶了妻子,张爱玲的后母十分冷酷奸刁,受尽了折磨和虐待。张爱玲就生活在这样恶劣的环境里,她的性格也因此变得沉默而孤僻。为了逃避可怕的家庭,她长期住在学校里,或姑母张茂渊那里。1939 年,她更是远离上海,进了香港大学读书。

张爱玲的婚恋也不顺遂。她从香港回沪后,1942 年 2 月与胡兰成有过一段恋爱的经历。胡兰成是个"才子",浙江嵊县人,先任职于教育界和报界,后从政,当了汪精卫政府《中华日报》总主笔,还担任汪精卫的机要秘书、汪伪政府宣传部次长、法制局局长,是有名的汉奸文人。胡兰成经女作家苏青介绍结识了张爱玲。两人频繁的交往,使张爱玲这个缺少爱的少女堕入了爱河。他们于 8 月结婚,没有举行仪式,仅有婚书为证。但不久后,胡兰成又在外面拈花惹草,使张爱玲非常伤心。1945 年 8 月,日本投降,胡兰成成为通缉犯。1957 年,张爱玲与他绝交。

上海解放后,1950年在夏衍的关照下,张爱玲曾出席上海第一次文代会,后又参加两个月的土改工作。但是张爱玲没有选择留在大陆,1952年去了香港,1955年移居美国,从此飘泊于海外。1956年张爱玲结识了美国左翼作家赖雅,并与他在纽约结婚。在香港、美国,张爱玲继续从事小说、剧本的创作和翻译工作。1967年赖雅病逝,张爱玲孤身一人客居美国。1995年9月,张爱玲死于美国西洛杉矶的一个公寓里,当邻居发现时,她已辞世六七天了。

## 二、张爱玲的上海情结

张爱玲1920年出生于上海,两岁时去天津,九岁时全家又迁到上海。从1929年到1952年,除去中间曾去香港读书,张爱玲在上海居住了20年之久。她与上海结下了不解的情缘。

张爱玲是一位早熟早慧的才女。她从小在家接受私塾教育,并开始阅读通俗小说和古典名著《红楼梦》等。七岁时她开始学写小说,第一篇是写一个家庭伦理悲剧故事的;后来又写过一篇乌托邦式的小说《快乐村》。

而她的文学活动真正开始还是在上海。她到上海后先后进了黄氏小学、圣玛利亚女校(中学)。初中一年级时,她在校年刊《凤藻》上第一次发表了短篇小说《不幸的她》。1939年,上海《西风》杂志以"我的生活"为题举行征文比赛,张爱玲写一篇散文《我的天才梦》,表达了自己早熟早慧的苦恼,获得了第三名荣誉奖。

1942年因香港沦陷,就读于香港大学的张爱玲回到上海。这时她母亲已去了新加坡,父亲家又不想去,于是住进了姑姑在静安寺旁赫德路口的爱林登公寓6楼,也就是我在文章开头说到的那座公寓。爱林登公寓建于1936年,高8层,平面呈凹形,两翼向后,东立面两侧长条状挑阳台同中部竖线条形成对比,顶部两层退台收进,这是一座典型的装饰艺术派风格的建筑。从此,张爱玲与姑姑相依为命,从此也真正意义上开始了她的文学生涯。

这一年,张爱玲就写出了《沉香屑·第一炉香》、《沉香屑·第二炉香》等小说作品,这几篇小说虽然写香港的经历,但完全是上海人眼光中的香港,因此也是写给上海人看的。1943年春,张爱玲用纸包着《沉香屑》第一炉香、第二炉香两篇稿子,登门拜访了《紫罗兰》杂志主编周瘦鹃。周瘦鹃读了非常赞赏,觉得小说写出了香港畸形社会里人的畸形情爱,写出了这个看似繁华的都市里的荒凉悲伤。不久就在《紫罗兰》杂志上推出,并在"编者话"里予以推介。《紫罗兰》出版当天,张爱玲特地邀请周瘦鹃到家里作客,她和姑妈备了奶酪红茶和西点招待,既是对前辈提携之恩的感谢,也是对自己初登文坛的祝贺。就这样,张爱玲凭着她那沉香屑的两炉香走上了上海的文坛。

接着张爱玲又在柯灵主编的《万象》杂志上发表了《心经》、《琉璃瓦》等小说。《心经》以弗洛伊德精神分析法写一个恋父情结的故事;《琉璃瓦》则写舅舅姚先生因坐吃山空,竟然把几个女儿当作商品嫁给有钱阔老,来解救家庭经济危机。张爱玲还在苏青主编的《天地》以及《杂志》月刊等刊物上发表了小说《茉莉香片》、《倾城之恋》、《封锁》及散文,并与女作家苏青结为知己。这一时期,她还写出了著名小说《金锁记》。1944年8月,她的第一个小说集《传奇》问世。

如果说《沉香屑》是写上海人眼中的香港;那么,《金锁记》、《倾城之恋》、《封锁》、《琉璃瓦》等更多的写上海这个"十里洋场"都市里的故事。《金锁记》是张爱玲作品中成就最高的一部小说。小说主人公曹七巧原是乡下小户人家的女子,她的哥嫂为了钱财,把她嫁给了上海富家子弟、患有骨痨的残废人姜二爷。虽然经济富裕,但不过是黄金的锁链。她守着活寡,失去了正常人的生活,心理发生严重变态。后来丈夫、婆婆相继去世,分家时她又被欺负。她曾经钟情过的小叔姜季泽又跑来骗钱,被她骂了出去。后来她狠毒地报复自己的儿子、女儿、儿媳,刻画了在这个有着特殊经历的女人的特殊心理。她写的《倾城之恋》小说的背景是上海和香港,写离了婚的女子白流苏与范柳原之间的恋爱故事,范柳原聪明潇洒,但自私狡猾,他虽然喜欢白流苏,但又不想与她结婚,是香港的陷落使他人性中的善再次闪光,成全了两人的婚姻。1944年张爱玲又把《倾城之恋》改编成四幕话剧,由于柯灵从中帮助,此剧由上海大中剧艺公司在新光戏院上演,连演80场,在剧坛引起轰动。

1946年张爱玲涉足电影,应上海文华影片公司龚方之和桑弧约请,张爱玲为文华写了《不了情》和《太太万岁》两部影片。《不了情》写家庭女教师虞家茵和家教男主人、某工厂经理夏宗豫之间的缠绵悱恻的爱情,最后,虞家茵不忍拆散男方的家庭,凄然地离去。1947年该片搬上银幕,由桑弧导演,陈燕燕、刘琼主演,放映后很得好评。《太太万岁》是部喜剧片,写一位贤惠、大度的太太陈思珍,在一个半大不小的家庭里苦苦周旋,为了照顾好丈夫唐志远,她受尽委屈,不惜自我牺牲。由桑弧导演,蒋天流、张伐、石挥、上官云珠等主演。这部影片以上海"七十二家房客"的环境作背景,充满了市民生活的气息。

张爱玲还写过不少以上海为题材的散文,如《公寓生活记趣》就真实记录了她在爱林登公寓里的生活状况。在这篇散文中,她写了公寓里因为煤贵而断了热水,邻近的电车厂电车行驶"克林、克赖"的声音,街上小贩在叫卖吃食,还有开电梯的师傅等等,她还由此发出了"公寓是最理想的逃世的地方"、"长的是磨难,短的是人生"等感叹。

张爱玲1952年远走海外,她在香港、美国也曾作有许多著译和电影剧本,但她的文学的辉煌时代还是在上海那段时间,而且后来的作品中也时时流露出她深深的上海情结。

张爱玲在大陆曾经沉寂了多年,1981年11月,上海的《文汇月刊》发表了张葆莘的《张爱玲传奇》一文,打破了沉寂。随后张爱玲热逐渐在大陆升温。近年上海文艺界也很关注张爱玲,2004年,著名作家王安忆把张爱玲的小说《金锁记》改编成话剧,搬上了舞台。最近,上海滑稽剧团又改编演出了《太太万岁》,由严顺开、何赛飞等主演。上海没有忘记张爱玲。

## 三、张爱玲与传统文化

张爱玲由于特殊的家庭背景,在接受中国的传统文化教育之外,也较早的接触了西方文化,她开始习作小说时就曾用英文书写,后来她又长期飘泊于海外,可以说,她一直是在中西文化之间游弋。然而,在她心灵中深深扎根的却还是中国的传统文化。

她从小就接触中国的古典名著和通俗小说,幼年时她曾写过章回小说,她对《红楼梦》更是情有独钟,在八、九岁时她就读完了《红楼梦》的一百二十回本。她看到八十回之后贾府又重振雄风,兰桂齐芳,总觉得与前面的情节有些不符。她认为《红楼梦》还是应该有一个悲剧的结局较为合适。她还心血来潮想写一部现代版的《红楼梦》,甚至拟出了好几回的回目。

张爱玲对《红楼梦》的喜爱,可说到了痴情的程度,可能是自己贵族家庭的出身容易受到这部作品的共鸣,也可能这部小说高超的艺术技巧把她深深地吸引。她不仅隔一段时间就要重读这部名作,而且《红楼梦》使她一生魂牵梦萦,成为她数十年孜孜不倦进行考证研究的课题。她写过《红楼梦未完》、《红楼梦魇》、《初详红楼梦》、二详、三详、四详、五详《红楼梦》等研究文章。她还把前朝韩子云所著的吴语小说《海上花列传》翻译成国语并加以评注。

她对中国的国粹京剧也怀有浓厚的兴趣,她在散文《洋人看京戏及其他》中说:"为什么我三句离不了京戏呢？因为我对于京戏是个感到浓厚兴趣的外行，对于人生，谁都是个一知半解的外行罢？"她认为京戏往往每一出戏都通过一个普通故事说明一个人生的道理，所以"京戏在中国是这样的根深蒂固与普及"。"《红鬃烈马》无微不至地描写了男性的自私"，"《玉堂春》代表中国流行着的无数的关于有德性的妓女的故事"。她还谈到中国的舞台热闹，"中国的悲剧是热闹喧嚣，排场大的，自有它的理由；京戏里的哀愁有着明朗、火炽的色彩"；"规矩的繁重在舞台上可以说是登峰造极了，京戏里规律化的优美的动作，洋人称之为舞蹈，其实那就是一切礼仪的真髓"。可见她对京剧有她独到的见解，如果没有对传统艺术进行认真的思考，那是写不出来的。

因此，有的学者指出，张爱玲与本土文化有着亲密的关系，她是一位自觉继承传统文学遗产，并融合新机，进行探索和创新的作家。

（香港《文匯报》2005 年 10 月 13 日、14 日）

一五七

# 陆士谔与《新中国》及其他

去年，上海举行中国 2010 年世界博览会，引出了一位尘封已久的人物，那就是一百年前写作《新中国》一书的上海青浦作家陆士谔。因为他在理想小说《新中国》里，曾写到若干年后，在上海浦东举行"内国博览会"的事情。陆士谔和他的妹妹陆灵素的确是两位富于传奇色彩的人物。

陆士谔，名守先，字云翔，号士谔，亦号云间龙、沁梅子。1878 年出生于江苏青浦（今属上海市）珠溪镇（今朱家角）。朱家角是一个古镇，比邻淀山湖，地处上海、江苏、浙江交界处，是一个富庶繁盛的鱼米之乡，也是一个商贾聚散的水陆码头。现在是一个富于江南小镇特色的旅游胜地。陆士谔的先祖可以追溯到三国时东吴大将陆逊，他的第十一代直系先祖陆树声是明朝嘉靖、隆庆、万历三朝名臣，官至太子太保、礼部尚书。此人才华横溢，诗书精通，董其昌曾拜他学过书法。陆士谔的高祖陆伯焜，清乾隆时进士，并是一位名医。但到陆士谔的祖父陆稼夫时，家产毁于兵燹，家道中落。

陆士谔 14 岁就到上海典当做学徒。后因受歧视，却因一口"家乡土话"被人歧视。17 岁返回青浦，师从名医唐纯斋学医，有时还到街头敲鼓卖唱说韵书。20 岁又到上海谋生，与红颜知己李友琴相识，次年结成连理。后陆士谔在沪行医，悉心钻研医学，编著医书。他在清人吴金寿辑集薛雪等医案《三家医案合刊》的基础上，广为搜集，1918 年 10 月辑成《薛生白医案》，书分风、痹、血、郁等 19 类，并于薛案后附叶天士案以资对照二人的辩证思路。翌年又编《叶天士医案》、《叶天士秘方》和《增注古方新解》，自著《医学南针》等。1925 年，他在上海四马路（今福州路）昼锦里的书局内行医，有一广东富商的妻子身患痼疾，多方医治无望，遂请陆士谔出诊，经陆士谔望闻问切，精心辩证，大胆动用猛药，只半月服药、调理，病人居然康复。富商感激涕零，欲重金酬谢，陆只取诊费，那富商在《申报》上刊登广告，鸣谢一月。陆士谔就此声名鹊起。后被誉为民国年间沪上"十大名医"之一。陆士谔成名后,在上海汕头路顶下一幢三层的石库门房子,在此开设诊所。常常门庭若市。陆士谔还根据自己的临床经验和医学知识写成了《士谔医话》、《国医新话》、《医学指南》等医学著作行世。

陆士谔又是一位多产的小说家。他从小爱读稗官野史,也爱写这一类小说。他到上海第二年,便以"沁梅子"笔名出版了《精禽填海记》,之后便一边行医,一边写作。他到上海行医,起初因为没有名气,生意清淡,又结婚成家,经济负担却不轻,这也是他笔耕不辍的原因。1908年改良小说社以"出书稿费从优"发布征文启事,陆士谔积极投稿,写出了《新中国》、《新上海》、《新水浒》等小说。1912年有写出70万言的《清史演义》,在《神州日报》上连载。他还写出了小说《血滴子》,出版后风靡一时,又被改编为京剧连台本戏,在大舞台演出,场场爆满。他还写作了《官场怪现状》、《江湖剑侠》、《孝庄皇后》、《鬼世界》、《血泪黄花》、《冯婉贞》,续写了《云间珠溪陆氏谱牒》等著作。他的不少小说触及时弊,笔涉历史事件,或写到抗击八国联军、袁世凯称帝、张勋复辟,或隐射慈禧太后。通过他的作品,反映出了一幅幅丰富而驳杂的形形色色的世态众生相。抗日战争时期陆士谔蛰居上海,1944年因中风卒于上海寓所,终年66岁。他一生创作了社会谴责小说、历史小说、武侠小说、文言笔记小说等共百余部,如此多产,可谓著作山积,很难找到与之匹敌之人。

陆士谔最引人瞩目的作品还是小说《新中国》,这部作品写于1910年,小说又名《立宪四十年后之中国》,被称为十大古典社会谴责小说之一。小说以第一人称写作,是一部以梦为载体的幻想小说,也可以说是一部理想小说,在小说背后蕴藏着作者的一个强国之梦。

小说开始,写清宣统二年(1910)正月初一,主人公陆云翔,闲来无事,取出好友李友琴女士送他的一坛陈年花雕,一边喝酒,一边阅读史记·项羽本纪,读着读着,醺然睡去。在梦中,友人李友琴带着他出门闲游。他所见所闻,无不感到十分新奇,因为他见到的乃是41年之后的宣统四十三年(1951)正月十五日的事情。也就是说,他见到的是他心目中理想的新上海。

首先他看到了社会、国家的面貌有了根本的改观,中国已经独立、自由,赢得尊严,上海的租界已经取消,治外法权已经收回,马路上已经看不到外国巡捕,而代之以中国警察。"我"还到中国的法庭去旁听,目睹中国法官审理外国人被告的案件。那时"睡狮破旧梦,病国起沉疴",中国已经有强大的军队,"我"亲临吴淞口,观看海军大操练,几十艘军舰演习海战,场面恢弘,惊心动魄。中国的国际地位大大提高。但中国人民爱好和平,与世界20多国一起开会设立"弭兵会"(相当于今天的裁军会议,和平会议),设立万国裁判衙门(相当于今天的联合国)。

书中写到的新上海是个文明的社会。昔日使国民衰落消沉的烟、赌、嫖,均已取缔,人们强身励志,积极向上;妇女职业化,参与社会工作;教育事业得到发展,书中写到南洋公学(交通大学前身)已发展成为有26个专科院、有26 000学生的完备的大学,我国高校都有了外国留学生前来求学,汉语成为"现在全世界文字势力最大"的语言文字。市民工作之余,还有休闲的去处,"我"和李友琴到国民游憩所闲逛,这里阅报室、丝竹室、棋话室、弹子房、藏书楼、古董房、书画房,一应俱全,人们在里面各得其所,乐而忘返。社会民风淳厚,人人平等,无分贵贱,和睦共处,书中说:"欧洲人创业,是利己主义,只求个人谋利,所以要激起均贫富党来。中国人创业,受利群主义,福则同福,祸则同祸,差不多已是行着社会主义了。"

主人公在梦中看到的新中国、新上海是新科技、现代化、开放性的社会。小说中写到新发明的烟火在空中可以燃出图画,洗澡改用成一种"从化学里头分化出来的很能够去污涤垢并能杀一切微生虫"的"汽",中国发明了"西洋各国从不曾有过"的飞艇,人们可以随时乘坐"空行自行车",穿着"水行鞋"就能安然地在淀山湖上行走,捕鱼人借用"测水镜"和"听鱼机"来捕鱼。

且看小说的第三回,"我"由李友琴陪同,在大马路(即上海的南京路)行走,"我"感到奇怪,怎么不见电车在路上行驶,女士道:"在地道里行走。把地中掘空,筑成了隧道,安放了铁轨,日夜点着电灯,电车就在里头飞行不绝。"这不就是地铁么! 于是他们一起去乘地铁。作者写道:

> 不多会子,早到了黄浦滩车站。女士道:"我们上去罢。"我说:"很好。"
> 走出车站一瞧,不觉大惊,见一座很大的铁桥,跨这黄浦直筑到对岸浦东。忙问女士:"这大桥几时建造的?"女士道:"足有二十年光景了。宣统二十年,开办内国博览会。为了上海没处可以建筑会场,特在浦东辟地造屋。那时上海人因往来不便,才提议建造这桥的。现在浦东地方,已兴旺的与上海差不多了。中国国家银行分行,就开在浦东呢。浦东到上海,电车也通行的。"

这段描写非常奇妙。这里已经写到了上海有了地铁,小说中还想象到宣统二十年,也就是1928年,在上海浦东举行了一个博览会,而且建造了横跨黄浦江的大桥。

小说的结尾很有意思,最后,陆云翔被门槛绊了一跤后跌醒,方知梦幻一场。妻子说:"这是你痴心梦想久了,所以,才做这奇梦。"而他却回答:"休说是梦,到那时,真有这景象也未可知。"

前一阵子,有的文章在谈陆士谔的《新中国》时,说作者在书中精确地预言,一百年之后,即2010年在上海浦东举行世博会。这个说法,与作品的事实有点出入。但是不可否认,作者能够想象到若干年之后,浦东要开博览会,浦东要开发,上海要建地铁,要造浦江大桥,昔日的跑马厅改建成戏院"新上海舞台",而且不少已成为现实,这是非常了不起,非常神奇的,作者已经称得上是一位非凡的预言家了!

陆士谔的胞妹陆灵素,名守民,字恢权,号灵素,别署繁霜。她生于1883年,自幼聪明好学,喜词曲,擅吟唱。早年就读于上海城东女学,后转入黄炎培创办的广明师范,1906年赴安徽芜湖皖江女学任教,与陈独秀、苏曼殊同事,并友好。1907年,陆灵素等发起成立"女子复权会",出版机关刊物《天义报》。她在该报发表多篇文章,如《论女子受制之原因》、《平权论》、《女子军歌》等。

宣统二年(1910),她与上海华泾刘季平结婚。据陆士谔的孙女陆贞雄女士说,那年,刘季平身患沉病,危在旦夕,陆士谔妙手回春,并玉成了胞妹与刘三这桩婚姻。刘季平,人称江南刘三,同盟会会员、南社社员。早年留学日本,在东京成城学校习骑兵。不久,加入了孙中山创建的同盟会。在日本时,与邹容相识,并成为莫逆之交,曾一起发动拒俄运动,组建义勇队。回国后,在浙江陆军学堂任教,与陈独秀同事。后陆灵素也参加了南社,因她不仅能诗善文,而且擅唱昆曲,为南社中有名的才女。柳亚子曾赞誉她"颇娴文采,嗜南北曲"。家中每逢宴客,常由灵素唱曲,季平吹箫,而柳亚子、苏曼殊常为座上宾,人们皆喻之为李清照与赵明诚。1905年,上海《苏报》案爆发,邹容瘐死狱中,刘季平冒死在万人冢寻得邹容尸骨,于次年清明将其安葬于华泾家宅附近,由蔡元培题写墓碑。因此世人称他为"义士刘三"。

陆灵素曾主办《天义报》,1908年发表了旅日青年民鸣翻译的《共产党宣言》,这是最早的中译本之一。她将《共产党宣言》送给了友人陈独秀,送给好友、孙中山的秘书苏曼殊,并转呈孙中山先生。

1916底,刘季平应蔡元培之邀,出任北京大学教授。1929年,刘季平、陆灵素应南京国民政府监察院院长于右任之邀,担任监察委员。陆灵素、刘季平与柳亚子、沈尹默、鲁迅等均有往还。

民国二十七年(1938 年)秋,刘季平病逝。陆灵素悉心搜集整理丈夫的遗著,辑为《黄叶楼诗稿尺牍》,寄柳亚子校正。不幸毁于战火之中。抗战胜利后,陆灵素以副本油印,分发亲友。

全国解放前夕,柳亚子在北京写诗怀旧寄赠陆灵素:"交谊生平难尽说,人才眼底敢轻量?刘三不作繁霜老,影事当年忆皖江。"1957 年 12 月 15 日,陆灵素病故于华泾故居。陆灵素留下了不少诗文,大多辑入《南社丛刻》。她所作的《水龙吟》写道:"朔风黄叶飘萧,挑灯重勘遗稿漏。窗前惨绿,松荫疏竹,秋光依旧。桃李当年,荫遍江右。无言搔首,忆年年尽有人来墓畔,争想问,诗刊否?今夕空禅参透,记西湖酾饮长昼。笙歌聒耳,微波鱼逗。流光飞走,世态炎凉,不堪想象,泉台知否?老细嫌寿,每深夜兀坐,抚龙凤,泪垂襟袖。"

如今,上海青浦博物馆辟有陆士谔展馆,陈列着陆士谔的著作和遗物,供后世人纪念和缅怀。

(《人民政协报》2011 年 10 月 27 日)

一五八

# 我与散文大家何为的交往

上了点年纪的人,都会记得有篇散文叫《第二次考试》,它曾被收入高中语文课本,所以影响很大。这篇散文的作者就是著名的散文作家何为先生。

何为,原名何敬业,1922 年出生于浙江定海。后来随家人移居上海。1937 年,这个 15 岁的初中学生开始写作,他的第一篇作品《路》发表在叶圣陶主编的《中学生》杂志上,从此,开始了在文学道路上的跋涉。1939 年由于一位地下党员的帮助,何为跟随上海各界人民救亡代表团,秘密地到皖南新四军军部去劳军,在那里他见到了美国作家史沫特莱。他写了许多采访文章,1940 年出版了第一本集子《青弋江》。40 年代何为在上海担任记者和自由撰稿人,是典型的"亭子间作家"。他曾为《译报》、《文汇报》、《大美报》等撰稿,担任《大晚报》文艺周刊编辑。解放后何为从事电影工作,曾任上海电影文学研究所编剧、上海电影剧本创作所编辑、江南电影制片厂编辑。1959 年调往福建,任福建电影制片厂编辑组长、福建省作家协会副主席、名誉主席、中国作家协会全国委员会名誉委员、中国散文学会副会长、顾问。《何为散文集》荣获首届鲁迅文学奖。

何为先生是我的前辈和老师。上个世纪 80 年代初,我与何为先生相识,开始交往,后来成为忘年之交。

## 《第二次考试》初识荆

我知道何为先生却是在 55 年以前,缘起于我对他的散文《第二次考试》的评论。

何为先生的《第二次考试》写于 1956 年。作品的素材来源于现实生活。那年夏天,他听到家里一个成员说起一件实事。上海遭受强台风袭击,暴雨如注,低洼地段成为泽国。那几天合唱团学员班正在招考声乐学生,初试中,一位 20 岁的女青年成绩出众。回去后她即去参加救灾,通宵未睡,明显地影响她的歌喉。第二天就是复试的日子,她对自己的倒嗓说了声"糟糕",就从沪东杨树浦赶到了沪西考场,复试的效果是可想而知的。何为关心地问:"那个声乐学生到底录取了没有?"回答是她终于被录取了。

　　这个普通的小故事引起了何为的激动,促使他提起笔来写作。因为他没有见过这位女学生,他借用他认识的医学院里一个年轻实习医生的形象,来描摹作品中的陈伊玲。他还一反缓慢的写作习惯,很快写出了一篇三千余字的散文。写完后,便随手放进了抽屉。不久后他收到北京《人民日报》文艺部一封催得很急的约稿信,约请他为副刊写稿,文章最好不超过两千字。于是他把抽屉里的稿子找出来,为了压缩成两千字,他把文章原来的架子拆散,另起炉灶,重新构思、剪裁,进行改写,终于写成一篇两千字不到的散文,《第二次考试》就此诞生了。

　　稿子寄到北京,不几天,便在 1956 年 12 月 26 日的《人民日报》第 8 版副刊上刊登了出来。文章发表后受到各方面的欢迎和好评。以后几年里陆续被收入多种文学选集,译成几种外文,改编成电影和广播剧。1958 年还被选入全国中学语文课本。

　　我读到《第二次考试》,是在 1957 年考入华东师大中文系之后,是在一本文学选集中读到的。我被深深地吸引。那用白描手法勾勒的人物形象,那精巧的构思,凝练而富于诗意的语言,都给我留下了深刻的印象。

　　上个世纪五、六十年代,中国文艺界"左"的干扰很严重,1958 年、1959 年在某些刊物上开始对《第二次考试》进行"批判"。1959 年 2 月,那时我是华东师大中文系的二年级学生,一天,我在我们系出版的《语文教学》(1959 年 2 月号)期刊上,读到一篇署名毛启倍的文章《我对〈第二次考试〉的看法》。文章基本否定《第二次考试》,认为这是一篇"'白'的成分大于'红'的成分的作品",他说:"作品中的苏教授'真是一个十足的天才狂'";"显然作品是在歌颂资产阶级教授的权威和作用,歌颂资产阶级的天才……"

　　毛先生的批评使我很震惊,我连忙又找来《第二次考试》的原作细加研读,觉得毛的批评非常偏颇。当时我是个文学青年,年少气盛,少不更事。于是拿起笔来一口气写成了一篇三千多字的反驳文章,文章的题目非常鲜明:《〈第二次考试〉是一篇好作品——与毛启倍同志商榷》。我在文章中指出:"毛启倍同志对作品的分析是缺乏实事求是和冷静的态度的,看问题比较主观、片面。许多引文都是割裂原文整体、断章取义的引证,这不能不歪曲了作品的原意,武断地得出了不符实际情况的结论。"我根据对作品的具体细致的分析,提出"《第二次考试》是一篇具有强烈教育意义的作品,它通过前后两次音乐考试的场面,突出刻画了一个具有共产主义道德品质的女青年的形象"。作品中的苏林教授重才,更重德,表现了他"关心青年成长,对党的事业的负责精神"。所以我的结论是:"《第二次考试》是一篇以社会主义思想教育读者的'红'的作品。"我的这篇文章很快就在《语文教学》1959 年 4 月号上发表了。

　　关于《第二次考试》的争论持续了一段时间,出现过许多大帽子和棍子。后来著名文艺评论家罗荪先生写了一篇总结性的文章,他说了公道话,认为那几顶飞来的帽子并不合适,给顶了回去,一场风波才逐渐平息下来。

　　所以,我最早是因为《第二次考试》知道何为先生的。

# 我为何为散文写评论

　　我真正与何为先生相识是在上个世纪 70 年代末、80 年代初。那时何为先生在福州工作,担任福建作家协会副主席。我有位同学陈雷在福建省文化局工作,经过他的介绍,我与何先生认识了。但因为身居两地,没有机会见面,主要通过书信往来。通信中当然也提到了 59 年评论《第二次考试》的事。他说读过我的文章,对我在当时恶劣环境下给他的支持,表示了赞许和感谢之意。那时正好他在主编《榕树文学丛刊》的散文专辑,知道我也经常写散文,约我写一篇。此前不久,我随同中国上海京剧团赴日本访问演出时,曾去箱根观光,我就写了一篇《箱根漫游》寄给他。何为先生回信说:文章不错。不久便在 1981 年 10 月出版的《榕树文学丛刊》上刊发。

经过通信,我对何为先生的了解逐渐增多。我萌生了一个想法,就是写一篇全面评论他的散文作品的文章。我花了半个月的时间,阅读,分析,酝酿,写作,写成了一篇七千余字的文章《深情巧思为织锦——论何为散文的艺术特色》。

这篇文章论述了何为散文的三个艺术特色:一是善于从平凡的生活现象中发掘出诗意,并以巧妙的构思加以表现。我举了《第二次考试》,指出:"作者在作品中刻意追求生活的诗意,人们心灵深处的美。"《千佛山上的小树》和《石匠》则"抓住人物性格特点即有特征意义的景物,把两者关联起来,透露出其中的诗意"。二是作者善于以抒情的笔调刻画人物形象。《春夜的沉思和回忆》作者饱蘸着浓郁的感情色彩,通过对周恩来总理三个生活片段的描写,突现出总理伟大的形象。三是何为散文的语言质朴清新,简洁凝练,富于诗情哲理。

文章写成后,我寄给了北京中国作家协会办的《文艺报》,后发表在 1981 年 24 期的《文艺报》上,文章署的是我的笔名"沈默"。后来我把刊物寄给何为先生,向他请教。他很满意,对拙稿给予了很高的评价。

## 在上海小楼里初次会面

1982 年何为先生应上海文艺出版社之邀,来上海写稿、改稿,住在建国西路出版社招待所一栋小楼里。他打电话给我,约我会面。当时"十年浩劫"刚过,作家纷纷归队。上海文艺出版社陆续约请了全国各地的许多作家来这里改稿、写稿。这个招待所虽然陈设简朴,但充溢着温馨、宁静、随意、亲切的气氛,各地作家们称之为"自己的家"。老作家、青年作家徐迟、袁鹰、叶文玲、张一弓、舒婷、程树榛等都来过这里。我也曾去小楼看望过我北京的同学、体育文学作家鲁光。

在小楼的房间里,我与何为先生初次会面。大家都很高兴。他中等身材,慈眉善目,穿着朴素,他说话缓慢沉稳,一口浓重的浙江口音,首先给我的是一位忠厚长者的印象。那天我们促膝长谈,谈到他的经历,谈到《第二次考试》及其风波,谈到"文革"中他受冲击,遭批斗,被发配到闽北农村的情况,还谈到 1979 年他重新拿起笔来写作《临江楼记》的情形。他也询问了我的情况,我一一作了介绍。我还请教了他散文写作的一些问题。我们谈得非常投契。临别时,他送了一本不久前出版的散文集《临窗集》给我。

1983 年,何为先生又送我一本他的散文集《小树和大地》,此书由上海文艺出版社出版。在书中他把自己比作文学世界万木之林中一棵小树,他又把自己的作品比作一棵棵小树。他说:"一篇惨淡经营的小文如一株稚嫩的小树,它植根于大地,大地赋予小树以绿色生命,让它去经受时间的风雨。"说得多好啊!

80 年代中期,何为先生来上海的次数多了,他和我说过,退休后想回到上海来。所以除了文稿方面的事情以外,更多是为了收回他在陕西北路 63 弄老屋的事。那时我在上海市文化局编辑《舞台与观众》报。他有时托我帮他购买回福州的火车票。当时买火车票,特别是卧铺车票是很紧张的。因为我有朋友在铁路局工作，所以我帮他买过几次。有时我送票到他住处，有时他自己来取，也顺便在编辑部小坐。

## 移居上海笔耕不辍

有一次何为来上海，他告诉我，那间在极左时代被人侵占的老屋，费了九牛二虎之力，总算收回来了，现准备装修，他邀我去看看。市文化局在巨鹿路，走过去不远。我记得走进去是一个天井，后面是客厅和房间。那次我去时，房子刚刚收回，还没有收拾好，屋内没有放家具，只是堆放着一些木料什么的，有几个建筑工人好像在那里画图样。那次我们没有多谈，我只是为他能收回老屋而庆幸。

经过一段时间，老屋装修好后，何为从福州搬回上海居住。他多次邀我去作客，我也不时去看望他，有时交谈晚了，就留我用餐。好像有个保姆为他做菜。记得有一次邀我去，正好《文汇报》的徐开垒先生也在，徐先生也是我的朋友。那天谈话天南地北，海阔天空。但话题往往是共同关心和熟悉的人和事。比如谈到袁鹰先生和他的散文，袁鹰原名田钟洛，早年也在上海从事报业和写作，后来调北京《人民日报》文艺部工作，与何为是老朋友。徐开垒与袁鹰也熟。我是因为我的同学蒋荫安分配在《人民日报》文艺部，我又常为他们写稿，在北京出差时常去报社玩，所以认识了文艺部诸位名家，如李希凡、贺敬之、袁鹰、乐小英等，当然他们都是我的前辈。我们在谈到何为的散文《园林城中一个小庭园》，是描写苏州老作家、园艺家周瘦鹃的坎坷境遇及小庭园的盛衰变迁，文章写得流畅洒脱，既散又集中，很见功力。我是苏州人，60年代初，我曾去苏州城内黄杨桥头访问过周瘦鹃先生的花园，周老先生热情地接待了我，并陪同我参观他的花园。后来我写过《周瘦鹃爱花成癖》、《周瘦鹃由闲到反闲》、《周瘦鹃的金鱼诗》等文章，所以我们谈得非常尽兴。

何为先生移居上海后，他虽然患有严重的眼疾，但他并没有停歇笔耕，他先后整理出版了《何为散文长廊》、《近景与远景》、《何为精短散文》等几部书稿。他还应约在《新民晚报》上开辟了"纸上烟云"专栏，撰写了许多短小的散文、随笔，或回忆往昔，或怀念故交，或直抒胸臆，文风老辣，耐人咀嚼。这一时期我曾把我的第一本专著《周信芳评传》送他教正。

## 音乐在何为的散文中流淌

通过阅读何为先生的作品，和他的多次叙谈和交往，我觉得他与音乐有着一种特殊的情缘。值得专门来写一写。

何为是位作家，同时也是一位音乐爱好者。1937年他发表第一篇作品《路》，就开始接触音乐。1947年在《文艺春秋》副刊上还写过介绍德国音乐家贝多芬的文章《贝多芬：一个巨人》。长期以来，他一直把欣赏音乐作为自己精神生活的一个重要内容，并对音乐有着较高的修养和特殊的敏感。在《临窗集》的序里有两段文字："人民共和国第一个国庆节。盛大的纪念日，我却只能在病房里侧耳倾听代国歌《义勇军进行曲》的军号声。""这次文代会闭幕时，合影留念以后，来到灯光通明的人民大会堂宴会厅里，在《月光照在科罗拉多河》的悠扬乐声中，我在茶会上与叶圣陶同志幸会。"在两个不同场合，都想到了音乐。有一次他对我说："我是个音乐爱好者，尤其是对外国交响乐。在农村生活时，劳动或开会之余，走在崎岖的山径上，贝多芬的《命运交响乐》熟悉的旋律，常常在我记忆中反复回响。没有丰富的内心世界，也就谈不上文学艺术的创作啊!"

何为钟情于音乐,不仅陶冶了作家的心灵,并且音乐也为他的散文创作注进了新的血液,在这个意义上说,音乐这一艺术之神也直接间接地帮助了这位散文作家。你看,音乐经常成为何为散文创作的题材。如《未完成的聂耳故事》,就是一组描写我国革命音乐家聂耳童年和少年时代生活的散文。这组散文本身就像一支支小夜曲那么动人。"小小的笛孔里飞出一串串迷人的笛韵———一圈圈笛韵的涟漪就在这条静静的甬道街荡漾,消灭在染满胭脂色夕阳的街道尽头。"我们不禁也被这笛韵陶醉了。还有那篇脍炙人口的代表作《第二次考试》,写的也是音乐,正是一位音乐学生的故事触发了他,经过概括、虚构发出了那篇赞颂心灵美的动人作品。音乐还给了何为极其丰富的艺术营养。他还对我说过:"在文艺领域里,可以找到互相贯通的规律性的东西,从其他艺术样式中吸取养料大有必要,比如音乐、绘画、雕塑、摄影、舞蹈、建筑、电影等等。"音乐是一种抒情的艺术,善于在感情上打动听众,它很接近于诗。那些涵藏着无限情思的乐章使他感情激荡,思绪翱翔,使他的散文散发着浓郁的抒情气息,蕴含着深邃的诗意。无论是《千佛山上的小树》或是《临江楼记》,都像是一支支洋溢着感情波澜的乐曲。

有时音乐还直接帮助了作者的构思。1977年秋天,何为在上海作家柯灵先生的家里第一次看到一张总理的彩色照片,深深地被吸引了。从上海回到福州后,一位朋友送了一幅同样的照片给他。他配了一个精致的镜框挂在小客厅里。春节到了,屋子里摆满了盛开的水仙。黄昏,他独自坐在屋内听电台播送贝多芬的第五交响乐《命运交响乐》,一个人堕入了沉思。他想到总理生前曾给一个外国交响乐队节目单上安排贝多芬的《命运交响乐》,后来被"四人帮"砍掉了……就在乐曲声中,何为构思成了《春夜的沉思和回忆》。在这篇散文里,《命运交响曲》气势磅礴、悲壮深沉的旋律贯穿全篇,时而低回,时而高昂,表现了一场光明与黑暗,希望与苦难的搏斗,总理的伟大形象就在这种动荡的音乐背景下突现了出来。这里,音乐帮助何为构思了作品并加强了作品的历史深度。

因此,欣赏何为的散文,务请留意他的散文里荡漾着或蕴含着的那种音乐旋律!

(《上海滩》2015年第1期)

一五九

# 我所认识的儿童文学家鲁兵

说起鲁兵先生,有的人可能不知道,但如果说儿童读物《365夜故事》,那知道的人就多了,鲁兵就是这部儿童读物的主编、著名儿童文学作家。

## 因评论《老鼠的一家》而相识

我认识鲁兵老师,是因为一篇文章。1958年的1月,我还是华东师大中文系一年级的学生。进了大学之后,我的写作热情更高了。那时上海出版的《新闻日报》正在讨论刊登在《小朋友》杂志上的儿童连环画《老鼠的一家》，作者我记得是漫画家詹同渲。作品是这样的：夜里，一只大老鼠在一个女孩的皮鞋里生下了几只小老鼠，第二天早晨，女孩发现了。妈妈叫她把小老鼠拿去喂猫，女孩却把它们养在笼子里，生活得很快活。大老鼠看到了，叫它们出来，它们不愿意，后来，大老鼠也进了笼子，和它们一起玩起踩轮盘的游戏。有一位读者写信给《新闻日报》，批评这篇连环画："在应当教育儿童消灭老鼠的时候，为什么却相反教育他们去爱护老鼠？"他责问："这是什么画？"几天后，《新闻日报》发表了严冰儿的文章《这是给儿童看的画》，后来知道严冰儿就是鲁兵。鲁兵认为这一套画的主题是同情和爱护小动物，与除四害运动并无抵触。接下来，报上发了许多文章，大多是指责这个作品和批评严冰儿文章的，他们认为这个作品是个坏作品，对除四害运动起着反作用。

我当时觉得以政治概念指责这篇作品有失公允，于是写了一篇题为《我认为它并没有错》的文章，在 1 月 9 日的《新闻日报》上刊出了，这是我发表的第一篇文艺评论文章。我在文章中说："《老鼠的一家》这组连环画是以爱护、同情小动物、小生命为主题，根据老鼠的特点画的一组连环画，这组画有没有缺点，有！主要是教育意义不够强，用老鼠代表，容易发生误解（这里不如用洋鼠妥当）。但是尽管这样，它并没有错。"文章说："我们的童话、寓言、绘画里所以常用老鼠、狐狸、狼、羊等作为主角，就是为了使儿童容易接受。里面写的老鼠、狐狸等实际上已经人格化了。它们隐隐约约代表某一种人，作者就是通过这些'人'物的故事来教育儿童。我们绝不能将这些作品中的老鼠、狐狸、羊等与真正的老鼠、狐狸、羊混淆起来、等同起来看。另外，即使是同一种动物，也会被不同作者写成不同的形象。……""《老鼠的一家》这组画是根据老鼠的特点，从某一个角度去写它的。这里面的老鼠就不能同真的老鼠——除四害中的老鼠等同起来看。"

参加这次讨论的作者、读者很踊跃，但大多数对这个作品持否定的意见。后来进而发展成为对严冰儿文章的大批评，上海作家协会还专门召开会议，批评严冰儿的文章是当前儿童文学作者中的不健康的思想倾向。那时刚刚经过"反右"运动，文艺界弥漫着"左"的空气，《老鼠的一家》和严冰儿受到批评，那是不奇怪的。其时，我刚进大学学习，不仅掌握的文艺理论知识相当肤浅，更不明了文艺界的深浅。幸好我还是一名青年学生，总算还没有被当作批判对象来对待。

然而通过这次讨论，我倒认识了鲁兵这位儿童文学家。当时他是上海少年儿童出版社《儿童文学研究》的主编。

## 鲁兵教我写作和编辑

《儿童文学研究》转载了我的文章，鲁兵先生给我寄来了样书，并写信约我到出版社作客。我第一次见到他，给我的印象是一位平易近人的中年作家，他个儿不怎么高，戴一副深度的眼镜。他知道我是一个中文系的学生，就鼓励我花点功夫研究研究儿童文学，并邀我常到出版社和他家里去玩玩。记得有一次我到他在天山新村的家里去拜访他，我们无拘无束的交谈，他还执意留我在那里吃饭。有一年放暑假前，他打电话给我，说这个暑假里，想邀几位大学生到出版社做实习编辑，一起学习儿童文学理论，写写文章，问我能不能抽一段时间参加。我觉得这是一个很好的学习机会，所以很高兴地答应了。记得除了我以外，还有江苏一所大学的学生郑乃臧、唐再兴等几位。大概有一个来月的时间，我每天早晨去延安西路的少儿出版社，傍晚回华东师大，中午就在编辑室里铺上草席睡午觉。在那里，我们学习理论，阅读和讨论作品，也学习做编辑工作,鲁兵老师则对我们悉心加以指导。鲁兵说,写儿童文学作品,最容易犯的毛病就是成人化。所以我们要熟悉少年儿童的生活,知道他们在做什么,想什么,学会用儿童的视角去看待生活中的人与事,用儿童乐于接受的方式去反映生活。我们写了习作,他认真帮我们批改。他还教我们做编辑工作,他告诉我们,做编辑要掌握多方面的知识,编辑是一件非常细致的工作。比如编辑一篇评论文章,先要看它的总体情况如何,立论是否有道理,论据是否充分,论述是否有层次,逻辑性是否强,然后还要看文章的结构、详略,文字表述如何?编辑要视情况给以适当的删节、调整和修改。他分发一些稿子给我们,让我们初编,然后逐篇加以讲评。时间虽然不长,但这种校外学习使我得益匪浅,同时也增强了对儿童文学的兴趣。后来通过鲁兵老师的介绍,我还认识了著名儿童文学作家陈伯吹、贺宜、圣野、何公超、任溶溶等老师。我为《文学书籍评论丛刊》撰写了评论贺宜《小公鸡历险记》等文章,为《小朋友》杂志写了多篇儿童文学作品。

开始我只知道鲁兵老师是浙江人,从部队转业的,后来和他交往多了,又和他的同事、朋友接触,慢慢对他有了较多的了解。他于1924年出生于浙江金华,原名严光化,曾在浙江大学英语系求学。他在大学时就喜爱儿童文学,开始创作寓言和童话作品,其中影射反动当局的童话《皇帝与太阳》曾在杭州公演,他自己也粉墨登场。1949年春,鲁兵参加了四明山浙东游击队,后又随军进入西南,从事美术工作。1951年初参加中国人民志愿军赴朝作战,任宣传干事。在炮火纷飞的日子里,他编写了大量坑道快板诗及儿童文学作品《朝鲜小姑娘》、《十五发子弹》等。他一心想从事儿童文学工作,1955年转业到地方,如愿以偿地进了少年儿童出版社,从此,更与儿童文学结下了不解之缘。

## 他是用鼻子"闻"稿子的

我从华东师大中文系毕业之后,因为工作需要转到戏剧领域,这样与儿童文学创作、评论逐渐疏远,与鲁兵先生的交往也比以前少了。但是我还是经常惦记着这位我文学道路上的师长。"文革"期间我听说鲁兵先生也受到冲击,后来被借到译文出版社搞翻译,我曾到延安中路某弄的译文出版社去看望过他。

粉碎"四人帮"后,鲁兵复出。他虽已年近花甲,但童心未泯,心怀一颗热爱孩子之心不变。他在少儿社任低幼读物编辑室主任,继续做"孩子王",出版社上上下下都叫他"鲁伯伯"。他眼睛高度近视,戏称自己不是用眼睛看稿子,而是用鼻子"闻"稿子,并说自己是"瞎指挥"。其实他并非瞎指挥,而是一位实干家。80年代,他看到孩子多,而好的儿童文学作品较少,于是呕心沥血主编了《365夜故事》,采用每天给孩子讲一个故事的形式,网罗了古今优秀的故事,精心编写,还把故事带到学校、幼儿园去听取孩子们的意见。这部书初版就印了5万套,一版再版,印数高达580万套,产生了极其广泛的影响,荣获首届国家图书奖。

1985年5月,我在《上海文化艺术报》负责编副刊,一次收到一来稿,题为《〈包公赶驴〉题记》,署名是鲁兵。我读了稿子,觉得很好,马上就编发了。报纸印出后,我在寄样报时特地附信向他问候致意。这样我们又恢复了联系。

在儿童文学方面,鲁兵先生是一位诗歌、故事、理论兼擅的全才。他出版的儿歌集《好乖乖》、童话诗《老虎外婆》、《春天里、夏天里、秋天里、冬天里》、《小猪奴尼》均荣获了全国首届低幼读物编著奖;他的《哪吒闹海》、《独立行动》更是被译成英、法、西、日等多种文字,驰名中外;另外他还有儿童文学论著《教育儿童的文学》行世。鲁兵先生从事儿童文学创作50多年,为我国的儿童文学事业作出了杰出的贡献。为此,他荣获过首届韬奋出版奖、第6届樟树奖、第21届陈伯吹儿童文学奖杰出贡献奖等大奖,1991年还获得"全国先进儿童少年工作者"的称号。鲁兵先生多才多艺,他还是一位画家、书法家。他的文学根底深厚,旧体诗写得很好,曾得到叶圣陶、钱锺书、施蛰存等前辈的赞赏。他在《新民晚报》等报刊上发表的杂文言简意赅,精警透辟。所以有人说他视力很近,但眼光远大,心胸宽广。

2006年1月5日,鲁兵先生因病逝世,享年82岁。

一六〇

# 陆文夫:从小巷走出大作家

惊闻著名作家陆文夫先生于7月9日因病在苏州逝世,对这位我的长一辈的同乡作家的辞世,心中感到十分的悲痛。陆文夫是一位富于地方特色和个人风格的优秀作家,他的小说《小巷深处》、《美食家》、《围墙》等深得读者的喜爱。但他的人生道路和写作生涯却充满了坎坷。

陆文夫1928年出生于江苏泰兴的四圩村,这个小村庄紧靠着长江,长江离开他家门口不足200米。六岁时,他家迁居靖江县夹港,也紧傍长江边。1944年陆文夫患了伤寒症,因为他有一个姑妈在苏州做生意,所以他拖着病躯到苏州投亲养病。苏州的小巷开始引起了他的好奇,不久,苏州的美丽博得了他的爱恋,从此,他与苏州结下了不解之缘。

## 《小巷深处》一举成名

初中毕业后,陆文夫考取了有名的苏州高级中学,在这里开始接触文学。高中毕业时,正值解放战争进入决战阶段,陆文夫没有升学,决定到苏北解放区参加革命。1948年他乘上了一条小船,冲破重重封锁到达苏北,进了华中大学干部训练班。不久国民党全面崩溃,陆文夫随军渡江又回到了苏州。他被分配在新华社苏州支社做记者,前后做了八年。他写新闻,写通讯,写社论,热忱地讴歌新社会,但仍觉得未能尽兴尽情,于是想写小说试试。他起早摸黑写成了一个短篇小说,寄到上海的《文艺月报》。虽未被选用,但一位热情的编辑写了三张纸的退稿信,给了他很大的鼓励。

于是他继续写了短篇小说《荣誉》,这次获得了成功。它写青年女工方巧珍在荣誉问题上表现出来的高尚品格,《文艺月报》在显著位置刊发了这篇小说,还配发了评论。没多久,陆文夫被吸收为中国作家协会华东分会会员,并出席了在北京举行的全国青年作家代表大会。

初步的成功使他欲罢不能,接着他又写出了《小巷深处》,发表在《萌芽》1956年第10期。小说以苏州幽静的小巷为背景,描写了受到旧社会摧残的女性徐文霞的精神生活,以及和煦春风如何抚平心灵伤痕的故事,独特的视角和优美的文笔,在文坛引起了不小的轰动,陆文夫从此成名。1957年春,陆文夫被调到省城南京,进了江苏省文联专业创作组,开始了专业作家的生活。

## 经历坎坷 几起几落

陆文夫是一位勤于思索的作家,他觉得文学不应该只是歌颂,同时也可以干预生活,创作方法也不应该是千篇一律的。他经常与高晓声、方之、叶至诚等在一起研讨,探索人生,探索创作。他们准备创办一个同人刊物《探求者》,并写了发刊词。但刊物尚未出版,一场"反右"运动铺天盖地而来,陆文夫他们被打成"反党集团",分别被发配到各处去"改造",陆文夫被贬回苏州,进了苏州机床厂,当起了车工。

陆文夫并没有看不起工人的职业,他真诚地向工人学习,认认真真地干活,得到了工人的首肯,还几次被评为先进。1960年夏江苏省又成立了专业创作组,为了体现政策,又把陆文夫调到南京当作家。

吃一堑长一智,他倍加小心,他想写工人,写普通劳动者,大概没有错。于是凭自己的生活积累,写出了《葛师傅》、《二遇周泰》等短篇小说。

这些作品虽然写工厂,但并不枯燥,虽然歌颂先进,但颇有情趣,所以受到了好评。前辈作家茅盾也在一九六四年六期的《文艺报》上撰文表示赞赏。

这不是好事吗? 但是时不利兮可奈何! 那时已经在大讲阶级斗争,大批修正主义了,山雨欲来风满楼啊,陆文夫又撞到枪口上了,一场比五七年厉害几倍的大批判又落到了他的头上。

什么不写阶级斗争,写中间人物,写阴暗面,这不是"探求者"的新探求,老账新账一起算。陆文夫被批懵了,他感到一切都幻灭了,真想从南京的灵谷寺塔上跳下去;之所以没有跳,是为了"且听下回分解"。

1965年,陆文夫第二次被赶出文艺界,复又回到苏州。这次他被安排进了苏纶纱厂当机修工。他心灰意冷,不看书也不写作,下班后经常喝喝老酒,哼哼《贝加尔湖之歌》,来排解自己的愁绪。但是在工厂里的工作却绝不马虎,不仅勤勤恳恳,还练就了一手磨落纱机上的剪刀的绝活。

没过多久,"文革"风暴来了,陆文夫当然更加遭殃了。批斗,抄家,挂牌,游街,请罪等等,样样齐全。但陆文夫已经久经沙场,倒也不觉得特别的痛苦。

1969年底又刮起一阵"下放"风,陆文夫的爱人老管是报社编辑,被列入了名单,于是陆文夫连同两个女儿全家被逐出"天堂",到苏北射阳县插队落户。

陆文夫在射阳一住就是九年,在黄海之滨,他造茅屋,种自留田,过的好像是隐居的生活,但他与一同下放的老朋友喝酒聊天时,纵论的还是天下大事。他们从国家几十年走过的道路思考,总结,不约而同得出一个结论:"四人帮"迟早会垮台。

## 重返文坛 创造辉煌

他们盼望的那一天终于到来了。1976年10月"四人帮"被一举粉碎,陆文夫心情的激动难以形容,他和朋友们整整痛饮了三天。三天之后,他找出了一支钢笔,他说,我要重新拿起笔来,写小说了。

他的创作激情就像积聚了多年的泉水喷涌而出。他先是写出了短篇小说《献身》,它描写一对"文革"中离异的知识分子夫妇的人生遭遇。1978 年 4 月发表在《人民文学》上,并荣获 1978 年全国优秀短篇小说奖。不久,陆文夫一家从射阳搬回苏州,重操写作旧业。

此时,陆文夫已年届五十,但也正是此时他才进入了最佳的创作时期。他的创作人生经过了坎坷曲折,几起几落,终于柳暗花明,迎来了明媚的春光一片。

他先后写出了一系列佳作、力作,如中篇小说《美食家》、《井》、《毕业了》,短篇小说《唐巧娣翻身》、《特别法庭》、《小贩世家》、《围墙》等。

这些小说基本上写的都是苏州小巷里的普通人物,但笔涉人物心灵和社会深层次的问题,蕴涵着时代和历史的内涵;他的作品清隽秀逸,自然含蓄,风格鲜明。因此深得广大读者的喜爱,并多次在全国获奖。

后被拍成电影的《美食家》乃作者厚积薄发,苏州本是个美食的城市,苏州人对吃非常讲究,苏州的菜肴、点心、小吃十分精美,享誉海内外。陆文夫早在上个世纪 50 年代,就常跟老作家周瘦鹃等一起去品尝苏州美食,周瘦鹃精于此道而且博古通今,常把许多名菜的出典、来龙去脉讲得头头是道,这些陆文夫都记在心中,再加上他在苏州多年,耳濡目染,所以他笔下的吃客朱自冶写得活龙活现,写到名菜也能绘声绘色。

但是你若以为陆文夫是一位烧菜的能手,那你就错了。一是他并不擅长掌勺;二是他家里平时吃饭菜肴十分简单。晚年陆文夫还主编《苏州杂志》,殚精积虑,精心经营,也办得十分出色。我在该杂志社与他有一面之缘。

陆文夫因其卓越的文学成就,屡屡被推举为人民代表、劳动模范,并当选苏州市文联主席、中国作家协会副主席等职。

陆文夫先生的辞世,是文学界的一个损失,但是他的那些作品还活着,并将永远活在读者的心里;那小巷里飘出来的淡淡幽香仍将萦绕在世间。

（香港《文匯报》2005 年 7 月 15 日）

一六一

# 柳亚子与冯子和

柳亚子先生是著名诗人和社会活动家,同时又是一位热心于戏曲改革的戏剧活动家。他出生于苏州吴江黎里镇,曾到苏州应考,中了秀才。18 岁入上海爱国学社,与蔡元培、章太炎、邹容等交往,迈入革命行列,并参加戏曲改良活动。1904 年陈去病、汪笑侬等在上海创办了我国第一种以戏曲为主的文艺期刊《二十世纪大舞台》,柳亚子为它写了《发刊词》,阐述了他的戏剧主张。1909 年 11 月柳亚子又与陈去病、高旭等发起在苏州虎丘聚集,成立了我国辛亥时期进步的文学团体——南社,社名取"操南音不忘其旧"之意,以文艺倡导革命,鼓吹资产阶级民主革命,反对清王朝的专制统治。

二十世纪初在上海活跃着一批创编新戏,鼓吹戏曲改良的戏曲艺人,如汪笑侬、潘月樵、夏月珊、夏月润等,其中还有一位就叫冯子和。冯子和是南派旦角的全才,南通张謇曾评论欧阳予倩、梅兰芳与冯子和的《贵妃醉酒》,认为欧阳是"醉而不贵",梅是"贵而不醉",惟有冯子和是"既贵且醉"(当时梅兰芳尚年轻,艺术还在发展之中)。冯子和还是一位剧作家,编创过许多新戏。冯子和,字旭初,号春航,祖籍苏州,世居苏州吴趋坊,祖上以经营清盐作坊为生。父亲冯三喜(本名福卿)幼年时因太平天国起义军攻占苏州,随祖父离家逃难,后与家人失散,被人收留带到北京,入了四喜班学艺,不久竟以青衣花旦在京都剧坛崭露头角。同治六年(1867)应上海丹桂茶园邀请,与夏奎章、熊金桂、汪桂芬等南下献艺。他以《闺房乐》、《王彩舆》等剧受到上海观众欢迎,成为第一批定居上海的京剧艺人。冯旭初,1888年出生于上海。幼年随父习艺,12岁时入夏家科班,拜夏月珊为师。在科班时他一边学艺,一边在晚间出外读书,晚上查房,他在宿舍门上悬一块牌子,上书"出外读书去了"。别人以为这样定将受到责罚,但夏月珊却说:"读书是好事,何责之有!"冯子和后来还学习英文、舞蹈、钢琴等,成为一个有文化素养的京剧演员。只半年,冯便正式在丹桂茶园登台,并以嗓音清脆,做工细腻一炮打响。因其嗓音酷似当时上海名旦常子和,被观众誉为小子和,不久他正式搭班演出,并改名冯子和。1901年夏月珊带他到苏州演出,大观茶园、丽华茶园争相延聘,家乡观众对这位童伶也十分青睐。1904年夏月珊、夏月润兄弟创排了新戏《玫瑰花》,在丹桂茶园上演时,年方十六岁的冯子和出演主角玫瑰花。这出戏写某一名叫玫瑰村的地方,有一位能文能武的少女玫瑰花,一年,猛虎侵入村中,人畜受到伤害,村民请来前村的猎户相助驱虎,虎害既除,但猎户盘踞不走,带来人祸。玫瑰花带领村民,齐心协力赶走猎户,恢复了家园。这个戏影射借清兵招来后患,宣传"驱除鞑虏,恢复中华"的思想,演出后引起热烈反响,剧中人物被称为中国自由女神的象征。柳亚子对冯子和在《玫瑰花》中表演的评语是:特佳!

柳亚子与冯子和两人相识于1906年,那时冯子和正在上海丹桂茶园演《百宝箱》、《刑律改良》等戏,两人一见如故,遂成知交。

1909年11月南社在苏州虎丘举行成立大会,其时冯子和正好应聘在苏州大观园演出,柳亚子与俞剑华每晚必往大观园聆听其妙奏,常常"百感如潮,亦不知其所由然也"。未几,冯子和便欣然参加了南社,成为其一员。1911年正月,南社雅集于上海,冯子和在上海新剧场演出《血泪碑》,这是冯子和编写的一个时装京剧,写女学生梁如珍与男生石如玉的恋爱悲剧,刻画了恶汉陆文卿的构陷谋害及男女主人公经受的种种磨难。冯子和演来缠绵悱恻,忧怨哀惋,善饰人情的表演风格达到最佳境界。《血泪碑》上演时,柳亚子也每日必偕俞剑华莅临新剧场,"沉酣颖倒,至匝月始去"。柳亚子诗曰:"一曲清歌匝地悲,海愁霞想总参差,吴儿纵有心如铁,忍听樽前血泪碑。"俞剑华、姚石子等人亦赞其:"正则《离骚》,长沙惜誓,美人香草,寄托遥深,在悲剧中首屈一指,纵铁石心肠,恐也不能无感。"

先后加入南社的戏剧家还有吴梅、欧阳予倩、陆子美等人。

冯子和不仅演出进步戏剧,而且投身于革命活动,1911年10月武昌起义消息传到上海,上海的革命者立即响应,在同盟会陈其美领导下举行起义,冯子和毅然剪掉辫子,和潘月樵、夏氏兄弟一起参加了攻打江南制造局的战役,为上海光复作出了贡献。

在数年中,冯子和编演了许多新戏,在上海剧坛树起了革新的旗帜,当时柳亚子和南社同人们纷纷在报上赞许和宣扬他的戏曲改革实绩。冯子和编演的《妻党同恶报》,以"制造女子、家庭为入手"改良戏曲,匡时救弊。通过普通家庭善恶冲突影射慈禧为首的妻党。他编演的《江宁血》直接歌颂孙中山领导的北伐战争。他与名角龙小云、贵俊卿、孙菊仙等同台。柳亚子著文赞许:"丹桂第一台演《江宁血》,春航扮女子北伐队首领,出语雅驯、颇晓理想,非外人滥用新名词者可比,知诗书之熏泽深矣。进谒徐固卿一幕,慷慨陈词,不愧女豪口吻,层层推阐,说理精创。攻尧化门一幕，奋勇直前，英姿飒爽，木兰、良玉不过是也。……吾终于此叹观止矣。"南北同人认为"刻下欲提倡社会教育，首宜改良戏剧，然海上花旦能肩此巨任者为谁，则非春航莫属。"然而另外一些剧评家却把冯子和的京剧看作是"野狐禅"，他们把上海另一名旦贾璧云奉为正宗，在小说时报上推出《璧云集》，并以贾党自许，褒贾抑冯。1913 年为了回击贾党的挑战，柳亚子把他和俞剑华、叶楚伦、庞树柏等人在报刊上所发表过的文章，收集成上下两册，以《春航集》为书名出版发行。柳亚子在《春航集》中写道："余初识春航，在丙午年，时春航方在大新街丹桂茶园，所演《百宝箱》、《刑律改良》诸剧，观之使人肠断，固知冯郎当以悲剧擅长兮。自入新舞台，芳名尤噪……"如此等等。

　　1915 年夏天，柳亚子与南社成员高吹万、姚石子等十一人同游杭州西湖，与在杭的南社社友丁白丁、丁不识、陈虎尊、杜之夏等举行南社的临时雅集。其时冯子和正在杭州"新舞台"演出京剧《血泪碑》、《冯小青》等剧。《冯小青》是写冯小青的悲剧，冯小青是豪门公子，冯生之妾，因冯妻妒，小青郁郁病逝，年方十八。此剧突破青衣以唱见长的常规，全剧不重唱念，着重做功，尤其用眼睛传情，别开生面。柳亚子特地为冯子和演《冯小青》一剧作碑文赞喻："冯朗春航，能歌小青影者，顷来湖上，泛棹孤山，抚冢低回，题名而去，既与余邂逅，属为点染，以示后人，用缀数言，勒诸墓侧，世之览者，倘亦有感于斯，民国四年夏五，吴江柳亚子题。"碑文由戏剧革新家李叔同（弘一法师）手书。

　　冯子和酷爱读书，喜好诗画，特别他与柳亚子交往后，在文学方面颇得亚子先生的熏染。他写有诗作若干，有些曾在《南社丛刻》上发表，如："此日别杭州，何时续胜游，山灵如识我，再放木兰舟。"

　　柳亚子创办的南社不但在诗文方面对革命作出过很大的贡献，并且以文人团体的身份从评论方面推进了戏曲（京剧）改良运动，而柳亚子与冯子和的交往和友谊则在戏曲史上留下了一段佳话。

（《上海戏剧》2011 年第 10 期）

## ·梅兰芳传奇·

一六二

# 梅兰芳与作家、文人的交往

　　我们的一些前辈戏曲演员，因为从小学戏，没有读过几年书，文化水平较低。但是他们中间不少人懂得文化艺术素养对演好戏至关重要，所以一边演戏，一边读书学习。像梅兰芳这样的大师更是重视通过各种途径努力提高自己文化艺术诸方面的修养。他经常认真读书，学习历史，还专心学过绘画。不仅如此，梅兰芳为了提高自己的文化修养，还广泛结交文人、学者，虚心地向他们讨教，与他们切磋，寻求他们对自己的演艺事业给予帮助。通过交往，梅兰芳和一些作家、文人建立了深厚的友谊。梅兰芳之所以能成为一代大师，有多方面的原因，其中一个重要原因就是他有很高的文化修养,而且在他背后,有一批文化人对他的扶助和支撑。本文略举数例。

# 一、梅兰芳与齐如山

齐如山,又名宗康,河北高阳人,生于 1875 年。出身书香门第,父亲齐令辰是翁同龢的学生,做过李鸿藻大学士的西席,也是李石曾的先生。齐如山幼年受到良好的家庭教育,广读经史,对地方戏曲十分喜爱。他 19 岁进北京同文馆,学习德文和法文,毕业后游学西欧,学习和考察了欧洲的戏剧。辛亥革命后回国,担任了京师大学堂和北京女子文理学院的教授。在同文馆读书时,经常出入于戏院,自己还写过剧本。他最为醉心乃是京剧。谭鑫培、田际云领导的正乐育化会也常常邀请齐如山来演讲,台下众多的听讲者之中还有青年梅兰芳。

当时,梅兰芳已经崭露头角,也逐渐进入了齐如山视野的范围。1912 年,齐如山去观看梅兰芳演出的《汾河湾》。这个戏按照当时的演法,梅兰芳已经演得非常到位,但齐如山从一个研究家的眼光来看,却发现了不少瑕疵和不足。他想帮助这位年轻人,于是提笔给他写信。这封信用毛笔蝇头小楷写成,长达三千言。他以《汾河湾》为例谈了身段与剧情、戏词如何结合的问题。戏里薛仁贵离乡背井十八年后回来,柳迎春以为是陌生人冒充自己的丈夫,便一气跑回寒窑,顶住窑门不开。这里薛仁贵在窑外有一大段[西皮]唱腔,回忆当年在寒窑新婚的情景,表露自己的思念之情。可是梅兰芳按照通常的演法,进窑之后一直脸朝里,纹丝不动地坐着,尽管薛仁贵说得那么动情,她还是无动于衷,脸上一点反应也没有。可是,当薛仁贵一唱完,柳迎春却立刻去开门相认。这就不符合生活逻辑和剧情事理。齐如山建议柳迎春在听薛仁贵诉说根由时,要有相应的身段和表情,唱到"将你我夫妻赶出了门庭"的时候,柳迎春要为之动情,做出以袖拭泪的动作。等到薛仁贵把隐情全部述出,柳迎春就明白门外之人就是久别的丈夫。再开门相见,就如同瓜熟蒂落了。梅兰芳接到齐如山的长信,深深感激这位有学问的长者的垂青和指点。他仔细琢磨齐如山的建议和设计,重新编排了柳迎春的身段、表情和心理活动。十几天后,梅兰芳再次贴演《汾河湾》,推出了新版本。齐如山看了这次演出,想不到这位风头正健的青年名旦如此从善如流,他想:这样的青年将来必成大器。

此后,齐如山对梅兰芳所演的戏更加关切,并经常把自己的看法、建议、设想写信给梅兰芳,在两年当中居然陆陆续续写了一百来封。这两年的"函授"教育,使梅兰芳大大地得益。后来两人正式结识,一老一少成为莫逆之交,梅兰芳始终把齐如山尊为师长。梅兰芳本来就有一些文化界的朋友,齐如山加盟进来后,他为梅兰芳编写了《嫦娥奔月》、《黛玉葬花》、《天女散花》、《太真外传》、《霸王别姬》、《宇宙锋》、《一缕麻》等一大批剧本,成为梅兰芳的主要编剧和文学顾问,也是梅兰芳创造梅派艺术的主要参与者。

1930 年梅兰芳率团访美演出,这是梅兰芳演艺生涯中一个重大事件。为了保证这次访美演出的成功,进行了精心和周密的准备,其中不少工作是由齐如山操办的。

为了帮助美国观众了解中国的京剧和梅兰芳的艺术。齐如山执笔撰写了《中国剧之组织》、《梅兰芳》、《梅兰芳歌曲谱》、《戏剧说明书》等书籍和宣传品。齐如山与黄秋岳还撰写了100 多篇准备出访时送各报馆的宣传文字以及梅兰芳在各处的讲演稿,都是中英文兼备的。另外就是剧本的选择、编制以及演出剧目的排练。梅兰芳和齐如山、张春彭等根据梅兰芳为外国人演出的反映以及征询外国人、中国留学生的意见,遴选出《霸王别姬》、《贵妃醉酒》、《黛玉葬花》、《群英会》、《空城计》等一批剧目。齐如山还负责剧本的整理加工。

1930 年 1 月,梅兰芳访美正式成行,齐如山担任出访团的顾问,访美期间,齐如山和张春彭一起鼎力襄助梅兰芳,使他的访美演出得到圆满成功。回国后,齐如山专门撰写了《梅兰芳游美记》一书,详细记录了赴美的筹备情和演出全过程。

1931 年"九·一八"事变后,梅兰芳于 1932 年春为避免战乱携夫人福芝芳等迁居上海。从这时到 1948 年 12 月,梅兰芳和齐如山,一个在上海,一个在北京,天各一方。所以电影中在抗战时期,邱如白为了梅兰芳不离开舞台,力劝梅兰芳登台演出等情节,也是虚构出来的。齐如山于上个世纪 40 年代末取道香港去了台湾,临行时曾在上海向梅兰芳辞行。齐如山到台湾后继续从事写作和京剧研究,著作颇丰。齐如山于 1962 年病殁于台湾。有《齐如山全集》10 集行世。1948 年 12 月,齐如山因为儿子齐熙在台湾,取道上海赴台湾,梅兰芳在上海马斯南路寓所请他吃饭。梅兰芳劝齐如山留在上海,但齐如山去意已定,两人洒泪而别。

## 二、梅兰芳与胡适

胡适早年在上海求学,后去美国留学,1917 年才回国,从 1917 年至 1926 年,他在北京任北京大学教授。梅兰芳与胡适相识应该在 1917 年之后。据齐如山晚年回忆:"我与适之先生,相交五十多年。在民国初年,他常到舍下,且偶与梅兰芳同吃便饭,畅谈一切。"(《挽胡适之先生》)另据《胡适日记》记载:"1928 年 12 月 16 日,梅兰芳来谈,三年不见他,稍见老了。"据此可知梅兰芳与胡适的结识最迟当在 1925 年之前。胡适与梅相识后,很快也成了缀玉轩中的常客。

胡适凭着他的渊博学识和社会上的声誉对梅兰芳的演艺事业给予了有力的帮助。特别是在 1930 年梅兰芳赴美国访问演出这一关键事件上,胡适起了别人不能替代的作用。胡适从1910 年赴美留学,先后在康奈尔大学、哥伦比亚大学学文学和哲学,在美七年,对美国的社会、文化和风土人情十分熟悉。回国后,1925 年胡适又被聘为"中英庚款顾问委员会"中方委员。这次梅兰芳要去美国演出,必然有许多问题要咨询于胡适,有许多事情要求助于胡适。胡适是1926 年 7 月离开北京的,曾去英国、美国,1927 年 4 月回国,后在上海光华大学当教授。上面曾引述 1928 年 12 月的胡适日记,此时胡适正在上海,日记中只写"梅兰芳来谈",具体的内容没有涉及。此时正是梅兰芳紧张筹备赴美演出的关键时刻,这次是特地从北京到上海来的,谈的内容不外是咨询和商议赴美演出的种种事宜。

胡适对梅兰芳出访美国确实给予了很多的帮助。首先,出面邀请梅兰芳赴美演出的就是由胡适、张伯苓、杜威等中美学者发起组织的"华美协进社"。正因为有了它出面邀请,梅氏访美才得以成行。这次访美的筹备工作,大部分在北京进行,具体的策划和组织者是齐如山,但担任总导演、总顾问的张春彭很可能是胡适推荐的。因为胡适和张春彭是留美时同学,同为杜威的弟子。

胡适虽然在上海,但梅兰芳通过专程到沪亲自拜访,或通信,向胡适了解美国的风土人情、观众的爱好和欣赏习惯、美国剧院的状况等,胡适总是给以详尽的介绍,大至整个出访的演出策略,小至演出剧目的安排、角色的搭配等,胡适都积极地为之出谋划策。比如梅请胡适替他选定哪几出戏可在美国演唱,哪几出戏不适宜在美国演唱。胡适后来曾谈到:"他(梅兰芳)每晚很卖气力的唱两出戏,招待我们几个人去听,给他选戏。那时一连看了好多夜。梅兰芳卸妆之后,很谦虚,也很可爱。"梅兰芳还写信给胡适,请他用英文翻译《太真外传》的说明书等。

为了支援和宣传梅兰芳出访演出,胡适还专门写了一篇《梅兰芳和中国戏剧》的文章,收入旧金山欧内斯·K 莫编纂的《梅兰芳太平洋沿岸演出》英文专集。胡适在文章中写道:"梅兰芳先生是一位受过中国旧剧最彻底训练的艺术家。在他众多的剧目中,戏剧研究者发现前三、四个世纪的中国戏剧史由一种非凡的艺术才能给呈现在面前,连那些最严厉的、持非正统观的评论家也对这种艺术才能赞叹不已而心悦诚服。"谈到《木兰从军》、《千金一笑》等新作,胡适说:"梅兰芳先生这些新剧是个宝库,其中旧剧的许多技艺给保存了下来,许多旧剧题材经过了改编。正是在这个意义上,他的一些新剧会使研究戏剧发展的人士感到兴趣。"

1930年1月18日,梅兰芳率梅剧团一行21人,从上海乘英国"加拿大皇后号"轮船,开始赴美的行程。上海各界名流盛情欢送,胡适亲往码头,并登船为梅兰芳送行。

对胡适的鼎力相助,梅兰芳深为感激。他在赴美途中,致信胡适:"适之先生:在上海,许多事情蒙您指教,心上非常感激!濒行,又劳您亲自到船上来送,更加使我惭感俱深!海上很平稳,今天午后三时,安抵神户了,当即换乘火车赴东京,大约二十三,由横滨上船直放美洲了。晓得您一定关怀,所以略此奉闻,并谢谢您的厚意!"

梅兰芳访美演出引起很大轰动,获得极大成功。因胡适的关系,哥伦比亚大学教授公会专诚举行茶话会欢迎梅兰芳,胡适的老师杜威宴请了梅兰芳。梅兰芳在美国还破天荒地荣获了博士的头衔。梅兰芳载誉返回上海后,在第一时间亲自登门拜谢了胡适,胡适的学生罗尔纲曾详细记述了"梅博士拜谢胡博士"的情形:"7月的一天,下午2时后,突然听到一阵楼梯急跑声,我正在惊疑间,胡思杜(胡适之公子)跑入我房间来叫:'先生,快下楼,梅兰芳来了!'他把我拉下了楼,胡思猷、程法正、胡祖望、厨子、女佣都已挤在客厅后房窥望。思杜立即要厨子把他高高托起来张望。我也站在人堆里去望。只见梅兰芳毕恭毕敬,胡适笑容满面,宾主正在乐融融地交谈着……梅兰芳的到来,给这个亲朋断绝的蜗居家庭带来了一阵欢乐。"梅兰芳向胡适介绍了这次在美国访演的种种情况,还谈到之后想去欧洲的计划。胡适建议他请张春彭顺路往欧洲去一趟,作一个通盘的计划,然后决定。

在"五四"新文化运动中,陈独秀、胡适、鲁迅等对旧剧均持批判、改良的观点。后来鲁迅曾多次撰文批评梅兰芳,但是胡适自与梅兰芳接触后,发现梅正在做着改良的工作,所以对梅持肯定态度。当他的学生傅斯年撰文对梅兰芳的新剧给予肯定时,胡适即表示赞同,他在《文学进化观念与戏剧改良》一文中说:傅斯年君"把我想要说的话都说了,而且说的非常痛快"。胡适还说过:"梅兰芳是需要的!小叫天是需要的!电影明星黎明晖也是需要的!"而1929—1930年间所写的《梅兰芳和中国戏剧》,则更趋理性,对中国戏剧的评价更加公允,对梅兰芳的改良工作也有了更多的期许。1930年8月,胡适见着刚从美国哈佛大学回来的朋友吴经熊,吴说:"美国只知道中国有三个人:蒋介石、宋子文、胡适之是也。"胡适笑笑说:"还有一个人,梅兰芳。"

梅兰芳对胡适一直十分尊敬,并怀着深厚的情谊。1932年后,梅兰芳旅居上海,其时胡适已复任北大教授。胡适每次到上海,梅兰芳总要前往拜访,或热情宴请。1936年7月,胡适赴美参加太平洋国际学会的年会,那天深夜2时在上海登船,梅兰芳不在上海,但得讯后特地赶回上海来为胡适送行。这使胡适非常感动,他在日记里写道:"今晨两点上船。送行者梅畹华特地赶来,最可感谢。"

1938年,胡适出使美国,一去八年。其后梅兰芳与胡适交往日稀。1949年4月胡适去了美国,后又去到台湾,梅、胡二人更是天各一方了。1961年8月8日梅兰芳在北京病逝,在台湾的胡适从日本电讯中闻此噩耗,他回想起往日的情谊,不禁唏嘘感叹不已。

## 三、梅兰芳与齐白石

梅兰芳不仅结交作家、文人学者,为了学习绘画,还拜在一些名画家的门下。他与国画大师齐白石也有过一段交往。

1915年前后，梅兰芳交友渐广，朋友中有几位是对鉴赏、收藏古物有兴趣者。在上海演出时，沪上著名画家、金石家吴昌硕特地画了一幅《松梅图》馈赠于他。通过与他们的交往，梅兰芳对古画也产生了兴趣，他把家里存着的画谱、画稿寻出来，不时加以临摹。罗瘿公见此，就介绍了画家王梦白来教他绘画。王梦白的画取法新罗山人，笔下生动，尤擅翎毛。王梦白每周一、三、五来教，教法是他当着梅兰芳的面画给他看，然后叫梅对临，他则在旁指点其如何使用腕力，如何布局、下笔、用墨、敷色。在随王梦白先生学画时期，梅兰芳认识了许多名画家，如陈师曾、汪蔼士、姚茫父、陈半丁、金拱北等。

1920年左右，梅兰芳认识了国画大师齐白石。当时齐白石是第三次来北京，并开始在北京定居，以卖画为生，很负画名。那年秋天，由齐如山介绍，梅兰芳邀请齐白石到芦草园梅宅的书斋"缀玉轩"来作客。两人早就互相慕名，一见如故。齐白石说："听说你近来习画很用功，看见你画的佛像，比以前进步了！"梅兰芳说："我是笨人，虽然有许多好老师，还是画不好。我喜欢您画的草虫、游鱼、虾子，就像活的一样，但比活的更美，今天要请您画给我看，我要学您下笔的方法。"说着亲自为齐先生磨墨展纸。齐白石笑道："我给您画草虫，回头您唱一段给我听就成了。"梅兰芳把几开册页铺在书案上，齐白石画了草虫，也画了游鱼、虾子，一边画，一边还把落笔的窍门和作画的心得讲给梅兰芳听。梅兰芳看得入了神，当他看到纸上的草虫仿佛跃然而动，呼之欲出，禁不住击节赞叹："简直像活的一样。"齐先生才画好，琴师来了，梅兰芳就唱了一段《刺汤》给齐先生听。齐先生听了点头称是："您把雪艳娘满腔悲愤的心情唱出来了！"那天在座的还有画家汪蔼士、作家李释戡。齐白石回家后题了两首诗，其一："飞尘十丈暗燕京，缀玉轩中气独清。难得善才看作画，殷勤磨就墨三升。"其二："西风飕飕袅荒烟，正是京华秋暮天。今日相逢闻此曲，他年君是李龟年。"齐先生特地用宣纸亲笔题写，第二天寄给了梅兰芳。

梅兰芳从小就喜欢花草，20岁时开始自己动手培植花木。春天养海棠、芍药和牡丹，夏天养牵牛花，秋天培育菊花，冬天则侍弄梅桩盆景。而自从学画花鸟画、仕女画之后，对养花弄草就兴趣更浓了。梅兰芳最喜欢的是牵牛花，因为牵牛花的形态和色彩都极其美妙。有一天清早，梅兰芳到齐白石家里去，在院子里看到好几种色彩别致的牵牛花，不仅有红的、绿的、紫的等一般普通花所具有的颜色，还有别的花儿所少有的颜色，如赭石色的、灰色的等。这些牵牛花在院里开放，五光十色，如繁星闪烁，精彩纷呈。这把梅兰芳深深吸引住了。他惊奇地问齐先生："牵牛花怎么会有那么多好看的颜色？"齐先生说："这还不算多，养的得法，颜色还要多哪。你要是喜欢，也可以来养它。"于是梅兰芳就开始动手在院子里种了许多牵牛花，从播种、施肥、移栽，一直到修剪，无不亲自动手。他还在花旁插上一块块小木牌，上面写着"雨过天晴"、"锦霞衣"、"晨光"、"浓艳"等字句来命名这些不同的品种。养得多的时候，竟达到数百盆。待到开放之时，远看如同云锦一片。

养牵牛花是一种创造性的劳动。这牵牛花，用人工培植好了的种子，究竟是什么颜色，要等开出花来方能定准。如果拿两种本质极好，而颜色不同的种子加以配合串种，可以使它变成另一种新奇的图案和色彩。因此养牵牛花等不仅对画花草有直接的好处，还有助于舞台艺术的创造。梅兰芳在院子里赏花，往往联想到舞台艺术，联想到头上戴的花，身上穿的服装的色彩问题。牵牛花丰富而有变化的色彩，告诉人们如何确当地搭配颜色，哪几种颜色搭配起来，素雅大方；哪几种色彩不宜相配。梅兰芳深有感慨："它对我在艺术上的审美现象也有这么多的好处。"由于梅兰芳爱花，养花，所以他在舞台上表演嫦娥采花、黛玉葬花、天女散花等演得分外出神入化。后来梅兰芳还发起几位同好，如王琴侬、姜妙香、程砚秋等一起研究，互相交换新种，观摩切磋，并经常举行不公开的展览。每人挑选若干盆参展，邀请齐白石、罗瘿公、陈师曾等来做"评委",评论哪几盆为最优。这些"评委"兴来时还要吟诗作画以助雅兴。荣宝斋请齐白石画信笺,有一张他画的就是在梅兰芳家里看到的一种牵牛花。

梅兰芳与齐白石相识时,齐白石已经 58 岁,梅兰芳才 25 岁,但两人很快就成了忘年之交。而且梅兰芳正式跟齐白石学画草虫,学了不久便已画得颇为生动,得到齐先生的赞赏。

梅兰芳对齐白石十分尊敬。有一次齐白石到一个大官家那儿去应酬,满座都是穿绸着缎的富豪阔人,而齐白石粗布衣裳,十分朴素,又没有熟人招呼、周旋,被冷落在一旁。这时梅兰芳来了,看到齐先生,立刻迎上前去向他恭敬寒暄,并把他挽到前排就座,座客大为惊讶,有人悄悄问梅兰芳:"这是谁呀?"梅兰芳故意提高嗓门说:"这是名画家齐白石先生,是我的老师!"大家这才刮目相看。对势利场中的炎凉世态,齐先生深有感触,回去后挥毫画了一幅《雪中送炭图》送给梅兰芳,并题诗一首:"曾见先朝享太平,布衣蔬食动公卿。而今沦落长安市,幸有梅郎识姓名。"

梅兰芳与作家、文人、画家的交往和友谊,在艺术史上留下了一段佳话,而且给我们这些后来者以很多有益的启迪。

(《上海作家》2013 年第 3 期)

一六三

# 丰子恺两度拜访梅兰芳

丰子恺是我国现代著名的画家、散文家、音乐、美术教育家和翻译家,他又酷爱京剧,曾两度拜访京剧大师梅兰芳,在艺坛留下了一段佳话。

丰子恺第一次拜访梅兰芳是在 1947 年春天,丰子恺和梅兰芳原本并不相识,而丰子恺又一向是不主动访问素不相识的名人的,那么为什么他会主动拜会梅兰芳的呢?

丰子恺是位多才多艺的艺术家,生于 1898 年,浙江桐乡石门镇人。16 岁考入浙江省立第一师范,师从李叔同(弘一法师)学习绘画和音乐,是李叔同的入室弟子。毕业后,与同学在上海创办上海专科师范学校,并任美术教师。1921 年东渡日本,考察、学习绘画、音乐和外语。次年回国,先后任春晖中学教师、开明书店编辑,上海大学、复旦大学浙江大学的教授,并与友人创办立达学园。上个世纪 20 年代起,出版了《艺术概论》、《音乐 abc》、《缘缘堂随笔》、《子恺画集》、《子恺漫画》等著作。

1933 年,他在浙江嘉兴石门湾建成缘缘堂以后,新置了一架留声机和不少西洋音乐的唱片,也买了几张梅兰芳的唱片,开始只是作为点缀,谁知一经聆听,牵惹人心的京剧音乐竟使他入了迷。他觉得京剧音乐充分发挥了"旋律的音乐"的特色,它没有和声,没有伴奏,只用长音阶的七个音,却能够单靠旋律变化分别表现青衣、老生、花脸等行当、人物个性,这是十分了不起的。于是,后来他干脆不买西洋音乐唱片,而专买京剧唱片,尤其是梅兰芳的唱片。缘缘堂收藏各种唱片百余张,其中大部分是梅兰芳的唱片。这一时期,丰子恺主要把京剧当音乐来听,因此不大上戏馆,梅兰芳的演出只看过一回。1938 年 1 月,缘缘堂毁于日军的炮火,所有的唱片也都同归于尽了。

1937 年抗战爆发后,丰子恺率全家逃难,先在湖南长沙,后迁广西桂林。1939 年春,受浙江大学之聘，到广西宜山浙大任教，后又随浙大迁往贵州遵义。1942年秋到达四川重庆，在国立艺专任教。他又想方设法购买梅兰芳等京剧名角的唱片来欣赏，凡有京剧演出，他都会兴致勃勃地去观看。他渐渐发现京剧夸张、象征性的表演与音乐的作曲法如出一辙。于是兴趣更浓，成了京剧的爱好者。受他的影响，他的大女儿丰陈宝、二女儿丰宁馨、小女儿丰一吟都喜欢上了京剧，成了戏迷。特别是丰一吟居然对京剧迷到荒废学业的程度，她在艺专读书时，参加了平剧（京剧）研究团，还登台演出了《苏三起解》、《武家坡》等剧，当时操琴的是画家李可染。丰子恺曾一度旅居涪陵，在涪陵，当地一家剧场正好在演出京剧，他几乎每夜前去观看。

　　抗战胜利以后，丰子恺回到了杭州，1947年客居上海。正好梅兰芳在天蟾舞台演出。丰子恺在内地曾经听说过梅兰芳蓄须明志的故事，一位友人还寄了一张梅氏蓄须的照片给他，他本来仰慕梅的艺术，现在更钦佩梅的人格，因此特地把梅的照片挂在自己的书房里。现在得知梅兰芳重新登台演出，喜出望外，赶忙去买了票前往观看。那天看的是《龙凤呈祥》，梅扮演孙尚香，唱、做都非常精彩。接着，梅兰芳移师中国大戏院续演，丰子恺又连着去看，一连看了五个晚上，真是如痴如醉，欲罢不能。这几场戏看下来，丰子恺产生了一个强烈的愿望，那就是去访问梅兰芳。他认为梅兰芳美妙的歌声、幽雅的姿态，都是由他本身表现出来的。造物主创造了这一代伶王，他就是要去亲眼看一看卸妆后梅兰芳的本来面目。

　　1947年春天的一个下午，丰子恺通过友人介绍，亲自前往拜访梅兰芳。梅先生在"梅华书屋"接待了这位"不速之客"。丰子恺也是个文化界的名人，梅兰芳当然早有所闻，所以两人稍稍寒暄几句，就无拘无束地交谈起来。从京剧谈到音乐，从抗战谈到艺术，谈得十分投契。梅兰芳谈兴也很浓，把沦陷时期如何苦心逃避，如何从香港脱险等情况一一作了介绍，丰子恺听得津津有味，频频点头。

　　这次引导丰子恺去拜访梅兰芳的是摄影家郎静山先生，同去的还有摄影师陈惊蹀、盛学明，他们两人为梅兰芳与丰子恺拍了许多照片。第二天，上海的《申报》"自由谈"上就有人撰文专门记述了这件事情，并且刊登了梅、丰二人的合影。

　　丰子恺第二次拜访梅兰芳，是在1948年4月，清明节前后。当时，梅兰芳在上海演出《洛神》等戏目，丰子恺观看了《洛神》之后，再度去拜访梅兰芳。这次他带了小女儿丰一吟前往梅先生在马思南路的寓所，陪同者是为梅先生拉京二胡的琴师倪秋萍。因为倪秋萍是丰子恺的崇拜者。这是第二次造访，两人已经像老朋友那样，无拘无束地交谈。从京剧谈到漫画，话题非常广泛。梅兰芳知道丰子恺是弘一法师的高足，还向他询问了弘一法师和佛学方面的事情。丰子恺一一作了回答。两人相聚甚欢。梅兰芳还与丰子恺父女合影留念。

　　第二天，梅兰芳亲自到丰子恺下榻的振华旅馆回访了丰子恺。当大名鼎鼎的梅先生出现在旅馆时，立即引起一阵轰动，旅馆的老板、账房、茶房和旅客纷纷前来欢迎和看望。但梅先生说要来拜访丰子恺时，老板和茶房都愣了："谁是丰子恺啊？"梅兰芳说："怎么，大画家丰子恺你们都不认识？"这时他们才惊呼："我们有眼不识泰山。"其实此时，报纸上早已用"名满天下"、"妇孺皆知"等词汇来评价丰子恺了，但是尽管这样，在老百姓当中的名气当然还是不能和梅兰芳相比的。待梅兰芳走后，丰子恺的房间挤满了人，人们纷纷去买了纪念册，请求丰子恺为他们签名题字，弄的丰子恺应接不暇。对这次造访梅兰芳，丰子恺专门撰文《再访梅兰芳》在报纸上予以披露，他在文章中说：梅兰芳"对于这种广大普遍的艺术富有这样丰富的才华，又在抗战时表示这样高尚的人格，故我对他真心的敬爱。"

　　丰子恺酷爱京剧以及与梅兰芳的交往，致使他们一家四代与京剧结下了不解之缘。上个世纪50年代，丰子恺定居上海，他的陕西南路的家里洋溢着浓重的京剧氛围。丰子恺经常带了孩子去剧场观看京剧，并与京剧名角多有往还。丰一吟在工作之余，经常看戏，票戏，有时请倪秋萍琴师为她伴奏，有时还粉墨登场，演出过《凤还巢》、《生死恨》、《女起解》等。丰子恺曾在她的戏装照上题诗，云："为爱西皮与二黄，且施粉墨暂登场。时人不识余心乐，将谓偷闲学觑郎。"丰子恺的长外孙宋菲君，从小和外公一起生活在上海，在家庭的熏陶下，也成为一名京剧戏迷。读初中时就跟着小姨丰一吟去天蟾舞台观看杨宝森的《李陵碑》，高二起，外公请倪秋萍琴师教他拉琴，高三毕业前夕，他在紧张的复习备考阶段，还去剧场观看梅兰芳的《宇宙锋》。通过苦学，他终于成为一名业余的京剧琴师，他曾为丰一吟伴奏梅派名剧《霸王别姬》。1960年他考上北大物理系，后在北京工作，曾任中科院教授、某科技公司副总裁，但是他的京剧情结始终如一，经常操琴票戏，曾为中国戏曲学院的青衣伴奏《霸王别姬》等。他的女儿宋莹芳是位音乐教师，也是京剧戏迷，她特地向京剧团的老师学习了《穆桂英挂帅》等戏目。

2013 年 3 月 3 日于上海

一六四

# 程砚秋赴欧考察

在七十多年前，我国著名京剧表演艺术家程砚秋曾经赴欧洲考察戏曲音乐，而且回国后发表了《赴欧考察戏曲音乐报告书》。这在中国京剧史上是一件重要的事件。

上个世纪一十年代末，中国的国剧京剧和京剧演员开始走出国门，梅兰芳大师于 1919 年、1924 年两次访日，1930 年访美，获得了巨大的成功。但作为一名京剧艺术家专门赴国外考察，程砚秋是第一个。

1930 年，教育次长李石曾用退还的庚子赔款中的部分经费，创办了中华戏曲音乐院，由李石曾任院长，程砚秋任副院长，该院分设北平分院和南京分院，分别由梅兰芳、程砚秋执掌。1932 年 1 月，程砚秋受南京戏曲音乐院派遣，走上了赴欧考察的征途。这次考察活动得到了国际联盟派至中国的教育考察团裴开尔、郎之万的大力帮助。他们在北平都看过程砚秋的《荒山泪》等剧目，与程结成友谊。郎之万先生是法国科学院院士、物理学家，他还趁回国之便，陪同程砚秋赴欧。

程砚秋启程前，在 1932 年 1 月 3 日出版的《剧学月刊》上发表了《致梨园公益会同人书》，说他本人"已决计不顾一切，定于本月十五日以前由西伯利亚铁路赴欧。预定在半年至一年的工夫，游历法、英、德、意、比和瑞士六国，把他们的戏剧原理与趋势考察一下，带一个有系统的报告回来，以为我们梨园行改进戏剧的参考，就算是程砚秋报答各位前辈及同人的初步"。

1932 年 1 月 14 日，程砚秋与郎之万先生结伴离开北平，搭乘北宁铁路火车，穿越西伯利亚，一路上程砚秋向郎之万先生讨教欧洲戏剧和文化界的情况以及当地的风土人情。郎之万在题辞里说："余识程砚秋先生，自北平始。在旅程中，知其品德崇高，益深钦佩！特记数语，以表友谊。"1 月 25 日他们到达苏联莫斯科。程砚秋深为苏联人民忙于五年计划辛勤建设的精神所感染。他很想详细考察一下苏联的戏剧现状，苏联戏剧界也希望程砚秋多留几日，准备开欢迎会,请他演讲。但是,这时郎之万先生接到巴黎急电,要他速回巴黎。程砚秋为了旅行中的便利起见,决定与郎之万先生同行,先往巴黎,待归国时再来莫斯科。

　　1月28日,他们到达巴黎,受到了法国国家大剧院秘书长赖鲁雅的热情接待,他举行茶话会,介绍程砚秋与巴黎的众多戏剧家、音乐家、研究东方文化的学者认识,还介绍他去参观许多演歌剧、话剧、轻歌剧的国家剧院。程砚秋还会见了当时法国著名的戏剧家兑勒。兑勒对中国的戏曲很感兴趣,向程砚秋索取京剧的脸谱。程砚秋送给了他不少脸谱图案。程砚秋还与蜚声欧陆的表演艺术家都玛夫妇一起探讨表演艺术及化妆、发音的技巧。在巴黎还参观了国立戏曲音乐学校,在学校的音乐陈列室里,代表中国的乐器只有一把胡琴。程砚秋对校长说,我们中国的乐器,并不如此简单,将来有机会,我送几样重要的乐器来,请您陈列罢。巴黎有一位扮演男子的著名女演员,邀请程砚秋到她家里观看她表演的《夜舟》,这是一个单人剧,灯光装置很精巧,道具简单灵便,程砚秋很赞赏。程砚秋于5月10日离开巴黎。

　　接着,程砚秋来到柏林,得到了裴开尔先生的热情接待。裴开尔先生是德国前教育部长兼艺术部长,国际联盟派至中国的教育考察团的团长。这次在柏林重逢,分外亲切。他给予了程砚秋的考察很多的帮助。程砚秋在柏林参观了国立柏林音乐大学,其宏大的规模、良好的教授法、齐全的设备给程砚秋留下了深刻的印象。柏林远东协会秘书长林德先生特地为程砚秋举行了盛大的茶话会,普鲁士教育部长、外交部司长、国家剧院经理、戏剧家、音乐家、新闻记者、中国使馆全体人员出席。林德先生在致辞中盛赞中国的戏曲艺术,对程砚秋的表演艺术作了高度评价。程砚秋还应邀演唱了《荒山泪》的唱段,这个反战剧目赢得了阵阵掌声。程砚秋在柏林观看了德国国家剧院演出的反战剧《无穷生死路》和著名导演莱因赫特导演的《醉汉》,使他得到很多珍贵的知识,对西洋戏剧有了更多感性的认识。

　　当时,国际新教育会议正在筹备,8月将于法国尼斯召开。会议主席是英国的安斯女士,裴开尔、郎之万都被邀为副主席。因为会议中有戏曲音乐一项,故而他们介绍程砚秋参加这次会议。程砚秋于7月27日离开柏林,30日到达法国尼斯。国际新教育会议于8月1日开始,会上发言的人很多,一位波兰大学的教授讲了《东方道德问题》,程砚秋会上作了题为《中国戏曲与和平运动》的讲演,受到与会者的瞩目。会上,各国代表都演唱了具有本民族和国家特殊风格的歌曲。轮到中国,程砚秋唱了一段《骂殿》和一段《荒山泪》,受到热烈欢迎,大家还高呼:"废止战争"!"世界和平万岁"!

　　尼斯会议结束后,程砚秋又应里昂中法大学校长孙佩苍的邀请,于8月12日前往里昂。中法大学里有一、二万中国学生在此就学,所以程砚秋一定要去看一看。学校以盛筵来款待他,程砚秋还在欢迎会上应邀演唱,这次有胡琴伴奏,引起了里昂报界的强烈反响,里昂进步日报载文称:"用一种乐器名胡琴者伴奏着,以圆润的歌喉,圆润的心情,作尖锐而又不用谈话的声音歌唱。……为吾人向所未闻的声音。"程砚秋是最早把中国京剧介绍到欧洲的艺术家。

　　随后,程砚秋又回到柏林,这次侧重于搜集书籍、剧本、图片等。他共获得剧本2 000多种,图片5 000多,书籍七、八百种,这是个重大的收获。

　　1932年11月,日内瓦世界学校又来邀请程砚秋去教授太极拳。程砚秋学习太极拳多年,曾得名师传授,具有很高造诣。他不仅太极拳打得规范准确,而且善于把太极拳中"虚灵顶劲"、"沉肩坠肘"、"源动腰脊、劲贯四梢"等用劲运气的原则和一些优美的动作融化到京剧的台步、身段、舞姿及其他表演中去。程砚秋还练过太极剑,受到梅兰芳的指点。外国人一向钦羡中国的太极拳,因此听到程砚秋赴欧访问,瑞士日内瓦世界学校专门写信邀请。那所学校由拉斯曼先生和莫瑞特夫人等创办,学生300多人,来自20多个不同的国家。程砚秋于1933年1

月正式授课,预定期限是一个月,他教的太极拳引起了师生的浓厚兴趣。该校董事长拉斯曼先生对他说,准备把太极拳改编成太极舞,并配以音乐,加以推广。由于时间短,这次来不及把太极拳的套路全部教完,只好把未教完的部分教给了一位体育教员,让他再教给师生们。在日内瓦,程砚秋除了授课外,还利用空隙时间,学习法文和提琴。

1933年2月25日,他从日内瓦回到巴黎,向郎之万、赖鲁雅诸位辞行。因为当时日本扩大侵华,国内形势危急,程砚秋急于回国,原定要去英国考察的计划也取消了。这次在巴黎,他会见了李石曾和陈真如、欧阳予倩这两位戏剧家,并一起讨论了戏曲发展问题。在回国途中,程砚秋还到意大利米兰参观了米兰戏剧音乐院。到首都罗马参观了国际教育电影学院,并游览了著名的意大利火山。

3月7日,程砚秋到达水城威尼斯,10日上船取海道归国,原想再去苏联的计划也未能实现,于4月3日回到了上海。

程砚秋这次赴欧考察历时一年零两个月,考察回来后,程砚秋用了一个月的时间,认真地写成了一篇《赴欧考察戏曲音乐报告书》,于1933年8月由世界编译馆北平分馆出版单行本。这份报告分两部分,第一部分是概述考察活动的经过;第二部分是写考察的感想和建议。他将中国戏曲与欧洲戏剧各自的长处、短处作了比较,他认为欧洲戏曲音乐之发达,主要原因在于他们许多给予国民的教育,是用戏曲音乐作为教科书的。他们的学生差不多人人能谈莫里哀、莎士比亚、易卜生,差不多人人会奏几样乐器,懂得和声、旋律。所以他指出:"如果国家的教育政策是以戏曲音乐为手段,则这戏曲音乐应当有协合的形式。"并提出要有乐谱,要讲究化装术、表情术、发音术。他还谈到了导演的重要性,剧场的设备、光线、空气、灯光等运用问题,戏剧界的社会组织、工会活动问题等。他根据欧洲戏剧活动的经验,提出了十九条建议。其中有:国家应以戏曲音乐为一般教育手段;实行乐谱制,以协合戏曲音乐在教育政策上的效果;舞台化装要与背景、灯光、音乐……一起调协;舞台表情要规律化,严防主角表情的畸形发展,习用科学的发音术;导演者的权力要高于一切;实行国立剧院,或国家津贴私人剧院;剧院后台要大于前台,完善后台应有的一切设备;音乐须运用和声和对位法等;组织剧界失业救济会;与各国戏曲音乐家联络,并交换沟通中西戏曲音乐艺术的意见等。

程砚秋七十多年前的赴欧考察活动,有力地促进了中西方戏剧艺术的交流,增强了中国人民与欧洲人民的友好关系。这在我国戏曲史上应该记上一笔。程砚秋先生勇于吸收国外戏剧方面的经验和长处,借以促进我国传统戏曲进一步发展。这种精神是极其可贵的。在当时,对祖国传统的戏曲艺术,有人持虚无主义的态度,甚至认为中国无戏剧可言;还有人把戏曲看成凝固的东西,墨守成规,不可越雷池一步。然而,程砚秋先生既富于民族自尊心,珍视我国民族戏曲的优秀传统,又很注意吸收外国戏剧艺术的经验,力主更好地改革京剧,发展祖国的戏剧事业。这是很有见地的。

程砚秋先生出国考察过程中认真、负责的工作精神也很感人。他把精力全放在"考察"、学习上,生活简朴,活动频繁,工作辛劳。他尽可能多的参加各种形式的文化交流、学习访问等活动,并在回国后认真地写成了《赴欧考察戏曲音乐报告书》,这种工作作风和责任心尤其值得称道。

(《当代戏剧》1986年第2期)

# 一六五

# 程派名剧《锁麟囊》

最近,程派名旦张火丁在大剧院出演程派经典《锁麟囊》,引起极大轰动,其热烈的场面,为近年来京剧舞台所少见。足见在今天,优秀的剧目,精彩的表演仍然受到广大观众的追捧,也说明,京剧的传承离不开精湛的表演艺术。说起《锁麟囊》,她与上海十分有缘。她在京剧舞台风行了五十多年,可是,她的首演却是在上海。

那是 1940 年 4 月,程砚秋把他新创的新戏《锁麟囊》带到上海,于 4 月 29 日在黄金大戏院首次公演。

《锁麟囊》是程砚秋先生的主要代表作之一,此剧的编剧是著名剧作家翁偶虹先生,写于 1939 年,那时翁先生已经开始为程先生编写剧本。这个题材是程砚秋先生自己选定的,他当时觉得自己演的悲剧太多了,想搞一出适合他演唱的喜剧。他在焦循《剧说》里看到所引《只麈谈》一个绣麟囊的故事,他认为它有醒世的作用,且可以编成喜剧。于是就找翁偶虹先生来商量,想请他来写。翁先生看了故事,认为可以,同意由他编写剧本。翁先生根据《只麈谈》笔记,参考了韩补庵的《绣麟囊》剧本,并调动了自己的生活积累,很快就写出了《锁麟囊》这个京剧剧本。

《锁麟囊》写登州富豪之女薛湘灵,出嫁前,母亲贻一贮满珠宝的锁麟囊。花轿行至中途,忽遇大雨,暂避春秋亭。另有一简陋花轿也来此避雨,轿中贫女赵守贞因家贫悲伤啼哭。湘灵顿生恻隐之心,以锁麟囊相赠。雨止各去。六年后,登州大水,湘灵与家人失散,流落莱州,在富户卢家为仆。一日湘灵偶然发现当年之锁麟囊供奉于楼上。原来卢夫人即是赵守贞,当她得知湘灵乃赠囊之人,敬如上宾,并助薛湘灵一家团聚。剧情曲折跌宕,提倡人与人之间互相帮助,讽刺趋炎附势的小人,说明了善有善报,积善余庆,"积德才生玉树苗"的人生哲理。

剧作家善于运用铺垫、对比等艺术手法,致使人物性格非常鲜明。在唱词方面也下了很多功夫,写得凝练生动,文采斐然,唱词中很少直白的叙说,如"春秋亭"中"新婚渡鹊桥"、"鲛珠化泪抛"、"鸦占鸾巢"、"在壁上瞧"等,或用典故,或作比喻,显得含蓄隐秀,意味深长。然而又不晦涩难懂,佶屈聱牙,而是如行云流水,朗朗上口。程砚秋曾对翁偶虹说:"几段唱词,多写些长短句,我也好因字行腔";"越是长短句,越能憋出新腔来"。所以翁偶虹在后面薛湘灵重见锁麟囊时,那一段回忆当年春秋亭情景的唱词,不仅用词与前面迥异,而且突破格律,采用长短句的格局,写出了这样的唱词:"在轿中只觉得天昏地暗,耳听得,风声断,雨声喧,雷声乱,乐声阑珊,人声呐喊,都道是大雨倾天";"轿中人必定有一腔幽怨,她泪自弹,声续断,似杜鹃,啼别院,巴峡哀猿,动人心弦,好不惨然"! 不仅避免了前后的重复,而且充分显示出剧作家文辞语言方面的深厚功力。

程砚秋对《锁麟囊》唱腔的琢磨,更是呕心沥血,焚膏继晷,整整用了一年的功夫。程先生广采博收,不仅吸收京剧其他流派的唱腔,还吸收梆子、大鼓、越剧等姐妹艺术音乐的因素,加以糅合融化,创成新腔。那时他常到什刹海、后海、积水潭一带散步,低唱浅吟,推敲腔调。唱腔写成后,又多次到大马神庙,就正于王瑶卿老夫子。因此,有人称《锁麟囊》乃集程腔大成之作,也有人把《锁麟囊》称为程砚秋演唱艺术的巅峰之作。而"春秋亭"这段唱腔乃是全剧中的"华彩乐段",唱腔用〔西皮二六〕转〔流水〕。传统的〔西皮二六〕较多用于叙事,有时也用来表达欢悦欣喜的情绪。但这一段唱腔主要用来抒写薛湘灵的心理活动和行为。它鲜明地体现出程派唱腔的独特风格,并在沉郁委婉中见其清新和流畅,十分优美动听。

程砚秋把《锁麟囊》这出新戏安排在上海首演,是含有深意的。而且这次的演出阵容集中了南北两地的名角,程砚秋饰演薛湘灵,吴富琴饰赵守贞,芙蓉草饰胡婆,张春彦饰薛良,孙甫亭饰薛夫人,顾珏荪饰周庭训,刘斌昆饰梅香,王春茂饰卢天麟等。这次演出非常成功,一时轰动了上海。唯我撰文《〈锁麟囊〉观后》说:"砚秋最近编的几部戏,确有不少改革而令人一新耳目的地方,这出戏比较更进步了。讲到技术方面,砚秋的做工,素来为人所钦佩的,尤其是演悲哀一路的戏。这里前场的薛湘灵,是一位千金小姐,砚秋照样有超特的表演,描写湘灵的娇生惯养,大有雍容华贵仪态万方之美,看嫁妆时的水袖,接连有两个美妙绝伦的姿式。讲到唱,这出戏可以说让台下人过足戏瘾,最重要的是两段〔二六〕,一段二簧,和一段西皮……"(《申报》1940 年 5 月 7 日第 12 版)。

同年 10 月 7 日,《锁麟囊》在北京长安戏院演出,同样受到广大观众的热捧,致使程腔在大江南北更加风靡盛行了。

将近七十五年之后的今天,《锁麟囊》再次轰动申城,这充分显示出经典的经久不息的特殊艺术魅力,值得我们深思。《锁麟囊》已列入"拍摄京剧经典传统大戏电影工程",不久将投入拍摄,我相信《锁麟囊》拍成电影,必将受到广大观众的欢迎。

(《文汇报》"笔会"2015 年 2 月 25 日)

## · 江南伶杰麒麟童 ·

一六六

# 周信芳:大师是怎样造就的?

当下,整个社会正在呼唤大师,所以研究大师的成才之路,成才之道,具有十分重要的现实意义。大师是时代的产物,也是个人努力奋斗的结果。大师的诞生需要多方面的条件和因素。作为京剧大师的周信芳,他一生艰巨而光辉的艺术生涯,留下了一长串足迹,对这一长串足迹认真加以研究,可能答案就会清晰地呈现在我们的面前。

## 一、天才与勤奋

做一般的艺术家,只要有较好的艺术天赋就可以了,但是要做一个独创流派的艺术大师,就得有天才,有特殊的禀赋。周信芳就是一个难得的天才。演员是拿自己的身体作为材料进行艺术创造的人。周信芳身材魁伟,方脸宽颡,两眼有神,个头、扮相、嗓子都属上乘。年轻时,他嗓音高亢,可以唱到正宫调。他从小就喜欢看精彩的做功与绝活,他自己领悟力强,善于表演,浑身是戏。他虚岁6岁拜文武老生陈长兴为师学戏;第二年,就以"小童串"名义首次登台,第一出《黄金台》,扮演娃娃生田法章,演得情状逼真,稚气可掬,非常动人,观众喜其慧黠,群加赞赏,于是初登舞台,便一炮打响。11岁,在汉口演出《翠屏山》,周信芳糅进武术的耍单刀,小稚子飞舞长刀满台生风,观众叹为观止。可见,在幼年时已经显露出他非凡的表演才能。

只有天赋,没有勤奋,也成不了大师。如果一个天才,像奥勃洛摩夫那样成天懒洋洋地躺在床上,不用脑子,不动手脚,那么我可以断定,他不可能有什么科学的发明,文学的创作或是艺术的成就,他肯定成不了什么专家,更不要说大师了。

周信芳不仅天赋好,而且是一位十分勤奋的艺术家。

戏曲、京剧是一种程式化很强的表演艺术,演员必须具备唱、念、做、打、手、眼、身法、步四功五法,对其中每一门都要作严格的训练,熟练掌握其技能。这样才能在台上演啥像啥,游刃有余。所以,你要当京剧演员,即使天才,也得练功。周信芳幼年时就是一位勤奋而刻苦练功的"小老斗"。

他在1902—1905年这几年童串生活期间,他一边学戏练功,一边以儿童演员身份出入于戏园,为著名演员配演娃娃生。他练功非常认真、刻苦,每天早晨起来吊嗓子,练唱,穿着硬靠、厚底靴练功,单是跑圆场就要跑100圈,还有毯子功、把子功等。每次都练得大汗淋漓。所以他在文武两方面都有非常扎实的基本功。这一点,在他后来的精彩演出中都得到了充分的印证,他演《萧何月下追韩信》,其中的圆场浑身无一点摇晃,仅见其两腿疾走如飞,他的扔鞭、甩帽、吊毛接跪蹉,一气呵成;在《文天祥》中扎大靠走硬抢背,与盖叫天合演《一箭仇》时两人开打严丝合缝等等。他虽然倒嗓,音带沙哑,但念白抑扬顿挫,铿锵有力,唱腔沉郁苍劲,韵味醇厚,这些都是扎实基本功的体现。

周信芳13岁时已经小有名气,但他为了进修深造,毅然负笈北上,进了当时最负盛名的京剧科班喜连成科班"搭班学艺"。他与喜字辈的学生一起练功,吊嗓,学戏,一起上剧场演出。据当年喜连成的总教习萧长华先生回忆:"当时信芳同志是文武全演,文戏中唱功戏如《让成都》、《红鬃烈马》,做功戏如《滚钉板》、《问樵闹府》,念功戏如《六部大审》,武戏中如《连环套》、《独木关》等,演来无不受到观众的盛誉,而且还能演老旦。"在喜连成班的训练和演出,使他的基本功更加扎实。

周信芳的勤奋还表现在他的勤于演出,勤于实践。演员技艺的提高,表演经验的积累,创造能力的升华,都离不开舞台的演出实践。舞台是演员终身的学校。梅兰芳曾经说过:"一个好演员,必须有1 500场的演出实践。"

周信芳是一位演出特别勤奋的艺术家,他一生的大部分时间都奉献给了舞台。他七岁登台,年轻时走南闯北,一直到1962年,67岁时还上舞台主演新戏《澶渊之盟》,整整演了60个年头。周信芳又是演出场次最多、演出剧目最多的艺术家。他不断地编演新戏,一些代表剧目也是反复琢磨,常演常新。他几乎每天演出,而且常常在一天中日夜两场,有时一场演双出。有时一年要演400多场。他一生演出的场次很难统计,单就报载的演出广告放映出来的,总共就有12 429场。他一生演出的剧目达600多出,其常演剧目也不在百出之下。他在丹桂第一台演出八年中,演出剧目达259出,其中新戏209出。这些清楚地告诉我们,周信芳的大师是艰苦练功练出来的,是勤奋演戏演出来的!

我曾在《周信芳评传》一书中说道:"一颗天才的种子,落在了上海这一特殊的文化土壤之中,江南的细雨滋润着它,东海的海风催发着它,幼苗破土而出,茁壮成长,终于长成参天大树,开放着麒派艺术的绚丽花朵。"

## 二、传承与创造

戏曲,包括京剧属于非物质文化遗产,它主要依靠老师的口传身授,一代一代地传承下来,所以特别讲究师承关系,没有师承,如同无本之木,无源之水。大师往往都有名师传授,高人指点。"名师出高徒",是一条规律。当然,艺术的发展除了传承,还须创造,没有创造,艺术就会停止不前,失去生命力。周信芳大师地位的确立,是因为他忠实地继承了京剧优秀的传统;同时又努力创新,推动了京剧的向前发展。

周信芳正式拜过老师,后来又进了喜连成科班,受过正规的、严格的专业训练。他学的戏,大多是名师传授的,有根有攀。

周信芳传承有几个特点,一是转益多师。他虚心学艺,到处寻师访友,故而他的老师远不止一个,正式拜师的就有文武老生陈长兴、老生王玉芳、武生李春来等。没有行正式拜师仪式的老师就更多了,如孙菊仙、王鸿寿、谭鑫培、汪笑侬等。在喜连成科班搭班学艺时又得到叶春善、萧长华等名师的传授和指点。还跟某个老师学某出戏的,比如他跟刘双全学《凤鸣关》、《定军山》等靠把戏,跟潘连奎学《六部大审》、《盗宗卷》等念白戏。所以,周信芳到底有多少位老师,很难数计,但却真正学到了他们身上的技艺精华,艺术的起点很高。周信芳之所以后来成为大师,有名师传授,有高人指点,也是一个重要的因素。

二是周信芳善于博采众长,取精用宏。周信芳曾说过:"任何人我都学","任何行当我都学","任何戏剧我都学"。他向传统学习,打破了流派、行当的局限,什么流派都学,什么行当都学。他不仅向各派老生学,还向花脸刘永春、花旦冯子和等其他行当的名家学习。所以他的艺术因素的来源是多方面的。正如前辈剧评家朱瘦竹所说:"麒麟童身上,台步像小孟七,髯口功夫像苏廷奎,做派像三麻子,武生像李吉瑞、李春来、王金元,老头儿戏像马德成,小生像龙小云……"(《南派做工老生的古今两巨匠》,刊《半月剧刊》一卷一号,1936 年 7 月出版)。周信芳除了向旧剧传统汲取营养外,还向新文艺,包括话剧、电影等摄取艺术养分。像考尔门、约翰·巴里摩亚、贾莱古柏、弗特立马区、却尔斯劳顿这些美国电影明星的演技,他都加以揣摩、借鉴及吸收,以此来丰富自己的表演艺术。周信芳还集编、导、演于一身,勤于整理旧戏,编写新戏,这显然是学的汪笑侬与欧阳予倩。

三是周信芳传承前辈的剧目和技艺时,总是通过自己的头脑进行认真的思考分析与审慎的选择。比如周信芳十分崇拜、钦佩谭鑫培的艺术,而他的高明之处在于认真探索谭派的精髓与真谛。他认为谭派的好处在于:老谭能巧妙地运用自己的长处,显示出文武唱做的全能;老谭无论唱做、绝技,都紧紧扣住剧情,注重人物的心理刻画,技与艺达到了完美的结合。他学谭就学这些精髓。正如国学大师顾颉刚说过:"学谭(鑫培)学得最好的是麒麟童。"

对一个大师来说,传承非常重要,但相比起来,创造更其重要。周信芳是一位极富创造意识和创造才能的艺术家,也是一位掌握了正确的创造方法,极其善于创造的艺术家。

周信芳的创造有几个特点。

第一,周信芳的创造是在继承传统基础上的创造。他曾说过:"不能推翻京剧传统的表现形式而另起炉灶,又不能原封不动地套用旧形式,必须在传统表演方法的基础上,加以必要的改变和创造,以适应内容的需要。"所以,周信芳的创造不离京剧的本体,不离京剧的规范。

第二，周信芳的创造并不采用简单搬用、生硬拼凑的办法，而是融会贯通，熔于一炉，结合自己的理解，结合自身的条件，加以改造、创造，从而使它形成新的品质。比如《斩经堂》，王鸿寿是用［吹腔］和［高拨子］一唱到底的。周信芳不仅在剧本结构上作了调整，唱腔方面也改用了［二黄摇板］、［原板］，以更利于抒发感情，更强化戏的悲剧气氛。《独木关》，李吉瑞重唱，杨瑞亭重打，周信芳却另辟蹊径，以做工、念白为主。再如《别窑》，当时在上海就有三派，一派是龙小云的小生戏；一派是老徽班路子的潘月樵；还有一派是宗黄月山的黄派戏，这三派艺术表演多有不同。周信芳对三派作了比较，加以取舍，熔于一炉。他学龙派，身上扎白靠，但不用小嗓，用大嗓；学潘派起霸，腰里佩宝剑；而"送别"学的是黄派。同时他又有与三派都不同的地方，如他不拿银枪，不戴扎巾或扎巾盔和披巾，而是戴荷叶盔。

周信芳吸收姐妹艺术的养料，也能巧妙地融入自己表演的血肉中去。他演《坐楼杀惜》中最后刺杀阎惜娇时的身段和内心表现，是从美国影星考尔门那里学来的，而《追韩信》里萧何看韩信墙上题诗时，背脊颤动的表演则是借鉴了另一美国影星约翰·巴里摩亚的演技。但这些表演和动作不仅与人物、剧情相契合，而且融进了京剧表演的节奏和锣经里，完全"京剧化"了，看不出一点斧凿的痕迹。

第三，周信芳把艺术创造聚焦于人物形象的塑造上面。他善于运用自己扎实的文武基本功和京剧传统唱、念、做、打的表演技艺来演绎剧情，塑造人物。京剧表演程式化强，行当规范严格，所以弄不好容易演行当，演程式。周信芳注意吸收话剧、电影表演体验人物的方法，采用体验和表现相结合的方法，运用京剧程式来演人物。《四进士》里的宋士杰是个善良而富于正义感的老人，同时又是衙门刀笔吏出身，周信芳把他的性格概括为"老辣"二字。从年龄看，宋士杰是戴白髯的衰派老生，然而不能用衰派老生的行当简单地套用，"把他演得过于衰老，是不对的；一味潇洒，也不尽合理"。周信芳演这个人物时，分寸拿捏得非常精准。对一些同一行当的角色，周信芳必定分清其性格的差别，比如萧何和徐策，行当相同，又都是宰相身份，但他们的年龄、性格、处境都有差异，故而他们的出场、举止动作都有所不同萧何的"追"，心情焦急，追得筋疲力尽；徐策的"跑"情绪激昂，跑得眉飞色舞。两个人物，面目各具。所以周信芳是京剧界最著名的性格演员。

## 三、流派与剧目

流派与剧目往往是戏曲艺术大师的重要标志。

一般的艺术家，只要有几出拿手的戏目，具有一定的艺术特色也就够了。但是作为艺术大师，他必须有一系列独具风格的代表剧目，在艺术表演方面独树一帜，或形成自己的流派，从而在剧坛起着开一代风气的作用。周信芳就是这样的一位艺术大师。

周信芳天赋极好，原来他主唱功老生；15岁时不幸倒嗓，后虽经过治疗和训练逐渐稳复，但终未恢复到原来的水准。根据这个具体情况，周信芳及时调整自己的定位，扬长补短，结合自己的条件来塑造独特的艺术个性。他从唱功老生转为做功老生，并逐渐探索出一种适合于自己嗓音的演唱风格。

戏曲艺术家在创造流派时，一般有两种情况，一种是明显地师承某一流派，又结合自身条件，吸收其他养料，创造出一种新的流派。如言菊朋宗谭鑫培的谭派，后在谭派基础上，根据自己的嗓音条件，创造出婉约跌宕、精巧细致的言派。另一种情况是，并不明显地以某一流派为模仿、师承的对象，二是根据自身条件，兼学数派，杂糅诸家，博采众长，创造出一种独特的流派。周信芳的麒派就属于后一种。

周信芳曾总结谭鑫培的经验:"他成功在哪里呢? 就是取人家之长处补自己的短处,再用一番苦功夫,研究一种人家没有过的,和人不如我的艺术。明明是学人,偏叫人家看不出我是学谁,这就是老谭的本领。"其实,周信芳创造流派时,学的就是老谭这种本领。

周信芳在做工方面,吸收了谭鑫培以丰富的表情、动作刻画人物性格和感情的方法以及王鸿寿等表演强烈、激昂的格调。在唱腔方面,吸收了汪桂芬、孙菊仙、谭鑫培、汪笑侬的精华,形成咬字有力,行腔气势豪放、顿挫强烈的风格。经过长期的艺术实践和积累,逐步形成独树一帜的麒派。麒派表演是充满激情的性格化表演,重彩浓墨,淋漓酣畅,感染力强。麒派是力的艺术,呈现出遒劲刚健的阳刚之美。麒派注重做工,周信芳走到台上,浑身是戏,骨节眼里都灌满了戏,他动作刚劲有力,表情丰富强烈,舞蹈气势磅礴,被称为"动作的大师"。麒派还有个特征是通俗新颖,雅俗共赏,在各个层次的观众中都有众多的知音。

流派是主观和客观结合的产物,是艺术家艺术个性逐步积累,自然而然形成的。

流派与剧目有着密切的关系。京剧是以演员的表演艺术为中心的综合艺术。演员的表演离不开一定的剧目。剧目不单是剧本,它是文学剧本、舞台形象、艺术表演等多方面的综合体,剧目是演员进行艺术创造的载体。所以,一个艺术家的流派艺术的创造和体现总是与一定的剧目相关联的,它们有着相互依存的关系。我们一提起谭鑫培,就会想到他的《战太平》、《定军山》、《洪洋洞》、《打棍出箱》、《斩马谡》等剧目;说到梅兰芳,也会想到他的《霸王别姬》、《贵妃醉酒》、《宇宙锋》、《嫦娥奔月》等代表作。因此,成功的剧目也是艺术大师的重要标志。

周信芳一生在剧目建设上面用力最多,他把大量的精力花在了旧剧的整理、改编和新戏的创演方面。

1915年,周信芳进入丹桂第一台,次年就担任后台经理。他在丹桂八年时间里,努力编演并积累能显示自己艺术个性的剧目,编演新戏,整理旧戏,加工上演别人的剧目,三管齐下,演出的剧目达257出之多,其中新戏209出,亲自编排、演出的剧目124出。其中最有名的有《乌龙院》、《追韩信》、《斩经堂》、《徐策跑城》等。

1920年5月,他在丹桂首演了《乌龙院》,这个戏原来只有"闹院"和"杀惜",周信芳作了整理加工,中间加进了"刘唐下书",使戏更加完整,并且他自饰宋士杰,充分发挥了做工、念白方面的特长。《徐策跑城》,他是从王鸿寿哪里学来的,王鸿寿原来戴"白髯",周改为"白三",是人物在老迈中透露出旺盛的精神,此戏原来舞蹈比较简单,周信芳作了大幅度的丰富和创造,使之成为一出载歌载舞的好戏。

1932年,他还整理了全本《清风亭》。它原是一个传统剧目,后来濒于失传,只剩下一些折子,清乾隆年间刊印的《缀白裘》中只收有《赶子》一折。周信芳十四五岁时看到老前辈郝寿昌演《天雷报》,很感兴趣。于是开始苦苦搜求《清风亭》的全本。后来从北京得到一个残缺不全的"全本"。他在这个本子的基础上,根据自己的条件,需补者补,需增者增,可减者减,可并者并,整理出一个比较完整的《清风亭》剧本,于1933年北上巡演时首演。周信芳在这个戏里,充分发挥麒派做工的特长,并吸收江南著名老旦杨长喜表演"穷婆子"的技艺,手腕住持拐杖时,用颤抖的动作表现其年老衰颓的神态,成为一绝。

解放后,周信芳的艺术已经炉火纯青,但是他还是继续努力编演了《义责王魁》、《海瑞上疏》、《澶渊之盟》等新戏。1954年起,他还下了很多功夫来整理加工自己的部分代表剧目。整理的剧目有《清风亭》、《乌龙院》、《四进士》、《文天祥》、《打严嵩》、《投军别窑》、《审头刺汤》等十余个。从对剧本的主题思想的提炼和确立,对剧中人物性格的分析与把握,对故事情节的解释与安排,一直到对唱词宾白的修改与润色,都进行了认真的考虑,每一个剧本都经过周信芳细心的校订。经过整理加工,琢磨出了一批精品,增添了京剧剧目宝库的光彩。

# 四、环境与机遇

大师的形成并非纯粹的个人行为,大师是时代的产物。大师的产生与他所处的时代,大自社会环境、文化环境,小至行业的兴衰、地域的氛围都有密切的关系。有时机遇对大师来说也是不可忽视的因素。

周信芳自己说过,他出生在一个"可诅咒的时代"。周信芳所处的年代,一方面国家和人民深受帝国主义的侵略蹂躏以及国内统治阶级的压迫、剥削,可说是灾难深重;另一方面,进步的革命政党领导下的人民群众的反帝反封建的革命运动风起云涌。这是一个动荡的年代,这样的时代和社会,人民群众满腔的愤懑和不平需要宣泄和昂扬,它需要艺术家的鼓与呼,也呼唤壮美的艺术,呼唤代表人民心声的大师。

周信芳身处于京剧的鼎盛时期,其时,京剧剧种已经成熟,处于繁荣向上的阶段。当时戏班众多,戏园林立,演出繁盛,名角辈出,观众踊跃,艺术生产力在艺术竞争中得到很大程度的解放。这是出大师的年代。另外京剧改良运动中涌现出一批京剧改革家,他们的思潮和新剧目,对周信芳也有很大的影响。

周信芳诞生在上海,也不是偶然的。上海开埠之后,不久成为我国南方重要经济、文化中心。上海四海通商,五方杂处,南北的戏曲、杂艺争妍斗艳,同时西方的电影、话剧、舞蹈等新文艺样式纷至沓来,成为中西文化交汇的窗口。北方的京剧传入上海后,十分繁荣,并形成南派京剧。周信芳及其麒派就是在这样特殊的文化背景下诞生的。一方土养一方人,周信芳这样的大师只能诞生在上海,而不可能产生在北京或者别的地方。可以这样说,如果没有上海这样特殊的文化环境,就不可能出现周信芳这样的大师。

大的环境对周信芳成为大师十分重要,有时机遇也有不小的作用。当然,机遇总是给予有准备的人。

比如,他在年轻时就接触了一批艺术大家,其中有"伶界大王"谭鑫培,"老生后三杰"之一的孙菊仙,以及王鸿寿、李春来、汪笑侬、冯子和等。有机会与他们同台献艺,受到他们的传授和指导。高人的指点,使周信芳终身受益。13岁时他去北京喜连成科班带艺搭班,也是一个很好的机遇,他因此在北京亲眼看到了谭鑫培等许多京剧大家的表演,大开了眼界。又亲身接受著名科班的训练,亲身领略京剧故乡的舞台氛围,大大提高自己的艺术素养。

周信芳在丹桂八年,比较稳定的演出环境和创演团队,对他逐步积累艺术个性,乃至独创麒派,也是很有利的。20年代、30年代,周信芳两次登上银幕,也是不可多得的机遇。

抗战时期,上海成为孤岛,经济畸形发展,文化消费增长,文艺娱乐业繁荣,是周信芳有更多的演出实践机会,他编演了许多新戏和连台本戏,使麒派艺术逐渐成熟。

解放后,50年代,国家对周信芳相当重视,使他有机会系统总结自己的表演艺术经验,系统梳理、加工他的代表剧目,先后出版了《周信芳演出剧本选集》(上下册)、《周信芳演出剧本新编》以及表演经验总结《周信芳舞台艺术》。并先后拍摄了戏曲影片《宋士杰》、《周信芳的舞台艺术》。这样,从文字到音像,比较完整地保留下了周信芳宝贵的艺术资料。

## 五、修养与人格

作为一个大师,必须有高度的修养,包括文化修养和道德修养,他不仅要在自己的学术或艺术领域有卓越的成就,而且大师应该是道德高尚的人,在他身上透射出一种人格的力量。周信芳就是这样的一位艺术大师。

旧社会出身的戏曲演员,一般从小学戏,在学校里读书的机会不多。周信芳亦然如此,就学历看,非但不高,而且很低。他幼年虽在私塾读过一段时间书,因为要跟随父亲的戏班流浪江湖而辍学,后在上海进过粲荟学校,时间也不长。但他从小就养成了喜爱读书的习惯。他在一篇文章中写道:"书到用时方嫌少。在我这个幼年失学的人来说,感受就更加深切。补天之术就是尽力而为,有一点多余的钱,有一点多余的时间,我都花在书的上面了。"他闲暇时经常到福州路书坊、书摊去买书、淘旧书,已成了习惯。他说:"我买书是很'功利主义'的,是为了替我的演戏找参考资料才买的。""选购的范围,基本上是属于文史一类的。有些书买回来,即使不能'立即生效',可是搁在那里也不碍眼,说不定哪天会用得着它。"在周信芳的书房里,经史典籍、笔记野史、古今文学家的专集、杂剧传奇等古典戏曲资料、"五四"以来的新文艺书刊摆得琳琅满目。"家居无俚,我总是泡在书房里与书为伴。这本翻翻,那本看看,漫无题旨,开卷有益。忽然让我发现了一段与我的表演有关的文字,意外的惊喜。"这使他对古代历史的发展沿革,历史时代的环境和风貌,历史人物的思想和心理都有了相当深刻的认识,所以他所编的戏,所演的人物,既有历史的真实感,又有戏剧的生动性。

周信芳的读书真正做到了"学以致用",大大有助于他的理论水平、艺术修养的提高。他不但集编、导、演于一身,还动笔写过大量文章,对戏曲的表演艺术、戏曲文学、戏曲流派、戏曲的继承与发展等重要理论问题进行深入的探讨,充满辩证法和真知灼见。单就他出版的著作《周信芳戏剧散论》、《周信芳舞台艺术》、《周信芳文集》,就有六七十万字之多,散见于报刊的文章和经年不断的笔记,以及编写的剧作,远不止数百万字。

周信芳不仅喜欢读书,而且喜欢看电影,爱好书画。他看过的电影和其他剧种的作品不可胜数。20世纪20年代初,他和高百岁、王芸芳等几位京剧名角在上海拜书法名家郑孝胥为师学习书法。有一时期,他几乎每天临池习帖,濡墨握管。他不仅临帖,也偶有创作,或书诗唱和,或题写扇面。一时间他的书房里不仅有京胡的乐音缭绕,而且有墨香飘荡。

1943年夏天,梅兰芳和外交家张君谋、作家范烟桥等在上海发起成立甲午同庚会,他们生肖都属马,当时都是50岁。邀集一些矢志不为敌伪效力的文化人和实业家参加。周信芳也在其中。此外还有作家、《万象》杂志发行人平襟亚,画家吴湖帆、汪亚尘,作家孙伯绳、实业家尤怀皋等。他们都是50岁,属马,总共20人,加起来正好一千岁,所以这个会也称"马会"、"千岁会"。这一年的中秋节,同庚会在尤怀皋开设在戈登路上的自由牧场里举行第一次集会。会上互赠礼品,大多为扇子、墨盒、画卷、印章、笔砚等。周信芳专门亲笔画了20把扇子分送会友,画的是兰花、修竹和顽石。周信芳还向吴湖帆、汪亚尘学画淡墨山水和金鱼。他很想与范烟桥合写京剧剧本,后因范烟桥就任中学的校长,没有空暇而未果。

周信芳虽然上学时间很短,但他确是一位文化修养很高的,不可多得的、复合型的艺术大师。

周信芳是艺术界的一位伟人,他不仅艺术方面具有令人震慑的魅力,而且在他身上透射出一种人格的力量。

首先,周信芳是一位伟大的爱国者,一生经历了社会的动荡和历史的沧桑,不论在何种历史条件下,热爱祖国、热爱人民的一颗赤子之心始终如一。他在青年时代曾沐浴在京剧改良运动的春风之中,深受民主革命思想的熏染,并紧紧追随前贤的足迹。1913 年,年方十八的周信芳就编演了抨击袁世凯的时事新戏《宋教仁》,"五四"运动中又演出了《学拳打金刚》。抗日战争时期,他在上海坚持抗日救亡运动,在卡尔登剧场编演历史剧《明末遗恨》和《徽钦二帝》,以深沉的感情抒发亡国之痛,有力抨击投降卖国,鼓舞人们抗日救国的热情,人们称之为"两颗艺术炸弹";上海敌伪统税局、特务机关"七十六号"等要他去唱堂会,他毅然拒绝。这些都鲜明地显示出他崇高的民族气节。所以,田汉称赞他:"更有江南伶杰在,歌台深处筑心防。"

周信芳身上还体现出一种可贵的坚忍不拔的奋斗精神。他在童年时代嗓音极其宽亮,但在他十五岁时突然在天津倒嗓,一时连音也发不出。这对一个以演唱为主的京剧演员来说是很大的不幸。但周信芳并不气馁,每天清晨五时即起,登上土墩喊嗓锻炼,另一方面积极求医问药。经过努力,嗓音有所好转,但终未能恢复到原来的状态。周信芳面对现实,扬长避短,积极进取,他充分发挥自己做工、念白方面的特长,又以坚强的毅力练就一条沉着有力的嗓音,据此条件创造了稍带沙音但愈见刚劲苍凉的麒派唱腔。三十年代周信芳的唱片竟发行到十余万张。周信芳的生活、艺术道路充满坎坷,有一度他的麒派被斥之为"洒狗血"、"野狐禅",但他没有被谩骂骂倒,而是不断创造,不断改进,坚持走自己的路。这种在逆境中奋进的精神,极其令人感动。"文革"中,"四人帮"罗织罪名,以周信芳曾编演《海瑞上疏》等,把他打成反革命,甚至将其投入监狱。然而周信芳身陷图圄,仍然铁骨铮铮,革命信念不变,他坚信毛主席、周总理是了解他的,"四人帮"是背着周总理干的。表现出锲而不舍的韧性和对革命的坚定信念。

周信芳还是一位德艺双馨的大师。他崇尚戏德,十分敬业,他把艺术看作自己的生命,把自己毕生的精力都献给了京剧事业。对艺术高度负责,一丝不苟。1962 年 12 月,文化部举办"周信芳演剧生活六十年纪念活动",他以 66 岁高龄赴京演出,他演的《打渔杀家》里,萧恩有一个"吊毛"的动作,开演前,周恩来总理考虑到周信芳年事已高,且血压偏高,故而特地关照他不许翻"吊毛",最多来个"抢背"。可是上了舞台,周信芳早已忘了这些,还是照样走了个"吊毛",而且动作利索,非常漂亮。事后,他说:"不这样演不行啊!观众都知道有个吊毛,我怎能偷工减料呢?"他倡导团队精神,要求在台上"一棵菜"。在戏班、剧团里对待同事谦虚宽厚,乐于助人。他经常为各种层次的同行配戏。甘当绿叶,善为人梯,热心托举有作为的年轻演员。他收徒授艺,诲人不倦,是一位热心培养京剧后继人才的优秀园丁。因而在京剧界周信芳有"领袖艺员"的美誉。周信芳堪称艺术界的一代楷模。

周信芳的成才之路,生动地说明了大师的造就需要多方面的因素和条件,除了大的环境、氛围之外,从主观讲,天赋很重要,勤奋是关键;认真传承,练好基本功是基础,培育创造意识,掌握创造方法,才能胁下生翅;要扬长避短,注重铸造属于自己的独特的艺术个性和风格;而剧目的创造和积累是重要的抓手。大师首先是大写的人,道德的修为和文化的修养是大师必备的条件。前面已有标杆树立,我们期待着更多的艺术家乃至大师脱颖而出。

2014 年 3 月 23 日写于上海

（刊于《上海采风》杂志 2016 年第 3 期）

一六七

# 周信芳的老师知多少

周信芳是位转益多师的艺术家,他虚心学艺,到处寻师访友,故尔他的老师不止一个。正式行跪拜礼的老师就有三个,没有正式行拜师仪式的老师就更多了。

周信芳的启蒙老师是陈长兴。大家知道周信芳出身梨园之家,乃父周慰堂,艺名金琴仙,是颇有名声的京剧旦角;母亲许氏亦习于歌曲。周信芳六岁就读于私塾,但因戏班居所无定,便辍学。母亲偶授周信芳《文昭关》"一轮明月"词,竟能朗朗上口。父亲乃延请陈长兴为之说曲。陈长兴是杭嘉湖文武老生兼花脸,拿手戏有《焚绵山》、《独木关》、《芦花荡》等。陈长兴为周信芳开蒙,第一个戏是《黄金台》,周信芳一日便得其韵。接着便教他《一捧雪》、《庆顶珠》等。

第二年,周信芳便在杭州拱宸桥天仙茶园以小童串露演了《黄金台》,观众以其年幼慧黠,大加赞赏,一炮就打响了。周信芳跟随陈长兴学戏的时间,虽然不太长,但犹如书法中的开笔一样,陈长兴对他的启蒙教育,影响着他整个一生的艺术生涯。

周信芳的第二个老师是著名老生王玉芳。王玉芳是前辈王九龄的弟子,学王九龄最为神肖,《除三害》、《捉放教子》、《一捧雪》、《审头刺汤》等戏均能传九龄之衣钵,故有"九龄正宗"之誉。除此之外,他还兼演汪桂芬和张二奎的王帽老生戏。其唱凝重典雅,宽厚爽朗,韵味古朴醇厚,做工亦佳。他对音韵之学研究甚深,熟谙梨园掌故,名派名伶剧本词句之异同优劣,皆了然于胸。周信芳有这样一位老师的亲授和指点,其基础自然打得深厚坚实。

1907年,周信芳十三岁时,又正式拜李春来为师。这位南派武生的代表人物,长靠短打诸戏皆工。其表演特点是身手轻捷,动作俊美,斤斗利索。他勇于革新,吸收了不少武术的动作,开打火炽惊险。他的弟子很多,尤在南方,凡短打武生,大多出自他的门墙。周信芳曾在李春来的春仙班搭班,李春来对他亲口实授,教过他《狮子楼》、《四杰村》以及《落马潮》的走边和《翠屏山》的耍刀。后来周信芳演过这些戏。由于周信芳的武戏扎过这么一个好底子,故尔胳膊腰腿,一身边式,在台上能来各种武生的高难度动作,如持伞吊毛等。

以上三位是周信芳正式拜过的老师。没有正式拜的老师就更多了,略举数位。

王鸿寿是重要的一位,笔者有另文详述。

十二岁时,周信芳加入王鸿寿的戏班,在上海玉仙茶园演出。此时周信芳已开始演出正戏。同台的有孙菊仙、林颦卿、李春利等。

孙菊仙是与谭鑫培、汪桂芬齐名的"后三杰"之一的著名老生,人称"老乡亲"。他嗓音宏亮沉厚,唱腔爽朗,表演细致生动,别具特色。他对后进极力提掖。周信芳有机会长时间地向老孙学习,而且是亲炙,所以深受其熏染。周信芳幼工是唱功老生,他主要学习汪桂芬、孙菊仙那种高亢、沉实"黄钟大吕"般的唱腔与念白,高音、气口、喷口都近似老孙,其腔中不少分明是老乡亲的味儿。像《路遥知马力》中"一见兄弟两泪淋,怎不叫人痛伤心"的哭头,《逍遥津》中"奸贼带剑入宫闱"等,而《四进士》中"好似整鱼把钩吞"则是得力于孙派而加以创造的。

1908年,周信芳在北京喜连成科班搭班学艺时迷恋上了谭派。

　　18岁那年，周信芳回到上海，在新新舞台与冯志奎搭班。恰巧新新舞台老板请谭鑫培来唱大轴戏。使周信芳有机会与这位伶界大王同台。周信芳每天认真地观摩老谭的演出，还雇了马车到老谭下榻的旅馆登门求教，恭恭敬敬地向老谭学了《御碑亭》、《桑园寄子》、《打棍出箱》、《打侄上坟》等谭派名剧。

　　周信芳从老谭那儿学到的不仅仅是几出名剧，更重要的还有：一是谭鑫培运用身段、动作、眼神，细致刻画人物性格和内心活动的表演艺术。后来周信芳演的《打渔杀家》，其中肖恩喝茶一段戏，就是继承老谭的表演，细致淳朴地刻画了父女之间的深厚情感。二是老谭悦耳动听的唱腔和高超的演唱艺术。周的唱腔虽偏重于苍劲质朴，但也注意了刚中有柔。三是老谭的改革精神和创造流派的方法。周信芳在1928年写的《谈谈学戏的初步》一文中曾说："谭鑫培成功在哪里呢？就是取人家长处，补自己的短处，再用一番苦功夫，研究一种人家没有过的，和人不如我的艺术。明明是学人，偏叫人家看不出我是学谁，这就是老谭的本领，这就是他的成功。"（引自《周信芳文集》286页）后来周信芳创造麒派独树一帜，不仅吸收融合了老谭各方面的艺术营养，而且就是仿效了老谭的这种本领，学习并运用了老谭的艺术思想。

　　周信芳另一位没有正式拜师的老师，就是京剧改良运动的先驱汪笑侬。

　　汪笑侬是满族人，出身八旗，当过知县，因得罪巨绅而被革职，弃官后下海唱戏从事京剧改良运动，首演自编的时装新戏《瓜种兰因》，还编演了大量针砭时弊、鼓吹革命的新戏。他还参加创办我国第一个革命戏剧刊物《二十世纪大舞台》。汪笑侬表演真实细腻，唱腔取程长庚、汪桂芬、谭鑫培之长，苍老遒劲，慷慨悲郁。

　　汪笑侬对周信芳影响最大的是他改革京剧的思想和编演新戏的经验。周信芳在与他同台演出时，也努力进行改革。如《献地图》一剧，汪笑侬饰张松，三麻子饰关羽，冯志奎饰张飞，应宝莲饰赵云，周信芳扮演刘备。戏中张松的扮相经过汪笑侬的改良，戴的是小纱帽，插的是桃翅，身上穿官衣，系绦。周信芳为了烘云托月，对刘备的服装也作了相应的改动。按老的扮相，刘备穿红蟒，花纹色彩鲜艳，气派又大，但客观上压了张松。于是周信芳提出这样的方案，里面穿一身红靠，把靠肚子拿掉，将围在腰间的腰拦系紧，分悬两旁的靠腿也稍作改动，尖角的靠旗改成长方形的旗插在背后。外面不穿蟒，改穿红官衣，一只膀子露在外面。这样扮相既不失刘备身份，又与张松的改良装交相辉映，立刻得到汪笑侬的首肯。刘备这身"靠"便成为后来"改良靠"的滥觞。汪笑侬的《受禅台》、《哭祖庙》、《党人碑》等剧目对周信芳启发很深，周信芳后来也编演了不少借古讽今的新戏，并成为集编、导、演于一身的全才。

　　除了以上所述，周信芳还随时随地寻师访友，凡有一技之长，都虚心向其求教。

　　12岁时，周信芳搭班到芜湖演出，偶遇张和福老先生，向之学《打棍出箱》等戏。

　　后来随李春来的春仙班走苏州、芜湖各埠，又遇刘双全先生，学《凤鸣关》、《定军山》等靠把戏；遇潘连奎先生，向他学《六陪大审》、《盗宗卷》等念白戏。

　　周信芳14岁到北京进喜连成科班深造，与梅兰芳等童伶一起搭班学艺，更得到了叶春善、肖长华等名师的传授、点拨。

　　有时，他同一个戏要向多人学习。比如《清风亭》，他早年从前辈郝寿昌学习，后在他的基础上编演了全本《清风亭》，而戏中张文秀拄拐杖的各种姿势却是从京剧名角杨长寿、杨长喜那儿学习吸收的。

　　周信芳究竟有多少位老师，很难数计，所以他的艺术因素的来源是多方面的。周信芳有这么多名师传授，自己又有这么好的天赋，加上他善于博采众长，融会贯通，他成为艺术大师就不奇怪了。他既有师承，又有变化创造，收各家之长熔于一炉，以自己的创意进行熔炼锻造，构建成麒派艺术的巍巍大厦。他自己有一句名言："只有一股水,不能成为大海。"周信芳正是因为吸纳了许多股的名川活水,所以终于汇成了汪洋肆姿的大海!

(《上海戏剧》2012 年第 12 期)

一六八

# 周信芳与王鸿寿

京剧大师周信芳是一位转益多师的艺术家。他虚心好学,到处寻师访友,故而他的老师不止一个。他五岁学戏,启蒙老师是杭嘉湖一带有名的文武老生陈长兴,后又拜王玉芳、李春来为师。但是没有正式拜师的老师却更多,其中王鸿寿是极其重要的老师之一。

王鸿寿(1850—1925)是安徽怀宁(今安庆)人,艺名三麻子。他的父亲是南方管水道粮运的官员,喜爱戏曲,蓄有昆曲、徽调两个戏班。王鸿寿幼时便在戏班里学戏。十四岁那年,父亲因寿礼事得罪上司,被参一本,满门抄斩。王鸿寿藏在戏班大衣箱内,幸免于难。其后他就加入徽戏戏班,流落江湖,初演武生,后改老生。太平天国后期,曾参加太平军的戏班"同春班"。太平天国失败,又转入民间徽班,在苏北里下河一带演出。王鸿寿拜朱湘其为师,又得孟七、夏奎章、郑长泰等名角的教诲。清光绪五年(1879)到上海,改唱京剧。能戏很多,尤擅长关羽戏,人称"红生泰斗"。他注重做派,唱念清切有力,表演富有生活气息,并锐意革新,擅长编导,把许多徽戏的剧目改编成京剧,如《徐策跑城》、《扫松下书》、《斩经堂》等,他对南派京剧的形成和发展有很大的贡献。

周信芳认识王鸿寿时只有十一岁,时在 1906 年。周信芳是虚岁七岁时在杭州拱宸桥天仙茶园首次登台的,故而用艺名"七龄童"。第一出戏是《黄金台》,扮演戏中的娃娃生田法章。《黄金台》写周代故事,齐湣王宠信邹妃及太监伊立,伊立诬陷世子田法章对邹妃非礼。湣王大怒,派伊立擒斩。田法章出逃,得御史田单帮助而偷逃出关。周信芳演得情状逼真,稚气可掬,十分动人。观众对他的聪明慧黠甚为赞赏,于是初登舞台,便一炮打响。接着,他被著名京剧老生小孟七(孟小冬的叔父)看中,让他出演《铁莲花》中的娃娃生定生。戏中伯母马氏百般虐待定生,冬天剥去他的衣裳,叫他在风中扫雪,又将烧得滚烫的碗令他捧奉。周信芳演得很真切,在"雪地奔滑"一场中,还顺溜地走了一个京剧中难度较大的动作"吊毛",博得了满堂彩声。于是这位小童串的名声渐渐在西湖的六桥三竺传扬开来。

1906 年,王鸿寿为筹建蓉华班来到杭州,听说有个叫"七龄童"的娃娃生,他就悄悄地到戏园来看周信芳的戏。那天,周信芳演的是《朱砂痣》。三麻子看了,觉得他功底很好,气质不凡,很有发展前途。完戏后,三麻子来到后台,周信芳的父亲周慰堂见他来了,非常高兴,马上叫周信芳上去拜见三老板,周信芳忙不迭跪了下去。三麻子一手扶起周信芳,一手抚摸着他的头,说:"孩子,你这个童生,可真有点儿气概。怎么样,跟我到蓉华班来演出吧!"周慰堂想,孩子能得到三麻子这样的名师提携,长进必大,当即就答应了。进了蓉华班,王鸿寿让周信芳与昆曲名旦周凤林合演《杀子报》,周凤林饰演徐氏,周信芳饰演稚子官保,王鸿寿自饰知县。稚子被害一场,周信芳演得声泪俱下,全场观众都被深深感动了。当时正值寒冬,稚子的服装很单薄,王鸿寿怕周信芳受冻,每当周信芳下场,他总要把自己穿的那件老羊皮短袄披在周信芳的身上,拥之入座,为其取暖。

1906 年,王鸿寿又吸收周信芳加入满春班到芜湖、汉口等地去演出。他破例地给周信芳开了每月 60 元的包银。这是周信芳第一次拿到这么多的包银,为父母分挑了家庭生活的担子。开始,周信芳还是配演娃娃生,不久,王鸿寿为了培养他,就让他演唱正戏。他演《翠屏山》,虽然人小刀长,但也能舞得满台生风,观众连连鼓掌叫好。从这个时候起,周信芳算得是一个正式的角儿了。在芜湖演出时,张和福老先生见他聪明好学,还把他珍秘的一出《打棍出箱》传授给他。

随后,王鸿寿又把他带至上海,加入玉仙茶园,与孙菊仙、林颦卿、李春利等名角同台,第一天打炮戏,他以《翠屏山》唱大轴,这是周信芳第一次在上海露演。1915 年,周信芳进入上海丹桂第一台,又与王鸿寿同台,他们合演过许多戏。王鸿寿经常为周的演出把场,并悉心教授他名剧多出,如《扫松》、《徐策跑城》、《薛刚闹花灯》、《洞庭湖》、《斩经堂》等。

周信芳还向王鸿寿学过不少红生戏,并得其真传。不过三麻子在世时,周信芳只是陪他在红生戏里演吕蒙、刘备、黄忠等角色,从不演关羽。有一次三麻子有心捧周信芳,让他在《走麦城》里演关羽,周信芳再三辞谢了。他太佩服三麻子了,认为自己没学到家,直到三麻子去世后几年,他还是不动红生戏。后来在友人一再鼓动下,周信芳才开始唱红生戏。他一唱红生戏,果然不同凡响。他的《走麦城》,功架威武,不论眼神、口劲、做表,无一不是上乘。关羽夜走麦城时的刀花、跪步、劈叉等动作,做得既美妙,又合乎情理,把关羽的大丈夫气概和刚愎自用的个性,刻画得入木三分。

王鸿寿是唱徽调文武老生出身,注重做派,表演富于生活气息,以姿势美、气势佳独树一帜。周信芳对王鸿寿十分崇敬,把他称誉为"伶界饱学之士",而且始终对他待如师长。周信芳不仅从三麻子那里学到不少老生戏,而且在表演风格上受其深刻影响,对他日后的艺术发展和麒派的形成,都有重要的作用。

(《大江晚报》2010 年 5 月 12 日)

一六九

# 周信芳和京剧"现代戏"

被誉为国剧的京剧形成于清代道光年间,它基本上属于古典艺术一类。它的大部分剧目反映的是古代人民的生活,但是这也不是绝对的,在不同历史时期,曾有一些京剧艺术家对京剧表现近现代生活作过探索和尝试。京剧大师周信芳就是其中的一个。

当然,周信芳并非最早吃螃蟹的人。早在 20 世纪初的京剧改良运动中,汪笑侬、夏月珊、潘月樵等就编演过《新茶花》、《黑籍冤魂》、《潘烈士投海》等一批京剧时装新戏。周信芳正是在这些京剧界的前贤们的影响和熏陶下,逐步尝试编演反映近现代生活的京剧剧目的。

1912 年 9 月周信芳学演的第一个时装京戏《民国花》，是一出宣传革命，谴责袁世凯复辟帝制的新剧。辛亥革命推翻了清朝政府，孙中山就任临时大总统，宣告中华民国成立，但是以袁世凯为代表的封建军阀，在帝国主义支持下窃取了革命的果实，袁世凯担任大总统后，对内独裁统治，对外丧权辱国，引起了全国人民的极大不满。《民国花》就是在这样的形势下编演的。这个戏由周永荣、赵嵩绶编剧，参加演出的有周信芳、林颦卿、一盏灯（张云青）、四盏灯（周咏棠）、赵君玉等。京剧原以演古代题材为擅长，其程式动作也是从古代人生活中提炼出来的，所以演时装戏时必须加以改革，诸如水袖、撩袍、耍髯等都用不上了，无论服饰、化妆、动作都力求接近现代生活，生活化，而且念白多，唱工少，说白又不用中州韵，而以京白和苏白为多。有时戏中还加进如话剧的大段说白、对白，甚至演讲。周信芳演起来既感到不适应，又感到新奇有趣。有一点对他倒是有利的，那就是他倒嗓后，嗓子有些沙哑，唱少念多，正好避开了短处，有利于发挥念白方面的功夫。

同年 11 月，周信芳又演出了讽刺袁世凯的寓言剧《新三国》，与一盏灯、林颦卿、赵君玉、孟鸿群等合演，也很成功。

第二年（1913）3 月，上海发生了一件重大的政治事件，那就是宋教仁遇刺案。袁世凯当上中华民国临时大总统后，变本加厉迫害革命志士。宋教仁是湖南桃源人，早年与黄兴等组织华兴会，后任同盟会司法部检事长、上海《民立报》主笔。1912 年任南京临时政府法制院总裁。同盟会改组为国民党后，宋教仁任国民党代理理事长。他醉心议会政治，在各地发表竞选演说，致使国会选举中国民党获多数票，拟组织政党内阁来制约袁世凯的势力。为此，袁世凯大为恐慌，决定暗杀宋教仁。他手下的特务头子赵秉钧把这事交给狗腿子洪述祖去办，洪述祖又在上海收买了帮会共进会的应桂馨实施行刺，1913 年 3 月 20 日宋教仁在上海火车站遇刺，不治身亡。这是民国初年震惊全国的一大血案。宋教仁逝世后，上海各界举行追悼会，据说国民党领袖黄兴送了一副挽联，写道："前年杀吴禄贞，去年杀张振武，今年又杀宋教仁；你说是应桂馨，他说是洪述祖，我说确是袁世凯"。袁世凯篡夺革命果实，残害革命志士，镇压民主运动的罪恶行径引起了全国民众的公愤，讨袁之声响遍全国，后来引发出"二次革命"。

这一血案也震惊了年轻的周信芳，当时他才 18 岁，他感到必须拿起戏剧的武器来，于是迅速筹划将这一事件编成时事新戏搬上京剧舞台。在事件发生仅仅一周以后的 3 月 28 日，就在新新舞台推出了新戏《宋教仁遇害》，这出戏由孙玉声编剧。这是一次戏剧演出，同时也是一次政治行动，在袁世凯统治时期，编演这样的戏，需要很大的勇气，就是来看戏的人，也得有很大的勇气。但海报一贴出，立即引起强烈反响，广大观众冒着风险，踊跃前来购票观剧。周信芳在戏中扮演宋教仁，合作者有赵君玉、孟鸿群、盖俊卿、赵月来、赵小廉等。当演到宋教仁被歹徒刺伤，在医院里生命垂危时，他的长篇念白，完全被剧场里观众激情鼎沸的人声所淹没了。

关于这次演出的情况，1913 年 3 月 20 日《申报》发表的玄郎的文章《记廿八夜之新新舞台》曾有记述：

> 前晚初开锣，座客即争先恐后肩摩毂击，途为之塞。七时余已人满为患，后至者络绎不绝，以座无隙地，环立而观。甬道之上，亦拥挤不堪，竟至不便行走，卖座之如此发达，实为开幕后破题儿第一遭。

> 麒麟童饰宋先生，语言稳重，体态静穆，尚称职。永诀一场，做工既妙肖，发言又呜咽，座客多叹息伤悲，甚至有泣下沾襟者。

由此可见演出十分精彩,剧场气氛热烈,盛况空前。这次演出也引起了"租界"当局的注目,派军警前往侦视,演了8场即被勒令停演。但这次演出却已鲜明显现出青年周信芳的爱国革命热情和奋不顾身的勇气和胆识。

1919年"五四"运动爆发,仅十几天以后,5月21日,周信芳即在上海丹桂第一台上演了现代戏《学拳打金刚》。剧本由话剧家任天知编写,这个戏有点像活报剧,舞台上出现一群青年学生,他们为军阀政府的卖国行为义愤填膺,热血沸腾,他们聚集起来冲出校园,走上街头,强烈抗议。感到市民立即给以响应,工人罢工,商人罢市,示威游行的规模越来越大,打倒卖国贼的怒吼此起彼伏。学生和群众冲进卖国贼的住宅,痛打卖国贼,并火烧了赵家楼。舞台上运用南派京剧的机关布景渲染了火景,戏就在一片火光中闭幕。这是一出群戏,丹桂的全体演员悉数上台,有周信芳、王灵珠、王金元、苗胜春、李庆棠、王兰芳、宋志普、陈嘉祥、元元旦等。

解放后,周信芳担任上海京剧院院长,1958年,在他的领导下,上海京剧院编演了《红色风暴》、《智取威虎山》、《赵一曼》等京剧现代戏。

1963年下半年,为了迎接全国京剧现代戏会演,周信芳以年近古稀的高龄,满怀热情地亲自排演了现代戏《杨立贝》。这个戏是从越剧移植过来的,由许思言执笔改编,通过杨立贝被地主逼迫家破人亡的故事,反映了农民在旧社会的悲惨遭遇。角色分配为:周信芳饰演杨立贝,赵晓岚饰杨妻,刘斌昆饰狗腿子,李桐森饰地主,小三王桂卿饰杨立贝之子,小毛剑秋饰杨立贝之女。周信芳三次带领演员去观摩越剧《杨立贝》。

经过紧张的排练,1964年春进行彩排,周信芳把杨立贝这个人物塑造得非常成功。"诉榜"一场是全剧的高潮。地主命狗腿子打死杨妻和她未满周岁的幼子,逼走她的大儿子,并放火烧了杨家的房子。家破人亡的杨立贝带着女儿到处告状,都碰了壁。最后,父女俩一路讨饭,来到南京最高法院告"御状",不料又被轰了出来。于是杨立贝便在法院附近,向过路行人诉冤,公开揭露地主的罪行和衙门的黑暗。杨立贝站在台上,背上挂了一张状纸,背向观众;小毛剑秋演的女儿,跪在他身旁,声调悲凉地唱着大段的〔二黄〕,诉说她家的不幸遭遇。周信芳很长时间背向观众站着,观众通过他背上挂着的状纸,以及他那微微颤动的背影,深深感受到此刻杨立贝悲愤的心情,以及黑暗凄惨的环境气氛。赢得了观众的阵阵掌声。还有一场"打庙",杨立贝在离开家乡前,曾到一座破庙里祈求神灵保佑他能打赢官司。可是结果非但没告成,又死了女儿,如今只剩下他孤身一人,绝望地回到家乡。当他再次来到这座破庙时,把一腔的怨愤全在这里发泄出来了。他举起棍儿,打碎了菩萨的头颅,砸破了"有求必应"的匾额。这场戏他又唱又舞,把麒派的倒步、磋步都用上了,极其传神地刻画出了这个几乎被逼疯了的农民的形象。大家看了赞叹不已:"老院长的现代戏演得这样的出色,真不愧为艺术大师啊!"

经过三次彩排后,上海京剧院决定同时派出《杨立贝》和《智取威虎山》去北京参加全国京剧现代戏会演。但是京剧院突然接到上级通知,说杨立贝是富农,这出戏不准上演了。后来有人告诉周信芳,这是江青、张春桥的意思。事实上,《杨立贝》初次彩排时,江青、张春桥曾来排练场"审查"通过的。后来,江青等人决定要在周信芳身上开刀,所以把这个戏给"枪毙"了。就这样,周信芳一生中排演的最后一出戏,被扼杀在摇篮里了,他所塑造的最后一个角色终于没能和广大观众见面。

1964年6月,全国京剧现代戏观摩演出大会在北京举行。经周恩来总理提议,周信芳担任大会顾问。会演期间,周信芳写了一篇支持现代戏的文章,谈到自己早年也作过一些尝试。张春桥看了,面孔一板,把文章往抽屉里一丢,阴阳怪气地说:"他也来抢头功!"周信芳请何慢代笔在上海《支部生活》发表了一篇文章,张春桥发现了,又指责道:"把一个旧社会过来的京剧权威,莫名其妙地树成一个牌位,捧得高得可怕,还要让人去膜拜!"山雨欲来风满楼,厄运已经降临到周信芳的头上了。

(《人民政协报》2010 年 5 月 13 日)

一七〇

# 盖叫天三次断腿

最近,我在上海天蟾逸夫舞台观看了由上海戏曲学校举办的"英名盖世——京剧盖派艺术教学演出"。京剧武生泰斗盖叫天创造的盖派是京剧武生行当里的重要流派,他武功扎实,表演精湛,在舞台上塑造了武松、黄天霸等栩栩如生的艺术形象。看了演出不禁使我想起盖老三次断腿的故事。

第一次是在 1904 年,盖叫天十六岁,这一年他在杭州天仙戏馆演出,那天他主演《花蝴蝶》,这出戏是根据《三侠五义》改编的,盖叫天扮演剧中的大盗姜永志。戏里翻跌很多,盖叫天不慎摔断了左臂。他积极进行治疗,并努力演一些用腿功的武戏。经过好一段时间方才恢复过来。

第二次在 1934 年 5 月,四十六岁的盖叫天在上海大舞台与陈鹤峰合演《狮子楼》。他扮演的武松为追杀西门庆,从两丈多高的"楼上",燕子掠水跳下。照例,"西门庆"要滚到边上,但那天扮演西门庆的陈鹤峰还躺在地上,盖叫天怕压伤了他,只能在空中一闪身,以改变方向,由于用力过大,落到台板上时,只听见"喀嚓"一声,他的右腿骨折断了。断骨穿过靴子戳到外面来,盖叫天疼痛难忍。但是盖叫天想到,他演的是英雄武松,可不能趴下,所以忍住疼痛,坚持用一只脚"金鸡独立"屹立在台上,直至落幕。骨折后,立即请了一位医生来诊治,给他把腿骨接了起来,并用夹板夹好。过了些日子,要卸夹板了,谁知去掉夹板,发现骨头给接歪了。接歪了骨头,就很难再演他所喜欢的武生戏了。他问医生有什么办法呢?医生说除非是断了重接。盖叫天为了艺术,二话没说,捏紧拳头猛地向自己的右腿砸去,骨头"喀嚓"又断了。后来请了一位名医把腿骨重新接了起来,并上好石膏。卧床好几个月,腿伤方才痊愈。伤愈后盖叫天在更新舞台出演二本《武松》,从打虎起直至逃亡,其中仍有"狮子楼",他照原样演,他说:"哪里跌倒,从哪里爬起来",这个戏先后演出了三个半月。

第三次就是"文革"中的一次,那是 1968 年,在一次批斗会上,当时已经身患重病的盖老被强行拖到台上,有两个人踩着他的腿,并把他的双手拧成"喷气式",致使盖老 34 年以前接好并痊愈的右腿再次被踩断,左腿也骨折了。那天张善鸿披露了一个外人不知的细节,就是盖老双腿被踩断后,回到家里,他对家人说,我的腿现在断了,像《武松》那样的戏不能再演了。但是我想,我还能上台,我可以演描写战国时代孙膑的《五雷阵》。孙膑被魏惠王刖掉双足,《五雷阵》戏中,孙膑与王翦、毛奔交战,用双拐将毛奔打死。盖老说,我可以坐了车上台,用双拐开打。盖老身处如此恶劣的环境,他一心想的还是舞台,还是演出。这充分体现出盖老为演剧而生,为演剧而死的那种执着的精神。

(香港《大公报》2009 年 12 月 29 日)

# 一七一

# 俞振飞"下海"

今年是京昆艺术大师俞振飞先生 90 寿辰和舞台生活 70 周年。四月上旬,文化部振兴昆曲委员会、中国文联、中国剧协等 19 个单位将在上海隆重举行庆贺演出和俞振飞表演艺术研讨活动。

俞振飞先生是票友出身,他的父亲俞粟庐是一位昆曲爱好者和研究家。俞振飞从小耳濡目染,六岁就能唱曲,十四岁首次登台,然而他正式"下海"当演员,却有一番曲折的经历。二十年代,程砚秋到上海演出,邀俞先生与他合演《游园惊梦》获得好评。接着俞先生又陪程砚秋演了三天京戏。两人艺术上十分知己,程砚秋遂邀请俞先生加入他的京戏班。可是,俞先生的父亲认为家里是书香门第,只允许他唱昆曲,不同意他入京戏戏班。直至粟庐老先生故世后,1930 年冬天,俞振飞才得以到北京专诚拜京剧名小生程继先为师,并加入程砚秋的"鸣和社",可是,当时戏班里有一种欺侮、挤兑票友的坏习气。一次,俞先生演出《辕门射戟》,打鼓佬故意与他捣乱,使他唱不下去。俞先生被迫离开戏班回到上海。此时,许多亲友因他下了海,都对他侧目而视,找个工作也很困难。后来,总算由父亲的老友推荐,进了暨南大学文学院担任《中国戏曲》的讲师。俞先生虽然离开戏班,但演戏的志向并未改变。过了两年,程砚秋再次邀他加入戏班,俞先生毅然放弃了讲师的职位,二次"下海",当时有人嘲笑他讲师不做,去做"戏子",是"甘居下流",是"堕落"。对这些讥讽俞先生付之一笑,他说:"我喜欢戏,情愿牺牲这个讲师。"

俞振飞下海,这件事对我们颇多启迪。俞先生毅然放弃优裕的生活条件和较高的工作职位,情愿下海去做那旧社会没有社会地位的"戏子",而且全然不顾戏班中那种欺侮、捉弄人的坏作风,这是极其难能可贵的。然而这也不是偶然的,一是因为俞先生从小喜爱戏曲艺术,对民族优秀文化艺术有一种执着的热爱之情;二是俞先生不慕名利,耐得寂寞,有一种对艺术事业的牺牲精神、献身精神。用今天的眼光来看,也就是一种可贵的献身于艺术事业的高度事业心和使命感。也正是由于这种事业心与使命感的驱动,终使俞先生成为一代昆曲泰斗,京昆艺术大师,并且荣膺香港中文大学授予的文学博士之殊荣。当今文艺界某些人不把艺术当作事业来搞,而提出所谓"玩文学"、"玩电影"的口号;还有些人把搞艺术当作追名逐利的手段,什么能快出名,什么能赚大钱,就去搞什么;有的很有艺术才华的人,在金钱的诱惑下离开了舞台。这一些与俞先生的从艺精神相比真有天壤之别。今天,弘扬祖国民族优秀文化是建设社会主义精神文明的一项重要内容,每个文艺工作者都要自觉地肩负起这个责任。在这一方面,俞振飞先生是我们的一个榜样。

(《解放日报》1991 年 4 月 5 日)

·戏剧界的老大田汉·

# 一七二

# 田汉关心越剧

　　田汉是一位杰出的戏剧大师,他是我国话剧运动和戏曲改革的先驱者及领导人,同时又是一位著作宏富的剧作家。他写过大量的话剧剧本,还写过不少京剧、湘剧等先驱剧本。上个世纪 20 年代后期,田汉从日本留学回国,就在上海创办了戏剧团体南国社,此后到 40 年代,他较长时期在上海从事戏剧活动,所以与上海有着特殊的情缘。他十分关心流行于上海一带的越剧、评弹等剧种和曲种。

　　越剧原是起源于浙江嵊县的一种称作"的笃班"的小剧种,1917 年开始进入上海,起初屡屡失败,至 30 年代才逐步在上海站住脚头。到 40 年代,越剧经过改革,在上海已成为影响较大的剧种,不仅戏班林立,而且拥有较大数量的观众。抗战之前,田汉曾经看过"的笃班",当时没有引起太大的注意。抗战胜利后,1946 年田汉从重庆回到上海,住在同孚里(今石门一路)大中里于伶的家里。他在重庆曾听到"孤岛"来的朋友讲起越剧的进步,所以想看看究竟。当时,袁雪芬领衔的雪声越剧团正在根据鲁迅小说《祝福》改编越剧《祥林嫂》,5 月 6 日,这个团在上海明星剧场举行彩排,特地邀请鲁迅夫人许广平和田汉、胡风、张骏祥、黄佐临、吴祖光、李健吾、史东山、欧阳山尊等文化界人士观看演出。那天,田汉穿着一身深色西装,戴了一副深度近视眼镜,坐在楼座正中的座位上,旁边有白杨、张骏祥。越剧《祥林嫂》由南薇改编并导演,袁雪芬饰演祥林嫂,章飞飞饰演祥林,陆锦花饰演贺老六,周玉英饰演鲁四老爷,范瑞娟饰演阿牛,张桂凤饰演卫癫子。田汉看得非常仔细,对演员的表演很为赞赏。在幕间,他说:"这是生活的,人情的,不错的,有道理的。"他认为袁雪芬的表演"风格很高,极有才能"。他看到剧中的角色全部由女演员扮演,感叹道:"中国的女人都可以演戏,只要稍加训练。"

　　事后,田汉还在于伶的寓所里专门会见了袁雪芬、南薇、韩义等人,和他们亲切交谈了两个小时。他首先肯定了他们进行越剧改革取得的可喜成绩,并诚恳地谈了对演出的意见,包括配音、表演的细节,唱腔的起调等问题都一一指出。他说:"配音用《锄头舞歌》似乎不合适,配不上去。布景有些是写实的,有些用了构成派,不够协调。"他指出,应该避免舞台上繁琐的装置,否则会把戏束缚了。他认为地方戏的改革不仅要吸收话剧、电影的表现方式,还要多注意其他姊妹艺术的成就,他举了湖北花鼓戏吸收了京剧不少题材和唱腔的成分,结果变得丰富的例子。当袁雪芬等谈起越剧改革遇到的一些困难时,田汉语多鼓励,并表示自己将对越剧等地方戏作更多的深入研究。5 月下旬,田汉在《周报》发表《剧艺大众化的道路》一文,其中有一段专门谈了看越剧《祥林嫂》的感受,他热情赞扬越剧能演出富于现实意义的戏,是很大的进步。

　　越剧《祥林嫂》演出后,受到进步文艺界的广泛好评,但也因此遭到反动派的迫害,8 月 27 日,袁雪芬在路上受到流氓抛粪侮辱。为了向反动势力反击,田汉发起在 9 月 10 日举行记者招待会,郭沫若、许广平、洪深及袁雪芬等 200 人出席,争取了社会舆论的强大支持。从此以后,田汉与越剧界的交往越来越多了。

1948年秋,为了筹建剧场和学馆,上海越剧十姐妹尹桂芳、袁雪芬、徐玉兰、吴小楼、竺水招、张桂凤、范瑞娟、傅全香、徐天红、筱丹桂联合公演了《山河恋》。那时,袁雪芬主演的《祥林嫂》拍成了电影,范瑞娟又主演了一出写为秦始皇修陵墓的戏,影射当时的反动统治。田汉为越剧改革的这些成绩,感到极其高兴和振奋。他决定特地为他们写一个越剧剧本。当时他就暂住在一幢准备兴办学馆的石库门房子里,他日夜奋笔疾书,一部五幕历史题材的越剧剧本《珊瑚引》终于诞生了。这个戏取材于《晋书·石苞传》中的《石崇传》,它通过石崇骄奢淫逸及其没落的故事,影射讽刺了当时蒋宋孔陈四大家族。田汉写完《珊瑚引》之后,就离开上海奔赴解放区去了。这个戏于1948年9月在上海大戏院公演,由南薇导演,袁雪芬饰演翔风,范瑞娟饰演石崇。演出广告上写着"豪门斗富,针讽现状"八个字。这个戏与《祥林嫂》影片互相配合,日夜两场,连演了一个多月。

建国后,田汉到北京担任文艺界的领导工作。1956年,他与夫人安娥在上海著名越剧演员傅全香家里作客,他们谈到编演越剧《情探》的事情。田汉早在1943年曾写过一个京剧本《情探》,这次他准备推翻原来的本子,重新按照明代传奇《焚香记》去粗存菁,进行创作。后来,先由安娥写出初稿,田汉改写定稿。这个本子写出了王魁背叛的社会原因和主观原因,塑造了善良多情而又有不屈不挠精神的古代妇女典型敫桂英的形象。特别是"阳告"、"行路"等场次,艺术感染力很强。据说田汉在写"行路"一场时,房间里挂了一幅中国地图,根据从莱阳到东京的路线,写了一段"飘荡荡离了莱阳卫"的情景交融的唱词,使这段载歌载舞的戏更加扣人心弦。傅全香的表演也极为精彩。这个戏演出十分成功,成为越剧的保留剧目。

同年秋天,安娥又应上海越剧院之约,把湘剧《追鱼》改编成越剧,田汉也参与其事。这个戏原是湘剧的传统剧目,源于杂剧《观音鱼篮记》。1956年田汉看过这个戏,并提出了修改意见。越剧在改编时,突出了鲤鱼精对人世间爱情生活的执着追求,最后鲤鱼精在"扳鱼鳞三片,红尘受苦"的所谓"大隐"与随观音南海修炼的所谓"小隐"这两条路中毅然选择了前者。徐玉兰和王文娟演得栩栩如生。后来也拍成了电影,受到广大观众的欢迎。

(《人民政协报》2003年8月21日)

一七三

# 田汉最后江南行

1963年12月,华东地区话剧观摩演出在上海举行。作为全国文联副主席、中国戏剧家协会主席的田汉专程到上海参加会演。上海是这位老戏剧家艺术生涯的发轫之处,早在二十年代他从日本回国就在上海创立了南国社,三四十年代又作为中共上海地下党文委成员领导过上海的文化工作。因此在上海有不少战友和学生,他们都尊称他为"田老大"。可是领导这次会演的是当时华东局负责人×××以及张春桥等人,他们一方面心怀叵测地提出

"大写十三年"的口号;一方面在文艺界大抓"阶级斗争"。他们散布流言蜚语,说田汉有历史问题,宣布他为不受欢迎的人,对田汉大肆进行诬陷与打击。为了反对张春桥及其后台否定中国革命话剧运动历史和"大写十三年"的谬论,田汉愤而写了一首题为《江南——你中国话剧的摇篮》的新诗,诗中写道:"从王钟声的热情洋溢,到陆镜若的经营惨淡,舞台革命家的面貌,成了当时人们学习的典范。""从宗晖牺牲在雨花台下,到战士们前仆后继战斗在城市和民间。江南——你留下革命话剧的无数伤瘢!"这首诗居然被当时的《解放日报》退稿,附信说:"经领导同志审阅,此诗有多处不妥。如果田汉同志要公开发表,必须作彻底删改……"田汉坚决不改,抽回不登。接着一位老朋友前来报讯,说大会马上要举行闭幕式,秘书处传达上级决定,主席台上没有你的坐位。根据这样的情况,几位老朋友劝田汉提早离开上海。

在 1964 年一月下旬一个阴雨的早晨,于伶等二三知友依依不舍地送田汉上了火车。火车开了,田汉看着窗外江南雨色,黯然神伤。这位在戏剧战线上战斗了半个世纪的老人,如今却被迫离开他战斗的阵地。他在上海曾出生入死,如今却没有他的立足之地,这是为什么? 车到苏州,他不禁想起 1935 年 2 月的事情:因中共江苏地下省委遭破坏,田汉被捕,以"通匪嫌疑犯"解往南京。囚车经过苏州时,他写下了"淡烟流雨过苏州"的诗句。这次又到苏州,真是感慨万千。田汉准备在苏州逗留写作。一下火车,在苏州城内街头,田汉看到了《杨立贝》的演出广告。杨立贝告状的情节,使他联想起党提倡的刚直不阿的海瑞精神,跟前又浮现出谢瑶环不畏权贵、为民请命的形象。田汉深有所感地说:"要发扬杨立贝的精神。"到了苏州,田老逐渐摆脱了悲凉的心境。1 月 27 日田汉在苏州老作家周瘦鹃等人陪同下到光福司徒庙去游览。他凝视园中"清、奇、古、怪"四株古柏,它们尽管历尽千年风霜摧折,有的遭到雷击而主干劈裂,然而仍然虬枝舒展,碧叶葳蕤,枯木中生出新枝,显得生气勃勃。田汉触景生情,口占一绝:

"裂断腰身剩薄皮,新枝依旧翠云垂。司徒庙里精忠柏,暴雨飙风总不移。"

这首诗借物咏怀,言简意赅地表达了自己对党的忠诚和百折不回的战斗精神,这四株古柏正是田汉人格的写照。诗中还表达了他对张春桥一伙的强烈愤慨。另外田汉还写了两首诗赠给同去的友人。

其一:"太湖波静邓山高,奋步梅亭展望遥,白萼正色红萼绽,一天香雪看明朝。"

其二:"山农个个是专家,培出疏枝影本斜。岂是六朝烟水气,人民今日要梅花。"

田汉一行还去浏览了苏州名胜灵岩山,在灵岩寺会见了当年与叶挺将军交谊深厚的净持法师,又挥毫赠诗两首。

其一:"江南一叶伤心落,勇士峨嵋作法师,廿载灵岩心更热,更从劳动夺红旗。"

其二:"开出山边百亩粮,道场端的在农场,艰难岁月辛苦过,何止精神学梵王。"诗人身处困境,然而仍满怀着对革命的追慕,对人民的热爱之情以及笑对未来的革命乐观主义精神。

苏州虽美,但对此时的田汉来说并非久留之地,他婉谢了好友的挽留,登上了西行的列车。他在山东度过春节,以后回到北京。不久"文革"爆发,田汉被打成黑帮分子,身陷囹圄,于 1968 年 12 月被迫害致死。因此,这一次是他最后一次的江南之行。

(《中国青年报》1988 年 11 月 20 日)

# 一七四

# 田汉的两篇妙文

　　田汉一生著作宏富,他写过《名优之死》、《丽人行》、《关汉卿》、《文成公主》、《谢瑶环》等剧作,所写文章及诗歌不计其数。在他众多的文章中,有两篇妙文使我久久不能忘怀,那就是写于1956年的《从"一出戏救活了一个剧种"谈起》和《为演员的青春请命》。

　　《从"一出戏救活了一个剧种"谈起》是作为《人民日报》社论发表的,但它的执笔者却是田汉。事情要从昆曲说起,元末明初起源于苏州的昆曲,到明嘉靖、万历年间开始盛行,从明天启元年到清康熙末年一百年间为极盛时期。然而,清代中叶(乾隆年间)以后,昆曲逐渐由盛而衰。到清代后期,昆曲班社大量减少,在苏州、上海仅存大雅、全福等几个班社;辛亥革命之后,连全福班也难以维持。当时社会上一些有识之士如上海的"棉纱大王"穆藕初等为了避免昆曲消亡、失传,于1921年在苏州办起了昆剧传习所,招收12岁左右的学员,由沈月泉、沈斌泉等老艺人执教。这些学员就是后来的"传"字辈演员,他们中有郑传鉴、倪传钺、周传瑛、沈传芷、方传芸、王传淞、华传浩等。结业后1926年到1937年间,先后以新乐府、仙霓社的名称在上海一带演出。他们苦苦支撑,到抗战初期终于散班。至解放前夕,昆曲已经濒于灭亡的境地。

　　中华人民共和国成立之后,党和政府对昆曲等民族艺术非常重视和关怀,解放之初人民政府就及时安置了"传"字辈的昆曲艺人,但总的看,解放初昆曲还比较衰落。1955年浙江的民营剧团国风昆苏剧团为了生存,根据清代剧作家朱素臣的传奇《双熊梦》改编成《十五贯》,突出了反对主观主义的主题,主观主义的过于执判断错误,判两个青年死刑;而况钟经过调查研究,实事求是,平反了冤狱。

　　1956年4月,国风昆苏剧团改建为国营的浙江昆苏剧团携《十五贯》赴北京演出。田汉、欧阳予倩观看首场演出。回家的路上,他和欧阳予倩赞赏此剧"泥沙洗净,珠玉发出异彩,是个有现实意义的戏"。到家后,田汉连夜阅读有关《十五贯》材料,第二天就写成《看昆苏剧团的〈十五贯〉》一文。文章对周传瑛、王传淞、朱国梁演的况钟、过于执、娄阿鼠三个典型人物作了深刻分析。要求北京戏剧界及话剧界要具体地学习这一有400年历史的优秀文化遗产,也学习他们整理这一遗产的先进经验。

　　在北京,毛泽东两次观看了演出,他称赞这个戏是个好戏,要在全国推广,对这个戏要奖励。后来,周恩来在中南海紫光阁亲自主持有中央、北京文化界领导、专家参加的大型座谈会,研讨《十五贯》。他称昆曲为兰花,盛赞《十五贯》"一出戏救活了一个剧种"。

　　5月18日《人民日报》发表了由田汉执笔的社论《从"一出戏救活了一个剧种"谈起》。文章说:"昆曲《十五贯》的丰富的人民性、相当高的思想性和艺术性,是我国戏曲艺术中的优异的成就。"它使古典的昆曲艺术放出新的光彩,使人们更加重视民族艺术的优良传统。文章以较大的篇幅批评了某些戏曲工作领导者的一些不正确的论调,如某一个地方剧种没有发展前途,只好让它自生自灭;如对昆曲除了向它学习一些舞蹈身段或表演技术之外,就没有什么"新"可出了;还有是"为数不少的现代的过于执们的'察言观色'和'揣摩猜测'。他们只凭少数人的兴趣和口味,只凭主观臆测和一些若干年前的印象,就轻易地作出决定,并且把这当作发展、扶植某一地方剧种的依据和方针。结果,三言两语,就信笔一挥,这一挥不打紧,一个具有悠久历史的剧种在解放后就被压抑了好几年"。文章最后说,《十五贯》轰动北京,"向这几年来戏曲改革工作、向领导戏曲改革工作的文化主管部门,提出了严重的问题:在'百花齐放'的时候,是不是还有不少花被冷落了,没有能灿烂地开放? 在扶植和发展了不少地方剧种的时候,是不是同时也压抑和埋没了一些地方剧种?"当时田汉本人就是中国剧协的主席,文化部艺术局的局长,他这种批评,实际上也包含了自省和自责。

《为演员的青春请命》发于《戏剧报》1956 年 11 月号。这篇文章的背景是这样的,1956年 8 月,中国剧协上海分会成立,田汉赴沪参加成立大会。到沪后,田汉召集戏剧界人士举行座谈,以了解上海戏剧界的情况。在一次演员座谈会上,好些女演员发言时像孩子般地痛哭起来,这些抗战时期曾活跃在前后方的女演员,现在却被长期闲置起来,才能得不到很好的发挥。这样的情况在话剧界、电影界、戏曲界都存在。这使田汉非常感慨。回京后,专门写了这篇《为演员的青春请命》的文章。

他说:"对于人没有比青春再可宝贵的了,它真跟逝水一样,一去就不可复返,特别是对于演员。"他在文章里说到某些领导缺乏对演员细致、亲切的关怀,以致产生闲置、窝工的现象,他说:"演员们把青春交给我们,而我们把它投给滔滔的逝水。浪费了国家的一寸丝,一尺布,一口铁钉,一块木头,我们还知道计较,浪费了广大演员的宝贵的、不可再来的青春却十分大方,气也不叹,心也不动"。接着他心情沉重地说:"我自己也正是这样麻痹的人。我只是到最近才痛切地感到这个问题的严重,认识到责任的重大。这个问题和广大艺人的生活问题一样必须迅速获得解决。"

田汉在文章里还分析了造成闲置、窝工的一些原因,比如电影方面,一面集中着许多演员却不充分及时地使用,一面又要外找演员,有些导演注重什么年龄的角色找什么年龄的演员,而轻视艺术创造;话剧界不能经常选择适当剧本,较普遍地锻炼演员,虽有充分人力却不得其用,或常被业务以外的任务压倒;在戏曲界,有些剧团过度使用主要演员,而不少人长期没有戏演。这些大多是违反了艺术工作的规律的,因此田汉说:"艺术领导是十分细致的事情。"田汉最后大声疾呼地说:"党和政府正在下极大决心把全国艺人的生活和工作的安排搞好,使不得其所的各得其所。配合这个工作我要求一切艺术机关团体的领导要注重爱惜广大演员的青春。"

《为演员的青春请命》和他稍前发表的《必须切实关心并改善艺人的生活》一样,也是一篇为民请命的文章。田汉本身就是戏剧的行家,熟谙戏剧工作的规律,他虽然当了官,但始终把戏剧界的同仁们看作自己的朋友关心着他们的生活和工作的状况,因此戏剧界的同仁都亲切地称他为"田老大"。在《为演员的青春请命》文章里,他对广大戏剧工作者充满了感情和关怀,他批评了某些领导者的作风,也分析了原因,并且作了自我批评。然而因为这些文章,田汉在"反右"时差点被划成右派。后来在"文革"中还是难逃劫难,终于身陷囹圄,被迫害致死。

（《上海采风》杂志 2016 年第 5 期）

一七五

# 曹禺改编《家》

今年是我国戏剧大师曹禺先生诞生 100 周年。曹禺曾创作过《雷雨》、《日出》、《原野》、《北京人》等一系列脍炙人口的剧作，他还把文坛巨擘巴金的长篇小说《家》改编成话剧，搬上舞台。

巴金的长篇小说《家》初版于 1931 年，书一出版，就成为流传最广的新文学作品之一。曹禺很早就与巴金有着友好的交往。1933 年曹禺的处女作《雷雨》，最先就是因为得到巴金的赏识，而刊登在巴金编辑的《文学季刊》上的。为此曹禺十分感激巴金的提掖之恩。曹禺喜欢巴金的小说，特别是《家》，一直想把它改编成剧本，搬上舞台。改编工作从 1940 年着手进行，1942 年完成并出版。

在曹禺改编之前，曾有剧作家把《家》改编成五幕话剧，这个改编本基本上按照原著的故事情节加以编排，孤岛时期曾在上海演出过。曹禺改编的话剧《家》，是一个四幕剧，他基本上忠实于原作，同时又有独特的创造。

据曹禺先生回忆，那是 1942 年夏天，在重庆附近唐家沱的长江上，浮泊着一艘江轮，曹禺就在这艘江轮里，俯扑在一张餐桌上写这个剧本。那时天气酷热如蒸，曹禺打着赤膊，背上流淌着一串一串汗珠，昼夜不停地写着。在船上大概耽了三个月的时间。

改编时，曹禺感到剧本的体裁与小说不同，剧本是舞台的演出，有较多的限制，不可能把小说中的人物、事件、场面全部写进剧本，只能写下自己感受最深的东西。他根据自己的感受，以觉新、瑞珏、梅小姐三个人物的关系作为剧本的主要线索，通过觉新与觉慧在婚姻爱情方面的不幸遭遇，揭露封建大家庭的罪恶。剧本既保留了原著中最动人的情节，又对某些情节作了删减，而对某些人物与场景作了丰富和发展。剧中着力塑造了觉新的形象以及瑞珏、梅、鸣凤这几个优美女性的形象。瑞珏在原小说中着墨并不太多，剧本却有所丰富，细致刻画了她的心理活动。小说中觉新与瑞珏结婚的一节只用了不到一百字来描写，在剧本中却整整写了一幕戏，戏中写到湖上杜鹃的叫声，月亮从窗外照进来，这些都是曹禺在江轮上写作时的实际感受。剧中还写了觉慧的反抗、觉民的抗婚，鸣凤的自杀，觉新的逐渐醒悟。曹禺还把冯乐山作为旧势力的代表作了突出的处理，让他正面出场。另外，整个剧本充满了诗情。

曹禺曾谦虚地说，《家》这个剧本不大忠实于原著，他觉得这一点很对不住原作者。可是当他把完成的剧本送给巴金，巴金读完后却立即给以欣然的肯定。因为巴金认为改编一部作品，改编者可以有一定的创造。后来巴金曾说过："我们两个人心目中的冯乐山并不完全一样。曹禺写的是他见过的'冯乐山'，我写的是我见过的'冯乐山'"。曹禺改编的《家》于 1943 年 4 月由中国艺术剧社在重庆银社首次公演，导演是章泯。《家》上演后，戏剧界普遍认为这是一次成功的、创造性的改编。

曹禺与巴金是很好的朋友，在改编《家》之前及之后，两人亦有过从。1940 年 10 月，巴金从昆明到达重庆，当时曹禺正在重庆江安的戏剧专科学校任教，巴金特地到江安望曹禺，在那里住了一周，他送给曹禺自己的作品《秋》和《火》两本小说，还为曹禺刚完成的剧本《蜕变》写了后记。1944年夏天,巴金从贵阳到达重庆,住在文化生活出版社重庆办事处,这段时间,曹禺常到这里来"打牙祭",两人亲密地在一起畅叙友谊与人生。

时隔四十多年之后的1985年3月,上海人民艺术剧院重排曹禺的《家》,由著名戏剧家黄佐临任总导演。这次排演把原来要演四个多小时的剧本压缩到一般观众习惯的两个半小时以内,并且着意突出作品中激荡着的冲击腐朽封建制度的激流。巴金对黄佐临说:"我倒主张不必太拘泥于原著,可以搞些新东西。"这个版本不仅在上海公演,而且于同年9月去日本东京、大阪等地演出,使《家》走向了世界。

(《人民政协报》2001年12月14日)

一七六

# 夏衍香港脱险

今年是中国人民抗日战争胜利60周年。在抗日战争期间,我国的进步的、爱国的作家、艺术家们,纷纷投入抗日救亡运动,并写出反法西斯、反侵略战争的力作。著名作家、剧作家夏衍就是其中突出的一个。

1937年,抗日战争爆发,正在上海的夏衍就参加了上海文化界救亡协会,并担任《救亡日报》主编。上海沦陷后,夏衍到达广州;1938年,广州又遭失守,夏衍复到桂林,复刊《救亡日报》。1941年1月,皖南事变发生,夏衍因拒绝刊登国民党中央社诬蔑新四军的消息,受到他们的通缉,《救亡日报》也被封闭。根据周恩来的电示,夏衍到了香港。

在香港,夏衍担任《华商报》文艺副刊的编辑。不久,香港陷落,夏衍及一批进步的作家、文人都处于危险的境地。接着传出了夏衍牺牲的消息,有一家晚报还登了夏衍殉难的报道。有人还活灵活现地传说夏衍如何被抽筋剑劈,葬身鱼腹的情景。桂林的朋友们闻之十分焦虑。其实这纯属谣传。夏衍并未遇难,他和一些文化界的朋友隐蔽了一段时间以后,一起筹划,化装逃离了香港。他们二十多人会合在一起,同乘一条船。有的化装成衣衫褴褛的乞婆,有的乔扮成香港横行街头的"烂仔",还有的用锅底灰涂黑了脸,装成捡煤渣的穷妇。夏衍自己留着"加垃罕"式的短髭,装扮成一个商人。但是,他们这批人还是引起了巡海日本兵的怀疑。他们过来查问时,夏衍因为懂日语,就用日语和日本兵交谈。经过一番对话,终于巧妙地逃过了追查的一关。

夏衍等人历经艰险,安全回到桂林。留在桂林的文化人喜出望外。1942年2月5日,田汉、欧阳予倩、洪深等到桂林南站,热情欢迎脱险回来的夏衍一行。洪深见到夏衍,连忙上前与他拥抱。可能是洪深的力气太大,加上十分激动,巨人般的拥抱竟使夏衍发出一声惊叫,他胸前口袋里的一支钢笔也被折断了。一星期之后,欧阳予倩在美丽川菜馆设宴为夏衍一行洗尘。此时夏衍已经剃掉了化装时蓄留的短髭,显得容光焕发。席间,欧阳予倩兴奋地引吭高歌;田汉即席赋诗:"高歌一曲动华筵,老凤新声似昔年。碎玉正悲香岛远,衔杯何幸桂江边。割须不作行商状,抵足曾同海盗眠。且把犁锄收拾好,故乡犹有未耕田。"蔡楚生还画了一幅《黄坤逃难图》，黄坤是夏衍逃难时用的化名。图中夏衍以洋伞挑着行囊和藤箧，西装裤的脚管卷得高高的，姿态狼狈而滑稽，引得大家忍俊不禁。

夏衍回到桂林时，他的剧作《愁城记》正由欧阳予倩导演，在桂林公演；夏衍又与田汉、洪深三人合写《再会吧！香港》，由新中国剧社在桂林演出，两个戏都获得了成功。

1942年4月夏衍根据周恩来电示，从桂林抵达战时的首都重庆，担任中共南方局文化组副组长，对外公开身份是《新华日报》特约评论员。他在宣传、撰稿、编辑等工作之余，又拿起笔来写作剧本，6月写成多幕剧《水乡吟》，接着又写《法西斯细菌》。

关于《法西斯细菌》，在他从香港脱险到达桂林时就开始酝酿。起初他打算写一个以港战为题材的喜剧。在那三周的战乱生活中，他的确已积累了不少使人哄笑和苦笑的材料。但是静下来思索考量，觉得这些都反而是悲剧的材料了。他在桂林和重庆遇见了好几位医生，其中一位是从北京协和医院逃出来的，他告诉夏衍，整个协和医院的研究室全给日本兵占领了，贵重的镭锭等药品也被抢劫一空。他准备到大后方去从事医疗工作。还有一位原来在香港玛丽医院工作，港战时医院也被捣毁了。这些医生原来善良地相信医术是超然于政治的，可是日本法西斯侵略者把他们从科学之宫驱逐到了战乱的现实中来了。他们被迫离开实验室，离开显微镜，眼前看到的是一个满目疮痍的世界。他们的经历引起了夏衍的浓厚兴趣，一个新的创作意念在他心中萌生了。于是他又找了许多医学方面的书来读，其中现代细菌学泰斗金瑟(Zinsser)教授的名著《老鼠、虱子和历史》简直把他迷住了。他一口气把它读完了。接着又找来他的自传《比诗还要真实》。夏衍决定把一个善良的细菌学者作为悲剧里的英雄。

1942年夏天，夏衍在重庆北碚的北温泉开始写作。至8月写成了一部五幕六场的大型话剧《法西斯细菌》，又名《第七号风球》。此剧具有明显的岛埠色彩，然而夏衍并不满足于港战事件的简单记录，而是通过主人公细菌学家俞实夫和他的留日同学赵安涛、秦正谊三位知识分子的不同遭遇和生活道路，深刻揭露日本军国主义者发动侵华战争，残杀中国人民的滔天罪行，也为我们展现了一幅中国人民反法西斯战争的画卷。在现实生活中，日本法西斯公然违反国际法规，在侵华战争中进行残酷的细菌战，日军哈尔滨731部队、广州"波"字第8604部队、南京"荣"字1644部队、北平北支甲第1855部队、长春满洲第100部队等都是实施细菌战的。他们疯狂地研制鼠疫、伤寒、霍乱等数十种传染病菌，并在中国人身上做活体试验，灭绝人性地残害中国人民，其罪行罄竹难书。《法西斯细菌》从一个侧面反映了这一史实。俞实夫为了治病救人，研究伤寒细菌；可是日本侵略者却把他培养出来的细菌用于战争，灭绝人性地制造细菌弹，更大规模地杀戮中国百姓。剧本阐明了"法西斯与科学势不两立"，"你不关心政治，政治却关心你"的深刻哲理，使人们强烈地感受到，法西斯是世界上最凶猛的一种细菌，只有消灭法西斯细菌，人民才能幸福生活，科学文化才能发展。

这个戏于1942年10月17日在重庆雾季演出中由中华剧艺社首演，洪深、应云卫导演，耿震、白杨、周峰、张逸生等主演。周恩来副主席曾邀请许多他熟识的科学家、医生看戏座谈，引起了强烈的反响，对抗战大业发挥了很大的鼓动作用。

抗日战争胜利已经六十年了，但是我们和我们的子孙永远不能忘记这一段历史，时刻警惕着军国主义、法西斯细菌的复活，坚决捍卫世界的和平和安宁。

（《人民政协报》2005年7月28日）

一七七

# 瞿秋白与中央苏区的戏剧活动

瞿秋白是一位著名的政治活动家、我党早期领导人之一，同时又是一位杰出的文艺评论家和革命文艺领导者。在江西中央苏区就曾领导过有声有色的革命戏剧活动。

1931年1月，党的六届四中全会之后，瞿秋白离开了党中央的领导岗位，来到国统区的上海，在文化战线上，瞿秋白与鲁迅并肩战斗，领导了中国左翼文艺运动。1933年末，瞿秋白接到临时中央来电，要他去中央苏区。由于当时临时中央左倾路线作怪，瞿秋白的夫人杨之华同行的要求也未被批准。瞿秋白在上海匆忙地把近三年的著作、译作稍作整理后，就辞别了鲁迅、杨之华，启程去江西。他化装成医生，在武装交通员的掩护下，于1934年1月才辗转到达瑞金。

第二次国内革命战争时期，以江西瑞金为中心的中央革命根据地戏剧活动开展得较为活跃。1931年工农学校成立了八一剧团，这是根据地第一个专业文艺团体。1932年，在艺术局领导下成立了工农剧社总社，各省、区、乡相继成立分社。当时在根据地创作演出了《红色间谍》(胡底作)、《武装起来》(沙可夫作)、《无论如何要胜利》(李伯钊作)、《南昌起义》(部队剧团集体创作)等戏剧。当时戏剧活动首先是从红军开始的，后来推广到群众之中。节目小型居多，一般是集体创作，有话剧、活报剧、歌剧、舞剧以及民间形式的采茶戏、花鼓戏等，剧目内容大部分是反映尖锐的阶级斗争和革命战争的。根据地的戏剧团体及戏剧活动，对配合扩大红军、反"围剿"和培养革命戏剧干部，都发挥了极其重要的作用。

瞿秋白来到中央根据地之后，在中华工农苏维埃第二次代表大会上当选为中央苏维埃政府人民教育委员，并兼管教育部所属的艺术局的工作，还担任《红色中华》报社社长、主编，苏维埃大学校长，负责领导中央苏区的文艺、戏剧工作。瞿秋白虽然很早就步入职业政治家的生涯，但从他的内心来说，他更钟情于、更乐于做文艺方面的工作。1931年至1933年他在上海领导左翼文艺运动的实迹，就可以说明这一点。这次他来到瑞金中央苏区，被任命负责领导苏区的文艺、戏剧活动，他也很觉高兴，干起来举重若轻，得心应手。那时瞿秋白住在沙洲坝，瑞金的中央机关和学校住得很分散，相距都要一、二十里路，他为了便于工作，不顾身患肺病，硬是学会了骑马，他经常骑了马到下面去指导工作或观看演出。

秋白同志对戏剧工作十分重视，他首先抓戏剧团体的建设工作。在他的提议下，创立了高尔基戏剧学校。他提出剧校要设立剧团，要到前方演出，要培训艺术干部和演员。高尔基戏剧学校成立了"蓝衫剧团"，由李伯钊任校长兼团长。瞿秋白经常和钱壮飞、胡底、李克农、沙可夫等有关负责同志商量文艺和戏剧工作。在他直接主持下，颁布了《工农剧社简章》、《高尔基艺术学校简章》、《苏维埃剧团组织法》、《俱乐部纲要》等一系列文件，明确指出戏剧工作的宗旨和各个组织的方针任务，这些保证了中央苏区的戏剧活动更加趋向组织化、革命化、群众化。他经常说："话剧要大众化、通俗化，采取多样形式，为工农兵服务。"1934年秋，主力红军从革命根据地出发长征，留下了一部分兵力与机关，瞿秋白也被留了下来。他服从组织决定，坚持中央苏区的工作。当时敌人已经进占了宁都、兴国、瑞金等县城，为了便于行动，瞿秋白同志把剧团编成部队形式,工农剧社总社由赵品三负责,分成三个剧团:火星剧团由石联星、王普青负责,红旗剧团由刘月华、施月娥负责,战号剧团由赵品三、宋发明负责。每个剧团二十余人,成员除了高尔基戏剧学校的学生、教员以外,还有其他做文化戏剧工作的同志。在艰苦的环境条件下,三个剧团兵分三路,分配到各个部队,深入农村和战地工作,他们在划定的战区内开展戏剧活动,拿起梭镖、手榴弹、大刀,遇敌作战。剧团一有机会就在群众赶集的庙台上演出,内容主要是宣传坚壁清野,坚持斗争。

瞿秋白同志还很重视抓剧本的创作。他经常启发和鼓励剧团同志搞创作。他说:"我不会写剧本,只能供给你们些故事。"在空余时间,秋白同志常和同志们围坐在一起讲外国和民间的故事与小说,如《毁灭》、《死魂灵》、《第四十一》等。他自己还写了不少故事,其中有一个是写上海工人与巡捕警察红头阿三进行斗争的故事,他要剧团改编成剧本。他常说:"先写故事是写剧本的最好方法之一,但故事要有真实性和典型性。要努力搜集故事。"他要求戏剧工作者深入到工农兵的火热斗争生活中去,去和老农交朋友,去听他们讲故事。他谆谆地说:"没有丰富的社会体验,就不可能产生好的作品。高尔基就有极丰富的社会体验,所以他的作品质量很高。"当时不少同志写作缺乏经验,他总是热情地鼓励,耐心地辅导。为了推动创作,他还定出了剧本的审查与预演制度。他指出:"凡剧本,没有经过预演,是不可以肯定好坏的,剧本的成功,必须通过'写'和'预演'两步程序。演一次改一次。才能有好的剧本产生。"这是符合戏剧艺术规律的。在他的亲自领导和悉心辅导下,根据地创作了不少话剧、歌舞剧的剧本。1934 年年底,他亲自把主要的剧本选校编辑,出版了中央根据地唯一的剧本集——《号炮集》。其中选刊了《牺牲》、《不要脸》、《李保莲》、《非人生活》、《游击》等五个剧本,还亲自写了通俗的序言。这本剧本选油印了三百多份,发到全区,他还准备设法由交通员带到上海去,后来因故未成。瞿秋白除了抓剧本创作外,还十分重视收集民间歌曲,鼓励大家多写歌词,用老百姓熟悉的江西、福建山歌的调子唱。早在 20 年代,他在上海时就经常到老城隍庙去听说书、听说唱,他还用江南民间小调"五更调"、"孟姜女调"等写过许多反帝内容的唱词。到了苏区后,他又运用当地民间小调写了《送郎参军》、《红军打胜仗》、《消灭白狗子》等作品,还亲笔修改大鼓词《王大嫂》(描写一个红军家属与丈夫分别后积极参加游击战的故事),并送到《红色中华》报去发表。

瞿秋白同志还亲自领导中央苏区的戏剧会演工作。这种会演是经常进行的,剧团分头下去演出,回来时都会带来一批新的创作节目,于是在俱乐部会演,通过评比,看哪个剧团、哪个节目是优胜者。瞿秋白每场必到,毛泽东等领导人也经常出席观看。1935 年初,瞿秋白把在各战区的农村、火线上活动的三个剧团调回雩都,在雩都县小密附近一个山上的村子里举行会演。他亲自做会演的筹备工作。剧团还未开到,他已经冒雨到山口的茶亭里迎候大家了。剧团进了村子,洗澡的热水、床铺以及舞台等早已安排准备停当。剧团汇合后,瞿秋白首先组织三个剧团的同志汇报情况,相互交流,在这个基础上进行了一次会演。舞台搭在树林当中,上面有棚,还有后幕及简单的布景,台前挂着两盏汽灯照明。三个剧团竞相演出了话剧、歌剧、舞剧。群众踊跃前来观看,他们有山上村子里的群众,还有从十几里地外赶来的村民。中央局的领导都来了。这次没有座位,大家都站着看戏。开始下小雨,后来愈下愈大,但演员愈演愈有劲,观众也不肯离去,有的打着伞,有的戴着斗笠、披着蓑衣等站着看戏。戏从傍晚开始,一直演到时近拂晓才结束。在淋漓的大雨中,瞿秋白撑着伞,与陈潭秋、陈毅、毛泽覃、何叔衡、刘伯坚、项英等一起看演出,直到结束为止。会演后,在瞿秋白主持下,对演出剧目进行了评奖,评定结果,火星第一,红旗第二,战号第三。演出的主要剧目有话剧《牺牲》(石联星主演)、《李保莲》(丘兰主演)、《非人生活》(郑贻周主演)。这是一次很值得纪念的、在特殊环境下举行的会演。1962年，赵品三专门写了一首诗来追忆这次会演。他写道："十里听歌冒雨来，辉煌灯火照山台。军民同乐逢佳节，星月联华叹妙才。东边唱罢西边和，前幕收场后幕开。披蓑张盖通宵立，三度闻鸡不肯回。元宵结彩赣江春，壮舞高歌洗战尘。夜雨绵绵弦韵急，红灯冉冉掌声频。蒸豚煮酒老军旅，磨剑擦枪待敌人。三十年来谁记得，雩都情景宛如新。"写得十分真切。

瞿秋白平易近人，待人热情亲切，又很善于做思想工作。1934年八、九月间，当时高尔基戏剧学校的师生混合组成演出组正在前线慰问部队，领队石联星忽然接到秋白同志的电报，要他们立即回去。见面后瞿秋白告诉他们中央已经北上。大家听到这个消息禁不住难过起来。瞿秋白安慰大家说："不要难受，我们还有不少人哪！还有不少部队哪！我们跟他们留下来打游击。"当时他的肺病愈趋严重，还在发着烧。他的每一句话都深深地打动了大家的心。瞿秋白十分关怀剧团同志的思想、业务、生活各方面的情况，特别关心新生力量的成长。演员中有一些儿童很出色，学习努力，演技也好，对这些小演员，瞿秋白亲自制定培养计划，检查他们的训练情况。当时就培养出丘兰等一批童星。还专门为他们举行演出晚会，在晚会上瞿秋白也清唱了一段昆曲。在他的领导下，当时中央苏区的剧团成为一个团结战斗的集体，也是一个人才辈出的集体。

1935年2月，瞿秋白和邓子恢、何淑衡等人，化装成商人离开瑞金向江西会昌和福建长汀、武平交界处的四都山区转移。2月24日瞿秋白在福建长汀水口乡附近被国民党逮捕，同年6月18日就义于福建长汀。他领导中央苏区的文艺、戏剧活动，虽然时间不长，仅仅一年时间，但他的光辉业绩和宝贵经验，却至今还放射着熠熠的光彩。

（《人民政协报》2006年10月12日）

一七八

# 马少波的书剑人生

2009年，中国文化界失去了好几位大师级的人物，如任继愈、季羡林、钱学森先生。这一年的11月，戏剧界也失去了杰出的剧作家、戏剧活动家马少波先生。曾任中共中央宣传部副部长的著名诗人贺敬之曾这样评价马少波："身历烽火路，笔开艺苑春，关田两汉后，今马又一人。"关、田指元代戏剧家关汉卿和当代戏剧家田汉，马即指马少波。著名戏剧家黄宗江则戏称马少波为"当代大剧痴"。

## 一、戎马倥偬度半生

马少波1918年出生于山东莱州朱由村的一个贫苦渔民家庭。他的父亲马侠村先后就读于山东省立第九中学和北京国立美术专科学校。他长于诗文和书画。1922年投笔从戎，考入保定军官学校研习军事。1923年4月，北京发生了一桩无头凶杀案，马侠村见义勇为，挺身而出，为被害人伸张正义，致使沉冤大白，逍遥法外的凶手得以伏法。当时报纸连篇报道了马侠村扶危济困的义举，《实言报》连载长篇小说《鲁侠》，北京天桥吉祥园还编演了京剧《无头案》（又名《枪毙鞠芝鸿》）。1923 年 6 月，时任大总统的黎元洪为马侠村题写了"任侠义高"的匾额，并颁赠刻有"替天行道，除暴安良"的宝剑及紫绶金质奖章，以示褒奖。马侠村后入军界，曾任国民革命军第 19 师混成旅旅长，随吉鸿昌将军参加北伐。抗日战争时期，先后任察哈尔民众抗日同盟军骑兵第二师师长、八路军山东纵队第五支队司令部参议，兼胶东同义抗日救国会会长。1941 年 3 月被日伪军逮捕，1942 年 3 月在青岛壮烈牺牲，是一位英雄烈士。

马少波幼年在朱由村村塾和小学堂读书。10 岁时，因军阀混战，随父亲移居北京。他从北大毕业的王信之学国文，并随父看戏。在北京大开了眼界，开始接受新的思想，对京剧也发生了兴趣。13 岁，1931 年，马少波考入设在掖县的山东省立第九中学，不久"九·一八"事变爆发，马少波随即投身抗日爱国的学生运动，创办了天外社，主编《天外》文学刊物，开始文学创作。中学毕业后，曾一度失学，他只身赴省城济南，天天在山东省图书馆自修历史、文学和哲学。1937 年"七·七"事变后，马少波从家乡辗转赶到济宁，经共产党员林乎加、张谦恒介绍，加入中华民族解放先锋队，参加反法西斯战争。1938 年起任八路军山东纵队第五支队司令部机要秘书、秘书长、五旅司令部秘书长、胶东文化协会会长兼胜利剧团团长等职。

马少波在部队是一位英勇善战的指挥员。1941 年，八路军胶东军区司令员许世友等军区首长派马少波去即墨县进行抗日统战工作，当时国民革命军保安十九旅司令员姜黎川已处于蒋介石所派特务的严密监视之下，不能公开与他接触。姜黎川约他夜间在驻军围墙内密室密谈，马少波到达指定地点后，坐进一只箩筐让人吊过高墙。经密谈至拂晓达成协议，但马少波与同志会合时遭遇日伪军，他立即向敌人开枪，掩护战友成功突围，自己却负了伤。敌人撤退后，同志们清理战场，只找到他的一顶礼帽和一只布鞋，于是"马少波牺牲"的消息传开了，大家都很悲痛。县长罗竹风把悼词也写好了，正在准备开追悼会时，他却在民兵的掩护下回来了。此后他再度深入虎穴，做姜黎川的工作，使其最后下定决心，率部东上莱阳，被改编为八路军的一个旅。年仅 23 岁的马少波得到军区嘉奖，他智勇双全的事迹也广为流传。

当然，马少波更是一位部队文化工作的领导人和实干家。他在胶东文协主编了《胶东大众》、《胶东文艺》等多种刊物，发挥了宣传和战斗的作用。自 1941 年起，马少波开始戏剧创作。这一年他根据与投降派斗争的切身感受，写出五幕话剧《指挥》，在胶东文艺评奖中获戏剧第一名。1943 年他改编了《木兰从军》，剧作歌颂了花木兰不让须眉，御敌卫国的英雄气概。1944 年 10 月，又编写了京剧《闯王进京》，他借鉴郭沫若先生的《甲申三百年》，又参酌了明末笔记野史，全剧 36 场，分上下两部。他努力运用历史唯物主义观点审视历史，在舞台上塑造了李自成、李岩、红娘子、刘宗敏等农民起义领袖的艺术形象，总结了正反两方面的历史经验教训，以警示人们防止重蹈李自成的覆辙。在艺术方面还进行了改造旧形式的探索，净化了京剧舞台。从 1945 年元旦开始，胜利剧团的《闯王进京》在党、政、军机关、部队、农村巡回演出 60 余场，反响强烈，有力地配合了当时的整风运动。据他的老战友罗竹风回忆："当年为部队演出时，台上台下此呼彼应，不断发出响彻云霄的轰鸣。"胶东军区司令员许世友及林浩、聂凤智等首长观看后，给予高度的评价。1946 年又写了话剧《太平天国》。1947 年马少波编写了京剧历史剧《关羽之死》，在舞台上塑造了关羽这个活生生的人的形象，这是一个英勇无敌，却由于胜利冲昏头脑，执行错误政策而导致兵败身亡的悲剧英雄的形象，赋予了剧作以新的内涵。马少波还先后改编了《打渔杀家》、《王佐断臂》、《芦花荡》等传统京剧剧目。

1948 年 11 月，山东人民淮海前线慰问团组成，郭子化任总团长，马少波任副总团长，率领山东军区歌舞团、胶东文协胜利剧团等 10 个文艺团体奔赴前线，深入战地，与中原野战军、华东野战军指战员并肩作战,进行宣传演出,为期两月,大大鼓舞了全体将士的士气。总前委领导邓小平、刘伯承、陈毅、谭震林、粟裕等观看了京剧《木兰从军》、《关羽之死》等剧目,亲切接见了编演人员,给予热情的鼓励。

著名学者王季思曾说过:"我认为马少波同志的新编历史剧跟延安平剧院的《逼上梁山》、《三打祝家庄》一样,是我国戏曲创作上具有开创性意义的产物。它跟过去时期的历史剧有本质意义的区别,同时为今天的历史文学作品,包括电影创作和电视剧创作,提供了宝贵的创作经验。"(《谈马少波同志的历史剧》,《文艺报》1982 年 12 月号)

## 二、继承创新催百花

北平解放后,1949 年 6 月 26 日,周恩来在中南海约见各解放区从事旧剧改革的部分中共党员领导干部座谈,交流经验。与会的有华东的阿英、陆万美和马少波,西北区的柯仲平、马健翎,中南区的崔嵬,东北区的刘芝明等。周扬、阳翰笙参加了座谈。阳翰笙回忆说:"那时少波是最年轻的一个,只有 31 岁。会上,周恩来同志指定少波先发言,他意气风发,才思敏捷,有较丰富的实践经验。是他首先建议中央成立戏曲改革领导机构和研究实验机构,开展全国范围的戏曲改革运动。周恩来同志很赞赏他的发言,大家也都赞同。"6 月 29 日毛泽东和周恩来在中南海召见了周扬、田汉、马少波,亲自听取了汇报。1949 年 10 月 2 日,中华全国戏曲改革委员会成立,田汉任主任,马彦祥、杨绍萱任副主任,马少波任秘书长。后改称文化部戏曲改进局,田汉任局长,马少波以文化部第一届党组成员兼任改进局党总支书记、办公室主任。1951 年后,为适应戏剧改革的需要,又相继改组成立了中国戏曲研究院、中国京剧院等机构,马少波先后任副院长、党总支书记等职。

解放初期的"戏改",主要内容是"改戏,改人,改制"。在戏改方面,马少波做了大量的工作。京剧表演艺术家杜近芳在新中国刚成立时,才十几岁,那时在梨园行已经颇有名气,但因为 1945 年被封建把头欺骗签了像"卖身契"一样的合同,无论演出多少场她都分不到一个钱,备受压榨的杜近芳时常天真地想:等我唱红了,找个带枪的人把他崩了。1951 年,一位师姐悄悄告诉她,把头看势头不好打算在上海演出时把她卖到香港去。又惊又怕的杜近芳在梅兰芳和王瑶卿的帮助下,联系到当时中国戏曲研究院党总支书记马少波。马少波为了让杜近芳摆脱把头的控制,帮她找房子,在夜里秘密地帮她搬家,又从把头手里索回一半"卖身契",和杜近芳手里的那一半一起烧了。恢复自由身的杜近芳在中国戏曲研究院实验第一团第一次领到自己的工资时,激动地站在院子里哇哇大哭。此后,杜近芳始终念念不忘马先生对她的好,她曾激动地说:"没有马先生我就不会从一个文盲、奴隶,成为新中国的年轻演员,也不会成为国际知名的艺术家。真是马老恩公是救星,少波代党解吊绳。"京剧老生行当中言菊朋的言派是一个重要的流派,但是言派戏好听难学,到上世纪 50 年代几乎绝迹于舞台,马少波为此十分忧虑。1959 年青岛市京剧团赴京演出,因言少朋虽为言菊朋之子却师从马连良学马派,在京城演出马派戏,张少楼学过余派,演出余派名剧。马少波观看演出后,找到言少朋夫妇,力主他们演出言派剧,于是言少朋演出了《卧龙吊孝》,张少楼演出了《让徐州》,结果轰动京城,大受欢迎,观众奔走相告,剧场场场爆满。马少波也撰文《言归正传》,表示言派戏归言氏之后相传。在马少波力荐之下毛泽东、周恩来等党和国家领导人都观看了青岛市京剧团演出的言派戏,并加以赞赏,从此,言派重新受到重视并得以传承。

马少波在担任中国京剧院负责人期间,十分尊重梅兰芳院长,与他亲密配合,坚决贯彻"百花齐放,推陈出新"的方针,努力整理、改编京剧传统剧目,创作新戏。在艺术质量方面精益求精,展现出一派清新的舞台风貌。中国京剧院在 10 年中,创作、改编和移植了历史和现代剧目 494 个,挖掘、整理传统剧目 800 个,并形成了严谨整齐、色彩浓烈、富有生气的剧院演出风格。中国京剧院的示范作用,推动了全国京剧艺术的发展。在工作中,马少波与梅兰芳结成了很深的友谊。1961 年上元节,梅兰芳曾亲笔题诗赠予马少波、李慧中夫妇,诗云:"波涛千顷笔如神,鸿案齐眉日正春。高举红旗心事共,长吟白雪倡随新。上元火树供娱月,中圣香醪好入唇。知为升平增少壮,双修福慧属君身。"

1956 年 3 月,在周总理的亲自关怀和运筹下,中国访日京剧代表团出访日本,梅兰芳任团长,欧阳予倩任第一副团长兼总导演,马少波任副团长兼秘书长。通过这次访问演出,打开了中日两国人民的友谊之门,促进了中日文化的交流。马少波还多次率团赴国外访问演出,扩大了中国京剧艺术的国际影响,推动了中外文化交流事业的发展。

## 三、敢遣春温上笔端

马少波除了做了大量的组织领导工作之外,作为一位勤奋的剧作家,建国后改编、创作了一大批优秀的剧作。

1958 年,马少波与范钧宏合作把歌剧《白毛女》改编成京剧,在北京首演。此剧由阿甲、郑亦秋导演,李少春饰演杨白劳,杜近芳饰演喜儿,其他主演有袁世海、叶盛兰、李金泉等。周恩来总理看了戏后,对马少波说:"今天看了京剧《白毛女》,很高兴,看来京剧演现代题材是有前途,有希望的。"京剧《白毛女》是建国以来最早、影响最大的一个京剧现代戏,对京剧表现现代生活,作了有益的探索。像"大雪飞北风紧天阴云暗"及"连日里东奔又西颠"等唱段至今还流传于世。同年,马少波又直接从现实生活中提炼、创作了京剧现代戏《白云鄂博》,在舞台上展现了上个世纪 30 年代日寇入侵内蒙,白云鄂博人民奋起反抗,与八路军并肩作战的壮丽画卷,成功地塑造了蒙、汉抗日英雄的动人形象。这个戏也得到了周总理的首肯。

1960 年 12 月,马少波应中国儿童艺术剧院之邀,创作了儿童剧《岳云》,此剧以恢宏的气势和盎然的情趣展现了少年岳云抗金杀敌的可歌可泣的英勇事迹。1961 年在北京首演,受到欢迎。1980 年重新排演时,邓颖超同志对马少波说:"少波同志,这是你的大作呀!写得很有气魄,对青少年很有教育意义,希望你多写一些这样的好剧本。"1963 年他又创作了京剧《正气歌》,这个戏在尖锐的矛盾冲突中,刻画了文天祥砥柱中流、力挽狂澜的英雄本色,热情歌颂了文天祥坚贞不屈的民族气节和"留取丹心照汗青"的浩然正气,极具震撼力。

这一时期,马少波还与范钧宏、吕瑞明等合作编写了《满江红》、《初出茅庐》、《赤壁之战》、《摘星楼》等多部历史故事剧。

十年动乱期间,马少波受江青点名批判,遭到迫害。这一期间,他曾填写了一阕《祝英台近》词,抒发了当时的悲愤心情。词中写道:"铁窗缚,梳乱绪,自问何所负!斗室徘徊,遑数几多步。"

粉碎"四人帮"后,年近花甲的马少波重新拿起笔来,焕发出了新的艺术青春,进入了戏剧界称之为"第三个创作高潮"。1979 年他根据李世民与大臣魏征的历史故事,创作成《明镜记》,刻画了一代贤君、一代贤臣和一代贤后的感人艺术形象。1981 年他根据话剧《战犯》,改编成京剧《宝剑归鞘》,塑造了女主人公乌金寨战犯管理所所长潘天云忍辱负重、高瞻远瞩的感人形象,揭露了日本侵略者的残暴罪行,展现了战犯改造工作的艰巨曲折,并赞颂了中日两国人民的传统友谊。1982 年根据王实甫的《崔莺莺待月西厢记》改编成昆曲《西厢记》,由北京昆曲剧院演出,受到海内外专家的高度评价。同年他又创作了《明镜记》的姊妹篇《宝烛记》,描绘唐文德皇后长孙无双在错综复杂的政治斗争中,"位高不乱法,用才唯大公"那种佑贤护能、贤德无私的可贵品质,李世民誉之为"真我之宝烛也",剧作具有鲜明的历史感,给人以深刻的哲理思考。此剧由江苏省京剧院首演于南京,梅派弟子沈小梅主演,荣获首届文华奖。

80年代以来,马少波还亲自尝试将传统戏剧以电视连续剧的形式搬上银屏,让戏曲走出舞台,通过现代媒体传播给更大范围的人民群众。《正气歌》、《十五贯》、《再起清风楼》等的创作,充分体现了他不断探索、开拓进取的精神。他还担任了《曹雪芹》、《神算记》等戏曲电视连续剧的顾问,应邀出任14集电视连续剧《蒲松龄》和12集电视连续剧《梅兰芳》的总顾问。

马老晚年担任文化部振兴京剧指导委员会副主任、中国京剧艺术基金会副会长、中国戏剧家协会顾问、中国梅兰芳研究会会长、《中国京剧史》总主编、《中国京剧百科全书》编委会主任等职,为振兴京剧事业不遗余力。

正如阳翰笙所说:"在党领导戏曲改革半个世纪的征途中,既担负着组织领导的重任,又能继抗日战争初期开始的戏曲创作生涯,不断有高水平的新作问世的,我认为唯有田汉和马少波。"并认为他的剧作"其思想的深刻、艺术技巧的娴熟,文采的优美,在当代是不多见的"(《〈马少波全集〉序》)。

## 四、理论建树称卓越

马少波不仅是一位成绩卓著的剧作家,而且是一位造诣很深的戏剧理论家。从上个世纪50年代以来,他出版的论著等有《戏曲改革论集》、《戏曲改革散论》、《看戏散笔》、《花雨集》、《戏曲新论》、《戏曲艺术论集》、《写戏偶得》等。他的《写戏偶得》连载于《新剧作》1983年1—6期,分"立意贵新"、"追求更高的真实"、"塑造人物的技巧"、"戏曲语言的运用"、"布局的艺术"、"继承与创新"六个篇章。说到塑造人物时,他提出"画人要画眼,写人要写心",要"在冲突中刻画人物",并要注意细节的传神作用,要刻画人物的个性特征;在谈到戏曲语言运用时,他强调要注意人物语言的个性化,他认为"写真情,畅奇情"是我国戏曲美学的主要内容之一,所以"写戏要着重写情,唱要唱情,说要说情,唱要唱足,说要说透,感情要真,涵义要深"。这些既是作者长期创作的经验之谈;同时处处闪耀着理论的光芒。

马少波最重要的理论建树是主编了卷帙浩繁的《中国京剧史》。

京剧一向被誉为中国的国剧。从1790年徽班进京,京剧开始孕育算起,至今已有200多年的历史。其间,京剧艺术经历了曲折而光辉的发展历程,涌现出一批杰出的大师,积累了大量的优秀剧目,成为我国民族艺术乃至世界艺术宝库中的璀璨瑰宝。历来也曾有一些记述京剧历史的著作,但多半偏重于记述一些京剧艺术家的小传,在记述京剧艺术发展历程,总结京剧发展的规律与经验方面显得欠缺。有鉴于此,时任北京市戏曲研究所所长的马少波和时任上海艺术研究所所长的章力挥先生等倡议,集中力量编著一部反映京剧艺术发展历史全貌的大型史著《中国京剧史》。这个倡议立即得到北京和上海的宣传文化领导部门的支持,决定由北京市戏曲研究所(后改名为北京市艺术研究所)和上海艺术研究所联合编著。随之成立了以马少波、章力挥、陶雄、曾白融为主编的编委会,京沪两地20余位京剧史专家和研究人员参加了编撰工作。全书分上、中、下三卷,各卷设分卷主编,由京、沪两方的专家出任。不久,《中国京剧史》即被列为全国重点艺术科研项目,上海市哲学、社会科学重点科研项目。在马少波等主编的具体领导下,在各地专家的支持下,经过京沪两地京剧专家的通力合作,历时十七年,这部

230 万字的巨型史著于 1999 年正式出版。这部三卷四册的著作采用纪事本末体和纪传体相结合的体例,以记述、论述史实为主,每卷设有"人物"篇,全书共收人物传记 754 篇。全书运用马克思主义观点审视历史,比较全面、系统地总结了自四大徽班进京,京剧开始孕育起至 1996 年 200 年历史过程中的发展规律和历史经验。其涵盖面包括全国各地及港澳台地区的京剧状况,内容丰富,资料翔实,图文并茂,不少材料尚属首次披露。被评论界誉为迄今为止一部最完备、最翔实、最具权威性的京剧史专著。

1999 年 11 月 18 日《中国京剧史》的首发式在人民大会堂湖北厅隆重举行。中共中央政治局常委、全国政协主席李瑞环发来贺信,说:"京剧是我国戏曲艺术中最具代表性的剧种,京剧诞生一百余年来留下了大量资料亟待整理,人们盼望有一部内容完整、论述翔实的京剧史书问世。你们为弘扬民族优秀文化做了一件大好事。希望大家齐心合力,扎实工作,为振兴京剧做出新的更大的贡献。"中共中央政治局委员、中宣部部长丁关根委托中宣部副部长刘鹏出席首发式,向该书出版表示热烈祝贺,向参与此项工作的同志们表示衷心的感谢。中共中央政治局委员、全国人大常委会副委员长姜春云、全国人大常委会副委员长布赫等领导出席。这部史著先后获得了北京市哲学社会科学优秀成果一等奖、中国图书奖、全国优秀艺术图书一等奖、"五个一工程"奖等奖项。

笔者亲身参加了这项重大艺术科研项目,起始担任中卷的撰稿和编辑工作,后转任《中国京剧史》下卷主编,负责上海编辑部的工作。因为在马老直接领导下工作,对马老的了解也逐渐加深了。马老有极其丰富的阅历和革命工作的经验,具有很高的政策水平,所以能始终掌控整部书稿编著的正确方向。而马老认真严谨的工作作风和实事求是的科学态度也给了我十分深刻的印象,他要求所有编撰人员要深入调查研究,尽可能掌握第一手资料;对京剧历史上的事件要进行历史的、客观的实事求是的分析和评价;对一些有争议的问题要慎重,有时可以诸说并存。为此北京和上海的编撰人员不辞辛劳到各地广泛搜集资料,调查访问,研讨座谈。1989 年 8 月,编辑部还召集全国知名京剧专家在烟台举行会议,马老亲自主持,讨论了建国以来京剧史上的一些重大事件和问题,在许多方面取得了共识。

马老学问渊博,文采飞扬,身居高位,但平易近人,特别是对年轻和后学多加提携和帮助。在我眼中,他既是我尊敬的领导和老师,又是一位忠厚长者。他曾赠我他的《马少波剧作选》、《马少波研究文集》、《书剑征程》等多部著作,而且为我和何国栋合著的《周信芳传》写序,为我编著的《中外戏剧名篇赏析》一书题词。我们凡到北京开会,马老不顾高龄,总要亲自到我们的住所看望,而且邀我们到他府上作客;他来上海公干时,也要召我们到他下榻的宾馆亲切地叙谈。这些年来,我和马老每到新年,都要互赠贺卡祝贺新年。2008 年 2 月,马老来电话问我上海的有些事情,那时我正好有一本著作在出版社,我知道马老长于书法,请求他为我的新著题签。但马老说实在目力不济,不便书写。对此我颇感遗憾。2009 年 3 月,我的新书出版,我随即邮寄一册给马老。到 7 月下旬,我才知邮件失误,马老没有收到我寄的书,我再用挂号寄去,在附信里说到,我很想得到一幅马老的墨宝,就怕您目力不好,不敢启齿。过了几天,马老来电话,说:"鸿鑫同志,我已给你写了一个条幅,马上给你用快递寄去。"这使我喜出望外。第三天,我就收到了马老给我的条幅,上书:

鸿鑫同志雅属

　　江山如画　历史多情

　　　二〇〇九"八一"　马少波　时年九十二

这幅墨宝我还没来得及装裱，恐怕可说是马老的绝笔了，特别弥足珍贵。

2009年11月29日，马老走完了92年的书剑人生之旅，在北京与世长辞，噩耗传出，文艺界一片悲痛。哲人已逝，但马老的著作和精神仍然存留于世，像灯火一般照亮着我们前行的道路。

（《世纪》杂志2010年第4期）

一七九

# 沪剧大家丁是娥

我国每一个戏曲剧种都有几位代表人物。比如说起京剧，我们首先会想到谭鑫培、梅兰芳；说起越剧，会想到袁雪芬、尹桂芳；说起黄梅戏，会想到严凤英。我们讲到沪剧，丁是娥就是当之无愧的代表人物之一。

丁是娥从九岁开始学艺，五十多年始终在沪剧这块民族艺术的园地里兢兢业业地劳作耕耘，她在努力继承沪剧传统艺术的基础上，锐意革新，精心创造，以自己的艺术实践丰富和发展了沪剧的剧目、表演和音乐，对沪剧事业作出了卓越的贡献。她在舞台上塑造的小飞娥、阿庆嫂、繁漪、林佩芬等一系列光彩熠熠的艺术形象，永远留在广大观众的记忆之中。

丁是娥，本名叫潘咏华，浙江湖州双林潘家兜人，1923年出生在上海虹口虬江桥。她的父亲在一家湖丝栈里跑车间，母亲是一名缫丝工。因此丁是娥的童年是在湖丝栈的车肚里度过的，简陋、潮湿的车肚，就是她的"摇篮"。

丁是娥9岁时，母亲病逝了，同年，丁是娥拜申曲艺人丁婉娥为师学唱申曲，老师为她取了个艺名——丁是娥。

她跟老师边学艺，边演出，曾经和老师同台演出《女看灯》等。1936年，丁婉娥组织了一个"婉社申曲儿童班"，由20来个小演员组成，孩子的艺名都冠以"小小"二字，老师又给丁是娥取了一个艺名："小小婉娥"。他们经常在"大世界"、永安公司"天韵楼"等游乐场演出，丁是娥逐渐崭露头角，成为戏班台柱。当时每天日夜两场，中间还要做堂会。严格的艺术训练和频繁的舞台实践，使她打下了坚实的基础。

1938年秋，丁是娥进了筱文滨领衔的文滨剧团。当时文滨剧团是申曲界有名的大剧团，筱文滨、筱月珍都是蜚声剧坛的一代名伶。一个剧团就是一所艺术学校，丁是娥在这里得到了极其丰富的艺术滋养。

1942年丁是娥正式满师，加入了由石筱英领衔的鸣英剧团。1943年又转入四大小生之一施春轩先生的施家班，与顾月珍、汪秀英合演了《三朵花》、《野兰香》等剧，丁是娥已显露出她的艺术才华。

她第一次担任主角，是在《女单帮》一剧中饰演舒丽娟。施春轩扮演伪警察局长。

这部戏描写抗日战争时期，日寇铁蹄践踏我大好河山。上海沦陷为孤岛，老百姓处于水深火热之中。女主人公的遭遇十分悲惨。丁是娥为了演好这个角色，特地设计了一百多句富有激情的【赋子板】。这个戏一上演连连爆满，一时成为轰动上海滩的热门戏，丁是娥也因而走红剧坛。《女单帮》可以说是丁是娥的成名之作。

1947年夏天，丁是娥又在文滨剧团主演了时装戏《铁骨红梅》。

这个戏描写敌伪时期，小资产阶级知识分子的生活，既有缠绵的情爱，又有对敌伪的激烈抗争，全剧情节曲折跌宕，又富于抒情色彩。丁是娥扮演女主角梅英，感情真挚，表演动人。著名戏剧家田汉和夫人安娥观看了演出，高兴地对筱文滨说："好极了！好极了！想不到沪剧已改进到这样的地步，有这样的成就。人情戏很多，合乎情理，难怪有这么多男女观众。我第一次看沪剧，也已经上了瘾！"并称赞丁是娥是一个"很有才华的好演员"。田汉先生还在《新闻报》上专门撰写了《沪剧第一课》的文章。丁是娥在文滨剧团还与筱文滨、杨月英合演过《恨海难填》。

1947年8月，丁是娥与解洪元、顾月珍联手创建了上艺沪剧团，在九星大戏院挂头牌。

陆续主演了《白荷花》、《海上姊丽花》、《甜姑娘》、《少奶奶的扇子》、《娇懒夫人》、《风流女窃》、《女窃再风流》、《何处再觅返魂香》、《乡宦世家》等剧目。

这是丁是娥演戏最多的一个时期。她努力继承沪剧传统，并广泛吸收，借鉴姊妹艺术的营养。为了揣摩电影明星葛丽亚·嘉逊的表演技艺，她一连看了七遍电影《居里夫人》。她大胆实践，多方开拓，不仅主演花旦戏，塑造各种身份、各种性格的少女形象，而且还在《皆曰可杀》中反串小生，在《乡宦世家》中扮演80多岁的老太。

她演《少奶奶的扇子》里的母亲，以静代动，用丰富的眼神透露出人物心灵深处的复杂感情。她演的《娇懒夫人》（又名《寄生草》、《太太问题》），并不满足于表现人物性格表层上面的那种娇气，而是努力挖掘角色的内心隐秘，较有深度地刻画出女主人公"软体动物"式的生动形象。

丁是娥的艺术道路，我们可以概括为三个时期。

第一个时期是30年代，学艺时期，这是她艺术的初闯阶段。

第二个时期是40年代，是她成名的时期，也是她艺术的探索、发展时期。到40年代末，丁是娥已经成为沪剧舞台上一颗闪闪发光的红星了。

丁是娥艺术的成熟时期，鼎盛时期，还是在解放以后，那就是第三个时期，从50年代到80年代，这一时期，她的艺术日臻成熟，并形成了独具风采的丁派艺术。

丁是娥与所有在旧社会受歧视的戏曲艺人一样，以无限欢欣的心情迎接解放。在上海解放不到两个月，她就登台演出了根据同名新歌剧改编的《白毛女》，并主演喜儿一角。接着又演出了反映解放区生活的《赤叶河》、《小二黑结婚》等新戏，还参加影剧界联合义演《母亲的烦恼》等。表现出她对新社会的热爱和对表现新生活的热情。

1952年，上艺沪剧团与邵滨孙、石筱英、筱爱琴领衔的中艺沪剧团合并，成立了上海沪剧团，丁是娥担任副团长。同年排演了根据赵树理短篇小说《登记》改编的《罗汉钱》，丁是娥饰演女主角小飞娥。她从对小飞娥这个人物的思想感情和性格特征的准确把握出发，细腻地有层次地揭示她的内心世界，成功地塑造了一个留着旧社会的心灵创伤，而对新生活又充满憧憬的农村妇女的典型形象。在表现新生活新人物时，又纯熟而巧妙地运用了沪剧的传统手法并加以改革、发展，使内容与形式得到了完美的统一。

比如影片《罗汉钱》的第二场，小飞娥看灯回家，高兴而归，心情是愉悦的。她忽然发现罗汉钱，极为惊讶。接着她寻找自己的罗汉钱，看到自己的罗汉钱还在原来的地方，情绪转为奇怪、紧张。丁是娥通过愉悦——惊讶——奇怪——慌乱几个层次，细致地表现出人物感情的曲折变化。接着是那段"为了这个罗汉钱"的著名唱段,丁是娥用柔美委婉的反阴阳曲调,经过精心的设计与丰富,使这段回忆二十年前辛酸往事的唱段,十分富于感情色彩。

为了表现小飞娥稳重内向的性格,丁是娥在台上一般不采用大开大合的形体动作,但在人物情绪比较激昂的地方,又适当运用幅度较大的动作,可以说非常恰到好处。

第四场末尾,小飞娥说服张木匠同意艾艾与小晚的婚事后一段表演,丁是娥用幅度较大的动作,轻快的节奏,生动地刻画了小飞娥此时此地内心的喜悦与兴奋。

《罗汉钱》到北京参加第一届全国戏曲观摩演出大会,获得了剧本奖,丁是娥荣获了演员一等奖。

《罗汉钱》的成功编演,开拓了沪剧反映社会主义现实生活的艺术新天地,在沪剧史上居于重要的地位。对丁是娥来说,《罗汉钱》的演出是她的艺术生涯中的一个里程碑,它标志着丁是娥艺术的成熟,标志着丁派艺术的形成。

丁是娥在努力编演反映新生活的现代戏的同时,还注意对传统剧目的认真整理。

《阿必大回娘家》是沪剧的传统戏,它反映旧社会童养媳的痛苦生活是很生动的。但原来戏中的婶娘也是一个秉性很凶,泼妇式的人物,称她为"毒夹剪",旧社会说这种人是要"克"夫的,戏里雌老虎凶,但婶娘凶过她的头。1952年丁是娥与石筱英在重排这个戏的时候,对婶娘这个人物作了适当的调整,丁是娥把她处理成一个主持正义的劳动妇女,她所扮演的婶娘显得精明能干,善良得体,与雌老虎的交锋中,锋芒毕露,而又有理有礼有节,比原来的形象更具典型意义,老戏唱出了新意。

1953年,经上级批准,国营的上海市人民沪剧团正式成立,丁是娥担任艺委会主任。从此,丁是娥更加自觉地执行百花齐放、推陈出新的方针,努力拓宽沪剧的表现题材,推进艺术改革,在舞台上塑造了多种多样的妇女形象,其中有资本家的太太,如《雷雨》中的繁漪,农村的妇女,如《阿必大》中的婶娘,有民办学校的教师,如《鸡毛飞上天》中的林佩芬,有从事地下工作的女共产党员,如《芦荡火种》中的阿庆嫂,甚至还有朝鲜的英雄妇女形象,如《金黛莱》中的金黛莱。这些人物年龄、身份、经历、性格等各不相同,丁是娥演来都能惟妙惟肖,栩栩如生。她是一位非常出色的性格演员。她的表演细腻、自然、含蓄,注意通过分寸准确的形体动作和具有典型意义的细节刻画人物的性格,运用精彩的唱腔抒发人物复杂细致的感情。

《鸡毛飞上天》是一出反映民办教师先进事迹的现代戏,在舞台上扮演先进教师的形象是有一定难度的,丁是娥没有知难而退,而是努力深入生活,熟悉、体验、学习先进人物,钻研角色特点,并充分发挥戏曲做功、唱功的作用,在舞台上树立了一位感人至深的先进教师的形象。

1959年,丁是娥在《雷雨》中饰演繁漪,1960年又在新戏《芦荡火种》中饰演阿庆嫂。这两个戏把丁是娥的表演艺术推上了一个新的高峰。

繁漪是一个很复杂的人物,她是资本家的太太,又是这个罪恶家庭里的受害者和叛逆者。她有着美好的心灵,然而在令人窒息的环境里不能正常地发展。

在周朴园逼她吃药这一段情节中,丁是娥刻画了繁漪对周朴园的反抗。她与周萍的纠葛,丁是娥着重突出她的痴情,这正是她的性格在特定环境下的表现。最后繁漪的报复行为虽然好像不近人情,但又是符合这一人物的性格逻辑的。丁是娥对这个人物具有独到而深刻的理解,又以舞台形象加以出色的体现,所以赢得了"活繁漪"的赞誉。

丁是娥在《芦荡火种》中又成功地塑造了阿庆嫂的形象。阿庆嫂是一位机智勇敢的我党地下联络员。她身处复杂艰险的斗争环境,在敌、伪、顽之间巧于周旋,玩敌人于股掌之间。她表面上是春来茶馆的老板娘,实际上是一名共产党人。丁是娥在塑造这一形象时,处处注意处理好阿庆嫂的这种双重身份,突出她的智慧,突出她的巧于周旋。

第三场,"笑斗天子九",这一段在戏中似乎不太显眼,但丁是娥的表演堪称绝妙。阿庆嫂为了营救小姑娘,采取了迂回战役,嘴上好像在埋怨小姑娘不懂事,行动上却是保护了小姑娘。她在天子九面前并不马上抖开她与胡传奎相熟的关系,但是从语言中又让对方吃不准她的底牌。当刘副官上场后,阿庆嫂也不"告状",而是好像轻描淡写地说,"迭格大阿哥和我不相识,有点过勿去。"有意在天子九面上放点交情,以有利于以后的工作。就这样,把阿庆嫂的巧于周旋,描绘得淋漓尽致。

与胡传奎、刁德一的三重唱,更是脍炙人口。这里运用戏曲三人背供唱的特殊形式,生动地展现了一场微妙的斗争。丁是娥扮演的阿庆嫂在胡传奎、刁德一面前不卑不亢,落落大方。她既要取得他们的信任,以便保存自己;又要探询、侦察敌情,并利用敌人之间的矛盾。刁德一追问新四军的下落,她若无其事,对答如流,滴水不漏。刁德一怀疑她掩藏了新四军伤员,她立刻接过话头,予以反击,利用胡传奎与刁德一之间的矛盾,迫使刁德一不得不赔礼道歉。阿庆嫂句句话不失茶馆老板娘的身份,又处处透露出共产党人的光彩。丁是娥真是演活了阿庆嫂。

沪剧是很重唱功的,丁是娥不仅做功好,而且唱功好。她嗓音圆润,音域宽广,唱腔绮丽宛转,曲折多变,擅长于抒情,善于抒发人物复杂细致的思想感情。她在唱腔方面有很多创造。大家知道,反阴阳是她最拿手的唱腔,她对反阴阳的运用非常巧妙,并且有所发展。如她在《罗汉钱》、《甲午海战》中的反阴阳。《金黛莱》中金黛莱冒险进入敌占区去取山芋的一段反阴阳也很有特点,这一段,无论是情绪和色彩,都与其他的几段反阴阳不同,真正做到了声随情转,声情并茂。

丁是娥还在赋子板的基础上,融化京剧流水板的唱法创造了一种新的"快流水"的板式,又在反阴阳的基础上创造了反十字调。如《鸡毛飞上天》中的反十字调,"这一个小朋友"。

丁是娥以她卓越的艺术成就和精湛的表演和演唱艺术,赢得了广大观众的热烈欢迎,成为沪剧界最负盛名的表演艺术家。她的丁派艺术也成了影响很大的流派,不仅观众喜爱,而且成为许多青年演员从学的对象,许帼华、沈惠中、诸惠琴、马莉莉、茅善玉等都从丁派艺术中汲取过丰富的营养。

丁是娥在十年"文革"中受到了残酷的迫害,粉碎"四人帮",春回大地,丁是娥出任上海沪剧院院长,并重登舞台。她复演了《鸡毛飞上天》、《芦荡火种》等剧目,并演出了新戏《被唾弃的人》。丁是娥的重上舞台,引起了极大的轰动。

世界上没有一个演剧家不眷恋舞台的。丁是娥何尝不这样呢?但是她又想到一个人的艺术生命毕竟是有限的,沪剧事业不能中断,从沪剧事业的现状和未来考虑,她把目光注视到培养沪剧事业接班人这一重大问题上。她急流勇退,主动让台,毅然把经验与角色一起让给中青年演员。1979年剧团排演《泪血樱花》,她自己本是剧中女主角樱枝的最佳人选。然而她放弃了这个角色,把她让给青年演员陈瑜来担任。

1981年,上海举行对台广播演唱会,主办单位特地邀请丁是娥参加。可是她自己没有演唱,却推荐新秀徐俊与茅善玉去演唱《庵堂相会》,自己为他们做报幕。

1982年,排演现代戏《野马》,丁是娥又甘当绿叶,出演母亲一角,为青年演员配戏,登演出广告时,她坚持把自己的名字放在两位青年演员后面。

拍摄电视连续剧《屋檐下的白玉兰》时丁是娥还是甘当配角,饰演一对生活境遇迥异的孪生姐妹。她不仅自己认真排练,而且热情辅导青年演员。

丁是娥还是一位密切与群众联系的人民艺术家。她认为,沪剧是上海土生土长的地方剧种,沪剧只有根植于群众的土壤,才能保持它的生命力。早在五、六十年代,丁是娥就经常率团深入到工厂、部队、农村去演出。

80年代,丁是娥又倡导了"沪剧回娘家"的活动,她说沪郊农村是沪剧的娘家,女儿不断娘家路。在她倡导下,上海沪剧界每年春节坚持开展"沪剧回娘家"活动,丁是娥经常亲自率队前往,到农村演出,辅导农村业余戏剧活动,足迹遍及上海郊区各个县。

1988年,丁是娥又带领沪剧界老中青三代演员赶到奉贤南桥镇,回娘家拜年,演出。她带病连演两场戏。第二天就被送进了医院。她的最后一次登台就是回娘家的演出。

丁是娥是一位德艺双馨的艺术家,她一生清正廉明,克己让人。生前她热心地为别的老艺人张罗举行个人演唱会,而自己的演唱会却一拖再拖,终于没有开成。她去世后,清理她的遗物,仅有存款2 000元。人们用"春蚕到死丝方尽"这句诗句来赞颂丁是娥把一生都贡献给沪剧事业的奉献精神,这是何等的确当啊!

(电视片《漫游戏曲殿堂·沪剧艺术》,上海有线戏剧电视台<br>1996年9月16日、23日播出)

一八〇

# 周恩来寻找"三毛"

周恩来在学生时代就与戏剧结缘,他还曾粉墨登场演过话剧。解放后,他担任国务院总理,对文艺事业及话剧和各地方剧种的发展都十分关心,其中包括滑稽戏。滑稽戏是在上海土生土长的一个剧种,它以演喜剧和闹剧为其特色,融说、学、做、唱于一炉,运用夸张的形体动作、幽默的语言和各地方言、南腔北调等艺术手段,在舞台上构建喜剧效果,是一种"笑"的艺术,在上海和江南地区深受广大观众的欢迎。周恩来曾在上海耽过,上个世纪20年代曾在上海的中共中央工作,1927年领导过上海工人第三次武装起义;40年代,他担任过驻上海的中共代表团团长。所以,他对活跃在上海舞台上的各种剧种比较熟悉,对滑稽戏,他也可能看过,或者有所耳闻。

解放后,上海的滑稽戏比较繁荣,50年代,上海有好几个滑稽剧团,编演了不少反映现实生活的新戏。1956年,上海大众滑稽剧团根据漫画家张乐平笔下流浪儿三毛的形象,编演了滑稽戏《三毛学生意》。这个戏的故事情节由传统独脚戏《大小骗》、《剃头》、《瞎子店》等精彩段子串连而成。写苏北农村少年三毛,因家里遇到天灾人祸,以至家破人亡,遂流浪到上海谋生。他先是被流氓利用,作为骗钱的工具,因为三毛老实,使流氓的预谋暴露。后来三毛被一家小理发店的老板收为学徒,又因生意清淡,成了理发店老板夫妻争吵的出气筒。最后三毛到瞎子的算命店里做帮工,他见瞎子欺凌使女小英,心怀不平,设计作弄瞎子,并与小英结伴逃走。生动反映了旧社会的黑暗和流浪儿的悲惨境遇。此剧由著名滑稽演员范哈哈编剧,何非光导演,文彬彬、范哈哈、刘侠声、俞祥明、嫩娘等主演。特别是著名滑稽演员文彬彬扮演的三毛,将夸张的形体动作、幽默风趣的生活语言和他特有的招笑技巧融为一体，把三毛富有正义感而又机灵活络的性格刻画得栩栩如生，并产生了强烈的喜剧效果。评论界因此给予高度的评价，国外的著名戏剧家、评论家称他为"东方卓别林"。

1957年大众滑稽剧团赴北京演出，赴京前对《三毛学生意》进行加工，邀请电影导演黄祖模执导。这次在北京演出十分成功，轰动了首都文艺界。并引起了周恩来总理的关注，他先后两次亲临中国青年艺术剧院剧场观看演出。周总理第一次观看演出后，登台亲切接见全体演职员。事先安排是总理从剧场的贵宾休息室上台接见演员，故而演出一结束，文彬彬、范哈哈及剧团负责人、主要演员等都集中在休息室到舞台之间的过道里，准备夹道欢迎总理。谁知总理看完戏后，直接经过观众席走上舞台。有人马上去通知在过道里的同志赶快上台。文彬彬等匆匆赶过来，就排在人群后面。而总理到了台上，找了半天没有找到"三毛"，就点名问："演三毛的文彬彬同志在哪里？"这时文彬彬才从人群中挤到前排来。总理紧紧握住文彬彬的手，说："演得很好，演得很好！"总理对大家说："你们这个剧种只有三四十年的历史，是个现代剧种，是很有希望的。希望今后能出现更多像《三毛学生意》这样的好戏。只是你们这个剧种很特殊，在创作和演出中要注意防止低级、庸俗、丑化、流气。"过了几天，周总理又和邓颖超同志一起到剧场观看演出。周总理对剧团的关心和对滑稽戏这个剧种的期望，给了和文彬彬和全团同志以极大的鼓舞。

大众滑稽剧团载誉返沪后，1958年上海天马电影制片厂特邀喜剧大师黄佐临执导，把上海人民艺术剧院《三毛学生意》拍摄成滑稽影片。这部影片用普通话和方言两种拷贝发行，在全国产生了强烈的反响。大众滑稽剧团的舞台剧《三毛学生意》也常演不衰，五年内累计演出逾千场，观众达几十万人次，打破了滑稽戏演出场次的历史最高纪录。

1958年，上海蜜蜂滑稽剧团创作演出了描写上海饮食服务行业题材的滑稽新戏《满园春色》。蜜蜂滑稽剧团由著名滑稽演员姚慕双、周柏春领衔。这个戏以上海五味斋菜馆优秀服务员、上海市劳动模范桑钟培的先进事迹为蓝本，在舞台上塑造了几位思想性格不同的饭店服务员的形象。先进工作者2号服务员对工作满腔热情，细心机智，事事为顾客着想，处处给顾客方便；4号服务员虽然也有做好工作的愿望，但其动机却是为了换取别人的表扬，他不分对象故作热情，逢人一味恭维，"亲爱的同志们，你们辛苦了！……伟大！伟大！"成了他的口头禅，却很少帮助顾客解决实际问题；8号服务员对顾客则是冷若冰霜，阴阳怪气，对工作敷衍搪塞。不同的思想、态度纠结起复杂的矛盾冲突，也引出了一系列的笑料。后来在党支部书记的启发和2号服务员模范行动的带动下，全店开展了使顾客满意的活动，并被上级评为先进单位。此剧由该团集体创作，周正行执笔，钟高年、李尚奎导演。周柏春饰演2号服务员，姚慕双饰演4号服务员，吴双艺饰演8号服务员，其他主演还有朱翔飞、袁一灵等。这个戏演出后，很受欢迎。

1960年，蜜蜂滑稽剧团划入上海人民艺术剧院，更名为上海人艺滑稽剧团。在院长黄佐临的指导下，对《满园春色》进行了细致的加工，同年该剧参加上海市现代题材剧目观摩演出，获得广泛好评。

1963年上海人艺滑稽剧团的《满园春色》晋京演出，得到了首都文艺界和广大观众的热烈欢迎，并应邀进中南海为中央领导同志作专场演出。演出的那天恰逢端午节，周恩来总理特地派人给剧团送来粽子，还派了国务院秘书长杨放之陪同剧团的同志一起过节。晚上演出时，周恩来、朱德、董必武、陈毅等领导同志亲临剧场观看，演出结束，周恩来等走上舞台，接见全体演职人员，并合影留念。周恩来给了热情的肯定和鼓励，陈毅同志风趣地模仿戏里4号服务员的腔调，说："亲爱的同志们，伟大！伟大！你们搞了一出社会主义的滑稽戏。"首都文艺界两次举行的专题座谈会,与会者对《满园春色》给予了高度的评价和赞誉。《人民日报》还发表了题为《一出社会主义的滑稽戏——〈满园春色〉》的文章,称赞此剧"有意义而不枯燥,有趣味而不低级,接受传统而有所革新。"

一八一

# 江淹与"江郎才尽"

在成语典故里有一则"江郎才尽"的故事,它的主人公就是江淹。江淹,字文通,生于公元444年,济阳考城(今属河南)人,南朝著名诗人,他历经了宋、齐、梁三个王朝。据《梁典》、《南史》"江淹本传"称,其父康之做过南沙县令,江淹十三岁时,其父去世。因之江淹少孤贫,常采薪以养母。他从小就显露出很高的天赋和才能,在尚未入仕之前,就得到当时著名文士檀超的赏识,"常升为上席"。由于檀超等前辈的提携,江淹的声名大振。

宋孝武帝大明七年(463),二十岁的江淹开始踏上仕途,他从京口到当时宋的京都建康(今南京),担任始安王刘子真、建平王刘景素等人的发蒙教师,为他们讲解五经,那时刘子真才七岁,刘景素也只有十二岁。这一年的冬天,江淹又被正式任命为南徐州刺史、新安王刘子鸾的从事。刘子鸾系孝武帝第八子,为宠妃殷氏所生,这时年仅八岁,虽被任命为南徐州刺史,但仅是虚职,并未到任,而仍留在京都。这样,江淹也仍在京都,并有机会周旋于诸王之间。

南朝的政治斗争、宫廷纷争十分复杂而激烈,朝代更迭频繁。这使江淹长期在动荡险恶的政治风浪里沉浮跌宕。

起先是他的主子屡屡遇难。江淹任子鸾的从事才半年时间,宋孝武帝病死,其长子子业继位,不久就将子鸾赐死。江淹改任始安王、南兖州刺史子真的幕僚。过了三个月左右,子业的叔父湘东王刘彧勾结内侍废杀了荒淫暴虐的子业,自立为宋明帝。孝武帝的几个儿子起兵反抗,宋明帝重兵镇压,并尽杀孝武帝诸子,年仅十岁的始安王子真也被赐死。接连两个主子被赐死,江淹未被累及,还算大幸。继任南兖州刺史的正好是建平王刘景素,江淹留在广陵,成了景素的幕僚。

然而,好景不长。泰始三年(467)八月,广陵令郭彦文犯罪下狱,此案牵连到江淹,有人乘机诬告他受贿,江淹也被入狱。江淹在狱中写了《诣建平王上书》,向景素陈诉冤情,此书引经据典,词恳意切,打动了景素,立即获释。

长期的政治争斗和幕僚生涯,也使江淹增强了对政治斗争的洞察力。出狱之后的江淹,先后担任景素的镇军参军、东南海郡丞、右军主簿等职。泰豫元年(472),四月,刘彧病死,他的长子刘昱即位。其时,景素已是二十岁的青年,羽翼渐丰,他与心腹日夜谋划,准备起事,取刘昱而代之。江淹分明看出祸机即发,然而据他对当时形势的分析,景素一旦起事,必败无疑。为此,他向景素进谏,劝他不要轻举妄动,并作了十五首五言诗藉以讽谏,这就是现存的《效阮公诗十五首》。然而利令智昏的景素非但不听,而且勃然大怒,将江淹贬黜为建安吴兴县令。后来,景素叛乱,果然受到朝廷镇压,惨遭失败,景素本人也在战事中被杀。

还有一件事情,永元二年(500)春,平西将军崔慧景举兵围攻京都建康,东昏侯仅凭宫城据守。朝中许多官员向崔投去名刺以示归附。但江淹料定崔慧景必败,因而称病不去。结果崔慧景兵败被杀。江淹又一次保全了自己。

后期,江淹的仕途相对而言,比较顺遂。景素叛乱平复之后,江淹为萧道成所赏识,后招入幕府,任骠骑大将军府的功曹参军。升明三年(479),萧道成废宋顺帝,自立为齐高帝。建元二年(480),江淹领东武令,兼管国史编撰。不久,升任正员散骑侍郎、中书郎,成为掌管国家机密的重要官员。齐武帝时,江淹又迁任骁骑将军,掌国史,并历任建武将军,兼尚书左丞,领国子监博士等职。他代理御史中丞时,严于职守,不避权贵,弹劾了正书令谢朏、司徒左长史王缋、护军长史庾弘远以及贪赃枉法的益州刺史、梁州刺史等人。齐明帝萧鸾说:"宋世以来,不复有严明中丞,君今日可谓近世独步。"梁时,江淹官至金紫光禄大夫。

江淹是位政治家,又是一位著名的文学家。他不事章句之学,而留情于文章,特别钦慕司马长卿、梁伯鸾之为人。他曾专心对前人的诗歌遗产进行研究,并模拟前人的作品,写了不少拟古诗,如《杂体诗三十首》、《学魏文帝》、《效阮公诗十五首》等,《杂体诗三十首》模仿自汉代到唐、宋三十位作家的作品,颇具多家的风格。特别是他拟陶渊明的田园诗,几乎到了乱真的地步。有一次诗会上,他念了一首《陶征君田居》:"……日暮巾柴车,路暗光已夕。归人望烟火,稚子候檐隙……"文友们听后都说这是陶渊明的诗,有人还把它编进了陶渊明的诗集。当时,只有檀超看出来这是他写的拟古诗。对他的拟古诗,当时文坛上议论很多。有的认为他的拟古诗写得毕肖,说明他有超人的才能,有的却说这只是步人后尘,没有个性。其实江淹写拟古诗,自有他的用意。在梁陈时代,绮丽柔弱的诗风笼罩文坛,流行着以玩弄典故和辞藻来争胜的恶习。他写拟古诗也是为了摆脱绮丽之风,在流丽中显峭拔苍劲之气。比如他写的《渡泉峤出诸山之顶》中,有这样的诗句:"百年积流水,千年生青苔。行行讵半景,余焉以长怀。南方天炎火,魂兮可归来。"拟古诗确实在一定程度上束缚了自己的创作才能,但是江淹的拟古也并不全是古,其中还是渗透着自己的感情的,特别是忧悔畏讥和不得志的牢骚在这些诗中还是随处可见的。

江淹最著名的作品还是《恨赋》和《别赋》。赋是一种特殊的文体,介乎诗歌与散文之间,它常用骈文写作,表现手法"铺张扬厉",讲究文采、韵节。元徽三年(475)秋天,江淹正值被贬建安吴兴之际。入狱、被贬,坎坷的遭际,又加上从家乡接连传来他幼子夭折和夫人刘氏因忧伤抑郁过度身亡的噩耗,使诗人的心灵受到巨大的打击和创痛。《恨赋》就是在这样的背景下写出来的。此赋以"试望平原,蔓草萦骨,拱木敛魂。……仆本恨人,心惊不已,直念古者,伏恨而死"开笔,冷月下一个个孤坟,以及含恨泉下的一缕缕幽魂,构成了一个特殊的奇异氛围。由此引出对历史上不同身份的古人的"恨"事铺叙。秦王嬴政是一个天下的征服者,"秦帝按剑,诸侯西驰,削平天下,同文共规",但是他无法征服另一个对手——死亡,"一旦魂断,宫车晚出",还是遗恨千秋。汉武帝时被俘匈奴的李陵,元帝时远嫁和番的明妃(王昭君),一个是"拔剑击柱,吊影惭魂",冤辱不洗,于国有愧,又满怀难以言告之恨;一个是"紫台稍远,关山无极","望君王兮何期,终芜绝兮异域",望断乡关的遗恨又是多么悠长和凄切。"乃至敬通见抵,罢归田里",东汉的士人冯敬通,满腹文才,胸怀壮志,却因为得罪过刘秀,被"罢归田里",表面上跌宕文史,恣肆洒脱,其实充满了感伤和悲恨,以至"赍志没地,长怀不已"。另一位名士嵇康,"及夫中散下狱,神气激扬。浊醪夕引,素琴晨张……"他因"每非汤武而薄周孔",而为司马氏所不容,以至于被杀,"郁青霞之奇意,入修夜之不旸"。他们不遇知音和有志难伸的痛苦,极能引起读者的共鸣。赋的最后,作者写道:"已矣哉!春草暮兮秋风凉,秋风罢兮春草生。绮罗毕兮池馆尽,琴瑟灭兮丘垄平。自古皆有死,莫不饮恨而吞声。"整首赋写得如泣如诉,字里行间莫不渗透著作者自己的灵魂和感情,散发出动人心魄的力量。

《别赋》是《恨赋》的姐妹篇。它以"黯然销魂者,唯别而已矣"笼罩全篇,可称发唱惊魄。《别赋》先总体敷色,继而分类描写,最后勾勒收束。最突出的是借环境的描写,刻画人物的心理和感受。如写行子的心情:"是以行子肠断,百感凄恻。风萧萧而异响,云漫漫而奇色。舟凝滞于水滨,车逶迟于山侧。櫂容与而讵前,马寒鸣而不息。掩金觞而谁御,横玉柱而沾轼……",写得非常生动。赋的后半部写到:"青草碧色,春水绿波,送君南浦,伤如之何!乃至秋露如珠,秋月如珪,明月白露,光阴往来;与子之别,思心徘徊",抒情气氛浓郁,明杨慎《升庵诗话》称:"'青草碧色,春水绿波,送君南浦,伤如之何',取诸目前,不雕琢而自工,可谓天然之句"。江淹正是根据自己长期的生活经历和感受,以及对历史和现实生活和人物的观察和研究,经过艺术概括,才写出了这样的杰作名篇。《恨赋》和《别赋》一经面世,名震一时,引起了众多怀有身世牢骚和离情别绪的人的强烈共鸣。

江淹之所以闻名于世,还在于那则"江郎才尽"的典故。据《南史·江淹传》云:"淹少以文章显,晚节才思微退。云为宣城太守时罢归,始泊禅灵寺渚,夜梦一人自称张景阳,谓曰:'前以一匹锦相寄,今可见还。'淹探怀中得数尺与之,此人大恚曰:'那得割截都尽。'顾见丘迟谓曰:'余此数尺既无所用,以遗君。'自尔淹文章踬矣。又尝宿于冶亭,梦一丈夫自称郭璞,谓淹曰:'吾有笔在卿处多年,可以见还。'淹乃探怀中得五色笔一以授之。尔后为诗绝无美句,时人谓之才尽。"这段话是说,早年,江淹曾得郭璞赠与的五色笔一管,从此江淹作诗为文,无不妙笔生花,这就是"梦笔生花"的出典。另外,又有张景阳相赠锦缎一匹,故有"江淹梦锦"的成语流传。后来江淹做宣城太守时罢归,夜宿禅灵寺时在梦中张景阳前来索还锦缎,把余下的锦缎送给了年轻文士丘迟;在冶亭,江淹又梦见郭璞,向他索还五色笔。自此,江淹才思微退,绝无美句,留下了"江锦割尽"、"江郎才尽"的典故。当然这只是一个神话传说。

那么,江淹为何年少时才华横溢,晚年却才思枯竭了?"江郎才尽"的原因究竟何在呢?窃以为有几种原因,可供我们思考。原因之一,人至老年,一般说,体力及脑力均有所衰退,大脑的记忆力和工作能力也会减弱,有的人还会患老年痴呆症,"才思微退"属于自然规律。原因之二,江淹晚年官越做越大,养尊处优,高高在上,文学创作的素材匮乏;加之官据要位,忙于官场酬酢,没有精力写作,故而给人此公才华已尽的印象。原因之三,或许晚年的江淹,以为自己已经功成名就,无意再作冯妇,而是想封笔罢歇,淡出文坛,而外界看来,以为是"江郎才尽"了。究竟出于哪一种原因,是不是几种原因兼而有之,笔者也不敢妄下断语,还请诸位看官细细考量!

(《解放日报》2016年5月24日,收入本书时有所增补。)

一八二

# 李白:诗咏黄山,命丧当涂

盛唐诗圣李白一生漫游南北,漂泊江湖。在他漫游的历程中,特别是"十年漫游"时期和他的晚年,李白在今安徽的宣城、秋浦、黄山、当涂一带流连的时间颇长,在这里留下了诗人一串串足迹和一系列脍炙人口的诗篇,而且最后终老于当涂。

唐天宝三年(744)到天宝十四年(755),这十年是李白一生中第二个"十年漫游",所游的地区在吴、越、皖一带。天宝十三年(754)秋天,李白来到宣州的当涂、秋浦(今贵池)、青阳一带游历。他多次在石台秋浦河游弋,并且诗兴涌动,连写了十七首《秋浦歌》。其二:

> 秋浦猿夜愁,黄山堪白头。
> 清溪非陇水,翻作断肠流。
> 欲去不得去,薄游成久游。
> 何年是归日,雨泪下孤舟。

其四:

> 两鬓入秋浦,一朝飒已衰。
> 猿声催白发,长短尽成丝。

在几首诗里,都写到了猿声,可见凄厉的猿声始终伴随着诗人。诗人虽然游历在外,但是,仍然时时想回到长安的政坛去,只是"欲去不得去",才使"薄游"变成了"久游",深切地流露出诗人的哀愁和无奈。

当时,泾县山村有一位隐士叫汪伦,他久慕李白的盛名,很想邀诗人到家里痛饮畅叙一番。可惜他与李白素不相识,难以如愿。他想出了一个办法,他冲着李白爱酒的嗜好,便挑了一担自酿的美酒在宣城的街头叫卖。这一招果然吸引了李白。李白也不问酒价几何,只叫拿酒来尝。汪伦递过一碗,李白一尝,连声说好,便对汪伦说,我全买了!可是一摸衣袋,却没带银包。汪伦便道:"金钟玉马不足贵,只求相识相对饮。"于是汪伦便与李白对饮,两人从正午饮至日落,直至两篓酒全部饮尽,还欲罢不能,汪伦就邀李白到家中作客,李白欣然允诺。李白在汪伦的山居中住了好几天,汪伦还陪他去游览了桃花岭下的桃花潭。李白离开时,汪伦一直送他到桃花潭渡口。李白下了乌篷船,汪伦等还在岸上踏歌送行,难舍难分。李白十分感动,他写了《赠汪伦》一诗,云:

> 李白乘舟将欲行,忽闻岸上踏歌声。
> 桃花潭水深千尺,不及汪伦送我情。

这首诗因其感情真挚,音调铿锵而脍炙人口,至今流传于世。

天宝十四年(755),李白过龙门到陵阳,从仙源上黄山。其时有崔县令、王十二处士等陪同前往。黄山雄踞于安徽南部,方圆250公里,是我国最著名的山岳之一。黄山秦时称黟山,唐天宝六年才改名黄山。传说黄帝曾在此修身炼丹,故而改此名。黄山景色秀丽,千姿百态,奇松、怪石、云海、温泉为黄山四绝。泰山之雄伟,华山之峻峭,衡山之烟云,匡庐之飞瀑,雁荡之巧石,峨嵋之清凉,黄山莫不兼而有之。难怪明代大旅行家徐霞客赞叹道:"五岳归来不看山,黄山归来不看岳。"

李白对黄山也十分钟爱,他写了好几首诗赞美其旖旎的风光。《送温处士归黄山白鹅岭旧居》云:

> 黄山四千仞，三十二莲峰。
> 丹崖夹石柱，菡萏金芙蓉。
> 伊昔升绝顶，下窥天目松。
> 仙人炼玉处，羽化留余踪。
> 亦闻温伯雪，独往今相逢。
> 采秀辞五岳，攀岩历万重。
> 归修白鹅岭，渴饮丹砂井。
> 风吹时我来，云车尔当整。
> 去去陵阳东，行行芳桂丛。
> 回溪十六渡，碧嶂尽晴空。
> 他日还相访，乘桥蹑彩虹。

白鹅岭位于黄山东海，海拔 1 800 米，峭壁千丈，高不可攀，峰上古松苍郁，巨石磊磊。李白这首诗言尽黄山的险峻奇美。四千仞高的黄山，它那三十二座莲峰，在阳光下，如同一朵朵金光璀璨的芙蓉花。悬崖深谷，丹崖夹着石柱。当你登临绝顶，云海在脚下翻腾，极目远望，可以看到天目山的松树，而且有一种"乘桥蹑彩虹"的飘飘欲仙的感觉。

李白在另一首《夜泊黄山闻殷十四吴吟》中写道：

> 昨晚谁为吴会吟，风生万壑振空林。
> 龙惊不敢水中卧，猿啸时闻岩下音。
> 我宿黄山碧溪月，听之却罢松间琴。
> 朝来果是沧洲逸，酤酒醍盘饭霜栗。
> 半酣更发江海声，客愁顿向杯中失。

描写李白夜泊黄山脚下的碧溪，饮酒，赏月，听歌，特别是殷十四的歌声，"龙惊不敢水中卧，猿啸时闻岩下音"。致使李白满腔的客愁也顿时消弭了。

李白游黄山时，得悉住在山脚碧山的一位名叫胡晖的学士养了一对白鹇，特地前去拜访。这白鹇，又名白山鸡，是黄山的珍禽之一，据说，此鸟耿介，较难蓄养。胡学士养的一对白鹇，见了陌生人，也不惊吓，主人唤其名字，便近前来在掌中取食。李白平生酷爱此道，见此情形更是爱不释手。胡晖表示愿意相赠，只求李白一诗。李白感激莫名，即欣然命笔，文不加点遂成一首，诗曰：

> 请以双白璧，买君双白鹇。
> 白鹇白如锦，白雪耻容颜。
> 照影玉潭里，刷毛琪树间。
> 夜栖寒月静，朝步落花闲。
> 我愿得此鸟，玩之坐碧山。
> 胡公能辍赠，笼寄野人还。

当代大诗人郭沫若曾写过一首《黄山之歌》，诗中写到李白游黄山事，他说：

又闻唐时李白曾来此,碧山问路访胡晖。

为何不为黄山作歌谣,只为白鹇作谢辞?

黄鹤楼头有崔颢,李白尚且不敢题。

黄山奇拔万万倍,无怪诗人搁笔殊如痴。

郭沫若认为李白因为黄山太美了,所以除了关于白鹇的谢辞外,不敢提笔写诗了。其实除了白鹇一诗外,李白还写过几首关于黄山的诗,前文已述。但是李白作为一位多产的诗人,关于黄山的诗也确实少了一点,其原因是否如郭沫若所言,还有待破解。

安史之乱中,李白曾为永王李璘幕僚,后李璘败,李白受其牵累,至德二年(757),李白被流放夜郎。但行之途中,遇赦东还。上元元年(760)春,李白回到庐山屏风叠家中,与宗氏夫人重逢。上元二年(761),史思明的儿子史朝义率兵包围宋州,东南地区又告吃紧,天下兵马副元帅李光弼出镇临淮。李白虽已是61岁的老人,但还想赶往徐州行营请缨杀敌。不过在半途中,就病倒了。当年秋天,李白只能重到安徽当涂去投奔他的族叔李阳冰。

李阳冰热情接待了李白,这使身处穷途末路的他倍感温暖。他曾出游宣州。后李白病重,患的是腐胁疾。李阳冰不惜重金,买了犀角等名贵药品为他诊治,才稍有好转。李白把所存诗稿托付给李阳冰,请他编辑成集,并撰写序言。李白在病中还写了《笑歌行》、《悲歌行》等诗篇。《笑歌行》云:

笑矣乎,笑矣乎!

君不见曲如钩,古人知尔封公侯。

君不见直如弦,古人知尔死道边。

《悲歌行》有句:

悲来乎,悲来乎!

天虽长,地虽久,金玉满堂应不守。

富贵百年能几何,死生一度人皆有。

孤猿坐啼坟上月,且须一尽杯中酒。

可见,虽在病中,李白仍在思考着人生、世事,但字里行间充满了悲凉和酸辛。

这一天,李白拄着拐杖来到江边,雇了一只小舟,要到江上赏月,并让船家在街上打几斤酒。小舟顺江划去,快到采石矶时,月亮升起来了,李白一面饮酒,一面赏月,后来喝醉了,他要用手到水中去捞月,失足落水。待将他救起时,已经不省人事了。在他怀中,发现一首诗稿,诗中写道:

大鹏飞兮振八裔,中天摧兮力不济。

余风激兮万世,游扶桑兮挂左袂。

世人得之传此,仲尼亡兮谁为出涕!

这首《临路歌》成了诗圣的绝笔。

大唐宝应元年(762)十一月,伟大诗人李白与世长辞,终年 62 岁。

李阳冰不负李白的嘱托,把李白的诗稿编成《草堂集》,并撰序言,说:"阳冰试弦歌于当涂,心非所好。公遽不弃我,乘扁舟而相顾。临当挂冠,公又疾亟。草稿万卷,手集未修。枕上授简,俾予为序。论并睢之父,始愧卜高;明春秋之辞,终惭杜预。自中原有事,公避地八年,当时著述,十丧其九,今所有者,皆得之他人焉。时宝应元年十一月乙酉也。"

李白死后,殡葬于当涂的龙山之麓。五十五年后,李白的朋友范文之孙范传正任宣歙观观察使,遵照李白的遗愿,把李白的墓迁葬于当涂的青山(又名谢公山)之阳。

为了纪念李白,唐元和年间,在采石矶修建了太白楼,也称谪仙楼,太白祠,青莲祠。此楼历代几次毁于兵火,清光绪年间重建,依山而筑,主楼三层,高大宏敞,飞檐翘角,黄绿琉璃瓦顶,雕梁画栋,金碧辉煌。笔者曾去太白楼瞻仰,看到檐下两壁嵌有重修太白楼碑记和太白生平碑文;楼内还立有黄杨木雕的李白像,陈列有太白漫游采石画、太白游踪图以及李白著作和手书拓本等。登楼远眺,浩瀚长江,万顷碧野,尽收眼底。难怪此楼素有"风月江天贮一楼"之称誉。

在江边的翠螺山(也名牛渚山)山腰,还建有李白衣冠冢。白居易的《李白墓》中有"采石江边李白坟,绕田无垠草连云"的诗句。

2011 年 8 月 6 日于上海

一八三

# 白居易与苏州

大家都知道唐代大诗人白居易曾在杭州西湖建造过一条白公堤;但是不一定晓得白居易在苏州也建造过一条白公堤,它就是至今尚存的山塘街。白居易和苏州也有着一段情缘。

白居易,字乐天,别号香山居士。他的原籍是山西太原,祖上迁至下邽(今陕西渭南县),而出生于河南新郑县。白居易的青年时代,因家境贫困曾长期流浪,故而对社会生活和人民疾苦有较多的接触、了解。他在贞元年间中了进士,授秘书省校书郎。元和年间任左拾遗、左赞善大夫。后因上表请求严缉刺杀宰相武元衡的凶手,得罪了权贵,而被贬江州司马。长庆初年改任杭州刺史,宝历初年又任苏州刺史,后官至刑部尚书。白居易关心人民疾苦,反对暴政兼并,性格刚直耿介,不畏权势他多次犯颜直谏,为民请命,因之多次遭到贬官和打击。

他在做杭州刺史时,曾兴修水利,在西湖修筑了著名的"白堤"。他在杭州也留下了许多著名的诗篇,如《钱塘湖春行》:"孤山寺北贾亭西,水面初平云脚低。几处早莺争暖树,谁家新燕啄春泥。乱花渐欲迷人眼,浅草才能没马蹄。最爱湖东行不足,绿杨荫里白沙堤。"长庆四年(公元 824 年),白居易在杭州任满,得到回京供职的命令。他带着"唯留一湖水,与汝救凶年"的无限感慨和留恋,离开了杭州。他到洛阳住了一段时间,第二年,敬宗宝历元年三月又奉诏书,叫他接任苏州刺史。

白居易对苏州刺史这个官职,是有所顾虑的,因为当时苏州管辖范围很大,责任重大,政务也特别繁冗。他在诗中描述过他的心情："为问三丞相，如何秉国钧，那将最剧郡，付与苦慵人？岂有吟诗客，堪为持节臣！不才空饱暖，无惠及饥贫。"白居易的担忧并非多余，他到苏州上任以后，政务确实异常繁忙。他在《秋寄微之十二韵》一诗中写道："清旦方堆案，黄昏始退公，可怜朝暮景，消在两衙中。"

　　白居易为官清正，到了苏州，一如既往十分关切百姓的冷暖饥寒。他在《新制袄成感而有咏》中写道："百姓多寒无可救，一身独暖亦何情，心中为急农桑苦，耳里如闻饥冻声，争得大裘长万丈，与君都盖洛阳城。"他时刻关心着百姓的农桑劳苦、贫困饥寒，希望能有长达万丈的大裘来庇护受冻的百姓。在《题新馆》中又说："重裘每念单衣士，兼味常思旅食人。"在苏州任内，他为人民做了不少好事，其中之一是发动民工开掘了一条沟通南北的山塘河。

　　有一次白居易出外视察，他乘了轿子到了虎丘。这虎丘山是"吴中第一名胜"，相传春秋时为吴王行宫。是一处名胜古迹荟萃的所在。虎丘附近的农村为白兰花、茉莉花、玳玳花的重要产地，江南的鱼米之乡。但白居易看到附近的河道淤塞，水路不通。回衙后，立即找来有关官吏商量，决定在虎丘山环山开河筑路，并着手开凿一条山塘河。山塘河东起渡僧桥附近，西至虎丘望山桥，长约七里，故称"七里山塘"。这条河在阊门与运河相接。河旁筑路，即山塘街，旧时也称"白公堤"。堤修成后，不仅在堤岸两旁遍植桃花、杨柳，并开设店铺，成为热闹的市井。当时堤上朱栏层楼、柳絮笙歌，河中碧波画舫、花船丽，真是"舟随橹转，树合溪回，鬓影衣香，薄罗明月，笑语歌呼，帘帷高卷"。特别是半塘桥以东十分繁华，晚上也很热闹，有诗"七里山塘灯船夜"，便可见其一斑。虎丘山本在平田之中，如今在虎丘山四周开成河道，引水环绕，青山绿水，也更添了景色。山塘与虎丘河道的开凿，白公堤的修建，使灌溉和交通大大便利，有力地促进了生产的发展。

　　正因为此，白居易对山塘、虎丘怀有特殊的感情。他在《西武丘寺》一诗中说："领郡时将久，游山数几何，一年十二度，非少亦非多。"可见他每月要游虎丘一次。白居易写诗，总要先念给老妇人听，如果听不懂，他就重新修改。他在苏州时，还是保持着这种良好的写作习惯。他写的关于山塘、虎正的诗，就经常请教在虎丘山山门口的几位卖麦秆扇、小竹篮和灵岩石砚的老妇人。她们也都乐意做他的读者。因此，白居易写的诗通俗易懂、明白晓畅。

　　苏州是个风景旖旎的城市，白居易对苏州美好的湖光山色也是极其忘情的。他写了不少脍炙人口的诗篇。如《登阁门闲望》："处处楼前飘管吹，家家门外泊舟航"；"云埋古寺山藏色，月耀娃宫水放光"。《东武丘寺》："怪石千僧坐，灵池一剑沉。海当亭两面，山在寺中心。"有时白居易在紧张的公务之余，会抽闲到太湖和洞庭东、西山去游玩，享受山水的清幽之趣。他在《早发赴洞庭舟中作》诗中写道："渐看海树红生日，遥见包山白带霜，出郭已行十五里，唯消一曲慢霓裳。"兴来之时还会在太湖夜宿一宵，他在《宿湖中》写道："水天向晚碧沉沉，树影霞光重叠深。浸月冷波千顷雪，苞霜新桔万株金。幸无案牍何妨醉，纵有笙歌不废吟，十只画船何处宿，洞庭山脚太湖心。"白居易还游过木渎的天平山，并写有诗篇《白云泉》："天平山上白云泉，云本无心水自闲，何必奔冲山下去，更添波浪向人间。"诗人见景生情，寓志于景，以白云、泉水的逍遥自在比喻自己坦荡恬淡的心境，用泉水奔泻下山激起波浪，抒写诗人对人世间纷扰、波谲的担忧和感慨。

　　白居易对苏州的民间艺术也很关注。他在苏州歌妓中访得能舞霓裳羽衣的李娟、张态，对这些通晓传统艺术的人才十分珍惜，他在《霓裳羽衣舞歌》中说："若求国色始翻传，但恐人间废此舞。妍蚩优劣宁相远，大都只在人抬举。"有一次，他发现一个名叫薛阳陶的孩童吹奏觱篥，极为赞赏，专门写了一首《小童薛阳陶吹觱篥歌》："嗟尔阳陶方稚齿，下手发声已如此，若教白头吹不休,但恐声名压关李。"觱篥是古代自西域传入的簧管乐器,是唐代宴乐中的重要乐器。关、李指关璀、李衮,当时吹奏觱篥的名手。

白居易由于政治理想的破灭,对官场生活渐感厌倦,他从洛阳来苏州任职时就决定在苏州只做一年官,待一年届满,就一心想休官退职。他在《自咏》诗中说:"公私颇多事,衰惫殊少欢。迎送宾客懒,鞭笞黎庶难。老耳倦声乐,病口厌杯盘,既无可恋者,何以不休官?"在《酬别周从事二首》也说到:"腰痛拜迎人客倦,眼昏勾押簿书难。辞官归去缘衰病,莫作陶潜范蠡看。"后来他眼病渐重,有一次因公出外,竟从马上跌下来,伤了腰脚退休之心就更加迫切了。白居易的休官表呈得到批准,苏州人民得知后,依恋不舍,在他临行时,许多百姓随船送过十里之遥。白居易以激动的心情记述了当时的情景:"浩浩姑苏民,郁郁长洲城,来惭荷宠命,去愧无能名。青紫行将吏,斑白列黎甿。一时临水拜,十里随舟行。饯筵犹未收,征棹不可停。稍隔烟树色,尚闻丝竹声。怅望武丘路,沉吟浒水亭。还乡信有兴,去郡能无情!"白居易怀着对老百姓的留恋之情怅然离开,向洛阳而去。白居易离任后,老百姓即把山塘街称之为白公堤,并把堤上的一座桥命名为"白公桥",还在这里修建了白公祠,以作纪念。

白居易建造山塘街虽然距今已有 1 100 余年,但几经修复,山塘街至今还完好地留存着。近年又根据"修旧如旧"的原则,对街道、水道、民居、建筑进行了精心的修复。现在山塘旅游街区以其独特的江南水乡风貌,赢得了越来越多中外旅游者的青睐。

(香港《文匯报》2006 年 9 月 23 日)

一八四

# 韩愈祭鳄鱼　苏轼观海市

韩愈和苏轼都是我国的大文豪,他们是唐宋八大家的重要成员。他们二人文学成就卓著,又各有独特的风格,文学界一向有"韩潮苏海"之说。他们不仅留下了极其宏富的文学作品,而且还留下了不少轶闻和遗迹。这里略举一二。

我国南方文化古城潮州以"潮州八景"闻名于世,而其中的"鳄渡秋风"一景便是韩愈留下的遗迹。

韩愈(768—824),字退之,河南河阳人。这位唐代著名的文学界、哲学家,曾任监察御史、吏部侍郎等职。他是唐代古文运动的领袖。他主张"文以载道",彻底地摆脱六朝以来骈俪文的束缚,写出了《祭十二郎文》、《与李翱书》、《原道》、《进学解》等名作。他的散文语言新颖、简洁、生动,气势磅礴,汪洋恣肆,开了一代风气。由于他经常犯颜直谏,故而多次遭到贬斥。元和十四年(819),因谏阻唐宪宗迎奉佛骨,差点被处极刑,后经裴度等人说情,才改为贬官潮州刺史。

韩愈一到潮州,就暗访当地的民间疾苦,他得知潮州的恶溪里经常有鳄鱼出没,伤害民众。于是他决定写一篇《祭鳄鱼文》,到江边祭祀。一天,他带领属官等一行人来到江边北堤中段的古渡口,命人将一头羊、一头猪投入江中祭鳄鱼,并宣读了《祭鳄鱼文》。文中写道:"维年月日,潮州刺史韩愈,使军事衙推秦济,以羊一猪一投恶溪之潭水,以与鳄鱼食。"他说:"刺史受天子命,守此土,治此民。而鳄鱼悍然不安溪潭,据处食民畜,熊豕鹿獐,以肥其身,以种其子孙,与刺史抗拒,争为长雄。刺史虽驽弱,亦安肯为鳄鱼低首下心。"他告诫鳄鱼,限期七天徙归南海,那里"鲸鹏之大,虾蟹之细,无不容归,以生以食,鳄鱼朝发而夕至也。"如果"不听其言,不徙以避之,与冥顽不灵而为民物害者,皆可杀。刺史则选材技吏民,操强弓毒矢,以与鳄鱼从事,必尽杀乃止,其无悔"。

这篇《祭鳄鱼文》写的有理、有力、有节,表达了韩愈关心民间疾苦的心情和为民除害的决心。而韩愈祭鳄鱼的举动也成为一桩佳话而流传久远,后人把这个渡口称为"鳄渡",而"鳄渡秋风"遂成为潮州的著名景观之一。韩愈在潮州只呆了短短八个月的时间,后来即被敕改授袁州刺史之职。潮州的百姓为了纪念韩愈,专门建造了韩文公祠,并把贯穿潮州南北的大江改名为韩江。

苏轼则在山东名胜蓬莱留下了著名的《海市诗》。苏轼(1037—1101),字子瞻,号东坡居士,四川眉山人。他是北宋一代文豪,在诗、词、散文等方面都有极高的成就,是我国文学史上影响巨大的作家之一。苏轼所处的时代,政治斗争异常激烈,变法与保守的矛盾错综复杂。苏轼开始主张变法,后又反对变法,结果新旧两党都不能容他。他在政治上屡屡失意,做官被一贬再贬。他一生中虽然也曾入京做过翰林学士、礼部尚书,但更多的时间是在地方上做官,他比较了解下层的情况和民间的疾苦,在任上,总是认真地为百姓做好事和实事,诸如救灾、治水、请免赋税、整顿军纪等等,因此政绩卓著,深得百姓的爱戴。

宋元丰二年(1079),苏轼因"乌台诗案",遭谏官弹劾,被捕入狱,后被贬为黄州团练副使。元丰八年(1085),谪居六年的苏东坡改任登州知州,登州即蓬莱。蓬莱地处渤海和黄海的交界之处,一直有"蓬莱仙境"的美誉。夏秋之交,这里会出现海市蜃楼的奇景。忽间海天相接处,一改平昔面貌,忽而山峦崛起,忽而楼阁迭现,似有车马往返,冠盖云集,时而聚合,时而分散,变幻莫测。苏东坡早就听说过海市蜃楼的奇妙,一直心向往之。然而,这次他来到蓬莱时逢仲冬,一般情况这段时间是很难看到海市蜃楼的。苏东坡为此深感遗憾,他还特地到海神庙去向神灵祝祷。谁知第二天奇迹发生了,他居然在海面上看到了海市蜃楼的奇景。东坡十分欣喜,写下了《海市诗》一首。诗中写道:

> 东方云海空复空,群仙出没空明中。
> 荡摇浮世生万象,岂有贝阙藏珠宫?
> 心知所见皆幻影,敢以耳目烦神工。
> 岁寒水冷天地闭,为我起蛰鞭鱼龙。
> 金楼翠阜出霜晓,异事惊倒百岁翁……

诗中还写到韩愈被贬潮州遇赦回京,途中游历衡山的情况。照例衡山诸峰紫盖、天柱、石廪、祝融等终年云裹雾锁,难以看到。韩愈潜心默祷,后来居然看到了石廪、祝融等山峰。苏东坡写道:

> 潮阳太守南迁归,喜见石廪堆祝融。
> 自言正直动山鬼,岂知造物哀龙钟。

意思是并非韩愈的正直感动了神灵,而是造物主可怜他潦倒失意。联系到自己,也是造物主怜悯他潦倒失意,因而在不易看到海市的仲冬季节,使他看到了海市蜃楼。

苏轼在登州只逗留了五天,随即接到诰命调为礼部郎中。虽然仅短短五天,苏轼也努力为当地百姓做了几件好事。为了减轻百姓负担,他向朝廷上了《乞罢登莱榷盐状》,主张登莱两州食盐不必入官专卖,请求准予这里的百姓食用灶户卖给的食盐。此案得到批准。苏轼还向朝廷上了《登州召还议水军状》。蓬莱的百姓为纪念苏轼为安民保国所作的建树,特地在蓬莱阁建造了苏公祠,而且在各县都建有苏公碑,刻的就是《榷盐状》。如今蓬莱阁的苏公祠仍保存完好,祠内有苏轼像刻石拓本,并存有苏东坡《海市诗》、《望海》诗的行书残石三方。

(《羊城晚报》海外版 1989 年 5 月 27 日)

一八五

# 皇帝词人李后主

## 一、霓裳羽衣醉春舞

金陵城西的清凉山是个风景绝佳之处,山上苍松翠柏,花木扶疏,溪流淙淙,小鸟鸣唱;山下大江滔滔奔泻而去。李煜正是看中了这个地方,在此建造了一座豪华的避暑离宫。

今日是重阳佳节,他与昭惠周后、七弟从善以及群臣侍从登高畅游。今天周后穿着盛装艳服,高髻纤裳,首翘髻朵。在宫中的汉白玉地面上,装置着一座碧叶金莲台。所谓碧叶金莲台乃是用几百片金叶缀成金莲一座,又用碧玉连结成荷叶。随着丝弦歌吟之声,歌姬宵娘踮着脚尖走上碧叶金莲台,在卷瓣上轻移脚步婆娑起舞,开唱起李煜所作的《浣溪沙》:

> 红日已高三尺透,金炉次第添香兽,红锦地衣随步皱。　　佳人舞点金钗溜,酒恶时拈花蕊嗅。别殿遥闻箫鼓奏。

李煜看着宵娘的歌舞,问道:"从善,众位大臣,你们看宵娘的歌舞如何?"

大臣们早已听说国主别出心裁地让宵娘把脚裹成红菱一般的三寸金莲,然后在金玉缀成的莲花瓣上练习歌舞,现在看了觉得倒也新奇。不少人随声附和说绝妙无比,然而也有人大不以为然的,只是不便说出罢了。

这天晚上,李煜又与周后在瑶光殿欢饮。李煜宫中夜里不点红烛,而是将一颗硕大的夜明珠悬挂堂前,光华璀璨,如同白昼。窗外摇曳着几株梅树的枝叶。这是后主特地为了周后,从别处移植于此的。酒过数巡,李煜问道:"娥皇,霓裳羽衣曲整理得知何了?"

周后答道:"国主,臣妾已大体补缀成曲了。"

霓裳羽衣曲原是唐玄宗润色、杨贵妃善弹的曲子,最近后主得霓裳残谱,通书史、精音律的昭惠周后如获至宝,与乐师按谱寻声,日夕研摩,终于补缀完篇。后主高兴地说:"如此娥皇何不奏习一番?"

娥皇即命宫女庆奴取出元宗赐给她的烧槽琵琶,轻拢慢撚,如珠走玉盘,真是"大弦嘈嘈如急雨,小弦切切如私语","间关莺语花底滑,幽咽泉流水下滩"。旋律宛转悠扬,琴声铿锵雅美。一曲甫毕,后主拍案称好:"好!此曲颇得玉环神韵,正如乐天老人所言,'今夜闻君琵琶语,如听仙乐耳暂明'啊!"

后主说罢,诗兴大发,令侍从取过笔砚,在桌上铺上粉红色的堪与唐朝薛涛笺媲美的澄心堂纸。后主手提用帛绢卷成管状的"笔",蘸上浓墨,挥成一阕《玉楼春》:

> 晚妆初了明肌雪,春殿嫔娥鱼贯列,凤箫吹断水云间,重按《霓裳》歌遍彻。
> 临风谁更飘香屑,醉拍阑干情味切。归时休放烛花红,待踏马蹄清夜月。

娥皇一边吟咏,一边欣赏后主用"撮襟书"写的金错刀体,赞赏不已。

这时,后主忽然想起今天清凉山登高时,老臣韩熙载未曾到席,内侍曾送来一封韩大臣的信柬。他找出那封信,拆开来看,原来是一首和他《红罗亭植梅》的诗。后主的眼光落在诗行上:

> 桃李不须夸烂熳,已输了风吹一半。

看到这里,后主欢乐的情绪被一扫而尽,无端的愁绪顿时爬上了他的眉梢。

后主从小性格孱弱,喜爱的是诗词、音乐、艺术。他父亲李璟与宰相冯延巳都是著名的词人。他们的好多词作他都能背出。

在他们的熏陶下,李煜也迷上了这种适于歌唱弹奏的文学样式——词,真是到了不可一日无此君的地步。父亲在世时,曾经想把他培养成文武全才,让他担任过沿淮巡抚使、诸卫大将军、诸道副元帅、尚书令知政军等职务。可是李煜对军政却既无兴趣,又无用心。他的五位兄长先后早亡,李煜被依次立为太子。公元 961 年,李璟去世,他又被立为国主。其实他真想禅让给七弟从善。但按照祖规国法,却非他莫属。于是他就被推上了这个他不乐意又勉为其难的位子,在他心中充满了矛盾。

想起这一些,李煜哪有心思再欢饮赏曲,命侍从散了酒席。

第二天,后主临殿,知制诰潘佑进谏,说得到机密消息,宋太祖赵匡胤在京师凿了大池,名叫轰船池,在池中演习船战,另外宋朝已造好战舰千艘泊于荆南,这些都是南侵的迹象。潘佑提出秘密发兵荆南,将宋朝战舰焚毁。然而枢密副使张泌却反对此举。他说前两年先王仙逝,宋朝派使臣前来吊祭;国主登基,宋朝又派使臣前来贺仪,未必有亡我之心。我们如果无端得罪他们,反而要惹出祸殃。他本来就与潘佑有隙,便进而参奏潘佑惑乱军心,要求国主处斩。后主采纳了张泌与宋朝修好的主张,但并没有同意处斩潘佑。这潘佑是李煜当太子时亲自点取的进士,很有才能。后主只是把他下了狱,但潘佑在狱中自杀了。

后主又派从善去汴京,向宋朝进贡大量金银财帛,另外私下给宋太祖的近臣赵普送去五万两银子,请他在宋太祖面前为南唐美言。

## 二、花明月暗金缕鞋

不久,昭惠周后病倒床衾,其妹嘉敏从扬州招来进宫侍病。嘉敏才思聪颖,神采端静,她的到来好像一阵春风给沉郁的宫中带来了几分生气。

一天,李煜在澄心殿请嘉敏清歌一曲,嘉敏曼声而歌:

> 亭前春逐红英尽,舞态徘徊,细雨霏微,不放双眉时暂开,绿窗冷静芳音断,香印成灰,可奈情怀,欲睡朦胧入梦来。

原来是李煜所作的一曲《采桑子》。

李煜听了十分惊讶,问:"小妹怎么也记着重光的词?"

嘉敏说:"姐夫的诗词早已传到扬州,我能背诵好几首呢!"

从此两人经常在一起诗词唱和,过从渐密。

一天,李煜差人给嘉敏送去一个简帖,召她寅夜入宫。是夜,月色迷濛,秋虫唧唧,嘉敏蹑手蹑脚地沿着浓荫笼罩的花径去向内苑。谁知她穿的那双缀有银铃的金缕鞋偏偏可嗒作响。嘉敏连忙去解银铃,可是越是心急,越是解不开,最后只得干脆脱下绣鞋,用手提着,急急匆匆来到澄心殿。

李煜见她气喘吁吁,大汗淋淋,连忙取出罗帕为她擦汗。

嘉敏坐定身躯,问道:"姐夫,你召小妹进宫,何事?"

李煜说:"同小妹一起吟诗品词啊!"

李煜一边说,一边取过一首词稿递给嘉敏。嘉敏接过一看是首《菩萨蛮》:

> 蓬莱院闭天台女,画堂昼寝人无语,抛枕翠云光,绣衣闻异香。潜来珠锁动,惊觉银屏梦,慢脸笑盈盈,相看无限情。

嘉敏读毕笑问:"姐夫遇到了蓬莱仙女,仙女今在何处啊?"

李煜道:"这仙女不是别人,就是小妹你啊!那天我去看你,你正在午睡,我不忍吵醒你,回来写了这首词。"

嘉敏含羞地说:"那么,何来'相看无限情'呢?"

李煜又指指嘉敏的金缕鞋,说:"让我再来写一首《金缕鞋》赠你。"

他稍加思索,挥笔写道:

> 花明月暗笼轻雾,今朝好向郎边去。刬袜步香阶,手提金缕鞋。画堂南畔见,一向偎人颤。奴为出来难,教君恣意怜。

嘉敏读了,脸刷地红了。两人渐渐依偎在一起……

从此,两人情意弥笃。为避人耳目,后主常常偷偷召她进宫幽会。

风声渐渐刮到了周后的耳边。一天,周后到澄心殿来,见嘉敏亦在,惊奇地问:"妹也在此耶?"嘉敏毕竟年轻,未识嫌疑,即以实告之:"已经数天了!"周后听后十分生气,转身就走了。此后她再也不愿见嘉敏,即使睡在床上,也一直把脸向着里面。

周后的病日重一日,祸不单行,后主4岁的儿子仲宣,一日到庙里游玩,殿的中央挂一盏很大的琉璃灯,因猫儿爬过屋梁把琉璃灯碰撞坠地,划然作声,仲宣惊风得疾,竟不治夭亡。周后闻知,悲哀更遽。本来就已病入膏肓,加上一气一悲,命归黄泉。

周后的死,使后主极为悲伤。他写了许多哀悼之作。有一首挽辞写道:

> 珠碎眼前珍,花凋世外春。未消心里恨,又失掌中身;玉笥犹残药,香奁已染尘,前哀将后感,无泪可沾巾。

后主在周后的遗物中找到一块罗帕,罗帕上有他亲笔题的一首《更漏子》:

> 金雀钗,红粉面,花里暂时相见。知我意,感君怜,此情须问天。　　香作穗,蜡成泪,还似两人意。珊枕腻,锦衾寒,夜来更漏残。

睹物思人,禁不住潸然泪下。

# 三、书生几曾识干戈

周后死后的第四年,公元 968 年,后主立嘉敏为国后,称小周后。中书侍郎韩熙载等曾作诗讽谕,后主不加追究,一笑置之。

由于国势日衰,后主常常忧感悲歌。他命境内崇修佛寺,在宫内也造了僧尼精舍,自己与小周后有时也头顶僧伽帽,身披袈裟,口诵经佛,拜跪顿首。一日,后主正在经堂诵经,忽然其弟从善进见。

从善慌慌张张地禀告:"兄王,宋太祖已平定南汉,南汉主刘𬬱已被押解去汴京……"

后主急忙放下经卷,想了一下,对从善说:"吾弟赶快上表宋廷,就说朕愿去国号,改称江南国主,并请赐诏呼名,你明天就启程到汴京去吧!"

次日,从善急速奔向汴京。到了汴京,从善向宋太祖呈了"上表"。宋太祖准了后主所请,并且厚待从善,除了一般赏赐之外,还赐下 5 万两白银作为赆仪。原来前番后主叫从善密赠赵普白银五万两,赵普当下就报告了宋太祖,现在宋太祖故意将后主赠赵普的原数五万两见赐从善。

从善回到金陵把此情禀告李煜,两人惊讶不已,始知赵匡胤心计之深。

一天,江都留守林仁肇前来进言:"宋廷前已灭蜀,今又取岭南,道远师疲,有隙可乘。现在淮南陈兵较少,臣愿领兵数万,一举渡江收复江北旧地。宋廷若发兵来援,臣当据淮守御,以决胜负。"但是李煜怕因此得罪了宋廷,未加采纳。

赵匡胤也闻知林仁肇骁勇异常,因此暂时划江自守,没有轻易进攻。他想设法除去林仁肇,以便进兵。他派了一名画师伪充使臣去江都会见了林仁肇,偷偷地把林的面容描画下来,送回汴京。

这年从善又奉命入朝上表。宋太祖就把从善留在汴京,特赐宅第,授予泰宁军节度使之职。下诏后主曰:"从善多才,朕将重用,当今南北一家,何分彼此,愿卿毋虑。"

一次从善进宫觐见。太祖把林仁肇的画像挂在另一间房间,让廷臣带从善去看,假装问他:"此人你可认识否?"

从善惊呼:"这是敝国的留守林仁肇,为何留像于此?"

廷臣故意支支吾吾了一会儿,才说:"现在足下已在京供职,同是朝廷臣子,不妨直告。皇上爱仁肇之才,特赐诏谕,令他前来。他愿遵旨来归,先奉此像为质。"说罢,又领从善往一空着的宅院,说,"听说皇上准备把此馆赐给仁肇,待他到汴京,不就是一个节度使么!"

从善回到邸宅后,立即派人星夜密告后主,后主听后,怀疑林仁肇有叛降之意,于是当下赐宴,酒中放毒,林仁肇饮将下去,回到家里就七窍流血身亡。后主上了当,还不知道这是中了赵匡胤的反间计呢!

从善入京后,后主思弟心切,数次手疏驰请所遣从善南归,可是宋太祖就是留住不放。后主写了一首《长相思》,寄托他的思念之情:

> 一重山,两重山,山远天高烟水寒,相思枫叶丹。　菊花开,菊花残,塞雁高飞人未还,一帘风月闲。

## 四、最是仓皇辞庙日

又过了好几个月。这一天,李煜郁郁寡欢,想去玩江楼解闷。登楼凭阑,只见长江一碧万顷,上下无光,沙鸥翔集,锦鳞游泳,岸芷汀兰,郁郁青青,不觉感慨系之,遂填词一首:

> 手卷珠帘上玉钩。依前春恨锁重楼,风里落花谁是主,思悠悠,青鸟不传云外信。丁香空结雨中愁,回首绿波三峡,暮接天流。

这时有江南进士樊若水前来献策。李煜因心绪烦躁,命他明日早朝来见。

第二天樊若水如约前来,枢密副使张泌接见了他。

樊若水说:"中原宋廷招贤士,练兵戈,摩拳擦掌,欲犯我南唐。"

张泌却说:"俺这里有长江天险,奈之如何?"

樊若水说:"孙氏如何灭于晋,陈氏如何灭于隋?"

张泌说:"吴、陈皆缘国无武备,俺国将勇兵强,何惧宋朝?"

樊若水冷笑一声,说:"像你这样的将相如同儿戏耳!国主若能用我,必能轰敌人神惊鬼唬!"

张泌与他意见不合,又见他出口狂言,恼羞成怒,将他逐了出去,连后主那里也没有禀告一声。

樊若水怏怏出来,心想,此处不留人,自有留人处。他就日日在采石矶江边盘亘,假借钓鱼为名。从南岸系着长绳,用小船引至北岸,暗中测量沿江的水文,并画成一幅《长江水文图》,图上标明江水的宽窄深浅,涨落缓急等状况,阅之一目了然。

赵匡胤除掉了林仁肇,进而又想召后主入朝,诏书云:"仲冬朕到天坛祭天,想得江南国主同行大典。"但后主只是称病谢辞,不肯入朝。

宋太祖此时水军已训练得差不多了,就缺少一个熟悉江南情况的向导。这时,樊若水正好潜往汴京求见宋主。太祖立即召见。樊若水呈上《长江水文图》,并献计在长江建造浮桥,以攻取南唐。宋主获图大喜,即授樊若水为右参赞大夫,并封去病侯,令赴军前效用。

接着宋太祖命令曹彬、潘美等将领率兵十万,分水陆两路讨伐南唐。曹彬带领水军从荆南沿江东下,还带了几大船的巨竹。曹彬很快就占领了池州(今安徽贵池),并进兵铜陵。潘美率领的步兵也到了江北石牌口,并立即动工,用竹筏和大船在江上搭建一座浮桥,以便一举过江。

探子把这情况禀报了李后主。后主召集群臣商议。

张泌说："臣遍览古书，从未见过江上造浮桥之事，恐系军中讹传。"

李煜也笑道："孤家亦恐此乃儿戏而已，未足深虑……"

谁知话音未落，又有探子前来报告，说宋军已准备渡江，而且吴越王也进犯唐境。后主这才慌了手脚，他写信给吴越王，劝其退兵，信中说："今日无我，明日岂有君。一旦明天子易地赏功，大王亦梁一布衣耳。"又命张泌作蜡丸书，设法走小道送到契丹去求援兵。谁知都没有结果。

后主只得派遣镇海节度使郑彦华督水军万人，都虎侯杜真率步兵万人，同拒宋师。

郑彦华带领战船鸣鼓冲向浮桥，潘美选弓弩手五千名，排列岸边，一声号令，万箭俱发，如同飞蝗扑来，射得南唐战舰樯折帆摧，只得倒桨而退。

杜真的步兵从岸上杀去，也被潘美军兵杀得七零八落，向南溃败。

李煜又飞诏都虎侯朱令速率十万上江兵救援，朱令顺流而下，受到宋兵阻截，两军在长江上相遇。南唐军用火攻，欲焚烧采石矶浮桥。谁料北风陡起，反陷自焚，竟烧得片甲不存。

外援断绝后，十数万宋军屯城南十里，金陵十分危急，势若累卵。

李煜将军旅委任皇甫继勋，坚守城池。另外他写了《乞缓师表》，表中曰："倘今臣进退之迹不至丑恶，宗社之失，不自臣身，是臣生死之愿毕矣。"他差遣学士徐铉厚带贡物即去汴京见宋太祖请求退兵。

徐铉赶奔汴京，见到了宋太祖。

宋太祖说："听说你们国主长于诗词，你且念一首来。"

徐铉诵读了《秋月诗》中的"掬水月在手，弄花香满衣"。

太祖笑曰："此寒士语耳，吾不为也。吾在微时，夜过华阴道，正逢月出，有诗云：未离海底千山暗，才到中天万国明。"

徐铉听了不禁惊服。

徐铉呈上了《乞缓师表》说："敝国国主待陛下如同儿子待父亲一样孝顺，并无什么过失，就是陛下召他入京，只因他病体缠绵，未能成行。试想父母爱子，无所不至，难道不来见驾，就要加罪于他吗？"

宋太祖答道："你的主子待我像父亲，而我待他像儿子，父亲儿子应出一家，哪有南北对峙，分成两家的道理呢？"

徐铉苦苦恳求宋太祖不要攻打金陵，说："敝国国主如此恭顺，陛下仍要讨伐，未免太嫌寡恩了！"

宋太祖大怒道："你不要多说了。李煜并没有什么罪，但是现在天下一家，我的床边，岂能容别人睡着打呼噜呢？"说着弹着剑，"你再饶舌，请看此剑！"

徐铉只好灰溜溜地回到金陵。

李煜又是急，但又无计可施，只在宫中借酒浇愁。

一个内侍慌慌张张地跑进宫来："启奏国主，大事不好，宋军已兵临城下，危在旦夕。"

李煜想不到这不希望来的时刻竟来得这样快。他急忙带了侍从登上城头巡视，只见金陵城外，宋军联营驻扎，旌旗遍野。看到"黑云压城城欲摧"的情状，方知为皇甫继勋屏以不闻，遂杀了皇甫继勋。李煜深深地叹了一口气："大势去矣！"

这时围困金陵的宋朝主将曹彬差人送给李煜一封信。信中言道："事势至此，你仅守孤城有何用处？倘能归顺，才为上策，否则限日破城，请你早作决策！"

小周后在旁看到这封信，惊慌地问："国主，怎么办呢？请快想想办法啊！"

事到如今,后主还有什么办法可想呢?他叫内侍传谕出去,愿殉国者,殉之;愿离去者,离之。寡人准备辞庙殉,与诗词文稿一同付之一炬,众卿以火光为号。吩咐完毕,他叫出窅娘:"你赶快逃离金陵去吧!"

窅娘说:"我至死不离国主。再说我小脚伶仃,如何逃难呢?"

李煜愧疚地说:"都是孤家害了你。"

他派兵士护送窅娘出逃。

他又回过头来对小周后说:"嘉敏,你也速速化装后,让庆奴陪伴你离开金陵,回到扬州避难去吧!"

小周后哪里肯走,说:"你我夫妻一场,理应生死与共。"

小周后叫庆奴等赶快逃生。庆奴说:"国主曾答应赐我诗词一首,请求赐下!"

李煜找出一把诗扇,赠给了庆奴。庆奴打开一看,上写七绝一首:

> 风情渐老见春羞,到处消魂感旧游。多谢长条似相识,强垂烟穗拂人头。

窅娘、庆奴走后,李煜对歌姬、宫女们说:"你们都速速逃命去吧!"他们之中有的含泪而别,有的却执意要留下,李煜也不相强。

一会儿,侍郎陈乔前来禀报后主:"国主,城已攻破,曹彬带了人马围住了宫门。我们投降也难保性命,不如决一死战吧!"

李煜道:"这是劫数难逃!城都破了,还能作什么战呢!"

后主命人去点火烧房,自己端过炭盆,准备将诗词文稿烧掉。小周后连忙抢过后主手中的诗稿,说:"国主,这些诗词,是你一生心血凝成,它应该传之后世,怎能焚毁。而你不能死,你是一国之主,你一死,南唐的社稷也就完了。"

正在踌躇之际,曹彬带了兵将已经杀进宫来。曹彬传令:"大宋朝一统四海,收安南唐,唯李煜以和抗命,不献城池。本帅破城之日,本该玉石俱焚。唯大宋皇帝天恩浩荡,赐金陵城在人在,命李煜辞庙之后,过江受降,肉袒进宫,听候天主裁决。"李煜无奈,只能与小周后一起带领了文武官员、后奴宫娥等出宫投降。

曹彬受降后,要将李煜一行人等押解去汴京。曹彬把李煜未写完的《临江仙》词呈给宋太祖看,宋太祖看后说:"李煜的词写得不错,但只能算是个翰林学士,哪能当国主。他若能以写词的功夫治理国事,也不会做我的俘虏了。"北去之前,后主专程至宗庙,悲痛地与祖宗告辞。他写了一首《破阵子》:

> 四十年来家国,三千里地山河,凤阁龙楼连霄汉,琼枝玉树作烟萝,几曾识干戈!
> 一旦归为臣虏,沈腰潘鬓消磨。最是仓皇辞庙日,教坊犹奏别离歌,垂泪对宫娥。

# 五、往事遗恨水长东

开宝九年(976)正月初四,李煜白衣纱帽,小周后罪衣罪裙,带领臣下、侍从跪在明德楼下待罪。宋太祖在楼上宣诏。诏书曰:"江南伪主李煜,承奕世之遗基,据偏方而窃号,惟乃先父,早荷朝恩,当尔袭位之初,未尝禀命,朕方示以宽大,每为含容,虽陈内附之言,罔效骏奔之礼。聚兵峻垒,包蓄日彰,朕欲全彼始终,去其疑间,虽颁召节,亦冀来朝,庶成玉帛之仪,岂愿干戈之役?塞然勿顾。潜蓄阴谋,劳锐旅以徂征,傅孤城而问罪。洎闻危迫,累示招携,何迷复之不悛?果覆亡之自掇。"诏书在列举了李煜的种种罪状之后,为了表示自己的皇恩浩荡,又说:"尽舍愆尤,今授尔为光禄大夫、检校太傅右千牛卫上将军,封违命候,尔其钦哉!毋再负德!此诏。"

李煜诚惶诚恐,俯伏谢恩。宋太祖还登殿座,召李煜抚问,并封小周后为郑国夫人。其他官员也量能授职。南唐自李昇立国,经李璟、李煜共历三世,48年。

李煜做了俘虏,处处受到监视,形同囚禁。宋太祖曾因曲宴,请李煜诵诗,李煜朗诵了自己写的《咏扇》中的诗句"揖让月在手,动摇风满怀。"太祖道:"好一个翰林学士!"

开宝九年,宋太祖病逝,其弟赵光义继位,称宋太宗。太宗听说李煜清贫,曾增给月俸。有时宋太宗到崇文院观书,命李煜及南汉后主同去。他对李煜说:"闻卿在江南好读书,此简策多为卿之旧物,不知卿归朝来后还常读书否?"李煜只能顿首拜谢。

李煜原是一国之主,他从一个皇帝降为阶下之囚,从荣华富贵,花团锦簇的伊甸园一下子跌进了阴森冷酷、受尽屈辱的十八层地狱,过的是"以泪洗面"的日子。虽然40岁刚刚出头,但已经鬓发花白、满脸皱纹了。生活境遇的巨大落差,使他的心灵受到了极大的创痛,他的胸中翻滚着汹涌澎湃的感情波涛。李煜又是一位诗人,他胸中汹涌澎湃的感情波涛,不断地形诸笔墨,化作了一首又一首动人肺腑的诗词。

他独坐庭院,他闲步花径,他登楼凭栏,他支颐沉思,脑中想的,眼前浮现的都是锦绣的往事。温柔的故国:

往事只堪哀,对景难排。秋风庭院藓侵阶。一任珠帘闲不卷,终日谁来。　　金锁已沉埋,壮气蒿莱。晚凉天静月华开。想得玉楼瑶殿影,空照秦淮。

帘外雨潺潺,春意阑珊。罗衾不耐五更寒。梦里不知身是客,一晌贪欢。独自莫凭栏,无限江山。别时容易见时难,流水落花春去也,天上人间。

一天,宋太宗问现为左散骑常侍的降臣徐铉:"见到李煜了吗?"

徐铉惶恐地说:"没有皇上的旨意,臣怎敢私见?"

太宗命徐铉去看看李煜。

徐铉来到李煜的住所,只见李煜头戴纱帽,一身道服,正在念《金刚经》。徐铉想尽过去的君臣之礼,向他下拜。李煜连忙扶住说:"切莫!切莫!这是何地?吾乃亡国之君啊!"说罢,两人相持大哭。停了一会儿,李煜仰天长叹:"我好悔恨,当年沉溺声色,枉杀忠良……"

徐铉不忍再看这种凄惨的景象,起身告辞。李煜从里屋取出一卷手抄的词卷交给徐铉,说:"你我君臣一场,请将我的词作好生保存,传之后世。"

第二天,徐铉如实奏告宋太宗。赵光义翻阅李煜的词卷,感慨地说:"李煜不善理国,误作人主。倒是一个风流才子。他的词卷可以翻刻存世。"

即使李煜如此忍辱负重,小心翼翼,宋太宗对他还是不放心,总以为李煜心怀怨望,也总是处心积虑想借机会除掉他。

公元978年7月7日,恰好是李煜的生日。宫女们把厅堂布置得像当年金陵宫中的澄心殿一样。在厅堂里吃过寿酒,李煜与小周后一起到院中赏月,玉兔东升,云淡星稀,院外河水潺潺,树影婆娑。李煜仰望星月,感慨万千。回想在金陵时节,每逢生日,百官庆寿,莺歌燕舞。华丽的故宫,堂皇的寿堂,欢乐的笙歌,又想到金陵的紫金山、扬子江,故国、故人,旧情旧景……这一切想起来恍如隔世。可是现在呈现在眼前的却是高高的院墙,惨淡的月色。再看看身边的小周后，当年的艳丽风韵早已无影无踪了，成为一个满脸愁容憔悴不堪的半老徐娘。他叫小周后弹奏琵琶，他自己带着哭音吟出了他的新作《虞美人》：

> 春花秋月何时了，往事知多少？小楼昨夜又东风，故国不堪回首月明中。雕栏玉砌应犹在，只是朱颜改。问君能有几多愁，恰似一江春水向东流。

弹琴的人泪流满面，吟唱的人泣不成声。这一字一句，如同杜鹃啼血，令人心碎肝裂。

李煜吟完词，对小周后说："嘉敏！这琵琶奏出的南唐之音引起我无限的回忆，故国的山水宫阙如在目前。我再也不堪听这种南唐之音了，你把琵琶给我，让我毁了它吧！"

说完，一手夺过小周后手里的琵琶，朝石凳上面摔去。小周后连忙捡起来，琵琶的弦已经全断了，板也破裂了。小周后哭泣着说："这是我心爱之物，重光，你又何苦如此呢？"李煜听到这里，悲恸欲绝，两人抱头痛哭。他们就是在这种无限悲伤哀婉的气氛中度过了所谓的七夕良宵。

隔墙有耳，李煜七夕饮酒赋诗之事被奏闻宋太宗，李煜写的《虞美人》词也被一字不漏地抄呈到宋太宗的龙书案上。当宋太宗看到词中"故国不堪回首月明中"、"问君能有几多愁，恰似一江春水向东流"这样的句子时，不禁勃然大怒。他命人赐李煜御酒。李煜喝了放有毒的酒，不多片刻，就死了。那个时候，他才42岁。小周后见后主被毒死，也一头撞死在后院亭子的石柱上，手里还抱着那只破损不堪的琵琶。

李煜死后，宋太宗赠太师，追封吴王，葬于洛阳北邙山。徐铉受命作《吴王陇西公墓志铭》。铭中有云："……酷好文辞，多所述作。一游一豫，必以颂宣。载笑载言，不忘经义。洞晓音律，精别雅郑；穷先王制作之意，审风俗淳薄之原，为文论之，以续《乐记》，所著《文集》三十卷，《杂说》百篇，味其文，知其道矣。"

据传说，李煜死后，在金陵东南十里建有李王庙，俗称李帝庙，人们还纪念着他。不知有否其事。然而李煜留下的绝妙诗词，至今还流传于世并活于人口，这倒是千真万确的事实！

（《传记文学》1992年第5期）

一八六

# 苏舜钦与沧浪亭

苏州园林已被列为世界文化遗产，沧浪亭是苏州园林中的佼佼者，也是现存最古老的一座园林，人们提起沧浪亭，自然而然就会想起它的创建者苏舜钦。

苏舜钦是北宋著名诗人，生于宋真宗大中祥符元年（1008），字子美，梓州桐山（今四川中江）人，生于开封（今属河南）。他的祖父苏易简在宋太宗时做过参知政事（宰相），父亲苏耆官至兵部侍郎、直集贤院。《宋史》本传云："舜钦少慷慨有大志，状貌傀伟。"二十一岁时以父任补太庙斋郎，调荥阳县尉，对此微职，他不以为然，"锁其厅而去"。后靠自己努力，考中进士，改任光禄寺主簿，知蒙城县(今属安徽)，上任后就"窜一巨豪，杖杀一黠吏"，一邑为之惊悚。不久，乃父去世，苏舜钦带了临产的妻子郑氏到长安奔丧，路上，郑氏因马骇坠地受伤，到长安分娩后，带伤而逝。苏舜钦守父丧三年，服除，知长垣县，又迁大理评事。苏舜钦年轻时就数次上书言事，纵论时政，先后上过《上三司副使段公书》、《咨目七事》、《乞纳谏书》等，要求开通言路，惩治弊政。康定年间，河东发生大地震，苏舜钦不顾位卑职小，向宋仁宗上了《诣阙疏》，极陈灾变异常，时政得失，直言不讳地指出仁宗"多引俳优贱人于深宫之中，燕乐无节，赐予过度"，期望"讲求嘉言，革去时弊"。由于他多次上书，"无所回避，群小为之侧目"。但苏舜钦得到了改革派领袖范仲淹的赏识，荐其才，为集贤校理、监进奏院；宰相杜衍也重其才，将女儿嫁给了他。庆历四年(1044)，范仲淹和杜衍、富弼等全面展开改革更治的新政，枢密使章得象、御史中丞王拱辰等极力反对。那一年秋天，苏舜钦循旧例，以卖公文纸的钱宴请同僚、宾客，保守派王拱辰等抓住此事，借题发挥，弹劾苏舜钦"监主自盗"，这就是所谓"进奏院事件"，致使"舜钦与巽俱坐自盗除名"，苏舜钦入狱受审，后被革职为民，其他赴宴者十余人也悉数被贬、被逐。《宋史》云：此事"世以为过薄，而拱辰等方自喜曰：'吾一举网尽矣！'"

苏舜钦在政治上属于范仲淹为首的革新集团，而且有些主张比范仲淹还激进一些。在文学方面，他工诗并擅长散文。他是欧阳修的诗友，与梅尧臣齐名。北宋中叶，文坛领袖是欧阳修，他在参加政治斗争的同时，倡导诗风、文风的改革，苏舜钦、梅尧臣即是他重要的同志。他们主张诗歌要反映现实生活，反对西昆体的浮艳晦涩，提倡新诗风；散文方面，反对晚唐以来的文风，主张继承韩愈的道统和文统。

苏舜钦的诗作充满了对国家安危的关心，对人民疾苦的同情，以及满怀着的报国壮志。尖锐揭露统治阶级腐败和罪恶的，如"国家防塞今有谁？官为承制乳臭儿。醋酳大嚼乃事业，何尝识会兵之机"(《庆州败》)；关心人民痛苦生活的，如"十有八九死，当路横其尸。犬豕咋其骨，乌鸢啄其皮"(《城南感怀呈永叔》)；抒发作者报国效忠的壮志热忱的，如"愿以微残躯，一得至上前，掉舌灭西寇，画地收幽燕"；抒写抱负难展，壮志未酬的苦闷和愤懑情绪的，如"长歌忽发泪迸落，一饮一斗心浩然"(《对酒》)，"一生肝胆如星斗，嗟尔顽铜岂见明"(《览照》)等。苏舜钦的诗风豪健奇壮，意境宏逸，梅尧臣称他"君诗壮且奇，君才工复妙"(《寄子美》)；欧阳修称他"其于诗最豪，奔放何纵横。间以险绝句，非时震雷霆"(《答子美离京见寄》)。苏舜钦的诗对宋诗革新有较大影响。苏舜钦还兼擅书法，欧阳修曾说他"又喜行草书，皆可爱，故其虽短章醉墨，落笔争为人所传"。范仲淹《岳阳楼记》写成后，也是由苏舜钦行书刻石的。

苏舜钦被废放后，于庆历五年(1045)偕妻子南下，流寓苏州。他早就喜爱苏州盘门一带的风景，他曾在《过苏州》一诗中写道："东出盘门刮眼明，萧萧疏雨更阴晴。绿杨白鹭俱自得，近水远山皆有情。"这次他在府学东边发现一块弃地，那里草木茂盛，崇阜广水，附近还有荒芜的池馆，相传原为五代吴越王钱元璙的池馆，苏舜钦知是他的近戚中吴军节度使孙承佑的别墅。于是他花了四万钱将它买下，加以修葺，还在水旁筑亭，取《楚词·渔父》中"沧浪之水清兮，可以濯吾缨；沧浪之水浊兮，可以濯吾足"之意，将此园命名为"沧浪亭"。他还自号"沧浪翁"，并撰写了《沧浪亭记》，文中描绘了沧浪亭"前竹后水"、"澄川翠干"等景物，和自己登舟容与、举觞舒啸的退隐生活。他指出"观听无邪则道以明"，"惟仕宦溺人为至深"，表示要摆脱仕宦羁绊的决心。他又写《沧浪亭》诗，云："一泾抱幽山，居然城市间。高轩面曲水，修竹慰愁颜。迹与豺狼远，心随鱼鸟闲。吾甘老此境，无暇事机关。"苏舜钦把此诗寄给欧阳修，邀他共作沧浪篇，不久欧阳修就也以《沧浪亭》一诗相酬，他在诗中写道："子美寄我沧浪吟，邀我共作沧浪篇。沧浪有景不可到，使我东望心悠悠。"他很赞赏沧浪亭的景色："荒湾野水气象古，高林翠阜相回环"，

"水禽闲暇事高格,山鸟日夕相啾喧","风高月白最宜夜,一片莹净铺琼田",并感慨地说:"清风明月本无价,可惜只卖四万钱"。最后他深情地对苏舜钦说:"丈夫身在岂长弃,新诗美酒聊穷年,虽然不许俗客到,莫惜佳句人间传。"

苏舜钦在苏州过了约三年的退隐生活,写了不少有关沧浪亭和苏州的诗作。如《独步游沧浪亭》:"花枝低敧草色齐,不可骑入步是宜。时时携酒衹独往,醉倒唯有春风知。"《初晴游沧浪亭》:"夜雨连明春水生,娇云浓暖弄阴晴。帘虚日薄花竹静,时有乳鸠相对鸣。"《沧浪观鱼》:"瑟瑟清波见戏鳞,浮沉追逐巧相亲。我嗟不及群鱼乐,虚作人间半世人。"《沧浪怀贯之》:"沧浪独步亦无惊,聊止危台四望中。秋色入林红黯澹,日光穿竹翠玲珑。酒徒漂落风前燕,诗社凋零霜后桐。君又暂来还径往,醉吟谁复伴衰翁?"《望太湖》:"杳杳波涛阅古今,四无边际莫如深。润通晓月为清露,气入霜天作暝阴。笠泽鲈肥人脍玉,洞庭柑熟客分金。风烟触目相招引,聊为停桡一楚吟。"《秋宿虎丘寺》:"生事飘然付一舟,吴山萧寺且淹留。白云已有终生约,酿酒聊驱万古愁。峡束苍渊深贮月,岩排红树巧装秋。徘徊欲出向城市,引领烟萝还自羞。"

庆历八年(1048),苏舜钦复官,授湖州长史,同年十二月病卒,此时才四十一岁。欧阳修为他写了墓志铭。在苏舜钦去世后四年,欧阳修从苏舜钦的岳父杜衍家取得苏的遗稿,编为十卷,题《苏学士文集》,并撰序文,序文概述苏的生平,并高度评价了他的道德文章。

苏舜钦去世后,沧浪亭曾屡易其主,后为章申公家所有。章将花园扩大,建筑大阁,又在山上起堂,他还在沧浪亭北面购得一座洞山,动工时发现地下都是一些嵌空的大石,传为五代广陵王所藏,于是加以扩展,两山相对,遂成一大园。南宋时曾为抗金名将韩世忠的府第,他于二山之间筑桥,称为"飞虹"。明代改为大云庵,有僧人主持。明代文学家归有光应文瑛和尚之约写的《沧浪亭记》云:"有庵以来二百年,文瑛寻左遗事,复子美之构于荒烟残灭之余,此大云庵为沧浪亭也。"清康熙初,巡抚王新于此建苏公祠。宋荦作巡抚时也曾亲访遗迹,于康熙三十五年重修,把临水的亭子移建于山阜之上,有文征明隶书"沧浪亭"作匾额。清代又改为五百名贤祠,祠壁刻有五百名贤像,大多是苏州人,其中有吴季札、王士桢等。太平天国时期苏州频经战争,沧浪亭亦遭毁坏,清同治十二年(1873)又重建。此后又经过多次修葺,但其基本格局仍与当时相去不远。

沧浪亭建筑颇具匠心,它以古朴清幽为其风格,以山林野趣在苏州诸园中独树一帜。其园门北向,度桥入门,便见山石横卧,真可谓"开门见山"。园内的结构皆以山阜为中心,山上古木参天,气象葱郁,沧浪亭就翘立山巅的林荫掩映之间,亭子的柱联"清风明月本无价,近山远水皆有情",乃集欧阳修和苏舜钦的诗句。建筑物围绕山阜四周,安排得错落有致,曲折低昂,园中有印心石屋、看山楼、面水轩、观鱼处等幽境雅处。沧浪亭虽然地仅南园一隅,但以借景之法,巧妙地将园外清流与园内山阜联成一气,沿河用假山垒成驳岸,筑以亭榭,并用一道复廊连接,廊壁开有各色漏窗,沟通内外景致,波光岚影相映成趣。

园以人传,沧浪亭因苏舜钦而声名大着,历代文人墨客竞相吟咏,名士方家纷至沓来。明代文征明作《沧浪池上》云:"杨柳阴阴十亩塘,昔人从此咏沧浪。春风依旧吹芳杜,陈迹无多半夕阳。积雨经时荒渚断,跳鱼一聚晚波凉。渺然诗思江湖近,便欲相携上野航。"清初苏州文学家、戏曲家尤侗有诗《沧浪古道》云:"千古沧浪水一涯,平常小巷识苏家,寻君遗迹南禅寺,惟有钟声噪暮鸦。"清代文人石韫玉《沧浪亭》诗曰:"地据吴趋胜,人因子美传,湖山偏近市,风月不论钱;草暗怜虫语,沙明羡鹭拳。何如渔父意,清浊总随缘。"清乾隆年间,《浮生六记》的作者沈复曾居于苏州沧浪亭畔,在《浮生六记》里有一段描写他于中秋携妻挈妹去沧浪亭赏月的情景:"中秋日,余病初愈,以芸(沈妻)半年新妇,未尝一至间壁之沧浪亭,先令老仆约守者勿放闲人。

于将晚时,偕芸及余幼妹,一妪一婢扶焉。老仆前导,过石桥,进门,折东曲径而入,迭石成山,林木葱翠。亭在土山之巅,循级至亭心,周望极目可数里,炊烟四起,晚霞烂然。隔岸名'近山林',为大宪行台宴集之地,时正谊书院未起也。携一毯设亭中,席地环坐,守者烹茶而进。少焉,一轮明月已上林梢,渐觉风生袖底,月到波心,俗虑尘怀,爽然顿释。芸曰:'今日之游乐矣!若驾一叶扁舟,往来亭下,不更快哉?'"近代著名学者、社会活动家章太炎居于沪上时,因厌倦尘嚣,特地到苏州游沧浪亭,顿感清幽怡人,赋诗一首云:"沧浪近在盘溪曲,水浊真堪濯我足。举酒为酹苏舜钦,买山同作巢由仆。"章太炎晚年果然迁居于苏州。这些名人的吟咏和轶事,更使沧浪亭增添了熠熠光彩。

(香港《文匯报》2007 年 1 月 19 日)

# 一八七

# 范钦与天一阁

　　我每次到宁波公干或旅游,总要去瞻仰和参观著名的藏书楼天一阁。有时由宁波文学界的朋友陪同,有时有导游或讲解员讲解,我又找一些有关的资料来读,通过这些,我逐渐对天一阁的来龙去脉有所了解,它的创建者范钦的形象在我脑海里也趋于清晰,他确是一位很了不起的、值得钦佩的人物。

　　天一阁位于宁波市西南隅的月湖之畔,由明嘉靖年间兵部右侍郎范钦所建。范钦生于明正德元年(1506),字尧卿,一字安卿,号东明,浙江鄞县人。嘉靖十一年(1532)考中进士,出任湖广随州知州,嘉靖十五年迁工部员外郎,后任江西袁州知州,及广西、福建、云南、陕西等地的按察使、布政使等职。官至兵部右侍郎,没有到任,即告老还乡。

　　范钦的一生富有传奇的色彩,其中有几个亮点。一是蔑视权贵。他在担任工部员外郎时年纪尚轻。当时嘉靖皇帝迷恋女色,宠信方士,不理朝政,大权落在武定侯郭勋手中。朝廷大规模建造庙宇,此事也由郭勋掌管。范钦就在他手下做事,他看不惯郭勋的骄横跋扈,不时与他顶撞。郭勋怀恨在心,便谎奏范钦"犯上作乱"。嘉靖也不问情由,下旨把范钦当众廷杖,并关进天牢。后来郭勋被戚贤弹劾乱政十二大罪而下狱,范钦才获释。嘉靖十九年范钦出任袁州知州,那时朝中由严嵩当权,而袁州正是严嵩的老家,其子严世藩在袁州强占良田,欲取宣化房产,范钦闻之,断然拒绝。严世藩向严嵩哭诉,但严嵩看郭勋尚且没把他斗倒,故而没敢怎么碰他,只是设法把他调离了袁州。

　　二是平剿倭寇。明朝时东南沿海倭寇的骚扰非常猖獗,而朝廷平剿不力。范钦任副都御史,巡抚南赣汀漳诸郡时,与俞大猷并肩作战大力平剿,他身先士卒,亲临前线。生擒了倭首李文彪。嘉靖大喜,给予厚赐。其后范钦又几次进剿、堵截流窜的倭寇,终于将其击溃。嘉靖三十九年,嘉靖帝下旨:范钦升任兵部右侍郎。但正在此时,南京御史王宗徐等劾奏,称范钦抚赣南时"黩货纵贼,遗患地方"。嘉靖还算手下留情,只是命其"回原籍听勘",后来也没有追究。同年十月范钦去官回归故里,其时五十五岁。

　　三是嗜书如命。范钦是文官出身,也做过武将,但其酷爱书籍,嗜书如命却始终如一。在宦游时,他每到一地总是留心搜集府库旧藏和故家流散的图书文献,有的书不能购得,就设法抄录。他特别重视搜集说经诸书、前人未传世的诗文集、当时各地出版的地方志及明代文献。他除了办公,打仗,行军之外,就是觅书,抄书,读书,藏书,并千方百计载舆而归。罢归宁波之后,更把全部精力放到搜集和藏书上来,成为一位杰出的藏书家。

　　范钦的最大贡献莫过于他建造了天一阁藏书楼。天一阁建于嘉靖四十至四十五年之间(1561~1566),由范钦亲自设计、亲自督工建造。有鉴于以往藏书楼大多毁于火焚,范钦在藏书楼前专门凿有水池,池中之水与月湖地下的水脉相潜通。他取汉郑玄《易经》注释:"天一生水,地六成之"之意,以水克火,为藏书楼起名为"天一阁"。这座两层木结构楼房,楼上为一个大统间,楼下为六小间,以表示"天一地六"的意思。

　　宁波古来就是人杰地灵之邦,早在宋代就出了楼钥和史守之两大藏书家。与范钦同时,也还有大学者、藏书家丰坊,他的"万卷楼"也建在月湖之畔。范钦与丰坊两人十分莫逆,他们经常在一起把酒邀月,论诗谈文,互相赠书、抄书,把藏书当作人间一大乐事。丰坊曾把辗转觅得的《王阳明诗稿》抄录赠与范钦;而范钦曾为丰坊的《古篆序论》写跋。

　　范钦在建造天一阁之初,就树立了防火于未然的理念,建成之后,也时刻把防火作为第一要务。他"禁以星火入阁",自己也从不到天一阁饮酒读书。每晚临睡之前,他都要亲自到藏书楼及四周去查看火烛。他不允许儿孙们在天一阁过夜,更不准女人登楼。另外采用芸香辟蠹、曝书去湿等方法。范钦于万历十三年(1585)去世,其长子又提出"代不分书,书不出阁"。这些规约一直延续到后代。据传,在清嘉庆年间,宁波知府邱铁卿的内侄女钱绣芸是位才女,她从小酷爱诗书,她听说天一阁藏书甲于天下,极想能登楼观阅。为此,她托邱知府做媒,嫁与范钦的后裔秀才范邦柱为妻。但是碍于女人一律不得登楼的规矩,她还是未能如愿以偿。由此便可见其一斑。

　　由于范钦的惨淡经营,天一阁的藏书十分宏富,古籍珍本约有七万余卷之多。在天一阁的藏书中,最突出的是各地的方志。范钦搜集的明代方志就有435种,其中包括通志、府志、州志、县志等。这些方志忠实地记录了当时、当地的政治、经济、文化、地理名胜、民俗风情等。天一阁还藏有丰富的科举录(会试录、进士登科录)、家谱以及内部官书档。这些都是研究明史的珍贵文献,具有重要的历史价值。它所藏的孤本、善本和书画珍品极其可观,有《子午流注针经》、《浙音释字琴谱》、《仪礼注疏》、《明史稿》、《鲁班营造正式》和传奇《金莲记》等。范钦自己刻印过《范氏奇书》20种。天一阁还拥有丰富的帖石的馆藏,其中最珍贵的要数《神龙兰亭》的帖石了,一说为"唐褚遂良临本兰亭"的帖石。据专家说,天一阁所藏的《神龙兰亭》是刻得最早、刻得最好的一方。

　　范钦的后代,谨遵他的遗志,管理天一阁不敢懈怠,兢兢业业。清康熙四年(1665),范钦的曾孙范光文在天一阁前建亭子,堆假山,垒山石构成"九狮一象"的景观。修竹迭翠,清幽静谧,呈现一派江南的园林风光。乾隆三十八年(1773)乾隆帝为编纂《四库全书》,诏令各地藏书家向朝廷进呈遗籍秘本。当时不少藏书家害怕文字狱,顾虑重重,不敢进献,而范钦的八世孙范懋柱却毅然向乾隆进呈稀有藏本638种,5 258卷。乾隆非常赞许,特为之题诗云:"五卷终于物理论,太玄经下已亡之。设非天一阁珍弃,片羽安能忾见斯?"天一阁所献藏本被收录入《四库全书》的有93件,存目377种。乾隆三十九年,乾隆帝颁旨嘉奖天一阁武英殿铜活字印本《古今图书集成》10 000卷等书籍。为了存放《四库全书》,乾隆又下旨,在全国各地仿照天一阁的格式建造藏书楼。后建造了七座,北方四座:北京的文渊阁、文源阁,沈阳的文溯阁,承德避暑山庄的文津阁;南方三座:扬州的文汇阁,杭州的文澜阁,镇江的文宗阁。为了以水克火,藏书楼的名称多带三点水的偏旁。因此,天一阁素有天下第一藏书楼之称。

1933年,甬上贤达筹资将孔庙内的尊经阁迁移到天一阁后院,并集置了自宋至清的碑刻80余方,称"明州碑林"。后院还建有华瞻精美的古戏台,亦叹为观止。

天一阁创建至今已四百余年,历尽了沧桑。它曾屡遭盗窃、掠夺,藏书严重散失。到解放前夕,除清代续增的《古今图书集成》之外,阁内仅剩13 000余卷。解放军南下挺进浙江时,周恩来亲自嘱咐:要保护好天一阁。新中国成立后,政府多次拨款维修天一阁,新建书库,还设置专门机构,多方访得散失在外的原藏书3 000余卷,又增入当地藏书家捐赠之书,馆藏已达30万卷,其中珍椠善本就有8万卷之多,多为明代刻本、抄本,其中不少已属海内孤本。1962年10月,郭沫若视察天一阁,挥毫题曰:"好事流芳千古;良书播惠九州"。书法家沙孟海也书有楹联:"建阁阅四百载;藏书数第一家"。

(香港《文匯報》2009 年 9 月 2 日)

一八八

# 徐光启与利玛窦

不久前,为纪念意大利传教士利玛窦逝世400周年,《利玛窦——明末中西科技文化交流的使者》展览在上海博物馆展出。这使我想起了我国明代名臣、科学先驱徐光启与利马窦的一段友谊佳话。

徐光启,字子先,号玄扈,明嘉靖四十一年(1562年4月24日)出生于上海县城南太卿坊(今乔家路)的"九间楼"。徐家原是个大户,但到了其父徐思诚,因经商失利,家境已现窘迫。徐光启7岁在龙华读私塾。20岁时,考中金山卫的秀才,以后就在村里教书,并成了家。徐光启考中秀才之后,后面的应试道路却充满了坎坷和艰辛。乡试三年一次,徐光启考了五次,五次落榜。万历二十五年(1597),徐光启第六次去北京顺天府赴乡试,这次的主考官叫焦竑,他在入围的试卷里找不出中意的上乘之作,而在落选的试卷里看到一份题为《舜之居深山之中》的卷子,一阅之下,便"击节叹赏",断言"此名士大儒无疑也"!而这份卷子正是徐光启所作。徐光启就此绝处逢生,被定为第一名举人。此时他已经36岁了。参加会试也很不顺利,1598年、1601年两次会试,均告不中,第三次1604年参加会试,才中了第88名进士。正如徐光启自己所言:"我辈爬了一生的烂路,甚可笑也。"

徐光启与利玛窦的初次相识是在1600年,地点是南京徐光启的老师焦竑家里。当时徐光启38岁,利玛窦48岁,比徐光启大10岁。利玛窦原名为吗提欧·利奇,利玛窦是他的中文名字。他1552年生于意大利的山城马切拉塔,家里经营利氏药房,是当地的名门。他少年在耶稣会开办的中学学习,十六岁来到罗马,在圣汤多雷亚学院学习预科,1571年加入了耶稣会,1572年在耶稣会主办的罗马学院学习哲学和神学,并从师数学家克拉乌学习天算,学会了拉丁文、希腊语、葡萄牙语和西班牙语。他不仅认真学习神学,而且努力修炼古典文学和自然科学,他学会了绘制地图和制造天文仪器等各种科学仪器的技术。利玛窦还有一项常人无法企及的本领，那就是惊人的记忆力。1577 年，他获准到远东传教，先去了印度、交趾，传教四年，晋升为司铎。1582 年（明万历十年）到中国传教，先到澳门，继而去肇庆、韶州、南昌等地。1598 年 6 月与另一为神父郭居静来到南京。利玛窦的传教手段有两种，一是他注重与官员和文士结交，建立良好的个人关系，二是以三棱镜、自鸣钟、日暑仪等新奇的科学仪器吸引中国官员，热心介绍西方科学知识。

在此之前，徐光启在 1596 年途经广东韶关时，曾与传教士郭居静有过接触。此番徐光启与利玛窦初次相识，却一见如故，交谈十分投机。徐光启十分倾慕利玛窦的见识与博学，利玛窦带来的各种西方科学典籍，《坤舆万国全图》及各种奇形怪状的科学仪器，深深吸引了徐光启。利玛窦则仰慕徐光启的儒雅和才华，称他是"海内博物通达君子"。利玛窦还力劝徐光启加入天主教。与利玛窦分手之后，徐光启花了两三年时间研究基督教义，思考自己的命运。1603 年，徐光启再次启程去找利玛窦，但利玛窦这时已经离开南京到北京去了。徐光启拜见了留在南京的耶稣会士罗如望，与之长谈数日。徐光启为了更方便地学习外语，学习和翻译西方天文、水利、数学、历法等科学技术典籍，又为了用天主教教义"补儒易佛"，经过深思熟虑，终于受洗，加入了天主教，取教名为"保禄"。徐光启醉心于自然科学，又归依西教，这两点是与我国古代一般士人明显的不同之处。

1604 年徐光启考中进士，被选为翰林院庶吉士。徐光启怀有富国强兵的梦想和研究天文、农业的务实的热情。此时利玛窦已获宋神宗朱翊钧同意，在北京定居传教。徐光启与利玛窦又在北京相聚。徐光启常常来到利玛窦的住所，几乎天天见面，听他讲解西方科学，并共同探讨天文、历法、水利、火器、数学等科学问题。徐光启见利玛窦从罗马带来许多西方科学的著作，想："欲求超胜，必先会通。会通之前，必先翻译。"徐光启确是大胆引进西方先进科学，并希望能融合中西文化的一位先驱。为了让更多的中国人来学习，他请求利玛窦与他合作进行翻译。1605 年冬，他们开始合译欧几里得的数学名著《几何原本》。徐光启在翰林院办事，每天下午就到利玛窦寓所。由利玛窦口述、讲解，徐光启笔录、翻译。特别有些数学术语，汉语中原本没有，两人就反复推敲，予以确定。1607 年译成前 6 卷，在北京印刷出版。徐光启用清晰而优美的中国文字写出了《原本》的 6 卷，创造性地解决了翻译中的术语问题。简练的中文对译，从"点"、"线"、"面"，到"平行线"、"对角线"，到"三角形"、"四边形"、"多边形"以及"相似"、"外切"等等，一直沿用到数百年之后。接着徐光启又翻译了数学著作《大测》、《割图圜八线表》、测量著作《测量法义》等。

1610 年（明万历三十八年），58 岁的利玛窦病逝，临终前，他在病榻上谆谆嘱咐另一名传教士熊三拔："我利玛窦远离故土，跋涉万里，来到中华，死而无憾矣！希望能把我和徐保禄合译的书籍完成，改变中国人的思维方式。"闻知噩耗，徐光启从上海日夜兼程赶到北京，此时利玛窦已经下葬。徐光启只能在利玛窦的墓前徘徊良久，为失去一位恩师兼挚友而万般悲伤。利玛窦是天主教在中国传教的开拓者之一，也是第一位阅读中国文学并对中国典籍进行钻研的西方学者，他在中国积极传播西方天文、数学、地理等科学技术知识，对中西交流作出了重要的贡献。利玛窦去世后，熊三拔成为徐光启的助手，徐光启在他的帮助下，翻译了欧洲水利工程学著作《泰西水法》。

徐光启历任詹事府左春坊左赞善、詹事府少詹事兼河南道监察御史、礼部左侍郎兼翰林院侍读学士，直至礼部尚书兼东阁大学士。徐光启不仅翻译了大量科学著作，而且自己亲身参加科学实践活动，撰著了《甘薯疏》、《种棉花法》等科学著作，晚年编撰成总结古今中外农业技术经验的百科全书《农政全书》和天文历法著作《崇祯历书》,对推进中国科学的发展,作出了重大的贡献。徐光启是我国系统学习西方科学,与西方科学家交流的第一人,在当时世界范围内堪称最重要的科学家之一,至今仍在国际学术界享有很高的声誉。而他的这些成就的获得,与利玛窦的启蒙和帮助是分不开的。

徐光启和利玛窦是中西文化交流的典范。为了纪念这两位先哲,如今上海的光启公园里矗立着一尊"徐、利交谈"的雕像,定格了当年的情景。2007年徐光启的后裔徐承熙、利玛窦的后裔利奇、熊三拔家族的后裔倪波路等还在申城聚首,重续400年前那段奇缘。在经济全球化,提倡世界不同文明并存、对话和交融的今天,我们重温400多年前徐光启和利玛窦这段交往历史,是很有现实意义的。

(《徐汇文脉》2014年第1期)

一八九

# 郑板桥烧诗

郑板桥是我国清代著名的诗人、画家和书法家,他是有名的"扬州八怪"之一,被称为画、诗、书三绝。

有一次,郑板桥在书房里把自己历来的诗作拿来,准备从中挑拣、筛选出一部分作品,刻成一部诗集。他发现自己的诗作中有一些内容平庸的作品,甚至还掺杂着一些无聊的应酬之作。板桥不禁摇了摇头。这时,忽然听得远处传来锣声和人声,书童前来报告说,东村失火正在救火,烧掉不少房屋,有许多诗稿也都烧掉了。板桥遥望那边被火映红了天空,沉吟有顷,把桌上的诗稿推到一边,提起笔来写了一首诗:"闻说东村万首诗,一时烧去更无遗。板桥居士重饶舌,诗到烦君并火之。"接着他把刚才剔出来的那些烦人的应酬之篇、平庸之作,放在火炉里烧掉了。然后又严加挑选,最后选成一集。选好后,他随手写了一篇序言,序中写道:"板桥诗刻止于此矣,死后如有托名翻版,将平日无聊应酬之作,改窜滥入,吾必为厉鬼以击其脑!"然后把诗与序一并付梓。

郑板桥既是八怪之一,人们常常认为他总是个狂妄自大的人,其实他为人谦逊虚心,写作态度十分严谨。从烧诗这个传说故事即可见其一斑。他对自己的作品要求极为严格,主要表现在几个方面,第一,他反对轻率为文,他认为,如果没有充分的准备,没有酝酿成熟,就不要急于去画、勉强去写。他在赠给友人的一首诗中说:"作文勉强为,荆棘塞喉齿。乃兴勃发处,烟云拂满纸。"意思是说,你勉强作文,势必文思滞涩,佶屈聱牙,而如果胸有成竹,诗兴勃发,那么就可以一挥而就,笔底生花。第二,郑板桥主张诗文要反复修改,不断力求臻于完美。他在《词抄自序》中说:"为文须千斟万酌,以求一是,再三更改,无伤也。"一个作家认识生活总有一个过程,表现技巧也在不断长进,反复修改对作品的提高是大有裨益的。有的作者往往总觉得自己写的东西是好的,要他改,总是不舍得,下不了手。可是郑板桥却有自以为非的精神,舍得割爱,他说:"诗成合我写,写就复涂抹,骨脉微参差,有爱忍心割";又说:"冗繁削尽留清瘦"。当然,修改也是一项艰苦复杂的技术劳动,有时改好了,有时却也可能改糟了。郑板桥对此作过分析,他说:"然改而善者十之七,改而谬者亦十之三"。第三,郑板桥还经常征求朋友对他作品的意见,他特别尊重别人对他的作品的批评。他写了一副对联,叫做"隔靴搔痒赞何益,入木三分骂亦精"。后来鲁迅先生对这副对联也很赞赏,1931年日本汉学家增田涉为了写作《鲁迅论》到上海拜访鲁迅先生,鲁迅就特地亲笔书写了这副对联送给增田涉,也就是暗示增田涉,你既然要研究我,那么请你实事求是地加以评价,不要写那些隔靴搔痒的赞语。郑板桥不仅欢迎批评的意见,并且还经常把自己的诗作抄送给友人,请他们帮助修改。有一次他把自己写的诗送给朋友国子监学正侯嘉璠看,并附了一首诗:"我诗无部曲,涨漫列卒伍","顽石乱木根,凭君施巨斧"。他谦虚地说自己的诗不合规格,如同顽石乱木,他恳切地要求友人用巨斧来砍削。郑板桥烧诗的传说故事,和他对写作的严肃态度,今天对我们来说还是很有教益的。它告诉我们,文艺创作是一件十分严肃的事情,又是一项艰苦繁重的劳动,必须严肃对待,采取认真负责的态度,既不能粗制滥造,如鲁迅所指出的"将一点琐屑的没有意思的事故,便填成一篇,以创作丰富自乐",还要善于倾听各种意见,反复磨砺,精益求精,以追求作品思想性与艺术性比较完美的统一。

(《夜读》1983年第4期)

一九〇

# 曹雪芹著书黄叶村

　　我国的古典文学是一个宝库,而在这个宝库中,曹雪芹的长篇小说《红楼梦》是一颗特别璀璨炫目的明珠。她被世人誉为18世纪中国的伟大文学杰作,中国古典文学历史上的巅峰。正因为如此,世人对曹雪芹写作《红楼梦》的情形和写作《红楼梦》的地点怀有极其浓厚的兴趣。

　　曹雪芹,名霑,字芹圃或梦阮,号雪芹或芹溪居士,清康熙五十四年(1715)出生于南京。其祖上原是汉军旗人,隶属满洲正白旗。曾祖父曹玺,曾任江宁织造、工部尚书,曾祖母曾做过康熙玄烨的保姆。曹雪芹的祖父曹寅,当过玄烨的伴读和宫内御前侍卫,深受康熙的宠信,继任江宁织造,并兼任两淮巡盐监察御史。康熙六次南巡,有四次住在曹府,以江宁织造作为行宫。曹寅病故后,其子曹颙继任江宁织造,曹颙就是曹雪芹的父亲。所以曹雪芹的幼年就生活在南方这样一个锦衣玉食、富贵温柔之乡。虽然在他五岁时,父亲不幸去世,但其叔父曹頫又继任世职,曹雪芹依然是织造府里的娇客。

　　曹雪芹不仅生活在一个官宦之家,同时也是一个书香门第。祖父曹寅,号楝亭,是位诗人、学者,曾替玄烨主持编刊《全唐诗》和《佩文韵府》,并有《楝亭诗抄》行世。曹雪芹从小就受到良好的文化教育和艺术熏染,这为他日后的文学创作奠定了坚实的基础。

　　清王朝也是一个政治动荡的时代。康熙驾崩,雍正登基后,在皇室政治斗争的牵连下,曹雪芹家遭到了重大变故。雍正五年(1727),曹頫以"骚扰驿站"被扣治罪,并被抄家。从此曹家开始败落。翌年,曹雪芹随全家迁回北京。先是住在拨还的崇文门外蒜市口的老宅。乾隆继位之后，曹家的待遇稍有好转。

曹雪芹到北京之后，曾在内务府办的景山官学读书，被举为贡生。后来在右翼宗学当过"笔帖式"（即文书），在这里结识了敦敏、敦诚兄弟。生活的变故使曹雪芹看破红尘，不愿仕进。他放浪形骸，与优伶为伍，又喜爱那时为人所不齿的小说，这些都为封建家庭所不容。他干脆离家而走，从此漂泊于山水和市井之间。

曹雪芹晚年迁居于北京西山樱桃沟一带的一所村居，属于正白旗的院落，这就是人们所说的黄叶村的地方。曹雪芹撰著《红楼梦》（开始称作《石头记》），究竟始于何时，难以查考，有人推算大概从乾隆六年（1741）开始创作。反正在他到处漂泊之时就已进行写作，据说他住到哪儿，写到哪儿，无论破庙、草屋，凡是他住在那儿写作的地方，一概戏称为"悼红轩"。然而，西山的黄叶村应该是曹雪芹"披阅十载，增删五次"，撰著《红楼梦》最主要的所在。曹雪芹的好朋友敦诚在诗中曾说道："劝君莫弹食客铗，劝君莫扣富儿门，残杯冷炙有生色，不如著书黄叶村。"

从自然环境来看，这里远离尘嚣，景色幽胜。远望重峦叠嶂，万木葱茏；近观，茂林幽篁，泉水淙淙，正如敦敏诗句所云："碧水青山曲径遐，薜萝门巷足烟霞。"据传说，在樱桃沟不远的山上，有一块元宝似的顽石，曹雪芹时常携带笔墨纸砚来到此间，静静地写作《石头记》。书中主人公黛玉的名字，便是从这里所产的一种质地洁净的黑色黛石而来的。应该说，对曹雪芹来说，这里是一个很好的写作环境。

然而，从社会环境角度来看，却是非常恶劣的。当时清朝为了巩固自己的封建统治，极力推行"文字狱"，如被发现有什么怨望、狂诞之言，便可招致杀身大祸。曹雪芹的《红楼梦》显然是一部"怨世骂时之书"，所以，曹雪芹的写作又处于一个险恶的环境。他在小说一开头，就自称是"满纸荒唐言，一把辛酸泪"，便是晦韬之计。即使这样，也还是常遇险情。乾隆二十五年，乾隆亲幸皇八子永璇府第察看，发现身有"内病"的永璇竟偷看"邪书"《石头记》，十分震怒，要查清原委。这时曹雪芹正在永璇的岳翁尹继善处当幕席，尹立即把消息透给雪芹，让他赶紧潜身他往，后又由永璇多方遮掩，才算躲过大难。

另外，曹雪芹的生活环境，更是十分的艰难窘迫。他刚迁居西山时，元配夫人还在，并生有一男孩。后来元配夫人亡故，又娶了一位叫"芳卿"的续弦夫人。据说，曹雪芹每月可领到一份"月例银"，但极为菲薄，因此过的是"茅椽蓬牖，瓦灶绳床"，啼饥号寒的贫困生活。好在雪芹擅长绘画，有时还能卖画换点银钱。敦诚在诗中写到："满径蓬蒿老不华，举家食粥酒常赊。衡门僻巷愁今雨，废馆颓楼梦旧家。"敦敏的诗云："寻诗人去留僧舍，卖画钱来付酒家。"他穷到连买纸的钱也没有，有时就用往年皇历的纸背写书。可见《红楼梦》的写作是十分艰难的。"字字看来皆是血，十年辛苦不寻常"这是很确切的概括。

曹雪芹在写作、修改《红楼梦》的同时，还撰写了《废艺斋集稿》一书。其中《南鹞北鸢考工志》一册是讲述扎、糊、绘、放风筝的，另外还有讲述有关编织工艺、金石篆刻等方面技能的。他撰写此书是为了向身患残疾的朋友传授技艺，使他们得到一个谋生之道。

曹雪芹虽然蛰居山村，生活贫困，写作又极艰难，但经常得到几位挚友的真诚关怀和襄助。敦敏、敦诚是雪芹的好朋友。他们兄弟俩是清太祖努尔哈赤十二子英亲王阿济格的五世孙。曹雪芹在右翼宗学当差时与之结识。后来他们的父亲瑚玱八在山海关、锦州做税务官。他们经常到西山来探望雪芹，有时把酒叙谈，有时一同出游，写下了许多关于与曹雪芹交往的诗文。如敦敏诗云："秦淮旧梦人犹在，燕市悲歌酒易醨。忽漫相逢频把袂，年来聚散感浮云"等。山村的塾师张宜泉也是雪芹的好友。此人祖上也是汉军旗人，他性格耿介，愤世嫉俗。曹雪芹与他过从甚密,还经常一起策杖爬山。这些人的友情无论在精神上,还是生活上都给曹雪芹带来了几分温馨。而对他的写作帮助最大的则是脂砚斋。此人的真实姓名和身份至今还是个谜,但可以肯定,他是与曹雪芹同时代的至亲好友。他是《红楼梦》的第一个读者,第一个评论者。他先后数次为小说写批注和评语,并参与了小说的抄阅、校定、修改和誊清等工作,是曹雪芹写作过程中最得力的帮助者和最亲密的合作者,他对《红楼梦》的成书作出了极其可贵的贡献。

乾隆二十七年秋,贫病交加的曹雪芹又遭到了一个重大的打击。他前妻所生的唯一爱子因患上了痘疹,病魔夺去了他幼小的生命。曹雪芹悲痛万分,常常以酒浇愁,甚至狂醉如泥。在极度忧伤以及贫困、烦劳、各种煎迫之下,没多久曹雪芹也病倒了。就在这一年的除夕(1763年2月),曹雪芹这位伟大作家离开了人世,终年仅五十岁左右。

曹雪芹在世时,《红楼梦》的全书并未完稿。他所写的前八十回已经在亲友及民间辗转传抄,产生了多种手抄本和过录本,如《脂砚斋重评石头记》等。八十回之后的一些手稿因各种原因而散佚,据说有人在市井间居然看到用《红楼梦》的手稿在包花生米。乾隆五十六年(1791)由高鹗续补后四十回、程伟元主持校印的《红楼梦》百二十回本,由北京萃文书屋排印,正式出版。高鹗续写的后四十回虽然在不少地方有违于曹雪芹的本意,艺术水平也与前八十回有所差距,但是高鹗使读者能读到一部完整的《红楼梦》,还是功不可没的。

1984年4月,在北京西郊香山正白旗村,建立起了一座黄叶村曹雪芹纪念馆,这是第一座曹雪芹的纪念馆。这里东枕金鸡山,西望"鬼见愁",南邻北京植物园,西北依卧佛寺,经多位红学家查访、考证,这里就是当年曹雪芹著书的黄叶村的所在地。曹雪芹纪念馆坐落在正白旗三十九号院内,1971年曾在这里发现了与曹雪芹有关的题壁诗文。纪念馆为一排十二间清代制式的营房。其中四间北屋为曹雪芹当年居住和写作的所在。这里有"落地罩"和隔断,以及大躺柜;条桌上摆放着帽筒、帽镜、掸瓶、樽罐等清代瓷器;另外还有《南鹞北鸢考工志》两副风筝。书屋里陈列有曹雪芹睡的那种"绳床",以及书几、笔海、古砚等。其他的几间,均为展室,分别展示了黄叶村的地理环境、当年发现的题壁诗的真迹残片、曹雪芹用过的书箱、双钩摹本的影印件,以及《红楼梦》的各种版本等。著名红学家周汝昌、冯其庸等还为纪念馆题了词。通过这些,生动地再现了当年曹雪芹生活和写作的情形。如今,这里已经成为人们瞻仰和缅怀这位伟大作家的胜地。

(香港《文匯报》2006年2月15日、16日)

一九一

# 曹雪芹与风筝

在《红楼梦》第七十回里有一大段关于放风筝的描写:"翠墨带着几个小丫头子们在那边山坡上已放了起来。宝琴也命人将自己的一个大红蝙蝠也取来。宝钗也高兴,也取了一个来,却是一连七个大雁的,都放起来了。独有宝玉的美人放不起来……"又写到黛玉放的风筝因为风大,线全部放尽,紫鹃用西洋小银剪刀把丝线剪断,让那风筝"这一去把病根儿可都带了去了",那风筝便飘飘摇摇地飞入云端。还写到三只风筝在空中碰头,线儿绞在一起,放风筝的人拼命往下收线,把线都扯断了,三个风筝全都飘飘忽忽地飞向天际……这里曹雪芹把春日起放风筝的场面写得多么生动鲜活啊!

曹雪芹是一位学识渊博、多才多艺的文人,不仅精于小说、诗词,而且擅长绘画、工艺美术,特别是对风筝的扎糊、绘制和起放有着独到的研究和成功的实践,可称是风筝高手。

曹雪芹从幼年开始就喜欢做风筝、放风筝,他小时候生活在南方,后来又到了北京,对南方和北方的各种风筝都很熟悉。约在乾隆十九年,曹雪芹已从北京城里移居西郊香山,以卖画维持生计,十分窘迫,但还不时扎糊一些风筝,所扎风筝不仅有燕、蝶、螃蟹之类的,还有人物的,绘法奇绝,五光十色,其中宓妃和双童尤为精美。一天,有位患足疾的朋友于叔度来访,言及家中啼饥号寒的境况,又偶尔说到京中某邸公子购风筝,一掷数十金。雪芹想到家中还有些竹、纸,于是就扎了几只风筝送给老于,让他去卖。老于居然得到重酬,从而解了燃眉之急。后来雪芹经常到老于那里,帮他扎糊风筝,还为他设计新的谱式。从此于叔度就以风筝为业,不仅所得足以养家糊口,而且渐渐成为制作风筝的著名艺人。

曹雪芹不仅帮助像于叔度那样身患残疾的人掌握一门手艺而谋生,还把自古以来有关风筝的资料和前辈的制作经验搜集起来,加以整理归纳,经过二三年的努力,终于写成《南鹞北鸢考工志》一书。这部著作详细阐述了风筝起放的原理,风筝的种类和扎糊、绘画的方法。为了便于传授,还绘制了彩色的图谱,如彩蝶、比翼燕、螃蟹、雏燕等,并写成歌诀,比如"瘦扎燕"歌诀云:"……眉心夔纹翠点碧,眸外花颜红润玉。鬓云覆颈衬玉领,细指捧心愈增妍。红巾一幅缀素锦,酥胸双凸柳腰纤……"还注明画法:"画以烟黑为底,衬以嫩黄九幅,作大红,配之以绿。腰间金环略以鹅色入黄,位于尾羽之端,和之以朱红、石绿、石青、湖蓝、浅紫等色,必使艳而不厌,繁而不烦。"这里既有形状的描绘,又有色彩的说明,极其通俗而生动。曹雪芹还写了关于金石、编织工艺、脱胎手艺、织补、印染、雕刻竹器和扇骨等技艺书稿。这些书稿连同写风筝的集成一书,题作《废艺斋集稿》。可惜此书并未刻印且大多散佚,现在知道的是当时抄存者保留下来的一些资料。

曹雪芹不仅精通风筝的扎糊、绘制工艺,而且还是放风筝的高手。雪芹的好友敦敏曾作有《瓶湖懋斋记盛》一文,文中写到敦敏、董邦达等观看雪芹亲自在宣武门里结了冰的太平湖上放风筝的情景。雪芹不仅看得出风向,还预测其日下午有风,而他起放风筝技巧之高,使在场的人都大为惊异。敦敏这样描述他的技艺:"风鸢听命乎百仞之上,游丝挥运于方寸之间",简直到了出神入化的境地。

曹雪芹制作风筝的技艺除了传授给于叔度以外,还教了敦敏的弟弟敦惠。敦惠也是一位腿瘸的残疾人,他先是学画,后跟雪芹和于叔度学做风筝,他也学得不错,后来竟然以此供奉内廷。敦惠的后人也以此为业,他的若干代孙金福忠就是近代北京风筝业内的著名人士。曹雪芹的风筝书稿虽未经刻印,但经人传抄,又有于叔度、敦惠等人的传播,他的风筝谱和制作方法在北京广泛流传,而且一直承袭了下来。据说,新中国成立前夕,北京几家著名的扎风筝的用的都是曹雪芹的图式,可见其影响十分深远。

(《人民日报》海外版 2003 年 5 月 12 日)

一九二

# 秋瑾和她的闺中密友

秋瑾祖籍浙江山阴(今绍兴),1875 年生于福建厦门,她原名秋闺瑾,留学日本后,去掉了柔弱的"闺"字,称秋瑾,自号竞雄,别署鉴湖女侠。其父秋寿南曾任湘潭厘金局总办(相当于税务局长)。1894 年,他把秋瑾许配给湘潭富户王黻臣之子王子芳为妻。王黻臣是曾国藩的表弟,曾在曾家做账房,他在湘潭、株洲等地开设多家当铺、钱庄。秋瑾虽是女子,但生性豪爽,意气自雄。她熟读诗书,而又接受新的思想。她所嫁的王子芳却是个无德无能、怯弱胆小的纨绔子弟,令她十分失望。她在诗中写道:"知己不逢归俗子,终身长恨咽深闺";"俗子胸襟谁识我?英雄末路当磨折"。他们数年夫妻生活,虽然生下一儿一女,但始终貌合神离。后来王子芳花费重金捐得户部主事的官职,秋瑾也随之到北京。王子芳到北京后更其荒唐,流连于秦楼楚馆。秋瑾再也不能容忍,于 1904 年毅然只身留学日本。

秋瑾虽然没有嫁得一个如意郎君,但她有几位闺中密友,却十分知己。一位是吴芝瑛,别号万柳夫人,安徽桐城人,1868 年出生于官宦家庭,其父吴鞠隐擅长书诗,曾任山东宁阳、禹城等县知县。吴芝瑛自小聪慧,少年时便有才女之名。20 岁时嫁于无锡名士廉泉,后随夫移居北京。未及数载,以诗文闻名京师,慈禧曾召见其入宫。吴芝瑛关心国事,因辛丑条约,清廷巨额赔款,民怨沸腾,吴芝瑛毅然上书清廷,提倡"国民捐","多产多捐,少产少捐,不产不捐"。1903 年,在北京,秋瑾与吴芝瑛相识,并结为金兰之交。两人政见相同,十分投契,情同姐妹,经常相互唱和。吴芝瑛曾手书楹联相赠,云:"今日何年共诸君几许头颅来此一堂痛饮;万方多难与四海同胞手足竞雄世纪新元。"秋瑾在北京生过一场重病,吴芝瑛等日夜陪持在侧,精心照料。秋瑾曾有诗记之:"劝药每劳来热盏,加餐常代我调羹"。1904 年吴芝瑛与丈夫南归,隐居于上海曹家渡。1907 年 7 月 15 日,秋瑾被浙江绍兴知府贵福下令杀害,在绍兴古轩亭口就义,噩耗传来,吴芝瑛悲恸欲绝,她不顾自己安危,奋笔撰成《秋女士传》、《记秋女士遗事》等宏文,并表示要以身家性命保护烈士遗孤。她与徐自华在杭州西湖西泠桥义葬秋瑾。后来她又在绍兴秋瑾就义处建造"风雨亭",在杭州建造"悲秋阁"纪念秋瑾。辛亥革命期间,吴芝瑛主动请缨参加上海女子敢死队。后又冒死写作公开信《上袁氏万言书》,讨伐袁世凯。

秋瑾的另一位密友,是前文已提到过的徐自华。徐自华生于 1873 年,浙江桐乡人,她出身名门,生性敏慧,10 岁即解吟咏。1906 年初,出任南浔浔溪女校校长。同年 3 月,刚从日本留学回国的秋瑾至浔溪女学任教,与自华相识,两人一见如故,遂订生死之交。当时秋瑾已是同盟会在浙江的领导人之一,经秋瑾介绍,徐自华与妹妹徐蕴华一起加入同盟会。后秋瑾去上海筹创《中国女报》,自华慷慨解囊,资助一千多元银元,妹妹蕴华也变卖了金银首饰,凑足五百元给了秋瑾。1907 年 5 月下旬,秋瑾突然着男装来到崇福徐家,告之起义即将举行,成败预料,故特意绕道前来话别。徐自华听说起义经费困难,又将自己所有积蓄和首饰约合黄金三十两倾囊交给秋瑾,秋瑾极其感动,即褪下手腕所戴翡翠玉镯一对,回赠留念。临行秋瑾嘱托自华,如遭不测,请"埋骨西泠"。后来徐自华在诗中写道:"过从夜半叩柴扉,握手心惊瘦若斯。痼疾愈深嗟乏术,重衾犹冷泥披衣。热诚爱国遭诬易,公益忘身力疾归。凄绝一声依去也,至今耳畔尚依稀。"7月,秋瑾在绍兴遇难,徐自华闻讯,如同刀绞,作《哭鉴湖女侠》十二首哀挽,中有"如何立宪文明候,妄逞淫威任独夫"句,矛头直指当局。之后,徐自华冒着风雪到绍兴秋家,连夜与秋瑾大哥秋誉章手持火炬进山找到秋瑾之棺,商量如何运送秋瑾灵柩到杭州。在徐自华、吴芝瑛等努力下,1908年1月25日,葬秋瑾于西泠桥畔。2月下旬,在西湖凤林举行追悼会并谒墓致祭,参加者四百余人,徐自华撰写的《鉴湖女侠秋君墓表》由吴芝瑛手书,石印成册,分赠友好。又有陈去病、褚辅成、姚勇忱等发起成立秋社,推徐自华为社长,决定每年秋瑾殉难日举行纪念活动。民国成立后,孙中山曾任名誉社长。1912年7月,为纪念秋瑾,革命党人王金发、姚勇忱创办了上海竞雄女校。1913年春,按照孙中山的建议徐自华到上海接办竞雄女校,之后执掌该校十六年之久。"二次革命"失败后,徐自华奔走于苏州、上海之间,策应讨袁斗争。1927年7月,秋瑾的女儿王灿芝大学毕业,徐自华便把竞雄女校交给她接管,并将秋瑾当年所赠玉镯交还给她,勉励她继承母亲遗志。并作《返钏记》记其事,《返钏记》发表后,曾被当时中学国文教科书选录。

秋瑾还有一位密友是唐群英,她与唐群英相识还早于吴芝瑛和徐自华。唐群英是湖南衡山人,生于1871年,父亲唐少恒乃湘军将领。她从小喜欢习武。1890年父亲去世,次年从母命嫁到湘潭荷叶冲,丈夫是曾国藩的堂侄曾传纲,但没几年丈夫病故。因为秋瑾也嫁到湘潭荷叶冲,她的婆家与曾家是亲戚,而且比邻而居,故而秋瑾和唐群英相识,两人一见如故,过往甚密。1904年秋瑾赴日留学,唐群英在湖南闻讯,立即追随而去。到日本后自费进了东京青山实践女校,成为秋瑾的同学。她很快加入了黄兴、宋教仁的华兴会,会见了孙中山。后又成为同盟会第一个女会员。不久,她介绍秋瑾参加了同盟会。1907秋瑾遇害,唐群英在日本得悉,十分悲痛,撰一挽联,云:"革命潮流是秋风吹起,自由花蕊要血雨催开"。唐群英在日本创办了《留日女学生杂志》,宣传革命。1911年回国,辛亥革命爆发,唐群英在上海发起建立"女子北伐敢死队",任队长,追随革命军总司令黄兴开赴武汉。后来她成为一位著名的中国女权运动领袖。

今年是辛亥革命100周年纪念,此刻我们更加怀念秋瑾及她的密友这些个女中豪杰,我们由衷地向她们致以崇高的敬意!

（《文汇报》2011年10月10日）

# 第四编　风物寻美

# 一九三

# 竹枝词中的老上海

竹枝词原是古代的一种民歌,经中唐诗人刘禹锡翻作后,流传更其广泛。后世的一些诗家亦有竹枝词的作品问世。清末民初,在上海出现了相当数量的竹枝词,有的是在《申报》等报刊上发表的,有的则由坊间出版印行。其作者大多是寄居上海的江南士大夫、文人,其中如袁祖志曾做过上海县丞、《新闻报》主笔。这些竹枝词从不同角度反映了老上海十里洋场的民俗风情和生活面貌。

上海开埠前,仅是一个农村环抱的海滨城镇,竹枝词中也有所描写。署名海上逐臭夫的《沪北竹枝词》这样描写黄浦江:

潮平日落卸征帆,月映波心一镜衔。小坐石梁闲眺望,浦滨凉气袭轻衫。

葛其龙的《沪南竹枝词》有一首写龙华的:

遥指峻嶒塔影斜,踏青一路到龙华。碧桃满树刚三日,不为烧香为看花。

这里读者看到的还是一幅河水流淌、芳草如碧的农村风光。

鸦片战争以后,1843年上海正式开埠通商,帝国主义纷纷涌入上海,列强设立租界,瓜分势力范围,经济畸形繁荣,逐渐成为典型的半殖民地、半封建的社会。颐安主人的《沪江商业市景词》作了概括的描写:

洋场十里地平宽,无限工商利共争。风俗繁荣今愈盛,肩摩毂击路难行。

帝国主义的经济侵略和全国南北的商贾云集,早已打破了黄浦江的平静:

春申浦绕沪江城,浦上潮来昼夜声。试望洋楼高耸处,花旗飘拂晚云明。

(佚名《春申君浦竹枝词》)

你看黄浦江边已经到处是外国的洋楼了,还建起了许多码头,江上是行驶着外国的轮船。

浦滩一带码头多,突出如桥半卧波。各泊轮船无杂乱,行人如蚁几番过。

(颐安主人《沪江商业市景词》)

租界是上海一道特殊的风景,更是中国人的耻辱。

租界鱼鳞列国分,洋房楼阁入氤氲。地皮万丈原无尽,填取申江一片云。

（袁祖志《海上竹枝词》）

洋泾浜订旧章程,两国分疆一水横。沧海桑田成惯例,更从何处觅泥城。

（余槐青《上海竹枝辞》）

诗句生动形象,列强瓜分上海租界如同切割鱼鳞,诗中写到的洋泾浜,原是黄浦江的支流,东西流向,浜北为英租界,浜南为法租界,故称两国分疆一水横。这条河流后来被填平筑路,称爱多亚路,即现今的延安东路。诗中的泥城指原来的泥城浜,后来也被填为西藏路。

列强在上海不仅有租界,还有会审公堂、巡捕房等,他们的权力凌驾于中国政府之上,老百姓深受双重的压迫:

捕头权大过华官,偶一违章百不安。押人班房多判罚,若无银饼保人难。

（颐安主人《沪江商业市景词》）

列强涌入上海,也把西方的科技和生活习俗带进了上海,于是出现了旧的传统风俗和西方习俗碰撞、并存或交融的情况:

为看龙船兴自佳,山歌一曲听吴娃。闹巷闹煞端阳节,竞渡何愁浊浪排。

（袁祖志《海上竹枝词》）

适逢月朔是生辰,红庙拈香礼佛频。趁此新晴好天气,莲花细步散芳尘。（同上）
字悬十字插中央,知是耶稣天主堂。七日轮流逢礼拜,教中男女诵经忙。

（云间逸士《洋场竹枝词》）

小饮旗亭醉不支,玉瓶倾倒酒波迟。无端跳舞双携手,履舄居然一处飞。

（袁祖志《沪上西人竹枝词》）

从这几首竹枝词可以看到一面在烧香拜佛,划龙船过端午,一面在教堂做礼拜,在舞厅跳交际舞的情景。

而西方一些新科技传入上海,也着实使市民感到新奇,同时也使城市生活发生了变化:

电灯电火照深更,海市居然不夜城。四达通衢同白昼,红男绿女逐宵行。

（海昌太憨生《淞浜竹枝词》）

最是称奇一线长,跨山越海度重洋。竟能咫尺天涯路,音信飞传倏忽洋。

（洛如花馆主人《春申浦竹枝词》）

鬼工拍照妙如神,玉貌传来竟逼真。技巧不须凭彩笔,霎时现出镜中人。（同上）

以上三首分别写了电灯、电报、照相术,这些在二十世纪初都还是新鲜玩意儿。对全国来说,上海开了风气之先。

旧上海是冒险家的乐园,富人的销金窟。竹枝词中有大量的作品反映了十里洋场纸醉金迷、腐朽荒淫的黑暗生活场景:

> 四马路中景最幽，两旁楼阁十分稠。无边风月藏春色，一树垂杨一画楼。
>
> （佚名《春申浦竹枝词》）
>
> 花柳场兼歌舞台，妓院都向市心开。明知陷阱从中设，偏似飞蛾扑焰来。
>
> （袁祖志《续沪江竹枝词》）
>
> 铜旗蝶梦斗花和，牌九新行顺手拖。头罐不多赢者贴，夜来催酒唤云娥。
>
> （袁祖志《沪城竹枝词》）
>
> 万里眠云次第开，横陈衾枕好徘徊。一灯深夜犹相守，几许黄金化成灰。
>
> （沪上闲鸥《洋泾竹枝词》）
>
> 春秋佳日趁晴明，跑马场开纵辔行。胜负事何关局外，也将金币赌输赢。
>
> （袁祖志《沪北竹枝词》）

当时四马路（今福州路）、石路一带妓院林立，赌场、烟馆也随处可见；而洋人又开办起跑马场进行赌博。这些腐蚀了人们的灵魂，污染了城市的环境，使十里洋场一片乌烟瘴气。

竹枝词里还有不少作品描写了作为中西文化交汇窗口的上海，在文化、娱乐、游艺方面的状况。当时上海设有许多茶楼，成为三教九流聚集的所在：

> 楼耸三层丽水台，品茶争向此间来。玻璃四面窗开处，隔巷红颜笑托腮。
>
> （袁祖志《沪北竹枝词》）

上海还成为南北戏曲竞艺的舞台：

> 丹桂园兼金桂轩，笙歌从不间晨昏。灯红酒绿花枝艳，任是无情也断魂。
>
> （海上逐臭夫《沪北竹枝词》）

丹桂、金桂轩都是戏园，主要演出京剧。1908 年京剧艺人夏月珊兄弟、潘月樵等还率先创办了新式剧场"新舞台"：

> 夏氏兄弟具雄才，南市宏开新舞台。纵害几番兵燹劫，仍然奋斗不心灰。
>
> （叶仲钧《上海鳞爪竹枝词》）

苏州弹词传入上海后，也十分盛行，每年年终还要举行大会书：

> 一曲琵琶手自如，改良开篇信非虚。先生唱法谁优劣，且待年终听会书。
>
> （朱文炳《海上竹枝词》）

另外，外国的话剧、魔术、马戏以及国内南方北方的各种技艺也纷纷抢滩申城：

> 外国曾来马戏班，风驰电掣驾云骖。四蹄旋转人如燕，一次开门一往还。
>
> （洛如花馆主人《春申浦竹枝词》）
>
> 昔日京国寻常见，此日春申作鼓王。一折坐楼刚唱罢，万人齐赞黑姑娘。
>
> （刘豁公《上海竹枝词》）

前一首写外国马戏团的演出情景,后一首写北京大鼓艺人黑姑娘在上海新世界游乐场献演的盛况。

上海的竹枝词内容丰富而驳杂,它像三棱镜一样折射出了老上海的众生相,颇有社会民俗学的资料价值。

(香港《大公报》2003 年 5 月 12 日)

一九四

# 上海的茶馆

江南一向以风光旖旎而著称于世,其实江南的茶馆也是江南的一道亮丽的风景。上海与江苏、浙江毗邻,历史上还曾属苏州管辖,所以其风情习俗与江、浙大同小异,就是茶馆的兴盛历史、陈设格局也与江南其他地方大致相似。

江南茶馆的历史已很久远,到清代江南各处城镇,茶馆已经星罗棋布。清代咸丰、同治年间,上海的茶馆也已经很为兴盛了,在老城厢、石路,今福州路一带就涌现出丽水台、一洞天、青莲阁等一批茶馆,后来单单老城隍庙就有湖心亭、四美轩、春风得意楼等多家茶楼。

因为江南是水乡,茶馆大多建在河边桥头。一般是两层楼房,底层,进门就可看到烧水的老虎灶,灶上排满了一把一把的茶壶。老虎灶旁边是楼梯,楼上楼下都有宽敞的堂口,散放着方桌和凳子。屋内有几根柱子,上面有钩子,可挂衣帽或鸟笼。茶叶并不太考究,分红茶与绿茶,用紫砂或瓷器的茶壶、茶盅饮用。在这里临窗而坐,一边啜茗,一边眺望河上风光,市景致,十分怡然。遇到春节则会加放几枚青橄榄,讨口彩称为"元宝茶"。上海的茶馆亦然如此,比如原来的洋泾浜(河名,后填河筑路,即今之延安路)附近,就建有不少茶楼。只是上海的茶楼陈设较为考究,规模也较大,有三层楼,甚至四层楼的。在反映清末民初上海风情的竹枝词里,我们就能读到描写茶馆情况的篇什。如"高阁三层依水偎,玻璃四面倚窗开。看花消渴都来此,绝妙风情丽水台"。这丽水台就建立在洋泾浜边,是当时最大的茶馆之一。而阆苑第一楼竟有四层楼,竹枝词写道:"明月清风第一楼,一层层上一勾留,茶经谱罢回头望,真个身从阆苑游。"

上海的茶馆最盛是早市,茶馆的早茶又往往连带早点。有的茶馆本身在底楼就设有点心铺,做生煎馒头、蟹壳黄之类的点心。另外,茶客也可以让茶馆的"堂倌"帮你去买肉面、鱼面等早点食用。茶馆还有热毛巾供茶客使用。因而有些茶客干脆起身后迳至茶馆来洗脸用餐。茶馆里常有一些小贩来兜售香烟、糖食、小吃等。卖唱的、相面测字的也穿梭其间,反正三教九流各式人等相杂一处,热闹非凡。

上海的茶馆还往往兼作书场,供评弹演出。评弹起源于苏州,分评话与弹词两类。苏州评弹于清代传入上海后非常兴盛。评话俗称大书,只说不唱,书目有《三国》、《水浒》、《隋唐》、《英烈》等;弹词俗称小书,有说有唱,艺人自操三弦、琵琶伴奏,书目有《珍珠塔》、《三笑》、《玉蜻蜓》、《描金凤》等。评弹以刻画人物细腻生动,唱腔委婉动听而拥有大量听众。最初,茶馆就是评话、弹词演出的主要场所。这些茶馆早上卖茶，下午晚上用作书场说书，人们称之为茶馆书场。听众还是可以一边喝茶、吃零食，一边听书。有一首竹枝词写到群玉楼茶馆："楼开群玉说书场，同业旧茶金粟香。茶会晨兴声更闹，品来鸟语艳春阳。"可说是当时生动的写照。

由于上海是万商云集的贸易中心，茶馆还成了某些行业，如钱业、布业、糖业、南北货业等交易的场所，人们称为"茶会"。一般每天早晨同业的人到茶馆里来，一起喝茶，交流行情，接洽买卖。旧社会，江南的茶馆还有"吃讲茶"的习俗，也就是发生纠纷的双方，请第三者一起到茶馆从中调停，如果双方同意和解，调解人就把红、绿两种茶混在一起，双方一饮而尽，事情就算解决；如果调解不成，也许就因此掼茶壶大打出手。至于流氓、地痞在茶馆滋事生非，更是屡见不鲜了。山东马永贞的故事，其中一段情节就发生在上海的茶馆里。

解放以后，上海的老茶馆保留了许多，我记得在太平桥有日日得意楼，方浜路附近有四海楼，老城隍庙有湖心亭、怡情处、玉液春等好几家茶馆，不少茶馆还是上午吃茶，下午、晚上说书的。

改革开放以来，由于上海市政建设的发展以及上海人生活状态的变化，有些老茶馆已经不复存在了，但又建起了不少新的茶馆，而上海人饮茶的习俗现今仍是很为兴盛。如今上海的茶馆呈现出多元的态势。主要可以分为三类。一类是传统型的，近几年来恢复或重建了一批，如老城隍庙九曲桥的湖心亭茶楼、上海老街的春风得意楼、闸北公园的宋园茶艺馆、青浦朱家角的江南第一茶楼等，他们当中有的比较豪华，雕梁画栋，红木桌椅，高档茶叶，如湖心亭、宋园，有的比较普通，如江南第一茶楼，基本上保留了旧式茶馆的格局。第二类是新派茶室，如香港人来开的避风塘茶坊以及各式各样的红茶坊，这些茶坊里的饮品除了中国茶以外，还有奶茶、果汁等多种饮料，成为当今上海年轻人和白领们喜欢的去处。第三类是普及型的大众茶室，如公园茶室，小吃广场茶室等，最近由上海市文明办规划，由文新报业集团出资，在一些社区里修建了一批"新民茶室"，以低廉的收费，为社区居民、老人提供饮茶休闲的场所，受到了群众的欢迎。如今，申城虽然车水马龙，喧闹纷繁，但幽幽的茶香仍然飘荡于浦江两岸。

（《人民日报》2002 年 4 月 8 日）

# 一九五

# 上海的会馆

上海基本上是个移民城市。清代中叶，上海开埠之后，万商云集，五方杂处，随着上海与全国各地经济交往的日益频繁，旅居上海的外地人口剧增，于是出现了许多会馆，据统计共有 120 余家之多。在这些会馆中，大多为乡缘性质的同乡会馆，如宁波帮的四明公所、潮州帮的潮州会馆、福建帮的三山会馆、泉漳会馆、安徽帮的徽宁会馆、湖北帮的湖北会馆等。会馆中还有业缘性质的同业会馆，如钱业会馆、商船会馆等。

上海的会馆大多为同乡或同业人自愿集资建造。比如在清乾隆年间，就有大量宁波人到上海经商，经钱随、费元圭等人发起，同乡每人每日捐一文钱，以 360 文为一愿，称为"一文善愿"，聚沙成塔，经过几年的积累，到嘉庆年间在上海老城厢旁的小北门建成了四明公所，包括神殿、殡馆、义冢等,俗称宁波会馆。

会馆的出现源自于同乡祖先崇拜、桑梓互济的心态,会馆的功用在于联络感情,经济互助,会馆是同乡、同业酬神、议事的地方,也可供客死在上海的同乡、同业人员厝放棺柩或就地安葬。为酬神、祭祀祖先和其他节庆活动的需要,会馆还往往要建造戏台或戏楼,供演戏、观剧之用。如商船会馆所建的戏台气势十分恢弘。在这里经常有敬神或还愿等戏剧演出。如光绪元年(1875)11月,就由天仙茶园戏班王鸿寿、景元福等名角来此演出《大赐福》、《荷珠配》、《朱雀关》等戏目。

经过历史沧桑变迁和上海市政建设的发展,昔日的会馆有的已面目全非,有的则难觅踪影。但是一些著名的会馆还是得到了保护。如现坐落在南浦大桥附近中山南二路的三山会馆,1985年因拓宽中山南路,三山会馆用整体吊装的方法向西南移位30米,经过修复得到了完整的保护。三山会馆建于清末宣统元年(1909),由福建青果橘子商人集资兴建。因福州城内有于山、乌石山、越王山,因而取名三山会馆。现大门口墙上有石雕"天后宫"的字样和图案。高大的殿宇原先供奉一尊湄洲天后宫神像,天后女神即妈祖。大殿前建有一座古戏台,两边建有戏楼。戏台前青石柱子上刻有对联一副:"集古今大观时事虽异;得管弦乐趣情文相生",字字铁画银钩。戏台中央顶部有覆盂形的藻井,四周有贴金的"鱼尾龙"图案。藻井设计科学,演戏时能起到笼音的效果。1927年3月,周恩来、王若飞等领导上海工人第三次武装起义时,三山会馆就是南市工人纠察队指挥部的所在地。现为南市革命业绩陈列馆。几年前,在三山会馆还演出过昆曲。另外,建于清光绪年间的沪南钱业公所,原址在大东门外北施家弄133号,为沪南钱庄业主的议事之处。几年前已整体移建于豫园附近、古城公园西南侧的竹林深处。

上海的会馆还曾演绎过不少动人的故事。除了上文说到的三山会馆之外,又如四明公所,在鸦片战争后,划入了法租界的范围,1874年5月,法国人为了扩大租界,借口筑路,要强行拆除四明公所,引起了宁波同乡和群众的义愤。法国巡捕前来武装干涉,被群众赶走。这时,法租界的总街道员向群众开枪,当场打死一老人,一人受伤倒地。群众见状,十分愤怒,一下子聚集了一千五、六百人,群众焚烧了公馆马路一带法国人的房屋。法国驻上海领事葛铎调法国水兵,进行武装弹压,中国人死七人,伤多人。上海人民不屈不挠,坚持斗争。第二天,葛铎迫于中国民众的威力,收回成命,四明公所终于得以保留。上海竹枝词有云:"四明公所最驰名,财力兼全莫与争。法国虽强难占界,宁商众志独成城。"孙中山就任临时大总统后,面临着严重的财政困难,致使陆军总长黄兴"寝食俱废,至于吐血",在此危急时刻,上海的潮州会馆和广肇公所以同乡之谊,借给孙中山四十二万四千五百两银子,解了燃眉之急。抗日战争时期,更有各个会馆纷纷募捐支前,救济难民,帮助同乡的难民返回家乡。

(香港《大公报》2007年8月20日)

一九六

# 石库门,上海的表情

我曾经在上海雁荡路福寿坊和淮海中路渔阳里的石库门民居里生活了20多年,而且我的几位上海的亲戚住的都是石库门房子，所以我对石库门相当熟悉。上海的石库门民居的典型特征是中西合璧。它以一圈石头为门框而得名，门扇一般是乌漆实心实木所做，上有铜环一副。一般进门就是一个小天井，天井后是客厅，天井和客厅两侧是左右厢房，楼上则是主要的卧室；再进去，是后天井，这里设有灶披间和后门，上海人习惯从后门出入。灶披间上面为亭子间，再往上是晒台。这种结构脱胎于江南传统民居的二层院落式住宅，在总体布局上却采取欧洲常用的联排式的风格。石库门住宅是中西文化交融的体现，它是上海的一种表情，也是海派文化的一个标志。

石库门住房对外相对封闭，闹中取静。但一幢房子里的各家居民，一条弄堂里的一家一家，却是互相贯通，联络方便。在很长一段时间里，上海居民住房十分紧张，一幢石库门房子，要住好多家人家。但大部分都能相安无事，有的还相处得和睦亲切。谁家做了馄饨，会一家一家的送去，大家享用；端午节谁家裹了粽子，每家的餐桌上都会飘荡着粽香；谁家过生日，家家都吃长寿面。下午放学了，有些孩子会聚集到某一家的客厅里一起做功课，有的孩子在弄堂里跳橡皮筋，有的玩香烟牌子，时时发出爽朗的笑声；……回想这些情景，感到异常温馨。

石库门房子与海派文化关系密切。上个世纪30年代，上海曾涌现出一批"亭子间作家"的群落。亭子间是石库门房子里最差的房间，它位于灶披间之上，晒台之下，正房后面，楼梯中间，朝向北面，6、7平方，狭小低矮，然而它又是租金最便宜的房间。当时有一批作家，他们往往在报社、书局兼职，租住亭子间，在里面笔耕，为大小报刊、出版社写稿，卖文为生。就是一些有些名气的作家，住亭子间也不少。鲁迅、叶圣陶、沈雁冰等就都在虹口横滨路景云里的亭子间里住过，前几年我还专程去寻访过。鲁迅在亭子间里写过许多文章，著名的《且介亭杂文》就撰写于此。因亭子间在越界筑路的半租界之上，故取其半，称之为"且介亭"。茅盾的《幻灭》、《动摇》、《追求》三部曲也是在亭子间里写成的。当时还出现了不少描写亭子间生活的文学作品，如郭沫若的《亭子间中》、梁实秋的《亭子间生涯》、周天籁的《亭子间嫂嫂》等。亭子间成为一种文化现象。其实我本人也当过好长一段时间的亭子间作家。那时我住在石库门房子的亭子间里，大概5、6平方，只能放一张床，一只写字台，我在那里写过不少文章。当然时代不同了，我有固定的工作，没有冻饿之虞，社会和文化环境都大不相同了。但我也算是体验过亭子间作家的生活了。

我看过的一些戏剧舞台演出里，也有不少关于石库门的记忆。夏衍写于1937年的《上海屋檐下》就把上海一幢石库门房子的横剖面呈现在我们眼前。这幢房子五家人家，底楼客堂间住着二房东工厂职员林志成一家，灶披间是小学教师赵振宇，前楼住着风尘女子施小宝，亭子间里是失业洋行职员黄家楣一家，阁楼上是老报贩李陵碑。台上五家人家此起彼伏地展开故事，西安事变后政治犯释放了，但国内政治依然黑暗，危机四伏，民不聊生。剧作深刻反映出抗战前夕中国的政治气候和上海都市的社会风貌。上海大公滑稽剧团演出的滑稽戏《七十二家房客》写旧上海的一幢破旧的石库门房子里，拥挤地住着七十二家房客。社会动荡，物价飞涨，住户裁缝师傅、卖梨膏糖小贩、牙科医生、小皮匠等挣扎在饥饿线上。警察敲诈勒索，二房东借着流氓势力欺压房客，要把养女阿香卖给警察局长做小妾，要把整幢房子顶给别人开向导社。房客们联合起来与之斗争。故事非常滑稽，但笑声里含着辛酸的眼泪。上个世纪90年代初，上海滑稽剧团创作演出的《GPT不正常》也是写石库门里的故事，80年代末，传染病"甲肝"在上海肆虐，住在楼上的阿米染上了肝炎，引起整幢房子居民的极度惶恐，人人自危，而远洋轮海员阿为毅然担负起照顾病人的义务，对此居民们纷纷猜疑——"他的动机是什么？"GPT不正常，同时暴露出人际关系的不正常。经过一番曲折的纠葛，人们才有所醒悟：最宝贵的乃是人间真情,昔日的友爱和理解又回到了人们的身边。这些戏剧作品都反映了上海都市独有的人生故事,具有浓郁的海派文化的风情。

石库门对每一个上海人来说,就像好朋友那么亲切,在石库门上凝聚着太多的历史记忆。近年来由于城市建设的推进,一批石库门房子相继消失,代之以高层建筑。但还保存着相当数量的石库门建筑。我每当经过这些地方,都会情不自禁地多看几眼,由此也会引出许多美好的联想。

(香港《大公报》2014 年 8 月 24 日)

一九七

# 静安寺和静安八景

上海是个现代化的大都市,它又是一座文化名城,有着丰富的历史遗存。在繁华喧闹、高楼林立的南京西路上,就有一座千年古刹,它叫静安寺。

静安寺初建于三国吴孙权赤乌十年(247),创建者是天竺僧人康僧会。寺址原来在吴淞江(今苏州河)的北岸,初名沪渎重玄寺。唐代一度曾名永泰禅院。北宋大中祥符元年(1008)始改名静安寺。迄今未变。南宋嘉定九年(1216),因原寺址紧靠吴淞江滨,昼夜江涛冲击,有倾圮之危,住持仲依遂将寺庙迁至沪南芦浦的沸井浜一侧,即现今的所在。据此算来,静安寺已有一千七百五十九年的历史。上海现有三大寺院:静安寺、龙华寺、玉佛寺,龙华寺建于宋太平兴国三年(978),玉佛寺建于清光绪八年(1882),因此静安寺是上海最古老的寺庙。

静安寺迁址之后,规模逐渐扩大,到元代时已发展成为一座巨刹。寺庙不仅香火旺盛,而且风景幽雅。明清以来,静安寺屡经兴废。清光绪六年(1880),住持鹤峰在本地绅士姚曦、浙江富商胡雪岩等资助下,重建了静安寺。此后香火更盛,四月初八之浴佛会,信众云集,尤成著名庙会,故而沪上有民谚云:"三月三到龙华,四月八到静安。"后来又在寺前填浜筑路,建成通衢名为静安寺路(后改名为南京西路),这一带更成了繁华的所在。

静安寺还是上海乃至全国佛教活动的重要寺院之一。1912 年中华佛教总会成立,会址就设在静安寺。1946 年又在静安寺设立了以太虚法师为院长的静安佛学院。静安寺的历届住持皆为德高望重的高僧,他们十分重视慈善事业和佛教文化。静安寺拥有多件镇寺之宝:一是《云汉昭回之阁》古碑,此碑原在芦子渡,为宋淳熙十年(1183)端明殿文学士钱良臣所建,碑额由宋光宗赵淳亲笔题书。建国初,上海市古碑展览认定它为上海最古的石碑;二是洪武大钟,它铸于明洪武二年(1369),钟高 2.2 米,重 3 000 公斤,为上海最古的佛钟;三是释迦牟尼玉佛坐像,为新加坡华侨刘庚宁居士捐赠,用乳白色缅甸玉雕成,法身高 3.87 米,重 11 吨,1989 年迎请到寺,这是目前国内最大的玉佛雕像。寺内还保存有南北朝石刻佛像、南宋《碛砂版藏经》以及祝允明、文征明、吴昌硕、张大千等人的作品。

至元代,在静安寺内及静安寺前面的旷地一带,错落地分布着赤乌碑、陈朝桧、虾子潭、讲经台、沪渎垒、涌泉、芦子渡、绿云洞等名胜,被称为"静安八景"而闻名于世。一时间,文人墨客争相吟咏,元代释寿宁曾编纂《静安八景咏集》行世。

　　赤乌碑是初建重玄寺时所勒的碑石,记述了建寺的经过。至南宋嘉定年间,碑石被吴淞江江潮啮没,故而仲依法师决定迁寺。清陈熙有诗咏之:"穹碑岿立纪孙吴,为访遗踪吊赤乌。潮啮石垠埋乌篆,月明波底照龟趺。"

　　陈朝桧乃南北朝陈祯明时所植的桧树,原有两株。唐诗人陆龟蒙诗云:"可怜烟刺足青螺,为到双林误礼多。更忆早秋登北固,海门苍翠出晴波。"北宋政和年间,佞臣朱缅欲将桧树进献徽宗,派中使取之,那日突然风雨雷电大作,雷击碎了一株古桧,他们方罢手。留下的一株后随迁寺而复植。

　　虾子潭原在静安寺前,宋时,一日寺僧智俨在潭边向渔夫赀虾一斗啖之,后渔夫索钱,智俨竟吐虾于潭中,虾仍活,但少芒。自后,潭中遂产无芒虾。故名虾子潭。

　　讲经台是宋嘉定年间仲依法师迁寺后所筑的土台,他在此为众僧讲经。淳祐年间仲依圆寂,其骨即葬于此台之阴。

　　沪渎垒为晋虞潭防海寇而筑,后来袁崧又加修葺以御孙恩。共有东西二城,西城又名芦子城。

　　涌泉原在静安寺南侧,面积颇大,这是一个温泉,泉水涌突如火燃鼎沸,故俗称沸井,亦曰海眼。仲依法师迁寺前见此涌泉,以为龙湫,遂决定迁此。其上有亭翼然。清同治十三年(1874)重筑石栏护持,有胡公寿题为"天下第六泉"。清刘尔荣有诗云:"高僧卓锡海云边,一勺温泉似火燃。趵突不关神虎跃,沸腾应有老龙眠。"

　　芦子渡即沪渎垒旁边的津渡。《上海县竹枝词》有云:"芦子东西旧两城,袁光先后筑屯兵。东城久没西城圮,野渡仍沿芦子名。"

　　绿云洞是元代僧寿宁栖息之所,庐外环植桧竹桐柏,层阴叠翠。曾有赵孟俯题额,杨维祯为记。

　　静安八景几乎每一景都有一个故事。

　　1897年,当时的工部局把静安寺前面的旷地辟为万国公墓,张大千、陈纳德将军与陈香梅女士等都来过此地。

　　新中国成立后,静安寺几经修复。万国公墓也改建成静安公园。"文革"中静安寺曾惨遭浩劫。新时期,静安寺才又欣逢盛世,道场复兴,佛日重辉。原来的"静安八景"因沧桑变迁,大多废弛。静安区有关方面特在静安公园内修建了"八景园",将赤乌碑、陈朝桧、涌泉等八景,依照旧貌加以复建。现在园内城墙逶迤,泉水淙淙,碑石屹立,老树婆娑,游人尚可以依稀领略到当年"静安八景"的风采和意韵。

　　近年静安寺也在进行修建的工程,现似已成其大半。已建成的山门巍峨轩昂,它沿南京西路而筑,二层楼宇,琉璃屋顶,飞檐翘角,墙体为白石建筑,楼上有汉白玉护栏。山门上端挂有"静安寺"匾额,门两边镌刻着一副鎏金楹联,语句为:"愿祈佛手双垂下,摩得人心一样平。"山门两侧建有角楼,东侧为钟楼,西侧为鼓楼。进山门,东面是观音殿,供奉手持净瓶的白玉全身观音像。西面大殿就供奉着镇寺之宝释迦牟尼玉佛坐像,高大的佛祖端坐中央,面目慈祥。现在中间的主殿大雄宝殿尚未完工。据寺内的师父告诉笔者,以后大雄宝殿内将供奉一尊银身的释迦牟尼像,供信众朝拜。如今静安寺香火极盛,平日香客云集,至初一、月半信众更是摩肩接踵,他们或是焚香点烛,或是顶礼膜拜,或是做法事超度亡灵,或是办素斋虔诚还愿。这座古刹既有千七百余年的悠长历史,如今又处身于现代化高楼大厦的森林中间,构成了历史与现代的交响,显现出了它独有的风貌。

(香港《文汇报》2007年3月23日)

一九八

# 想起洋泾浜英语

自从上海开埠以后，上海成了中西文化交流的重要窗口。在一百多年前，上海市民为了与来沪的洋人交流，开始讲起了洋泾浜英语。

当时上海有条河流叫洋泾浜，它是黄浦江的支流，东起黄浦江，西至今之西藏路。浜北是英租界，浜南是法租界。1914 年，洋泾浜被填平筑路，马路名为爱多亚路，就是今天的延安东路。因为洋泾浜是英、法租界的交界，浜的两岸华洋杂居，洋行、教堂分布，西方外交官、商人、海员、传教士出入频繁，商务贸易、文化交流也极其兴旺。于是语言交流成为一大难题。当地有一些略识英语的人就充当起翻译和导游来，当时称之为"露天通事"。竹枝词有云："露天通事另归司，各国人言无不知。出入城厢市井内，用钱先讲后来支。"而不少华人由于要与洋人做生意、办事情，也只能学几句英语，夹杂一些中国话，再加上手势比划，用这样的办法来与洋人沟通、交流。这种半土半洋、"夹生"的英语就被称为洋泾浜英语。洋泾浜英语在英语中写作pidgin，意思是混杂英语，译为"别琴"。后来在上海，凡是此事不正宗、不地道，均被讥为"洋泾浜"。

洋泾浜英语最显著的特点是英语和汉语、沪语相夹杂。一是用上海话发音说英语，如把银元、大洋说成"大垃斯"，钞票多叫"妈克妈克"，没有钱叫"必滴生思"，全部叫"搁洛山门"，打牌二十一点叫"圈的混"，如此等等。有竹枝词云："清晨相见谷猫迎，好度由途叙阔情。若不从中肆鬼肆，如何密四叫先生。"二是把英语中相近字母拼音的不同词汇混用，如纸张、炮弹、关门等在英语中拼法相近，但并不相同，可是在洋泾浜英语中却都读作"若脱"。有一首竹枝词写到："纸张、炮弹与关门，短字、呼号一例论。五者同声名若脱，何妨一口囫囵吞。"三是英语词汇用汉语的语法来加以连缀，成为土洋相杂的语言。上海著名的滑稽艺术家姚慕双、周柏春曾经演过一段《学英语》的独脚戏，对洋泾浜英语作过夸张的描述，说小滴子帽子读成西瓜皮 het，黑的漏空皮鞋读成 black 洞洞眼 shoes，两辆汽车在三岔路口香鼻头，撞坏脱，里面的人全部受伤，翻译成：twomotorcars 在 three 岔路口 kiss，乒蓬拍冷打，themeninside 统统喔唷哇！洋泾浜英语是上海向外开放口岸初期出现的一种历史现象。至上世纪五十年代就基本消失了。

今天，上海人学英语、学外语早已提升到一个新的层面。现在学生从小学就开始学英语，中学、大学里更把英语列为重要课程。因此现在一些白领都精通外语。此外，业余学习英语、及日语、法语等的也蔚然成风，一些涉外单位，包括宾馆服务员、出租汽车司机、大商场营业员等，乃至普通市民，也都努力学习外语，城市英语的水平和普及率越来越高，逐步与上海国际大都市的地位相适应。

（《新民晚报》2012 年 6 月 27 日）

## 一九九

# 余音缭绕小红楼

上海的肇嘉浜路上,有一座徐家汇公园。这里绿树掩映,春天来了,白玉兰和紫玉兰竞相怒放,水池中黑天鹅嬉戏游弋,玻璃栏杆的长桥蜿蜒曲折。一杆高耸的烟囱纪念这里曾是大中华橡胶厂的厂址,我在上海市文化局供职时,机关干部曾到这里劳动。而靠近衡山路,在草坪、绿树之间矗立着一幢红砖的小洋楼。这座法国式的小洋楼,主层二层,有红色曲面坡屋顶带老虎窗,屋顶出檐颇大,檐下设斜向木支撑,清水红砖墙面,转角设隅石,朝向花园的底层为柱式敞廊。虽然在上海这样的万国建筑博物馆里,这幢小红楼并不怎么起眼,然而如果翻开尘封的历史,却令人刮目相看。因为它曾是百代唱片公司和中国唱片厂的旧址。

上海一向是西风东渐的主要窗口,外国的话剧、电影、舞蹈、油画等都是最先从上海传入的。唱片亦然。1897年,英国的谋德利洋行最先把蜡筒留声机和圆柱形蜡筒唱片引进上海。这种可以留住声音的机器被上海人称作留声机,会自己唱歌的盘片则叫作唱片。最早在中国投产生产和销售唱片的是法国百代公司和英国谋德利琴行。

百代公司的创始者是法国人 R-labansat,中文译名乐浜生。他于19世纪90年代远渡重洋来到上海,20世纪初,以沿街设摊播放唱片作为谋生之道。那时上海竹枝词有所吟咏:"伶人歌唱可留声,转动机头万籁生;社会宴宾堪代戏,笙箫锣鼓一齐鸣";"买得传声器具来,良宵无事快争开;邀朋共听笙歌奏,一曲终了换一回"。1908年,乐浜生在上海南阳桥(今西藏南路)附近租房成立自己的公司,初名柏德洋行,后改名为东方百代唱片公司。

百代虽是外国人所办,但他们懂得要在中国赢得市场,必须关注中国人文化消费的需求。这一段时间,乐浜生请宁波籍商人张长福担任买办。张长福依靠京剧名票王雨田、乔荩臣帮助,奔走京城,于1909年及1913年先后两次录制了多位京剧名伶的唱段。这在当时是很有见地和魄力的举措。如为伶界大王谭鑫培录制了《洪洋洞》、《秦琼卖马》,以及《碰碑》、《战太平》、《四郎探母》、《捉放宿店》等,就是著名的七张半唱片。据罗亮生先生说,当年谭鑫培还不知灌唱片可以索要酬金,当作是人家替他照相一样好玩,第一次让老谭灌录《洪洋洞》、《秦琼卖马》一张半唱片,百代公司只送给老谭价值50两银子的两只"大土"(鸦片)作为片酬,谭鑫培还以为礼物太重了呢。此外,还录制了南派泰斗王鸿寿的《徐策跑城》、《灞桥挑袍》,刘鸿声的《完璧归赵》、《苏武牧羊》,以及王凤卿、金秀山、龚云甫、杨小楼、姜妙香等人的唱片。至民国初年,百代录制了京剧各个行当代表人物的艺术流派代表性剧目数十种。此外,还录制了元元红、十三旦的梆子和刘宝全的京韵大鼓等唱片。那时是在北京的录音棚里录音,然后送往国外的工厂印制成唱片,再返回中国销售。

1915年初,青年梅兰芳第二次到上海演出载誉返京,百代公司即邀请梅兰芳录制唱片,从此梅兰芳的声音随着留声机走向了社会。

1915年左右,百代公司在上海徐家汇谨记桥徐家汇路1434号(即今徐家汇公园和小红楼的所在地)购得地皮,建造制造唱片的工厂,1917年投产,开始在中国国内生产唱片,唱片用红色雄鸡作为商标。这是在中国所建的首家唱片制造厂。

现在,小红楼南面的大片绿地曾经是百代公司的录音棚和唱片库。当时是远东最大的录音棚。在这里,录制了大量的京剧、地方戏曲、曲艺和歌曲的唱片。录制了京剧名角梅兰芳、露兰春、余叔岩、高庆奎、程砚秋、谭富英、尚小云等人的唱片,昆曲名家俞粟庐的《长生殿》《千钟禄》,上海滑稽三大家王无能的《宁波音乐家》、江笑笑的《一言难尽》、刘春山的《文明宣卷》,以及姚慕双、周柏春、笑嘻嘻的《三娘教子》,录制了弹词名家沈俭安、薛筱卿的《珍珠塔》、吴玉荪的《描金凤》,朱耀祥、赵稼秋的《啼笑因缘》、范雪君的《秋海棠》,徐云志的《三笑》《狸猫换太子》等,录制了鼓界大王刘宝全的京韵大鼓《宁武关》《大西厢》,王美玉的《女子苏滩》,以及相声、山东快书、苏州文书等曲艺唱片。

1930年,百代公司设在巴黎的总部亏损,被英商哥伦比亚唱片公司收购。新公司定名为英商东方百代有限公司,制造厂名为中国唱片有限公司,仍在原址,门牌号码变更为徐家汇路1099号,当时工人数1500人,占地20余亩,厂房、机器等值银400万两。1931年,哥伦比亚唱片公司又被英国留声机公司兼并,组成电气音乐实业有限公司,但上海的唱片公司仍然沿用"百代"的品牌和商标,因此,人们仍称它为百代公司。

20世纪30年代,在上海有许多唱片公司,除百代外,有高亭、胜利、歌林、蓓开、长城等,但是百代公司已成为上海唱片业的龙头,他们的宣传口号是"当代名歌全归百代,歌坛俊杰尽是一家"。

1933年,革命音乐家聂耳曾加盟百代,1935年5月,电通影片公司筹拍抗日题材的影片《风云儿女》,由田汉作词、聂耳作曲的主题歌《义勇军进行曲》就是在百代公司的录音棚里最先灌制成唱片,然后再把唱片上的录音转录到电影的胶片上的。这支歌曲在全国广为传唱,并且后来成为中华人民共和国的国歌。

百代公司还是一个造就歌星的梦工厂。它录制了从默片时代红星杨耐梅的"特别时曲"《乳娘曲》《寒夜曲》,黎明晖的《毛毛雨》《妹妹我爱你》,到40年代陈娟娟的《开山歌》,周璇的《葬花》《凤凰于飞》,李香兰的《夜来香》,以及胡蝶、阮玲玉、王人美、黎莉莉、白虹、姚莉、白光、吴莺音、龚秋霞、李丽华、陈燕燕、陈云裳等影星、歌星的唱片。当时百代拥有流行歌曲的知名作曲家、词作家黎锦晖、陈歌辛、姚明、严宽、陈蝶衣、李隽青等。

在百代的录音棚里曾发生过许多趣事。1922年冬,梅兰芳到沪演出,邀请京剧名净金少山与他合演《霸王别姬》,金少山身材魁梧,嗓音洪亮响堂,有声震屋宇之势,腰腿功夫好,在舞台上再现了楚霸王风采,从此也蜚声沪上。不少唱片公司纷纷邀金少山去灌制唱片。他第一次到百代公司去灌制《连环套》时,主事的人叮嘱工程师,金少山声若洪钟,须小心操作,以免损坏机器。那工程师不以为然。哪知,金少山第一句〔导板〕还没唱完,工程师冲进隔音室叫道:"世界上哪有这样的大嗓门,把收音机中六只电子管的灯丝都震断了"。主事人感叹道:"金少山的可贵就在这里"。三天后,机器修复。只好让金少山站在离话筒4米远的地方试唱,音量是足够了,就是音色不太好,后来,在话筒背后试唱,念白时走上一步,这才恰到好处。

百代公司从1908年至1949年,经历了钻针唱片和钢针唱片两个阶段,在四十一年间,百代录制的唱片模版达6357面,遥遥领先于其他唱片公司。百代录制的唱片,戏曲剧种38种,曲艺曲种18种,还有各种歌曲和乐曲,保留下了大量的极其宝贵的音响资料。

1949年后,百代退出上海,1952年,改组为中国唱片厂。前几年,因市政建设的需要,中国唱片厂搬迁,在这里修建了规模宏大的徐家汇公园。修建公园时特地保留了百代旧址的小红楼。透过小红楼,我们可以回味老上海的独特风情和上海唱片业的发展轨迹。这小红楼,今天仿佛仍然余音缭绕……

(《人民政协报》2010 年 8 月 5 日)

二〇〇

# 读书台前忆二陆

最近我到松江游览,特地去小昆山寻访。小昆山仅 54 米高,与那些崇山峻岭相比,简直算不了是什么山。上海地处长江三角洲平原,水多山少,唯其西南松江一带略有零星小山,如畲山、小昆山、天马山、辰山等,称为"松江九峰",乃是浙江天目山的余脉。物以稀为贵,这小昆山虽然不高,但也是九峰之一;再则,小昆山乃是上海历史上的文化名人陆机、陆云的故乡,所以令人刮目相看。

小昆山地处九峰的西南端,其山势呈东南向西北微斜走向,有西北两峰,全山呈横向 8 字状,望之如同覆盎。远望则如卧牛之首,故而又名牛头山。

我先沿着乱石铺就的山道,到了北坡的山腰间,只见一堵山崖陡壁,山崖前有一块不大的平地,中间一块方形的石头,就是书桌;周围四块石块,作为凳子,十分简朴。在山崖上留有"二陆读书台"和"凌云"的摩崖石刻。

陆机、陆云是西晋时人,陆机生于公元 261 年,陆云比他小一岁。他们都出生在松江小昆山地区。他们的祖父是三国东吴的名将陆逊,此间是他的封地,因受封华亭侯,所以古称华亭。陆机的父亲陆抗也是东吴的大将,陆机、陆云等从小随父亲在军中生活。父亲病故时,陆机只有十三岁,他领父兵为牙门将。他二十岁时,东吴亡,陆机与陆云遂回到家乡松江,闭门勤读。这里相传就是陆机、陆云兄弟的读书台,他们经常在这里读书吟诗。这里环境十分幽静,东眺群山风光,西望谷泖碧波,尽收眼底。

从读书台向上攀登,到达北峰,这里有一座规模宏敞的寺院,始建于南宋,名为泗洲塔院,又名九峰寺。现今正在全面整修,故而不能入内瞻仰。走不几步路,便见到一座华瞻古朴的双层重檐的亭子,其匾额上书"华亭"二字。

从北峰转过一道山路,便到了二陆草堂。这是一座用茅草盖屋的民居,门楣上的匾额出自当代国画大师程十发的手笔。在草堂前是一个平台,从这里眺望,只见一条蜿蜒的山道通向山下。草堂内陈设简朴而古雅,有书桌、靠椅,桌上摆着清供,壁上挂著书画字条。在二陆草堂的后门,有一副柱联,云:"二陆文章雄万代,草堂灵气贯千秋。"相传草堂是陆机、陆云兄弟读书、写作、会友的所在。据唐诗人杜甫《醉歌行》云:"陆机二十作《文赋》"。《文赋》是用赋体写成的文艺理论著作,对文艺创作的构思、技巧、风格及文章弊病等一系列理论问题,都作了精辟的论述。《文赋》指出,作文之由,一感于物,一本于学,"伫中区以玄览,颐情志于典坟。遵四时以叹逝,瞻万物而思纷;悲落叶于劲秋,喜柔条于芳春。心懔懔以怀霜,志渺渺而临云"。他强调作家的构思和艺术想象:"其始也,皆收视反听,耽思傍讯,精骛八极,心游万仞。……观古今于须臾,抚四海于一瞬。"他特别注重文学作品中的情感因素,他说:"诗缘情而绮靡,赋体物而浏亮","思风发于胸臆,言泉流于唇齿。"陆机的《文赋》,较之曹丕的《典论·论文》又向前迈进了一步;而对刘勰的《文心雕龙》又给予了深刻的启迪,它在文艺批评史上起了承上启下的作用。陆机、陆云兄弟在乡间勤学十年之久,著述作文,其诗文闻名遐迩。

太康末年,陆机和陆云离家去往京城洛阳,得到西晋太常、著名文学家张华的赏识,走上了仕途。当时晋朝皇室斗争剧烈,诸王各据一方,夺权争战,陆机自然也卷入了这场争斗。陆机始在吴王晏、赵王司马伦手下担任要职;后得成都王司马颖重用,被封为平原内史,故也称他陆平原。后成都王讨伐长沙王司马乂,任陆机为后将军、河北大都督;陆机因兵败遭谗,为成都王所杀,时年四十三岁,陆机临刑前,仰天长叹:"欲闻华亭鹤唳,可复得乎!"其弟陆云同时被害。

在二陆草堂的后面,乃是"二陆史料陈列室"。最引人注目的是挂在壁间的巨幅《平复帖》。陆机的《平复帖》是迄今保留下来的最早的纸本书法作品,距今已有1700年左右,比王羲之的《兰亭序》还早60多年。所以有"墨皇"之称誉。陆机工章草书,南齐书法家王僧虔《论书》曰:"陆机书,吴士书也,无比较其多少。"《平复帖》是陆机随心挥毫的率意之作,共9行,84字,用秃笔写在麻纸上,墨色微绿。此帖之草字与当时流传的草字写法不尽相同,而和汉简中章草写法一脉相承,其介乎章草和今草之间。用笔高古厚重,枯润相间,结字多用古法,字势抑扬起伏。点画略感收敛,但整幅书法布局流利疏朗。它展现出魏晋草书的另一种风貌。当代著名书法家潘伯鹰在《中国书法简论》一书中说:"这一帖是充分表现了古朴又兼灵秀的书法特色的。"《平复帖》虽然流传1700年,但其艺术魅力经久而不衰。《平复帖》曾在宋代装裱过一次,后又在清乾隆年间装裱过,成为3米长的手卷。手卷上历代留下了许多收藏印章,其中有宋徽宗的印章和民国人士、著名收藏家张伯驹的收藏印。1937年卢沟桥事变爆发后,张伯驹深恐《平复帖》流落海外,不惜倾其家产,以4万大洋,从道光皇帝的曾孙溥儒手里买下此帖,而当时4万大洋足可以买几座北京城里的豪宅。新中国成立后,张伯驹又把这稀世珍宝无偿地献给国家,收藏于故宫博物院,因此今日国人才有幸饱览这件国宝的风采。

在陈列室里,还陈列有陆机、陆云的彩色画像,有明版《晋二陆文集》以及《文心雕龙》、《晋书》等史籍里有关二陆的记载。

陆机只活了四十三岁,陆云只活了四十二岁,然而他们的文才却倾动一时,世称"二陆"。陆机工诗善文,其诗重藻绘排偶,并擅长骈文,作有《辨亡论》、《吊魏武帝文》等名篇。与他们同时代的西晋文学家潘尼在赠陆机诗中赞许曰:"昆山何有? 有瑶有珉,穆穆伊人,南国之纪。"这里把二陆比作出自昆山的美玉。后来在《千字文》里更有"玉出昆冈"一语加以称誉。那是南朝时,梁武帝爱好王羲之的字,他不仅自己摹写,而且要他的儿子临习,但王羲之的真迹须要珍藏,不能当作字帖临习。于是他命他手下的殷铁石,从宫中收藏的王羲之书法墨迹中选出一千个不相重复的字,一一描摹下来,供他的儿子们临摹之用。然而这一千个字零乱无序,感到不便临习,梁武帝又命大臣周兴嗣将这一千字编成一篇韵文。周兴嗣绞尽脑汁,花了一夜功夫编成了这篇《千字文》。此文概述历史,言简意赅,常有哲理之语,且朗朗上口,故而一直传诵至今。文中有"金生丽水,玉出昆冈"之句,也就不胫而走,广为流传。北宋文学家王安石过华亭时作《昆山》一诗云:"玉人出此山,山亦传此名"。清诗人吴伟业的《小昆山》诗也有"积玉昆冈绝代无,读书台上赋吴都"的诗句。由此可见二陆文名之隆。在松江还流传周处与二陆的一个故事。周处少年时横行乡里,老百姓把他与蛟龙、猛虎合称为"三害"。后来周处斩蛟射虎,决意悔改,他怕乡亲不相信,特地到松江来请教二陆,那天陆机不在,陆云问明情由后,对周处说:"古人云:朝闻道,夕死可也。何况您的前途还大有可为呢。人只怕不能立志,既已立志,还怕好名声不会传开吗?"后来,周处果然改过自新,还成为一名清官和战将。

关于二陆的遗踪,在小昆山脚下,原有陆机的故宅,可惜早在北宋时就已荒芜,梅尧臣《过华亭》诗云:"欲问陆机当日宅,而今何处不荒芜"。在小昆山附近的"小机山"是以陆机而命名的,山下的村落也因陆机而命名为"平原村",也是陆机兄弟生活过的地方。在小昆山东北的横云山,原名横山,为纪念陆云而改名横云山,在山中尚有陆逊、陆琩、陆机三人的坟茔。另外在松江城内中山中路还可寻到陆氏旧宅遗址的所在,唐朝在这里奉旨建造了大明寺,到宋代,改名为普照寺,在寺旁边还造了陆将军祠以作纪念。

人们往往只知道上海在近代史上有光辉的篇章,而不知上海地区在一千多年前就是人文荟萃的所在。像陆机、陆云这样的历史前贤俊才,在现今的上海人当中知道他们的恐怕还为数不多。希望能有更多的人认识这些"玉出昆冈"式的人物,从而更好地了解上海的历史,更好地承续和发扬我们民族的文脉和精神。

(《徐汇报》2009 年 11 月 1 日)

二○一

# 回忆崇明围垦时

前年,我去崇明参加一个会议,那天驱车到浦东,经长江隧道,仅 7 分钟,就到了长兴岛;然后上了全长 16.65 公里巍峨壮观的长江大桥,也就 10 来分钟,就跨越过滔滔的长江,到了崇明。车在高速公路上飞驰,路旁丛丛茂密的绿树,掩映着成片的农田和一排排盖有各种色彩屋顶的多层民居;一股浓郁的花树香气,还有久违了的乡间特有的泥土气息,透过车窗,沁人心脾,使人感到十分的亲切和舒畅。今年我又几次前往崇明游览、观光。抚今忆昔,我不禁回想起半个世纪之前初来崇明的那些个往事。

当时我是华东师大中文系毕业班的学生,1961 年 4 月,学校组织我们到崇明参加围垦劳动。当时崇明的围垦是一个很大的工程,上海市里组织多批围垦大军到崇明劳动,高校也是一支重要的力量。我们这次的任务是在崇明岛的西北端新安沙筑一条江堤。4 月 9 日晚上我们从学校乘车到了十六铺大达码头。我们在候船室里候船,当时正好第 26 届世界乒乓球锦标赛在北京举行,于是我们就在候船室收听比赛实况的广播,那天晚上是男子团体决赛,中国由容国团、庄则栋、徐寅生出战,对方是日本队的荻村、星野和木村。徐寅生与星野一战,用十二大板扣杀,赢得重要的一分,关键时刻,容国团有力挫星野,帮助中国队以 5∶3 荣获冠军。这也是中国第一次在世乒赛上获得男子团体冠军。广播里讲解员富有激情的语言,我们虽然不在现场,也深受感染,胜利的消息,更使我们热血沸腾,兴奋异常。这次世乒赛,庄则栋、邱钟惠还分获了男女单打冠军,从此开始中国乒乓的辉煌之旅。

深夜 11 时,我们搭上江轮,在长江里夜行,时不时可以感觉到浪涛的汹涌。午夜 3 时多才到达崇明的南门港。在招待所歇息到天明,搭乘汽车约一个多小时,到达新海农场,再前面,已经没有公路了,只能背着行李行军,约 2 小时才到达目的地。眼前是一片荒滩。来到这里,首先的工作是搭帐篷;还有几位老师和同学拿了铁镐在附近的空地上挖坑,建造厕所。我们班的主要任务是运土筑堤,一部分同学在六、七十米以外的地方挖土,另一部分同学运土,用竹子做成像担架的模样,挖土的把一铲一铲泥土堆放在"担架"上,运土的同学两人一组,一前一后抬着"担架"运至江边的工地。还有一部分同学是在民工的指导下筑堤的。我参加运土,我的搭档是蒋荫安同学。顺便说一说,毕业后蒋荫安去了中国人民大学中文系当研究生,后来分配在《人民日报》文艺部工作,我到上海戏剧学院当研究生,后来进了上海市文化局。我与蒋荫安交谊甚深,一直有所往还。后来他担任了《人民日报》海外版的副总编辑,不幸的是积劳成疾,于2007年病逝了。抬土的工作单调而劳累,不仅腰酸腿疼,因为每人用一根草绳套在肩膀上,几天下来,衣服也磨破了,肩膀也红肿起来。生活也非常艰苦,一个帐篷要挤好多人,遇到下雨,帐篷里就有不少地方滴滴答答漏水,我们只能用脸盆放在被子上,以免把棉被淋湿。当时粮食是定量供应的,劳动以后,每人都饭量大增。反正总是觉得没吃饱,哪怕能多吃一粒米饭也是好的,这种感觉是今天还想减肥的人怎么也体会不出的。当时好像是自己开伙仓的,每顿有一菜一汤,谈不上佳肴,但吃得特别香。

生活虽然艰苦,但还是充满了欢乐。劳动中间休息时,我们会聚在一起唱歌,有的同学还编了快板,来鼓动情绪。这里的风景很美,收工后,我们会到江边游玩,江水汹涌,白浪滔天,气魄雄浑。江的对岸是江苏的海门,远远望去,清晰可辨。那江滩特别可爱,它是泥土沙粒冲积而成的,显得十分细腻,不规则的裂痕隐约可见,就像大理石的图案,赤脚踏在上面感到非常舒适惬意。后来我曾到过许多地方的海滩,终没有这样的感觉。下雨天不能出工,我们会在帐篷里下棋或开联欢会。记得有一天晚上,上海沪剧团青年队来崇明慰问演出,我们到农场的礼堂观看,演出剧目是《刘三姐》。

我们在那里的劳动持续了半个月的时间。那时崇明的交通很不方便,我们住的地方偏于岛的西北角,还不通公路。离开那天,我们是深夜12时出发,大家自己背着沉重的行李,从驻地行军30里到达三星镇。那次是又累又困,一路上背着行李,一边走,一边朦朦胧胧地打起瞌睡。这也是一般人难以体会的。到三星镇大概在凌晨4点钟左右。汽车还没来,我们就在路边,坐在行李上打盹。后来搭上了汽车,驶至南门港,再乘船回上海。这是我们大学生活中的最后一次下乡劳动。也是记忆特别深刻的一次。

岁月在流逝,生活在前进。自从1961年去过崇明后,一直没有机会再去,时隔50多年之后,我却连续四次前往崇明。当我重新踏上这块土地时,感到恍若隔世。感受最深的,一是改革开放后,崇明发生了巨变,如今城桥镇已经一片繁华的都市景象,我们开会的天鹤宾馆富丽堂皇,长江隧桥如同一条彩色长虹横卧长江口上,使崇明和市区的自然距离和心理距离都大大缩短了,6车道的陈海公路横贯全岛东西,成为一条交通大动脉。二是崇明的生态环境保护得很好,全岛绿化覆盖率很高,我去过的东平国家森林公园幽深宁静,尽脱城市的喧嚣,这里空气清新,俨然天然的氧吧,西沙湿地保留着原始的生态,森林葱郁,滩涂成片,飞鸟翔集,前卫村的农家乐则透发出民俗和历史的意韵。如今崇明已成为上海市区近在咫尺的一个后花园,上海市民和海内外朋友生态旅游的绝好去处。50多年前的围垦劳动已经是遥远的往事,但这些与今天的崇明难道没有内在的联系吗?一个国家,一个城市的繁荣昌盛,它总是几代人辛勤劳作、不懈努力凝聚而成的。而艰苦的历练,挫折和磨难,对一个人的人格成长,乃是别一种的营养。如今我们已经老了,回想起年轻的时光,忆及那"激情燃烧的岁月",不免浮想联翩,感慨万千!

2011年10月4日于上海

(《徐汇报》2012年5月21日)

# 二○二

# 中国斜塔的风姿

意大利有一座比萨斜塔,举世闻名。比萨斜塔坐落于意大利北部海滨城市比萨,它原是比萨教堂建筑群的组成部分。斜塔高 55 米,平面为圆形,共 8 层,第 8 层为钟亭,向内缩进。塔内设有螺旋形扶梯通达顶层。斜塔于 1174 年动工,由于设计者对塔基地质状况不够了解,建到第 3 层,就出现倾斜现象,只得停工。许多年之后复又开始施工,至 1350 年才告完成。虽然采取了补救措施,但建成后,塔顶中心点还是偏离塔体中心垂直线有 2.1 米之多。600 多年来,因地基松散难负重压,塔身继续缓慢向南倾斜。其间官方也采用了多种保护、补救办法,至 20 世纪末塔身中心线偏离垂直中心线 4.4 米,斜度达 5.3 度。有趣的是,新世纪以来,它的斜度有缓慢的减小,似有"改邪归正"的趋势。

其实我们中国也有斜塔,据我所知,在江南就有两座,一座是苏州的虎丘塔;另一座是上海松江的护珠宝光塔。

虎丘塔耸立在苏州名胜虎丘山的山巅。虎丘山历史悠久,早在春秋时代,就曾是吴王的行宫所在,传说吴王阖闾死后,其子夫差将其遗体埋葬于此,并以三千名剑殉葬。这座历史名山,因其风景旖旎,古迹荟萃,被称为"吴中第一名胜"。宋代大诗人苏东坡曾说:"到苏州而不游虎丘,乃是憾事。"

虎丘山有十八景,古塔便是主要景观之一。虎丘塔,原名云岩寺塔,始建于五代末期周显德六年(公元 959 年),北宋建隆二年(961)落成,至今已有一千多年的历史。虎丘塔呈平面八角形,七层,砖建仿楼阁式。塔身由外壁、回廊、塔心三部分组成。塔身为砖砌,外檐斗拱为砖木混合建筑。外壁每层有塔门,经过道至回廊,廊内是塔心的中央小室。从塔底至塔顶有扶梯盘旋而上。原来塔顶有铁刹,已毁。现存塔身高 48 米,由底向上逐层收小,轮廓呈微微鼓出的曲线,造型极为美观。塔身虽用砖砌,但仿木塔式样,绘有彩画及红、白、黑制成的各种花纹,色泽瑰丽多彩。它是江南最古老的一座大型砖塔,也是唯一保存至今的五代建筑。雄浑古朴的虎丘塔,现为全国重点文物保护单位,已成为苏州这座历史文化名城的标志。

虎丘塔从宋代到清代曾七次遭到火焚,但砖砌塔身基本得以保存。解放后在塔内发现了秘藏千年的一批珍贵文物,如晶莹如玉的越窑青瓷莲花碗、精致的檀龛宝相和檀木经箱,还有涂金塔、铜佛像、铜镜、石函、锦绣经帙等,为研究江南历史提供了可贵的实物资料。

虎丘塔塔身严重倾斜,为中国古塔中一大奇观,故而人们称之为"中国斜塔"。虎丘塔与比萨斜塔一样,其建造之初也不是有意建成倾斜之势的。它的倾斜主要由于塔身下的基岩是南高北低的斜坡,宝塔 6 000 吨左右的自重压于塔基,形成不均匀沉降,因此建塔时,塔身就有倾斜趋势。明崇祯十一年(1638),塔身已明显倾斜,因而当时改建第七层时,有意识地将这一层的位置略向相反方向移动,想借以矫正倾斜度,然而此举并未根本解决问题。后来又屡遭兵火之灾,虽多次整修,塔身倾斜却持续发展,愈演愈烈。到 1978 年,塔顶中心点向北偏离塔中心垂直线已达 2.34 米,塔基南北高差 0.48 米,斜度为 2.48 度。

1981 年至 1986 年,经国家文物局批准,苏州市有关部门对虎丘塔进行排险和加固的工程,采用地下围桩、钻孔注浆、壳体基础及地基防水、塔墩砖砌体补换等综合治理措施,成功地解决了塔基不均匀沉降等一系列难题,使其倾斜之势得到有效的控制。工程完成后三年多跟踪测量,塔基未发生新的不均匀沉降,塔体位移处于稳定状态。1990 年 2 月江苏常熟发生 5.4 级地震,虎丘塔距震中仅 40 公里,却安然无恙,仍旧巍然屹立于高山之巅,显得遒劲浑朴,可说是经受住了严峻的考验。

护珠宝光塔建于上海松江天马山的半山间。上海地处平原,少有山丘,但在松江的西北部却逶迤着众多小山,人称"松江九峰",其中天马山最高,海拔 98.2 米。天马山古称干山,传说春秋时吴国的干将在此山铸剑,元代文人杨维桢所作《干山志》云:"世传夫差冢干将其山,故云。其形首昂脊弓,肩髀礌礌状马,又云天马焉。"旧时在天马山筑有众多寺庙,其中圆智教寺规模最大。护珠宝光塔建于北宋元丰二年(1079),传为横山乡人许文全所建;南宋淳祐五年(1245)重修。此塔塔高虽仅 18.81 米,但显得峻秀挺拔。在南宋绍兴二十七年(1157),高宗特赐五色舍利藏于塔内,故称护珠宝光塔,据说每当凌晨或日落时,塔边会出现一个七彩光环,因此香火极盛。

清乾隆五十三年(1788),寺里演戏酬神,并燃放爆竹,不慎起火,护珠塔因而遭殃,塔内木质的扶梯、楼板等俱被烧毁,塔梯、腰檐、平座也遭损坏,只剩下光秃秃的砖砌塔身。后来有人从损坏的砖缝里挖到宋代的钱币,于是引得许多人前来拆砖寻宝,致使塔的底部形成一个很大的窟窿。另外由于塔底的地基不稳,塔身遂向东南方向倾斜,1982 年勘查时发现塔顶中心点偏离塔体中心垂直线 2.27 米,倾斜度为 6 度 51′52″。这样护珠宝光塔的倾斜度大于了比塞塔,堪称世界第一斜塔。此事《人民日报》曾作过报导。为了防止护珠塔继续倾斜乃至倒塌,上海市文管会于 1982 年开始修缮,敦请了苏州香山徐文达师傅主持修缮工程。徐师傅运用传统的建筑工艺,用竹架撑扶塔体,每层腰檐用铁箍加固,再用 8 根钢筋从塔顶拉至塔基,并用水泥固定在地面岩石上,从而达到了"按现状加固,保持斜而不倒"的预期目标。现在护珠宝光塔以其独特的风姿屹立在天马山上,成为一道奇妙的风景。

（香港《文匯报》2007 年 1 月 24 日）

二〇三

# 上海古塔

前不久,在《新民晚报》"上海闲话"专版上读到《"北寺塔"与"不是塔"》(2012 年 10 月 3 日)一文,北寺塔是苏州的右塔,其实我们上海也有不少塔,那么,上海有点什么塔呢?

最有名要数龙华塔了,它位于徐汇区龙华路,与龙华古寺相对而立。相传是三国东吴赤乌十年(公元 247 年)孙权为孝敬他的母亲而建,故又名报恩塔。赐额"龙华",用藏西竺康居僧会所请得的五色佛舍利。唐末毁于战火,北宋太平兴国二年(977 年)吴越王钱俶重建。后屡毁屡修。解放后重又整修,更换了塔顶的塔刹和塔心柱,塔身和塔基依旧为宋代原物,完全恢复了宋塔建筑的古貌。龙华塔七层八面,高 40.64 米,塔为楼阁式,砖身木檐,每层四面有壶门,飞檐高翘,檐下悬有铜铃,塔内楼梯旋转而上。塔顶饰有七相轮,塔刹高 8 米。古塔雄奇挺拔,玲珑剔透。当年人们登塔远眺,可见黄浦江帆点点,烟波浩渺,正如诗中描写:"登塔遥瞻极浦东,往来舟逐一帆风,饶地多见江村景,近水楼台此不同。""秋江塔影"成为龙华八景之一,龙华塔被誉为沪城"宝塔之冠"。

松江城厢东南的方塔也是有名的一座。方塔原名兴圣教寺塔。寺院始建于五代后汉乾祐二年(公元 949 年),方塔建于北宋熙宁、元祐年间(公元 1068—1094 年),距今约 900 年。塔身修长,造型美观,共 9 层,高 42.5 米,因袭唐代砖塔形制,呈四方形,故俗称方塔。之后寺院毁于战争,只剩下这座塔。后来塔也损坏严重。1974 年至 1979 年进行了复原大修。大修时在塔内发现了佛像打坐的壁画等珍贵文物。现方塔顶部由复盆、相轮、宝瓶等组成高达 8 米的塔刹。有 4 条铁索从尖顶分别系向 9 层的四角塔檐,名"浪风索"。塔檐翘角处系有铜铃,名曰"惊鸟"。风吹铜铃,叮当声,悦耳动听,响彻方圆数里。《松江竹枝词》曰:"巍巍楼阙梵王宫,金碧名兰杏霭中。近海浮屠三十六,怎如方塔最玲珑。"

无独有偶,上海还有一座方塔,名为法华塔,又名金沙塔。在嘉定镇的中心,与众不同的是塔旁并无寺庙,耸立于街衢闹事之中。此塔始建于南宋开禧年间(1205—1207 年),塔呈方形,七重楼台,四面设壶门,砖木结构,高 40.83 米,各层有平座、栏杆、腰檐,层间飞檐翘角,下悬檐铃,风动铃响,清脆悦耳。"金沙夕照"是当时嘉定的人文胜景之一。

青浦有一座青龙塔,位于青浦区白鹤乡青龙村,此处原为古青龙镇,唐宋时期就是对外的贸易港。青龙塔是先寺后塔,唐天宝年间兴建报德寺,至长庆元年改建成隆福寺时,始建此塔。宋后各代寺与塔也是屡废屡建。至清康熙年间,康熙帝南巡至青龙,赐名寺院为'吉云禅寺',重新修葺此塔便称为'吉云禅寺塔'了。青龙塔原为砖木结构,七级八角楼阁式,通高达 41 米多。本体青砖砌成,每层外挑腰檐,檐下木制回廊并设平座栏杆,顶置塔刹,其外观应与前面说过的龙华塔大体一致。后历经风雨,年久失修,现在看到的只是青龙塔的砖身残体,高度约 30 米,看去十分古朴,富有浓郁的沧桑感。

上海还有一座很有特色的古塔,那就是建于上海松江天马山的半山间的护珠宝光塔,这是一座斜塔。前文已有记述,这里不再赘言。

上海的古塔还有青浦的泖塔、万寿塔,佘山的秀道者塔、嘉定的南翔寺砖塔、金山的华严塔等等,这些古塔昔日都是上海各个区域的地标性建筑。虽然在今天摩天楼林立的上海,它们早已失去了高度的优势,但是在它们身上承载着厚重的历史沧桑和记忆,所以还是值得我们时时去瞻仰和阅读的。

2012 年 10 月 23 日于上海

二〇四

# 枫泾如画

笔者生于古城苏州,青少年时期也在苏州度过,长期的文化浸润和故乡的情结,使我对江南水乡和古镇情有独钟。像周庄、角直、同里、南浔、朱家角等,大都多次探访,并有记述。上海金山的枫泾,我曾途经驻足,但未及游览,最近得暇,便特地前往观光。

枫泾居于吴越交汇之处,建镇已有八百多年的历史,一向有吴越名之称,2005 年被国家建设部和文物局命名为上海唯一的"中国历史文化名镇"。她与其他江南古镇相仿,"小桥、流水、人家",明丽的景色中透露出几分柔美。古镇河道纵横,老街傍河而筑,河上座座石桥比肩横卧,有"三步两座桥,一望十条港"的说法。周庄有著名的双桥,而枫泾却有"三桥",在市河交汇处,清风桥、北丰桥、竹行桥三桥呈掎角之势。而在市河南侧的生产街上,一长排逶迤连绵的黑色棚廊着实叹为观止。它早在清代中后期,就是米麸业交易繁盛之地。这条棚廊夏天遮日,雨天避雨,一年四季商家营业,行人过往都不受气候的影响。棚廊的外侧是潺潺流淌的河水和欸乃而过大小船;里边却是一幢幢古老的宅院,一条条狭长幽深的小巷。加上市河北侧的那座古戏台,这一切构成了一幅古朴清幽的江南水乡图。

这次游览,最值得记述的是我在枫泾无意中邂逅了美术。原来她是好几位著名画家的故乡。在和平街我看到一座普通的民居,一排黄色的木门,在左面的眉上有一牌匾,上书"程十发祖居"。今年 7 月刚辞世的程十发是著名国画大师。他的曾祖父、祖父和父亲三代在此悬壶行医。1921 年程十发就出生在这里,他幼年在枫泾读书、学画,十八岁考入上海美专,师从王个簃、汪声远、李健等名家。毕业后曾在银行当职员,不久失业,回家乡从事中国画创作。他常向《申报》投寄画稿,渐有名声。1949 年开始创作连环画、插图和年画,1952 年被聘为华东人民出版社创作员。1956 年参加上海中国画院的筹备工作,后任画师、上海国画院院长。程十发既学文人画,又注意吸收民间绘画、工艺美术的营养,融会贯通,形成清丽活泼的画风。他的连环画、插图长于构图,人物刻画笔调生动而富装饰性,《孔乙己》、《画皮》、《儒林外史》、《召树屯》等作品在国际、国内获得大奖,脍炙人口。上个世纪 60 年代后,主要从事中国画创作。他的花鸟画继承了任颐清俊的风格,色彩淡雅,别有神韵;人物画妩媚动人,富于装饰性和民族特色。程十发曾多次回故乡枫泾,70 年代他和刘旦宅、汪观清、韩和平等著名画家到枫泾体验生活,进行创作。程十发在枫泾镇文化站创作了连环画《马头琴的传说》和其他作品。几位画家一共创作了一百余幅画作,后集成《丹青蕴情》画册出版。他们还在文化站热情地辅导青年美术爱好者,带动了枫泾的业余美术创作活动。现在"程十发祖居"已经修复开放,屋内恢复了他祖父、父亲当年行医的诊所、厅堂和程十发出生、居住的卧室,还展出了程十发的部分画作和生活、创作用具。

在北大街,我又去参观了另一位著名画家丁聪的漫画陈列馆。丁聪也是祖居枫泾的。他的父亲丁悚 1881 年出生于枫泾镇南栅,是解放前上海有名的漫画家,他曾在刘海粟创办的上海美专担任教务长,他还创办过中国第一个漫画协会——漫画会。后期他创作的月份牌时装妇女《百美图》曾风行一时。丁聪 1916 年出生于上海,但对枫泾有着深深的故乡情结。他十四岁那年,父亲带他到枫泾寻根问祖。继承父业,习画漫画,在上个世纪 30 年代就开始发表作品,抗日战争时期创作了大量宣传抗日救国的漫画,产生了很大的影响。解放后丁聪更成为全国最著名的漫画家之一,曾担任《人民画报》副总编辑。他自称"小丁",其漫画作品尖锐泼辣、诙谐幽默,具有强烈的讽刺意味。他还善于画漫画式的人物肖像和名著的插图,所画人物,造型既夸张又讲究解剖和结构处理,刻画细致严谨,线条流畅,富于装饰味。在陈列室里可以看到一大批这方面的佳作,如鲁迅、茅盾、巴金、老舍、梅兰芳、张大千等名人的漫画肖像,无不栩栩如生,惟妙惟肖。茅盾在 1980 年曾赠诗一首,云:"不见小丁久,相逢倍相亲,童颜犹如昔,奋笔闻猛人。"2002 年,吉林电视台邀请丁聪拍摄专题片《回家》,八十六岁高龄的丁聪欣然同意,并重回家乡探视,当他看到家乡枫泾一派新貌时,显得十分高兴。

在桃源漾东北的思古弄里,还能寻访到人称"画坛怪杰"的俞明的故居。俞明祖籍浙江吴兴,幼年在上海学画,先学陈老莲,后学任伯年。他曾在北京故宫画院从事绘画曾临摹宫中所藏许多名画。1927年来枫泾定居,以作画为生。他专攻工笔仕女画,亦长山水、花鸟。据说他很古怪,在枫泾深居简出,一般的来客,他概不接待。他所作之画只卖给北京万竹庐收藏,而不卖给别人。他作画,以其漂亮的女儿为模特儿,为防外人窥视,将画室的窗户全用白纸糊没。而且作画时,自己也一丝不挂。他的画数量不多,现已弥足珍贵,据说他的画在香港拍卖市场上价格之高,令人咋舌。

　　枫泾不仅孕育出许多专业的名画家,同时也是群众性美术活动的摇篮。她是驰名中外的金山农民画的发源地。1963年,枫围公社胜利大队(今枫泾镇中洪村)陈富林等农民受民间绘画影响,创作出了一批反映农村生活的农民画,如《踏水车》、《乘凉晚会》等。后来他们成立了美术小组,创作了描写村史的系列绘画作品,并公开展出,这引起了文化部门和专家的重视。像程十发等画家以及金山县文化馆的美术老师吴彤章等都给予了悉心的指导,致使农民画的艺术水平得到不断的提高。金山农民画色彩鲜艳,构图独特,富于浓厚的乡土气息,成为中国画坛的一道美丽的风景。它不仅受到国内广大群众的喜爱,而且走出了国门,先后在几十个国家和地区展出,驰誉海外。2005年,金山农民画家季芳出席日本爱知世博会,在中国馆现场作画,引起强烈反响。近年,枫泾镇政府建起了金山农民画展示中心。现在在展示中心里,我们可以看到农民画从产生到发展的风雨历程,并可以领略到近三十位农民画家的一百多幅代表作,如王金喜的《理发店》、曹秀文的《采药姑娘》、曹金英的《鱼塘》等。真是琳琅满目,美不胜收。此外,街上还有"红艳火"画社开设的金山农民画展厅,供人们参观和选购画作。

　　在和平街上,还有一处枫泾民间剪纸陈列室,我进去时,只见陈列室的主人姚剑明先生正在埋头工作。这位民间剪纸艺术家也是枫泾人,年轻时曾远赴新疆阿克苏建设兵团服务,他十分喜爱民间剪纸艺术,退休后回到故乡,专心致志从事剪纸艺术创作。陈列室里挂满了剪纸作品的镜框,红艳艳的如同朝霞一片。我看到一幅《枫泾三桥》的巨幅剪纸,作者以精巧的剪纸技艺生动地再现了枫泾特有的旖旎优美的自然风光。而一些人物的剪纸神态生动,呼之欲出。

　　在枫泾古镇的古朴的石板街上倘佯,竟处处邂逅美术,全镇荡漾和弥漫着一股浓郁的艺术气息,这是我势料所未及的。其实,仔细想想,枫泾之所以成为画乡也并不奇怪。这里地处吴越交界处,是个人杰地灵的所在,丰厚的文化积淀,加上如诗如画的水乡自然风光,就是我这不会画画的人,也真想取出笔来涂鸦一番呢!

(《上海采风》杂志2007年第11期)

二○五

# 寒山寺的钟声和诗碑

　　提起文化名城苏州,人们就会情不自禁地想起"姑苏城外寒山寺"。近年来,每到阳历除夕之夜,众多的苏州市民以及日本、香港等地的游客们会聚集在寒山寺,举行聆听新年钟声的盛大活动。寒山寺除夕听钟成了一个新的习俗。寒山寺也更加令人们心驰神往了。

## 千年古刹寒山寺

寒山寺坐落在苏州阊门西七里之枫桥镇。京杭大运河从这里流淌而过,向东南的阊门而去,枫桥就横跨河上。在枫桥堍下,是有名的铁岭关。铁岭关地势险要,建筑坚固。与青龙关、白虎关并称三关。这里的一座敌楼为明嘉靖三十六年尚维安所造。可见古代枫桥一带乃是军事要塞和重要关卡,又是水路的一个埠头。

寒山寺就在枫桥之东,因此也称枫桥寺。它始建于南朝梁代天监年间(502—519),原名妙利普明塔院,距今约有1 500年的历史。相传唐代贞观年间,高僧寒山、拾得由天台山到此住持,于是塔院改名寒山寺。现在寺中还保留有寒山和拾得的石刻像。传说中说他们两人是七世冤家,后经丰干点化释愆和好,因此俗称他们为"和合"。宋太平兴国初年,节度使孙承祐曾建造了一座七层宝塔。嘉祐年间宋帝曾赐号普明禅院。唐代已称作寒山寺。元代末年,因战争寺塔俱毁。明代洪武年间重建,明永乐三年(1405)又加修理姚广孝作记,但不久又遭火焚。明正统年间,况钟任苏州知府时再修。明清两代间,此寺屡建屡毁。

清咸丰十年(1860),全寺被毁。现存的建筑乃清末重建的。解放后,经两次全面修整,致使其风貌犹存。现走进寒山寺,可见门上写有"妙利宗风"四个大字,系清宣统时巡抚程德全所书。进门正中为大雄宝殿,大殿两侧堂屋内供奉五百罗汉和寒山、拾得塑像。大殿后有藏经楼。园内还有钟楼、碑廊和江枫楼等建筑,扑面而来的是一派古朴、清幽的景色。

## 夜半钟声到客船

寒山寺之所以能驰名中外,中唐诗人张继的名诗《枫桥夜泊》起了非凡的宣传作用。诗人张继,字懿孙,湖北襄州(今襄阳)人,天宝十二年(753)进士,曾任盐铁判官、检校祠部员外郎,他与刘长卿、顾况有所往还。他曾写过不少旅游题咏的诗篇。张继的诗风清新爽利,不假雕琢,诗中不乏对民生关切的诗句。《枫桥夜泊》是他游历苏州时的作品。这首诗以异常凝练的语言,描写了枫桥江边的凄清景色,残月霜天,渔火闪烁,钟声孤寂,强烈地渲染了诗人的旅羁愁怀,全诗神韵盎然,意境深邃。因此,诗篇一出,便不胫而走,广为传播。从此寒山寺的钟也就名扬四海了。

古代的寺庙内一般都设有大钟,唐宋时期,苏州的寺庙并有半夜打钟的习俗。张继诗中的"夜半钟声到客船"诗句便是当时情况的写照。《寒山寺志》有云:"唐钟冶炼超精,云雪奇古,波磔飞动,扣之有凌"。但是,张继诗中所说的那口巨钟,因岁月沧桑,早已失传了。明嘉靖年间又重铸了一口大钟,并特建造钟楼,悬挂其间。此钟声音洪亮,可传扬数里之外。据传,此钟在明末时流失至日本,康有为在一首诗中写到:"钟声已渡海云东,冷尽寒山古寺枫;勿使丰干又饶舌,他人再到不空空。"清光绪三十一年(1905)江苏巡抚陈夔龙重修寒山寺,仿照旧钟式样新铸一口大钟,并复建钟楼。这座钟楼建于大殿右侧的月洞门内,四周绿树掩映,钟楼为六角式,二层建筑,造型精美,呈飞峰之势。大钟就悬挂在楼上。大钟有一人多高,周围需三人合抱,重量约2吨。如轻轻敲击,可发出浑雄悠扬的声音。1906年,日本有关人士发起募捐,由小林诚等一批工匠精心铸成一口仿唐式青铜乳头钟,特地送到寒山寺。现在这口大钟悬挂在大雄宝殿的右侧,供人观赏。

## 《枫桥夜泊》碑多少

由于张继的《枫桥夜泊》诗脍炙人口,传扬四海。中唐至今,年代久远,张继《枫桥夜泊》的手迹早已不存。然而人们屡屡为此诗勒石铭碑。

早在宋代嘉祐年间,就由翰林学士王珪(郇公)书写勒石,建成诗碑。这是今知张继诗的第一石,可惜此石失传已久。1996年苏州枫桥史迹陈列馆、苏州文保所等单位经过数年努力,在台湾傅斯年图书馆帮助下,收集到王珪的墨迹3 000余字,并精心雕制成集王珪墨迹的《枫桥夜泊》诗碑。它的面世,为寒山胜迹恢复了一处历史景观。

明嘉靖年间,又由苏州著名书画家文征明重书刻石。文征明以大行草书写,颇具隽永的笔意。此石后因火灾等原因,破碎漫漶,字迹残缺。现在虽然仍然嵌于寒山寺的隔壁间,但仅有"落、啼、姑苏、征明、此"七字尚可辨认。此为诗碑之第二石。

清光绪三十二年(1906),江苏巡抚陈夔龙嘱著名朴学大师俞樾(曲园)补书重刻。这是张继诗的第三石。俞樾用行草书成三行,并有跋四十三字。全幅用笔顿挫沉着,字迹劲厚圆浑,章法端丽稳健,气韵生动丰满。俞樾书碑后数十天,即仙逝故寓,此诗成了他的绝笔。俞樾所书的诗碑现竖立于寒山寺的碑廊内,保存完好。这是至今张继《枫桥夜泊》诗碑中的首推代表之作,其拓本流传极其广远。

俞樾之后,《枫桥夜泊》的诗碑尚有数方。1919年中国共产党的创始人李大钊曾有墨迹,他以行草书成三行,洒脱豪放,气势夺人。原作现存中国革命历史博物馆。1963年寒山寺依照原大小勒碑,现立于寒山寺别院松茂亭内,这是枫桥诗的第四石。

第五石是1947年由一位与诗人同名的国民党元老张继所书。这位张继是河北沧州人,早年加入同盟会,后任广州护法军政府顾问、国民党中央宣传部长、国史馆馆长,这是著名画家吴湖帆邀他书写的,用草书写就,颇有游龙跃动之势。后勒石刻碑,今立于寒山寺塔院廊内。此为第五石。

1981年苏州古吴轩又邀请当代国画大师刘海粟重书《枫桥夜泊》,86岁高龄的海粟老人写得遒劲清丽,笔酣墨畅,实为书法中之极品。这是张继诗的第六石,诗碑陈列于寒山寺塔院内。

1994年,陈云同志也书写了《枫桥夜泊》一诗,其墨宝馈赠上海著名评弹艺术家刘韵若,后也勒成碑石,1997年8月新建的枫桥诗碑廊在枫桥铁岭关边原游船埠廊处落成,陈云同志所书诗碑列于其间,算来这已是张继诗之第七石了。

《枫桥夜泊》的诗碑可谓琳琅满目,它使寒山寺景区更加洋溢着浓厚的诗情,这首名诗则也将随着这些诗碑而流传千古。

(香港《文匯报》2005年11月28日)

# 二〇六

# 枫桥诗魂

我每次到苏州,总要去闻名中外的寒山寺瞻仰张继《枫桥夜泊》的诗碑,然后漫步走上枫桥,眺望缓缓流逝的河水和河边的泊舟。脑海里想象着诗人张继半卧客船听钟吟诗的神态,体味着诗中清丽秀美的意境。

不久前我又去寒山寺盘玩,去之前,苏州的文友告诉我,可去枫桥史迹史料陈列馆看看。

这个陈列馆紧邻着寒山寺,二者仅有粉墙漏窗相隔。那天我走进陈列馆的大门,在钟韵楼前庭院的中央,一座诗人张继的铜像突现在我们的眼前。只见在黑色大理石贴面的基座上,诗人怡然自得地坐卧其上,我以前脑海里多次想象过诗人听钟吟诗的形态神情,现在雕塑家竟诉诸于具体逼真的形象了。你看,诗人半坐半卧的基座就像是一艘客船的船舱,诗人头颅稍昂,双目微闭,左臂曲肱搁在书筐上,右臂就膝作弹指状……大概此刻他正倾听着从寒山寺隐隐飘出的夜半钟声,同时联想起人世间的坎坷哀愁,不禁诗思涌动,那弹动的手指仿佛在数着一下一下的钟声,又仿佛在推敲诗句。于是一首千古绝唱从诗人胸中流泻而出:"月落乌啼霜满天,江枫渔火对愁眠。姑苏城外寒山寺,夜半钟声到客船。"

这位中唐诗人是湖北襄州人,中过进士,当过检校司部员外郎、洪州盐铁判官。历史上对他的记载不多。他写过不少旅游题咏的诗篇,留存诗作 40 余首。从他的诗作中自然流露出愤世哀愁、关心民瘼的情绪。他曾有"女停襄邑杼,农废洛阳耕","火燎原犹热,风摇海未平"的诗句。他在写苏州的另一首《阊门即事》中写道:"耕夫召募逐楼船,春草青青万顷田。试上吴门窥郡郭,清明几处有新烟?"《枫桥夜泊》是他游历苏州时的作品,诗中作者的羁旅愁思与枫桥秋夜的凄清孤寂景色融成一体,构成了绝佳的诗境。

《枫桥夜泊》问世后,一经传开,便脍炙人口。不仅不胫而传,而且在文坛上引起了热烈的反响。不少文人词客纷至沓来,到枫桥寻访,并写下了大量的唱和吟咏之作。宋代大诗人陆游曾写下《宿枫桥》,诗云:"七年不到枫桥寺,客枕依然半夜钟。风月未须轻感慨,巴山此去尚千重!"明初四杰之一的高启写有《泊枫桥》一首:"画桥三百映江城,诗里枫桥独有名,几度经过忆张继,乌啼月落又钟声。"清代诗人王渔洋坐船到苏州,停泊在枫桥,那时夜已曛黑,并且风雨杂沓,路滑难行,但他仍脚穿草履冒雨登岸,直抵寒山寺,挥笔题诗二首。其中一首是这样写的:"枫叶萧条水驿空,离居千里怅难同,十年旧约江南梦,独听寒山夜半钟。"题罢掷笔而去。清乾隆帝下江南时也专程来到寒山寺,亲笔写下《寒山晓钟》一首,其中有"千秋过客不一况,或听欢欣或凄怆"的诗句。

《枫桥夜泊》问世后,还引起了一番争论。宋代文学家欧阳修在《六一诗话》中提出质疑:"句则佳矣,其如三更不是撞钟时",因而认为:"夜半钟声到客船"系"诗人贪求好句而理有不通"。但是不少诗家不以为然,有的撰文辨析;有的甚至专程到苏州实地调查,证明唐宋时期,苏州寺院确有半夜打钟的习俗,称为"分夜钟"。这样,一场争论才告平息。

有趣的是,还有人要为《枫桥夜泊》改诗。清代文人王端履在《重论文斋笔录》中说:"月落乌啼霜满天,江枫渔火对愁眠。姑苏城外寒山寺,夜半钟声到客船。此诗久脍炙人口,然律法太疏。首句不叙明泊舟夜宿之由,则次句对愁眠之字是对谁愁对谁眠耶?予尝戏易之曰:羁客姑苏乍系船,江枫渔火对愁眠。钟声夜半寒山寺,月落乌啼霜满天。"王端履改写的诗明白倒是明白了,但平直浅露得像一篇流水账,张继原诗的意境和韵味全给改没了。

一阵嘈杂的人声把我从沉思中唤回。我刚才进这陈列馆时,游人还不多,可是没有一会儿,游人逐渐多了起来,熙熙攘攘的好不热闹。我身旁有几位中学生模样的小姑娘,对着诗人铜像恭恭敬敬地鞠了三个躬,然后把一束鲜花供于像前,缎带上写着"敬献给杰出的诗人张继",落款是"新茵诗社"。这边又来了几位日本游客,他们边瞻仰铜像,边用生硬的汉语连声道:"三生有幸!三生有幸!"!并对着铜像双手合十,顶礼膜拜……

我会见了陈列馆的馆长。他告诉我,这座铜像由中央美术学院教授、著名雕塑家钱绍武先生设计,由南昌裕丰铸铜厂铸造,高 1.4 米,重一吨,从设计到铸造落成历时一年。

这时,耳边传来了熟悉的歌声,那是流行歌曲《涛声依旧》,"月落乌啼总是千年的风霜,涛声依旧,不见当初的夜晚……"我会心地笑了。这首歌在上个世纪 90 年代曾经风靡全国,现在唱得比较少了,但在枫桥再次聆听这首歌曲,别有一番滋味在心头。好的作品是不会过时的。此刻,我不正拿着一张旧船票登上了诗人的客船?而昨天的故事却又把许多启迪和沉思留给了今天的我们。

(《文艺报》103 期,1997 年 9 月 2 日)

二〇七

# 天平山谒范文正公祠

　　最近我去苏州天平山游览。天平山位于苏州城西 30 里,海拔 221 米,面积 14 000 公顷,是苏州西南诸山中最高的一座。从山下仰望山岭,有两个突出的印象:一是山顶平坦如削,天平山名称即由来于此;二是所有山石全都朝天竖立,如同古代官员上朝时手中所执朝笏,故有"万笏朝天"之称。我听过一个传说,以前天平山的石头原本都是向下生的,风水先生说这是一块绝地,谁家在这里墓葬,则不吉不利。可是宋代名臣范仲淹却把高祖丽水公葬在这里,其夜,忽然电闪雷鸣,风雨大作,一声巨响,山翻地覆,所有向下生的石块全都矗立向上了。这天平山之所以闻名遐迩,与范仲淹的名字真有很大的关系呢!为此我特地去参谒了范文正公祠。

　　范文正公祠也称忠烈庙,就在山前西侧。祠堂门前矗立着一座高大雄伟的白石牌坊,坊额镌刻着范仲淹的名句:"先天下之忧而忧,后天下之乐而乐。"这座牌坊是去年 9 月为纪念范仲淹诞辰一千周年而新建的。范仲淹是苏州香山人,少年时住在天平山下的咒钵庵里攻读诗书。因为家庭贫穷,时常举家食粥,他往往烧一锅粥,让它凝冻成像豆糕那般,然后划成四块,上午、下午各食两块充饥。一般用咸菜下饭,有时咸菜也没有,就用粗盐代替,后来"断齑划粥"成为一个有名的典故。范仲淹于北宋大中祥符年间中进士,后官居枢密副使、参知政事,相当于宰相的职位。他是北宋庆历年间政治改良运动的领袖。在北宋内忧外患,矛盾四伏的年代,他多次奏议,力主改革,他的《条陈十事》包括了整顿吏治、加强武备、发展生产多项重要内容。在军事方面,范仲淹是驰骋西塞、守卫边防而屡建战功的良将。他反对腐败吏治,关心人民疾苦。在文学方面,善散文,工诗词,他的《岳阳楼记》乃传世之作。

　　走进范文正公祠的大殿,正中是范仲淹的巨型彩塑坐像,器宇轩昂,神态安详。在坐像前,我看他的后裔台湾的范增平、上海的二十九世孙范韧庵、范秋白以及后裔范征夫等人为纪念范仲淹一千周年诞辰而敬献的花篮。大殿上端悬挂着康熙帝题的"济时良相",乾隆帝题的"学醇业广"的匾额,现均为当代书法家重书。殿内一副抱柱楹联为:"甲兵富于胸中一代功名高宋室;忧乐关乎天下千秋俎豆重苏台。"这是对他一生的概括。殿的两壁竖立着范仲淹的四个儿子的画像石碑以及乾隆帝的祭文等。我站在范仲淹的塑像前沉思良久。我觉得作为一个封建时代的官吏,在一千年左右以前能提出先忧后乐的人生格言,极其难能可贵。而更可贵的还在于他能身体力行亲自付之实践。"万笏朝天"的传说说明了这一点。另外,后来他回苏州担任地方官员,在南园买了一块地皮,原拟建造私宅,风水先生说这是一块宝地,是卧龙潜伏之处,在此建屋,日后子孙将科甲不断。范仲淹听后,随即改变了建造私宅的主意,而在这里兴建苏州府学与孔庙,拟为朝廷培养更多的有用人才。这件事也生动地体现了他的忧乐观。

走出范文正公祠,来到东侧一座八角宝檐的御碑亭,我瞻仰了乾隆四下江南游览天平的诗碑。其中一首"文公本苏人,坟山祠宇新。千秋传树业,一节美敦伦。魏国真知己,姜维转后尘。天平森翠筱,正色立朝身"也是赞颂范仲淹的功德的。

出御碑亭,只见山麓上一大片枫林。天平山的风景以石、泉、枫取胜,称为天平三绝。这片枫林是明万历年间范仲淹第十七世孙范允临从福建移来的。这种枫叶入秋后颜色由青变黄,再由黄变橙,然后由橙变红,由红变紫,故称"五彩枫"。如果秋天来此,从山麓向上望去,青、黄、橙、红、紫,五色缤纷,灿若云霞。可惜我来不当时,未能亲睹这一美景。

向东走去,又见一座白石牌坊巍然屹立,上镌"高义园"三字,也是乾隆御笔。高义园原为白云寺,以白云泉而得名。我想起了白居易的诗句:"天平山上白云泉,云本无心水自闲,何心奔冲山下去,更添波浪向人间。"

由此登山,在半山有著名的钵盂泉,陆羽虽称之为"吴中第一泉",泉水呈乳白色,清洌甘甜,汇泉入池,池内养鱼,怡然自乐。我在这里饮茶小憩,怡趣无穷。

天平山分下白云、中白云、上白云三段,下白云的"一线天"十分险要,两边峭壁对峙,中有一条窄径,二十九级石级拾级而上,极为峭拔,仰望蓝天,仅余一线。一线天只容一人攀登而过。过了一线天,一路向上攀登,飞来峰,卓笔峰等奇峰怪石,耐人观赏。最后奋力登上峰巅,山顶平坦,这里就是望湖台,举目眺望,三万六千顷的浩淼太湖尽收眼底,四周灵岩、支硎、天池诸山隐约在望,真是一幅绝佳的山水长卷。

第二天,我还到苏州市内去凭吊范仲淹的遗迹。他兴办的府学、孔庙现为苏州碑刻博物馆,我兴致勃勃地浏览了这江南碑林。接着我去范庄前瞻仰范仲淹的家宅。据记载范仲淹在这里置田千亩养济族人,故称范义庄,现为苏州市文物保护单位,门墙已修葺一新,黑瓦白墙,红漆栅栏,门前两棵盆柏,郁郁葱葱。东侧有青砖门楼,上有"有唐故址"的题额。明嘉靖四十四年曾在范庄前建立一座雕刻极精的四柱五楼石牌坊,坊额刻有"先天下之忧而忧,后天下之乐而乐"的名句,俗称"先忧后乐坊",但在十年浩劫中被毁。所幸的是,现在天平山又建起了新的"先忧后乐坊"。前几天又在报上读到一条消息,一座范仲淹纪念碑从大陆运到台湾,已经正式在台北市新公园落成。可见,范仲淹的先忧后乐的丰碑是毁灭不了的,更重要的是这块丰碑将永远树立在亿万炎黄子孙的心田之中。

(《海南日报》1990 年 5 月 16 日)

# 二〇八

# 苏州第一名街——山塘街

古城苏州是著名的江南水乡,城内水港交错,街衢纵横。晚唐诗人杜荀鹤有诗云:"君到姑苏见,人家尽枕河。故宫闲地少,水港小桥多。"在苏州众多的街巷之中,有一条山塘街,它从闹市阊门通向名胜虎丘,苏州人有句俗语叫"七里山塘到虎丘"。就是这条山塘街,被称誉为"姑苏第一名街"。其原因,我想大概有几条:一是山塘街是一条有一千一百多年历史的古街;二是它的格局具有最能代表苏州街巷的特点;三是它与许多名人、名事相关。

山塘街始建于唐代宝历年间,公元825年白居易奉命到苏州任刺史。上任不久,他坐了轿子到虎丘去,看到附近的河道淤塞,水路不通,那些种茉莉花、白兰花的花农们只好肩挑着茶花向镇上走去。白居易回衙后,立即找来有关官吏商量,决定在虎丘山环山开河筑路,并着手开凿一条山塘河。它东起阊门渡僧桥附近,西至虎丘望山桥,长约七里,故称"七里山塘"。这条河在阊门与运河相接。在河塘旁筑堤,即山塘街,旧时也称"白公堤"。堤修成后,在堤岸两旁种了"桃李莲荷数千枝",街上开设了许多店铺。白居易曾写《武丘寺路》一诗云:"自开山寺路,水陆往来频,银勒牵骄马,花船载丽人。菱荷生欲偏,桃李种仍新。好住河堤上,长留一道春。"说的就是在此开河筑路之事。山塘河的开凿和山塘街的修建,大大便利了灌溉和交通,这一带成了热闹繁华的市井。苏州百姓非常感激白居易,他离任后,百姓即把山塘街称之为白公堤,还修建了白公祠,以作纪念。

山塘街一头连接苏州的繁华商业区阊门,一头连着花农聚集的虎丘镇和名胜虎丘山,所以,自唐代以来它一直是商品、农产品的集散之地,南北商人的聚集之处。至明清更趋繁盛。清乾隆年间,著名画家徐扬创作的《盛世滋生图》长卷(也称《姑苏繁华图卷》),画了当时苏州的一村、一镇、一城、一街,其中一街画的就是山塘街,展现出"居货山积,行云流水,列肆招牌,灿若云锦"的繁华市井景象。曹雪芹在《红楼梦》第一回中也把阊门、山塘一带称为"最是红尘中一二等富贵风流之地"。

苏州是个水乡,河道多,桥多,其街道的格局往往是中间为河道,两边是街巷,一般称为上塘、下塘,其间有桥梁相连接。居民的住房通常前门沿街,后门临河。而山塘街正是最具苏州街巷特征的典型。它中间是山塘河,山塘街则紧傍河的北侧,通过一座座石桥与另一侧的街道连接。山塘街上店铺、住家鳞次栉比,这里的房屋多为前街后河,有的还建成特殊的过街楼,真是朱栏层楼,柳絮笙歌。山塘街又是一条典型的水巷,河上装载着茉莉花、白兰花及其他货物的船只来来往往,游船画舫款款而过,真是花船丽人。这里的房屋沿河有石级,妇女们就在河边洗衣洗菜。那时有些商贩还摇着小船在河中做生意,卖米、卖柴不消说,还有卖点心、小吃、油盐酱醋的。住在楼上的也不须下楼,只要用绳子把盛东西的篮子吊下去,就可以买到你需要的东西。

山塘街可以分为东西两段,东段从阊门渡僧桥起至半塘桥,这一段大多是商铺和住家,各种商店一家挨着一家,各种农副产品、日用品在此集散,东段又以星桥一带最为热闹繁华。这里还有许多酒楼饭馆,商人、墨客等喜欢在此雅集。在清末及民国年间,这里建了不少商人会馆,如岭南会馆、东齐会馆等,都是外地商人所建,供同乡人聚会、居住所用。由于人气旺盛,晚上也很热闹,故有"七里山塘灯船夜"之说。山塘街的西段指半塘桥至虎丘山。这一段渐近郊外,山塘河的河面比东段要开阔,河边或绿树成荫,芳草依依。或蒹葭苍苍,村舍野艇,这里有普济桥、野芳浜等胜景,呈现出一派田园风光。这一段庙宇寺院也较多,在青山绿水桥附近,还有"五人墓"、"葛贤墓"等古迹。"五人之墓"安葬着明末颜佩韦等五位义士,他们为了抗议魏忠贤阉党逮捕东林党人周顺昌,率众市民暴动,最后慷慨就义,演出了一出极其悲壮的活剧。再向西行,就到了有"吴中第一胜景"之称的虎丘山,峰峦塔影,山林气象更使人神往。

山塘街一向为历代文人墨客和朝野名士所瞩目和钟爱,曾留下了许多吟咏之作。而清乾隆帝弘历对山塘街则是分外青睐,他七次下江南,曾六次游历虎丘,每次都是经过七里山塘的。他写的诗中,直接提到山塘的就有九首,其中有"山塘策马揽山归"、"阊门西转历山塘"等诗句。

普济桥东侧有一座雍正圣谕建造的怡贤亲王祠,乾隆必在此停留瞻仰,他还把怡贤寺改名为"敕建报恩禅寺"。乾隆下江南时,曾奉其母孝圣宪皇太后同行。皇太后回到京城后,对江南,特别是苏州山塘的秀丽景色仍思念追慕不已,为此,1761年乾隆在太后七十大寿时,特意在北京万寿寺紫竹院旁沿玉河仿建了一条苏州街,而这条苏州街就是以山塘街为蓝本的。1792年乾隆五十七年,乾隆帝又在御苑清漪园(即后来的颐和园)万寿山北建造了一条苏州街,也还是山塘街的翻版。这两条苏州街后来在战火中被毁,1986年在颐和园又重建了苏州街,使七里山塘的风貌再次重现于京华。

山塘街历来还是举行丰富多彩的民俗活动的地方,什么龙舟赛会以及各种庙会、节会、花会往往都在此间进行。山塘街在苏州不仅妇孺皆知,而且还被写进不少民间传说和文艺作品之中,苏州弹词《玉蜻蜓》、《三笑》、《白蛇传》就都写到它。《玉蜻蜓》中金贵升与青年女尼志贞就是在山塘的法华庵里结识的;《三笑》中唐伯虎得遇随华夫人进香的秋香,所谓"三笑留情"就发生在虎丘,而秋香主婢下山归舟,唐寅雇小船追踪至无锡卖身为奴,那"追舟"一回书的地点,也就在山塘河里。

山塘街已经经历了一千一百余年的风雨沧桑,其间屡毁屡修,新中国成立后也多次整修。特别是1985年,苏州市政府在尽可能保持原来风貌的原则下,又进行了一次较大规模的整修。现在我们去苏州虎丘游览,即可以在石路乘汽车前往,然而,如果沿着山塘街缓步而行,将尽情领略到江南水乡和苏州街巷的特殊魅力,同时也是一次现实与历史的对话,这必然是别有一番风味!

（《人民日报》海外版 2004 年 7 月 28 日）

二〇九

# 虎丘探胜

虎丘在苏州城西约七里,从阊门沿山塘街步行可至。

虎丘亦名虎阜,据《吴越春秋》载:"阖闾葬虎丘,十万人治葬。经三日,金精化为白虎,蹲其上,因号虎丘。"虎丘山高一百余尺,周围两百余丈,由于它历史悠久、古迹荟萃,景色古朴秀丽,气势雄伟,因之誉满海内外。

二山门旁的断梁殿,殿顶的正梁是两根相接的木料,并且断而不联。这是元代的建筑,我们不禁为我国古代建筑艺术的高超而赞叹。殿里竖立着数块大石碑,我们用手敲击碑面,可闻咚咚的响声,这就是响碑。进二山门,路西首有一亭,名叫"不波亭",亭下是一口古井,称作"憨憨泉",相传是梁朝僧人憨憨所凿,泉水清冽醇厚,如果用来泡虎丘茉莉花茶,清香扑鼻,沁人心脾。

再沿着山路攀登,路东有一块椭圆作卧地状的巨石,巨石中间裂而为二,裂缝崭齐,这就是有名的试剑石,就是传说中干将为吴王铸出宝剑之处。试剑石再向上,是真娘墓。相传真娘是唐代的一位名妓,她聪颖慧悟,精通诗赋,虽在青楼,守身如玉。一天有个叫王荫祥的求真娘留宿,得到了鸨母应允,真娘也假装依从,叫他次日前来。王走后,真娘就悬梁自缢。王荫祥为感其志,就将真娘葬在虎丘,并建一亭子,立誓终身不娶。亭内有对联:"半邱残日孤云,寒食相思陌上路;西山横黛瞰碧,青门频返月中魂。"

再向上行数步,就到了半山,这里最有特色的是千人石,这块巨石有数亩之广,平坦犹如刀削,可叹为奇观!据传,吴王阖闾在虎丘造墓,墓成请一千多工匠在山上饮酒庆贺,遂后把他们全部杀害在此石上。这岩石褐色偏红,遇到雨天,更呈殷红,据说这是一千工匠的斑斑血痕。另一传说是晋朝名僧竺道生,即生公,他在京师得罪了大官,被驱逐到南方,他常在虎丘传经说法,坐者千人,故云"千人石"。

千人石西北面是著名的剑池,白居易曾有诗曰:"怪石千僧坐,灵池一剑沉。"在巨大的石壁上,我们可以看到四个朱红的大字——"虎丘剑池",每字二尺见方,笔力雄浑凝重,相传是唐代书法家颜真卿所书。石壁上还镌有"风壑云泉"四字,传为米芾手迹,写得潇洒秀丽,如行云流水。西面有一深涧,两边绝壁触天,峻峭险奇。抬头看天,犹如一条狭长的蓝色锦缎,显得高远幽深。石壁有"剑池"两字篆书,据说是书圣王羲之的墨宝,这两字形如天鹅,圆润活泼。剑池池水清澈,深莫可测。传说吴王阖闾就葬在下面,下葬时将鱼肠、扁诸等名剑三千殉葬此池,以此得名。置身剑池之畔,即使盛夏酷暑,这里仍然清凉宜人,而到了严冬,这里又暖气微微,可说是天然空调。

从云岩寺向西,则可到剑池的顶端,那里架一石桥,桥面有两个井口,称作"双吊桶",由此往下俯视剑池,更觉剑池高深险奇。再向西,就到达驰名全国的虎丘塔。塔建在山顶,是明崇祯时所重建的一座七级砖塔。虎丘塔呈八角形,建筑特点是仿木塔式样,塔身全用砖造,外檐斗拱用砖木混合,塔内有扶梯盘旋而上,每层均有回廊,内壁画有壁画。塔的西南方是一座土山,形如雄狮,回首凝视,神态奕奕,这是狮子山,故有"狮子回头望虎丘"的说法。

虎丘胜景远不止如上述,而有关虎丘的许多民间传说,优美生动,将长久留在游人的记忆中。

(《安徽文化报》1983 年 4 月 17 日)

二一〇

# 倘佯南浩街

凡是到过古城苏州的人,都会被那些古色古香,"人家尽枕河"的街巷所吸引,而在众多的街巷当中,南浩街是极著名的一条。

南浩街东傍护城河,北连老阊门,南接金门路,自古以来就是热闹繁华的黄金地带。明代苏州才子唐寅曾有诗云:"世间乐土是吴中,中有阊门更擅雄。翠袖三千楼上下,黄金百万水西东。五更市买和曾绝,四远方言总不同。若使画师描作画,画师应道画难工。"清代诗人无熙也在《阊门偶兴》中写道:"五湖浪迹笑西东,一棹吴门兴未穷。十里市声烟树外,百分春色酒船中。平桥水暖弯弯月,画阁晴开面面风。千载姑苏行乐地,莫将身世感萍蓬。"清乾隆年间画家徐扬创作的《盛世滋生图》长卷,生动描绘了阊门南浩一带"居货山积,行人流水,列肆招牌,灿若云锦"的状况。曹雪芹在《红楼梦》第一回里更是把这一带称为"最是红尘中一二等富贵风流之地"。

　　余生也晚，但上个世纪四十年代至六十年代南浩街的繁华景象还历历在目。当时这里商贾云集，各种店铺栉比鳞次，行人如织，接踵摩肩，万人码头旁船只列队停泊，装卸货物上下繁忙。沿河的鲇鱼墩有几家小酒店，家父去饮酒时也常带我去玩……只是南浩街历经风雨沧桑，逐渐衰败破敝，道路拥塞，房屋破旧，因地势低洼还常有水淹之虞。九十年代末，苏州市和金阊区有关部门对南浩街进行了改建，如今重现在人们眼前的是一条集居住区和商业区于一体，具有江南水乡风貌和苏州建筑特色的街市，成为一个新的旅游景点。

　　漫步在新建的南浩街上，一股浓郁的文化气息与民俗风情扑面而来。"南浩十八景"犹如一颗颗璀璨的珍珠洒落其间。我信步走到一座亭子前，只见匾额题为"状元亭"。走进亭子，壁上镶嵌着一块石刻的"姑苏历代状元名录"，上面共录有苏州籍状元五十名，其中四十五名文状元，五名武状元。第一位是唐懿宗咸通十年（公元八六九），长州县状元归仁绍；最后一位是清同治十三年（公元一八七四），元和县状元陆润庠。而光绪皇帝的老师翁同龢是咸丰六年（公元一八五六）的状元；当过驻外公使、娶过赛金花的洪钧则是同治七年（一八六八）的状元。自隋唐实行科举制度以来，苏州籍人士夺取状元者甚多，"户部十三司胥算，皆吴、越人也"。清代共出了116名状元，江苏得了49名，其中苏州就占了20名。由此可见苏州的才俊辈出和文化底蕴之深厚。

　　在盛行于江南一带的苏州弹词中有一部著名的书目《玉蜻蜓》，书中演绎了明代苏州富家子弟金贵升与法华庵女尼智贞的一段恋爱悲剧，令人扼腕唏嘘。而金贵升的宅第就坐落南浩街。在《玉蜻蜓》主人公故居遗址前，不禁使人想起《玉蜻蜓》中金大娘娘在南浩河边观看龙船，发现朱三姐扇子上的扇坠玉蜻蜓的情节，也使人想起张国勋、金大娘娘与徐上珍厅堂夺子的场面。演唱《玉蜻蜓》的艺人最早可追溯到清嘉庆年间的弹词名家陈遇乾，之后常演不衰。书中的金贵升原作申贵升，据说申贵升即明万历时大学士申时行的父亲，申姓是明清两代苏州的大族，故而苏州曾发生过多次禁演《玉蜻蜓》的风波，后来艺人演唱时只能把申贵升改成为金贵升。近时演唱《玉蜻蜓》最负盛名的要算周玉泉和蒋月泉、朱慧珍双档了。经过几代艺人的琢磨，这部书已成为弹词中的经典。

　　如今的南浩街上还建起了一座神仙庙。神仙庙原址在阊门内下塘街，始建于南宋淳熙年间。苏州人一向有农历四月十四"轧神仙"的习俗，据说这一天，八仙之一的吕纯阳要化身为乞丐、小贩，混在人群之中济世度人。我幼年时也常与同伴一起去轧神仙，每次都会买些神仙糕或小小的神仙乌龟等玩物回家。原来的神仙庙早已破败，现移建于南浩街的北段。据说近几年神仙庙的香火很盛，热闹非凡，不亚于昔日。

　　林则徐禁烟处也引起了我的注意。林则徐曾在苏州先后做过江苏按察使和江苏巡抚。当时鸦片泛滥，苏州城内吸食鸦片者达数万人之多，而南浩街一带就是鸦片销售集中的所在。林则徐亲自到南浩街微服察访，惩治贩烟和嗜烟者。他第一次上书道光帝要求禁烟，后来道光帝调任林则徐为钦差赴广东禁烟。因此南浩街是林则徐最初开始禁烟的地方。想到这些不由使人肃然起敬。

　　南浩街还设立有阊门诗画廊，镌刻着历代文人墨客留下的诗篇。1999年在万人码头的石牌坊上，还推出了一副十七字的上联："三吴明清第一街水陆两旺驰誉五湖四海"，向海内外公开征集下联，选中者得奖金一万元。据说已经收到23个国家和地区的应征下联六万多个。其中较好的有"百艺荟萃新八景俯拾九华流连万客千宾"、"赤县俯仰诸黄诈穹苍青荧寄情丹旆蓝图"等，但征集单位仍不满意。由于此楹联平仄要求高，句中又有"一、两、三、四、五"的数字和暗嵌的六(陆)字,联意又要切合南浩街的特定风物,难度很大,故而应征的下联至今未能中选。征集活动仍在继续进行,并已经把奖金提高至十四万元。这种征集下联的举措也使南浩街的文化氛围更显浓烈。

(《人民日报》海外版 2004 年 3 月 1 日)

二一一

# 桃花坞漫步

桃花坞是苏州许许多多街巷中的一条。它贯通东西,东自北寺塔,西至阊门,相传因为过去这里盛开桃花而得名。提起桃花坞,使人想到明代著名书画家唐寅(唐伯虎),使人想到令人神往的桃花坞木刻年画,使人想到昆曲传习所的悠扬笛声。

在桃花坞廖家巷我找到了唐寅的故居。它原称桃花庵,是唐寅的读书室。据说有一次他梦见九鲤神送给他宝墨一担,于是建造了梦墨亭。天启年间杨大荣奉准提像于此,遂将桃花庵改名准提庵。浚池时掘得唐寅桃花庵歌石刻:"桃花坞里桃花庵,桃花庵里桃花仙。桃花仙人种桃树,桃花一开十万八千年。"并发现祝允明题的庵额,于是奉唐、祝与文征明的像于庵中。现在准提庵尚完好,庵墙有三四层楼高,上端有"佛"字,三开间宽,檐中梁上有雕饰,见到"佛日万光","钟声欺鸟语,檀气压花香"等字样。右边长廊里有石碑,是康熙年间刻的杨忠节公遗像。庵前植有花树。准提庵现在为苏州市级文物保护单位,不过苏州扇厂的托儿所还设在里面。

我还去寻访唐寅坟,就在附近的火炬弄,一位退休老工人告诉我这一带以前有小河,有赏花桥,据说唐寅常在这里散步,死后,他的衣冠冢便安在这里,故尔以前这条弄堂的名称就叫"唐寅坟"。其实唐寅墓在苏州西郊横塘乡王家村,去年已经重修开放。唐寅才名重于一时,但生活很坎坷。29 岁乡试中解元,次年赴京会试,因牵涉科场舞弊案被革黜,后来便放情山水,致力丹青。自从有了弹词、戏曲《三笑》,唐伯虎成了风流才子的代名词,实际上,点秋香之事纯属附会。最近浙江演出的越剧《唐伯虎落第》还了他本来面目。

离开廖家巷,我去寻访苏州昆剧传习所的旧址。那是 1921 年秋,昆剧爱好者穆藕初、张紫东、徐镜清、贝晋眉等在桃花坞西大营门五亩地创办了昆剧传习所,招收十至十五、六岁的学员七、八十人,以"传"字排名,像周传瑛、郑传鉴、王传淞、华传浩等昆曲精英均是这里培养出来的。

接着我去找桃花坞木刻年画社。桃花坞木刻年画是驰名中外的民间艺术。当时在桃花坞集中了许多画坊。桃花坞木刻年画的内容大多为吉祥喜庆、驱凶避邪、戏曲故事、民间故事及风俗时事等,形式有门画、中堂、屏条等。它形象逼真,色彩鲜艳,极富装饰性与图案美,具有浓郁的民族风格和地方色彩,深受广大群众特别是农民的喜爱。我在桃花坞大街上找了一遍,未见木刻年画社,后来一位青年告诉我,年画社已搬到中街路去了。好在中街路离桃花坞不远,我就向南折去。

在中街路找到了桃花坞年画社,我听了介绍并参观了工场及作品。从作品看,无论题材、技法都有不少突破。我看到《水乡风貌》十二幅组画,十分精美动人,色彩调子比传统的大红大绿更加丰富,造型有写实、变形、装饰,印刷上还吸收了水印的长处,显得滋润瀚然。他们告诉我,桃花坞年画多次到国外展出,深受欢迎,现远销美国、日本、东欧、西欧许多国家。特别是它对日本的浮世绘有深刻影响,因此日本收藏桃花坞年画很多。

桃花坞啊,你真是一条墨香飘荡的文化街。从你身上可以看到苏州这一文化古城的风姿。更使人庆幸的是,苏州有关部门计划将在这里建造唐伯虎纪念馆,整修开放五峰园、朴园等古园林,整修文山寺,寺内设文天祥纪念堂。还打算将大街两侧的建筑逐步恢复明代风貌,开设珠宝古玩、金银首饰、书画文物商店,兴建酒楼、茶馆、旅社,筹建桃花坞明城艺术学院……我期待着这一天早日出现在我们面前。

(《解放日报》1987 年 8 月 30 日)

二一二

# 苏州小巷

苏州的小巷有一种特殊的风格,有人说是古色古香,有人说是玲珑剔透,有人说是雅静幽深,不过谁也无法用几个字来概括它的全部特征。

当你漫步在狭窄而纵深的石板路上,两边矗立着黛瓦粉墙的楼房,抬头看天,只成了一幅狭长的蓝色锦缎。街边的房子,有的是石库门,有的是矮踏门。进去往往是一个不大的天井,或植有花草,或摆放着盆景,两边是厢房,再进去是后屋,如果打开房子的后门,可以见到一条小河潺潺地流过。你感受到的是一种古朴、清幽、恬静的氛围。

元代大作家马致远的散曲中曾有"小桥、流水、人家"的名句,这可以说是对苏州的最生动、最确切的写照。苏州地处五湖三江交汇之处,有"东方威尼斯"之称。城内城外河港纵横,水网交织,因此桥特别多,古人曾有"画桥三百映江城"的诗句。其街道的格局往往是中间为河道,两边是街巷,一般称上塘、下塘,居民的住房通常前门沿街,后门临河,正如晚唐诗人杜荀鹤的诗中所写:"君到姑苏见,人家尽枕河"。所以这里还有一个特殊的名称,叫"水巷"。河道内,装着各种货物的小贩的船只来来往往。咿呀之声不绝于耳,有时满载着茉莉花、白兰花的船只款款而过,飘得一河的馥郁芳香。老百姓的住房后门沿河有石级直达水面,过去妇女就在河边淘米、洗菜、洗衣裳,黄昏,不时可以领略到"长安一片月,万户捣衣声"的意境。那时有些小贩还摇着小船在河里做生意,卖米、卖柴自不消说,还有卖油盐酱醋、点心小吃、日用品的。你若要买东西不必出门,甚至不须下楼,只要用绳子把盛东西的竹篮吊下去,里面搁了钱,你需买的东西可以放在竹篮里再吊上来。这样的买卖方式可说是十分独特和别致的。

山塘街可说是苏州街巷、水巷的一个典型,它曾有"姑苏第一名街"的称誉。山塘街很有点来历,它是唐代大诗人白居易在苏州做刺史时所修建的,至今已有一千一百多年的历史。当时为了便利交通,改善水利,白居易发动民工开凿了一条从阊门通往虎丘的山塘河。在河边筑堤铺路,那就是山塘街,这条街长达七里,故称"七里山塘",百姓为了纪念白居易,也称它为"白公堤"。堤修成后,岸旁遍植桃树、柳树,商铺店家栉比鳞次,遂成为热闹的市井。当时山塘街朱栏层楼,柳絮笙歌;河中碧波画舫,花船丽人,十分繁华。现在我们还能看到水巷的风范,这里有的房屋前门沿街,有的则建成特殊的过街楼,楼下的屋门临街而开,二楼却跨街而筑,一边靠到河边。此类建筑在别处是较为鲜见的。另外,明代著名画家唐伯虎所居住的桃花坞,当时也是一条水巷,因为那里盛开桃花而得名,其幽雅宜人可想而知。苏州近郊的古镇周庄、同里、角直也比较完整地保留着苏州街道、河道的格局和特点,以及江南水乡城镇的风貌。

苏州小巷的名称也很有趣。一种是以古代名人命名的,如干将坊、专诸巷、伍子胥弄、范庄前等;一种是以园林名胜命名的,如留园路、狮子林巷等;还有一种是以花草树木命名的,如水仙弄、丁香巷、兰花街等,不一而足。这一切都与苏州的文化、历史相关。

苏州的小巷,宁静中带点喧闹,古朴中蕴含着青春。有时幽深的石库门里传出苏州弹词的吴侬软语和弦索叮咚,桥头茶馆里爆发出一阵阵爽朗的谈笑声,小巷里洋溢着浓浓的生活情趣;而沿河楼房的窗户里,间或飘出一串流行歌曲的旋律,则给古朴的小巷抹上了几分现代的色彩。

关于苏州小巷,我写过一首小诗:

你像一支长笛/笛孔是一个个窗口
幽深的肺腑,/倾吐出一串串乐音。

你像排列的诗行,/空行就是枕着的小河。
字里行间弥漫着/茉莉花的芳菲。

《人民日报》海外版2003年11月24日）

## 二一三

# 青石弄今昔

文化古城苏州有许多小巷,窄窄的石板街,静谧而幽深,街两旁的黑瓦粉墙鳞次栉比。在许许多多的小巷中,有一条小巷叫青石弄,它位于城中偏南的十全街,著名的南林饭店附近。这是一条平凡而又不平凡的小巷,因为有一位平凡而又不平凡的人物——叶圣陶先生曾经居住在这里。

叶圣陶先生是苏州人,他出生于城内的悬桥巷,先后在苏州、角直、上海等地工作。1935年秋,叶先生买下了苏州滚绣坊青石弄5号的八分地皮,把全家从上海迁居此地。平时在家里办公,每月去上海处理开明书店编辑部的事务,约一周时间。青石弄5号比起上海里弄那种狭窄的鸽子棚、"丛墓似的人间"的状况,当然好得多了。这幢房子的石库大门朝东而开,屋前是一不大的园子,栽有玉兰、海棠、日本枫、石榴、桂花、槐树等十几棵树木,园子南的围墙上爬满了爬山虎。叶先生喜欢园艺,在上海居住时,曾凿开坚硬的水门汀,请工人运走满地砖砾,载来田野里的泥土,从事"天井里的种植"。如今却可以尽情地有心栽花,无意插柳了,也不再是淡漠无味的"没有秋虫的地方"了。这段时间是叶先生辛勤笔耕、硕果累累的重要时期,他除了在开明书店主编《中学生》及开明的各科讲义外,还出版了《文心》等重要著作。《叶圣陶选集》也是这个时期在上海万象书屋出版的。

1937年9月21日,叶先生全家离开青石弄5号,到杭州暂寓叶夫人胡墨林的亲戚家,后又移居四川从事教育与编辑工作。建国以后叶先生又到了北京。从此没有再回青石弄住过。但叶先生对青石弄却一直保留着深深的怀念。建国后他从北京南来苏州时,总要到青石弄来看看,或在门外望望,或敲门进去在园子里走一走。

1986年叶圣陶先生与去北京开会的苏州市文联名誉主席、著名作家陆文夫先生交谈,说他想把青石弄5号的房子交给苏州有关部门,用于文化事业。后经有关领导研究决定将叶老的房子给苏州杂志社作为社址。

经过几十年的历史变迁,如今青石弄住进了四五家居民。房子也已破败不堪,要收回这幢房子,动迁与修复都是困难的任务。但是苏州市政府十分重视,专门拨出四套住房供动迁所用,又拨出专款维修,仅仅两个月就动迁完毕。沧浪区工程队不仅整修了房子,而且把青石弄也翻修一新。一批理解文化事业的企业家伸出了援助的手,有的企业出钱资助,有的厂派施工队帮助修复装修,经过半年时间,房屋与园子修葺一新,1989年12月苏州杂志社正式迁入办公。

现在走进青石弄,5号的石门楼巍然耸立,门额上有书法家瓦翁题写的叶圣陶故居的鎏金大字。进门,左边是花木扶疏的园落,叶先生生前喜欢的海棠、玉兰、石榴、紫藤树枝叶掩映,园中假山堆叠,石笋矗立,石台石凳错落而陈,十分幽雅。右边是四间平房,粉墙黑瓦,窗明几净,苏州杂志社的同仁们在这里默默地辛勤劳作着。

苏州杂志社副社长马忠涌先生告诉我,青石弄5号修复后,叶圣陶先生的公子叶至善、叶至诚两家曾来苏州重访叶先生故居。至善、至诚先生察看了修葺一新的房屋、园落后十分满意,激动地说:"如果先父有知,一定会含笑于九泉了!"

(《光明日报》1991年12月21日)

二一四

# 碧波长虹宝带桥

宝带桥位于苏州东南八公里左右,横卧于大运河与澹台湖之间的玳玳河上。这里水面辽阔,碧波万顷,宝带桥平坦颀长,形如玉带,飞若彩虹,蔚为奇观。宝带桥在建筑方面独具特色,它不同于江南一般的高而陡的石拱桥,而建成一座平坦宽阔的长桥,犹如碧波中一条长堤。因为古时水上运输,靠牵夫拉纤,这种长桥便于挽舟拉纤,纤夫们深受其益。宝带桥全长约三百一十七米,桥面宽四点一米,全用坚硬的金山石筑成,古朴奇巧。它不用冗长繁复的实体墩,而是建成五十三孔的连拱桥。这样不仅减轻了桥身的自重，而且有利于流水泄洪的通畅。其桥孔的跨径并不完全一样，从第十三孔开始逐渐隆起，第十五孔为最高点。这种设计便于通行大船，又使桥身的造型富有变化。宝带桥始建于唐朝，明朝重建，桥北端还有一座高三米的石塔，两座石狮及一座单檐歇山顶的碑亭。碑上刻有清代文人陆世仪的诗："澹台湖水绿如油，宝带桥平足练浮，好种碧桃三万树，年年花里作春游。"

关于宝带桥的来历，还有一个故事。它始建于唐元和十一年（816）。当时经济繁荣，交通发展，运河与澹台湖一带水运日益繁忙，风大浪急，不利于舟楫。为了发展漕运事业，苏州刺史王仲舒下令广驳纤道，立志在古运河之侧兴建长桥。要建造这样规模的长桥，耗费颇巨，王仲舒不仅到处设法筹集资金，并且毅然把自己的玉质宝带变卖了，捐献出来作为造桥的资金。此举使当地的士绅、百姓深为感动，纷纷慷慨解囊，终于在三年之中造好了此桥。人们为了纪念王仲舒捐带造桥的事迹，特地将此桥命名为"宝带桥"。

宝带桥也饱经了历史的沧桑。1863 年，清王朝勾结帝国主义分子镇压太平军，英国洋枪队头子戈登为了他所坐的指挥船飞而复来号轮通过宝带桥，竟下令折去桥的第九孔，致使造成北端二十六桥孔的崩塌。在抗日战争期间，日本侵略者曾用飞机炸毁了宝带桥南端的五个桥孔，真是满目疮痍。新中国建国后，苏州市人民政府拨款重新修葺了宝带桥，现已旧貌变新颜。

宝带桥的建造，不仅有利于交通运输，而且为美丽的苏州又增添了一处旖旎迷人的景观。最令人神往的是宝带串月的奇景。每年农历八月十八日，入夜，皓月当空，映入湖面，竟可以看到五十三个桥孔下都有一轮月影，远远望去一串明月如同一串明亮堂皇的宫灯浮映于碧波之上，妙趣无穷。古时苏州便有八月十八日游湖的习俗，游客们坐着箫鼓画舫荡来此寻赏奇景。桥下桥孔的环圈与水中的倒影虚实相吻合，构成一个一个整圆，而在相连的一串整圆之中又各有明月一轮。清代沈朝初有词《江南好》云："苏州好，串月有长桥。桥面重重湖面阔，月亮片片桂轮高，此夜爱吹箫。"

（《人民日报》海外版 1991 年 12 月 13 日）

二一五

# 香雪海探梅

初春探梅是江南的一个习俗，也是一件赏心乐事。江南探梅的处所不少，但我常去的还是我的故乡苏州香雪海。

香雪海在苏州城西南的光福镇，这里诸峰连绵，重山叠叠，邓尉山僻居群山之中，它的一边斜向秀丽浩淼的太湖伸出。邓尉山因汉朝重臣邓尉在此隐居而得名，山前山后梅树成林，花开之日，满山盈谷，繁花灼灼，暗香四溢，弥漫千里，势若雪海。清代诗人、康熙年间江苏巡抚宋荦游邓尉山时，即景寓意，在吾家山畔题写了"香雪海"三字摩崖，从此，香雪海便名闻遐迩，并且很快被人们公认为这里的地名。

邓尉种梅历史悠久,约始于西汉,据《光福志》载:"邓尉山里,种梅者,十中有七。"因此当地有"种梅如种谷"的说法,正月探梅也成了吴地春游的一项重要内容。登上吾家山,只见红英绿萼,入繁星点点,相间万重,近前观之,一树树梅花吐艳,如同琼枝瑶树,簇拥着你的是一片洁白晶莹的荡漾银海,而阵阵幽香悄悄地洒满了你的全身。你不仅会被梅花傲霜斗雪的精神所感染,而且会从红梅绽放所透露出的春的信息而感到振奋。历代许多诗人曾为之动情,写下了诸多美好的诗章。明代诗人高启写道:"入山无处不花株,远近高低路不知。贪爱下风向气息,离花三尺立多时。"写得景真情切。置身于如此境界,俗念俱消,人的心灵也仿佛被净化了。

沿着两边梅树簇拥的山间小道向上攀登,到半山亭腰,有亭翼然。此亭称梅花亭,作五角形,顶高二丈许,铜鹤结顶,上下错彩,亭子的柱、檐、藻井、栏杆,无不呈五只梅花瓣状,整个亭子取林和靖"梅妻鹤子"的寓意,与周围的景色浑然一体。观此,不禁使人揣摩起这位著名隐士的独特心境来。亭子南面有清乾隆帝游山赏梅时题写的御碑。梅花亭附近还有闻梅馆,抬头见馆门石柱上题有一副楹联,对仗甚工,上联为"寻宋商丘题咏遗文,入胜出幽十里梅香归吐纳";下联是"访清高宗游观陈迹,抚今怀旧四围山色感兴亡"。我登上闻梅馆前的平台,凭栏四顾,人在万花丛中;极目远眺太湖烟霭一片,这里真是赏梅观景的绝佳所在。

游罢吾家山,来到邓尉司徒庙,它就是为祭祀东汉司徒邓禹而建造的。邓禹十三岁就精文善武。王莽篡位时,他受业于长安,与刘秀相好。后来刘秀起兵光复汉室,拜邓禹为大将军。邓禹运筹帷幄,深谋远虑,协助刘秀"延揽英雄,务悦民心",终于推翻了王莽政权。刘秀称光武帝后,邓禹被封为大司徒,综理朝政,官位相当于后来的宰相。当年邓禹只有二十四岁。后来,邓禹隐居在苏州光福,后人在这里建了司徒庙纪念他。

到司徒庙,我总要瞻仰园中所植的四株世间罕见的古柏,据传即为邓禹亲手所植,迄今已有二千多年的历史。这四株柏树分别被命名为"清"、"奇"、"古"、"怪",真是十分贴切。那一株"清"秀挺拔,直冲霄汉,高达数十尺,虬枝舒展,碧叶葳蕤;另一株"奇"特嶙峋,主杆折裂,可是新枝出于枯本;再一株"古"朴苍劲,树纹萦绕,螺旋而上,显得生气勃勃;最妙的是那株"怪"柏,相传曾遭雷击,树干被一劈而成两爿,分别向左右卧地而生,踡曲伸展,如蛟龙腾云,虽然树身近乎枯木,然而枝头仍有新叶生长。我凝视着这四株古柏,真为它们历尽千年,不屈不挠的抗争精神和强大无比的生命力而叹服。

历来对清、奇、古、怪四株古柏的题咏很多,清代诗人黄知彰诗云:"千年沦落老诗人,古怪清奇现后身,桃李丛中容不得,梅花邀去结诗邻。"1963年12月,我国剧坛巨匠田汉到上海参加华东话剧会演活动,受到柯庆施、张春桥等人的诬蔑和打击。1964年1月田汉提前离开上海,他先到苏州,在老作家周瘦鹃等陪同下去光福司徒庙等处游览,他看着园中四株古柏,感慨系之,口占一绝,云:"裂断腰身剩薄皮,新枝依旧翠云垂,司徒庙里精忠柏,暴雨飙风总不移。"他借物咏怀,赞美了古柏的清劲脱俗,历击不磨,表达了自己对张春桥之流的愤慨和蔑视。

司徒庙围墙里的石刻也很可观,雕刻内容是一部《楞严经》,这是宋代佛教大乘经之一,由明代崇祯年间名家王时敏、侯峒曾、张炳撰三人书写,有吴门章懋德斋镌刻,是佛经和书法的艺术珍品。

(香港《文汇报》2009年2月3日)

# 二一六

# 小桥，流水，人家

## ——周庄素描

江南平原，小镇众多，如同洒落在玉盘上的千百颗珍珠。江苏昆山的周庄就是其中璀璨的一颗。它位于苏州东南八十余公里，四周有澄湖、白蚬湖、淀山湖、南湖环抱，与上海的青浦县毗邻。

一到周庄，呈现在我们面前的是一派"小桥流水人家"的典型江南水乡风貌。一排排青砖粉墙的小楼小阁依水而立，齐整狭窄的石板街坊临河而筑，前街后河，人在桥上走，船在水中行。桥多为石级拱桥，镇内不通汽车，舟楫却四通八达。据著名建筑家说，这座有九百年历史的小镇，完整地保存着原有的水镇建筑及其独特的格局，这在国内十分罕见。

如果你到周庄摄影，恐怕你的镜头总归离不开桥，因为周庄桥多，桥美，正如唐代诗人杜荀鹤所描写的：人家尽枕河，水港小桥多。周庄完好地保存着十来座建于元、明、清的石拱桥。坐落在市镇中心的富安桥始建于元代，桥拱呈半月形，桥塍筑有桥楼四座，其中南面的一座为三层建筑，飞檐画栋，颇为壮观。像这样的桥楼建筑目前在国内可说是硕果仅存了。走上桥楼，这里设有万山茶楼及商店。我在茶楼小坐，一边品茗，一边凭栏眺望水乡景色，令人心旷神怡。

在镇东北的银子浜和南北市河交汇处，见到一座石拱桥和一座石梁桥联袂而筑，这就是双桥。两座桥一横一竖成L形，桥洞一方一圆，样子像古时候使用的钥匙，故尔俗称"钥匙桥。"此桥建于明代万历年间，古朴别致，桥下波光粼粼，小船款款而行，尤见水乡神韵。

镇西贞丰桥建于明崇祯年间。周庄古名贞丰里，因而得名。此桥拱洞完好，麻石斑驳，石隙里伸出虬曲的绿色枸杞枝，古趣盎然。桥西堍临河有一幢二层小楼，名为迷楼。当年这里是一家小酒店，"南社"诗人柳亚子、叶楚伧、陈去病、王大觉等常在此间诗酒聚会，纵谈国事，抨击时政。如今成为我们缅怀历史的文物。

保存完好的古朴典雅的明清宅院建筑是周庄的另一特色。坐落于南市街的沈厅是江南巨富沈万三的后裔建于清乾隆年间的一所民居，沈厅规模宏敞，七进五门楼，占地二千余平方米。这是典型的前厅后堂的格局。前后楼屋之间均有过街楼和过道阁相连接，形成环回贯通的"走马楼"，在同类建筑中实属罕见。其正厅松茂堂豪华轩敞，面阔，进深均为十一米，匾额为清末南通状元张謇所书，粗大的梁柱刻有蟠龙、舞凤、麒麟、飞鹤等精美雕饰，两壁悬挂有陆龟蒙、刘禹锡、陈去病、柳亚子四人的画像。正厅前的砖雕门楼，气势轩昂，五层砖雕镌有楼台亭阁，人物走兽及戏文故事，十分精巧。

周庄以其旖旎景色和独特风貌越来越受到人们的青睐。1984年上海留美青年画家陈逸飞到周庄游览，为双桥景色所动，创作了一幅题为《故乡的回忆》的油画，连同其他作品在纽约哈默画廊展出引起轰动，38幅画被订购一空。《故乡的回忆》为美国西方石油公司董事长阿曼德·哈默所购。同年11月，哈默访问中国时，将这幅油画作为礼品送给了邓小平同志。1985

年,这幅画又作为当年世界联合国协会的首日封,在纽约联合国总部等处公开发售,从此,双桥走向了世界,周庄走向了世界。

(《海南日报》1992 年 5 月 7 日)

二一七

# 旅中奇观

旅游乃人生一大乐事。当我们把自己融入大自然湖光山色之中,不仅赏心悦目,心旷神怡,而且尘嚣尽涤,整个身心都会得到一次脱俗和纯净的过程。有时在旅游进程中,还能遇到一些奇观和趣闻,这些更是使人兴味陡增,甚至拍案叫绝。笔者本人就有这样的经验,这里且把近年来旅途中大奇观略说一二。

## 中山陵的台阶和平台

我曾多次到中山陵拜谒革命先驱中山先生的英灵。但对中山陵建筑的奥妙却未加深入推究。今年 5 月我去中山陵时,陪同前往的一位南京朋友的介绍使我长了不少见识。他对中山陵十分熟悉,说来如数家珍。他告诉我,中山陵的甬道长 375 米,宽 40 米,共有 392 级台阶,这是暗指当时全国有 3 亿 9 千 2 百万人口。他说,392 级台阶之间筑有多处平台,但是如果我们从下面向上看去,只能看到一级一级的台阶排列而上,而看不到一处平台。这里设计者蕴含着中山先生所说革命的道路坎坷艰难的意思。而当我们登临至台阶的高处,顶端,我们回身向下面俯瞰,却只见几处平台,而看不到一级台阶,这表示等到革命成功,将出现一片坦途。我依着朋友的话,加以观察,情况确实如此。面对这一奇观,我们由衷赞叹设计者的巧妙构思和精确计算。

我们登上中山陵,到祭堂和墓室瞻仰拜谒之后,我和朋友小坐休息,我们谈论的话题还是中山陵。朋友说,孙中山先生对南京一直情有独钟,1912 年他就任中华民国临时大总统时,就决定定都南京。这一年的 3 月,孙中山与郭汉章、胡汉民等骑马去东郊打猎,孙中山极为欣赏此处的风光,他对郭、胡说:"我将来死后葬在这里,那就好极了。"1925 年 3 月 12 日中山先生在北京逝世。当时的总理葬事筹备委员会根据中山先生的遗愿,并由孙夫人宋庆龄及孙科等实地察看,最后选定南京紫金山中茅山南坡为墓地。陵墓的设计图案向海内外征集,青年建筑设计师吕彦直的设计图获一等奖,一举中标,并被委派为该项工程的建筑师,主持计划建筑详图及监工事务。当时吕彦直才 32 岁。承建中山陵的是上海姚记营造厂,厂主叫姚锡舟。

这吕彦直是山东东平县人,9 岁时随其姊侨居法国巴黎,回国后在北京读书,1913 年毕业于清华学校,随后去美国康奈尔大学攻读建筑学。回国后在上海开设建筑公司和建筑事务所。中山陵的建造于 1926 年开工,它的总体设计略呈一大钟形,表示唤起民众之意。陵墓坐北朝南,其前临平原,背倚崇岗,气象宏伟。由下而上依次建有牌坊、甬道、陵门、碑亭、祭堂和墓室。陵墓的甬道以 392 级台阶引至海拔 158 米的墓室。中山陵的设计思想是把建筑融于自然环境之中,并且融会中西建筑于一体,既吸取中国传统陵墓布局的特点,采取中轴线对称等方法,又兼具西方建筑的永恒纪念性。它取消了古代帝陵中的石像生,建筑的色彩也不用传统帝陵的黄色琉璃瓦和红墙,而是采用蓝色琉璃瓦屋顶,灰白色墙身,反映出中山先生一生追求民主的意愿。吕彦直主持中山陵的建造工作,其间呕尽了心血,积劳成疾,1929 年 3 月,在工程接近尾声,而尚未完成之际病逝,年仅 36 岁。然而,他所设计的中山陵这一中国近代建筑的杰作却永留于世。当我听完朋友对吕彦直的介绍,不禁肃然起敬,而且唏嘘感叹不已。

## 神秘的军号声

去年,我曾去南京汤山疗养、游览,疗养院组织我们到附近句容的茅山游览。茅山是我国的道教名山,上清派的发祥地,道教称之为"第八洞天第一福地"。这次游览还有一个重要内容是瞻仰茅山脚下的苏南抗战胜利纪念碑。纪念碑建造在有一百多级石阶的石台上,碑高三、四十米,巍然挺立,蔚为壮观。我们在广场抬头仰望,一股崇敬之情油然而生。

瞻仰已毕,导游告诉我们一桩奇闻。他说,如果在纪念碑前的广场上点放爆竹,这时可以听到从山丛里传来"嗒嗒的嗒"的军号吹奏声。大家觉得好奇,也有点将信将疑。一会儿,导游取来了一扎鞭炮,并把它点燃。果然,在"噼噼啪啪"的爆竹声中,传来了"嗒嗒的嗒"军号声,而且非常清晰、嘹亮。仿佛把人们带回到了烽火遍野、军号震天的抗日战场。大家听了,无不感到十分惊讶,叹为奇观。如果不是自己亲历,恐怕不大会相信竟有这样的奇事。

导游告诉我们,这件事情开始也是偶然中的发现。有一年大年三十,附近的居民到室外燃放爆竹,忽然听到"嗒嗒的嗒"的军号声,此事很快在这里传开了,居民开始还不相信,但到那里一放爆竹,果然军号声四起,而且屡试不爽。所以现在凡是去茅山游览和瞻仰的人们,都要试一试。这个军号声颇有些神秘,据说曾经请教过有关的专家,也没有找到科学的根据。茅山是抗日战争时期苏南新四军活动的革命根据地的中心,1938 年,陈毅、粟裕等率领新四军一、二支队挺进江南,在这里与日本侵略军展开了可歌可泣的战斗,不少新四军战士马革裹尸,为国捐躯。据说还有一位小号手在向敌人的碉堡冲锋时,被日军的炮火打死。因此,当地的乡民们说,这里所以经常有军号声回响,是因为新四军战士的英魂尚在,新四军的军魂长存!

## 此间水往高处流

还有一次,我从杭州到千岛湖去游览,途中在桐庐停留。听司机说,在高速公路桐庐的入口处不远的地方有一处"怪斜坡"。别的地方,水总是从高处向低处流淌;可是在这个斜坡上,水是从低处流向高处的。听他这么一说,大家顿时来了兴趣,都提出要去看一个究竟。这样,在上路前就专门去实地考察了一番。这个斜坡位于高速公路桐庐收费站与立交桥之间,呈南北走向,看起来大概有 10 度左右的坡度。有的人试着把一瓶矿泉水倒在斜坡的最低处,奇怪的事情发生了,只见水沿着斜坡汩汩地向斜坡的高处流去。有人把一个空的可乐罐子放在坡的低处,也看到这可乐罐子咕噜噜地从低处向高处滚过去。我也试着走到斜坡上,从低处向高处走去,就有下山的感觉;反过来,再从高处向低处走,竟好像在爬山。这也算得上是一个奇观。后来我在浙江的另一处也见到过类似的斜坡。对这种现象,大家议论起来,有的说,可能是周边的地貌造成的一种错觉;也有的说,可能是高的一边的地磁比低的一边的地磁强,莫衷一是,究竟是什么原因,谁也说不清,这也可算是一个谜了。而正是这种谜,那种谜,为人们增添了不少的游兴啊!

(香港《文匯报》2006 年 8 月 6 日)

# 二一八

# 二十四桥明月夜

中秋赏月是中华民族的一大习俗。人们可以登上山峰或高台赏月,如苏州灵岩山的琴台、奉化雪窦山的妙高台等都是赏月的绝佳所在。然而也有人喜欢在湖畔、桥边赏月。如唐代诗人杜牧在《寄扬州韩绰判官》中曾写道:

青山隐隐水迢迢,秋尽江南草未凋。
二十四桥明月夜,玉人何处教吹箫。

清代诗人吴熙的《阊门偶兴》一诗中也有"平桥水暖弯弯月,画阁晴开面面风"的诗句。这里都写到了月、水、桥,月亮是最惹人相思、撩人情怀,又是最能引发人们想象的自然景物,皎洁的月亮映在波光粼粼的水中,旁边又有千姿百态的桥梁的烘托,那水中的月亮该是分外的冰清玉洁,分外的静穆妩媚,也更增添了许多的诗情画意,赏月的人自然会感到别有一番情趣了。

说到杜牧"二十四桥明月夜"的诗句,它与扬州的瘦西湖有关。这瘦西湖自六朝以来,即为风景胜地。清代诗人汪沆曾有诗云:

垂杨不断接残芜,雁齿红桥俨画图。
也是销金一锅子,故应唤作瘦西湖。

瘦西湖由此而得名。瘦西湖虽然没有杭州西湖那么浩瀚广袤,但它以起伏的陂岸、摇漾的碧波和明丽的厅堂构成集景式滨水园林群落而蜚声遐迩。"二十四桥明月夜"的诗句一出,不胫而传。到瘦西湖、二十四桥赏月成了扬州百姓一个不成文的习俗。关于二十四桥,有两种说法,一种说法二十四桥是指一座桥,即吴家砖桥,又名红药桥,它离五亭桥不远,在熙春台后面。《扬州鼓吹词序》云:"是桥因古之二十四美人吹箫于此,故名。"另一种说法是扬州原有二十四座桥,在沈括《梦溪笔谈》、王象之《舆地纪胜》中都说二十四桥确有其事,并列举了浊河桥、茶园桥、大明桥、九曲桥、下马桥等二十四座桥的名称。近年,扬州有关部门在瘦西湖恢复重建了一座二十四桥,供游人们游览、赏月。在此赏月,真能体味到"天下三分明月夜,二分无赖是扬州"的佳趣。

其实,如果在扬州瘦西湖的五亭桥上赏月,也将是兴味盎然的事。这五亭桥建在莲花埂上,桥上建造有五个亭子,形状就像五朵冉冉出水的并蒂莲花,因此也称莲花桥。这座桥为石拱桥，长达 50 米，横跨湖面。桥上五个亭子，一个在中间，四角上各有一亭，呈环抱之势。桥下有大小十五个券洞，纵横连环，彼此相通。据说每当月满之时，每个桥洞各衔一轮月影，银光荡漾，蔚为壮观。趁此良宵，桥边灯火阑珊，夜空月朗星淡，如果泛舟于桥下，在玲珑空灵的大小桥洞之间穿行，那么明亮而摇漾的月影将使人目迷心醉。

古城苏州市郊的宝带桥也是赏月的佳处。它全长 317 米，有 53 个桥洞。犹如横卧在万顷碧波之上的一条长虹。每年中秋，入夜，皓月当空，映在湖面上，五十三个桥孔下竟都有一轮月亮，人们称之为"宝带串月"。古时，苏州便有中秋和农历八月十八赏月、游湖的风俗。届时游客们坐着箫鼓画舫到此寻赏奇景。

在南京的有"六朝金粉"之称的秦淮河上，有一座文德桥，也是赏月的佳处。文德桥正南北向，日晷上属子午线。据说，八月十五晚上，天上满月，而月亮映在秦淮河上，正好月亮的一半映在文德桥的这一边，而月亮的另一半映在文德桥的那一边，这就是著名的"文德桥上半边月"。清代小说家、《儒林外史》作者吴敬梓当年观此奇景后，赋诗云：

> 天涯羁旅客，此夜共婵娟。
> 底事秦淮水，不为人月圆。

因为文德桥有此奇景，每逢中秋来临，南京的市民们都要纷纷前来观看，由于人群蜂拥而至，把文德桥挤得个水泄不通，简直没有立锥之地，有几次竟然把文德桥给挤塌了。故而全今南京还流传着一句歇后语，叫"文德桥的栏杆——靠不住！"由此可见其时盛况之一斑。

（香港《文匯报》2006 年 10 月 9 日）

# 二一九

# 善卷洞探奇

在江苏宜兴县城西南 25 公里的螺岩山中，有个古老的石灰岩溶洞。相传在 4 千多年前，有位善卷先生避虞舜禅让，在此隐居，因而以"善卷洞"驰名中外。

善卷洞的最大特点，我觉得可用四个字来概括：神奇巧妙。山中有洞，并不稀奇，可是善卷洞面积广袤达 5 千平方米，游程长达 8 百米。洞分四层：上洞、中洞、下洞，还有水洞，层层连接，洞可通舟。人们说，善卷洞俨如一幢石雕的大楼，我倒愿意把它比作一座神奇的龙宫。

走进善卷洞入口处，洞口兀立着一座高达七米的钟乳石笋，叫砥柱峰，恰似一尊巨大的门神。据说这是长年累月由点滴的石乳聚积而成。这真是"聚沙成塔"的生动例证，又是砥柱中流的形象注脚。绕过砥柱峰，进入中洞。你会想从外面进入山洞，一定要感到天地为之局促了，其实不然，呈现在我们面前的是一座宽敞的大厅。石厅两旁巨石屹立，一边形似青狮，一边貌若巨象，蔚为奇观。因此中洞称为"狮象大场"。

"奇"往往与"巧"联系在一起，进了善卷洞，觉得这自然的造化，巧夺天工，展现出一种巧妙奇特的境界。如果说中洞好似龙宫的殿堂,那么上洞有如云中的仙界,它的规模比中洞还要大,高20米,形如螺壳。这里另有一番景象,穹顶钟乳倒悬,异石垂挂,雾气升腾,不见曦月,冬暖夏凉,故称"云雾大场",又称"暖洞"。中洞和上洞都是地面平坦如砥,穹顶峻嶒叠翠;还有那"一片飞云掩洞门",与其说是飞来之云,还不如说是神来之笔,令人赞叹。

到了下洞,石乳滴成的奇幻景物,叫人目不暇接,有的像通天石松,有的似梅花屏风,还有犹如翠绿的葡萄、橙黄的佛手、振翅的白鹤……形象逼真,神韵盎然。

游览区像艺术品那样,平铺直露,一览无余,往往为人所不取。好的游览区就像有趣的戏剧情节那样扣人心弦,它常常用神奇的安排来拨动游人的好奇心。善卷洞就有这样的妙处。它有上、中、下、水四层,似断似续,层层相连,但每洞各具风格,各有异趣。中洞雄伟壮观,上洞神奇瑰丽,下洞曲折幽深,水洞更是奇妙莫测。你游毕一洞,更想再游一洞,整个游程引人入胜。比如连接上洞和下洞的是盘旋而下的隧道。下洞口外飞瀑流泻,水声淙淙。当我们沿着隧道下行,瀑乐涛声自远而近,始则似波涛远闻,继则如风雷隐作,再则若金鼓齐鸣,最后竟有万马奔腾的气势。

水洞以曲折奇幻著称,这道地下溪河长达120米,最宽处达6米半。"一舟欸乃,如游郸环",仿佛遨游神仙洞府,又若泛舟茫茫银河,真是一波三折,履险如夷。经过曲折的三湾,终于到达出口,在前方岩壁上出现了"豁然开朗"四个醒目的大字,正是此时此地游客心情的概括。美妙的回忆,将永远留存在游人的脑际。

(《旅游通讯》1980年9月5日)

二二〇

# 阳山问碑

去年,我去南京汤山疗养时,曾去游览过汤山镇附近的阳山碑材区。阳山在南京的东北面,距南京约25公里。阳山原名羊山,因为从南京向东北方向看,阳山就像山羊的两只角,所以当地人称它为羊山。阳山是一座石山。南京一带的山脉石质多属石灰岩,它容易风化;但阳山由于处于一个小型盆状向斜中心的部位,四周的压力集中于此,作用力相互抵消,加之这里的石灰岩岩层厚重、完整,少有裂隙,不易破碎,而且石质黝黑而有光泽。因此,从南北朝开始,阳山就成为南京采石的主要处所。人们认为此山是神灵精气凝聚之处,也就称之为阳山了。这里现已建成"明文化村",成了一个旅游景点。进得景区,迎面是一块巨碑,上书"阳山问碑",这"问"字用得好,因为阳山碑材给后人留下了太多的疑问。对面照壁上却写着"天下第一碑"五个大字。

当我们攀登上阳山的山巅,呈现在人们眼前的是一个广袤而荒凉的古采石场。路边荒草漫道,遍地是碎石片。据导游小姐告诉我们,这里就是明代开凿特巨型碑材的所在。

略识明代历史的人知道,朱元璋带领红巾军南征北战,打败各个割据势力,于公元1368年,在应天(今南京)自立为皇帝,建立了明朝。接着派兵北伐,攻占了大都(今北京),灭了元朝,后来他被称为明太祖。明朝开国后,朱元璋立长子朱标为太子,其他儿子都封为亲王,其中第四子朱棣被封为燕王,封地北京。洪武三年(1370),太子朱标病逝。按照嫡长继承的规制,朱元璋立朱标的儿子朱允炆为皇太孙。洪武三十一年(1398),朱元璋驾崩,朱允炆继承了皇位,他就是建文帝。朱允炆即位后,为巩固其皇位,听取了臣下齐泰、黄子澄的主张,进行"削藩"。那时恰有人指控周王谋反,朱允炆便派兵至开封,擒获了周王,并废除了他的爵位,贬为庶民,发配云南。其后,在不到一年的时间里,对岷王、湘王、幽代王等几个叔父,或废或关。身居燕地的朱棣见此情形,先是装疯卖傻,想躲过这场灾祸。但是建文帝还是下圣旨,剥夺了朱棣的爵位,并派李景隆率军向北平进发。建文二年(1400)七月,朱棣打出了"清君侧"的旗号,也就是称朝廷出现了佞臣,挑唆皇帝杀戮亲王,现被迫起兵以剪除君王身边的逆贼。这就是历史上有名的"靖难之役"。燕王经过两年的征战,打败了李景隆的军队,于建文四年(1402)六月誓师渡江,顺利地攻破了南京城。这时宫中忽然燃起大火,有人说,建文帝自焚而死,有人说建文帝乱中出逃了。于是朱棣夺了侄儿的皇位,登上了皇帝的宝座,改年号为永乐,他就是明成祖。

据导游介绍,朱棣当了皇帝,但他登上皇位,毕竟采取了非正常的手段,为了消除叔夺侄位的坏名声,并笼络人心,他打算通过大张旗鼓地为父亲朱元璋树碑,歌颂其功德,来显示自己的仁孝之道。具体的做法就是大大扩建明孝陵,准备在孝陵前树立一座空前巨大的"神功圣德碑"。为了建造巨碑,朱棣派人四处寻觅优质石材,终于选定了南北朝以来就有名的采石场阳山。永乐三年(1405)八月,朱棣正式下诏开凿阳山碑材。为了这项浩大的工程,招募了数千民工。

在导游的带领下,我们就在这山巅的采石场参观。这个采石场约有3万多平方米,横陈着三块巨大的碑材。从下而上,先看到的是碑额的石材,它已脱离山体,据介绍它长22.2米,宽10.3米,高10米,体积2 287立方米,重量约为6 118吨,石材上有雕刻龙头、龙爪、龙尾而留出的石芽。沿着山路往上走,看到的是一块碑座的石材,这是巨碑的基础部分,用来驼碑身和碑额的,它的一端还连着山体,还没有凿断。这个碑座长29米,宽17米,高12米,极其庞大,据说其体积为6 018立方米,重量约16 250吨。再往上走,就看到了碑身的石材,它是以山体巨大的石岩,按石碑的侧卧式而开凿的,其北端还与山体相连,而没有凿断。如果把它竖起来的话,碑身高51米,宽14.2米,厚4.5米,体积3 251立方米,其重量为8 799吨。这三部分加起来,总高度为79米,相当于一座24层的楼房的高度,体积达11 556立方米,重量约3.1万余吨。这是当之无愧的世界第一碑。三块石材中,只有碑额已脱离山体,而碑身、碑座都还连着山体,可见工程尚未完工。据介绍这项工程于永乐三年八月开工,到永乐四年九月就终止了,其时工程轮廓已经大备,但还有待于精雕细刻。至于为何半途而废、停工,原因不明。据说原因之一是碑材太过庞大,无法运输,用滚木或冰运等方法都难以实施。后来在明孝陵碑亭里树立的"大明神功圣德碑"终没有用阳山的碑材,而是用了别的石材,高度为8.87米,其体积仅阳山碑材的九分之一。

关于朱棣在阳山开凿碑材一事,我查了《明史》的本纪、志、表、列传,均未见有关记载。但是阳山的旅游部门以及有关南京的旅游出版物都有记述,而且言之凿凿。他们还引用了前人的诗文,如胡广《游阳山记》云:"永乐三年秋,因建碑孝陵,斫石于都城东北之阳山,得良材焉。其长十四丈有奇,宽不及长者三分之一,厚丈二,色黝泽如漆,无疵莹。"另,清代诗人袁枚《洪武大石碑歌》中有"诏书切责下欧刀,工匠虞衡并史死"的诗句。奇迹乎? 谜案乎? 笔者颇有扑朔迷离之感,我写此文,一是天下奇观共欣赏,二是求教方家解疑惑。不过,面对这样巨型的碑石,我们不得不赞叹古代工匠们的劳动和创造;而如果此事确是朱棣所为,那么,这可说是一桩不折不扣的古代的劳民伤财的"政绩工程"了。

2006 年 11 月 24 日于上海

(香港《文匯报》2006 年 11 月 28 日)

二二一

# 蓬莱仙境

最近,有两位年轻的朋友想出外避暑旅游,我向他们推荐了山东的蓬莱,我以为,在此赤日炎炎,暑热难当的盛夏,蓬莱可说是避暑游览的绝佳之处。

蓬莱是个海滨的古城,位于烟台西北 80 公里,地处渤海和黄海的交界之处,风景十分秀丽。这里海面广阔浩渺,海水晶莹湛蓝。夏天,气候比较凉爽宜人。传说中海上有蓬莱、方丈、瀛洲三座仙山。秦始皇派方士去海上求仙,即从此处乘舟入海。汉元光二年(前 133)汉武帝亲临此地寻访仙山,并筑起一座小城,便冠名以"蓬莱"。蓬莱自其诞生之日起就与"神仙"结下了不解之缘,故而蓬莱也成了"仙山"、"仙境"的代名词。

红岩赤壤的丹崖山是蓬莱的一个标志,而最著名的莫过于建于丹崖山巅的蓬莱阁。蓬莱阁于北宋嘉祐六年(1061),由登州知州朱处约所建,明、清时改建。蓬莱阁高 15 米,坐北朝南,双层歇山,飞檐翘角,十分壮观,上悬"蓬莱阁"金字匾额,为清代书法家铁保所书。据传吕洞宾、张果老、何仙姑等八位神仙在蓬莱阁醉酒后,凭借各人的宝器履波踏浪,漂洋渡海而去,留下了"八仙过海"的美丽传说。登上蓬莱阁,阁内挂有"八仙过海"的彩色绘画。步至回廊,凭栏远眺,只见三面抱海,澄波万里,北望长山列岛,忽隐忽现,有一种凌风欲飞的感觉。清代诗人徐人凤在《仙阁凌空》诗中写道:"嵯峨丹阁倚丹崖,俯瞰瀛洲仙子家。万里夜看旸谷日,一帘晴卷海天霞。"据说在春、夏、秋之交,有时在蓬莱阁还能看到"海市蜃楼"的奇景。这是一种大气光学现象,倏忽间,海天相连之处,一改平昔面貌,忽而山峦崛起,忽而楼阁迭现,似有车马往还,冠盖簇拥,时而聚合,时而分散,变幻莫测。这又给蓬莱阁蒙上了几分神秘的色彩。再看东面的海湾平静如镜,这是天然的海水浴场,一群穿着五彩缤纷的游泳衣的人们在嬉戏逐浪,更使美景增添了生机。

走下蓬莱阁,近旁就是苏公祠。这是为了纪念宋代大诗人苏东坡而建的。元丰八年(1085)谪居黄州六年之久的苏东坡改任登州知府来到蓬莱,而仅隔了五天,又被调任礼部郎中。他以没能看到海市蜃楼而深感遗憾,特地到海神庙祝祷,第二天果然奇迹般地看到了海市。欣喜之余,他写下了《海市诗》,他写道:"东方云海空复空,群仙出没空明中。荡摇浮世生万象,岂有贝阙藏珠宫?心知所见皆幻影,敢以耳目烦神工,岁寒水冷天地闭,为我起蛰鞭鱼龙。重楼翠阜出霜晓,异事惊倒百岁翁。"此诗已碑刻于苏祠内。

蓬莱的水城也是别具特色的。这里倚山抱海,地势险要,自古就是中朝、中日往来航线的起点。北宋庆历年间,为防止契丹从海上入侵,在此建置了刀鱼寨,由"刀鱼巡检"统领水兵巡守海防,明代洪武九年则设立了登州卫,筑起城楼,称"备倭城",后经明、清两代多次重修扩建,终于建成一座高大坚固、规模宏大的水城,水门东西两面都设有炮台,成为我国古代的海上要塞和重要军港。明代爱国将领戚继光父子两代任登州卫,在此操练水兵,在历史上留下一段佳话。今天我们在水城上盘桓,还能得到虎踞龙盘的豪迈感受。

蓬莱还有几处新的景点,不妨一游。一是蓬莱海洋极地世界,在水中美人鱼摆动着优雅的身肢,海豚高高跃起,海中的巨无霸大鲨鱼,在距离人头顶咫尺间悠然巡游,一切是那么的神奇瑰丽,充满了惊喜,无论是大人还是孩子,都可以在这里找到属于自己的快乐。这里还有亚洲最大的室内热带雨林馆,不但可以找到神秘的食人鱼的近亲,还会有七彩的金刚鹦鹉在林间的身影。在海洋表演馆,海洋动物充满欢乐与浪漫色彩的表演,更给人留下了深刻的印象。还有一处是田横山文化公园。它位于蓬莱阁西的田横山东麓,东与丹崖山相衔,北面渤黄两海,南与蓬莱市区相望,西紧依蓬莱海港,是一个风景秀美的风景区,金色的沙滩,飞翔的海鸥,习习的凉风,使人心旷神怡,溽暑尽消。

我们还可以去看看登州古船博物馆,这里展出的一艘元代古战船残部是1984年蓬莱水城清淤时出土的。现仅剩船的下部,残长28米,宽5.6米,高1.2米,比当时的航海货轮要大得多,两头尖尖的翘起,如同弯月。船呈流线型,适于快速航行,经计算此船载重约173.5吨。人们莫不叹为观止。

蓬莱也是抗倭名将戚继光的故里,现在在蓬莱市内还保存着戚继光牌坊、戚继光祠堂、戚继光墓等遗迹,原水师府也已辟为戚继光纪念馆,供人们瞻仰和凭吊。

蓬莱历来是文人、政要及驴友们向往的地方,留下了不少名人的题咏。1960年,叶剑英来此,他看到清同治年间龚葆琛写的一副楹联:"海市蜃楼皆幻影,忠臣孝子即神仙",遂改其意而题曰:"蓬莱士女勤劳动,繁荣生活即神仙"。1964年,董必武游览蓬莱,也欣然题诗一首:"来游此地恰当时,海国秋风暑气吹。没有仙人有仙境,蓬莱阁上好题诗。"这些都为蓬莱增添了新的诗章。

(《上海旅游报》1989 年 11 月 17 日)

二二二

# 寻访石头城

前些日子我出差去南京。南京去过多次,像中山陵、玄武湖、莫愁湖、雨花台、秦淮河等名胜古都都去游览过,但独独没有去过石头城。石头城是南京的别名,这是不能不去的。因此,我放弃了会议组织的集体游览项目,决定独自去寻访石头城的故址。

我住在市中心太平路的江苏饭店,而石头城却在城的西端,交通不大方便。我转乘了好几部公共汽车才到了汉中门。在21路站头上,我问两位也在等车的中年妇女:"请问,到石头城乘到哪儿?"那两位女同志很热情,说:"我们就住在那边,您乘到厂门口站头吧!"我又问她们:"你们常到石头城去玩吧!"其中一位女同志答道:"这石头城不就是一个鬼脸吗,没有什么好看的。再说我们在工厂工作,每天上下班在路上就得花两三个钟头,也没有空闲去玩啊!"

我在她们的指点下,乘上21路公共汽车,并在厂门口下车。这里是虎踞路,路西边确有一段城墙,然而这里是背面,城的正面则在另一边。而且沿城墙都是一些单位,没有通道可以穿过城墙,必须远兜远转。我一直朝北走到草场门,这里有一条路通向西边,我因为不认识路,大概步行了三刻钟,才见到了石头城的正面。

这石头城位于清凉山后,靠近长江之滨。当年的石头城紧靠长江,石头山山形陡峭,临江西壁经过江流冲刷,有如天生的城墙一般,易守难攻,南北全长约 3 000 米,极为雄伟壮观。因历经风化剥蚀,有些地方已经毁坏,只剩赫红色的城基遗迹,但仍可看到保留下来的一些高达一、二十米的城墙,中段几块突起的红色水成岩,石壁凹凸不平,形状怪异,如同鬼怪的面具,因此亦称鬼脸城。此城原为楚威王所筑的金陵邑,筑于公元前 333 年。东汉建安十七年(公元212 年)吴国孙权在石头山金陵邑原址筑城,取名石头城。这里依山筑城,岩石为墙,因江为池,形势险要,有"石城虎踞"之称。面对形似鬼脸的石头城墙,使人想到了原始的图腾,青铜的饕餮,也想起了普通人家新年张贴的门神。这城墙上的鬼脸含有巨大的原始力量,是神秘、恐怖、威吓的象征,具有一种狞厉的美。当时筑城,恐怕就是看中了它那避邪御敌的作用。攀上城头,眺望滚滚奔流的长江,真是大浪淘沙,但一种民族文化心理却在这里积淀、凝结……这石头城虽已苍老,但仍很雄健,如今是一座生动的历史博物馆。

游罢石头城,暮色已经降临,踏上归途,我不禁在想两个问题。其一是如何开发旅游资源的问题,像石头城这样有二千多年历史的古迹是祖国历史文化的瑰宝,它不仅有举世无双的鬼脸城,而且在这里登高眺望,风景十分旖旎。这样的旅游资源,必须有配套设施,必要的交通、旅游设备一定要跟上去。其二是如何在广大群众中普及文物意识的问题。那两位中年妇女的话应该引起我们的深思。有必要在群众中加强宣传民族文化,使名胜古迹成为激励民族精神和爱国主义精神的生动教材,这样人们就不会生在宝山不识宝了。

(《南京文化》1992 年第 3 期)

二二三

# 夜游秦淮

我每次到南京,总要去逛逛夫子庙,游游秦淮河。但以前都是白天去的,这次有机会夜游夫子庙和秦淮河,感到别有一番情趣。

秦淮河是南京古老文明的摇篮。它发源于宁镇丘陵,流经南京城,汇入滔滔东去的长江,古名淮水,本名龙藏浦。相传是秦始皇东巡时,望金陵上空紫气升腾,以为王气,于是"凿方山,断长垅为渎,入于江",后来称之为秦淮河。秦淮河总长 110 公里,它的南段风光尤为秀丽旖旎,且胜迹众多,素有"十里秦淮"、"六朝金粉"之称;而夫子庙乃是秦淮河的一颗璀璨的明珠。

夜游夫子庙,我的第一感觉就是热闹繁华,我没有想到晚上的夫子庙人气竟是这么的旺盛,在街上行走,只见人头攒动,只觉摩肩接踵,人群中既有南京的市民,更多的还有各地来的游客。另一个就是整个夫子庙、秦淮河一带灯火璀璨,流光溢彩,简直是一个灯的海洋。一些标志性建筑的顶部都有灯光装点,在夜空中画出漂亮的飞檐翘角,许多地方还用泛光加以映衬,两岸的一排排明清建筑河房、河厅,粉墙黛瓦,鳞次栉比,在灯光的映照下更其清晰而妩媚。而夫子庙地区密集的各种商铺、酒楼更是霓虹闪烁,五彩缤纷。我自然而然想起了唐诗人杜牧"烟笼寒水月笼沙,夜泊秦淮近酒家"的著名诗句。

我来到著名的文德桥,它被蓝、白两种灯光所装饰。这里一直被称为是赏月观景的绝佳之处,据说中秋之夜,明晃晃的月亮映在秦淮河的水面上,月亮的一半在文德桥的这一边;月亮的另一半在文德桥的那一边,"半边月"成为一大奇观。我去的那天,并非中秋,未能见到如此奇观,深以为憾。但站在桥上,凭栏眺望秦淮夜景,也十分惬意。晚唐诗人杜牧曾有"烟笼寒水月笼沙,夜泊秦淮近酒家"的诗句,眼前只见河岸边一束束光带映照着丛丛绿荫,犹如光瀑向下倾泻,而两岸霓虹灯的灯光把秦淮河染得五色斑斓。一艘艘游船画舫在河面上倘佯,不时传出阵阵丝弦的乐音和欢笑的声浪。这使我想起了八十多年前文学家朱自清和俞平伯同游秦淮河,并相约同以《桨声灯影里的秦淮河》为题各写一篇散文,此事成为文坛的一段佳话。与二位的妙文所写的景象相比,如今似乎多了几分喧闹和繁华;少了几分古朴和幽静,这乃是时代发展和生活变迁所使然。

我漫步来至秦淮河北岸的夫子庙前。这座始建于北宋的孔庙规模宏大,明初为国子监的所在,列居东南各省之冠。它利用秦淮河水为泮池,筑堤环抱,南岸有高大的照墙,庙内有聚星亭、棂星门、大成殿、奎星阁等建筑群。我走到大成门前,只见大成门、大成殿等建筑都笼罩在一片橙黄色的光晕之中,显得堂皇而庄重。大成殿里供奉着大成至圣先师孔子之位及四亚圣等的牌位,是朝圣祀孔的地方。我想到现在国外已出现了好几所孔子学院,可见这位中国古代伟大的思想家、学问家,其影响是如何的深远。

接着我又到来燕桥南端去看了李香君的故居媚香楼。李香君是明末的歌妓,"秦淮八艳"之一。剧作家孔尚任曾作有传奇《桃花扇》敷演李香君的故事。李香君故居是一座三进两院式的明清河房建筑,置身于此,当年李香君与侯方域定情;马士英、阮大铖强逼李香君改嫁田仰,李香君誓死不从,以头触地,血溅诗扇;杨文骢在溅有血迹的诗扇上点染成折枝桃花等一幕幕情节仿佛又重新浮现在我的眼前,正是"南朝兴亡,遂系之桃花扇底"!

唐代诗人刘禹锡曾有"朱雀桥边野草花,乌衣巷口夕阳斜"的诗句,如今乌衣巷成了一个规模颇大的小商品市场,这里汇集了上万种古玩、文物、民间工艺品和日用小商品,虽然时在晚上,但其夜市十分红火。

玩得有些累了,我到著名的六凤居茶楼小坐,要了一壶六安毛尖茶、一碟开洋煮干丝,一客蟹黄小笼包,慢慢品尝,其味鲜美异常。夜游秦淮,不仅可以游目骋怀,休闲倘佯,而且还能一快朵颐,何尝不是一件乐事呢!

(《大江晚报》2010年1月11日)

二二四

# 海宁观潮

我曾多次领略过大海的风姿,然而对海宁潮的奇观依然心向往之。前些时候,去浙江硖石,观海宁潮的愿望遂成为现实。那天早晨,我独自乘车去盐官镇。我记起一个民间传说:那是在五代,吴越王钱镠治理杭州,当时钱塘江潮水大,经常泛滥成灾。钱王发动了二十万民工建造海塘。然而总是刚修好,就被潮水冲坍。一天钱王在江边搭起一座大王台,选了一万名弓箭手守候在那里。一会儿潮神又骑着白马,簇拥着潮水汹涌而至。钱王立即下令放箭,刹时间,万箭齐发,潮头中箭,失却了昔日的威风,慌忙向西逃窜。钱王速命民工打下几排长长的木桩,再在其侧用块石砌一石堤,在木桩与石堤之间放置竹笼,中装石块,再填以沙土,筑成一条石塘。这个故事渲染了海宁潮的勇猛声势,同时歌颂了人定胜天的凌云气概。今天重温还深受鼓舞。

硖石到盐官路途不远,上午九时许汽车就到达盐官。当我登上海塘,映入眼帘的是浩浩荡荡的钱塘江,胸襟为之一畅。其实海宁的潮水并非什么潮神作法,这是由于月亮、太阳的引力和地球本身转动的离心力交互作用而形成;加之杭州湾外宽内窄,口大身小,状如喇叭,所以潮水奔涌,酿成高峰。潮水每昼夜两涨两落,每月两大两小,而一年中以农历八月十八日为最大潮日。海宁观潮之风,始于唐代,宋代专门设立了观潮节。最初以杭州江干一带最佳,后随着地貌变迁,海宁盐官镇成了观潮的第一胜地。

大概因为今天不是八月十八,所以海堤上游人不多。这海堤修得很好,堤面宽阔平直,并有一级一级台阶伸向江边,就像观礼台一样气派。潮汛未来之前,江水缓缓东流,波平浪细,如同一幅淡绿色的锦缎,在轻风吹拂下微微波动。我在海堤上散步,不由想到,这海堤凝结着历代多少民工的辛劳和血汗啊!据说比吴越王钱镠造海塘还要早数百年的南朝,那时钱塘江的名称还叫浙江,常有水患。一位姓钱的御史奉皇命来此修造海堤。他来后即贴出告示:"造海塘,凡挑泥一担,给钱十文,运土一车,给钱百文。"灾民们奔走相告,纷纷前来挑土造塘。工程进度很快。但十天下来,钱俱发完,钱御史又出一张告示:"造塘大半,库银发完,再造十天,钱在塘内。"民工们想到造好海塘,利在自己,便再接再厉,戮心协力,终于工程告竣,一条堵水海塘耸立江边。为了纪念钱御史,也因为那句"钱在塘内"的警句,这条海塘便命名为钱塘,浙江也由此改名为钱塘江了。如今这条海塘是那么气势不凡,固若金汤。堤上有观潮亭、天风亭等建筑。一座观潮台有石级攀登,显得古色古香。近旁又盖了一座大型的现代化的建筑——玻璃瓦凉亭。这些都是游人观潮的佳处。在江边矗立着一座砖塔,名为镇海塔,塔高十五丈,六面七层,飞檐垂铃。我沿着环回的石级登塔远眺,浩淼大江横无际涯。在海堤上遇到一个渔家孩子,我问他今天大概什么时候涨潮。他告诉我,快了。

我凝视着江的东端,从远处江面隐隐传来一阵细雨之声,雨声越来越急,突然我眼前唰地一亮,在东面极目之处,渺渺显出一条白线,闪烁着银光朝这边移动。初则缓慢,继则急速,这条银线越来越长,越来越宽,最后竟化作了一条横贯江面的玉带。哦!这就是最有名的一线潮。伴随着玉带向西翻滚,雨声渐响,逐渐汇成轰轰隆隆的沉雷。这时停泊在江边的三艘机动船,起锚开航,他们迎着潮水向东行驶,这叫斗浪。只见这三艘船驶向玉带,船忽儿被高高抛起,忽儿跌入低谷,船就在潮里浪里前行,他们终于勇敢地越过玉带,逐渐平稳地向东而去。玉带继续迅速向西而来,忽宽忽窄,忽聚忽散。近到我们面前时,潮头汹涌澎湃,高达数丈,潮声如万鼓齐鸣,沉雷炸响。就像千万匹银鬃骏马并排奔腾而至,又像是千万座冰山雪峰层层崩摧,迎面压来。真是排山倒海,声势夺人,仿佛要把整个江水席卷而去。潮头浪高势猛,可谓粗犷豪放,可是飞溅的浪花却似珠玉一般细巧,想不到粗犷与细腻统一得如此和谐。只一刹那,潮头便从我们面前经过而向西簇拥飞逝。潮头过去了,可是整个江面长时间地震荡翻滚,波浪拍击岸边,江底的泥沙、泡沫在激流中翻腾,飞旋,形成一个又一个急邃转动的旋涡。潮头呼啸着西去了,可是我心中却仍震荡着一股激奋的力量,久久不能平静。海宁潮果然名不虚传,堪称天下奇观。据说在盐官以东七公里的八堡海塘，还可以看到东南二潮汇合碰撞。潮峰崛起，响遏行云的壮观；而在盐官以西十一公里的老盐仓，潮头冲向丁字挡水大坝时，如同猛狮返头，直窜云天。无怪有"海宁壮观天下无"之说。潮头的惊心动魄使人振奋，弄潮儿的骁勇顽强令人钦敬，而泡沫其上，泥沙俱下又使人联想起复杂的社会观象。面对巨潮，我浮想联翩。

江面逐渐平静，恢复了故态。我在海堤上信步踯躅。我走进观潮亭，如今已改名"中山亭"了，匾额为著名书法家沙孟海所题书。1916 年农历八月，孙中山先生曾偕同宋庆龄等人从上海乘火车到海宁周王庙车站，有邑人杭辛斋陪同来到盐官海塘，就在这观潮亭内观潮。那次潮水极为壮观。中山先生面对此情此景心潮起伏。当时国内革命形势十分复杂，他在观潮之后满怀激情地挥毫题词："当今世界潮流浩浩荡荡，势不可挡，顺之者昌，逆之者亡。"他在海宁县乙种商业学校休息时，又为该校题写了"猛进如潮"的匾。他还向海塘工务局的人员进行调查，酝酿着在钱塘江口兴建东方大港的蓝图。一年以后，中山先生在广州组织护法军政府，当选为大元帅，随即挥师北伐，掀起了汹涌的革命浪潮。

我在盐官虽然只逗留了短短几个小时，但给我的教益却是很深的。海宁观潮，并不仅仅观赏了自然奇景，我好像读了一本光彩熠熠的史书，也好像看了一出惊心动魄、充满人生况味的戏剧，引起了我无限的遐思。

（《海南日报》1989 年 9 月 23 日）

二二五

# 访西泠印社

西泠印社是我国最著名的金石篆刻学术团体，社址坐落在杭州西湖西泠。西泠位于西湖北部，孤山西南麓，也称"西陵"，相传为南朝钱塘名妓苏小小与恋人永结同心之处。古代诗词中对西泠多有吟咏，如"妾乘油壁车，郎骑青骢马，何处结同心，西陵松柏下"；又如"看画船尽入西泠，闲却一湖春色"等。至唐宋时，西泠桥一带已为湖上名胜。清光绪二年，浙人在这里建奉祀湘军将领蒋益沣的蒋公祠。光绪三十年（1904）夏，浙江金石家丁仁、王禔、叶为铭、吴隐等在孤山聚会，有感于我国印学之式微，发起创立印社，以图弘扬印学精深的传统。他们在蒋公祠一带购地数亩，因地处西泠而命名为西泠印社。中国的金石印学历史悠久，可以追溯到先秦及汉魏时期，至明清，已经极为兴盛，主要有皖派和浙派。皖派由明代何震开创，后有苏宣、程邃、邓石如等，篆刻专学秦汉，风格朴茂苍秀；浙派由清代丁敬创立，擅长以切刀法刻印，苍劲质朴，后继者有蒋仁、黄易等。西泠印社于 1913 年召开成立大会，推举吴昌硕为首任社长。吴昌硕（1844—1927），浙江安吉人，清末曾任江苏安东知县，后寓居上海，其篆刻融合皖、浙诸家，并以秦汉钵印、封泥及匋瓦文字入印，雄浑苍老，自创一派。并擅画写意花卉蔬果。为一代金石书画大师。此后有哈麐、马衡等继任。曾有社友近百人，以"保存金石，研究印学"为宗旨。每年有清明、重九两次雅集，社友携带收藏或创作的金石、书画到社，相互观摩评赏。每十周年举行一次金石书画展览。它对保存、研究和发展金石篆刻、书画艺术起了积极的作用。

西泠印社设于孤山,毗邻西湖,本身就是一处清静幽雅的园林。在社址内,除了原有的柏堂、数峰阁等建筑外,西泠印社陆续修建了仰贤亭、四照阁、题襟馆、隐闲楼、观乐楼、还朴精庐、鉴亭、华严经塔等建筑,并增添了印泉、闲泉、潜泉等景观。全园以危峙岗巅、面向西湖的四照阁为中心,分为上下两个景区。上区在山巅,以观乐楼为主要建筑,华严经塔与文泉、闲泉布排得错落有致。下区以柏堂为中心,两侧廊庑浑然一体。整个园林不仅山水形胜,而且洋溢着浓郁的文墨气息和金石气息。园中亭阁内嵌有清代金石家的画像石刻及印学大师丁敬的墨迹石刻。岩壁上多名家摩崖题记。三老石室里保存着《三老讳字忌日碑》和历代珍贵碑刻。《三老讳字忌日碑》立于东汉建武二十八年(52),是现存最早的石碑,被誉为"东南第一石"。清咸丰二年(1852)五月,在浙江余姚发现,1922年此碑由余姚运到上海,险乎流失海外。西泠印社同仁醵资购下,并在西泠建石室保存。园中的文泉、闲泉等数泓渊潭型水面,犹如几枚闲章顾盼呼应。衡门、四门塔、密檐塔、石窟等都是宋元以前的建筑形式,颇具金石家浑朴古雅的气质。园中的池、龛、隧、洞、石级、题刻等更皆运用治印手法凿就。可以说,西泠印社是一座风格独特的金石名园。

倘佯于西泠印社,在停榭楼阁的门柱壁间还可以赏览到许多名人题写的楹联,这也可说是西泠印社的一道风景线。

在著名的柏堂里悬挂着金石书画大师吴昌硕的画像,画像两边有一副对联:大好湖山归统领,无边风月任平章。柏堂门口和堂内还有两副楹联,其一为胡宗成撰、沙孟海书的:旧雨新雨西泠桥畔各题襟溯两汉渊源籍征鸿雪;文泉印泉四照阁边同剔藓抱孤山苍翠合仰前贤。写得有情有景,文采飞扬;其二是由方介堪所书的:访三老碑亭东汉文留遗迹在;问八家金石西泠社近断桥边。上联所说就是前文提到的《三老讳字忌日碑》;下联讲的金石八家指清代著名浙派八位金石大家:丁敬、黄易、蒋仁、奚冈、陈豫钟、陈鸿寿、赵之琛和钱松。

在竹阁门口由吴昌硕的入室弟子王个移书写的一联:以文会友,与古为徒。

在小山的石坊上刻有丁仁撰、叶为铭书的楹联:石藏东汉名三老,社结西泠红廿年。在仰贤亭旁边有陶在宽书写的联语:湖胜潇湘楼若烟雨把酒高吟集游客;峰有南北月无古今登山远览属骚人。生动地描写了金石家、诗人、墨客容与于湖、楼、峰、月的优美环境之中的情态。

在山巅的题襟馆门口有用隶书撰写的联语:宜雨宜晴静观自得,尽美尽善为乐至斯。在观乐楼内有一副旧联:面面有情环水环山山抱水,心心相印因人传地地传人。文辞机巧,生动传神。在观乐楼里的吴昌硕纪念室前有当代国画大师程十发书、许炳璇所撰的联语:合内湖外湖风景奇观都归一览;萃浙东浙西人文秀气独有千秋。以上联西湖的美景比喻浙派篆刻艺术博采众长、熔冶一炉,独创一格的艺术成就,而且把自然美与艺术美的相互关系揭示了出来。

无怪著名园林建筑家陈从周要如此评价西泠印社:"印社选址之胜也。当为湖上园林之冠。坐四照阁,全园之胜,西湖之景尽入眼底……至此益证建社时主持者学养之深。社之景以阁为主,全园环此而筑,远眺近观,俯仰得之,耐人寻思。造园有天然景观,有人文景观,两者兼得者,湖上唯此而已……西湖景之首也。"

（《人民日报》海外版2002年6月3日）

# 二二六

# 慈城访周

为了撰写《周信芳评传》书稿，前些时候我专程去艺术大师周信芳的故里浙江宁波慈城作了一番寻访。

我从宁波乘火车，仅20分钟的路程便到达慈城，在慈城镇政府我受到了镇党委宣传科长袁建刚先生的热情接待。来之前，我与不少读者一样有一个疑惑，那就是以前都说周信芳是浙江慈溪人，怎么他的故里又在慈城？我请教了袁先生。他告诉我，慈城就是原来的慈溪。解放初期它还称慈溪镇，乃慈溪县治的所在地。1954年划归了余姚县，便改名为慈城镇，1956年又划归宁波市。而原来的浒山镇却成了慈溪县的县城，并改称为慈溪。现在慈城为宁波市江北区的直属镇。经袁先生解释我才清楚，周信芳的籍贯，正确的说法应该是浙江慈溪，今宁波慈城镇。

在袁建刚先生、宣传科徐延风先生和江北区文物管理所所长傅新良先生等陪同下，我寻访、参观了周信芳祖居的遗址、遗迹。慈城是一座千年古镇，三面环山，一面临水，山清水秀，交通发达，镇内文物遗迹和古建筑荟萃，有浙江四大藏书楼之一的醉经阁，有新石器时代"慈湖文化"的遗址，堪称江南的文物之邦。

周信芳的先辈就祖居慈城，祖上原是官宦之家，他的先祖静庵公在明代当过江西道监察御史，其玄孙南溪公在福建、河南当过知县，南溪公之子少溪中过进士，官至刑部江西清吏司郎中，另一子亦溪当过太学官。周亦溪即是周信芳的曾祖父。由于他们为官清廉，重视教化，子民怀其恩德，称他们一族为"周御史房"。后来周家家道中落，周信芳的伯父以"丁忧"去职，结束了周家的官宦历史。在慈城西门，我们找到了当年周家祖居"周御史房"的遗址。可惜原来的建筑现已大多不存，仅仅留下了一堵墙壁。凝望着这堵墙壁，一种沧桑感油然而生。

我们又漫步来到镇西永明路，在路的南端见到一座石坊耸然挺立，这座名为世恩坊的石坊气宇轩昂，坊上以浮雕、透雕、镂空雕等方法雕刻着二龙戏珠、双凤朝阳及麒麟、海马等各式图案，雕工精良、栩栩如生。这是明嘉靖年间监察御史高懋为周氏族人周翔（明正统九年进士，任安庆知府）及周文进、周镐祖孙数代而立。这座石坊现在保存得尚完好。

接着我们去寻访周氏祠堂。在鼎新路口有一座屋脊高耸的瓦房。文物所傅所长告诉我，这就是周氏祠堂全恩堂，原是一座三开间抬梁式建筑，硬山式歇顶，堂后有楼房和左右厢房。现在房屋已破旧不堪，后面的楼房、厢房均已不存。围绕这座祠堂，还有一个故事呢：

这要从周信芳的父亲周慰堂说起。由于家道中落，周慰堂没有继续走读书做官的道路，而是在县城一爿布店里当了一名学徒。那时京剧已传到南方，这里也常有戏班过往。光绪初年，慈溪出了一个京戏班，名叫春仙班。20岁的周慰堂偶然去看戏，不料一看便着了迷。从此天天晚上去看戏，自己也学着唱。日子一久与戏班里的人也混熟了，于是当上了戏班的义务工，从杂差到剧务样样干，再后来索性上台客串，从跑龙套到临时在大戏里顶角色。再后来，干脆跟着戏班走了。不久他在戏班里当上了"二路旦"，艺名金琴仙，并且跟班里一位艺名叫俞桂仙的演员结了婚。这件事在周氏宗族中引起很大的震惊。在那个时代，戏子是与娼妓并列的"贱民",而今这仕宦之后居然操此贱业,岂非大逆不道？于是族长召集会议,以缺席审判的形式,宣布把周慰堂和他的子孙逐出祠堂。

周慰堂夫妇随戏班漂泊到了苏北淮阴。在淮阴南门东虹桥头毗庐庵边的一间小屋里,周信芳出世了。那是 1895 年的 1 月 14 日。后来幼小的周信芳曾跟随父亲到慈城来耽过,但六、七岁时便出去唱戏了。

周慰堂对逐出祠堂这一不公平判决,一直耿耿于怀。后来周慰堂年岁日长,息影舞台,但周信芳却以麒麟童艺名走红申江,依靠他的包银积攒了一些钱,在周信芳 22 岁那年,周慰堂带了周信芳回到故里,要求进祠堂祭祖,原来的祠堂在西门周御史房。但被告之必须拿出三千块银洋作为修缮费,方能进祠堂祭祖。周慰堂一气之下,拂袖而去,他对儿子说:"等以后,我们自己出钱另外修建一座周氏祠堂！"

1925 年,周慰堂的愿望才得实现。其时周信芳已届"而立"之年,他们在县城鼎新路口购买了一块废地,化了五千银元建造了一座周氏祠堂全恩堂,并以周慰堂的名义立了重建全恩堂碑。那天举行了隆重的开祠仪式,周慰堂、周信芳父子穿着长袍马褂,执香祭祖,还演了三天的戏……

从故事回到现实,眼看这座富有戏剧性的祠堂,现在充当了一家商业公司的仓库,里面堆满了酒坛、酒瓶等。房屋已经破旧得摇摇欲坠,几处用了木撑加固。袁先生、傅先生告诉我,市政府有关部门已拨下专款,准备对这一区级文物保护单位加以整修。1995 年 1 月,宁波市政府还在慈城举行了周信芳诞辰 100 周年纪念大会。

从周氏祠堂出来,他们又陪同我去拜访了周信芳的侄子周亨宝。他今年 61 岁,他的儿子周志刚曾担任慈城镇的镇长。周亨宝回忆起当年与堂叔交往的情景,情绪十分激动。

慈城出了周信芳这样一个艺术界的伟人,这是慈城的骄傲。现在各地都开始重视塑造本乡本土的名人,建设自己的人文景观,这是很可喜的进步。我不禁记起了郁达夫题为《怀鲁迅》的文章中的一段话:"没有伟大的人物出现的民族,是世界上最可怜的生物之群；有了伟大的人物,而不知拥护、爱戴、崇仰的国家,是没有希望的奴隶之邦。"就把它抄录于此,作为这篇散记的结束。

(《解放日报》1996 年 8 月 3 日)

二二七

# 游鼓浪屿

到厦门游览的人,差不多没有不到鼓浪屿的。从厦门轮渡站乘上轮渡,越过七百多米的厦鼓海峡,即俗称的鹭江,十来分钟便可到达鼓浪屿。

还未上岸,首先映入眼帘的是鼓浪屿轮渡站的建筑。这座建筑十分奇特,其造型像一架三角钢琴。踏上小岛,一股花香扑鼻而来,这里的空气分外清新。在轮渡站近旁有一棵高大的老榕树,盘根错节,藤条流苏,如同老人的长须飘拂。一位导游告诉我们这棵树叫老爷爷树。他还可以为人看病,过去这里曾闹过麻风病,谁若要到人家去,人家先让他在榕树下面坐坐,如果他有这种病,或潜伏期,那么就会满身发痒,坐立不定,主人就不留客了。鼓浪屿总面积一点七七平方公里，人口二万四千，这里没有车马喧嚣之声，连自行车也不通行。整个岛屿是一个风景区，适宜于疗养。当然它也有闹市区，那就是从轮渡站进岛的那一段街市，饭店门口玻璃缸里养着各种鲜货，服装店里的时装吸引着如花的姑娘们，新华书店里熙熙攘攘。走过闹市，挤进窄窄的通道，它依山而筑，幽深曲折。两边合欢树，凤凰木绿荫如云，樱花灼如繁星，花木间掩映着一幢幢华丽的小洋楼，组成了一幅静谧雅致的画面。

适才在轮渡口见到了三角钢琴造型的建筑，进了岛，又见到一座更加雄伟的钢琴造型的建筑，这便是音乐厅。鼓浪屿岛虽小，却是著名的音乐之岛，在这里曾培育了林俊卿、殷承宗、施明新等一大批优秀的音乐家，国内外不少知名的音乐家都在这音乐厅演出过。这座小小的岛屿竟然拥有五百架钢琴。我们随时可以听到随风飘来的悦耳动听的肖邦的或是李斯特的钢琴曲，音符与花香交织成充满梦幻与诗意的馥郁迷茫的氛围，令人陶醉。地杰人灵的说法是有道理的。比如奥地利的维也纳就出了许多作曲家、音乐家，如海顿、莫扎特、贝多芬、舒伯特、施特劳斯、车尔尼等，而鼓浪屿可称是中国的维也纳。我不知道是不是海浪的涛声中潜藏着优美的旋律，还是迷人的静谧与花香易于孕育音乐的灵感？

鼓浪屿是一个岛，同时也是一座山，山上怪石嵯峨，造成洞壑，洞内海风扑面，涛声如同擂鼓，鼓浪屿因此得名。鼓浪屿的最高峰是日光岩，民族英雄郑成功曾在这里操练水师。上有一巨石，上书"鼓浪洞天"，"鹭江第一"。日光岩因日出第一道阳光照射此石而得名。岩石下是日光庙，香烟缭绕。旁边石上刻有"晃岩"两字，据说郑成功的母亲原是日本人，极其赞赏此石，便将晃字拆开来称为日光岩。明末清初，郑成功在此屯兵，操练水师，至今尚存有山寨的遗迹。在日光岩北麓建有郑成功纪念馆，生动地展现了郑成功的青少年时代以及驱逐荷兰殖民者、收复台湾等光辉业绩。循着石级登上最高峰，这里是鼓浪屿的制高点，环顾四周，旖旎景色尽收眼底。借着望远镜向东眺望，大小金门岛隐约在望。不禁使人平添对海峡彼岸同胞、亲人的相思之情，盼早日统一、团聚，这是海峡两岸同胞的共同愿望。

从日光岩南麓下山，便到了著名的菽庄花园。其格局有点像无锡的蠡园，不同的是蠡园濒临太湖，菽庄花园地处海滨。这个花园系台湾富商林尔嘉携眷避居鼓浪屿时建造。建筑构思独特，别具匠心。全园分为藏海、补山两个部分。园门内建一短墙，挡住游人视线，故曰藏海。园中有四十四曲桥，蜿蜒曲折，横卧海上。桥上有观钓台、渡月亭、千波亭及海阔天空迷石等景观，在一只亭中书有楹联，曰："长桥支海三千丈，明月浮空十二桥"，道出了景色的妙处。自山麓拾级而上是补山园，倚山建有十二洞天假山、洞室十二，上下盘旋，曲折互通，盘纡其间，妙趣无穷。无怪菽庄花园被称为厦门名园之最。

（《海南日报》海外版 1991 年 3 月 26 日）

二二八

# 探寻消失了的神秘王国

前不久，我有机会到宁夏银川等地进行艺术考察，对历史上一个神秘王国——西夏王朝的遗踪作了一番探寻。

西夏是公元十一世纪存在于我国西北地区的一个少数民族的封建王朝。它以羌族中的党项族为主体，鼎盛时期其疆域包括今宁夏、陕西、甘肃西北部、青海东北部和内蒙古的部分地区。党项族是一个骁勇剽悍的民族，西夏王朝军事上很强，与宋、辽鼎足而立，它与宋朝在经济、文化等方面关系密切，文化发展相当繁荣。西夏于1038年立国，建都兴庆府（今银川东南），1227年被蒙古灭亡，历时189年，即北宋景祐五年至南宋宝庆三年，共历经了十代皇帝。

我在去宁夏之前就知道著名的贺兰山就在银川市的西北部，那里还有着西夏王陵的遗存，这引起我极大的兴趣。所以一到银川我就迫不及待地奔贺兰山。贺兰山位于银川市的西北部，由东北向西南斜贯于银川平原和阿拉善高原之间，南北长200多公里，东西宽15.5公里，海拔2000米以上，最高峰为3500余米。其山势险峻巍峨，为天然屏障，因山脉形如骏马，蒙古语中贺兰即骏马之意，故而得名。我们从银川市区驱车飞驰在宽阔的公路上，路两旁是成排的胡杨树和白杨树，白杨树的树叶绿黄相间，在阳光下金光闪烁，这使我想起了茅盾先生的散文《白杨礼赞》，他写的就是西北黄土高原上的白杨。渐渐我看到了远处蜿蜒的贺兰山山影，岳飞《满江红》中"驾长车，踏破贺兰山缺"的词句突然在我脑海里跳出。驱车共约40分钟，来到贺兰山的东麓，当我真正走近贺兰山，心中顿时升腾起一种苍茫寥廓的感受。

这里就是西夏王陵的所在。这是在山巅岗阜之下的一片广袤宽阔的洪积扇地带，南北长10公里，东西宽5公里，总面积达50平方公里，海拔为1100—1200米。皇家陵园内现存九座帝陵，均为坐北朝南，按左昭右穆（父为昭，子为穆）次序排列，形成东西两行，显得庄重严整，恢宏壮观。在九座帝陵周围还散落着200余座皇亲贵戚、王公大臣的陪葬墓。在陵区北端和东部边缘还发现了陵邑的遗址和窑坊的遗址。西夏陵仿唐、宋帝陵形制，又具有西夏独特的建筑风格，它是我国现存规模最大、地面遗迹保存最完整的帝王陵园之一，有人曾称它为"中国的金字塔"。

西夏王陵中规模最大的是西夏开国皇帝元昊的寝陵泰陵，俗称昊王坟，考古调查时称为3号陵，如今已向公众开放。元昊是个很有传奇色彩的人物。他是太宗李德明之子，小名嵬理。据史书记载，他身高5尺余，圆脸高鼻，性情凶残，但有雄才大略，不仅有武艺，且擅长绘画，通晓佛经和蕃汉文字。他多次带兵攻夺宋朝城池，24岁时被立为太子。当太子时就雄心勃勃，劝其父背宋自立。1032年，李德明去世，元昊即位，他首先取消了唐、宋所赐姓氏，更号嵬名氏，1038年正式称帝建立大夏国，并建立起独立的政治体制。他与宋朝或战或和，千方百计扩展疆域。他在位17年，终因夺子宁令哥妻，被宁令哥所弑。元昊生前就调集民夫为他修造陵墓。

我们沿着一条宽阔的古砌通道走向陵区，在蜿蜒横空的贺兰山背景下，广阔的荒原上，一座高大的圆形陵墓突兀矗立于眼前，置身此间，一种"大漠孤烟直，长河落日圆"的苍凉感和"念天地之悠悠"的沧桑感油然而生。泰陵的陵台是棱锥形密檐式建筑，八面七级，现残高22米，周长12米。西夏陵与埃及金字塔的不同之处在于，埃及金字塔用石块砌成，墓内有墓室和通道，而西夏陵则是用黄土密实夯筑而成，为夯土实心砖木混合结构，夯土台还有椽洞可见。这种夯土建筑技术前所未有，可称是党项族的一大创造。西夏陵的陵台是实心的，墓室建于陵台以南10米处的地下，现在我们还可以看到墓道的出口。

泰陵陵园规模宏大，从外到内，由阙台、碑亭、月城、内城等部分组成。最南端有两座阙台分列两侧，向北是东西两座碑亭，碑亭之北是呈东西长方形的月城，城郭中间有御道，左右原树有石像，再向北才是四面由须弥座式的神墙围绕的陵城，呈南北长方形，四角建有角阙。进陵城，有献殿，乃祭祀祖先的所在。献殿与陵台之间有一条用砂石填成形似鱼脊的墓道封土，墓道约长 50 米。泰陵历经千年风雨,地面建筑已遭严重破坏,但陵园的阙台和陵台基本完好,陵城神墙门阙、角台大部尚存,为后世人留下了历史的奇观。

我们又驱车向北,来到贺兰山风景区。在拜寺口瞻仰了对峙耸立的双塔,途经苏峪口国家森林公园,见到层峦叠嶂之间,成片成片葱绿茂盛的原始森林。然后,来到贺兰山口内。这里山崖耸立,峡谷中山泉淙淙流淌。在峡谷两岸约 600 米长的山崖石壁上,分布着千余幅岩画,这是岩画最集中的所在。岩画乃绘制或凿刻在岩石上的图画,贺兰山这些岩画大多为史前时代先民的作品。它们大多描绘放牧、狩猎、征战、舞蹈、祭祀的内容,是当时先民游牧生活的反映。画中除了人以外,有马、羊、鹿、犬、虎、狼等各种动物,还有日、月、星、辰的图像符号。我看到一幅岩画,画有一个人形,他的后面有三只羊,显然是一幅放牧图。还有一幅,画的中间是一匹高大的马,马上有一人形。还有一些画非常抽象,在贺兰山口高高的岩崖上,有一幅后人称之为太阳神的岩画,画中一个浑圆的人脸,双目圆睁,其头上有毫光四射,这可能是当时先民对太阳神崇拜的图腾。还有一幅人面像,其左边刻有西夏文题记,这五个西夏文,翻译出来是"正法昌盛能",意思是"能昌盛正法"。同行的一位考古专家认为,从刻痕观察,西夏文题记远远晚于人面像,可能题记是西夏人后来加刻上去的。这些岩画内容丰富,形式多样,有的逼真,有的抽象,充分显示出先民们原始艺术的创造才能。现在则成了贺兰山一道独有的文化风景线。

银川别称凤凰城,是一座历史悠久、风光美丽的文化古城。它西倚贺兰山,东临黄河,坐拥银川平原,素有塞上江南之称。在这里,处处洋溢着一股浓郁的西域风情。早在公元五世纪五胡十国时代,匈奴族人赫连勃勃就在这里建大夏国历经十代,营造著名的丽子园。唐高宗仪凤三年(678)又在此间建怀远城。公元 1038 年,北宋景祐五年,党项族首领元昊建立西夏国,以兴庆府为国都。城市建筑仿唐宋都城,纵横方整,呈棋盘格局,具有相当的规模。西夏建立后,因信奉佛教,更是大修寺庙与佛塔,其境内塔寺林立。考察期间,我在银川市内及邻近地方观赏了许多名塔。市内最著名的莫过于海宝塔和承天寺塔。海宝塔,又名赫宝塔,因在银川市北郊,故俗称北塔。海宝塔修筑年代久远而难考,相传公元五世纪由赫连勃勃重修,清代因地震破坏再行修建。塔身为砖砌楼阁式建筑,十一层,高约 54 米。平面为方形,每边正中有券门,略向外凸出,呈亚字形。其外形线条明朗而丰富,棱角分明,姿态秀丽,为全国数千座古塔中所独有。塔室为方形,有木梯可盘旋登九层高处。1963 年董必武曾登塔并赋诗一首云:"银川北郊赫连塔,高势孤危欲出云。直以方形风格异,只缘本色火砖分。"

承天寺塔坐落在银川市西南承天寺内,俗称西塔。公元 1050 年,元昊去世,其子谅诈刚满周岁即继王位。皇太后没藏氏为保佑谅诈"圣寿无疆",历时五年建成承天寺和承天寺塔。原塔毁于清乾隆年间大地震,现为嘉庆年间重修,基本保持原貌。由前后两个院落组成,前院是五佛殿、承天寺塔后院是卧佛殿。承天寺塔是一座八角形楼阁式砖塔,十一层,逐级收分,立体轮廓呈锥形,塔高 64.5 米为塔中之首,尤显挺拔秀峭,塔室呈方形,为厚壁空心式木板楼阁结构,顶端是绿色琉璃瓦覆盖的桃形尖顶。此乃古时宁夏八景之一的"梵刹钟声"。当我顺木梯盘旋而上,登上塔顶,俯瞰银川全景,巍峨的贺兰山,滔滔黄河水及繁华的市井景象尽收眼底,顿觉心旷神怡。此外,还有贺兰山东麓拜寺口双塔、拜寺沟方塔、宏佛塔等。大多为密檐式的砖塔。

在离银川 70 多公里的青铜峡市峡口山黄河西岸的陡峭山坡上,我还参观了著名的一百零八塔。这是一个巨大的塔群,依山势从上到下按一、三、五、七奇数排列成十二行,呈等腰三角形。它吸收藏传佛教的形制为覆钵式,由基座、塔身、塔刹组成,塔身是内为土坯、外裹砖石实体的结构。塔群最高端的一座鹤立鸡群,塔高 5 米,其他的塔高在 2.5 米到 3 米之间。一百零八塔始建于西夏,明清两代多次修复。1987 年宁夏文管会又作了全面维修。佛教认为人生有一百零八种烦恼,建塔一百零八座含有解除烦恼之意。这是我国现存规模较大、结构完整的古塔群之一。

看宁夏的古塔,基本上都是砖塔,形姿质朴浑雄,与江南那种飞檐翘角的砖木塔如杭州的六和塔、苏州的北寺塔相比,显示出鲜明的西部风格。

西夏王朝虽然地处西北边鄙,但它与中原联系密切,它又是佛教兴盛之地,河西走廊地区更是藏传佛教东传的主要途径,西夏深受唐、宋文化的影响,深受宗教和地域的影响,其文化艺术就极其繁荣。随着考古发掘事业的推进,越来越多的西夏文物和艺术珍品走出尘封的历史而现身于世,它们使世人惊奇和赞叹不已。西夏博物馆、青铜峡文物陈列室等处所展示的琳琅满目的珍贵文物,就足以使我们流连忘返了。

西夏王朝还留下了许多绘画、雕塑、陶瓷、迦陵频加等艺术瑰宝。在宁夏回族自治区博物馆和西夏博物馆等处,我有幸观赏到许多珍贵的文物和艺术珍品。鎏金铜牛是一件十分令人瞩目的文物。它出土于西夏王陵的陪葬墓,长 1.2 米,宽 40 厘米,高 45 厘米,重 188 公斤。牛作平卧姿势,其首微昂,双角弯曲斜竖,两目圆视,形态传神。其背脊线条流畅而有张力,显示出牛的强健和活力。铜牛通体鎏金,色彩亮丽,厚壁空心。可见西夏在金属铸造工艺方面的高超水平。这是一件国宝级的文物。出土于 6 号陵的石质雕龙栏柱也是一件罕见的珍品。它乃建筑上的护栏,呈灰白色,两条蟠龙一上一下在云海中翻腾戏珠,通体圆雕,雕工精致,形态生动。还有出土于 6 号陵的琉璃鸱吻。这是屋脊的饰物,高 88 厘米,宽 60 厘米。鸱吻绿釉光亮,色彩艳丽,鸱口开张,獠牙外露,身上的鳞片以及背鳍、尾鳍饰线清晰,勾勒细致,令人拍案叫绝。另外如在莫高窟、安西榆林窟保存有许多西夏时代的壁画,这些壁画远宗唐法,又妙能自创,在构图、造型、线条、敷彩等方面,形成了自己独特的民族风格。在内蒙古额济纳旗黑水城遗址也出土了许多佛经、唐卡、文献等,都是稀世的珍宝。这些文物都充分展现了西夏王朝的灿烂文化。

银川存留许多历史文化的遗迹,同时它又是一个繁华的现代化城市,现代都市的旅游项目也很丰富。走在银川的街头,古建筑与现代建筑相映生辉。玉皇阁、鼓楼、南门楼,雄伟古朴;而新建的民族团结碑高高耸立,这座钢筋混凝土结构的建筑通高 20 米,主体为两根分别为淡红色和淡绿色的方形水泥柱,顶端相连,犹如一座狭长的拱门。拱门顶部两柱的内壁,各有回族和汉族的"飞天"少女,她们伸手托住一个红蓝相间的球,碑的半圆形的顶上,屹立着银川的标志——一只 3 米高的不锈钢铸凤凰,象征着银川这一现代化城市各民族的团结和经济的腾飞。入夜,解放西街、步行街,霓虹灯璀璨闪烁,流光溢彩,生动地显示出城市改革开放的活力。

那天,我在街头看到一幅介绍沙湖旅游区的大幅广告,引起了我的游兴。于是又去了一趟沙湖。我走近沙湖,首先看到的是近岸的湖面上一簇簇碧绿而茂密的芦苇丛,这在别处从未见到过。我登上快艇,快艇穿过芦苇丛,飞驰在宽阔的湖面上,湖上烟波浩渺,浮光耀金,远处连绵的贺兰山脉在湖中映出楚楚倒影。快艇驶至对岸,我离舟登岸,举目看去,只见湖南面是一片广袤的沙漠。几头骆驼在沙丘上,有的站着,有的半卧着,有几位游客骑上骆驼在沙漠中跋涉,优哉游哉。我走在沙坡上,脚下松松软软的很觉舒坦。那边正在举行国际沙雕展览,我参观了《长城》等沙雕作品。这时,湖面上飞过一群鸥鸟,原来湖东面是一个候鸟的栖息地。这里的沙、水、苇、鸟、山五大景观交融一处,融大漠风光和江南水乡情韵于一体,游人无不叹为奇观。据说沙湖已被列为全国 35 个王牌景点之一,还被国际旅游局评为首批 AAAA 级旅游景区。看来,到了银川如果不游沙湖,也将是一件憾事。

我在探寻这消失了的神秘王国的过程中，常常感到好像在亲手触摸着历史刻下的纹理，由此而生出良多的感慨。任何艺术都不能离开它所生长的民族、地域、时代以及它所处的广阔的文化背景；而我国又是一个多民族的国家，各个民族都有其独具风采的文化和艺术，众多民族的发展历史，才汇集成一部绚丽多彩的中华文明史。

2002 年 10 月 20 日于上海

二二九

# 寻访孙中山在澳门的踪迹

前不久，很高兴有机会到澳门考察和采风。因为很早就听说孙中山先生曾在澳门行过医，进行过革命活动，与澳门有着密切关系。所以，这次到澳门，就专诚对中山先生在澳门的踪迹作一番探寻。

孙中山先生 1866 年出生于广东香山县的翠亨村，而此村正好与澳门毗邻。孙中山的父亲孙达成早年曾在澳门板樟堂街一家外国人开的鞋店里当伙计，还在澳门学过裁缝。孙中山 12 岁时第一次随母亲去美国檀香山探望他的兄长，就是先到澳门，再转道香港去檀香山的。澳门给少年孙中山留下了深刻的印象，他后来曾回忆说："始见轮舟之奇，沧海之阔，自然是慕西学之心，穷天地之想。"1883 年孙中山自檀香山回国。同年，他又经澳门到香港求学。他先进香港中央书院，后转香港西医学堂。几年间，他不仅以澳门为往返香港与翠亨村的中转之地，而且还经常留居于澳门。当时，康有为在澳门创办了《知新报》，宣传维新变法，新思潮在此非常活跃。孙中山的同学杨鹤龄家住澳门水坑尾巷口 14 号，孙中山和杨鹤龄、陈少白、尤列等志同道合的学友常在澳门聚会，议论时政，针砭朝纲。杨鹤龄的住处就是他们聚会的场所。时人戏称他们为反清"四大寇"。

1892 年，孙中山从香港西医学堂毕业，应澳门士绅何穗田等人的邀请，于 9 月来到澳门，在镜湖医院担任新设立的西药局首任义务医席。原先镜湖医院只有中医，从此开创了西医。所以孙中山是澳门第一位华人西医。

我在澳门市中心东北隅的镜湖马路上寻访了著名的镜湖医院。它始建于 1871 年，是澳门华人建立的第一所医院，也是华人最早的民间慈善团体。现在我们看到的是近年重建的建筑，它由 8 层 A 座医院大厦和 5 层 B 座大厦组成，现已成为全澳现代化程度最高的一所医院。在医院大门口矗立着孙中山先生的全身铜像，门边的对联为："一脉分来莲花秀，万株移到杏林春"。在医院大厅楼梯口墙上镶嵌着一方 1999 年所立的《医务大楼碑志》，其中有这样的文字："镜湖医院慈善会顺民而生，自公元 1871 年创办至今，凡百廿八载，博施济众，救死扶伤，善举为民，在澳门各界人士关心支持下，荣而不枯，日益发展，建树卓著。"由此为民可以了解医院光辉历程之一斑。19 世纪 50 年代以来，澳门沦为葡萄牙的殖民地，华人地位低下。后来一批华商势力兴起，他们看到澳门竟无一家华人的医院和慈善机构，于是发起筹建。当时有沈旺、曹有、王禄、德丰等人向香山县政府申请拨地，后获准在三巴门外沙岗山边建造医院，葡当局也答应不干涉医院事务。1871 年正式建起，并命名为镜湖医院。此后，它一贯致力于澳门及内地的慈善和救护工作,在澳门民众中享有很高的威望。

孙中山来到镜湖医院后,以义务医席行医,后在商业中心草堆街 80 号开设了中西药局,又在议事亭前地 14 号行医,称为"孙医馆"。孙中山医术高明,特别擅长外科和治疗肺病。孙先生医德高尚,他为病人诊治认真细致,穷人前来看病,不但分文不取,还赠送药品。没有多久,便声名鹊起,每天到镜湖医院或孙医馆的求医者不计其数。当时报载:孙逸仙"在镜湖医院赠医,不受分文,以惠贫乏",因此获得"镜湖耀彩"的美誉。孙中山在澳门一方面行医济世,一方面从事革命活动,宣传革命思想。他与葡人印刷商飞南第合作创办了《镜湖丛报》,在报纸上发表了大量抨击时政的文章。

孙中山在澳门行医,受到在澳葡医的嫉妒和排挤,1893 年,孙中山被迫离开澳门,到广州行医和从事革命活动。

澳门不仅是孙中山早年行医的地方,而且在他以后的革命生涯中,澳门也是他活动的阵地和他家人栖息的所在。我在澳门瞻仰了孙中山纪念馆之后,对此有了更深的认识。孙中山纪念馆(又名国父纪念馆)坐落在文第士街,对面是风景秀丽的松山。纪念馆是一座三层廊沿式欧陆风格建筑。孙中山始建于 1918 年,供原配夫人卢慕贞和家人居住。1930 年,对面松山边的澳门军火库失火爆炸,孙中山故居也被殃及毁坏。中山先生的哲嗣孙科时任广东省民政厅长,在澳门政府赔偿款之外,添加 9 万银元,在原址上改建成今天这样的规模。卢慕贞即定居于此,孙科来往澳门,孙科的小妹妹孙琬与其夫也长期在澳门居住。卢慕贞太夫人于 1952 年 9 月 7 日辞世。1958 年 4 月,孙中山故居即改为国父纪念馆对外开放,供中外人士参观瞻仰。

走进纪念馆,一楼正厅里端放着孙中山的半身塑像,两边是中山先生所写的楹联:"养天地正气,法古今完人。"一楼、二楼陈列有中山先生一生为革命奔波的光辉史迹。孙中山于 1895 年 10 月广州起义失败后,从澳门经香港流亡海外。1911 年辛亥革命胜利时,孙中山最早革命活动所在——澳门濠镜阅书报社首先升起革命旗帜,全澳立即响应。1912 年至 1913 年,中山先生两次访问澳门,曾下榻于卢廉若先生的卢园春草堂。其后几年间,中山先生还指令朱执信、孙科等人在澳门组织讨伐袁世凯求统一等革命活动。纪念馆保存了先生的书籍、信函、手迹、与革命烈士的合影,还有先生在澳门行医及在广州出任大元帅时用的家具和物品,资料极其丰富而弥足珍贵。二楼靠南一侧为卢太夫人的居室,仍按原状陈列。纪念馆侧的花园里树立着一座孙中山先生的铜像,这是中山先生的日本友人柏屋壮吉所赠,由日本雕塑家牧田祥哉制作。

在澳门西北角的关闸附近,我去游览了纪念孙中山市政公园,这座公园规模宏大,绿荫掩映,占地达 7 万平方米之多。它与珠海拱北隔河相望。入口处铸有孙中山身着西装,握持手杖的全身铜像,塑得气宇轩昂。公园景观分两个部分,东北部为中式园林格局,曲池亭榭,小桥迂回;西南部是西式设计,有多种体育设施和温室花卉,中部是儿童游乐场。园内还有大片绿化区、露天剧场、游泳池等,一条 500 米的回廊,把园内主要景点连成一气。这里设施齐全,是市民休闲的绝佳之处。可以说,在澳门,处处能感受到澳门人民对孙中山先生的深深的敬仰和缅怀之情。

(《人民日报》海外版 2004 年 12 月 24 日)

# 二三○

# 大三巴

今年 7 月 15 日,在南非德班市举行的第 29 届世界遗产委员会大会上,"澳门历史城区"被一致通过,列入"世界遗产名录",成为中国第 31 处世界遗产。澳门历史城区包括 20 处历史建筑和 7 个广场空间,有著名的妈阁庙、大三巴牌坊、东望洋炮台、议事亭前地等。它鲜明地体现出中西方文化交融的特色,具有极高的文化价值。其中的大三巴更是一处具有特殊魅力的景观。有的朋友说,你到了澳门,如果不去游览大三巴,那么等于没来过澳门。这话确有道理,因为它既是澳门古迹的象征物,也是现今澳门的一个标志。

如果从议事亭前地步行过去,走过商铺林立的三巴街,拾级登上 68 级石阶,那么就能见到一座高大雄伟的牌坊耸立在眼前,这就是大三巴牌坊。

说是牌坊,实际上它是一座教堂残存的前壁。这座教堂名为圣保禄教堂,三巴即是"圣保禄"的译音。葡萄牙人信奉天主教、基督教,他们到了澳门后就广建教堂。圣保禄教堂建于一个高坡之上。由一位意大利籍的耶稣会神父周秀设计,由日本的教徒、工匠精雕细琢地施工。1602 年奠基,1637 年竣工。教堂的中心是个大圆顶,整个建筑融合了欧洲的巴洛克建筑风格和东方的建筑特色。据考古证实,原圣保禄教堂内部有三个大殿,装潢精美,三座祭台均白石铺就,并有钟楼和天台建筑。圣保禄教堂建筑中西合璧,规模宏大,当时被称为亚洲第一的大教堂。清人印光任、张汝霖合著的《澳门纪略》称它为三巴寺,说该寺"依山为之,高数寻,屋侧启门,制狭长,不作雕镂,金碧照耀,上如覆幔,旁绮琉璃丽。……上有楼,藏诸乐器,有定时钟,巨钟覆其下,立飞仙台隅,为击撞形,机转之,按时发响"。迹删和尚写有《三巴寺诗》云:"暂到殊方物色新,短衣长帔称文身。相逢十字街头客,尽是三巴寺里人。箬叶编成夸皂盖,槛舆乘出比朱轮。年来吾道荒凉甚,翻羡侏离礼拜频。"

圣保禄教堂设有圣保禄学院,这是澳门,也是东方最早的一所西式高等学府。它开设的主修课程有哲学、神学、汉语、拉丁语、修辞学、音乐、数学、天文历学、物理、医学等,在这里任教的教授,不少是著名的学者,如孟儒望、艾儒略等。

1835 年,圣保禄教堂遭遇了一场大火,整幢建筑几乎付诸一炬,幸好教堂中最可珍贵的前壁得以保存。因其状似中国的牌坊,故称大三巴牌坊。其间经过数度修葺,现今仍然巍然屹立在山坡之上。

大三巴牌坊总高 27 米,宽 23.5 米,共分 5 层,呈仓谷形,由左右九纵叠柱图案组成。底层有左、中、右三个门洞,人们可以由此进入观瞻,中间门洞上方门楣刻有葡文"圣保禄教堂"字样,两侧门楣分别刻有耶稣会标记,下半部为弘扬教义,象征天主力量的人物雕塑。第二层也有三个门洞,门洞边设有四个壁龛,雕刻着耶稣会四位圣人的塑像。第三层,正中壁龛里安放着童贞圣母的铜像,旁边以牡丹和菊花围绕,前者代表中国,后者代表日本。圣母像左右刻有海兽、海船、骷髅和圣母征服魔鬼等图案。第四层,中间的壁龛里刻有耶稣圣婴的铜像,像的旁边刻有用以钉死耶稣的工具。第五层是一个三角形的屋顶,墙壁正中是一只铜鸽,旁侧围有太阳、月亮和星辰的石刻。屋顶上高立着十字架。细细品味这些雕塑图案,无疑昭示着这是一座得胜的殿堂,圣主在天上支配着整个地球。

大三巴虽是一座西式建筑,但也融进了东方艺术的特色,如前面提到的牡丹、菊花。在牌坊左右前方原来还有石旗杆夹,现尚存右边一个,这显然沿用了中国建筑的常用手法。牌坊上的雕刻也采用中国式的左右对称手法。第三层还刻有分列左右的两行汉字"念死者无罪"、"鬼是诱人为恶",颇像中国的对联。牌坊第二、第三层左右两边还都刻有狮子的雕像,与中国寺庙门前左右对称的石狮相仿。所以说它是中西合璧,并非虚言。

如今大三巴牌坊后边的墓室里,存放着 17 世纪一些日本和越南殉教者的骸骨,墓室旁边是天主教博物馆,展出从澳门各教堂和修道院藏品中精选出来的宗教画、雕刻、礼仪装饰品等,极具历史价值和欣赏价值。

在澳门,我还听到一些有关大三巴的趣闻。曾受到明万历帝召见的意大利著名传教士利马窦,早年就在圣保禄学院学习中文。他在广东肇庆"仙花寺"传教时,身穿僧袍,头戴僧帽,手拿念佛珠,口称"阿弥陀佛",人家称他假和尚。他还以自鸣钟、时晷、浑天仪三件"宝物"吸引中国官员和百姓。1600 年,已经考上举人、在上海、两广教书的徐光启在南京认识了利马窦。那时利马窦已被任命为耶稣会中国传教会会长。利马窦的科学仪器引起了酷爱科学的徐光启的浓厚兴趣。利马窦看徐光启有志学习西方文化、科学,就介绍他到澳门大三巴教堂去学习天主教教义和西方文化科学知识。徐光启在圣保禄学院如饥似渴地学习拉丁文、数学、天文历学、物理等。1604 年,他到北京会试,中了进士,在翰林院庶吉士学习三年,接着任翰林院检讨。1607 年起,他与利马窦合作翻译了《几何原本》、《测量法义》、《西国记法》等科学著作,徐光启还撰写了《测量异同》、《农政全书》、《崇祯历书》等重要著作,终于成为中国第一位著名的科学家。徐光启历官晚明四朝,官至礼部尚书、文渊阁大学士。想不到,徐光启与大三巴还有这样一段不寻常的因缘呢。

(《人民日报》海外版 2005 年 8 月 29 日)

二三一

# 妈阁庙掠影

今年 7 月,在第 29 届世界遗产委员会大会上,"澳门历史城区"被一致通过,列入"世界遗产名录",成为中国第 31 处世界遗产。澳门历史城区包括 20 处历史建筑和 7 个广场空间,有著名的妈阁庙、大三巴牌坊、东望洋炮台、议事亭前地等。它鲜明地体现出中西方文化交融的特色,具有极高的文化价值。其中妈阁庙是澳门最著名的景观。

妈阁庙坐落在澳门南面的妈阁山的山坡上,背山面海。妈阁庙也称妈祖庙、妈祖阁、天后庙。妈祖、天后是海上的保护神,关于她,有这样的传说:说天后是一位名叫林默的女孩,她于宋太祖建龙元年(公元 960 年)出生于福建莆田一个渔民家庭,父亲叫林原。林默童年时就显过几次奇迹,她的灵魂能离开肉身。有一天林默在梦中看见她的父亲及兄长出海打鱼遇到了风暴，渔船沉没，危在旦夕。林默立刻前去拯救他们，她救起了她的兄长们，最后当她准备营救唯一尚未脱险的父亲时，被她母亲从睡梦中唤醒。林默只活了28岁，就去世了。她去世后，在渔民和海员中到处传扬着她在暴风恶浪里救人的故事，渐渐渔民们都在渔船上安放林默的神像。到明代，她被晋封为天后，闽语称妈祖或娘妈。东南沿海的福建、广东、台湾、香港、澳门，以及一些东南亚的国家都有供奉天后的庙宇，有的称天后庙，有的称妈祖庙，也有称天妃宫的。每年农历三月二十三为天后的生日，在澳门天后诞生纪念日期间，要举行大型的文化和祭祀活动，包括向信众提供食用斋菜，以及连续三天的神功戏。

　　澳门的妈阁庙始建于明朝弘治元年(1488)，至今已有500多年的历史。它是澳门最古老的庙宇之一。清人印光任、张汝霖在《澳门纪游》一书里云："妈祖阁，一山酋然，斜插于海，磨刀犄其面，北接蛇垳，南直澳门，险要称最，上有天妃宫。"还有一个传说，在400多年以前，葡萄牙人最初登上澳门时，不知道这个风景优美的半岛是什么所在，指着妈祖阁问当地人，当地人就说这是妈阁。葡萄牙人以为这个岛就叫妈阁，于是称澳门为MACAU，或称马高。澳门的葡文名称就是由此而来的。闻一多先生写的组诗《七子之歌》第一首《澳门》写道：

　　　　你可知道"妈港"不是我的真名姓？
　　　　我离开你的襁褓太久了，母亲！
　　　　但是他们掳去的是我的肉体，
　　　　你依然保管着我内心的灵魂。
　　　　三百年来梦寐不忘的生母啊！
　　　　请叫儿的乳名，叫我一声"澳门"！
　　　　母亲！我要回来，母亲！

《七子之歌》写于1926年，闻一多对澳门、香港、台湾、威海卫、广州湾、九龙、旅顺大连七个被帝国主义霸占的祖国宝地，进行哭诉，要求回到祖国怀抱。毛泽东读到后，称赞闻一多"表现了我们民族的英雄气概"。后来闻一多这首诗一直在澳门和祖国的民众中广为传诵。

　　妈阁庙沿崖而筑，飞檐画栋，古朴而庄严。走近庙门，一对雕工精美的石狮子分列两边，传为300年前清人的杰作。抬头可见庙门上端镏金楷书"妈祖阁"的横额。进庙门，入牌坊，即是一个石窟，人们称它为石殿。殿门上石顶已被香火熏黑，依稀可辨横额勒石"神山第一"的字样。石殿内供奉天后石像，两边的楹联是：

　　　　显迹湄洲山三十六天齐胜概
　　　　流芳东粤甸百千万载壮威光

　　进庙门朝右走，就到了妈祖阁的大殿，侧门上书"正觉禅林"四字。大殿前方的圆形门洞外墙也嵌有一副对联，云：

　　　　春风静秋水明贡士波臣知中国有圣人伊母也力
　　　　海日红江天碧楼船凫浮涉大川如平地唯德之休

大殿里供奉着天妃娘娘,左边龛内供奉韦陀菩萨,右边神龛供奉地藏王菩萨。在大殿外侧墙壁上竖有一大理石碑,横勒书有"妈祖阁五百年纪念",为当代书法家启功所题,碑石建于1984年。

走过庭院,沿着山麓的石阶小径拾级而上,就到了建于山岩巨石之间,就石窟凿成的弘仁殿。它约建于明孝宗弘治元年(1488),是妈祖阁各座建筑中历史最悠久的。此殿飞檐翠瓦,色彩斑斓,殿门刻联,曰:

圣德流光莆田福曜
神山挺秀镜海恩波

是颂扬天后美德的。殿内正中供奉着天后娘娘,四壁雕刻着海魔神将的像。

观音庙位于庙的最高处,阁中供奉观音大士。

妈祖庙内保存有许多文物古迹,其中洋船石、海觉石、蛤蟆石被称为"三奇石"。洋船石上刻有一艘中国古代出洋的三桅海船,上了漆油,显得色彩鲜艳,形态精致,上书"利涉大川"四个大字。传说娘妈曾乘此船自家乡出海,经历狂风巨浪,平安抵达澳门。在娘妈角左,有海觉石,壁立数十丈,墨书"海觉"二字,字径逾丈,蔚为壮观。蛤蟆石则在庙门前,形状椭圆,颜色青润,每当风雨潮汐,则发出咯咯的声响,犹如蛤蟆鸣叫。相传蛤蟆石上刻有"妈祖阁渡头",说葡人初来澳门,就在此登岸,也就是把妈阁,误听为马高的所在。妈阁庙山间还布满了摩崖石刻,如出自李谦堂手笔的"太乙"石刻,还有潘仕成的石刻诗文"欹石如伏虎,奔腾有怒龙,偶携一尊酒,来听数声钟"。潘仕成,广东首富,官至布政使,1844年,他随钦差大臣耆英等来到澳门,与美国政府代表签订不平等的《中美望厦条约》,签约后,这些人同游妈阁庙,写下了这首诗。刚刚签订了丧权辱国的条约,居然能写出如此心平气和的诗来,令人匪夷所思。

澳门是中西文化交融的地方,一方面天主教、基督教的教堂林立;另一方面妈阁庙的香火又十分鼎盛,由此即可见其一斑。

(《人民日报》海外版2004年12月15日)

二三二

# 银座一瞥

我每到一个城市总要去市中心最繁华的街道倘佯一番,一是观瞻市容,二是领略一下"都市派的浪漫"。比如在上海常去逛南京路,到北京就逛王府井,到了日本东京,也趁便去逛了一次银座大道。

银座大道北起京桥,南至新桥,全长将近1.5公里,把一丁目到八丁目之间紧相连接,故有"银座八丁"之说。以银座为界,又分为东银座与西银座。这是东京最繁华的街道,一向被称为"东京心脏"。平日车水马龙,川流不息,只有星期天、节假日规定下午一时至七时不准车辆通行,成了"步行者天国"。我和我的朋友就挑了一个星期天的下午去逛银座。由于没有机动车辆的喧嚣与干扰，人们可以自由自在地游逛。大道中央还临时搭起一个个露天的排档，供应饮料、小吃。我们来到这里，只见衣着鲜艳的青年男女，步履蹒跚的老者，活泼蹦跳的孩子，他们或游逛，或聊天，或戏嬉玩耍，呈现出一派热闹而又悠闲的气氛。

银座是东京的购物中心，大街两旁百货公司、商店栉比鳞次。这里以高级商店与名牌老铺为主，巨大的橱窗里陈列着流行时装、金银珠宝、钟表、皮鞋及各种装饰品、艺术品，真是琳琅满目。那色彩鲜艳、设计奇特的广告更是叫人目不暇接。三越、松屋、松板屋、高岛屋等大百货商厦，历史悠久，规模宏大，是时尚与豪华的标志。御木本珍珠店、天赏堂珠宝店、资生堂化妆品店等都是有名的商店。这里还有几十家特色商店，这些店规模不太大，以专营某项传统的独特商品而驰名，我们到专制和服的新松店看了一下。银座各种门类的商店都有，可说是一个花色繁多、品种齐全的商品世界。银座经营的商品大都是高档品，也就是我们现在常说的精品，价格十分昂贵。同样一件商品，放到银座出售，价格就要翻番。一般日本工薪阶层的人是不敢问津的。银座是富商阔佬、上层人上的销金窟，一般来银座的人只是个观光者而已。

我们又看到，日本最大的报馆《读卖新闻》、《朝日新闻》等都集中在银座。而在银座大道的后街则集中了许多饭店、酒馆、小吃店、酒吧、舞厅、夜总会。据说单酒吧、舞厅、夜总会就有千把家。日本的饭馆叫料亭。据说不少料亭有政治家做后台，他们也利用料亭进行政治活动，所以日本流行着"料亭政治、霞关外交"的说法（霞关是日本外务省的所在地）。料亭有专作活鱼的，专作河豚、鳗鱼的，也有专作荞麦面条的。除日本料理外，还有中国、法国、意大利、德国等各国的菜肴。美食家可以品尝到各地的风味。料亭、小吃店既有昂贵的高级筵席，也有比较便宜的大众菜点。各种层次的消费者可以各择所需。

我曾经听说银座还有几座石碑，于是就去寻访。在二丁目番地的人行道边见到一座镌有"银座发祥地银座役所迹"的小石碑。据传说，古代银座一带是一片海洋，德川家康填海之后逐渐成陆。德川幕府时在这里设立了铸造银货币的银座役所。原来银座的名称就由此而来。在一丁目，我们又见到一座"炼瓦银座之碑"。这是因为明治五年（1872）东京一场大火，银座化为灰烬，当局动用国库在这里用砖砌起一排排二层楼的商店，形成一条砖建的新型商业街，为后来的繁华奠定了基础。"炼瓦银座"即砖砌银座的意思。在石碑旁还伫立着一杆煤气灯，这是当时的遗物，现在成了银座发展史的活见证。

逛商场，看热闹，访碑文，一幌半天过去了。我们找了一家小吃店，要了几个普通的菜肴和饮料，慢饮细酌起来。这时夜幕渐渐降临，举目窗外，华灯初上，霓虹灯五光十色，闪闪烁烁，这灯的海洋映红了整个夜空，真是一个不夜城啊！

（《海南日报》1992 年 9 月 3 日）

二三三

# 京都遐思

在一个风和日丽的春日，我有机会到东邻友邦日本访问。在经过了东京、横滨等现代化的城市的繁华喧闹之后,再来到日本有名的古城京都,使我感到分外的静谧安详。

不知怎么的,我一到京都,就有一个奇妙的感觉:在这里我仿佛找到了故乡苏州的影子。特别是当我了解了京都的历史、观赏了京都的风光之后,这种感觉就越来越强烈了。

一天,日本朋友陪我去游览京都名胜金阁寺。这里风景绝佳,建筑雄伟,画栋飞檐。殿前矗立着一座巨大的铜鼎,鼎内香烟缭绕。特别有趣的是,在佛殿前面的露台上有不少鸽子,它们有的停在铜鼎上,有的停在石栏上,一点也不怕人。日本朋友告诉我,在京都,这样大大小小的佛寺有一千五百座,神社也有二百多座,京都是日本的佛教中心。在京都东山山麓,还有一座清水寺,建于公元七九八年,相传创建清水寺的慈恩大师是唐僧的第一个弟子,如今他的墓还在西安。清水寺很是壮观,房顶用几层桧树皮盖成,寺内供奉着观音,香火很盛。

这与苏州何等相像。苏州历来也是佛教、道教发达、寺观林立的地区。唐代诗人杜牧就有"南朝四百八十寺,多少楼台烟雨中"的描绘。据清代同治年间的《苏州府志》记载,仅苏州吴县就有佛寺一百三十四所,道观二十三所。像西园戒幢律寺、寒山寺、玄妙观三清殿等都是驰名中外的寺观。

京都还是一个充满着祭典和节日气氛的城市。从新年到年尾,五光十色的庆祝典礼和盛大节日,几乎连绵不断。最有名的是七月份的祇园祭,这是日本的三大祭祀之一。那一天,几十万人参加,市长穿着日本和服,骑着高头大马,走在队前;接着是一乘又一乘的彩轿,最高的有四五丈,轿顶上有一高杆,上面装饰着菊花彩幡,轿子上的人扮演着民间传说中的人物,有日本的圣德太子、明治天皇以及中国的白乐天、西游记中的人物等。

苏州从春节的接罗头,三月清明放鹞,四月十四轧神仙,端午节吃雄黄酒,七月三十放焰口,八月十五中秋烧香斗,八月十八游石湖,重阳登高,十月烧地藏香,十二月廿四送灶,也几乎月月有节有典。

又一天,日本朋友陪我去参观二条城,就更勾起我的乡情来了。

二条城是十七世纪初,德川幕府时代建造的一座城堡。德川家康于一六〇三年打败反对派,取得征伐大将称号,在江户建立幕府,又在京都造了一座二条城作为自己的府邸。它虽然不及皇宫那么大,但气象堂皇,周围有护城河,用大石块作城垣,城内有花园,绿茵如毯的草坪,碧波荡漾的池泉,有桥,有亭……将军的住宅在东部的二之丸,现被列为日本国宝。这里戒备森严,为了保卫将军,布满了侍卫的住宅,称为"远侍之间"。将军住的房屋叫大广间,经常在这里密商军机大事。在大广间边上有一条长廊十分宽敞,顶部天花板上装饰着各种彩色图案。我走在长廊上,忽听见脚下发出清脆的"橐橐"的声音。我奇怪地问身边的日本朋友怎么回事。他告诉我这条长廊叫响屐廊,它是用木板铺成的,但下面却是漏空的,只要有人在上面走动,就会发出"空空"的声响。他说当时是为了防备间谍、刺客而设,长廊发出声响,卫士们就得到警报便可采取行动。

我走在响屐廊上,"空空"的声响又自然而然地把我的思绪引向了故乡。在二千多年前的春秋末年,吴王夫差战胜越国,越国献美女西施于吴王,深得宠幸,吴王特意在风景优美的灵岩山为西施建造了一座规模宏大的避暑离宫,称为"馆娃宫"。现在灵岩山也还留有采香经、梳妆台、西施洞、琴台等古迹。在琴台东边,灵岩塔西边,还有一条长达七十多米的响屐廊遗址,响屐廊也称鸣屐廊,据史籍记载,吴王夫差为了引得西施的欢心,在这里修建一条别致的长廊,先把廊下土地挖空,然后用梗梓等木材以及甏甓排列其中,然后在上面覆以石板。这样,当西施与宫女们在廊上轻移莲步,翩翩起舞之时,便会发生"空空空"的乐音。《图经》中说:"吴王以梗梓籍地而虚其下,西子辈行则有声,故名。"宋代诗人王禹偁写有《响屐廊》一诗:"廊坏空留响屐名,为因西子绕廊行。可怜任相终尸谏,谁记当时曳履声"。

世界上的事情真是无独有偶。我曾多次在苏州灵岩山寻访响屧廊的遗址,可是却在四、五千里之遥的东邻古城京都亲眼看见了又一条响屧廊,非但看见,而且在上面行走,亲自体味其中的奥妙,这使我感到一种特有的异趣。

在京都,我惊异地看到了自己故乡的影子,同时又发现了一条哲理:一个人无论走到哪里,最不能忘情而耿耿于怀的是自己的祖国,自己的故乡!

(《羊城晚报》海外版 1987 年 4 月 18 日)

二三四

# 箱根纪游

箱根是日本闻名世界的一个游览胜地,它是富士—箱根—伊豆国立公园中的一部分。据箱根町长告诉我们,这里每年要接待国内外游客二千万人。

箱根在东京之南,富士山之东,地处海边。在一个暮春初夏风和日丽的日子,我们从镰仓——这是 1192 年至 1333 年间封建时代的政府所在地——出发,去箱根游览。汽车在海拔 400 米左右的盘山公路上行驶,一路上风景异常旖旎幽美。山间树林茂密,杜鹃花红、黄、紫、蓝、白,各色相间,鲜艳眩目,如对对杜鹃翩翩飞舞。时而温泉脚下过,时而瀑布挂前川,云雾缭绕,山峰氤氲。汽车经过小涌谷,到达小涌谷饭店。箱根是个温泉之乡,它以美丽的山景、十二个温泉和许多古迹闻名于世。小涌谷饭店园中就有温泉,近旁可见瀑布。那里的温泉温度约 35 ℃左右,是游泳、疗养的好所在。小涌谷饭店的房间里也有温泉浴的设备。特别有趣的是小涌谷饭店后面有一个有山有水的花园。花园里养殖着约一万只萤火虫,每年 6 月 11 日到 20 日晚上开放供人观赏。萤火虫一般只能活一个星期,这一万只萤火虫是从别处收集而来。那天晚上下着濛濛细雨,我们打着伞兴致勃勃地冒雨游园。沿着蜿蜒的山路步去,四周萤火星星点点,蔚为奇观。这群小生命,好像提了一盏盏炫目的灯笼的使者,熙熙攘攘地去参加喜庆的盛会。有的好几只萤火聚首一起,又忽然星散,有的在空中画了一个大圈又回到原处。这闪闪烁烁的萤火又像缀满夜空的繁星,你看那一明一暗的是参商互迭;那飞舞而去的是划空流星。湖中还有一小船,船舱是玻璃镶成,里面集中了一大群萤火虫,俗称聚蚊成雷,这里是集萤为灯。一大堆萤火虫聚在一起,发出的光亮倒也灿然可观了。在水中映出楚楚倒影,意境幽深,诗趣盎然。

第二天清晨在小涌谷饭店进早餐,在餐具里发现几个蛋壳黝黑的鸡蛋,日本朋友看出我有点纳闷和好奇,就告诉我,这是放在火山的滚烫泉水中煮熟的鸡蛋,泉中含硫,故蛋壳呈黑色。他打趣地说,这里有句俗话,这种鸡蛋吃一个可以益寿七年,吃二个十四年,吃三个就可活到死去为止。这真是一个诙谐的笑话。我也打趣地说,那我只吃两个,可以保持十四年的记录。我们彼此都哈哈大笑了。

这一天上午我们去游芦之湖。芦之湖四周环山,湖本身坐落于海拔 723 米的高山之谷,周围 22 公里,平均深度 25 米,最深处达 45 米。著名的箱根神社就筑在湖边。湖水碧绿如茶,清冽可爱。远处的富士山映在湖中,蔚为壮观。在游艇的甲板上设有望远镜,从望远镜里眺望富士山清晰可见。富士山呈深蓝色,山顶呈平顶,皑皑白雪覆盖峰巅,自然地溲溲向四周流泻而下,呈流苏状,异常雄奇秀美。富士山是日本最高山峰,是海拔 3 800 米的火山。它举世皆知,成了这个东方岛国的象征。

我们离开芦之湖,驱车前往湖尻、大涌谷。关于湖尻,日本朋友告诉我,在德川四代将军朝代,宽文年间(1670 年),江户的一个町人友野与右卫门不仰仗幕府和诸侯的协助发起筑造了一条"箱根水路"——在湖尻岭山脚下挖开一条 1 280 米长的隧道,使芦之湖的水流到静冈县,可灌溉那里的数千町步的水田(一町步约等于一万平方公尺)。然而正是为了这个伟大的工程,友野却被幕府逮捕,并遭到坐岩牢、钉十字架的酷刑。日本进步作家高仓辉为了赞颂友野的伟大气魄,以此为题材创作了长篇小说《箱根水路》,并为日本影剧界人士搬上银幕,那就是《箱根风云录》。

大涌谷是有名的火山口,我攀山而上,只见周围的岩崖裂缝处到处喷发出一种带有硫磺气味的蒸气,真可谓处处冒烟了。山上有泉水,水温滚烫,达 96 ℃之高。这里人们放置着一个个木匣,我亲眼看见他们把生鸡蛋放进去,约五六分钟左右鸡蛋就熟了。其成品就是我已经尝过的延年益寿的灵丹妙方。日本朋友告诉我,这一带是活火山,有时还有岩浆涌出。听到这里我不禁想起几年前的一个冬天在北京颐和园结成厚冰的昆明湖上行走的情景,两者加起来,不颇有些赴汤蹈火的意思吗?

与火山告别后,我们前往美丽的箱根园。途中经过一个国际村,有二十九个国家的侨民集居此地,这里悬挂着各国的国旗,有各种风格的建筑,还有模仿京都平道院建造的房屋。想不到在这样幽深的林间僻野还有一个和睦相处的国际大家庭。在箱根园,我们乘电缆车上山。这座山称驹之岳。箱根山最高处为 1 400 米,驹之岳高 1 354 米。电缆车在空中行驶,用电缆牵引。车厢内可乘 101 人,车速每小时 18 公里。从山下到山顶全程 1 800 米,行驶时间约八分钟。据日本朋友告诉我,这里的电缆车建造于 1963 年。车离地面最远处约 75 米,电缆车的操作台设在山顶。乘着电缆车上山,颇有飘然欲飞之感。在车上往下鸟瞰,一览众山小,山林间成片的槐树林郁郁葱葱,芦之湖边的龙宫殿历历在望,景在逐渐远离缩小,人在向上升腾升腾。这时不禁使人想起苏东坡的名句:"我欲乘风归去,又恐琼楼玉宇,高处不胜寒。起舞弄清影,何似在人间。"我这很少作诗的人,忽而也动了诗兴,口占小诗一首:"车傅彩翼上九霄,云腾脚下众山小。方知险处不胜看,天上人间可架桥。"登上峰顶,是一开阔地带,可供游客眺望之用,富士山、芦之湖尽收眼底,美不可言。

游罢驹之岳,驱车前往箱根町。日本朋友告诉我们,公路的左边是东海道,那是江户时代(1603—1868 年)的通道,是一个杉树掩映的林荫道,右边是芦之湖,左边有哨卡。他又说,箱根山的险路有天下之隘的称号。我们在地处芦之湖畔的箱根饭店进午餐后,又登上了汽车,车里洋溢着中日两国人民的友好情谊,几位日本女青年唱起了优美抒情的《箱根之歌》、《芦之湖之歌》。就在这动人心弦的歌声中,恋恋不舍地离开了箱根。

1980 年元月于上海

(《榕树文学丛刊》1981 年第 3 期)

二三五

# 中秋漫忆

几年前,中秋节被列入国家级非物质文化遗产名录,接着中秋节又被定为国定假日。确实,国人对过农历八月十五的中秋节是很在乎的。因为中秋节是团圆的节日,又是临近秋收时丰收的节日,再加上届时天高气爽,丹桂飘香,凉风习习,气候十分宜人。人们非常喜欢过中秋,此时的心情往往特别欢畅和喜悦。古时,人们在中秋之夜焚香拜月,祝告月神,祈求保佑。历代赏月玩月成为民间重要的习俗。

我们江南过中秋也有许多独特而有趣的习俗。我幼年生活在故乡苏州,上世纪40年代后期,我在苏州读小学,至今还记得当时过中秋节的一些片段。

当时,吃月饼好像是中秋节一个重要内容。因为月饼呈圆形,又多为甜点,取其团圆和甜蜜的意思。苏州的茶食糖果一向以精美著称于世,苏州的苏式月饼更是全国闻名。它的特点是外皮又酥又薄,馅儿油润味美。它大体分为甜、咸两类,甜的有豆沙、百果、核桃、玫瑰、芝麻等;咸的有鲜肉、虾肉、火腿等。还有又甜又咸的椒盐的。我最喜欢吃的是鲜肉月饼和百果月饼。在中秋前后这段时间,差不多苏州所有的糖果店都制作和出售月饼,有的还在店门口设置了炉子,现做现卖。著名的有观前街的稻香村,石路上的一品香、东吴村、赵天禄等糖果店。那时,广式月饼已开始在苏州市场上露面,观前街有一爿"广州食品公司"就销售广式月饼,但还不怎么流行。我曾偶尔尝到过它的味道,只觉得与苏式月饼不一样,它的个儿比较大,皮子是实的,软的,馅儿也是实的,软的,而且特别大,虽然感到不大习惯,但觉得味道也是不差的。想不到若干年后,广式月饼竟然会雄踞全国月饼市场。

虽说是中秋节吃月饼,其实,在中秋前及中秋后的一段时间里,都有月饼出售。我记得在读五、六年级的时候,那时我家的家境已经不佳,我的零花钱少得可怜。那年中秋,我家附近渡僧桥堍的赵天禄糖果店在现做现卖虾肉月饼,我和邻居小朋友林惠友一起去买来吃,这刚出炉的虾肉月饼味道特别鲜美,而且还有点汤汁。那时每只月饼好像是6分钱,我一连吃了两个,还欲罢不能。但一摸口袋,已经只剩2分钱了,只得流连而返。

中秋节除了吃月饼,还有许多时令的食品,如糖芋艿、糖炒栗子、白果、水红菱、嫩塘藕、石榴、柿子等。糖芋艿烧制时常常放少许食用碱,因此芋艿软糯,汤汁呈琥珀色,再加放一些桂花,特别香甜可口。塘藕和红菱是苏州的土产,又嫩又脆,极其爽口。糖炒栗子,糖果店里有卖,渡僧桥头、石路上还有许多糖炒栗子的摊头,一边炒,一边卖。用料都标榜是正宗的天津良乡栗子。白果则是小贩叫卖的,他们挑着担子,一边走,一边喊:"烫手炉来热白果,又是香来又是糯,一分洋钿买两颗。"担子上有炭炉,用铁丝做的漏空的笼子,里面放了白果,在炉上烤烘,听到发出哔剥的声响,白果就熟了。只要花几分钱,就能买到几颗。

旧时过中秋,还有一样东西是孩子们所喜欢的,那就是香斗。香斗是用线香编成的一个斗状的东西,小的五、六寸见方,大的有尺余见方的。香斗里填满了木屑和香灰之类的东西,中间插上一个柱子,柱子上方,用彩色纸张扎成一个月宫,柱子上插有一些纸扎的人物,还插上一些三角形或长方形的五颜六色纸做的旗子,形状很像京剧舞台上武生肩上的靠旗。在斗中燃线香,一般人家会在长桌上点上蜡烛,供上香斗,蜡烛和线香一般从上午可燃至晚上。待香烛燃尽,大人会捧着香斗到院子或天井里,在月光下将其焚烧,称之为"烧香斗"。此时,孩子们会把香斗上的纸旗拿下来插在自己的衣领里,并操起竹竿之类,装作武将的模样互相厮打,追逐,嬉戏。可惜,香斗已经绝迹多年,这样的情景也只是保留在记忆之中了。

中秋节的一个重要活动项目是全家吃团圆夜饭。旧时,出外经商的人,逢到中秋,也要想法赶回家来团圆。不少人家会把餐桌搬到院子里或天井里,菜肴大多是时令的如毛头芋艿、黄鱼、老鸭汤等,还有就是桂花酒。人们一边赏月,一边品尝佳肴美酒,尽享天伦之乐。

团圆饭吃过了,香斗也烧过了,接下来的项目,一种是"走月亮":满月当空,银光泻地,是最好的出游时刻。有的是一家老小,走上街头;有的是三五姐妹,盛装出行,一边闲逛,一边赏月。这时,热闹的地段,往往路旁摆满各种各样的摊贩,有吃食的,有卖各种日用品的,热热闹闹,熙熙攘攘,荡漾着一串串银铃般的笑声。苏州民歌中有云:"木樨球压鬓间香,两两三三姐妹行,夜冷不嫌萝袖薄,路遥翻恨绣裙长。"

另一种是晚饭后去看戏文。戏馆里演的大多是应时戏《唐明皇游月宫》。早在元代,剧作家白朴既写过唐玄宗与杨贵妃"生恋"故事的《梧桐雨》,也写过描述李杨"死恋"的《唐明皇游月宫》,可惜,后者已佚,不知当时有没有演过,其具体的故事是如何样的。后来,关于唐明皇游月宫的故事见之于《初刻拍案惊奇》卷七《唐明皇好道集奇人,武惠妃崇禅斗异法》,这篇传奇写唐明皇崇奉道教,常与道士、仙家交往。其中写到中秋佳节唐明皇想游月宫,请道长叶法善施法,他将板佛一掷,现出一条银桥,那头直接月内。不一会,唐明皇来到广寒宫,只见桂花树下,无数白衣仙女乘着白鸾翩翩起舞;庭阶上一群仙女各执乐器演奏《霓裳羽衣曲》,唐明皇把乐声一一默记了,尽兴而归。这个故事又渐渐为梨园被之管弦,搬上舞台,成为中秋的应时戏。我在翻阅《申报》时,就读到1915年农历八月中秋上海大舞台演出《唐明皇游月宫》的广告,称"新排应时新戏玲珑异样特别绸绢灯彩新式油画布景彩片新戏"。京剧《游月宫》的故事,写道士罗公远、叶法善用幻术,请唐明皇于八月中秋同游月宫。明皇香汤沐浴,罗公远作法,现出长桥,陪同明皇进入广寒宫。他们与嫦娥相见,嫦娥为明皇舞霓裳羽衣舞。席前,玉兔因罗公远对他嘲弄,以至相互争斗起来,并有仙界诸神来助阵。最后,太阴星君传旨将玉兔带回发落。我记得幼年时曾跟随家父去苏州观前的开明戏馆看过京剧《唐明皇游月宫》,印象中舞台上有月宫,有桂树,还有弄枪使棒的开打,等等。后来这应节戏好像不太流行了,致使人们已经逐渐淡忘了。

中秋节后,苏州还有八月十八游石湖的习俗,这可说是中秋节的余绪。石湖在苏州城西南郊,距城十四五里路。石湖边有一座上方山,上有庙宇供奉五通神,苏州人有"到上方山去借阴债"的说法。就是说,经济发生困难,求助于五通神,他会借债给你,待等发达了再予偿还。我从小就常听大人们说游石湖,非常向往。但直到我读初中时,才如了愿。那一年,我父亲忽然有兴,带我去游石湖。我记得八月十八晚上,我们在阊门吊桥边上船。船开始在市河里航行,后来进入了宽阔的石湖,夜渐渐黑了,月亮升起来了,月光照在水面上,波光粼粼。船上也还有饭菜供应,我们看到有一伙人在一起喝酒,吃大闸蟹。船开到上方山,已经夜深了。我们依着月光,跟着人流,一路上山。在山路两旁,摊头一个接着一个,排得密密层层,大多是吃食摊,小商品摊,还有出售香烛、纸钱的。到了山顶,庙里挤得水泄不通。我们好不容易挤进去,看到一个巫婆正在撒泼,这就是所谓"私娘上身"。我们看看没有什么,就走了出来。赏赏月亮,逛逛摊头,买了些点心吃。渐渐觉得有点寒意,就往山下走。下山后,我们在杏春桥旁上船。这杏春桥是一座长桥,有九个桥洞。我们在船上看过去,九个桥洞里都有一个月影,人们说,这叫"九月成串",真是我从来没有见过的奇观!那天我们回到市区,已经快天亮了。虽然人很疲惫,但兴犹未尽。

(《新民晚报》2012 年 9 月 26 日)

二三六

# 名人说"茶"

　　中国的名人雅士大多喜爱饮茶一道,所以在他们的文章中也不时会谈到"茶"的情事。这里我们不妨随手俯拾一二。

　　梁实秋先生在《雅舍小品》里,就有一篇《喝茶》。他首先谈到茶在中国的普遍性:"茶是我们中国人的饮料,口干解渴,惟茶是尚。茶字,形近于荼,声近于槚,来源甚古,流传海外,凡是有中国人的地方就有茶。人无贵贱,谁都有份,上焉者细啜名种,下焉者牛饮茶汤,甚至路边埂畔还有人奉茶。北人早起,路人相逢,辄问讯'喝茶未'?茶开门七件事之一,乃人生必需品。"

　　在谈到茶叶的繁多品种时,梁先生说:"其实,清茶最为风雅。抗战前造访知堂老人于苦茶庵主客相对总是有清茶一盏,淡淡的,涩涩的,绿绿的。我曾屡侍先君游西子湖,从不忘记品尝当地的龙井,不需要攀登高峰风篁岭,近处平湖秋月就有上好的龙井茶,开水现冲,风味绝佳。茶后进藕粉一碗,四美俱矣。正是'穿牖而来,夏日清风冬日日,卷帘相见,前山明月后山山'。"

　　周作人先生也写有《喝茶》一文,与梁先生似有呼应。他说:"喝茶当于瓦屋纸窗之下,清泉绿茶,用素雅的陶瓷茶具,同二三人共饮,的半日之闲,可抵十年的尘梦。"他还说:"喝茶时所吃的东西应当是轻淡的'茶食'";"江南茶馆中有一种'干丝',用豆腐干切成细丝,加姜丝酱油,重汤炖热,上浇麻油,出以供客";"在南京时常食此品,据云有某寺方丈所制为最,虽也曾尝试,却已忘记,所记者乃只是下关的江天阁而已"。

　　汪曾祺先生曾写有一篇《泡茶馆》,谈的是抗战时期在昆明西南联大时的生活情景。他写道:"'泡茶馆'是联大学生特有的语言。本地原来似无此说法,本地人只说'坐茶馆'。'泡'是北京话。其含义很难准确地解释清楚。勉强解释,只能说是持续长久地沉浸其中,像泡泡菜似的泡在里面。'泡蘑菇'、'穷泡',都有长久的意思。北京的学生把北京的'泡'字带到昆明,和现实生活结合起来,便创造出一个新的词汇。"他还谈到有一位姓陆的同学,从早到晚,一直泡在茶馆里,喝茶,读书,汪先生称他为"泡茶馆的冠军"。写到这里,我想到我的家乡苏州和上海有一种类似的说法,叫"孵茶馆",用老母鸡孵小鸡的"孵"字来形容,也是非常传神的。

　　老舍先生有一篇《戒茶》的文章,倒别有异趣。他说:"我是地道的中国人,咖啡、寇寇、汽水、啤酒,皆非所喜,而独喜茶。有一杯好茶,我便能万物静观皆自得。烟酒虽然也是我的好友,但它们都是男性的——粗莽,热烈,有思想,可也有火气——未若茶之温柔,雅洁,轻轻的刺戳,淡淡的相依;茶是女性的。"这篇文章写于 1944 年 9 月,由于当时物价飞涨,老舍入不敷出,不得不戒了酒,戒了香烟,如今还得戒茶:"茶本应该是香的,可是现在卅元一两的香片不但不香,而且有一股子咸味!为什么不把咸蛋的皮泡泡来喝,而单去买咸茶呢!六十元一两可以不出咸味,可也不怎么出香味,六十元一两啊!谁知道明天不就又长一倍呢!""我不知道戒了茶还怎样活着,和干吗活着。但是,不管我愿意不愿意,近来茶价的增高已教我常常起一身子鸡皮疙瘩!"

当代作家高洪波写过一篇题作《茶道》的文章,他写到他在北京老舍茶馆里饮茶的一番经历,也值得一读。"茶馆力古色古香,正中有一座小舞台,面对茶客们的是这么两句话:振兴古国茶文化,扶植民族艺术花。……刚坐定,一位穿着红色旗袍的姑娘娉娉婷婷地走来,斟茶,摆筷,又送上几碟小吃物,然后自然是聊天。小舞台上突然站上一位汉子,伶牙俐齿,原来是助兴节目的报幕员。他说道:今天是阴历的三月三,老话说是会神仙的日子,我们一批演员借小舞台向朋友们展现一下民族艺术的珍品……于是,我们相继看到了古彩戏法,听到了相声、京韵大鼓、北京琴书、三弦、河南坠子、京剧清唱,上台表演节目的有魏喜奎、关学增等名家,可谓异彩纷呈,争奇斗艳。"笔者也曾到老舍茶馆饮茶,听唱,颇有同感。

读读名人谈茶的话语,该是很有兴味的事啊!

2008 年 3 月 21 日于上海

二三七

# 饮茶之乐

本人平生不抽烟,没有吞云吐雾的嗜好;也不爱喝酒,无斗酒百篇的雅兴;更不喜欢方阵之战,不会像范杞良那样日夜去筑"长城"。当然我也有爱好,爱好之一就是饮茶。我的饮茶之好,与我从小生长在茶馆林立的古城苏州有关。我住在阊门外渡僧桥下塘街,渡僧桥头就有辛园和岳阳楼两家茶馆,附近的石路一带茶馆更是星罗棋布,先父椿翔公经常带我到这些茶馆去饮茶,长期的熏陶,久而久之,终成习惯。后来到了上海,但饮茶的习惯并未改变。

我之饮茶,主要饮绿茶,因为我觉得红茶似太浓烈,绿茶更显幽香。在绿茶中尤喜龙井,有一次我到杭州西湖游览,不知不觉走到了梅家坞,正好见茶农在炒制龙井,于是买了几两回来,一饮之下,果然其味特佳。每年清明前后总要购买一些上好的龙井饮用,夏天以后,就喝一般性的绿茶,反正茶叶是一天不可无此君的。朋友来访,清茶一杯,谈天说地;一人在家,或写作,或读书,或临池,也总是清茶相伴。有空则出外饮茶,一种是朋友聚会,以茶会友。有时还独来独往,出入于各类茶肆,有比较高级的茶艺馆,如宋园、汪裕记,有老式的茶馆,如老城隍庙的湖心亭、春风得意楼,有饭店办的早茶、午茶,如扬帮的老半斋、广帮的杏花楼,还有近郊集镇的茶馆,如青浦朱家角的江南第一茶楼、七宝镇的七宝茶馆,这些地方都曾留下过我的足迹。

其实饮茶是很有好处的。首先,茶是一种营养丰富的理想饮料,茶叶中含有咖啡碱、茶单宁以及丰富的蛋白质、氨基酸、维生素、矿物质等,绿茶中还有一种抗氧自由基的成分,这些对人的健康都是有益的。据医学专家云,饮茶,可以减少动脉硬化,可以延年益寿。第二,饮茶是一种很好的休闲方式,饮茶可以使紧张的心情得以放松,整个肌体处于一种休闲的状态,可以忘掉烦恼和忧愁。如在风景优美的地方饮茶更是一件赏心乐事,我曾分别在杭州西湖平湖秋月、绍兴五泄的竹楼、上海古城公园饮茶,眼前或是湖光山色,或是细雨急瀑,或是鸟语竹影,品茗赏景,令人心旷神怡,不亦乐乎! 第三,到茶馆去饮茶,可以感受到一种独特的氛围。茶馆里五方杂处,各式人等都有,东说阳山西说海,各种知识、各种信息、民间传说、民风习俗在这里悄悄地传播,不啻一种民间的信息发布会。置身于此,不仅可以得到在别处得不到的许多社会知识和人生况味,而且会产生出自己融入到整个世俗社会之中的那种亲和的感觉。

我因喜欢饮茶,也进而对茶文化发生了兴趣,我曾把茶圣陆羽的《茶经》取来研读,还把有关茶的诗文、戏曲找来赏玩;我也偶尔写一点关于茶的文字,如《江南的茶馆》、《上海茶馆今昔》等。总之,通过饮茶,我得到了很多的乐趣。

(《人民日报》海外版 2003 年 9 月 17 日)

二三八

# 吓煞人香"碧螺春"

"碧螺春"是苏州太湖洞庭东山、西山所产的名茶。它色如碧玉,形状蜷曲如螺,叶尖翠嫩,长有细白的茸毛。用它泡的茶,清香扑鼻,喝到口中,沁人心脾,回味隽永。碧螺春因其色、香、味、形俱臻佳妙,被列为茶叶中之极品,从而驰名中外。

传说在很多年以前,洞庭东山碧螺峰的石壁里,长了不少野茶。山村的农民,每年春天都背着竹筐,登上悬崖峭壁来采茶。有一年谷雨节前,山村的姑娘们又来采茶。这一年天气暖得早,雨水也好,茶叶长得特别茂盛。她们带去的竹筐都装满了,还盛不下。于是就把那些茶叶揣在怀里兜着回去。这茶叶得到人体上的热气,很快就散发出一种奇异的香气。采茶姑娘和村民们都惊喜地叫起来:"吓煞人香! 吓煞人香!"这"吓煞人香"三字原是当地形容"不得了"的意思。一传十,十传百,很快吓煞人香,就成了这茶叶的名称。

到了清朝,康熙皇帝南巡,来到太湖游览,江苏巡抚宋荦用"吓煞人香"进献给康熙品尝。康熙只喝了几口,便连声赞好。就问宋荦:"此茶唤何名称?"宋荦答道:"民间称为吓煞人香。"康熙觉得这个名字不大像是茶名,且不怎么高雅,就问此茶产于何地? 宋荦说:"最初产自洞庭的碧螺峰。"于是康熙就给它改名为"碧螺春"。从此,碧螺春更加声名大振了。

关于碧螺春,还有一个民间传说,说太湖的洞庭西山有位美丽的碧螺姑娘,而洞庭东山有位打鱼的青年叫阿祥,他们互相爱恋。这时太湖里有条恶龙,指名要娶碧螺为妻。阿祥挺身而出,持鱼叉与恶龙激战,历经三天三夜,终于将恶龙杀死,但阿祥因失血过多也昏迷不醒了。碧螺姑娘将阿祥抬至家中,为了给阿祥治疗,她天天上山采药。这一天,她在山上突然发现一棵小茶树,它的叶子,清香扑鼻,青翠欲滴,她就采下几片嫩叶,回来泡了茶给阿祥喝,阿祥居然慢慢地苏醒了。碧螺姑娘又返回山上,将小茶树上的叶子全都采了下来,用布包好,装在自己胸前,每天取出数片,泡茶给阿祥喝。茶叶吃完,阿祥身体也康复了。于是他们开始了幸福的生活。可是时隔不久,碧螺姑娘一天天憔悴下去,原来她的心力已经全部融进了茶之中,几个月后,碧螺姑娘就离开了人间。阿祥悲痛欲绝,他和乡亲们把碧螺姑娘葬在山峰上。阿祥也就在山上精心培育这棵小茶树,没几年便长成一大片茶园。人们说碧螺姑娘没有死。并且他们把这里所产的名贵茶叶取名为碧螺春。

碧螺春茶的采摘和焙制都很讲究。一般要在清明前后的早春采摘。采摘时需心灵手巧，小心地摘下一旗一枪，以叶尖鲜嫩而有细长白茸毛为上品。采茶能手可以双手摘茶，一上一下，犹如"凤凰点头"。碧螺春用茶灶焙制，烧火的要掌握火候，最关键的还是炒茶手，他们不用工具，而用自己的双手插进烧烫的锅里炒茶叶，全凭手的感觉掌握温度，适时地团、揉、搓、炒。茶叶的等级往往就决定于炒手的水平。

（《人民政协报》2006 年 11 月 15 日）

二三九

# 苏绣与沈寿

苏绣是我国四大名绣之一，与湘绣、蜀绣、粤绣齐名。苏绣已有一千七百多年的历史。相传在三国时期，孙权为与魏蜀争雄天下，需要绘制一幅山水地势的军事图。当时丞相赵达的妹妹赵夫人说："丹青易褪色，不能久藏。我会刺绣，可以绣列国于方帛之上。"赵夫人飞针运线，精心绣成了一幅军用图，山川城邑，历历在目。在苏州虎丘塔、瑞光塔出土的文物中，曾发现有公元十世纪中叶的刺绣经袱。在明代，苏绣已成为姑苏城乡一项群众性的家庭副业，而富家闺秀也以刺绣为时尚，称为"闺阁绣"。到了清代，苏绣更其兴盛，逐渐形成了精、细、雅、洁的艺术特色，苏州也被称为"绣市"而名扬四海。

解放以后，苏绣得到了空前的发展，苏州专门成立了刺绣研究所，艺人们努力继承传统，锐意创新，他们创造了多种针法，如乱针绣、抢针绣、打点绣、变体绣、虚实绣等，还发展了多种品种，如双面出绣、双面三异绣等。他们的不少作品或参加国际博览会，或出国展览，在国外引起轰动。现在苏绣的服装、被面、戏衣、枕套、床单以及风景、人物绣像等工艺品不仅行销全国，而且畅销六十多个国家和地区，受到了广泛的欢迎和赞誉。

在苏绣发展的历史上，出现过不少有名的工艺师，而清末民初的沈寿就是特别杰出的一位。沈寿原名云芝，字雪君，生于光绪年间。她在总结苏绣技法的基础上有所创新。她绣的花鸟、人物，按照自然纹理和绣稿的笔意，安排针法，绣来形神兼备，栩栩如生。她还大胆地吸收西洋绘画中透视、明暗和色块分析等原理，如她绣的《万年青》、《松鹤》、《仕女》等，光线明暗层次分明，物体富有立体感，更加逼真。因此她的作品被称为"美术绣"、"仿真绣"。一次她绣了一幅意大利皇后"丽娜像"，由清政府作为贵重礼品送去意大利，意皇后十分珍爱，特赠沈寿钻石金时针一枚，这是嵌有王家徽章的御用品。另外她绣的耶稣像一幅，由其夫余觉亲自送往美国，陈列于巴拿马展览会中，荣获一等大奖。她所绣的英女王维多利亚半身像，曾获万国博览会最优等奖。后来葡萄牙人购得绣片，携带回国进呈国王，受到重赏。她的部分作品现保存于江苏省博物馆、苏州市博物馆内。笔者在苏州市博物馆看到一幅《生肖》屏条，龙虎兔猪，鳞毛纹理自然，针法精细，栩栩如生，情趣盎然。另一幅《济公图》色彩鲜艳和谐，人物神态生动，衣服飘带临风摆动，背后一把蒲扇，路边两个酒坛，作品不取济公的醉态，而刻画其清秀和蔼的一面,颇见匠心。沈寿还结合自己的经验,将苏绣针法归纳为十八种,由张謇记录成《雪宧绣谱》传世。她曾亲自赴日本考察艺术教育,先后在北京、天津、南通、苏州等地主持刺绣艺校,最后她就是在南通女红传习所所长的任上因病去世的。她培养了不少人才,桃李满天下,解放后第一任苏州刺绣研究所所长金静芬就是她的学生。沈寿对苏绣事业的卓越贡献,是不可磨灭的。

(《上海商报》1986 年 8 月 14 日)

# 二四〇

# 精妙神奇的双面绣

在苏州市刺绣研究所的会客室里,有一幅用双面绣的针法绣制的《金鱼》屏风,只见一群色彩鲜艳的金鱼在水中嬉游,有的浮在水面,有的潜游在深山,有的迎面游来,有的摆尾悠然而去……。透明的绢纺,配以红木的边框,与贮水的玻璃缸可以乱真。特别是姿态生动的金鱼,就像真鱼一样活泼跃动,使人禁不住惊叹叫绝了!

苏绣是我国四大名绣之一,与湘绣、蜀绣、粤绣齐名,它有着悠久的历史。从苏州虎丘塔、瑞光塔出土的文物中,就发现有公元十世纪中叶的刺绣经袱。相传在三国时期,孙权为了与魏、蜀争衡天下,需要绘制一幅山川地势军用图。他把这件事委托给丞相赵逵的妹妹赵氏。赵氏说:"丹青易褪色,不能久藏。我会刺绣,可以列国于方帛之上,用针绣出五岳、河海、城邑、行阵的图形。"赵氏精心绣成一幅军用图,山川城邑,历历在目。人们看后无不称赞,一时誉为"针绝"。在晋代冯翊所著的《桂苑丛谈》中还有一个故事。说郑侃的女儿采娘喜欢刺绣,有一年的七夕之夜,她焚香祝祷天上织女,织女一时高兴,以金针一枚相赠。从此采娘穿针引线,指下生风,绣出的东西活龙活现,神妙异常。后来,唐代诗人元稹为这个美丽的传说写下了这样的诗句:"鸳鸯绣出从教看,莫把金针度与人"。到了明朝,苏绣已成为苏州城乡一项群众性的家庭副业。韩希孟是具有代表性的工艺师。她的绣品现在还保存在故宫博物院。在苏州博物馆的丝绸刺绣室里,我们则可以看到清末著名刺绣艺术家沈寿的作品。沈寿总结了前人技艺的成果,结合自己的经验,将苏绣针法归纳为十八种,并由张謇记录为《雪宧绣谱》。他所绣的《万年青》、《松鹤》、《仕女》沿用传统针法,又运用西洋画的透视原理,使绣品光线明暗,具有立体感,称为"仿真绣"、"美术绣"。她的绣品在国际屡屡获奖。

然而,苏绣艺术真正得到新生和巨大的发展则是在解放以后。苏绣艺术创新的一个显著成果是双面绣。双面绣要求很高,绣品正反面的形象、色彩、针法、排针都要一模一样。这就要把成千上万个结头巧妙地藏得无影无踪。历代刺绣作品大多是单面绣,双面绣极为罕见。解放之后。第一个双面绣作品是李娥英刻苦钻研,与其他工人合作创作的大型双面绣屏《五彩牡丹》,这个作品完全达到了以上的要求,它的成功为双面绣开创了新路。1956 年,顾文霞曾出国表演双面绣,她在伦敦奥林匹亚皇室大厅绣《花猫》,使在场的英国观众为之倾倒,他们赞叹道:"仙女般的中国姑娘,用她神奇的手攫住了英国人民的心","令人想起了莎士比亚,想起了肖邦"。她又到瑞士举行的国际博览会上表演,美洲、欧洲、大洋洲八十万观众前来观摩。有位老太太提出要求摸一下小猫的爪子，看是不是真的？精巧的工艺吸引了成千上万的外国朋友。中国的双面绣轰动了瑞士。

20世纪60年代又创造了双面异色绣，也就是正反两面的形象一样，但色彩不同，这样又增加了一层难度。1980年又出现了双面三异绣，使双面绣的发展推到了又一个高度。双面三异绣，是绣在薄如蝉翼、呈半透明状态的尼龙绡底上。正反两面的物象外轮廓要一模一样，但要具有三异：图样异、色彩异、针法异。这真可谓同中求异。它需要高超的技巧和精巧的构思才能达到。如一九八〇年在香港展出的双面三异绣描屏《鹦鹉仕女》，就十分精妙。它的正面是一个月洞门，一位古代仕女凭栏而立。身后竹帘高卷，侧旁透明的帷幔低垂，后面露出几枝临风摇曳的清秀翠竹。仕女身披淡红衣衫，米黄色的罗裙，显得雍容华贵，姿态婀娜。她头佩银饰，耳垂珠环。专注地凝视着一头红嘴绿衣的鹦鹉，颇有宋词中凭栏相思的意境。绣品的反面，图像的外轮廓与正面完全相同，然而形象却迥然而异。这里绣的是仕女的背影，发髻浓黑如云，装饰着金头饰，脸庞只留一个侧面，她也对着一只鹦鹉，但这是一只浑身银白羽毛的鹦鹉，显得冰清玉洁。如果说正面的图像是逆光的，仕女的衣饰、栏杆都呈暗色；那么反面的图像却是朝阳的，仕女的衣饰及朱红的栏杆均现亮色。加上两者的针法迥然不同，正反两面就给人不同的美感和情趣。这个绣品直径仅三十公分，但两面用了以散套为主的十几种针法和几百种色线，显得精细柔和，生动逼真。又如双面三异绣《欢欢与咪咪》，这是用乱针绣的作品。它的正面绣的是熊猫欢欢，这是我国赠给日本人民的一头熊猫的名字，满身金黄色的毛皮，反面却是一只银灰色的狸猫，完全是两种不同色彩和不同形象的动物。在针法上两面也不相同，并分别通过放射形、弧形、旋转形等不同的丝路及光的反射，表现了熊猫皮毛的轻软蓬松和狸猫皮毛细直光润的不同质感。一九八一年四月，顾文霞的学生俞福臻在日本表演双面三异绣《欢欢与咪咪》，又引起了新的轰动。

苏绣的特点是图案典雅、色彩变逸、针法多样、工艺精致，既工雀鸟鱼虫，又擅山水人物，前人曾以"精、细、雅、洁"四个字来概括。苏绣针法细腻精巧，翅脉毕呈，一根丝线要劈成十二股、十八股甚至四十八股，单单一只动物的眼睛就要用几十种色线，运用集套针法，不仅色调柔和，从不同角度看去，还有一种旋动感，形象栩栩如生。除了双面绣的艺术成就外，他们还革新创造了多种针法，如乱针绣，抢针绣，打点绣，变体绣，虚实针绣等，现在苏绣针法已达四十六种，所用各色花线达一千多种，形成了平、光、齐、匀、和、顺、细、密的特色。苏绣的题材也越来越丰富。近年来，刺绣所绣制的《春回大地》、《长江万里图》，气势雄伟，意境深远；青年绣工创作的乱针绣《总理像》更是神情逼真，风采照人。

（《知识窗》1983年第1期）

二四一

# 庞三娘与癞狐狸
## ——古代的美容装扮术

目下，养颜、美容等已经成为普通市民的日常生活内容之一，生产养颜、美容产品在世界范围内也已成了极具规模的产业。"爱美之心,人皆有之",在中国,美容之术古就有之。

早在二千多年前的春秋时期,西施就是一位注重美容,巧于装扮的美女,据说她天天以井作镜,精心梳妆,至今在苏州灵岩山和虎丘山上还留存有西施的梳妆台、西施井等遗迹。在古代的文学作品中,也常有女子梳妆、美容的描写。《诗经》里就有好几首诗写到女子的美貌和整理仪容,如《硕人》写一个高挑、俏丽女子的服饰和仪容:"硕人其颀,衣锦褧衣";"手如柔荑,肤如凝脂。领如蝤蛴,齿如瓠犀,螓首蛾眉,巧笑倩兮,美目盼兮"。《伯兮》中写道:"自伯之东,首如飞蓬。岂无膏沐,谁适为容?"写一位女子,因为丈夫出外打仗,故而无心整理仪容,以至于弄得"首如飞蓬"的样子。魏晋南北朝的诗歌《木兰辞》里,我们也能读到"当窗理云鬓,对镜贴花黄"的诗句。在唐诗中更有"妆罢低声问夫婿,画眉深浅入时无"以及"却嫌脂粉污颜色,淡扫娥眉朝至尊"等名句。

历代梨园行里,也记载有不少优伶巧于装扮的故事。在唐代,戏曲已经比较成熟发达。唐玄宗曾在宫廷设置专门唱歌和演戏的梨园和教坊。当时教坊里有一位名叫庞三娘的女演员,她对化妆、美容十分在行。后来虽然年纪老了,脸上起了皱纹,但是她贴上轻纱,用云母与粉蜜调制的油脂抹在脸上,容颜就像少妇一般。有一天,她在家里,没有化妆。恰好来了一位从远方慕名前来求见的使者。进门一看,只见一位老太婆坐在窗下,便问道:"庞三娘子在哪里?"庞三娘回答道:"庞三娘是我的外甥女,今天正好出门了,请你明天来吧!"第二天,那位使者又来了。这次庞三娘巧妆盛饰,仪态万方,那使者根本就认不出她就是昨天见过的老妇,说:"昨天我已参见过娘子的阿姨了!"教坊里因为庞三娘巧于美容,所以都戏称她为"卖假脸贼"。

京剧武生泰斗盖叫天在他的谈艺录《粉墨春秋》里也谈到过一个相关的有趣故事。盖叫天原名张英杰,河北高阳县人,出生于1888年,他8岁时,因家乡水灾,与四哥英俊同入天津隆庆和科班学戏,第二年就以"小金豆子"艺名登台演出。他跟随科班在北京、天津、河北及农村辗转流动。有一年,他们的戏班到山海关演出,那时到关外演出叫"跑梁子"。一次在某地演出,当时恰逢另一个戏班也在此地演出。盖叫天听说那个戏班里有一位花旦,技艺十分了得,所以就抽空去那戏班看戏。他到了后台,看到一位老大爷身穿老蓝布裤褂,一个人坐在衣箱上抽着旱烟。仔细看,只见他右额上留有一块大疤,左眼角往下掉,歪着嘴,站起身来,原来是个瘸子,一条腿长,一条腿短,走起路来一拐一拐的。看样子不像个唱戏的,倒像是农村里的庄稼汉。盖叫天问后台的一个管事的,这位老大爷是什么人,管事告诉他,他就是他们戏班里的当家花旦,外号叫"瘸狐狸"。盖叫天听了觉得十分意外,他好奇地偷偷看他如何扮戏。只见他先是在右额上贴一块弯弯的桃叶片子,这样就把那块疤遮盖掉了。接着他用压鬓髻向右额鬓发上一插,把歪嘴给吊正了。在勒头的时候,又把往下掉的左眼角向上吊起,这样眼睛也不再斜了。经过一番装扮,竟变成了一张面目端正的脸蛋儿。当时演花旦还行踩跷,就是要在双脚上绑上跷板,跷板用木制或用布缀成,仿小脚形状,用以模仿古代缠足女子行走的姿态。"瘸狐狸"用的跷是特制的,一只高一点,一只矮一点,这样绑在脚上,本来一长一短的两条腿,就成了一般齐了。装扮好后,上得台去,那里看得出是一个五十多岁的瘸子,分明是一位绝色的妙龄女子,观众都被他的巧妙装扮和精彩演技给倾倒了。当时在关外"跑梁子"的角儿,一般都骑牲口,有的骑马,有的骑驴。"瘸狐狸"养着一匹马,他每天骑着马上戏馆,把马拴在后门的柱子上,拌点马料喂给马吃,自己就叼着烟袋到后台去化妆、候场。这"瘸狐狸"还是一位武艺高强、行侠仗义的人,他经常做劫富济贫的事。有一天,他演完戏,正要卸装,忽然官府的捕快到戏馆来抓他,大概是案子发了。他听到风声,急忙走出后台,解开马的缰绳,飞身上马,一溜烟逃跑了。

"瘌狐狸"的巧妙装扮和侠义行为给盖叫天留下了深刻的印象。

这些轶事都生动地说明了我国的美容术是何等的巧妙和神奇。

（《新民晚报》2008 年 7 月 22 日）

## 二四二

# 雷允上与六神丸

苏州是个名医名药之乡，就中药来说，驰名中外的六神丸就出在苏州。你看，那黑色的微粒，只有芥子那么大小，然而小儿急惊风，危在旦夕之间，只要服下几颗，即刻见效。它对时邪病毒、烂喉丹痧、双单乳蛾、疔疮痈疽都有显著的疗效，由于它药效神妙，成为我国中药中的一块名牌。

生产六神丸的是雷允上诵芬堂药铺。它的创始者名叫雷大升，字允上，号南山，生于清康熙三十五年(1696)。他的祖籍是江西南昌，明代中叶以后，移居苏州。雷允上幼时天资聪颖，勤奋好学，熟读诗书，尤喜医药典籍。弱冠以后便拜在名医王晋山门下习医，钻研医、药二门。雍正元年(1723)雷允上北上入都，在归途中游历燕齐，并采药于名山大川。回苏州后继续钻研医药，并从事丸、散、膏、丹之修合。嗣后在苏州老阊门内穿珠巷天库前周王庙弄口开设了一爿药铺，店名为诵芬堂。乾隆元年(1736)，雷允上应博学鸿词科，但他无意仕进，"举鸿博不就，隐于医"。不久他在诵芬堂内挂牌行医，集医、药于一身。雷氏医术高明，遇到贫病者则慷慨赠药，治病济困。他有一个特点，所修合的成药，大多采用麝香、珍珠、西黄、犀角、羚羊角、伽南香、猴枣等名贵细料药材制成，因此药效灵验，老百姓十分叹服，都称之为"救命药"。没有多久，雷允上便声名大振，人们干脆称这爿药店为雷允上药店，原来的诵芬堂的店名反而鲜为人知了。

雷允上不仅有实践经验，而且潜心进行理论总结，著有《金匮辨证经病方论》、《要症论略》等医学著作。晚年寄情山水，乐为诗文，订有《琴韵楼稿》。雷允上于乾隆四十四年(1779)逝世，享年八十四岁，死后安葬于吴县西跨塘万字圩。咸丰十年(1860)在庚申战乱中，诵芬堂药铺被焚毁，雷允上生前的著作与诗稿也都失散，仅有八首探梅诗现存于雷氏后裔处。

雷允上死后，其子雷秋涛继承父业。嘉庆八年(1803)，雷秋涛又立嘱将祖业——诵芬堂药铺传给他的四个儿子——梦熊、梦麟、梦鹏、梦骏共同经营，其后，雷允上药铺就在雷氏子孙中代代相传。

雷允上药铺用料名贵，配制精心，品种众多，药效神妙，所产成药有痧药蟾酥丸、诸葛行军散、八宝红灵丹、玉枢丹等。其中以六神丸为最有名。首创六神丸的是雷允上的后代雷纯一，清代后期雷纯一主持开设在上海的雷允上诵芬堂分店，其时横遭兵灾，分店被毁，雷纯一穷困潦倒，在老北门附近摆一药摊，以维持生计。后遇一位昆山顾姓老人，两人结为莫逆。这位老者给雷纯一一张祖传秘方，由六味中药合成。雷纯一多方设法筹资制成此药，称之为"六神丸"。由于它在治疗咽喉炎症等外症内病方面具有奇效，很快就声名鹊起，求者蜂拥，盛名不衰。

雷允上由于生意日隆,商店也逐步发展,1934 年,雷允上老店翻建钢筋水泥楼房,面目一新,颇为壮观,由武进唐驼题写"雷允上"三个大字,至今历劫不磨。除了苏州老店以外,还先后在上海开设多家分店。同治年间,在兴圣街开设了上海雷允上诵芬堂。1934 年又在天后宫桥增设上海雷允上诵芬堂北号,开张之日,蒋介石、林森、张学良、于右任等还赠送贺礼,题写匾额,以示祝贺。1939 年又在静安寺开设北支号。

雷允上药铺创出名牌后,始终不懈努力,保持名牌的质量与信誉。光绪年间,雷氏的一位族人曾在上海以自己的名字命名制作六神丸。雷氏各房即与之协商,最后决定一律以诵芬堂牌号出面,各人不得独自售卖,并对药材进行清理,把不符合诵芬堂质量规格的药材,全部装船倒入吴淞口。1915 年,诵芬堂九芝图牌六神丸荣获江苏省地方物品展览会奖状和奖章,此后多次获奖。诵芬堂的六神丸出了名,一时间假冒货蜂起。比如 1924 年,日商矢渡平兵卫,以雷允号及雷允作为联合商标,冒牌销售六神丸等药品藉以获利,并欲注册。雷允上诵芬堂立即与之交涉并呈报官署,才予制止。

新中国成立后,党与政府十分重视中药事业,雷允上药店的生产与业务都得到了很大的发展。所产六神丸不仅经销东北、华北、西南、华南各地,并远销海外,香港、新加坡、缅甸等处都设立了特约经销处。1956 年雷允上实行公私合营,九芝图牌六神丸被列为国家密级产品。1958 年在原雷允上药铺的基础上建立了苏州雷允上制药厂。

雷允上制药厂虽极负盛名,但一直积极进取,不断开拓,他出品的六神丸于 1979 年、1984 年两次荣获国家质量金质奖,成为中成药中一颗熠熠发光的明星。

（《苏州杂志》1991 年第 6 期）

二四三

# 苏州美食街

看过陆文夫同志的小说及电影《美食家》的人,一定被丰富多彩、别有风味的苏州菜肴所深深吸引。苏式菜肴历史悠久,特色鲜明,烹饪技艺以烧、煨、焖、炖、蒸著称,味道醇厚鲜美,浓而不腻,清而不淡,菜肴色彩和谐,形态多样,色香味全,各臻其美。并且根据节令,时鲜菜肴,应时迭出。因此它不仅是国内驰名的主要菜系之一,而且名闻海外,凡品尝过苏式菜肴的外国朋友也无不击节赞赏。

苏州全市菜馆、饭庄星罗棋布,最集中的要算是位于市中心的太监弄了。这条街虽然还不足一百米长,然而马路两边饭店、菜馆、食品店栉比鳞次,林林总总,它是苏州有名的美食街。苏州有句俗语这样说:"白相(指游玩)玄妙观,吃煞太监弄。"

走进太监弄,首先引人注目的是门面十分轩敞的松鹤楼菜馆,这爿坐北朝南的菜馆是始创于乾隆年间的二百年老店。据传当年乾隆皇帝南巡到苏州,一天私行察访来到松鹤楼。当时饭市已过,菜肴已全部售完。厨师无奈,只能用锅巴烧了一碗汤。乾隆一吃,大加赞赏,特地赐名"天下第一菜"，从此，松鹤楼声名大振，"天下第一菜"也流传至今。松鹤楼除了锅巴汤之外，有名的菜肴还有碧螺虾仁、鲃肺汤、西瓜鸡、雪花蟹斗、蟹粉鱼唇、荠菜野鸭、清汤鱼翅、莼菜汆塘片等。

在松鹤楼对面，是著名的得月楼。说起"得月楼"，还有一个故事，原来苏州城里并没有得月楼，只是清代在城外山塘街附近有过一爿叫得月楼的酒家，但早已荡然无存了。五十年代末，苏州滑稽剧团创作了一部反映饮食行业题材的滑稽戏《满意不满意》。作者曾在近水台面馆体验生活，因古诗有云"近水楼台先得月"，就在戏里虚构了一个"得月楼"。后来《满意不满意》拍摄成影片，得月楼也就名扬全国了。1982年4月苏州有关部门真的在太监弄建造了这座得月楼。这爿新建饭店青瓦粉墙，飞檐翘角，古色古香。楼上分成广寒宫、琼楼、玉宇、和合四个大厅，建筑陈设均富苏州园林风格。得月楼拥有得月鸭、西施玩月、卤鸭、松鼠鳜鱼等名菜佳肴，脍炙人口。

得月楼隔壁是常熟名店王四酒家。它最有名的看家菜是"叫化鸡"。传说中为乞丐所创，因之得名。现在制作十分精细，把母鸡宰杀后，取出内脏，在鸡腹内装入火腿、香菇、糯米及各种佐料，鸡身用香料抹擦，裹以新鲜荷叶，再涂以酒酿泥，然后在火上煨烤。烧熟后敲开泥壳食用，清香肥嫩，味道鲜美可口。

朝东是功德林素菜馆，这里的素菜色味俱佳，以清淡爽口见长。再朝东是苏州老店老正兴菜馆，供应各种卤菜、熟食。隔壁元大昌酒店供应苏州名产醇香酒及江苏大曲等各种名酒。

太监弄附近的玄妙观是苏州名胜，道观三清殿为全国重点文物保护单位。玄妙观同时又是苏州特色点心、小吃集大成的所在。在广场西脚门秩序井然地排列着二十来家吃食摊，品种繁多，有桂花赤豆元子、春卷、鸡鸭血汤、豆腐花、小笼馒头、水饺、馄饨、赤豆糊糖粥等，真是精彩纷呈，美不胜收。

你如果到苏州去游览，逛一逛太监弄和玄妙观，定能一饱口福，充分领略苏式菜肴与点心小吃的独特风味。

（《海南日报》1990年1月26日）

二四四

# 天下第一菜——记松鹤楼

苏州市中心的太监弄，被誉为"美食街"。这里有一爿闻名全国的菜馆——松鹤楼。它创建于一七八〇年以前，至今已有二百多年的历史，是现存历史最久、极负盛名的正宗苏帮菜馆。

关于松鹤楼，有一则民间传说。当年乾隆皇帝南巡到苏州，一天他乔装打扮来到松鹤楼。那时饭市已过，菜肴均已卖完。厨房台板上只剩一些蘑菇，饭锅里只剩一点锅巴。厨师灵机一动，把锅巴放在油锅里一汆，然后烧成一只口蘑锅巴汤。乾隆从未见过这种菜，十分新奇，一尝其味纯真鲜美，别有风味，心境大悦，便御赐"天下第一菜"。从此，松鹤楼声名大噪，久享"乾隆始创，誉满全国"的美称。

其实，松鹤楼最初是一爿规模不大的面馆。它所经销的面点操作精细，风味独特。它的焖肉面肥而不腻，入味可口。最有名的是卤鸭面，不仅味道鲜美，而且与众不同的是，浇头卤鸭另用小盆装，俗称"过桥"。吃客可以把浇头当作下酒小菜，然后再吃面。后来松鹤楼扩大为菜面馆，既供应各式面点，也经营苏帮饭菜。菜肴是从面浇头的基础上发展而来，如酱方、焖肉豆腐、炒三鲜、红什拌等。由于色味俱佳，深得好评。

松鹤楼的店主叫徐金源，病故后由其子徐培根继承，由于不善经营，渐入困境。后来由徐金源生前好友张文炳接手，搞成股份企业，称为和记松鹤楼。张文炳从小学厨，精通烹调技术，又开过饭馆，有丰富的经营经验。他接办松鹤楼后，即装修店面堂口，聘请名厨、砧墩好手，充实技术力量，更新菜肴品种，提高质量。除继续供应中低档菜肴外，还创造了不少新品种，如原汁鱼翅、虾子刺参、松鼠桂鱼、西瓜盅、网包鲥鱼、鲃肺汤、口蘑锅巴汤等。顾客对象扩大到各界人士，在社会上声望日隆。1929 年，松鹤楼翻建新屋，店堂总面积约六百平方米，楼上分隔九个大小房间，沿观前街是一排玻璃短窗。开张后生意更加兴隆。那一年，京剧名旦梅兰芳初来苏州，在东吴乾坤大剧场为救济苏北水灾义演。苏州当局及各界名流在松鹤楼宴请梅兰芳，同席者有金少山、马连良、姜妙香、肖长华、芙蓉草等。这一席是全翅宴，十分精美，宾主赞不绝口。梅兰芳演毕临别，又有乾泰祥布店老板姚君玉、姚轩宇父子在鹤园设宴饯别，仍由松鹤楼承办，梅兰芳极为满意，特地赏洋八十元以示谢意。苏州的名流也常雅集松鹤楼，1934 年玄妙观后中山堂落成，冯玉祥、李烈钧等人曾到松鹤楼赴宴。在苏州东吴大学就读的蒋纬国，也时常到松鹤楼用餐。他最喜欢吃的就是卤鸭面。

由于政局转迁，战事频仍，松鹤楼历经坎坷，几次濒临倒闭。它真正的黄金时代还是在新中国成立后。五十年代后期，该店在继承传统品种基础上，增添四季应时的花色品种，服务质量不断提高。三号服务员孙荣泉曾提出"三勤、四快、五心、六满意"的倡议，他的先进事迹受到各界称赞。苏州市滑稽剧团以此为素材创作演出滑稽戏《满意不满意》，并拍摄成电影，影响深远。

如今，在改革和开放政策指引下，松鹤楼又有新发展。店楼再次扩建，总面积达三千六百多平方米，内部陈设典雅大方，上下层共设 12 个餐厅，一次可办 200 桌筵席，并有空调设备，在江苏省菜馆业中名列前茅。1984 年，松鹤楼还在首都北京开设了苏州松鹤楼，使首都人民以及到北京的中外宾客也可以品尝到江南名菜。

（《羊城晚报》海外版 1988 年 7 月 16 日）

## 二四五

# 美食偶记

## 一、福州名菜——佛跳墙

闽菜为我国八大菜系之一，福州菜又是闽菜的主要代表。它既继承了我国烹饪技艺的优良传统，又具有浓厚的南国地方特色，可谓别具一格。福州的菜肴不仅盛行福州城郊，还在我国南方一带广为流传。

佛跳墙是福州最著名的传统菜肴。关于它的菜名,还有一个传说。据说清朝末年,厨师郑春发在福州东街口开设了一家聚春园,这菜馆分荤菜与素菜两种,店堂里用屏风一隔为二,一边吃荤菜,另一边吃素菜。一天,有几位秀才来到聚春园饮酒,他们要求堂官供尝别致好菜。过了一会,堂官捧上一只绍兴酒坛,放在桌子中间,坛盖揭开,一股浓郁的荤香从坛中溢出,满堂迷漫。原来厨师把参、筋、翅、鲍等十多种精料放在绍兴酒坛里煨制。此菜色泽浓艳,香味醇厚。秀才们举箸品尝,赞不绝口。正在此时,只见屏风上端探出一个和尚头,原来隔壁有位僧人正在吃素斋,在浓郁荤香的吸引下,竟爬上了屏风。那和尚跃过屏风,到了吃荤菜的堂口,为了这顿菜肴,他宁愿还俗。秀才们乘兴吟诗作赋,曰:"坛启荤香飘四邻,佛闻弃禅跳墙来。"于是郑春发创制的这种菜肴就命名为"佛跳墙"。

"佛跳墙",用料十分讲究,有水发鱼翅、鱼唇、金线鲍鱼、鸡、鸭、羊肘、猪蹄尖、猪肚、鸭肫、水发刺参、猪蹄筋、花冬菇、净火腿、冬笋、鸽蛋、鳊鱼肚。制作方法更加奇特,它用一绍兴酒坛,坛底放置一只小竹算,先倒入沸水氽过并在油锅里炒过的鸡块、鸭块、羊肘、猪蹄尖、猪肚、鸭肫;然后把煮过或蒸过的鱼翅、火腿、干贝、鲍鱼用纱布包好放进坛中。纱布包上面排上花冬菇及油锅中炸过的冬笋、白萝卜球。再倒下汤汁,坛口用荷叶盖上,再合上一只小碗。将坛放在木炭炉上,用小火煨三小时左右。启盖将在沸水中氽过的刺参、蹄筋、鱼唇、鳊肚放入坛中,封好后再煨一小时左右即好。上菜时将坛中菜肴倒入大盆,再将煮熟的鸽蛋放在上面。此外添上梭衣一碟、油辣芥一碟、火腿伴芽心一碟、冬菇炒豆苗一碟及点心、银丝卷、芝麻烧饼等,排在桌子上,如同众星拱月一般。

"佛跳墙"由于采用参、筋、翅、鲍等二十种精料,又放在绍兴酒坛中精心煨制,因此荤香浓郁,味道醇厚,造型美观,质地软嫩,营养十分丰富,实为酬宾之珍肴佳品。

(《海南日报》1989 年 11 月 3 日)

## 二、松江四鳃鲈鱼

现在清蒸鲈鱼已成为家常菜,在酒席上乃至家庭的餐桌上时常可以见到。可是我在食用鲈鱼时,常常会想起松江的四鳃鲈鱼和"鲈鲙莼羹"的故事。

以前在松江的秀野桥水域生长着一种四鳃鲈鱼,其体型较小,一般仅 100 克左右,据说也有 500 克重的,其身呈纺锤形,口阔鳞细,头大而扁平,一般鲈鱼只有两个鳃,而它看似有四鳃,其实其中两个凹陷处形似鱼鳃而已。这种鲈鱼肉色洁白如玉,肉质冰莹嫩嫩,风味特别鲜美。每当冬至以后,这种鲈鱼从海中溯黄浦江回游松江,一直至春节。鲈鱼最为肥美,是吃松江鲈鱼的最佳时节。在地近太湖的吴江垂虹桥一带也产四鳃鲈鱼,它为历代文人所推崇备至。

晋代文人、美食家张翰在洛阳做官,一天秋风乍起,他忽然想起了家乡吴郡的"鲈鲙莼羹"(莼羹是莼菜做的汤),为了重新品尝家乡的美味,竟毅然辞官而归。不少文人墨客还有诗词吟咏。南宋诗人杨万里诗曰:"鲈出鲈乡芦叶前,垂虹桥下不论钱,买来玉尺如何短,铸出银梭直是圆;白质黑章三四点,细鳞巨口一双鲜,春风已有真风味,想得秋风更迥然。"明代吴中才子唐伯虎也有"鲈鱼味美村醪贱,放筋金盘不觉空"的诗句。

我在年轻时曾品尝过四鳃鲈鱼的美味,可惜久违了。四鳃鲈鱼一般用清蒸烹制,将鱼洗净后,放少许料酒、葱姜、笋片、火腿片。这种鲈鱼久蒸不老,出笼时香气四溢,冷后不腥。其味肥嫩鲜美,而且还有药效,李时珍《本草纲目》云,松江鲈鱼有"补脏,益筋骨和肠胃、益肝肾,治水气,安胎补中"等功效。近年由于水质污染,松江、吴江的四鳃鲈鱼虽未绝迹,但已较为稀少了,大有抢救之必要。

(《新闻午报》2002 年 1 月 11 日)

## 三、陆稿荐的酱汁肉

苏州观前街陆稿荐的酱汁肉在熟食中堪称一绝。这种酱肉一寸半左右见方,汁稠酱红,肥而不腻,酥烂入味,入口而化,咸中带甜,具有独特的风味。

据传说,从前苏州临顿路上有爿门面很小的熟肉店,店主姓陆。这爿小店生意清淡,入不敷出,快濒临关门了。这一年的四月十四神仙节那天,陆老板清早起来开门,只见一个老叫化子躺在门口一条破稿荐(草编的席垫)上,看样子快要饿死了。老板见此情形,连忙把他扶到灶间里,让他躺在灶门口。老板娘看他可怜,也盛了一碗热粥汤给他吃。老叫化子也不客气,吃了粥汤,就走出门去了。而那条破稿荐却留在了灶边。老人走后,陆老板夫妻俩就升火烧肉,烧了好一会,肉还没酥,柴草却烧光了。陆老板看到了那条破稿荐,也就不管三七二十一,把它送进灶膛当柴烧了。说也奇怪,火刚点着,顿时满屋飘香,不一会儿,肉便酥烂了。肉的香味引来了众多顾客,没多一会儿,一锅酱肉就被抢购而光。这破稿荐烧的酱肉味道特别好,小店的生意也兴隆起来。人们猜想这老叫化子可能是仙人吕纯阳的化身,而老板就把店名改成了陆稿荐。陆稿荐的酱汁肉就此闻名遐迩,历久不衰。

陆稿荐的酱汁肉在配方、制作方面确有独特之处。它选用的是本地区饲养的湖猪作为原料,煮烧时,先放剔骨猪头肉打底,后放入香料,再放五花肉、硬膘。待香料透入,肉已煮熟时,加入红曲米、绍兴酒、糖,用中火续烧 40 分钟,使其酥烂,然后起锅。原汁留在锅中,再加入白糖,小火熬成稠汁,顾客来买时,将原汁浇在小方块的肉上,色泽鲜红。酱汁肉色香味俱全,成为熟肉中之上品。

(《新闻午报》2002 年 2 月 1 日)

## 四、风味奇特鮰肺汤

美丽的苏州就像是上海的后花园,上海人到苏州旅游简直是举手之劳。可能你已经去过苏州好几次,但是你有没有到过原来吴县的名镇木渎?有没有在木渎石家饭店品尝过鮰肺汤呢?

鮰鱼原名斑鱼,是苏州太湖及附近湖港特产的一种小型淡水鱼。因为它能鼓气如球,所以俗称泡泡鱼。鮰鱼的鱼皮坚韧而有棘粒,不可食用,而鱼肉极其鲜嫩,其肝尤其细腻美味。每年八至十月鮰鱼上市旺季,吴中民间历来有秋时吃斑肝的习俗。由于人们把鱼肝误称为肺,于是用鮰鱼的肝烹制的汤就被说成了鮰肺汤。

鮰肺汤以木渎的石家饭店最为著名,我曾请教过该店的厨师,其制作方法大致如下:选一斤重左右的鮰鱼,取去掉粘膜的净鱼肉和肉肝,剖成片状,用精盐轻捏,并洗净沥干,再加精盐、绍酒、葱细末轻拌,滗去腥水。然后把鱼片、鱼肝放入煮沸的高汤中,加绍酒、精盐,煮沸后捞出鱼片、鱼肝,再加绍酒、葱细末轻拌,滗干,放入碗中。锅中的汤去掉浮沫,加熟火腿片、水发香

541

菇、熟笋片,烧开,淋熟鸡油少许,将汤倒入盛鱼片、鱼肝的碗里,点缀绿叶菜数片,撒白胡椒粉少许,即成。食之,汤清味鲜,鱼肉白里微青,鱼肝色泽淡黄,质柔嫩细滑,味美可口。

1926年,寓居苏州的名人李根源在木渎镇石家饭店的前身叙顺楼品尝了鲃肺汤后,击节称好,挥笔题写了"鲃肺汤馆"的匾额。1929年秋,国民党元老于右任到太湖赏桂游览,晚上到木渎,在石家饭店用餐,他品尝了鲃肺汤后也大加赞赏,当场赋诗一首:"老桂开花天下香,看花走遍太湖旁。归舟木渎犹堪记,多谢石家鲃肺汤。"他还为饭店题写了"名满江南"的匾额。经李根源、于右任题咏后,石家饭店和鲃肺汤更加名扬天下了。

(《新闻午报》2002年2月22日)

# 五、杭州第一名菜东坡肉

说到杭帮菜,东坡肉可称杭州第一名菜了。

东坡肉当然与宋代大文豪苏东坡有关。据记载苏东坡平生喜爱食肉。宋元丰三年(1080年),苏东坡被贬官为黄州团练副使,他在黄州时曾戏作《猪肉诗》:"黄州好猪肉,价钱如粪土。富者不肯吃,贫者不解煮。慢着火,少着水,火候足时它自美。"诗的末两句是苏东坡煮肉的经验之谈。元佑年间,苏东坡在杭州知州任上,发动民工疏浚西湖,筑堤蓄水,大功告成之时,杭州百姓纷纷抬了猪肉,挑了绍酒送给苏东坡,表示敬意。苏东坡即命家里厨师把百姓送来的猪肉、绍酒,按照他"慢着火,少着水,火候足时它自美"的方法烹制成佳肴,分送给挖湖的民工和百姓们品尝。烹制时,因放绍酒太多,索性以酒代水,结果烧出的红烧肉特别香醇别致,味美可口,百姓们交口称赞,并誉之为"东坡肉"。后来又经杭州的名厨在制作技术和配料上加以改进,终于成为一道久传不衰的名菜。

东坡肉以猪的五花肋肉为主料,将五花肉切成块后,先放进沸水锅中煮5分钟左右,捞出洗净。然后取一只大砂锅,在锅底垫一小蒸架,上面铺上葱和姜块,把在沸水中煮过的猪肉,皮朝下排列在上面,接着加上白糖、酱油、上等绍酒、葱,盖上锅盖后用旺火煮沸。再将砂锅盖边缘密封,改用微火焖烧2小时左右。打开锅盖,把肉块翻身,再加盖密封,继续用微火将肉焖酥。然后将肉皮朝上装入特制的小陶罐内,加盖放进蒸笼,以旺火蒸半小时,使肉完全酥透,此时即可食用。用此法烹制的东坡肉,皮薄肉嫩,色泽红亮,味醇汁浓,肉虽酥烂而其形完整不碎,食之香糯而不腻嘴。

(《新闻午报》2002年3月15日)

# 六、常熟虞山叫化鸡

前不久,我与两位朋友去常熟办事,慕名去百年老店王四酒家吃了一次叫花鸡。

常熟的叫化鸡,又称黄泥煨鸡、富贵鸡。相传在明末清初,有一个叫花子经常游弋于常熟虞山附近。一天他在农家偷了一只母鸡,他既没有炊具,又没有佐料,只好在山麓的树林里找些黄泥用水调和,用泥涂于鸡身,整个地包裹起来,再用树枝枯叶点上火,把鸡放在火堆上煨烤。鸡烤熟后,把泥巴敲掉,鸡毛随之脱落,居然香气四溢。这时正好归隐在虞山的礼部右侍郎钱谦益经过这里,闻到香味感到奇怪,命家人前去询问,并取了一点鸡肉品尝,其味竟鲜美清香,不同凡响。钱谦益回家后,让家厨如法炮制,并设宴款待名艺妓柳如是。席间钱谦益问柳如是风味如何,柳如是答道:"宁食终身虞山鸡,不吃一日松江鱼。"这种鸡因是叫花子首先煨制,故称为叫花鸡。至清光绪年间,常熟山景园菜馆开张,名厨朱阿二把叫花鸡引进菜肆,精心烹制,逐渐成为闻名遐迩的常熟名菜。

那天用餐时,我了解了叫花鸡的制作方法:叫花鸡一般选用常熟有名的嫩活母鸡三黄(黄毛、黄嘴、黄脚)鸡一只,约三斤左右,去毛、去脚爪及内脏、气管,洗净,沥干水,放进用酱油、精盐、白糖、绍酒、葱姜做成的调料,淹制1小时。取出后,用丁香、八角等研成粉末,涂擦鸡身。再把鸡肫、瘦肉丁、开洋、火腿、水香菇、冬笋加绍酒、酱油、白糖等入油锅炒成熟馅,塞入鸡腹内。然后依次用网油、荷叶把鸡包好,涂上绍兴酒坛泥,放入烤炉或烤箱烘烤约4小时。食用时将泥敲掉,拆去荷叶、网油,装入盘内,浇上原汁即可。叫花鸡鸡肉鲜香与荷叶清香融为一体,奇香扑鼻,鸡肉色泽金黄橙亮,肉酥柔嫩,上筷骨肉即离,其味鲜美可口。王四酒家始创于清光绪十三年(1887年),由王四创办,熬锅油鸡、叫花鸡等都是该店名肴。

(《新闻午报》2002年5月24日)

二四六

# "双凤回巢"与"八大锤"

1956年3月,京剧大师梅兰芳应故乡泰州市各界人民的邀请,从南京到达泰州进行访问演出。梅兰芳在泰州演出了《贵妃醉酒》、《霸王别姬》、《凤回巢》、《玉堂春》、《宇宙锋》等名剧,使故乡观众大饱眼福。梅兰芳夫妇及幼子梅葆玖还在族兄梅秀冬的陪同下去东郊十八亩凹子祖茔地祭祖。梅兰芳在泰州逗留了8天时间。这次梅兰芳回泰州,泰州市各界人士2 000人举行了隆重的欢迎大会。泰州的名厨还特地为梅先生创制了一道《双凤回巢》的菜肴来款待他。这道菜肴既取梅兰芳夫妇重返故乡的意思,又切梅先生的名剧《凤回巢》的剧名,构思非常巧妙。

这道菜制作也很精美,它选用绿豆粉丝,吸湿回软以后盘成两个圆圈,呈鸟巢的形状,放在油锅里炸至松脆。另外用鲜家鸡脯肉丁和鲜野鸡脯肉丁分别拌以佐料,放入油锅熘炒、加工,其中家鸡肉丁加入番茄酱。取一长形菜盘,把炸好的粉丝团放在菜盘里,两侧各置用萝卜雕成的凤头及用香菜作凤尾状,立即上席。把加工好的家鸡肉丁和野鸡肉丁,分别倒入两个巢状的粉丝窝,随即发出吱吱的声音。这道菜造型优美,双色双味,一白一红,一甜一酸,粉丝松脆,鸡粒嫩滑,鲜香可口。当梅兰芳在宴会上品尝到这道特地为他制作的菜肴时,心情十分激动,他盛赞厨师的高超技艺,由衷地感谢故乡人民对他的厚爱和深情。如今,从保护野生动物的角度看,这道菜的材料也需要改改了。

熟悉京剧的人都知道有一出叫《八大锤》的武戏,说的是宋朝岳飞与金兵在朱仙镇会战,金兀术兵败,调其义子双枪陆文龙助战。陆文龙非常骁勇,连败宋军四将严正方、何元庆、岳云、狄雷。这四将都用双锤,合起来是八大锤。宋营参军王佐知陆文龙乃宋将陆登之子,于是断臂诈降金营,说反文龙。后宋军大败金兀术。

有趣的是,有一道菜的菜名也叫"八大锤"。它有两种制作方法:一种是选用净仔鸡一只,两只鸡腿去爪,做成两个鸡锤;两只翅膀的大翅骨也做成两只鸡锤;两只翅膀的前肢原由两根肢骨组成,用刀将其分开,包上鸡肉,做成四个鸡锤,这样加起来正好八个。把鸡锤放进调料里腌渍一会,再用蛋糊裹在上面,然后放进油锅里炸制。取一圆形菜盘,把鸡锤锤头向外排成一圈。并配以花椒盐、甜面酱、辣酱油、番茄酱等蘸食。另一种方法比较简单,即取仔鸡腿 8 只去爪,其余的制法与前相同。现在不少超市和菜场专门有鸡腿供应,因此第二种方法更为方便。

这道名为"八大锤"的菜肴,估计也与京剧有关。因为京剧作为国剧流行全国,在其鼎盛时期,几乎无处不演京剧,影响十分深广,在食客、厨师中京剧戏迷大有人在,而在京剧演员当中又不乏美食家,把《八大锤》做成一道菜肴,极有可能是他们中的某个人或某几个人的创造。

(《人民日报》海外版 2003 年 7 月 14 日)

二四七

# 苏州点心钩沉

陆文夫中篇小说《美食家》中除了描述过品种繁多、味美色鲜的苏州菜肴外,还有不少点心、小吃也很吸引人。确实,就苏州的点心、小吃来说,它不仅堪称江南之首,而且在全国也是独占鳌头的。其实小说《美食家》中写到的仅是一小部分,因是小说,不可能求全。

笔者生在苏州,从小也在苏州长大,所以对苏州的小吃点心较为熟悉。记得在上个世纪四十年代到六十年代初,传统的苏州点心、小吃品类十分丰富,其中一部分流传下来,至今畅销市场,如黄天源的糕团,五芳斋的馄饨、蟹粉馒头,四时春的汤包、烧卖,朱鸿兴的面点等。有的随着时代、社会的发展逐渐被淘汰。但是有一些精美的点心却不知何因而销声匿迹,再不见踪影,实在可惜。这里略举数种:

一、蒸馄饨。人们比较熟悉的是白汤馄饨,那馄饨是在汤里煮,连汤吃的。蒸馄饨却不同,那是把包有肉馅的生馄饨(小馄饨),放在笼格里蒸熟,每笼十余只,吃的时候像吃汤包、烧卖那样干吃。另外配有蛋皮汤一碗,麻油、醋、糟油等调料一小碟,可蘸着吃。其味鲜美,兼有烧卖和馄饨的风味。我曾在皋桥头五福来吃过。

二、灰汤粽。大家都知道嘉兴的鲜肉粽和豆沙粽。但苏州却曾有一种风味独特的灰汤粽。灰汤粽其实就是碱水粽,但又不同于一般的碱水粽。它也是用糯米与碱水相伴,但它包的三角粽个头较大,略呈扁形,烧煮时间比一般粽子为长,大概是因为箬叶和粽子中溢出的碱水使煮粽的水呈现灰褐色,故称灰汤粽。它的特点是酥烂、香甜,粽子的颜色为棕色半透明。吃的时候不蘸白糖,而浇上特制的糖油,吃来甘美滋润,甜而不腻,不嚼自烂,色香味俱佳。这种点心在上世纪四十年代到五十年代,许多糕团店里都有卖,我觉得阊门外上塘街糕团店里的最可口。

三、扁豆糕。上世纪五十年代初,笔者跟随家父去苏州城内大城坊皇宫书场听书,书场里有不少叫卖的小贩,有一小贩操着竹篮,专门出售自制的袋粽和扁豆糕。这种扁豆糕的味道特别好。它是用白扁豆蒸熟、捣烂、炒过,并与米粉相混,加糖再蒸,然后切成长方形的小块,从糕的横断面看,分为两层,下层为扁豆,呈淡绿色,上层为掺有薄荷的米粉,呈白色。在糕面上再抹上一层白糖和玫瑰酱,其味清凉、甜糯、爽口;色彩也佳,淡绿、乳白、玫瑰红相间,与其味道相和谐,总的特点是清雅可口,此品尤其适宜于夏秋季食用。

以上仅是失传点心中我印象较深的几种,虽然时隔多年,至今还能引起美好的回忆。这几种点心,现在不仅在苏州街头的点心店里找不到,就是在星级宾馆里也难以寻觅。其实这些点心制作不难,价钱也便宜,是否可以恢复生产,不妨一试。退一万步说,搞食品研究的同志总应该把它们作为资料收进食谱,以免失传吧!

《新民晚报》2003 年 3 月 13 日

# 后　记

　　当我校完《文化审美研究的海派情怀——沈鸿鑫艺文论集》书稿的最后一个标点时,颇有一种如释重负的感觉。这部著作连同《海派戏剧的时代印记——沈鸿鑫戏剧论集》《海上曲艺研究的历史帆影——沈鸿鑫曲艺论集》,差不多涵盖了除专著、电视文本等之外,我历年来的主要文章和作品。通过它们可以反映出我 50 多年来从事文学写作、艺术研究的主要轨迹和我的作品的概貌。我自知,其中没有什么锦绣文章,没有什么宏论高见,但是它毕竟是我多年劳动的成果,如果能为社会留下一鳞半爪的历史记忆和艺术资料,为文艺事业的繁荣、发展起到一些添砖加瓦的作用,我就感到十分欣慰了。

　　《文化审美研究的海派情怀——沈鸿鑫艺文论集》是我对文学、美学观察及艺术文化研究的作品的一个选集,共分四编,第一编"艺海鸿爪",记录了我对戏剧、曲艺、音乐、舞蹈、影视、书画、园林等各个艺术领域的涉猎足迹和审美心得;第二编"文心雕虫",主要选用了我在文学方面写作和研究的部分作品;第三编"巨擘踪印",是我对历史上和现当代文学艺术大师、大家的探究、记述和诠释;第四编"风物寻美",则是我对自然景物、人文史迹、民风习俗、生活美学的观察、感受、思考和抒发。所收作品篇幅长短不一,大多发于上海、北京及全国各地(包括港、台)的报纸、刊物上,在文末均注明刊登的报刊名称和日期。除署用沈鸿鑫真名外,曾用过的笔名有羽屏、洪欣、沈默、鲁虹、芳草、夏里、沈沉、苏堤、宋鑫、乙草、石墨等。有的文章系与师友合作,也予以说明。这些文章之所以能排成铅字,和读者见面,是与那些报纸、刊物的编辑先生、女士的提携、指教和合作分不开的。他们之中,不少是与我素昧平生,或者至今并未谋面,但他们不但编发我的作品,有的还约我撰稿连载或为我开设专栏,在今天我把这些文章结集出版的时刻,我非常怀念和感激他们,我要向这些良师益友致以诚挚的敬意和谢意。

　　这部著作是上海文化发展基金会、上海文艺人才基金的资助项目"沈鸿鑫艺术文化海派研究 50 年成果展示"的一个子项目;另一子项目为"沈鸿鑫文化审美研究 50 年学术研讨会"。我之所以能够连续三年举行成果研讨会和出版三部拙著,首先是碰到了全国正在迎来又一个文艺春天的良好机遇,这是大的背景。具体地说,是上海市文化宣传领导部门的重视和扶助。我由衷感谢上海市委宣传部、上海文化发展基金会、上海文艺人才基金理事会、上海市文广局、上海市文联的领导的关怀和扶持;感谢上海市剧协、上海市曲协、上海市剧本创作中心、《上海艺术家》杂志社、《上海戏剧》杂志社等单位以及上海文艺界的前辈、专家、师友、同仁的支持和帮助;感谢精心策划、实施三次成果展示项目的上海艺术研究所、三联书店的领导、同仁和总策划、责任编辑;还要感谢分别为这三部拙著作序的刘厚生前辈、宋妍书记、方立平编审、毛时安副主席诸位,是他们的精彩序文使我的拙著"蓬荜生辉"。

　　近三年来,连续举行了三次成果展示和三部拙著的出版工作,但这还只能说是一个逗号,而并不是句号。因为在我看来,写作和研究应该永远是"进行时"的。

沈鸿鑫

2016 年 6 月 25 日于上海听雨轩

# 后　记